Buch

Diese Lebensbilanz ist die faszinierende Rückschau eines großen Mannes, der das Leben, die Menschen und die Kultur mit weiser Gelassenheit liebte.

... und Autor

Carlo Schmid, Völkerrechtslehrer und Politiker (SPD), geboren in Perpignan am 3. 12. 1896, gestorben am 11. 12. 1979 in Bonn-Bad Honnef, war Professor für öffentliches Recht in Tübingen (1946). Hier die wichtigsten Stationen seines Lebens:

1946 im Vorstand der SPD;

1948/49 Mitglied des Parlamentarischen Rats;

1953 Professor für politische Wissenschaften in Frankfurt;

1949—1972 Mitglied des Deutschen Bundestags;

1949—1966 und 1969—1972 Vizepräsident des Bundestags;

1966—1969 Minister für Angelegenheiten des Bundesrates und der Länder;

Von 1972 bis zu seinem Lebensende Koordinator für die deutsch-französische Zusammenarbeit.

Carlo Schmid

Erinnerungen

Wilhelm Goldmann Verlag

1. Auflage Dezember 1981 · 1.—40. Tsd.

Made in Germany 1981
Genehmigte Taschenbuchausgabe
© 1979 by Scherz Verlag Bern und München
Gesamtdeutsche Rechte beim Scherz Verlag Bern und München
Umschlaggestaltung: Atelier Adolf & Angelika Bachmann, München
Umschlagfoto: Bildarchiv Süddeutscher Verlag, München
Druck: Presse-Druck Augsburg
Verlagsnummer 11316
Lektorat: Renate Richter · Herstellung: Sebastian Strohmaier
ISBN 3-442-11316-4

INHALT

Verbotene Frucht wie der Lorbeer
Ist am meisten das Vaterland.
Die aber kost' ein jeder zuletzt.

FRIEDRICH HÖLDERLIN
Fragment aus später Zeit

VORWORT

Dieses Buch enthält keine Memoiren im pathetischen Sinne des Wortes. Es will nicht Zeugnis geben von großen und die Geschichte dieser Zeit bewegenden Vorgängen, an denen der Autor handelnd oder leidend beteiligt gewesen sein könnte. Er ist bei wichtigen Ereignissen der letzten Jahrzehnte dabeigewesen, doch nicht in einer Weise, die über das, was andere ringsum taten oder unterließen, herausragte, wenngleich unter diesen Ereignissen einige sind, die ohne ihn nicht oder nicht in dieser Weise geschehen wären. Dieses Buch ähnelt in nichts den Commentarien, die große Beweger der Dinge unserer Staatenwelt ihren Leistungen nachfolgen ließen, um ihr So-und-nicht-anders zu erklären. Es hat nur den Sinn, vor Menschen, die dem Autor und seinem politischen Denken vertrauten, über die Art, wie er den Weg seines Lebens ging, Rechenschaft abzulegen, und von den Umständen zu berichten, die ihm erlaubten, diesen Weg so zu gehen, wie er ihn ging. Dabei lasse ich mein inneres Leben aus, denn es ist nicht meine Absicht, in diesem Buch der Erinnerungen Materialien für Studien über meinen Werdegang anzuhäufen und Stoff für eine Psychoanalyse des Autors zu sammeln. Auch das beste Seelengemälde würde an dem, was ich bin, nicht viel ändern und außer Neugier nicht viel zu wecken vermögen.

Chateaubriands »Mémoires d'outre tombe« sind nicht mein Vorbild, eher die Berichte der Reisenden früher Epochen, die in ihren Büchern schilderten, was sie angetroffen und gesehen haben, wobei sie über sich selber nur schrieben, aus welchem Anlaß sie jeweils dabeisein konnten. Ich will in der Tat in diesem Buch lediglich von Dingen und Menschen berichten, mit denen ich zu tun hatte und die mir bemerkenswert erschienen, weil, sie zu kennen, verständlich machen könnte, was sich in den letzten Jahrzehnten ereignet hat.

Vielleicht auch könnte es für manchen interessant sein zu erfahren, woran ein aufmerksamer Beobachter zu erkennen glaubte, daß sich unser Bewußtsein von dem, was uns Menschen ausmacht, und dem, was uns das Leben wert macht, in einigen Jahrzehnten mehr verändert hat als zuvor in Generationen.

Ich bin kein Geschichtsschreiber, doch ich meine, daß man dem Auftrag des Historikers, zu erzählen, wie es denn eigentlich zugegangen ist, auch durch das Erzählen von Geschichten gerecht zu werden vermag, in deren Mitte auch die politische Anekdote ihren Platz finden kann, vorausgesetzt, sie beleuchtet ihren Anlaß so, daß darin das Allgemeine der Zeit und deren Art, mit den Ereignissen umzugehen, klarer erkannt werden könnte.

Ich hatte mit einer Schwierigkeit zu kämpfen: Es standen mir keine Tagebücher zur Verfügung. Die Hefte, darin ich in meiner Jugend einschrieb, was mir behaltenswert erschien – behaltenswert für mich selbst –, sind nicht mehr vorhanden, und seit dem Eintritt in das Berufsleben habe ich für die Niederschrift von Selbstbespiegelungen und Urteilen über die Zeit und die Menschen, die mir begegneten oder deren Bücher ich las, keine Zeit mehr gefunden. Darüber hinaus bin ich erst spät auf den Gedanken gekommen, meine Erlebnisse könnten eines Tages für andere von Bedeutung sein.

Ebensowenig habe ich mir ein Privatarchiv zugelegt; es fehlte mir dafür die Muße und der Apparat. Manches Dokumentarische und Epistolarische hat sich da und dort angesammelt; vieles fand sich in Zeitungs- und Zeitschriftenbänden wieder. Freunde und Weggefährten gaben mir Stichworte, die Vergessenes wiederaufleben ließen. Im Grunde aber war ich auf mein Gedächtnis angewiesen, auf das ich mich über eine lange Lebenszeit hinweg völlig verlassen konnte, das aber im Alter lückenhaft wurde, vor allem, was Zeitbestimmungen und Namen anlangt. Ich habe diesen Umstand, so weit es ging, durch die Aufarbeitung von Berichten aus zweiter Hand zu korrigieren versucht. Dabei bin ich so gewissenhaft vorgegangen, wie es nur möglich war.

Geburt bei Trommelschall

Die Zeitungen der Stadt Perpignan, die sich gelegentlich mit dem in ihrer Stadt geborenen deutschen Politiker beschäftigen, versäumen selten zu erwähnen, »wie Carlo Schmid am 3. Dezember 1896 in Perpignan bei Trommelschall geboren wurde«. Mit dem Trommelschall hatte es folgende Bewandtnis: Das meinem elterlichen Hause benachbarte Grundstück wurde von einem pensionierten Hauptmann der französischen Kolonialarmee, einem Bretonen namens Lecreps, bewohnt. Dieser im Waffendienst ergraute Krieger sah überall deutsche Spione am Werk. Kein Wunder: Es war die Zeit, da nahezu ganz Frankreich glaubte, ein Hauptmann der französischen Armee namens Alfred Dreyfus, dessen Familie aus dem Elsaß stammte, habe für die deutsche Botschaft in Paris spioniert. Der unglückliche jüdische Hauptmann – »man braucht nur dieses Gesicht anzuschauen, dann weiß man, daß er ein Verräter ist«, schrieb in jenen Tagen ein bekannter französischer Journalist – wurde in der Tat in verschiedenen Instanzen verurteilt und auf die Teufelsinsel vor der Küste von Guayana verbannt.

Unser Nachbar beobachtete meinen guten Vater, der nie Soldat gewesen war, auf Schritt und Tritt und fand immer neue Indizien, die seinen Verdacht bestätigten. Eine Anzeige bei der Sûreté folgte auf die andere – freilich ohne jeden Erfolg. Der darob ergrimmte Kapitolswächter suchte nach einem anderen Weg, Frankreich von dem deutschen Geheimagenten zu befreien. Wenn die Polizei versagte, mußte die Initiative des patriotischen Bürgers das Notwendige möglich machen! Und er fand ein probates Mittel: Jedesmal, wenn mein Vater sich zum Mittagsschlaf niederlegte, schritt der Capitaine

a. D. mit einer Trommel bewaffnet zum Gartenzaun und schlug aus
Leibeskräften den Generalmarsch. So geschah es auch an jenem
3. Dezember 1896, an dem ich das Licht der Welt erblickte. Dies ist
der Grund, warum ich unter Trommelschall geboren wurde. Meinen
Vater haben die rollenden Wirbel auf dem Kalbfell des Nachbarn
nicht verjagt.

In jungen Jahren war er Famulus des Philosophen Friedrich
Theodor Vischer, dann aber nach Frankreich gegangen, um seine
Studien dort fortzusetzen. Einer der Gründe für den Orts- und
Landeswechsel, so sagte er mir, sei gewesen, daß er den neu
aufgekommenen »Reserveoffiziersstil« an den deutschen Universitäten nicht habe ertragen können, und auf meine Frage, warum er denn
in Frankreich geblieben sei, da er doch seine deutsche Heimat so
liebe, gab er mir einmal zur Antwort: »Weil ich nirgendwo anders so
eindringlich erfahren habe, was Freundschaft zu bedeuten vermag.«

Nach längerer Studienzeit in Paris wurde er Lektor an der
Universität Toulouse, und von dort aus kam er als Gast eines
Freundes aus Perpignan oft in diese Stadt. Dabei lernte er meine
Mutter kennen, die eben die Ecole Normale absolviert hatte, denn sie
war entschlossen, nicht zu heiraten, sondern es mit dem Leben aus
eigener Kraft aufzunehmen, was eine junge Frau in den achtziger
Jahren nur als Lehrerin wagen konnte. Sie schrieb passable Gedichte,
und über ein Lesekränzchen kam es zur Verlobung, einige Jahre
später, nach Überwindung des väterlichen Widerstandes, zur Ehe-
schließung.

Mein französischer Großvater war ein stolzer, harter Mann und
sehr viel älter als die sanfte Frau, die meine Großmutter wurde. Er
war der typische Patriot der Gambetta-Zeit, der die »Libre Parole«,
das Blatt des französischen Antisemiten Edouard Drumont, las, der
die Nation darüber aufklärte, daß die wahren Herren Frankreichs aus
Deutschland stammende Juden seien. Mein Vater und meine Mutter
sowie die meisten ihrer Geschwister standen in heftigem Gegensatz
zu ihm, was die Familie schließlich auseinanderbrechen ließ und die
Rückkehr meines Vaters nach Deutschland einleitete, die in einem
langen Hin und Her entschieden wurde, als ich dreizehn Jahre alt
war.

Frühe Erkenntnisse

Mit der ersten Heimat meiner Kindheit verbinden mich nur wenige deutlich faßbare Erinnerungen, kleine Episoden, in denen immer wieder zum Ausdruck kommt, daß ich etwas mir Liebes verloren hatte: einen blauen Luftballon, der mir davonflog, als ich bei der Rückkehr von einem dörflichen Fest auf dem Bock der alten Kutsche saß (ich mag drei Jahre alt gewesen sein). Als ich den blauen Ballon, dessen Schnur ich doch mit all meinen Kräften festgehalten hatte, den Wolken zufliegen sah, überfiel mich unendliche Trauer, eine Empfindung, die ich später bei vielen Anlässen, die mit diesem Kindheitserlebnis nichts zu tun hatten, immer wieder neu erlebt habe. Heute noch sehe ich manchmal einen kleinen blauen Ball den Wolken zufliegen . . .

Ein anderer Verlust traf mich, als ich zwei, drei Jahre älter war: Ich reinigte den Käfig meines Kanarienvogels und hatte vergessen, das Fenster zu schließen. Als ich mich umdrehte, um nach dem Schwamm zu greifen, flog Jacquot in die Freiheit hinaus. Lange, lange beschäftigte mich die Frage, was wohl aus ihm geworden sein mochte. Ein dritter Verlust, der schmerzlichste, folgte bald: Eines Abends kam mein weißer Spitz Mignon nicht mehr heim. Ich wartete, bis es Nacht wurde, und fand keinen Schlaf. Mignon kam nicht wieder. Er sei zu seinen Brüdern auf Besuch gegangen, sagte man mir. Aber dann flüsterte mir eines Tages ein Junge zu, die Zigeuner hätten ihn gefangen und bestimmt aufgegessen. Den Schmerz hat mir die Zeit nie ganz aus dem Herzen nehmen können, auch nicht der schöne, so starke Bernhardiner Ours, der aussah wie ein brauner Bär. Die Eltern schenkten ihn mir zum Trost. Ich habe, was ich empfand, in meinen kindlichen Selbstgesprächen sicherlich nicht in die rechten Worte zu fassen vermocht; rückblickend aber meine ich, mir ist damals unverlierbar bewußt geworden, daß ein geliebtes Wesen nicht austauschbar ist und verlorenes Geliebtes nie wiederkehrt.

Ich trieb mich viel auf dem ländlichen Anwesen meines französischen Großvaters herum, am liebsten in der Poudrière, einem steinernen Schuppen voller Gerümpel, mit dem ein Junge sich Märchenschlösser bauen kann. Ebenso gern ging ich in die Schmiede; es faszinierte mich, in die Essenglut zu blicken, während ich den

Blasebalg zog. Eines Tages hieß mich der Meister, eines der frisch geschmiedeten Hufeisen aus dem Wasserkübel herauszunehmen. Ich dachte, was in kaltem Wasser liegt, müsse kühl sein, und griff zu. Vor Schmerz wollte ich das Eisen fallen lassen, doch der Schmied zog mir die Hand, die das Eisen hielt, über den Amboß und schlug dreimal mit dem Hammer über die Hand hinweg. »Nun wird dir Feuer nie mehr etwas anhaben können!« versicherte er mir. Ich weiß, daß dieser Feuerzauber Hokuspokus war, und doch hat mich die Erinnerung an ihn im Kriege unbefangener um die Folgen in brennende Häuser eindringen lassen, als es ohne die drei Hammerschläge der Fall gewesen wäre.

Oft ging ich in die Küche, wo die uralte Schaffnerin Thérèse am großen Kamin saß – mir ist, als habe sie immer dort gesessen – und den Pot-au-feu bewachte. Unermüdlich nahm sie mit der Schaumkelle das Fett ab und meinte: »Heute kocht man allerlei Feines, aber ein richtiges Consommé kocht niemand mehr.« Sie erzählte mir Geschichten von Heiligen und Kobolden und dem Gelichter, das nachts die Welt unsicher macht. Immer wieder kam »le Juif errant« vor, jener Ahasverus, der sich geweigert hatte, dem Heiland das Kreuz tragen zu helfen, und darum zu ewiger Wanderschaft verurteilt wurde, »mit nur einem Sou in der Tasche!«. Doch jedesmal, wenn er in die Tasche griff, zog er einen Sou heraus ...

Damals, unmittelbar nach der Dreyfus-Affäre, war im Lande viel von Juden die Rede. So oft ich in der Kirche die Kreuzwegstationen betrachtete, vor allem den schrecklichen Hohenpriester und seine Henkersknechte, die den Heiland geißelten und ihm die Dornenkrone auf das Haupt drückten, glaubte ich, die Juden müßten ein furchtbares Volk gewesen sein. Ich weiß noch die Antwort meines Vaters auf mein Verdammungsurteil: »Nein, das war ganz anders. Jesus hat sich von den Juden kreuzigen lassen, um zu zeigen, wozu Menschen fähig sind, wenn selbst ein so frommes und gesetzestreues Volk wie die Juden einen Heiland ans Kreuz zu schlagen vermag. Wessen muß man sich dann bei anderen Völkern versehen?« Solche Lehren haften. In meiner Kinderseele sagte ich mir, man werde die Menschen sehr lange auf besonders strenge Schulen schicken müssen, bis sie das Schlechte endlich überwunden haben.

Mein Großvater versetzte meinem moralischen Optimismus bisweilen eine kalte Dusche. Zum Beispiel bei folgender Gelegenheit: Meine Mutter zeigte mir einmal, wie ein Vogel ein Würmchen aufpickte und mit ihm zum Nest flog, in dem die Jungen ihre Schnäbel aufsperrten. »Schau, wie gütig Gott die Welt eingerichtet hat: für jedes Schnäbelchen hat er ein Würmchen bereit.« Darauf mein Großvater: »Frag mal das Würmchen, ob dies auch seine Meinung ist.« Heute noch spüre ich, wie schwer mir dieser Satz in die Seele schnitt.

Wenn Gott gut und gerecht ist und allmächtig dazu, warum läßt er dann das Böse zu? Kann man an einen solchen Gott anders denken als voller Angst? Wie kann man einen Gott anbeten und preisen, der einem Vater gebot, den Sohn auf dem Opferstein zu schlachten? Dieses Dilemma hat mich schon früh beschäftigt, und fertig bin ich damit nie geworden, auch wenn ich statt Gott die Natur zum Weltenschöpfer machte. Das Buch Hiob und Kierkegaard haben mir dabei nicht helfen können. Erst spät lernte ich Goethes Wort kennen: »Gott und die Natur lieben nicht zärtlich.« Man wird also das Zärtliche und vielleicht auch die Güte bei den Menschen suchen müssen, und diese geben uns bestenfalls zurück, was wir ihnen gaben.

Früh erwachte in mir die Vorstellung, daß ich immer wieder Dinge tat, die schlimm waren, und ich hielt mir vor Augen, wie »der kleine Jesus« in meinem Fall gehandelt haben würde. In diese Zeit des erwachenden Schuldbewußtseins – sehr viel später hat es sich nach der Lektüre Dostojewskis zu der Vorstellung ausgeweitet, daß wir alle an allem schuld sind – fiel der Katechismus-Unterricht und damit die Konfrontation mit der Sünde. Von unserem Religionslehrer erfuhren wir, das Leben bestehe aus dem dauernden Wechsel von Sünde und Gehorsam gegen das Gesetz, also zwischen Selbstliebe und Liebe zu Gott und zu seinen Geschöpfen. Es komme nun darauf an, so zu leben, daß die guten Taten die bösen überwiegen. Die Folge war, daß ich jeden Abend vor dem Schlafengehen das Sündenregister des Tages zusammenstellte und sodann ein Verzeichnis meiner vermeintlichen guten Taten aufzustellen versuchte. Das war qualvoll, denn die Bilanz wies selten einen Saldo zu meinen Gunsten auf. Schließlich eröffnete ich mich meinem Religionslehrer, der mein Tun für unsinnig und unfromm erklärte, denn mit meiner Buchführung mische ich mich in das Geschäft Gottes ein, dem allein das Urteil über das Tun der Menschen zustehe. Der Sünde sei mit Aufrechnungskünsten nicht beizukommen. Das hat mich erleichtert. Aber das Skrupulantentum meiner Kindheit habe ich nie ganz verloren.

Leitbilder, Leitbücher

Die Schule hat zunächst keinen besonderen Eindruck auf mich gemacht. Ich fand es begreiflich, daß man Kinder tüchtig lernen läßt, damit sie später etwas mit sich und dem Leben anfangen können. Lesen und Schreiben hatte mich die Mutter schon gelehrt. Leider, denn ich bin als Linkshänder auf die Welt gekommen, und da man dies damals für ein Unglück hielt, wurde ich auf die rechte Hand »umgeschult« – mit dem Ergebnis, daß ich heute zwei linke Hände habe.

Meine Eltern gaben mir recht früh Bücher zum Lesen, zunächst französische. Meine erste Lektüre waren die Märchen von Perrault, von denen manche denen der Brüder Grimm ähneln. Ihre Märchensammlung war denn auch das erste deutsche Buch, das ich las. Mit dem Lesenkönnen wurde das Verhältnis zur deutschen Sprache enger. Mein Vater hatte von Anfang an deutsch mit mir gesprochen, während ich mit meiner Mutter und allen anderen französisch sprach. So war mein deutscher Sprachschatz anfangs viel ärmer als der französische. Für mich unmerklich, lenkte mein Vater unsere Gespräche so, daß ich mich im Deutschen bald genausogut auszudrücken vermochte wie im Französischen.

Meine Eltern bewegte ein starker pädagogischer und didaktischer Optimismus. So sollte ich zeitig mit einigen Grundwerken der großen Literatur bekannt gemacht werden, soweit sie Kindern eine ihnen gemäße Anschauung der Dinge dieser Welt zu vermitteln vermochten. Was wäre da als erste Lektion geeigneter gewesen als die Fabeln La Fontaines! Meine Mutter las sie mir vor, ließ sie mich dann selbst lesen und erklärte mir den Sinn der Fabel; danach hatte ich die Strophen auswendig zu lernen. Diese Exerzitien waren nicht immer kurzweilig. Ich hätte lieber draußen gespielt, als mich um die

Weisheit Äsops und seiner Löwen, Raben, Füchse, Wölfe und Ameisen zu kümmern. In späteren Zeiten bin ich meiner Mutter immer dankbarer geworden für die Mühe, die sie sich mit mir gemacht hat: Mit diesen Fabeln und ihrer Moral habe ich mir ein stabiles Gerüst von Regeln praktischer Vernunft zugelegt, von denen manche mir in Lagen, da ich Rat und Zuspruch brauchte, einfielen – am meisten in der Zeit, da ich mich auf das ungewohnte Feld der Politik zu begeben begann, auf dem eine der wichtigsten Eigenschaften derer, die säen und ernten wollen, das Vermögen ist, mit Menschen umgehen zu können, die nicht immer bereit sind, zu denken und zu wollen wie wir. Wie oft ist mir doch die Moral aus der Fabel von dem Löwen und der Maus eingefallen: *»Souvent on a besoin de plus petit que soi . . . «*

Das wichtigste bei dieser Lektüre aber war, daß ich aus der Fabelwelt La Fontaines das Bewußtsein bezog, daß jedes eigene Tun in unseren Nebenmenschen bestimmte Verhaltensweisen auslöst und bestimmte Bereitschaften hervorruft, die sich voraussehen lassen und an denen wir uns »quasi modo geometrico« zu orientieren vermögen wie an den Landmarken unseres eigenen Selbst. Die Moral La Fontaines ist utilitaristisch und stellt sich in Allegorien dar; es fehlen seinem Werk die Frische des Waldwebens in der deutschen Märchenwelt und deren das Schöpferische weckende Seelenkräfte. Indessen bewegt man sich in ihren auf dem Reißbrett von Erfahrung und Verstand entworfenen und nach dem Maß des Menschen vermessenen Gefilden sicherer als Hänsel und Gretel im Hexenwald, in dem man sich so leicht verläuft, andererseits freilich auch gelegentlich weiterkommt und tiefer in das Zwielichtige einzudringen vermag, als dies in den Rondellen und Bosketten von Versailles und Trianon möglich wäre. Während mich die Grimmschen Märchen das Fürchten vor dem Dunkel lehrten, lernte ich bei La Fontaine, daß Verstand stärker sein kann als Löwenkraft und die Schlauheit des Fuchses.

Das nächste deutsche Buch, das ich zu lesen bekam – es war wohl in der Zeit, da in der Schule die »lateinischen Klassen« begannen –, waren die Sagen des klassischen Altertums in der Darstellung Gustav Schwabs. Ich weiß noch, wie ich das Buch verschlungen habe, daß ich zunächst die olympische und die Unterwelt-Mythologie zur Seite schob, weil ich mit deren Symbolgehalt nicht viel anfangen konnte, und mich auf das Atridengeschlecht, die Argonauten und den Trojanischen Krieg stürzte. Besondere Liebe empfand ich für Odysseus, den göttlichen Dulder und Listenreichen, den der Zorn der Götter noch für weitere zehn Jahre auf die See zwang, bis die Wogen sein zerbrochenes Floß an Nausikaas Strand warfen.

Das war eine andere Lektüre als La Fontaine; da war nichts moralisch, nichts auf seine Brauchbarkeit für die Bewältigung des Lebens konzipiert; hier hatte ich reine naive Dichtung vor mir, im schillerschen Sinn Blüte und Frucht der Phantasie, Lichtraum und Schattenreich, ohne Brückenschlag von Diesseits zu Jenseits: Das Leben ist endlich, aber der Vollendung im Schönen fähig; der Tod ist absolutes Ende und kein Übergang. Freilich vermochte ich damals noch längst nicht zu begreifen, was die Götter Griechenlands im Bewußtsein der Hellenen darstellten. Ich vermochte noch nicht die Olympischen von den Chthonischen nach ihren Rollen im Kosmos zu unterscheiden. Für mich waren die Götter schlicht Helden wie Griechen und Troer, nur daß sie unsterblich waren, weswegen ich es unredlich fand, daß sie sich in die Kämpfe einmischten.

Den Zug der Argonauten mochte ich besonders. Hierin fand ich das Abenteuer »aufgehoben« in der Geschichte von der Drachensaat, die geharnischte Krieger aus den Furchen aufstehen und sich ohne Unterlaß bekämpfen ließ, bis Kadmos, der Bruder der Europa, dem Ares ein Sternenjahr gedient hatte und Zeus ihm Harmonia zur Frau gab, die Tochter des wilden Kriegsgottes und der lieblichen Aphrodite. Ich habe das Symbol natürlich erst später begriffen, aber die Geschichte von der Drachensaat wurde für mich frühzeitig von Bedeutung, war doch gerade erst der Burenkrieg zu Ende gegangen, und der Russisch-Japanische Krieg stand vor der Tür.

Zur gleichen Zeit ließ meine Mutter mich die Dramen Corneilles lesen, vor allem die Horatier-Tragödie, und das *»Qu'il mourût!«* des alten Horatius hat sich mir so tief eingeprägt wie das *»Rodrigue, as-tu du cœur?«* im »Cid«. Dagegen verstand ich die höfischen Seelenkonflikte in den Dramen Racines trotz der Erläuterungen meiner Mutter nicht. Doch es kam ihr auch weniger darauf an, daß ich Liebeskonflikte und Vergehen gegen den Codex von Versailles begreifen lernte, als daß ich erfaßte, was »l'esprit classique« für die Prägung von »Mustern des Menschseins« bedeutete, vor allem aber das schönste Französisch zu lesen bekam, das sie kannte – und mich auswendig lernen ließ. Manchmal sperrte man mich in mein Zimmer ein, bis ich, unter Tränen, durch die Tür rief, nun könne ich den großen Monolog aufsagen.

Meine Eltern haben meine Lektüre nie dem Zufall überlassen. Sie waren der Meinung, es gebe einige Bücher, die in der Entwicklung des menschlichen Selbstbewußtseins und Weltverständnisses Epoche gemacht haben. Einige seien auch für Kinder verständlich; im übrigen lehre die Erfahrung, daß in jungen Jahren erworbene Leseeindrücke oft erst in reiferem Alter Früchte tragen. So gaben sie mir früh den »Robinson« in die Hand, keine kurzgefaßte Bearbeitung »für die Jugend«, sondern Defoes vollständigen Roman in französischer Übersetzung. Ich habe vom philosophischen Sinn des Buches natürlich nicht viel verstanden, ebensowenig konnte ich einige Zeit später die politischen Bezüge im »Gulliver« Jonathan Swifts erahnen.

Bei der Lektüre des »Robinson« erfaßte mich große Angst, es könne sein, daß auch ich einst in einer Welt werde leben müssen, in die nicht einmal der Schatten eines anderen menschlichen Wesens fällt und in der die einzige Stimme, die man hört, die des Papageien auf der Schulter ist. Diese Angst wich allmählich der Zuversicht, daß der Mensch, der von der Kraft der Vernunft Gebrauch macht, auch mit dem Alleinsein fertig zu werden und der Natur siegreich entgegenzutreten vermag, wenn er ihre Gesetze beachtet und nutzt. Freilich kannte ich damals Bacons Maxime *»Natura non vincitur nisi parendo«* nicht, aber ich begriff auf kindliche Art, was es für den Menschen bedeutet haben muß, seine Weltangst, statt durch Beschwörung von Dämonen, durch Erschließung der materiellen Ursachen zu bannen, indem er sich auf die nachprüfbaren Wahrnehmungen seiner Sinne und die richtige Anwendung des Satzes von Ursache und Wirkung beschränkt. Doch die furchtbarste Stelle in dem Buch war die – anfangs erschreckende – Begegnung Robinsons mit der Spur eines Menschenfußes im Sand und die Verwandlung seiner Einmannwelt durch die Aufnahme Freitags in eine Welt von Ich und Du, in der das aufgeklärte Ich den unwiderstehlichen Drang verspürt, aus dem »Wilden« einen Menschen zu machen, der lernt, nach der Vernunft zu leben, und infolgedessen seinen Aberglauben und seine Weltangst ablegt, Gut und Böse unterscheiden lernt und schließlich wird wie einer von uns – wodurch die Gesellschaft entsteht und mit dieser die Zivilisation.

Für mich war dies Rousseau »avant la lettre«: der Glaube an das Gute im natürlichen Menschen und die Bildbarkeit alles dessen, was Menschenantlitz trägt, durch den Einsatz des Geistes und der Vernunft. Doch habe ich damals – vor sieben Jahrzehnten – wirklich so gedacht, oder denke ich den heutigen Mann in den Knaben von damals hinein? Wie auch immer – könnte ich mich in den Knaben von damals in dieser Weise hineindenken, wenn Ansatz und Möglichkeit hierfür nicht in jener fernen Zeit angelegt worden wären?

Ein anderes Grundbuch meiner Kindheit war der »Don Quichotte« des Cervantes, auch er gelesen in einer französischen Übersetzung des spanischen Romans, jedoch ohne die in die Berichte über die Taten des Ritters von der traurigen Gestalt eingestreuten »moralischen Geschichten«. Diesem Buch gilt heute noch meine besondere Liebe. Auf dem Titelblatt des alten Bandes aus meines Vaters Bücherschrank war der Verfasser zu sehen, wie er hinter Gefängnisgittern sich der ruhmreichen Seeschlacht bei Lepanto (1571) erinnert, in der er beim Entern eines Mohrenschiffes die linke Hand verlor. Voll Erbarmen mit dem unglücklichen Dichter las ich die Taten und Leiden des Edelmannes aus der Mancha, der für sich selber keinen anderen Ritternamen zu finden vermochte als »Ritter von der traurigen Gestalt«. Das romantische Bewußtsein, das ich mir bis heute bewahrt habe, daß nämlich nach den Maßstäben der Bevorzugten dem Benachteiligten eine besondere Aufgabe bei dem Geschäft der Menschheit, die Welt von Ungeheuern und Bösewichten zu säubern, vorbehalten sei, und daß ihm dafür kein anderer Lohn winke als die Gewißheit, von Dulcinea – von der Idee – als ihr Ritter bestätigt zu werden, mag damals seinen Ursprung gefunden haben, desgleichen die Einsicht, daß einem solchen ein Sancho Pansa für die Prügel und die Beschaffung von Herberge und Brot bitter nötig sei. Die Reden des Ritters in der verzauberten Schenke und anderswo, daß der Welt der fahrende Ritter nötig sei, damit »in den Wäldern, die vor Schrecknis pochen«, die Drachen getötet werden können, habe ich nie vergessen, und ich war mir auch nie ganz sicher, ob die Windmühlenflügel, gegen die der Hidalgo anritt, nicht vielleicht doch lebendige Riesen waren. Kurt Schumacher teilte diese Zweifel. »Don Quichotte« war das erste Buch, über das er sich mit mir unterhielt. Ich weiß noch, um was es dabei im besonderen ging, um die klare Einschätzung der Windmühlen und um den Satz: »Kein Mann ist mehr als ein anderer Mann, der nicht mehr *tut* als ein anderer Mann.«

Auch der »Lederstrumpf« ist bis zum heutigen Tag mein Begleiter geblieben. James Fenimore Cooper hat die Natur nicht als einen von Gott bestellten Garten gesehen, sondern als sich selbst immer neu hervorbringende Schöpfung von Leben chaotischer Wildheit, darin die Ordnungen der Vernunft einzubringen, eine der Aufgaben des Menschen ist. Dem weißen und dem farbigen Mann, dem Naturkind mit Urvätertugend und dem Mann der Aufklärung kommen dabei, wenn sie redlich sind, gleiche Würde zu. Die Mohikaner, Vater und Sohn, die unter den widrigsten Umständen Gleichmut bewahren und sogar dort sittlich handeln, wo unrechtes Tun Vorteil brächte, sind mir zu Leitbildern geworden, die mir auch dann vor Augen standen, wenn ich selbst nicht die moralische Kraft aufbrachte, zu handeln wie sie.

Reisen mit den Eltern in die Länder der Latinität ergänzten das Gelesene. Früh kam ich mit meinem Vater nach Rom und Florenz und staunte vor den Monumenten, in deren Trümmern noch die Schatten der »Großen Männer« des Plutarch zu hausen schienen. Wie war ich erschüttert, als ich am Titusbogen die heiligen Gefäße aus dem Tempel in Jerusalem eingemeißelt sah; als mein Vater mir die Stelle zeigte, wo Caesars Scheiterhaufen stand, und ich auf der Höhe des Palatin die Fundamente des Palastes des Augustus abschritt. Unten aber zog sich die Via sacra der Triumphe hin, und in den Tiefen des Kapitolinischen Hügels lag der Mamertinische Kerker, darin Vercingetorix schmachtete, den ich in der Schule so liebte (»*Nos ancêtres, les Gaulois*« begann das französische Lesebuch).

DIE SCHULZEIT

Was man lernte und was nicht

Meine Schulen waren Lernschulen. Das bedeutet: Wir Schüler sollten, ohne Rücksicht auf die unmittelbare Verwendbarkeit des Lehrstoffes für einen späteren Beruf, das Lernen lernen. Die meisten von uns haben es gelernt. Erziehung und Begabungsförderung im Sinne des Eingehens auf den einzelnen, um seine spezifischen, wenn auch dem Schulplan fernerliegenden Begabungen zu wecken, spielten eine geringe Rolle. Die Schule bot uns ihren Lehrstoff an; es war unsere – und unserer Eltern – Sache, das Angebot anzunehmen und das Gebotene in uns »einzuarbeiten«. Eltern und Lehrer waren überzeugt, daß dieser Prozeß gerade wegen der Allgemeinheit und Unpersönlichkeit der Methode den jungen Menschen zu einem brauchbaren Mitglied der menschlichen Gesellschaft und einem lebenstüchtigen Menschen erzieht und seine Fähigkeiten voll zur Entfaltung bringt. Was die Ausbildung der musischen Gaben anlangte, so galt die Beschäftigung mit der Antike und den französischen und deutschen Dichtern als Anreiz genug, uns im Schöngeistigen zu üben.

Das Lebensgesetz der Schulklasse war diszipliniertes Lernen und die Ausscheidung jener, die bei den Jahresprüfungen zeigten, daß sie »das Ziel der Klasse« nicht zu erreichen vermocht hatten. Sonderbegabungen mochte es geben, doch wenn sie sich nur durch Leistung außerhalb des Lehrplanes auswiesen, wurden sie dem Schüler für das Zeugnis nicht angerechnet. Dadurch ist mancher fruchtbare Ansatz zertreten und mancher Schüler in die Abseitsposition des Sonderlings gedrängt worden, den ein wenig unkonventionelle Liebe, wenn auch nicht das Klassenziel, so doch ein Lebensziel hätte erreichen lassen.

Doch an das Außergewöhnliche wagte die Schule sich nicht heran, nicht aus Trägheit, sondern aus einer Art von – falscher – Bescheidenheit, die ihr gebot, sich auf typische Lebensverläufe einzustellen. Sie war auf eine elitäre Art egalitär, indem sie innerhalb einer bestimmten Spannweite allen das gleiche bot und der Verschiedenheit der Anlagen der Schüler durch eine weite Skala von Noten und durch die Vielfalt der Fächer Rechnung trug.

Mit Ausnahme der Samstage war auch nachmittags Unterricht. Erst nach siebzehn Uhr konnte man sich an die Hausarbeiten machen, die bei mir einige Stunden in Anspruch nahmen, denn mein Vater pflegte meine Schulhefte zu kontrollieren und die Vokabeln abzufragen. Nur um meine Aufsätze kümmerte er sich nicht: Er wollte mich wohl zwingen, meine eigene Ausdrucksweise zu finden. Der Abend gehörte allein der Lektüre. Dies klingt, von den heutigen Verhältnissen aus gesehen, nicht recht glaubhaft. Doch ist es so gewesen.

Ablenkungen gab es außerhalb der Familie so gut wie nicht. Der »Kinematograph« kam für uns nicht in Frage, die Mitgliedschaft in Sportvereinen war unerwünscht; beides hätte ja die für die Hausarbeiten erforderliche Zeit beschnitten. Für den häuslichen Musikunterricht standen Mittwoch- und Samstagnachmittage zur Verfügung, ebenso wie für die großen Hausarbeiten in Latein und Griechisch und für die »großen« Aufsätze. Wenn ich an meine Enkel und ihre »Belastung« durch Schularbeiten denke, werde ich zurückblickend noch heute neidisch. (Und was habe ich unter dieser Fron nicht noch alles gelesen!) Trotz unseres enormen Pensums verfielen wir nicht einer Hysterie des Punktezählens, wie ich dies bei der heutigen Jugend bemerke. Denn niemand brauchte einen Numerus clausus zu fürchten, wenn er nur die Note »genügend« erreichte.

Von 1908 an besuchte ich das Stuttgarter Karls-Gymnasium. Die Fächer, die dort unterrichtet wurden, waren im wesentlichen die des Humboldtschen Programms humanistischer Erziehung, was »gesellschaftlich« dadurch möglich wurde, daß es im alten Württemberg für die »Realien« vorzügliche Berufsschulen und Oberrealschulen gab, auf die wir Gymnasiasten ein wenig herabschauten, wofür die anderen sich bei den Schulwettbewerben durch bessere sportliche Leistungen rächten. Mit sozialen Klassenunterschieden hatte dieser

Schulhochmut nichts zu tun, denn die Eltern der Oberrealschüler
waren größtenteils wohlhabende Geschäftsleute, während bei uns die
Söhne von Lehrern, Pfarrern und Beamten überwogen. Es war wohl
so, daß wir die Beschäftigung mit unserem »unnützen« Lehrstoff für
nobler erachteten: *Non vitae sed scholae discimus!*

Unsere Lehrer waren zumeist Altphilologen. Selbst von unseren
neusprachlichen Lehrern hatte mancher ursprünglich alte Sprachen
studiert, und man merkte es dem Unterricht an, daß die neuen
Sprachen für sie keine Sprachen für den Gebrauch »im Leben« waren.
Wir lernten die »lebenden Sprachen«, um ihre Literatur lesen zu
können.

In den unteren und mittleren Klassen spielte Latein in unserer
Wertschätzung die wichtigste Rolle, die wir in den letzten zwei
Klassen dann auf das Griechische übertrugen. Wir hatten zunächst
das Grammatikbuch durchzuackern und uns durch Anthologien auf
die »Schriftsteller« vorzubereiten. An Caesars »Gallischem Krieg«,
unserer ersten Lektüre, hatte ich wenig Spaß, doch begriff ich, was es
mit seinem Stil auf sich hatte. Als wir mit Cicero begannen, hatte ich
das Gefühl, zu einer anderen Sprache überzugehen, und ich stellte mir
vor, daß es eine schöne Sache sein müßte, diese beiden Arten, sich im
Lateinischen auszudrücken, in ein einziges Deutsch umzuschmelzen
und so den Besitz des vollen Reichtums unserer Muttersprache zu
erringen.

Was ich beim Umgang mit der lateinischen Sprache nicht empfunden
hatte, entdeckte ich bei der Beschäftigung mit dem Griechischen: daß
einer Sprache zur Präzision ihres Vokabulars und zur Vielfalt ihrer
grammatikalischen Mittel ätherische Schwingungen eigen sein müssen,
wenn sie imstande sein soll, die feineren Bereiche zwischen Hell und
Dunkel der Innen- und der Außenwelt aufzuschließen. So begann ich
denn bald, dem Lateinischen das Griechische vorzuziehen, zumal ich
glaubte, daß mir die Lektüre der französischen Klassiker des siebzehn-
ten Jahrhunderts genug Latinität vermittelt hatte.

So gewann ich die Überzeugung, in der richtigen Schule zu sein,
erst, als wir die Griechen lasen. Dabei meine ich nicht die lediglich
berichtende »Anabasis« des Xenophon, sondern Homer, Platon, die
Lyriker – Sappho vor allem – und die Tragiker Sophokles, Euripides

und beider Ahnherrn, Aischylos. In ihrer Sprache schien mir all das, was Himmel und Erde bewegt, den vollkommensten Ausdruck gefunden zu haben. Der Höhepunkt des Griechischunterrichts war das »Gastmahl« des Platon, jenes Hohelied des Eros, das Diotima, die Priesterin, dem greisen Sokrates vermittelt: Liebe bewirkt, daß wir uns im anderen geläutert wiederfinden, wenn wir in der Einfühlung in das geliebte Wesen der Idee des Schönen und der Ordnungen des Guten innewerden. Seitdem bedaure ich jeden, dem es versagt blieb, einige Jahre seines Lebens unter dem geistigen Himmel Griechenlands zu verbringen. Dabei war, was uns die Schule geben konnte, keineswegs die hölderlinische Fülle Griechenlands, denn andere, ergänzende Wissensgebiete verlangten ihr Recht und unsere Zeit.

Französisch brauchte ich nicht mehr zu lernen, und der Englischunterricht war so dürftig, daß man mich nach der Schulzeit nicht ohne Begleitung hätte nach England reisen lassen können. Shakespeare lasen wir nur in den Deutschstunden. Vorzüglich war unser Mathematikunterricht; er war weniger darauf ausgerichtet, uns die Kunst des Rechnens beizubringen, als vielmehr uns in das axiomatische Denken der Mathematik einzuführen. Dieses gründlich erarbeitete Fundament zusammen mit dem, was ich über die Newtonschen Gesetze, die Wärmelehre, die Optik, den Elektromagnetismus gelernt hatte, setzten mich nach meinem Universitätsstudium instand, nachzulernen, was nötig ist, um – wenn auch nur dilettantisch – wenigstens das Elementare der modernen Physik und ihre spezifischen Fragestellungen zu begreifen.

Der Geschichtsunterricht war trocken und brachte wenig ein. Wir erfuhren von Kriegen, lernten die Jahreszahlen von Schlachten und die Namen von Feldherren auswendig. Von modernem sozialem Denken sagte man uns nichts. Doch was ich im Lateinunterricht über die Kämpfe der Gracchen hörte, ließ mich ahnen, welche Rolle ökonomische und soziale Ungleichheit im Leben der Staaten spielen können. Das gilt auch von der Lektüre der Reden Ciceros gegen Catilina und Verres. Im übrigen haben wir es nicht weiter als bis Waterloo und Sedan gebracht, und darauf kam der Lehrer nur deshalb zu sprechen, »weil die beiden Schlachten von den Preußen gewonnen wurden«. Mit einer abschätzigen Bemerkung wurde kurz erwähnt, daß im Jahre 1848 eine nationale Bewegung die deutsche Einheit angestrebt habe, daß diese Aufgabe einem »Professorenparlament« jedoch nie gelingen konnte: Die Einheit Deutschlands herzustellen, sei indes nicht Liberalen und Demokraten zu verdanken, sondern durch einen preußischen Junker vollbracht worden, der keine Angst vor Blut und Eisen hatte.

Der Deutschunterricht stand im Zeichen der »Einführung in die deutsche Literatur«. Wir begannen mit dem Wessobrunner Gebet und den Merseburger Zaubersprüchen, lasen einige Sequenzen aus dem »Heliand« und sprangen von dort zu Walther von der Vogelweide, doch ohne etwas von der politischen Wucht seiner Reichstonsprüche zu erfahren. Wir stocherten im Nibelungenlied herum, fast nur auf den vordergründigen Inhalt bedacht, und ich erinnere mich noch, daß auf meine Bitte hin, auch die Aventiure zu lesen, »wie Volker der Schildwacht pflag«, der gute Professor Ziegler meinte, darin sei doch nichts Wichtiges enthalten. Dieser treffliche Mann, dessen Lieblingsdichter Ludwig Uhland war, gab uns auch den Rat, den Zweiten Teil des »Faust« nicht zu lesen. Der Grund: Goethe sei schon recht alt gewesen, als er ihn schrieb. Zu jung dagegen schienen ihm die Genies des »Sturm und Drang« gewesen zu sein. Wir vernahmen nichts von den gesellschaftlichen Veränderungen, die diese Bewegung möglich machten, nichts über die Veränderungen des Bewußtseins vom Lebenssinn, die jene deutsche Jugend anstrebte, indem sie das unerhörte Neue kreierte. Dann kamen Goethe und Schiller an die Reihe – fast nur ihre historischen Dramen. Von Lessing lasen wir den »Laokoon«. Ich fragte mich damals, warum wir nicht mehr solcher Traktate behandelten ... Fast alle Werke wurden vom Stofflichen her analysiert; die ästhetische Betrachtungsweise kam stets zu kurz, und die philosophischen Bezüge blieben meist im dunkeln.

Wir empfanden diesen Mangel durchaus, und einige von uns schlossen sich zu einem Kränzchen, »Sprechsaal« genannt, zusammen und versuchten, mehr in den Stücken und Texten zu finden, als uns der Lehrer aufgezeigt hatte. Den »Faust« haben wir natürlich zu lesen »aufbekommen«. Man warnte uns nachdrücklich vor der diabolischen Intelligenz des Verführers Mephistopheles, nicht ohne die Brauchbarkeit seiner Spruchweisheiten für das praktische Leben zu betonen. Von Kleist lasen wir die martialische »Hermannsschlacht«, sein schwächstes Stück. Doch man näherte sich ja der Jahrhundertfeier der Befreiungskriege. Darum standen auch Gedichte von Ernst Moritz Arndt und Max von Schenkendorf, wie »Freiheit, die ich meine«, auf dem Lehrplan. So ging es, bis wir einen Lehrer bekamen, der es anders machte: Professor Binder, den die jungen Damen des Mädchengymnasiums nach Ludwig Tiecks Märchen den »blonden Eckbert« nannten.

Er war jung, immer modisch gekleidet und befleißigte sich mit uns Primanern eines urbanen Umgangstones. Er hielt sich für fortschrittlich, was sich unter anderem darin zeigte, daß er uns das Dichterische in den Texten der Wagner-Opern erläuterte. Es lag ihm am Herzen, uns die deutschsprachige Literatur des mittleren neunzehnten Jahrhunderts nahezubringen, »damit wir auch die Modernen richtig zu lesen verstünden«, und dafür habe ich ihm zu danken. Er gab uns den »Grünen Heinrich« als Hauslektüre auf, ließ uns die einzelnen Kapitel referieren, und daran knüpften sich lange Gespräche, die oft ein gutes Stück über die Schulstunde hinausgingen und viele von uns beglückten. Was wir da über die Auseinandersetzung Gottfried Kellers mit der atheistischen Lehre Feuerbachs und über seine Heidelberger Zeit zu hören bekamen, hat wohl keiner von uns vergessen. Neben Gottfried Keller wählte der »blonde Eckbert« Conrad Ferdinand Meyer zum Lesestoff unserer Primanerzeit und machte uns begreiflich, daß dieser schweizerische Dichter mit der Reichsgesinnung aus einer anderen Welt kam als Gottfried Keller und daß die ihm eigentümlichen Stilelemente, die Professor Binder uns als romanisch definierte, den spröden Stoff der Erzählungen auflockerten und gleichzeitig wie eine Medaille zu prägen vermochten – eine Medaille, die im scharfen Umriß des Porträts auf der einen Seite und der Wappenzeichnung auf der anderen schon die Essenz des Geschehens zu erkennen gibt. Wir lasen seine Balladen, nicht jedoch die schönen »südlichen« Gedichte – »Die Veltlinertraube«, »Der römische Brunnen«. Professor Binder las mit uns auch ein wenig Mörike, einige Seiten Fontane, sowie, um das Theoretische abzudecken, Schillers Traktat »Über naive und sentimentalische Dichtung«. Damit gingen wir ins Abitur.

Man mag über diese Aufzählung notorischer Deutschstunden-

Literatur spotten. Für uns Schüler war diese Auswahl richtig. »Literatur« stellte sich darin in Stoffen dar, die wir überschauen konnten und deren Behandlung uns in das Problem der Form einführte. Das Gelesene konfrontierte uns mit einem Vokabular, mit dem wir unbefangener umzugehen wußten als mit dem idealistischen Pathos der Schillerschen Gedichte, das unseren Aufsätzen allzu oft etwas Geschwollenes gab.

Unser »Hausheiliger« und meine Lieblingsdichter

Von gesellschaftlichen Klassen und überhaupt von »Gesellschaft« als Phänomen und Problem erfuhren wir nichts. Es gab eben Arme und Reiche, und unter beiden gab es Gute und Schlechte, Kluge und Dumme. Daß und auf welche Weise gesellschaftliche Umwälzungen die menschlichen Grundbeziehungen völlig verändern können, hat man uns nicht gelehrt. Ich glaube beschwören zu können, daß die Vokabel »Kapitalismus« im Unterricht nicht gefallen ist, auch nicht, als die Arbeiter von Daimler in den Streik traten und die Ludwigsburger Dragoner in den Seitenstraßen rechts und links der Neckarstraße aufmarschierten. Indessen fiel gelegentlich ein Wort über die Sozialdemokratie: sie sei nicht »national« und dem Kaiser feind.

Dabei ging es in unserem Gymnasium gar nicht feudalistisch zu. Ein Prinz von Urach-Württemberg war uns allen ein guter Kamerad und beneidete uns offensichtlich um die Freiheiten, die wir ihm voraushatten. Ein Viertel meiner Mitschüler wußten schon, daß sie aktive Offiziere werden wollten. Doch dies war keine klassenpolitisch getroffene Berufswahl, weder für sie noch für uns andere. Der Beruf des Offiziers galt eben einigen als besonders attraktiv und patriotisch: 1913 feierte man überall den Befreiungskrieg von 1813. Und standen nicht dem Marineoffizier die Weltmeere offen?

Wir erfuhren im Unterricht nichts, was uns die Mechanik des Politischen und die Rolle einer Verfassung hätte verständlich machen können. Wäre ich damals befragt worden, wer der Souverän des Deutschen Reiches sei, hätte ich geantwortet: der deutsche Kaiser, neben dem es noch einige Könige und viele andere Landesfürsten gebe. Wir hatten in Württemberg einen guten König, der jeden Tag mit seinen beiden Spitzen auf der Königstraße spazierenging und freundlich den Hut zog, wenn man ihn mit einem »Grüß Gott, Herr König« grüßte. Das war etwas Solides, an das man sich halten konnte. Vom Bundesrat und seiner Bedeutung wußte ich nichts, und vom Reichstag hatte ich nur eine vage Vorstellung. Vor der Reichstagswahl von 1912 fragte ich meinen Vater, was eigentlich der Sinn und Zweck dieses Unternehmens sei. Mein Vater erklärte mir Wesen und Aufgabe der Parlamente und welche Rolle darin die politischen Parteien spielten. Viel Konkretes konnte ich mir, auf das deutsche Reich bezogen, darunter nicht vorstellen, doch einen Satz meines Vaters habe ich nicht vergessen: »Der ständig betrunkene Gärtner uns gegenüber darf wählen; deine Mutter, eine gebildete Frau, darf nicht wählen. Das ist himmelschreiend ungerecht und dumm; das wird man ändern müssen. Andererseits könnten den Nutzen eines Frauenwahlrechts vielleicht Kräfte davontragen, die anderes für wünschenswert halten als ich. Politisch gesehen mag es eine Torheit sein, sich für das Frauenwahlrecht einzusetzen – doch auf jeden Fall ist es eine generöse Torheit; also werden wir sie begehen müssen.«

Es war die Zeit der britischen Suffragetten. Von denen hatte ich schon in der Zeitung gelesen. Niemand schien die »verrückten Weiber« ernst zu nehmen. Meine Eltern dachten und fühlten liberal, vielleicht nicht so sehr in einem strikt politischen, als in einem allgemein menschheitlichen Sinn: Die Welt ist so, wie die Menschen sie geschaffen haben, und wenn es darin Schlechtes gibt, so können die Menschen dies ändern, wenn sie sich Mühe geben, nach dem Ideal zu handeln, das zu haben sie vorgeben. Die Menschheit sei heute so weit, daß sie das einsehe und denen den Weg verlegen werde, die sich dem Besseren, das sich anbahnt, entgegenstellen. Vor allem gelte dies, wenn es um die Erhaltung des Friedens gehe.

Dies mag eine kleine Begebenheit illustrieren: 1911 hatte der deutsche Kaiser das Kanonenboot »Panther« nach Agadir an der marokkanischen Küste geschickt, zur demonstrativen Warnung vor gewissen französischen Vorhaben in diesem Lande. Die Erregung darüber in der Welt war groß. Ich besuchte mit meiner Mutter zur Zeit der »Marokkokrise« gerade Verwandte in Frankreich. Sie fürchtete das Schlimmste und fragte telegrafisch bei meinem Vater in Stuttgart an, ob wir angesichts der drohenden Kriegsgefahr nicht sofort zurückkehren sollten. Mein Vater antwortete meiner Mutter in einem gewöhnlichen Brief: Ob sie denn nicht begriffen habe, in welcher Zeit wir leben? Wenn eine Regierung auch nur den Gedanken an einen Krieg zu erkennen geben sollte, würden die Völker gemeinsam aufstehen und diese Regierung wegfegen. Wir sollten also ruhig bleiben, wo wir sind ... Mein Vater war ein kluger Mann, der sich etwas auf seine Geschichtskenntnisse zugute hielt und die Menschen und die Welt zu kennen glaubte. Aber er glaubte an die Wandlungsfähigkeit der Menschen; er glaubte an die »Wahrheiten« der Aufklärung und an die Kraft der Vernunft. Vor allem aber glaubte er an die Entschlossenheit der internationalen Arbeiterbewegung, eher alle Räder zum Stillstand zu bringen, als es zum Krieg kommen zu lassen. Damals konnte ein welterfahrener Mann noch an vieles glauben, was für möglich zu halten heute nur noch naiven Weltfremden nachgesehen wird.

Der Hausheilige meiner Eltern hieß Leo Tolstoi; er galt als der Apostel der Menschlichkeit schlechthin. Jedes seiner Bücher wurde zu Hause gelesen – die frühen, darin der Graf noch ganz Edelmann ist; die späteren, darin er das einfache Leben predigt und in den einfachen Menschen das Menschlichste des Menschen zu erkennen glaubt. Dieser neue Rousseau beeinflußte mich tief, obgleich ich meine Skepsis gegenüber der praktischen Durchführbarkeit seines Weges nie ganz zu unterdrücken vermochte. Bei diesen Zweifeln fühlte ich mich als ein recht kleinbürgerlicher Spießer, dem es an Herz für die allgemeine Not der Menschheit fehle; doch sie blieben bestehen, ohne freilich meine Verehrung für den »Heiligen« zu mindern, die am höchsten stieg, als ich »Auferstehung« gelesen hatte.

Aber dann las ich den »Zarathustra«. Ich war von der Lektüre hingerissen, obwohl ich längst nicht alles begriff, was Nietzsche seinem Weisen aus dem Morgenland an fröhlicher Wissenschaft in den Mund gelegt hatte. Doch mehr als seine einzelnen Botschaften bewegten mich Kraft und Reichtum der Sprache und der Mut zum Absoluten bei der Frage nach dem Recht des Lebens. Ich wollte mehr von Nietzsche lesen und nahm mir »Jenseits von Gut und Böse« und

»Zur Genealogie der Moral« vor. Auch diesmal wußte ich, daß ich für das volle Verständnis des Gelesenen noch nicht reif und nicht gebildet genug war. Doch es war so schön, das eigene Denken von diesen Gedankenblitzen anleuchten zu lassen! Selbst die Ratlosigkeit, in die mich ganze Kapitel warfen, war fruchtbar. Ich hatte es bei dieser Lektüre nicht leicht, denn mein Vater mochte Nietzsche nicht, dessen Philosophie ihm als das Produkt einer kranken Seele erschien. Obendrein war Nietzsche die Gegenwelt zu der Welt Tolstois und auch Schopenhauers, dessen Philosophie meinem Vater besonders gefiel, obwohl er den Pessimismus des Danzigers hinsichtlich der moralischen Grundsubstanz des Menschen nicht teilte. Er verzieh Nietzsche auch nicht die bösen Worte über Richard Wagner, denn er liebte die Musik des »Tristan« und der »Götterdämmerung« über alles. Wie weit diese Seite seines Wesens zu Tolstoi paßte, ist freilich eine Frage, die zu beantworten ich mich nie unterfing. Verehrte er doch mit gleicher Liebe den Aristokraten Goethe, aus dessen Gesprächen mit Eckermann er mir häufig vorlas. In diese Aufzählung gehört ferner seine große Liebe zu Voltaires »Candide« wie auch zu Honoré de Balzac, dessen Werk für ihn in der Tat die »Comédie humaine« unserer Zeit war. Um das Bild abzurunden, muß ich noch seine besondere Zuneigung zu Ibsen erwähnen, den er mir als den Entlarver der Lebenslüge unseres Zeitalters lobte, in dessen Puppenheimen und Kartenhäusern der Moral sich viele Menschen so gemütlich einrichten zu können glauben. Er erzählte mir, daß sich in seiner Studentenzeit einige seiner Kommilitonen das Leben nahmen, nachdem sie das Werk Ibsens gelesen und begriffen hatten.

Obwohl ich durch meine Schule nicht alles bekam, was eine gute Schule lernwilligen Schülern vermitteln könnte und auch sollte, bin ich meiner Schule dankbar; sie hatte mich gelehrt, zu arbeiten und auch dort, wo mir das Brett nicht gefiel, so lange zu bohren, bis ich durch war. Den wesentlichsten Teil meiner Bildung verdanke ich jedoch den Schriftstellern und Dichtern, deren Werke ich in den Bücherschränken meines Vaters fand und mir nach seinem Rat oder auf gut Glück heraussuchte. Mein Büchertisch war allezeit reich gedeckt. Ich hätte mir an der Fülle den Magen verderben können. Noch einmal muß ich Balzac nennen, der mir das Lebensgefühl des

neunzehnten Jahrhunderts erschloß, in dem das Streben nach gesellschaftlich relevantem Erfolg der Grundantrieb der Menschen wurde:
Erfolg in finanziellen Dingen, auf dem Gebiet der Macht, in der Liebe
– der wahren, bei der ein Herz das andere sucht, um sich mit ihm zu
verschmelzen; der falschen, mit der man den anderen in Besitz
nimmt, um sich selbst zu bestätigen –, die Welt von Lucien de
Rubempré und Rastignac, darin geheime Lebenskräfte aus dem
Orkus der Gesellschaft in der Gestalt von Abenteurern dunkler
Herkunft das Geflecht des Errechenbaren zerreißen und eine Stadt –
Paris – selbst zur handelnden Person wird, die schließlich den
Generalnenner für alle Brüche abgibt, in denen das Menschliche sich
entfaltet. »La Peau de Chagrin« führte mich zu E.T.A. Hoffmann
und mit ihm in die Tiefenbezirke der deutschen Romantik, die man
zu jener Zeit bei uns nur als beziehungslose Märchenwelt verstand
und die doch auch in die Welt des Rationalen Wege eingezeichnet hat,
die weiterführen als jede noch so scharfsinnige Errechenbarkeit.

Ich las Stendhal und genoß seine am Code Napoléon täglich
nachgeprüfte Sprache zugleich mit der Kunst der Selbstdarstellung
eines unteilbaren Menschen in drei ganz und gar verschiedenen
Lebensläufen, in deren jedem sein Leben bei aller Verschiedenheit der
Phänomene gleicherweise authentisch erscheint. Ich las mit immer
wachsendem Interesse Fontane, diesen Redlichsten aus dem einst so
redlichen Berlin. Ich las Dickens, diesen großen Dichter des Elends
einer Gesellschaft, die sich eben erst in ihren Hinterhöfen und
Abfallhalden zu entdecken begann.

Dann, gegen Ende der Schulzeit, kam Emile Zola ins Blickfeld,
zuerst mit seinem »Germinal«, durch den ich zum erstenmal von der
Verknechtung und Ausbeutung des Menschen durch das anonyme
Geld erfuhr; dann mit »L'Argent«, durch das ich eine Ahnung davon
bekam, welche Waffe der Besitz mobilen Geldes, der Handel mit
Kredit bei der Ordnung und Manipulation der politischen Machtverhältnisse darstellt. Schließlich las ich »La Débâcle«, den Roman über
den Deutsch-Französischen Krieg, durch den ich lernen konnte, wie
ein Staat im hellen Glanz des Erfolges, inmitten von Ruhm und
Zivilisation zu verfaulen vermag, wenn die Bürgertugend sich von der
Scheinwelt verspielten Geistes und sich selbst genügenden Lebensge-

nusses hat anfressen lassen – und wie trotzdem mitten in der Schlacht von Sedan der pflügende Bauer zwischen den Batterien seinen Acker weiter pflügt, denn daß die Staaten aufeinander schießen, sei ja schließlich kein Grund, einen Acker unbestellt zu lassen.

Immer wieder las ich Heinrich Heine. Bald kannte ich das »Buch der Lieder« auswendig. Ich begann zu spüren, wie dies mein Verhältnis zu mir selbst und zur Außenwelt auflockerte und meine »humanistische Starrheit« brach, und ich suchte an Heine, den ich für den größten Lyriker nach Goethe hielt, zu lernen, wie sich das »Lateinische« der in der Schule erlernten Ausdrucksweise geschmeidiger machen ließe.

Das stärkste Bildungserlebnis aber war die Entdeckung Hölderlins. In der Schule lasen wir so gut wie nichts von ihm, denn: Hölderlin zu begreifen sei so schwer wie das Verstehen der späten Quartette Beethovens, und dazu seien wir Schüler nicht imstande. Ich empfand dieses Verdikt als Herausforderung, und ich machte mich ans Werk. Es gab damals nur kleine Ausgaben, die Hellingrathsche Edition war noch nicht erschienen. Mit dem »Hyperion« begann ich und las ihn mehrere Male, dann die kleinen Gedichte und mit Vorbedacht erst nach diesen die Hymnen »Archipelagus«, »Brot und Wein«, »Der Rhein« usw. Mir ging das alles schwer ein, aber es ließ mich nicht los. Bis auf den heutigen Tag hat Hölderlin mich nicht losgelassen, und wenn ich auch nicht immer sicher war, lesend die Fülle dessen eingebracht zu haben, was sich im Werk des Dichters offenbaren wollte, war und bin ich doch gewiß, daß jede Schicht, die wir von seinem Gedicht abzulösen vermögen, uns Wahrheit schenkt – jenes Maß an Wahrheit, das wir zu fassen vermögen. In der Schulzeit war mein Verhältnis zu seiner Dichtung fragmentarisch und eklektisch. Der Gedanke, diese Dichtung könne auch Deutung der Zeitereignisse im Geiste dessen gewesen sein, was Platon unter Politik verstand, kam mir trotz des Gedichts »Der Zeitgeist« nicht. Ob verstanden oder nicht, nahm ich jedes Wort, als sei es Brot des Lebens, von den Göttern geschickt, die sich uns nie unvermittelt zu erkennen geben und Emanationen der Gottesfülle sind, des Vaters Aether, dessen Weltfülle zu mächtig für uns ist, als daß wir sie ungeteilt ertragen könnten. Dies hat ein Leben lang in mir nachgewirkt.

Als letzter der Giganten überwältigte mich Shakespeare. Ich war sechzehn Jahre alt, als mich sein Genius gefangennahm. Es begann mit »Hamlet«, der Tragödie des schlechthin Überlegenen, den das Mißtrauen gegen das Geläufige warten läßt, bis er letzte Gewißheit gefunden hat und dann den Siegespreis Fortinbras überlassen muß, dem aus dem Stegreif Handelnden. Es fand seine Fortsetzung im »Sturm«, an dessen Ende Prospero sein großes Buch schließt und Fernando und Miranda erkennen, wie schön der Mensch ist, dieses »missing link« zwischen Verfallensein an wucherndes Dunkles und Schwerelosigkeit der Lichtwelt. Es folgten der Zauber der Lustspiele, die Königsdramen, »Macbeth«, »Lear« und der Eroshain der Sonette.

In der Prima wurde ich durch einen älteren Freund mit der Dichtung Stefan Georges bekannt gemacht. Zunächst waren mir seine Verse fremdartig; ihre Sprache schien mir verkünstelt, und was sollten mir jener »Algabal«, jene »Hymnen«, die sich an niemanden zu wenden schienen? Doch mein Freund brachte mich schrittweise auf den Weg des Verstehens, und ich begriff, daß Kunst nur den Sinn hat, Kunst zu sein – rechtes Maß der Gefühle und Gedanken und »sinneröffnender Fug« der Bilder, in denen sie sich ausdrücken wollen; Offenbarung des Reichtums der inneren und der äußeren Welt in ihren Dunkelheiten und Helligkeiten durch das *eine* rechte Wort, das »gebotene« – das ohne Beiworte und Relativsätze die Welt durchsichtig macht und aufleuchten läßt wie einen Kristall; ihre Aufhellung durch das Licht, das man vom Himmel geholt hat oder im Feuerschein aus den Kratern der Vulkane, auf deren Grund die Dämonen angeschmiedet sind. Was der Künstler jenseits des Kunstwerks schaffen will, hat mit seiner *Kunst* nichts zu tun; was Leser und Beschauer mit ihren Eindrücken und ihrem Bewegtsein anfangen auch nicht. Es fällt in den Bereich des Ethischen, und dieser Umschlag ist eines der erlauchtesten Wunder des Lebens. Es ist nicht die Kunst in ihrer Freiheit von Zwecken, die uns gut macht; die Kunst macht uns fähig, uns zu unserer Freiheit aufzuschwingen und in ihrem Segelwind zu immer neuen Ufern auszufahren. An deren Stränden finden wir immer »das eine, das not tut« und unser würdige Ziele für zweckhaftes Handeln. Seine Zwecke aber setzt sich ein jeder selbst.

Die Strophen der »Sagen und Sänge« und »Der Teppich des Lebens« gingen mir zuerst ein. Den Durchbruch aber bewirkte »Der siebente Ring« und dort vor allem das Gedicht »Templer«. Völlig sicher meiner Liebe zur Dichtkunst Georges wurde ich durch den »Stern des Bundes«. Doch da begann schon der Krieg. Ein »Georgianer« jedoch bin ich nie geworden.

»Wandervogel«

Zu Gleichaltrigen außerhalb der Schule hatte ich lange Zeit wenig Beziehungen, zumal meine Eltern kaum Umgang mit anderen Familien unterhielten. Die Tanzstunde machte ich mit, weil sie nun einmal dazugehörte, aber viel Geschmack vermochte ich ihr nicht abzugewinnen. Den darin dargebrachten »Anstandsunterricht« glaubte ich nicht nötig zu haben; was Höflichkeit ist, hatte mich das Elternhaus gelehrt: ein Sektor der praktischen Vernunft, deren Einsichten es uns ermöglichen, mit Menschen umzugehen, ohne uns ihnen und ohne sie uns zu unterwerfen.

In der Nachbarschaft wohnte ein junger Mann, der mir gefiel. Er war Schüler einer Maschinenbauschule, und meine Sympathie begann, als ich ihn an schönen Sommerabenden auf seinem Balkon Gitarre spielen sah und hörte. Ich suchte ihn auf und fragte, ob ich nicht bei ihm Gitarrespielen lernen könnte. Er lachte und meinte, für einen Musiklehrer eigne er sich wohl nicht recht; er habe das Klampfespielen im »Wandervogel« gelernt. Ich könne ja zu einem Nestabend mitkommen. Vielleicht werde es mir dort gefallen.

Ich ging hin und wurde von einem guten Dutzend junger Leute aller möglichen Schulgattungen freundlich aufgenommen. Man plauderte, schmiedete Pläne für die »Fahrt« am nächsten Sonntag, sang Volkslieder – ganz andere, als ich sie aus dem Schulgesangbuch und von den Dienstboten in unserer Küche kannte. Sie standen in einem Büchlein, das »Zupfgeigenhansel« hieß und mir gefiel, weil manches Lied aus »Des Knaben Wunderhorn« darin stand. Auf dem Heimweg bat ich meinen neuen Freund, meinen Aufnahmeantrag zu befürworten, was er tat.

So wurde ich Mitglied des »Alt-Wandervogel Württemberg« und damit – von heute her gesehen – aktives Mitglied der »Jugendbewegung«. Was das war, wußten wir zunächst nicht; wir erfuhren es aus kleinen Blättchen, die einige »freie« Jugendgruppen herausgaben. Wir wollten eigentlich gar nichts bewegen! Wir wollten wandern, uns in Volkstänzen tummeln, singen und ein freies Leben führen. Bald erfuhr ich, daß es neben meinem AWV noch einen anderen WV gab, den Wandervogel e. V. Ich ging auch dorthin, um mich umzusehen, und hier, spürte ich sogleich, wehte eine andere Luft. Man war »intellektueller«; man hielt sich den »Anfang«, eine Zeitschrift für entschiedene Schulreform, die in Wien erschien und recht gewagte Artikel brachte. Auf jedem unserer Nestabende sprach man von einem gewissen Gustav Wyneken, der im thüringischen Wickersdorf eine Freie Schulgemeinde unterhalte, darin, völlig anders als bei uns, in voller Freiheit und unter Mitwirkung der Schüler selbst, unterrichtet werde. Dies war also keine Lernschule, wie ich sie kannte, sondern eine Lebensschule, die nicht so sehr Gelehrsamkeit vermitteln, als den Charakter und das selbständige Denken bilden wollte.

Zweimal kam Wyneken zu uns nach Stuttgart – mit blondrotem Haar und eindrucksvollem Bart. Seine »Heilslehre« klang verlockend, und ich meinte zunächst, ich sei in den falschen Wandervogel eingetreten. Doch das Benehmen mancher meiner Kameraden vertrieb mir den Zweifel, und ich blieb bei meinen solideren, nicht so hochgestochenen Freunden vom Alt-Wandervogel.

Beim Wandervogel e. V. war der maßgebende Mann Arnold Bergsträsser. Ich blieb vom ersten Treffen an mit ihm im Gespräch: es überdauerte zwei Kriege. Er war rundum begabt, nichts schien ihm schwerzufallen. Ich brauchte einige Zeit, um mein Selbstbewußtsein wiederzufinden: so war mir bisher noch keiner begegnet. Was ich mir in harter Arbeit erwerben mußte, schien ihm zuzufliegen. Er sprach mit mir über Kierkegaard, Max Weber, Thomas Mann; von moderner Malerei, von der sozialen Bewegung und vielem anderen, und mir wurde klar, daß ich meinen bisherigen Bildungsweg durch Zufuhr neuer Gedanken und neuer Erkenntnisse ergänzen mußte. Ich schlug Arnold vor, gelegentlich in unseren »Sprechsaal« zu kommen. Er ging darauf ein, brachte Freunde mit, und der »Sprechsaal« wurde bald als

Diskussionsform »überbündisch« institutionalisiert. Nun hatte ich endlich einen Kreis geistig lebendiger Gefährten, die sich, jeder auf seine Weise, Gedanken darüber machten, ob das Leben in der Wirklichkeit unserer Gesellschaft den Idealen entsprach, die sie für ihre Leitbilder ausgab.

Nein, wir empfanden uns nicht als eine »Bewegung«, die über sich hinauswirken wollte; wir wollten *für uns* das Wissen vom rechten Leben erwerben, das uns Schule und Elternhaus nicht zubrachten. Auf diesem Wissen gründend, wollten wir das Rechte tun – mochten andere tun, was ihnen als das Rechte erschien. Um Politik im engeren Sinn des Wortes kreisten unsere Gespräche kaum. Die Bekämpfung der Volksseuche Alkoholismus erschien uns wichtiger als Änderungen im verfassungsrechtlichen Gefüge unseres Staates. Wir wollten nicht agitieren, wir wollten nicht missionieren, sondern richtig leben und damit ein Beispiel geben.

Doch gab es Ausnahmen. Oft sprach bei uns Professor Lindemann, der Nationalökonom der Hochschule in Stuttgart-Hohenheim, der viel in den »Sozialistischen Monatsheften« schrieb und – horribile dictu – ein Sozialdemokrat war. Von ihm lernte ich einiges über die Arbeiterbewegung – den Kampf zwischen Kapital und Arbeit, wie man damals sagte – und über die Gewerkschaften. Seine Tochter lieh mir die Gedichte Walt Whitmans, deren Lektüre mein bisheriges Weltbild durcheinanderbrachte und mich zwang, mich mit Dingen auseinanderzusetzen, die bis dahin nicht in meinem Blickfeld gestanden hatten. Es war das Gedicht, in dem der Ausruf steht »Demokratie, ma femme . . . «, das mich am stärksten bewegte. Damals nahm ich eine Vorstellung in mein Denken auf, die mich nie mehr verlassen hat: Den kategorischen Imperativ der Mitmenschlichkeit, der mich verstehen ließ, was im politischen Leitspruch der Französischen Revolution das Wort »Brüderlichkeit« bedeutete – nicht eine schale und unterschiedslose Brüderei und humanitäre Phrase, sondern das Gebot, sich bei allem Tun so einzurichten, daß der andere im Persönlichsten, in den Bereichen der Gesellschaft, in der staatlichen Gemeinschaft zu bewahren und zu entfalten vermag, was das Menschliche am Menschen ist. Dies schloß die Vorstellung mit ein, daß der Staat die Aufgabe habe, die Lebensordnung seiner Bürger so einrichten zu helfen, daß diese sie akzeptieren können, ohne auf Selbstachtung verzichten zu müssen. Whitmans Dichtung war mir kein Widerspruch zu Stefan George; sie schien mir dessen Werk in einem entscheidenden Punkt zu ergänzen und zu verdeutlichen.

Es wäre jedoch falsch zu glauben, wir hätten vor allem »philosophischen« Diskussionen gefrönt. Unsere Hauptbeschäftigung war das Wandern, nicht so wie die etablierten Wandervereine dies taten – mit Mittag- und Abendessen im Wirtshaus –, sondern in kleinen Gruppen, in denen das Gespräch möglich ist. Da ging es frugaler zu. Wir kochten unseren Grießbrei selbst, und wenn wir zwei Tage unterwegs waren, schliefen wir im Zelt oder im Heu beim Bauern. Zwischen den beiden Wandervogelgruppen gab es einen wesentlichen Stilunterschied, der nicht nur die äußere Form betraf. Im Wandervogel e.V. waren die Mädchen auf der Wanderung und auch beim Schlafen im Heu dabei; bei uns gingen Jungen und Mädchen getrennt auf Fahrt, und man kam nur bei Festen und großen Wanderungen an vereinbartem Treffpunkt zusammen.

Ob hier männerbündische Ideologie im Sinne Hans Blühers eine Rolle spielte, vermag ich nicht zu sagen. Uns selber ist der Gedanke, es könne so sein, nie gekommen. Ich glaube, daß unsere Unsicherheit, wie man denn mit Mädchen umzugehen habe, die Ursache dafür war, daß wir im Alt-Wandervogel unsere Wanderungen getrennt durchführten. Im übrigen galt in beiden Gruppen den Mädchen gegenüber das Gesetz absoluter Zurückhaltung – eine Zurückhaltung, die ein etwas unbeholfener Ausdruck der Achtung vor dem Geschlecht unserer Mütter war und nichts mit kleinbürgerlichem Puritanismus zu tun hatte. Wir fühlten uns nicht frustriert, und von sexuellen Nöten habe ich in unserem Kreis nichts gemerkt. Die üblichen gesellschaftlichen Formen, in denen man junge Leute beiderlei Geschlechts zusammenbrachte, erschienen uns einfach lächerlich und unnatürlich; die übliche »Poussierstengelei« war uns so zuwider wie ein verfrühter Heiratsmarkt.

Der Höhepunkt der Wandervogelzeit vor dem Krieg war das Fest auf dem Hohen Meißner im Jahre 1913, gedacht als eine Aktion der freiheitlichen Jugend gegen die schematische und bramarbasierende Vaterländerei, mit der die Hundertjahrfeier des Befreiungskrieges, gekrönt durch den Bau eines Völkerschlachtdenkmals in Leipzig, begangen werden sollte. Die Jugendbünde, vor allem die »freien« Studentenvereinigungen lebensreformerischen Gepräges beschlossen, im Geiste der Altburschenschaft von 1817 der Befreiung des Vaterlandes von Fremdherrschaft dadurch zu gedenken, daß sie die deutsche Jugend aufriefen, die Liebe zum Vaterland und den Stolz auf dieses Vaterland nicht so sehr in der Erinnerung an Kriegstaten lebendig werden zu lassen als in dem Entschluß, »unser Leben aus eigener Bestimmung, vor eigener Verantwortung mit innerer Wahrhaftigkeit« zu gestalten. Auf solche Weise erfüllte man die Postulate der Reden Fichtes an die deutsche Nation würdiger.

So war auch der Wandervogel in hohem Maße vaterländisch gesinnt – vor allem waren es jene in seinen Reihen, die vom Volke mehr hielten als vom Staat, diesem ihnen allzu seelenlos dünkenden Instrument in Händen der Mächtigen. Bei den meisten freilich verdichtete sich dieses Lebensgefühl nicht in konkreten politischen Vorstellungen. Man liebte sein Volk, indem man es in seinen alten Traditionen, in Brauch und Sitte, Kunst und Wissenschaft als eine moralische Größe ansah, aus der die Kraftströme fließen, die auch in einer sich immer weiter versachlichenden und technisierenden Welt dem Menschen eine Heimat zu schenken vermögen, darin er in freier Selbstentfaltung den ihm gemäßen, die Welt der »niederen« Bedürfnisse transzendierenden Grad an Menschlichkeit erreichen kann. Daß darin der Keim zu »völkischen« Irrwegen lag, wie einst bei der alten Burschenschaft, ahnten wir nicht, und noch hatte Tucholsky nicht die ketzerische Frage gestellt, was wir »Freideutschen« denn einst zu tun gedächten, wenn wir unsere Wanderkluft ausgezogen haben.

IM KRIEGE

»Was heißt schon Krieg?«

Der Krieg brach nicht unvermittelt in unsere jugendliche Welt. Er kündigte sich in den Zeremonien und Riten der Soldatenherrlichkeit an, in denen das Volk gedankenlos seiner Freude Ausdruck gab, ein Volk in Waffen zu sein. Solche herzstärkenden Zeremonien zu feiern, gab es viele Anlässe. Mochten es die Musterungen sein, die Tage, da die Rekruten mit Gesang und im Geleit des Tschingdara der heimischen Feuerwehrkapellen in die Kasernen rückten; oder die Tage des »Reserve hat Ruh« mit den bunten Bändern am Hut und der Kirschwasserflasche am Bandelier. Die Rekruten waren vergnügt, weil sie bald im bunten Tuch würden einherstolzieren können, und die Reservisten waren voll lauter Fröhlichkeit, weil sie endlich wieder »zivil« gehen konnten. Beide Freuden, die des Eingangs und die des Abgangs, verdankte man dem Militär. Mit Politik hatte das bei den Betroffenen nichts zu tun. Kaum einer, der sich darüber Gedanken machte, was es für ihn bedeute, Soldat zu sein. Der Soldatenstand gehörte nun einmal zum Leben, und »Soldatenleben, ei, das heißt lustig sein . . .« Vor allem aber: Die Militärzeit machte erst den Jüngling zum Mann. Die Lieder, die bei diesen Gelegenheiten gesungen wurden, kannten wir alle. Es waren großenteils die Lieder aus der Küche zu Hause, wenn Waschtag war. Doch gab es einige, die auf seltsame Weise umstrukturiert waren, etwa das Lied vom Reservemann, in dem es ursprünglich hieß, wenn ihn das Vaterland einst rufen sollte »als Reservist und Landwehrmann«, er die Arbeit niederlegen und der Fahne folgen werde; nun konnte man gelegentlich singen hören: » . . . dann legen wir die Arbeit nieder – und fahren nach Amerika.« Wir nahmen das scherzhaft. Doch als ich selber

Soldat geworden war und erfuhr, daß das Absingen solcher Lieder
vierzehn Tage Bau kostete, und als ich die bitteren Gesichter meiner
Kameraden sah, die diese Lieder – heimlich – dennoch sangen,
erkannte ich, daß sich da und dort Stimmungen entwickelt hatten,
die, wenn auch noch ohne klar geschautes Ziel, den Untergrund für
Einflüsse und Entscheidungen schufen, die weit über die Stillung von
momentanen Gemütsbedürfnissen hinausreichten.

Die Uniform hatte in jenen Jahren ein Prestige, das sie in
Deutschland nie mehr erhalten wird. Auf den Jahresschlußfeiern des
Gymnasiums erschienen die Väter, die Reserveoffiziere waren, im
Strahlenglanz ihrer Montur, mit Feldbinde, Degen und Helm. In
jedem Ort gab es einen Veteranenverein, der am Sedantag in Gehrock
und Zylinder in Reih und Glied zur Kirche zog, Stock und Schirm
wie Degen geschultert; auf der Brust klapperten die Medaillen.

In der Schule trat dieser Geist in entsprechender Weise an uns
heran. Es war fast unmöglich, dem Flottenverein nicht anzugehören,
der uns jährlich einen Kalender bescherte und Lichtbildervorträge
anbot, aus denen hervorging, daß Deutschlands Zukunft auf dem
Wasser liege. Es waren Machwerke, die niemanden zum Flottenfana-
tiker machten, doch jene, die es schon waren, beglückten. In dem
Kalender war zu lesen, daß England uns den Platz an der Sonne
streitig mache, und in den Missionskalendern, die nicht viel anders
aufgemacht waren, stand geschrieben, daß ein getaufter Eingeborener
für unsere Kolonien mehr wert sei als hundert Götzenanbeter.

Doch nichts war mit der Zeppelinbegeisterung zu vergleichen, die
im Lande des Grafen Zeppelin, in Württemberg also, besonders
turbulent war. Die Zerstörung des Luftschiffes »LZ 4« in Echterdin-
gen wurde als nationales Unglück empfunden. Aus den Aluminium-
resten des Gerippes wurden Löffel gegossen, die uns in der Klasse
zum Kauf angeboten wurden. Graf Zeppelin und sein Luftschiff
wurden zu Symbolen deutscher Geisteskraft, die sogar das Urgesetz
der Schwerkraft zu überwinden vermochte. Ich erinnere mich der
letzten Lateinarbeit, die wir vor dem Abitur zu schreiben hatten. Man
gab uns einen Zeitungsaufsatz über den Grafen Zeppelin zur Übersetzung und erwartete von uns, daß wir bemerkten, daß der letzte Satz
ein leicht veränderter Vers des Horaz war: *Macte Caesar ob novam*

virtutem; sic itur ad astra.« Nur hieß es statt »Heil Dir, Caesar« in unserem Text: »Heil Dir, *Graf,* ob der neuen Tugend; so gelangt man zu den Sternen.«

Solche Torheiten naiver Begeisterung sind für jenes Jahrzehnt charakteristisch, aber es wäre falsch, sie als Zeichen allgemeiner bellizistischer Gesinnung anzusehen. Das militärische Gepränge trug auch seinen Teil dazu bei, daß junge und reifere Männer ein Stück weit über die Grenzen ihres ereignislosen Lebens hinausgetragen, ein wenig von der Majestät der Geschichte umwittert, zu einem höheren Grad der Männlichkeit emporgehoben und für zwei Jahre zum Zielpunkt freundlicher Blicke wurden.

In den letzten Jahren vor dem Kriege war eine mächtige Werbung für die militärische Ertüchtigung der Jugend entfaltet worden, und nicht ohne quantitativen Erfolg. Es hatte schon vorher Pfadfindergruppen gegeben, die – in Stuttgart – uniformiert waren wie die Schutztruppe in Deutsch-Südwest-Afrika. Sie zogen mit Musik in Marschkolonne »ins Gelände« und lernten dort, wie man Zelte baut, Erbsensuppe kocht und mit Signalflaggen hantiert. Der Geist, der in diesen konfessionellen Pfadfindergruppen herrschte, war uns Wandervögeln noch weniger sympathisch als die Jung-Deutschland-Bewegung, die sich darauf beschränkte, der deutschen Jugend Gelegenheit zu geben, unter Führung junger Offiziere und Lehrer, militärische Grundbegriffe zu lernen und sich im freien Gelände zu bewegen. Man glaubte damit vor allem, dem Antimilitarismus der Arbeiterjugendbewegung begegnen zu können. Ob man in dieser Hinsicht Erfolg hatte, vermag ich nicht zu sagen. Wir Wandervögel wollten mit diesem Betrieb à la Turnvater Jahn nichts zu tun haben.

In der Oberprima beschäftigte uns die Frage, ob wir unser Freiwilligenjahr gleich nach der Reifeprüfung abdienen sollten oder erst während des Studiums oder gar erst nach diesem. Die meisten von uns meldeten sich noch vor dem Abitur bei den Regimentern an, in deren Reihen sie dienen wollten. Ich tat es nicht, denn ich hatte mich so unbändig auf die Zeit der Freiheit gefreut, auf das Studium an den großen Universitäten Europas, daß ich mit dem Militärdienst noch warten wollte; außerdem war ich als Jüngster der Klasse gerade erst siebzehn Jahre alt geworden.

Das Abitur brachte keine Überraschung. Da bei den jährlichen Versetzungsprüfungen ständig stark gesiebt worden war – zu manchen »höheren« Berufen genügte ja die Primareife –, bestanden alle Schüler der Oberprima. Ich konnte mit meinem Zeugnis zufrieden sein.

Der Frühsommer 1914 war herrlich. Mein Freundeskreis gedachte ihn auf großer Fahrt zu genießen. Sie sollte einen Monat dauern und von Bamberg, wohin uns der Dom und der »Reiter« zogen, über Nürnberg und Passau an die Donau führen, wo wir ein Frachtschiff besteigen wollten, das uns an das Eiserne Tor und, wenn wir Glück hatten, bis zum Mündungsdelta tragen sollte. Da wurde am 28. Juni in Sarajewo das österreichisch-ungarische Thronfolgerpaar von serbischen Nationalisten ermordet. Natürlich waren Empörung und Erregung über diese »feige Untat« groß. Jeder war der Überzeugung, daß man dieses gegen Deutschlands Verbündeten gerichtete Verbrechen nicht einfach hinnehmen könne; mit einer Entschuldigung der serbischen Regierung, die anarchistische Geheimbündelei stillschweigend dulde, sei es nicht getan. Aber daß man deswegen einen Krieg beginnen würde, mochte kein Vernünftiger glauben – waren denn nicht erst vor kurzem der Zar und Wilhelm II. zusammengekommen, und ließ sich unser Kaiser nicht gern »Friedenskaiser« nennen? Ich hatte den Brief nicht vergessen, den mein Vater zwei Jahre zuvor anläßlich der Marokkokrise meiner Mutter nach Frankreich geschrieben hatte. Ich sah keinen Grund, meine und meiner Kameraden Reisevorbereitungen abzubrechen, und studierte mit ihnen die Topographie des Donautals und dessen Geschichte.

Dabei stieß ich auf etwas, das mir bis dahin noch nicht recht aufgegangen war, nämlich auf den bereits ein halbes Jahrhundert alten Wettkampf Rußlands und der k.u.k. Doppelmonarchie um die Vorherrschaft in Südosteuropa. Ich las, daß es eine neopanslawistische Bewegung gab, die 1905 ihren Gründungskongreß abgehalten hatte, bei dem man sich jedoch – tröstlicherweise – auf Deutsch als Kongreßsprache einigte. Damit schien die slawische Sache viel von ihrer Brisanz verloren zu haben.

Wir fuhren also nach Bamberg. Mein Vater gab dazu seine Erlaubnis. Nach seiner Meinung würden die Völker es sich nicht gefallen lassen, wegen der Ermordung einer Fürstlichkeit, die in ihren staatlichen Funktionen durch eine andere ersetzt werden konnte, die Schrecknisse eines Krieges auf sich nehmen zu müssen . . .

Die Bamberger Jugendherberge befand sich in einer Reiterkaserne. Was wir dort zu sehen bekamen, begann uns doch zu beunruhigen: Die Soldaten hatten ihre blaue Uniform mit der feldgrauen vertauscht. In Nürnberg dasselbe Bild. Überall leuchtete an den grauen Uniformen der Soldaten neues braunes Lederzeug. Dauernd fanden Appelle statt, Plakate wurden angeschlagen, die »Maßnahmen« ankündigten und zur Ruhe mahnten. Wir erfuhren von dem Ultimatum Wiens an die serbische Regierung, das am 23. Juli in Belgrad übergeben worden war, und in der Zeitung stand, Rußland habe erklärt, Serbien zu Hilfe zu kommen, wenn Österreich-Ungarn dessen Grenzen verletze – aber das hielten wir für rhetorische Einschüchterungsversuche. Krieg kann es deswegen nicht geben! Da erfuhren wir – noch in Nürnberg –, daß Österreich-Ungarn Serbien den Krieg erklärt und Rußland eine Teilmobilmachung angeordnet habe. Auf Plakaten stand, daß der »Zustand der drohenden Kriegsgefahr« proklamiert sei. Wir wußten zwar nicht, welche Rechtsfolgen diese Anordnung nach sich zog, aber es war uns klargeworden, daß aus unserer großen Fahrt nichts mehr werden konnte, und wir beschlossen heimzufahren.

Der Zug nach Stuttgart war vollgestopft wie eine Sardinenbüchse, das Durcheinander auf dem Bahnsteig unbeschreiblich: einrückende Reservisten, vorzeitig heimkehrende Urlauber, Ausländer, die nach dem Westen wollten . . . Es herrschte Unruhe, doch gab es keine Panik, und den Soldaten war nichts von Aufregung und erst recht nichts von Bedrücktheit anzumerken. Sie schienen vielmehr froh über die Abwechslung, die die »Lage« mit sich brachte. Und überhaupt – was heißt schon »Krieg«? Sie sangen: »Siegreich wollen wir Frankreich schlagen . . .«

Von dem Vertragswerk des Dreibundes und der Entente cordiale wußten wir nur, daß es diese beiden Bündnisse gab – aber niemand von uns hatte eine Ahnung von ihren Mechanismen. Warum sollten denn unbeteiligte Mächte kriegerisch eingreifen, wenn Österreich-Ungarn von Serbien verständliche Garantien forderte und diesen

Forderungen militärischen Nachdruck verlieh? Warum sollten denn die Russen gegen Österreich-Ungarn zu Felde ziehen, um eine Aktion gegen Fürstenmörder zu verhindern, mit denen der Zar doch sicher keine Sympathie haben konnte? Warum sollten die Franzosen uns wegen Sarajewo den Krieg erklären und gar die Briten? Kaiser, Könige und Präsidenten sind doch keine gedankenlosen Berserker!

Wir wurden eines Schlechteren belehrt. Die »Realpolitiker«, die Blut und Eisen für das beste Mittel hielten, Konflikte zu lösen, hatten wieder einmal recht behalten, und so konnte die Hölle ihr Panier erheben. Am schrecklichsten war, daß die jungen Leute, die nun in den Krieg ziehen würden, reinen Herzens waren und glaubten, ihr Land wäre das Opfer fremder Tücke und Raubgier und es sei heilige Pflicht, die angegriffene Heimat zu verteidigen. Sollten denn wirklich bei uns die Kosaken einziehen dürfen? Und die schwarzen Regimenter Frankreichs? Die Phantasie geht seltsame Wege, wenn sie nach Gründen suchen muß, wo es keine Gründe gibt, die vor der Vernunft standhalten.

»Kriegs-Mutwilliger«

Bei unserer Ankunft in Stuttgart sollten wir erfahren, was Massenpsychosen anrichten können. Die breite Straße zwischen dem alten Bahnhof und der Hauptpost war schwarz von Menschen. Viele zeigten erregt auf das Dach des Postamtes und stießen dabei drohende Rufe aus wie »Schlagt sie tot!« – »Schießt sie runter!«. Auf die Frage, was denn los sei, schauten uns die Leute mißbilligend an, offensichtlich empört darüber, daß es jemanden gab, der die unerhörte Wahrheit noch nicht kannte: In der Hauptpost befänden sich feindliche Agenten – Franzosen, Engländer, Russen –, die durch Sabotage der Telefon- und Telegrafenzentrale die Mobilmachung störten. Soeben sei einer auf dem Dach gesehen worden; es seien auch schon Schüsse gefallen. Keiner, der den Unsinn nicht geglaubt hätte. Die Menge verlief sich auch dann nicht, als ein hoher Postbeamter ans Fenster trat und versicherte, im Postamt sei alles in Ordnung. Mit dieser Menge – in der übrigens auch das Gerücht kursierte, man habe einen »Goldzug« auf dem Weg von Frankreich nach Rußland abgefangen – hätte jeder Demagoge anfangen können, was er wollte.

Ich war fassungslos. Noch hatte ich Le Bons Buch über die Psychologie der Massen nicht gelesen; noch war ich der Meinung, daß eine Menge nichts anderes sei als eine Summe von Individuen, die zusammen zwar lauter schrien als einzelne, wobei indes jeder weiterhin so fühle und handle, wie er als einzelner fühlen oder handeln würde. Nun sah ich, daß es anders war; daß normale Menschen, die sich als einzelne vernünftig zu verhalten pflegten, zu einer Meute Irrsinniger werden konnten, wenn sie als amorphe, von Angst und Siegesrausch erfüllte Masse in Erscheinung traten. Diese Erkenntnis hat mich fortan allen Massenkundgebungen gegenüber skeptisch reagieren lassen, auch dort, wo nicht zu leugnen war, daß der emotionale Aufschwung, dem ich mich gegenübersah, unbestreitbar ästhetischen und hohen affektiven Rang hatte. Später habe ich – wieder durch Erfahrung – gelernt, daß Menschen nicht zu Tausenden auf einem Platz versammelt zu sein brauchen, um unter Massenpsychose zu handeln, sondern daß diese sich auch, wenn es darum geht, mit starken Affekten aufgeladene Fragen plebiszitär zu regeln, in der Isoliertheit der Kabine manifestieren kann, in der Stimmzettel ausgefüllt werden.

Wie sollte ich mich verhalten? Ich war erst siebzehneinhalb Jahre alt. Bis mein Jahrgang eingezogen wurde, konnte der Krieg längst vorbei sein, das sagte jeder. Ich wollte aber nicht unbeteiligt geblieben sein, wenn nach dem Krieg die Quersumme der Erfahrungen aus diesem »Erlebnis« gezogen werden würde. So sehr ich meiner Natur nach eher zur Kontemplation neigte, so wollte ich mich doch dort, wo es um das Schicksal von Völkern ging, nicht abseits stellen. Ich begann zu ahnen, daß es jenseits aller erkennbaren Ursachenreihen eine Macht gibt, in deren Griff der Mensch steht und die man Schicksal nennt: jener Wirbel von Kräften, auf die wir keinen Einfluß nehmen können und zu denen ja oder nein zu sagen unsere Identität so oder anders prägt. Ich wußte, daß ich zu dem Schicksal, Bürger eines Landes zu sein, das sich im Krieg befand, ja zu sagen und die Konsequenzen dieses Ja auf mich zu nehmen hatte, es sei denn, ich wäre willens und fähig, diesen Kräften Widerstand zu leisten, um ihre

Zwänge zu brechen. Dies galt für jede Seite der Barrikade und nicht nur für die des Landes, in dem ich mich jetzt befand. Aber was hätte ein Abiturient zu erreichen vermocht? Hätte ein das Politische transzendierendes, moralisches Verhalten dieses Jungen auch nur die Chance gehabt, als Beispiel und als »gran rifiuto« zu wirken, das die Arme des Kriegsgottes lähmen und die Fackeln der Kriegsfurie hätte löschen können? Sollte ich in der Schweiz Asyl suchen (als noch nicht Wehrpflichtiger konnte ich frei reisen) und von den Gipfeln der Berge Wilhelm Tells der Völkerschlacht zuschauen? Mein Entschluß stand bald fest: Ich wollte dabeisein.

Doch auf welche Seite hatte ich zu treten? Als Sohn eines deutschen Vaters war ich Deutscher; als Sohn einer französischen Mutter, in Frankreich geboren, war ich Franzose. Für welches Land, für welche Nation war mir aufgegeben zu kämpfen? Meinem Vater wäre es wohl das liebste gewesen, mich in der neutralen Schweiz zu wissen. Er war von Anfang an davon überzeugt, daß dieser Krieg nicht nur unendliches Leid über Millionen bringen, sondern auch der Zivilisation einen Schlag versetzen werde, von dem sie sich, ungeachtet, wer Sieger wäre, kaum je erholen könne. Aber er hat in keinem Augenblick den Versuch gemacht, mich in meiner Entscheidung zu beeinflussen. »Du stehst vor einer Entscheidung, die dein Schicksal bestimmen wird. Nur du kannst deine Wahl treffen und mußt bereit sein, in deine Entscheidung alles einzubeziehen, was darin an heute noch unbekannten und unerkennbaren Konsequenzen für dich stecken mag.«

Meine Mutter war präziser und begnügte sich nicht damit, das Problem abstrakt darzustellen. Sie sagte: »Deutschland ist das Land deines Vaters, und da du dich von diesem Land hast aufnehmen lassen, ist es dein Vaterland – so lange du ihm nicht abgeschworen hast. Seiner Fahne wirst du folgen. Frankreich ist das Land deiner Mutter; dieses Land solltest du auch nach dieser Entscheidung ehren. Künftig werden wir nur noch französisch miteinander sprechen, auch wenn du deutsche Uniform trägst.«

Meinen Vater haben seine Ansichten über den Krieg im allgemeinen und über diesen Krieg im besonderen nicht davon abgehalten, im vollen Ausmaß seines Vermögens Kriegsanleihe zu zeichnen, und meine Mutter hat nach dem Waffenstillstand von 1918 öffentlich die französischen Mütter aufgerufen, dafür einzutreten, daß den deutschen Müttern ihre kriegsgefangenen Söhne und Männer vor dem formalen Friedensschluß zurückgegeben werden. Sie hat die Passivität und Geduld der deutschen Frauen in dieser Frage nicht verstanden.

Ich traf meine Entscheidung. Meine Kameraden hatten sich fast alle als Kriegsfreiwillige bei den Regimentern gemeldet, bei denen sie sich schon vor dem Abitur für den einjährigen Freiwilligendienst hatten einschreiben lassen. Ich lief in Stuttgart von einer Kaserne zur anderen, wurde aber überall vertröstet: Man könne die Flut der Freiwilligen nicht fassen, und wohin denn mit all diesen unausgebildeten jungen Leuten, wo doch der Krieg in einigen Wochen vorbei sein werde? Da und dort konnte man den Eindruck gewinnen, daß man die Freiwilligen nicht so sehr deswegen annahm, weil man glaubte, sie zu brauchen, als vielmehr, weil man den begeisterten Jungen keine Enttäuschung bereiten wollte.

Schließlich kam ich bei den Ulanen in Ludwigsburg an. Meine Ausbildungszeit glich der von Hunderttausenden. Ich lernte auf dem Kasernenhof den Fußdienst und auf der Reitbahn das militärische Reiten, dagegen so gut wie nichts über den Umgang mit Waffen. Um so gründlicher wurde ich in die Geheimnisse des Stalldienstes und der Futterkammer eingeweiht und erfuhr dabei, daß die schlimmsten Vorgesetzten nicht unbedingt die Polterer sind und daß für die Schinderei, die es immer wieder gab, nicht so sehr die Vorgesetzten verantwortlich waren als vielmehr die »alte Mannschaft«, die den dummen Rekruten zeigen wollte, was den rechten Soldaten ausmacht. Für die Kriegsfreiwilligen hatten diese Männer nicht viel Sympathie. Sie nannten uns »Mutwillige« mit einem Tonfall in der Stimme, der manchmal nicht mehr spöttisch, sondern schon feindselig klang. Ich war recht froh, als wir als erster Nachersatz ins Kriegsgebiet kamen.

Der Transportzug brachte uns durch schönes Herbstland nach Montmédy, wo wir auf offener Strecke ausgeladen wurden. Zwar hatte man uns beim Grenzübertritt »laden und sichern« lassen, aber zunächst konnte man uns offenbar nur zu Arbeitsdiensten gebrauchen.

Dabei erlitt ich gleich in den ersten Tagen eine böse Lebensniederlage. Wir bekamen den Auftrag, einen Proviantzug auszuladen und Zweizentnersäcke Mehl zur Feldbäckerei zu tragen. Meine Kameraden, fast alles Bauernburschen, luden sich die Säcke ohne Umstände auf die Schultern; ich aber wußte nicht, wie ich so einen Sack anpacken sollte. Ein Gefreiter half mir, ihn auf die Schulter zu nehmen und mich aufzurichten. Doch nach den ersten Schritten sank ich in die Knie, der Sack glitt zu Boden, und meine Versuche, ihn wieder aufzunehmen, scheiterten kläglich an meiner Kraftlosigkeit. Die Kameraden standen um mich herum, lachten und machten hämische Bemerkungen über die »Kopfarbeiter«, die man zu ihren Vorgesetzten machen wolle. Der Wachtmeister, ein gutherziger Mann, teilte mich der Gruppe zu, die den Befehlsempfang zu besorgen hatte. »Dabei kann man eher brauchen, was du im Kopfe hast.« Es hat lange gedauert, bis ich meine Demütigung überwunden hatte.

Die zweite böse Erfahrung ließ nicht lange auf sich warten. Meine Mutter hatte mir beim Abschied, wie das der Brauch vieler Mütter war, einen Brustbeutel umgehängt, in den sie zwanzig Goldstücke eingenäht hatte. Meine Kameraden hatten das bald herausbekommen, und einige begannen nun mit mir das Spiel zu spielen, das im aktiven Dienst »Abreiben der Einjährigen« genannt wird. Zunächst wurde ich grob humorig »gebeten«, meine Goldstücke in Wein für die Korona zu verwandeln, und als ich kein Geld mehr hatte, gab es handfeste Nachhilfe. Da geschah folgendes: Ein Angehöriger des Zuges, der keinen rechten Kontakt mit den anderen zu haben schien und von dem ich nur wußte, daß er »Franz« hieß, warnte meine Peiniger: »Laßt den Rekruten in Ruh, sonst . . .«, und zu mir sagte er: »Du schläfst von jetzt ab in meinem Zelt.« Natürlich fragte ich Franz, was er von Beruf sei. »Friseur.« Das sei doch wohl ein leichter Beruf, meinte ich. »Ja, wenn man dabei nicht mit einem Fuß im Zuchthaus stünde.« Wieso denn? »Ich hab am Leonhardsplatz drei Weiber laufen.« Da ich nicht begriff, was er meinte, erklärte er mir, was es mit dem Weiber-laufen-Lassen auf sich hatte und daß Leute wie er notwendig seien, damit es »auf dem Strich« ordentlich zugehe. Er schien durchaus der Meinung zu sein, eine soziale Funktion zu erfüllen.

Was mochte ihn wohl dazu getrieben haben, mir seinen Schutz angedeihen zu lassen? Seine Ganovenehre vertrug es nicht, daß die »Honetten« den Wehrlosen, Schwachen ausplünderten und mißhandelten und dabei noch der Auffassung waren, nur einen alten, ehrlichen Brauch auszuüben. Ich erzähle diese Geschichte, weil sie tief in mein Bewußtsein eingedrungen ist. Es war das erstemal, daß mir gewisse Tugenden – »virtutes« – eher bei den Abseitigen begegneten als bei den von ihrer Vortrefflichkeit überzeugten trivial Rechtschaffenen; dasselbe begegnete mir später noch oft. Franz soll gefallen sein – ich habe ihn nicht vergessen.

Von den Argonnen ritten wir in Eilmärschen an die Lys. Es hieß, daß dort eine große Schlacht vorbereitet werden solle. Eines Tages sah ich in der Tat zwischen den Orten Messines und Warneton gefechtsmäßig aufmarschierende Regimenter, und ich werde nie vergessen, wie in den Reihen der Infanterie auf ein wie ein Lauffeuer sich fortsetzendes Hornsignal in der jäh aus dem Gewölk brechenden Sonne die aus den Scheiden gerissenen Seitengewehre aufblitzten. Zum Gefechtseinsatz kamen wir nicht.

Bald danach wurden wir nach dem Osten verladen. Unser Zug brauchte lang, um uns ans Ziel zu bringen. Aber wir fanden die Reise lustig. Überall an den Bahnhöfen standen freundliche Menschen, die uns zuwinkten und an den Stationen Kaffee und Kuchen, zuweilen auch Herzhafteres für uns bereithielten. Viele junge Mädchen spielten Helferin, und wir spielten uns vor ihnen als künftige Helden auf. Mancher von uns warf seine Adresse auf den Bahnsteig, und es kamen Antworten aus der Feder einer Holden, die das Papierchen aufgelesen hatte. In unseren Pferdewagen war es gemütlich, und das Wetter war herbstlich schön. Für mich war es das erstemal, daß ich Nord- und Ostdeutschland zu sehen bekam. Diese unendlich sich ausweitende Ebene mit ihren Dörfern, deren Häuser nicht die hohen Giebel meiner Heimat hatten, war mir fremd. Der einen oder anderen Dorfkirche sah man an, daß sie einst auch als Fluchtburg gedient haben mochte. Mir fiel das Wort »Ostsiedlung« ein, das wir in der Schule beim Vergleich der strahlenden Italienzüge der Staufer mit den mühsamen Trecks, die zur Welfenzeit nach Osten zogen, gelernt hatten – diese Landnahme sei Deutschland besser bekommen als die

Vergeudung deutscher Volkskraft in Welschland –, und angesichts der Kiefernwälder dachte ich gelegentlich an Fontane.

Die erste »russische« Stadt, in der wir Quartier bezogen, war das polnische Städtchen Kutno. Mir kam es vor wie ein einziger Bazar, darin jeder mit jedem handelte und wo offenbar alles zu haben war, für das man Geld bot. Ich sah ein Ghetto, ostjüdisches Leben im »Stetel«, die Alten, die vor ihren Häusern saßen und unbewegten Gesichtes in dicken Büchern lasen; Männer in schwarzen Kaftanen, deren Jiddisch für den des Schwäbischen Kundigen halbwegs zu verstehen war, nachdem er sich eine Weile in den fremden Sprachrhythmus und Tonfall eingehört hatte. Unvergessen blieben mir zwei Knaben, von denen der ältere den jüngeren in die Regeln des Handelsgewerbes einzuweihen schien. Von ihren Gesprächsfetzen blieb mir haften: »Das ist Großverkauf und nicht Kleinverkauf!«, und der jüngere, ein Knirps von vielleicht sieben, acht Jahren, gab mit einem dankbaren Augenaufschlag zu erkennen, daß er verstanden habe, was es damit für eine Bewandtnis hat. Ich habe damals einiges von dem zu begreifen begonnen, was ostjüdischer Alltag ist, und es hat mir den Weg bereiten helfen, auf dem ich, vor allem durch Martin Buber, lernte, in welcher dialektischen Spannung sich Geist und Seele des östlichen Judentums bewegten.

Lektionen der Wirklichkeit

Es war die Zeit der Schlacht um Lowicz, die bis Mitte November 1914 dauerte. Für uns gab es dabei außer kleinen Patrouillen und dem Eskortieren verschiedener Kolonnen nichts Rechtes zu tun. Es passierte indessen manches Anekdotische, das für die Erkenntnis der mich umgebenden Wirklichkeit Bedeutung gewann.

Eines Tages wurde ich auf Befehlsempfang geschickt. »Reiten Sie mit Gott«, entließ mich der Rittmeister, ein Offizier der Landwehr, dessen Haupthaar schon grau war. Unterwegs sah ich eine Abteilung Kavallerie in derselben Richtung reiten wie ich. Der Uniform nach waren es Österreicher. Ich trabe auf den »Schließenden« zu, dessen Kragen drei Sterne zierten, und meldete dem Rittmeister. Er fragte mich nach Woher und Wohin, wünschte einen guten Ritt und erklärte mir, er sei nur der Wachtmeister, der Rittmeister – »der mit die patzigen Stern« – reite weiter vorn. Ich ritt der Kolonne entlang und versuchte dabei immer wieder, mit den Dragonern ins Gespräch zu kommen. Sie antworteten jedoch in mir unverständlicher Sprache. Ich beklagte mich schließlich bei dem Wachtmeister: »Sie sind doch Österreicher, warum sprechen die dann nicht deutsch mit mir?« – »Ja«, antwortete er, »wir sind zwar k.u.k. Dragoner, aber wir sind Slowenen und keine Deutschen. Ich bin auch Slowene. Ich spreche nur das k.u.k. Kommißdeutsch.« Ich begriff, daß meine Vorstellung von den österreichischen Brüdern, die trotz ihres anderen Kaisers allesamt Deutsche seien wie wir, ein Irrtum war, eine Bildungslücke. Und ich hatte von einem guten deutschen Gymnasium das Zeugnis der Reife erhalten! Über das Wort »Vielvölkerstaat« hatte ich mir keine Gedanken gemacht, und Österreich, das hieß für mich Stifter, Grillparzer und Hofmannsthal.

Eine zweite völkische Erkenntnis verdanke ich einer ähnlichen Episode: Wir biwakierten neben einem Reserveregiment, das in Westpreußen und Posen zusammengestellt worden war. Ich verstand nicht recht, warum die Männer sich untereinander auf polnisch unterhielten, wo sie doch deutsche Soldaten waren. Auf meine verwunderte Frage, warum dem so sei, gab mir einer (er trug das Eiserne Kreuz) zur Antwort, sie seien preußische Soldaten – aber keine Deutschen, und Polnisch sei die Sprache, die sie zu Hause sprächen. An diese lapidare Auskunft habe ich mich nach dem Krieg, nach beiden Kriegen, gelegentlich erinnert.

Die dritte Lektion: Eines Tages wurde einer Einheit ein kleines Städtchen weit im Süden zugewiesen, dessen Namen ich vergessen habe. Ich bezog in einem kleinen Haus Quartier, das ein Lehrer-ehepaar mit seinen beiden Kindern bewohnte. Die Zimmer waren einfach, peinlich sauber und die Kinder von äußerster Höflichkeit, an der nichts Unterwürfiges war. Der Geist, der in dem Haus waltete und in den von uns geführten Unterhaltungen zum Ausdruck kam, war von der besten klassischen, europäischen Tradition. Wenn dies typisch für die polnische Bildungsschicht war, konnte das Bild nicht stimmen, das ich aus den Schilderungen meiner Landsleute bezogen hatte, wonach die Polen zwar tapfere Soldaten, charmante Tänzer, galante ·Liebhaber schöner Frauen, aber leider unfähig seien, sich sauberzuhalten, und noch sehr weit von dem entfernt, was die Völker des modernen westlichen Europa auszeichnet.

Das Leben im Lehrerhaus in der kleinen südpolnischen Stadt ließ mich begreifen, daß dieses östliche Land Polen sehr wohl zum westlichen Europa gehört, daß seine Bildungsschicht aus denselben Quellen gespeist wird wie die unsere und daß das uns fremd und zurückgeblieben Erscheinende nichts anderes ist als Restbestand einer feudalistischen Vergangenheit und ökonomischer wie technischer Rückständigkeit, zu denen eine unglückliche Geschichte und fort- während Zwingherrschaft dieses Volk verurteilt hatten. Deren hemmende Last veranlaßte die Polen, ihre Energie mehr für die Wiederherstellung der Freiheit ihrer Heimat einzusetzen als für die Entfaltung technischer Strukturen. Daß dies ein idealtypisches Bild ist, weiß ich, und ich weiß auch einiges von dem Egoismus, mit dem die herrschende Adelsklasse das Volk des flachen Landes niederhielt und aristokratischen Privilegien mehr Raum gab als der Entwicklung bürgerlicher Tüchtigkeit und industrieller Fertigkeiten.

Mit russischer Wirklichkeit sah ich mich unversehens am Abend des Tages konfrontiert, an dem wir die Festung Narew eingenommen hatten. Auf den Wiesen zu beiden Seiten des Flusses gleichen Namens wurden rund dreitausend Gefangene zusammengebracht. Mit Ein- bruch der Nacht ertönte ein Trompetensignal; ein hoher russischer Offizier trat in die Mitte der Lagernden, die sich erhoben und Haltung annahmen. Vor uns stand mit einemmal eine waffenlose Phalanx, die aussah wie die »ordres de bataille« auf den Stichen des 17. und 18. Jahrhunderts. Der Offizier hielt eine kurze Ansprache, worauf die Gefangenen die Zarenhymne anstimmten. Dann knieten sie zum Gebet nieder, es folgte ein Kommandoruf, und die Phalanx löste sich in kleine Gruppen auf, die ohne jede Vorbereitung zu tanzen und zu singen begannen. Mich erschütterte die Szene zutiefst. Wie war ein Volk zu besiegen, dessen Soldaten sich in der Niederlage nicht anders verhielten als an einem Siegesabend?!

Mich beeindruckte dieses Erlebnis um so stärker, als ich seit Wochen jede freie Minute nutzte, um Dostojewskis Romane zu lesen, die mein Vater mir in Reclamausgaben ins Feld geschickt hatte. Er hatte sich gedacht, die beste Lektüre »in russischen Landen« werde für mich russische Literatur sein. Die Bücher pflügten die Seele noch tiefer als Tolstois Romane und moralische Traktate. Welch eine Welt trat mir in den Szenen aus dem »Totenhaus« entgegen, was erschloß sich mir nicht alles aus diesem Nebeneinander von Grausamkeit und Menschlichkeit, aus dieser Kunde von der Kraft der Menschen, Pein und Demütigung zu überstehen! Ich las »Schuld und Sühne« und konnte die Tat Raskolnikows nicht begreifen. In »Die Brüder Karamasow« überdeckte alles die Legende vom Großinquisitor: dieses Recht-haben aus der Erfahrung dessen, der weiß, wie selbstsüchtig die Menschen handeln, und dieses Recht-behalten des Liebenden, der um jene Erfahrung weiß und ihr Wahrsein durch ihre nichtachtende Liebestat gegenstandslos macht und damit dem Menschengeschlecht die Würde bewahrt! Ich habe dieses Buch und auch »Die Dämonen« damals nur zum Teil begriffen, doch eines wußte ich: daß jede Bemühung, zu mir selber zu kommen, vergeblich bleiben müsse, wenn es mir nicht gelang, die Widersprüche der Welt Dostojewskis in mir selber auszutragen.

Ich begann den Krieg anders zu sehen und fand, ich könnte meinen Teil besser bei den Pionieren beitragen. Inzwischen war ich Unteroffizier geworden. Ich kam mir nicht sehr ruhmvoll vor, eher als ein Stück Unrat denn als ein Held: Die Läuse hatten mich schrecklich zugerichtet. An mir erfuhr ich etwas vom Los der Intellektuellen, die viel wissen, aber an das Nächstliegende nicht denken, weil es nicht in ihrem Gedankenkatalog steht. Ich wusch mich, so oft ich eine Waschschüssel fand. Meine Kameraden wuschen sich in Eimern, in leeren Konservendosen, in Pfützen, im Schnee. Sie hatten auch Läuse, aber längst nicht so viele wie ich. Sie suchten ein paarmal am Tag ihre Wäsche und Kleidung nach Läusen ab. Ich hatte weder zu Hause noch in der Schule gelernt, daß Läuse sich gern in den Nähten festsetzen. Während die anderen sich lausten, saß ich abseits und las. Selten bin ich in meinem Leben mit solchem Wohlbehagen aus einem Haus geschritten wie durch das Tor der Entlausungsanstalt an der russischen Grenze. Über Gumbinnen fuhr ich zurück nach Ulm, wo ich das Pionierhandwerk lernen sollte.

In der Donaubastion, einer finsteren Kasematte der einstigen Festung – mit mächtig hohen Gewölben, schwach beleuchteten Treppen mit ausgetretenen Steinstufen, in den hallenden Korridoren keilförmig eingeschnittene Schießscharten, die schmalen Ausblick auf den Strom erlaubten – lag das Pionierbataillon 13, meine neue Einheit. Mich fror, als ich zum erstenmal den gewaltigen Hof des Kasernenkomplexes betrat. Die Begrüßung durch den Bataillonsadjutanten des ruhmvollen »Schwarzen Corps« vermochte nicht, mich zu erwärmen. Meine Unteroffizierstressen ließen mich eher lästig als willkommen erscheinen. Eine Vorgesetztencharge mit anderer Ausbildung – was sollte man mit so einem Zugang anfangen? Achselzuckend teilte er mich einer Ersatzkompanie zu.

Dort traf ich einen anderen Typ »Soldat« an als den bisher erlebten. Die meisten meiner neuen Kameraden waren Leute vom Bau: Zimmerleute, Maurer, Schlosser; viele stammten aus Kleinstädten, in denen noch alter Handwerksbrauch herrschte; die Rekruten waren zumeist Gesellen, die Älteren Reservisten und Handwerksmeister, die nach Verwundungen in das Stammbataillon zurückgekehrt waren.

Diese Männer dachten und fühlten anders als die Bauernburschen, die bisher meine Kameraden gewesen waren. Sie hingen an ihren Berufen, an ihren alten Zunftbräuchen und verlangten Respekt. Ihre Autorität beruhte auf dem Bewußtsein, es im Zivildasein schon zu etwas gebracht zu haben. Eine Kompanie aus solchen Männern war ein gesellschaftlich gegliederter Verband und kein »Haufen«. Die militärische Disziplin war ausgezeichnet. Die Gebote der Hierarchie waren unbestritten, man befolgte sie aus Einsicht in ihre Notwendigkeit, nicht nur aus Furcht vor Disziplinarstrafen.

Für den Handwerkerstolz dieser Männer war typisch, daß sie nicht bereit waren, Berufssoldaten zu werden. Die Folge dieses Verhaltens der schwäbischen Pioniere war, daß ein großer Teil der aktiven Unteroffiziere aus den östlichen Provinzen Preußens stammte und oft polnisch klingende Namen trug. Für sie war die Unteroffizierslaufbahn und der zu erwartende Zivilversorgungsschein eine Karriere, die sozialen Aufstieg bedeutete. Sie verstanden sich durchaus auf ihr Handwerk, aber Anerkennung fanden sie in Ulm nicht immer.

Unsere Offiziere gehörten meist der Reserve an und kamen aus technischen Berufen. Sie waren Ingenieure, Architekten, Feldmesser, Straßenbauer – soweit ich das beurteilen konnte, in ihrem Beruf tüchtige Männer und beim Militär fähige Vorgesetzte. Wenn auch Habitus und Sprechweise der aktiven Kameraden gern übernommen wurden, blieben die meisten von ihnen auch in Uniform, was sie in Zivil gewesen waren: Männer, die wußten, daß Können und die Fähigkeit, mit Menschen umzugehen, dem Vorgesetzten eine natürliche Autorität verleihen, die Rangabzeichen an der Uniform allein nicht zu geben vermögen. Natürlich gebrauchten sie auf dem Kasernenhof oder dem Übungsplatz die gleiche Exerziersprache wie die Aktiven, und an Schneidigkeit standen sie diesen nicht nach, wo es darauf ankam, ein Maximum an körperlicher Leistung und Zusammenklang der Bewegungen zu erzielen; aber zumeist wurde von ihnen eher erklärt und begründet als kommandiert und angepfiffen. Das schuf ein moralisches Klima, das sich auf die Leistungsfähigkeit der Truppe vorteilhaft auswirkte.

Bei den Pionieren begegnete ich zum erstenmal der Welt der Gewerkschaften. Zwar fiel dieses Wort selten; eher war vom »Verband« die Rede, etwa dem Zimmererverband, aber gemeint war, was man heute unter Gewerkschaften versteht. Von dem, was sie für den einzelnen bedeuteten, wurde nicht allzu laut gesprochen und am liebsten nur unter Gesellen, denn noch waren die Zeiten nicht vergessen, da die »Roten« beim Militär allerlei Sekkierungen riskierten. Trotzdem fiel es keinem ein, zu verschweigen, daß er einem Verband angehörte, wenn er danach gefragt wurde. Als ich ihr Vertrauen gewonnen hatte, erzählten mir meine neuen Kameraden mehr von ihren Lebensumständen. Eine große Rolle spielten dabei die Feiern und Demonstrationen zum 1. Mai. Dabeigewesen zu sein verlieh eine gewisse Würde. Ich verstand von diesen Dingen nicht viel, wenngleich ich als Schüler aus Neugier an einer Maidemonstration teilgenommen hatte. Das Selbstbewußtsein der Arbeiter, nicht nur ein Haufen von einzelnen zu sein, sondern mit Gleichgesinnten in einer Gemeinschaft zu stehen, die angetreten ist, um diese Welt besser werden zu lassen, hatte mich damals tief beeindruckt.

Ob der eine oder andere meiner Kameraden sich als Mitglied der

Sozialdemokratischen Partei bezeichnet hat, weiß ich nicht mehr, aber daß gern von Streiks erzählt wurde, bei denen man mitgemacht hatte, ist mir in Erinnerung geblieben. Hauptthema war der Streik bei Bosch im Sommer 1913. In diesem Unternehmen, das bessere Löhne zahlte als andere, war es nach Entlassungen wegen einer Auftragsflaute zu einem langen Streik gekommen, ähnlich wie zuvor bei den Daimler-Werken. Der Stolz auf die Demonstrationszüge, die stattgefunden hatten, obwohl die Ludwigsburger Dragoner nach Stuttgart gerufen worden waren, und auf die Dauer des zäh durchgehaltenen Streiks leuchtete noch aus den Augen.

Doch würde man sich täuschen, wenn man annähme, die Männer hätten sich als gesellschaftliche oder politische Umstürzler empfunden. Ihr Denken und Fühlen war nicht klassenkämpferisch im marxistischen Sinne, es war wohl eher den Reaktionen der Gesellen aus der Zeit der Handwerkerzünfte vergleichbar, die an den Anordnungen der Meister manches auszusetzen hatten. Die meisten dieser Gesellen in Uniform wollten ja selber Meister werden, am liebsten in der Kleinstadt, aus der sie stammten. Die Jüngeren redeten die Älteren noch mit »Ihr« an, und es wurde bei aller Kameraderie vor dem Betreten einer Stube gefragt, ob es erlaubt sei einzutreten. Wenn politisiert wurde, so fast immer nur über die Sinnlosigkeit der Kriege, in denen doch nur »Geld kaputtgemacht« werde. Aber die Welt sei eben leider so eingerichtet, daß es von Zeit zu Zeit Kriege geben müsse. Wenn man nicht mitmachen wolle, bliebe einem nichts anderes übrig, als nach Amerika auszuwandern. Das war halb Ernst, halb Scherz, doch keinem dieser Männer wäre es eingefallen zu desertieren. Der Stolz, bei den Pionieren zu dienen, war allzu groß. Man hielt das »Schwarze Corps« für die Elite der Armee – die »savante Waffe«, wie man in Württemberg sagte –, die sich unter allen hervortue, und die Freude, bei der Kaiserparade den besten Parademarsch vorgeführt zu haben, entsprach der Freude über das beste Gesellen- oder Meisterstück.

Nach der Novemberrevolution von 1918 legte meine Kompanie nach der Flucht des Kaisers zwar die schwarzweißrote Kokarde ab, behielt jedoch die schwarzrote Kokarde Württembergs bei und marschierte Gewehr über im Gleichschritt durch die Dörfer und

Städte der Rückzugsstraße. Daß man die Revolution bejahte, war noch lange kein Grund, seines Weges zu ziehen »wie Zigeuner«.

Die Pionierausbildung dauerte einige Monate. Ich wurde in die Theorie und Praxis des Brückenschlags und des Sturmes auf Festungswerke eingeweiht, und wenn es auch nicht mehr als ein flüchtiges Anlernen sein konnte, habe ich doch bei einer Reihe von Brückenschlägen über die Donau immerhin gelernt, einen Ponton auch bei widrigem Wetter, bei starker Strömung und im treibenden Eis ans andere Ufer zu bringen. Das Ineinandergreifen der verschiedenen Trupps, die die einzelnen Brückenelemente zusammenzubauen hatten, war faszinierend. Hier begriff ich, was industrielle Arbeitsteilung bedeutet und zu leisten vermag. Daß es möglich ist, Menschen, die nichts von Statik verstehen und die sich das Endprodukt nur sehr schematisch vorstellen können, durch Zerlegung des Werkes in einzelne normierte Bauelemente und durch exerziermäßigen Drill des Arbeitsprozesses instand zu setzen, komplizierte Techniken zu meistern, hat mich früh gelehrt zu begreifen, wieviel Zeit und Arbeit der zerlegende und ordnende Geist von Planern zu ersparen vermag.

Der Krieg schien das Leben in der alten Reichsstadt Ulm, die vor ein wenig mehr als hundert Jahren Festung des Deutschen Bundes und nach 1866 die größte württembergische Garnisons- und Festungsstadt geworden war, nicht verändert zu haben. Es gab zwar mehr Soldaten als zu Friedenszeiten, viele Bürger standen im Feld, aber es waren noch genug da, um die Geschäfte zu betreiben, in denen es immer noch behäbig-reichsstädtisch zuging. Die großen Wirtshäuser hatten fast alle ihre eigenen Brauereien, deren Bier sich von dem des Nachbarn im Geschmack deutlich unterschied. Junge Damen gingen nur in Begleitung aus dem Haus und »hochgeschlossen«. »Bekanntschaften auf Zeit« konnte man bestenfalls mit den Bedienungen der Bierlokale anknüpfen, und dazu war ich mit meinen achtzehn Jahren zu scheu. Ein nur wenig älterer Kamerad erzählte mir, daß er ein Verhältnis mit einer Krankenschwester habe. Mit meinen naiven Vorstellungen von Gut und Böse glaubte ich, ihm Moral predigen zu müssen. Er hörte mich an und gab mir zur Antwort: »Weißt du, für uns arme Leute ist ein Mädchen im Bett das einzige Zuckerbrot.«

Von Kriegsbegeisterung war in der Stadt wenig zu spüren. Wenn eine Abteilung »Nachersatz« zum Bahnhof marschierte, ging das ohne viel Hurra vor sich, und viele Frauen und Mädchen, die das Geleit gaben, hatten Tränen in den Augen. Kriegsfreiwilliger zu sein, galt schon nicht mehr als Auszeichnung.

Im September 1915 kam ich zu einer Feldpionierkompanie, und wenige Tage nach der Ankunft in Ungarn hatte ich einen Ponton beim Brückenschlag über die Donau bei Belgrad zu steuern, das in den Lichtkegel eines Festungsscheinwerfers geriet und starkes Abwehrfeuer auf sich zog. Einige Ruderer fielen aus, ich wurde leicht verwundet, konnte aber den Ponton so schräg stellen, daß die Strömung es ans andere Ufer trug. Dort standen Einheiten der serbischen Armee, die uns mit soldatischem Anstand aufnahmen und verbanden. Nach zwei Tagen befreiten uns k.u.k. Truppen aus der Gefangenschaft.

In Ulm erwartete mich schon die Abkommandierung zur Offiziersschule in Straßburg. Unsere Lehrer waren zumeist aktive Offiziere, die infolge von Verwundungen nicht mehr frontdienstfähig waren. Sie machten es uns nicht schwer, die Prüfungen zu bestehen.

Mir gefiel es in Straßburg. Zwar hatte ich kaum Kontakt zu den alteingesessenen bürgerlichen Kreisen, aber in den Kneipen am Schiffleutstaden, wo ich gern eine »friture« aß, hörte man so manches, aus dem hervorging, daß die Elsässer sich nicht gerade als deutsche Patrioten fühlten. Dabei war ihr Schweigen bei manchen Gelegenheiten noch beredter als ihre Zunge. Man konnte hören, daß ein Vetter oder Bekannter rechtzeitig »hinüber«-gegangen sei und nun »andersherum« schieße. Ich habe nicht erlebt, daß einem dieser Plauderer etwas geschehen ist. In der Oberschicht freilich war man vorsichtiger. Aber es fand sich auch dort manche Möglichkeit, auf unverfängliche Art und Weise zu zeigen, wem man den Sieg wünschte. Mir fiel bei solchen Gelegenheiten ein, was mir meine Eltern über die Trauer der Franzosen beim Anblick der »ligne bleue des Vosges« und dem Trauerflor an der Straßburg-Statue auf der Place de la Concorde gesagt hatten. Ich machte mir auch meine Gedanken, als ich erfuhr, daß eine Anordnung bestand, elsässische Soldaten nicht im Westen einzusetzen.

Während meiner Wochen in Straßburg besuchte ich gelegentlich die dortige Wandervogelgruppe. Ihre Mitglieder waren zumeist Söhne deutscher Beamter und nach 1870 zugewanderter Geschäftsleute. Wir lasen Gedichte des elsässischen Dichters Ernst Stadler miteinander, dessen Expressionismus uns zwar schwer verständlich war, sie kamen uns jedoch recht »deutsch« vor. Nach dem Krieg erfuhr ich, daß Stadler als deutscher Soldat in Flandern gefallen war. Daß manche der deutsch schreibenden Lothringer und Elsässer ihr Talent in Paris ausgebildet hatten, wußte ich damals noch nicht. Aus den Büchern René Schickeles habe ich später einiges von der Seele des Elsaß zu begreifen gelernt. Die Generation der um 1880 Geborenen und zwischen Paris und Deutschland Herangewachsenen hatte begonnen, ein Deutschland zu suchen, in dem das Land zwischen Vogesen und Schwarzwald als eine Einheit erlebt werden und das Deutsche und das Französische sich politisch in einem idealen Europa geschwisterlich widerspiegeln konnte. Diesen Versuch hat das Wüten der Nazis endgültig mit allen Wurzeln ausgerissen. Als ich nach 1950 mehrmals jährlich zur Beratenden Versammlung des Europarates nach Straßburg kam, sah ich, wie anders dort alles geworden war. Nun schienen nicht mehr zwei Seelen in der Brust des Elsässers zu wohnen, sondern nur noch die französische mit deutschen Akzenten. Man hörte oft elsässisch sprechen, doch der deutschen Schriftsprache begegnete man nur selten. Nirgends konnte der Eindruck entstehen, irgend jemand wünsche die Versetzung der Schlagbäume. Im Laufe der Jahre konnte ich immer häufiger wahrnehmen, daß sogar Kinder, in deren Elternhaus noch Elsässerdeutsch gesprochen wurde, untereinander Französisch – ein reines Französisch – sprachen.

Nach Ulm zurückgekehrt, wurde ich zu einem Kurs nach Unterlüß kommandiert, um in einer neuen Waffengattung ausgebildet zu werden. Der Minenwerfer, die Artillerie der Pioniere, erstmals bei der Niederkämpfung der Festungswerke Belgiens erprobt, war diese neue Waffe. In Unterlüß bestand meine Marschkompanie aus Angehörigen meines Ulmer Bataillons. Das gemeinsame Bedürfnis, schwäbische Lebensart in den Wäldern Niedersachsens heimisch zu machen, brachte bald eine gute Kameradschaft zustande. Damals erfuhr ich, welche integrierende Wirkung der schwäbische Dialekt in der Fremde hat.

Natürlich waren alle diese Männer aus Schwaben imstande, sich des Schulhochdeutschen zu bedienen, also »Schloßdeutsch« zu reden, wie man in Stuttgart sagte, weil viele glaubten, so »gewählt« spreche man im Schloß des Königs von Württemberg. Beim Militär sagten wir dazu auch »Kasinodeutsch«. Es war für Schwaben eine brav erlernte, doch nicht ganz geläufige Sprache. Offensichtlich konnten sie darin ihre Gefühle nicht ungehemmt ausdrücken; die Worte kamen stokkend, wie auf Stelzen daher, ernst und persönlich Gemeintes klang geschwollen oder tolpatschig. Waren meine Leute aber unter sich, dann zeigte sich, über wie viele Nuancen das Schwäbische verfügt, wie reich und differenziert sein Vokabular ist und wie sich darin Dinge artikulieren lassen, für die man im Hochdeutschen das rechte Wort und die genügend differenzierende grammatikalische Form nicht findet. Präzision der Aussagen, die keinen Raum für individuelle Interpretation durch den Hörer bietet, und irisierende Ambivalenz des Ausdrucks, die es diesem überläßt, sich für die ihm richtig dünkende Interpretation innerhalb des Spektrums der Bedeutungsmöglichkeiten zu entscheiden, stehen nebeneinander und erlauben, Feinstes und Komplexes genau zu nennen oder, wo man dies nicht will oder nicht kann, erahnen zu lassen. Der gemeinsame Besitz dieses reichen Instrumentariums läßt in der Fremde Heimat entstehen.

Das Schwäbische hat für den »von draußen« Kommenden wenig Einladendes. Er wird es als eine Sprache von Grobianen empfinden, deren Akzent zu übernehmen einem in der Gesellschaft nicht viel nützen kann – im Gegensatz zum Bayerischen oder Hanseatischen –, und darum gar nicht erst den Versuch machen, etwas davon aufzunehmen. Statt dessen wird er vielleicht den schwäbelnden Schwaben seine Überlegenheit fühlen lassen, was die Schwaben oft argwöhnen läßt, die anderen hielten sie für Hinterwäldler.

Fronteinsatz in West und Ost

Wir hatten unser neues Waffeneinmaleins bald gelernt und hantierten schlecht und recht mit unseren leichten, mittleren und schweren Werfern, mit Rundblickfernrohr und Richtkreis, und kamen zum ersten Einsatz ins Oberelsaß. Unser Standquartier war ein aufgelassenes Klösterchen am Fuße der Vogesen. Der Stellungsbereich erstreckte sich vom Tal, das nach Belfort führt, bis zum Hartmannsweiler Kopf. Wir richteten verschiedene Feuerstellungen ein, um bei Verlagerungen der Gefechtstätigkeit beweglich zu sein. Militärisch gesehen war dies ein ruhiges Leben, mit Ausnahme der Tage und Nächte, an denen wir am Hartmannsweiler Kopf einzugreifen hatten. Die Scharfschützen der französischen Alpenjäger feuerten auf alles, was sich aus der Deckung bewegte. Wer den Gipfel dieses Eckpfeilers der Vogesen hielt, konnte die Bewegungen des Feindes tief im Hinterland beobachten und wirkungsvoll stören. Darum wurde um jeden Meter verbissen gekämpft. Nirgends sind auf so engem Raum so viele Soldaten gefallen wie dort.

Ein Mißgeschick, das mir widerfuhr, gehört mit zu meinen Lebensniederlagen. Ich hatte Befehl, das Feuer aus meinen beiden schweren Werfern nur auf besonderen Befehl zu eröffnen. Als unvermittelt die Franzosen angriffen und ich keinen Feuerbefehl erhielt, rannte ich mit meinen Leuten in den Schützengraben, als gehörten wir zur infanteristischen Mannschaft. Die Franzosen drangen dicht neben uns in das Grabensystem ein, was ihnen sicher nicht gelungen wäre, hätten wir mit unseren Werfern das Feuer eröffnet. Meine älteren Kameraden schonten mich mit ihrem Urteil – »Das kann jedem Anfänger passieren« –, aber ich bin lange Zeit das Gefühl nicht losgeworden, versagt zu haben, wo es auf den Mut ankam, sich über einen Befehl hinwegzusetzen.

Man kann hieraus ersehen, daß ich kein Kriegsheld war. Mit den Fähigkeiten, die mir gegeben waren, habe ich getan, was meiner Meinung nach die Lage erforderte. Dem Versuch, meine Fähigkeiten nach Kräften auf die Höhe der zu erwartenden Aufgaben zu bringen, waren allerdings Grenzen gesetzt. Ich war nicht übermäßig furchtsam; aber es gab Augenblicke, in denen ich mich am liebsten in die Tiefen der Erde verkrochen hätte – merkwürdigerweise nicht in den Momenten der massivsten Bedrohung, als vielmehr unter dem Eindruck fataler Unwägbarkeiten. Je näher ich mich der Quelle der Gefahr wußte, desto weniger griff mir Furcht an die Kehle, je entfernter sie war, desto stärker griff mir, was ich von ihr zu spüren bekam, ans Herz.

Ich habe viele mutige Männer kennengelernt, aber auch sie kannten Zeiten der Angst, zumeist Angst vor der Tücke eines dummen Zufalls. Bei anderen dagegen habe ich die totale Unfähigkeit, Furcht zu empfinden, festgestellt. Zu ihnen zählte der Gefreite Pietsch aus Sachsen, der sich auch in schwerstem Feuer nicht zu Boden warf und die berstende Granate mit ihrem Splitterregen verspottete. Er hat den Krieg überlebt. Er gehörte zu den »freien Vogtländern« und hütete sein Wissen um die Kunst, einen Fachwerkgiebel anzureißen, wie ein Zunftgeheimnis.

Aus dem Elsaß wurde meine Kompanie nach Lothringen in den Südabschnitt des Schlachtfeldes von Verdun gebracht. Dort war, nach den Berichten der »Alten«, die wir dort ablösten, zwar die schlimmste Zeit vorüber, doch wir fanden, was wir antrafen, schlimm genug. Klare Frontlinien waren kaum zu erkennen, das Land eine Trichterwüste, in der die Stümpfe zerschossener Bäume wie Gerippe standen. Durch das Scherenfernrohr sah man Überbleibsel der kleineren vorgeschobenen Festungswerke von einst. Überall sprangen, irre gewordenen Schachbrettmustern vergleichbar, die Erd- und Rauchfontänen einschlagender Granaten hoch. Wir zogen an den Batteriestellungen der Artillerie vorbei, ablösende Infanterie rückte vor. Krankenträger schleppten Bahren zu Verbandsunterständen oder zu Ambulanzen, deren Pferde an den Halftern festgehalten werden mußten, damit sie nicht scheuten, wenn Abschüsse in der Nähe knallten oder Einschläge aufblitzten. Über die Erde rollte ein Lärmen hin, als hätten Tropengewitter und brüllende Vulkane ihr Getöse vereinigt, um uns taub zu machen oder zu vertreiben. Es war eine Qual, die Werfer über das Trichtergelände zu schleppen. Ich staunte, wie gering dabei die Verluste waren. Offenbar ließ uns ein verborgener Instinkt Lücken im Feuervorhang finden. Doch am zugewiesenen Planquadrat angelangt, fanden wir keinen Sinn in den Befehlen, die uns mitgegeben worden waren, denn das Land, das vor uns lag, war so gestaltlos wie jenes, das wir hinter uns gelassen hatten. Das Auge gewöhnte sich indessen an die trichterdurchpflügte Öde und erkannte Besonderheiten, die auf eine Stellung schließen ließen. Regte sich dort etwas, wurde es unter Feuer genommen. Daraufhin wurden wir beschossen und gingen in Deckung, bis es wieder ruhig geworden war. So ging es sinnlos hin und her, und keiner von uns wußte, wie es um die Schlacht von Verdun stand. Wir wußten nur, wie es um das Fleckchen Erde stand, in das wir uns eingewühlt und das wir zu halten hatten.

Nachts, wenn das Geschützfeuer nachließ, hörten wir Geräusche wie von endlosen Kolonnen. Unzählige Lastwagen karrten Munition, Proviant, Material, Ersatztruppen in die Festung und von dort weiter über die Depots zu den vorderen Linien. Diese Geräusche waren entnervend. Es war, als wollte die Erde uns wissen lassen, daß die Schlacht nicht an sich selber ausbrennen werde und wir in ihrem Brand und Schlamm ausharren müßten bis an ein Ende, das viele von uns nicht mehr erleben würden. Es hat mich immer wieder erstaunt, daß Soldaten trotz offenbarer Ausweglosigkeit der Lage Tag für Tag weitermachen, weiterkämpfen, weiterleiden, immer wieder durch die Feuerwände hindurch um ihr Leben rennend und robbend oder sich als Zielscheibe einer Batterie wissend, die so lange weiter auf ihr Planquadrat feuern wird, bis sich nichts mehr regt.

Es war nicht Apathie oder moralische Unfähigkeit, sich zu empören, was die Soldaten sich vor der Festung festklammern ließ. Es war nicht Einsicht in die strategische Notwendigkeit ihres Einsatzes; es war jedoch auch nicht Patriotismus. Es war der Trotz tapferer Männer, die nicht leiden wollen, daß andere ihnen glauben den Weg verbauen zu können, den zu gehen sie sich vorgenommen haben. Der Gleichmut dieser Männer war bewundernswürdig, und wenn es auch selten war, daß man sich freiwillig meldete – außer für das Bergen und Zurückholen Verwundeter –, so traten die Männer doch ohne Murren an, wenn ihnen befohlen wurde, anzugreifen. Bei einem Angriff auf ein kleineres, betoniertes Werk, dessen Feuer besonders lästig geworden war, begleiteten wir die Infanterie. In einer Geschützkasematte flatterte eine Brieftaube angstvoll hin und her. Einer meiner Leute fing sie ein und schob sie durch die Seele des Geschützrohres mit dem Wischer ins Freie. Es war nicht die Friedenstaube.

Wir wurden nach einem Monat abgelöst und kamen in einem Dorf in der Picardie in Ruhestellung. Ende Oktober wurden wir in die Somme-Schlacht geworfen, die seit drei Monaten tobte. Wir bezogen eine Feuerstellung im Dorf Sailly-Saillisel an der Straße von Péronne nach Bapaume. Fast vier Wochen lang waren eine kleine Kiesgrube am Ortsrand von Sailly und ein Keller in den Ruinen eines Gehöfts, das einige Kilometer rückwärts lag, unser Zuhause.

Es regnete unaufhörlich; der Himmel blieb grau verhangen, die Äcker waren Schlammwüsten, durchsetzt mit tiefen Granattrichtern. In mancher Mulde lagen Gefallene. Man roch sie mehr, als daß man sie sah. Konnte man hier »leben«, ohne sich alle möglichen Krankheiten zu holen? Die Kameraden, die wir ablösten, trösteten uns: Es ginge schon, man müsse die Zeltbahnen in Streifen schneiden und sich damit umwickeln wie eine Mumie. Essen und Munition heranzuschaffen, sei wegen des ständigen Sperrfeuers unangenehm, aber mit einiger Übung komme man doch durch. Sie nannten uns auch die Verlustquote, bei deren Erreichung der Rest abgelöst werde.

Man übergab uns die Stellung und wies uns in den Abschnitt ein, orientierte uns über die Ziele und das »feindliche« Klima. Engländer und Australier lägen uns gegenüber; einige Male hätten sie mit Tanks angegriffen, die sich mit Schrittgeschwindigkeit auf Ketten fortbewegten und aus Kanonen und Maschinengewehren schössen . . . Das sähe fürchterlich aus, sei aber, wenn man sich an den Anblick gewöhnt habe und die Schrecksekunde überwunden sei, nicht sonderlich gefährlich. Wir richteten uns in einem Stollen ein, lernten die Feuerzonen und die Gezeiten des Geschützfeuers zu unterscheiden, die Sprache der Leuchtkugeln des Feindes zu verstehen. So kam in das Chaos etwas wie eine Ordnung, die eine Berechenbarkeit der Chancen des Durchkommens gestattete.

Wir erlebten den Alltag der »Somme«, ein Konglomerat aus Feuerregen und Dreck, Tod und Davonkommen. Ich hatte mir nicht vorgestellt, daß eine Riesenschlacht so eintönig sein könnte.

In den Jahren 1940 bis 1944 bin ich des öfteren, von Lille nach Paris fahrend, an der Kiesgrube von Sailly vorbeigekommen – ich erkannte nichts wieder. Über die ganze Trichterlandschaft war der Pflug der Bauern gegangen, und sie trug Frucht, als wäre nichts geschehen.

Ende November 1916 war die Sommeschlacht zu Ende gegangen. Wir Überlebenden wurden in die Gegend von Cambrai verlegt. Die Stadt war unzerstört und fast nur von Soldaten bevölkert. Nach einem Heimaturlaub kam ich zur Truppe zurück, die wieder den alten Abschnitt im Elsaß bezogen hatte. Ich wurde nach Essen an die Ruhr geschickt, um Ersatzteile für unsere Werfer zu besorgen. Ich fuhr mit unserem Waffenmeister, dem eine kleine Fabrik im Württembergischen gehörte und der geradezu der Typus des schwäbischen Demokraten war, voll Mißtrauen gegen die »Großen« und überzeugt von der schöpferischen Rechtschaffenheit des Volkes. Er war ganz sicher, daß er in seiner Fabrik die Schlagbolzen für unsere leichten Werfer für die Hälfte des Preises herstellen könnte, den die »Großen« dem Militärfiskus berechneten. Mir schienen seine Worte typisch zu sein für eine Meinung, die sich in jener Zeit in der Truppe verbreitete: daß der Krieg offenkundig manche Leute erheblich bereichere und der gemeine Mann den Reichtum der Kriegsgewinnler mit seinem Blut zu bezahlen habe.

Von dem, was in der Welt politisch vor sich ging, wußten wir kaum etwas. Wir lasen natürlich die Berichte der Heeresleitung; über die Bemühungen aber, die Präsident Wilson seit Mitte 1916 unternommen hatte, waren wir nicht informiert. Aber als es sich herumsprach, daß Wilson in einer Rede vor dem Senat für »Frieden ohne Sieg« eingetreten war, horchten wir auf. Das schien ein Weg, aus diesem Krieg herauszukommen. Wir waren überzeugt, daß alle vernünftigen Menschen damit einverstanden sein könnten. Als es anders kam, blieb ein schlechter Nachgeschmack. Was sollte werden, wenn nun auch die USA sich auf der Seite unserer Feinde am Krieg beteiligten? Wir verstanden nicht, daß man um der geringen Chance willen, einige Streifen benachbarten Gebiets annektieren zu können, diese neue Gefahr auf sich nahm. Wir hatten zwar gelegentlich gehört, daß unsere Industrie unbedingt das Erzbecken von Briey und Longwy brauche, aber war es denn nicht billiger, das Erz und die Kohle dort zu kaufen, als eine Milliarde nach der anderen zu verpulvern und Hunderttausende von Menschen zu opfern?

Daß ein unbeschränkter U-Boot-Krieg kriegsentscheidend sein würde, konnten wir uns nicht vorstellen, und daß die Amerikaner nicht zu fürchten seien, weil ihnen die preußische Militärtradition fehle und sie keinen von Moltke geschulten Generalstab hätten, mochten wir nicht glauben. Hatte uns die Propaganda nicht das gleiche von den Engländern erzählt, und hatte uns nicht jeder Tag an der Somme bewiesen, wie erlogen dieses hochmütige Geprahle war? Dazu kam die Erfahrung, daß kaum eine der Prognosen unserer politischen Führung in diesem Krieg richtig gewesen und bisher keine Gleichung des Siegesrezeptes aufgegangen war.

Anfang 1917 wurde meine Kompanie an die Ostfront geschickt, in die ukrainischen Stochod-Sümpfe. Zusammen mit k.u.k. Einheiten lagen wir in waldigen Stellungen mit geringer Gefechtstätigkeit. Die Hauptkampflinien waren tausend Meter voneinander entfernt, und keine Seite war auf Abenteuer aus. Der Armee-Kommandant war ein recht bejahrter Erzherzog, dessen Leidenschaft es war, die Truppen, die sich in Ruhe befanden, zu besichtigen, und zwar die deutschen Einheiten nicht anders als die österreichisch-ungarischen. Der Offizier, der am rechten Flügel Meldung zu machen hatte, mußte, während Seine Kaiserliche Hoheit die Front abschritt, in »Hab-Acht-Stellung« stehen bleiben, und das Abschreiten dauerte lang, denn der alte Herr war schlecht zu Fuß und sehr genau. In den mückenreichen Sommermonaten war es schwer, unbeweglich dazustehen, bis der Erzherzog am linken Flügel angelangt war. Nun hatte sich herumgesprochen, daß mir die Mücken weniger zu schaffen machten als anderen. So lieh man mich für solche Gelegenheiten aus, was mir beim Ausscheiden aus dem österreichischen Divisionsverband den sichtbaren Dank des Feldmarschall-Leutnants eintrug: Ich hätte durch mein Ausharren unter Mückenschwärmen der k.u.k. Armee viel Blut erspart ...

Zuweilen mußte ich im Auftrag des Kommandeurs nach Warschau fahren. Der Bummelzug über Brest-Litowsk brauchte für die Strecke einen Tag. Polens Hauptstadt mit ihren Adelspalästen, dem Schloß, dem Sächsischen Platz, den Barockkirchen und den schönen Geschäften war eine wahrhaft königliche Stadt. Bisher hatte ich das polnische Volk nur in Dörfern und Kleinstädten getroffen; nun traf ich eine Bevölkerung, die trotz der Kriegsnöte weltstädtisch elegant daherkam; ihr sicheres, aber höfliches Benehmen den Besatzungstruppen gegenüber imponierte mir. Gelegentlich sah ich auch Angehörige der polnischen Legion Pilsudskis, die sich uns gegenüber korrekt, aber äußerst zurückhaltend gaben. Die Art und Weise, wie am 5. November 1916 die Mittelmächte das Wiedererstehen eines polnischen Staates proklamiert hatten und wie diese Proklamation durchgeführt wurde, hatte die Polen enttäuscht. Aber wer nahm bei uns schon Notiz davon, was »die Polacken« fühlten oder dachten!?

Von der Märzrevolution in Rußland merkten wir zunächst nicht viel. Zwar wußten wir, daß der Zar abgedankt hatte und Kerenski Regierungschef geworden war. Aber wir wunderten uns, daß nun auch an unserer ruhigen Front Angriffe einsetzten und daß es in Galizien zu Durchbruchsversuchen der Russen kam. Wir reagierten mit verstärkter Patrouillentätigkeit, um festzustellen, welche Truppen von unserer Front nach Galizien zur Brussilow-Offensive abgezogen worden waren. Genauso unvermittelt wurde es an unserer Front wieder friedlicher. Eine Periode der Fraternisierung begann, und ich hatte den Eindruck, daß man dies bei der Heeresleitung nicht ungern sah. Mein »Kollege« auf der anderen Seite war ein Stabskapitän, ein vorzüglicher Offizier, der das Georgskreuz trug. Er ließ es uns nicht entgelten, daß sein Bruder nicht weit entfernt von unserem Abschnitt gefallen war. Eines Tages ließ ich durch unseren Dolmetscher anfragen, ob mein Besuch willkommen sei. Die Antwort war eine formelle Einladung. Es gab Tee, und ich brachte einige Ausgaben des »Simplicissimus« mit, um die der russische Offizier gebeten hatte. Das Gespräch war offen und ganz unmilitärisch. Wir sprachen über Tolstoi und die neue Moral, die nach dem Kriege das Leben der Völker bestimmen werde. Es war Abend geworden, als ich in unseren Graben zurückkehrte. Russische Soldaten, die unsere Stellung besucht hatten, kamen mir entgegen. Zwei lange Burschen liefen auf mich zu. Einer machte eine Bewegung, die ich als Bedrohung ansah; ich stieß ihn weg. Da stürzte sich der andere auf mich und riß an meinen Schulterstücken. Weiter geschah nichts, denn Hinzugekommene machten mir den Weg frei. Der Dolmetscher sagte mir, ich hätte die beiden völlig mißverstanden. Der erste habe mich umarmen wollen und der andere habe sich, als ich die abwehrende Gebärde machte, mit den Worten auf meine Schulterstücke gestürzt: »Du schlugst einen, der dich umarmen wollte – du bist nicht wert, Offizier zu sein.« Das war meine erste Begegnung mit dem Geist der russischen Revolution.

Die zweite verlief so: Ich hatte im Revier einer großen Zuckerfabrik Quartier zu machen und ging durch die Gassen, in denen die Arbeiterhäuser standen. Fast alle waren leer. Aus einem drang Lichtschein; ich klopfte an und trat mit dem Soldaten, der mich begleitete, durch die Tür. Unter der Lampe saß eine alte Frau an einer Nähmaschine. Als der Dolmetscher seinen Spruch hergesagt hatte, erhob sie sich, öffnete einen Kleiderschrank, riß von einem roten Unterrock einen Streifen ab und steckte ihn meinem Begleiter an das Bajonett. Dann kam sie auf mich zu, nahm mir die Mütze vom Kopf und strich mir durch die Haare. Was sie dabei sagte, verstand ich nicht; was sie meinte, verstand ich. Diese Szene habe ich nicht vergessen und auch nicht das Revolutionslied:

> Gebt uns Armen die Freiheit,
> gebt uns Armen das Brot,
> das Zarenbrot ist zu teuer –
> zum Teufel, ich weiß nicht, warum . . .

Es war die gleiche Melodie, in der später die Sozialistische Arbeiterjugend »Brüder, zur Sonne, zur Freiheit« sang.

Wir hatten inzwischen erfahren, daß ein gewisser Lenin, von dem keiner von uns zuvor gehört hatte, mit seiner Partei, den »Bolschewiki«, in Petrograd, dem früheren St. Petersburg, die Macht an sich gerissen hatte, um ein neues Rußland zu schaffen, in dem die Bauern und Arbeiter die Herren sein sollten. Ich stellte mir darunter das Rußland vor, an das Tolstoi gedacht hatte. Wir waren überzeugt, daß nun der Krieg bald zu Ende gehen werde, zumal Lenins Regierung der Volkskommissare an alle Kriegführenden die Aufforderung zum Waffenstillstand und zum Abschluß eines Friedens ohne Annexionen gerichtet hatte.

Als nach Abbruch der Friedensverhandlungen von Brest-Litowsk der Vormarsch nach Rußland hinein wiederaufgenommen wurde, wurde unsere Einheit an die Westfront verlegt, weil dort die schweren Waffen dringender gebraucht wurden als in den Weiten Rußlands. Das Bild, das sich uns auf der Fahrt quer durch Deutschland bot, war anders als bei der ersten Fahrt nach Osten drei Jahre zuvor. Auf den

Bahnhöfen standen keine winkenden Frauen mehr, an den Verpfle-
gungsstationen hatte man nicht mehr das Gefühl, daß uns die Heimat
mit Liebesgaben beschenkte; es ging so sachlich zu wie bei einer
gewöhnlichen Essensausgabe. Immer wieder sahen wir Transportzüge, die Artillerie geladen hatten. Und wir machten uns unseren
Vers darauf.

Eine Armee mit so guten Waffen, so trefflicher Ausbildung und
Einübung konnte es schaffen, und zwar schnell genug, daß die
Amerikaner, wenn sie unbedingt in den Krieg ziehen wollten, zu spät
kämen. Der Gedanke, daß angesichts der Verteidigungsbereitschaft
drüben viele die Abendröte des Sieges nicht erleben würden, schien
niemanden zu beschäftigen. Im Morgenrot des Siegestages denkt
keiner an den Tod – trotz des schönen Liedes von Wilhelm Hauff.

Im Hinterland von Saint-Quentin erreichten wir die Frontlinie.
Der uns zugeteilte Streifen war schmal. Die Ruinen und Kellerlöcher
eines einst wohlhabenden Dorfes wurden unser Quartier. Man sagte
uns, hier sei die Nahtstelle zwischen Engländern und Franzosen.
Nachts hörten wir schwere Fahrzeuge nach vorn fahren und sahen
starke Infanterieeinheiten mit Sturmgepäck, Maschinengewehren und
Munitionskisten in gleicher Richtung ziehen.

Wir hatten uns im Gelände umgesehen. Eine mächtige Wegespinne
hatte ihr Netz über Berg und Tal des kahlgeschossenen Landes
geworfen. Weit hinter der Hauptkampflinie waren gedeckte Bereit-
stellungsräume zu sehen. Da und dort konnte man eine getarnte
Batterie erraten. Kurze Pfähle in verschiedenen Farben zeigten an, wo
die Sturmtruppen sich bereitzustellen hatten. Ab und zu detonierten
Granaten von drüben, und gelegentlich schossen unsere Geschütze.
Doch Gefechtslärm gab es noch nicht.

Wir wurden in unsere Feuerstellungen eingewiesen, unmittelbar
hinter dem vordersten Graben, damit wir nach dem Zerstörungsfeuer
auf Drahtverhaue und Gräben noch einen Feuerriegel vor die
stürmende Infanterie legen könnten. Alles war auf das sorgfältigste
vorbereitet. In der Nacht vor Beginn des Trommelfeuers würden wir
die Werfer einbauen und die Munition bereitzulegen haben.

Endlich kam diese Nacht. Tags zuvor war den Offizieren der
Feuerplan ausgehändigt worden; Entfernungen und Richtzahlen

waren eingezeichnet, der Rhythmus der Schußfolgen präzise festgelegt. Eines freilich wunderte uns: Während bei den früheren Offensiven das Trommelfeuer tagelang gedauert hatte, sollte es dieses Mal nur Stunden währen. Man nahm wohl an, damit den Feind zu täuschen und das Anrücken seiner Reserven stören zu können. Kurz vor Beginn des Feuerschlags rückten die Sturmtruppen in ihre Ausgangsstellung. Das Feuer der Artillerie und der Minenwerfer setzte ein. Die Engländer schienen völlig überrascht zu sein, wie sonst sollten wir uns erklären, daß wir so wenig Feuer bekamen? In der ersten Frühe des 21. März begann der Sturmangriff. Wir konnten nicht viel davon sehen, denn in kurzer Zeit waren Verhau und Gräben überrannt, und wir hatten unser Gerät auszubauen und auf weiteren Einsatzbefehl zu warten. Ich stieg auf die Deckung und ging nach vorn, mehr aus Neugier, als um zu erkunden. Mir begegneten Sanitäter, ich kam an Unterständen vorbei, deren Eingänge eingeschossen oder gesprengt waren, an zerschossenen Feuerstellungen und ging an einem nach Westen verlaufenden Gebüsch entlang. Hier fand ich den ersten Toten in dieser Schlacht, einen jungen Engländer, der im Grase lag, als ob er schliefe. Er hatte einen Herzschuß. Die Erkennungsmarke und wohl auch seine Papiere waren ihm schon abgenommen worden, doch neben ihm lagen noch einige Familienfotos. Die Begegnung mit dem Tode, einem individuellen Tode, hat mich tief getroffen. Die Leichenfelder der Materialschlachten waren fürchterlich, aber sie bewegten mich nicht wie der Tod dieses einzelnen Mannes. Was wir an der Somme, was wir vor Verdun erlebt hatten, war unvergleichlich furchtbarer, aber jene Toten hatten kein menschliches Antlitz. Das Gesicht im Todesschlaf und das wächserne Weiß der Hände des jungen Engländers habe ich nie vergessen.

Wir wurden zurückgenommen und in den nächsten Tagen eingesetzt, um zäh verteidigte Meierhöfe sturmreif zu schießen, und begannen zu ahnen, daß es nicht gelingen würde, in einem Anlauf durchzubrechen. Wie sollte es weitergehen? Sollten wir die alten Trostparolen »Weihnachten kommen wir heim«, »Ostern kommen wir nach Hause«, »Wenn die Blätter fallen, ist der Krieg aus« wieder hören müssen? Der Gedanke daran war unerträglich, doch weil man trotz allem entschlossen war, den Krieg durchzustehen – und sei es bis zu seinem bitteren Ende, denn man war nun einmal Soldat und wollte »seine Arbeit gut machen« –, fütterte man seine Erwartungen mit der Überzeugung, daß der Große Generalstab bestimmt noch einiges in petto habe. Als es zur Apriloffensive bei Armentières kam, glaubten wir fest an Ludendorffs Genie. Wir erlebten, wie widerstandslos sich die Portugiesen gefangennehmen ließen. Fing es bei den Alliierten an zu kriseln? Amerikaner sahen wir immer noch nicht. Offenbar traute man ihnen nicht viel zu, sonst hätte man sie wohl nicht in dem ruhigen Abschnitt bei Ste. Menehould eingesetzt, wo praktisch schon lange nicht mehr gekämpft wurde. Wir kamen zum Atemschöpfen in eine ruhige Stellung gegenüber von Reims. Dort übernahmen wir modernes Gerät und übten neue Techniken ein, die uns beweglicher machen und höhere Schußweiten ermöglichen sollten. Es ging bisweilen zu wie auf einem Truppenübungsplatz im Frieden. Feldpost und Kantine spielten eine große Rolle, besonders die Feldpost, in der mehr und mehr von den Entbehrungen zu lesen war, zu denen die Blockade der deutschen Küsten geführt hatte. Da hörte man an den Tischen der Kantine böse Worte über den Krieg, und auf die immer häufiger gestellte Frage: »Wann hört denn dieser ganze Schwindel einmal auf?«, kam oft die Antwort: »Es gibt eben Leute, die am Krieg verdienen! Diese Herrschaften können offenbar nicht genug kriegen . . .«

Das war noch keine revolutionäre Stimmung, sondern schierer Unmut. Der Kriegsverlauf hatte den inneren Zusammenhang der Verbände von Jahr zu Jahr mehr geschwächt. Der häufige Ersatz für die Verluste durch ältere Leute, die sich fragten, warum gerade sie geholt worden waren und nicht der Nachbar, veränderte die Einheiten an Leib und Seele. Man erfuhr von den Neuen, daß es jetzt Dienststellen gab, die in Stäben, Kommandanturen und in den Betrieben noch Kriegsdienstfähige ausspähten, damit sie an die Front geschickt werden könnten. Das gab zu denken.

Ich sah oft durch das Scherenfernrohr hinüber zu den Türmen der Kathedrale von Reims, deren Zerschießung die gebildete Welt so erregt hatte. Was man von der ehrwürdigen Krönungskirche noch sah, war so grau zerbröckelt wie die alten Stadtviertel überhaupt. War es durch irgendeine Norm des Ehrenkodexes für die Kriegführung zu rechtfertigen, daß dieses Wunder der Gotik, von dem so mancher Baumeister und Steinmetz deutscher Dome und Münster seine Muster bezogen hatte, zerstört werden durfte? Die Kriegsräson scheint bei vielen alles zu decken, was für das Schußfeld gut ist. Der moderne Krieg transzendiert jede Moral, deren Einhaltung nicht durch beiden Seiten vorteilhafte Konventionen garantiert ist.

Mitte Mai setzte man uns weiter nördlich ein, und wir wurden sehr schnell inne, daß es bald wieder losgehen würde. Wir hatten Feuerstellungen gegenüber dem Chemin des Dames zu erkunden. Wir fanden eine liebliche Landschaft, angenehme Dörfer und am Horizont einen Höhenzug, der sich scharf gegen den Himmel abgrenzte wie der Erdwall eines Festungswerkes.

Am 27. Mai griffen wir an. Nach kurzem Trommelfeuer ging es durch die Gassen in den Verhauen auf die feindliche Stellung los, tief ausgeschachtete, methodisch angelegte und gut verkleidete Gräben, die von den Franzosen zäh verteidigt wurden. Ich wurde am Unterleib verwundet und zum Verbandsplatz gebracht. Aus dem Feldlazarett Charleville wurde ich wenige Wochen später als frontdiensttauglich entlassen, um nach kurzem Heimaturlaub zur deutschen Offensive zurechtzukommen, die am 15. Juli in der Champagne begann. Sie stieß ins Leere, denn die Franzosen hatten die vordere Linie geräumt und sich auf ein rückwärtiges Stellungssystem zurückgezogen. Ehe ein neuer Aufmarsch zustande gebracht war, durchbrach im Gegenangriff die große Offensive des neuen Oberbefehlshabers der Alliierten, General Foch, die Front zwischen Reims und Soissons. Wir wichen hinter die Vesle zurück. Bei Amiens waren die Briten unter massivem Tankeinsatz in die Front zwischen Amiens und Saint-Quentin eingebrochen. Unsere Armee mußte zurück in die Siegfried-Stellung, und in den nächsten Wochen wurde sie weiter zurückgedrängt bis Rethel und an die Maas.

Jetzt wurde nicht mehr von Offensiven gesprochen, sondern von Abwehrschlachten. Die Stimmung der Soldaten war endgültig umgeschlagen, die alte Einsatzfreudigkeit dahin. Immer öfter, immer lauter war zu hören, es sei sinnlos, den Krieg weiterzuführen. Er könne nicht mehr gewonnen werden, weil nun die Amerikaner mit voller Kraft eingreifen würden. Die Berichte der zur Front zurückgekehrten

Urlauber und die Briefe aus der Heimat ergaben immer trübere Bilder von den Verhältnissen zu Hause. In den Frontsammelstellen blieben immer mehr »Versprengte« hängen, die keine großen Anstrengungen unternahmen, ihre Einheiten wiederzufinden. Als bekannt wurde, daß ein Dorf in der Nähe von Charleville mit dem Ertrag seiner Felder und Höfe ausschließlich für die Unterkunft des Rennstalles des Kronprinzen requiriert gewesen sei und die Pferde jetzt nach Deutschland zurücktransportiert würden, gab es viel böses Blut. Es wurde auch über die politischen Vorgänge in Berlin gesprochen und darüber, daß sich die Reichsregierung über neutrale Staaten um die Einleitung von Friedensverhandlungen bemühe.

Obwohl man sich in der Truppe unter den Absichten Wilsons noch immer nichts Bestimmtes vorstellen konnte, erschien uns der Präsident der Vereinigten Staaten von Amerika mehr und mehr als möglicher Friedensbringer. Es wurde darüber gesprochen, daß in Deutschland die Zivilgewalt gegenüber der Allmacht der Obersten Heeresleitung gestärkt werden und in Preußen an die Stelle des Dreiklassenwahlrechts das allgemeine Wahlrecht treten müsse. Was dies im einzelnen für Konsequenzen haben könnte, war uns Süddeutschen recht unklar, aber es tat gut zu hören, daß führende Kreise in Deutschland entschlossen zu sein schienen, sich ernsthaft um die Herbeiführung einer demokratischeren Verfassungswirklichkeit zu bemühen.

Die Friedensresolution der Mehrheitsparteien des Deutschen Reichstages vom 19. Juli 1917 wurde besprochen und daß mit der Ernennung des bayerischen Grafen Hertling zum Reichskanzler und des Schwaben Friedrich Payer zum Vizekanzler die Süddeutschen in Berlin endlich zu Wort kommen würden. Mit der Junkerherrschaft schien es zu Ende zu gehen, wobei unter Junkerherrschaft das Regiment einer Offizierskaste verstanden wurde, die vom Krieg lebte. So primitiv wurde bei uns gedacht, und ich vermute, anderswo auch.

Doch als Anfang Oktober 1918 Prinz Max von Baden Reichskanzler wurde – also wieder ein Süddeutscher – und die deutsche Regierung Wilson ein Friedensangebot auf der Grundlage seiner Vierzehn-Punkte-Erklärung machte, waren wir entschlossen, unsere Soldatenpflicht weiter zu tun, denn an Übergabe unseres Schicksals auf Gnade und Ungnade in die Hand der Sieger dachte keiner. Der Friede sollte ein anständiger Friede sein und nicht das Siegel auf dem Untergang Deutschlands. So dachten wir auch bei den Nachrichten über den Zusammenbruch der österreichisch-ungarischen Front in Italien und den beginnenden Zerfall des Habsburger Reiches. Wir meinten, die Deutschen in Österreich würden mit uns zusammen einen neuen deutschen Staat bilden; die Slawen und Ungarn der Donaumonarchie sollten ihre Nationalstaaten einrichten, wie sie wollten. Nach diesem Krieg würde die Menschheit sicher so klug geworden sein, den Krieg als Mittel der Politik für immer abzuschaffen. So dachten viele von uns, bei den süddeutschen Truppenteilen vielleicht noch mehr als bei den Regimentern, die aus den preußisch geprägten Teilen des Reiches stammten. Trotzdem kam es bei den Truppen aus Norddeutschland früher zu Aufsässigkeiten gegen die Offiziere als bei den Süddeutschen.

Ich kann mich an einen bezeichnenden Zwischenfall erinnern, der sich im Juli oder August 1918 ereignet haben muß. Auf dem Rückmarsch von der Front zu einer neuen Widerstandslinie legten wir hinter einer Bahnunterführung eine Essenspause ein. Da vernahmen wir das allen bekannte Ta-tü-ta-ta der Wagenkolonne des Kronprinzen. Die Kolonne hielt neben unserem Lagerplatz; ich meldete die Einheit und antwortete auf die bei solchen Gelegenheiten üblichen Fragen der Stabsoffiziere. Eine Ordonnanz entstieg einem der Begleitwagen und warf unbeteiligt, ja mechanisch den Gruppen Zigarettenpäckchen zu. Die meisten meiner Leute fingen die Päckchen nicht auf. »So geht man nicht mit Menschen um«, sagte Feldwebel Illenberger, ein Zimmermeister aus Bopfingen auf der Schwäbischen Alb, und alle konnten ihn hören. Die Haltung der Soldaten drückte mehr aus als den Ärger erschöpfter Leute, die sich falsch behandelt fühlen. In ihr kam zum Ausdruck, daß man dem Kronprinzen jene moralische Autorität absprach, ohne die Leutseligkeit von oben nichts ausdrückt als Routine oder gar Geringschätzung.

In Mézières-Charleville wurden wir neu eingeteilt. Am linken Maasufer sollten wir Armierungssoldaten beim Bau einer Aufnahmestellung anleiten. Wir trafen auf alte Männer in schlechten Uniformen, ausgemergelt und verbittert: Deutschlands letztes Aufgebot.

Revolution und Heimkehr

Das Waffenstillstandsangebot der Reichsregierung war von Präsident Wilson angenommen worden; Generalissimus Foch hatte sich bereit erklärt, eine deutsche Waffenstillstandskommission zu empfangen. Nachrichten, daß es bei unserer Hochseeflotte zu Meutereien gekommen sei, die Matrosen in Kiel sich Anfang November erhoben hätten und sich weigerten auszufahren, drückten auf die Stimmung. Kurz darauf kam es in München zu revolutionären Aufständen; König Ludwig III. floh; ein Freistaat Bayern wurde ausgerufen, und am 9. November brach auch in Berlin die Revolution aus. Wilhelm II. und der Kronprinz entsagten dem Thron. Der Sozialdemokrat Scheidemann rief vom Reichstagsgebäude herab die deutsche Republik aus. Der Reichskanzler Prinz Max von Baden trat zurück und übergab die Geschäfte Friedrich Ebert, dem Vorsitzenden der Mehrheitssozialisten. Das alles verbreitete sich wie ein Lauffeuer bei den Einheiten, und unzählige Gerüchte schwirrten in der Luft herum. Daß der Kaiser über die holländische Grenze geflohen sei, wollte keiner glauben, denn »ein Deutscher Kaiser und König von Preußen tut so etwas nicht, auch nicht nach seiner Abdankung«. Schließlich wurde die Nachricht bestätigt, und man hörte sagen, was der Kaiser getan habe, sei nichts anderes als Fahnenflucht. Wenn ein Soldat sich so verhalten hätte, würde man ihn an die Wand stellen. Bei der Fahne zu bleiben, solange es gutgeht, sei einfach für jedermann, aber Majestät zeige sich darin, daß man auch im Unglück sein Schicksal annimmt. Ein solches Verhalten hätte die monarchistische Idee und die Ehre der Krone retten und für künftige Zeiten ein Denkmal der Ritterlichkeit im Ungemach abgeben können. Ich dachte an den Vers des Lucan über den jüngeren Cato nach der Schlacht von Pharsalus: »*Vitrix causa diis placuit, victa Catoni.*« (»Die Sache des Sieges fand den Beifall der Götter. Cato wählte die Sache, die verlor.«)

Wir fanden es gut, daß in Berlin eine Regierung der Volksbeauftragten zustande gekommen war, die aus Mitgliedern der beiden sozialdemokratischen Parteien bestand, obwohl sich nur die wenigsten unter »Volkskommissaren« etwas Konkretes vorstellen konnten. Die Hauptsache war, daß nicht mehr geschossen werden mußte;

unter den neuen Verhältnissen würde man sich schon zurechtfinden. Beunruhigender war die Nachricht, daß sich in Berlin ein Vollzugsrat der »Arbeiter- und Soldatenräte« gebildet hatte, offenbar nach dem Vorbild der »Räte«, die die Russen bei ihrer Revolution gebildet hatten. Immerhin hatten wir eine Ahnung davon, daß die russischen Arbeiter- und Soldatenräte nicht nur die Armeen demobilisiert hatten, sondern in Rußland ein radikal anderes Staatswesen aufbauten. In unserer Einheit gab es niemanden, dem an einer radikalen Umwälzung von Staat und Gesellschaft gelegen gewesen wäre. Hauptsache war doch, daß Friede gemacht würde und Handel und Wandel wieder ins rechte Geleise kamen, daß man sein eigener freier Herr war wie einst, wenn möglich mit weniger Obrigkeit über sich als bisher. Daß wir beim Friedensschluß außenpolitisch nicht geschont werden würden, war uns klar, drückte uns aber nicht zu Boden, denn wir machten uns keine Vorstellung von dem, was über die Ostgebiete Deutschlands hereinbrechen sollte.

Eines Tages kam der Befehl, in allen Truppenverbänden Soldatenräte zu bilden; sie waren eher als Organe für die Erhaltung der Disziplin und des inneren Zusammenhalts der Einheit gedacht, denn als Organisatoren der Revolution. Welche Maßnahmen hätten sie auch ergreifen können? Die einzige Aufgabe, die vor uns stand, war, den Rückmarsch so geordnet wie möglich durchzuführen. Ich wurde sehr früh in den Soldatenrat meiner Einheit gewählt und erklärte meinen Kameraden, Revolution sei kein Aufruf zur Schlamperei und Liederlichkeit, sondern Freisetzung des Willens, seine Angelegenheiten selbst in die Hand zu nehmen und dieses Tun selbst zu verantworten. Wir würden es also mit der Disziplin halten wie bisher, und den Vorgesetzten werde im Dienst weiterhin gehorcht werden. Niemand erhob Widerspruch.

An den Waffenstillstandsbedingungen vom 11. November 1918 interessierten uns natürlich am meisten jene, die uns unmittelbar betrafen, die Anordnung etwa, daß der größte Teil der schweren Waffen abzuliefern und auf dem Rückmarsch täglich bis Mitternacht eine bestimmte Linie zu erreichen war; wer sie nicht rechtzeitig erreichte, sollte in die Kriegsgefangenschaft abgeführt werden.

Unsere Einheit gehörte zu denen, die ihr gesamtes schweres Gerät abzuliefern hatten. Wir fuhren unsere Werfer zu den Sammelplätzen – beileibe nicht mit dem Gefühl, damit gewissermaßen unseren Degen abzugeben, sondern befriedigt, daß wir es nun auf dem Rückmarsch leichter haben würden. Der Weg durch die Ardennen und die Eifel war beschwerlich genug. In einigen Truppenteilen zeigten sich deutlich Zerfallsymptome, vor allem bei den zahlreichen Armierungsbataillonen und den Angehörigen der Versorgungstruppen. Da wurden Offiziere beschimpft, Vorräte »ausgenommen« und viel getrunken. Ich bat meine Leute, sich an solchen Vorkommnissen nicht zu beteiligen; wer sich dem nicht fügen wolle, könne sich von der Kompanie absetzen und versuchen, den Weg in die Heimat auf eigene Faust zu finden. Einige machten von diesem Angebot Gebrauch, und sie erhielten von mir ordnungsgemäße Marschbefehle.

Als sich der Heerwurm ostwärts in Bewegung setzte, ergab sich ein seltsames Bild. Manche Verbände marschierten in geordneten Kolonnen, andere in freien Formationen. Manche Einheiten trugen die Fahnen der deutschen Länder, in denen ihre Einheiten aufgestellt worden waren. Man sah auch weiß-gelbe Kirchenfahnen, die sich Verbände aus dem Rheinland und aus dem Münsterland gewählt hatten. Wir wollten ebenfalls zeigen, woher wir kamen, und besorgten uns schwarzes und rotes Baumwolltuch, aus dem der Kompanieschneider eine württembergische Fahne nähte, dazu schwarz-rote Rosetten für die Halfter unserer Pferde.

Unsere Einheit behielt bei diesem Marsch aus dem Krieg heraus ihre Haltung, was dazu führte, daß uns die Aufgabe übertragen wurde, auf den Rückzugsstraßen der VII. Armee für Ordnung zu sorgen. Wir waren uns klar darüber, daß wir nicht sehr viel tun konnten, um aus Unordnung wieder Ordnung zu machen, wenn die Betroffenen nicht selber dazu bereit waren. Es werde aber vielleicht möglich sein, an schwierigen Punkten der Rückzugsstraße Maßnahmen zu treffen, durch die verhindert werden könnte, daß Verbände durcheinandergeraten und niemand mehr weiß, wo er hingehört. Es ergaben sich Anlässe, in denen es nötig wurde, beruhigend und ordnend einzugreifen, und einmal mußte mit dem Kriegsgericht gedroht werden.

Wir kamen bald auf belgisches Gebiet und über St. Hubert und Bastogne bei Kloster Clerf ins Luxemburgische und von dort über die deutsche Grenze nach Wachsweiler an der Prüm. Dort richtete ich in den letzten Novembertagen für zwei Wochen mein Standquartier im Forstamt ein. Nahebei liefen zwei Straßen unmittelbar vor einer kleinen Brücke zusammen, auf der gerade Platz für einen Lastwagen war.

Hätte man die Zurückflutenden gegen diesen Engpaß anrennen lassen, wäre es hier zu Mord und Totschlag gekommen, weil jeder mit seiner Einheit vor Mitternacht über die Linie kommen wollte und die Stauung sich bis weit rückwärts verhängnisvoll auswirkte. Wir hatten einen Schlagbaum aufgestellt, an dem ein Offizier mit einer Gruppe Soldaten Wache hielt und den Schlagbaum alle zwei Stunden abwechselnd für die eine und für die andere Straße öffnete. Es ging gut, bis ein Langrohrgeschütz auf der steilen, glattgefrorenen Dorfstraße ins Rutschen kam und, sich schrägstellend, sich mit der Mündung des Rohres in eine Hauswand bohrte. Auch mit diesem Mißgeschick wurden wir fertig. Mehr Schwierigkeiten bereiteten mir Regimentskommandeure, die, auf ihren Dienstrang pochend, glaubten, die Weisungen eines Leutnants mißachten zu können.

Schließlich kamen wir nach Mayen. Dort empfing uns, als wir auf dem Rathaus unsere Quartierscheine holen wollten, ein »Arbeiter- und Soldatenrat« und verlangte die Ablieferung unserer Gewehre. Daraufhin kommandierte Feldwebel Illenberger »Laden und sichern«, und der Spuk war zu Ende. So wollten wir die Revolution nicht verstanden wissen.

Als eine der letzten deutschen Einheiten marschierten wir in Engers über den Rhein und weiter über Neuwied und Wetzlar bis nach Heilbronn. Dort, in der ersten württembergischen Garnison, bekamen wir unsere Entlassungspapiere und Marschbefehle. Noch einmal traten wir an, und mit einem letzten »Weggetreten« löste sich die Kompanie auf. Es gab keine großen Worte. Einige versprachen sich, einander zu besuchen, auf jeden Fall aber zu schreiben. Viel ist daraus nicht geworden. Mit dem nächsten Zug fuhr ich nach Stuttgart, wo meine Eltern mich in die Arme schlossen.

Die Unruhen in Stuttgart

Stuttgart kam mir sehr verändert vor, weniger die Stadt als die Menschen, die sie bewohnten; an ihre Unrast vermochte ich mich erst nach Wochen zu gewöhnen. Jedermann schien zu befürchten, bei etwas Entscheidendem zu spät zu kommen oder vor etwas Unangenehmem nicht schnell genug davonlaufen zu können. Vom Krieg wurde nur noch wenig gesprochen, um so mehr über Deutschlands ungewisse Zukunft. Werde es weitergehen wie früher, nur eben ohne Kaiser und König? Würde es zu russischen Zuständen kommen, worunter man sich das wilde Regiment eines Umstürzlerhaufens vorstellte, zu dem sich Idealisten mit Verbrechern zusammengerottet hatten, um alles, was den Menschen bisher heilig war, niederzureißen, vor allem die Fundamente von Besitz und Bildung zu zerstören, auf denen unsere Kultur beruhte? Es wurde von den Sozis gesprochen, die jetzt überall das Heft in der Hand hätten; in Württemberg seien sie nicht weiter schlimm, denn jener Sozialdemokrat Wilhelm Blos, den sie an die Spitze gestellt hatten, sei immerhin Corpsstudent gewesen und gelte als ruhiger Mann. Aber es seien auch den Kommunisten Nahestehende in die Regierung gekommen, einen von ihnen hätte man sogar zum württembergischen Kriegsminister gemacht – den Albert Schreiner, der gehöre zu den radikaleren unter den unabhängigen Sozialdemokraten. Dann sei da noch ein Teufelsweib, die sattsam bekannte Clara Zetkin, die dem Spartakusbund angehöre, dessen Mitglieder ebenso gefährlich seien wie die russischen Bolschewisten. Der »Unabhängige« Innenminister Crispien sei auch nicht besser ... Um bürgerlichem Abscheu Ausdruck zu geben, nannte man auf den Anschlagsäulen die Spartakisten »Spartakuden«

– in Anlehnung an die Botokuden . . . Dem Arbeiter- und Soldatenrat gegenüber hegten die meisten besonders große Befürchtungen. Sie hatten Angst vor den Soldaten, die in den Kasernen auf ihre Entlassung warteten. Es hieß, sie seien ganz in den Händen roter Rädelsführer, und das faule Soldatenleben habe sie zu Tagedieben gemacht, die viel lieber ihr bequemes Kasernendasein auf Kosten der Bürger fortsetzen möchten, statt nach Hause in das Arbeitsleben zurückzukehren. Was der Vollzugsrat des Arbeiter- und Soldatenrates denn nun eigentlich tat, wußte niemand so recht. Auch die Namen seiner Mitglieder waren nicht bekannt – mit einer Ausnahme: Ein Reserveoffizier des Gebirgsjägerbataillons, im Zivilberuf Architekt, schien offenbar honorig; er war zwar ein Sozi, aber er hatte Schneid. Hahn hieß er und wurde deshalb allenthalben der »rote Hahn« genannt. Man war allgemein überzeugt, daß von der Haltung dieses Mannes, der das Vertrauen der »rechten« Sozialdemokraten genoß, viel abhing. Ob seine Anordnungen aber auch in den anderen Garnisonen befolgt wurden?

In Stuttgarts Hauptstraßen traf man allerlei Volk, darunter viele Offiziere in Uniformen ohne Schulterstücke. Hatte man sie ihnen abgerissen? Gelegentlich konnte man aus einem Menschenauflauf heraus den Ruf hören: »Licht aus! Messer raus! Haut ihn!« Aber es wurde kein Messer herausgezogen, bis auf einmal, als ich sah, daß ein junger Marineleutnant in eine Rauferei verwickelt wurde und um Dolch und Mütze kam.

In Stuttgart lag eine Kompanie aufständischer Kieler Matrosen; sie wurden angeführt von einem Heizer, einem großen, dunkeläugigen Mann, der verwegen aussah und dem man den »Revolutionär« zutrauen konnte. Doch man wußte, daß er eisern Disziplin hielt und sich mit seinen Leuten dem Vollzugsrat des Arbeiter- und Soldatenrates zur Verfügung gestellt hatte. Was aber würde er, wenn es zu bewaffneten Auseinandersetzungen kommen sollte, mit seiner Truppe anfangen können, deren Männer doch vor wenigen Wochen in Kiel und anderswo revoltiert und ihre Offiziere von Bord gejagt hatten? Demonstrationszüge zogen durch die Hauptstraßen. Frauen und Männer mit roten Armbinden sangen die »Internationale« und andere Kampflieder der Arbeiterbewegung und riefen den Passanten revolutionäre Parolen zu: »Es lebe die russische Revolution!« oder »Nieder mit der Regierung des Volksverrats Ebert-Scheidemann!«

Eine seltsame Beobachtung machte ich bei einem Demonstrationszug, der sich an einem schönen Dezembermorgen 1918 über die Königstraße schob. In Gegenrichtung kam, gezogen von zwei schönen Rappen, eine herrschaftliche Kutsche. Geschrei erhob sich, Fäuste wurden geschwungen, und es sah so aus, als würde es der Equipage schlecht ergehen. Im letzten Moment gelang es dem Kutscher, in eine Seitenstraße abzubiegen. Nur Minuten später fuhr, ebenfalls in Gegenrichtung des Zuges, ein schwerer Daimler-Wagen die Straße herauf. Es erfolgte kein Pfeifkonzert, sondern allgemeines anerkennendes »Ah!«. Offenbar betrachteten die Demonstranten die Kutsche als Element einer Welt, aus der sie sich ausgestoßen fühlten, während sie in der großen Limousine etwas sahen, das sich von dem, was auch ihnen zugänglich war, nur graduell unterschied. Der Fabrikant im Automobil gehörte quantitativ zu einer anderen Klasse, der Mann in der Kutsche qualitativ zu einem anderen Stand.

Von meinen Schulkameraden waren viele gefallen, manche waren noch im Lazarett, und manche hatten schon eine Hochschule bezogen. Auch vom Alt-Wandervogel waren viele meiner Altersgenossen im Krieg geblieben, aber einige waren noch da, und guter Nachwuchs hatte sich eingefunden. Ein neues »Nest« war bezogen worden, und die Trennung zwischen Jungen und Mädchen wurde nicht mehr so streng gehandhabt wie einst. Jetzt betrachtete man sich als kollektives Mitglied der Freideutschen Jugend, die sich von den Leitsätzen des Hohen Meißners inspirieren ließ und einen besonderen politischen Weg für die Jugend suchte. In unserem Kreis hatte die Lehre der Anthroposophie Rudolf Steiners viele Anhänger gefunden. Auch mein alter Freund Otto Eckstein gehörte zu ihnen. Er war heil aus dem Krieg zurückgekommen, in dem er als Flieger hoch dekoriert worden war, und hatte sich an der Technischen Hochschule in Stuttgart eingeschrieben, um Metallurgie zu studieren. Durch ihn lernte ich andere Studenten kennen, und nicht wenige waren überzeugt, daß die Bedingungen für den Abschluß eines Friedensvertrages so hart sein würden, daß sich niemand in Deutschland zur Unterschrift bereitfinden werde. Für einen solchen Fall müsse man sich rüsten, und darum sei es vaterländische Pflicht, so viele Waffen wie möglich dem alliierten Zugriff zu entziehen und an sicheren Orten zu verstecken. Es hieß, man habe schon einige Batterien nach Tirol gebracht. Das war militärisch sinnlos und hat nur dazu beigetragen, daß die in nationalistischen Kampfverbänden organisierten Feinde der Demokratie später die Waffen in die Hand bekamen, die sie für ihre schlimmen Vorhaben brauchten. Die Studenten, von denen ich spreche, waren indes ausschließlich und ohne politische Nebenabsicht von dem Geist beseelt, den man einige Jahrzehnte später in anderen Völkern als den Geist der Résistance pries.

Ich besuchte so viele politische Versammlungen wie möglich. Zumeist waren sie von den beiden sozialdemokratischen Parteien (der SPD und der USPD) einberufen worden, in denen gelegentlich auch Spartakisten als Diskussionsredner auftauchten. Ich fand dort wenig Belehrung und noch weniger Nahrung für die Ausweitung meiner politischen Vorstellungen, begriff aber, daß es im wesentlichen darum ging, ob als erstes eine verfassunggebende Versammlung einberufen werden sollte oder ob dies erst geschehen dürfe, nachdem die Arbeiter- und Soldatenräte grundlegende Maßnahmen getroffen und durchgesetzt haben würden, die die Gesellschaft in sozialistischem Sinn veränderten. Ich war für eine Veränderung der Gesellschaft, ich war für eine Vermenschlichung des Staates, ich war für eine »linke« Politik, weil »links die Herzseite der Menschheit ist«, aber ich meinte, daß bei diesem Prozeß von Anfang an alle Bürger gleichermaßen beteiligt werden sollten. Das war nur mit allgemeinen »freien« Wahlen möglich. Es litt für mich keinen Zweifel, daß ein Großteil der Wähler, nach den Erfahrungen, die sie mit dem Scheinparlamentarismus der Kaiserzeit gemacht hatten, demokratisch wählen und daß auch die Frauen den Parteien ihre Stimme geben würden, denen sie das Wahlrecht verdankten.

Von einer Diktatur des Proletariats wollte ich nichts wissen, denn ich konnte mir nicht denken, daß aus einer Diktatur, welcher Art auch immer, für Deutschland etwas Gutes herauskommen konnte. Darum war ich froh, daß sich auf dem Berliner Kongreß der Arbeiter- und Soldatenräte des Reiches die Mehrheit gegen die Diktatur des Proletariats und für die Wahl einer Nationalversammlung entschied und bis zu dieser Wahl die gesetzgebende und vollziehende Gewalt auf den Rat der Volksbeauftragten übertrug, der durch den Zentralrat der Arbeiter- und Soldatenkonferenz kontrolliert werden sollte.

Die Radikalen gaben sich damit nicht zufrieden. In Betrieben und Kasernen riefen sie zum Widerstand gegen diese Entscheidung auf. Rote Garden besetzten öffentliche Gebäude und suchten die Staatsgewalt in ihre Hand zu bringen. Auf der anderen Seite trieben unkontrollierte Freikorps ihr Unwesen. Die Volksbeauftragten setzten zum Schutz der Republik Truppeneinheiten militärisch intakt gebliebener Divisionen ein, worauf die Mitglieder der USPD aus der Regierung austraten. Dadurch kam es überall zu neuen Aufständen, zumal am 30. Dezember der Spartakusbund die KPD gegründet hatte, die zum bewaffneten Kampf für die Diktatur des Proletariats aufrief. Es kam zum Spartakistenaufstand in Berlin. Der sozialdemokratische Volksbeauftragte Noske beschloß, Freiwilligenformationen einzusetzen, die die gesetzmäßige Ordnung herstellen und die freie Wahl einer Nationalversammlung ermöglichen sollten.

Auch in Stuttgart kam es zu Unruhen. Die Kommunisten besetzten öffentliche Gebäude und die Druckerei des »Neuen Tagblatts«, in der ihre Zeitung »Die Rote Flut« gedruckt wurde, das Sprachrohr von Hörnle, einem früheren evangelischen Pastor. Wie der »rote Hahn« sich verhalten würde, stand nicht von Anfang an fest. Wie sich später herausstellte, hatten die beiden USPD-Mitglieder der Provisorischen Regierung, Crispien und Ulrich Fischer, die Absicht, durch einen Putsch die Wahl zu der für den 12. Januar vorgesehenen verfassunggebenden Landesversammlung zu verhindern.

Nun traten die Studenten der Technischen Hochschule in Aktion. Es gelang, in einigen Verbindungshäusern junge Männer zu einer Art Exekutivausschuß zusammenzubringen, dessen wichtigster Mann Eberhard Wildermuth, der spätere Bundesminister für Wohnungsbau, wurde, ein wegen seiner Tapferkeit und Menschlichkeit hoch angesehener Offizier und Jurist. Er erreichte es, vom »roten Hahn« Zusicherungen über loyales Verhalten des Vollzugsausschusses der Soldatenräte zu erhalten.

Durch Otto Eckstein war auch ich in diesen Exekutivausschuß gekommen. Wer mitmachen wollte, versammelte sich mit den anderen im Haus der Verbindung »Sonderbund«, wo beschlossen wurde, sich der Bergkaserne zu bemächtigen, dort ein Bataillon Freiwilliger zusammenzustellen, die Soldaten der Kaserne, die für rot galten, zu neutralisieren und der Regierung die Handlungsfähigkeit zu verschaffen. Ein Mitglied des Soldatenrates der Bergkaserne war zu uns gestoßen und versprach uns, an der Rückseite der Kaserne, gegenüber der Villa Berg, ein Tor zu öffnen. Er hieß Platschek, war Student der Technischen Hochschule, Jude und Sozialdemokrat.

Wir marschierten im Dunkel der Nacht durch den Schloßpark zur Kaserne. Als wir dort ankamen, war unsere Zahl zusammengeschrumpft. Unterwegs hatten viele weiche Knie bekommen. Unteroffizier Platschek wies uns ein, wir faßten unsere Waffen, kleideten uns ein, und beim Wecken standen wir, etwa in Kompaniestärke, in Reih und Glied auf dem Kasernenhof, was von den Soldaten, die verschlafen aus den Fenstern sahen, verwundert und tatenlos zur Kenntnis genommen wurde. Platschek hatte den Soldatenrat zusammengerufen. Nach vielem Hin und Her beschloß dieser, »sich hinter die Regierung zu stellen«. Vor Tische freilich las man es anders ... Aus der Kaserne kamen Soldaten, die uns nach unseren Absichten befragten. Viele erklärten sich bereit, bei uns mitzumachen, und so waren wir bis zum Abend zu einer ansehnlichen Einheit angewachsen, der außer Studenten auch eine nicht geringe Anzahl von Arbeitern in Uniform angehörten.

Inzwischen war Kriegsminister Schreiner alarmiert worden. Er kam zusammen mit Innenminister Crispien und einigen Begleitern durch das Kasernentor gefahren, sah unsere in Reih und Glied angetretene Truppe, stieg aus und schickte sich an, eine Ansprache zu halten. Er hatte uns kaum mit »Genossen« angeredet, als ihm Protestrufe entgegenschlugen und er begriff, daß wir nicht seine Genossen waren. Er erschrak, wich einige Schritte zurück, stolperte und wäre gestürzt, wenn er nicht aufgefangen worden wäre. Aus den Fenstern der Kaserne schallte Gelächter, und der arme Mann lief mit seinem Gefolge eiligst zu seinem Wagen und fuhr davon. Damit war die Lage geklärt, die Bergkaserne brauchte nicht mehr überzeugt zu werden.

Vom Vollzugsrat kam Befehl, das Gebäude des »Stuttgarter Neuen

Tagblatts« von den Kommunisten zu räumen. Inzwischen hatten sich Truppenteile aus anderen Garnisonen ebenfalls »hinter die Regierung gestellt« und setzten sich nach Stuttgart in Marsch. Wir marschierten am Nachmittag die Königstraße hinauf zum »Tagblatt«-Gebäude, in strenger Marschordnung mit angezogenem Gewehr, was in jenen revolutionären Tagen ein seltener Anblick geworden war. Die schweren Gittertüren der Druckerei waren geschlossen; aus den Fenstern hingen rote Fahnen, das Dröhnen der Rotationsmaschinen war zu hören. Aus einem Fenster rief uns ein Mann zu, das Haus gehöre dem revolutionären Proletariat und würde bis zum letzten Mann verteidigt werden. Wir ließen uns nicht kopfscheu machen, bezogen in den gegenüberliegenden Häusern Stellung, verbarrikadierten deren Fenster mit Matratzen, und nach Hinweis auf Folgen bei Widerstand schritt ich mit zwei Kameraden auf das vergitterte Tor zu. Aus einem Fenster wurde »Proletarier, zu Hilfe!« gerufen. Die Antwort war kurz und bündig: »So siescht aus!« Dann hörten wir das Rasseln von Schlüsseln – das Gittertor wurde geöffnet. Das Haus war flugs besetzt, die Kommunisten suchten ihre Sachen zusammen und zogen ab – zu ihrem Pech der Matrosenkompanie in die Arme, die ankam, um die Druckerei im Namen des Vollzugsrates weiter besetzt zu halten. Bei der Aktion ist kein Blutstropfen vergossen worden.

Unsere Truppe wurde vom Vollzugsausschuß der Regierung als Verfügungstruppe zugeteilt. Außer der vorläufigen Festnahme Clara Zetkins passierte nichts von Bedeutung. Ich hatte den Eindruck, der Altrevolutionärin paßte es nicht, daß sie bei ihrer Festnahme höflich behandelt wurde. Die Kompanie, nun Sicherheitskompanie benannt, die aus Studenten und Arbeitern zu ungefähr gleichen Teilen bestand, blieb noch eine Weile zusammen. Wenn die Regierung sich die Hände freihalten wollte, mußte sie eine zuverlässige, demagogischen Parolen unzugängliche bewaffnete Truppe zur Verfügung haben, die es ihr erlaubte, sich gegen illegale undemokratische Gewalt zu wehren. Leider fand der Aufruf führender Männer der Sozialdemokratie, die Demokraten mögen sich für Freiwilligenverbände zur Verfügung stellen, in den Reihen der Partei keinen großen Widerhall. So blieb der Regierung nicht viel anderes übrig, als auf Freiwilligenverbände zurückzugreifen, deren Mitglieder sich nicht ausschließlich aufgrund einer demokratischen Gesinnung zusammengefunden hatten, aber bereit waren, die Republik gegen ihre Feinde zu verteidigen. Eines Tages sollte dann ein Teil dieser Erretter der demokratischen Republik genauso bereit sein, Ruhe und Ordnung auch unter einem anderen Zeichen herzustellen, da es die Umstände und ihre Interessen scheinbar geboten. Wohin die frühe Abstinenz der Demokraten, vor allem jener aus den Kreisen der Arbeiterschaft, zum Schutz der Demokratie auch Waffen in die Hand zu nehmen und kampfentschlossene disziplinierte Verbände zu bilden, schließlich geführt hat, wissen wir inzwischen und vielleicht auch, daß Demokratien in gewissen Zeiten einer republikanischen Garde so sehr bedürfen wie die Könige einer Leibgarde.

Was ich in diesen Tagen von den Parteien zu hören und zu sehen bekam, vermochte mich nicht von der Notwendigkeit zu überzeugen, einer von ihnen als Mitglied beizutreten. Ich glaubte, als »Unorganisierter« mehr für die junge Demokratie tun zu können; ich meinte damals noch, die politischen Grundentscheidungen, an denen sich die Regierungen und die Parlamente orientieren, sollten nicht von politischen Interessenverbänden hervorgebracht werden, sondern Produkt unvoreingenommener öffentlicher Meinung sein. Diese öffentliche Meinung erschien mir damals noch als der aus der Konfrontation der Individuen mit den Faktoren des allgemeinen Geschehens herausquellende »öffentliche Geist«, etwa als das, was Hölderlin in seinem Gedicht »Der Zeitgeist« zu verkünden schien, eine Art von »unio mystica« all dessen, was die Bürger, jeder einzeln für sich, für das Hier und Jetzt geforderte Rechte halten. Die Parteien erschienen mir als Instrumente Sonderansprüche stellender Gruppen, deren Gegenstand nicht der öffentliche Geist, sondern das Partikulärinteresse ist. Auch konnte ich nicht recht verstehen, warum es notwendig sein sollte, einer Organisation beizutreten, um sich an den Wahltagen richtig zu entscheiden.

Daß verantwortungsbewußtes politisches Leben ohne politische Parteien in einer Demokratie nicht möglich ist, habe ich erst später begriffen. Lange Zeit verschloß mir die Routine des öffentlichen Lebens den Weg zu der Einsicht, daß ohne differenzierende, doch auf demokratischem Grundkonsens beruhende Formulierung der in einer

Gesellschaft vorhandenen Interessen und ihrer Gegensätze durch permanente Gruppen die rationale Orientierung der Individuen bei Wahlen nicht möglich ist und daß ohne die Auslese und Klassifizierung von Kandidaten durch institutionalisierte Parteien sinnvolle Entscheidungen der Wählerschaft nicht zustande kommen können. Ich verstand damals noch nicht, daß es darüber hinaus der politischen Parteien bedarf, um auch in der Zeit zwischen den Wahlgängen das Interesse der Bürger an den Bewegungen innerhalb der *res publica* lebendig zu erhalten. Die Sozialdemokratische Partei schien mir das meiste Vertrauen zu verdienen. Doch veranlaßte mich dies damals noch nicht dazu, ihre Mitgliedschaft zu erwerben.

Studium der Rechte

Ich hatte mir lange überlegt, was ich nun studieren sollte und wo. Ich schwankte zwischen München und Tübingen; schließlich gab den Ausschlag, daß ich über Wandervogelfreunde in Tübingen ein Zimmer angeboten bekam. Die Unterkunftsfrage war damals für die Wahl des Studienplatzes entscheidend. Ich hatte mich für das Medizinstudium entschieden, denn ich war durch eine Schrift Hans Blühers, einem der Kirchenväter der Jugendbewegung, mit einigen Schriften Sigmund Freuds bekannt geworden. Ihre Lektüre faszinierte mich, denn bei diesem Gelehrten glaubte ich den sichersten Weg bei der Suche nach der gültigen Antwort auf die Frage gefunden zu haben, was denn der Mensch sei.

Doch es kam anders: Kurz vor der Abfahrt nach Tübingen traf ich meinen Schulfreund Robert Zimmer wieder. Er hatte in einer der Abwehrschlachten im Westen bei dem Versuch, eine Handgranate aufzufangen, um sie zurückzuwerfen, die rechte Hand verloren. Damit war sein Lebenswunsch, Forstmann zu werden, unmöglich geworden, was ihn um so mehr traf, als er, Sohn und Enkel von Forstmeistern, in der Natur aufgewachsen war. Nun war es aus mit dem Förstertraum. Robert war tief deprimiert und klagte mir sein Leid. Er werde nun Juristerei studieren müssen, was ihm gar nicht liege, und dabei werde er sehr allein und hilflos sein. Wenn er nur jemanden fände, dem er sich beim Studium der Rechte anschließen könnte. In mir kam etwas in Bewegung. »Robert, ich werde mit dir Jus studieren, dann sind wir beide nicht allein.« Ich sah, wie sich sein Gesicht aufhellte, und wurde froh. So kam ich denn in Tübingen als angehender Jurist an. Ich habe es nie bereut, denn die Beschäftigung mit der Jurisprudenz und die Sicht auf die Realität der Zwänge menschlichen Verhaltens hat mich vieles von dem begreifen lassen, was das Leben der Menschen ausmacht. Ich habe dabei insbesondere die »discretio« gelernt, jene Notwendigkeit des Unterscheidenkönnens, ohne die es keinen festen Ansatz für das Denken gibt.

Die Universität Tübingen war im Frühjahr 1919 ein seltsames Konglomerat von Tradition und chaotischem Durcheinander. Für die meisten jungen Leute, die dort Einzug hielten, war es das erste Mal, daß sie in Freiheit über Dinge entscheiden konnten und entscheiden mußten, die ihnen bislang vorentschieden worden waren, sei es von den Eltern, sei es im Ordnungsgefüge der militärischen Disziplin. So waren die ersten Schritte für jeden höchst unsicher. Die meisten traten einer der vielen Korporationen bei und fanden damit eine neue Familie. Das Verbindungsleben hatte in Tübingen eine lange Tradition; die meisten Akademiker früherer Generationen waren durch die Korporationen gegangen und hatten ihnen die Treue bewahrt. Kein Wunder, daß viele ihrer Söhne gleichermaßen wünschten, einem solchen Lebensbund anzugehören. Aber es war nicht mehr allgemeiner Brauch, in eine Korporation »einzuspringen«. Eine ganze Reihe von Studenten zog es vor, »wild« zu bleiben; sie nannten sich Freistudenten. Sie hatten es nicht leicht, sich in der kleinen Universitätsstadt zurechtzufinden, die außer Hörsälen, der Bibliothek und einigen Wirtshäusern nicht viel bot. Sie verlegten sich dafür mehr auf die Arbeit als die anderen, denen das Verbindungswesen viel Zeit wegnahm, und galten darum oft als Streber. Den Typus des Freistudenten hatte es schon vor dem Krieg gegeben; auf dem Hohen Meißner war er stark vertreten gewesen, doch nach dem Krieg bekam die Freistudentenschaft einen anderen Charakter. In Tübingen gab es sie nicht als eine sich als Einheit fühlende Gruppe. Die Freistudenten waren eine unorganisierte Menge einzelner, die sich wenig umeinander kümmerten und nur bei bestimmten Gelegenheiten den Versuch

machten, den Universitätsbehörden gegenüber als »Organisation«
aufzutreten, wenn nämlich die Korporationen, was häufig geschah,
für ihre Mitglieder in gewissen Bereichen des studentischen Lebens
Monopole für sich in Anspruch nahmen.

Ein dem alten Tübingen bisher fremdes Element war die Bündische
Jugend. Zu ihr gehörten untereinander oft recht unterschiedliche
Gruppen, die aus den Jugendbewegungen der Vorkriegszeit hervorgegangen waren: Wandervogel, Akademische Freischar, Mitglieder
religiöser Studentengemeinden, Lebensreformer, Völkische usw.
Obwohl unter dem Namen Freideutsche Jugend miteinander verbunden, führte jede Gruppe für sich ein akademisches Gemeinschaftsleben eigener Art. Gemeinsam lehnte man indessen alles ab, was bisher
studentische Gemeinschaft bestimmt hatte: Kneipe, Komment, Be-
stimmungsmensur, Farbentragen, den betont bürgerlichen Lebensstil
feudalen Einschlags der meisten Korporationen, der häufig nichts
anderes war als eine Nachäffung dessen, was ihrer Meinung nach in
den Offizierskasinos feudaler Regimenter der Brauch war. Man war
sich einig in der Ablehnung des nationalistischen Hurrapatriotismus,
der damals fast alle Korporationen charakterisierte. Vaterländische
Gesinnung hatte man im Krieg bewiesen. In der machtpolitischen
Weltgeltung der Nation sah man nicht den obersten Wert und glaubte
auch für unsere Zeit an die Möglichkeit nationaler Existenz im Geiste
des klassischen deutschen Idealismus. Insbesondere aber hatten wir –
als Wandervogel gehörte ja auch ich zur Freideutschen Jugend – für
uns die soziale Problematik unserer Zeit entdeckt. Für die Korpora-
tionsstudenten existierte sie noch nicht; ihnen erschien das Gesell-
schaftsbild der Bismarckzeit richtig und nur in nebensächlichen
Dingen als korrekturbedürftig. Wir hingegen meinten, daß einiges
radikal verändert werden müsse, wenn die Deutschen ihr Leben in
realer Freiheit gestalten können sollten. Unsere Idee, einen neuen Stil
studentischen Lebens zu begründen, war nur schwer zu verwirklichen, denn in dem übervölkerten Universitätsstädtchen war es
schlechterdings unmöglich, zu erschwinglichen Preisen Lokale zu
mieten, die dem Gemeinschaftsleben Kontinuität hätten geben können. So blieben die Gruppen Diskussions- und Wandergemeinschaf-
ten ohne Stoßkraft nach außen und nur selten mit Formkraft nach

innen. Eine Änderung des studentischen Lebens begann erst, als die Politisierung der Studenten einsetzte, und das geschah viel später.

Ich versuchte, die alten und neuen Wandervogelstudenten zusammenzubringen und zu einer Gemeinschaft der erprobten Art zusammenzuschließen. Doch bald zeigte sich, daß das bloße Wandervogeldasein mit Fahrten und geselligem Beisammensein nur den wenigsten genügte. Schließlich waren wir Zeugen einer Revolution geworden, in der alle Fragen ungelöst geblieben waren. Zu einer Revolution gehört ja nicht nur die Beseitigung von Gewesenem, sondern auch Öffnung des Geschichtsbewußtseins für Werdendes, dem es Gehalt und Gestalt zu geben gilt. Zunächst hielten wir in unserem kleinen Kreis Referate über die Französische Revolution von 1789, die Zeit des Paulskirchen-Parlaments, über die Kommune von 1871 und über das, was wir über die Revolution in Rußland erfahren konnten. Die ersten Übersetzungen der Schriften Lenins waren erschienen. Sie beeindruckten uns zwar, aber ihr Vokabular und ihre Gedankengänge waren uns »Idealisten« sehr fremd, und wir sahen nicht, wie diese Doktrin auf die deutschen Verhältnisse übertragen werden könnte.

Um unsere Vorstellungen zu präzisieren, beschlossen wir, unseren Kreis um alle diejenigen zu vermindern, die von Sozialismus nichts hielten, und um alle diejenigen zu erweitern, die zu uns kommen wollten, ohne aus der Jugendbewegung zu stammen. So entstand die Sozialistische Studentengruppe Tübingen. Ihr gehörte unter anderem Karl Schmückle an, der aus dem Tübinger Stift kam und einige Jahre später an das Marx-Engels-Institut nach Moskau ging. In seinem Lazarettzimmer sah ich an der Wand zum erstenmal eine Zeichnung von der Hand Paul Klees. Heinrich Süßkind aus Wien gehörte zu uns, der später Chefredakteur der »Roten Fahne« in Berlin werden sollte und mit Karl Schmückle der Stalinschen Säuberungsaktion der dreißiger Jahre zum Opfer fiel; und auch Karl Lechler, der 1918 in der Ukraine begeisterter Kommunist wurde, um dann über einen völkisch begriffenen Sozialismus Nationalsozialist und Gauamtsleiter für das Gesundheitswesen Württembergs zu werden. Als er bei Kriegsbeginn 1939 erkannte, in welchen Teufelskreis er sich begeben hatte, erschoß er sich. Mehrere jüdische Kommilitonen stießen zu uns, die als Zionisten jedoch früh nach Palästina gingen. Einige unserer Freunde wurden Schüler des jungen Philosophen Leonard Nelson und traten dem ISK (Internationaler Sozialistischer Kampfbund) bei. Andere wehrten sich gegen einen Sozialismus der Utopien und der Schwarmgeisterei und meinten, Deutschland dürfe in seinem jetzigen Zustand politischen Erschütterungen jeglicher Art nicht ausgesetzt werden, welche die Versorgung der Bevölkerung zum Erliegen bringen könnten. Außerdem stünden über allen individuellen Ideen und Zielen die Gebote der Demokratie, deren elementarstes sei, daß nach Erreichung der politischen Mündigkeit das Gesamtvolk sein Geschick aufgrund freien Entschlusses bestimme, was nur durch den Mehrheitsbeschluß aller Bürger geschehen könne. Dies aber schließe jede Art von Diktatur, auch die des Proletariats, aus.

Man sieht, daß wir mit dem Begriff »Sozialismus« recht heterogene Vorstellungen verbanden. Dem dialektischen Räsonnement eines Heinrich Süßkind und eines Dr. Wolf, eines »spartakistischen Arztes« aus Dresden, war keiner von uns gewachsen, und doch konnten die beiden und ihre Anhänger nur wenige von uns überzeugen und zu Kommunisten machen. Der Grund war wohl, daß wir an die Machbarkeit ihrer Visionen nicht glaubten und in zu schlichten, gewissermaßen handwerklichen Kategorien dachten. Ich hatte Alexander Herzens Lebenserinnerungen gelesen und war vor seiner Auffassung erschrocken, daß erst nach Zerschlagung aller bestehenden Ordnungen eine neue, den Menschen gemäße, gerechte Ordnung entworfen werden könne. Ich hielt es für unmöglich, um künftigen Glückes willen – das im übrigen hypothetisch war – eine oder mehrere Generationen zu opfern. Ich konnte mich nie mit dem Satz abfinden, daß der Zweck die Mittel heilige. Ich meinte, der Zweck müsse auch durch die Mittel geheiligt werden, mit denen man ihn erreichen will.

In der Sozialistischen Studentengruppe trafen wir uns einmal wöchentlich. Wir waren mehr ein Zirkel als eine Aktionsgruppe und glaubten, daß die Diskussion von Problemen die einzige uns mögliche Art des Umgangs mit Politik sei. Zu politischen Aktionen bedürfe es persönlicher Erfahrungen, und diese hatten wir nun einmal nicht. Daß Politik darin besteht, für sich und andere Entscheidungen zu treffen, die die Lebensordnung der Nation bestimmen, und daß

Revolution darin besteht, diese Ordnung im Sinne humanen Fortschritts zu verändern, wußten wir zwar, doch wir meinten, dies sei
Aufgabe derjenigen, die durch ein politisches Mandat dazu bestellt
sind, solche Entscheidungen zu treffen. Unser Vokabular war radikal,
doch im Grunde kam es uns darauf an, mit der Proklamierung edler
Menschheitswerte unsere humanitären Gemütsbedürfnisse zu stillen.
Heinrich Süßkind und seine kommunistischen Freunde lasen uns
deshalb des öfteren die Leviten. Wir sollten Lenin und Rosa
Luxemburg studieren und natürlich Karl Marx, Dreiergruppen bilden
und die politische Arbeit in die Betriebe tragen, um die Werktätigen
für den Klassenkampf bereitzumachen. Das aber schien uns, denen
Sozialismus primär eine individuelle Lebensform bedeutete, nicht
annehmbar. Wir wollten »von innen her« Sozialisten werden und
durch unser Leben beispielhaft wirken. Die Umgestaltung außerhalb
des eigenen Lebenskreises liegender gesellschaftlicher Verhältnisse
betrachteten wir nicht als unsere Aufgabe.

In den SPD-Ortsverein Tübingen mochten wir nicht eintreten. Die
Teilnahme an einigen Zahlabenden in einer trüben Wirtshausstube
und das lokalpolitische Gerede hatten uns jede Lust dazu genommen.
Wir meinten, daß es bei den Vorbereitungen, die Menschheit
umzuschaffen, anders zugehen müsse. Kurz, wir waren elitär und
glaubten nicht an die Masse, sondern setzten unser Vertrauen auf die
wenigen, die ebenso edel, ebenso gebildet und selbstlos sein könnten,
wie wir zu sein glaubten. Gustav Landauer stand uns näher als
Spartakus ... Die Konsequenz dieses Verhaltens war, daß die
Gruppe mit Ende des Sommersemesters 1919 versandete. Einige von
uns gingen nach München und Berlin, wo sie eher ein Feld für
praktische politische Arbeit zu finden hofften. Jene, die zurückblie-
ben, verlegten sich mit mehr Eifer als bisher auf ihr Studium, denn um
die Welt zu verändern, müsse man sie zunächst verstehen und zu
begreifen lernen, was sie im Innersten zusammenhält. Aus unserer
Gruppe wurden Grüppchen, die sich in mehr als nur in Nuancen
unterschieden, doch allesamt glaubten, den echten Ring zu besitzen.

Lehrer und Lehren dieser Zeit

Die Bücher, die mich in meiner universitären Anfangszeit beschäftigten, waren die Schriften Rathenaus, Nietzsches Werke, Karl Barths
Römerbrief-Kommentar, Spenglers »Untergang des Abendlandes«
und Hermann Hesses »Demian«. In der Gruppe lasen wir das
»Kommunistische Manifest«, doch an das »Kapital« wagten wir uns
noch nicht heran. Nietzsche lehrte mich, in der Kategorie der Größe
zu denken und zu erkennen, daß jede Größe und jede Liebe tragisch
ist und Gewißheit nirgends anders gefunden werden kann als im
überwundenen Zweifel, daß der Ablauf der Geschichte keine Rätsel
zu lösen und keine Bestätigungen zu vermitteln vermag. Bei Rathenau
faszinierte das visionäre Aufdecken der Hintergründe jener Spielregeln, die unsere Zeit bewegen und uns über unsere Befindlichkeit
hinaus zu neuen Dingen tragen, sowie das Wissen um die Vergeblich-
keit alles Suchens nach Sicherheit durch Vordenken dessen, was
kommen wird, und die Notwendigkeit, daß, dem zum Trotz, um der
intellektuellen Würde des Menschen willen dieses planende Vordenken gewagt werden muß. Spenglers Lehre vom Werden, Wachsen
und Sterben der Kulturen erschien mir als eine Apokalypse, die sich
zur methodischen Erkenntnis der Kausalreihen verhielt wie die
Astrologie zur Astronomie. Was ich bei der Lektüre Spenglers
erlebte, hat mich für immer davor bewahrt, der Verführungskraft des
assoziativen Denkens in Analogien zu erliegen. Die den Zeitgeist
umdenkende Kraft bei Marx ist mir erst viel später aufgegangen.
Stefan Georges »Stern des Bundes«, der mich durch den Krieg
begleitet hatte, wurde für mich der Leitfaden einer Moral des
»Schönen Lebens«.

Zu meinen Professoren hatte ich bald ein gutes Verhältnis. Sie
kannten nahezu alle ihre Hörer persönlich, denn die Hörsäle waren
klein, und in den Übungen kam es häufig zu Disputationen, nach
denen die eifrigsten Teilnehmer gelegentlich vom Professor auf den
Abend zu einem Glas Bier eingeladen wurden. Bei diesen einfachen
Symposien lernte ich vor allem erkennen, daß die Bedeutung dieser
Männer als Lehrer daher kam, daß die Ergebnisse ihres Denkens

immer der Kritik von Kennern ausgesetzt waren. In Dialogen, die über Jahrzehnte hinwegführten, hatten sich die Geister immer fester in der Glut der Leidenschaft für das Wahre gehärtet. Was unsere Lehrer uns bei diesen Gesprächen gaben, zeigte einen unverwechselbaren Charakter, der uns zwang, das Gesagte als ein Stück gelebten Lebens zu begreifen – freilich eines Lebens unter den Bedingungen einer Zeit, die nicht mehr die unsere war.

Fast alle meine Lehrer waren liberale Konservative oder konservative Liberale im Sinn des 19. Jahrhunderts, die die Lebensmitte schon überschritten hatten. Sie waren in den Jahrzehnten nach der Gründung des Kaiserreiches im Glauben an die Unverbrüchlichkeit der Werte groß geworden, deren Rezeption während ihrer Jugendzeit die Erfüllung der Sehnsucht nach dem *einen* Vaterland der Deutschen gebracht hatte. Zu diesen Werten kam der Glaube, daß es sich für die ganze Welt lohne, wenn es ein Deutschland gab, das sich in der Fülle seiner Vermögen aus eigener Kraft entfalten konnte. Meine Gedankenwelt war nicht die ihre, und ich verschwieg dies nie. Sie akzeptierten in wahrer akademischer Freiheit ihre Schüler so, wie sie waren. Im Reich der Gedanken hielten sie den Pluralismus der Ausgangspunkte des Denkens für die ergiebigste Chance, das Wissen zu mehren und zu klären. Sie hatten die Welt der deutschen Klassik und die der Romantik in der Verschulung aufgenommen, in die sie die Jahrhundertmitte geführt hatte. Dies brachte es mit sich, daß ihnen die Vermittlung der Nutzanwendung der Produkte dieser großen Zeit näher lag als die Vermittlung und Weckung der Geistes- und Seelenkräfte, die jene Zeit erst fruchtbar gemacht hatten. So waren sie zwar gebildete, aber nicht musisch bewegte Menschen. Daß Wissen und Bildung zum Gebrauch im praktischen Leben tauglich sein müssen, war ihnen selbstverständlich. Daß Kunst um der Kunst willen da sei und ihr Recht abseits der gesellschaftlichen Zwecksetzungen finde, paßte in ihre Vorstellungswelt. Daß der Mensch nicht nur ein geselliges, sondern auch ein soziales Wesen ist, wußten sie natürlich, aber sie legten dieser Eigenschaft keine besondere Bedeutung bei. Wie die Völker insgesamt, stand für sie der einzelne Mensch unmittelbar zu Gott; was sein Dasein in diesen oder jenen gesellschaftlichen Verhältnissen ihm zugebracht haben mochte, bestimmte nicht sein Wesen, sondern bestenfalls den Lebensbereich, in dem er seine Begabungen mit den Mitteln der Zeit in geistiger Freiheit entwickeln konnte. Daß dazu auch etwas Fortüne gehört, wußten sie ebenfalls.

Unser studentisches Dasein vollzog sich vor einem politisch schwer belasteten Hintergrund. Verschiedentlich mußte die Studentenkompanie, der ich auch nach dem Umzug nach Tübingen treu geblieben war, für kurze Zeitspannen ausrücken. Es hat sich bei diesen Gelegenheiten immer gezeigt, daß Machtmittel nicht angewandt zu werden brauchen, wenn man sie am Brennpunkt der Gefahr rechtzeitig zeigt. Noch vor Inkrafttreten der republikanischen Verfassung führte die Kompanie, der ich angehörte, die Farben Schwarz, Rot und Gold.

Die Verfassungskämpfe der Nationalversammlung in Weimar verfolgten wir nur am Rande. Einzelheiten waren uns nicht interessant, uns genügte, daß die Verfassung demokratisch war, die Verbesserung der sozialen Verhältnisse in Gang brachte und das Regierungssystem imstande schien, Deutschland zusammenzuhalten. Den meisten Studenten ist es wohl so ergangen, denn vom Wesen einer Verfassung wußten sie – wenn überhaupt – nur, daß mit ihr an die Stelle des Zusammenbruchs die Ordnung treten konnte und an die Stelle des Faustrechts die Herrschaft eines Rechts, das von einem gewählten Parlament zu beraten und zu beschließen und von einer demokratisch kontrollierten vollziehenden Gewalt in Geltung zu setzen war.

Der Friedensvertrag, der auf der Konferenz zu Versailles ausgehandelt wurde, bewegte die Gemüter mehr. Bald war klar, daß unserem Volk das Joch schwerer Tribute aufgebürdet werden würde; weite Gebiete des Reiches sollten an andere Staaten abgetreten werden, das linke Rheinufer würde besetzt bleiben und Deutschland bis auf ein lächerlich geringes Heer abgerüstet werden. Als im Mai die Friedensbedingungen übergeben wurden, bemächtigte sich der Tübinger Studentenschaft eine tiefe Erregung. In nicht enden wollenden Zusammenkünften wurde diskutiert, ob solche Bedingungen angenommen werden dürften. Wenn die Regierung aber dazu neigen sollte, dies zu tun, gebiete dann nicht vaterländischer Stolz den Studenten, das Volk

zum Widerstand und zur Massenerhebung aufzurufen und ein Beispiel heroischer Vaterlandsliebe zu geben, das den Nachkommen
zeigen werde, daß die Jugend unseres Volkes in Deutschlands
dunkelster Stunde es auf sich nahm, trotz militärischer Aussichtslo-
sigkeit des Widerstandes, für die Ehre des Vaterlandes zu sterben? Es
wurde viel Unsinn, aber auch Bewegendes gesprochen. Den Ausschlag gab das Wort Arnold Bergsträssers, dem einige Freunde sich
anschlossen: Es sei ehrenvoller, die schwere Pflicht auf sich zu
nehmen, für das niedergebeugte Deutschland so zu leben, daß es
einstmals wieder in Ehren bestehen könne.

Am 13. März 1920 machten der Generallandschaftsdirektor Kapp
und General von Lüttwitz den Versuch, die verfassungsmäßige
Regierung zu stürzen und in Deutschland eine neue »nationale«
Regierung unter den Farben Schwarz-Weiß-Rot zu bilden. Die
Reichsregierung, die in Berlin über keine militärischen Machtmittel
verfügte, suchte mit der Nationalversammlung in Stuttgart Zuflucht.
Die Gewerkschaften riefen den Generalstreik aus. In Württemberg
wurden die Sicherheitskompanien mobilisiert. Ein Bataillon bezog
Stellung rings um das Kunstgebäude, in dem der Reichstag seine
Sitzungen abhielt. Zwei Kompanien quartierten sich in der einstigen
Königlichen Reitschule ein, deren eine Eberhard Wildermuth und
deren andere ich führte. Wir hausten zusammen in einem Winkel der
Reithalle, jeder auf den anderen aufpassend, ob von ihm nicht
vielleicht Sympathie für Kapp und seinen Putsch zu befürchten sein
könnte. Als wir uns unser gegenseitiges Mißtrauen offenbarten,
umarmten wir uns mit herzlichem Lachen.

Im Ruhrgebiet hatten sich als Gegenschlag gegen den Putsch
Arbeiterwehren gebildet. Dort kam es zu Kämpfen mit Freikorps, die
auf ihren Irrfahrten dort gelandet waren und nun glaubten, mit den
Roten ungehindert »aufräumen« zu können. Die Lage konnte
gefährlich werden, zumal in Sachsen der »rote Hölz« begonnen hatte,
ernsthaft Revolution zu machen. Es wurde beschlossen, württembergische Einheiten unter dem früheren Kommandeur des württembergischen Gebirgsjägerbataillons, Oberst Sproesser, in das Ruhrgebiet zu schicken. Unsere Kompanie sollte dabeisein.

Wir wurden in Westfalen ausgeladen und marschierten über

Lippstadt und Soest nach Unna. Es hieß, Unna und die umliegenden Ortschaften seien von der »Roten Armee« besetzt, die die Parole ausgegeben habe, bis zur letzten Patrone zu kämpfen. Wir indes waren entschlossen, so zu operieren, daß Blutvergießen vermieden werden konnte. Ich erhielt den Auftrag, einen Handstreich zu versuchen. Dessen bedurfte es aber nicht: Wir hatten aus zwei Lastwagen, die mit Sandsäcken und Stahlplatten gegen Gewehrfeuer geschützt waren, provisorische Straßenpanzer geschaffen, mit denen wir unter viel Spektakel die Hauptstraße von Unna rauf und runter fuhren. Die Männer mit den roten Armbinden verdrückten sich, und wir hüteten uns, sie am Weglaufen zu hindern. Die Truppe rückte langsam genug nach, um dem »Feind« Zeit zum Rückzug zu lassen. Am Abend war der Spuk gebannt.

Im nahe gelegenen Pelkum bestand die Gefahr, daß eine dort eingesetzte Freiwilligen-Abteilung, die hauptsächlich aus Oberschülern bestand, unbedingt Kriegsruhm ernten wollte. Auch dort konnten wir jede Schießerei verhindern. Aber es kam zum Streit zwischen einem Teil der studentischen Kompanieangehörigen und mir. Sie waren fast alle Offiziere gewesen und an andere Führungsqualitäten als die meinen gewöhnt. Sie warfen mir vor, ich sei nicht schneidig genug, und es gab eine häßliche Szene, die mich veranlaßte, Oberst Sproesser um meine Ablösung zu bitten. Mir gefiel bei der Sicherheitskompanie manches nicht mehr, vor allem nicht die Mischung von Landsknechtsmanieren und Kasinoarroganz, die zeigte, daß der republikanische Geist der ersten Zeit im Begriff war zu schwinden.

Ich kehrte nach Tübingen zurück und widmete mich ganz den Examensvorbereitungen. Ich mußte ein gutes Examen machen, denn ich wollte heiraten. Mit einem guten Zeugnis in der Hand würde ich sicher sein, bald eine Familie ernähren zu können.

Erfahrungen als Referendar

Das Tübinger juristische Referendarexamen galt überall in Deutschland als besonders schwierig. Wer es nach sechs Semestern bestehen wollte, mußte willens sein, sich monatelang ganz auf die Vorbereitung zu konzentrieren. Es gab in Tübingen zu meiner Zeit keine Repetitoren, wie sie in norddeutschen Universitätsstädten zum flankierenden Inventar des Studiums gehörten. Bei ihnen konnte man sich auf die Prüfung einpauken lassen, man ging mit ihnen die Prüfungsaufgaben der letzten Jahre durch, und wer den Kurs mit dem erforderlichen Eifer besuchte, war fast immer imstande, hurtige Antworten zu geben, hatte allerdings nur selten eine in die Tiefe gehende Vorstellung vom System der Rechtsordnung und noch weniger davon, warum es gerade zu der Ordnung gekommen sein mochte, die heute gilt. In den vergangenen Jahren hatten wohl einige Juristen versucht, sich in Tübingen als Repetitoren zu etablieren, doch keiner hatte sich länger als einige Semester halten können. Der Grund dafür mag wohl die besondere württembergische Wesensart gewesen sein, die, angefangen mit der Schule, auf solides Wissen ausging und vom Schüler verlangte, daß er sich nicht mit dem »Ungefähren« begnügte und auch das härteste Brett so lange bohrte, bis es durch war. Vielleicht kam diese hohe Anforderung daher, daß das Volk Württembergs bis zur Jahrhundertwende recht arm war und Aussicht, »etwas Besseres« zu werden, nur derjenige hatte, der mehr Können und Wissen anzubieten hatte als sein Nachbar. Ein wichtiger Weg dorthin war das jahrhundertealte System des Landexamens, das die Erfolgreichen mit einem Stipendium bedachte und ihnen in den vier klassischen Klosterschulen des Landes eine vorzügliche humanistische Ausbildung sicherte, die durch die

Aufnahme in das Tübinger Stift gekrönt wurde – sofern man sich entschloß, Theologie zu studieren.

Ich nahm für meine Examensvorbereitung zehn Monate in Aussicht. Diesen Zeitraum unterteilte ich in Abschnitte, deren Länge ich nach der Schwierigkeit der Fächer bemaß, und legte für jedes Fach die einschlägige Literatur zurecht. Den Vorlesungsbesuch beschränkte ich auf Übungen und die grundlegenden Fächer. Die strenge Methodik der Tageseinteilung, die ich mir auferlegte, war meinem Temperament sehr ungemäß; aber ich hielt durch. Ich bestand das Referendarexamen mit dem Prädikat »Ausgezeichnet«, das mich sehr überraschte, denn ich hatte höchstens mit einem guten »Befriedigend« gerechnet.

In der Woche nach dem Examen heiratete ich, und vier Wochen später wurden wir Referendare zu den Amtsgerichten einberufen, für die wir uns entschieden hatten. Ich hatte um die Zuweisung an das Amtsgericht in Tübingen gebeten, weil ich weiter die Möglichkeit nutzen wollte, die eine Universität und ihre Bibliothek einem jungen Menschen bieten, der darauf versessen ist, sich in jeder freien Minute im Reich des Wissens umzusehen, und weil ich in Tübingen Freunde gewonnen hatte. Was einen Referendar am Amtsgericht erwartete, vermochte ich mir nicht recht vorzustellen, und was ältere Juristen uns erzählten, wollte ich nicht glauben, nämlich, daß ich praktisch nicht mehr zu tun bekommen werde, als ab und zu einen »Acte de présence« zu machen und mich auf den einzelnen Stationen an- und abzumelden. Als Entschädigung sollten wir drei Mark »Tintengeld« bekommen – pro Jahr!

Wir meldeten uns einzeln beim Amtsvorstand, einem noblen Herrn, der offensichtlich keine Veranlassung sah, sich um unsere Ausbildung Sorge zu machen. Wichtiger für uns war der zweite Richter, ein stadtbekanntes Original, Oberamtsrichter Bauer. Er empfing uns mit der Frage: »Haben Sie römisches Recht studiert? Dann kennen Sie sicherlich den Satz: ›*Minima non curat praetor.*‹ Was heißt das?« Wir übersetzten ebenso pflichtschuldigst wie korrekt: »Um die geringfügigen Dinge kümmert sich der Richter nicht.« Seine Antwort war: »Falsch, meine Herren. Es heißt: ›Der Oberamtsrichter tut nicht das mindeste.‹ So, jetzt wissen Sie das Wesentliche.«

Er legte einige Akten auf den Tisch: »Die können Sie unter sich aufteilen. In drei Tagen erwarte ich Ihre begründeten Urteilsvorschläge.«

Wir waren verblüfft – aber der Mann gefiel uns. Zwar hatte er von Jurisprudenz nur wenig Ahnung (es hieß, er besitze kein eigenes Exemplar des BGB), doch niemand war besser imstande als er, die Querelen zu schlichten, die an einem Gericht, wie dem Tübinger Amtsgericht, das tägliche Brot darstellten. In Zivilprozessen versuchte er zunächst, einen Vergleich herbeizuführen, was ihm oft gelang, denn er setzte beiden Parteien gleichermaßen mit Lockung und Zweifeln zu. Wenn sie sich versteiften und Beweis durch Sachverständige anboten, erließ er in den meisten Fällen keinen Beweisbeschluß, sondern entschied: »Der Klage wird zur Hälfte stattgegeben, zur anderen Hälfte wird sie abgewiesen. Gründe: Da die von den Parteien benannten Sachverständigen erfahrungsgemäß ihr Gutachten im Sinne der Parteien abgeben, die sie benannt haben, das Gericht also über zwei Gutachten entscheiden müßte, zu deren Bewertung ihm die Sachkunde fehlt, war – um Kosten zu sparen ohne Beweisbeschluß – wie geschehen zu erkennen.« Meist waren die Parteien zufrieden. Natürlich wurden viele seiner Urteile von oberen Instanzen aufgehoben. Er pflegte uns die Akten zu zeigen: »Lesen Sie das, meine Herren. Das Urteil ist Unsinn, aber die Begründung sehr wissenschaftlich. Sie können daraus lernen . . .«

Dieser Mann war ein wahrer Volksrichter, und das Volk liebte den weißhaarigen Junggesellen. Wie anders war dagegen der Amtsrichter Dr. Baumgarten! Dieser Sproß einer alten Professorenfamilie – ein Vorfahre hatte in Königsberg Immanuel Kant gehört – war ein ungewöhnlich gebildeter, zartsinniger Mann, aber »leibarm«, wie die Tübinger sagen. Stets voller Skrupel, litt er schwer unter dem Zwang, Entscheidungen treffen zu müssen, von denen ihm nur selten die schließlich getroffene die einzig mögliche erschien. Der Zwiespalt zwischen dem logischen Gerüst der Jurisprudenz und den Schicksalskategorien der menschlichen Existenz lastete schwer auf ihm. Legte Oberamtsrichter Bauer die Fälle ganz und gar vom Konkreten her auf plausible Lösungen an und verfuhr er dabei nach Brauch und Herkommen, so suchte Dr. Baumgarten den Fall so weit als möglich zu universalisieren und als Paradigma für das tragische Wirken gesellschaftlicher und seelischer Gegebenheiten zu begreifen. Am liebsten würde er sich mit der analysierenden Beschreibung des Geschehens begnügt haben. Es war konsequent, daß er sich schon als junger Richter um den Aufstieg in die Revisionsinstanz bemühte. Er ist als Reichsgerichtsrat gestorben.

Ich habe viel durch ihn und viel an ihm gelernt. Der Umgang mit den griechischen Tragikern und Dante gehörte zu seinem Alltag, und er schlug mir vor, über die Logik des katalanischen Franziskaners Raimundus Lullus zu promovieren, doch ich fühlte mich außerstande, Probleme der Rechtsphilosophie des Mittelalters zu bewältigen. Dr. Baumgarten hat mich mit seinem Studienfreund Viktor Bruns bekannt gemacht, der Professor in Genf gewesen war und nun in Berlin lehrte. Einige Jahre später bot er mir an, in das von ihm ins Leben gerufene und geleitete Kaiser-Wilhelm-Institut für ausländisches öffentliches Recht und Völkerrecht einzutreten.

Auf dem Tübinger Amtsgericht herrschten archaische Zustände. Die einzige Schreibmaschine bediente Fräulein Fahrian. Die Richter schrieben alles mit der Hand, die Urteilsabschriften fertigten Schreiber aus. Der leitende Urkundsbeamte, dessen Alter niemand von uns wußte, bediente sich eines Gänsekiels, den er auf einen Holzgriffel gespießt hatte. Die Stahlfedern, dies neumodische Zeug, taugten nach seiner Meinung nichts. Es gab damals noch keine Altersgrenze für Beamte . . .

Wir Referendare führten die Verhandlungsprotokolle und ersparten dem armen Staat allein in Tübingen mindestens zwei Beamte. Wir hatten Urteilsgründe zu entwerfen, nachdem wir zuvor schriftliche Vorschläge für die zu treffenden Entscheidungen angefertigt hatten, wobei wir ausgiebig Rechtsprechung und Literatur zitierten, und zwar selbst, wenn es nur um einen Viehhandelsstreit ging, ganz zu schweigen von den vielen Beleidigungsprozessen, die Oberamtsrichter Bauer im allgemeinen mit seinen probaten Vergleichen beendete, was uns ein bißchen kränkte. Wenn ein weniges an Menschenverstand und die Kenntnis der elementarsten menschlichen Verhaltensweisen ausreichten, um den Kampf ums Recht zu führen, warum hatte man uns dann die vielen komplizierten Vorlesungen gehalten und Reichsgerichtsentscheidungen zu studieren aufgegeben? Doch wir gewöhnten uns daran und lernten beim Vergleich unserer Richter bald, zwischen dem guten Juristen und dem guten Richter zu unterscheiden.

Das Vierteljahr beim Vormundschaftsgericht hielt mich besonders in Spannung. Wie oft hatte ich dabei an Maßnahmen mitzuwirken, durch die Fürsorgeerziehung angeordnet wurde, Maßnahmen also, von denen abhing, wie die Jugendjahre eines Menschen ablaufen würden. Bei der Beurteilung dessen, was dem Kinde frommen und was ihm schaden könnte, schienen die Richter seelisch und erkenntnismäßig wenig auf ihre Aufgabe vorbereitet zu sein, und doch lag in ihren Händen das Schicksal junger Menschen! Hier bekam ich zum erstenmal Einblick in das Verhängnis einer Fürsorgeerziehung, in der Erzieher wirkten, die die Routine seelisch verhärtet hatte, und aus der die Jugendlichen verstörter herauskamen, als sie bei der Einweisung gewesen waren.

Nach der Lektüre einer Reihe von Akten des Vormundschaftsgerichts – wie deprimierend gleichförmig war zumeist ihr Inhalt! – begriff ich, warum auch ein ursprünglich von Idealen und von dem Willen zu helfen beseelter Mensch angesichts seiner Machtlosigkeit gegenüber der Verstocktheit seiner verprellten Zöglinge zum schieren Zuchtmeister werden konnte, der schließlich kein anderes Mittel mehr weiß, als Tugend einzuprügeln und Ordnung exerzieren zu lassen. Doch damit, daß man dieses begreift, ist nichts getan. Man wird nur etwas ändern können, wenn man die Zöglinge Menschen anvertraut, die begriffen haben, worin die Ursachen des asozialen Verhaltens im Einzelfall liegen, und die entschlossen sind, ihre Menschlichkeit nicht in Routine versanden und nicht durch Mißerfolge stumpf werden zu lassen. Aber wie will man Menschen in ausreichender Zahl finden, die den Verzicht auf eigene Lebensfreuden auf sich nehmen, den diese Arbeit ihnen abfordern wird? Psychologisches und soziologisches Wissen mag erste Impulse vermitteln; humanitäre Vorstellungen und mitmenschliches Fühlen mögen dabei mithelfen; aber ohne die Bereitschaft und die Kraft, »sein Eigenstes in der Entselbstung« zu suchen und zu finden, werden die Impulse, die das Wissen von den seelischen und gesellschaftlichen Ursachen der

Abseitigkeit dieser Unglücklichen einmal in uns geweckt hat, auf die Dauer nicht lebendig bleiben. Es hatte wohl seine guten Gründe, daß die ersten, die bereit waren, sich um die »asoziale« Jugend zu kümmern, aus der Diakonie hervorgingen.

Dem Amtsgericht unterstand auch das Gerichtsgefängnis. Ich hatte mich sehr schnell mit dem Wachtmeister angefreundet, einem grauhaarigen Mann, der sein gutes Herz unter einer geräuschvollen Brummigkeit verbarg, die ihn immer schlecht gelaunt erscheinen ließ. Er war von einfacher katholischer Volksfrömmigkeit, die ihn gelehrt hatte, daß es in Staat und Gesellschaft ein Oben und ein Unten gibt und daß es für die Menschen am besten sei, »in ihrem Stande zu bleiben«. Er fand es richtig, daß Verbrechen bestraft werden, war aber ebenso fest der Meinung, daß, wer bestraft ist und seine Strafe angenommen hat, wieder ehrlich geworden sei und Respekt verdiene. Meistens saßen außer Untersuchungsgefangenen einige Landstreicher ein, denen man ein paar Tage Haft aufgebrummt hatte. Sie hatten es bei dem alten Wachtmeister nicht schlecht, denn ihm galten diese Leute als eine Art von Zunft, als ein eigener Stand, den es gebe, »weil es ja Arme geben muß, damit man christliche Barmherzigkeit üben kann«. Und so gab es einige »Kunden«, die beim Nahen der kalten Jahreszeit sich wegen einer Kleinigkeit einsperren ließen, um warm überwintern zu können. Ich unterhielt mich gern mit diesen Leuten. Es gab unter ihnen Clochard-Typen, die sich Handwerksburschen nannten, obgleich sie längst nicht mehr auf ein ordentliches Handwerk aus waren, aber auch Leute, die nur noch menschliche Wracks darstellten. Während erstere durchaus bereit waren, uns Referendaren ihre Geschichte und ihre Geschichten zu erzählen, blieben die anderen stumm; sie schienen ihr Leben vergessen zu haben. Trotzdem versuchte ich, in ihre Lebensgeschichte einzudringen. Dabei ergab sich bei manchen, daß sie in ihrer Jugend »in Fürsorge« gewesen waren, dann als Knechte zum Bauern kamen, wieder und wieder straffällig wurden, bis sie schließlich die Energie nicht mehr aufzubringen vermochten, die noch zum kleinsten Diebstahl gehört, und schließlich nur noch über die Landstraßen in Trübsal dahinwanderten.

Nach einem Jahr Referendarzeit am Amtsgericht wurden wir dem Landgericht Tübingen zugeteilt, um dort die nächste Station abzuleisten. Die Richter der oberen Instanz gaben sich förmlicher als ihre Kollegen im Stockwerk darunter. In ihrer Kanzlei trugen sie zwar Bürokittel, doch wenn sie auf den Korridor traten, vertauschten sie diese mit dem Gehrock und verhielten sich dementsprechend, wenn man ihnen begegnete. In der Hut dieser ehrbaren Männer lernten wir präziser – aber auch umständlicher – zu arbeiten. Juristisches Wissen wurde geschätzt, und wenn einer von uns Referendaren im Begriff war, seine Dissertation zu schreiben, wurde darauf Rücksicht genommen. Damals galt eine Promotion noch etwas.

Auf dieser Station fehlte mir der lebendige Kontakt mit den Menschen, die ihr Recht suchten, und mit denen, die vor Gericht standen. Wir sahen nur Richter und Anwälte, »Volk« indessen nur, wenn wir bei einem Lokaltermin eine Beweisaufnahme zu protokollieren hatten. Bewegung kam in unser Leben, so oft das Schwurgericht tagte.

Schon die Vorbereitungen waren beeindruckend. Der Oberstaatsanwalt ließ uns das Ergebnis der Ermittlungen vortragen. Danach wurden die Fragen entworfen, die an die Geschworenen gerichtet werden sollten. (Es war noch das klassische Schwurgericht, bei dem die Geschworenen über die Schuldfrage allein entschieden und die Berufsrichter lediglich das Strafmaß festsetzten.) Hier gab es nicht das Hin und Her der Fragen wie bei den Strafkammersitzungen; es herrschte liturgische Feierlichkeit. Der Hammerschlag des Präsidenten bei Eröffnung der Verhandlung löste alles, was nunmehr geschehen würde, aus dem Zusammenhang mit dem Alltag. Nach der Auslosung der Geschworenen wurde die Konstituierung der Geschworenenbank festgestellt; die Eröffnungsbeschlüsse wurden verlesen, und die Verhandlung begann.

Alles geschah ohne Hast mit bedächtiger Würde bis zum Urteilsspruch. Die Geschworenen berieten in einem besonderen, abgeschlossenen Raum. Bevor sie in diesen Raum gingen, suchten die meisten von ihnen die Toilette auf, und dort konnten wir Referendare gelegentlich ihre Gespräche mit anhören. Manche gaben uns Anlaß zur Verwunderung. Eine Äußerung werde ich nicht vergessen: Die Verhandlung betraf einen Mord, den ein junger, ein wenig blöder Schäfer von der Alb, ein schmächtiger Bursche, an einer von ihm schwangeren Magd begangen hatte, weil er »nicht mit einem Kind heimkommen« wollte. Ich hörte, wie ein Geschworener, ein stattlicher Metzgermeister, einem Mitgeschworenen zuraunte: »Ich würde ja nichts sagen, wenn er ein Kerl wäre, aber so ein Männchen – so einem gehört der Kopf herunter!« Der junge Schäfer wurde zum Tode verurteilt und hingerichtet.

Ich kannte ihn gut vom Untersuchungsgefängnis her, wo ich ihn verschiedentlich in seiner Zelle besucht hatte. Vor seiner letzten Nacht ließ er mich bitten, zu ihm zu kommen, um mir ade und danke schön zu sagen. Ich ging zu ihm, vom alten Wachtmeister begleitet. Was hätte ich ihm auf sein »Dankeschön für alles« und sein »Auf Wiedersehen im Himmel« noch sagen können?

Seiner Hinrichtung habe ich beigewohnt, denn ich wollte mich vor dem Anblick dessen nicht drücken, was ich vielleicht einmal als Richter durch meinen Spruch würde ausführen lassen müssen. Die Banalität des Vorgangs war entsetzlich. Die zwölf die Öffentlichkeit darstellenden ehrbaren Bürger in Zylinder und Gehrock standen verlegen im engen Gefängnishof herum und versuchten, feierlich auszusehen. Ab und zu fiel ihr Blick auf die Guillotine. Der Staatsanwalt verlas das Urteil und die Ablehnung des Gnadengesuches, als gehe es um eine beliebige Bekanntmachung. Der Stab wurde gebrochen, der Delinquent dem Henker übergeben. Da ging der arme Sünder auf die drei Richter zu, die der Vollstreckung beiwohnen mußten, und bedankte sich, daß ihm Recht geschehen sei und er nun in den Himmel dürfe. Dann griffen die Henkersknechte zu. Der Pfarrer sprach das Vaterunser und ermahnte die Anwesenden, daran zu denken, daß jeder von uns Schuld auf sich geladen habe, auch Schuld an der Tat, für die soeben einer gebüßt habe. Tags darauf beschwerte sich der Staatsanwalt, daß der Pfarrer damit auch das Gericht in die Schuld jenes Mörders einbezogen habe.

Ich habe damals begriffen, daß eine Gesellschaft, die angesichts unseres heutigen Wissens um die Antriebe der Menschen an der Todesstrafe festhält, sich befleckt, und daß auch um unserer selbst willen die Todesstrafe fallen muß – weil wir gegen den Henker in uns selbst angehen müssen. Hunderte von Tübingern hatten sich um Karten für den Zugang zum Gefängnishof bemüht, unter ihnen viele

Frauen. Im Morgengrauen standen sie auf den Dächern der umliegenden Häuser, einige mit Ferngläsern bewaffnet. So etwas durfte es nicht wieder geben! Mein leidenschaftlicher Kampf während der Beratung des Grundgesetzes, die Todesstrafe durch die Verfassung selbst zu verbieten, den Verzicht auf den Henker also zu einem der Grundgesetze des Staates zu machen, geht auf diesen Tag zurück. Mich bewegte nicht so sehr Mitleid mit dem Mörder – für ihn wäre lebenslange Einsperrung vielleicht die härtere Strafe gewesen – als das Entsetzen über die Erbärmlichkeit, mit der eine Gesellschaft, für die alles nur Mittel zu säkularisierten Zwecken geworden ist, mit dem Mysterium des Todes umgeht. Wenn im Mittelalter der Armesünder zum Richtplatz geführt wurde, empfand dies das Volk der Stadt als einen für die Sünden aller erfolgenden stellvertretenden Opfergang, ein »Wisse, er ist wie du!«. Auch das war entsetzlich, aber es ließ dem Armensünder noch eine gewisse Würde. Hier aber wurde im Hinterhof eines Gefängnisses von einem Staat, der sich dabei versteckte und darum bei den Bürgern nichts anderes zu wecken vermochte als schäbige Neugier, einem Menschen mit einer Maschine das Haupt vom Rumpf getrennt. Und hinter der Tür lauerten die Angestellten der Anatomie, die sich alsbald der Leiche bemächtigten, weil es doch schade gewesen wäre, die gute Gelegenheit vorübergehen zu lassen, histologische Forschungen an noch ganz frischen menschlichen Zellen betreiben zu können.

Schon als Referendar empfand ich Abneigung gegen die Strafgerichtsbarkeit. Nicht, daß ich der Meinung gewesen wäre, man könne auf die Strafe als Generalprävention gegen Missetaten und auch nur gegen gesellschaftsfeindliches und ordnungsstörendes Fehlverhalten verzichten, mich ließ vielmehr der Gedanke nicht los: Hättest du in gleicher Lage nicht vielleicht auch getan oder zumindest tun können, wofür du nun diesen Mann bestrafen sollst? Woher nimmst du potentieller Täter die moralische Berechtigung dazu? Und wenn du in deinem Innern so ganz ohne Schuld und Fehl wärest, würdest du dann überhaupt an Bestrafung denken können, würdest du dann nicht den Mann an die Hand nehmen und ihn fühlen lassen, daß er dein Bruder ist? Mir wurde früh klar, daß ich als Strafrichter das Leben nur schwer ertragen könnte. Auf der anderen Seite konnte ich

wiederum den Richter nicht als eine Art Arzt am Krankenbett der
Gesellschaft betrachten. Wer sie heilen will, muß die Wurzel des
Übels ausreißen, doch dies vermag ein Richter nicht. Wenn überhaupt, dann kann das Übel nur durch einen Wandel der gesellschaftlichen Verhältnisse und der Lebensumstände aller gegenstandslos oder
wenigstens seltener gemacht werden. Doch hält sich das Leben an
Logik? Wird logisch Gedachtes nicht vielleicht den Keim zu anderen
Übeln legen? Es wird wohl vorläufig nichts anderes übrigbleiben, als
»die Umstände« bei der Strafe angemessen zu berücksichtigen. Was
heißt »Strafe«?! Wir wollen gar nicht mehr strafen, sondern Sozialhy-
giene treiben, das Urteil zum Anlaß eines Resozialisierungsprozesses
machen! Aber wann ist ein durch die Gesellschaft Verdorbener
resozialisiert? Soll man ihn so lange in die Obhut der Gesellschaft
nehmen, bis man gewiß ist, daß er mit sich und seinen Lebensumständen fertig werden kann? Liefe dies nicht auf eine jahrelange faktische
Entmündigung hinaus? Hat das Leben nicht auch seine eigene,
paradoxe Logik?

Kurz vor der Abstimmung über das Grundgesetz unterhielt ich
mich mit einem Kollegen über diese Fragen, einem schlichten Mann
von handfester Klugheit, der zwölf Jahre als »Politischer« im
Zuchthaus zugebracht hatte. Er sagte mir: Als alter Sozialdemokrat,
der die Parteischulen besuchen durfte, sei er der festen Anschauung
gewesen, daß Verbrecher kranke Menschen seien, die nichts für ihren
Zustand könnten; die Gesellschaft erst mache sie durch ihre Fehllei-
stungen zu Verbrechern. Im Zuchthaus habe er gelernt, daß es jenseits
dieser Bezüge Menschen gibt, die böse sind und Freude daran haben,
Mitmenschen Böses anzutun. Diese Menschen müsse man außerstande setzen, Schaden anzurichten. Freilich ließ diese Erfahrung die
Frage ungelöst, warum denn diese Bösewichte Bösewichte werden
konnten . . .

Meine Referendarstation bei der Staatsanwaltschaft war nicht sonderlich interessant. Ich bekam Akten vorgelegt, die ich daraufhin zu
prüfen hatte, ob es zur Anklageerhebung reiche. Meistens reichte es.
Bei den kleinen Amtsgerichten durften wir die Anklage selbst
vertreten. Anfänglich erschien uns dies als ein Beweis großen
Vertrauens in unser juristisches Können, bis wir merkten, wie

pragmatisch die alten Amtsrichter bei der Ermittlung des Tatbestandes und dessen rechtlicher Beurteilung vorgingen. Danach versuchten wir uns nicht mehr in forensischer Eloquenz. Den meisten Gewinn auf dieser Station hatte ich vom Umgang mit dem Oberstaatsanwalt Abegg, einem kauzigen, gebildeten, von der Gicht geplagten Junggesellen. Im Gespräch habe ich ihn nie hochdeutsch reden hören; sein Schwäbisch war so reich, daß er damit mühelos die kompliziertesten Gedankengänge zum Ausdruck bringen konnte. Wir wohnten in derselben Straße, und so begleitete ich ihn fast täglich bis an seine Haustür. Was er mir dabei an Geschichten erzählte und über Land und Leute des Württemberg von einst, hatte die haftende Prägnanz der Kalendergeschichten Johann Peter Hebels.

Ein wenig jünger als er war der Landgerichtspräsident Landerer, der im Krieg Landsturmmann gewesen war und es mit der Volkstümlichkeit hielt. »Mein Freund, der Schuhmacher . . .«, pflegte er zu sagen, wenn er uns klarmachen wollte, wie und was das Volk denkt. Einen Band Hölderlin, den er auf meinem Schreibtisch gesehen und sich ausgeliehen hatte, brachte er mir schon nach wenigen Tagen zurück: Das sei ihm so unverständlich wie griechisch Geschriebenes. Im übrigen merke man von der ersten Zeile an, daß der Verfasser verrückt gewesen sei . . . Landerer selbst ist viele Jahre später in einer psychiatrischen Privatklinik gestorben, deren Gründer einer seiner Vorfahren war.

Promotion und Anwaltspraxis

Meine Referendarzeit ließ mir theoretisch Muße genug, meine Dissertation zu schreiben. Ich hielt es nicht für sehr ergiebig, über Fragen des BGB zu arbeiten. Lieber wollte ich mich mit einer Materie befassen, in der die besondere Problematik unserer Zeit, nämlich das Verhältnis von Kapital und Arbeit, sichtbar wurde; dies war das Arbeitsrecht. Unter meinen Tübinger Lehrern war keiner, den die Problematik des Arbeitsrechts besonders interessiert hätte. Ich wandte mich daher an Professor Hugo Sinzheimer in Frankfurt, von dem ich einige Aufsätze gelesen hatte, die mir einen neuen Geist zu verraten schienen, und fragte bei ihm an, ob ich ihm als Doktorand willkommen sei. Mir läge daran, die neuen Dimensionen zu untersuchen, die durch das eben beschlossene Betriebsrätegesetz dem Recht des Dienstvertrages zugewachsen seien. »Die Rechtsnatur der Betriebsvertretungen nach dem Betriebsrätegesetz« sollte der Titel der Arbeit lauten. Sinzheimer antwortete mir freundlich, und ich ging an die Arbeit. Mit der Erhellung des Problems machte ich mir viel Mühe, denn ich wollte keine Wald-und-Wiesen-Dissertation schreiben, sondern juristisches Neuland erschließen und zeigen, daß im neuen Recht Institutionen der deutschen Rechtsgeschichte in neuer Form wiederauflebten, die einst der individualisierenden Denkweise des römischen Rechts erlegen waren.

Ich führte aus, daß der Vertrag, aufgrund dessen ein Arbeitnehmer in einen industriellen Betrieb eintritt, nicht nur ein obligatorischer Vertrag von gleich zu gleich ist, durch den sich jemand zu einer Leistung verpflichtet, sondern ein Vertrag, durch den sich der Arbeitsuchende – der seine »Nahrung« Suchende – der Befehlsgewalt des »Betriebsherrn« unterwirft. Ich fand in Otto von Gierkes »Genossenschaftsrecht« eine Reihe von deutschrechtlichen Institutionen, auf die ich verweisen konnte, und deklarierte den Betrieb als eine Gemeinschaft, in der durch dieses Gesetz die Befehlsgewalt des Betriebsherrn zwischen diesem und den gewählten Vertretern der Arbeiter – dem »Betriebsvolk« – dialektisch so aufgespalten wird, daß eine Analogie zur konstitutionellen Monarchie entsteht. Mir kam es darauf an zu zeigen, daß es beim Betriebsrätegesetz – und bei denen, die ihm folgen müßten – nicht um bloße Sozialpolitik mit dem Ziel der materiellen Besserstellung der Arbeiter gehe, also um Erleichterung ihrer Lebensmühsal, sondern um die Institutionalisierung ihres Selbstbewußtseins. Dieses Gesetz leite eine Entwicklung ein, die jener gleiche, die einst, über lange Zeiträume hin, zur Identifikation von Volk und Staat und zur Verwandlung des Untertanen in den »Bürger« geführt habe. Damit werde ein Grundelement der Demokratie, das bisher dem politischen Leben vorbehalten war, in das Arbeitsleben der Industriegesellschaft einbezogen. Später habe ich diesen Gedanken weiter verfolgt und zur Grundlage meiner politischen Vorstellungen vom Mitbestimmungsrecht gemacht.

Im Herbst 1923 promovierte ich in Frankfurt. Meine Arbeit brauchte ich nicht drucken zu lassen: Man wollte den Kandidaten die durch die Inflation unerschwinglich gewordenen Druckkosten nicht zumuten. So kam es, daß die Ergebnisse meines wissenschaftlichen Scharfsinns den Fortschritt der Rechtswissenschaft nicht zu befördern vermocht haben.

Im Frühjahr 1924 bestand ich beim Oberlandesgericht in Stuttgart das zweite Staatsexamen mit demselben Prädikat wie das erste. Zum mündlichen Examen hatte man damals noch im Zylinder zu erscheinen und im »Schwenker«, wie man damals nannte, was heute Cut heißt. Die Kollegen halfen sich untereinander mit Garderobe aus. Mir kam diese Verkleidung reichlich albern vor – doch ist es wirklich so ganz sinnlos, ein Ereignis wie ein Examen, das den Beginn eines neuen Lebensabschnitts einleitet und so vieles, was die Zukunft bringen kann, präjudiziert, mit einer gewissen Feierlichkeit auch der äußeren Formen zu begehen?

Alsbald setzte der rituelle Rundgang zu den Ministerien ein, innerhalb deren Amtsbereich man angestellt werden wollte. Er begann beim Justizministerium, das die Bewerber mit den besten Examina für sich einbehielt; dann kam das Ministerium des Innern, das sich mit den weniger guten Prädikaten begnügen mußte; als drittes kam das Finanzministerium, bei dem man noch mit »Ausreichend« ankommen konnte (wenn Bedarf war). Was an Kandidaten übrigblieb, versuchte es bei der Post- oder der Eisenbahnverwaltung oder ging »in die Wirtschaft«, etwa als Syndikus zu einer Handelskammer, Handwerkskammer oder zu einem Verband. Wer Verbindung zu einem Anwalt hatte und Freude an diesem Beruf, trat in eine Kanzlei ein.

Heute würde ein Assessor mit einem besonders guten Examen sicher in erster Linie versuchen, in der Wirtschaft oder bei einer Bank anzukommen; in zweiter Linie bei der Finanzverwaltung, um dann nach einigen Jahren Beamtendaseins mit den dabei gemachten Erfahrungen eine Praxis als Steueranwalt aufzumachen; und zur Justiz würden wohl in erster Linie die gehen, die den Lebenskampf scheuen oder ein geruhsames Leben der Hektik der modernen Leistungsgesellschaft vorziehen – freilich auch jene wenigen, die meinen, sie könnten dazu beitragen, daß endlich mehr Gerechtigkeit in diese Welt einzieht.

Die Justiz hatte damals Einstellungssperre und verwies mich darauf, zunächst als Rechtsanwalt zu beginnen; nach einem Jahr werde man mich zum Amtsrichter in Tübingen machen. Ich assoziierte mich mit einem Rechtsanwalt in Reutlingen und fand mich zunächst durchaus nicht am rechten Platz. Was konnte man mit exquisiten Rechtskenntnissen in einer Praxis anfangen, in der es meist darum ging, Klienten in ihren Wohnungsnöten zu beraten, Alimentenprozesse für uneheliche Kinder zu führen oder deren angeblichen Vater zu vertreten? Was konnte man schon einer Verteidigung innerhalb der »kleinen Kriminalität« abgewinnen, in Beleidigungsprozessen, bei der Verteidigung armseliger Betrüger, Exhibitionisten und so weiter? Und bei den Prozessen der Geschäftswelt kam es doch fast immer auf recht simple Dinge an: Mängelrügen, Wechselprozesse, unerlaubter Wettbewerb ...

Ich suchte auch einfache Rechtsstreitigkeiten einfacher Leute so zu bearbeiten, daß ich sicher sein konnte, keine Chance verdorben zu haben. Und schließlich merkte ich, daß man damit über die Wahrscheinlichkeit hinaus Erfolg haben konnte. Vor allem erkannte ich, daß es gerade die kleinen Angelegenheiten der kleinen Leute waren, die am tiefsten ins Fleisch schnitten, und daß man durch juristischen Rat, Fleiß bei der Vorbereitung der Verhandlung und richtiges Verhalten vor Gericht auch dann, wenn der Prozeß verlorenging, dem Unterlegenen das Bewußtsein geben konnte, daß er nicht das Opfer eines bösen Zufalls geworden war.

Die größeren und damit einträglicheren Klienten der Praxis waren die Fabrikanten des gewerbefleißigen Reutlingen. Bis auf wenige Ausnahmen entstammten sie nicht dem Patriziat der alten Reichsstadt; dessen Angehörige hatten im Laufe eines Jahrhunderts zumeist akademische Berufe ergriffen. Fast alle Fabrikbesitzer hatten als Handwerksmeister begonnen und waren reich geworden, ohne die alten Handwerkstugenden und Lebensgewohnheiten aufgegeben zu haben. So traten sie unsereinem – dem »Herrn Doktor« – mit fast scheuer Achtung gegenüber. Es hat mich erstaunt, was alles diese tüchtigen, erfolgreichen Fabrikanten dem studierten Mann zutrauten:

Sie kamen nicht nur ins Büro, um juristischen Rat zu suchen, sondern oft auch, um sich hinsichtlich ihrer kaufmännischen Dispositionen beraten zu lassen; etwa um zu fragen, wann ein günstiger Augenblick sei, um sich mit Rohstoffen einzudecken – und gerade davon verstand ich so gut wie nichts, aber das wollten mir die Klienten nicht glauben: ich hatte doch »studiert«!

Die Älteren dieser Fabrikantengeneration führten ein einfaches, sparsames Leben. Sie tranken ihr Viertele in der »Harmonie« und aßen dazu ein Schweinsrippchen, von dem sie sich, wie die Fama zu berichten wußte, gelegentlich die nicht verzehrte Hälfte für den nächsten Tag aufheben ließen. Ihre Söhne und Schwiegersöhne verhielten sich anders. Sie hatten fast alle an der Technischen Hochschule studiert und dort »herrschaftliche Sitten« angenommen. Ihre Frauen hatten sie sich meist aus einem anderen Milieu geholt als dem ihrer Mütter. Ein Stilbruch in der Lebensführung, aber auch in der Unternehmensführung war erkennbar. Doch auch diese Generation hatte im Umgang mit älteren Arbeitern den patriarchalischen Ton der Väter behalten.

Über das Verhältnis von Kapital und Arbeit machten sich diese Leute wenig, wahrscheinlich gar keine theoretischen Vorstellungen. Sie hatten das gute Gewissen, ihre Firma und ihren Erfolg ausschließlich der eigenen Tüchtigkeit zu verdanken. Sie fühlten sich nach Recht und Moral als alleinige Herren ihrer Betriebe, so wie sie sich in ihren Familien als Alleinherrscher verstanden. Und umgekehrt: Wie sie sich dort für den rechten Gang der Dinge und das gute Gedeihen der Kinder verantwortlich hielten, so empfanden sie sich auch verantwortlich für ihre Arbeiter, vorausgesetzt, daß sie fleißig und treu waren. Bei dieser Obsorge hatte die Ehefrau des Fabrikanten ihre eigenen Funktionen: In Krankheitsfällen sah sie in den Arbeiterfamilien nach dem Rechten, was in diesem sehr frommen und vielfach pietistischen Lande oft in unerwünschte Sittenpredigten ausartete. Die größeren Unternehmen hatten über die patriarchalische Heimfürsorge hinaus für ihre Arbeiter Siedlungen mit Läden für den täglichen Bedarf errichtet, bei deren Verwaltung die Bewohner sogar mitzureden hatten. Doch hielten die Fabrikherren nichts davon, daß die Arbeiter im Betrieb mitreden sollten; da könne nur das Wort des

Unternehmers gelten, wie in der Werkstatt nur das Wort des Meisters. Man war durchaus der Auffassung, daß Lohn- und Arbeitsverhältnisse der Leistung des Arbeiters gemäß zu sein haben, aber man hielt es für eine Anmaßung und einen Eingriff in die persönliche Freiheit, daß »betriebsfremde Funktionäre« aus den Gewerkschaften sich anmaßten, Lohnforderungen – womöglich unter Streikdrohung – zu stellen. Das sei Erpressung ... In der Tat verlangte ein Fabrikant von mir – vergeblich – ein Gutachten, wonach ein Streik gegen ihn ein Vergehen der Erpressung darstelle. Doch das war ein grotesker Sonderfall.

Die Unternehmer waren nicht der Meinung, ihre Arbeiter auszubeuten, sich also auf deren Kosten zu bereichern. Sie waren vielmehr davon überzeugt, daß ihre Arbeiter ihnen Dank schuldeten, denn schließlich könnten sie ihr Brot nur dank ihrer unternehmerischen Leistung verdienen. Ohne den Unternehmer wäre den Arbeitern ja nichts anderes übriggeblieben, als nach Amerika auszuwandern.

Als ich nach Ablauf eines Jahres vom Justizministerium als Assessor an das Amtsgericht in Tübingen berufen wurde, war ich recht froh. Ich hatte zwar als Anwalt nicht schlecht verdient, aber es gefiel mir nicht, daß ich mich dafür mit Klienten gutstellen mußte, die von mir Dienste erwarteten, die zu leisten mir widerstrebte. Nun würde ich davon unabhängig werden und mithelfen können, Recht zu verwirklichen.

Der Tod meines Vaters in jener Zeit bedeutete einen tiefen Einschnitt in mein Leben. Ich hatte oft an seinem Krankenbett gesessen, und sein Wort: »Kein Pflug bleibt stehen, nur weil ein Mensch stirbt«, hat erst sehr viel später tröstliche Bedeutung für mich bekommen. Damals beschloß ich, in Tübingen ein Haus zu bauen, denn mir erschien der beste Weg zur Einwurzelung einer Familie, ein Stück Land zu besitzen, das ihr eigen ist.

Am Tübinger Amtsgericht

Ich bemühte mich, mein Amt so zu führen, daß ich nicht der Routine verfiel, und suchte in jedem der meist kleinen Fälle, die ich zu behandeln hatte, das Stück Menschenschicksal herauszuschälen, das darin stecken mochte. In den Zivilsachen waren es die Prozesse zwischen Mietern und Vermietern, die mich besonders in Anspruch nahmen, denn dabei bekam ich auf vielerlei Weise zu spüren, daß Glück und Unglück eines Menschenlebens davon abhängen können, ob einer an einem bestimmten Tage ein paar Mark aufbringen kann oder nicht. Daß die Räumung auch einer Stadtwohnung aufgrund eines Urteils etwas vom »von Haus und Hof verjagt werden« an sich hat, wenn die Betroffenen alte Leute sind, wurde mir eindringlich bewußt, und ich litt unter dem Unvermögen, vermittels der geltenden Gesetze so urteilen zu dürfen, daß ich nach dem Spruch das Gefühl hätte haben können: Nun ist diesen Menschen ihr Recht geworden!

Besonderes Unbehagen verursachten mir auch die Prozesse, durch die Menschen zu Schaden kommen mußten, die Abzahlungsverpflichtungen eingegangen waren, ohne voll begriffen zu haben, wozu sie sich mit dem Vertrag verpflichtet hatten. Ähnliche Fälle waren die, bei denen Mängelrügen an den gedruckten Klauseln der »Allgemeinen Lieferbedingungen« scheiterten, die von einem Laien schwer zu verstehen und in ihrer Tragweite nicht zu übersehen waren. Ich wagte verschiedentlich, diese Lieferbedingungen als gegen die guten Sitten verstoßend für ungültig zu erklären und dem Urteil statt der pervertierten Vertragsklauseln die Bestimmungen des BGB oder Handelsgesetzbuches zugrunde zu legen. Die Obergerichte hoben diese Urteile auf. (Die Lieferbedingungen seien von dem angesehenen Professor X. an der Universität N. verfaßt worden und schon deswegen nicht zu beanstanden . . .) Schließlich sah ich ein, daß ich den Rechtsuchenden mit meiner Rechtsprechung keinen Gefallen erwies und sie lediglich mit zusätzlichen Gerichtskosten beschwerte. Fortan urteilte ich von vornherein, wie das Berufungsgericht es mir vorgemacht hatte. Ein gutes Gewissen hatte ich dabei nicht.

Diese Enttäuschungen waren für mich eine Lehre. Daß auf weiten Strecken nicht die Normen der Gesetzbücher das praktische Leben regierten, sondern die Usancen von Industrieverbänden oder von Lieferanten, auf die der Käufer angewiesen ist, hatte man uns in unseren Vorlesungen nicht gesagt, auch nichts über die Tricks bei der Bestellung von Grundschulden und Hypotheken verraten.

Ich wurde bald an das Landgericht versetzt. In der Zivilkammer fühlte ich mich wohl, denn hier konnte man mit Kollegen in gründlichen Beratungen nach angemessenen Lösungen suchen. Die Richter arbeiteten sehr gewissenhaft. Die älteren lebten noch ganz in der Vorstellungswelt der Vorkriegszeit, was in Tübingen weniger die Kaiserzeit bedeutete als die Zeit, da Württemberg noch einen König hatte. Das Königshaus in Württemberg war Pathos und Prunk abhold gewesen und alles andere als geltungssüchtig; so war denn auch die Beamtenkaste bürgerlich gesonnen und auf Solidität der Lebens- und Amtsführung bedacht. Meine Kollegen waren, was man bei uns »gute Juristen« nannte; sie lasen aufmerksam die »Juristische Wochen-schrift« und kannten die wichtigsten der in den Kommentaren zitierten Reichsgerichtsentscheidungen; sie wandten ihr Wissen prak-tisch an – »lebensnah«, wie sie meinten –, machten sich aber nicht viel Gedanken um den Wurzelboden des Rechts und um die Spannung zwischen dem positiven Recht der Gesetzbücher sowie der Richter-sprüche und der Idee der Gerechtigkeit. Unter ihnen fand sich kaum einer, dem der Gedanke gekommen wäre, daß die Gesetze für den Reichen eine andere Bedeutung haben könnten als für den Armen. An der Rechtschaffenheit dieser Männer konnte hingegen kein Zweifel bestehen, was insbesondere in der Nazizeit zutage trat, wo keiner dieser alten Herren, mochte er politisch noch so weit rechts stehen, zugunsten der neuen Machthaber das Recht gebeugt hat. Die neuen Gesetze wandten sie an, standen sie doch im »Reichsgesetzblatt« und waren sie doch von einem legal an die Regierung gelangten Gesetzge-ber erlassen worden! Von nazistischem Übereifer hielten sie sich fern. So konnten die beiden jüdischen Anwälte, die am Landgericht zugelassen waren, vor den Kammern dieses Gerichts auftreten und der achtungsvollen Aufmerksamkeit der Richter versichert sein, bis ihre Zulassung kraft Gesetzes erlosch.

Die jüngeren Kollegen waren zum Teil anders. Wer im Krieg gewesen war und während des Verfalls der hergebrachten Ordnungen in der Inflationszeit studiert hatte, mochte es nur in den seltensten Fällen mit den alten Bräuchen halten. Man gab sich ungezwungener und versuchte gelegentlich, in die Praxis der Rechtsprechung einen modernen Zug zu bringen. Jene, die aus dem Lager der Freistudenten kamen, legten Wert auf Erörterung der »sozialen Frage«; jene, die aus Korporationen stammten, befleißigten sich einer Staatsräson, deren Denkschema sich etwa so formulieren ließ: »Wo kämen wir denn hin, wenn wir ...« Später sollte sich zeigen, daß dies nicht nur ein formaler Unterschied war.

Zwischen den Familien der Richter gab es kaum gesellschaftlichen Verkehr. Um so wichtiger nahmen die Älteren ihren Stammtisch. Am späten Nachmittag trafen sie sich im »Museum« und erzählten sich den neuesten, oft auch schon sehr alten Klatsch aus der Juristenzunft des Landes, und es ging dabei nicht prüde zu. Wer nicht zum Stammtisch erschien, bekam das unerbittliche Verdikt der Runde zu spüren. Als einer unserer älteren Kollegen starb, wunderten wir uns, daß der Direktor der Kammer, welcher der Verstorbene angehört hatte, nicht zur Beerdigung gekommen war. »Wieso? Der ist ja auch nicht zu meinem Stammtisch gekommen«, lautete seine Begründung.

Mir sah man nach, daß ich die Stammtischriten nicht mitmachte, denn es hatte sich herumgesprochen, daß ich wissenschaftlichen Ehrgeiz habe und die Abendstunden dringend für meine Studien brauche. (Wissenschaft, welche auch immer, hatte im Lande Württemberg allemal Vorrang.) Das war allerdings nur zum Teil richtig. Ich hatte damals noch nicht vor, mich zu habilitieren. Mein Wunsch war, einmal Oberamtsrichter in Tettnang zu werden, wo ich in den Schulferien gelegentlich meinen Onkel in seiner Dienstwohnung im Schloß Montfort besucht hatte. Ich stellte mir vor, daß es schön sein würde, dort Bücher zu lesen, Recht zu sprechen und, bei viel freier Zeit, von den oberen Stockwerken über den Bodensee hin zu den Alpen zu blicken oder im Schloßgarten spazierenzugehen. Doch die Stelle war noch auf viele Jahre hin nicht vakant; daher galt es, zumindest für geraume Weile, von diesem Wunschtraum Abschied zu nehmen. Das Leben wies mir inzwischen einen anderen Weg, und so habe ich es nie zum Oberamtsrichter in Tettnang gebracht. Ich besuchte fleißig die Universitätsbibliothek und manche Vorlesungen der Philosophischen und der Theologischen Fakultät. Dabei fand ich Anschluß an jüngere Gelehrte, mit denen Wissen und Erfahrungen auszutauschen beiderseitigen Gewinn brachte. Durch die Werke

Diltheys fand ich Geschmack am Studium der Geistesgeschichte und lernte dabei, wie die jeweilige Auffassung des Menschen von seiner Bestimmung die Formen und Inhalte seiner Anschauungen vom rechten Staat und der rechten Gesellschaftsordnung prägte. Hegel, Platon und die griechischen Tragiker beschäftigten mich sehr. Und ich vertiefte mich in Nietzsches Denken, denn nach der bisherigen Lektüre manches seiner Bücher hatte ich nicht viel mehr als fragmentarische Vorstellungen von dem vielschichtigen Gebirge, den gewundenen Tälern, den Abgründen und Untiefen seiner Gedankenwelt. Waren es im »Zarathustra« die an Martin Luthers Psalmenübersetzung erinnernde Sprache und die darin eingestreuten Gedichte gewesen, die mich gefangengenommen hatten, so fand ich in seiner philosophischen Prosa viel von der Lebenskunde der von mir sehr geliebten französischen Moralisten und Lichtenbergs wieder. Mit Eifer las ich mich in die Zerstörung der herkömmlichen Moral und der Metaphysik ein, zunächst recht kritiklos, denn ich besaß noch nicht genug Distanz, um gegen den Zauber dieser Sprache gewappnet zu sein.

Starke Eindrücke vermittelte mir Karl Jaspers, der mir durch seine »Psychologie der Weltanschauungen« das philosophische Verständnis der Methoden Max Webers eröffnete. Beim Studium von dessen religionssoziologischen Werken begegnete ich der Wissenschaftslehre der Heidelberger Schule mit ihrer Gegenüberstellung von Natur- und Kulturwissenschaften; von der Fruchtbarkeit dieser Konfrontation für die Klärung des eigenen Bewußtseins angesichts der Phänomene der Geschichte und des Geisteslebens bin ich bis zum heutigen Tage überzeugt geblieben.

Bei der Arbeit an meiner Dissertation war ich auf Gierkes Schrift über Johannes Althusius aufmerksam geworden, jenen calvinistischen Juristen, der die Autorität des Staates auf die naturgegebenen Anlagen des Menschen zur Vergesellschaftung (consociatio) zurückführte und ihn als Produkt der Überzeugung des Volkes von den rechten Prinzipien dieser Consociatio begriff: Dadurch erweise sich das Volk als der eigentliche Souverän. Dies war der Anlaß, daß ich über die Frage nachzugrübeln begann, was den Staat und seine Rechtsordnung vor der Wahrheit legitimiert und damit seine Gebote für den Bürger als verpflichtend erscheinen läßt. Ich begann, mich mit den großen Staatsdenkern der Nachrenaissance zu beschäftigen, vor allem mit denen, die versuchten, jenseits der theologischen Morallehren ein über die Grenzen der Staaten hinaus wirkendes und die Staaten selbst verpflichtendes Recht aufzuspüren, das in der Natur des Menschen liegt und von der Vernunft, die allen Menschen gemeinsam ist, erkannt werden kann. So kam ich zu Hugo Grotius und Spinoza und ihrer Lehre vom *jus gentium*, dem Völkerrecht, dessen Wurzel der vernunftgemäße Umgang der Staaten mit ihren Interessen und die von der Vernunft erhellte Überzeugung ist, daß Bindung der Machtausübung an von allen Menschen gleichermaßen annehmbare Prinzipien das zuverlässigste Mittel für die Förderung der Wohlfahrt aller ist – freilich ohne daß damit für alle Fälle die *ultima ratio regum*, der Krieg, ausgeschaltet werden könne.

Das führte mich zum Studium des Völkerrechts, und zwar zunächst jenseits aller praktischen Zweckvorstellungen. Ich sah darin ein Stück praktischer Staatsvernunft, deren Kenntnis mir erlauben konnte, das Verhältnis von Macht und Recht, von Vernunft und Interesse und die Dialektik des Willens zur Bewahrung des Bestehenden sowie des Willens zu dessen Veränderung besser zu verstehen. Schließlich fand ich auch den Weg zu Kants Traktat: »Zum ewigen Frieden.« Von ihm lernte ich, daß das Dasein der Menschen nur dann voll in das Recht eingebettet sein kann, wenn der Staat selbst in seinem Verhältnis zu den anderen Staaten in das Recht eingebettet ist.

Zum Völkerrechtsinstitut nach Berlin

Vom württembergischen Justizministerium beurlaubt, trat ich im Herbst 1927 in das von Professor Viktor Bruns gegründete Kaiser-Wilhelm-Institut für ausländisches öffentliches Recht und Völkerrecht in Berlin als hauptamtlicher Mitarbeiter ein. Ich wurde Referent für die völkerrechtliche Abteilung und von Anfang an enger Mitarbeiter des Institutsdirektors. Seine Grundkonzeption war einfach: Der Kriegsausgang und die Institutionalisierung vieler internationaler Beziehungen werden dem Völkerrecht eine bisher in Europa nicht gekannte Bedeutung als Mittel der Politik verleihen. Die Zeit, da es von den Professoren des öffentlichen Rechts an den deutschen Universitäten allein gründlich genug bewältigt werden konnte, ist vorbei, zumal den meisten Lehrern des öffentlichen Rechts die aktuelle und für die praktische Anwendung des Völkerrechts besonders wichtige Literatur – vor allem der angelsächsischen Länder und Lateinamerikas – nur in seltenen Fällen zur Verfügung steht und geläufig ist. In einem unabhängigen Institut könnten Literatur und Material gesammelt und zum Gegenstand detaillierten Forschens gemacht werden, dessen Resultate zuverlässige Aussagen über die juristische Problematik konkreter Tatbestände erlauben und darüber hinaus Ansätze bieten könnten für eine Fortentwicklung des Völkerrechts als eines brauchbaren Mittels zur Klärung und Entscheidung von Konflikten zwischen Staaten, die sich ein Recht bestreiten. Vor allem aber bedürften die juristische Struktur der internationalen Institutionen, die im Gefolge der Friedensverträge entstanden waren, wie auch die juristischen Voraussetzungen für ein funktionierendes Kriegsverhütungsrecht der wissenschaftlichen Analyse und Systematisierung. Ein solches Institut müsse frei von Regierungseinflüssen sein, aber dennoch in lebendigem Kontakt mit dem aktuellen politischen Geschehen stehen. Das Institut solle sich aber nicht nur mit dem Völkerrecht befassen. Dessen mögliche Anwendung in der Praxis hänge weitgehend von den verfassungsrechtlichen Zwängen der Staaten ab, und darum erscheine es notwendig, das öffentliche Recht des Auslands in den Kreis der Forschung mit einzubeziehen.

1925 begann das Kaiser-Wilhelm-Institut für ausländisches öffentliches Recht und Völkerrecht seine Arbeit. Als Mitglieder des Kuratoriums und des Wissenschaftlichen Beirates hatte Viktor Bruns eine Reihe bedeutender Gelehrter gewonnen; neben anderen die Professoren Erich Kaufmann, Rudolf Smend, Heinrich Triepel, Karl Partsch. Dazu bat Viktor Bruns einige Politiker um ihre Mitwirkung, unter ihnen Ludwig Kaas, den Vorsitzenden der Zentrumspartei, und Prälat Georg Schreiber, den einflußreichsten Zentrumsmann und Vorsitzenden des Haushaltsausschusses im Reichstag – diesen vor allem, um den Fluß der staatlichen Mittel in die Kassen des Instituts zu sichern.

Die Referenten des Instituts suchte Professor Bruns sich von überallher zusammen. Er verpflichtete junge Juristen, die Assistenten bedeutender Gelehrter gewesen waren, und ältere Juristen, die sich schon durch Publikationen profiliert hatten, wie den Österreicher Hermann Heller, dessen Leipziger Rede über »Sozialismus und Nation« Aufsehen erregt hatte und der nach dem Staatsstreich vom 20. Juli 1932 vor dem Staatsgerichtshof als Anwalt der rechtmäßigen Regierung des Landes Preußen gegen die von Carl Schmitt vertretene Regierung Papen auftrat und 1938 in der Emigration starb, und Dr. Gerhard Leibholz, der nach dem Zweiten Weltkrieg aus der Emigration zurückkehrte, Professor in Göttingen und Richter am Bundesverfassungsgericht wurde. Die meisten Mitarbeiter aber suchte und fand der Schwabe Bruns in Württemberg unter den Examensbesten der letzten Jahre, denn er war fest davon überzeugt, daß einer, der die württembergischen Examina unter den ersten drei bestanden habe, in der Lage sei, sich in jedes Rechtsgebiet einzuarbeiten.

Ich war noch nie in Berlin gewesen, und der erste Eindruck war bestürzend. In Paris hatte ich mich rasch zurechtgefunden, kannte die Boulevards, die um den Stadtkern führten, und die diagonalen Avenuen, auf denen es leicht war, von der Peripherie zum Zentrum zu finden. In Rom erleichterten die sieben Hügel, der Lauf des Tibers und der Corso die Orientierung. In der Reichshauptstadt gab es außer der langen Ost-West-Achse wenig, woran man sich orientieren konnte. Das Institut hatte seine Räume im zweiten Stockwerk des Berliner Stadtschlosses, in dessen Nähe ich mir zunächst ein Zimmer suchte, um nach einigen Wochen in die Lietzenburger Straße umzuziehen, wo mir zwei ältere Fräulein ein Zimmer vermieteten und für Ordnung in meinen Sachen sorgten, nicht ohne zu betonen, daß sie das »früher« nicht nötig gehabt hätten ...

Im Institut hatte ich ein Zimmer nahe dem Arbeitszimmer von Viktor Bruns und der Bibliothek zugewiesen bekommen, in dem es sich gut arbeiten ließ. Der Straßenlärm drang nicht durch Mauern und Fenster, und der Blick auf einen der weiten Höfe des Schlosses erlaubte dem Auge, ab und zu auszuruhen. Unsere Mahlzeiten nahmen wir im Institutskasino ein und trafen dort mit den Kollegen vom Institut für ausländisches und internationales Privatrecht zusammen, dem damals schon der spätere Staatssekretär Konrad Adenauers und nachmalige Präsident der Kommission der Europäischen Wirtschaftsgemeinschaft, Walter Hallstein, als Referent angehörte.

Fast immer blieb man bis zum späten Abend im Schloß und war dann meist zu müde, um an den Annehmlichkeiten, die die Metropole bot, teilzunehmen. Auf dem Heimweg, mit der Untergrundbahn bis zum Wittenbergplatz, dann zu Fuß über den Kurfürstendamm und die Uhlandstraße bis zur Lietzenburger Straße, sah ich mir die bunten Auslagen der Geschäfte an und schaute durch die großen Fenster in die gut besuchten Cafés. Auf den Bürgersteigen aber sah man viele jammervolle Gestalten, die auf eine kleine Gabe hofften. Ich wußte natürlich, daß mit solchen Almosen die Welt nicht besser gemacht werden konnte, aber ich meinte, es sei gut, wenigstens dem, der gerade dastand und hungrig sein mochte, für eine Stunde über sein Elend hinwegzuhelfen. Darum trug ich in der Rocktasche immer einige Geldstücke bei mir und erntete manchen Spott von Freunden, die mich inkonsequent schalten.

An einem kalten Wintertag erlebte ich eine meiner peinigendsten moralischen Niederlagen. Neben der Eingangstür eines Cafés, von dessen gläsernem Vorbau ein Koksofen etwas Wärme nach draußen strahlte, stand ein alter Mann, der einen Knaben an der Hand hielt. Beide waren einfach und sauber gekleidet, beide sprachen nicht und hielten auch nicht die Hand auf. Und doch war mir klar, daß sie auf ein paar Groschen hofften. Ich wollte in meine Tasche greifen, aber da ich einen dicken Mantel trug, wurde der Griff in die Gesäßtasche der Hose etwas beschwerlich, und ich ging weiter, ohne ein Geldstück herausgenommen zu haben. Nach einigen Minuten hatte ich das Gefühl, aus purer Bequemlichkeit menschlich schmählich versagt zu haben, und ich machte kehrt, um den beiden doch noch etwas geben zu können. Sie waren nicht mehr da. Der Gedanke, daß ich mich der Sünde der Trägheit des Herzens schuldig machen würde, wenn es mir nicht gelänge, den Mann und das Kind wiederzufinden, peinigte mich über alle Maßen. Ich suchte sie an diesem und an vielen Abenden, die folgten. Ich habe sie nicht gefunden, aber die beiden Gestalten stehen mir heute noch vor Augen, als seien sie in meine Seele eingebrannt. Ist nicht die Trägheit des Herzens die Grundsünde schlechthin?

Erste Teilnahme an internationalen Verhandlungen

Mein erster Auftrag war die Untersuchung der Frage, ob das Völkerrecht oder das nationale Recht gestatte, karitativen Verbänden jeder Art die Führung des Rotkreuz-Zeichens zuzugestehen. Diese Aufgabe war mit den bisher von mir erlernten Methoden nicht zu lösen. Um den Sinn und die Tragweite der in den Rotkreuz-Konventionen verwandten Begriffe präziser zu definieren, mußte ich Protokollbände internationaler Verhandlungen studieren und verstehen lernen, daß in den Verhältnissen der Staaten zueinander der Begriff des Interesses sich in anderen Dimensionen darstellt als in den Beziehungen der Individuen. Selbst bei so universalistischen und humanitären Vereinbarungen wie denen, die zur Gründung und zum Ausbau des internationalen Rotkreuz-Rechtes geführt hatten, fehlten feststehende und allgemein anerkannte, präzise Oberbegriffe, definierte eher der Sachstand die Rechtslage als umgekehrt. So wurde ich durch diese verhältnismäßig kleine und umgrenzte Arbeit tief in die Methodik völkerrechtlichen Denkens eingeführt.

Doch wichtiger als dieser Auftrag war, daß ich mich in die Jurisprudenz und die Theorie der internationalen Schiedsgerichtsbarkeit einzuarbeiten hatte, denn Viktor Bruns sollte der deutsche Richter des Deutsch-Polnischen Gemischten Schiedsgerichtes werden, dem es obliegen sollte, gemäß Artikel 297 des Versailler Vertrags über Ersatzansprüche polnischer Staatsangehöriger an das Deutsche Reich zu erkennen. Ich sollte Professor Bruns bei dieser Tätigkeit assistieren und seine Voten und deren Begründung vorbereiten. Ich las mich in die mir zugänglichen Entscheidungsgründe der im Laufe des letzten Jahrhunderts ergangenen Urteile internationaler Schiedsgerichte ein und vertiefte mich in die Urteile der Mixed Claims Commission, die nach dem amerikanischen Unabhängigkeitskrieg aufgrund der Jay-Verträge für die Liquidierung der Ersatzansprüche von im Krieg zu Schaden gekommenen Privatpersonen eingesetzt worden war. Dann beschäftigte ich mich mit den Urteilen des Ständigen Schiedshofes, des Internationalen Schiedsgerichtshofes und des Ständigen Internationalen Gerichtshofes im Haag, um den roten Faden zu finden, der mir helfen konnte, mich im Labyrinth der bisher von einer ganzen Reihe gemischter Schiedsgerichte des Versailler Vertrages gefällten Urteile nicht zu verirren.

Das war schwierig, denn jedes dieser Gerichte war mit Richtern anderer Nationalität besetzt. Die Vorsitzenden waren teils schweizerische Bundesrichter oder schweizerische Rechtsanwälte mit internationaler Praxis, teils niederländische Professoren, teils skandinavische Richter und andere angesehene Juristen aus im Kriege neutral gebliebenen Staaten. Als Beisitzer fungierten ein Angehöriger des Klägerstaates und ein Deutscher. Den Ausschlag gab in der Regel der Vorsitzende. Bei seinem Votum ließ er sich naturgemäß von den Rechtsbegriffen und richterlichen Traditionen seines Heimatlandes leiten. Am ehesten kam ein innerer Zusammenhang der Entscheidungsmaximen zustande, wenn alle drei Richter den Zugang zur Jurisprudenz über das römische Recht gefunden hatten. Hier merkte man bei der Lektüre der Entscheidungsgründe sofort, daß in diesem Fall nicht aneinander vorbeigeredet worden war, sondern daß den Argumenten des einen das im Negativen korrespondierende Argument des anderen gegenüberstand und beide aus demselben Rechtsdenken stammten. Neben der Tradition des römischen Rechtes spielte die Tradition des Code civil und des darauf beruhenden Verfahrensrechts mit seinen Auslegungsregeln und Beweisvorschriften eine Rolle und mancherorts auch Begriffe und gewohnheitsrechtliche Vorstellungen der angelsächsischen Rechtstradition. Im Grunde kam es fast in jedem Prozeß darauf an, den im Versailler Vertrag im Artikel 297 aufgestellten Begriff »fait exceptionnel de guerre« konkret zu definieren. Man kann sich vorstellen, welche Rolle es bei der Auslegung eines so vagen Begriffes spielte, von welcher juristischen Tradition einer kam und was ihm sein Rechtsverständnis als »außerordentliche Kriegsmaßnahme« erscheinen ließ. Um zwei Extreme zu nennen: Die einen verstanden darunter jede exzessive Kriegsmaßnahme, die anderen dagegen Maßnahmen, die mit Kriegshandlungen im engeren Sinn nichts zu tun hatten.

In Deutschland hatten sich nur wenige Juristen mit der Durchforschung der die Individuen und ihre Ansprüche betreffenden Bestimmungen des Versailler Vertrages befaßt. Was die Öffentlichkeit interessierte, waren die politischen Bestimmungen, die Gebietsabtretungen, der Schutz der Minderheiten in den abgetretenen Gebieten und die globalen Reparationsleistungen, die das Deutsche Reich für die Siegerstaaten aufzubringen hatte. Dies war »Gewaltpolitik«, und deren Erscheinungsformen mit den Kategorien der Jurisprudenz zu durchleuchten, erschien den allermeisten, auch den Juristen, als eine müßige Aufgabe. »Was Recht ist, bestimmt ja doch immer der Sieger.« Eigentlich hatten nur zwei große deutsche Juristen, die Professoren Karl Partsch und Erich Kaufmann, erkannt, daß es auch in diesen »Gewaltverträgen« Bestimmungen gab, aufgrund derer man bei richtiger Erkenntnis ihres politischen und rechtlichen Gehalts Forderungen der Sieger und von Staatsangehörigen von Siegerstaaten abwehren konnte. So machten sie sich denn an den Versuch, das gegen das Deutsche Reich gerichtete Schadensersatzrecht des Versailler Vertrages rechtsvergleichend methodisch zu untersuchen und zu systematisieren. Ich lernte bei diesen Bemühungen, daß selbst einseitig gegen mich gerichtete Klauseln auch mir Schutz zu bieten vermögen: Sie verbieten dem Anspruchsberechtigten, seine Forderung über den Wortlaut des Textes der Klausel hinaus zu erstrecken – »*Omnis affirmatio est negatio*«, sagt Spinoza in einem ähnlichen Zusammenhang.

Außer Professor Bruns diente ich auch Professor Kaufmann als Assistent. In den wichtigsten Prozessen vor dem Deutsch-Polnischen Gemischten Schiedsgericht und vor anderen Schiedsgerichten pflegte er als deutscher Staatsvertreter zu fungieren. Ich hatte ihm zuzuarbeiten und gelegentlich Vorschläge für seine Plädoyers zu machen, in denen ihn nicht so sehr mein Text als die von mir erbrachten Nachweise aus der Judikatur interessierten. Er hatte das Französische Gymnasium zu Berlin besucht und war in der Lage, völlig frei auf französisch zu plädieren. Von diesem großen Gelehrten habe ich viel gelernt. Er war nicht nur ein Kenner des positiven Völkerrechts wie wenige außer ihm, sondern auch ein bedeutender Rechtsphilosoph. Seine Pflicht als Anwalt der deutschen Sache tat er bis zur physischen Erschöpfung. Die Herren des NS-Staates zwangen diesen Patrioten, nach Holland zu emigrieren. Einige seiner Schüler waren glücklich, ihm während der deutschen Besetzung des Landes helfen zu können.

Im Lauf der Jahre, in denen das Schiedsgericht in Paris tagte, lernte ich das literarische und künstlerische Leben der Stadt kennen; die Gegend um die Place Blanche und die Rue Lepic, wie auch

Montparnasse wurden mir vertraut, wo sich Paris lebendiger zu
vergegenwärtigen begann als in den Vierteln rund um Montmartre. In
den Cafés des Boulevard Saint-Germain trafen sich die Großen jener
Zeit, und dann sah man sie wieder in der »Coupole«, wo die
frischesten Austern serviert wurden.

Die meiste Freizeit aber gehörte den Museen, vor allem dem
Louvre mit seinen Bildergalerien, die ich immer gründlicher kennen-
lernte, und seiner Antikenabteilung. Dort stand ich immer wieder vor
den wenigen griechischen Originalen der archaischen und klassischen
Zeit: der ionischen Hera, unter deren gefälteltem Gewande der
atmende Leib zu spüren war; dem attischen Reiter, dessen anderes
Trümmerstück ich später in Athen sehen sollte; den dorischen Kuroi,
den Metopen aus der Werkstatt des Phidias und dem Fragment des
Panathenäen-Frieses vom Parthenon. Und ich ging immer wieder zu
dem Relief, das Orpheus und Eurydike mit Hermes, dem Seelengelei-
ter, in jenem Augenblick zeigt, in dem Eurydike sich dem Verbot
zuwider umwendet und nun für immer in das Haus des Hades
zurückkehren muß.

Mein Vater hatte mich noch gelehrt, den Kanon der klassischen
Zeit Griechenlands für allein verbindlich zu erachten, und der Venus
von Milo den Preis der Schönheit zuerkannt; in den Marmorstatuen
der archaischen Zeit erblickte er dagegen Zeugnisse des »noch nicht
recht Gekonnten«. Es dauerte lange, bis mein Urteil sich klären und
festigen konnte, um dann mit der Erfahrung, die mir die Athener
Museen und das Thermen-Museum in Rom zubrachten, in der Wahl
der Maßstäbe für das Schöne sicherer zu werden und das, was mir
einst »nicht recht gekonnt« vorkam, als die Vollendung im Zustand
der aufblühenden Knospe zu erkennen.

Die einst von Michelangelo für das Grabmal des Papstes Julius II.
geschaffenen Sklaven waren der andere Pol möglicher Darstellung des
Menschen, der mich immer wieder anzog und dazu brachte, die
Übersetzung der Sonette des Künstlers zu wagen. Den »Meister«
ganz zu begreifen, vermochte ich erst, nachdem ich die Spuren seines
Wirkens in Florenz auswendig gelernt hatte, insbesondere die Gestalten der Mediceergräber in San Lorenzo. *»O notte, dolce tempo, ben
che nero . . . «*

Die Bildergalerien des Louvre erschienen mir als grenzenloser

Festsaal der Taten und Leiden des menschlichen Genius, unerschöpf-
lich, erdrückend und beglückend zugleich. Habe ich daraus Eindrücke bezogen, ohne die mein Leben anders geworden wäre? Die
Meisterwerke der Malerei aus den italienischen und deutschen
Museen haben sich in meiner Erinnerung mit denen des Louvre zu
einem Kaleidoskop verschmolzen, in dem bei jeder Drehung in
wechselnder Erscheinung sichtbar wird, was wir Europa nennen.

Eine andere Welt von gleicher Würdigkeit erschloß sich mir im
Musée Guimet, dessen Säle mit der Khmer-Plastik zu besuchen ich
nie versäumte, wenn irgend bei meinen vielen Pariser Reisen sich die
Gelegenheit bot. Das Lächeln des Buddha, der vollkommensten
Inkarnation jenes Glücks, welches die Transzendierung des Kreislau-
fes von Tod und Wiedergeburt bedeutet, hat mich von der ersten
Begegnung an verzaubert.

Das Schiedsgericht tagte einige Male für jeweils zwei Wochen in
Venedig. So lernte ich Stefan Georges »Wunder der Lagune« besser
kennen. Venedig war schon nicht mehr die Stadt, die ich als Junge mit
meinem Vater besucht hatte. Damals beherrschten die Gondeln die
Kanäle, die nun von tuckernden Vaporetti durchfahren wurden. Den
Zauber meiner ersten Gondelfahrt von Mestre bis zum Canale
Grande, an dessen Ende sich die hell angestrahlte Kuppel von Santa
Maria della Salute wölbte, spürte ich nach fast drei Jahrzehnten nicht
mehr. Doch ich genoß die Schönheit dieses Stücks byzantinischen
Orients an Europas lateinischer Flanke wieder in vollen Zügen. Ich
hatte viel über die Geschichte Venedigs gelesen, ging in die Kirchen
und Scuolen, spürte Tizian und Veronese nach, vertiefte mich in die
Ursula-Legende Carpaccios, bewunderte Giorgione, Tintoretto und
die Bilder der drei Bellini. Ich lernte die byzantinischen Mosaiken auf
Torcello und in Ravenna kennen, die von der Majestät Ostroms
Kunde geben. Von den Gräbern Dantes und Theoderichs zu den
Verhandlungen des Schiedsgerichts zurückzukehren, kostete Überwindung.

Auch in anderen Städten wurde verhandelt, doch nirgends so
häufig wie in Genf, der Heimatstadt unseres Präsidenten Paul
Lachenal. Die ersten Sitzungen fanden im Rathaussaal statt. Hier
hatte mehr als fünfzig Jahre zuvor nach Beendigung des amerikanischen Sezessionskrieges der Schiedsgerichtsprozeß stattgefunden, in

dem die Vereinigten Staaten von Amerika von Großbritannien einen
Teil des Schadens erstritten, der ihnen daraus erwachsen war, daß die
Briten geduldet hatten, daß in den Häfen Englands Kaperschiffe für
die Südstaaten ausgerüstet und bemannt wurden. Eines dieser Schiffe
trug den Namen »Alabama«. Der Alabama-Fall wurde zu einem
Test-Case des Schadensersatzrechts im Völkerrecht, und das Studium
dieses Falles veranlaßte mich, die Zusammenfassung der Rechtsprechung internationaler Gerichte in Digestenbänden vorzuschlagen.

Genf war auch Sitz des Völkerbundes. Der Völkerbundsrat und
manchmal auch die Völkerbundsversammlung tagten verschiedentlich zu gleicher Zeit wie unser Schiedsgericht. Dabei ergab sich
Gelegenheit, das Treiben dieser Organe der ersten umfassenden
völkerrechtlichen Institution kennenzulernen, die der Friedensvertrag von Versailles eingesetzt hatte, um unter der Devise »Friede
durch Recht« das Zusammenleben der Staaten zu organisieren und
bei Streitigkeiten als Vermittler und Friedenshüter tätig zu werden.
Ich habe dort Aristide Briand reden hören und Stresemann am Werk
gesehen. In Gesprächen mit dem Senatspräsidenten der Freien Stadt
Danzig, Heinrich Sahm, erfuhr ich aus erster Hand, wie es um das
deutsch-polnische Verhältnis abseits der Rechtsfragen, die ich zu
behandeln hatte, politisch stand. Die Beamten des Auswärtigen
Amtes wußten, womit ich mich beschäftigte, und fragten mich
gelegentlich um Rat. Als Mitarbeiter Professor Erich Kaufmanns, der
permanenter Rechtsberater des Auswärtigen Amtes war, lernte ich
die Kontroversen bei den Völkerbundsverhandlungen kennen, vor
allem die Probleme des Minderheitenrechts; hierbei spielte die Frage
der deutschen Minderheiten eine besondere Rolle. Im Auftrag der
ungarischen Regierung hatte ich für einen Prozeß des Internationalen
Schiedsgerichtshofes ein Gutachten anzufertigen, bei dem es um
ungarisches Minderheitenrecht ging.

Für mich waren diese Genfer Tage ungemein lehrreich. Ursprünglich war ich Wilsonist gewesen, das heißt, von der Annahme
ausgegangen, die Staaten hätten aus dem Krieg die Lehre gezogen,
daß die Beziehungen zwischen ihnen nicht durch Macht, sondern
durch Recht geordnet werden müßten. Daraus erwuchs freilich jenen
ein Vorteil, die vom juristischen Status quo profitierten. Doch sah
nicht der Völkerbund friedliche Wege vor, auf denen durch Vermitt-

lung seiner Organe auch formal rechtmäßig zustande gekommene,
aber den Menschenrechten widersprechende Zustände nach Gerechtigkeit und Billigkeit sollten »ins Recht gestellt« werden können? An
die Stelle der Machtpolitik, hatte ich geglaubt, würde eine Politik der
Vernunft und des ständigen Fortschreitens im Zeichen des Rechts
und der Freiheit treten. In Genf erkannte ich, daß ich mich getäuscht
hatte und die Staaten ohne Unterschied nicht daran dachten, nach
dem Ethos zu verfahren, das der Völkerbundssatzung zugrunde lag.
Sie wollten den Völkerbund in erster Linie als Garanten der ihnen
durch die Friedensverträge und dank der Machtpolitik früherer
Jahrzehnte zugewachsenen Positionen verstanden wissen.

Dies zeigte sich vor allem anläßlich der Behandlung der Minderhei-
tenfragen. Zwar wurde auch in diesem Zusammenhang immer wieder
von dem Selbstbestimmungsrecht der Völker gesprochen, aber praktisch verstand man darunter das Recht der Mehrheitsvölker, über ihre
Minderheiten zu bestimmen. Während diese Minderheiten – und die
deutsche Regierung – die Minderheitenschutzverträge als Garanten des
kulturellen und ethnischen Bestandes von in sich homogenen, aber dem
Mehrheitsvolk fremden Volksgruppen verstanden sehen wollten,
begriffen »die neuen Herrenvölker« sie als die Kodifikation von
Übergangsbestimmungen, die das allmähliche Aufgehen der Minderheiten in der Mehrheit in die Wege leiten sollten, so daß nach einer oder
zwei Generationen von Minderheiten nicht mehr gesprochen zu
werden brauche. Die »Neutralen« dachten nicht viel anders; sie wollten
ihre Ruhe haben; der Zahn des Nachbars tat ihnen nicht weh.

Mir wurde klar, daß die Schaffung internationaler Organisationen
für sich allein die Herrschaft des Rechts nicht gewährleistete, sondern
daß es notwendig war, *politisch*, und das heißt, von den Machtverhältnissen aus zu handeln, wo die Umwandlung eines nur formal legalen
Status quo in eine den Postulaten der politischen Moral gemäße
Ordnung angestrebt wird. Die Debatten in der Völkerbundsversammlung und im Völkerbundsrat lehrten mich, daß juristische
Argumente, die man seinen politischen Erklärungen beifügte, nicht
viel mehr waren als der Faltenwurf, mit dem sich handfeste Interessen
drapierten, und daß die Waage sich nicht notwendig dem zuneigt, der
die besten Argumente anführen kann, sondern jenem, dessen Interessen sich mit den Interessen dritter Staaten paaren. Der dadurch

entstehende Druck vermag gelegentlich Festgefahrenes in Bewegung zu setzen; in den meisten Fällen aber treibt er dem, der sein Recht sucht, die Lust zu fordern aus.

Jurisprudenz ist kein Ersatz für Politik, war es nie und ist es nirgendwo gewesen. Kenntnis der anerkannten juristischen Prinzipien für die Ordnung des Zusammenlebens der Staaten, vertragliche Einführung von Verfahrensgrundsätzen und geschickter Umgang mit rechtlichen Postulaten, die Eindruck auf die öffentliche Meinung in der Welt zu machen vermögen, können jedoch wirksame Waffen im politischen Kampf sein, die Blutvergießen überflüssig machen.

Einer der intelligentesten Diplomaten in Genf war der Vertreter Italiens beim Völkerbund, der Senator und ehemalige Staatsminister Vittorio Scialoja. Er kannte fast alle Staatsmänner der letzten Jahrzehnte und hatte unzählige Memoirenwerke gelesen. Er lebte ganz in der Vorstellungswelt des Risorgimento und galt als entschiedener Voltairianer sowie als Kenner und Liebhaber der großen Moralisten der Aufklärungszeit. Er wies mir immer wieder nach, daß große politische Entscheidungen, die ich ausschließlich für sachbedingt gehalten hatte, so und nicht anders getroffen wurden, weil die Beweger der Dinge zufällig Charaktereigenschaften hatten, die sie auf die Herausforderung und die Dynamik der Umstände auf die angemessenste Weise reagieren ließen. Wie sehr aber auch ein so gearteter Mann »archaisch« zu reagieren vermag, zeigt das folgende kleine Erlebnis: Auf einem Empfang des Generalsekretärs des Völkerbunds, Lord D'Abernon, standen wir nach unserer Gewohnheit in einer Ecke, um zu plaudern und Sarkasmen über diesen oder jenen Gast auszutauschen. Plötzlich zog er mich fort: »Schnell – da kommt ein ›gettatore‹!« Als ich mich wunderte, daß er, ein von der Aufklärung durchdrungener Mann, an *gettatura,* den bösen Blick, zu glauben vermochte, war seine Antwort: »Ob es den bösen Blick gibt, weiß ich nicht, aber daß es ›gettatori‹ gibt – also Leute, die ihn haben –, das weiß ich aus langer Erfahrung.«

Durch Viktor Bruns wurde ich gelegentlich bei Genfer Familien eingeführt. Das Patriziat wohnte in der Rue des Granges. Dort galt es als eine Ehre, wenn ein Familienmitglied Pastor wurde oder Lehrer am Gymnasium oder der Universität, vor allem aber, wenn jemand im Internationalen Komitee des Roten Kreuzes arbeitete. Der Reichtum dieser Familien war ererbt; schon Richelieu hatte gesagt, daß Genf eine Bank sei. Es wurde gutes Französisch gesprochen, man hütete sich vor dem bei den Schweizern der deutschsprechenden Kantone üblichen regionalen Dialekt und vermied sogar die ortsspezifische Färbung der Hochsprache. Aber so sehr man die französische Sprache liebte, so wenig wollte man als Franzose gelten. Manches Mal rief ich, wenn ich im Gespräch über die Verschiedenheit der Völker unbedacht sagte: *»Vous autres Français...«*, energischen Protest hervor, und diesen in einem Französisch, das kein Franzose reiner gesprochen haben könnte.

Über die Universität Genf und ihr Institut für internationale Studien traf ich mit Professor Wehberg zusammen, jenem mutigen Vorkämpfer der Deutschen Friedensgesellschaft, der gemeinsam mit Walther Schücking den besten Kommentar zur Satzung des Völkerbundes geschrieben hat. Er glaubte, daß wir noch die Verwirklichung der Devise »Friede durch Recht« erleben würden.

Gute Lernzeit war auch meine Assistententätigkeit für Viktor Bruns bei den Prozessen vor dem Internationalen Gerichtshof im Haag. Professor Bruns war für zwei Prozesse zwischen Deutschland und Polen bzw. der Freien Stadt Danzig und Polen als »Juge national« an den Gerichtshof berufen worden. Ich sollte ihm Argumente aus der bisherigen internationalen Gerichtsbarkeit für seine Voten bereitstellen. Gleichermaßen stand ich auch wieder Professor Kaufmann, dem deutschen Staatsvertreter, bei der Ausarbeitung seiner Plädoyers zur Verfügung.

Wenn die Arbeit es zuließ, besuchte ich die schönen Städte Hollands und ihre Museen. Im Amsterdamer Rijksmuseum herrschte Rembrandt; mir waren seine Porträts mit ihren verschwimmenden Konturen aus Dunkel, Gold und Purpur ergreifender als die großen Staatsbilder. Frans Hals' wegen pilgerte ich nach Haarlem, wo ich im Altmännerhaus die Porträts der Regentinnen bestaunte, die er in der schwarz-weißen Glorie ihrer puritanischen Vortrefflichkeit abkonterfeite, als habe er sich an der Tugendhaftigkeit rächen wollen, mit der sie ihm das Leben vergällten. Die beiden mir liebsten Bilder hingen in Den Haag, im Mauritshuis: Rembrandts »David singt vor Saul« und Vermeers »Blick auf Delft«.

Ich liebte die Straßen, die Plätze und Veduten von Den Haag. In

anderen Hauptstädten mochte man wohl großartigere Bauten zu
sehen bekommen, aber nirgends diese Fülle nobelster »humanistischer« Architektur, wie in der Residenz der Oranier, die im 16.
Jahrhundert Sitz der Generalstaaten wurde. Eine besondere Freude
waren meine Besuche bei den Antiquaren. Schon in Genf war ich
immer wieder in die Buchhandlungen gegangen, in denen Drucke aus
alter Zeit feilgeboten wurden. Ich konnte in manchem schönen Band
des 18. Jahrhunderts blättern, erwarb eine sehr schöne Ausgabe von
Pufendorfs Natur- und Völkerrechtslehre aus dem Jahr 1672 und
einen frühen Druck von Montesquieus »L'esprit des lois«.

Wie anders als die streng lineare geschlossene Schönheit Den Haags
wirkten die herrlichen Giebelfronten an den Amsterdamer Grachten.
Hier hatten nicht Hof und Ritterschaft die Bauten geprägt, sondern
der Stolz der Kaufmannschaft, die alle Meere durchfuhr und aus
beiden Indien herbrachte, was in das binnenländische Europa nördlich der Alpen weiterging und dabei im Norden unseres Kontinents
Bedürfnisse nach reicherem Leben weckte, wie dies im Süden einst
von Venedig aus geschehen war. Mir schien, als ähnelten sich jene
beiden Städte: Sie hatten, um einige Breitengrade versetzt, den
gleichen Atem und den gleichen Mut, auf ihren Reichtum stolz zu
sein.

Berlin in den zwanziger Jahren

Trotz der Reisen mit Viktor Bruns, die meine Arbeit am Institut
ergänzten und unterbrachen, fand ich Zeit, mich in Berlin umzusehen. Mehr und mehr traten mir Berlins Schönheiten ins Bewußtsein.
Ich mußte dazu erst begreifen, daß Berlin nicht mit Unvergleichli-
chem verglichen werden darf, sondern als ein Bündel noch ungestalte-
ter Energien verstanden werden mußte, deren »Natur« es war, die
Kargheit dessen, was Umwelt und Geschichte der Stadt und Preußen
mitgegeben hatten, durch Suche nach immer Neuem rastlos aufzu-
stocken. Berlin konnte kein Ort für Gelassenheit des Geistes und der
Sinne sein, keine »Mitte«; es mußte sich dem Zukünftigen enger
verbunden fühlen als der Tradition. Dies kam dem Reichtum der

Einfälle, deren der wagemutige Fortschritt bedarf, zugute, nicht jedoch der Ausbildung eines sicheren Geschmacks im Umgang mit den Dingen und Menschen der Gegenwart, in der man lebt. Mit diesem Begriff vom Genius dieser Stadt schaute ich mir an, was sie bieten konnte und was man von ihr fordern durfte. Dies waren zuerst ihre Museen und dann ihre Theater.

Ein Fest für sich waren die Besuche auf der Museumsinsel. Der Pergamon-Altar und das Tor von Babylon überwucherten alles. Doch hatte man sich vom Gewicht dieser Eindrücke erholt, fand man um so sicherer den Weg zum Feineren, Zarteren. Viele Stunden habe ich in der Sammlung der griechischen Vasen und der antiken Münzen zugebracht. Dann wieder zog es mich zu den Funden aus Ägypten und in die unvergleichliche Sammlung der islamischen Teppichkunst.

In den großen staatlichen Schauspielhäusern erfuhr ich zum erstenmal, welche Macht die Regisseure über die Texte der Dichter gewonnen hatten, so daß man weniger ins Theater ging, um das Stück eines Autors zu sehen, als um die besondere Leistung des Regisseurs zu bestaunen. Ich fand vieles wundernswürdig, aber mir war dabei nicht immer wohl zumute. Manche theatralische Anreicherung des Textes durch die Einfälle der Regie kam mir als eine die Fahrt gefährdende Überladung des Schiffes vor, das der Autor auf die Reise schicken wollte, und in mancher Aufführung erstickte das Gepränge der Schaustellung die Magie des Wortes.

Bei Piscator im Theater am Nollendorfplatz lernte ich das politische oder vielmehr das politisierende Theater kennen, das nicht nur zeigen wollte, wie die Welt ist oder wie der Mensch auf der Suche nach sich selber sich findet oder scheitert, sondern darüber hinaus in den Zuschauern den Impuls wecken wollte, diese Welt in der dem Regisseur wünschbar erscheinenden Richtung zu verändern. Mit der tiefendimensionalen Guckkastenbühne sollte Schluß gemacht werden: Die Bühne sollte zweidimensional sein wie die Bilder moderner Maler; es sollte nichts aus ihr herausschauen, sollte nichts in sie hineinschauen können; alles sollte auf *einer* Ebene geschehen wie bei den Neuruppiner Bilderbogen.

Das »proletarische« Element spielte in Berlins Stadtbild eine beherrschende Rolle, vor allem in den nördlichen und östlichen

Stadtbezirken. In den »Sälen« dort, darin die großen politischen
Versammlungen stattfanden und manch sonntägliches Biervergnügen,
sah das Publikum anders aus als in jenen »proletarischen« Stücken,
die bei Piscator gespielt wurden. Hier sah man den Menschen an, daß
es Arbeitswelten gibt, die schänden können, und daß Armut nicht ein
stiller Glanz von innen ist. In ihren Gesichtern war nur wenig
Freundliches zu sehen. Sie ähnelten nicht den Zille-Typen und noch
weniger den Gestalten aus den Alben von George Grosz. Sie gehörten
zu der grauen Schar, die Käthe Kollwitz an ihr Herz genommen hat.

Mit meinem Studienfreund Heinz Hartenstein, der mit dem
städtischen Medizinalrat Kurella befreundet war, besuchte ich im
Norden Berlins manche Arbeiterwohnung. Die Bewohner nannten
sich Kommunisten und hatten Bilder von Karl Liebknecht und Rosa
Luxemburg an den Wänden. Den Gesprächen mit ihnen aber konnte
man den Wunsch nach bürgerlichen Ordnungsidealen entnehmen,
und was sie sich von der Politik erhoffen zu können meinten, war die
Gewißheit, daß auch sie ein Anrecht auf ein freundliches und
friedliches Leben haben, in dem man ohne Angst vor Not seine
Kinder großziehen kann. Was diese Arbeiter unter Klassenkampf
verstanden, war – nach einem Wort Lenins – Trade Unionismus und
die reale Chance, die Ausbeuter in Zivil und Uniform von den
Thronen ihrer Privilegien stoßen zu können.

Ich blieb diesen Dingen gegenüber zu jener Zeit nur Zuhörer. Die
Parteien mochte ich noch immer allesamt nicht, und vom parlamentarischen Mechanismus verstand ich nicht viel mehr als das, was an der
Oberfläche sichtbar war und sich in rechtsförmlichen Institutionen
niederschlug. Ich war überzeugt, daß die Politik der Republik, wenn
auch langsam, so doch zwangsläufig, der breiten Masse zugute
kommen werde. Selbst die Kommunisten würden das schließlich
begreifen. Von den Nationalsozialisten, die sich an der Feldherrnhalle
zu München so blamiert hatten und denen nur die Dümmsten unter
den Dummen und deklassierte Akademiker nachzulaufen schienen,
brauchte man wohl nichts zu fürchten. Was vermochte schon dieser
junge Joseph Goebbels in Berlin? Und las denn überhaupt jemand,
der bis drei zählen konnte, den »Völkischen Beobachter« und den
»Angriff«? So habe nicht nur ich gedacht.

Von Bert Brecht hatte ich den »Baal« gesehen und »Mann ist Mann«, ohne darin mehr als gut aufgearbeiteten Zynismus zu finden; dann hatte ich seine »Hauspostille« gelesen und entdeckt, daß Brecht ein Dichter ist, der Dichter einer entmenschten Welt, darin nur derjenige einen Raum für sich mit Beschlag belegen kann, der scharfe Zähne hat. Aber auf der Rückseite dieser stählernen Medaille spürte ich, wie in Blindenschrift eingestochen, Spuren von Menschlichkeit und Treue und auch vom Glauben an die Fähigkeit des Menschen, die Welt besser zu machen. Dies zog mich an, obwohl Rudolf Schlichter, damals Agitprop der KPD-Zelle Wedding, mir den Menschen Brecht als einen nicht gerade liebenswürdigen Mann schilderte.

So eingestimmt erlebte ich die Aufführung der »Dreigroschenoper«, die mich faszinierte. Ich sah in ihr keineswegs eine Parodie auf den Kapitalismus und einen Aufruf zum Klassenkampf, sondern Szenen aus der Welt des von mir so geliebten François Villon. Mich traf die spontane Erkenntnis, daß hier einer aus dem Material einer verfallenen, götter- und gottlosen Welt ein Stück gezimmert hat, das wesentliche Elemente des Chores in der griechischen Tragödie verwendet. Ich konnte mir nicht vorstellen, daß der Autor sein Werk als eine Aufforderung zu revolutionärem Handeln verstanden wissen wollte – so wenig wie dies Dickens mit seinen Romanen beabsichtigte und Victor Hugo mit den »Misérables«. So sehe ich die »Dreigroschenoper« auch heute noch, und ich glaube, dem Dichter Bert Brecht damit meinen Respekt erwiesen zu haben. Mit seinen späteren Stücken erging es mir anders. Bei denen war die Absicht klar. Sie wollten Lehrstücke und Anleitungen zum Auffinden des rechten Weges zur Veränderung dieser Welt sein.

Von den Filmen jener Zeit hat mich »Panzerkreuzer Potemkin« beeindruckt. Die Massenszenen und den die große Freitreppe hinabrollenden Kinderwagen wird niemand vergessen können. Doch lange hielt die suggestive Wirkung des eigentlichen »revolutionären« Geschehens auf mich nicht an, so großartig die Typen der Meuterer auch getroffen sein mochten. Als ich Eisensteins Film vor einigen Jahren wiedersah, vermochte er in mir nicht viel mehr wachzurufen als die Erinnerung an den Eindruck, den er mir einst gemacht hatte. Der erste Tonfilm, »Der Untergang der Titanic«, beschäftigte mich wegen des neuen Elements, das den Bildern mit dem Ton zuwuchs, nachhaltiger. Würden künftig nicht auch Demagogen sich über den Tonfilm an die Massen wenden können, nicht mehr allein mit ihrer Gestik, sondern auch mit der Verführungskraft des Wortes?

Daß daraus nichts Gutes kommen würde, ahnte ich, und wie sehr die Sorgenvollen recht hatten, zeigten schon die nächsten Jahre. Heute noch wundere ich mich, daß damals angesichts dieser Neuerung die Mehrheit nur an die Mehrung der Möglichkeiten für bessere Aufklärung und bessere Bildung des Volkes dachte und wenige darin das Instrument für Demagogen sahen, das es so bald wurde. Besonders den Literaten erging es so, denen, die für das Buch und von dem Buch leben. Von ihnen sah kaum einer voraus, daß sehr bald das sprechende Bild das geschriebene Wort überwunden haben könnte.

In Berlin wurde viel Zeitung gelesen, von der BZ bis zur »Welt am Montag«, von der »Vossischen Zeitung« bis zum »Berliner Tageblatt«, von der DAZ bis zur »Kreuzzeitung«, von der »Germania« und vom »Vorwärts« bis hin zur »Täglichen Rundschau«. Jedes dieser Blätter hatte seinen spezifischen Charakter, nicht nur wegen der Verschiedenheit der politischen und gesellschaftlichen Positionen, die sie vertraten, sondern ganz besonders wegen der Persönlichkeiten, die in diesen Blättern schrieben. Dies galt nicht nur für Männer wie Theodor Wolff, Georg Bernhard, Paul Fechter, Fritz Stampfer und andere mehr, es galt vor allem für die Herrscher über das Feuilleton. Alfred Kerr herrschte über die Theaterkritik; »tout Berlin« beugte sich seinem Urteil. Was immer mit Theater zusammenhängen mochte, wurde von den Berlinern sehr ernst genommen. Manchmal konnte man den Eindruck gewinnen, sie nähmen das Geschehen auf den Brettern ernster als die Vorgänge, die in den Leitartikeln abgehandelt wurden, und das waren die Auswirkungen des Versailler Vertrages – des »Schandvertrages«, wie er in der Rechtspresse genannt wurde –, das Schicksal der von Polen beanspruchten preußischen Ostprovinzen und der dort noch lebenden Deutschen. Ein besonderes Thema der deutschen Presse jener Zeit war neben dem Reparationsproblem die Mitgliedschaft des Deutschen Reiches im Genfer Völkerbund und seine militärische Gleichstellung mit den Siegermächten.

Erst im zweiten Drittel der zwanziger Jahre wurde die Nazibewegung zu einem heißen Thema. Während die Presse der Reichshauptstadt Gefahren für die Demokratie und den Rechtsstaat bisher fast ausschließlich von seiten der Kommunisten gewittert hatte, begann man jetzt zu fürchten, auch die Braunen könnten »Weimar« gefährlich werden. Doch die effektivere Gefahr sah man weiterhin von den »Roten« her drohen, einige linke intellektuelle Wochenschriften ausgenommen. Aus manchem Gespräch war die Sorge zu vernehmen, was wohl aus München auf Berlin zukommen könnte . . .

Der 13. Juli 1931, der »Schwarze Freitag«, und was danach folgte, demoralisierte die Bevölkerung Berlins völlig. Niemand wußte mehr recht, woran er sich halten sollte. Überall bildeten sich »Kreise«, »Gruppen«, »Bewegungen«. Was bisher als das Elend vieler einzelner begriffen wurde, bekam nun den Anschein des Zusammenbruchs von Staat und Gesellschaft. Die Wahlkämpfe wurden dramatischer als zuvor, Straßenschlachten zu einem ständigen Phänomen Berliner Lebens. Der Sportpalast fungierte als Hexenküche des Unheils. Jetzt erst begriff man, daß jener Goebbels, den gestern noch keiner kennen wollte, das Zeug hatte, den Acheron aufzuwühlen. Das Kleinbürgertum, die Angestellten, die bislang in den politischen Parteien klassischen Stils mehr oder weniger untergingen und sich durch diese kaum mehr vertreten fühlten, sahen in der NSDAP einen Hoffnungsbringer.

Daß dies der Anfang vom Ende der Weimarer Republik war, begriffen die wenigsten. Den meisten »Republikanern« erschienen die Straßenkämpfe der Privatarmeen radikaler Parteien als bedauerliche Übergriffe des politisch mißgeleiteten Janhagels, für die die Polizei zuständig war, und zu Severings Mannen hatte man Vertrauen. Niemand hätte damals für möglich gehalten, dieser als der starke Mann geltende sozialdemokratische Innenminister Preußens werde eines Tages sich und die demokratische Regierung des Landes ohne Gegenwehr durch einen Herrn von Papen verjagen lassen. Als elf Jahre zuvor Herr Kapp putschte, machten die Gewerkschaften mit ihrem Generalstreik dem Spuk ein Ende. Man schien sich daran nicht mehr zu erinnern.

Ich las seit Jahren allwöchentlich die »Weltbühne«. Ihren frei-

schwebenden Antimilitarismus teilte ich nicht, und ich hielt auch
nichts davon, friedensgefährdendes Verhalten nur bei den Deutschen
am Werke zu sehen, in Frankreich dagegen lauteres Europäertum,
doch ich mochte den scharfen Verstand ihres Gründers, Siegfried
Jacobsohn, und eines Kurt Tucholsky. Mir gefiel die Freude am
journalistischen l'art pour l'art und nicht die Absicht, mich politisch
belehren zu wollen. So hellsichtig auch die Warnungen waren, die
von der »Weltbühne« gegen die braune Gefahr und einen möglichen
deutschen Faschismus ausgestoßen wurden, so verurteilte sie sich
selber zur Wirkungslosigkeit, weil sie das gemäßigte Bürgertum und
die Sozialdemokratie ebenfalls zu Totengräbern der Republik erklärte.

Anders hielt ich es mit der »Fackel«, dem Blatt jenes Karl Kraus aus
Wien, der in seiner Zeitschrift niemanden anderen zu Worte kommen
ließ als sich selber. Ich las sie regelmäßig, weil Kraus auf das
Geschehen und die Menschen, die es zu verantworten hatten, ohne
Rücksicht darauf, wohin sie politisch gehörten, Maßstäbe einer
absoluten Ethik anwandte, die jedes Finassieren mit dem kategorischen Imperativ ausschloß, sich aber nicht damit begnügte, zu
verdammen und zu denunzieren, sondern den Übeltäter »erledigte«,
indem er ihn beschrieb. Ich hatte das Glück, Karl Kraus nach einer
seiner Lesungen bei meinem Freund Hermann Heller zu sehen und
zu sprechen. Ich habe die Kritik derer nie geteilt, die diesen
erstaunlichen Mann für einen bloßen Wortartisten hielten. Die
Sonden seines Werks »Die letzten Tage der Menschheit« dringen
tiefer als der Ausgräberspaten Bert Brechts.

Mit Hermann Heller wurde ich besonders vertraut. Dieser Hüne
an Gestalt, Abkömmling jüdischer Müller im österreichischen Schlesien, der den Krieg in der k.u.k. Militärjustiz mitgemacht hatte – und
Schreckliches von der Anwendung der äußersten Schärfe des österreichischen Militärstrafgesetzbuches zu berichten wußte –, war nach
seiner Promotion aus dem Wien der »reinen Rechtslehre« nach
Deutschland gekommen und Leiter der vorzüglichen Volkshochschule Leipzig geworden. Er arbeitete bald in der SPD mit und
gehörte dem Kreis um Carlo Mierendorff und Theodor Haubach an.
Er bemühte sich, in der SPD das Verständnis für die Bedeutung der

Nation zu wecken, deren Bejahung Voraussetzung für die Möglichkeit von Demokratie überhaupt sei. Und während – entgegen der Praxis der SPD – in der Theorie der Partei immer noch die Lehre dahindämmerte, der Staat könne nichts anderes sein als ein Instrument, mit dem die herrschende Klasse ihre Machtchancen sichert, suchte Hermann Heller den jungen Sozialdemokraten klarzumachen, daß der demokratische Rechtsstaat der sicherste Weg sei, die Menschen vor Ausbeutung zu schützen.

Professor Bruns holte Hermann Heller an sein Institut, um ihn in Ruhe an einer neuen Grundlegung der Staatslehre arbeiten zu lassen. Hellers Problem war die Klärung des Verhältnisses von Herrschaft und Freiheit, von Macht und Recht, Sachzwang und Moral in einer entzauberten, alle Seinsbereiche immer mehr »versachlichenden« Industriegesellschaft, die ihre Fähigkeit zur Vermenschlichung von Staat und Gesellschaft je länger, je mehr gerade durch ihre materiellen Erfolge in Frage stellt. Er zweifelte nicht daran, daß auch der kühnste Neuerer dabei Gutes nur werde leisten können, wenn er sich der großen Tradition der Staatsdenker und der Philosophie unseres Kontinents verbunden fühlte. Er liebte die Altersweisheit Goethes, die Jugendweisheit des Novalis und Hölderlins »Hyperion«, und sah schließlich seinen Hauptgegner in Carl Schmitt, dessen Genialität er erkannte und dessen Denkstil ihm gerade wegen seiner Begabung als die große Gefahr für die Zukunft Deutschlands erschien. In den Gesprächen mit Hermann Heller habe ich viel über die Freiheit des Menschen bei all seiner Abhängigkeit vom geschichtlich Vorgegebenen gelernt.

Ein Hauptgesprächsthema jener, die sich um Erkenntnis bemühten, war damals Max Schelers Buch »Der Formalismus in der Ethik und die materielle Wertethik«. Seine Lehre vom verstehenden Philosophieren erschien als ein guter Weg durch das Gestrüpp der Phänomene. Die Lehre von der allem anderen Lebendigen gegenüber besonderen Würde des Menschen leuchtete mir ein, gerade weil sie dessen Verhaftetsein in der Natur und an die Faktoren seiner Lebensumstände – auch jener, die er in sich selber birgt – nicht verschwieg, jener Würde, die dem Menschen dadurch zukommt, daß er imstande ist, dem Einfluß der ihn organisch und geschichtlichdynamisch bestimmenden Faktoren gegenüber nein zu sagen. Dieses Nein-sagen-Können, erkannte ich, entsprach Pascals hugenottischem »*savoir résister*«: Es gestattet dem Natur- und Geschichtswesen »Mensch«, sich in Freiheit zu verwirklichen.

Carl Schmitt kannte ich nur aus einigen seiner Schriften. Schon sein Referat auf dem ersten deutschen Soziologentag im Jahre 1913 hatte mich aufhorchen lassen. Es begann mit der inzwischen berühmt gewordenen, für einen Studenten der Weimarer Republik unerhörten Feststellung, souverän sei, wer über den Belagerungszustand entscheidet. Dieser Satz schien mir in nuce in sinnfälliger Weise zu enthalten, was man sonst in ganzen Satzperioden einzupacken pflegte. Damals dachte ich noch nicht daran, daß daraus einst handfeste Konsequenzen gezogen werden könnten und daß aus einer Einrichtung, die man »Ausnahmezustand« nannte, eine totalitäre Diktatur entstehen sollte, die einen Staat produzierte, in dem »Recht« war, was der Diktator zur Verwirklichung seiner Politik zu brauchen glaubte. Auch, daß sich aus diesem Ansatz die Definition ergeben mußte, daß Politik nichts anderes sei als Konsequenzen aus einem Freund-Feind-Verhältnis, kam mir damals noch nicht in den Sinn. So las ich auch in der Folgezeit Carl Schmitts Schriften gern, in denen Verstand und Formulierungskunst sich paarten.

Meine Sympathie für Stil und Denkkraft des Autors vermochte ich freilich nicht auf ihn selber zu übertragen, nachdem ich ihn im Hause Viktor Bruns' kennengelernt hatte. Ich glaubte zu erkennen, daß dieser Mann das Cäsarische in seiner Gedankenwelt brauchte, um sich mit der Lage eines Mannes abfinden zu können, der zuschauen muß, wo andere handeln können. So habe ich auch seinen späteren Lebensweg verstanden, der ihn in das Lager Hitlers führte und ihn, der jüdischen Gelehrten so viel verdankte, ein Regime akzeptieren ließ, das sich die Ausrottung der Juden zum Ziel gesetzt hatte.

Freilich scheint sich Carl Schmitt im Laufe des Krieges besonnen zu haben. Ich erinnere mich an eine Begegnung in Berlin im Jahre 1944, wo er mir die Frage stellte, wie ich Kapitel 2, Vers 7 im Zweiten Brief des Apostels Paulus an die Thessalonicher auslegen würde, in dem es heißt: »Denn es regt sich bereits das Geheimnis der Bosheit, nur daß, der es jetzt aufhält, muß hinweggetan werden.«

Nach dem Kriege schickte er mir seine kleine Schrift »Ex captivitate salus«. Wir haben uns nicht mehr gesehen. Doch habe ich, was von ihm noch erschienen ist, gelesen und mit Bitterkeit im Herzen festgestellt, daß manche der heutigen Kritiker seines Verhaltens während der dunklen Jahre so viel weniger Tiefgang haben, als ihm noch im Schlimmsten eigen war.

Um ein Muster für die von Professor Bruns geplanten »Digesten des Völkerrechts« zu schaffen, hatte ich im Institut daran gearbeitet, die Rechtsprechung des Ständigen Internationalen Gerichtshofes in der Weise darzustellen, wie ich mir diese Digesten gedacht hatte. Daraus ist ein Buch geworden, mit dem ich mich 1929 an der Juristischen Fakultät der Universität Tübingen habilitierte. An den »Fontes Juris Gentium«, die das Institut später herausbrachte, beteiligte ich mich nicht mehr, weil die Herausgeber einen anderen Weg einschlugen als den von mir in Aussicht genommenen.

Ich blieb weiterhin mit der rechtlichen Seite des Reparationsproblems und der Versuche, die einschlägigen Bestimmungen des Versailler Vertrages durch vernünftigere Lösungen zu ersetzen, beschäftigt. Der Dawes-Plan von 1924 hatte unter dem Schlagwort »business not politics« anstelle der uferlosen Forderungen ein kommerziell gedachtes Zahlungssystem gesetzt, dessen politische Garantien weitgehend entschärft wurden. Es zeigte sich jedoch bald, daß die darin Deutschland auferlegten Leistungen von der deutschen Volkswirtschaft nicht aufgebracht werden konnten.

Im Frühjahr 1929 fand unter dem Vorsitz des amerikanischen Wirtschaftsexperten Owen Young in Paris eine Sachverständigenkonferenz statt, auf der ein neuer Zahlungsplan ausgehandelt wurde. Zu den rechtlichen Bestimmungen der Entwürfe dieses neuen Abkommens hatte ich für das Institut eine Denkschrift verfaßt, in der ich auf einige mir bedenklich erscheinende Klauseln hinwies. Eines Tages kam Prälat Kaas, Mitglied des Institutskuratoriums und Vorsitzender der Zentrumspartei, in mein Arbeitszimmer und bat mich, mit ihm in den Reichstag zu kommen. Am Nachmittag fand dort die Sitzung der Zentrumsfraktion statt, in der über die Haltung gegenüber dem Young-Plan beraten werden sollte. Er bat mich, über die juristische

Problematik des Plans zu sprechen, aber es müsse gleich sein. Ich
hatte zwar schon Vorträge gehalten, aber immer mit einem Manuskript vor mir; ich traute mir nicht zu, über ein Thema von so großer
Bedeutung vor einer Reichstagsfraktion frei zu sprechen. Kaas ließ
meine Gründe nicht gelten und brachte mich schließlich dazu, ihn in
den Reichstag zu begleiten. Im Fraktionssaal führte er mich mit
wenigen Worten ein und lud mich ans Rednerpult. Ich schloß die
Augen, wie einer, der sich gleich vom Kirchturm stürzen wird. Nach
meinen Ausführungen merkte ich am freundlichen Beifall, daß der
Vortrag offenbar befriedigt hatte. Es wurden noch einige Fragen
gestellt, dann ging ich mit dem Gefühl nach Hause: Eine Rede halten
ist gar nicht so schwer, man braucht ja nur zu sagen, was man denkt.
Von diesem Tage an konnte ich frei sprechen. Später wurde ich
oftmals ein geborener Redner genannt, ein »Rhetor«, der über alles
und vor allen zu reden vermag. Das bin ich nie gewesen und nie
geworden. Aber seit dieser Erfahrung im Reichstag war ich gewiß,
daß es bei jeder Rede nur darauf ankommt, zu formulieren, was man
weiß und was man denkt.

Mein Leben ging nun zwischen Tübingen, wo ich als Privatdozent
Vorlesungen hielt, und Berlin, wo ich mit dem Institut noch in einem
Beraterverhältnis stand, hin und her. Zwischen Viktor Bruns und mir
kam es zum Bruch, weil ich in der Zeitung des Gesamtverbandes der
Christlichen Gewerkschaften auf Wunsch des Vorsitzenden, Adam
Stegerwald, eine Artikelreihe über die juristischen Aspekte des
Reparationsproblems veröffentlicht hatte, von der Bruns glaubte, sich
als Vorsitzender des Kaiser-Wilhelm-Instituts aus politischen Grün-
den distanzieren zu müssen. Ich bat ihn, mich aus den Diensten des
Instituts zu entlassen. Er tat es in einem sehr menschlichen Brief, in
dem er den Zwischenfall bedauerte und mir für meine Arbeit dankte.

Ich habe diesem noblen Mann, ohne den ich nicht in die Welt des
Politischen eingeführt worden wäre, meine Dankbarkeit bewahrt.
Wir begegneten uns verschiedentlich, und es gingen auch Briefe hin
und her. Sein Herz hielt die seelische Erschütterung nicht aus, die der
Krieg in ihm hervorgerufen hatte. Im September 1943 ist er gestor-
ben; er liegt in Tübingen begraben.

Völkerrechtliche Vorlesungen

An das Landgericht Tübingen zurückgekehrt, bekam ich ein Zivilreferat zugeteilt und die Ausbildung der Referendare, die ich gern übernahm. Ich wurde von ihnen einige Male in Korporationshäuser eingeladen, was mir Gelegenheit gab festzustellen, daß sich im Korporationsleben nichts geändert hatte und der »Korporierte« sich der Weimarer Republik gegenüber noch feindseliger verhielt, als es vor meinem Weggang nach Berlin der Fall gewesen war. Ein ideologischer Antisemitismus war zu verspüren; man betrieb paramilitärische Spielereien, die Wehrsport genannt wurden. Manche Korporationen schickten ihre jungen Mitglieder in die Studenten-SA, die noch ein recht loser Verband war. Andere schienen eine Vorliebe für den »Stahlhelm« zu haben; er galt bei den feudaleren Korporationen als feiner, aber ebenso »national«. Dieses Adjektivum wurde mächtig strapaziert. Jemandem zuzubilligen, er denke »national«, dispensierte mancherorts durchaus von der Notwendigkeit, differenziertere Charaktereigenschaften nachzuweisen.

Eine besondere Rolle spielte bei den »nationalen« Studenten Tübingens der Wiking-Bund. Er war die studentische Nachfolgeorganisation der einstigen Brigade Ehrhardt, die zu den Initiatoren des Kapp-Putsches gehörte und auch die Mörder Rathenaus und Erzbergers gestellt hatte. Die Wiking-Leute sammelten sich um einen Herrn von Jagow und einige ehemalige Marineoffiziere, die seit dem Krieg in Tübingen ansässig waren. Sie bildeten so etwas wie einen nationalelitären »Orden«, der immer größeren Einfluß auf die politische Ideologisierung der Studenten gewann, soweit diese sich überhaupt für Politisches interessierten. Spenglers »Preußentum und Sozialismus«, Edgar Jungs »Die Herrschaft der Minderwertigen«, Moeller van den Brucks »Der preußische Stil« waren die Lektüre der intelligenteren unter den Anhängern des neuen Stils. Auch Ernst von Salomons Buch »Die Geächteten« wurde viel gelesen, aber die meisten dieser reaktionären »nationalen« Studenten begnügten sich mit der damals ins Kraut schießenden Literatur der Rassentheoretiker à la Hans F. K. Günther und der Lektüre von Frontkämpferromanen, darin der »harte« Kämpfer der »weichen Welle« des Pazifismus eines

Remarque entgegengesetzt wurde. Literarische Schwärmer lasen Hans Grimms »Volk ohne Raum« und bezogen ihre Weltanschauung aus den metabiologischen Romanen des in Tübingen lebenden Schriftstellers Erwin Guido Kolbenheyer. Daneben kursierte eine braun gesprenkelte pseudowissenschaftliche Broschürenliteratur. Hitlers »Mein Kampf« und Rosenbergs »Mythus des 20. Jahrhunderts« fanden nach meinen Beobachtungen nicht sehr zahlreiche Leser. Mit den »Geheimnissen der Weisen von Zion« breitete sich ein eigentümlicher Geschmack an dämonisierender Geschichtsbetrachtung aus, deren Teufel die Juden, die Jesuiten und die Freimaurer waren.

Die »Nationalen« oder »Rechten« aller Schattierungen sammelten sich im »Hochschulbund Deutscher Art«. Bei den AStA-Wahlen erhielt er dank des Massengewichts der Korporationen fast immer die Mehrheit, und gegen diese Mehrheit kamen die liberalen und sozialistischen Studenten mit ihren Vorstellungen, Anträgen und Wünschen nicht an, zumal auch die vom Zentrum favorisierten katholischen Verbindungen das Bedürfnis hatten, zu den »Nationalen« zu gehören. Am wenigsten geräuschvoll benahmen sich auf politischem Felde die Corps. Sie waren sich der Wirksamkeit ihrer traditionellen Privilegien bei der Bewerbung um die Aufnahme in den Staatsdienst und in Führungspositionen der Wirtschaft so sicher, daß sie es nicht für nötig hielten, sich in prononcierten Radikalismen zu ergehen. Manches, was die anderen trieben, mochte ihnen wohl einfach »zu proletenhaft« erscheinen. »National« waren indessen auch sie – und damit Gegner der Weimarer Republik.

Natürlich gab es liberale und – wenige – sozialistisch denkende Studenten, aber sie bildeten keine geschlossenen Gemeinschaften. Die sozialistische Studentengruppe hatte stets nur wenige Mitglieder gehabt; bei den AStA-Wahlen entfielen auf ihre Liste nur ein paar Stimmen. Besser schnitten gewisse konfessionelle Gruppen ab, doch eine Macht an der Universität bildeten sie allesamt nicht. Gelegentlich wurde versucht, für einige Tage »Leute« zu mobilisieren, etwa wenn es galt, eine republikanische Veranstaltung vor der angekündigten Störung zu schützen. Doch dies gelang nur, wenn man die jüngeren Arbeiter der Vororte für solche Unternehmen zu gewinnen vermochte.

Auf meine Vorlesungen hatten diese Dinge wenig Einfluß, denn auch die radikalsten Parteigänger einer politischen Ideologie hielten in den Vorlesungen Disziplin. Wenn ihnen der Dozent nicht paßte, blieben sie den Vorlesungen fern. Gelegentliches Scharren, mit dem die Hörer ihrem Mißfallen Ausdruck gaben, wurde von den Lehrern als Ausdruck akademischer Freiheit hingenommen.

Das Thema meiner ersten Vorlesung, die sich über mehrere Semester erstreckte, hieß »Internationale Streiterledigung«, in der die Institutionen dargelegt wurden, derer die Staaten sich traditionellerweise bedienten, um ihre Differenzen ohne die ultima ratio – den Krieg – auszuräumen.

Die nächste Vorlesung, »Theorie und Praxis des Völkerbundes«, zeigte auf, wie Machtansprüche sich unter juristischen Formeln und Prinzipien verstecken können, und führte zu einem Kolleg über Formen und Methoden der Außenpolitik. Meine Absicht war, den Studenten klarzumachen, daß Politik nicht darin besteht, Ideologien zu verwirklichen, daß aber Ideologien durchaus Waffen im politischen Kampf der Staaten sein können; daß es gut sei, für so viele Streitigkeiten wie möglich schlichtende und richtende Institutionen zu schaffen; daß es aber auch Streitfälle gebe – fast überall dort, wo es um Lebensinteressen geht –, die nicht justitiabel sind. Bei diesen Kontroversen könnten nur die Methoden der Diplomatie, das heißt, das Herbeiführen von Kompromissen auf dem Verhandlungswege weiterhelfen.

Daraus ergab sich eine Vorlesung über die Geschichte der Versuche, an die Stelle des »Kampfes aller gegen alle« rational kalkulierbare multilaterale, den Frieden wahrende, Kriege verhütende Institutionen zu setzen, seitdem das Heilige Römische Reich sich in einander bekämpfende Territorialstaaten mit unbedingtem Souveränitätsanspruch aufgelöst hatte.

Damit erschloß sich mir ein Gebiet, um das ich mich bisher nur wenig gekümmert hatte: Realität und Funktion des Sacrum Imperium, das im Wettbewerb mit der Kirche und parallel zu ihr als eine Art von Heilsanstalt begann, um dann schließlich zu einer Macht unter anderen Mächten, zum bloßen Großstaat, zu werden. Das Studium dieses Werdegangs zeigte mir, daß sich die Geschichte

Europas im Widerspruch zweier Haltungen von Herrschaft und
Dienst abgespielt hatte: in der Kategorie des »Reichs«, das heißt, der
geschichtlichen Verwirklichung einer Idee des Menschen und seiner
Bestimmung, und der Kategorie des »Staates«, das heißt, der rechtlichen Organisation der Pluralität der Interessen der ein bestimmtes
Gebiet bewohnenden Menschen unter dem Gesichtspunkt des allgemeinen Nutzens – auf der einen Seite Platon und Augustinus, auf der
anderen Aristoteles und Cicero und was sich von ihnen ableitete. So
entstand meine Vorlesung »Der Gestaltwandel der Reichsidee«.
Dabei hatte ich viel den Büchern Martin Grabmanns, Ernst Kantorowicz' Biographie »Kaiser Friedrich II.«, der »Ecclesia spiritualis« von
Ernst Benz, Percy E. Schramms »Kaisertum, Rom und Renovatio«
und Alois Dempfs »Sacrum Imperium« zu verdanken, aber auch der
chiliastischen Geschichtstheorie des Joachim von Floris und ihrer
Gegenwelt, den Legisten der Sorbonne. Doch war der größte Gewinn
für mich bei dieser Arbeit, daß ich Dante und seine geistige Welt
entdeckte, daß ich ihn las und immer wieder las, bis auf den heutigen
Tag, und manches gelehrte Werk über ihn, das mir erlaubte, immer
tiefer in die Welt dieses Genius einzudringen. Dantes Weltschau
beruht auf einer Feststellung, die der Zeit geläufig war: Der Mensch
hat eine doppelte Natur; er gehört als Leib der Vergänglichkeit an, als
Geist dem Unvergänglichen. Daher sind dem Menschen zwei Ziele
gesetzt, eines für die Endlichkeit und ein anderes für die Ewigkeit.
Das Ewigkeitsziel ist absolut; es ist die *»beatitudo vitae aeternae«*,
das ewige Leben in der Anschauung Gottes, erreichbar allein mit
Hilfe göttlicher Erleuchtung, der Offenbarung und der geistlichen
Lebenskräfte Glaube, Hoffnung, Liebe. Diesen Bereich verwaltet die
Kirche und ihr Haupt, der Papst. Das Endlichkeitsziel, die *»beatitudo
huius vitae«*, das glückselige Leben der Zeitlichkeit und die Wege zu
ihm, gehört zum Gebiet des »Reiches«, dessen Haupt der Kaiser ist.

Ohne das Reich – ohne Friede und Recht – gibt es kein irdisches
Glück, und ohne das geistige Reich der Liebe und die Liebesgemein-
schaft des Glaubens an die Menschwerdung des Göttlichen, die
Kirche der Christenheit, gibt es keine Befreiung des Menschen von
den Schlacken seiner Bedingtheiten durch den Sündenfall im Paradies.
Zuerst muß die Menschheit im Reich des Vaters leben, darin allein die

Ordnung der Autorität herrscht; dann gelangt sie in das Reich des Sohnes, darin die Weisheit regiert und Staat und Recht noch vonnöten sind, um schließlich in das Reich des Heiligen Geistes zu kommen, wo Staat und Recht nicht mehr erforderlich sind, weil die Menschen sich einander nur noch in Liebe zu begegnen vermögen. So hat es Petrus von Olivi seinen Schüler Dante im *studio generale* der Franziskaner in Florenz gelehrt.

In der Folge habe ich mir die Gegenwelt zu erschließen versucht; die Welt, für die der Staat nichts anderes ist als Macht, die niemandem verantwortlich ist als sich selbst. Das konnte ich bei Niccolo Machiavelli finden. Das Studium seiner Schriften hat mich nicht zum Machiavellisten gemacht, so wenig wie Machiavelli selber, dieser gewissenhafte Beamte des Rates der Zehn zu Florenz, als Machiavellist gehandelt hat. Durch ihn habe ich gelernt, politische Vorgänge nach gewissen »statischen« Gesetzmäßigkeiten zu beurteilen. Diese Gesetze geben uns nicht die Ziele auf, aber ihre Kenntnis erlaubt uns, auf dem Weg zum Ziel sicherer zu gehen. Die Kenntnis der Voraussetzungen des Erfolgs in einer bestimmten Lage kann uns auf ein Ziel verzichten lassen, das nur mit Mitteln erreicht werden könnte, die gegen das Sittengesetz verstoßen oder nicht mit unserem Gewissen zu vereinbaren sind. In diesem Stadium beginnt für den Politiker die Verpflichtung, die Frage nach der Moral zu stellen.

Ich habe meinen Studenten und meinen Freunden jene beiden extremen Möglichkeiten beim Umgang mit den Dingen des Staates immer wieder vorgetragen und die dazwischenliegenden Möglichkeiten dazu. Ich selbst bin die Spannung zwischen dem Ja und Nein, für welchen der beiden möglichen Pole man sich von Fall zu Fall zu entscheiden habe, nie losgeworden.

Das Unheil zieht herauf

Auch in Württemberg gab die wachsende Arbeitslosigkeit zu Sorgen Anlaß, um so mehr, als sie vor allem die jüngeren Arbeiter traf und die Jugendlichen, die keine Lehrstelle finden konnten. Hilfe konnte nur durch Eröffnung eines Zugangs zu geregelter Arbeit geleistet werden. Vom ausschließlich ökonomischen Spiel der Kräfte konnte dies nicht erwartet werden; Maßnahmen des Staates hätten zu nicht viel mehr als zur Kasernierung der Jungen in Arbeitslagern geführt, und das erschien nur wenigen, die sich Gedanken über das Schicksal der deutschen Jugend machten, erstrebenswert.

Überall in Deutschland bildeten sich – oft um eine Volkshochschule als Mittelpunkt – Bürgergruppen, die sich örtlich um die Errichtung eines Freiwilligen Arbeitsdienstes bemühten. Es bildeten sich Gemeinschaften, die pädagogisch ausgerichtete Arbeitslager einzurichten suchten. Bahnbrecher hierbei war der Breslauer Professor Eugen Rosenstock-Huessy, der schon 1926 im Boberhaus in Schlesien Arbeitslager für Arbeiter, Bauern und Studenten gegründet hatte, und dessen Buch über die europäischen Revolutionen, das 1931 erschien, großen Widerhall fand. Ich setzte mich mit Professor Rosenstock in Verbindung und gründete zusammen mit anderen jungen Dozenten und einigen älteren Studenten nach eingehender Beratung mit Professor Kurt-Martin Hahn in Salem den Freiwilligen Arbeitsdienst in Tübingen. Bald fanden sich Gemeinden, die bereit waren, unsere Dienste in Anspruch zu nehmen, meist für den Straßenbau in abgelegenen Teilen ihrer Gemarkung. Die Lager waren einfach und bestanden zur Hälfte aus Studenten und zur anderen Hälfte aus arbeitslosen Arbeitern und Angestellten aus der weiteren Umgebung. Während einiger Ferienmonate übernahm ich das Arbeitslager in Münsingen. Wir arbeiteten im Steinbruch und hielten am Feierabend Lesungen und Vorträge ab, denen sich Diskussionen anschlossen. Ich denke gern an diese Zeit zurück, obwohl wir unsere anfänglichen Vorstellungen nicht zu realisieren vermochten. Immerhin konnte sich der Student hier einen unromantischeren Begriff von der Arbeitswelt bilden und im arbeitslosen Uhrmacher aus Schwenningen einen Menschen erkennen lernen, dessen Freuden- und Leidenschaften nur im Zufälligen nicht den seinen glichen.

Der Tübinger Freiwillige Arbeitsdienst hielt zwei Sommer lang. Durch meine Erfahrungen während dieser Zeit war ich darauf gestoßen, daß die Nationalsozialisten offenbar Zuwachs auch aus Kreisen erhalten konnten, die ihrer Tradition nach entweder unpolitisch waren oder ihre politische Heimat bei den traditionellen

Arbeitnehmer-Parteien suchten. Und in Tübingen erfuhr ich, daß Geschäftsleute und Beamte aus ihren Sympathien für die NSDAP kein Hehl machten. Der evangelische Studentenpfarrer gab mir zu verstehen, daß eine starke Hand notwendig sei, um mit Sittenlosigkeit und Glaubenslosigkeit aufzuräumen, die er vor allem von Berlin aus in unser Volk einströmen sah, und da setze er auf das Bekenntnis der NSDAP zu einem »positiven Christentum« . . .

Mochte jener Adolf Hitler auch ein demagogischer Schwätzer sein, gelang es ihm doch offenbar, für seine Ziele weit verbreitete Affekte zu mobilisieren, die sich in Parteinahme ummünzen ließen. Nicht das marktschreierische Getue des Führers und der Amtswalter der »Bewegung« schien mir das eigentlich Bedenkliche zu sein, sondern daß viele seiner Gefolgsleute Durchschnittsbürger waren, die sich in ihren persönlichen und privaten Dingen benahmen, wie es guten Familienvätern und Leuten wohl ansteht, die für Ruhe und Ordnung eintreten und ihr Brot ehrlich verdienen wollen, aber den Glauben verloren hatten, daß die Republik imstande sei, dem Chaos zu wehren. Ich konnte mir allerdings nicht recht vorstellen, daß man mit einem so primitiven Programm wie dem der NSDAP an die Hebel der Staatsmacht gelangen könnte. Die Wahlerfolge dieser Partei machten mich zwar besorgt, aber noch nicht ängstlich. Ich war überzeugt, daß die so gut organisierten Gewerkschaften in Verbindung mit den demokratischen Parteien und den Verantwortungsbewußten unter den Konservativen sowie der auf den Reichspräsidenten von Hindenburg eingeschworenen Reichswehr mit der NSDAP schon fertig werden würden. Schließlich gab es ja noch die Kirchen, an deren Autorität bisher in Deutschland umstürzlerische Bewegungen noch immer gescheitert waren. Ich war ferner überzeugt, daß Reichskanzler Brüning von den Siegern des Weltkrieges die Lockerung, vielleicht sogar die Beseitigung der Bestimmungen des Versailler Vertrages erreichen werde, die am schwersten auf das Selbstgefühl der Deutschen drückten. Es mußte doch »drüben« verantwortliche Staatsmänner geben, die begriffen, daß unter den herrschenden ökonomischen Verhältnissen dem Volk politische Vernunft nur eine Regierung abverlangen konnte, die darauf zu verweisen vermochte, daß ihre demokratische Friedenspolitik honoriert wurde!

Ich hatte damals noch nicht begriffen, daß die letzten Jahrzehnte in Deutschland archaische Kräfte des Unterbewußtseins freigesetzt hatten. In weiten Kreisen war man der Meinung, daß Deutschland das Opfer fremder, in ihrem Wesen rational nicht zu begreifender Mächte geworden sei. Die so dachten, wollten nicht einsehen, daß am Zusammenbruch der Fundamente des sozialen Gefüges die Politiker die Schuld trugen, die es 1914 zum Kriege hatten kommen lassen und ihn noch weiterführten, als längst offenbar war, daß er verloren war. Daß die Schuldigen sich inmitten der Kreise derer befanden, die nun zum Kampf gegen die Republik aufriefen, übersah man.

Wie man im Mittelalter bei großen Katastrophen die Schuld bei denen glaubte suchen zu müssen, die »anders« waren – Zigeuner, Ketzer, Juden –, so glaubten nun viele, die Zusammenbrüche und Niederlagen der letzten Jahre hätten ihre Ursache in dem gezielten Wirken dunkler Gewalten, die ein dem deutschen feindliches Lebensprinzip vertraten. Dies seien in erster Linie die Juden, dieses »Ferment der Dekomposition« (Th. Mommsen), deren »Materialismus« den im preußisch-deutschen Staat verkörperten Tugenden im Wege stünden. Der Kommunismus des Juden Karl Marx und der Kapitalismus der jüdischen Banken seien gleichermaßen Werkzeuge für die Errichtung der Herrschaft Zions über Deutschland und schließlich über die ganze Welt. So etwa dachten und sprachen Bürger, die stolz darauf waren, daß in ihrer Familie die Tradition der achtundvierziger Jahre lebendig geblieben sei, und auf die Frage, wie sie es vor dem Hintergrund der Paulskirche mit den jüdischen Mitbürgern halten wollten, konnte man hören, demokratisches Zusammenleben setze die Identität der Herkunft und der Vorstellungswelt jener voraus, die auf das Bürgerrecht Anspruch erheben . . .

Ohne diesen archaischen Dämonenglauben wäre es nicht möglich gewesen, die hundertfach verschiedenen Interessenlagen und rational begründeten politischen Vorstellungen so vieler Menschen sich in eine Willensgemeinschaft einschmelzen zu lassen, die 1933 dem Mann zur Verfügung stehen sollte, der in der kritischen Stunde auf diesem geistig-seelischen Sumpfboden zu handeln verstand.

Von den nationalsozialistischen Zeitungen hatte ich bisher den »Völkischen Beobachter« gekannt, ab und zu das lokale Parteiblatt durchgeblättert und zuweilen eine »völkische« Illustrierte. Ich hatte nicht den Eindruck, daß diese Blätter einen großen Leserkreis hatten. Aber da gab es noch die Wochenzeitung »Der Stürmer« des Nürnberger Antisemiten Julius Streicher, eines ehemaligen Volksschullehrers, der es mit dem Fanatismus eines mittelalterlichen Hexenverfolgers als seine Lebensaufgabe betrachtete, das deutsche Volk unablässig darauf hinzuweisen, daß die Juden sein Unglück seien. »Der Stürmer« hing in Tübingen in einigen Schaukästen aus, aber an den Zeitungsständen war er bis dahin nicht verkauft worden. Das wurde nun anders. Am Kiosk an der belebtesten Kreuzung der Stadt konnte man nun jeden Samstagmorgen, wenn der Postbus aus Stuttgart mit den neuesten Zeitungen kam, die Schlange der Wartenden sehen, die sich ihr Exemplar des »Stürmers« sichern wollten.

Hier war ein Wandel des »Informationsbedürfnisses« einer ganzen Bevölkerungsschicht eingetreten, der aufzeigte, daß »unterweltliche« Affekte von scheinbar biedermännischen Gruppen Besitz ergriffen hatten. Ich fragte mich, wozu es wohl kommen könnte, wenn es dem Verfasser von »Mein Kampf« gelingen sollte, »den Existenzkampf der nordischen Rasse gegen das jüdische Gift« in amtliche »Maßnahmen« zur Reinigung des deutschen Volkes von rassefremden Schädlingen umzusetzen.

Auch in den Kreisen, in denen »Der Stürmer« ein Schmutzblatt und eine Schande genannt wurde, konnte man die Meinung hören, daß doch wohl etwas dran sein müsse an der Behauptung, die Juden seien uns fremd und ihr unverhältnismäßig hoher Anteil an gelehrten Berufen und am Geldgeschäft eine Folge ihrer spezifischen, moralisch möglicherweise nicht ganz sauberen, uns jedenfalls nicht gemäßen Eigenschaften. Mir ist noch manches Gespräch in Erinnerung, das lange vor dem Erlaß der Nürnberger Gesetze geführt wurde, zum Teil mit unpolitischen Liberalen, zum Teil mit Konservativen preußischer Tradition und auch mit Katholiken, deren Herz für einen Staat und eine Gesellschaft ständischen Gepräges und sozialer Verantwortung schlug. Keiner von ihnen dachte in den Kategorien des totalitären Staates, doch manche unter ihnen fingen an, »die Judenfrage« zu entdecken. Sie zitierten Sätze aus Treitschkes »Deutscher Geschichte«, und als ich erwähnte, daß Julius Stahl, der Begründer

der Theorie des preußischen Konservatismus, Jude gewesen sei, verwies man mich darauf, daß die Nachfolger der alten Konservativen, die Deutschnationalen, ein Mitglied ihrer Partei, Frau Anna von Gierke, trotz ihrer Verdienste um eine christlich verstandene Sozialpolitik schon in den ersten Jahren der Weimarer Republik aus der Partei ausgeschlossen hätten, weil ihre Mutter jüdischer Abstammung war. Offensichtlich habe man bei den Konservativen schon vor Adolf Hitler und seinen Rassenlehren erkannt, daß das Jüdische und das Deutsche nicht recht zusammengehen.

Da wunderte es mich nicht mehr, daß sich im Herbst 1931 die Konservativen der Deutschnationalen Volkspartei und des »Stahlhelms« mit den Nationalsozialisten zu einer Kampfgemeinschaft verbanden, die als »Harzburger Front« in Erscheinung trat und schließlich die Plattform wurde, von der aus Hitler der Einstieg in die Staatsmacht gelang und in deren Umkreis er die Hilfstruppen und die Eideshelfer fand, deren Zuspruch dem Reichspräsidenten von Hindenburg den »böhmischen Gefreiten« als Reichskanzler erträglich vorkommen ließ.

Ich fand es schändlich, daß sich Leute, die einen guten Namen hatten, mit einem bedenkenlosen Demagogen wie Adolf Hitler zusammentaten. Aber wie viele andere dachte auch ich, ein von preußischen Konservativen, Liberalen wie dem rheinischen Bankier Schacht, von führenden Leuten des Zentrums wie Franz von Papen eingekreister Hitler werde keine großen Sprünge machen können; der Ruf der Unfehlbarkeit, auf dem seine Macht beruhte, werde bald dahin sein. Doch ich sollte mich täuschen: Die Aufnahme in diesen Kreis nahm Hitler nicht die Glaubwürdigkeit, sondern führte ihm Scharen neuer Wähler zu. Die »Harzburger« waren überzeugt, ihr Bündnis mit Hitler werde vielen Wählern, die »national« wählen wollten, die NSDAP als entbehrlich erscheinen lassen. Doch bei der Reichstagswahl im Juni 1932 erhielten die Nationalsozialisten mit 37,8 Prozent der Stimmen 230 Mandate.

Heinrich Brüning, auf dessen Schultern die Last der Kanzlerschaft bis zum 30. Mai 1932 ruhte, war ein vortrefflicher, kluger, integrer Mann, ein Patriot und ein Asket. Ich habe ihn gut gekannt. Der philosophischen Fakultät in Tübingen gehörte Professor Paul Simon an, ein persönlicher Freund Brünings. Er lehrte Philosophie aus katholischer Sicht – eine Eigentümlichkeit unserer Universität –, und ich hatte mich seit längerer Zeit mit ihm angefreundet, denn er war mein Nachbar. Bei den häufigen Besuchen Brünings im Hause Simon bekam ich Gelegenheit zu langen Gesprächen mit dem Kanzler.

Das oberste Ziel seiner Politik war die Befreiung Deutschlands von den Fesseln des Versailler Vertrages. Er meinte, ein großes Volk könne nicht jahrzehntelang unter Tributen leben, die seine Wirtschaft ruinieren, und sich damit abfinden, moralisch und rechtlich diskriminiert zu werden. Er war entschlossen, den Staat unter das Gesetz altpreußischer Sparsamkeit zu stellen und eine Wirtschaftspolitik zu führen, in der Stufe um Stufe die Ursachen der Arbeitslosigkeit überwunden würden. Es sei daran erinnert, daß er sogar Vierpfennigstücke einführte, damit der Pfennig zu Ehren käme.

Brüning brachte dem Reichspräsidenten von Hindenburg bedingungslose Verehrung entgegen. Der »alte Herr« war für ihn der getreue Eckart der Deutschen, der Schutzwall, an dem sich alles brechen würde, was die Staatsverfassung bedrohen könnte. Natürlich sei der Reichspräsident kein Demokrat in unserem Sinne und sicher sei ihm eine konservative Monarchie preußischen Stils lieber als eine Republik; doch solange die Verfassung von Weimar bestehe, werde dieser Mann sie gemäß seinem Eide gegen jeden Angriff von innen und außen verteidigen.

Heinrich Brüning hielt Adolf Hitler für einen verbrecherischen Demagogen, für einen Fanatiker, dem die politische Verrücktheit den Hals brechen werde. Gefährlicher als er seien auf die Dauer die Leute um Hugenberg und von Papen. Sie könnten es fertigbringen, sich unmittelbar oder mittelbar durch ihnen nahestehende Persönlichkeiten aus den verschiedenen Bereichen des öffentlichen Lebens die Apparatur des Staates und seine Machtmittel anzueignen, weil diesen Herren die Sympathie der Reichswehr sicher sei.

Nach seiner Entlassung aus dem Kanzleramt habe ich Brüning nur noch wenige Male gesehen. Er war ein stiller Mann geworden.

In jenen Jahren spielte bei den politisch Interessierten, die sich fragten, wie man der beginnenden Anarchie in Deutschland und der Bürgerkriegssituation Herr werden könne, die Zeitschrift »Die Tat« eine Rolle, in der eine Art von aufgeklärtem Neokonservatismus vertreten wurde, der als die tragenden politischen Kräfte in Deutschland die Gewerkschaften und die Reichswehr ansah – die letzten Pfeiler, auf die sich eine Regierung stützen könne, die entschlossen sei, die Krise frontal anzugehen. Sie sollten weder Parlament noch Regierung ersetzen; doch müßten sich Parlament und Regierung so verhalten, daß sie bei der Durchführung der von ihnen für erforderlich angesehenen Gesetze und Maßnahmen auf die Loyalität der Gewerkschaften und der Reichswehr rechnen könnten.

Mir erschienen diese Vorschläge eher als elitäre Gedankenspiele denn als praktikable Ratschläge, wie mit den Gegebenheiten der politischen Situation umzugehen sei. Ich fand es indessen erfreulich, daß nun auch auf konservativer Seite ein Kreis von Leuten begriffen hatte, daß ohne das tätige Selbstbewußtsein einer ihrer geschichtlichen Rolle bewußten Arbeiterschaft kein Staat mehr zu machen ist. Als mich Ernst Wilhelm Eschmann von der »Tat« um ein Zusammentreffen bat, sagte ich mit Freuden zu. Auf das erste Gespräch folgten eine Reihe weiterer, denen sich auch Hans Zehrer anschloß. Die wichtigste Lehre, die ich aus diesen Gesprächen ziehen konnte, war allerdings die Erkenntnis, daß selbst die beste Zeitschrift die Realitäten nicht zu verändern vermag und es in der Politik nur zum Bösen führen kann, wenn man vergißt, daß eine Tür entweder offen ist oder geschlossen und daß es halboffene oder halbgeschlossene Türen nicht gibt.

Viele machten sich in jenen Monaten Sorgen um den Bestand der Republik und um die Fortdauer der demokratischen Ordnung unseres Staates. Aber wir »Gebildeten« hielten praktische Politik für ein Geschäft, das jene zu betreiben hätten, die sich aus Ehrgeiz oder anderen Gründen in ihren Dienst gestellt haben. Unsere Sache sei die Studierstube, der Beruf, das Amt, die Bibliothek und nicht das Forum. So nahm das Unheil seinen Lauf.

Nach der »Machtergreifung«

Das »Dritte Reich« zog nicht mit Fanfaren und Stiefelgepolter in Tübingen ein. Ein Fremder, der nichts von dem wußte, was in Berlin vor sich ging, würde kaum etwas bemerkt haben, das ihm den Umsturz der Verfassungswirklichkeit hätte anzeigen können. Gewiß, die schwarzrotgoldenen Fahnen – wie selten waren sie seit jeher zu sehen gewesen! – verschwanden; an öffentlichen Gebäuden und da und dort an Fenstern von Wohnhäusern hingen Hakenkreuzfahnen, oft zusammen mit dem schwarzweißroten Banner des Kaiserreichs. Man sah im Universitätsviertel ein paar junge Leute mehr in braunen Hemden, und manche Bürger sagten »Heil Hitler« statt »Guten Morgen« oder »Grüß Gott«; nur wenige streckten dabei den rechten Arm hoch. Das Leben ging weiter wie zuvor, jedenfalls noch einige Monate lang. Die beiden jüdischen Rechtsanwälte der Stadt plädierten vor Gericht wie eh und je, und der neue württembergische Wirtschaftsminister, von dem niemand geahnt hatte, daß er Mitglied der NSDAP war, blieb im Haus des jüdischen Bankiers Weil wohnen und erzählte jedermann, Herr Weil sei ein hochanständiger Mann und habe ihm zu höchst fairen Bedingungen eine Hypothek auf seine noch im Bau befindliche Villa gegeben. Es wurde zwar gemunkelt, einige Kommunisten und Sozialdemokraten seien »auf den Heuberg« – einen Truppenübungsplatz der südlichen Alb – gebracht worden, aber sie würden dort nur zu ihrem Schutz festgehalten.

Über die endgültige Bedeutung der Kanzlerschaft Adolf Hitlers war ich mir nicht im klaren. Würde er mehr sein als der Chef eines Kabinetts, dem Leute aus verschiedenen Lagern angehörten und in dem seine eigenen Parteigenossen sogar in der Minderheit waren?

Hatten wir nicht einen verfassungstreuen Reichspräsidenten, der Oberbefehlshaber der Streitkräfte war? Gab es da nicht die Länder mit ihren Landtagen, Regierungen, mit ihrer Polizei und ihren an den Diensteid gebundenen Beamten? Auf der anderen Seite aber waren in den ersten Monaten seit dem 30. Januar 1933 nicht zu übersehende Zeichen gesetzt worden, die es gewiß machten, daß mehr als nur ein Regierungswechsel stattgefunden hatte. Es war mehr erfolgt als eine Änderung des parlamentarischen Regimes der Weimarer Republik. Die Republik selbst war im Begriff, zu einem Staatswesen umgeformt zu werden, in dem Herrschaft nicht weiterhin nach Recht und Gesetz ausgeübt werden würde, sondern ausschließlich zum Zwecke der Errichtung und Stabilisierung der Macht jener, die sich in den Besitz der Machtmittel gesetzt hatten. Hatten wir denn nicht Beispiele aus Nachbarländern? Hatte sich nicht in Italien ein Diktator im Gewand der Verfassung eines konstitutionellen Königreiches zum uneingeschränkten Herrn des Landes gemacht, dessen alles überstrahlende Rechtsnorm lautete: »*Il Duce ha sempre ragione*« – Der Führer hat immer recht? Hatte nicht im mächtigen Rußland eine kleine Schar von Revolutionären unter Berufung auf ihre Mission zur Befreiung der Menschheit von der Geißel der Ausbeutung eine Diktatur errichtet, innerhalb derer Recht war, was die Partei, in praxi eine kleine Gruppe von Frauen und Männern an ihrer Spitze, als Recht statuierte? Warum sollte Ähnliches nicht auch bei uns geschehen können, wenngleich auch unter anderen Vorzeichen, aufgrund eines anderen Arsenals der Machtmittel und für andere Ziele? Schließlich hatte der Sieger dieser Tage in seinem Bekenntnisbuch »Mein Kampf« ja niedergeschrieben, was er mit der Macht anfangen werde. Hatte er nicht gesagt, er gedenke die Macht mit legalen Mitteln zu ergreifen, danach aber werde es den Volksfeinden an den Kragen gehen? Hatte er nicht deutlich erklärt, wen alles er für Volksfeinde hielt?

Doch würde es wirklich zur Ausführung seiner Pläne und zu einer die Freiheitsrechte der Individuen aufhebenden Diktatur kommen? Nein, es würde ein Diktator mit dem deutschen Volk nicht machen können, was man mit dem italienischen Volk und den Völkern Rußlands hatte machen können! »Deutsche sind keine Russen und auch keine Italiener!« so hörte man allenthalben von den Wohlmeinenden. Außerdem würden die Sieger des Weltkrieges, die oft genug betont hatten, daß sie ein Deutschland, das sich der Gewalt ergibt, als eine akute Gefährdung für den Frieden der Welt ansähen, kein Deutschland im Sinn des in »Mein Kampf« vorgezeichneten zulassen. Noch war das linke Rheinufer demilitarisiert, noch spielten die Locarno-Verträge ihre Rolle! Hatte nicht die Reaktion der Mächte gegenüber der deutsch-österreichischen Zollunion gezeigt, wie sie ihre Rechte aus dem Friedensvertrag zu wahren gedachten? War nicht bei der letzten Reichstagswahl die Zahl der NSDAP-Mandate von 230 auf 196 zurückgegangen? Zeigte dies nicht eine Wende an?

Freilich hatten mich die Ereignisse der letzten Jahre an der Verfassungstreue des Reichspräsidenten von Hindenburg irre werden lassen. Die Art, wie er Heinrich Brüning entließ, als sei er ein ungetreuer Gutsverwalter; die Art, wie er unter Umgehung des Kanzlers nicht legitimierten Personen sein Ohr lieh; der Umstand, daß er dem von ihm mit der Bildung eines »Kabinetts der nationalen Konzentration« beauftragten Herrn von Papen durch eine von ihm unterzeichnete Notverordnung den Weg zum Staatsstreich in Preußen öffnete, weckten erhebliche Zweifel in mir, ob man sich auf ihn werde verlassen können, wenn es um den Bestand des Rechtsstaates gehen sollte. Und was die Kräfte anlangte, deren Widerstand die totale Machtergreifung der Feinde der Demokratie unmöglich machen könnte, so hatte ich nach der ruhmlosen Kapitulation der »starken Männer« der Sozialdemokratie in Preußen, Braun und Severing, erhebliche Bedenken bekommen, ob man seitens der Kampforganisation »Eiserne Front« Widerstand gegen Aktionen der SA und der SS würde erwarten können, falls die NSDAP sich nehmen sollte, was ihr der Reichspräsident nicht zugestanden hatte.

Der Verlust von 34 Mandaten bei der Reichstagswahl vom 6. November 1932, die dadurch ausgelöste Krise innerhalb der NSDAP, der Rücktritt von Papens, seine Ablösung durch General von Schleicher, dessen Verständnis für die sozialen Probleme bekannt war, erschienen auch mir als gute Zeichen; doch Anfang Januar 1933 hatten der Reichslandbund und die Spitzen der Großindustrie sich mit Adolf Hitler geeinigt, und nach dem großen Wahlsieg Hitlers in Lippe am 15. Januar 1933 war der »böhmische Gefreite« Adolf Hitler von Hindenburg zum Reichskanzler berufen worden. Abermals wurde der Reichstag aufgelöst. Bis zur Wahl des neuen Parlaments hatte Hitler seine Regierung gebildet. Die Fachministerien wurden durch Deutschnationale und Fachleute besetzt, die Machtmittel jedoch überantwortete er seinen engsten Vertrauten: Reichsinnenminister wurde der alte Nationalsozialist Wilhelm Frick; Hermann Göring wurde preußischer Ministerpräsident und Innenminister sowie Präsident des Reichstages; die Führung der Reichswehr erhielt General von Blomberg, ein blinder Gefolgsmann Hitlers. Nach der Wahl wurde Joseph Goebbels Reichsminister für Volksaufklärung und Propaganda und erhielt so das Monopol für die Beeinflussung des Bewußtseins der Massen.

Daß Reichspräsident von Hindenburg und damit der vielberufene Geist des friderizianischen Preußentums eine wirksame Bremse für Hitlers Machtgelüste sein könnte, vermochte ich nach dem »Tag von Potsdam« (21. März 1933) nicht mehr zu glauben, und nach Erlaß des Ermächtigungsgesetzes, dem »Gesetz zur Behebung der Not von Volk und Staat«, war mir klargeworden, daß nunmehr, bei formaler Weitergeltung der Weimarer Verfassung, nur noch *ein* Gesetz herrschen werde: der Wille eines Adolf Hitler, der sich an keinerlei moralische und rechtliche Schranken gebunden fühlte. Die Abstimmung im Reichstag hatte gezeigt, daß mit Ausnahme der SPD – die KPD war bereits verboten – die traditionellen politischen Parteien aufgehört hatten, der Demokratie und ihrer eigenen Kraft zu vertrauen. Daß von den Länderregierungen kein Widerstand gegen den Totalitarismus, den das Ermächtigungsgesetz eingeführt hatte, erwartet werden konnte, zeigte die widerspruchslose Annahme der Gesetze zur Gleichschaltung der Länder und über die Einsetzung von Reichsstatthaltern. Als die Gewerkschaften sich am Tage nach der ersten nationalsozialistischen Maifeier widerstandslos auflösen ließen und viele ihrer Mitglieder und manche ihrer Funktionäre der »Deutschen Arbeitsfront« beitraten, war deutlich geworden, daß dem Dritten Reich von innen her keine Gefahr erwachsen wird – vor allem deshalb nicht, weil die Reichswehr damit rechnen konnte, daß der neue Machthaber ihre Rolle im Staat und in der Gesellschaft in absehbarer Zeit erheblich steigern werde.

Die politischen Parteien, die fast allen Kredit verloren hatten, lösten sich auf, und am 14. Juli 1933 erging das Gesetz gegen die Neubildung von Parteien, durch das die NSDAP zur Staatspartei wurde. Nach außen hin sollte sie durch ihre Präsenz im Reichstagsgebäude zeigen, daß es noch eine demokratische Volksvertretung gab. In Wahrheit aber war sie das Instrument, das dem Reichskanzler, der bald »der Führer und Reichskanzler« werden sollte, die Möglichkeit gab, sowohl den Staatsapparat auf jeder Stufe durch korrespondierende Parteistellen zu kontrollieren, als auch seinen Willen und seine Vorstellungswelt in den letzten Winkel des Reichsgebietes zu tragen und durch ihre Organe »Menschenführung« zu betreiben, das heißt, das Volk in der Breite und in der Tiefe zu »schulen«, was bedeutete, es mit der Parteidoktrin zu »impfen« und sein Denken und Fühlen zu manipulieren.

Das Regime konsolidiert sich

Es wurde zur Gewißheit, daß keine Aussicht bestand, der sich nun bildenden Gewaltherrschaft wirksam Widerstand zu leisten. Wer hätte sie, wie die Dinge lagen, außerstande setzen können, in Deutschland ihre Ziele zu verwirklichen? Es gab die verschiedensten Möglichkeiten, nein zu sagen: Man konnte öffentlich protestieren und die Welt vor dem warnen, was durch die neuen Herren Deutschlands auf sie zukommen werde. Aber das hätte das Regime nicht geschwächt, nur den mutigen Rufer in der Wüste verschwinden lassen. Politische Wirkung im Ausland hätte eines Namens bedurft, der schon vorher in der öffentlichen Meinung der Welt Geltung besaß. Es gab solche Namen und solche Warner. Aber hat ihr mahnendes Wort – etwa die Stimme eines Thomas Mann – die Haltung fremder Regierungen dem Dritten Reich gegenüber zu ändern vermocht? Das Wissen um Verfolgung von Hitler-Gegnern, um die Existenz der Konzentrationslager hat sie nicht davon abgehalten, 1936 die Olympischen Spiele in Berlin zu beschicken ...

Man konnte – tief unter der oben geschilderten Möglichkeit bleibend – sich damit begnügen, der Partei und ihren Gliederungen

fernzubleiben, und sich jedes Tuns enthalten, das ihre Zwecke
förderte. Damit verlor man wahrscheinlich seine Chancen im Staatsdienst, vielleicht auch außerhalb desselben, aber es erlaubte einem,
seine moralische Integrität zu bewahren – und es ließ den Stachel in
der Brust, der uns täglich an das unabdingbare »Nein« erinnerte.

Man konnte auch dadurch seine Ablehnung zum Ausdruck brin-
gen, daß man ganz aus dem öffentlichen Leben ausscherte und
versuchte, sein Brot außerhalb der Öffentlichkeitssphäre zu verdie-
nen. Und es gab, in den ersten Jahren noch, die Möglichkeit der
Emigration mit allen Unsicherheiten für einen selbst und für die
Familie, sofern man kein Vermögen besaß und im Ausland nicht die
Förderung durch Gemeinschaften finden konnte, die sich mit dem
Emigranten verbunden und solidarisch fühlten. Einige Gelehrte,
Künstler und Schriftsteller wählten diesen Weg.

Ich habe mir die Möglichkeit der Emigration überlegt und alles Für
und Wider durchdacht. Entscheidend für mein Bleiben wurde die
Gewißheit, daß es gut sein könnte, wenn auch unter einer totalen
Gewaltherrschaft Menschen im Lande aushalten, die durch ihr Tun
und Lassen zeigen, daß man sein Leben nach menschenwürdigeren
Prinzipien führen kann als jenen, die die neuen Herren plakatieren.
Es würde vielleicht Gelegenheiten geben, Böses zu vereiteln, das die
Machthaber im Schilde führten, und sei es nur, indem ich Studenten
durch Darstellung der Gegenwelt davon abhielt, sich durch Gepränge
und Mystik des Dritten Reiches verführen zu lassen. Verhindern und
helfen würde ich in wirksamer Weise nur in Stellungen können, die
das Privileg relativer Unabhängigkeit genossen: Justiz und Dozentur
– doch hier ergab sich schon die Gewissensbelastung. Wenn das
Verbleiben in diesen Positionen aktive Mitwirkung an den dem
Regime eigentümlichen Bestrebungen forderte – also nicht nur
»richtiges Recht« zu sprechen, nicht nur zu lehren, was ich vor
meinem Gewissen verantworten konnte –, dann würde ich bereit sein
müssen, meine Stellung aufzugeben. Die Überlegungen hatten zur
Folge, daß ich der Partei nicht beitrat, ihren Veranstaltungen
fernblieb, den Beitritt zum NS-Rechtswahrerbund und der NS-
Volkswohlfahrt, in die alle Mitglieder des alten württembergischen
Richterbundes überführt wurden, aber hinnahm und mich auch der

Zeremonie unterzog, mit der von den Richtern und Beamten die Ausdehnung des Amtseids auf den »Führer« vollzogen wurde.

Im Aufbau der Behörden waren zunächst kaum äußere Veränderungen festzustellen. Was die Kreisleitung der NSDAP in einem Bankgebäude der Hauptstraße über Parteiorganisatorisches hinaus zu tun haben würde, konnte man sich zunächst nicht recht vorstellen. Doch als der erste Kreisleiter Tübingens, ein ehemaliger Buchhandlungsgehilfe, jede Gelegenheit benutzte, vom Rathausbalkon aus Reden an sein Volk zu halten, spürte mancher, daß der Kreisleiter ein Mann war, der in viele Lebensbereiche der Bürger eingreifen konnte. Nach seiner Versetzung zur Gauleitung folgte ihm der ehemalige Volksschullehrer Rauschnabel, der manches tolerierte, was anderswo für den Betroffenen tragisch hätte ausgehen können. Mich hat er lange Zeit scheel angesehen, denn er wußte, wie meine Haltung auf manche Studenten wirkte. Andererseits schien ihm meine Art zu imponieren, und er meinte, mich für die Partei gewinnen zu sollen und gewinnen zu können. Er besuchte mich einige Male und ließ mich wissen: »Solange wir Sie nicht haben, haben wir nicht gesiegt.« Ich fand dies wohl schmeichelhaft, änderte meine Haltung indes nicht.

Nach dem Krieg wurde Rauschnabel verhaftet, und man machte ihm den Prozeß, weil er nach dem Sturm auf die Tübinger Synagoge mit seinen SA-Leuten in die Wohnung des Rottenburger Bischofs eingedrungen war. Er wurde zu einer Freiheitsstrafe verurteilt und ging seines Lehramtes verlustig.

Ich war damals nicht mehr in Tübingen, setzte mich aber dafür ein, daß ihm ein Teil der Strafe erlassen wurde und er wieder Lehrer werden durfte. Ich ließ jene, die mir mein Verhalten übelnahmen, reden . . . Der Mann war in einer Zeit gut zu mir gewesen, in der ein weniger Wohlmeinender mich hätte hinter Stacheldraht bringen können. Ich fand, es sei an der Zeit, ihm dies zu vergelten, und nahm es auf mich, verdächtigt zu werden, daß ich es in der Nazizeit mit der Partei gehalten hätte.

Was die Gleichschaltung der Länder zu bedeuten hatte, machte der Gauleiter Murr den Tübingern deutlich. Bei der ersten Rektoratsübergabe nach der Machtübernahme nahm er an der traditionellen

Feier in der Aula der Universität teil. Der scheidende Rektor hatte seine Ausführungen unter das Thema »Freiheit und Selbstwert der Wissenschaft« gestellt. Der Gauleiter brachte seine Meinung zu Gehör: Wissenschaft habe nur Wert, wenn sie dem Staat nütze, und der Wissenschaftler sei nur dann von Wert, wenn er über Wissenschaft und Forschung nicht verkenne, daß jeder in erster Linie dort Hand anzulegen habe, wo ihn das Vaterland brauche. Daran knüpfte sich eine Philippika gegen die deutschen Professoren. Die Anwesenden in ihren Talaren hörten schweigend zu, machten bedenkliche Gesichter; aufgestanden und hinausgegangen ist von ihnen keiner.

Dabei hatten nur wenige Professoren etwas für die NSDAP übrig. Von einigen war bekannt, daß sie in der Partei waren oder ihr nahestanden. Aber es wurde sichtbar, daß sich Mitglieder des Lehrkörpers mehr und mehr von der Person und den Erfolgen Hitlers beeindrucken ließen. Eine Professorenabordnung wurde in das Braune Haus nach München eingeladen, wo Hitler ihnen eine Art von weltgeschichtlicher Vorlesung hielt. Nach ihrer Rückkehr berichteten sie, der Führer sei ein hochbedeutender Mann von erstaunlichem Wissen und mit einer Sicherheit des Urteils, die bewundernswert sei ... Das hatte manchem imponiert, von dem ich es nicht gedacht hätte.

Auf die Bevölkerung machte der Abschluß des Reichskonkordats großen Eindruck: Wenn sogar der Heilige Stuhl das Dritte Reich für vertrauenswürdig halte, sei es doch wohl nicht mehr angebracht, an Hitlers guten Absichten zu zweifeln. Die Unterschrift des Vatikans unter diesen Vertrag machte den Nationalsozialismus nach innen und außen hoffähig. Wer jetzt noch nein sagte oder beiseite trat, mußte jemand sein, der unfähig war, Herz und Verstand der Größe zu öffnen, die dem deutschen Volk angeboten wurde.

In diesen Zusammenhang gehört ein Erlebnis: Ich war der ersten großen Maifeier der »Deutschen Arbeitsfront« ferngeblieben, zu der zu erscheinen auch alle Beamten aufgefordert worden waren. Am Abend dieses Tages besuchte mich ein Fakultätskollege, ein entschiedener Protestant schlesischer Tradition und Verehrer der Philosophie Johann Gottlieb Fichtes, und beschwor mich: »Wie können Sie sich nur so störrisch abseits halten! Merken Sie denn nicht, daß das deutsche Volk auferstanden ist, daß es sein Ostern gefunden hat!« Er blieb seinem Auferstehungsglauben treu bis zum bitteren Ende. Als das Dritte Reich zusammenbrach, begriff er, daß auch er für das Unheil einstehen müsse, das über das deutsche Volk gekommen war: Er studierte als Fünfzigjähriger Theologie und wurde Landpfarrer in der Nähe Tübingens. Das war keine Flucht aus der Vergangenheit, sondern ein Akt der Umkehr von innen her. Ich habe nicht viele solcher Beispiele erlebt.

Einen Schock bewirkte das »Gesetz zur Wiederherstellung des Berufsbeamtentums« wegen des darin manifestierten Ausschlusses aller »Nichtarier« aus öffentlichen Ämtern. Nichtarische oder »nichtarisch versippte« Personen mußten ausscheiden, wenngleich für Kriegsteilnehmer – man sagte, dies sei Hindenburgs ausdrücklicher Wunsch gewesen – Ausnahmen gelten sollten. Kollegen, die hohe wissenschaftliche und menschliche Achtung genossen, sollten fortan also nicht mehr zu uns gehören dürfen. An diese Folgen hatten selbst nur wenige derer gedacht, die von jeher der Meinung waren, daß es mit der Überfremdung gewisser Berufe durch Juden nicht so weitergehen dürfe. Zwar war man sich darüber klar, daß am Rassenprinzip »im allgemeinen« nichts zu ändern sein werde, doch sollte es möglich sein, bei bedeutenden Wissenschaftlern von der Anwendung des Prinzips abzusehen – vor allem des Schadens wegen, der Deutschland durch den Ausfall bedeutender Forscher erwachsen könnte. Eine Reihe von Entwürfen wurde verfaßt und über geeignete Kanäle an das Braune Haus in München geleitet; wie zu erwarten, ohne Erfolg.

Noch riskierte man in Tübingen nicht viel, wenn man sich jüdischer Mitbürger annahm, die in Schwierigkeiten geraten waren. Als auf Druck der Partei jüdische Studenten von ihren Vermietern auf die Straße gesetzt wurden, schlug ich am Schwarzen Brett der Universität an, jüdische Studenten, die keine Unterkunft hätten, könnten für eine Übergangszeit in meinem Hause wohnen; es geschah mir nichts. Mein Nachbar, Professor Max Wundt, nahm ein jüdisches Geschwisterpaar auf, das seine Arbeit verloren hatte. Bis dahin hatte ich diesen Kollegen eher für einen Über-Deutschnationalen gehalten.

Adolf Hitlers Wertschätzung erfuhr einen schweren Rückschlag, als er im Juni 1934 die »Röhm-Revolte« zusammenschießen ließ. Die Art, wie sich der Reichskanzler in Bad Wiessee als Häscher und Henker benahm, wie er seine engsten Mitarbeiter ohne Anhörung, ohne Gericht erschießen ließ; die zutage getretene Versumpfung der oberen SA-Führung durch Homosexualität; die Ermordung des Generals von Schleicher und anderer Konservativer, selbst engster Mitarbeiter von Papens, verbreiteten Abscheu, Furcht und Schrecken. Zwar konnte man da und dort bei den Konservativen so etwas wie Genugtuung darüber hören, daß nun der »sozialistische« Flügel der SA entmachtet sei, aber das Entsetzen überwog. Als kurze Zeit später Hindenburg starb und die Wehrmacht auf Hitler persönlich vereidigt wurde, brach für viele der letzte Deich gegen die braune Flut.

Bei der Volksbefragung vom 19. August 1934 stimmten 90 Prozent der Wähler für das »Gesetz über das Oberhaupt des Deutschen Reichs«; und als am 13. Januar 1935 91 Prozent der Bevölkerung des Saargebietes für dessen Rückkehr zum Deutschen Reich stimmten, am 16. März die allgemeine Wehrpflicht wieder eingeführt und ein Jahr später Hitler nach der Kündigung des Locarno-Vertrages seine Reichswehr in die entmilitarisierte Zone des Rheinlandes einmarschieren ließ, ohne daß die Alliierten sich dagegen zur Wehr setzten, stand für immer mehr Deutsche fest, daß der Führer dem deutschen Volk vom »Herrn der Geschichte« gesandt worden war. Seine politischen Methoden, hörte man allenthalben, hätten bei aller Brutalität erreicht, was die Propheten der Demokratie nicht zu erreichen vermochten – sogar die Beseitigung der Arbeitslosigkeit sei ihm gelungen. Am 29. März 1936 stimmten 99 Prozent der deutschen Wähler für die Politik Adolf Hitlers. Nach den Olympischen Spielen im August 1936 und dem Reichsparteitag zu Nürnberg im folgenden Monat, auf dem in Verbindung mit der Wiederaufrüstung der Vierjahresplan für die deutsche Wirtschaft verkündet wurde, war es schwer geworden, selbst kluge Menschen davon zu überzeugen, daß das Geschehen in Deutschland zur Herrschaft der Unmenschlichkeit und wahrscheinlich zu einem neuen Weltkrieg führen werde. Immer mehr Neinsager von gestern traten der Partei bei, immer mehr Dozenten und Professoren gingen zur SA-Reserve.

Viele Kirchenleute waren für den Nationalsozialismus gewonnen worden, weil sie in ihrer politischen Naivität sein programmatisches Bekenntnis zu einem »positiven Christentum« ernst nahmen. Daß die Nationalsozialisten darunter nichts anderes verstanden als Doktrinen, die für die Ziele des Nationalsozialismus brauchbar waren, erkannten sie zu spät. Daß die »Christlichkeit« der NSDAP nicht die der Kirche war, wurde vielen erst mit der Schaffung des Amtes eines Reichs-bischofs und dem Auftreten sogenannter Kirchenbeauftragter der Partei klar. Nun setzten sich die Kirchenleute zur Wehr; manches »Geistesgut« des Nationalsozialismus konnten sie mit ihrem Christentum vereinbaren; aber unter keinen Umständen wollten sie dulden, daß von der Partei – »von Berlin«, wie manche im Württembergischen sagten – in die Autonomie der Landeskirchen eingegriffen wurde. So wurde manche Forderung der Partei abgelehnt – in streitbarer Absicht geschah dies allerdings nur selten. Meistens glaubte man, sicher zu sein, daß »der Führer davon nichts weiß . . .«

Die Anhänger der Bekennenden Kirche in Tübingen hatten bald begriffen, um was es dem Nationalsozialismus ging, nämlich um die schrittweise zu steigernde Entchristlichung der Deutschen, um die Ablösung einer Kirche der Demut vor Gott durch einen rassisch geprägten Gottglauben für Herrenmenschen. Unter den Kollegen der Katholisch-Theologischen Fakultät gab es dem Nationalsozialismus gegenüber weder Schwäche noch energischen Widerstand. Man vertrat seine Theologie wie eh und je und ließ sich durch die Partei nicht irremachen. Nach dem Konkordat waren die Theologiestudenten vom Militärdienst befreit, und gelegentlich konnte man in der Universität mokante Anschläge lesen, daß Zuchthäusler und katholische Theologen gleichermaßen nicht zur Wehrmacht eingezogen werden könnten.

In der Studentenschaft hatten sich nicht zu übersehende Änderungen vollzogen. Immer mehr Studenten traten der SA bei, betrieben nationalsozialistische Schulungsarbeit und paramilitärische Ausbildung. Eine Reihe von Korporationen formte sich nach Vorbildern der Bündischen Jugend um. Am wenigsten NS-fromm erschienen mir einige der feudalen Corps. Eines von ihnen zog es vor, sich lieber aufzulösen, als die Nichtarier und »nichtarisch Versippten« unter

seinen alten Herren auszuschließen. Dies schloß bei vielen den
Glauben an den Führer nicht aus, aber sie meinten, die einmal
geschlossene Gemeinschaft sei ein verpflichtenderes Band als eine
politische Ideologie.

Neben jenen, die dem allgemeinen Trend folgten, gab es Einzelgänger, die daran erkennbar waren, daß sie Vorlesungen bestimmter
Professoren bevorzugten. Die so getroffene Selektion innerhalb des
Lehrkörpers bewirkte eine Art Gemeindebewußtsein. Das hatte
nichts mit »politischem Widerstand« zu tun; weder jene Studenten
noch jene Professoren hatten sich vorgenommen, mit Vorbedacht zu
provozieren; doch die Vorlesungen, um die es ging, und vor allem der
Geist, aus dem heraus sie gehalten wurden, wurde als Gegenwelt der
offiziell verordneten Weltbetrachtung empfunden. Es handelte sich
im allgemeinen um die Themen, die dem klassischen Humanismus
teuer waren, doch beschränkte sich dieser Prozeß nicht auf die
Philosophische Fakultät.

Ziemlich schnell waren an der Universität neue Lehrstühle eingerichtet worden, in denen vor allem nationalsozialistisches Gedankengut gepflegt werden sollte, zum Beispiel Lehrstühle für Rassen- und
Volkskunde sowie für Frühgeschichte. Hierfür wurden Dozenten
berufen, die man »höheren Orts« schon deshalb für geeignet hielt,
weil sie seit längerer Zeit der Partei angehörten. Ich kann hier einen
Mann nicht unerwähnt lassen, der einst auf uns Studenten Eindruck
gemacht hatte: Wilhelm Hauer. Ursprünglich war er Missionar in
Indien gewesen, dann hatte er Sanskrit studiert und in Tübingen
religionswissenschaftliche Vorlesungen gehalten. Er war Haupt des
Köngener Bundes, einer »freie Religiosität« pflegenden, hierarchisch
gegliederten, ursprünglich aus der Bibelkreisbewegung der Bündischen Jugend hervorgegangenen Gruppe. Als 1933 die ersten Nachrichten über von SA-Rabauken erschlagene Juden zu uns drangen,
verlangte Hauer im Senat eine Protestaktion der Universität. Dies
verwunderte mich keineswegs, um so mehr indessen, daß ich ihn
kurze Zeit später in der Uniform eines SS-Untersturmführers traf.
Auf meine Frage, ob er denn auch an die biologische Fundierung aller
geistigen Prozesse glaube, antwortete er, er sei davon überzeugt, daß
alles Geistige Funktion der Materie sei, aus der das Leben bestehe.

Bald danach ließ er sich zum Führer der »Deutschen Glaubensbewegung« küren.

Natürlich war auch an der Universität das »Führer«-Prinzip eingeführt worden. Es äußerte sich vor allem darin, daß der NS-Dozentenbund und die von ihm beherrschte Dozentenschaft auf die Berufung von Wissenschaftlern Einfluß nahmen und die Weisung erhielten, Werke jüdischer Gelehrter in den Vorlesungen nicht mehr zu erwähnen.

Alle Zuständigkeiten der studentischen Selbstverwaltung lagen in den Händen der Studentenschaft. Der NS-Studentenbund übte die Funktion einer ideologischen Polizei unter der Studentenschaft aus und sorgte dafür, daß es in ihr nationalsozialistisch zuging. Das Urteil der »Studentenführer« war mit entscheidend bei der Vergabe von Stipendien, der Verteilung der Studienplätze in den Laboratorien und bei der Zulassung zu den Staatsprüfungen und der Bewerbung um eine staatliche Anstellung, denn von einem bestimmten Zeitpunkt an wurde in beiden Fällen »weltanschauliche und politische Zuverlässigkeit« verlangt.

Auch im Landgericht hatte sich einiges verändert. Die Amtsgeschäfte liefen zwar weiter wie bisher, aber in das Verhältnis der Kollegen zueinander war das Mißtrauen eingezogen. Es stellte sich heraus, daß ein Richter schon lange Parteigenosse war, ohne daß wir es wußten, und daß er enge Beziehungen zu hohen Parteistellen unterhielt. Darauf pochte er, wenn Unzufriedenheit mit den Führungsansprüchen der Partei aufkam. Wir anderen hielten engen Kontakt untereinander und schützten uns auf unsere Weise: Ein älterer Kollege, der schon vor 1914 Hauptmann der Reserve geworden war, hegte aus Militärseligkeit Sympathien für die NSDAP, »die Deutschland wieder eine Wehrmacht geschenkt hat«. Aber er war ein biederer Mann, den wir gern mochten. Wir redeten ihm zu, sich zum Amtswalter des NS-Rechtswahrerbundes bestellen zu lassen. Damit wurde er der Vertrauensmann der Partei, der die Berichte über uns zu machen hatte, und dies hat uns sehr geholfen. Im übrigen hat es unter den sechzehn Richtern des Landgerichts Tübingen nie mehr als drei oder vier Parteimitglieder gegeben.

Ich blieb ausschließlich mit Zivilsachen befaßt. Später erfuhr ich, daß ich nach Meinung der für die Beurteilung der Richter zuständigen Parteistelle als für Strafsachen weltanschaulich nicht genügend gefestigt galt. Diese Beurteilung verdankte ich dem oben erwähnten Parteimitglied. Und noch etwas hatte ich ihm zu verdanken: Ich war 1936 vom Kommandeur des Infanterieregiments, das in Tübingen lag, als ehemaliger Reserveoffizier zu einer Übernahmeübung einberufen worden. Ich kam dieser Einberufung nach und machte den mir anbefohlenen Dienst. Nach einer Woche suchte mich der Ordonnanzoffizier des Obersten auf und sagte mir, von der Partei sei ein Brief gekommen . . . , und der Herr Oberst meine, es sei für mich und das Regiment besser, wenn ich darum ersuchen würde, die Einberufung zu dieser Übung zurückzunehmen. Täte ich das nicht, wäre es wohl kaum zu umgehen, daß ich weggeschickt werden würde, und das möchte man mir gern ersparen. Ich tat, wie mir geraten. Als ich mich bei Kriegsende, nach Auflösung meiner Dienststelle beim Wehrbezirkskommando zurückmeldete, zeigte mir der Kommandeur, ein alter österreichischer Oberst, den ominösen Brief: Es stand darin, mir fehle zum Offizier der Wehrmacht des nationalsozialistischen Deutschland die weltanschauliche und politische Zuverlässigkeit.

Die Lehren Machiavellis und die Symptome der Tyrannei

Ich hielt meine Vorlesungen nicht anders als vor der neuen Ära. Besonders gut besucht wurde die über Machiavelli und das Staatensystem der italienischen Renaissance, in dem zum erstenmal das Prinzip des Gleichgewichts der Mächte bewußt durchdacht und realisiert wurde. Was Machiavelli über die Geschichte seiner Zeit berichtet, gab Gelegenheit zu zeigen, daß Tyrannei sich durchaus mit Fürsorge für die unteren Volksschichten verbinden kann, ja, daß solche Fürsorge ein probates Mittel ist, dem Tyrannen die Bundesgenossenschaft des Volkes gegen jene zu verschaffen, die ihm gefährlich werden könnten. Es versteht sich von selbst, daß gerade in einer Zeit, da man Geschichte mehr und mehr als Geschichte von Völkern und nicht so sehr von Staaten, sogar mehr von Rassen als von Völkern zu betrachten begann, das Problem des Verhältnisses von

Volk und Staat und von Volk und Nation in meinen Vorlesungen erörtert werden mußte. Kann man es den Völkern überlassen, von ihren »natürlichen« Bedürfnissen aus die Geschichte zu bewegen? Oder soll es nicht vielmehr ein rational funktionierendes Geflecht von Institutionen geben, die jene »Bewegungen« nach innen und nach außen regulieren? Sollen Naturkräfte gelten, Staatsräson oder Gruppenräson?

In den Seminaren behandelte ich vor allem die Prinzipien des Staatsrechts und des Völkerrechts sowie die Problematik, die sich daraus ergibt, daß bestimmte Tatbestände unter die Normen verschiedener Rechtsebenen fallen und niemand da ist, der oberhalb der partikulären Ebene das Recht zur Entscheidung hat.

Bei der Führung des NS-Dozentenbundes kannte man meine Haltung. Gelegentlich warnten mich Hörer, auch solche, die das Parteiabzeichen am Rockaufschlag trugen, vor »unbedachten Äußerungen«. Doch man ließ mich in Ruhe, wenngleich mir bald klar war, daß ich im Dritten Reich nicht auf eine Professur rechnen konnte. Einmal freilich wäre ich beinahe in Teufels Küche gekommen, als ich bei einer Seminardiskussion der Theorien über das Wesen der Geschichte unter anderem ausführte: Die Lehre, daß Geschichte immer in der Auseinandersetzung zwischen Rassen kulminiere und daß Rassen auch geistig durch ihre Biologie determiniert seien und folgerichtig gute Politik darin bestehe, die richtige Rasse zu züchten, sei eine Philosophie von Viehzüchtern, angewandt am verkehrten Objekt. Das brachte mir eine Vorladung der Staatspolizei ein. Ich sorgte dafür, daß dies bekannt wurde, und – o Wunder! – es kam ein zweites Schreiben, mit dem meine Vorladung rückgängig gemacht wurde. Ich erfuhr bald den Grund: Der Führer des NS-Studentenbundes, Sandberger, ein SS-Mann, hatte der Staatspolizei geraten, sie solle die Sache auf sich beruhen lassen; die Studenten seien froh, daß es noch couragierte Dozenten gebe.

Außerhalb von Gericht und Universität beschränkte sich mein Leben auf den Umgang mit Freunden. Dazu gehörten vor allem Kollegen und Studenten, die sich an meiner Dante-Vorlesung, und was mit ihr zusammenhing, beteiligten. Im Laufe der Jahre hatte ich die mir zugängliche Literatur über Leben und Werk des großen

Florentiners gelesen und für meine exegetischen Ausführungen verarbeitet. Daraus war eine Reihe dicker Hefte entstanden, die mir später für einen Kommentar zur »Divina Commedia« dienen sollten. Die Hefte existieren noch, aber die Zeitumstände erlaubten bisher nicht, daraus ein Buch zu machen. Ich hatte die Anfänge dieser Arbeit ausgiebig mit Ernst Kantorowicz besprochen und Zustimmung bei ihm gefunden.

Besonders liebenswert erschien mir der Kammergerichtsrat Ernst Morwitz, den ich in Berlin kennengelernt hatte. Seine Übertragung der Gedichte Sapphos begleitet mich bis heute. In seiner Berliner Wohnung trafen sich häufig Freunde, die Stefan Georges Dichtungen zusammengeführt hatte. Zu ihnen gehörte Wolfgang Frommel, der als junger Mann unter dem Pseudonym Lothar Helbing ein vielgelesenes Buch mit dem Titel »Der dritte Humanismus« veröffentlicht hatte. Er hatte einen Kreis junger Menschen um sich gesammelt, die er im Geiste der Dichtung Stefan Georges erzog. Die Berliner Rundfunkanstalt hatte ihn 1934 für ihr kulturelles Programm verpflichtet, und er bat mich um Beiträge, in denen, durch historische Beispiele verschlüsselt, einiges zur Problematik unserer Zeit ausgesagt werden sollte. Ich sprach zuerst über »Dante und Pierre Dubois – Idee und Ideologie als staatsschaffende Kräfte« und im zweiten Vortrag über »Rousseau und Friedrich der Große – Natürlichkeit und Kunst im Staat«. Im Kreis der Freunde Wolfgang Frommels, von denen einige unter die Rassengesetze fielen, diskutierten wir über Gedanken dieser Art, und als für jene, denen das Vaterland genommen werden sollte, die Stunde der Auswanderung schlug, lasen wir miteinander das Hohelied eines anderen Verbannten, die »Divina Commedia«, bevor sie auf die große Reise gingen.

Einige gingen mit Wolfgang Frommel und seinen Freunden Billy Hildesheimer und Percy Gothein in die Niederlande. Als die deutsche Wehrmacht Holland besetzte, verschanzte sich Frommel mit seinen Schutzbefohlenen in einem Hause in der Herengracht zu Amsterdam. Dort wurde nach dem Kriege die Zeitschrift »Castrum Peregrini« geschaffen, die heute noch – in Holland in deutscher Sprache erscheinend – dem Geist der Dichtung Stefan Georges und seines Kreises gewidmet ist. Mit Wolfgang Frommel bin ich bis heute befreundet. Er ist ein Pädagoge im reinsten Sinn des sokratischen Verständnisses für Menschenführung. Schwere Schicksalsschläge haben ihn getroffen, und einige seiner Freunde fielen der Gestapo in die Hände, so jener Mann, der einst dem Knaben Wolfgang die ersten Wege in die Welt des Geistes wies: Percy Gothein.

Noch eine andere Freundschaft, die ich Percy Gothein verdanke, dauert ohne Riß bis zum heutigen Tage. Er brachte mir den sechzehnjährigen Ulrich Holländer zu, der Deutschland nicht verlassen wollte, ohne so viel klassisches Bildungsgut wie möglich mit sich zu nehmen. Über Italien und Frankreich ging er nach England und wurde im Krieg Offizier der britischen Armee. Im Frühsommer 1945 stand er als Captain Michael Thomas vor meinem Haus in Tübingen. Als Presseoffizier der Britischen Zone nutzte er seinen Einfluß, um zu helfen. Verfolgung und Emigration hatten ihn nicht vergessen lassen, daß Deutschland sein Vaterland ist.

Engste Freundschaft verband mich auch mit Woldemar Graf Üxküll-Gyllenband, der an der Philosophischen Fakultät alte Geschichte lehrte. Die Augusteische Zeit war sein Lieblingsgebiet, und es war eine Freude, ihm zuzuhören, wenn er über die Dichtung des Horaz und Vergil sprach. Die Studenten liebten die poetische Art seiner Geschichtserklärung, bei der man mehr Geschichte lernen konnte als bei den Lehrern, die die Phänomene der Geschichte nur von den gesellschaftlichen Zuständen her zu erklären suchten.

Woldemar Üxküll war ein Vetter der Grafen Schenk von Stauffenberg. Den einen der Zwillingsbrüder, Berthold, kannte ich aus seiner Studentenzeit in Tübingen und aus seiner Tätigkeit am Kaiser-Wilhelm-Institut für ausländisches Recht und Völkerrecht in Berlin. Alexander lernte ich durch Üxküll kennen. Berthold wurde nach dem Attentat seines jüngsten Bruders Claus auf Hitler am 20. Juli 1944 hingerichtet. Alexander wurde nach dem Kriege ordentlicher Professor für alte Geschichte in München. Meinem Freund Üxküll war es nicht beschieden, sich der großen Probe zu stellen: Im Frühjahr 1938 fuhr ihm das Auto eines Betrunkenen frontal gegen den Kühler seines Wagens. Nach drei Tagen starb er. An der Kirchhofsmauer in Tübingen fand er nahe bei Hölderlins Grab seine letzte Ruhestätte.

Verschiedentlich fragten Kollegen von anderen Universitäten bei mir an, ob ich bereit sei, einen Ruf anzunehmen. Mir war jedoch klar, daß es zu einer offiziellen Berufung nicht kommen werde, hatte doch das Kultusministerium in Stuttgart es sogar abgelehnt, mir den Titel eines außerplanmäßigen nichtbeamteten Professors zu verleihen. So wurde ich schließlich der dienstälteste Privatdozent Deutschlands ohne Titel, obwohl es üblich war, auch dem erfolglosesten Privatdozenten nach sechs Jahren den Titel eines außerplanmäßigen Professors zu verleihen. Nach dem Kriege konnte ich die Akten der Fakultät einsehen und dabei feststellen, daß ich von der Fakultät mehrere Male zum außerplanmäßigen Professor vorgeschlagen worden war und daß dort auch wegen einer auswärtigen Berufung angefragt wurde, beides aber am Einspruch der Partei gescheitert war. Gerade die Begabung und Fähigkeit dieses Mannes, von dem man wisse, daß er »nicht unser Mann« ist, lasse es geboten erscheinen, ihm keine Möglichkeit zu geben, seine akademische Laufbahn fortzusetzen. So steht es in den Akten.

Ich arbeitete an einem Traktat über Machiavelli und benutzte die Zeit, um Italien gründlicher kennenzulernen als bisher. Rom, Magna Graecia und das staufische Italien wollte ich mir so intensiv wie möglich einverleiben. Paestums Tempel wurden der stärkste Eindruck jener Zeit. Die Fülle des Möglichen bot sich mir in Rom, dem schon so oft besuchten und bisher nie ganz in seinem Besonderen und Einmaligen verstandenen: das Rom des Forum Romanum und des Palatinus, der Ara Pacis und Neros Goldenen Hauses, der frühen Kirchen. Ich wanderte durch das Rom Bramantes und Michelangelos; durch das Rom des Barock; das Rom der Museen, des Vatikans und der kapitolinischen Paläste – und alles überschattend, das Rom, das im Thermen-Museum die Venus von Kyrene birgt, den Knaben von Subiaco und das Mädchen von Antium. Ich habe versucht, aus diesen Marmorgestalten eine Art Anthropologie abzulesen. Sie galten mir als Muster des Menschseins: sowohl für die römische Welt, darin der Mensch erkennbar wird durch die Spuren, die sein Tun und sein Erleiden in ihm ausprägten; als auch für die griechische Welt, darin sich die Idee des Menschen erkennen läßt, der des Eros bedarf und nicht der Geschichte, um seine Gestalt auszuformen. Ich schrieb in

Rom ein Tagebuch, das für meine Kinder bestimmt sein sollte. Nach dem Krieg gab ich Alfred Döblin, der bei der französischen Militärregierung für die Erteilung der Druckerlaubnis zuständig war, einige Seiten zu lesen. Er druckte sie in seiner schönen Zeitschrift »Das goldene Tor« ab, und kurz danach erschien das Ganze als Buch unter dem Titel »Römisches Tagebuch« – es war eines der ersten Bücher, die in der Französischen Zone erscheinen durften.

»Mein Kampf« ließ keinen Zweifel zu: Sein Verfasser wollte den Krieg. Jede Brüskierung der Mächte war ihm bisher durchgelassen worden. Würden ihm nicht auch Unternehmen gelingen, mit denen er auf dem Wege, den Versailler Vertrag gegenstandslos zu machen, bis an die Schwelle der Katastrophe weiterzuschreiten beabsichtigte? Die meisten, mit denen man darüber sprach, begannen es zu glauben. Wenn noch irgendeine Kraft der Selbstbehauptung in der westlichen Welt steckte, hätte sie doch Gelegenheit genug gehabt, um Hitler Paroli zu bieten! Hatte sie sich nicht die militärische Wiederinbesitznahme des Rheinlandes gefallen lassen, obwohl die Regimenter der Reichswehr den Befehl hatten, bei Gegenwehr zurückzugehen, was die Regierungen in London und Paris doch wohl wußten? Wenn sie entschlossen gewesen wären, Hitlers Vormacht zu bremsen, hätten sie doch unmöglich die massive Aufrüstung zulassen können, die in Deutschland vor aller Augen vonstatten ging!

Die Vorgänge in Österreich sprachen eine deutliche Sprache: Die 1936 geschmiedete Achse Berlin–Rom und der Anti-Komintern-Pakt zwischen Deutschland und Japan, dem Italien beitrat, eröffneten für Hitler neue Perspektiven; daß Polen und Jugoslawien sich durch Verträge an Deutschland und Italien annäherten, zeigte, daß das französische Paktsystem auf schwachen Füßen stand. So hat mich denn der Einmarsch Hitlers in Österreich nicht überrascht, zumal an einer ganzen Anzahl österreichischer Studenten, die sich nach Tübingen abgesetzt hatten, klar zu ersehen war, daß die Parole »Heim ins Reich!« ihre Wirkung getan hatte, was dann auch der Jubel bewies, mit dem Hitler in Österreich, seinem Heimatland, empfangen wurde.

Das Treiben der Hitler-Anhänger in der Tschechoslowakei unter Konrad Henlein zeigte, wohin die Reise gehen sollte. Die Briten

ließen deutlich erkennen, daß ihnen die Erhaltung der Tschecho-
slowakei Beneschs keinen Krieg wert war; und in der französischen
Presse las man, daß doch sehr zu überlegen sei, ob es sich lohne, für
Danzig zu sterben . . .

Als es im September 1938 zu den Besprechungen zwischen der
Reichsregierung und den Regierungen Frankreichs und Großbritanniens in Bad Godesberg kam, brauchte es keine Sehergabe, um sich
die Folgen auszumalen. Man rettete den Frieden, indem man Hitler
den Weg nach Osten freigab. Was aussah wie staatsmännische
Weisheit, war feiges Zurückweichen vor dem, was das Grundgebot
aller Politik in dieser Stunde verlangte: Wehret den Anfängen!

Als Chamberlain die Garantie-Erklärung Frankreichs und Großbritanniens für Polen abgab, wurde mir klar, daß nun der Einmarsch
in Polen erfolgen wird. Jetzt konnte Stalin davon ausgehen, daß
England und Frankreich von Westen her Hitler so bedrängen werden,
daß die Sowjetunion von den Deutschen nichts mehr zu fürchten
brauchte: Der politische Boden für den deutsch-sowjetischen Pakt
über die vierte Teilung Polens und das Schicksal der Randstaaten war
vermessen und zugerichtet.

DER ZWEITE WELTKRIEG

Als Militärverwaltungsrat in Lille

Wie konnte man in einem Regime, das den Menschen »total« für sich in Anspruch nahm, überleben, ohne Verrat an dem zu üben, was für die eigene Selbstachtung unverzichtbar erschien? Das tägliche Brot war durch mein Richteramt gesichert, das mir nichts Unziemliches zumutete. Es kam darauf an, nicht »aufzufallen« und der zu bleiben, als der man seit jeher bekannt war und an dessen Absonderlichkeiten man sich gewöhnt hatte. Die Erfahrung der vergangenen Jahre ließ die Vermutung zu, daß ich weiter mit einer gewissen Narrenfreiheit würde rechnen können. Das aber setzte voraus, daß es nicht zum Krieg kam. Der totalitäre Staat würde in einem kriegerischen Existenzkampf den seiner Gewalt Unterworfenen keinen Freiraum lassen; er würde sich nicht mehr damit begnügen, daß jene, die ihm nicht ideologisch anhingen, sich ruhig verhielten. Er würde klare Beweise der Bereitschaft verlangen, sich für das große Ziel einzusetzen.

Daß Hitler zu allem fähig war, was seinen Traum von »Großdeutschland« und den Triumph der nordischen Rasse fördern konnte, war sicher; und die folgenlos begangenen Vertragsbrüche und Einbrüche in die bestehende europäische Ordnung hatten gezeigt, daß die Mächte, die an der Erhaltung dieser Ordnung interessiert sein sollten, außerstande oder nicht willens waren, sie zu verteidigen.

Der Tag war abzusehen, an dem Hitler, der schon im Oktober 1933 den Völkerbund verlassen hatte, wahrmachen würde, was er als das Recht der Deutschen verkündet hatte: sich im Osten aus eigener Kraft auf Kosten der dort lebenden Völker den Lebensraum zu verschaffen, auf den sie kraft ihres geschichtlichen Ranges einen unverjährbaren Anspruch hätten.

Am 23. August 1939 wurde der deutsch-sowjetische Nichtangriffspakt unterzeichnet; am 1. September 1939 brach der Krieg aus. Polen wurde verheert. Die Russen teilten sich mit Hitler in die Beute. Frankreich und Großbritannien traten in den Krieg ein. Das Verhalten der beiden Westmächte blieb mir unverständlich: Statt dem auf den Tod verwundeten Polen, dessen Sicherheit sie garantiert hatten, durch eine Offensive gegen den Rhein beizuspringen, um damit Kräfte zu binden, blieben sie in ihren Grenzstellungen und gingen über Scharmützel nicht hinaus. Im Osten zwangen die Russen Finnland zu Boden.

In Tübingen wurden eines Tages jüdische Mitbürger in einen Sonderbus der Post verfrachtet. Sie hatten kaum Gepäck bei sich, und manche weinten. Als sie abgefahren waren, konnte man hören, sie würden »in den Osten umgesiedelt«, wo durch die Flucht der Polen viel Platz freigeworden sei.

Am 10. Mai 1940 startete Hitler seinen Angriff auf Westeuropa. Die deutschen Truppen durchstießen die Niederlande, Belgien, Luxemburg und die Maginotlinie. Paris wurde am 14. Juni besetzt, und am 22. Juni kam es zum Waffenstillstand mit Frankreich, der die Besetzung von drei Vierteln seines Gebietes vorsah.

Anfang Juni 1940 hatte mir eine Kölner Dienststelle mitgeteilt, ich sei als Militärverwaltungsrat einberufen. Ich wußte nicht, was ein Militärverwaltungsrat ist, und folgte der Einberufung mit einiger Skepsis. Dort wurde mir eröffnet, ich hätte mich in Brüssel beim Chef der Militärverwaltung für Belgien und Nordfrankreich zu melden, der mir meinen Bestimmungsort und mein Aufgabengebiet zuweisen werde. Eingekleidet in feldgraue Wehrmachtsuniform, fuhr ich am nächsten Tag nach Brüssel, wo mir der Chef der Rechtsabteilung der Militärverwaltung mitteilte, daß ich meinen Dienst unverzüglich bei der Oberfeldkommandantur in Lille anzutreten habe. Auf meine Frage, worin mein Dienst bestehen werde, antwortete er: »Das kommt ganz auf Sie an . . . Sie werden die Zuständigkeiten haben, die Sie sich nehmen werden. Laut Anweisung der Militärverwaltung haben Sie dafür zu sorgen, daß die französische Gerichtsbarkeit so bald wie möglich wieder normal funktioniert – natürlich mit den Einschränkungen, die sich aus dem Besatzungszustand ergeben.« Er fügte hinzu, es könnte vielleicht Streit mit der Truppe geben, die manche Gerichtsgebäude für sich beschlagnahmt habe und nicht ohne weiteres Franzosen werde Platz machen wollen. Sicher werde ich auch den Oberfeldkommandanten in Lille beraten müssen, wenn es um die Haager Landkriegsordnung gehe, und darin stecke ein Rattenkönig von Möglichkeiten. Man habe mich deshalb nach Lille einberufen, weil ich einiges vom Völkerrecht zu verstehen scheine ... Als ich ihn fragte, warum denn Nordfrankreich dem Militärbefehlshaber in Brüssel unterstellt sei, obwohl es in Paris auch einen Militärbefehlshaber gebe, war die Antwort, das sei Sache der hohen Politik, um die ich mich nicht zu kümmern habe. Mein Vorgesetzter sei der Oberfeldkommandant in Lille, der wiederum dem Militärbefehlshaber in Brüssel unterstehe. Weisungen vom Militärbefehlshaber in Paris dürfe ich nicht entgegennehmen. Damit war ich entlassen und wurde nach Lille in Marsch gesetzt.

Die Diensträume der Oberfeldkommandantur 670 waren in dem stattlichen Gebäude der Handelskammer untergebracht, dessen Glockenturm das Stadtbild beherrschte. Oberfeldkommandant war General Heinrich Niehoff, ein Westfale, der nach Auflösung der Armee nach dem Ersten Weltkrieg Polizeioffizier in Preußen geworden war und nun, reaktiviert, im Range eines Generalleutnants stand. Er verwies mich an Militärverwaltungschef Rüdiger, seines Zeichens Regierungspräsident von Oppeln, von dem ich den Organisationsplan der Dienststelle erhielt und die Weisung, mich im Rahmen der Erläuterungen über meine Zuständigkeit zu verhalten, wie sie mir in Brüssel umschrieben worden war. Er selbst würde mich zunächst für die Redaktion der Verordnungen der Oberfeldkommandantur und für die Verhandlungen mit dem Regionalpräfekten brauchen. Juristische Belange würden mich vorerst nicht allzusehr in Anspruch nehmen. Zu unseren Aufgaben gehöre vor allem die Beaufsichtigung der französischen Verwaltung unter Beachtung der Haager Landkriegsordnung, damit die Wirtschaft in der Lage sei, nicht nur die Bedürfnisse der Bevölkerung zu befriedigen, sondern auch die der Besatzungsmacht. Anschläge gegen die deutsche Kriegführung abzuwehren sei Sache des Kommandostabes, der Feldgendarmerie, der Geheimen Feldpolizei und der Kriegsgerichte. Mein Quartier wurde mir im Hotel du Nord zugewiesen, später bezog ich eine Wohnung in einem Hause am Stadtrand, deren Besitzer ins unbesetzte Frankreich gezogen waren.

Der Dienstbereich der Oberfeldkommandantur umfaßte die beiden Departements Nord und Pas-de-Calais, Hauptsitze der französischen Textil- und Montanindustrie. Dem Kommandostab unterstand alles, was die militärische Sicherung und Einrichtung des Gebiets anlangte, die Landesschützeneinheiten, die Geheime Feldpolizei, die Feldgendarmerie und die Kriegsgerichtsbarkeit. Mit der im Felde operierenden Truppe war die Oberfeldkommandantur nicht befaßt. Der Verwaltungsstab gliederte sich unter Leitung des Militärverwaltungschefs in die Verwaltungs- und die Wirtschaftsabteilung. Letztere hatte der französischen Verwaltung die Organisation und Verteilung der Produktion aufzugeben, sie zu beraten und zu kontrollieren – wobei sich herausstellte, daß dies nur in Abstimmung mit der Militärverwaltung in Paris und den französischen Ministerien möglich war. Ihr Leiter war Dr. Paul Beyer, Rechtsanwalt und Mitglied der Geschäftsführung bedeutender Unternehmen.

Die Verwaltungsabteilung, geleitet von dem bayerischen Beamten Dr. Kurt Monglowski, war praktisch für alle Probleme zuständig, die sich aus der Notwendigkeit ergaben, für die Verwaltung der Dienstbereiche zu sorgen, deren gutes Funktionieren notwendig war, um die Bedürfnisse der Bevölkerung und der Besatzungsmacht zu erfüllen. Dazu gehörte das Polizeireferat, dem die Aufsicht über die französische Polizei und die Beratung des Oberfeldkommandanten in Angelegenheiten der politischen und der militärischen Polizei oblag. Ich führte die Aufsicht über die französische Gerichtsbarkeit und das Gefängniswesen, diente auf vielen Sachgebieten als Bearbeiter der völkerrechtlichen Probleme und schlug die Einrichtung eines Referats für Schulwesen und Universität, für den Schutz der Kunstdenkmäler und Museen vor. Die Arbeit für diesen Bereich führte mich mit Graf Metternich zusammen, dem beim Militärverwaltungschef in Paris für den Kunstschutz im besetzten Frankreich Verantwortlichen, der in Deutschland Konservator der Kunstdenkmäler der Rheinprovinz gewesen war.

Die Militärverwaltung in Frankreich verwaltete nach rechtsstaat-

lichen Traditionen, auch wo es sich darum handelte, dem Besatzungszweck gerecht zu werden. Es kam zwangsläufig immer wieder zu
Vorgängen, bei denen die verantwortlichen Militärs nicht auf außerordentliche Mittel verzichten zu können glaubten, aber in Fällen von
Repressalien, Geiselnahme, Vergeltungsmaßnahmen, Razzien und
dergleichen tat die Verwaltung, was ihr möglich war, um Zahl und
Intensität dieser außerordentlichen Maßnahmen in Grenzen zu
halten. Ihre Bemühungen hatten nicht immer Erfolg; doch oft gelang
es ihr, der Sache der Vernunft und Menschlichkeit dem angeblich
militärisch Notwendigen gegenüber – unter Kriegsverhältnissen –
zum Siege zu verhelfen.

Die Aufsicht über die Behörden des besetzten Landes wurde ohne
Schärfen und Siegerhochmut gehandhabt, was durch das verständige
Verhalten dieser Behörden erleichtert wurde. Die französischen
Beamten wahrten durchaus das Interesse ihres Landes und seiner
Bürger, aber sie erkannten an, daß die Besatzungsmacht und ihre
Dienststellen andere, oft entgegengesetzte Interessen zu vertreten
hatten.

Zu der Möglichkeit der Militärverwaltung, Schärfen zu vermeiden,
trug wesentlich bei, daß im ersten Jahr der Besatzungszeit Dienststellen der NSDAP und ihrer Gliederungen innerhalb des Besatzungsgebietes keine Tätigkeit entfalteten. Im März 1942 wurde dann für das
Gebiet des Militärbefehlshabers Frankreich ein SS- und Polizeiführer
eingesetzt, der für all jene polizeilichen Aufgaben zuständig sein
sollte, die im Reichsgebiet dem Reichsführer SS oblagen. Er bekam
Weisungs- und Aufsichtsrecht gegenüber den französischen Behörden und konnte über den Einsatz der französischen Polizei verfügen,
blieb aber bei militärischen Operationen an die Weisungen des
Militärbefehlshabers gebunden. Zu den Polizeiaufgaben gehörten vor
allem »Sühnemaßnahmen gegen Verbrecher, Juden und Kommunisten anläßlich ungeklärter Anschläge auf das Deutsche Reich oder
deutsche Staatsangehörige«.

In Belgien und Nordfrankreich begann das Parteiregime erst im
Juli 1944, und zwar wurde nach Absetzung des Militärbefehlshabers
für Belgien und Nordfrankreich, General von Falkenhausen, in
dessen früherem Befehlsbereich eine Zivilverwaltung eingeführt, die

dem Gauleiter von Köln und Aachen, Grohé, als Reichskommissar unterstand.

Nach und nach machten sich Sonderdienststellen Berliner Ministerien mit Sondervollmachten bei uns bemerkbar, auch solche des Reichsführers SS, die sich neben der Militärverwaltung als Gestapo für das besetzte Gebiet betätigten – vor allem gegenüber Personen, die für Mitglieder oder Förderer von Widerstandsgruppen gehalten wurden, sowie gegenüber Angehörigen der Wehrmacht oder deutscher Dienststellen, die als politisch unzuverlässig galten. Auf das Konto dieser Sonderdienststellen gehen die meisten Maßnahmen, die dem Besatzungsregime in Frankreich den Ruf einer Schreckensherrschaft einbrachten.

Die Wehrmacht hatte bei der Bevölkerung Nordfrankreichs einen guten Ruf. Warum das korrekte Verhalten der Truppe für die Franzosen dennoch kein Grund war, die Besetzung des Landes widerspruchslos hinzunehmen, bedarf wohl keiner besonderen Begründung. Die Bevölkerung war über die Unterstellung der beiden Departements Nord und Pas-de-Calais unter den Militärbefehlshaber in Brüssel bedrückt; sie befürchtete die Abtrennung Nordfrankreichs vom übrigen Land. Wir konnten dazu auf Befragen nicht mehr sagen, als daß die Heeresleitung die administrative Zuteilung der Norddepartements an Brüssel befohlen habe, die staatsrechtliche Stellung der Departements dadurch aber nicht berührt werde. Immer wieder bekamen wir zu hören, daß es nicht zuletzt auch für die deutschen Interessen besser wäre, die französische Wirtschaftskraft einheitlich von einer Militärverwaltung für ganz Frankreich steuern und kontrollieren zu lassen. Die deutsche Militärverwaltung in Paris verlange ja selbst die Unterstellung zumindest der Wirtschaftsverwaltung Nordfrankreichs unter ihre Aufsicht.

Diese in der Tat häufig gestellte Forderung der deutschen Behörden in Paris wurde von der politischen Führung immer wieder abgelehnt. Dafür mag es verschiedene Gründe gegeben haben. Zunächst einmal herrschte auch auf dem Gebiet der Militärverwaltung so etwas wie ein rivalisierender Ämterimperialismus. Die Oberfeldkommandantur in Lille und der Militärbefehlshaber in Brüssel äußerten sich jedem Antrag der deutschen Militärverwaltung in Paris und jedem Antrag der Franzosen in der Waffenstillstands-kommission gegenüber negativ, und zwar unter Berufung auf den Verwaltungsauftrag des Führers, der sich offenbar für den germa-nisch-romanischen Grenzraum Handlungsfreiheit vorbehalten wolle, zumal ja gerade dieses Gebiet dem niederländischen Raum von jeher verbunden gewesen sei. Den Franzosen wurde erklärt, der Krieg gegen England verlange eine frontnahe Verwaltung der Gebiete an der Kanalküste, worauf diese erwiderten, daß gerade für diesen Zweck eine einheitliche Verwaltung des französischen Teils dieser Küste doch strategisch wesentlich vernünftiger sein würde.

Im Laufe der Jahre wurden, weil die ökonomischen Sachzwänge es geboten, Absprachen der Dienststellen in Lille und in Paris immer häufiger und intensiver, die Sachbereiche Textilwirtschaft und Montanindustrie beider Militärverwaltungen nach einheitlichen Gesichtspunkten organisiert und verwaltet. Freilich empfanden auch dann noch die Franzosen den Pfahl im Fleische Frankreichs schmerz-haft. Bei den Verhandlungen in Vichy scheinen vage Zusagen über eine mögliche baldige Rückkehr der Norddepartements unter die zentrale Verwaltung eine Rolle gespielt zu haben. Man wollte damit die französischen Stellen geneigter machen, ihren Widerstand gegen die Gestellung von französischen Arbeitskräften für die deutsche Kriegswirtschaft aufzugeben.

Kriegsrecht und Humanität

Die Umstände brachten es mit sich, daß ich in meiner Eigenschaft als Rechtsberater der Militärverwaltung – zumal des Leiters der Wirt-schaftsabteilung, Dr. Beyer, mit dem mich im Lauf der Zeit eine herzliche Freundschaft verbinden sollte, nicht minder wie mit dem Rittmeister der Reserve Theodor Momm, dem die Sorge für die Textilwirtschaft anvertraut war – immer häufiger an Besprechungen in Paris teilzunehmen hatte. Das Ansinnen der Pariser Militärverwal-tung, die Ordnung der Dinge in Nordfrankreich zumindest mit-bestimmen zu können, soweit es sich um die Förderung der kriegs-wirtschaftlichen Interessen des Reiches handelte, wurde immer

drängender. Den Franzosen war die Zusammenarbeit beider Militärverwaltungen natürlich recht, wenngleich ihnen das für sie Nützliche
daran für sich allein nicht genügte. Das Dogma *»La France une et
indivisible«* steckte ihnen so tief im Blut, daß es alle Probleme – auch
politisch unbedeutsame – beeinflußte. Um dieses Dogmas willen
hatte die französische Regierung darauf bestanden, daß für die
Bestimmung des Umfangs der Gestellung französischer Arbeitskräfte
für Deutschland von Frankreich als einem Ganzen ausgegangen
werden müsse. Die Militärverwaltung Paris und der Reichskommissar für den Arbeitseinsatz, Fritz Sauckel, gingen darauf sofort ein,
denn bei der Ausklammerung Nordfrankreichs aus der Bemessungs-
grundlage wären die Franzosen besser weggekommen. Als die
französische Regierung im Februar 1943 auf schwersten Druck hin
den »Service obligatoire du travail«, die Arbeitsdienstpflicht, einrich-
tete, wurde die Anwendung dieses Gesetzes auch für Nordfrankreich
vorgeschrieben. Bei einer der Verhandlungen Sauckels mit der
französischen Regierung waren Dr. Beyer und ich anwesend, um die
Vorstellungen der Oberfeldkommandantur zur Geltung zu bringen.
Ich war von der Energie und den politischen Begründungen tief
beeindruckt, mit denen Ministerpräsident Laval die Interessen des
französischen Volkes und seine Verbundenheit in einem gemeinsamen Schicksal verteidigte.

Die Militärverwaltung für Nordfrankreich handhabte den Einsatz
französischer Arbeiter anders als die Militärverwaltung Frankreich.
Es war das Verdienst Theodor Momms, daß französische Arbeitskräfte für Zwecke der deutschen Kriegswirtschaft bei nordfranzösischen Industriefirmen eingesetzt wurden, wodurch erreicht wurde,
daß in unserem Dienstbereich wesentlich weniger junge Leute ins
Maquis gingen als anderswo. Wir hatten erkannt, daß sich gerade die
jüngeren und politisch wagemutigen Männer dem Einsatz in
Deutschland entziehen würden. Was blieb ihnen denn anderes übrig,
als unterzutauchen und sich einer Widerstandsgruppe anzuschließen,
vor allem, seit nach dem Angriff auf die Sowjetunion die zahlreichen
Kommunisten unter der Arbeiterschaft Nordfrankreichs sich zum
aktiven Kampf gegen den Feind des »Vaterlandes der Arbeiterklasse«
aufgerufen fühlten? In Nordfrankreich gab es für sie zwar keine

großen Waldgebiete und einsamen Gebirgsgegenden, dafür konnten sie sich im Dschungel der Siedlungen des Kohlereviers und der schwer zu kontrollierenden Städte sammeln, was bald an der Zunahme der bisher seltenen Attentate auf Wehrmachtseinrichtungen und Verkehrsmittel zu verspüren war. Es leidet keinen Zweifel, daß die Einführung der Arbeitsdienstpflicht und die Verschickung französischer Arbeitskräfte nach Deutschland die wirksamsten Werber für die aktive Widerstandsbewegung in Frankreich wurden. Zweifellos hätte es auch ohne diese Maßnahmen Widerstandsgruppen gegeben, solche kommunistischer Prägung und solche französischer Nationalisten, es wäre jedoch nicht eine Armee daraus geworden, die »Forces Françaises de l'Intérieur« (F.F.I.), die nach der Landung der alliierten Truppen in der Normandie und in der Provence ins Kriegsgeschehen eingriff und – was wichtiger war – dem französischen Volk das Bewußtsein gab, auch in der Machtlosigkeit des Besetztseins den Kampf um die Befreiung des Vaterlandes und um den Sieg der Freiheit in der Welt mit der Waffe weitergeführt und damit das Recht erworben zu haben, bei der politischen Gestaltung der Zukunft im Kreise der Siegermächte mitzureden.

Mit der Einführung der Zwangsarbeit und der Zwangsarbeiterverschickung nach Deutschland bekamen die Aufrufe General de Gaulles die Kraft, tiefgreifende Veränderungen im Verhalten der Franzosen gegenüber ihrer legalen Regierung zu bewirken. Marschall Pétain war und blieb noch lange eine verehrte Persönlichkeit. Er war der Mann, dem man die Rettung des Vaterlandes vor sinnloser Kriegsverheerung verdankte. Er war der Mann, der nach dem schmählichen Zusammenbruch der bei Verdun und an der Marne einst so ruhmreichen Armee dem Volk »wieder eine Seele gegeben hatte, während die an der Katastrophe wahrhaft schuldigen Politiker sich in Sicherheit brachten«.

Ich hatte lange den Eindruck, daß General de Gaulle der Allgemeinheit erst spät, nach der Niederlage der Deutschen in Stalingrad und den Ereignissen in Nordafrika, als eine Hoffnung erschien. Nachdem am 8. November 1942 amerikanisch-britische Truppen unter Befehl General Eisenhowers an den Küsten Nordafrikas gelandet waren und de Gaulle einige Monate später eine vorläufige französische Regierung des »Komitees für die nationale Befreiung« gegründet hatte, sank der Stern Pétains in der Achtung der Franzosen, denen er nunmehr nur noch als der Mann der Deutschen erschien. Zur gleichen Zeit, nämlich mit der Besetzung des bisher freien Teiles Frankreichs bis zur Mittelmeerküste am 9. November 1942, trat bei der Bevölkerung Nordfrankreichs an die Stelle der Bereitschaft zur Zusammenarbeit der Geist des Widerstandes, der freilich bis auf wenige Ausnahmen ein passiver und moralischer Widerstand blieb.

Eine einheitliche Widerstandsbewegung gab es in Nordfrankreich zunächst nicht. Nach Inkrafttreten des Waffenstillstandes hatten sich kleinere Gruppen gebildet. Dann bildeten sich, nach dem Angriff auf die Sowjetunion, örtliche Abteilungen von »Francs-tireurs Partisans« (F.T.P.), die fast nur aus Kommunisten bestanden und sich als Hilfstruppen im Rücken der gegen die Sowjetunion operierenden deutschen Armee betrachteten. Diese kommunistischen Gruppen nahmen bald einen patriotischen »blauweißroten« Charakter an, und ihr Gesetz wurde, alles zu tun, was dazu beitragen konnte, die Deutschen in Frankreich zu schlagen. Zugleich galt es aber, den Widerstand gegen den Faschismus als Kampf der Arbeiterklasse für ihre Befreiung vom Joch der kapitalistischen Ausbeutung zu führen. Nationaler Befreiungskampf und Klassenkampf fielen für diese Gruppen in eins zusammen, und dies gab ihnen ihre ganz besondere Virulenz.

Gleichzeitig bildeten sich »bürgerliche« Gruppen. Ihre Mitglieder kamen aus den verschiedensten Kreisen. Zum Teil waren es ehemalige Offiziere, Studenten, die sich dem Arbeitsdienst entzogen hatten, intellektuelle Patrioten, die darunter litten, daß die Tugenden, die Frankreich zu einem der hellsten Sterne am Himmel Europas gemacht hatten, unterzugehen drohten.

Die Bekämpfung dieser Widerstandsgruppen wurde deutscherseits als polizeiliches Problem begriffen. Man glaubte, durch Einkerkerung von Verdächtigen, von Verurteilung der »Schuldigen« durch Kriegsgerichte, schließlich durch die »Deportation bei Nacht und Nebel« dem Übel steuern zu können. Doch das Gegenteil trat ein. Je rigoroser man diese Mittel anwandte, je mehr Geiseln genommen wurden, desto mehr Franzosen solidarisierten sich mit allen, die bereit waren, der deutschen Kriegsmaschinerie Schaden zuzufügen. Der materielle Schaden, der dabei angerichtet wurde, war nicht das Schlimmste; viel schlimmer war, was durch die kollektiven Sühnemaßnahmen an Feindseligkeit und moralischer Verachtung gegen alles Deutsche entstand.

Ich war schon kurz nach Antritt meines Dienstes mit dem Problem der Geiselnahme konfrontiert worden. Am Stadtrand Lilles lagen britische Soldatengräber, in denen abgeschossene Flieger beigesetzt waren. Die Bevölkerung hatte es sich seit den ersten Besetzungstagen zur Gewohnheit gemacht, diese Gräber überreich mit Blumen zu schmücken und Briefe niederzulegen, in denen den Briten für die Fortsetzung des Kampfes gedankt wurde. Der für die Sicherheit der Truppe verantwortliche Offizier der Oberfeldkommandantur sah in diesem Verhalten eine bewußte Provokation der deutschen Armee und veranlaßte General Niehoff, die Bevölkerung aufzufordern, diese Provokationen zu unterlassen, unter der Androhung, daß bei Nichtbefolgung zehn Bürger als Geiseln erschossen werden würden. Die Bevölkerung der Stadt ließ sich durch die roten Anschläge nicht beeindrucken und schmückte die Gräber unbeirrt weiter.

An einem Septembersonntag erfuhr ich, der General habe Befehl erteilt, am Montag morgen seine Androhung wahrzumachen und zehn Geiseln zu erschießen. Es mußte rasch gehandelt werden. Der Chef der Militärverwaltung war nicht erreichbar, und so bewog ich den Oberkriegsverwaltungsrat Apetz, mit mir zum General zu gehen, was zwar jeder Vorschrift widerspreche, aber die einzige Möglichkeit sei zu verhindern, daß großes Unrecht geschehe.

Wir meldeten uns bei General Niehoff an, der uns mit differenzierender Höflichkeit empfing. Zunächst beschränkte ich mich darauf, die völkerrechtlichen Argumente vorzubringen, die gegen die angeordnete Maßnahme sprachen: Es bestünde keinerlei Verhältnismäßigkeit von Tat und Sühne, zwischen der Unabänderlichkeit dessen, was den Geiseln angetan werden sollte, und dem Schaden, der dem Prestige der Besatzungsmacht zugefügt worden sei. Apetz sprach von seinen Erfahrungen aus seiner Dienstzeit im Protektorat Böhmen und Mähren und fügte hinzu, es sei verwaltungsmäßig gesehen besser, die

Anordnung zurückzunehmen. Es gäbe andere Mittel, um die Provokation an den Gräbern gegenstandslos zu machen.

Der General blieb freundlich, dankte uns für die Belehrung, aber er habe seine Befehle gegeben und sei es nicht gewohnt, Befehle zurückzunehmen. Er lud uns zu Tisch und schlug vor, zusammen ein Glas Türkenblut zu trinken, eine Mischung aus Burgunder und Champagner.

Sollten wir wirklich Tischgäste des Generals sein und Türkenblut mit ihm trinken, während bei der Feldkommandantur die Geiselerschießung vorbereitet wurde? Das Abendessen wurde aufgetragen, der General sprach über banale Dienstvorgänge, erzählte Anekdoten, Zigarren wurden gereicht – da hielt ich es nicht mehr aus. Ich wechselte das Thema und sprach von der Rechtswidrigkeit dessen, was er im Begriff stand zu tun, wies ihn auf das Unglück hin, das er über zehn rechtschaffene Familien bringe, sagte ihm, es gehe doch nicht an, Menschen für das Tun Dritter büßen zu lassen, und was mir sonst noch einfiel, um seinen Sinn zu wandeln.

Der General schwieg, lächelte, trank Türkenblut und sagte endlich: »Nein, Herr Doktor, die werden dem Tod nicht von der Schippe springen.«

Ohne zu überlegen, was ich tat, sagte ich: »Herr General, Sie sind getaufter Christ, Sie kennen die Zehn Gebote. Sie wissen, daß es Sünde ist, was Sie zu tun beabsichtigen . . .«

Wortlos ging er durch das große Zimmer, in dessen Ecke eine Orgel stand. Er setzte sich, präludierte und spielte den Choral »Wie schön leucht' uns der Morgenstern«, phantasierte noch eine Weile über das Thema, erhob sich und ging aus dem Raum. Wir sahen uns fragend an; jeder wußte, was der andere dachte, und schwieg. Da, leise Schritte. Der General öffnete die Tür: »Sie können sie haben – beeilen Sie sich – bald ist Büchsenlicht . . .«

Wir rannten ans Telefon, und mein Kollege gab der Feldkommandantur Bescheid. Gerade noch zur rechten Zeit.

Zusammen mit Oberfeldrichter Wilhelm Klinkert habe ich noch manchem Gefährdeten zu helfen vermocht, vor allem solchen, die in die Hände des Kriminalkommissars Harnischfeger gefallen waren, der die Sicherheitspolizei leitete. Oft hat uns dabei der Leiter der Abwehr in Lille mitgeholfen. Schon 1944 erschien das Buch »Quand Lille avait faim 1940 – 1944«, in dem der Verfasser, Monsieur Detrez, zweiter Bürgermeister der Stadt und Dompfarrer, über diese Dinge und die Rolle, die Klinkert und ich dabei spielten, berichtet hat.

Viele Franzosen wurden Opfer der harten Anwendung der Kriegsgesetze durch die Kriegsgerichte. Die Kriegsgerichtsbarkeit gehörte zum militärischen Sektor der Oberfeldkommandantur und ging mich daher im Grunde nichts an. Eines Tages sollte ich dennoch in dramatischer Weise mit ihr in Berührung kommen: Durch ein Versehen landete im September 1941 eine Akte des Kriegsgerichtes der Kommandantur Valenciennes auf meinem Tisch. Ich las das Urteil: Ein gerade achtzehn Jahre alt gewordener Abiturient, Jacques Derveaux, war zum Tode verurteilt worden, weil er an seinem Ferienort in der Nähe der Kanalküste mit einem Spaten vorsätzlich ein Telefonkabel durchschnitten hatte, das zu einem nahe gelegenen Stützpunkt führte. Nach dem Militärstrafgesetzbuch war das Urteil Rechtens; daran war nicht zu zweifeln. Das Urteil bedurfte nur noch der Bestätigung durch den General und durch den Militärbefehlshaber in Brüssel als oberstem Gerichtsherrn.

Ich kann nicht erklären, wie es kam, aber beim Lesen des Urteils überfiel mich jäh der Gedanke: »Wenn dein Leben nicht sinnlos geblieben sein soll, mußt du verhindern, daß dieser Junge erschossen wird.« Ich setzte mich mit dem Vorsitzenden des Kriegsgerichts Valenciennes in Verbindung, der seltsamerweise Dr. Nothelfer hieß, um eine Empfehlung an den General von ihm zu erbitten, Jacques Derveaux zu begnadigen. Wegen der Schwere des Verbrechens und der Hinterlist, mit der es begangen worden sei, könne er eine Begnadigung nicht empfehlen, war seine Antwort. So ging ich ohne diese Empfehlung zum Oberfeldkommandanten, der die Begnadigung, wie zu erwarten war, ablehnte.

Es blieb also nur der Weg nach Brüssel. Ich vermochte den Chef der Verwaltung für mein Vorhaben zu gewinnen. Er wandte sich an seine vorgesetzte Stelle in Brüssel, die ihrerseits bei General von Falkenhausen intervenierte, der den Fall zu erneuter Verhandlung an das Gericht zurückgab. Es kam wieder zu einem Todesurteil. Nun fuhr ich auf eigene Faust nach Brüssel. General von Falkenhausen lehnte es ab, mich in dieser Angelegenheit zu empfangen. Ich wandte mich an seinen Ordonnanzoffizier, einen hohen nationalsozialistischen Funktionär aus dem Land Lippe, und trug ihm den Fall vor, ohne das humanitäre Problem, das mich bewegte, auch nur zu berühren. Der Junge sei der Sohn des angesehenen Professors Derveaux von der Rechtsfakultät der Katholischen Universität in Lille. Welche Rolle Sympathie und Antipathie wichtiger Bevölkerungsschichten für die Verwirklichung der Kriegsziele des Führers gerade in diesem nordischen Gebiet Frankreichs spielen könnten, dürfte wohl klar sein. Wäre es da nicht politisch richtig, den Herrn Militärbefehlshaber zu einem Akt der Gnade zu veranlassen? Die Hauptsache sei doch, daß der junge Mann nicht weiter schaden könne.

Ich hatte Erfolg. General von Falkenhausen, der nun die Rückendeckung eines hohen Parteimannes hatte, begnadigte Derveaux zu lebenslangem Zuchthaus. Er kam in eine Strafanstalt im Rheinland. Doch sein Schicksal ließ mir keine Ruhe. Sein Vater zeigte mir Briefe, aus denen hervorging, daß sein Sohn an Tuberkulose erkrankt war. Ich wußte zunächst keinen Rat. Da trat in der Besetzung der Oberfeldkommandantur eine Veränderung ein, die nicht nur in diesem Fall von Bedeutung werden sollte: Der bisherige Oberfeldrichter wurde durch Wilhelm Klinkert, einen schwerverwundeten Reserveoffizier und Rechtsanwalt aus Kolberg in Pommern, abgelöst. Wir verbrachten viele Abende zusammen, und ich lernte in ihm einen Preußen kennen, der mit Leib und Seele Soldat war, aber – und das war auch preußisch an ihm – nicht das geringste für den Nationalsozialismus übrig hatte. Wir sprachen über den Fall Jacques Derveaux. Er wußte im Augenblick auch keinen Rat, doch ein paar Tage später glaubte er, eine Lösung gefunden zu haben – allerdings werde es uns den Kopf kosten, wenn die Sache schiefgehe. Er wollte versuchen, unter die Schriftstücke, die er dem General wöchentlich zur Unterschrift vorzulegen habe, eine Verfügung zu mischen, wonach der Strafgefangene Derveaux zur Vernehmung nach Lille zu überstellen sei. Nach der Überstellung werde er ihn eine Weile in Haft behalten und sich dann auf dieselbe Weise um eine weitere Verfügung bemühen, wonach der Häftling Derveaux auf freien Fuß zu setzen sei.

Wahrscheinlich werde der General die Verfügungen wie üblich ungelesen unterschreiben. Manche freilich lese er . . . Klinkerts Plan gelang. Jacques Derveaux wurde frei. Seine Eltern und deren Freunde brachten ihn so rasch wie möglich in den Süden Frankreichs.

Im Sommer 1950 erhielt ich einen Brief aus Saint-Benoît-sur-Loire: Jacques Derveaux war in das dortige Kloster eingetreten. Man kann sich meine Betroffenheit vorstellen, zu wissen, daß in einem französischen Benediktiner-Kloster ein Frère Michel, der früher Jacques Derveaux hieß, seinen Erretter täglich in sein Gebet einschließt. 1971 besuchte ich Frère Michel. Bald darauf schrieb er mir, er habe nun das Buchbinderhandwerk erlernt und würde gern ein Buch aus meiner Feder für mich binden . . .

Résistance

Wie die Bevölkerung dachte und wo sie die seelische Not am tiefsten traf, erfuhr ich immer wieder durch Kanonikus Mothe, den Sekretär des Bischofs von Lille, Kardinal Liénart. Dieser Kirchenfürst war ein eindrucksvoller Seelsorger seiner Diözese, der entschieden jede Verbindung der Kirche mit dem Staat ablehnte: Die »arme Kirche« sei eine größere Kraft als die von den Mächtigen dieser Welt alimentierte staatsfromme Anstalt. Der geistliche und geistige Einfluß der Kirche in Frankreich habe seit der Trennung von Kirche und Staat zugenommen; in christlichen Kategorien zu denken, sei in Frankreich wieder eine Macht geworden.

Der Protestantismus spielte in Nordfrankreich keine bedeutende Rolle. Die Reformierte Kirche im Schweizer Kanton Waadt sorgte für die Diaspora der Gegend durch ihren Pastor Marcel Pasche. Dieser junge Geistliche wurde mir bekannt, als er um die Freigabe des Gemeindehauses bat. Unsere Begegnungen und Beziehungen vertieften sich im Lauf der Zeit. Ich erfuhr viel durch ihn, und so hörte ich auch früh von geplanten Übergriffen gegen die jüdischen Einwohner Lilles. Daher konnte ich rechtzeitig tätig werden und manche Verhaftung verhindern. Antisemitische Maßnahmen größeren Umfangs erfolgten verhältnismäßig spät. Es gab bei der Wirtschaftsabteilung der Militärverwaltung in Paris zwar ein Judenreferat, das zusammen mit dem von Vichy eingesetzten Kommissar für jüdische Angelegenheiten »die Brechung der jüdischen Wirtschaftsmacht« zum Ziel hatte, aber der Umstand, daß General von Falkenhausen am 8. August 1940 angeordnet hatte, daß gegen einen Bewohner des Landes, nur weil er Jude sei, »besondere Maßnahmen« nicht ergriffen werden dürften, konnte dem Übereifer gewisser Dienstbehörden Abbruch getan werden.

Im Oktober 1940 wurde durch Führerbefehl auch beim Befehlshaber Belgien und Nordfrankreich ein Sonderbeauftragter der SS für Judenfragen eingesetzt, der dem Militärbefehlshaber unterstand, aber faktisch nur Weisungen aus dem Sicherheitshauptamt erhielt. Die Haltung der Militärbefehlshaber den Juden gegenüber änderte sich. Zwischen der kommunistischen Widerstandsbewegung und jüdischen Kreisen wurden Zusammenhänge vermutet. Französische Polizeistellen berichteten, Attentate auf Wehrmachtsangehörige seien von kommunistischen Freischärlern »unter jüdischer Führung« verübt worden. Kommunismus und »jüdischer Kapitalismus« galten manchen als gleichwertige Formen der Weltherrschaft des Judentums. Ortskommandanten, die so dachten, hielten es für richtig, für Sühnemaßnahmen »bevorzugt« Juden festzunehmen. General Karl-Heinrich von Stülpnagel, der doch durch die Tat bewiesen hat, daß er nicht ein Mann Hitlers war, empfahl, besser als Massenerschießungen sei die Deportation »größerer Massen von Kommunisten und Juden nach dem Osten«. Das werde auf die Bevölkerung abschreckender wirken als die Geiselpraxis.

Als im Juli 1942 die Juden im besetzten Frankreich den Judenstern tragen mußten, besprach ich die neue Situation mit Pastor Pasche und stellte ihm anheim, die Juden, die sich noch in Nordfrankreich befanden, zu warnen und sie zu veranlassen, in das unbesetzte Frankreich zu gehen. Als sich Adolf Eichmanns Regiment auf das besetzte Frankreich ausdehnte und im März 1943 die ersten Deportationen von Juden nach Auschwitz erfolgten, waren kaum Juden aus Nordfrankreich unter ihnen. Besonderes Verdienst um die Rettung gefährdeter Juden hat sich die Reformierte Kirche erworben. Was einige ihrer Pastoren auf sich nahmen, um jüdischen Menschen zur

Flucht in das unbesetzte Frankreich zu verhelfen, wird ein Ruhmesblatt der Reformierten Kirche Frankreichs bleiben. Sie hat sich des
alten Wahlspruchs der Kamisarden bei der Verfolgung ihrer Kirche
durch die Häscher des Königs von Frankreich würdig erwiesen:
»Savoir résister . . .«

Der wichtigste Faktor Nordfrankreichs für die deutsche Kriegswirtschaft war der Kohlenbergbau. Bei der Militärverwaltung war
dafür Bergassessor Dr. Max Schensky verantwortlich, der der SS
angehörte. Er arbeitete Tag und Nacht, nicht nur um den Papierkrieg
zu bewältigen, sondern vor allem, um im Bergbau technisch bessere
Methoden durchzusetzen. Er war viel im Revier und kannte die
sozialen Verhältnisse der Bergleute genau. Ohne sich viel um
besatzungsrechtliche Legalität zu kümmern, besorgte er für die
Bergarbeiter Lebensmittel, und die Aufgabe, Kohle zu fördern und
für jene zu sorgen, die sie aus dem Boden holten, nahm ihn so
gefangen, daß von seinen ursprünglichen SS-Ideologien nicht viel
übrigblieb. Gelegentlich gab es auf einzelnen Gruben aufgrund der
Lebensbedingungen Arbeitsverweigerungen, und nach Beginn des
Angriffs auf die Sowjetunion gelang es subversiver Propaganda
kommunistischer Widerstandskreise im Revier, politische Streiks
auszulösen. Die Bergleute förderten nicht mehr, es kam zu Demon-
strationsumzügen. Weder das Zureden des Präfekten und des Berg-
hauptmanns noch die Verlautbarungen der Kommandantur, die den
Streikenden strenge Bestrafung androhten, halfen. Der General rief
seine Berater zusammen, um über geeignetere Maßnahmen zu
diskutieren. Alle rieten von Geiselnahmen ab; einige schlugen vor, in
den Bergarbeitersiedlungen das Trinkwasser abzustellen oder anzu-
drohen, daß die »renitenten Gruben« unter Wasser gesetzt werden
würden. Ich schlug vor, sich zunächst durch Augenschein an Ort und
Stelle über den Stand der Dinge zu informieren, also in die Gruben
einzufahren und mit den Bergarbeitern zu reden. Dies könne der
Autorität der Militärregierung keinen Abbruch tun. Mein Vorschlag
leuchtete ein; ich sollte in Begleitung eines Feldgendarmenkomman-
dos nach Hénin gehen. Ich lehnte die Eskorte ab. Mein Vorhaben
könne nur dann gelingen, wenn ich ohne »Kriegsmacht« komme.

Der Ingénieur des mines erwartete mich an der Pforte der Zeche.

Ich bat ihn, mich einfahren zu lassen. »Auf Ihre Verantwortung«, meinte er. Unten am Füllort hockte die Belegschaft, die Grubenlampen auf den Knien. Die Steiger und einige Ingenieure standen schweigend abseits. Ich stellte keine Frage, drohte keine »Maßnahmen« an, sondern beschränkte mich auf einige Sätze. Das Unheil des Krieges treffe uns alle, und von der Kohle, die sie förderten, müsse auch ihr Land leben, selbst wenn ein großer Teil nach Deutschland transportiert werde. Je weniger aber gefördert werde, desto weniger bleibe für Frankreich übrig. Sie wollten doch nicht schuld sein, daß durch den Streik die Leiden ihres Volkes noch größer würden. Ein Hauer erhob sich, leuchtete mir mit der Grubenlampe ins Gesicht und fragte: »C'est vous, le docteur Schmid?« Als ich bejahte, rief er: »Allons, les gars!« und ging einem Stollen zu. Zögernd folgten ihm einige, und bald waren alle auf dem Weg in den Streb; die kleinen Lichter der Grubenlampen verloren sich im Dunkel.

Es wurde wieder gearbeitet, doch in den Monaten, die folgten, verschwanden immer mehr Bergleute aus den »corons«. Die »Francstireurs Partisans« warteten auf sie.

So wie ich General Niehoff erlebt und seine Hauptberater in den sogenannten Kommandoangelegenheiten kennengelernt hatte, befürchtete ich, daß auch künftig wieder Geiseln genommen und zum Tode verurteilt werden könnten. Ich hatte zwar keine Befugnis, mich in Kommandostabsangelegenheiten einzumischen, doch ich wollte nicht untätig bleiben. So versuchte ich, mir möglich Erscheinendes über den Verwaltungschef zu erreichen, der das Recht hatte, mit der Militärverwaltung in Brüssel unmittelbar zu verkehren. Ich kannte den dortigen Leiter der Politischen Abteilung, Franz Thedieck, der aus der katholischen Jugendbewegung stammte und nationalsozialistischer Denkweise fernstand (er wurde in der Bundesrepublik Staatssekretär und später Intendant des Deutschlandfunks). Von ihm wußte ich, daß der Chef der Militärverwaltung in Brüssel, der ehemalige Kölner Regierungspräsident Reeder, von brutalen Gewaltmaßnahmen ebensowenig hielt wie der Militärbefehlshaber in Brüssel, General von Falkenhausen. Ich verfaßte eine Denkschrift über das Geiselproblem im Lichte des Völkerrechts und legte sie meinen Vorgesetzten vor, die sie weitergaben. Ob von Brüssel aus auf

General Niehoff eingewirkt wurde, habe ich nicht erfahren können, aber die Inanspruchnahme von Geiseln blieb in Nordfrankreich weit unterhalb der Vorstellungen, die bei den maßgeblichen Stellen der Obersten Heeresleitung über das zum Schutz der Wehrmacht Notwendige bestanden. Es gab einen Erlaß des Generalfeldmarschalls Keitel vom 16. September 1941, wonach, wo auch immer kommunistische Gruppen sich regten, mit den schärfsten Mitteln einzuschreiten sei: Für ein deutsches Soldatenleben müsse im allgemeinen die Todesstrafe für fünfzig bis hundert Kommunisten als angemessen gelten. Die Art der Vollstreckung müsse die abschreckende Wirkung noch erhöhen. Die politischen Beziehungen zwischen Deutschland und dem betroffenen Lande seien für das Verhalten der militärischen Besatzungsbehörden nicht maßgebend.

In der Zone, die dem Militärbefehlshaber in Paris unterstand, war es zu wesentlich massiveren Anschlägen auf die Wehrmacht gekommen als bei uns. Um so entschiedener waren die Anordnungen des Oberkommandos der Wehrmacht, mit massiven Maßnahmen zu antworten. Es wird ein Ruhmesblatt für die Rechtlichkeit und Menschlichkeit des Militärbefehlshabers in Frankreich bleiben, daß er und seine Offiziere sich auf das Nachdrücklichste einer solchen Praxis widersetzten. Diese Bemühungen wurden vom deutschen Botschafter in Paris, Otto Abetz, dessen Frau aus Lille stammte, unterstützt, der immer wieder geltend machte, solche Methoden seien Fanatikern gegenüber unwirksam und wirkten sich ausschließlich zum Schaden beider Völker aus.

In Paris besuchte ich regelmäßig General Hans Speidel, den ersten Chef des Generalstabs beim Militärbefehlshaber Frankreich. Er hielt seit je den totalitären Staat Hitlers für ein Verhängnis und sprach sich in vertrautem Kreise schon in den ersten Monaten der Besetzung Frankreichs offen über seine Befürchtungen aus. Er hatte den mit ihm befreundeten Ernst Jünger als Hauptmann beim Kommandostab untergebracht. In Paris sprachen wir beide viel über die Zukunft Deutschlands nach dem Kriege. Wir haben diese Gespräche in Kirchhorst bei Hannover, im schwäbischen Wilflingen und gelegentlich im Hause Speidel in Bad Honnef fortgesetzt.

In die Zuständigkeiten meines Referats für die kulturellen Fragen
redete mir niemand hinein. Ich sorgte dafür, daß die Schulhäuser von
den Truppen freigemacht wurden und die Lehrer zurückkehren
konnten, die in das unbesetzte Frankreich geflohen waren. Auch die
Entlassung einiger Professoren und Lehrer aus deutscher Kriegsgefangenschaft konnte ich erwirken. Weisungen an die Unterrichts-
behörden oder an die Lehrer wurden von der Oberfeldkommandantur nicht gegeben. Die Schulen konnten sich, von der Militärverwaltung ungestört, nach den Anordnungen der französischen Unterrichtsverwaltung richten. Einmal war ich im Lycée Faidherbe in Lille
zu Gast, als der Erziehungsminister Abel Bonnard von der Regierung
in Vichy eine Rede hielt. Der Minister, Mitglied der Académie
Française, sprach über das französische Erziehungsideal und forderte
Schüler und Lehrer auf, treu zu Marschall Pétain zu stehen, der das
wahre Frankreich verkörpere, und sich nicht von den Sirenentönen
aus London verlocken zu lassen; denn aus dem »verräterischen«
General de Gaulle spräche die Stimme Albions. Zum Abschluß wurde
lauthals »Maréchal, nous voilà!« gesungen. Danach gab der Präfekt
ein Essen für den Minister und die Leiter der Schulen der Stadt Lille.
Das war im Jahre 1942, und »collaborateur« war noch kein Schimpf-
wort.

Die Gebäude der staatlichen und der freien (katholischen) Universität habe ich nie betreten und hielt mich dabei an eine von mir selbst
initiierte Anordnung des Oberfeldkommandanten, die den Angehörigen der Wehrmachtsstellen das Betreten der Universitätsgebäude
untersagte. Gelegentlich wurde mir hinterbracht, in den Kellern der
Universität würden gaullistische Flugblätter gedruckt. Ich fand, dies
festzustellen, sei Sache der Polizei, nicht meine. Im allgemeinen hatte
ich den Eindruck, daß Studenten und ältere Schüler sich nicht viel um
Politik kümmerten. Natürlich hätten sie uns lieber heute als morgen
aus dem Lande gehen sehen, aber sie beteiligten sich bis zur Landung
der Alliierten in der Normandie im großen und ganzen nicht an
Aktionen, durch die sich die Besatzungsmacht hätte bedroht fühlen
können. Die Jugend begnügte sich, die Sendungen der BBC abzu-
hören, was trotz der deutschen Störsender leicht möglich war. Im
übrigen genoß sie die Freuden der »Zazou«-Mode. So nannte man

den jugendlichen Lebensstil, der ein Jahrzehnt später überall in der Welt als »Hippie« bezeichnet wurde.

Mit dem Beauftragten der Militärverwaltung für Kunstschutz, Graf Metternich, wußte ich mich einig, daß alles getan werden müsse, um die Kunstwerke Frankreichs vor jeder Gefährdung zu schützen und zu erhalten. Vom Oberfeldkommandanten erwirkte ich einen Befehl, demzufolge militärische Dienststellen keine Kunstgegenstände requirieren durften und es einer von mir unterschriebenen Genehmigung bedurfte, um sich von französischen Behörden Kunstgegenstände zur Ausschmückung von Dienst- und Gemeinschaftsräumen zu erbitten.

Die Feldbuchhandlung in Lille wurde von Herrn Eising aus Wilhelmshaven und Herrn Bahlsen, einem Mitglied der Leibnizkeks-Familie aus Hannover, geführt. Meine Ordonnanz, der Landesschütze Poensgen, Sohn des Generaldirektors der Vereinigten Stahlwerke, berichtete von dem regen Besuch vieler Soldaten und auch vieler Zivilisten in der Buchhandlung und übermittelte mir die Bitte der Geschäftsführer, ihnen gelegentlich einen Besuch abzustatten. Bald hatte ich an dem Umgang mit den beiden Buchhändlern und ihrem jungen Kundenkreis solches Gefallen gefunden, daß wir beschlossen, regelmäßige Leseabende einzurichten. Fast drei Jahre hindurch lasen wir in diesem Kreis Werke der klassischen deutschen Dichtung, vor allem die Hymnen Hölderlins und den Zweiten Teil des »Faust«. Für viele der Zuhörer war dies eine erste Einführung in jene dichterische Weltschau, in der sich reine Poesie mit mythischem Tiefgang, weltkundiges Wissen von den Dingen des Staates und die Religion des neuen Jahrhunderts, der Glaube an die weltverändernde Kraft der Arbeit, miteinander verbinden. Von meinen Interpretationen besitze ich noch manche Mitschriften, die mir einige meiner Zuhörer nach dem Kriege geschenkt haben. Wir lasen auch Gedichte Stefan Georges und Rilkes »Duineser Elegien«. Schließlich machte ich meine Hörer auch mit den »Blumen des Bösen« Baudelaires bekannt und las ihnen meine Übertragungen vor. Zu diesen Leseabenden kamen auch Franzosen, unter ihnen Lehrer, Studenten und Germanisten von den Gymnasien und Hochschulen der Stadt. Mit dem Deutschlehrer Henri Chauchoy verbanden mich bald enge Beziehungen. Er war ein kritischer Geist von großem Sprachgefühl, und im Umgang mit ihm konnte man erfahren, wie cartesianisches Denken einen auch in den Gefilden des Ästhetischen in die Tiefe führen kann, und daß in einer vom Geiste aufgehellten Oberfläche mehr Substanz zu finden ist als in wolkigem Tiefsinn. Ich habe mich mit ihm viel über die Bewegung von Port Royal unterhalten, der auch Pascal angehörte und die über den Jansenismus das französische Schulwesen mit seinen strengen Internaten bis in die jüngste Vergangenheit geformt hat. Jansenius hatte gelehrt: Da der Mensch von Natur aus seinen Trieben folge und darum zum Bösen neige, könne er vor dem Anheimfall an dieses Böse nur durch von der Vernunft auferlegte Askese des Lernens geschützt werden. Henri Chauchoy wurde später Kreisoffizier in Mainz und hatte erheblichen Anteil an der Gründung der dortigen Universität. Nach dem Kriege wurde er Rektor der Académie von Amiens. Seit seiner Pensionierung ist er Präsident der Französisch-Deutschen Gesellschaften Frankreichs.

Zu den ständigen Gästen unserer Lese- und Gesprächsabende gehörte auch Dr. Erhard Göpel, ein Kunstgeschichtler aus Leipzig, der als Sonderführer Dienst tat. Er wurde nach einiger Zeit in die Niederlande versetzt, wo er sich über Mittelsmänner mit dem Maler Max Beckmann in Verbindung setzte, der dort als Emigrant lebte. Seine neue Funktion gab ihm die Möglichkeit, Max Beckmann mit dem Nötigsten zu versorgen. Nach dem Kriege machte er es sich zur Lebensaufgabe, das weithin verstreute Œuvre des »entarteten« Malers zu sammeln und zu katalogisieren. Doch er starb, ehe er diese Arbeit zu Ende bringen konnte. Seine Witwe hat sie fortgeführt.

So sehr ich auch das nationalsozialistische Regime haßte und so sehr ich auch überzeugt war, daß der Sieg der deutschen Armeen unendliches Leid über Millionen Menschen bringen würde; so sicher ich auch war, daß man bereit sein mußte hinzunehmen, daß der Krieg verloren wird, sollte der Welt das Unheil erspart bleiben, unter der Herrschaft des Nationalsozialismus leben zu müssen, so habe ich doch nichts getan, was »in landesverräterischer Weise« zur Niederlage Deutschlands hätte beitragen können. Mein politisches Engagement hat sich darauf beschränkt, nach Kräften die Bevölkerung Frankreichs vor den Grausamkeiten zu bewahren, denen sie durch

gewisse Führerbefehle und nationalsozialistische Heißsporne ausgesetzt war. Dabei habe ich die nationalsozialistische »Legalität« oft
verletzt, doch auf den Kriegsverlauf hatte mein Verhalten keinerlei
Einfluß, auch nicht im kleinen.

In der Bevölkerung galt ich als ein Mann, an den man sich wenden
kann, wenn sonst nicht zu helfen ist. Dieser Ruf war für mich
gefährlich, denn im Laufe der Zeit hatte der SD einen beträchtlichen
Apparat entwickelt. Aber auch in diesem gab es durchlässige Stellen;
oft gelangten auf seltsame Weise Warnungen an mich, die nur von
dieser Seite kommen konnten. Gelegentlich steckten sie in einem
Briefumschlag, der der Ordonnanz an der Pforte übergeben worden
war mit dem Auftrag, ihn mir sofort zu überbringen. Pastor Pasche
brachte mir manchmal eine Warnung aus dem Kreise der Bevölkerung oder der Abteilung I der Präfektur, bei der das Polizeiwissen
konzentriert war. Am wirksamsten war der Schutz, den ich durch
einen Landesschützen erfuhr, der freundschaftliche Beziehungen zu
einer Sekretärin der SD-Dienststelle unterhielt. Doch ohne es zu
wollen, sollte ich mit Menschen in Beziehung kommen, die mehr
taten, als nur um Menschlichkeit und Rechtlichkeit besorgt zu sein,
mit Menschen, die sich zutrauten, dem Regime in den Arm zu fallen.

Einen Vorgeschmack von dem, was sich in den Kreisen tat, die ich
zuallerletzt für dazu fähig gehalten hätte, erhielt ich schon im
Sommer 1940. Unter den Mitgliedern des Verwaltungsstabes der
Oberfeldkommandantur befand sich Oberkriegsverwaltungsrat von
Wrangel. Im Zivilberuf war er Landrat im Hannoverschen und blieb
auch innerhalb seines neuen Aufgabenbereichs der typische deutsche
Landrat: ein energischer, rechtlicher, von dem Gedanken der Fürsorge für die ihm anvertraute Bevölkerung erfüllter Verwaltungsbe-
amter, der dort, wo das »reguläre« Verhalten nicht zur Behebung
eines Notstandes führen konnte, sich nicht scheute, Nebenwege
einzuschlagen.

Eines Abends lud er mich zu sich ein. Er wolle mir einen Freund
vorstellen, Herrn von der Schulenburg, der als Verwaltungschef für
das im Zuge des Unternehmens »Seelöwe« zu besetzende England
vorgesehen war und mit seinem Stab in Lille auf die Landung der
Wehrmacht in England wartete. Herr von der Schulenburg war ein

noch junger Mann, sah intelligent aus und wirkte sympathisch auf mich; um so mehr wunderte ich mich, daß er, wie sich aus dem Gespräch ergab, offenbar zum Führerkorps der SS gehörte. Wir kamen natürlich auf die Kriegslage zu sprechen, und er schien wenig Hoffnung zu haben, in absehbarer Zeit den für ihn vorgesehenen Verwaltungsposten in England antreten zu können. Was Frankreich anlange, so gefalle ihm die Art und Weise, wie man Staat und Volk behandle, gar nicht. Ein siegreiches Deutschland werde doch dereinst Nachbarn brauchen, die sich zu ihm hingezogen fühlen; er halte es für eine Illusion zu glauben, man werde deutsche Hegemonie über ein neues Europa allein auf der Gewalt der Waffen und der Macht der Polizei aufbauen können. Wir täten heute aber alles, um das französische Volk zurückzustoßen und zu demütigen. Er habe darum mit einigen Gesinnungsgenossen – lauter Nationalsozialisten – eine Denkschrift über die Behandlung Frankreichs verfaßt, und diese solle dem Führer zugeleitet werden.

Man kann sich mein Erstaunen denken. So lobenswert mir das Unternehmen einer Denkschrift erschien, so wenig konnte ich mir nach allem, was ich über Hitler und seine Kriegsziele zu wissen glaubte, vorstellen, daß der Freund meines Kollegen von Wrangel Erfolg haben könnte. Das Unternehmen »Seelöwe« wurde übrigens im Oktober 1940 abgeblasen; die englischen Trauben waren zu sauer geworden ... Vier Jahre später sollte ich erfahren, daß jener Herr von der Schulenburg zum Verschwörerkreis des 20. Juli 1944 gehört hatte und dabei sein Leben verlor.

Begegnungen mit Helmuth von Moltke

Im Herbst 1941 fand auf Veranlassung der Akademie für Deutsches Recht in deren Räumen zu Berlin eine Tagung statt, auf der vor allem das in den besetzten Gebieten anzuwendende Recht behandelt werden sollte. Ich wurde vom Chef der Militärverwaltung dorthin abkommandiert mit dem Auftrag, über das in Frankreich und Belgien geschaffene eigene und von den Regierungen der besetzten Länder erlassene Wirtschaftsrecht zu berichten. Ich arbeitete diesen Bericht so sachgemäß wie möglich aus und fuhr nach Berlin. Nach meinem Referat kam während der Mittagspause ein Herr in Zivil auf mich zu, der mir schon während meines Vortrages aufgefallen war: ein hochgewachsener, schlanker Mann, dessen schmales Angesicht Noblesse und Geist ausdrückte. Er stellte sich vor: »Helmuth Moltke«, und fragte mich: »Wollen Sie mit mir nach Hause kommen? Wir können dort essen und ein wenig plaudern. Ich meine, daß wir einander einiges zu sagen haben könnten.« Wir fuhren in seinem Wagen zu einem nicht allzu großen Haus in einem schönen, mit Bäumen bestandenen Garten.

Bei Tisch fing er an, sich mir zu eröffnen. Er wisse einiges von mir, denn er gehöre zum Stabe des Admirals Canaris in der Abteilung »Abwehr Ausland«. In dieser Eigenschaft sei ihm manches bekannt geworden, was in Frankreich geschehe; daraus ergebe sich zwangsläufig eine gewisse Personalkenntnis. Was er über mich erfahren habe, und auch mein Vortrag, hätten ihn meine Bekanntschaft suchen lassen. Damit begann ein Gespräch, dem zwei Jahre lang noch mehrere folgen sollten. Ich berichtete Helmuth Moltke von meinen Erfahrungen in Nordfrankreich, insbesondere von dem schlechten Eindruck, den das Festhalten an der Abtrennung der beiden Norddepartements auf die Bevölkerung machte. Die Inanspruchnahme von Geiseln trage auch nicht dazu bei, uns die Sympathie der Bevölkerung gewinnen zu lassen, für die eben auch Kommunisten Franzosen seien, mit deren Schicksal man sich solidarisch zu fühlen habe. Moltke wußte aus eigenen Quellen, was es darüber zu wissen gab, aber ihm schien die Unterhaltung mit mir wichtig zu sein. Als wir auseinandergingen, versprach er mir, mich auf einer Dienstreise in Lille zu besuchen.

Er ließ nicht lange auf sich warten. Wir nahmen das Berliner Gespräch wieder auf. Es war kein Gespräch unter Verschwörern, aber eines zweier Patrioten, die glaubten, um der Zukunft ihres Volkes willen sei es notwendig, den heute besiegten und durch harte militärische Notwendigkeiten, aber auch durch unverständige Brutalitäten geschundenen Völkern, wo immer es sachlich und personell möglich erschien, menschlich zu begegnen. Er meinte, wir sollten uns gegenseitig über Dinge informieren, von denen wir annahmen, es sei für den anderen gut, sie zu kennen. Er werde mir zu diesem Zwecke seinen Mitarbeiter, Oberleutnant Werner von Haeften, schicken.

Oberleutnant von Haeften kam in unregelmäßigen Abständen zu mir. Meist brachte er Informationen über die Rückwirkungen, die bestimmte Maßnahmen im besetzten Westen bei der obersten Führung auslösten, und Vorschläge, was getan werden könne, um das Rechte zu tun, ohne oben aufzufallen. Wichtiger waren für mich die Gespräche mit Helmuth Moltke selbst, der etwa alle zwei Monate für einen oder zwei Tage nach Lille kam. Zu meiner Verwunderung erzählte er mir, es gäbe an neutralen Orten Besprechungen zwischen deutschen und englischen »Kreisen«, bei denen über Möglichkeiten, den Krieg zu beenden, gesprochen werde. Natürlich seien die Teilnehmer keine verantwortlichen Regierungsleute, doch immerhin Persönlichkeiten von einigem Rang.

Als der deutsche Vormarsch in Rußland ins Stocken kam, deutete er mir an, in der Generalität werde da und dort Mißmut über die Führung der Operationen durch Hitler laut, allerdings nur im engsten Kreis. Bei der Abwehr wisse man darüber wohl Bescheid. Niemand könne heute sagen, ob dies eines Tages Folgen haben werde und welcher Art diese Folgen sein könnten. Er befragte mich häufiger über die französische Widerstandsbewegung, ob es dort nach meiner Meinung beachtenswerte Gruppen gebe, die einer möglichen Machtergreifung durch die Kommunisten nach dem Krieg Paroli bieten könnten. In Polen gebe es solche Gruppen, und er sei der Auffassung, man müsse sie mit Waffen versorgen. Ob dies mehr als eine hypothetische Ansicht war, habe ich nicht zu ergründen versucht.

Nach der Katastrophe von Stalingrad sprach Moltke deutlicher über die Unzufriedenheit hoher Militärs mit der Art und Weise, wie die Politik des Deutschen Reiches geführt wurde. Er berichtete von der Erregung, die in einflußreichen Kreisen wegen der planmäßigen Vernichtung der Juden in Deutschland und in den besetzten Gebieten entstanden sei. Natürlich gebe es noch keine »Bewegung«, die auf die Beseitigung des NS-Regimes ausgehe, aber es gebe doch immer mehr Leute von Bedeutung, die der Meinung seien, um der Zukunft Deutschlands willen müsse versucht werden, das bestehende politische System durch einen Rechtsstaat zu ersetzen, was nur möglich sei, wenn sich Personen, die über Machtmittel gebieten, bereitfänden, sie für diesen Wandel einzusetzen. Er sprach von einem Freundeskreis, der sich auf dem Gut seiner Familie, Kreisau, zu treffen pflege. Es gebe im Stab des Militärbefehlshabers Frankreich einige Leute, die ähnlich dächten wie er und wohl auch wie ich. In Brüssel gebe es einen Kollegen von mir beim Militärbefehlshaber, Dr. Domke, mit dem er in Beziehung stehe. Wir sollten uns kennenlernen, denn es sei wichtig, daß in allen Bereichen Menschen, die sich Gedanken über die Zukunft Deutschlands machen, miteinander Fühlung halten.

Im Verlauf eines Gesprächs meinte Moltke: »Was wir da miteinander bereden, ist für Herrn Freisler Hoch- und Landesverrat. Welche Todesart wäre Ihnen am liebsten?«

»Ich habe da keine Vorliebe. Aber noch stehen wir ja nicht vor Herrn Freisler.« Seine Antwort: »Sie können sicher sein, die werden uns kriegen. Und dann werden sie uns hängen.«

Eines Tages im Frühjahr 1943 kam Oberleutnant von Haeften und bestellte mir von Helmuth Moltke: Die Meinung, die Generalität könne das Regime ändern, sei eine Illusion. Die Generale hätten so etwas nicht gelernt und nie geübt; sollten sie etwas unternehmen, so würden sie generalstabsmäßig vorgehen und nicht konspirativ; damit laufe man Gefahr, daß das ganze Unternehmen steckenbleibt, wenn ein Beteiligter sich auf dem Weg zu dem angewiesenen Platz den Fuß verstaucht . . . So müßten wir in Gottes Namen warten, bis der Krieg so oder so zu Ende gehe. In Deutschland gebe es keine »Kräfte«, die den Krieg gegen Adolf Hitlers Willen zu einem Ende bringen könnten. In Freya von Moltkes Buch »Helmuth James von Moltke, 1907–1945« sind einige Briefe abgedruckt, in denen Moltke über seine Beziehungen zu mir berichtet.

Ich habe ihn nicht mehr wiedergesehen und erfuhr von seiner Verhaftung am 19. Januar 1944 erst Wochen später. Werner von Haeften gehörte zusammen mit seinem Bruder Hans-Bernd zu denen, die nach dem 20. Juli 1944 hingerichtet wurden.

Um die Jahreswende 1943 auf 1944 wurde es in Nordfrankreich unruhiger. Britische Luftstreitkräfte operierten immer häufiger ungestört am Himmel Flanderns. Wir wußten alle, daß mit einer Landung der Alliierten in Nordfrankreich gerechnet werden mußte. Überall im Küstengebiet wurden auf Äckern und Wiesen ganze Wälder langer Pfähle in den Boden gerammt, die »Rommel-Spargeln«, um alliierte Luftlandungen unmöglich zu machen. Der große Rommel hatte den Oberbefehl über die Heeresgruppe bekommen, und daraus konnte man Schlüsse ziehen. Um so unverständlicher erschien uns, daß die Kampftruppen im Küstenabschnitt nicht verstärkt wurden, und vor allem, daß man die Luftüberlegenheit völlig den Briten überließ. Glaubte die Heeresleitung wirklich, daß die Bunkerbesatzungen an der Nordatlantik-Küste die Landung allein würden verhindern können?

Als am 6. Juni 1944 die Landung in der Normandie erfolgte, wunderten wir uns nicht über den Zeitpunkt, sondern nur darüber, daß sie gerade an dieser Stelle erfolgte. Stets war bei den Dienstbesprechungen zu hören gewesen, der Feind werde sicher an der schmalsten Stelle – also im Abschnitt Calais-Dünkirchen – angreifen. Und nun griff er in der Normandie an! Wie hatte unsere Aufklärung so versagen können? Aber man vertraute dem »Wüstenfuchs«, der schon mit schlimmeren Lagen fertig geworden sei und der es auch diesmal schaffen werde. Außerdem waren wir überzeugt, der Führer werde von überallher auf raschestem Wege für diesen Fall bereitgestellte Kampfdivisionen an die Einbruchstelle werfen.

Tatsächlich rollten immer mehr Transportzüge mit frischen Truppen durch unser Gebiet – und immer öfter traten Sabotagetrupps der Widerstandsgruppen in Erscheinung, sprengten Geleise und machten Lokomotiven unbrauchbar. An einem Sonntag im Juni, an dem ich Bereitschaftsdienst hatte, wurde gemeldet, daß in dem Städtchen Asq vor einem Transportzug eine Dynamitladung hochgegangen sei und den Zug zum Stehen gebracht habe; daraufhin habe der Kommandant das Feuer auf die Stadt eröffnet; es habe unter der Zivilbevölkerung viele Opfer gegeben. Ich fuhr sofort nach Asq und stellte fest: Der Transportzug einer Einheit der SS-Division »Hitlerjugend« war nahe bei Asq auf eine Mine gefahren. Der Kommandant, ein SS-Sturmführer, ließ aus Vierlingskanonen das Feuer auf die Häuser eröffnen, die Ortschaft »durchkämmen« und etwa achtzig Männer am Bahndamm zusammentreiben, die mit Maschinengewehrfeuer niedergemacht wurden. Das französische Rote Kreuz und Beamte der Präfektur waren zur Stelle. Ich setzte sofort einen Tatbericht auf, der vom Oberfeldkommandanten an den Gerichtsherrn der SS-Einheit weitergeleitet wurde. Der Gerichtsherr war SS-Obergruppenführer Sepp Dietrich ... Aus den Akten, die Oberfeldrichter Klinkert mir zugänglich machte, war zu entnehmen, daß Sepp Dietrich den Sturmführer zu seinem Vorgehen beglückwünschte. Wenn er weiter so entschlußfreudig sei, werde er es als Offizier weit bringen ... Ein Verfahren gegen den Sturmführer ist nicht eröffnet worden. Ich nahm die Akten an mich, um sie eines Tages dort vorzulegen, wo abgerechnet werden sollte.

Während der letzten Monate war ich mehrere Male mit Dr. Domke zusammengetroffen, an den Helmuth Moltke mich verwiesen hatte. Wir hatten unsere Meinungen über den wahrscheinlichen Kriegsverlauf ausgetauscht und auch über die Angehörigen der Militärverwaltungsstäbe gesprochen, auf deren Tatkraft man im Falle politischer Veränderungen in Deutschland oder an der Front wohl rechnen könnte. Dr. Domke hatte gute Beziehungen zu militärischen Dienststellen in Belgien. Am 25. Juni 1944 erfuhr ich durch den Anruf eines Kollegen aus Brüssel, daß Dr. Domke sich erschossen habe, als er von der Geheimen Feldpolizei verhaftet werden sollte. Einen Tag später wurde ich nach Brüssel zu einer Vernehmung beim Kriegsgericht befohlen, offensichtlich im Zusammenhang mit Dr. Domkes Selbstmord. Wilhelm Klinkert, mit dem ich mich besprochen hatte, erkundigte sich in Brüssel, welcher Kriegsgerichtsrat mich vernehmen werde. Es sei kein »scharfer« Mann, hieß es. In Brüssel, im Untergeschoß des früheren Kolonialministeriums, wurde ich von einem Kriegsgerichtsrat vernommen, der mir eröffnete, man habe bei Dr. Domke eine Anzahl Notizen gefunden, auf denen Namen vermerkt seien, darunter auch der meine. Seine Verhaftung sei wegen des Verdachts hochverräterischer Umtriebe angeordnet worden. Nun sei man daran interessiert zu erfahren, in welcher Beziehung die von Dr. Domke vermerkten Personen zu ihm standen. Wie verhalte es sich mit mir?

Es war mir klar, daß ich aufs Ganze gehen mußte. Ich bat den Richter um eine Unterredung unter vier Augen. Er schickte den

Schreiber aus dem Zimmer. Dann sagte ich ihm sinngemäß: Er sei klug genug zu wissen, daß nach der erfolgreichen Landung der Alliierten der Krieg verloren sei. Männer wie er, die Todesurteile gegen Bürger des besetzten Gebietes gefällt haben, stünden nach den wiederholten Erklärungen der Alliierten auf Kriegsverbrecherlisten. Vielleicht wäre es für solche Leute gut, später jemanden zu haben, der für sie spricht. Er sah mich lange an; dann ging er hinaus. Nach einer Viertelstunde kam er mit dem Schreiber zurück und schilderte mir zunächst, was bei dem Versuch, Dr. Domke zu verhaften, passierte. Dr. Domke habe sich in seinem Zimmer im Hotel »Plaza« eingeschlossen, denn er habe offenbar gewußt, womit er rechnen mußte. Als an die Tür geklopft wurde, habe er versucht, sich mit einer Rasierklinge die Pulsadern zu öffnen; obwohl sein Blut in Strömen floß, habe er sich noch mit der Pistole in den Mund geschossen. Die beiden ersten Schüsse seien Versager gewesen – erst die dritte Patrone sei losgegangen. Wie es in dem Zimmer aussah, könne ich aus diesen Fotos ersehen. So verhalte sich doch nur ein Geisteskranker. Ob ich denn nie etwas Sonderbares an Dr. Domke bemerkt hätte ...

Ich begriff. Gewiß, er sei mir manchmal recht sonderbar und wirr erschienen. Ich könne mir nicht vorstellen, aus welchem Grunde er meinen Namen notiert habe; unsere Beziehungen seien höchst zufälliger Art gewesen. Schließlich erklärte mir der Richter, er müsse mich dabehalten; es stünden noch die Ergebnisse von Nachforschungen in Berlin, dem Wohnsitz Dr. Domkes, aus. Ich wurde in eine Zelle gebracht, und nach acht Tagen eröffnete man mir, ich könne nach Lille zurückkehren. Draußen wartete Wilhelm Klinkert auf mich. Die Nachforschungen in Berlin hatten ergeben, daß zwei Schwestern der Mutter Dr. Domkes sich in einem Anfall manischer Depression das Leben genommen haben. Offenbar sei auch Dr. Domke verrückt gewesen. Später erfuhr ich, daß er einem Spitzel auf den Leim gegangen war, einem Dr. Reckzeh, der auch bei der Verhaftung Helmuth Moltkes sowie Otto Kieps und seines Kreises eine Rolle gespielt hatte.

Man kann sich vorstellen, wie mir zumute war, als ich an der Seite meines Freundes nach Lille zurückfuhr. Ich war noch keine halbe Stunde in meinem Quartier, als es läutete. Vor der Tür stand Pastor

Pasche, der mir lächelnd ein Blatt Papier in die Hand drückte, auf dem in Schreibmaschinenschrift stand: »*Les Maquis du Nord prend le docteur Schmid en charge* . . .« Als ich ihn erstaunt ansah, erklärte er: »Wenn Sie es für erforderlich halten sollten, zu Ihrem Schutz gekidnappt zu werden, brauchen Sie nur ein Zeichen zu geben.« Das Zeichen habe ich nie gegeben.

Das Leben in Lille ging weiter wie bisher. Die Attentate der F.T.P. nahmen zu. Sie richteten sich gegen Eisenbahnlinien und Personen, nicht gegen bestimmte Angehörige der Wehrmacht oder der französischen Verwaltung, sondern gegen beliebige Besucher von Lokalen, in denen Soldaten verkehrten, und Mädchen, die von den Soldaten lebten. Immer mehr Flugblätter der Widerstandsbewegung wurden verteilt. Der Schwarzhandel blühte wie nie zuvor. Man hatte den Eindruck, als wollten die Leute, die Vorräte gehortet hatten, alles noch schnell zu Besatzungspreisen loswerden, ehe die Befreier kamen. In manchen Geschäften traf man die bisher freundlichen Besitzer nicht mehr an. Es hieß, sie seien vorübergehend verreist. Wahrscheinlich waren sie bei einer der Widerstandsgruppen untergetaucht, die man »*les résistants de septembre*« nannte. Im Gegensatz zu den F.T.P. der Kommunisten betätigten sie sich nicht als Bombenleger. Man sah auch gelegentlich junge Franzosen in khakifarbener Uniform, die vor öffentlichen Gebäuden Wache standen. Es waren Angehörige der Antibolschewistischen Legion oder der Miliz, die vor den Werbestellen standen. Viele Leute gingen dort nicht aus und ein.

Von den Kampfhandlungen an der Normandiefront drang nicht viel bis zu uns, aber man konnte sich auf die immer häufiger werdenden Angriffe alliierter Bomber auf Bahnhöfe und militärische Anlagen einen Vers machen. Erstmals sahen wir deutsche Lazarettzüge. Nun wurden die Stäbe durchgekämmt. Die jüngeren Beamten wurden vielfach zu ihren Wehrkreisen versetzt und die für den Felddienst tauglichen Landesschützen, die bei uns als Ordonnanzen Dienst taten, Truppenteilen zugeteilt, die an der Front kämpften. Zu ihnen gehörte auch ein junger Pastor, der als Unteroffizier der Landesschützen in der Empfangshalle der Oberfeldkommandantur Dienst tat. Weil er gut Französisch sprach, konnte er den einheimischen Besuchern Auskünfte und Hinweise geben, und er wurde zum

Helfer, wo immer Not zu lindern war. Nach dem Durchbruch an der unteren Seine kam er aus seiner in Auflösung zurückflutenden Einheit in die Oberfeldkommandantur zurück. Als er am Vorabend unseres Abmarsches Ende August 1944 den damaligen Chef der Verwaltung aufsuchen wollte, folgte ihm der Leiter der Unterabteilung »Fahrbereitschaften« des Verkehrsdezernats, der ein radikaler Nazi war, und erschoß ihn: Der Pfaffe habe im Hause defaitistische Behauptungen über die Lage an der Front verbreitet.

Einige Freunde des Erschossenen haben den Mord nicht vergessen. Nach dem Kriege wurde der Mörder in Berlin verhaftet; er hat sich in seiner Zelle erhängt.

Abzug aus Lille

Vom Attentat des 20. Juli 1944 erfuhren wir in der offiziellen Version über den Rundfunk. Später konnten wir über die BBC aus London die Meinung des Auslands dazu hören. Noch ehe der Wehrmachtssender die Sondermeldung brachte, hatten einige von uns aus Paris Anrufe erhalten, wonach der Militärbefehlshaber die dortige SS samt ihres Chefs, Oberg, hatte verhaften lassen – die SS habe in Deutschland den Versuch gemacht, Hitler zu stürzen.

Am Tage nach dem Attentat ließ Oberfeldkommandant General Bertram alle Angehörigen der Oberfeldkommandantur im Lichthof antreten. In seiner Ansprache nannte er die Tat »abscheulich«; die Täter seien vom Feind gekauftes ehrloses Gesindel. Wir aber müßten nun erst recht dem Führer die Treue halten. Der Verlauf des Attentats habe gezeigt, daß der Gott, der Eisen wachsen ließ, seine Deutschen nicht verlasse; indem er das Attentat scheitern ließ, habe er dem deutschen Volk den Mann neu geschenkt, der es zum Siege führen werde . . .

Der General war ohne Zweifel davon überzeugt, daß nur gekaufte Subjekte einer solchen Tat fähig sein konnten. Der Gedanke, die Täter könnten der Meinung gewesen sein, im Interesse Deutschlands zu handeln, ist ihm sicher nie gekommen.

Wie wenig dieser 20. Juli die Leute durcheinanderbrachte, war verwunderlich. Man sprach darüber, aber mit Vorsicht. Viele waren sicher, daß der Krieg nicht mehr lange dauern könne. In Paris erfuhr ich manches über die Aktion gegen die SS. General Speidel sagte mir, daß er damit rechne, verhaftet zu werden. Durch ihn erfuhr ich auch, was sich um die Feldmarschälle Rommel und Kluge und um General von Stülpnagel abgespielt hatte und wer alles im Zuge des 20. Juli verhaftet worden war. Die bedeutende Rolle, die Cäsar von Hofakker, ein Vetter der Stauffenbergs, als Verbindungsmann zwischen den Verschwörern und dem Hauptquartier Stülpnagels, gespielt hatte, traf mich besonders. Er war in Stuttgart mein Klassenkamerad gewesen und ein Verwandter meines Freundes Woldemar Üxküll.

Als die alliierten Heere sich Paris näherten und gewiß war, daß die Stadt nicht mehr lange zu halten sei, wurde es eine der Hauptaufgaben der deutschen Kommandostellen in Paris, den Abtransport der vielen tausend Wehrmachtsangestellten, unter denen viele Frauen waren, sicherzustellen. Demgegenüber bestand auf französischer Seite ein großes Interesse daran, Kohlen aus Nordfrankreich nach Paris zu bekommen. Der schwedische Generalkonsul Nördling vermittelte zwischen der französischen Widerstandsbewegung und den deutschen Kommandostellen.

Der nordfranzösischen Kohle wegen wurde ich in die Verhandlungen einbezogen. Die Vereinbarung bestimmte, daß fünfzehn Kohlenzüge aus Nordfrankreich nach Paris in Marsch gesetzt werden; dafür sollte für den Transport der aus Paris zu evakuierenden deutschen Zivilpersonen freies Geleit gewährt werden.

Für die Evakuierung der beiden Norddepartements wurde der 1. September festgesetzt. Die Oberfeldkommandantur hatte Befehl, dafür zu sorgen, daß dem Feind keine für die Kriegführung notwendigen Anlagen unversehrt in die Hände fielen. Dazu gehörten in erster Linie die Elektrizitäts- und Wasserwerke sowie die Bergwerke unseres Dienstbereiches. Als der für die Zerstörung vorgesehene Zeitpunkt heranrückte, gelang es mir, die Ingenieure der Oberfeldkommandantur, vor allem Oberbaurat Damm aus Hannover, davon zu überzeugen, daß wir der deutschen Sache nicht nützen würden, wenn diese Befehle zur Ausführung kämen. Es wurden »symbolische« Sprengungen vorgenommen, die zwar laut knallten, aber keine

Schäden anrichteten. Die Versorgungsanlagen und die Kohlenberg-
werke blieben intakt. In der vorletzten Nacht konnte ich noch dafür
sorgen, daß die Lokomotive des Zuges, in dem die politischen
Gefangenen des Gefängnisses von Lille-Loos abtransportiert werden
sollten, abgekoppelt wurde. Ohne die Mithilfe der deutschen Eisen-
bahner wäre dies nicht gelungen. Für unser Verhalten erhielten wir als
Gegenleistung das Versprechen des »Maquis du Nord«, den Rück-
transport des Wehrmachtsgefolges nicht durch Sabotagehandlungen
und Angriffe mit der Waffe zu stören. Diese Zusage ist eingehalten
worden.

Am Tage unseres Abzuges erhielt ich auf meinem Dienstzimmer
den Besuch einiger Notabeln, die mir den Dank der Gutgesinnten –
wie sie sich ausdrückten – aussprachen. Unter ihnen befand sich der
Sekretär des Bischofs von Lille, der Bâtonnier des Ordens der
Rechtsanwälte, ein Vertreter der Universität und der Direktor der
regionalen Handelskammer. Ich ging auf die Präfektur, um dem
Präfekten, Monsieur Carles, Lebewohl zu sagen. Es wird mir nach
über dreißig Jahren noch schwer, niederzuschreiben, was auf beiden
Seiten bei diesem Abschied empfunden wurde. Monate später erfuhr
ich, daß sich der Präfekt in der Gefängniszelle, in die ihn die
»Résistance« gesperrt hatte, vergiftete.

Der Kommandostab wurde nach Bonn befohlen, um die Verantwortung für den Verkehr über die Rheinbrücken zu übernehmen.
Der Verwaltungsstab machte sich auf den Weg. In Verviers wurde
unsere Kolonne aufgelöst. Jeder erhielt einen Entlassungsschein mit
der Weisung, sich auf seinem Wehrbezirkskommando zu melden. Die
Geschichte der Militärverwaltung der Oberfeldkommandantur Lille
war zu Ende.

Kriegsende in Tübingen

In Tübingen meldete ich mich weisungsgemäß beim Wehrbezirkskommando und wurde einige Tage darauf nach Öhringen befohlen,
um dort in einem Reststab der Militärverwaltung Belgien und
Nordfrankreich bei der Erstellung ihres Schlußberichtes mitzuwir-

ken. Ich glaube nicht, daß irgendeine Stelle vom Inhalt dieses sachlich und ohne apologetische Absicht angefertigten Berichts Kenntnis genommen hat, es sei denn einige Historiker, die nach dem Kriege über die Lage Belgiens oder Frankreichs während des Krieges gearbeitet haben oder künftig darüber arbeiten werden.

Ich hatte in meinem Gepäck die Akte mitgenommen, die der Oberfeldkommandantur anläßlich des Massakers von Asq vorgelegt wurde. Auf der Heimfahrt von Öhringen legte ich sie in den Kofferraum meines klapprigen Wagens. Zu Hause stellte ich fest, daß der Deckel des Kofferraums aufgesprungen und das Aktenstück verschwunden war. Wenn jemand die Mappe fand – was würde er wohl mit ihr anfangen? Sie zur Polizei bringen? Von dort würde sie möglicherweise der Gestapo zugeleitet werden. Ich meldete den Vorfall dem Verwaltungschef Dr. Beyer, dem es gelang, die Polizei davon zu überzeugen, daß ich die Akte in seinem Auftrag für die Abfassung des Schlußberichts bei mir gehabt habe.

Das Ende des Krieges war abzusehen. Ich blieb in Tübingen, nahm jedoch meine Vorlesungen nicht wieder auf; indes besuchte ich einige meiner Kollegen, um sie nach der Stimmung an der Universität zu befragen. Das Resultat dieser höchst persönlichen Enquête war so ganz anders, als ich mir gedacht hatte. Einige Hitler-Anhänger waren durch das Geschehene bekehrt worden; sie meinten, je eher das Dritte Reich verschwinde, desto besser werde es für das deutsche Volk sein. Andere, die ich aus den ersten Jahren des Dritten Reichs als Gegner des Nazismus kannte, schienen nunmehr einer Hitlermystik verfallen zu sein; sie bekannten laut ihren Glauben, der Mann, dem die Vorsehung immer sichtbarlich zur Seite gestanden habe, werde schließlich triumphieren. Kam die Rede auf die schauerlichen Untaten des Regimes, war die Antwort stereotyp: Woher ich denn wisse, daß dies wahr sei? Wir kennten doch aus dem Ersten Weltkrieg die Greuelmärchen, mit denen unsere Feinde die ganze Welt gegen uns aufgebracht hätten. Ein evangelischer Theologe bemerkte: »Die Geschichte hobelt zur Zeit mächtig an der Welt herum; wo gehobelt wird, da fallen nun einmal Späne.«

Ich kannte seit langem die beiden Historiker Professor Rudolf

Stadelmann und Professor Joseph Vogt, kluge und kenntnisreiche Gelehrte, deren Urteil über politische Ereignisse ich immer geschätzt hatte. Aber nun fiel ich ob des politischen Scharfsinns dieser beiden Historiker aus allen Wolken. Als die Alliierten schon am Rhein standen – am 23. November 1944 war Straßburg gefallen –, versicherten sie mit großer Bestimmtheit, nun werde es zum *»renversement des alliances«* kommen: Die Westalliierten würden sich mit Deutschland verbünden, um dessen noch beachtliche Kriegsmacht zum Kampf gegen die Sowjetunion zur Verfügung zu haben; sie würden den Russen nicht erlauben, ihren Machtbereich über die bisherige Grenze hinaus nach Westen auszudehnen . . . Wenn namhafte Historiker so dachten, konnte man dann dem deutschen Bürger seine politischen Illusionen und Kannegießereien übelnehmen?

Wir können heute schwer verstehen, wie stark immer noch der Glaube an die Wunderwaffen war, von denen Hitler und Goebbels phantasierten. Obwohl feindliche Flugzeuge am Himmel Schwabens kreisten, ohne daß ein deutsches Jagdflugzeug sie dabei störte, obwohl Bauern auf dem Feld und die Wagen der kleinen Lokalbahn aus der Luft mit Maschinengewehren beschossen wurden, hieß es weiterhin: Die Wunderwaffe wird alles zum Guten wenden!

Seit meiner Studentenzeit kannte ich den Hegelianer Professor Theodor L. Haering. Täglich ging der Junggeselle mit der Präzision Immanuel Kants von der Neckarhalde zur Bibliothek; es hieß, er schreibe an dem alle Kontroversen abschließenden endgültigen Werk über Hegel. Er wurde während des Dritten Reiches stadt- und landberühmt durch sein satirisches Buch über Tübingen »Der Mond braust durch das Neckartal«. Dieser Titel war einem Gedicht des den alten Tübingern wohlbekannten Metzgermeisters und Schweinehändlers Weidle entnommen, der in den letzten Jahrzehnten des vorigen Jahrhunderts lebte. Niemand hätte dem grätigen Junggesellen Haering die Fähigkeit zugetraut, daß er neben allgemeinen und zeitlosen menschlichen Schwächen in so amüsanter Weise auch den Alltag im Dritten Reich veralbern könnte. Man fing an, für ihn zu fürchten, aber es passierte ihm nichts; selbst die hochprozentigen Nazis lachten angesichts dieses bei einem akademischen Lehrer ungewohnten Humors. Als ich ihn besuchte, mußte ich zu meiner höchsten

Verwunderung feststellen, daß dieser Mann, den ich für einen Antifaschisten gehalten hatte, nicht aufhörte, des Führers Genialität zu preisen! Und dabei war dieser ganz in der Welt der Bücher angesiedelte Gelehrte das unkriegerischste Wesen, das man sich vorstellen kann. Auch in seinen Torheiten blieb er liebenswert.

Schon vor dem Kriege hatte ich mit dem Professor der Physiologie, Hans Hermann Weber, und dem Direktor der Hautklinik, Professor Gottron, manches vertrauliche Gespräch geführt. Jetzt wurde ich von ihnen mit dem Chefarzt des Standortlazaretts Tübingen, Oberstabsarzt Dr. Dobler, bekannt gemacht, was einige Monate später Folgen für mich haben sollte. Großen menschlichen Gewinn bedeutete mir in dieser Zeit der Umgang mit dem Direktor des Kaiser-Wilhelm-Instituts für Genetik, Professor Alfred Kuhn, und seinem Kollegen Professor Max Hartmann, die mir nicht nur eine neue Wissenschaft erschlossen, sondern mich auch erleben ließen, wie reine, zweckfreie Forschung bei jenen, die sich ihr ganz ergeben, im Umgang mit den Naturwissenschaften dieselbe Fülle an Humanität zu entfalten vermag wie der Umgang mit den Musen und dem reinen Denken. Ich bin glücklich, daß es mir später als Regierungschef von Württemberg-Hohenzollern möglich wurde, einer Reihe von Max-Planck-Instituten in Tübingen eine neue Heimat zu verschaffen.

Nach Tübingen war eine Reihe von Instituten dieser Gelehrtengesellschaft ausgelagert worden, darunter das Institut für ausländisches und internationales Privatrecht, an dessen Spitze Professor Dr. Hans Dölle stand. Dem Institut gehörten Dr. Hans Rupp und Dr. Konrad Zweigert an, mit denen es in meinem Haus sehr oft zu Gesprächen ohne politische Vorsicht kam. Sie dachten wie ich über das Dritte Reich, und ihre Vorstellungen über die Zukunft Deutschlands und welche Stellung dabei gerade die Gebildeten einzunehmen hätten, stimmten mit den meinen überein.

Ich habe in jenen Wochen viel gelesen und mich viel besonnen. Schließlich ging ich auf die Fünfzig zu, und da ist es wohl an der Zeit, Bilanz zu ziehen und sich klarzuwerden, aus welchen Quellen man getrunken und an welchen Tischen man gegessen hat, um zu dem zu werden, als den man sich sieht. Da trieb mich ein Ereignis aus dem Haus: Ich hörte die für Deutschland bestimmte Sendung der BBC –

es wurde über das Verhalten der Deutschen in Frankreich gesprochen, und schlimme Dinge wurden aufgezählt, die verantwortliche Deutsche hätten geschehen lassen. Dann berichtete der Sprecher von einigen Deutschen, die sich anders verhalten hätten, und schloß mit dem Beispiel eines Offiziers bei der Militärverwaltung, der – vielleicht, weil er eine französische Mutter hatte – das Gegenteil dessen tat, was die Nazis getan sehen wollten. Er habe sich unter anderem gegen Geiselerschießungen zur Wehr gesetzt. Mir war klar, daß der nächste beste Gestapomann ohne Schwierigkeit darauf kommen mußte, wer mit diesem Lobe gemeint war und daß mich dies in Teufels Küche bringen konnte.

Ich packte einige Sachen zusammen und ging zu Fuß über Bebenhausen in den Schönbuch, wo ich eine Weile in einer Jagdhütte Unterschlupf fand. Von dort ging ich nach Tübingen zurück und erzählte Dr. Dobler von meinen Befürchtungen und fragte ihn, ob er mir helfen könne. Er sorgte für meine »Isolierung« im Garnisonslazarett, und ich konnte so lange dort bleiben, bis die Gewißheit bestand, daß die Franzosen im Anmarsch waren. Unser Freundeskreis, zu dem auch der Landrat Geißler stieß, verabredete, daß der Oberstabsarzt und der Landrat in einem Sanitätskraftwagen den Franzosen entgegenfahren sollten, um zu erreichen, daß Tübingen zur Lazarettstadt erklärt werde. Angesehene Bürger der Stadt sollten dafür bürgen, daß auf die Truppen nicht geschossen werden würde. Wir konnten diese Bürgschaft übernehmen, denn die gesunden Soldaten waren aus Tübingen abgezogen worden, und mit den Leitern der Kliniken hatte Professor Gottron gesprochen.

Am nächsten Morgen zog ein Panzerregiment durch Tübingen in Richtung Stuttgart. Andere Einheiten folgten. Die Stäbe wurden in der Stadt untergebracht und mit ihnen das dazugehörige Gefolge. Die Franzosenzeit begann.

Der Weg aus dem Elfenbeinturm

Ich war entschlossen, mich dem zu stellen, was mit der Zerschlagung Deutschlands auf unser Volk und auf jeden von uns zukommen mußte. Diese Bereitschaft war der Grund, weswegen ich in jenen Wochen versuchte, mir Klarheit über mich selber zu verschaffen. Welche Faktoren ließen mich zu dem werden, als den ich mich heute zu erkennen glaubte, nämlich zu einem nach langem Reifeprozeß im Aufstieg zu Höhen und im Abstieg in Tiefen endlich erwachsen gewordenen Menschen? Nun brauchte ich nicht mehr von Gaben meiner geistigen Vormünder zu leben, nun würde ich aus dem leben können, was ich mir eingestückt hatte.

Bei diesem Wachstumsprozeß sind mir Kräfte durch die Schule zugewachsen, in der ich gezwungen wurde, alles Aufgegebene so lange zu verarbeiten, bis das Ergebnis mit der Regel übereinstimmte – gerade auch in jenen Fällen, die vom Stoff her nicht dazu angetan waren, mir Freude zu machen. Dadurch habe ich das Lernen gelernt und daß man sich nicht mit annähernder Richtigkeit zufriedengeben darf. Seitdem weiß ich, daß eine Aussage entweder richtig ist oder falsch und daß es dazwischen nichts gibt. Daß sich dies im Umgang mit den Texten der großen Geister der Antike zu erweisen hatte, in welchen von Achill bis Thersites, von Antigone bis Kreon, von Sokrates bis Perikles, von Alexander bis Julius Caesar, von Römerwürde und vom Niedergang der Römertugend die Rede war, bescherte mir einen Katalog von Mustern des Menschseins, der mir das Auge für den bunten Reichtum und die Widersprüche innerhalb der geschichtlichen Welt eröffnete.

Die großen Dichter der europäischen Klassik vermittelten mir die

Modalitäten der Impulse, die das Handeln der Menschen sowie die Ordnungen der Werte, an denen sie sich orientieren, bestimmen. Vornehmlich lernte ich dies bei Shakespeare, dessen »Hamlet« ich mit sechzehn Jahren auswendig konnte und dessen Königsdramen mir den Blick für die Dämonie der Macht schärften. Von der großen europäischen Prosa haben mir Dostojewski und Tolstoi am stärksten ans Herz gegriffen; bei Balzac lernte ich, was die Gesellschaft vermag; bei Stendhal die Macht der Individualität, der »happy few«. Friedrich Nietzsche hat mich erregt, aber nicht geformt.

Von dem, was mir als Christentum begegnete, wirkten weniger die Dogmen auf mich als die Gestalten der Heilsgeschichte von Hiob bis zu Jesus von Nazareth und dem heiligen Franz. Ich wußte nicht, ob mein Tun Gott recht sei, aber ich war sicher, daß einem alleinigen und allmächtigen Gott gegenüber keine andere Haltung möglich ist als »Dein Wille geschehe«. Ich begriff früh, daß Überirdisches uns nicht von der Notwendigkeit freizusprechen vermag, zu tun, was an Zeitlichem um der Menschen willen getan werden muß, und daß es moralisch unzulässig ist, andere dafür arbeiten zu lassen, daß wir unser Leben nach unserem Geschmack einrichten können.

Wie sehr mich die »Wandervogel«-Bewegung bestimmt hat, habe ich schon dargetan. In jener Phase meines Lebens sind mir Einsichten gekommen, die sich später in Lebenskräfte verwandeln konnten – freilich erst, nachdem ich viele Illusionen durchschaut und das Echte von den Surrogaten zu scheiden gelernt hatte: Aus der Formel des Hohen Meißner war vielerorts Libertinage und ein Sturm und Drang geworden, der keine Bastille mehr stürmte. Aus dem Aufbruch in die Natürlichkeit bezog man meist eher den persönlichen Gemütsbedürfnissen bekömmliche Innerlichkeit als bürgerliche Lebensformen sprengende Erdkräfte.

In der Zeit der Jugendbewegung mochten wir nur das Absolute gelten lassen; Annäherungswerte anzustreben, galt als schäbige Sünde wider den Geist des Hohen Meißner. Ich bemerkte bald, daß dieser simple moralische Idealismus zu wenig anderem führte als zu einem bequemen Quietismus und gelegentlich zu bloßer Trägheit, vor allem zu jener Trägheit des Herzens, die es uns erlaubt, einen Menschen hungern zu lassen, ohne Gewissensbisse zu verspüren, da mit dessen

Speisung ja nicht der Hunger schlechthin von der Erde verschwinden wird. Ich gewann die Gewißheit, daß man schon damit etwas Rechtes tun kann, daß man Annäherungswerte verwirklicht.

Die Geschichte hat mich in allen Phasen meines Werdegangs mächtig ergriffen, nicht so sehr die Philosophie der Geschichte oder gar eine Geschichtsmetaphysik als vielmehr das, was Herodot »das von den Menschen Erzeugte« nennt. Aus dem, was ich dabei lernte, konnte ich mir einen guten Vorrat an Wissen um die normalen Reaktionsweisen der Menschen gegenüber den sich mit der Zeit wandelnden Umständen anlegen. Ich erfuhr dabei auch die Kraft des menschlichen Geistes, immer neue Wege in die Zukunft zu erschließen, immer neue Quellen zu bohren, immer neue Formen der Selbstverwirklichung zu finden. Dies konnte mir keine Antwort auf die Frage nach wahr und falsch geben, nach Sinn und Sinnlosigkeit, aber es ging davon eine gewaltige Herausforderung aus, »Ewigungen« und »Zeitungen« zu unterscheiden.

Für die »Ewigungen« nahm ich die »Grundbücher« der Menschheit zur Hand; sie galten mir als Spiegel, der in seinem Kristall einfing und in Denkbildern zurückstrahlte, was bereit war, sich in mir zu Kriterien für das Humane auszuformen. Was aber die »Zeitungen« anlangte, so fand ich, daß die Beweggründe der Menschen nur selten von der Realität der in den Dingen wirkenden Faktoren ausgehen, sondern von der Vorstellung, die sie sich von ihnen machen, und von ihren Wunschbildern. Kommt trotzdem etwas dabei heraus, dem nachträglich ein Sinn zugemessen werden kann, mag man an Machiavellis Launen Fortunas oder an Hegels List der Geschichte denken. Diese Erkenntnis hat mir gedient, der Geschichte Verhaltensmodelle zu entnehmen, die es mir erlaubten, mich in meiner Zeit besser zurechtzufinden, und mich zugleich erkennen ließen, daß die Kenntnis geschichtlicher Prozesse unvermögend ist, einem die persönliche Gewissensentscheidung abzunehmen. Bestenfalls konnte ich aus ihnen lernen, was mir zu tun möglich sein könnte, aber nicht, was ich hier und jetzt zu tun habe. Es lag nahe, die Kriterien für richtiges Handeln in der kritischen Vernunft zu suchen. Aber die Vernunft vermag nur, uns erkennen zu lassen, was meßbar ist, und das also Erkannte unseren Zwecken nutzbar zu machen. Dies ist heute nicht

weniger eine Quelle seelischer oder geistiger Kräfte als zu der Zeit, da
Galileo Galilei, in seinem Fernrohr die Jupitermonde erblickend,
kraft richtiger Schlußfolgerung den Beweis in Händen zu halten
glaubte, daß man aufgrund richtig beobachteter Naturvorgänge alle
metaphysischen Spekulationen über das Gefüge der Welt gegenstandslos machen kann.

Nicht die Ergebnisse des nach Erkenntnis der Wirklichkeit suchen-
den Denkens schenken uns geistige und seelische Kraft, sondern die
Taten und Leiden des Forschens. Indem wir uns um Wissenschaft
bemühen, erfahren wir, wohin uns Vernunft nicht zu führen vermag
und wo die Schwelle eines Glaubens beginnt, der unserem Vernunft-
denken die Gewißheit gibt, daß Gott nicht mit Würfeln spielt. Albert
Einstein hat es gesagt.

Die Vernunft wird uns nie erklären können, was Schicksal ist. In
der Welt des Cato von Utica blühten keine Blumen, und die Göttin
Pflicht ist eine karge Nährmutter, wenn allein sie unsere Tempel
bewohnt. Die Epikureer und die Aufklärer glaubten es auf ihre Weise
zu wissen, doch im Gärtchen des wissend gewordenen Candide wird
außer bekömmlichem Gemüse nicht viel gewachsen sein, das ihn
nähren konnte ... Vernunft kann die Menschen nur dann zum
Blühen und Fruchten bringen, wenn die Musen sie begleiten – nicht
als gefällige Weggenossinnen, sondern als Hüterinnen des Weges zu
den Müttern und Wächterinnen über die Schätze in den Tiefen
unserer Brust.

Der Musen Reich ist vielfältig. Hölderlins Wort »Was bleibet aber,
stiften die Dichter« hat mir den Mut verliehen, es bei den »heilig
nüchternen« unter ihnen zu suchen. Ich fand bei ihnen Wahrheiten,
die jenseits der Vernunft wirken, ohne diese aufzuheben. Was ich vor
mich hin lebte, war das Leben eines sehr weltlichen Hieronymus im
Gehäuse. Ich fühlte mich dabei wohl bis zu dem Tage, da mir klar
wurde, daß ein Leben, das nur sich selbst betrachtet, sich eines Tages
im Bilde der Melancholia auf dem Blatt Albrecht Dürers erkennen
wird. Pure Betrachtung gibt dem Leben keinen Sinn. Sinn ist allein,
wo einer das durch Betrachtung Begriffene ergreift und nach den
Notwendigkeiten der Zeit in Taten umsetzt, die die Nöte der Zeit zu
wenden vermögen.

Dieser Einschnitt in mein Leben wurde ausgelöst durch die Ereignisse der Jahre nach 1933, die in die Katastrophe führten. Ich fragte mich: Wer hat schuld, daß die Macht in die Hände von Unmenschen kommen konnte? Wer trägt Schuld, daß dieses Volk sich so täuschen, sich so überrumpeln ließ? Meine Antwort hieß: Ich und meinesgleichen sind schuld, weil wir uns zu gut waren, uns so tief zu bücken, wie die Erde unter dem Sternenhimmel liegt; jene Erde, in die man die Fundamente für Freiheit, Frieden, Gerechtigkeit legen muß; jene Erde, auf der auch das Unkraut wächst, das dem Guten wehrt. Wenn du nicht wieder schuldig werden willst, sagte ich mir, wirst du dein Leben ändern müssen. Du mußt dich auf den Weg zwischen Tod und Teufel wagen. Dann erst wird dein Leben seinen Sinn finden. Ich werde also in die Politik gehen müssen. Damit stelle ich mein Leben in eine Ordnung, die mir viel Geduld und viel Demut abverlangen wird. Ich werde mit dem Wissen ans Werk gehen müssen, daß man allein durch den Glauben an die Idee das Ideal nicht verwirklichen kann; daß man sich wird begnügen müssen, Annäherungswerte an das Wahre zu verwirklichen; daß man Stein um Stein wegräumen, Unkraut um Unkraut ausreißen muß, bis man daran denken kann, die Entwürfe des planenden Geistes vom Reißbrett weg in Stein und Mörtel zu übertragen. Du wirst dich darauf einrichten müssen, mit Menschen auszukommen, die anders denken als du selbst, und du darfst nicht versuchen, sie zu vergewaltigen oder zu betrügen, um sie zu deiner Meinung zu bekehren. Du wirst über dem Erreichten nicht vergessen dürfen, was du dem Gesollten schuldig bleiben mußtest, um ein Mögliches zustande bringen zu können. Wirst du die Kraft haben, diese Verzichte zu leisten, ohne das Denkbild zu verraten? Die Kraft dazu kann nur aus der Liebe zu diesem Volke kommen, für das du dich als Jüngling entschieden hast. Ich habe damals nur undeutlich gewußt, was alles in dieser Entscheidung einbegriffen war; aber ich war der Richtigkeit meiner Entscheidung gewiß. In meinem Vaterland hatte ich Menschen gefunden, die mich ahnen ließen, daß es oberhalb der Summe der Individuen, die es bewohnen, eine Volkheit gibt, deren Würde auch durch Verrat und die Unfähigkeit vieler, ihr Wesen zu erkennen und ihre Tugenden zu vergegenwärtigen, nicht widerlegt wird. Dieses Volk ist eine der

Saiten auf der Harfe Gottes, und die Harmonie des Jubelgesangs der Schöpfung würde ohne die Töne dieser Saite an Klang verlieren.

Ich wußte, daß es Gemeinmenschliches gibt, das über allen nationalen Sonderungen steht und in alles volkhaft Besondere eingegangen ist und in ständigem Gestaltwandel neu eingeht. Aber ich wußte auch, daß für jeden Dichter und Denker das Gemeinmenschliche nur sagbar wird aus seiner Volkheit heraus, und daß diese etwas anderes ist als ein Naturgewächs, als ein Wachstumsprozeß aus vorprogrammierten Genen. Diese Volkheit ist aus vielen Erden genährt, durch viele Regen getränkt, durch viele Wetter geschüttelt, von vielen Sonnen bestrahlt worden, bis sie zu sich selber wurde. In die unsere ging manches ein aus den »Zeiten der Zelte und der Züge«; vieles aus dem, was Ritter, Vaganten, Mönche aus dem Garten des Reichs mitbrachten (»*Giardin dell'impero*« nennt Dante Italien in den Terzinen, da er Albert den Deutschen aufruft, gen Süden zu fahren); viel aus der ersten Begegnung mit Frankreich im ununterbrochenen Austausch aus den Zeiten der Gotik und des Minnesanges bis zur Romantik Rousseaus; und aus der neuen Begegnung mit dem Griechentum seit Winckelmann, gipfelnd in Hölderlin und Goethe und phönixgleich sich verzehrend in Friedrich Nietzsche … Dies alles mußte zusammenfließen, um das Deutsche in Deutschland zuwege zu bringen, das vom Germanien Armins so verschieden ist wie Frankreich vom Gallien des Vercingetorix und doch einen mächtigen Wurzelstrang von dort her hat.

In all dem (und noch vielem anderen) haben die Deutschen gelebt. Manchmal haben sie es verleibt, manchmal sind sie davon zu den Dämonen der Stumpfheit der Stoffwelt und zu den Lemuren der Trägheit des Herzens abgefallen, doch immer haben sie, auch in den Zeiten der Öde, den Anruf eines Gewissens gehört, das ihnen verbot, mit sich selber zufrieden zu sein. Das ist wohl der Grund dafür, daß die Deutschen sich selber und ihr Volk nur so selten geliebt haben. Doch einige Male schlug diese Un-Liebe in Selbstvergötzung um. So hielten sie es auch mit der Sprache. Jean Paul hat es niedergeschrieben: »Der Deutsche ist gegen keine Sprache so kalt als gegen seine eigene, so reiche …« Wie gilt dies erst für unsere Zeit! Das schmerzhafteste Bild des Abfalls der Deutschen von dem, was ihnen

ihre Menschlichkeit aufgab, hat Hölderlin im »Hyperion« gezeichnet
– er, der wie kein anderer den Weg aus Traum-Hellas in das Herz
Deutschlands zurückgefunden hat. »Verbotene Frucht, wie der
Lorbeer, ist aber am meisten das Vaterland. Die kost' ein jeder
zuletzt.«

Ich wußte, daß politische Arbeit für Deutschland mich auf ein
steiniges Feld führen würde, das die Musen bei uns zulande meiden
und die Menschen nicht achten. Es wächst auf ihm nicht das Brot, das
uns Geist und Seele nährt. Aber es ist der Bauplatz, auf dem ein Volk
so in Verfassung gebracht werden kann, daß es den Mut zu sich
selber, den Mut, zur Nation zu werden, zu finden vermag. Den
Nationalismus, dieses böse, schleichende, betäubende und irrema-
chende Gift, überwindet man nicht, indem man an der Nation
vorbeigeht, sondern indem man ihr hilft, in sich das Denkbild des
Menschen zu vergegenwärtigen. So wird man zum Patrioten und
Weltbürger zugleich. Wie aber sollte dies in einer Zeit geleistet
werden können, da dieses Deutschland aus so vielen Wunden blutete?
Doch Deutschland hat schon andere Martern überwunden. Vor fast
zweihundert Jahren schrieb Jean Paul: »Mit den deutschen Wunden
sind zugleich auch die deutschen Ohren offen; daher rede heilsam,
wer es vermag; und möchten nur Männer, die es am besten
vermöchten, jetzt nicht schweigen! – Die neue Zeit fordert neue
Kräfte. Neue Staatsschiffe lassen, wie neue Boote, noch Wasser ein,
bevor sie zugequollen sind.«

Die ersten Wochen

Stäbe und Versorgungseinheiten der französischen Truppen blieben
in Tübingen; die Kampftruppen zogen teils auf Stuttgart zu, teils in
Richtung der bayerischen Grenze bis nach Österreich. Die Militärregierung ging nach Stuttgart. Das widersprach zwar den interalliierten
Abmachungen, wonach die nördliche Grenze des Staatsgebietes, das
den Franzosen zur Verwaltung zugeteilt war, südlich der Autobahnli-
nie Karlsruhe–Stuttgart–Ulm entlang verlaufen sollte. Diese drei
Städte sollten nicht zum französischen Besatzungsgebiet gehören.

Darüber und über die Bestimmungen, die die Alliierten ·für die Behandlung der deutschen Bevölkerung erlassen hatten, wußten wir nichts. Die Bevölkerung hätte es lieber mit den Amerikanern zu tun gehabt, von denen eine weniger harte Behandlung zu erhoffen war. Man glaubte, die Franzosen würden uferlose Requisitionen durchführen, um die Sachverluste auszugleichen, die sie durch die deutsche Besatzung erlitten hatten. Man fürchtete auch die Kolonialtruppen, die einen beträchtlichen Teil der französischen Armee ausmachten. Die· ersten Tage schienen diese Befürchtungen zu bestätigen; Gruppen französischer Uniformträger und Zivilisten ergossen sich in die Geschäfte und verlangten unter Vorlage gestempelter Papiere vor allem Textilien und Elektrogeräte. Besondere Kommandos suchten in den Bibliotheken nach Raritäten und in den Laboratorien nach Mikroskopen und ähnlichen Geräten; jeder Kraftwagen wurde requiriert. Das alles schien ohne zentrale Anordnungen vor sich zu gehen und hatte etwas merkwürdig Rauschhaftes an sich.

Schon in den ersten Besatzungstagen ging ich auf das Rathaus, um zwischen den Militärs, die Quartier und andere Leistungen verlangten, und den wenigen verbliebenen hilflosen Rathausbeamten zu vermitteln. Daß ich Französisch wie die Franzosen sprechen konnte, erleichterte die Verhandlungen, konnte aber gelegentliche Zwischenfälle nicht verhindern. Wenn Forderungen materieller Art erhoben wurden, bestand ich auf der Vorlage eines ordnungsgemäß von einem Truppenkommandeur ausgestellten Requisitionsscheines; das paßte natürlich nicht allen. Als ich gar einen deutschen Zivilisten, den niemand kannte und der sich mit der Behauptung, er handle im Auftrag der Franzosen, im Dienstzimmer des Oberbürgermeisters einzurichten begonnen hatte, dort unbeachtet sitzen ließ und es die städtischen Beamten allmählich auch so hielten, kam es zu Auseinandersetzungen mit Militärpersonen, die zu dem Dunkelmann standen. Am Abend erhielt ich auf dem Heimweg die Quittung. Ein Auto bremste neben mir; am Steuer saß ein französischer Leutnant und fragte: »C'est vous, le docteur Schmid?« – »Oui, Monsieur« – »Montez!« Ich setzte mich auf den Rücksitz neben einen Zivilisten mit einem großen Hund; der Wagen hielt bei dem mir wohlbekannten Haus des Tischlermeisters Karrer in der Hölderlinstraße.

Dort begann eine recht unangenehme Vernehmung. Der Leutnant wollte wissen, wer ich denn eigentlich in Wirklichkeit sei. Ich wies ihm meine Papiere vor. Er bemerkte kurz und knapp, Papiere interessierten sie nicht, sie wüßten selber, wie man »echte« Papiere fabriziere ... Mein Verhalten auf dem Rathaus sei Beweis, daß ich ein Obernazi sei, und die Tatsache, daß ich so gut Französisch spräche, hätte ihren Verdacht verstärkt, daß ich zum »Werwolf« gehöre ... Es sei bekannt, daß die SS für den Fall einer Invasion Deutschlands Leute ausgewählt habe, die im Rücken der Invasionsarmee den Guerillakrieg zu organisieren und aus dem Operationsgebiet verbrannte Erde zu machen hätten. Zur besseren Tarnung habe man dafür Leute herangezogen, die sich als Nazigegner aufzuspielen hätten. – Ich sagte, diese Vorstellung sei zu grotesk, um darauf einzugehen. Das Wort »grotesque« wurde als Beleidigung empfunden – und entsprechend handfest quittiert ...

In dieser Art ging die Befragung noch einige Stunden weiter; dann wurde ich im Kellergeschoß in ein winziges WC eingeschlossen. Ich war allerdings nicht allein; zwei lebende Gänse, der Braten für morgen, teilten mein Quartier – eine höchst unangenehme Gesellschaft. Es war nicht ganz leicht, sich gegen ihre Schnabelhiebe zu schützen.

Gegen Mitternacht wurde der Riegel zurückgezogen, der Kopf eines Negers erschien im Türspalt. Ein Wink befahl mir, ihm zu folgen. Ein Zeichen gebot mir, leise zu sein. Wir landeten in der Küche. Er sei Algerier, sagte der schwarze Mann, und schon eine gute Weile bei dieser Einheit. Sie sei *»une sale unité«*, aber im Kriege müsse es eben solche geben, genauso wie Leute wie ich erschossen gehörten; doch solange er Koch der Einheit sei, sei noch keiner mit leerem Bauch erschossen worden: *»Assieds-toi et mange!«* Er hatte ein Huhn gekocht, das nun wie das Huhn im Topf des guten Königs Henri IV vor mir stand. Er stellte eine Schüssel Salat dazu und eine Flasche Rotwein. Ich aß – und versuchte mit meinen Gedanken fertig zu werden; sie waren nicht rosig.

Nach einer Stunde sperrte mich der Koch wieder in das Keller-WC. Wenige Minuten später erschien er nochmals und warf mir ein schwäbisches Federbett durch die Tür. Er dachte vielleicht, ich würde

darauf schlafen; mir diente es als Schutzwall gegen die beiden
Gänse . . .

Vier Tage und Nächte blieb ich in diesem Keller – allerdings
befreite man mich nach der ersten Nacht von den Gänsen. Ich wurde
nicht mehr vernommen, und am fünften Tag stand der französische
Leutnant vor der Tür und forderte mich auf: *»Venez – s'il vous
plaît . . .«* Was sollte dieses »s'il vous plaît« bedeuten? Er führte mich
in ein Haus an der Ecke der Straße. In der guten Stube nahmen wir an
einem Tisch Platz; der Mann schrieb meine Personalien auf. Da trat
unvermittelt ein Hauptmann ins Zimmer, den ich noch nicht gesehen
hatte. Er hielt ein Bündel beschriebener Blätter in der Hand, die ich
sogleich erkannte: Es war das Manuskript meiner Übertragungen der
»Fleurs du Mal«. *»Espèce de con! Quelqu'un qui a traduit Baudelaire
n'est pas un Werwolf!«* Nach einem entschuldigenden *»C'est la
guerre«* konnte ich nach Hause gehen – wo inzwischen eine
Haussuchung durchgeführt worden war, bei der man sich – leider –
nicht mit bloßem Hinsehen begnügt hatte . . .

Anderentags kam der Capitaine zu mir nach Hause; er würde sich
gern mit mir über meine Übersetzungen unterhalten. Er habe in Basel
studiert und sei Mitglied der Verbindung Zofingia gewesen . . . Er
kam dann jeden Nachmittag zum Tee (die Teebeutelchen brachte er
mit), und wir unterhielten uns über Probleme der Prosodie und über
die Kunst und die Fragwürdigkeit des Übersetzens. Eines Morgens
stand er vor meiner Haustür neben seinem vollgepackten Wagen. Ich
sah einige Gegenstände, die vor der Haussuchung noch mir gehört
hatten. *»A la guerre comme à la guerre«*, dachte ich. Mein versekundi-
ger Gesprächspartner verabschiedete sich; seine Einheit käme in eine
andere Garnison. Er gab mir ein Stück Papier, dessen Ecken er mit
rotem und blauem Farbstift in ein Stück Trikolore verwandelt hatte
und auf dem zu lesen stand, daß jedermann gebeten werde, mein
Haus zu schonen, und mit dem bezeugt wurde, daß ich kein Feind
der französischen Armee sei. Unterschrift: Capitaine Lemaître. Das
war wohl sein »nom de guerre«. Der Name seiner Einheit klang
ebenso harmlos: sie hieß »Alouette«, die Lerche.

Unmittelbar nach diesem Erlebnis bekamen wir Marokkaner ins
Haus; ihr Unteroffizier sprach gut Französisch. Wir konnten im

Keller wohnen bleiben, und ich würde über diese Einquartierung nicht berichten, wäre sie nicht besonders rücksichtsvoll gewesen. Als der Befehl zum Abmarsch kam, erklärte mir der Unteroffizier, er wolle mir nun die Räume übergeben; ich könne mich davon überzeugen, daß Marokkaner keine Diebe seien. Wir gingen miteinander von Zimmer zu Zimmer, nichts schien zu fehlen – bis er in meinem Arbeitszimmer die Schreibtischtüren öffnete. Ich wurde bleich. An der Stelle, wo der große Stoß handbeschriebener Blätter gelegen hatte – das fertige Manuskript meines Machiavelli-Buches, zehn Jahre Arbeit –, lag nur noch ein dünnes Häufchen Papier. Auf meine Frage, wohin die Blätter gekommen seien, sagte der Unteroffizier: »Chef, wir müssen doch auch gelegentlich auf das WC. Anstatt die teuren Bücher zu zerreißen, haben wir dies alte Papier genommen ... Zeitungen gibt es ja doch nicht.« Als ich ihm verzweifelt erklärte, was er mir damit angetan habe, klopfte er mir tröstend auf die Schulter und sagte nur ein Wort: »*Maktoub!*« (»Es stand geschrieben.«) Dieses Wort habe ich mir fürs Leben gemerkt.

Nach den Marokkanern kamen die Besatzungen zweier Panzer ins Quartier: je zwei Weiße und einige Nordafrikaner. Ich wunderte mich, daß die Weißen ihre farbigen Kameraden stets nur mit »Matricule Soundso« riefen. Ich fragte die Weißen, warum sie ihre Kameraden nicht beim Namen nannten, und meinte, auch ein Mensch, der nichts besitzt, habe doch wenigstens einen Namen! Die Antwort war: »Wie ein Araber wirklich heißt, weiß doch keiner. Sie heißen alle Mohammed – für uns sind sie Nummern und sonst nichts!« – »Meinen Sie, daß sie sich das noch lange gefallen lassen werden?« – *»Nous sommes fils de colons.* Wir wissen, wie wir mit diesen Leuten umgehen müssen. Ein Tritt in den Hintern ist das beste Mittel der Verständigung mit ihnen. Das ist hundert Jahre lang so gegangen, und das wird so weitergehen. Zu Hause haben wir die Waffen im Besitz und nicht sie!« ... Zwanzig Jahre später begann die Katastrophe der »colons« in Algerien.

Ich berichte diese Begebenheiten, weil sie mir symptomatisch für jene Zeit erscheinen. Andere, die nur für mich Bedeutung hatten, lasse ich unerwähnt, obwohl in der Comédie humaine dieser Besatzungswochen sich einige Szenen abgespielt haben, deren Gesamtheit

den ganzen Raum zwischen Tiefschwarz und Leuchtendhell in
vielerlei Fassung abdeckt.

Gleich nach Ankunft der Franzosen und dem Beginn meiner
Tätigkeit auf dem Rathaus hatte ich mit Bürgern der Stadt Kontakt
aufgenommen, von denen ich wußte, daß sie mit den Nazis nichts zu
tun gehabt hatten. Mein Freund Viktor Renner, der mit mir Richter
gewesen war, half mir dabei. Die meisten dieser Bürger waren vor
1933 Mitglieder des Gemeinderates gewesen; einige von ihnen waren
nach dem 20. Juli 1944 zeitweilig in Schutzhaft genommen worden.
Zu ihnen gehörte Adolf Hartmeyer, Sozialdemokrat und Schriftset-
zer; ein Kommunist namens Zeeb, der sich auch in den späteren
»politischen« Jahren als wackerer, ehrlicher Mann verhalten hat; ein
Zentrumsmann namens Schwarz, der ein Lebensmittelgeschäft
betrieb. Es gehörten einige Männer in den Dreißigern dazu, die
uk-gestellt waren und in Tübinger Betrieben arbeiteten, sowie meine
Freunde Rupp und Zweigert; ebenso ein Berliner Funktionär der
»Volksbühne«, ein alter Sozialdemokrat namens Hermann Zahr, der
kurz darauf Landrat von Tübingen werden und mehr als zwei
Jahrzehnte lang bleiben sollte, sowie einige Ärzte aus Tübinger
Kliniken. Auch der letzte amtierende Landrat Geißler schien mir
unentbehrlich zu sein. Wir versammelten uns in dem kleinen
Altstadtlokal »Zum Pflug« und konstituierten uns als »Demokratische Vereinigung«, deren Zweck sein sollte, die Menschen zu
sammeln, von denen man erwarten durfte, sie könnten beim späteren
Aufbau demokratischer Einrichtungen nützlich sein. Wir beschlossen, uns regelmäßig zu treffen, Informationen auszutauschen und uns
um die Dinge der Stadt zu kümmern und, soweit wir das konnten,
uns der Sorgen der Bürger anzunehmen. Diese Vereinigung hat das
ganze Jahr 1945 über bestanden und manchen Nutzen gebracht. Daß
die Einrichtung einer geordneten Verwaltung verhältnismäßig glatt
vonstatten ging, war nicht zum geringsten Teil ihr Verdienst.
    Doch wir wollten über den privaten Status des Anfangs hinaus. Wir
meinten, daß eine vorläufige Stadtvertretung geschaffen werden
sollte, die zwar vorerst nicht durch Wahlen legitimiert werden
konnte, deren faktische Legitimität sich aber für eine kurze Über-

gangszeit aus der erwiesenen demokratischen Qualität der von der Demokratischen Vereinigung ausgewählten Frauen und Männer der Bürgerschaft herleiten ließ. Am 9. Juni 1945 trat im Rathaus ein vorläufiger Gemeinderat zusammen; er wählte mich zum Vorsitzenden und hielt einige Sitzungen ab, in denen Beschlüsse über die Versorgung der Bevölkerung mit Lebensmitteln und über die bei der Verteilung der Quartierlasten einzuhaltende Ordnung gefaßt wurden. Doch schon nach den ersten Sitzungen löste die Kommandantur den vorläufigen Gemeinderat auf. Noch sei die Zeit für die Selbstverwaltung der Deutschen nicht gekommen; alle Gewalt gehe unmittelbar und ausschließlich von den militärischen Organen der Besatzungsmacht aus ... Die Enttäuschung der Tübinger Bürger war groß; sie hatten sich unter der Befreiung von totalitärer Herrschaft und der Freisetzung demokratischer Initiativen etwas anderes vorgestellt.

Einige Erlasse der Militärverwaltung machten in der Bevölkerung böses Blut, so die Anordnung, daß jeder Haushalt eine komplette Männerbekleidung abzugeben habe. Militärlastwagen fuhren vor, um die Anzüge abzuholen und sie nach Frankreich weiterzubefördern, wo sie Leuten zugute kommen sollten, die durch die Deutschen in Not geraten seien.

Als angeordnet wurde, daß alle aus der Wehrmacht entlassenen Männer sich zu melden hätten, um nach Frankreich in Kriegsgefangenschaft gebracht zu werden, kann man sich vorstellen, wie viele Väter und Mütter und Ehefrauen jene Deutschen um Intervention baten, von denen man glaubte, ihr Wort könnte wegen ihres Verhaltens im Dritten Reich bei den französischen Stäben Gewicht haben. Doch unsere Interventionen hatten nur in den seltensten Fällen Erfolg.

Im allgemeinen verhielten sich die französischen Truppen diszipliniert. Kam es gelegentlich zu Ausschreitungen, deren Tatbestand klar war, scheuten die Franzosen sich nicht, das Kriegsgericht zu bemühen.

Mit der Nachbarstadt Reutlingen, wo der Sozialdemokrat Oskar Kalbfell als Bürgermeister wirkte, bestand enger Kontakt. So erfuhr die Bevölkerung Tübingens sehr bald, daß der dortige Truppenkommandant zwei Bürger als Geiseln hatte erschießen lassen, weil auf

einen Motorradfahrer geschossen worden sei. Erwiesen wurde dies
nie. Bürgermeister Kalbfell hatte lange gegen das Gerücht anzukämp-
fen, er habe dem Kommandanten die beiden Geiseln – beide
Mitglieder der NSDAP – benannt.

Immer wieder wurde ich von den Leitern naturwissenschaftlicher
Institute der Universität um Vermittlung gebeten, wenn französische
Kommissionen von ihnen die Hergabe kostbarer Instrumente verlangten. Es gelang mir nicht immer, jene Herren zu überzeugen, daß
es nicht angehe, Reparationen »wild« einzutreiben, sondern daß dies
doch wohl nur aufgrund von Anordnungen der Regierungsorgane
und in geordneten Verfahren geschehen könne. Da erhielt ich
unerwartete Hilfe. Ein junger Hauptmann von der französischen
Militärregierung in Stuttgart erkundigte sich bei mir nach dem
Zustand der Universität. Er sei von dem Stadtkommandanten an mich
verwiesen worden, da der Rektor aus der Nazizeit kein Gesprächspartner für ihn sei. Er selbst sei ein Sohn des Theologieprofessors
Westphalen von der Universität Straßburg. Ich berichtete ihm, was
ich wußte: Die Universität sei außer Betrieb; in einigen Instituten
werde gearbeitet, doch eigentlich nur zu dem Zweck, die Gebäude
und Einrichtungen nicht ohne Schutz zu lassen, denn immer wieder
werde versucht, in den Instituten zu »requirieren«. Der Lehrkörper
warte auf die Dinge, die da kommen würden. Mir schiene es richtig,
Professoren, die sich im Dritten Reich nicht kompromittiert hatten,
zu erlauben, eine Art von Kleinem Senat zu bilden und sich über die
Zukunft der Universität Gedanken zu machen, denn schließlich
werde ja nicht die Militärregierung den künftigen Lehrbetrieb
einrichten können. Soviel mir bekannt sei, bestehe bei den Professoren die Absicht, den Germanisten Professor Hermann Schneider als
Interimsrektor anzuerkennen. Mein Gesprächspartner hörte aufmerksam zu, fragte mich nach diesem und jenem Gelehrten der
Universität und versprach mir eine baldige Antwort auf meine
Vorschläge. Nach einigen Tagen kam er wieder und teilte mir mit,
daß man »oben« meine Vorschläge beachtenswert finde.

Damit hatte die Universität grünes Licht. Ein Gremium unbelaste-
ter Professoren wählte Hermann Schneider zum Interimsrektor. Am

15. Juni 1945 suchte Professor Schneider mich auf, überreichte mir eine Urkunde und erklärte, daß mir in Anbetracht des mir seitens der nationalsozialistischen Regierung so lange angetanen Unrechts durch ihn, namens der Universität, der Titel eines außerplanmäßigen Professors verliehen werde. Ich freute mich über dieses Papier; es hat mir manche Verhandlung mit Besatzungsdienststellen erleichtert. So konnte ich die Franzosen davon überzeugen, daß es ein Gewinn für alle wäre, die mit biologischen Forschungen beschäftigten Kaiser-Wilhelm-Institute – die sich bald Max-Planck-Institute nennen sollten – von Hechingen, wohin man sie ausgelagert hatte, nach Tübingen übersiedeln und dort ihre Forschungsarbeit fortsetzen zu lassen.

Völlig überraschend erreichte mich die Aufforderung, nach Freiburg zu kommen, wo »eine hohe französische Persönlichkeit« zu einigen Notabeln der französisch besetzten Zone sprechen wolle. Ich lernte dabei meinen späteren Kollegen Wohleb kennen. Die »hohe Persönlichkeit« war General de Gaulle, der uns zur Befreiung von der Diktatur des Nationalsozialismus beglückwünschte. Frankreich komme als Befreier in unsere Länder – der Plural erwies sich später als bedeutsam – und werde sie von dem Joch der verhängnisvollen preußischen Hegemonie befreien. Die alten historischen Länder würden sich nach einer gewissen Zeit gemäß ihren Traditionen einrichten können und ihre »vertus ancestrales«, ihre Vorvätertugenden, voll entfalten können. Mir kam das vor, als wolle man uns in die Postkutschenzeit zurückversetzen. Was die Alliierten nun mit uns in Deutschland vorhatten, wußten wir nicht. Sollte unser Land in eine Handvoll Staaten auseinandergeschnitten werden? Bestand die Absicht, es bei einem geschlossenen deutschen Staatsverband zu belassen? Wollten sie sich damit begnügen, das alte Deutschland durch Gebietsabtretungen an seine Nachbarn zu verkleinern? Die Potsdamer Konferenz, in der über das vorläufige Schicksal Deutschlands beschlossen wurde, begann erst am 17. Juli 1945. Als dann die Deklaration von Berlin am 5. Juni 1945 in der Französischen Zone bekanntgemacht wurde, erfuhren wir die Aufteilung Deutschlands in vier Besatzungszonen und die Einsetzung eines Kontrollrates in Berlin, der aus den vier

Zonenbefehlshabern zu bilden sei und die Entscheidungen treffen werde, die Deutschland als Ganzes beträfen. Die französischen Besatzungsbehörden legten weiter keinen Wert darauf, die Deutschen in ihrer Zone über die politische Lage im Gesamtgebiet Deutschlands zu informieren. Natürlich fanden wir Mittel und Wege, uns die in der Amerikanischen Zone erscheinende Zeitung zu beschaffen. Doch auch aus ihr war nicht zu erfahren, wie sich die Sieger die Lösung der deutschen Frage dachten. Hatten sie überhaupt eine einheitliche Vorstellung, was aus Deutschland werden sollte?

Uns interessierte vorläufig in erster Linie, was aus Württemberg werden sollte. Die Franzosen hatten Stuttgart besetzt und dort eine Militärregierung für Württemberg errichtet. Im Norden Württembergs und Badens standen amerikanische Truppen, die ihrerseits Württemberg als Besatzungsgebiet der USA betrachteten und auf der Räumung Stuttgarts durch die Franzosen bestanden. In Tübingen wußte niemand etwas Genaues. Es war nur bekannt, daß die Amerikaner in einer Stadt nördlich Stuttgarts eine Militärverwaltung eingerichtet und in dem von ihnen besetzten Teil des Landes von ihnen ernannte Landräte ihre Tätigkeit aufgenommen hatten.

Die Franzosen hatten zunächst in dem von ihnen besetzten Landesteil in den Kreisstädten Kommandanturen eingerichtet und Landräte eingesetzt. Als Qualifikation genügte ihnen im allgemeinen, daß die Empfohlenen nicht nationalsozialistisch belastet waren und man annehmen konnte, daß sie bei der Bevölkerung Autorität genossen. Die Landräte und Bürgermeister dachten verständlicherweise in erster Linie an die Interessen ihres Kreises. Jeder wollte so autark wie möglich sein und die Lebensmittel, die von den Franzosen nicht in Anspruch genommen wurden, nach eigenen Vorstellungen verteilen. Doch bald bildete sich zwischen den Kreisen und zwischen den Gemeinden ein Do-ut-des-Verhältnis aus: Wenn du mir Kartoffeln lieferst, gebe ich dir Mehl ... Daß dies nicht lange so gehen konnte, war klar, und daß die Franzosen ihre eigene und der Bevölkerung Versorgung nicht mit ihren Verwaltungsleuten allein schaffen konnten, lag auf der Hand.

Mitte Mai stand für jeden, der sich Gedanken über die Zukunft machte, fest, daß eine deutsche Landesverwaltung eingerichtet werden würde, um der Militärregierung als Hilfsorgan zur Verfügung zu stehen. Doch zuerst bedurfte es einer Einigung zwischen Amerikanern und Franzosen über das Schicksal der beiden Landeshälften; kam sie nicht zustande, mußte es zum Konflikt kommen.

Aus dem Süden des Landes trafen abenteuerliche Nachrichten ein. Dort erstrebten angeblich konservative Kreise des Bodensee- und Voralpengebietes die Bildung eines eigenen Staatswesens zwischen Donau und Alpen. Hinter dieser »Alpenländischen Union« steckten bestimmte französische Kreise aus der Umgebung des Generals Leclerc. Einige deutsche Sonderlinge und Honoratioren, die glaubten, die gute alte Zeit wiederbringen zu können, schlossen sich an. Nach einigen Monaten indes war dieser Spuk dahin zurückgekehrt, wohin er gehörte: an den Stammtisch.

In der zweiten Juniwoche sollte sich durch einen neuen Besuch des Capitaine Westphalen mein Leben radikal ändern. Er ließ mich wissen, der Kommandant Württembergs, General Schwartz, wolle mich sprechen: Es gehe um die Einrichtung einer Landesverwaltung für das französisch besetzte Württemberg, in der ich das Ressort für das Unterrichtswesen und die kulturellen Angelegenheiten übernehmen solle. Diese Botschaft freute mich nicht besonders, denn ich fühlte mich mit dem, was in Tübingen not tat, vollauf beschäftigt und hatte keine Vorstellung, mit wem ich in dieser Landesverwaltung würde zusammensitzen müssen und welche Befugnisse man ihr zu übertragen bereit war. Trotzdem erklärte ich mich bereit, nach Stuttgart zu fahren.

In der Villa Weißenburg empfing mich ein Colonel Andrieu, der sehr förmlich – er saß, ich stand – erklärte, daß man sich entschlossen habe, eine Landesverwaltung einzusetzen, um die Ausführung der Wünsche und Anordnungen der französischen Besatzungsmacht in deutsche Hände zu legen. Wir sollten uns keine falschen Hoffnungen machen: Die Besatzungsmacht sei durchaus nicht hier, um die Sympathien der deutschen Bevölkerung zu gewinnen, sondern um sich die Früchte des Sieges der französischen Waffen zu sichern. Ich zog zuerst einen Stuhl herbei, setzte mich und erklärte Colonel Andrieu, daß mir die Umstände eines Besatzungsregimes genau bekannt seien – er wisse doch wohl, in welcher Eigenschaft ich

während des Krieges in Frankreich tätig gewesen sei –; ich wundere
mich also nicht darüber, daß man die Einrichtung einer von
Deutschen wahrgenommenen, der Militärregierung verantwortlichen
Landesverwaltung beabsichtige. Ich sei bereit mitzuarbeiten, doch
würde ich erst nach Besprechung mit dem Chef dieser Landesverwaltung eine endgültige Antwort geben können. Dem Colonel schien
meine Antwort nicht zu gefallen; er verwies mich an Dr. Arnulf
Klett, den von der Militärverwaltung eingesetzten Oberbürgermeister
Stuttgarts, der mich genauer informieren würde.

Ich fand Dr. Klett, den ich von seiner Studentenzeit her kannte, in
einer Villa in der Richard-Wagner-Straße. Er erzählte mir von seinen
bisherigen Erfahrungen mit der französischen Besatzung. Er sei am
2. Mai von Oberst Andrieu beauftragt worden, so rasch wie möglich
eine Landesverwaltung aus Bürgern des Landes Württemberg zu
bilden. Er habe sich sofort um politisch unbelastete Bürger mit
Verwaltungserfahrung bemüht, vor allem um den früheren Wirtschaftsminister Dr. Reinhold Maier. Dieser habe abgelehnt, weil er
davon überzeugt sei, daß sehr bald die Amerikaner nach Stuttgart
kommen und dann von sich aus eine deutsche Verwaltung für das
ganze Land einsetzen würden. Auch den früheren Minister Wilhelm
Keil habe er vergeblich konsultiert. Es sei ihm aber gelungen, den
ehemaligen Justizminister des Landes Württemberg, Josef Beyerle,
für den Vorsitz der Landesverwaltung zu gewinnen.

Ich suchte Josef Beyerle auf, den ich von früher her als ehemaligen
Justizminister kannte. Er begrüßte es, daß ich mich zur Verfügung
stellen wolle. Wir würden zunächst eine Sitzung der neun künftigen
Landesdirektoren einberufen und uns dann dem General Schwartz
vorstellen. Am 18. Juni erfolgte unsere Ernennung durch die
französische Militärregierung. Ich wurde, wie von Anfang an vorgesehen, Landesdirektor für das Unterrichtswesen und die kulturellen
Angelegenheiten des Landes. General Schwartz machte deutlich, daß
die Besatzungsbehörden die Führung unserer Ämter nach menschlicher und vaterländischer Seite hin nicht erschweren wollten. Die
Kompetenzen der Landesverwaltung waren nicht klar umrissen. Die
Landesdirektoren hatten dafür zu sorgen, daß die ihnen unterstehen-
den Dienststellen ihre Tätigkeiten gemäß den Gesetzen und Verord-

nungen der Militärregierung ausübten sowie den noch in Kraft befindlichen deutschen Gesetzen Geltung verschafften. Unsere Zuständigkeiten sollten sich auf das ganze Land Württemberg erstrecken. Das hieß freilich, die Rechnung ohne den Wirt zu machen ... Die amerikanischen Kreisoffiziere hatten eigene Vorstellungen von einer richtigen, den Umständen angepaßten Verwaltung und ignorierten durchweg die Existenz der Stuttgarter Landesverwaltung. Sie hatte im amerikanischen Bereich nichts zu bestellen.

Der amerikanischen Regierung gelang es, mit deutlichen Hinweisen auf die vielfältige Abhängigkeit Frankreichs von den Vereinigten Staaten die französische Regierung zu überzeugen, daß die Autobahn Karlsruhe–Stuttgart–Ulm die Demarkationslinie zwischen der Amerikanischen und der Französischen Zone in Deutschland bilde. Das Land nördlich dieser Linie werde amerikanischer, das Land südlich der französischen Besatzungshoheit unterstehen. Der Französischen Zone wurden 17 Landkreise und der einst preußische Regierungsbezirk Sigmaringen zugeschlagen. Am 8. Juli 1945 räumten die französischen Truppen Stuttgart, und die Militärregierung zog nach Freudenstadt.

In Stuttgart gab es noch keine von den Amerikanern eingesetzte deutsche Verwaltung, die uns über Nacht hätte ablösen können; wir hatten also noch zu amtieren. Erst am 14. September bildeten die Amerikaner für ihren Landesteil eine Landesregierung, deren Führung Dr. Reinhold Maier als Ministerpräsident übernahm; Theodor Heuss wurde ihr Kultusminister und der Sozialdemokrat Fritz Ulrich Minister des Innern. Am 18. September trat ich auf Bitte des Ministerpräsidenten Maier der Regierung als Staatsrat bei.

Solange ich im Amt war, hatte ich in meiner Eigenschaft als Landesdirektor die Verwaltung des Ministeriums für Kultus, Erziehung und Kunst einzurichten und Besprechungen mit den einzelnen Sparten der Unterrichtsverwaltung abzuhalten. Unter den Beamten befanden sich Schulräte und Rektoren höherer Schulen, die ihre Berufungen ihrer Treue zur NSDAP verdankten; es mußten also personelle Konsequenzen und personelle Planungen in Angriff genommen werden. Um den Lehrern die Möglichkeit zu geben, sich für ihren Unterricht an Grundsätzlichem zu orientieren, verfaßte und

erließ ich am 24. Juli 1945 eine Unterrichtsanweisung, in der ich
meine Vorstellung von den Grundwerten deutscher Bildung darstellte. Dieses Papier hat mir viel Zustimmung eingetragen. (Es wurde
abgedruckt in meinem Buch »Die Forderung des Tages«, Ernst Klett
Verlag, Stuttgart 1946.)

Es mag verwundern, daß ich mich schon sehr früh dafür einsetzte,
daß in Stuttgart und Tübingen wieder Theater gespielt werden
konnte. Die in so schrecklicher Weise desorientierten Menschen
unseres Landes erkennen zu lassen, wie reich unser Erbe an geistiger
Schönheit und Würde ist, schien mir gerade in dieser Zeit der Not
und des Verzagens geboten zu sein. Daß man den Hunger damit nicht
stillen konnte, wußte ich so gut wie irgendeiner; ich wußte aber auch,
daß Hunger weniger peinigt, wenn in die Not und das Grau des
Alltags gelegentlich ein Strahl des Himmelslichtes bricht.

Als die Amerikaner sich in Stuttgart einrichteten, wurde meine
Tätigkeit auf seltsame Weise für einige Tage unterbrochen: Während
einer Abteilungsleiterbesprechung meldete der Hausmeister, unten
säßen zwei amerikanische Offiziere, die mich sprechen wollten. Ich
bat ihn, sie in mein Dienstzimmer zu führen, wo ich ihnen zur
Verfügung stünde. Er kam zurück und sagte, die Herren bestünden
darauf, daß ich zu ihnen hinunterkäme. So ging ich ins Erdgeschoß,
wo im Hausmeisterzimmer die beiden Amerikaner warteten. Der eine
war jung, feingliedrig, blond, blaß und trug eine Sonnenbrille. Der
andere, ein athletischer Boxertyp mit einer gewaltigen Pistole am
Koppel, saß auf der Tischplatte und ließ lässig die Beine baumeln. Der
jüngere fragte mich, ob ich Landgerichtsrat Schmid sei. Ich bejahte.
»Dann haben Sie mir zu folgen.« Ich fragte, ob ich meine Sachen
holen könne. »Kommen Sie mit!« Um diesem Imperativ Nachdruck
zu verschaffen, faßte mich der Athlet energisch am Arm und schob
mich zur Tür. Auf der Straße stand ein großer offener Maybach mit
roten Polstern. Ich wurde neben den Boxertyp plaziert, und ab ging
die Post.

Der Wagen hielt vor dem ehemaligen Kriegsgerichtsgebäude der
Stuttgarter Division in der Weimarstraße. Im zweiten Stockwerk
wurde eine Zelle aufgeschlossen, man schob mich hinein, und die Tür
schnappte mit scharfem, metallenem Klang zu – mir schien, ich hörte

wieder einmal die stählernen Deckel über dem Förderschacht des Bergwerks zuklappen. Ungefähr nach einer Stunde wurde eine Büchse Corned Beef mit einem Stück Brot gebracht, so weiß, wie wir schon lange keines mehr gesehen hatten. Die Nacht kam, ich legte mich auf das Klappbett; am Morgen wurde mir ein Becher Kaffee hingestellt. Um die Mittagszeit erschien der »Boxer«.

»Komm!« Er führte mich den Korridor entlang, am Treppenhaus vorbei in ein Zimmer, in dem der andere Amerikaner, der jünglingshafte, an einem Schreibtisch saß. Er sprach von einem Irrtum; ich sei frei. Ich sagte ihm, ich sei kein Nazi gewesen. »Aber Sie sind doch Deutscher, warum waren Sie dann kein Nazi?« Ich versuchte ihm klarzumachen, daß ich andere Vorstellungen von dem hatte, was der Mensch ist, als Adolf Hitler und seine Anhänger. Er nickte wortlos, und der Boxer brachte mich zum Treppenhaus. Dem deutschen Schutzmann im Erdgeschoß rief er von oben zu: »He, der kann gehen!«

Später erzählte ich dieses Erlebnis dem amerikanischen Gebietskommandeur, einem »Südstaatler«; er meinte, damit müsse man sich im Krieg eben abfinden. Nach Ende des Sezessionskrieges hätten die siegreichen Nordstaatler die Südstaatler auch nicht gerade fein behandelt . . .

Vorspiel

An den Verhandlungen, die zur Übersiedlung der französischen Militärverwaltung nach Freudenstadt und von dort nach Tübingen führten, wurde ich auf Wunsch der Franzosen und Reinhold Maiers ausgiebig beteiligt; handelte es sich doch darum, Richtlinien zu vereinbaren, die die politische Einheit des Landes auch unter zwei in sich und in ihren Methoden differierenden Militärregierungen sichern konnten und verhindern sollten, daß sich in den beiden Landeshälften konträre Verwaltungsstile entwickelten. Noch konnte ja niemand wissen, wie lange die Spaltung dauern und was mit Deutschland geschehen würde. Die Franzosen erklärten rundheraus, der von den Amerikanern in Stuttgart eingesetzten Regierung in der Französischen Zone keinerlei Kompetenzen einräumen zu wollen. Da es zunächst keine Hinweise darauf gab, wie die Franzosen sich die Verwaltung ihrer Zone durch Deutsche vorstellten, nahm ich bis zur Einsetzung der Regierung Reinhold Maier durch die Amerikaner noch gewisse Funktionen in Stuttgart wahr.

Im Sommer 1945 faßten Professor Dr. Wilhelm Hoffmann und ich zusammen mit einigen anderen Freunden den Plan, eine Württembergische Bibliotheksgesellschaft zu errichten. Der Zweck sollte sein, Mittel für den Wiederaufbau der völlig zerstörten Landesbibliothek zu beschaffen, die in der Trümmerstadt der Ort sein sollte, an dem das öffentliche Gespräch über das zur geistigen Erneuerung Erforderliche stattfinden konnte. In einer Feierstunde am 21. Februar 1946, die in einem der wenigen noch benutzbaren Räume des einst so schönen Baus stattfand, hielt ich die Ansprache, die den Gründungsakt einleiten sollte. Ihr Thema hieß: »Bildung als vaterländische

Aufgabe.« Um diese Bibliotheksgesellschaft bildete sich ein Freundeskreis, der beim Wiederaufbau des geistigen Lebens des Landes eine nicht unwesentliche Rolle spielen konnte.

Zugleich bemühte ich mich um das Museum der bildenden Künste und vor allem um Ausstellungsmöglichkeiten für die Künstler, die in Stuttgart und Umgebung lebten. Im Juli 1945 konnte in den dafür neu hergerichteten Räumen des Kunstvereins eine Ausstellung stattfinden, in der vor allem die Arbeiten Baumeisters beeindruckten. Der Grund für meinen Eifer war meine Überzeugung, wenn das Volk nicht in Stumpfheit und Trostlosigkeit versinken solle, sei die Schaffung von Zentren geistigen und musischen Lebens so wichtig wie die Beschaffung von Wohnung und Brot. Mit vielen Belastungen würden die Menschen dieses Landes zumeist allein fertig werden; es werde aber besser gelingen, wenn sie spürten, daß es sich lohnt, selbst in der Mühsal der Trümmerwelt sich bewußt zu bleiben, daß es Güter gibt, die auch der Verlust des Krieges und des »Reiches« nicht entwerten konnte.

Ich hielt es für notwendig, mich auch um die Sportvereine und die Turner zu kümmern – würden diese nach diesem Kriege doch eine größere Rolle spielen als zuvor. Die Welt der Leibesübungen mußte in das Konzept unserer Bildungsvorstellungen einbezogen werden. So rief ich für den 8. August 1945 die Vorsitzenden der Turn- und Sportvereine nach Stuttgart zusammen und entwickelte vor ihnen meine Vorstellungen des auf dem von ihnen erkorenen Tätigkeitsfelde Notwendigen: Abkehr von der schlechten Tradition, die Leibesübungen als eine Art von Erziehung zu seelischer und körperlicher Militärtauglichkeit zu betrachten; Abkehr von der Meinung, es komme in erster Linie auf Rekordleistungen einer schmalen Elite an. Siegen zu wollen sei gut; aber besser seien die Bereitschaft und die moralische Kraft, auf das Siegenwollen um jeden Preis verzichten zu können, wenn der Sieg nur durch Unmenschlichkeit zu erzielen wäre.

Inzwischen waren fast überall die Schulen wieder in Gang gekommen. Am 27. August 1945 kamen die Bezirksschulräte in Stuttgart zusammen, und am 12. September folgten die Tübingens. Ich sprach zu ihnen über meine Vorstellungen von einer demokratischen und humanen Pädagogik. Demokratie sei kein abstrakter Begriff, sondern eine Lebenswirklichkeit, an der Leib und Seele beteiligt seien. Es genüge nicht, sie zu lieben wie ein abstraktes Denkbild, man müsse sie lieben als die Atemluft der zum Bewußtsein ihrer Würde erwachenden Menschheit. Den Schülern dieses Bewußtsein zu vermitteln, sei die vornehmste Aufgabe der Schule.

Am 26. September 1945 erschien in der »Stuttgarter Zeitung« mein Aufsatz »Mut in der Finsternis«; ich schilderte darin den Zustand, in dem sich unser Volk materiell und moralisch befand. Wenn wir nicht in Resignation verfallen und unsere Identität verlieren wollten, müßten wir als einzelne und als Volk alle Kräfte aufbieten, um mit der schlimmen Wirklichkeit fertig zu werden, und sei es nur so, wie der Galeerensklave mit seinem Ruder fertig werden muß. Dazu aber bedürfe es einer Ordnung, in der geplant werden kann, und des Mutes, dafür die Verantwortung zu übernehmen – selbst in einem Zustande mangelnder Freiheit. Jene, die dazu bereit seien, handelten als Patrioten, und sie wären es um so mehr, je klarer sie von der erkannten Wirklichkeit ausgingen und je weniger sie sich und ihren Landsleuten ein Leben aus der Illusion und der Erinnerung an vergangenen Glanz erlaubten. »Auf dem Floß kann es nötig werden, die wehende Flagge abzunehmen, um mit ihr ein Segel zu stopfen; es kann auch nötig werden, teure Güter, die es beschweren, über Bord zu werfen, ja sogar das Schlepptau von dem anzunehmen, der das Schiff in Grund gebohrt hat – lauter Dinge, auf die nur verzichten darf, wer entschlossen ist, unterzugehen. Diesen Entschluß aber können nur einzelne fassen, ein ganzes Volk nie, und dies bedeutet, daß der, der an sein Volk denkt – an die Armen und Elenden und Verzweifelten, die es ausmachen –, sich selbst den Heroismus des Unterganges versagen muß, denn keiner kann sich überflüssig machen. Und keiner darf wähnen, man werde ihm Gerechtigkeit widerfahren lassen. Er muß wissen, daß man ihn verdächtigen wird, daß er – aus Ehrgeiz etwa – sein Vaterland verkaufe, oder aus Niedrigkeit der Gesinnung sich zum Knechte der Sieger erniedrige. Er muß sich prüfen, ob er ein Leben unter solchen Voraussetzungen ertragen kann. Glaubt er, es zu können, dann gehe er nüchtern ans Werk. Es wird ein Werk sein ohne Pathos, ohne Glanz, ein Sichmühen um kleinste Dinge, ein Gang durch Erniedrigungen, ein tägliches Stöhnen unter Nackenschlägen, ein Sichwinden durch Mißerfolge, ein Keuchen unter dem Würgegriff der Verzweiflung über Torheit und Unverstand der Menschen hüben und drüben, und es wird ein Werk sein, bei dem jede Stunde ihn lehren wird, wie verächtlich Menschen sein können. Nur wenn er dies alles weiß und sein Volk trotzdem mehr lieben muß als sich selbst, mache er sich auf den Weg, das leere Kreuz oben am Berg immer vor Augen.«

Die Bemühungen um die Organisation der deutschen Verwaltung in dem Teil Württembergs, der französisch besetzt blieb, wurden fortgesetzt. Die französische Militärregierung hatte ihr Hauptquartier von Freudenstadt nach Tübingen verlegt. Mit Guillaume Widmer hatte sie einen neuen Chef erhalten, einen aus den Grandes Ecoles hervorgegangenen Inspecteur des finances, der als Gouverneur des Landes Generalsrang hatte. Sein Kabinettsdirektor war der mir aus Stuttgart und Freudenstadt wohlbekannte Oberst Niel, ein ruhiger und alle persönliche Schärfe vermeidender älterer Offizier. Unsere Besprechungen begannen am 15. September 1945. Ich führte die Verhandlungen namens der Stuttgarter Regierung, die von den Amerikanern eingesetzt worden war, Oberst Niel im Namen der Militärregierung. Er machte mir klar, daß künftig – das heißt, bis zu einer anderen Einteilung der Besatzungszonen – in Württemberg zwei deutsche Regierungen bestehen würden, die ein Koordinationsverhältnis miteinander finden müßten. Die Verwaltung in Tübingen dürfe sich nicht als Ableger der Regierung in Stuttgart betrachten und sich vor allen Dingen nicht als ihr Befehlsempfänger verhalten.

Im Laufe weiterer Verhandlungen wurde von der Stuttgarter Regierung zunächst eine »ständige Delegation« für die Verwaltung der südlichen Hälfte des Landes unter meiner Leitung vorgesehen. Die Franzosen waren einverstanden, fanden aber nach kurzer Zeit, daß auch ihnen, wie den Amerikanern, auf deutscher Seite eine »Regierung« zustehe. Zu diesem Punkt erklärte ich ihnen, daß es mir nicht angemessen erscheine, die Spitze der Verwaltung ihres Besatzungsgebietes eine »Regierung« zu nennen und ihren Chef etwa als Ministerpräsidenten zu bezeichnen. Eine Dienststelle, die praktisch an die Weisungen der Besatzungsmacht gebunden sei und ohne deren Genehmigung über die ihr zugewiesenen territorialen Verwaltungsgrenzen hinaus mit anderen entsprechenden Stellen in Deutschland keine Beziehungen aufnehmen dürfe, sei keine »Regierung«, sondern eine »Verwaltung«, so autonom sie auch sonst handeln dürfe. Ich sei bereit, dieser Verwaltungsbehörde vorzustehen. Meine Absicht sei, als Dienstbezeichnung den Titel zu führen, den mir die Regierung in Stuttgart verliehen habe, nämlich »Staatsrat«. Außerdem bäte ich die französische Militärregierung, mich nicht formal »einzusetzen«, sondern lediglich öffentlich davon Kenntnis zu nehmen, daß sich nunmehr mit ihrem Einverständnis und mit dem der Landesregierung in Stuttgart für das französische Besatzungsgebiet Württembergs und Hohenzollerns in Tübingen ein »Staatssekretariat« gebildet habe. Ich bat Gouverneur Widmer, zu dem vorgesehenen Staatsakt den Ministerpräsidenten von Württemberg-Baden, Reinhold Maier, einzuladen.

Dieser Staatsakt fand am 16. Oktober 1945 im Schwurgerichtssaal des Landgerichts Tübingen statt. Reinhold Maier war gekommen, doch wurde ihm untersagt, die Erklärung abzugeben, daß er die Landesverwaltung für Südwürttemberg und Hohenzollern in ihr Amt einsetze. Der Gouverneur eröffnete die Sitzung, indem er zu Protokoll gab, die französische Militärregierung nehme zur Kenntnis, daß im Einverständnis mit der württembergischen Regierung in Stuttgart ein Staatssekretariat in Tübingen gebildet werde, dessen Mitglieder anwesend seien. Diese Behörde könne bei der Erfüllung ihrer Aufgaben der Unterstützung der französischen Militärregierung sicher sein, unterstehe aber ausschließlich und voll deren Weisungen. Die »innere« Einheit des Landes Württemberg und die »Identität« Hohenzollerns würden dadurch nicht aufgehoben. Dann gab ich im Namen meiner späteren Kollegen die Erklärung ab, daß wir die mit der Errichtung des Staatssekretariats verbundenen Rechte und Pflichten wahrzunehmen bereit seien. Damit war im französisch besetzten Teil Württembergs, dem der einstige preußische Verwaltungsbezirk Sigmaringen beigeschlossen worden war – übrigens auch die Stadt

Lindau am Bodensee, obwohl sie bayerisch bleiben sollte –, eine eigene Landesverwaltung entstanden. (Die ersten Landesdirektoren waren Dr. Lothar Roßmann für die Verwaltung des Innern, Dr. Gustav Kilpper für die Wirtschaft, Dr. Paul Binder für die Finanzen, Clemens Moser für Arbeit.)

Noch am selben Tag fand die erste gemeinsame Sitzung der Landesdirektoren statt. Das Protokoll ist einfach, enthält aber alle staats- und völkerrechtlich bedeutsamen Feststellungen der rechtlichen Voraussetzungen und Konsequenzen des Vorgangs. Das Gremium der Landesdirektoren wählte mich zu seinem Präsidenten, der zugleich für die Justizverwaltung und das Bildungswesen verantwortlich sein sollte.

Die Vorsätze, mit denen ich mein Amt antrat, waren klar und einfach: Einrichtung einer funktionierenden rechtsstaatlichen Verwaltung in der südlichen Hälfte des Landes Württemberg-Hohenzollern; Erhaltung der »inneren« Einheit des Landes Württemberg; Beteiligung von Vertrauenspersonen der Bevölkerung an den Plänen der Verwaltungsspitze; loyales Verhalten gegenüber der Militärregierung; Anerkennung, daß bei ihr die oberste Gewalt liegt, daß dies aber die Verantwortlichen unseres Landes nicht von der Pflicht entbindet, bei Gefährdung der Lebensinteressen der ihnen anvertrauten Bevölkerung sowohl speziellen Anordnungen als auch der allgemeinen Politik der Besatzungsmacht gegenüber Widerstand zu leisten und gegebenenfalls bereit zu sein, unsere Haltung öffentlich zu begründen.

Am 30. Oktober 1945 verabschiedeten die Landesdirektoren das von mir entworfene Statut des Staatssekretariats. Darin wurde klargestellt, daß das Staatssekretariat sich als Abwesenheitspflegschaft für die an der Ausübung ihrer Rechte und Pflichten in diesem Teil des Landes verhinderte »eigentliche« Regierung betrachte. Seine besondere Pflicht sollte sein, »überall, wo nicht zwingende Gründe dem entgegenstehen, darüber zu wachen, daß in beiden Zonen Württembergs ein einheitliches Recht erhalten und geschaffen wird und einheitliche Verwaltungsmaßnahmen durchgeführt werden«.

Es zeigte sich bald, daß die Bevölkerung, soweit sie überhaupt an politischen Vorgängen Anteil nahm, die getroffene Regelung als die für diese Phase der Besatzungszeit richtige ansah. Für einen Notbau war dieser Konsens eine ausreichende Legitimierung seiner Architektur und seiner Hausordnung.

In Anbetracht der Umstände war es nicht möglich, in dieses Statut einen detaillierten Katalog von Zuständigkeiten einzubauen; aufgrund der Erfahrungen, die ich in Frankreich gemacht hatte, wußte ich im voraus, daß wir immer wieder zu Improvisationen würden greifen müssen und daß wir das jeweils für die Interessen des Landes Erforderliche nur würden tun können, wenn wir beweglich genug blieben, um uns dem wechselnden Verhalten der Besatzungsbehörden und den zu erwartenden immerwährenden Veränderungen der wirtschaftlichen und gesellschaftlichen Vorgänge anzupassen. Ich erinnerte mich des Wortes Talleyrands, eine gute Verfassung für unruhige Zeiten müsse kurz und unpräzise sein, und so hieß es denn im Statut: »Das Direktorium ist zuständig, in allen Fragen von politischer und allgemeiner Bedeutung das Erforderliche zu tun.« Es war um so notwendiger, sich mit einer Art Rahmenverfassung zu begnügen, als die Gliederung der Verwaltungsorgane und vor allem auch die innere Ordnung der Verwaltungskörper überhaupt erst zu schaffen waren. Wir hatten eine Ordnung aus dem blanken Nichts aufzubauen; zum Teil würden wir sie in den Hohlräumen ausbauen müssen, die die Militärbehörden nicht für sich in Anspruch nahmen. Die folgenden Jahre haben gezeigt, daß es sich auch aufgrund einer solchen Pauschalformel rechtsstaatlich und zweckmäßig verwalten läßt, wenn jene, denen die Besorgung der staatlichen Angelegenheiten obliegt, von dem Gedanken durchdrungen sind, daß das Leben der Bürger in das Recht eingebettet sein muß, wenn ihre Menschenwürde nicht Not leiden soll. Dies gelang, weil wir früh eine Verwaltungsgerichtsbarkeit errichteten, die das Recht erhielt, alle Akte der Staatsorgane auf ihre Rechtmäßigkeit hin zu prüfen.

Nach der Wahl zum ersten Landtag des Landes Württemberg-Hohenzollern am 18. Mai 1947 wurde das Staatssekretariat durch die vom Landtag gewählte Landesregierung abgelöst. Deren Präsident wurde Rechtsanwalt Lorenz Bock aus Rottweil, ein bewährter Demokrat, der lange Abgeordneter der Zentrumspartei gewesen war. Ich wurde sein Vertreter und Justizminister; meine Stellung als

Verbindungsmann zwischen Tübingen und Stuttgart wurde beibehalten. Bei politischen Verhandlungen zwischen den Regierungen anderer Länder und den Besatzungsbehörden sollte ich den Staatspräsidenten vertreten.

Ich beschränke mich darauf, einiges über den Charakter der französischen Besatzungspolitik und einige im Lande Württemberg-Hohenzollern geschaffene Besonderheiten auszusagen und von einigen Dingen zu berichten, von denen ich glaube, daß ihnen eine gewisse paradigmatische Bedeutung für die Zustände im Deutschland jener Zeit zukommt.

Die Militärregierung nahm ihre aus der Proklamation Nr. 2 des Kontrollrates herrührende umfassende und »souveräne« Kompetenz überaus ernst, wenngleich sich mit der Zeit ein modus vivendi entwickelte, in dessen Verlauf sich die ursprüngliche »direkte« Verwaltung immer mehr zu einer sich auf Kontrolle beschränkenden Oberaufsicht zurückbildete. Dieser Wandel hatte seine Ursache wohl in erster Linie in der Erkenntnis der Besatzungsmacht, daß es schwer ist, ein fremdes Land bis in die Einzelheiten hinein selbst zu regieren und zu verwalten, und daß man fähige und auf Selbstachtung bedachte Persönlichkeiten des Landes zur Übernahme der Verantwortung gegenüber der Besatzungsmacht und für das Wohl der Bevölkerung nur finden kann, wenn man sie nicht zu gängeln oder auf subalterne Gehilfentätigkeit zu reduzieren versucht.

Die Beziehungen zur Spitze der Militärregierung wurden so eng, daß keine Woche verging, ohne daß ich mit dem Gouverneur oder seinem Stellvertreter, Oberst Corbin de Mangoux, konferierte. Zwischen ihnen und meinen Kollegen und mir bildete sich ein auf gegenseitiger Achtung beruhendes Vertrauensverhältnis heraus, das mehr und mehr die anfänglichen Unstimmigkeiten gegenstandslos machte und auf beiden Seiten den Verzicht auf verbale Schärfe erlaubte.

Manchmal freilich bekamen wir Kröten zu schlucken. Dies geschah meist, wenn unsere Prokonsuln meinten, ihre Souveränität vor der Bevölkerung besonders deutlich manifestieren zu sollen. Wir fanden es unerträglich, daß wir Erlasse und Maßnahmen, die uns von der

Militärregierung aufgegeben worden waren, vor der Bevölkerung als eigene Maßnahmen deklarieren sollten. Wir blieben trotzdem im Amt, weil ein Rücktritt keine Besserung gebracht hätte und nach uns andere in die gleiche Lage gekommen wären; und wer diese anderen sein würden, wußten wir nicht, fürchteten aber, es könnten Leute sein, denen die deutsche Sache nicht so am Herzen lag wie uns. So beugten wir uns unter das Joch. Es war schließlich nur eine Erscheinungsform des Joches, das auf dem ganzen deutschen Volke lag: Hatte es nicht die bedingungslose Kapitulation annehmen müssen, um wenigstens die nackte Existenz zu retten? Mußte es nicht einige Leute geben, die bereit waren, die Voraussetzungen dafür zu schaffen, daß es wieder – langsam, sehr langsam – bergauf gehen konnte, vielleicht um den Preis, daß sie vielen als Kollaborateure, als Erfüllungsgehilfen für die politischen Absichten der Sieger erschienen?

Die Landesdirektoren konnten in technischen Angelegenheiten mit den Dienststellen der Militärregierung unmittelbar verkehren. Fragen von allgemeiner Bedeutung, vor allem politische Fragen, waren indessen nur in Gesprächen mit dem Gouverneur zu regeln. Der Gouverneur in Tübingen war die einzige Instanz, an die ich mich unmittelbar wenden konnte. Mit den Dienststellen der Militärregierung in Baden-Baden konnte ich nur sprechen, wenn ich von ihnen zum Bericht aufgefordert wurde. Jeder Schriftverkehr ging über die Tübinger Militärregierung; direkter Verkehr mit den Regierungen anderer Länder, auch mit den Regierungen der Länder der Französischen Zone, war verboten.

Die Presse unterstand der Zensur von Presseoffizieren. Die deutsche Frage durfte nicht behandelt werden; was die Militärregierung tat und anordnete, war tabu. Zeitungen, die außerhalb der Französischen Zone erschienen, selbst französische Zeitungen, waren nicht zugelassen – aber es fanden sich Mittel und Wege, schweizerische Zeitungen schwarz zu beschaffen.

Bei dem Aufbau der Verwaltung hielten wir uns an die bewährte Tradition Württembergs. Aus der Teilung des Landes mußten Konsequenzen gezogen und ein eigenes Oberlandesgericht, ein eigener Rechnungshof, ein eigenes Verwaltungsgericht ins Leben gerufen werden. Dies gab Gelegenheit, bei der Einrichtung dieser Behörden auf die Postulate hinzuweisen, die sich aus dem Willen ergaben, auch unter Besatzungsherrschaft den Rechtsstaat zu wahren. Wir räumten der Gerichtsbarkeit einen besonderen Rang ein, insbesondere sollte die Zuständigkeit der Verwaltungsgerichtsbarkeit nach dem Universalitätsprinzip geregelt werden: Jede Maßnahme einer staatlichen Stelle, durch die sich eine Person in ihren Rechten beschwert fühlt, sollte vom Verwaltungsgericht auf ihre Rechtmäßigkeit geprüft werden können. Dieses Modell ist später in die Verwaltungsgerichtsbarkeit der Bundesrepublik eingegangen.

In einer seiner ersten Sitzungen legte das Direktorium das Schema für den Haushalt fest. Danach sollte die Zahl der Beamten des Landes auf ein Drittel dessen festgesetzt werden, was von der Stuttgarter Regierung für den nördlichen Teil des Landes vorgesehen wurde. Die Gehälter der Landesdirektoren sollten denen der Ministerialdirektoren in Stuttgart entsprechen. Jeder Dienststellenleiter in Tübingen sollte um eine Stufe niedriger eingestuft werden als die Beamten gleicher sachlicher Zuständigkeit in Stuttgart. Es schien uns politisch zweckmäßig, auch durch solche Dinge zum Ausdruck zu bringen, daß wir uns in Württemberg-Hohenzollern als eine Art von Sekundogenitur betrachteten.

Von Anfang an suchte ich zwischen dem Staatssekretariat und der Bevölkerung ein Kontaktorgan zu schaffen, das keinen politischen Charakter – jedenfalls keinen parteipolitischen – haben sollte, jedoch der Regierung unmittelbar Einblick in die Lebensverhältnisse der Landkreise und Städte gestattete; die für die Verwaltung an der Basis Verantwortlichen sollten die Möglichkeit haben, eigene Anregungen bei der obersten Stelle der Landesverwaltung unmittelbar und kontradiktorisch vorzubringen. Diesen Zwecken sollten die am 3. November 1945 erstmals zusammengetretenen monatlichen Landrätetagungen dienen. Bis zur Einsetzung der Beratenden Landesversammlung im November 1946 waren sie eine der wichtigsten Institutionen des Landes.

Auf ihren Tagungen wurde in völliger Offenheit alles besprochen, was uns auf den Nägeln brannte. Die schriftlichen Berichte der Landräte an das Staatssekretariat waren der militärischen Zensur unterworfen und daher nicht immer ganz offen. Auf den Landrätetagungen konnten die Landräte trotz Anwesenheit eines Kontrolloffiziers der Militärregierung frisch von der Leber weg sprechen. Die Landesdirektoren gaben den Landräten Anregungen, was besser zu machen sei, und diese wiederum hielten mit Kritik an gewissen Maßnahmen des Direktoriums nicht zurück. Alle Landesdirektoren haben bei diesen Besprechungen viel gelernt, und die Landräte konnten über Vorhaben der Landesverwaltung schon im Entwurfsstadium ihre Meinung äußern, ehe das Direktorium Beschluß gefaßt hatte. Theodor Eschenburg hat 1962 in seinem Aufsatz »Über den Anfang des Landes Württemberg-Hohenzollern« diese Landrätetagungen völlig richtig als »körperschaftliche Beratungsorgane der Regierung auf allen Gebieten« bezeichnet. Den Landrätetagungen ist es zum großen Teil mit zu verdanken, daß Württemberg-Hohenzollern ein solides, bürgerstolzes Staatswesen werden konnte.

Daß Württemberg-Hohenzollern schon in den ersten Monaten Maßnahmen für die Aufnahme von Flüchtlingen aus dem Osten treffen konnte, ohne daß es zu Protesten der einheimischen Bevölkerung kam, war den Landrätetagungen zu verdanken. Ich ernannte den mir seit langem bekannten Theodor Eschenburg zum Flüchtlingskommissar mit allen Vollmachten für die Unterbringung, Verteilung und Versorgung deutscher Flüchtlinge. Den Franzosen war dies zunächst ganz und gar nicht recht. Gouverneur Widmer gab ihren Befürchtungen Ausdruck, daß durch Flüchtlinge »aus Preußen« die Mentalität der ansässigen Bevölkerung verändert werden könnte. Schließlich gelang es, diese Bedenken zu zerstreuen. Im Gegensatz zu manchen anderen Landesverwaltungen erschienen mir Flüchtlinge als ein willkommener Zuwachs an produktiven Kräften für das Land. Jenen, die fürchteten, die Flüchtlinge würden uns kahlfressen, pflegte ich zu sagen, zwei Hände schüfen mehr als ein Mund verzehre. Die wirtschaftliche Entwicklung dieses Landes hat bewiesen, daß ich recht hatte – von dem Moralischen abgesehen, das sich auch hier von selbst verstand.

Die SPD

Am 10. September 1945 ließ die französische Militärregierung die Bildung von Gewerkschaften zu, vorläufig jedoch nur auf örtlicher Grundlage. Ihr Zusammenschluß auf Landesebene wurde erst vom 12. April 1946 an möglich, jedoch blieb auch dann die Bildung eines Gesamtverbandes der Gewerkschaften aller Sparten unter einheitlicher Führung verboten. Man wollte das Risiko einer einheitlichen Aktion der Arbeiterschaft gegenüber Anordnungen der Militärregierung ausschließen.

Mit der Zulassung politischer Parteien hatte man es noch weniger eilig. Am 30. September 1945 hatte ich in einem Gespräch mit dem Vertreter des Gouverneurs Widmer, Oberst Corbin de Mangoux, meine Absicht erwähnt, die alte Sozialdemokratische Partei in Württemberg neu erstehen zu lassen. Er meinte dazu: »Die Deutschen werden sich noch lange mit ›Administration‹ begnügen müssen. Die ›phase politique‹ wird noch einige Zeit auf sich warten lassen.« Als jedoch die Russen in ihrer Zone die Bildung politischer Parteien forcierten und die Briten und Amerikaner in ihren Zonen nachzogen, mußten sich auch die Franzosen mit der Bildung politischer Parteien in ihrer Zone abfinden. Sie taten es nicht gerne und behielten sich in jedem einzelnen Fall die Genehmigung vor.

Ich hatte dieses Genehmigungsverfahren nicht abgewartet und gleich nach der Ankunft der Besatzungstruppen Beziehungen zu mir bekannten alten Mitgliedern der SPD angeknüpft, obwohl ich der Partei rechtens noch nie angehört hatte. In einer Reihe privater Gespräche wurde bald Übereinstimmung darüber erzielt, daß sich – wo dies sinnvoll erschien – die Sozialdemokraten und jene, die es werden wollten, so weit verständigen sollten, daß mit dem Eintreffen der Genehmigung die Organisation der Partei in kürzester Frist erfolgen konnte. Helfer dabei waren vor allem der Oberbürgermeister von Reutlingen, Oskar Kalbfell, sein Stadtdirektor Otto Künzel, der spätere Oberbürgermeister von Tübingen, Adolf Hartmeyer, und Hermann Zahr aus Berlin, alles erfahrene Parteileute und tüchtige Organisatoren. Ich war überzeugt, daß keine politische Gruppe in Deutschland imstande sein würde, den idealen Staat zu bauen. Keine würde mehr als Annäherungen an das Gute und Rechte zu leisten vermögen, doch mir schien, daß eine Partei mit der Tradition der SPD am ehesten die Gewähr dafür bot, daß einige meiner Vorstellungen von dem, was die Stunde uns abforderte, verwirklicht werden könnten. Ohne den Rückhalt und die Tribüne einer Partei würde es nicht möglich sein, Einfluß auf das öffentliche Geschehen in Deutschland zu nehmen. Heute schreiben sich die Worte »in Deutschland« etwas leichter hin – damals erschien den meisten Deutschen ein von ihnen selbst in Verfassung gebrachtes Deutschland bestenfalls als ein ferner Traum. Über das, was die Sieger mit dem, was einst der Staat der Deutschen war, vorhatten, konnte man nur spekulieren. Sollte es Deutschlands Schicksal sein, im Abseits der Geschichtslosigkeit versanden zu müssen? Von Anfang an widersetzte ich mich der These, Deutschland sei mit der bedingungslosen Kapitulation als Staat untergegangen. Meine These war: Deutschland hat durch die Vernichtung seiner staatlichen Apparatur aufgrund der auf die Kapitulation folgenden Eingriffe der Sieger die Handlungsfähigkeit verloren. Die Alliierten haben jedoch die Konsequenzen der »debellatio« nicht bis zur letzten Möglichkeit gezogen. Mit Ausnahme der von Polen und der Sowjetunion in Besitz genommenen Gebiete haben sie deutsches Staatsgebiet nicht unter fremde Staatshoheit gebracht. Ihre Machtausübung durch den Kontrollrat bedeutete Übernahme der Ordnungsgewalt in Deutschland zur Wahrung ihrer Interessen, war also bis zur Wiederherstellung der Handlungsfähigkeit der ihrer staatsbildenden Substanz nach rechtsfähig gebliebenen deutschen Nation als eine Art von Sequesterverwaltung treuhänderischen Gepräges zu betrachten. Über kurz oder lang würden die Sieger die Sperre, die sie auf das Selbstbestimmungs- und Selbstgestaltungsrecht der Deutschen legten, lockern oder gar aufheben. Es gelte jetzt schon, das politische Bewußtsein der Deutschen in den »Ländern« auf das ganze Deutschland auszurichten, auch wenn dieses Deutschland nur ein verstümmeltes Vaterland bleiben sollte.

Ich war entschlossen, auf dem Landesparteitag der SPD des südlichen Württembergs zu sprechen, als spräche ich auf einem Parteitag der Sozialdemokratischen Partei Deutschlands. Diese Bemerkung ist nicht überflüssig: Die französischen Besatzungsbehörden hatten uns wissen lassen, daß wir nur Länderparteien schaffen könnten, daß wir also in unserem Namen das »D« wegzulassen hätten. Die Sozialdemokraten, die sich in Freiburg um verdiente Altgenossen geschart hatten, nannten sich Sozialistische Partei Badens. Ich bestand auf dem Namen »Sozialdemokratische Partei Deutschlands«. Die Buchstaben SPD bedeuteten schließlich doch auch: Selbständiges Politisches Denken ... Als ich von Entweder-Oder sprach, gaben die Franzosen nach. Sie begannen zu begreifen, daß auch eine Besatzungsmacht sich zuverlässig nur auf redliche Patrioten stützen kann.

Daß Kurt Schumacher in Hannover eine Führungsgruppe gebildet hatte und in schwerem Konflikt mit Genossen lag, die bereit waren, mit den Kommunisten zusammenzuarbeiten, war bis zu uns gedrungen. In Stuttgart, wo Innenminister Fritz Ulrich zusammen mit Wilhelm Keil alte Sozialdemokraten zu sammeln begonnen hatte, traf ich Erwin Schoettle, den einstigen Sekretär der SPD Württembergs, der aus London zurückgekehrt war, wo er während des Krieges in der Sendereihe »Europäische Revolution« der BBC mit Richard Löwenthal und Waldemar von Knoeringen jede Woche zu Wort kam. In den Gesprächen mit den Freunden versuchte ich sie zu überzeugen, daß die SPD über das Heidelberger Programm von 1925 hinaus den moralischen Mut und die Klugheit aufzubringen habe, sich von festgefahrenen Vorstellungen zu lösen, um unbefangenen Blicks nach neuen Ufern Ausschau zu halten. Sie schienen mit meinen Vorstellungen nur zum Teil einverstanden zu sein.

Der Landesparteitag war auf den 10. Februar 1946 nach Reutlingen einberufen worden. Aus dem ganzen Lande Württemberg-Hohenzollern waren die Delegierten der Ortsvereine zusammengekommen. In dem kalten Saal drängten sich die Menschen, und oft fiel der Name jenes Konzentrationslagers Heuberg, in das 1933 so viele von ihnen verbracht worden waren und aus dem manche erst nach einem langen Umweg über Dachau zurückkehren konnten. Den Delegierten war zwar »der Staatsrat« bekannt, von dem sie wußten, daß er sich bei der französischen Militärregierung für die Wiedergründung der Partei eingesetzt hatte; aber den Carlo Schmid, der ihnen das »Referat« halten sollte, kannten sie noch nicht. Sie folgten meinen Ausführungen mit großer Aufmerksamkeit, obwohl sie ihnen viel abverlangten, weil sie ungewöhnlich lang waren und in anderer Sprache als der früherer Parteiversammlungen vorgetragen wurden.

Es gelte die Vorstellung zu überwinden, daß die Geschichte sich in unberechenbaren Umschlägen vollziehe und nichts anderes sei als die dialektische Abfolge von Klassenkämpfen. Der entscheidende Beweger der Geschichte sei das sich in schöpferischen Akten auswirkende moralische Bewußtsein des Volkes von dem, was die Würde des Menschen ausmacht. Wenn die arbeitenden Menschen in diesem sich immer weiter technisierenden Industriezeitalter die Möglichkeit erhalten sollten, Wesensbejahung zu finden, habe die Politik, vor allem die Politik einer Arbeiterbewegung, dafür geeignete Institutionen in Wirtschaft und Gesellschaft und im Staat zu schaffen. Keine politische Partei könne letzte Wahrheiten verkünden. Keine Partei dürfe für sich ein Monopol auf die Formung des politischen Willens beanspruchen; demokratische Freiheit gerate nur im Wettbewerb gleichberechtigter Parteien, die bereit sind, die Menschenrechte zu achten und zur Leitlinie ihres Handelns zu machen.

Das neue Bild der Partei, das ich ihnen entwarf, fand Dank und stürmischen Beifall. Nachdem eine Reihe von Beschlüssen gefaßt und Resolutionen an die Adresse der Besatzungsmacht verabschiedet waren, wurde der Vorstand der Landespartei gewählt und ich einstimmig zu seinem Vorsitzenden bestellt.

Für mein öffentliches Wirken hatte sich damit die »phase administrative« zur »phase politique« ausgeweitet. Zu der Pflicht, die Bevölkerung des Landes durch gute Verwaltung und geschickten Umgang mit der Besatzungsmacht vor Schaden zu bewahren, kam eine weitere Pflicht hinzu: in der Tradition der Arbeiterbewegung die lebendigen Kräfte, die sie geformt hatten, von lähmenden und Wege verstellenden Tabuvorstellungen zu lösen, um angesichts heutiger Nöte und veränderter Wirkungsmöglichkeiten imstande zu sein, die Mittel zu ergreifen, mit denen wir das Notwendige möglich machen konnten. Ob dafür der Vertrauensbeweis des Landesparteitages ausreichen würde? Kurz: Ich stand vor der Aufgabe, eine traditionsbeladene Partei von der Notwendigkeit eines einer veränderten Zeit entsprechenden Bewußtseins ihrer selbst und ihrer konkreten Aufgaben zu überzeugen, ohne an das Fundament der moralischen und humanistischen Impulse zu rühren, in deren Zeichen die Väter vor bald hundert Jahren angetreten waren – und das als ein erst jetzt in ihre Reihen Getretener.

Anfang März kam Kurt Schumacher nach Stuttgart, um vor der Parteiorganisation über den Stand der Gesamtpartei Bericht zu erstatten und die Aufgaben einer Sozialdemokratischen Partei in dem zerschlagenen Nachkriegsdeutschland darzulegen. Der Schwerpunkt seiner im Straßenbahnerheim in Stuttgart-Degerloch gehaltenen Rede war die Darstellung der Gefahr, die der Sache der Arbeiterbewegung durch die von der sowjetischen Besatzungsmacht betriebene Verschmelzung der SPD und der KPD in ihrer Zone und in Berlin drohte. Die Arbeiterschaft müsse den Staat zu ihrer Sache erklären und verhindern, daß andere mit den Instrumenten der Staatsmacht den Weg in eine menschlichere Zukunft verbauten. Mit den Kommunisten gebe es keine politische Gemeinschaft, trotz der gemeinsam verbrachten Haft in den Konzentrationslagern. Sie seien keine Partei für die Interessen Deutschlands, sondern eine Partei für die Interessen Rußlands, eine Partei, deren Funktionäre von der Roten Armee in ihrem Troß nach Deutschland mitgenommen worden seien, um unter Mißbrauch des Namens »Sozialismus« russische Machtpolitik zu fördern.

An diesem Tag kam es zwischen Kurt Schumacher und mir nur zu einem kurzen Gespräch. Schumacher war gegen Kriegsende als ein von der KZ-Haft schwer gezeichneter Mann nach Hannover entlassen worden, wo seine Schwestern wohnten. In seiner Hand lag nun das Schicksal der deutschen Sozialdemokratie, vielleicht sogar das Schicksal der deutschen Nation, deren Bestand es zu erhalten, deren Ehre es wiederherzustellen, deren Geschichtsmächtigkeit es neu zu begründen galt und der es aufgegeben war, durch die Kraft republikanischen Bürgersinns innerhalb ihrer Grenzen ein Reich der Freiheit, der Gleichheit und der Brüderlichkeit zu errichten.

Doch noch war Kurt Schumacher nicht überall in der Partei der in seinem Wert erkannte erste Mann. Unter dem Protektorat und dem Patronat der Sowjetischen Militäradministration hatte sich in Berlin, dem klassischen Sitz des Parteivorstandes, ein Zentralausschuß der deutschen Sozialdemokratie gebildet, dem Männer angehörten, deren

Namen in der Partei etwas galten und die in der Weimarer Zeit führende Parteiämter und hohe staatliche Stellungen innehatten, allen voran Otto Grotewohl, der schon 1920 in Braunschweig Minister geworden und von 1925 bis 1933 Mitglied des Reichstages gewesen war; neben ihm standen der Magdeburger Erich Gniffke und der ehemalige Reichstagsabgeordnete Gustav Dahrendorf. Dieser »Zentralausschuß« hatte allen anderen Zusammenschlüssen voraus, daß er von einer Besatzungsmacht als provisorischer Vorstand der Sozialdemokratischen Partei anerkannt war. Er betrieb von Anfang an die Vereinigung der SPD mit der Kommunistischen Partei und warb mit der Parole »Einheit der Arbeiterklasse«, die seit 1933 hoch zu Ehren gekommen war, und mit der Erinnerung an die von Sozialdemokraten und Kommunisten gemeinsam ertragenen Leiden während der Nazizeit für seine Ziele.

Kurt Schumacher, der nichts mehr fürchtete als einen neuen Totalitarismus in Deutschland, handelte kurz entschlossen auf eigene Faust. Er gründete zusammen mit Erich Ollenhauer, der aus London zurückgekommen war, das »Sozialdemokratische Büro der Westzonen« und berief zum 5. Oktober 1945 eine Reichskonferenz der Sozialdemokraten nach Wennigsen am Deister ein. Hier zeigte sich zum erstenmal klar und deutlich, daß die westlichen Besatzungsmächte offenbar keine Konzeption für eine »innere« Deutschlandpolitik und die Möglichkeit demokratischer politischer Entfaltung Deutschlands hatten. Die Briten wollten diese Konferenz ursprünglich verhindern und gestatteten sie nur mit dem Vorbehalt, daß ausschließlich Sozialdemokraten der Britischen Zone teilnehmen dürften. Natürlich kamen nicht nur »britische Schutzbürger« nach Wennigsen. Aus der Französischen Zone war jedoch niemand dabei, denn die Einladung war nicht bis zu uns gedrungen.

Auf der Konferenz gab Kurt Schumacher eine programmatische Erklärung ab. Es wurde beschlossen, daß vorläufig für die Partei das Heidelberger Programm von 1925 maßgebend sein sollte. Doch Kurt Schumacher empfahl, man möge das bisherige theoretische Rüstzeug und die politischen Methoden in der Partei einer Prüfung unterziehen; er fürchte, daß sie nicht unbedingt geeignet seien, mit den Problemen fertig zu werden, die ein neues Zeitalter mit sich bringen kann.

Er richtete an die Intellektuellen einen leidenschaftlichen Appell, sich der Sozialdemokratischen Partei zuzuwenden, wenn anders sie nicht politisch heimatlos bleiben wollten. Die Partei habe in ihrem Haus viele Wohnungen für Menschen verschiedenster Denkungsart; die Klassenkampfideologie müsse revidiert werden, aber man dürfe nie vergessen, daß die Industriearbeiterschaft nach wie vor den Kern der SPD bilde! Es gelte, diese Menschen um die Fahne der Demokratie zu sammeln, denn »ohne die Arbeiterklasse kann die Sozialdemokratie keinen Schritt tun«. Es sei das Unglück Deutschlands gewesen, daß es – zum Teil durch Verschulden der Sozialdemokratie – dem Großbesitz gelungen sei, durch eine geschickte, gegen die SPD gerichtete Angstpropaganda mit der lügnerischen Behauptung, die Sozialdemokraten würden allen Privatbesitz enteignen, den Mittelstand vor seinen Wagen zu spannen. Denn nur der Bergbau, die Schwerindustrie und die Energiewirtschaft seien zu sozialisieren. Für die Wirtschaft, die für die Sozialisierung nicht reif sei, werde eine Form wirtschaftlicher Demokratie gefunden werden müssen, die ihre Überleitung in eine wirksame, an den Versorgungsbedürfnissen der Gesamtheit ausgerichtete Planwirtschaft gestatte.

Den Inhalt der Wennigser Rede habe ich erst sehr viel später den Protokollen entnehmen können. Ich berichte ihn hier, um darzutun, daß ich mit meiner Reutlinger Rede nicht abseits der Bewußtseinsänderung stand, die sich in der Partei anbahnte. Wenn zwei Gleichaltrige, von so verschiedener landsmannschaftlicher Herkunft und so unterschiedlichem Schicksal, die sich nicht kannten, zum selben Zeitpunkt fast die gleichen Marschrichtungspunkte vermaßen, an denen die Partei ihren Weg orientieren sollte, mußte das Neue in der Luft liegen.

Nach der Versammlung in Stuttgart-Degerloch, auf der mich Fritz Ulrich offiziell in die Partei aufnahm, erfuhr ich mehr über die Vorgänge in der Ostzone und in Berlin, ohne jedoch imstande zu sein, das Hintergründige im Verhalten der Russen und der deutschen Kommunisten zu durchschauen. Ich hörte manches über die »Volksfrontpolitik« und die Absicht, alle antifaschistischen Parteien in einem Block zusammenzuschließen, um ein neues, friedliebendes Deutschland zu schaffen. Mit dem FDGB – dem kommunistischen

Freien Deutschen Gewerkschaftsbund – bekam ich in Württemberg-Hohenzollern ganz von selbst zu tun, wo einige französische kommunistische Gewerkschafter, die bei den Besatzungsbehörden Dienst taten, versuchten, die östlichen Vorstellungen über das Gewerkschaftswesen in der Französischen Zone zu verwirklichen. Auch in der Jugendarbeit versuchten Besatzungsfunktionäre kommunistischer Provenienz, die Gründung einer antifaschistischen Einheitsjugend vorzubereiten.

In Berlin hatte der Zentralausschuß der Sozialdemokraten unter Grotewohl und das Zentralkomitee der KPD den Zusammenschluß beider Parteien ins Auge gefaßt. Es sollte jedoch noch eine Weile zugewartet werden, um auch im Westen die »Massen« von der Notwendigkeit dieses Zusammenschlusses überzeugen zu können. Aber als die KPD merkte, daß die SPD sie in der Mitgliederzahl um ein Vielfaches zu überrunden begann, entschloß sie sich für die Strategie des Überfalls: Am 20./21. Dezember 1945 beriet eine gemeinsame Konferenz des Zentralausschusses der SPD und des Zentralkomitees der KPD die Verschmelzung beider Parteien zu *einer* Partei. Die Durchführung dieses Vorhabens in der Sowjetzone nahm die sowjetische Militäradministration in die Hand; die Gegenwehr der Parteibasis der SPD ging im Terror unter.

Doch in Berlin waren die Sowjets nicht allmächtig. Im März 1946 beschloß der Berliner Landesverband der SPD, in der Partei eine Urabstimmung durchzuführen. Man kann den Männern, die dies zuwege brachten, in erster Linie Arno Scholz und Franz Neumann, nie genug für ihren Mut danken, denn unter den Bajonetten der Roten Armee gehörte viel Mut zu einem Unternehmen, das nicht nur ein Akt des Trotzes, sondern ein Stück »résistance« war – und die Russen begriffen dies durchaus! Die Urabstimmung fand am 30. März statt; in der sowjetisch besetzten Zone verhinderte die Militäradministration ihre Durchführung. Die Mitglieder des Zentralausschusses, Grotewohl an der Spitze, hielten flammende Reden, um die Urabstimmung zu verhindern: Mit der Zustimmung der Sozialdemokraten in der Zone habe die SPD ihren Willen zur Verschmelzung mit der KPD deutlich kundgetan . . . In der Abstimmung stimmten in 12 der 20 Berliner Bezirke 82,21 Prozent der Mitglieder der SPD gegen eine sofortige Verschmelzung der beiden Parteien. Damit hatten die Kommunisten in Berlin ausgespielt. In Ostberlin und in der sowjetisch besetzten Zone erzwangen die Sowjets am 21. April 1946 die Gründung der SED. Man stelle sich vor, welche Folgen es für die europäische Politik gehabt haben würde, wenn die Berliner Sozialdemokraten dem Rufe Grotewohls gefolgt wären.

Der vorläufige Parteivorstand der SPD der Westzonen berief auf den 9. bis 11. Mai 1946 den Neugründungsparteitag nach Hannover ein. Oskar Kalbfell und ich wurden von der Landespartei Südwürttembergs zu Delegierten gewählt. Erst nach langen Querelen mit der französischen Militärregierung erhielten wir die Genehmigung zur Reise. Gemeinsam mit unseren nordwürttembergischen und badischen Genossen fuhren wir durch die Verwüstungen Mannheims, Frankfurts, Kassels und der vielen kleineren Städte und fragten uns, wie lange es wohl dauern werde, bis dieses Land wieder einigermaßen bewohnbar sein wird.

In der notdürftig wiederhergestellten Kantine der Hanomag-Werke zu Hannover schien den Teilnehmern nichts so wichtig wie die Wiederbegegnung mit den alten Kampfgefährten. Das Politische schien sich hier ganz im Lebendigen ihrer Persönlichkeiten auszuformen. Da standen neben den Unterbezirksdelegierten die aus der Emigration zurückgekehrten alten Funktionäre, Bürgermeister großer und kleinerer Städte und ältere Genossen, die nunmehr Landesregierungen leiteten; es fehlte die junge Generation – viele waren noch nicht aus dem Kriege heimgekehrt, und die im Jahre 1946 Fünfunddreißigjährigen hatten seit 1933 kaum Möglichkeiten gefunden, in der Politik einen festen Standort zu beziehen. Einige englische Offiziere – Captain Lance Pope gehörte zu ihnen – bewegten sich unter diesen deutschen Sozialdemokraten, als seien sie bei ihnen zu Hause; und zahlreiche in- und ausländische Journalisten waren gespannt zu erfahren, wie eine deutsche Partei sich begriff, die den Anspruch erhob, die Arbeiterschaft einem Staate zuführen zu können, von dem sie sich viele Jahrzehnte abgestoßen und ausgeschlossen hatte fühlen müssen.

Höhepunkt des Parteitages war Kurt Schumachers Rede, in der er die Grundgedanken seiner Ausführungen in Wennigsen vertiefte. Noch leidenschaftlicher als dort warnte er davor, in der KPD eine

Bruderpartei zu sehen; er erinnerte an das Wort Lenins, daß die Kommunisten die Parteien, mit denen sie aus taktischen Gründen glaubten zusammengehen zu müssen, hielten wie der Strick den Gehängten. Er forderte auf, mit dem Mut zur Erneuerung und der Treue zu den alten Idealen der Sozialdemokratie Formen und Methoden des Parteilebens neu zu überdenken und dem alten Dogma abzusagen, daß nur ein Marxist ein rechter Sozialdemokrat sein könne. Demokratie setze das Bekenntnis zur Nation voraus; nur so sei das böse Gift des Nationalismus abzuwehren.

Die politischen Leitsätze, die der Parteitag beschloß, enthielten die Quintessenz der Ausführungen Kurt Schumachers:

Die Siegerstaaten tragen die Verantwortung für die Wiederherstellung der Einheit Deutschlands auf demokratischem Wege.

Im Zeitalter der Demokratie darf es Wirtschaftsverstümmelung, Massenausrottung und Versklavung von Menschen nicht mehr geben.

Die Sozialdemokratie erstrebt die Vereinigten Staaten von Europa und die Solidarität Europas mit den Völkern aller Kontinente.

Die Sozialdemokratie anerkennt die Pflicht des deutschen Volkes zur Wiedergutmachung des in seinem Namen begangenen Unrechts.

»Der Weg zu diesem Ziel kann nur eine starke und kampfbereite Demokratie sein. Es gibt nur eine Demokratie. Es gibt keine bürgerliche und keine proletarische Demokratie, ebensowenig wie es für die heutige Sozialdemokratie einen reformistischen oder einen revolutionären Sozialismus gibt. Jeder Sozialismus ist revolutionär, wenn er vorwärtsdrängend und neugestaltend ist. Es gibt keinen Sozialismus ohne Demokratie, ohne die Freiheit des Erkennens und die Freiheit der Kritik. Es gibt aber auch keinen Sozialismus ohne Menschlichkeit und ohne Achtung vor der menschlichen Persönlichkeit.«

Ich zitiere diese Sätze, damit man sich erinnere, wovon die Sozialdemokratische Partei Deutschlands ausging, als sie sich bereitmachte, das Joch der politischen Verantwortung für ihr Land auf sich zu nehmen. Damit hat sie für viele Jahre die Grundrichtung ihres Marsches durch die Geschichte unserer Zeit festgelegt: dafür zu streiten, daß dem deutschen Volk sein Recht gegeben werde, weil Recht ebenso wie Freiheit unteilbar ist.

Ich suchte das Gespräch mit Kurt Schumacher. Es mag sein, daß er zunächst mir gegenüber Mißtrauen hegte, aber das sollte sich bald ändern. Als ich mich von ihm verabschiedete, lud er mich ein, doch jeweils zu den Sitzungen des Geschäftsführenden Parteivorstandes nach Hannover zu kommen.

Kurt Schumachers »Ja« zur Nation, sein leidenschaftliches Bestehen auf der Wiedervereinigung Deutschlands hatte nichts mit der Frage zu tun, wie der politische Stellenwert Deutschlands quantitativ verstärkt werden könnte. In vielen Gesprächen, die er in der Folgezeit mit mir hatte, legte er dar, wie sehr er fürchte, daß die Verweigerung des Selbstbestimmungsrechtes für Deutschland dem Bekenntnis der »alten« Demokratien zur Demokratie in der ganzen Welt die Glaubwürdigkeit nehmen könnte. Die Gefahr sei groß, daß es dann in der Welt bei den Spannungen bleiben werde, die jeder Machtpolitik eigen sind. Der Gedanke, der östliche Teil Deutschlands, der keine Freiheitsrechte des Bürgers kennt, werde bei der Aufrechterhaltung der Spaltung für die Schuld, die das »Dritte Reich« auf ganz Deutschland geladen hatte, doppelt so teuer zu bezahlen haben wie die westliche Hälfte, war ihm unerträglich.

Wie oft bin ich, noch vor meiner Wahl in den Parteivorstand im Jahr 1947, zu Kurt Schumacher nach Hannover gefahren! Jedesmal bewegte mich die Menschlichkeit dieses Mannes aufs neue, in dessen Schicksal sich das Schicksal der deutschen Nation verkörpert zu haben schien; immer wieder beeindruckte mich die Schärfe dieser Intelligenz, und immer wieder drückte mich die Sorge, dieser geschundene Körper könnte eines Tages den Dienst versagen, den diese große Seele ihrem Volk zu schulden glaubte.

Die Aufbauphase
des Landes Württemberg-Hohenzollern

Der Aufbau der deutschen Verwaltung machte dank dem Pflichtgefühl der in öffentliche Ämter Berufenen befriedigende Fortschritte. Der Wiederaufbau der Industrie erwies sich als schwierig. Zwar ist Württemberg-Hohenzollern ein Agrarland, und seine Industrie war im wesentlichen mittelständisch, doch spielten für das Wirtschaftsle-

ben des Landes einige bedeutende mechanische Industrien eine
entscheidende Rolle: Ein beträchtlicher Teil der deutschen Uhrenin-
dustrie war in Tuttlingen und Schwenningen massiert; die feinmecha-
nische Industrie und die Hersteller chirurgischer Instrumente hatten
ihre Fabriken auf der Schwäbischen Alb und im Schwarzwald. Am
Nordufer des Bodensees befanden sich die Dornier-Werke, die Zeppelinwerft und die als Zulieferbetrieb für die Automobilindustrie
besonders wichtige Zahnradfabrik in Friedrichshafen. Diese Industrien sollten aufgrund der Demontagebeschlüsse der Alliierten
demontiert und ihr Maschinenpark nach Frankreich transportiert
werden. Aus manchen Betrieben waren erhebliche Teile der Belegschaft mit ihren Ingenieuren nach Frankreich gebracht worden, wo
sie der Rüstungsindustrie eingegliedert wurden. Die verbliebenen
Unternehmen des Landes hatten nicht nur in erster Linie für die
Bedürfnisse der Besatzungsarmee, sondern auch für die militärischen
und zivilen Bedürfnisse Frankreichs zu arbeiten. Dies traf in besonderem Maße auf die Betriebe der Präzisionsindustrie zu, die alle auf der
Demontageliste standen.

Ich sah nur eine Möglichkeit, wenigstens die bedrohtesten Betriebe
zu schützen, zum Beispiel die Zeppelinwerft in Friedrichshafen. Es
gelang mir, Dr. Hugo Eckener zu überzeugen, daß ihre Einbringung
in eine zu gründende Stiftung mit erheblicher Beteiligung der
Belegschaft vielleicht das Unternehmen vor der Demontage retten
könnte. Die Stiftung wurde errichtet, und damit blieben viele
Arbeitsplätze erhalten. Es gelang mir auch, die Zahnradfabrik Friedrichshafen vor dem Abtransport zu bewahren. Heute noch danken
mir Direktion und Belegschaft an jedem Jahrestag.

Es gab oft Gelegenheit, den Einfallsreichtum gewitzter Unternehmer zu bewundern. Auf der Schwäbischen Alb hatte sich eine große
Zementfabrik auf die Gewinnung von Mineralöl aus Ölschiefer
umgestellt, der in der Gemarkung reichlich vorkam. War das
Verfahren auch umständlich und teuer, so konnten doch auf diese
Weise einige Dieselmotoren mehr in Betrieb genommen werden. An
industriellen Rohstoffen war das Land arm. Wir konnten sie nur im
Tausch gegen Lebensmittel erhalten. Die Mittel für Importe wurden
dadurch aufgebracht, daß die Besatzungsbehörden in großem

Umfang Wälder kahlschlugen. Unsere Forstleute waren überzeugt, daß dadurch ein unheilbarer Schaden für die Forstwirtschaft entstehen werde. Es war schmerzlich, die kahlen Bergkuppen und Talgründe zu sehen, aber heute ist alles wieder zurechtgewachsen.

Die Franzosen entnahmen dem Lande einen großen Teil der erzeugten Nahrungsmittel, vor allem Fleisch- und Milchprodukte. Sie befriedigten damit die Bedürfnisse ihrer Truppen – vor allem aber sollte so der Ernährungslage im Saarland aufgeholfen werden. Man erhoffte sich davon in Paris, die Bevölkerung an der Saar werde sich für soviel französische »Fürsorge«-Politik erkenntlich zeigen.

Besondere Sorge bereitete mir das Schicksal der vielen Tausende Jugendlicher, die vor den Schrecken des Bombenkrieges in Jugendlagern untergebracht worden waren und nicht mehr heimfanden. Ihre Zahl war durch die aus den Ostprovinzen evakuierten Jugendlichen vergrößert worden, die vergeblich nach ihren inzwischen aus dem Osten vertriebenen Eltern suchten. Es fehlte an Menschen, die sich dieser Jugend hätten annehmen können. Da führte mir der Zufall Heinrich Hartmann zu, der in der Reichsjugendführung Leiter der Hauptabteilung »Bildende Kunst« gewesen war. Er kam zu mir, weil er sich für das Unglück mitverantwortlich fühlte, das über die deutsche Jugend gekommen war. Er wollte seinen Teil dazu beitragen, die jungen Menschen dorthin zu bringen, wohin sie gehörten, vor allem aber sie von der Landstraße wegzuholen, auf der sie verkamen. Ob ich eine Möglichkeit sähe, seine Pläne zu verwirklichen, wollte er wissen. Er glaubte, dabei auf die Mitwirkung ehemaliger HJ-Führer rechnen zu können, die sich im Untergrund versteckt hielten, um sich der Verhaftung durch die Polizei der Besatzungsmacht zu entziehen. Könnte so nicht auch, über die Rettung der Jungen und Mädchen auf den Landstraßen hinaus, einer Jugend ein neuer Lebensinhalt zuwachsen, die einst im guten Glauben dem Hakenkreuz gefolgt war?

Ich sagte meinem Besucher, daß ich für meinen Teil bereit sei, das Wagnis einzugehen, aber vor meiner Entscheidung mit dem Stellvertreter des Gouverneurs sprechen wolle, dessen Vertrauen ich besitze. Ich sprach mit Oberst de Mangoux, der mir aufmerksam zuhörte. Es sei eine riskante Sache, meinte er, aber das Leben bestehe nun einmal darin, Risiken auf sich zu nehmen. Er werde mit Gouverneur Widmer sprechen. Nach einigen Tagen bat er mich, mit Heinrich Hartmann zu ihm zu kommen. Das Ergebnis des langen Gesprächs war: Heinrich Hartmann sollte mit den ehemaligen HJ-Führern, für die er sich verbürgen zu können glaubte, daß sie am Aufbau eines demokratischen Gemeinwesens mitzuwirken bereit wären, ans Werk gehen. Die französische Polizei werde Weisung bekommen, sie gewähren zu lassen, jedoch ein wachsames Auge auf sie zu haben.

Später bauten Heinrich Hartmann und seine Freunde eine zerstörte Straße bei Teinach in einem mehrmonatigen freiwilligen Hilfsdienst wieder auf. Ich bat Fritz Erler, an den abendlichen Gesprächen mit dieser Gruppe teilzunehmen. Als die Straßenarbeiten beendet waren, erschien in der letzten Nacht die französische Polizei und nahm alle Teilnehmer in Haft. Was war geschehen? Die Kommunisten hatten von der Zusammenkunft der alten HJ-Führer in Teinach erfahren und alarmierten ihre französischen Gesinnungsgenossen. Diese mobilisierten Pariser Stellen: »Faschistische Verschwörung im Schwarzwald.« Paris gab die Weisung nach Baden-Baden, den »Faschistenzirkel« hinter Schloß und Riegel zu bringen. Nach einigen Wochen waren die jungen Leute wieder frei; Tübingen hatte rasch gehandelt.

Die Arbeit, die keimhaft begann, beruhte zu Beginn ganz auf der Schöpferkraft der Spontaneität und ist nach dreißig Jahren zu einer mächtigen Organisation der Jugendwohlfahrtspflege, dem »Jugendsozialwerk«, geworden. Kam es zunächst darauf an, die heimatlos gewordene Jugend aufzufangen, später die aus dem Osten geflohene Jugend zu betreuen, dann Jugendheime der großindustriellen Firmen in eigene Regie zu nehmen, so wurde später eine der Hauptaufgaben die Leitung von Gastarbeiter-Heimen und die Einrichtung von Lehrwerkstätten für geistig und körperlich Behinderte. Als die Arbeit begonnen wurde, dachte keiner von uns an die Möglichkeit solcher Ausweitung dessen, was in den Gesprächen zwischen Heinrich Hartmann, seinen Freunden, Oberst Corbin de Mangoux und mir auf den Weg gebracht worden war. Kurt Schumacher hat uns geholfen, das Mißtrauen abzubauen, das von besorgten Antifaschisten gegen die Arbeit der alten HJ-Leute gehegt wurde. Dem Leiter der Jugendarbeit im DGB-Vorstand, Werner Hansen, war es zu verdanken, daß auch die Gewerkschaften bald ihr Mißtrauen aufgaben. Die britische und amerikanische Militärregierung von der demokratischen Gesinnung des Jugendsozialwerks zu überzeugen, war schwieriger, aber es gelang.

Daß mich die Generalversammlung der Mitglieder des Jugendsozialwerks zum Ehrenmitglied und später, nachdem ich aus dem Parlament ausgeschieden war, zum Vorsitzenden des Vorstandes wählte, hat mich sehr bewegt.

Die Einrichtung der Justizverwaltung besorgte Dr. Gebhard Müller, der in Tübingen mein Richterkollege gewesen war. Er löste seine Aufgabe mit viel Umsicht und in voller Loyalität mir gegenüber, wobei ihm seine enorme Personalkenntnis zustatten kam. Seine politischen Sympathien gehörten seit seiner Studentenzeit der alten Zentrumspartei, und so war es ganz natürlich, daß er der CDU des Landes beitrat und sehr bald ihr erster Mann in Südwürttemberg wurde. Dieses überwiegend katholische Land war für einen Mann wie Gebhard Müller ein besonders geeigneter Wirkungsbereich, zumal er auch in den Augen der protestantischen Bevölkerung die in Schwaben besonders geschätzten Tugenden verkörperte: Intelligenz, Fleiß, Zuverlässigkeit, Bescheidenheit, Grundsatztreue, Toleranz und Sparsamkeit. So ist es durchaus folgerichtig, daß Gebhard Müller nach dem Tode des späteren Regierungschefs Lorenz Bock dessen Nachfolger wurde, um dann schließlich Ministerpräsident des vereinigten Landes Baden-Württemberg zu werden und seine Laufbahn als Präsident des Bundesverfassungsgerichts zu beschließen.

Ich habe es als besonderes Glück empfunden, daß dieser nach seiner politischen Vorstellungswelt von mir so verschiedene Mann, der sich bei der Schaffung des Landes Württemberg-Hohenzollern für den geeigneteren Sachwalter der Nöte und Wünsche seiner Bevölkerung halten mochte, mir so loyal und ohne Vorbehalte zur Seite stand, daß daraus eine Freundschaft werden konnte.

In Tübingen setzte ich meine in Stuttgart begonnenen Bemühungen um das Unterrichtswesen fort. Bei der Neuorientierung der Lehrerschaft dachte ich nicht an revolutionäre Schulreformen. Mir schien die Herbeiführung eines Umbruchs in Lehrzielen und Lehrmethoden und in der Grundorganisation des Schulwesens nicht Sache eines aus dem Zufall der Aufteilung Deutschlands in verschiedene Besatzungszonen entstandenen Ländchens zu sein. Mit solchen Regelungen, so meine ich, müsse gewartet werden, bis die ganze Nation imstande sein werde, sich das Bildungswesen zu geben, dessen sie zu bedürfen glaubte. In der Zwischenzeit müsse es genügen, wirkliche Nazis aus dem Schuldienst zu entfernen und aus dem Lehrstoff das zu beseitigen, was verlogene Ideale hervorrufen könne. Gerhard Storz, mein alter Studienfreund, der später Kultusminister des Landes Baden-Württemberg wurde, bekam von mir den Auftrag, ein mehrbändiges Lesebuch für die Schulen zusammenzustellen, in dem sich für die unteren Klassen die Äsopschen Fabeln neben den Geschichten Johann Peter Hebels fanden und für die Oberklassen die Texte der Klassiker.

Mir war wichtig, daß die alten klassischen Gymnasien des Landes, von denen viele im Dritten Reich in »praktischere« Schulen umgewandelt worden waren, wiederhergestellt wurden. Bei den Bemühungen um Schule und Universität war Professor René Cheval, Offizier für das Bildungswesen der französischen Militärregierung, eine große Hilfe. Der ehemalige »normalien« aus dem Dauphiné verkörperte die Tradition der aus den Zeiten der Dreyfus-Krise hervorgegangenen »universitaires« Frankreichs. Er hatte Verständnis für meine Weigerung, bestimmten Studentengruppen den Zugang zur Universität zu blockieren, wie das anderswo geschah (Offiziere, ehemalige Hitlerjugendführer, ehemalige Angehörige der Waffen-SS). Ihm wie mir schien es gerade Sache der Universitäten zu sein, junge Menschen für das Wahre und das Gute empfänglich zu machen. Ich wußte aus eigener Lebenserfahrung, wie eine aus dem Krieg heimkehrende Jugend sich zum Lernen getrieben fühlt. Es gelang mir verhältnismäßig früh, die Militärregierung zur Lösung des Banns zu bewegen, der auf Lehre und Forschung gelegt worden war. Professor Henri Humblot, der die Jugendabteilung bei der französischen Militärregierung leitete, wurde nach anfänglichem Mißtrauen zum Gegner jeder beschränkenden Maßnahme. So konnte der Beschluß des Staatssekretariats durchgeführt werden, wonach das Land Württemberg-Hohenzollern die Kosten für die Unterhaltung der nach Tübingen verlegten Max-Planck-Institute übernahm und damit den ungeschmälerten Fortgang der Forschungsarbeiten möglich machte. Das kleine Land baute für diese Institute neue Forschungsstätten, die in der Gelehrtenwelt heute noch als vorbildlich gelten. Die Kosten übernahm bis zum Abschluß des Königsteiner Abkommens, durch das die Länder der Westzonen sich zur Übernahme der Kosten für die Forschungstätigkeit der Max-Planck-Gesellschaft verpflichteten, das Ländchen Württemberg-Hohenzollern.

Am 16. März 1946 hatte der Große Senat der Universität Tübingen das Staatssekretariat um Wiederbesetzung des Lehrstuhls für Öffentliches Recht und Völkerrecht gebeten, der durch Ausscheiden Professor Felix Genzmers frei geworden war. Auf der vom Senat eingereichten Berufungsliste stand an der ersten Stelle der Wiener Professor Alfred von Verdross, an zweiter Stelle stand ich. Nachdem Verdross den Ruf abgelehnt hatte, wurde ich am 23. April zum ordentlichen Professor an der Rechts- und Wirtschaftswissenschaftlichen Fakultät der Universität Tübingen ernannt. Obwohl die Beratungen über den Berufungsantrag im Staatssekretariat ohne meine Mitwirkung erfolgten, gab es Stimmen, die die Meinung verbreiteten, ich hätte mich selber zum Professor ernannt. Ich nahm meine Vorlesungen alsbald auf und habe in Tübingen bis 1953 und danach in Frankfurt bis zu meinem Ausscheiden im Jahre 1970 wöchentlich sechs Stunden Vorlesungen und Seminare gehalten.

Ich hielt frühzeitig nach Professoren Ausschau, von denen ich glaubte, daß sie gute Lehrer für die Studenten dieser Zeit sein würden. So konnten Romano Guardini, der evangelische Theologe Helmut Thielicke, der Gräzist Walter F. Otto, der Archäologe Kurt Bittel, der große Pädagoge Eduard Spranger für Tübingen gewonnen werden. Einige habe ich persönlich aus anderen Zonen und aus Ostberlin geholt. Bei der Überführung ihrer Bibliotheken halfen die Franzosen – manchmal an der Zonenlegalität vorbei.

Im kirchlichen Bereich kam es zu häufigen Gesprächen mit Bischof Dr. Sedelmaier, der mit seiner Meinung nicht hinter dem Berge hielt, wenn er die Gegnerschaft der katholischen Kirche politischen Plänen gegenüber zum Ausdruck brachte. So sagte er mir freiweg, daß er gegen die von mir erwogene Bodenreform sei, weil es dann mit den Vermächtnissen zu Ende sein würde, mit denen die Kirche von den Großgrundbesitzern des Landes traditionellerweise bedacht würde.

Es hat auf mich tiefen Eindruck gemacht, wie Landesbischof Theophil Wurm über die Schuld der protestantischen Kirche sprach. Wer dies miterlebt hat, weiß, daß dies nicht geschah, um auf die öffentliche Meinung der Welt oder auf die Besatzungsmächte Eindruck zu machen, sondern weil es ihm sein Gewissen gebot. Mir erschien dies besonders bemerkenswert, weil Theophil Wurm sich nicht scheute zu bekennen, daß er lange an den Führer geglaubt habe. Es gelang mir, Professor Karl Barth und Pastor Martin Niemöller in Tübingen zusammenzuführen. Dies war der Beginn fortgesetzter Bemühungen, die Sozialdemokratische Partei davon zu überzeugen, daß die Kirche nicht das reaktionäre Herrschaftsinstrument zu sein brauchte, als das sich in früheren Jahrzehnten viele ihrer Diener zugunsten der in Staat und Gesellschaft herrschenden Kreise hatten mißbrauchen lassen.

Diese Gespräche führten zu Begegnungen Niemöllers und seiner Freunde mit Kurt Schumacher und Mitgliedern des SPD-Vorstandes, denen auf mittlerer und unterer Ebene Begegnungen zwischen korrespondierenden Stellen von Partei und Kirche folgten. Nun endlich konnte das Mißverständnis aufgelöst werden, das für die Kirche und die Arbeiterbewegung so verhängnisvoll gewesen ist. Zusammen mit Fritz Erler habe ich mich jahrelang um die Verbesserung der Möglichkeiten bemüht, zwischen Vertretern der Kirchen und der Arbeiterbewegung das klärende Gespräch lebendig zu erhalten. Inzwischen ist eine Theologengeneration herangewachsen, deren politische und gesellschaftliche Vorstellungswelt mit jener der meisten ihrer Vorgänger nichts mehr zu tun hat, und dies ohne Schaden für die Verkündigung der Heilswahrheiten.

Die Energien der Bevölkerung drohten so gut wie völlig vom Kampf um das tägliche Brot absorbiert zu werden. Ich meinte, daß der Verkümmerung von Geist und Seele, die daraus resultieren könnte, gesteuert werden müßte. Das konnte nicht nur durch staatliche Maßnahmen geschehen. Die Initiativen mußten aus der Bevölkerung selbst kommen. In der Tat bildeten sich mancherorts Gruppen, die sich um Musisches bemühten. Zusammen mit den Aufführungen der Theater entstand so im Lande eine geistige Spannung, die den

Menschen half, ein wenig leichter über die Misere des Besatzungslebens hinwegzukommen.

Dazu trugen auch die Kunstausstellungen bei, die in Tübingen mit Hilfe des Landeskonservators Dr. Gustav Adolf Rieth und Dr. Konrad Zweigerts zusammengebracht wurden. Sie gaben Malern und Bildhauern des Landes Gelegenheit, ihre Arbeiten auszustellen.

Ein wesentlicher Teil des sogenannten Preußischen Kulturbesitzes war in Schutzräumen unseres Landes magaziniert worden, unter anderem der Bestand des Wallraf-Richartz-Museums in Köln, der in den Kasematten der Burg Hohenzollern lagerte. Die französische Militärregierung hatte die Kunstschätze in Treuhandverwahrung genommen; die Kunstoffiziere bei der Militärregierung, die Herren van Uxem und Dollfus, erfüllten ihre Aufgaben mit uneigennütziger Gewissenhaftigkeit. Ich führte einen Beschluß des Direktoriums herbei, wonach die bedeutendsten Bilder aus den Beständen des Kölner Museums in Tübingen ausgestellt werden sollten. Diese Ausstellung – eine der ersten, die nach dem Kriege in Westdeutschland eröffnet wurde – fand Zulauf aus dem ganzen Lande, und viele Franzosen begannen, ihre negative Ansicht über die Deutschen zu revidieren. Mit Hilfe der Militärregierung gelang es, den künstlerischen Nachlaß des Bildhauers Wilhelm Lehmbruck von Berlin nach Tübingen zu bringen, wo die schönsten Werke und aufschlußreichsten Fragmente in den Räumen des Archäologischen Instituts der Universität ausgestellt wurden. Die Wirkung auf die »Universitätsverwandten« war stark, sahen doch die Jüngeren zum erstenmal seit fünfzehn Jahren das Lebenswerk eines großen Meisters der Bildhauerkunst.

Es gelang auch, eine Ausstellung von Werken moderner deutscher Malerei zu veranstalten, die vor der Beschlagnahmeaktion »Entartete Kunst« hatten gerettet werden können. In einer Rede zur Ausstellungseröffnung führte ich aus, die Regierung des Landes veranstalte diese Ausstellung, weil sie überzeugt sei, daß der Staat dem Volk die Kunst seiner Zeit schulde. Zwar habe der Staat nicht Kunst zu machen oder auch nur zu inspirieren; die Zeit der Staatskunst der Antike sei vergangen, und was wir jüngst an moderner »staatlicher Kunst« zu sehen bekommen hätten, müsse uns zur Warnung dienen.

Der Staat habe aber dem Künstler den Freiheitsraum zu geben, in
dem allein die Kunst atmen kann, und ihm die Möglichkeit der
Zwiesprache mit dem Volk zu erleichtern; so wie das Volk zur
Erkenntnis seiner selbst den Künstler nötig habe, bedürfe der
Künstler der bestätigenden Antwort der Zeitgenossen.

Doch ich hatte in jenen Tagen nicht nur das Schöne in meine Hut zu
nehmen, sondern auch Entsetzliches, das uns die nationalsozialistische Herrschaft hinterließ. In der Nähe Tübingens, auf dem Gebiet
der Gemeinde Schömberg am Fuß der Alb, war gegen Ende des
Krieges ein Konzentrationslager für Deportierte entstanden. Die
Besatzungstruppen fanden ein Massengrab vor, und wir erfuhren, daß
fast zweitausend Lagerinsassen an Hungertyphus gestorben waren.
Die Militärregierung ließ die Opfer in Gräber umbetten, wo sie unter
einem Kreuz, das von weither zu sehen ist, ruhen sollten. Es wurde
angeordnet, daß dieser Friedhof am 23. Oktober 1946 der deutschen
Landesverwaltung in einer Feierstunde übergeben werden sollte. Der
Oberbefehlshaber der Französischen Zone, General Koenig, werde in
Anwesenheit von Gouverneur Widmer den Übergabeakt vornehmen.
Mir oblag es, im Namen des Staatssekretariats und in Gegenwart
meiner Kollegen den Friedhof in die Betreuung des Landes zu
nehmen. Ich hatte von dem Konzentrationslager, das keine fünfundzwanzig Kilometer von Tübingen entfernt war, nicht gewußt, und ich
kannte niemanden, der etwas davon gewußt hätte.

Der 23. Oktober war ein schöner Herbsttag. Eine Ehrenkompanie
unter den auf Halbmast gesetzten französischen Fahnen war angetreten. Die Bürgermeister und Pfarrer der umliegenden Gemeinden und
viele Mitbürger säumten den Platz um das große Kreuz mit französischer und deutscher Inschrift. Ein Claironsignal ertönte. General
Koenig und sein Stab trafen ein. Drei Männer in gestreiften KZ-
Anzügen legten einen Kranz nieder. Gouverneur Widmer hielt seine
Ansprache: hart, aber würdig im Ton. Ich antwortete. Den Text
meiner Antwort bringe ich im Wortlaut, weil ich glaube, daß die Art
und Weise, wie ich über das Bewußtsein der moralischen Haftung
auch der an den Verbrechen des Dritten Reiches nicht Beteiligten für
die von ihm begangenen Greueltaten sprach, einiges dazu beigetragen

hat, in Frankreich die Sprecher des demokratischen Deutschland für
glaubwürdig zu halten.

»Wir haben uns zusammengefunden, um angesichts dieses Kreuzes, dessen Arme sich über diesen neuen Gottesacker breiten, derer
zu gedenken, die in den Lagern, die der braune Terror im Kreise
Balingen eingerichtet hat, verbrecherisch zu Tode gebracht worden
sind. Menschen aus Frankreich, aus Rußland, aus Polen, aus vielen
anderen Ländern und aus Deutschland selbst. Man hat diese
Menschen, die keine Schuld auf sich geladen hatten, hierherge-
bracht, um an der Kriegsmaschine ihres verhaßten Feindes zu
arbeiten, und wenn sie krank und siech geworden waren und wenn
der Hunger sie zu Gerippen gemacht hatte, haben ihre Folter-
knechte sie krepieren lassen oder, um nicht überflüssige Münder
füttern zu müssen, vor dem sicheren Tod schon erschlagen. Dann
hat man sie verscharrt, wie gefallenes Vieh auf dem Schindanger
verscharrt wird, ohne Namen und Kreuz, und die Henker glaubten
wohl, daß kein Zeichen mehr von ihren Verbrechen einer erschau-
ernden Nachwelt Kunde geben werde. Aber die Sonne bringt alles
an den Tag. Man hat auch diese Schädelstätte gefunden und ihre
Schmach aufgedeckt, die auch die Schmach unseres Volkes ist.
Freilich, ich weiß: Fast keiner hat etwas von diesen Dingen
gewußt, und die etwas wußten, wußten nicht alles. Und die alles
wußten, wußten auch, was dem drohte, der angesichts des Grausi-
gen schrie. Doch dieses Nichtwissen spricht uns von der Schuld
nicht frei, derer jeder schuldig gesprochen werden muß, der nicht
wissen wollte. Können wir denn vor uns selber leugnen, daß
manchmal ein Raunen durch unser Land ging, das uns dunkle
Kunde davon gab, daß da und dort schlimme Dinge geschehen?
Und wäre es nicht unsere Pflicht gewesen, die Pflicht von
Menschen, in deren Dörfern und Städten jeden Sonntag die
Glocken zur Kirche riefen, diesen Gerüchten nachzugehen? . . . Zu
wissen, zu suchen, ob unser Land denn wirklich eine Mördergrube
geworden sei und also die Männer, die uns regierten und unseren
Gehorsam forderten, den man der Obrigkeit schuldet, Mörder? Aber
wir wollten das nicht wissen: Fast keiner wollte Gewisses wissen,

denn wir wollten uns alle den Seelenfrieden bewahren, den wir brauchten, um ohne allzuviel innere Beschämung weiter gehorchen zu können, denen nämlich, denen wir einmal aus Feigheit und Verblendung die Geißel in die Hand gegeben hatten, die sie nun über uns so schwangen wie über den unterjochten Ländern.

Davon kann uns keiner freisprechen; diese Schuld bleibt, auch wenn vieles, das im Namen unseres Volkes Menschen aller Zonen angetan worden ist, ausschließlich das Verbrechen einer Bande von Gangstern gewesen ist, wie es nach dem Urteil von Nürnberg feststeht, und nicht dem deutschen Volk unterschiedslos zur Schuld gerechnet werden kann.

Wir müssen diese andere Schuld vor uns selber bekennen um der Ehre willen, die wir aus unserer reinen Vergangenheit in eine Zukunft nehmen müssen, die nur dann die Lichtlosigkeit wird bannen können, in der das Leben unserer Tage verdämmert, wenn das Licht einer freien Wahrheit sie hell macht; und wir müssen diese Wahrheit laut aussprechen, wenn irgendein Tag uns an das Geschehene erinnert; es darf uns nicht zu einer bequemen Stummheit führen, daß die Brüder derer, denen das Böse angetan worden ist, uns hören: Denn es soll uns nicht das Gewissen einschläfern, daß wir wissen, daß auch anderswo in der Welt Menschen an Menschen fehlen. Keine fremde Schuld kann unsere ungeschehen machen.

Nun hat man die Opfer dieser bösen Zeit aus ihren Massengräbern gehoben und ihnen in diesem Friedhof eine würdige Stätte bereitet. Die Regierung dieses Landes nimmt ihn an diesem Tage in ihre Hut und wird ihn pflegen als ein Mahnmal der bösen Zeit, in der die Menschen unseres Landes sich die Tyrannei haben gefallen lassen, weil sie sich fürchteten zu sehen, wie schrecklich und blutig das Antlitz der Tyrannen war. Wir haben damit noch nichts gutgemacht — es ist wohl gar nicht möglich, Schlechtes gutzumachen —, aber wir werden, wenn wir uns an diesem Tag der Tränen mit aller Eindringlichkeit bewußt zu werden versuchen, was gewesen ist, einen Grundstein legen können für die Zukunft, in der die Menschen unseres Erdteiles ein wenig weniger werden zu weinen brauchen, als unsere Generation dies hüben und drüben mußte. Nehmen wir das als den Sinn dieses Tages mit nach Hause, dann werden wir so handeln,

wie diese Toten es wollen: Die Toten nämlich wollen nicht Rache für
gestern, sondern den Segen für morgen.«

In der französischen Presse wurde viel über meine Rede geschrieben.
Die einen meinten: Wieder einmal eine demokratische Tarnung! Fallt
nicht darauf herein! Die Deutschen sind geblieben, was sie immer
waren! Andere schrieben freundlicher, aber immer war zwischen den
Zeilen zu lesen: Kann man dem Mann aus Tübingen glauben?
General Koenig gab in einem Interview die Antwort: »Ja, ich glaube
dem Mann!«

Ein Staat entsteht

Im Sommer 1946 erwachte bei den Franzosen didaktischer Ehrgeiz.
Demokratie müsse man lernen wie das kleine Einmaleins in der
Schule; erst wenn dieses fest sitzt, könne man über die Anwendung
der vier Spezies und die Regeldetri zur höheren Mathematik übergehen; Verwaltung an der Basis sei schlichtes Rechnenkönnen. Wir
müßten also damit beginnen, die Prinzipien der Demokratie bei der
Verwaltung der Gemeinde einzuüben; später könnten wir dann in
höhere territoriale Sphären demokratischer Praxis aufsteigen. Dafür
wolle man uns zunächst die Texte der französischen Gemeindeordnung in die Hand geben ... Ich erlaubte mir zu antworten, es möge
sein, daß wir auf der Ebene der großen Politik mit Demokratie bisher
nicht viel Rechtes anzufangen vermocht hätten; aber in der Selbstverwaltung der Gemeinden Deutschlands könne sich einst geübte und
gelebte Demokratie sehen lassen; wenn ich mich nicht irrte, gewährten unsere deutschen Traditionen der demokratischen Selbstverwaltung der Gemeinden größeren Raum, als das französische Recht ihn
den Städten und Dörfern Frankreichs gewähre. Ich schlüge daher vor
– schon um die innere Einheit des Landes Württemberg zu betonen –,
die alte württembergische Gemeindeordnung in Württemberg-
Hohenzollern offiziell einzuführen, wie es das Direktorium schon im
Dezember 1945 praktisch veranlaßt habe.

Die Franzosen beharrten auf ihrer Absicht, uns eine Gemeindeordnung ihrer Prägung zu oktroyieren, forderten uns aber auf, hierzu eigene Vorschläge auszuarbeiten. Das sollte auch für die Selbstverwaltungsorgane der Kreise gelten. Wir mühten uns vergebens um einen Kompromiß. Verordnungen des Generals Koenig aus dem Sommer 1946 dekretierten die Rechtsordnung der Gemeinden und Kreisverwaltungen. Dies geschah so, daß man in die Wahlordnungen für die Gemeinde- und Kreisversammlungen sogar deren organisatorische Bestimmungen aufnahm. Wir fühlten uns wie Schulbuben behandelt. Ich brachte dies auf der Landrätetagung vom 7. September 1946 zum Ausdruck. Die Franzosen konnten es im Protokoll lesen.

Obwohl diesem Ereignis heute nicht mehr die geringste Bedeutung zukommt, habe ich es ausführlich dargestellt, weil es typisch war für die schulmeisterliche Art, mit der die Franzosen glaubten, das von ihnen besetzte Gebiet seinem »demokratischen« Glück zuführen zu können.

Wir erfuhren bald mehr über die Vorstellungen der Militärregierung von der besten Einübung der Deutschen in die Demokratie. Im September – als in der Amerikanischen Zone schon Verfassunggebende Landesversammlungen gewählt wurden – unterrichtete mich Gouverneur Widmer, daß eine »Beratende Landesversammlung« geschaffen werden sollte, deren Mitglieder entweder Bürgermeister oder Angehörige von Gemeinderäten oder Kreisversammlungen – also wie zuzeiten des Vormärz »Notabeln« – sein sollten. Diese Beratende Versammlung war die Karikatur einer demokratischen Volksvertretung. Sie konnte nur zu Fragen Stellung nehmen, die ihr die »Provisorische Regierung«, wie das Direktorium künftig heißen sollte, vorlegte; sie konnte also ihre Tagesordnung nicht selbst bestimmen. Die »Provisorische Regierung« war lediglich verpflichtet, zu den von ihr selbst vorgelegten Punkten der Tagesordnung Auskunft zu erteilen und auf Anforderung Unterlagen zur Einsicht vorzulegen. Die Abgeordneten selbst konnten keine Anträge stellen!

Schon bei den Wahlen zu den Kreisversammlungen war deutlich geworden, daß die stärkste Partei des Landes, die CDU, im Direktorium prozentual nicht ausreichend vertreten war. Mir schien gerade unter einem Besatzungsregime notwendig zu sein, daß die Zusammensetzung der »Regierung« die politische Vorstellungswelt der

Bevölkerung voll widerspiegelte. Nur so war es möglich, den Besatzungsbehörden gegenüber mit *einer* Zunge zu sprechen. Ich bat den Gouverneur, die Konsequenzen für die Zusammensetzung der Spitze der Landesverwaltung ziehen zu dürfen. Er war mit der Umbildung des bisherigen Direktoriums nach der konstituierenden Sitzung der Beratenden Versammlung einverstanden. Die Verhandlungen darüber sollten den Fraktionsführern anheimgegeben werden. Dies war das erstenmal, daß den politischen Parteien Einfluß auf die Gestaltung von Einrichtungen des Landes gegeben wurde.

Am 10. November 1946 war die Umbildung vollzogen. Das Direktorium wurde auf französische Anordnung in »Provisorische Regierung« umbenannt; die Landesdirektoren erhielten die Amtsbezeichnung »Staatssekretär«, denn auch in dieser Phase schien es uns nicht richtig, von »Ministern« zu sprechen, solange die Spitzenbehörden des Landes nicht einer gewählten Volksvertretung gegenüber verantwortlich waren. Ich behielt meine alte Amtsbezeichnung »Staatsrat« bei.

Ich wurde zum Präsidenten dieser »Provisorischen Regierung« gewählt, behielt das Justizressort und übergab das Kultusressort an den Bürgermeister von Ravensburg, Dr. Albert Sauer, der aus der alten Zentrumspartei stammte. Das Wirtschaftsressort übernahm zu meiner großen Freude mein Freund aus den Jahren nach dem Ersten Weltkrieg, Eberhard Wildermuth, der der Liberal-Demokratischen Partei angehörte und einige Jahre später erster Bundesminister für Wohnungswesen und Städtebau werden sollte. Paul Binder (CDU) führte das Finanzressort weiter, und Clemens Moser (CDU) blieb weiter für die Interessen des Landesteiles Hohenzollern verantwortlich. Ein neues Ressort »Landwirtschaft und Ernährung« übernahm Dr. Franz Weiß von der CDU, der sich in der Folge durch große Sachkenntnis und unbeugsamen Mut gegenüber überzogenen Forderungen der Militärregierung auszeichnen sollte. Das Innenressort erhielt mein Freund aus meiner Richterzeit, Viktor Renner, der das Naziregime jederzeit und jedermann gegenüber unbeugsam ablehnende nunmehrige Landrat von Tübingen, der der SPD angehörte.

Nach dieser »Regierungsbildung« in der südlichen Landeshälfte beantragte Ministerpräsident Reinhold Maier im Stuttgarter Kabinett, daß »Staatsrat Schmid auch künftig zur Aufrechterhaltung der

Verbindung mit Südwürttemberg an den Sitzungen des Staatsministeriums teilnimmt«. Das Kabinett gab seine Zustimmung einstimmig. Diese ständige Informationsmöglichkeit zwischen Tübingen und Stuttgart trug viel dazu bei, daß in allen wichtigen Angelegenheiten zwischen beiden Regierungen völlige Übereinstimmung herrschen konnte. Die aus Nordbaden stammenden Minister des Landes Württemberg-Baden hätten sich gern ein ähnliches Verhältnis zu Freiburg gewünscht. Doch für die dort regierenden »Altbadener« war Stuttgart der Erbfeind. Staatspräsident Wohleb wollte ein souveränes Baden, das lose mit den übrigen deutschen Ländern verbunden war, aus den Trümmern des »verpreußten« Deutschen Reiches hervorgehen sehen.

Eines Tages wurden die deutschen Länderchefs der Französischen Zone nach Baden-Baden berufen, »um einen wichtigen Staatsvertrag zu unterzeichnen«. Mir war nicht bekannt, daß das Land Württemberg-Hohenzollern einen Staatsvertrag mit irgend jemand abzuschließen die Absicht hatte. In Baden-Baden wurde uns eröffnet, daß die französische Regierung, vertreten durch die Militärregierung in Baden-Baden, den Ländern der Französischen Zone das auf ihrem Gebiet liegende Vermögen der »ehemaligen Reichsbahn« übertragen wolle. Die Vertragstexte seien vorbereitet und zur Unterschrift bereit. Wir waren erstaunt. Ich wies darauf hin, daß Eisenbahnanlagen unbewegliches Vermögen seien und daher nicht als Kriegsbeute angesehen werden könnten, so daß doch wohl nur der ursprüngliche Inhaber der Eigentumsrechte über sie verfügen könne. Da es sich um Vermögen des Deutschen Reiches handele, könne das vor Abschluß eines Friedensvertrages bestenfalls der Kontrollrat in Berlin sein. Man kann sich vorstellen, daß die französischen Gesprächspartner dies nicht gern hörten. Schließlich beschränkte ich mich darauf, die deutschen Kollegen zu bitten, nur mit Vorbehalt zu unterzeichnen. Vom Kollegen Wohleb erhielt ich die Antwort, er weigere sich, durch ein Nein zu den französischen Angeboten die Interessen des Landes Baden zu schädigen. Er werde unterschreiben. Der Bevollmächtigte aus Saarbrücken erklärte dasselbe. Mein Kollege Wilhelm Boden aus dem rheinpfälzischen Gebiet hatte seine eigene Meinung, und ich unterzeichnete mit dem Vorbehalt, daß dieser Vertrag die

Länder der Französischen Zone lediglich ermächtige, das Vermögen der Reichsbahn treuhänderisch für Deutschland zu verwalten.

Rückblickend erscheint eine solche »querelle allemande« gespenstisch; aber solche Gespensterwelten gehörten zur deutschen Wirklichkeit jener Jahre.

Meine Stellung à la suite des Stuttgarter Kabinetts brachte es mit sich, daß ich regelmäßig an den Zusammenkünften des am 6. November 1946 in Stuttgart auf Anordnung der US-Militärregierung gegründeten Länderrats teilnehmen konnte, der zwei Zwecken zu dienen hatte: der Stärkung der Regierungsgewalt auf Länderebene und der Absicht, die Westzonen schrittweise als Wirtschaftseinheit in Erscheinung treten zu lassen. Ihm gehörten die Ministerpräsidenten Bayerns, Groß-Hessens, Württemberg-Badens und der Senatspräsident von Bremen an. Er hat zweieinhalb Jahre lang bestanden.

An den Beratungen der Ministerpräsidenten hatte ich keinen Anteil, aber es fanden sich am Rande der Tagungen Möglichkeiten, mit verantwortlichen Persönlichkeiten aus der ganzen amerikanisch besetzten Zone bekannt zu werden und Informationen über das Geschehen außerhalb der Französischen Zone, bis hin nach Berlin, zu bekommen. Dieser lose Zusammenschluß, dessen Satzung die Ministerpräsidenten zwang, in wichtigen Angelegenheiten zu gemeinsamen Beschlüssen zu kommen, wirkte sich heilsam gegen die Auswüchse föderalistischer Dogmatik einzelner Landesregierungen aus; vor allem aber lenkte er den Blick mancher Politiker und höherer Beamter über die Grenzen des eigenen Landes hinaus, was dem neu erwachenden Gefühl für die Notwendigkeit eines gesamtdeutschen Staatsbewußtseins zugute kam.

Dort konnten sich auch junge fähige Beamte die Beachtung erringen, die ihnen den Weg in hohe Stellungen der Bundesrepublik bahnte. Zu ihnen gehörte als Vertreter Bremens Dr. Karl Carstens, der später Staatssekretär im Auswärtigen Amt war, Vorsitzender der CDU-Fraktion im Bundestag, dann 1976 dessen Präsident und 1979 Bundespräsident werden sollte; Dr. Walter Seuffert, auch Jurist, der lange dem Deutschen Bundestag angehörte und Vizepräsident des Bundesverfassungsgerichts wurde; Hans-Jochen Vogel, der Oberbürgermeister der bayerischen Landeshauptstadt und Minister in zwei Bundesregierungen wurde.

Bei den Länderratstagungen lernte ich auch Beamte der amerikanischen Militärregierung kennen, mit denen ich in den Zeiten des Parlamentarischen Rates viel zu tun bekommen sollte und durch die ich die besondere Mentalität der Amerikaner begreifen lernte. Ich denke hier vor allem an Professor Carl Joachim Friedrich von der Universität Harvard, der nach Inkrafttreten des Deutschlandvertrages auch in Heidelberg lehrte, sowie an den ehemaligen preußischen Regierungspräsidenten Professor Hans Simons, Sohn des Mannes, der 1920/21 Außenminister der Weimarer Republik und von 1922 bis 1929 Präsident des Reichsgerichts war. Beide Professoren waren überzeugte Bürger der Vereinigten Staaten geworden.

Die amerikanischen Dienststellen anerkannten nur die etablierten Landesregierungen als verantwortliche Gesprächspartner; die politischen Parteien betrachteten sie mehr als gesellschaftliche Phänomene – im Gegensatz zu den Briten, die in ihrer Zone mit den Parteien ernsthaft ins Gespräch zu kommen versuchten und ihnen mehr politisches Gewicht zumaßen als den Landesregierungen.

In den Ländern der Amerikanischen Besatzungszone waren im Herbst 1946 Verfassunggebende Landesversammlungen gewählt worden. Das Präsidium der Verfassunggebenden Versammlung Württemberg-Badens, deren Präsident Wilhelm Keil geworden war, bat mich, für den Verfassungsausschuß den Entwurf einer Verfassung auszuarbeiten, der den Beratungen zugrunde gelegt werden würde. An den Sitzungen des Beratenden Ausschusses sollte ich als Sachverständiger teilnehmen. Unterstützt von Dr. Gustav von Schmoller, meinem früheren Schüler, der Assistent von Professor Carl Schmitt und dann Beamter des Reichswirtschaftsministeriums gewesen war, ging ich an die Arbeit.

Ich hatte mir schon geraume Zeit überlegt, welche Prinzipien das neue deutsche Verfassungsrecht zu bestimmen haben würden, wenn es einmal darum gehen sollte, die Fundamente und Strukturen eines freiheitlichen Rechtsstaates zu schaffen, der sich seiner humanen und sozialen Verpflichtungen innerhalb einer sich ständig weiter industrialisierenden und technisierenden Welt bewußt ist. Dabei dachte ich nicht nur an das Land Württemberg-Baden, sondern an Deutschland. Von diesen Prinzipien werde ich in dem Abschnitt dieses Buches berichten, der vom Parlamentarischen Rat handelt. Hier schon möchte ich erwähnen, daß mir ein parlamentarisches Regime vorschwebte, bei dem die Regierung dem Parlament verantwortlich sein sollte, ohne jedoch durch heterogene Mehrheiten gestürzt werden zu können, deren Parteien nicht imstande oder nicht willens sind, nach dem Sturz der Regierung deren Nachfolge zu übernehmen und die Verantwortung für die Folgen des Sturzes der Regierung zu tragen. Das »Konstruktive Mißtrauensvotum« des Grundgesetzes der Bundesrepublik hat seine erste verfassungsrechtliche Formulierung in der Verfassung für das Land Württemberg-Baden gefunden.

Inzwischen hatte die auf Geheiß der Militärregierung und aufgrund indirekter Wahlen zustande gekommene Beratende Versammlung Württemberg-Hohenzollerns ihre Tätigkeit aufgenommen. In der ersten Sitzung gab ich einen Bericht über den Zustand des Landes, über die Versorgungslage und das volle Ausmaß der Zwangsablieferungen an die Militärregierung. Es wurde ein trübes Bild, dem die Zahlen des Landesdirektors für Ernährung und Landwirtschaft, Dr. Franz Weiß, zugrunde lagen. Am Tag nach dieser Sitzung übermittelte mir ein Offizier die Aufforderung des Chefs der Militärverwaltung, Administrateur Général Lafont, »in seiner Begleitung« nach Baden-Baden zu kommen.

Mir war klar, was dies bedeutete. Ich sollte wegen meines Berichtes vor der Landesversammlung zur Rede gestellt werden. Unter diesen Umständen konnte man nicht wissen, wie lange meine Abwesenheit dauern wird. Ich hielt es deshalb für angebracht, einen Koffer mit dem Nötigsten mit auf die Reise zu nehmen.

Der Administrateur Général ließ mich lange warten, bevor er mir, ohne mir einen Stuhl anzubieten, überlaut vorwarf, daß ich mit meinem Bericht vor der Landesversammlung die Militärregierung und damit Frankreich verleumdet habe. Dies sei ein Bruch der Loyalität gegenüber der Militärregierung, ein Akt von »résistance«. Ich stimmte ihm zu: Ich hätte innerhalb meiner Befugnisse und meiner Pflichten immer für die Bevölkerung meines Landes Widerstand gegen Maßnahmen geleistet, die ich für unzumutbar und für die

Zukunft unser beider Völker für bedrohlich hielt. Was diese »résistance« anlange, so hätte ich vier Jahre lang in *seinem* Land zugunsten *seiner* Landsleute gegen Anordnungen meiner Obrigkeit Widerstand geleistet, die ich für ungerecht und schädlich erachtete. Das gleiche könnte ich doch wohl auch für meine Landsleute tun. Dann rechtfertigte ich meine Zahlen mit Belegen. Im übrigen, so fuhr ich fort, seien wir Deutschen und Franzosen auch im gegenwärtigen Zustand unserer Beziehungen aufeinander angewiesen.

Das Gespräch kam in ruhigere Bahnen, und schließlich erteilte mir der Verwaltungschef die Weisung, in einer der nächsten Sitzungen der Landesversammlung die Zahlen zur Verlesung zu bringen, die die Militärregierung für richtig hielt. Warum sollte ich das nicht tun, indem ich die Quelle dieser Zahlen nannte? Die gewollte Wirkung war erzielt, und von dieser Art »Korrektur« würde sich kaum jemand täuschen lassen.

Dann bat General Koenig mich zu sich. Ich berichtete ihm von dem Gespräch mit dem Verwaltungschef; er schien sich über die Art, wie dieser es geführt hatte, nicht zu wundern. Ich hatte schon öfter mit General Koenig sprechen können und dabei den Eindruck gewonnen, daß das Politische nicht seine stärkste Seite war. Aber jedesmal konnte ich feststellen, daß er in Fragen der Loyalität ein sicheres und die Ehre des anderen achtendes Urteil hatte. Er gab mir zu verstehen, daß er an meiner Stelle nicht anders gehandelt haben würde.

Mit den Zahlen der Militärregierung in Händen, fuhr ich nach Tübingen zurück. Auf der nächsten Sitzung der Landesversammlung verlas ich sie unter Betonung, daß ich eine Weisung ausführe. Die Sache war damit erledigt. Ein Jahr später sollte sie bei einem dramatischen Anlaß wieder aufflammen: am 10. Juni 1947, im Anschluß an die gesamtdeutsche Ministerpräsidentenkonferenz in München.

In Paris war die Einsicht gewachsen, daß es auch für Frankreich besser wäre, mit der Entwicklung in der Britischen und Amerikanischen Zone Schritt zu halten. Gouverneur Widmer hatte mich schon um Vorlage meines Verfassungsentwurfs für Württemberg-Baden gebeten und bat mich nun um Vorschläge für die Übernahme dieses Verfassungstextes für Südwürttemberg, falls sich die Notwendigkeit ergeben sollte. Ich stimmte zu, beiden Landesteilen annähernd gleichlautende Verfassungstexte vorzuschlagen, und sei es nur, um deutlich zu machen, daß trotz der Schlagbäume beide Landeshälften ihr politisches Schicksal in gleicher Weise begriffen.

Die CDU war gegen diesen Vorschlag. Hauptgrund für den Wunsch nach einer eigenen Verfassung war die Schulfrage. Im katholischen Südwürttemberg wollte die Mehrheit der ländlichen Bevölkerung die Konfessionsschule. Im zum großen Teil protestantischen Norden des Landes dachte die Mehrheit der Bevölkerung zeitgemäßer. Auch als ich den Vorschlag machte, die Bestimmung über das Schulwesen anders zu fassen, als dies in Stuttgart geschehen war, blieb die Mehrheitspartei bei ihrer Haltung. Ein anderer Grund für das Verhalten der CDU war, daß man im Süden glaubte, die im Lande herrschenden spezifischen Vorstellungen würden es eher erlauben, zu einer Verfassung zu kommen, in der der Staat als Stück göttlicher Schöpfungsordnung erkannt wird – woraus sich gewisse Regelungen würden ableiten lassen –, als in Verbindung mit den Verfassungsmachern aus dem lutherischen Landesteil mit seinen großen Städten, denen der Staat Menschenwerk ist und Politik nicht ein Kapitel aus der Moraltheologie, sondern ein rational erkennbaren Gesetzen und Motiven gehorchender Bereich. Während der Beratungen der Verfassung kam es zu Kontroversen zwischen extrem klerikalen und restaurativen Rednern sowie solchen, die eher in den Kategorien der Zweckmäßigkeit und der Zeitbedingtheit dachten. Darüber hinaus legte die CDU des Landes entscheidenden Wert darauf, den Staatscharakter und die Eigenständigkeit Württemberg-Hohenzollerns zu betonen. Diesem Zweck sollte die Schaffung des Amtes eines Staatspräsidenten dienen – für ein Land mit etwas mehr als einer Million Einwohner! Daß man glaubte, eines herausgehobenen Staatspräsidenten zu bedürfen, während alle anderen Länder »lediglich Ministerpräsidenten« hatten, hatte seinen Grund wohl darin, daß die Schöpfer der Verfassung der Meinung waren, die künftige deutsche Verfassung solle nicht die eines Bundesstaates sein, sondern die eines Staatenbundes werden.

Mit der Verabschiedung der Verfassung war Württemberg-Hohenzollern auch im offiziellen Sprachgebrauch ein richtiger Staat geworden. Bei der Landtagswahl erreichte die CDU die absolute Mehrheit. Am 8. Juli 1947 wurde Rechtsanwalt Lorenz Bock aus Rottweil Staatspräsident. Ich wurde Justizminister und Stellvertretender

Staatspräsident; Viktor Renner wurde Innenminister; Albert Sauer Minister für Kultus, Erziehung und Kunst; Eberhard Wildermuth Minister für Wirtschaft; Franz Weiß Minister für Landwirtschaft und Ernährung, und Eugen Wirsching (CDU) übernahm das neugeschaffene Arbeitsministerium. Der Ministerrat in Stuttgart wollte an meiner Stellung als Verbindungsmann zwischen Tübingen und Stuttgart nichts ändern. Staatspräsident Lorenz Bock betraute mich mit der Aufgabe, ihn generell bei Verhandlungen mit den politischen Stellen außerhalb des Landes zu vertreten. Für die Militärregierung war ich nun offizieller Gesprächspartner nur noch, wenn Staatspräsident Bock verhindert war. Sonst war der Militärregierung meine Meinung im wesentlichen von Interesse, wenn ich als Mitglied der Sozialdemokratischen Partei sprach. Man kannte meine engen Beziehungen zu Kurt Schumacher, der inzwischen auch bei den Franzosen in seiner Bedeutung erkannt worden war.

Im Justizministerium entlastete Gebhard Müller mich bei der Arbeit. Auf Bitten des Staatspräsidenten führte ich die Besprechungen mit der Stuttgarter Regierung; ich informierte ihn über die Einzelheiten der Verhandlungen des Länderrates und des bedeutsamen Frankfurter Wirtschaftsrates. Ich vertrat ihn auch bei der gesamtdeutschen Ministerpräsidentenkonferenz in München. Am 4. August 1948 ist Lorenz Bock gestorben.

Als die Franzosen im Jahre 1948 die Demontage der Industrie des Landes rücksichtslos einleiteten und erklärten, sich auf die Einwendungen der Regierung nicht weiter einlassen zu wollen, erklärte ich als Stellvertretender Staatspräsident am 6. August 1948 den Rücktritt der Regierung. Zwei Tage später riefen die Gewerkschaften den Generalstreik aus. Am 13. August wählte der Landtag Dr. Gebhard Müller zum Staatspräsidenten. Er bat die zurückgetretenen Minister, die Geschäfte weiterzuführen, und nachdem eine neue Demontageliste von der Militärregierung vorgelegt wurde, bildete er ein neues Kabinett aus den Mitgliedern des alten. Nach meiner Wahl in den Bundestag im Herbst 1949 bat ich, mich mit Wirkung vom 30. April 1950 von den Amtsgeschäften des Justizministers und Stellvertretenden Staatspräsidenten zu entbinden.

DER OST-WEST-KONFLIKT UND
DIE DEUTSCHE FRAGE

Die Pariser Friedenskonferenz

Als der amerikanische Außenminister James Francis Byrnes im Herbst 1945 auf der ersten Sitzung des im Potsdamer Abkommen vorgesehenen Außenministerrats der Großen Vier einen Plan über die Zukunft Deutschlands zur Diskussion stellte, lehnten die Russen sein Projekt ab. Dies war der Augenblick, da die Sowjetunion die Gebiete im Osten Europas, die sie »befreit« hatte, sich in kommunistische Staaten verwandeln ließ und begann, die sowjetisch besetzte Zone Deutschlands offen zu einem Stück ihres »äußeren« Hoheitsgebietes zu machen. Damit war der Grund für den Kalten Krieg der nächsten beiden Jahrzehnte gelegt.

Bei den Sitzungen des Rates der Außenminister in Paris vom 29. Juli bis 15. Oktober 1946 wurde die deutsche Frage auf sowjetischen Wunsch ausgeklammert. Die am 10. Februar 1947 in Paris unterzeichneten Friedensverträge beschränkten sich auf die ehemaligen Verbündeten des Deutschen Reiches. Aufgrund dieser Vorgänge gewann die amerikanische Regierung die Überzeugung, daß der Zusammenschluß des in vier Besatzungszonen auseinandergerissenen Deutschland zu einem Staat auf der Basis freier Wahlen für lange Zeit ausgeschlossen bleiben werde. Um eine weitere Expansion der Sowjetmacht in Europa zu verhindern, werde es nötig sein, den noch nicht der Sowjetunion unterworfenen Teil Europas in die Lage zu versetzen, sich selber am Leben zu erhalten sowie Resteuropa in einem Verteidigungsbündnis zusammenzuschließen. Dazu werde man die drei Westzonen Deutschlands zu einer wirtschaftlichen Einheit vereinigen, auf jeden Fall aber die US-Zone und die Britische Zone wirtschaftlich zusammenkoppeln müssen. Das anzustrebende vorläufige Ziel sei, Voraussetzungen zu schaffen, die es erlaubten, Deutschland unter der Oberhoheit des Kontrollrats als wirtschaftliche Einheit durch deutsche Organe zu verwalten und die Zonenschranken insoweit zu beseitigen. Es sei nicht gut, die Deutschen weiterhin in Ungewißheit über das Schicksal ihres Landes zu lassen. Sie müßten bald die Bedingungen des Friedensvertrages kennenlernen, der ihnen auferlegt werden würde, zu denen sie sich aber vorher sollten äußern können, denn auch ein vom Sieger formulierter Vertrag bedürfe zu seiner völkerrechtlichen Geltung der formalen Zustimmung beider Teile. Zu diesem Zweck müßten sie in die Lage versetzt werden, eine gesamtdeutsche Regierung zu bilden, die diesen Vertrag mit den Alliierten rechtswirksam abschließen könnte. Ein aus den Ministerpräsidenten der Länder gebildeter Nationalrat sollte diese Regierung sein. Unter Vorbehalt der Befugnisse des Alliierten Kontrollrats werde er für die sachliche Erfüllung der Aufgaben einer zentralen Verwaltungsbehörde zuständig sein und alle Machtbefugnisse besitzen müssen, um die in den Potsdamer Beschlüssen geplante Verwaltung Deutschlands als einer Einheit sicherzustellen. Dieser Nationalrat sei weiter mit der Vorbereitung einer Bundesverfassung für Deutschland zu beauftragen. Es folgten Vorschläge für die Festlegung der künftigen Grenzen. Frankreich wurde der Beitritt zu der von den USA und Großbritannien vorgesehenen Vereinigung ihrer Zonen angeboten. Die USA würden für Frankreichs Anspruch auf das Saargebiet eintreten.

Das war in großen Zügen der Inhalt der Rede von Außenminister Byrnes vom 6. September 1946 in Stuttgart, bei der zum erstenmal anläßlich der offiziellen Verkündung alliierter Regierungspolitik auch Deutsche anwesend waren. In der Französischen Zone wurden diese Absichten nicht bekannt; wir sollten sie wohl auch nicht zur Kenntnis bekommen. Obwohl Tübingen nur dreißig Kilometer von Stuttgart entfernt liegt, erfuhren wir erst später und nur bruchstückweise von diesen Vorgängen. Meine französischen Gesprächspartner behandelten Byrnes' Rede als »tabu« und wiesen darauf hin, daß man amerikanische Projekte nicht allzu ernst nehmen dürfe ... »Die Sowjetunion wird da nicht mitmachen, wodurch für sich allein schon die amerikanischen Absichten gegenstandslos bleiben ... Im übrigen ist es viel zu früh, sich Gedanken über Deutschlands Zukunft zu machen.« Theoretisch nahm die französische Regierung das Angebot, die Westzonen zu vereinigen, an – doch blieb ihre Zustimmung nicht mehr als ein Stück Papier. Die Französische Zone stand nach wie vor für sich. Erst am 8. April 1949, kurz vor Inkrafttreten des Grundgesetzes für die Bundesrepublik, trat Frankreich der Bizone bei, die damit zur Trizone wurde.

Anfänge einer bizonalen Verwaltung

Im Oktober 1946 einigten sich die Amerikaner und die Briten über die Einrichtung von fünf Zentralstellen, durch die auf den Verwaltungsgebieten Wirtschaft, Ernährung und Landwirtschaft, Verkehr, Finanzen, Post- und Fernmeldewesen die administrative Verantwortung in deutsche Hand gelegt werden sollte. Eine zentrale Koordinationsstelle war nicht geplant. Die einzelnen Zentralstellen hatten ihre Sitze in fünf verschiedenen Städten. Vielfach administrierten sie gegeneinander, die Beziehungen zu den korrespondierenden Organen der Militärregierungen waren chaotisch. Offensichtlich konnte es so nicht weitergehen. So wurden denn die Ministerpräsidenten der US-Zone und der Britischen Zone bei ihren Militärregierungen vorstellig und schlugen die Schaffung einer zentralen Zonenexekutive vor, die von einem Zonenparlament zu kontrollieren sei. Im Dezember 1946 schlossen Amerikaner und Briten das Doppelzonenabkommen, das mit Wirkung vom 1. Januar 1947 die beiden Zonen zu einem einheitlichen Wirtschaftsgebiet mit einheitlichem Lebensstandard zusammenfügte. Die Amerikaner jedoch wollten dabei unter keinen Umständen einen Aufbau deutscher Verwaltung zulassen, in der sich »zentralistische Präsenz« entwickeln könnte. Erst als im Frühjahr 1947 die Außenministerkonferenz in Moskau gescheitert war, nahmen die amerikanische und britische Militärregierung die Vorschläge der Ministerpräsidenten auf. Man bildete einen Exekutivausschuß, der die bestehenden Verwaltungsräte koordinieren sollte; diese sollten Direktoren unterstellt werden, die dem »Wirtschaftsrat« verantwortlich sein würden, einer Art von Parlament, dessen Mitglieder jeweils von den Landtagen der Länder beider Zonen zu wählen waren.

Mit diesen neuen Organen war ich von Amts wegen nicht befaßt, aber ich nahm so oft wie möglich an den Sitzungen ihrer Gremien teil, um ein zuverlässigeres Bild von den Absichten der Alliierten zu gewinnen. Ich war überzeugt, daß es früher zu zonenübergreifenden Regelungen kommen würde, als uns die Franzosen glauben machen wollten und als ich einst für wahrscheinlich gehalten hatte.

Im Osten deutete alles darauf hin, daß die Russen entschlossen waren, ihren Machtbereich auszudehnen. Die Westalliierten würden wohl diesem Bestreben militärisch Paroli bieten können, doch eine auf die Dauer wirksame Abwehr setzte voraus, daß man den Deutschen die Möglichkeit ließ, sich als eigenständige politische Kraft zu fühlen. Das war in einem Zonendeutschland nicht möglich. Wenn die Westalliierten ihre Interessen ohne Illusionen überdachten, würden sie – die Angelsachsen insbesondere – begreifen, daß es zu einem einheitlichen Deutschland kommen mußte. Wir Deutschen hatten uns zu überlegen, welche politische Haltung den Vorstellungen der Sieger gegenüber am vorteilhaftesten einzunehmen wäre.

Hier war zunächst die Problematik eines Friedensvertrages zu erwägen. So verlockend es auch scheinen mochte, so bald wie möglich in den Genuß eines Friedenszustandes zu kommen, so sehr erschien es mir notwendig, dieser Versuchung zu diesem Zeitpunkt zu widerstehen. Käme es jetzt zu einem solchen Vertrag, bedeutete das mit Sicherheit die jahrzehntelange Festschreibung der bisherigen alliierten Vorstellungen über die Ausschaltung Deutschlands als politischen Faktor, die Zerstörung oder Dämpfung seines wirtschaftlichen Potentials, die politische Auflockerung des Staatsverbandes, ein ganzes Bukett von »Internationalisierungen« deutscher Lebensinteressen und eine Pyramide lähmender Kontrollen. Von da aus würde es lange kein Zurück zu einem lebensfähigen Deutschland geben – von den territorialen Amputationen ganz zu schweigen, die in den Kriegszielen einiger Siegerstaaten vorgesehen waren.

Ich war sicher, daß sich in der Welt immer wieder Dinge ereignen konnten, die langsam, aber unweigerlich den Alliierten begreiflich machen würden, wie sehr es in ihrem eigenen Interesse liegen mußte, daß die Deutschen selber wollen konnten, was ihnen als Friedenszustand zugedacht werden sollte. Bis es so weit war, mußte man sie die Last, für Deutschland politisch verantwortlich zu sein, allein tragen lassen, bei allen Nachteilen, die dies, von der Wohlfahrt des Landes aus gesehen, für uns haben konnte. Sie hatten den totalen Sieg gewollt, nun sollten sie dessen Korrelat, die totale Verantwortung, tragen.

Das Grundziel einer jeden deutschen Politik mußte sein, das ganze Land in eine Verfassung zu bringen, in der das Volk gemäß seiner eigenen Vorstellungen die vielfältigen Inhalte und Formen seiner Existenz würde selbst bestimmen können. Dies würde nicht allein durch die Kraft unserer Wünsche und unseres Glaubens an die Unteilbarkeit Deutschlands geschaffen werden können; ein gesamtdeutsches Plebiszit war nur möglich, wenn die vier Besatzungsmächte es zuließen. Gesamtdeutsche Politik bedeutete also, sich den Besatzungsmächten gegenüber so zu verhalten, daß allen vier ein wiedervereinigtes Deutschland für ihre eigenen Interessen weitaus günstiger erscheinen konnte als ein gespaltenes. Vorläufig war dieses Denkbild der Quadratur des Zirkels zu vergleichen, vor allem in Anbetracht des Umstandes, daß die Sowjetunion, aufgrund der Bewertung der für sie in der damaligen weltpolitischen Lage existierenden Chancen und Gefährdungen, dieses Plebiszit auf lange Zeit nicht gestatten würde – obwohl Moskau erklärte, man wolle ein einheitliches Deutschland zum Nachbarn haben. Stalins Wort »Die Hitler kommen und gehen, das deutsche Volk aber bleibt bestehen« galt zwar noch. Das Deutschland, mit dem die Russen benachbart sein wollten, hatte jedoch den sowjetischen Vorstellungen von dem, was als »friedliebender Staat« zu gelten hat, zu entsprechen. Nur ein kommunistisches oder ein volksdemokratisches Deutschland, dessen Potentiale dem Sowjetblock zuwüchsen, würde als solches gelten. Ein sich so begreifendes Deutschland konnte aber von den USA nicht hingenommen werden, solange es nicht zu einem Einverständnis der beiden Großmächte über die Aufteilung der Welt gekommen war. Dieses Einverständnis schien mir wenig Wahrscheinlichkeit für sich zu haben. So mußte also für Deutschland, das Land in Europas Mitte, ein Status gefunden werden, der bei keinem seiner Nachbarn Beunruhigung auslösen konnte. Wie aber, wenn einer der Großen Vier nicht nur Ruhe vor Deutschland haben wollte, sondern Deutschland als einen Faktor seiner eigenen politischen Machtentfaltung sah?

Deutsche Politik würde auf jeden Fall eine Politik sein müssen, die auf dem Wege zum Ziel viele Etappen ins Auge faßte, eine Politik, bei der zunächst Vorfelder aufgeräumt und ausgeräumt werden mußten, ehe der Kern des Problems angegangen werden konnte. Daß dies nicht ohne Opfer möglich sein würde, war mir klar, aber klar war mir auch, daß Opfer sich verboten, die den Deutschen den Glauben an die allseitige Bereitschaft, das Ethos der demokratischen Postulate ernst zu nehmen, rauben könnten. Mußten wir nicht alle in Teufels Küche geraten, wenn dieses Ethos durch das Verhalten derer unglaubwürdig werden sollte, die den Krieg gegen Hitler-Deutschland geführt hatten, damit die Freiheit und die Menschenrechte allen Völkern, allen Menschen zugute kommen können?

Die Besatzungsherrschaft wurde auch in den drei Westzonen nicht nur dem Grunde ihrer Entstehung nach als totalitäre Herrschaft der Sieger über die Bevölkerung der besetzten Gebiete Deutschlands ausgeübt, sondern obendrein ohne beide Teile verpflichtende rechtsstaatliche Verfahrensnormen für die konkrete Ausübung dieser totalen Gewalt. Im besten Fall standen die Deutschen einer patriarchalisch, je nach den Charaktereigenschaften des Handelnden mehr oder weniger human ausgeübten Allgewalt gegenüber; im schlimmsten Fall der Willkür, die nach Laune geübt wurde oder nach der Auffassung, die der Mann in Uniform von der Staatsräson hatte, der er dienstbar sein wollte.

Mir schien dieser Zustand unwürdig zu sein, unwürdig der Staaten, die mit Recht stolz darauf waren, seit Jahrhunderten ihren Bürgern den Rechtsstaat und in dessen Schutz den Individuen ein Leben in Freiheit verbürgt zu haben. Ich konnte nicht einsehen, wieso nicht auch bei einer »occupatio bellica« rechtsstaatliche Prinzipien für die Gestaltung der Beziehungen zwischen den Okkupanten und der Bevölkerung des besetzten Landes Geltung finden sollten.

Im Verhältnis der Sieger zur deutschen Bevölkerung konnten die Normen hierfür nicht auf Vereinbarungen gegründet werden, denn es gab auf deutscher Seite infolge der bedingungslosen Kapitulation der Wehrmacht hierfür zunächst keinen möglichen Verhandlungspartner für die Besatzungsmächte. Die rechtliche Normierung konnte nur im Wege der Selbstbeschränkung der Alliierten erfolgen, wie zur Zeit der ersten oktroyierten Verfassungen die Beschränkung der absoluten Gewalt des Fürsten durch diesen selbst geschah. Ich meinte, wir Deutschen – ob nun Landesregierungen, Parteien, Kirchen oder Gewerkschaften – sollten die Alliierten drängen, ein Besatzungsstatut zu erlassen, sei es ein für alle Zonen geltendes, sei es je eines für jede Besatzungszone.

Mit einem solchen Besatzungsstatut würde es möglich sein, einigermaßen rechtsstaatlich, das heißt in geordneten Verhältnissen und mit berechenbaren Chancen zu leben, bis die Zeit gekommen war, den Kriegszustand durch einen Friedensvertrag abzulösen, durch den wir Deutschen wieder in die Lage versetzt werden würden, unsere Lebensordnungen nach unseren Vorstellungen von Recht und Menschenwürde zu bestimmen.

Ich habe in jener Zeit – unterstützt von Dr. Gustav von Schmoller – eine Reihe von Entwürfen angefertigt und gelegentlich mit Angehörigen der drei Militärregierungen besprochen, ohne dabei auf Gegenliebe zu stoßen. Besatzungsherrschaft entziehe sich »per definitionem« rechtsstaatlicher Normierung im einzelnen, und obendrein gebe es für den Kriegszustand schon jetzt eine Normierung durch das Völkerrecht: die Haager Landkriegsordnung von 1899 in der Fassung von 1907.

Meine Vorschläge gründeten auf folgenden Gedankengängen: Zunächst muß klargestellt werden, was der Besatzungszweck ist, nämlich die Sicherung und Unterhaltung der Besatzungstruppen, ohne Handel und Wandel der Bevölkerung lahmzulegen und die Entfaltung normaler Lebensverhältnisse zu ersticken; die Sicherung ausreichender Versorgung der Bevölkerung und eine Ordnung, die ihr ein Leben in garantierter Freiheit möglich macht; schließlich die Sicherung militärischer, wirtschaftlicher und moralischer Demilitarisierung und die Förderung alles dessen, was der Demokratisierung des deutschen Volkes dienen kann; ferner die Festlegung von Verfahrensvorschriften, an die sich beide Seiten zu halten haben, und schließlich ein Statut, das klare Vorschriften über die Kompetenzen der einzelnen Besatzungsorgane enthält.

Das Besatzungsstatut sollte nicht Politik ersetzen und nichts für die Zukunft präjudizieren, sondern lediglich rechtsstaatliches Denken in die Ordnung der Beziehungen zwischen Besatzung und Bevölkerung bringen. Ein Erfolg meiner Bemühungen trat erst ein, als mit den Londoner Dokumenten von 1948 die rechtsstaatliche Ordnung Westdeutschlands in Gang gesetzt wurde. Das Besatzungsregime in den Westzonen erlosch am 9. Juli 1951 mit der formalen Beendigung des Kriegszustandes.

Bei meinen Besuchen beim Parteivorstand in Hannover und in meinen Gesprächen in Stuttgart, Frankfurt, München bekam ich allmählich ein Bild dessen, was in der Sowjetischen Besatzungszone geschehen war und deren Bevölkerung noch bevorstand. Die sowjetische Militäradministration und deren »Quislinge« hatten die Bevölkerung in ein dichtes Netz gesellschaftlicher Gruppierungen eingespannt, die völlig in der Hand der kommunistischen Führerschaft waren. Zu ihnen gehörten die Gewerkschaften, die zu politischen Instrumenten der Staatsführung reduziert wurden, die kulturellen Organisationen, die demokratischen Frauenbünde, die Jugendverbände, die Organisationen der Antifaschistischen Bewegung und so fort.

Das Ziel dieser »gesellschaftlichen« Gruppen und ihrer russischen Drahtzieher war, auch in Westdeutschland heimisch zu werden und dort eine Volksfrontsituation zu schaffen, in der die in einer »Nationalen Front« zusammengeschlossenen Verbände und Gruppen für die Blockpolitik der kommunistischen Führung dienstbar gemacht werden konnten. Alles stand unter der Parole antifaschistischer demokratischer Einheit, die allein in der Lage sei, die »Einheit der Nation« zu schaffen und zu sichern, wie das in einer Massenkundgebung in Berlin am 30. Januar 1946 verkündet worden war. »An nationaler Gesinnung und Betätigung lassen sich die Kommunisten von keiner anderen Partei übertreffen«, ließ sich Wilhelm Pieck, der spätere erste Präsident der DDR, damals vernehmen.

Das Bestreben all dieser Gruppen war die Herstellung der Einheit Deutschlands auf der Basis des Potsdamer Abkommens, das heißt unter Anerkennung von Gebietsabtretungen an die Sowjetunion und an Polen; die Beseitigung der letzten Spuren des Nazismus, das hieß praktisch die Ausschaltung des Bürgertums auf dem Wege »politischer Säuberung«; politische Einheit vor der Wirtschaftseinheit, also Fortdauer des kommunistischen Regimes zunächst in der sowjetisch besetzten Zone und dann dessen Übertragung auf Deutschland; lange währende Viermächtekontrolle, also permanentes Vetorecht vor allem der Sowjetunion, die sich einen längeren Atem zutraute als die westlichen Besatzungsmächte; und insbesondere die Kraft, mit Hilfe der Parole »Einheit der Arbeiterklasse« und »Alle Macht den Arbeitern und Bauern« in einem verelendeten Deutschland die Massen auf die Seite des »Fortschritts« zu bringen.

Wer sich darauf einließ, die Einheit Deutschlands zusammen mit den Vertretern dieses Regimes anzustreben, mußte bereit sein, ein Deutschland zu wollen, wie es sich die Sowjetunion und ihre deutschen Satelliten vorstellten. Daß die Ostzonen-CDU, die Ostzonen-Liberalen und die Nationaldemokraten dabei nichts zu bestellen haben würden, war bisher schon im Bereich der innerzonalen Angelegenheiten deutlich geworden. Daran hätten auch so rechtschaffene Leute wie Jakob Kaiser nichts ändern können.

Für einen, der ein freies, demokratisches Deutschland anstrebte, in dem nicht die Allmacht des Staates oder eine Parteihierarchie herrscht, sondern die Bürger von sich aus und nicht als eingepferchte Jasager ihre Lebensordnungen selbst frei bestimmen und den Schutz klar umrissener Rechte auch gegenüber der Staatsräson genießen, gab es keine Möglichkeit, zusammen mit den Repräsentanten jener Gegenwelt die Verfassung Deutschlands zu bauen! Freilich hielt ich durchaus für möglich, mit Vertretern jenes Regimes, das das Schicksal unserer Landsleute in Händen hielt, Vereinbarungen zu treffen, die es erlauben konnten, hüben wie drüben den Menschen das Leben zu erleichtern.

Die Münchner Ministerpräsidentenkonferenz vom Juni 1947

Verhältnismäßig früh schon unternahmen wichtige Persönlichkeiten aus allen politischen Lagern der drei westlichen Besatzungszonen den Versuch, die Ministerpräsidenten der deutschen Länder aller Zonen zu einem gemeinsamen Gespräch am runden Tisch zu versammeln. Keiner dieser Versuche hatte Erfolg, auch nicht jener, den Bürgermeister Wilhelm Kaisen unternahm, am 4. und 5. Oktober 1946 die Ministerpräsidenten in Bremen zu versammeln. Die Ministerpräsidenten der sowjetisch besetzten Zone entschuldigten sich; den Länderchefs der Französischen Zone verbot die Militärregierung die Teilnahme. So kam es nur zu einer Rumpfkonferenz, die einen vorläufigen Länderrat zur Beratung des Kontrollrats vorschlug; er bestand aus den Regierungschefs. Die Mitwirkung der Parteien war nicht vorgesehen.

Im Frühsommer 1947 trat der bayerische Ministerpräsident Hans Ehard auf den Plan. Ich hatte ihn bei den Besprechungen im Stuttgarter Länderrat als einen deutschen und bayerischen Patrioten kennengelernt, einen entschiedenen Föderalisten, der der Überzeugung war, Deutschland könne nur über die Länder wiedererstehen. Er lud die Ministerpräsidenten aller Zonen für den 5./7. Juni nach München ein.

Die Militärregierung in Baden-Baden war von der Einladung wenig erbaut. Die Sache erschien ihr hoch politisch, und so überließ sie die Entscheidung dem Quai d'Orsay. Dort ließ man sich drei Wochen Zeit. Dann teilte der Sprecher des Außenministeriums mit, der Chef der französischen Besatzungstruppen habe die Ministerpräsidenten der Französischen Zone ermächtigt, der Einladung zu folgen.

Am 1. Juni 1947 hatte in Frankfurt eine Sitzung des Vorstandes der Sozialdemokratischen Partei stattgefunden, auf der Kurt Schumacher die These vertrat, daß nichts getan werden dürfe, was als Anerkennung demokratischer Legitimität des Zonenregimes ausgelegt werden könne. Verhandlungen mit der SED über die Schaffung einer deutschen Zentralverwaltung und Vereinbarungen der Ministerpräsidenten, die eine Teilnahme der SED bei der Schaffung dieser Verwaltung vorsähen, könnten aber als demokratische Legitimierung des Ostzonenregimes ausgelegt werden. In keinem Fall dürfe sich die Ministerpräsidentenkonferenz als nationale Repräsentation betrachten – diese Funktion komme nur den politischen Parteien zu. Am liebsten wäre es ihm, wenn die Konferenz nicht stattfände. Fasse die Konferenz aber Vereinbarungen über praktische Maßnahmen ins Auge, die zur Verbesserung der Lage der Bevölkerung in ganz Deutschland führen könnten, solle ihm die Konferenz recht sein. Keineswegs aber dürfe es zu politischen Entscheidungen kommen. (Diesen Standpunkt hatte er schon am 31. Mai in einer Rundfunkrede vertreten.)

Ich hatte keine Illusionen: Die Unterhändler der Sowjetzone würden die Annahme ihrer volksdemokratischen Rezepte zur Bedingung einer jeden »gesamtdeutschen« Einigung machen. Und diese Rezepte schienen mir nach den Erfahrungen, die man in der Ostzone gemacht hatte, nicht annehmbar zu sein. Ich war von vornherein entschlossen, mich dagegenzustellen, nicht, weil ich mich durch ein Veto der französischen Militärregierung gebunden gefühlt hätte, sondern weil ich Verhandlungen allein unter den Ministerpräsidenten der Länder über das Thema »Herstellung der deutschen Einheit« zu diesem Zeitpunkt und in Anbetracht der Absichten der Sowjetmacht für Augenauswischerei hielt.

Mir schien es politisch richtiger zu sein, den guten Willen der ostzonalen Vertreter auf die Probe zu stellen und sie aufzufordern, mit uns darüber zu verhandeln, wie der Austausch von Wirtschaftsgütern über die Zonengrenzen hinweg gefördert und durch gegenseitige Tauschgeschäfte die Ernährungslage in allen Zonen verbessert werden könnten, vor allem aber, ob sie bereit seien, die politischen Parteien der Westzonen auch in ihrer Zone zuzulassen. Ich hoffte, auf der Ministerpräsidentenkonferenz auch meine Vorstellungen über die Notwendigkeit eines Besatzungsstatuts darlegen zu können.

Bei der Besprechung der westdeutschen Konferenzteilnehmer, die am 5./6. Juni in München stattfand, wurde ein Tagesordnungsentwurf vereinbart. Erst hier wurde mir der Wortlaut des von den ostzonalen Regierungschefs vorgesehenen ersten Tagesordnungspunktes bekannt: »Bildung einer deutschen Zentralverwaltung durch Verständigung der demokratischen deutschen Parteien und Gewerkschaften zur Schaffung eines deutschen Einheitsstaates«. Mir war die Doppelbödigkeit dieser Formel bewußt. Die in der Zone geübte Praxis der SED hatte mich gelehrt, daß diese unter »Verständigung der deutschen Parteien« eine paritätische Organisation verstand, bei der auf der einen Seite die Parteien der Westzonen und auf der anderen die der Ostzone gestanden hätten; damit wäre es der SED jederzeit möglich gewesen, jegliche Initiative und jeden Vorschlag der westlichen demokratischen Parteien, die ihr nicht paßten, zu Fall zu bringen. Mir war klar, daß ich nicht nur dem Antrag, sondern auch seiner Behandlung nicht zustimmen konnte. Hätte man die Behandlung zugelassen, also den Vorschlag samt seinen Implikationen für erwägenswert gehalten, würde man den Kommunisten zumindest einen Achtungserfolg zugestanden haben.

Nachdem ich meinen Befürchtungen Ausdruck verliehen hatte, schlug Ministerpräsident Ehard eine gemeinsame Besprechung der Regierungschefs vor, die der SPD angehörten. Frau Louise Schroeder, die den Senat von Berlin vertrat, meinte, man solle das Begehren nicht a limine ablehnen, an uns Sozialdemokraten dürfe die Konferenz nicht scheitern ... Doch wurden sich schließlich alle Ministerpräsidenten einig, die Behandlung dieses Tagesordnungspunktes des Ostzonenregimes zu verweigern.

Zum gemeinsamen Abendessen aller Konferenzteilnehmer im Hotel »Bayerischer Hof« erschienen die Regierungschefs der Zone mit zweistündiger Verspätung. Sie hatten die Tischreden Ministerpräsident Ehards, Louise Schroeders und die meine nicht gehört, die allen Anwesenden zu Herzen gingen. Ministerpräsident Paul aus Thüringen, der Führer der Delegation, ergriff sofort das Wort. Seine offensichtlich auf Provokation angelegte Rede machte deutlich, was er sich und seinen Auftraggebern schuldig zu sein glaubte.

Nach dem Essen begannen die Verhandlungen über die Tagesordnung. Willi Höcker, Ministerpräsident von Mecklenburg, verlangte ein politisches Gespräch über den ersten Tagesordnungspunkt, wie es von ihm und seinen Kollegen aus der Ostzone vorgeschlagen worden war. Die Sprecher der Westzonen versuchten ihre Auffassungen zu erklären, warum unter den gegebenen Umständen eine Diskussion über diesen Punkt ohne rechten Sinn sei. Vermittlungsvorschläge

Louise Schroeders und Reinhold Maiers blieben erfolglos. Die Ministerpräsidenten der Ostzone verlangten alles oder nichts. Es zeigte sich, daß man in der Diskussion über Unverbindlichkeiten nicht hinauskam. Wenn nach der Konkretisierung des Allgemeinen gefragt wurde, stockte das Gespräch sofort. Ministerpräsident Ehard mußte Ministerpräsident Paul verschiedentlich bitten, sachliche und persönliche Schärfen zu unterlassen.

Nach langem unfruchtbarem Hin und Her zog sich Ministerpräsident Paul mit seinen Kollegen zu einer Besprechung in ein Nebenzimmer zurück. Ministerpräsident Ehard folgte ihnen, um ihnen gut zuzureden. Er kam mit wenig Hoffnung auf einen guten Fortgang der Gespräche zurück. In der Tat ließen eine Stunde später die Ministerpräsidenten aus der Sowjetzone durch Dr. Steinhoff, den Ministerpräsidenten von Brandenburg, erklären, daß sie sich außerstande fühlten, die Verhandlungen fortzusetzen.

Ministerpräsident Ehard verwahrte sich gegen die Unterstellung, die Einberufung der Konferenz sei mit vorgefaßten Meinungen erfolgt. Die Motive aller Ministerpräsidenten Westdeutschlands seien sachlich und weder polemisch noch ideologisch gewesen. Er hoffe, daß die Herren aus der Sowjetzone ihren Entschluß ändern werden, sonst stehe die Welt vor einem tristen Beispiel deutscher Zwietracht. Es war vergebens wie auch der Versuch Frau Schroeders, Frieden zu stiften. Die Delegation aus der sowjetisch besetzten Zone reiste ab.

»Das bedeutet die Spaltung Deutschlands«, sagte Ministerpräsident Ehard, und Ministerpräsident Lüdemann aus Schleswig-Holstein fügte hinzu: »Das war von vornherein bis ins einzelne abgekartet.«

Am folgenden Tag besprachen wir Zurückgebliebenen eingehend das Geschehene. Wir bestätigten uns gegenseitig, ein jeder habe sich so verhalten, wie sein politisches Urteil es ihm gebot. Später war zu hören, daß einer der Herren aus dem Osten sich noch in seinem Hotel bereitgehalten habe, um die Beziehungen nicht völlig abbrechen zu lassen . . . Ich habe nichts dergleichen wahrgenommen.

Mit meinem Zimmernachbarn Hinrich Wilhelm Kopf, dem Ministerpräsidenten von Niedersachsen, hatte ich am späten Abend noch ein langes Gespräch über die Partei und das neue politische Bewußtsein, das sie gewinnen müsse. Er bat mich, ihn bei dem Entwurf einer Verfassung

für Niedersachsen zu beraten. Die sich daraus ergebenden Besprechungen in Hannover führten zu einer lebenslangen Freundschaft.

In jener Nacht bat er mich um einen persönlichen Rat: Er habe als
Regierungschef über zwei Gnadengesuche zu entscheiden – zwei
scheußliche Morde. Ich sagte ihm, daß ich in keinem Fall in meinem
Land ein Todesurteil vollstrecken lassen würde. In Deutschland sei
soviel Blut von Henkershand vergossen worden, daß wir damit
aufhören sollten, »von Rechtes wegen« Menschen vom Leben zum
Tode zu bringen. Solange er zu bestimmen habe, werde auch in
Niedersachsen kein Haupt mehr fallen, war seine Antwort.

Die Beratungen unter den westdeutschen Regierungschefs wurden
fortgesetzt. Die Tagesordnung enthielt noch folgende unerledigte
Punkte: 2. Die deutsche Ernährungsnot; 3. Die deutsche Wirtschafts-
not; 4.Die deutsche Flüchtlingsnot; 5. Probleme des Besatzungsrechts. Für jeden dieser Tagesordnungspunkte war eine Kommission
eingesetzt worden; zum Thema »Besatzungsrecht« hatte man mich
zum Berichterstatter bestellt.

Der Leiter des bizonalen Ernährungsamtes berichtete über Punkt
zwei; der nordrhein-westfälische Landwirtschaftsminister Dr. Heinrich Lübke – der spätere Bundespräsident – und Frau Louise
Schroeder sprachen über die Notlage in ihren Ländern. Weil niemand
über die Lage in der Französischen Zone gesprochen hatte, meldete
ich mich zu Wort und berichtete über den dortigen Zustand der
Ernährungslage, vor allem über den Umfang der Entnahmen der
französischen Militärregierung, der weit über die Bedürfnisse der
Besatzungstruppen hinausgehe. Mein Kollege Leo Wohleb war
sichtlich konsterniert und prophezeite mir Unheil; Ministerpräsident
Ehard schien ebenfalls betreten.

Im weiteren Verlauf hielt ich mein Referat über die Notwendigkeit
eines Besatzungsstatuts, das die meisten meiner Kollegen für begrü-
ßenswert, aber doch wohl für eine Illusion glaubten halten zu
müssen.

Es wurde eine Reihe von Erklärungen verabschiedet, die besagten,
es widerspreche dem Völkerrecht, einem demokratischen Deutschland Frieden und ausreichende Lebensmöglichkeiten zu versagen.
Darum müsse die deutsche Frage unverzüglich gelöst werden. Die

Ministerpräsidenten würden dem Kontrollrat von ihnen ausgearbeitete Vorschläge überreichen, in denen die Möglichkeiten, Deutschland auf demokratischem Wege aufzubauen, dargestellt würden. Das Kernstück sei die Forderung freier Wahlen in ganz Deutschland. Ferner erhoben die Ministerpräsidenten eine Reihe von Forderungen wirtschaftlicher Art, vor allem zur Regelung der Geld- und Währungsfrage. Eine Entschließung zeigte ihre Entschlossenheit, das Flüchtlingsproblem in menschenwürdiger Weise zu lösen. Sie schlugen vor, ein Besatzungsstatut zu verkünden, und baten anschließend, bei der Entnazifizierung gegen Mitläufer keine Beschäftigungsverbote auszusprechen. Außerdem forderten sie die Einrichtung einer Zentralstelle zur Bearbeitung des Kriegsgefangenenproblems. Sie schlossen mit dem feierlichen Aufruf an die deutschen Emigranten, zurückzukehren und zu helfen, ein besseres Deutschland aufzubauen.

An der Pressekonferenz am folgenden Tage nahmen viele hervorragende Journalisten der ausländischen Presse teil. Sie hatten erfahren, daß wegen meiner Darlegungen der französischen Maßnahmen vor der Konferenz ein hoher Beamter aus Paris nach München gekommen war und mir den Befehl übermittelt hatte, ihm sofort nach Paris zu folgen. Sie fragten mich, was ich nun tun werde. Würde ich versuchen, mich der offenbar drohenden Verhaftung zu entziehen? Ich antwortete, München sei US-Besatzungsgebiet, französische Stellen könnten hier also keine Amtshandlungen vornehmen. Nach Abschluß der Münchner Verhandlungen wolle ich nach Tübingen zurückkehren und dort abwarten, was man mit mir vorhabe. Die Franzosen wüßten, was sich gehört; schlimmstenfalls würden sie mir mein Amt absprechen und mich vor ein Gericht stellen. Aber nach welchem Gesetz könnte mich ein Gericht schon verurteilen?!

Ein Journalist aus den USA, der mir zurief: »Wenn man Ihnen etwas tut – wir werden Lärm schlagen!« fand die einmütige Zustimmung seiner Kollegen. Außerhalb der offiziellen Pressekonferenz befragte man mich über Einzelheiten der Ernährungslage in der Französischen Zone und des Verhaltens der Franzosen im Saargebiet. Soweit ich das konnte, gab ich Auskunft – unter Vermeidung jedes Wortes, das hätte provokativ wirken können. Durch diese Pressekonferenz war für die internationale Presse zum erstenmal die Französi-

sche Zone interessant geworden, von der sie bis dahin nur wenig
Notiz genommen hatte, wie es übrigens auch die deutschen Zeitungen in der Britischen und Amerikanischen Zone bisher zu halten
pflegten. »Der seidene Vorhang im Westen . . .«

Der Beamte aus Paris ging nach der Pressekonferenz mit mir in den
Englischen Garten, wo wir uns zwei Stunden lang eingehend
unterhielten. Am Ende des Gesprächs sagte er: »Ich hätte an Ihrer
Stelle genauso gehandelt. Ich spreche Ihnen meine Achtung aus und
werde entsprechend in Paris berichten.«

Mit dieser Münchner Konferenz wurde ich für die deutsche
Öffentlichkeit eine politische Figur, der über das kleine Land
Württemberg-Hohenzollern hinaus Bedeutung zukam.

Mitglied des Parteivorstandes

Vom 29. Juni bis zum 2. Juli 1947 sollte in Nürnberg der zweite
Parteitag der Sozialdemokratischen Partei stattfinden. Punkt vier
seiner Tagesordnung lautete: »Der Aufbau der deutschen Republik.«
Bei Besprechungen mit Kurt Schumacher und dem als Referenten für
Verfassungsfragen vorgesehenen Innenminister Nordrhein-Westfalens, Walter Menzel, über ihre Vorstellungen wurde mir klar, daß
beide nur einen vagen Begriff von den Möglichkeiten hatten,
Deutschland eine Verfassung zu geben. Ihre Auffassungen deckten
sich weithin mit denen der SPD der Weimarer Zeit; man ergänzte sie
durch pazifistische und europäisierende Akzente. Für die Zeitspanne,
die bis zur Schaffung einer Friedensordnung noch verstreichen
mußte, sahen sie nicht viel vor. Ich wollte die Ausführungen Walter
Menzels im Sinne eigener Vorstellungen ergänzen.

Das Referat Walter Menzels befaßte sich hauptsächlich mit den
Grundproblemen der künftigen Verfassung einer deutschen Republik; sie sollte föderalistisch sein, ohne der bundesstaatlichen Zentralgewalt die Kompetenzen zu beschneiden, deren diese für die Vertretung nach außen und zur Herstellung einigermaßen identischer
Lebensverhältnisse im ganzen Gebiet der Republik bedurfte. Die
Republik sollte der Gewalt als eines Mittels der Politik abschwören

und sich nicht mehr als Nationalstaat im Sinne der klassischen Souveränitätstheorien betrachten, sondern »als Bestandteil des großen Europa«, das man sich als einen Staatenbund vorzustellen habe.

Ich leitete meine Ausführungen mit der Bemerkung ein, es sei notwendig, jetzt schon deutlich zu machen, daß die Verfassung Deutschlands dem deutschen Volke nicht von den Besatzungsmächten oktroyiert werden könne, sondern daß ausschließlich eine deutsche Nationalversammlung zu bestimmen haben werde, wie Deutschland zu konstituieren sei. Wie diese Verfassung aussehen werde, könnten wir heute noch nicht sagen; doch könnten wir uns heute schon für bestimmte Grundsätze erklären, die das Leben der Menschen in dieser Republik regieren sollten. Es solle soviel Föderalismus geben wie möglich ist, ohne daß die Interessen des Gesamtvolkes gefährdet werden, und nur soviel Zentralismus, wie Deutschland brauche, um als Demokratie bestehen und sich als gesunder Staat einrichten zu können. Die Länder dürften nicht Selbstzweck sein; die Interessen des Ganzen hätten immer denen der Glieder vorauszugehen. Insoweit die Länder heute von den Besatzungsmächten und nach deren Bedürfnissen geschaffene Zufallsgebilde seien, seien sie neu zu formen, damit vom Willen des Gesamtvolkes her leistungsfähige organische Einheiten entstehen könnten. Die Besatzungsmächte sollten nicht versuchen, einen Föderalismus für uns vorzusehen, der in erster Linie der Schwächung deutscher Staatsgewalt dienen sollte; der Friede Europas werde nicht durch Föderalisierung Deutschlands gewährleistet, sondern durch dessen Demokratisierung. Die Entscheidung der Deutschen für Gewaltverzicht in der Politik dürfe nicht begriffen werden als ein zeitbedingter opportunistischer Verzicht, weil uns »die Trauben zu sauer geworden« seien, sondern als eine wirksame Waffe im Ringen um unsere Freiheit.

Sicher würden wir uns noch eine Weile mit Notdächern begnügen müssen, unter denen wir für die Zeit Unterschlupf suchen müßten, in der uns das volle Recht auf Eigenstaatlichkeit noch verweigert wird. Doch wir sollten nicht vergessen, daß wir heute schon unter einer Verfassung lebten, einer sehr merkwürdigen, die aus zwei Artikeln bestehe. Artikel eins: Die Staatsgewalt in Deutschland geht nicht vom deutschen Volke, sondern von den Besatzungsmächten aus. Sie sind dabei absolut und nur an Beschränkungen gebunden, die sie sich selbst auferlegen wollen. Artikel zwei: Die Besatzungsmächte können gewisse Befugnisse an deutsche Stellen übertragen, die ihrer Kontrolle unterstehen, und diese Kontrolle kann auftrennen, was je und je von den Länderregierungen und den Zonenorganen gewoben wird. Das sei die wirkliche Verfassung, unter der wir lebten. Solange es keine vom deutschen Volk gewollte Verfassung gebe, müsse die heutige, auf dem Willkürrecht des Siegers beruhende »Kriegsverfassung« in ein rechtsstaatliche Verhältnisse ermöglichendes Besatzungsstatut umgewandelt werden. In einem Besatzungsregime verschränkten sich zwei Rechtsordnungen und zwei Hoheiten ineinander; wenn dieses Verhältnis nicht rechtlich verfaßt wird, werde im Konfliktfall das Recht des Stärkeren immer die Rechte des Schwächeren gegenstandslos machen. Wenn morgen durch die Deutschen ein deutscher Rechtsstaat geschaffen werden solle, müßten wir heute darauf drängen, daß aus dem Recht der Besatzungsmächte, zu beschließen, was in Deutschland geschehen darf, die Möglichkeit willkürlichen Handelns getilgt werde. Die Delegierten gaben ihrer Zustimmung zu meinen Vorstellungen und Vorschlägen dadurch Ausdruck, daß sie bei der Vorstandswahl Fritz Henssler und mir die höchste Stimmenzahl gaben, 335 von 344 möglichen Stimmen.

Ich sollte dem Ausschuß angehören, in dem die Vorstellungen der Partei über das künftige Verfassungsrecht für Deutschland beraten und entwickelt werden sollten. Diese Aufgabe und mein Sitz im Parteivorstand ließen mein Verhältnis zu Kurt Schumacher noch enger werden. Mir lag daran, sein Interesse für die Französische Zone zu verstärken. Was dort vor sich ging, war ihm lange fremd geblieben; die parteienfreundliche Britische Zone nahm sein Interesse weit mehr in Anspruch als die Zonen, deren Besatzungsmächte die Parteien hinter den etablierten Landesregierungen rangieren ließen. Das beste Mittel, sein Interesse zu steigern, schien mir ein Besuch in der Französischen Zone zu sein. Diesen zu ermöglichen, war, so lächerlich das heute erscheinen mag, damals ein politisches Problem, denn Kurt Schumacher durfte in der Französischen Zone nicht öffentlich auftreten und hätte auf jeden Fall einen Passierschein gebraucht, um dort einzureisen, und es war mir zweifelhaft, ob er ihn bekommen würde. So schlug ich ihm einen Handstreich vor: Ich würde ihn in meinem Wagen über die Demarkationslinie bringen, und einige Tage später wollte ich dies »meiner« Militärregierung mitteilen.

So wurde gehandelt. Kurt Schumacher saß in Baden-Baden in der zweiten Zuhörerreihe in einer öffentlichen Kundgebung, die ich im Kursaal abhielt. Drei Tage später berichtete ich Gouverneur Widmer von dem Besuch Kurt Schumachers. Nach einem langen Telefonat mit Paris schlug er mir vor, ihn mit Schumacher zusammenzubringen, und einige Tage darauf fand die Zusammenkunft in Tübingen statt. Kurt Schumacher machte auf die Franzosen einen starken Eindruck, und künftig konnte er, wann immer er wollte, in die Französische Zone reisen; auch meinen Reisen nach Hannover stand nun nichts mehr im Wege.

Das deutsche Problem und Europa

Bei meinen Überlegungen über die Zukunft Europas kam ich immer mehr zu der Überzeugung, wichtiger als einzelne Verfassungsartikel zu konzipieren, sei, sich ein Bild von den möglichen Voraussetzungen für das Zustandekommen eines gesamtdeutschen Staatsverbands zu machen. Dabei gelangte ich zu folgenden Erkenntnissen:

So sehr auch die Verfassung Deutschlands das Werk der Deutschen selbst sein muß, wenn es dabei demokratisch zugehen soll, so kann doch eine Nationalversammlung, die dieses Werk zu vollbringen haben wird, erst als letztes Glied einer langen Kette politischer Zwischenzustände zustande kommen. Auf lange Zeit hin wird Deutschlands Schicksal in den Händen der Besatzungsmächte liegen, die zumeist von der Wiederherstellung der politischen Einheit und Handlungsfähigkeit ganz Deutschlands Nachteile für sich befürchten. Ehe nicht alle vier Besatzungsmächte die Überzeugung gewonnen haben, daß ein wiedervereinigtes Deutschland ihnen keinen Nachteil bringen wird und auch keine Bedrohung ihrer Sicherheit darstellt, werden sie der Wiedervereinigung nicht zustimmen. Auf jeden Fall wird ihre Zustimmung mit Auflagen zu Lasten der politischen Freizügigkeit Deutschlands verbunden sein.

So gilt es denn, sich allen Staaten gegenüber so zu verhalten, daß ihre Befürchtung, ein wiedervereinigtes Deutschland könne ihnen gefährlich werden, schwindet und an die Stelle von Furcht ein Interesse an der Herstellung eines wiedervereinigten Deutschlands treten kann.

Damit rückte das deutsche Problem in das Geflecht des Koordinatensystems der Weltpolitik ein. Dieses schien mir dadurch gekennzeichnet, daß zwei Supermächte, die Vereinigten Staaten von Amerika und die Sowjetunion, jede für sich das Recht in Anspruch nahmen, einen beträchtlichen Teil der Erde in ihren Interessenbereich einzubeziehen, wobei jede von beiden sich bemühte, der anderen diesen Einflußbereich zu schmälern. Hierbei konnten die Staaten Europas eine bestimmende Rolle spielen – nicht in ihrem heutigen Zustand und ihrem heutigen Verhältnis zueinander, aber im Falle ihrer Einigung auf ein gemeinschaftliches politisches Konzept, das ihnen erlauben würde, als dritte Macht aufzutreten und damit, statt Objekt des Machtkampfes der Großen zu sein, bei der Gestaltung der Welt mitreden zu können. Diese dritte Macht sei nötig, meinte ich, um den Kalten Krieg der beiden Großen, der auch ein Krieg um Europa sei, nicht eines Tages zum Schießkrieg werden zu lassen. Darum müsse die Politik der europäischen Staaten darauf ausgehen, einen europäischen Bund – eher einen Bundesstaat als einen Staatenbund – zu schaffen, von dessen Gliedern keines mehr auf Alimentierung durch eine der beiden Supermächte angewiesen sei, deren Schicksal also keiner außereuropäischen Fremdbestimmung mehr unterliegen würde. Ein so begriffenes Europa könne manche Bedenken gegen die Wiederherstellung der Einheit Deutschlands gegenstandslos werden lassen.

Damit aber dieser europäische Einigungsprozeß stattfinden könne, werde es noch eine Zeitlang nötig sein, die Bundesrepublik nicht aktiv zu beteiligen. Eine derartige Beteiligung würde einer Verewigung der Spaltung Deutschlands gleichkommen, weil keiner der beiden großen Blöcke zulassen würde, daß im bipolaren Machtkampf die von ihm besetzte Hälfte Deutschlands mit ihren industriellen, politischen, militärischen Potentialen dem anderen zuwächst. Deutschland werde also zunächst aus diesem europäischen Einigungsprozeß ausgeklam-

mert werden müssen und sich mit Übergangsregelungen zu begnügen
haben, die von beiden Weltmächten und von den Staaten jenes
werdenden Europas als für alle gleichermaßen erträglich angesehen
werden. Über eine Reihe solcher provisorischer Übergangsregelungen werde – wenn die Blöcke ihre wechselseitigen Interessen abgeklärt haben – ein wiedervereinigtes Deutschland diesem Europa
beitreten können. Europa könne damit zu einer funktionsfähigen
»dritten« Macht werden und so innerhalb des politischen Systems der
Weltpolitik ein stabiles Gleichgewicht ermöglichen.

Dieses Konzept konnte nur den Wert eines Denkmodells haben,
dem sich die Fakten oft genug verweigern würden – ganz abgesehen
davon, daß nicht vorauszusehende Ereignisse Veränderungen im
Gefüge des heutigen Koordinatensystems der Weltpolitik herbeiführen könnten, die jeder heute möglichen Berechnung politischer
Wahrscheinlichkeiten die Grundlage entzögen. Doch schien mir diese
politische »Mustergleichung« ein brauchbares Denkmodell für die
Bewertung der Faktoren zu sein, die sich für oder gegen eine
demokratischem Selbstbestimmungsrecht entsprechende Lösung der
deutschen Frage auszuwirken vermöchten. Vor allem aber mußten
verfrühte Festschreibungen des Status quo verhindert werden: Die
Ungeklärtheit der deutschen Zukunft schien mir die beste Gewähr
dafür zu bieten, daß die Morgenthaupolitik und gewisse Pläne Stalins
sich nicht würden verwirklichen lassen.

Ich trug diese Gedanken auf Zusammenkünften der »Heidelberger
Aktionsgruppe« vor, wo man zwar Interesse an meinen Vorstellungen, aber auch erhebliche Zweifel an ihrer Richtigkeit äußerte. Die
meisten Mitglieder der Gruppe setzten ihre Hoffnung auf die
Zwänge, die von der Ökonomie auf die Politik ausgeübt werden
würden. Darum komme es in erster Linie auf die Steuerung ökonomischer Prozesse und die Schaffung internationalen Gemeineigentums
an. Doch hatte ich allen Grund, Alfred Weber – von dem Richard
Tüngel zu Unrecht meinte, daß er mir »spinnefeind« gegenübergestanden habe – und Konrad Mommsen für ihre belehrenden Ausführungen dankbar zu sein. Als es mit der Internationalisierung der Ruhr
ernst zu werden drohte, wurden diese Gespräche von der Aktionsgruppe wiederaufgenommen.

Einer meiner häufigsten und liebsten Gesprächspartner jener Zeit war der Vorsitzende der Niederländischen Partei der Arbeit, Koos Vorrink, der einer der Führer der holländischen Widerstandsbewegung gewesen war und das Konzentrationslager überstanden hatte. Er war in der Arbeiterjugend groß geworden und hatte eine der Parteischulen der deutschen Sozialdemokratie besucht. Als das Dritte Reich ausbrach, war er gerade in Deutschland. Er faltete die Bundesfahne der Sozialistischen Arbeiterjugend (S.A.J.) säuberlich zusammen, legte sie wie ein Polster auf den Sattel seines Fahrrades und radelte mit ihr über die Grenze nach Amsterdam. Er war ein aufrechter Mann, der sich nicht in Theorien verlor, sondern dort zugriff, wo etwas zu bereinigen war oder Voraussetzungen für weiteren sozialen und moralischen Fortschritt geschaffen werden konnten. Wir trafen uns in Frankfurt und in Amsterdam; oft begleitete ihn Alfred Mozer, der, aus Oberbayern stammend, in die Niederlande emigriert war, wo er die holländische Staatsangehörigkeit erwarb. Nach der Besetzung der Niederlande durch die Wehrmacht tauchte er in der Widerstandsbewegung unter. Nun war er außenpolitischer Sekretär bei der Partei der Arbeit und Berater ihrer führenden Leute.

Europa war das Hauptthema unserer Gespräche. Koos Vorrink und Alfred Mozer waren davon überzeugt, daß es zu einer vernünftigen Lösung der Widersprüche und gegenläufigen Interessen der Staaten des Kontinents nur kommen könnte, wenn es gelinge, seine Staaten zu föderieren, daß es aber Patentrezepte hierfür nicht gebe. Man müsse sich auf lange Zeiträume einrichten, in denen man in Etappen Teillösungen in Anpassung an den Wechsel der sich ständig verschiebenden Machtverhältnisse und Interessenlagen zu suchen haben werde.

Dabei erschien uns das Schicksal des Ruhrgebietes von besonderer Bedeutung. Wir wußten, daß die Mächte übereingekommen waren, das Ruhrgebiet internationaler Verwaltung zu unterstellen und darüber hinaus die Ausbeutung seiner Kohlenschätze und die Montanindustrie zu internationalisieren. Die Niederlande waren daran besonders interessiert. Mir kam es darauf an, einen »Europäer« dieses Landes für eine vernünftige Haltung zu gewinnen. Koos Vorrink erklärte ex cathedra seinen politischen Freunden, die einseitige Internationalisierung der Montanindustrie der Ruhr sei mit sozialistischem Denken nicht zu vereinbaren; wenn deren Internationalisierung als notwendig erscheine, müßten die entsprechenden Industrien aller an dem Pool beteiligten Staaten internationalisiert werden.

Auch die territorialen Ansprüche, die einflußreiche Kreise der Niederlande an Deutschland glaubten stellen zu müssen, waren Gegenstand unserer Gespräche. Jene Kreise erwogen nämlich die »Eingemeindung« deutscher Gebiete als Ersatz für holländische landwirtschaftliche Gebiete, die durch strategische Überflutungsmaßnahmen zerstört oder unbrauchbar gemacht worden waren. Koos Vorrink machte seinen Einfluß geltend; diese Pläne wurden nicht weiter verfolgt.

Einflußreiche französische Sozialisten hatten zumindest nichts dagegen, die Ruhr aus dem künftigen deutschen Staatsverband auszuklammern, wenigstens aber mit politischen Servituten zum Vorteil einer bislang noch imaginären Gemeinschaft europäischer Staaten zu belegen. Sie fanden, daß man mit der Einbringung der deutschen Montanindustrie in internationale Verfügungsgewalt ein begrüßenswertes Modell für das Postulat der Sozialisierung der Produktionsmittel zugunsten aller geschaffen haben würde.

Im Hause des Landrats Dr. Hummelsheim in Bernkastel, der enge Verbindungen zu französischen Politikern hatte, kam ich mehrere Male mit führenden französischen Sozialisten zusammen; der frühere Minister André Philip gehörte zu ihnen. Wir trennten uns nach langen Diskussionen, ohne einig geworden zu sein. Ich fürchte, unsere französischen Freunde haben, wegen meiner Weigerung, mit einseitigen Einschränkungen des Verfügungsrechts der Deutschen über wirtschaftliche Potentiale einverstanden zu sein, sowohl an dem sozialistischen Bewußtsein als auch an dem Internationalismus der SPD zu zweifeln begonnen. Unser Konflikt kam erst mit der Gründung der Montanunion zu einem guten Ende.

Von der Bizone zur Trizone

Am 9. Februar 1948 wurde durch eine gemeinsame Proklamation der Befehlshaber der Amerikanischen und der Britischen Zone die Struktur des Vereinigten Wirtschaftsgebietes verändert. An die Stelle des bisherigen Exekutivausschusses trat ein Verwaltungsrat, der aus je zwei Vertretern für jedes Land bestand, die von den Landesregierungen bestellt wurden. Dieser Rat sollte die Zusammenarbeit der bizonalen Einrichtungen mit den Ländern erleichtern und den vom Wirtschaftsrat angenommenen Gesetzesvorlagen zustimmen, sie abändern oder innerhalb einer Frist von zwei Wochen ablehnen können.

Der Vorsitzende des Verwaltungsrates sollte auch wie die Direktoren der Verwaltungen des Vereinigten Wirtschaftsgebietes vom Wirtschaftsrat gewählt werden. Diese sollten dem Wirtschaftsrat verantwortlich sein und konnten bei ihm und beim Länderrat Gesetzesvorlagen einbringen. Die Zahl der Mitglieder des Wirtschaftsrates wurde verdoppelt. CDU und CSU erhielten zusammen mit ihrer Koalitionspartei DP 44 Sitze, die SPD 40, die FDP 8, die KPD 6, das Zentrum 4 und die Wirtschaftliche Aufbau-Vereinigung des Herrn Loritz 2. Präsident des Wirtschaftsrates blieb Erich Köhler, ein sehr auf Repräsentation bedachter Herr, der sich für den ersten Mann Westdeutschlands hielt und später für kurze Zeit Bundestagspräsident werden sollte.

Bei der Wahl des Vorsitzenden des Verwaltungsrats, des »Oberdirektors«, erhielt Dr. Hermann Pünder, einstiger Staatssekretär in der Reichskanzlei der Weimarer Republik und nunmehriger Oberbürgermeister von Köln, die 40 Stimmen der CDU/CSU. Die FDP stimmte gegen ihn; die übrigen Fraktionen hatten weiße Zettel abgegeben. Gegen den Antrag der SPD wurden aufgrund eines Mehrheitsbeschlusses des Wirtschaftsrates die weißen Zettel nicht als Nein-Stimmen gezählt, und damit war Hermann Pünder zum »Oberdirektor« gewählt worden, ohne daß er die absolute Mehrheit erlangt hätte.

Ich erinnere mich deutlich der Sitzung des Geschäftsführenden Parteivorstandes in Hannover, auf der dieser Vorgang besprochen wurde. Kurt Schumacher – der die Schaffung der Bizone begrüßt

hatte, weil sie ihm als mögliches Instrument für die Wiedervereinigung Deutschlands erschien – war auf das äußerste erregt und nahm
der SPD-Fraktion übel, daß sie nicht mit Nein gestimmt hatte. Er
warf ihren führenden Leuten vor, das politische Problem nicht
erkannt zu haben, das mit der Wahl eines »Oberdirektors« verbunden
war: die Präfiguration einer künftigen Verfassung Deutschlands –
oder wenigstens der deutschen Westzonen –, wie sie sich die einer
sozialdemokratischen Entwicklung der Verhältnisse in Deutschland
wenig geneigten Regierungen der Westmächte und die konservativen
Kreise in Deutschland vorstellten. Die Amtsbezeichnung des Vorsitzenden des Verwaltungsrats, die an den Obrigkeitsstaat erinnern
konnte, erweckte insbesondere seinen Verdacht. Erschwerend fiel bei
ihm die politische Beurteilung der Kompetenzverstärkung des Wirtschaftsrates ins Gewicht, nämlich daß es der CDU/CSU mit Unterstützung der FDP gelungen war, alle Direktorenstellen der »Ämter«
für sich zu gewinnen. So kam die Leitung des Wirtschaftsressorts in
die Hand der wirtschaftlich konservativ denkenden politischen
Kräfte. Diese Machtposition würde von ihnen benutzt werden, um
die erforderlichen wirtschaftlichen und gesellschaftlichen Veränd-
rungen unmöglich zu machen, deren Durchsetzung nach den sozialdemokratischen Grundvorstellungen für das Deutschland der
Zukunft lebensnotwendig sein würde.

Das Verhalten der bürgerlichen Parteien im Wirtschaftsrat war für
Kurt Schumacher Beweis, daß sie den politischen Apparat des
Gemeinwesens, das einmal geschaffen werden würde, dazu benutzen
wollten, die Privilegien der Besitzenden zu bewahren und auszuweiten. Schon am 7. August 1947 hatte er im Parteivorstand den
Wirtschaftsrat kritisiert: Es sei die Absicht der konservativen Kreise,
zusammen mit der Militärregierung der amerikanisch besetzten Zone
der SPD die Verantwortung für den Arbeitsfrieden aufzuerlegen;
dabei verweigerten sie dieser Partei der Arbeiterschaft jeden wirksamen Einfluß auf die Wirtschaft. Auf einer Massenversammlung in
Berlin forderte er am 14. August 1947 die Schaffung wirksamerer
Voraussetzungen zur Steigerung der deutschen Produktion, weil
sonst auch der Marshallplan seinen Zweck nicht erfüllen könnte.

Im gleichen Monat war Kurt Schumacher auf Einladung der

Gewerkschaften der USA (AFL-CIO) in den Vereinigten Staaten
gewesen. Zwar hatte ihn der an vielen Stellen festgestellte Wille des
großen Landes, den Völkern Europas beim Wiederaufbau ihrer
Wirtschaft zu helfen, beeindruckt; stärker war jedoch die Enttäuschung darüber, daß man in den USA kein Verständnis für die
Vorstellungen der Sozialdemokraten aufzubringen schien. Nur bei
dem Vorsitzenden der Gewerkschaft der Automobilarbeiter, Walter
Reuther, sei dies anders gewesen. Diese Enttäuschung wirkte lange
nach. Sie war einer der Gründe, warum er nur selten bereit war,
Ratschlägen aus den Vereinigten Staaten zu folgen.

Dabei darf man nicht vergessen, daß Kurt Schumacher von Anfang
an die von Präsident Truman am 12. März 1947 vor dem Kongreß der
USA verkündete Doktrin begrüßt hat: Die USA müßten den Völkern
der Welt beistehen, ihre Geschicke nach ihren eigenen Vorstellungen
zu bestimmen, indem sie durch wirtschaftliche Hilfeleistungen »zur
Herstellung geordneter politischer Verhältnisse und zur Sicherung
der wirtschaftlichen Stabilität« beitrügen. Die am 5. Juni 1947 vor der
Harvard-Universität verkündeten Grundsätze des Außenministers
General George Marshall hat er freudig begrüßt. Er sah im Marshallplan nicht nur ein Mittel zur Wiederherstellung der zerstörten
Produktionskraft Europas, er sah in ihm auch ein Zeugnis der
Solidarität einer großen demokratischen Nation mit den bedrängten
demokratischen Kräften überall in der Welt, das über kurz oder lang
dazu führen werde, die Völker gegen jede Form des menschenverach-
tenden Totalitarismus immun zu machen.

Kurt Schumachers Beurteilung der politischen Problematik des
Jahres 1947 läßt sich in den folgenden Sätzen zusammenfassen: Die
Sowjetunion ist der Hauptfeind eines demokratischen Deutschlands;
sie will Deutschland unter ihre Kontrolle bringen, um die alles
beherrschende Macht in Europa zu werden. Damit verträgt sich
nicht, daß die Staaten Europas enge Bindungen mit den USA
eingehen. Dies ist der Grund, warum die Sowjetunion, trotz der bei
ihr und vor allem bei ihren Satelliten herrschenden Not, den
Marshallplan ablehnt. Leider scheint die Labour-Regierung in England die Politik der Sowjetunion nicht zu begreifen, anders kann man
ihre Gleichgültigkeit gegenüber den wirtschaftlichen Problemen

Deutschlands nicht verstehen. In Deutschland ist der Hauptgegner des sozialen und politischen Fortschritts die CDU. Die »Union« ist keine Partei im klassischen Sinn des Wortes, sondern eine Koalition von Interessengruppen, die nicht viel mehr verbindet als ihre Feindschaft gegenüber dem Sozialismus sowie die Furcht vor grundlegenden Neuerungen in Wirtschaft und Gesellschaft: »Keine Experimente!« Konsequentes demokratisches Denken ist ihr fremd. Sie denkt in den Kategorien des Ständestaates der veralteten katholischen Soziallehre, wie man sie im Österreich der dreißiger Jahre zu verwirklichen versuchte und wie sie heute in Spanien begriffen wird. Zur Zeit beherrscht sie durch ihre Wirtschaftsfunktionäre das Geschehen im Wirtschaftsrat zu Frankfurt. Der andere Feind, den es zu bekämpfen gilt, sind kommunistische Tarnorganisationen. Darum bekämpft die Sozialdemokratie gesellschaftliche Gruppierungen mit durchaus Vertrauen erweckenden Namen, die unter kommunistischem Einfluß stehen, wie zum Beispiel den »Weltbund der Gewerkschaften«, der nichts anderes ist als eine Internationale des Hasses gegen Deutschland. Mit diesen Kräften hat sich die Sozialdemokratische Partei kämpferisch auseinanderzusetzen. Sie ist eine demokratische Partei im klassischen Sinn des Wortes und lehnt darum jede Art von totalitärer und autoritärer Politik ab. Aus diesem Grunde kann sie nicht orthodox-marxistisch sein. Demokratie bedingt nämlich die Bereitschaft, Kompromisse mit Andersdenkenden zu schließen; darum ist die SPD bereit, mit jeder demokratischen Partei Koalitionen einzugehen; sie ist aber nicht bereit, mit der Kommunistischen Partei zu koalieren. Das Grundziel der Sozialdemokratischen Partei heißt: Wiedervereinigung Deutschlands aufgrund freier Wahlen. Der deutsche Staat soll föderalistisch sein, wird aber über eine starke Zentralgewalt verfügen müssen.

Diese auf der Tagung sozialdemokratischer Journalisten am 30. November 1947 in Hannover dargelegten Prinzipien blieben für die nächsten Monate die Grundlage der Erörterungen innerhalb der Parteigremien.

Kurt Schumacher hörte nie auf, vor der Auffassung zu warnen, Deutschland habe die Funktion der Brücke und des Vermittlers zwischen »russischem Sozialismus« und »westlichem Kapitalismus«

wahrzunehmen. Der Glaube an die Brückenfunktion Deutschlands hänge mit der Illusion zusammen, die Deutschen hätten die Möglichkeit einer Wahl zwischen Ost und West. Mit dieser Meinung habe man – unbewußt – schon eine Option für den Osten und gegen den Westen vorgenommen. Es sei falsch, die Verhältnisse in der Sowjetunion als Sozialismus zu bezeichnen; dort herrsche Staatskapitalismus, der alles andere sei als die Ordnung, für die die Sozialdemokraten einstehen.

Die SPD wolle ein Deutschland, in dem die freiheitlichen Prinzipien lebendig sind, die der Westen in einem umfassenden Consensus als seine politische Lebensgrundlage anerkennt. Dies bedeute nicht, daß man die Politik der Staaten des Westens auch für Deutschland als verbindlich anzuerkennen habe: Die politische Aufgabe sei, im Rahmen der freiheitlichen Welt des Westens die konkreten Interessen des deutschen Volkes zu vertreten, mit dem Ziele, zu einem übernationalen Gesamteuropa zu kommen. Unter »europäischer Politik« verstehe die SPD etwas anderes und mehr als die bloße Konstituierung eines antirussischen Westblocks.

Für Kurt Schumacher war die geschichtliche Epoche der sich als Selbstzweck begreifenden Nationalstaaten zu Ende gegangen. Die politische Welt auf deren absolute Souveränität zu gründen, verbiete sich schon aufgrund ihrer durchgehenden wirtschaftlichen Verflechtung. In der gegenwärtigen geschichtlichen Epoche eine Weltregierung für möglich zu halten, erachtete er als illusorisch; die politische und ökonomische Einigung Europas hielt er jedoch für möglich und notwendig. Freilich werde endgültig nur ein sozialistisches Europa die vollkommene Rechts- und Friedensordnung schaffen können, die allein ein Leben frei von Sorge, Not und Furcht garantiere. Diese sozialistische Ordnung Europas werde nicht von heute auf morgen zu errichten sein. Was man heute tun könne, sei, sich innerhalb der bestehenden Institutionen und auf der Grundlage der vorhandenen Realitäten um immer mehr sozialistische Wirklichkeit zu bemühen. Dazu gehöre die Bereitschaft der Staaten, nach und nach zugunsten der Gemeinschaft auf gewisse Souveränitätsrechte zu verzichten. Diese Verzichte müßten von allen Staaten in gleichem Grade geleistet werden. Über einseitige deutsche Leistungen – auch wenn sie als

Vorleistungen deklariert würden – auch nur zu diskutieren, war er nicht bereit. Auf dem Düsseldorfer Parteitag 1948 warnte er vor einer Europapolitik, die zu einem Ostblock und einem Westblock führen könnte. Eine »dritte Kraft Europa« würde nur die westeuropäischen und die mitteleuropäischen Staaten erfassen und darum zu einer Spaltung Gesamteuropas führen. Wie sich aus meinem Aufsatz »Das deutsch-französische Verhältnis und der dritte Partner« ergibt, hatte ich seiner Auffassung nicht folgen können. Diese Meinungsverschiedenheit brachte uns jedoch nicht auseinander. Kurt Schumacher war in seinen Ansichten zwar entschieden, respektierte aber jederzeit die von der seinigen abweichende Meinung des anderen, wenn er sah, daß sie auf politischen Argumenten beruhte.

Noch gab es die Trizone nicht, und es sah zu Beginn des Jahres 1948 nicht danach aus, als ob die Franzosen bald bereit sein würden, ihre bisherige Haltung aufzugeben und ihre Zone mit den beiden anderen Westzonen zu einem einheitlichen, von den Deutschen selbst verwalteten politischen Gebilde zu vereinigen. Wir wußten zwar, daß die USA und die Briten – im wohlverstandenen eigenen Interesse – Druck auf die Franzosen ausübten, wußten aber auch aus den Gesprächen mit unseren französischen Partnern in Paris, Baden-Baden und Tübingen, daß Frankreich noch keine einheitliche Vorstellung hatte, wie dieses westliche Deutschland aussehen sollte. Wir wußten nur, daß ihnen der Gedanke äußerst unangenehm war, die angelsächsischen Mächte könnten in der Lage sein, bei der Neuorganisation Deutschlands die Hauptrolle zu spielen. Hinzu kam, daß es eine öffentliche Meinung in Frankreich gab, die überzeugt war, ein wiederhergestelltes Deutschland würde – wie das einst durch den Versailler Vertrag entmachtete – bald wieder in der Lage sein, Frankreich zu bedrohen, wenn nicht gar zu überfallen, weshalb Frankreich auf die Absichten der Angelsachsen nur werde eingehen können, wenn sie ihm zusätzlichen Bündnisschutz gewährten. Außerdem hatten in Frankreich jene Kreise immer noch Gewicht, die der Meinung waren, mehrere Deutschländer – les Allemagnes – anstelle eines einzigen vereinigten Deutschland seien Frankreichs Stellung in Europa am gemäßesten.

Ich habe mit Kurt Schumacher über diesen Zustand oft gesprochen. Ende 1947 bat er mich, den Versuch zu unternehmen, die Franzosen eines Besseren zu überzeugen. Ich wußte nicht recht, wie das geschehen könnte, als mir ein Zufall zu Hilfe kam: Auf der Rückfahrt von Frankfurt nach Tübingen hatte mein Wagen bei Darmstadt eine Panne. Mein Fahrer fuhr rechts heran und machte sich am Motor zu schaffen, während ich Ausschau nach einem Helfer hielt, der uns abschleppen konnte. Niemand hielt an. Da kam eine Kolonne großer schwarzer Wagen so machtvoll dahergebraust, daß ich zur Seite sprang. Zu meiner Verwunderung hielt die Kolonne kurz hinter uns und setzte zu uns zurück. Da sah ich am Kühler des ersten Wagens die Trikolore. Es war der Wagen General Koenigs. Er hatte mich erkannt, hatte halten lassen und lud mich ein, in seinem Wagen weiterzufahren; er würde mich von Baden-Baden aus nach Tübingen bringen und mein defektes Auto von einem Wagen seiner Kolonne ins Schlepptau nehmen lassen.

Er fragte mich, woher ich käme. »Vom Wirtschaftsrat in Frankfurt.« – »Da haben Sie doch nichts zu tun . . .« – »Sicher. Aber dort geschieht ein wesentliches Stück deutscher Geschichte . . .« – »Wieso?« – »Weil sich hier die Deutschen zweier Zonen unter Aufsicht ihrer Besatzungsmächte überregional einrichten können. Es wäre freilich besser, wenn die Französische Zone auch dabei wäre . . .« – »Das wird man in Paris entscheiden, wenn die Stunde gekommen ist . . .« – »Könnte man die Uhr nicht ein wenig vorstellen . . .?« – »*Vous êtes un malin . . . !*« So ging das Gespräch weiter. Und als ich mich in Baden-Baden verabschiedete, sagte der General, vielleicht werde sich das Gespräch fortsetzen lassen. Er werde mir Bescheid geben.

Einige Wochen später bekam ich durch einen Kurier aus Baden-Baden den Bescheid, mich an einem bestimmten Tag an einem Wegkreuz bei Schönmünzach einzufinden. Von dort aus werde man mich an eine Stelle geleiten, wo ich jemanden treffen werde, der sich mit mir über die deutsche Politik unterhalten möchte. Ich tat, wie mir gesagt worden war, und landete in einem schönen Jagdhaus, in dem mich General Koenig in Zivil erwartete. Unser Gespräch betraf die Frage, wie sich Frankreich Deutschland gegenüber heute verhalten sollte. Die Franzosen trauten nun einmal den Deutschen nicht. Gewiß, es gebe vertrauenswürdige Leute bei den Deutschen; die habe es aber nach 1919 auch gegeben, und trotzdem sei es dann zu einem 1933 und einem September 1939 gekommen. Meine Argumente waren einfach: Die beste Garantie für ehrenhaftes Verhalten des Nachbarn sei, ihm Vertrauen zu schenken – und gerade wenn es um Frankreich und Deutschland gehe, deren Konflikte so häufig ihre Ursachen darin hatten, daß der eine dem anderen grundsätzlich mißtraute. Dazu Koenig: Im Bereich der Realitäten hätten die Deutschen ja wohl einiges gelernt; auf deutschem Boden stünden die Truppen von vier Mächten. Niemand werde diese von dort vertreiben können und vertreiben wollen, denn alle vier seien gezwungen, für lange Zeit in Deutschland zu bleiben, schon um zu verhindern, daß einer von ihnen eines Tages allein in Deutschland stehe. General Koenig meinte dann, daß wir uns noch einmal treffen müßten. Wir haben uns wieder getroffen. Beim drittenmal sagte der General – ohne besondere Betonung –, er glaube, daß es – vielleicht schon bald – zu einer interalliierten Vereinbarung kommen werde, die es Frankreich erlauben würde, sein bisheriges Verhalten zu ändern.

Ich glaube nicht, daß es meine Gespräche mit General Koenig waren, die die französische Politik zur Aufgabe ihres bisherigen Standpunktes veranlaßten; doch ich meine, daß es der Mühe wert ist festzuhalten, daß General Koenig glaubte, sich in der geschilderten Weise mit mir, dem Sozialdemokraten, den er kannte, unterhalten zu sollen. Im April 1949 ist es dann zur Bildung der Trizone gekommen; damit wurde der Weg frei, der zur Ermächtigung der Ministerpräsidenten durch die Besatzungsmächte führte, in den drei Westzonen einen demokratischen Bundesstaat zu errichten.

Ich bin im Besitz eines Dokumentes, das zeigt, welche Gedanken einflußreiche Mitglieder der französischen Diplomatie bewegten und wie sie glaubten, für ihre Warnungen vor den Folgen der Wiederherstellung der deutschen Einheit sogar einflußreiche Würdenträger des Vatikans als Kronzeugen anführen zu können. Es handelt sich um den Bericht des französischen Botschafters beim Heiligen Stuhl, Wladimir d'Ormesson, vom 19. September 1948, No 432/EDU, an: »Son Excellence Robert Schuman, Ministre des Affaires Etrangères

Direction d'Europe« – »Betrifft die französische Religionspolitik im
besetzten Deutschland.«

Der Botschafter berichtet, daß der Sekretär der Kongregation der
Außerordentlichen Angelegenheiten, Monsignore Tardini, ihm
erklärt habe, die französische Verwaltung in der französisch besetzten
Zone sei offenbar der Meinung, die deutsche Bevölkerung überzeugen zu müssen, die in Frankreich angeblich bewährte konfessionslose
Schule auch in Deutschland einzuführen, was die deutschen Bischöfe
unangenehm berühre. Es heißt dann weiter:

»Der Sekretär der Kongregation der Außerordentlichen Angelegenheiten meint in der Tat folgendes:
1. Daß wir das gar nicht erreichen könnten, da die Bevölkerung in
ihrer großen Mehrheit stark an der Bekenntnisschule hänge;
2. daß wir damit selber gegen unsere eigenen Interessen arbeiten
würden, indem wir uns den einzigen Teil der deutschen Bevölkerung entfremden müßten, mit dem man friedliche Beziehungen
herzustellen in der Lage sei;
3. daß man damit den bestehenden Konkordaten Abbruch tun
würde.

Nun hat Monsignore Tardini mit aller Entschiedenheit präzisiert,
daß Papst Pius XII. um so mehr an der Beachtung der Konkordate
festhalte, die die Beziehung der Kirche mit dem deutschen Volke
regeln, als er selber sie ausgearbeitet habe, als er Nuntius in
München und Berlin war.
Monsignore Tardini hat daraufhin das zweite dieser Argumente
näher entwickelt und dabei auf der Tatsache insistiert, daß man
ausschließlich auf die katholischen Kreise die einzige vernünftige
Hoffnung gründen könne, daß in Deutschland Friede herrscht.
›Der ganze Rest‹, sagte mir mit einer ganz besonderen Heftigkeit
Monsignore Tardini, ›ist nationalistischer und sogar nazistischer als
je. Täuschen Sie sich darin nicht. Zehn Jahre hitlerischer Erziehung
haben starke Spuren hinterlassen. Die Niederlage bringt das Gefühl
zur Verzweiflung. Da gibt es nichts zu machen, da gibt es von dem
preußischen oder verpreußten Bevölkerungsteil nichts zu hoffen

(sic). Das sind Barbaren. Sie haben nichts gelernt und nichts begriffen. In den Gegenden Westdeutschlands oder Süddeutschlands, wo das Christentum tief eingedrungen ist, ist jedoch der Geist nicht derselbe. Mit diesen Bevölkerungen und mit ihren christlichen Elementen muß man arbeiten. Der Versuch, ihre christliche Erziehung abzuschwächen oder sie zu schockieren, indem man ihnen als eine bessere Unterrichtsmethode etwas vorsetzt, das sie nicht haben wollen, würde darum einen zwiefachen Fehler bedeuten, dessen erste Opfer ihr selber sein würdet.‹ Monsignore Tardini hat hinzugefügt, daß nach seiner Meinung die Angelsachsen – aber besonders die Engländer – in den Zonen, die sie verwalten, einen schweren Fehler begehen, indem sie diesen Umständen nicht genügend Rechnung tragen. Die Feindseligkeit der Briten gegenüber dem Katholizismus werde insbesondere die englischen Behörden dazu bringen, ihre Stütze mehr in den sozialistischen, nichtkatholischen Bevölkerungsteilen zu suchen als in dem katholischen Teil der Bevölkerung oder bei den sozialistischen Katholiken. Das sozialistische Element, meinte Monsignore Tardini, stelle aber in Deutschland keine wirkliche Macht dar; es würde sich sehr schnell der kommunistischen Vormundschaft unterwerfen, wenn die Umstände dazu geeignet seien.

Das sind die Erklärungen, die mir – im übrigen ziemlich improvisiert – der Sekretär der Kongregation der Außerordentlichen Angelegenheiten gemacht hat. Diese Erklärungen schienen mir unter mehr als einem Gesichtspunkt interessant. Sie beweisen zuerst, daß der Heilige Stuhl sich für unseren Teil des besetzten Deutschland interessiert, obwohl seine Informationen nicht sonderlich präzis zu sein scheinen. Ich habe Monsignore Tardini wiederholt gesagt, daß ich ihn bitte, falls er genaue Klagen über das Funktionieren der Konfessionsschulen im besetzten Gebiet habe, mir diese mitzuteilen. Aber ich habe hinzugefügt, daß ich sehr erstaunt wäre, wenn es solche Klagen wirklich gäbe, denn ich sei völlig sicher, daß die zivilen und militärischen französischen Besatzungsbehörden mehr als irgend jemand darauf aus seien, das in Kraft befindliche Recht strikt zu befolgen. Ich habe den Gedanken geäußert, daß es sich hierbei um eine tendenziöse

Kampagne handle, die von deutschen Nationalisten geführt werde, die man auch in katholischen Kreisen finden könne. Wir hätten den Beweis dafür durch die Tätigkeit eines gewissen Generalvikars der Diözese Trier, von dem Monsignore Tardini mir selbst gesagt hat – und zwar ist das noch nicht lange her –, in welchem Maße dieser Mann unerträglich ist. Mein Gesprächspartner hat alsbald sein Einverständnis mit dieser meiner Meinung erklärt.«

Es folgen einige Sätze, in denen der Botschafter darlegt, daß er vermocht habe, Monsignore Tardini von der Konkordatstreue der französischen Besatzungsorgane zu überzeugen. Er fährt fort:

»Ich habe darum keinerlei Besorgnis in bezug auf die Vorhaltungen, die Monsignore Tardini geglaubt hat, mir machen zu müssen. Dafür aber erscheint mir in seinen Bemerkungen von besonderer Bedeutung die Unbedingtheit, ja ich möchte sagen, die Kraft, mit der der Sekretär der Kongregation der Außerordentlichen Angelegenheiten mir von dem nationalistischen, ja jeder christlichen Pazifikation widerstrebenden Geist gesprochen hat, der in der Mehrheit der deutschen Bevölkerung vorherrsche. Das beweist, daß der Heilige Stuhl aus großer Nähe die psychologische Entwicklung dieser Masse verfolgt und daß man dort keinerlei Illusion über den wirklichen Geisteszustand der Deutschen hat. Das beweist wiederum, daß man im Vatikan sich bewußt bleibt, welche verhängnisvolle Gefahr für Deutschland und den Frieden die Wiederherstellung der völligen deutschen Einheit bedeuten würde. Es ist aber zu bemerken, daß man seit einiger Zeit dem Heiligen Stuhl den Ruf angehängt hat, er betreibe die Rückkehr zur deutschen Einheit, ja sogar, daß er diese offen verlange. Mehrere Indizien führen mich dazu, zu glauben, daß diese Einschätzung ein wenig zu summarisch ist. Die Gedanken des Heiligen Stuhls erscheinen mir sehr viel komplexer und nuancierter und im Grund ziemlich nah bei den unseren liegend. Ich werde auf diese Frage zurückkommen, nachdem ich die Untersuchung, die ich zu diesen Dingen vorhabe, vervollständigt haben werde.

gez. W. d'Ormesson«

Ich habe dieses Dokument nur Kurt Schumacher, Konrad Adenauer und Heinrich von Brentano gezeigt, denn ich wollte nicht dazu beitragen, eine Kulturkampfatmosphäre zu erzeugen; und ich hielt im übrigen die deutschen Bischöfe für zu gute Patrioten, als daß man fürchten mußte, sie könnten sich durch eine ihrer Auffassung von den Vorzügen der Konfessionsschule entgegenkommende Haltung der Besatzungsbehörden veranlaßt sehen, sich einer Politik der Wiedervereinigung Deutschlands entgegenzustellen und gar den »preußischen« oder »verpreußten« Teil der Bevölkerung Deutschlands für Barbaren zu halten.

Ich habe gezögert, diesen Bericht in dieses Buch hineinzunehmen. Ich glaubte, es tun zu sollen, weil nicht mehr zu befürchten ist, daß seine Kenntnis kulturkämpferische Stimmungen hervorrufen könnte, und weil ich meine, daß man aus ihm entnehmen kann, welcherlei Argumente einst maßgebliche Diplomaten Frankreichs glaubten gegen die Wiedervereinigung Deutschlands geltend machen zu sollen und, wie sie meinten, die deutschen Sozialdemokraten einschätzen zu müssen.

In den letzten Monaten des Jahres 1947 und den ersten Monaten des Jahres 1948 wurden meine Besprechungen mit Kurt Schumacher immer häufiger, galt es doch, in der Partei zu einer allen politischen Realitäten einigermaßen gerecht werdenden Auffassung der Generallinie zu kommen. In weiten Parteikreisen herrschte das Wunschdenken vor, daß trotz Stalin und trotz des Morgenthauplans schließlich die Vernunft und das demokratische Menschenrecht der Selbstbestimmung sich aus eigener Kraft durchsetzen würden. Man darf nicht vergessen, daß es in jenen Jahren noch nicht viele Frauen und Männer in der SPD gab, die sich bereits mit Tatbeständen der Außenpolitik verantwortlich auseinandergesetzt hatten. Kurt Schumacher hatte vor 1945 keine Gelegenheit gehabt, sich mit Persönlichkeiten zu konfrontieren, die am weltpolitischen Geschehen aktiv beteiligt waren. Amerikanischen Politikern und Staatsmännern hatte er zu jener Zeit noch nie gegenübergestanden, und selbst General Lucius D. Clay war er nur viermal begegnet. Er hatte sich lesend und lernend viel mit außenpolitischen Vorgängen befaßt; aber es ist ein

Unterschied, ob man über die Bedeutung vergangener Ereignisse nachsinnt oder ob man hier und jetzt im harten Kampf der Interessen als Fordernder oder Geforderter Recht behalten muß und nicht nur Recht zu haben braucht. Ich habe gestaunt, wie schnell er sich in diesen Bereich des Politischen einzuarbeiten vermochte und wie sicher er das Spezifische des internationalen Interessenkampfes begriff und die damit zusammenhängende Technik des richtigen Verhaltens handhabte.

So war es für mich ein sich ständig erneuerndes Vergnügen, mit ihm die Interessenlage der Mächte, mit denen wir es zu tun hatten, zu analysieren und wie beim Schachspiel zu versuchen, die wahrscheinlichen Züge und Gegenzüge zu prognostizieren. Dafür, so meinte er, müßten wir mehr, als es uns bisher möglich gewesen sei, in persönlichen Begegnungen mit maßgeblichen Politikern der Besatzungsmächte sowie auch der im zweiten Glied stehenden kleineren Staaten Europas deren Vorstellungen von den Interessen ihrer Staaten und das Ausmaß ihrer Einsicht in deutsche Notwendigkeiten zu eruieren versuchen.

Zu diesem Zweck habe ich in jenen Monaten mehrere Reisen unternommen. Meine Aufgaben in Tübingen gaben immer wieder Gelegenheit, nach Paris zu fahren. Mit dem Deutschlandminister Pierre Schneiter und dem nächsten, Alain Poher, war es nicht schwer, ins Gespräch zu kommen, doch beide hatten offenbar wenig Einfluß auf das außenpolitische Grundverhalten ihrer Regierung. Immerhin konnte man durch sie erfahren, was von einem Mann wie Außenminister Georges Bidault zu erwarten war. Bei den Gesprächen mit den französischen Sozialistenführern war weniger über die Regierungsabsichten zu erfahren, aber man konnte durch sie die französische Regierung über die Auffassungen in der Sozialdemokratischen Partei und der in den deutschen Gewerkschaften organisierten Arbeiterschaft informieren. Bei Léon Blum und dem Altsozialisten Salomon Grumbach fand ich volles Verständnis für das, was in Deutschland not tat, während selbst ein so europäisch denkender Mann wie André Philip kaum von der Vorstellung abzubringen war, daß die Deutschen bei der Internationalisierung der Grundstoffindustrien vorzuleisten hätten – in der Hoffnung, die anderen Staaten würden durch ihr Beispiel bewogen werden nachzuziehen. Andere führende Leute der S.F.I.O. zeigten sich unseren Argumenten weniger zugänglich, und einige waren sogar für harte Behandlung und konsequente Schwächung Deutschlands. Dabei kümmerte sie das Los der deutschen Arbeiter wenig: Diese seien ja auch Nazis gewesen... Immerhin hatte man in der S.F.I.O. Sinn für eine Europa anvisierende Politik; manche waren vor allem deswegen für Europa, weil ein in die europäische Gemeinschaft eingebrachtes Deutschland die Möglichkeit, seine Außenpolitik autonom zu führen, verliere und damit seinen Nachbarn nicht mehr gefährlich werden könne. Ich hatte gegen diese Art zu denken nichts einzuwenden, vorausgesetzt, daß die anderen Mitglieder der künftigen europäischen Gemeinschaft die gleichen Beschränkungen ihrer außenpolitischen Autonomie auf sich nahmen. In diesem Punkt war ich – genau wie Kurt Schumacher – nicht geneigt, Vorleistungen Deutschlands zuzustimmen, weil mich das Studium der Geschichte gelehrt hatte, daß Staaten, die eine Vorleistung eingeheimst haben, dieser nur selten die eigene Nachleistung folgen lassen. Hätten wir Deutschen freiwillig in die internationale Kontrolle der Ruhr eingewilligt, wäre es den Franzosen und den anderen Staaten nicht eingefallen, ihre eigene Montanindustrie internationaler Kontrolle zu unterwerfen.

In jenen Monaten suchte ich auch Kontakt mit britischen Politikern. Deutschlandminister John B. Hynd war ein gutwilliger und einsichtiger Mann mit Gespür für internationale Solidarität unter Sozialisten. Wenn in der Britischen Zone etwas falsch lief, konnte man über ihn manches erreichen; aber es schien, daß er in der Regierung nicht viel zu bestellen hatte. Da war Innenminister Herbert Morrison eine andere Figur: Dieser einäugige Sohn eines Londoner policeman war eine kraftvolle Gestalt, voller common sense und mit der Großherzigkeit begabt, die man gelegentlich bei Arbeiterführern antreffen konnte, die vor ihrem Aufstieg in hohe Staatsstellungen die harte Zeit der Arbeitskämpfe um elementarste Rechte hatten durchfechten müssen. Von ihm habe ich den Satz gehört: »Daß politische Parteien um ihre Sache hart kämpfen, ist das Lebensblut der Demokratie.« Morrison hatte viel Verständnis für unsere Vorstellungen, und ich weiß, daß er auch in London und bei dem Zonenbefehlshaber, General Sir Brian Robertson, Verständnis für die Haltung der deutschen Sozialdemokratie zu wecken versuchte. Mit General Robertson traf ich zu Beginn des Jahres 1948 mehrere Male zusammen. Nach Kurt Schumachers Erkrankung lud er mich mit Herbert Morrison zweimal in seine Residenz, Schloß Röttgen, ein. Diese offenen, nützlichen Gespräche haben bewirkt, daß ich, während der Beratungen des Parlamentarischen Rates, bei den Zusammenkünften mit den Zonenbefehlshabern dem britischen General kein Unbekannter mehr war.

Von Professor Friedrich, einem der wichtigsten Berater des Generals Lucius D. Clay in Deutschlandangelegenheiten, konnte ich viel über die Vorstellungen der Administration der Vereinigten Staaten erfahren. Wir sprachen oft in kollegialer Weise miteinander, etwa über die besten Formen für ein deutsches Staatswesen – doch so abstrakt die Theorien auch sein mochten, die er dabei zu entwickeln pflegte, konnte man dennoch zwischen den Zeilen die konkreten politischen Absichten der amerikanischen Politik erkennen: bei aller Achtung vor den Bestimmungen des Potsdamer Abkommens vom 2. August 1945, einen westdeutschen Staat zu errichten, den man den Deutschen als Vorläufer eines gesamtdeutschen Staates schmackhaft machen könnte. Meine »gesamtdeutschen« Einwendungen hörte er sich an, ließ aber keinen Zweifel, daß es den Amerikanern mit ihren »westdeutschen« Absichten ernst war, denn sie hätten begriffen, daß sie die Verantwortung für das von ihnen besetzte Deutschland nicht ohne die Mitwirkung der Deutschen weiter tragen könnten. Er ließ durchblicken, daß der Westen auf die Dauer auf die deutschen Potentiale nicht werde verzichten können.

Bedeutsam wurde in jener Zeit auch meine erste Begegnung mit Melvin Lasky, der mich nach meiner Rede auf dem Berliner Bezirksparteitag 1948 bat, ihm offen und freimütig meine Auffassung über die amerikanische Deutschlandpolitik darzulegen. Daraus entwickelte sich eine Beziehung, die bald den Charakter einer Freundschaft annahm. Melvin Laskys Wort galt viel bei den hohen amerikanischen Stäben. Ich habe durch ihn viel von dem gelernt, was zu wissen unerläßlich ist, wenn man amerikanische Vorstellungen und Methoden begreifen will.

Das Verhalten der Sowjetunion in den ihrem Zugriff zugänglichen Teilen Europas hatte einige der Illusionen aufgelöst, in denen sich die Regierungen und die öffentliche Meinung der Mächte »des Sieges über den Totalitarismus und für die Herrschaft der Demokratie in der Welt« gewiegt hatten. Nun war klar zu erkennen, daß die Sowjetunion nicht bereit war, sich mit der uneingeschränkten Herrschaft innerhalb ihrer Staatsgrenzen zu begnügen, sondern entschlossen war, jene Völker ihrem Herrschaftsbereich einzugliedern, die dem Zugriff ihrer militärischen Macht unterlagen, indem sie in ihnen, meist als Volksdemokratien getarnt, kommunistische Parteien, die von ihr voll abhängig waren, an die Macht brachte. Einem Drittel Deutschlands hatte sie dieses Schicksal bereitet, wenngleich der äußeren Form nach der Mechanismus des Kontrollrates noch aufrechterhalten wurde. Die Scheinsolidarität mit den Partnern des Potsdamer Abkommens war schon durch einseitige Maßnahmen der Russen gebrochen worden, vor allem in Berlin, mit dessen Absperrung vom übrigen Teil Deutschlands Ende März 1948 begonnen wurde. Zehn Tage zuvor war es zum entscheidenden Bruch gekommen: Marschall Sokolowski verließ den Kontrollrat, der damit seiner Aktionsfähigkeit beraubt wurde und beraubt blieb.

Spätestens mit dem kommunistischen Staatsstreich vom Februar 1948 in Prag begriffen die Westalliierten, daß die Sowjetmacht zum Leviathan zu werden begann, der jede Staatsmacht zu verschlingen drohte, zu der man ihm den Zugang ermöglichte. Es wuchs die Einsicht, daß die von den Sowjets verlangte Teilnahme an der in den alliierten Abmachungen vorgesehenen internationalen Kontrolle der Ruhr die Russen auch politisch und militärisch an den Rhein bringen würde, da sie die Kontrollkommission in Essen oder Düsseldorf sicher nicht ohne »militärischen Schutz« würden lassen wollen; »Zwischenfälle«, die sie zu produzieren vermöchten, könnten zum probaten Mittel werden, politische Pressionen auszulösen. Die Westalliierten erinnerten sich des Satzes von Lenin: »Wer Deutschland hat, hat Europa«, und begannen zu begreifen, daß die Verhinderung

der Sowjetisierung Deutschlands voraussetzte, daß sie sich selbst
bemühten, es zu »haben« ... Um den westlichen Teil Deutschlands
vor dem Schicksal einer Sowjetisierung zu bewahren und seine
Potentiale dem Westen zu erhalten, erschien ihnen die Einrichtung
deutscher Regierungsgewalt in dem ihrer Jurisdiktion unterliegenden
Teil des Landes das geeignetste Mittel zu sein. Dies setzte voraus, daß
die Franzosen ihren bisherigen Widerstand gegen den Beitritt ihrer
Zone zu einem unter deutscher Regierungsgewalt stehenden trizona-
len Gebiet aufgaben. Die Beantwortung der Frage, wie sich diese
staatliche Organisation Westdeutschlands auf die Chancen einer
künftigen Wiedervereinigung Deutschlands auswirken könnte, scheinen die Alliierten damals *ad calendas graecas* vertagt zu haben –
soweit einige von ihnen nicht damals schon der Meinung gewesen
sein sollten, zwei deutsche Staaten seien für sie besser als ein einziges,
ungeteiltes Deutschland ...

Die Bereitschaft zum Beitritt wurde den Franzosen durch den
Bündnisvertrag erleichtert, der am 17. März 1948 in London zwischen ihnen, Großbritannien und den Beneluxländern abgeschlossen
wurde. Die Vertragspartner verpflichteten sich, jedem Angriff auf
einen von ihnen automatisch mit ihrer gesamten Militärmacht entgegenzutreten. Daraus entstand einige Jahre später ein Treppenwitz der
Geschichte: Dieser Vertrag wurde, nach gewissen Ergänzungen,
unter dem Namen »Vertrag über die Westeuropäische Union« durch
die Aufnahme der Bundesrepublik unter die Vertragsmächte zum
politischen Instrument für die Aufstellung deutscher Streitkräfte und
den Beitritt der Bundesrepublik zur NATO.

Den Anstoß zur Vereinigung der französischen Zone mit der
Bizone gab der Form nach die Notwendigkeit, eine einheitliche
deutsche Stelle für die Nutzbarmachung des Marshallplanes zu
schaffen. Am 16. April 1948 faßten die drei westlichen Besatzungsmächte den Beschluß, die drei westlichen Besatzungszonen gemeinsam in die OEEC – die Organisation, die den Marshallplan in Europa
durchführen sollte – aufzunehmen. Doch dann sprach man ohne
weitere Umwege über das wahre Problem.

Am 2. Juni 1948 war die Einigung der Westmächte vollzogen. Es
wurde ein Kommuniqué herausgegeben, in dem es hieß: »... die

Delegierten erkennen an, daß es bei Berücksichtigung der augenblicklichen Lage notwendig ist, dem deutschen Volk Gelegenheit zu geben, die gemeinsame Grundlage für eine freie und demokratische Regierungsform zu schaffen, um dadurch die Wiedererrichtung der deutschen Einheit zu ermöglichen, die zum gegenwärtigen Augenblick zerrissen ist.«

Die Sowjetunion protestierte sofort. Sie bezog sich dabei auf die Beschlüsse von Jalta und Potsdam und verlangte den Abschluß eines Friedensvertrages mit Deutschland gemäß den Potsdamer Beschlüssen und den Abzug der Besatzungstruppen aller Mächte binnen Jahresfrist nach Abschluß des Friedensvertrages. Die Sowjetunion wolle an der internationalen Kontrolle an der Ruhr beteiligt werden. Für die Bildung einer deutschen Regierung müßten die Methoden gelten, die die Russen bei der Bildung der Volksdemokratien schon erprobt hätten.

Um ihren Forderungen Nachdruck zu verschaffen, eröffneten die Russen am 24. Juni 1948 die Blockade Berlins.

Am 1. Juli 1948 überreichten die alliierten Zonenbefehlshaber in Frankfurt den Ministerpräsidenten der Westzonen drei Noten, die unter dem Namen »Frankfurter Dokumente« deutsche Geschichte gemacht haben. Der Weg, der zur Bundesrepublik Deutschland führen sollte, konnte trassiert werden.

DER PARLAMENTARISCHE RAT
UND DAS GRUNDGESETZ

Die verschiedenen Vorstellungen

Zu Beginn des Jahres 1948 erkrankte Kurt Schumacher schwer. Vom März 1948 bis zum April 1949 hielt ihn das Krankenbett in Hannover fest. Dreizehn Monate lang war dieser deutsche Patriot, der von dem Glauben besessen war, die Sozialdemokratie habe alle ihre Energien für die Erringung der Freiheit Deutschlands von der Bestimmung durch fremde Mächte sowie für die Ausformung eines substantiell demokratischen Regimes für dieses Land einzusetzen, der Möglichkeit beraubt, die Partei unmittelbar ansprechen zu können. Die Krankheit verwehrte ihm das persönliche Gespräch mit den Mächtigen in Deutschland und den maßgeblichen Politikern der Besatzungsmächte. Beides mußten die Männer und Frauen seines Vertrauens übernehmen. Zu einem von ihnen bestimmte er mich.

So kam es, daß ich zu der kleinen Gruppe zählte, die sich an seinem Krankenbett zu versammeln pflegte. Unsere Gespräche galten der Analyse der Lage Deutschlands und dessen, was wir von den Deutschlandplänen der Alliierten wußten und zu erwarten hatten. Wir schlossen aus den Berichten sozialistischer Gesinnungsfreunde in Frankreich und Großbritannien, daß in absehbarer Zeit ein alliierter Auftrag an die Ministerpräsidenten der Länder ergehen werde, das Gebiet der drei Westzonen als föderalistisches, von einer deutschen Bundesgewalt demokratisch regiertes Land zu organisieren.

Wir entwarfen und durchdachten Modelle, bei denen uns die Gewähr gegeben schien, daß sie bei aller Achtung vor der Autonomie der Länder erlauben werden, für das ganze Bundesgebiet identische Lebensverhältnisse zu entwickeln. Wir dachten weniger an eine Verfassung für einen regulären Staat als an ein administratives Organisationsstatut für eine Gebietskörperschaft. Die Beschränkung hierauf sollte ausschließen, daß ein separater und souveräner west-

deutscher Staat entstehen konnte, dessen Bestand für sich allein die
Spaltung Deutschlands auch deutscherseits legitimieren und damit die
Wiedervereinigung künftig unmöglich machen würde.

Meine Vorschläge gingen dahin, die Alliierten zu zwei Maßnahmen
zu veranlassen: zur Einführung eines Besatzungsstatuts durch sie
selbst, das eine quasi rechtsstaatliche Handhabung der Besatzungs-
gewalt ermöglicht; gleichzeitig sollten sie die Deutschen ermächtigen,
für die Trizone ein Organisationsstatut zu beschließen, das ihnen die
Möglichkeit eröffnet, sich im Rahmen des Besatzungsstatuts nach
ihren eigenen Vorstellungen zu organisieren und ihre Lebensverhältnisse nach ihren demokratischen Einsichten zu gestalten; Berlin sollte
in den Geltungsbereich dieses Statuts einbeschlossen werden. Auf
alles, was die Trizone als einen »perfekten« Staat erscheinen lassen
könnte, müsse verzichtet werden. Je mehr etatistischen Perfektionismus wir walten ließen, desto mehr Perfektion würde von Ostberlin
aus entfaltet werden. Stünden eines Tages auf deutschem Boden sich
zwei perfekte, das heißt »geschlossene« Staaten gegenüber, würde die
Aufhebung der deutschen Spaltung von innen her nicht mehr möglich
sein. Die Mächte würden dann den Prozeß der Wiedervereinigung
den beiden »deutschen« Regierungen überlassen, was dann jener die
Bestimmung des Grenzwertes für das Zustandekommen des Vereini-
gungsgeschäftes in die Hand gäbe, die am wenigsten daran interessiert
sei, Deutschland als freiheitlichen Rechtsstaat zu organisieren. Der
sehr nahe Nachbar UdSSR werde dafür sorgen, daß es so bleiben
wird. Das politische Gefüge des europäischen Kontinents könne nur
durch die Großmächte – USA und Sowjetunion – und die sich um sie
gruppierenden, von ihnen abhängigen Staaten konstituiert werden –,
und zwar ohne die verantwortliche Mitwirkung einer Bevölkerung,
die so lange unter Kuratel und Protektion von Besatzungsmächten
stehen werde, als diese sich nicht untereinander über das Ausmaß
ihrer Entscheidungsfreiheit geeinigt haben. Bei dem heutigen Stand
der Dinge könne ein sich an diesem Prozeß beteiligendes Teil-
Deutschland nur stören. Die politischen Parteien und die öffentliche
Meinung sollten alles tun, um in Deutschland und innerhalb der
Staaten Europas den Willen aller politischen Kräfte zu wecken, eine
europäische Föderation zu bilden und effektiv zu machen, die unter

Einschluß des wiedervereinigten – nicht nur des halben – Deutschlands der dritte Partner im Konzert der Mächte werden könnte, die nach dem Zweiten Weltkrieg übriggeblieben sind.

Unter den führenden Parteifreunden vermochten sich mangels genügender Unterrichtung nicht alle genaue Vorstellungen über eine konkrete Deutschlandpolitik zu machen. Über Form und Inhalt dieses Prozesses müßten sich die Besatzungsmächte und die Deutschen, so gut es geht, verständigen . . . Fast jeder hatte seine eigene Vorstellung, wie dies geschehen könnte und sollte. Am häufigsten wurde die Auffassung vertreten, daß irgendwann – einem Naturvorgang vergleichbar – eine Volksabstimmung in Deutschland erfolgen werde, in der die Deutschen die Inhalte und Formen ihrer politischen und gesellschaftlichen Existenz beschließen. Nur wenige machten sich klar, daß auch in einem Jahrhundert, das das Selbstbestimmungsrecht der Völker auf sein Panier geschrieben hat, die Staaten, die auf kritischen Gebieten die Macht ausüben, das Ob, das Wie und das Wann der Ausübung jenes Selbstbestimmungsrechts von ihrer Beurteilung seiner Auswirkung auf ihre eigenen Interessen und das Gleichgewicht der Macht abhängig machen werden.

Bei der Bildung einer sozialdemokratischen politischen Generallinie kam es nicht nur auf die führenden Persönlichkeiten in den Parteiorganisationen an, sondern auch auf die sozialdemokratischen Ministerpräsidenten der Länder, denn diese hatten aus den bekannten Gründen bei den Militärregierungen größeres Prestige als die Vorsitzenden der politischen Parteien. Einige der »Landesfürsten« hatten im Lauf der Zeit im Wissen um ihre besonderen Beziehungen zu den Militärregierungen dem Parteivorstand gegenüber durchaus das Gefühl eigener Bedeutung gewonnen. Dies machte sie zwar nicht irre an ihrer Treue zum sozialdemokratischen Gedankengut, ließ ihnen aber doch zuweilen den Parteivorstand als eine Macht erscheinen, welcher die ihnen gegenüber in Anspruch genommene Autorität nicht zustehe. Waren denn nicht sie es, die im ständigen Kontakt mit ihren Zonenbefehlshabern und Landesgouverneuren den Finger am Pulsschlag des Geschehens hatten? Und oblag nicht ihnen in erster Linie die Aufgabe, für das Wohl der Bewohner ihres Landes zu sorgen, das doch oft mehr von landesspezifischen Umständen abhing als von gesamtpolitischen Erwägungen? Aus diesem Spannungsverhältnis ergaben sich schon früh Konflikte.

Zuerst brach ein Konflikt aus im Verhältnis Kurt Schumachers zu Wilhelm Högner, dem bayerischen Ministerpräsidenten und Vorsitzenden der aus Neigung und landespolitischem Kalkül »bajuwarisch« gesinnten bayerischen Landesorganisation. Wilhelm Högner war während seiner Emigration in der Schweiz zum Föderalisten geworden. Er versprach sich das Heil für Deutschland von einer möglichst lockeren Streuung der staatlichen Gewalt und wollte darum die Schwerpunkte der Staatsgewalt auf die Länder legen; der bundesstaatlichen Zentralgewalt sollte nur die Macht eingeräumt werden, die ihr die Länder zu übertragen bereit wären. Die Spannung zwischen Kurt Schumacher und Wilhelm Högner wurde so stark, daß die beiden sich mehr und mehr mieden. Högners Einfluß auf die Haltung der bayerischen Sozialdemokraten in der Deutschlandfrage minderte die Wirkungsmöglichkeit zweier einflußreicher Mitglieder der Partei, die Walter Seufferts und des späteren Vorsitzenden des Landesbezirks Bayern, Waldemar von Knoeringen. Aber auch diese beiden Männer bestanden auf einer zumindest faktischen Sonderstellung des Landesbezirks Bayern der SPD, wenngleich bei ihnen, und durch sie bei der ganzen bayerischen Sozialdemokratie, nie von partikularistischen Bestrebungen die Rede sein konnte.

Ganz anderer Herkunft, wenngleich nicht weniger hartnäckig waren die Vorbehalte, die Bremens Bürgermeister Wilhelm Kaisen gewissen Bestrebungen der Deutschlandpolitik des Parteivorstandes gegenüber machte. Er dachte gesamtdeutsch wie nur einer; aber er meinte, daß zunächst jeder vor seiner eigenen Tür kehren und sein eigenes Haus aufbauen müsse; vorher könnten Spekulationen über den rechten Bauriß für das künftige Deutschland keinen Nutzen bringen. Ihm kam es zunächst in erster Linie darauf an – ähnlich ging es seinem Kollegen Max Brauer in Hamburg –, den völlig zerstörten Hafen Bremens wiederaufzubauen, ohne den die Stadt nicht leben konnte. Im Gegensatz zu Kurt Schumacher war er davon überzeugt, daß wir Westdeutschen uns an die Westmächte anlehnen müßten und mit ihnen enge wirtschaftliche Beziehungen herzustellen hätten.

Sozialdemokratische Politik müsse vorrangig darin bestehen, gesellschaftliche und politische Spannungen zu beseitigen. Die Partei habe sich als Vorkämpfer einer auf die Bildung eines wirtschaftlich und politisch geeinten Europa ausgehenden Politik zu verstehen, die jetzt nur in Verbindung mit den Westmächten möglich sei. Darum dürfe man auch der Bestrebung der Alliierten, in den drei Westzonen ein solides staatliches Gebilde zu errichten, keinen Widerstand entgegensetzen. Er war von der Überzeugung durchdrungen, daß auf lange Zeit hin Ersprießliches für Deutschland nur durch Kooperation aller demokratischen Kräfte zu erreichen sein werde, die es in Deutschland gibt; darum müsse die Suche nach dem innen- und außenpolitischen Kompromiß noch lange die Methoden der deutschen Politik bestimmen.

Von diesen Gedanken aus hat Wilhelm Kaisen in der deutschen Frage gegen die Thesen Kurt Schumachers hart und geduldig opponiert; er war bereit, es auf die äußerste Kraftprobe ankommen zu lassen, und meinte, dabei seiner Bremer Sozialdemokraten sicher sein zu können. Der Respekt, den die Partei vor der Lauterkeit und Treue dieses Mannes hatte, führte dazu, daß sie sich im April 1949, als die Frage nach dem »Alles oder Nichts« gestellt wurde, für den Kompromiß entschied.

Den heftigsten Widerstand gegen Kurt Schumachers Deutschlandkonzeption leistete Ernst Reuter, der Regierende Bürgermeister von Berlin. Im Juli 1947 war er auf Vorschlag der Berliner Partei mit großer Mehrheit von der Stadtverordnetenversammlung zum Oberbürgermeister gewählt worden, konnte jedoch des Vetos der Russen wegen seine Befugnisse nur auf dem Gebiet der drei Westsektoren ausüben. Seine Wahl gab ihm die Möglichkeit, sich an die Spitze der zum Widerstand gegen die Sowjetisierungspolitik der Russen entschlossenen Berliner zu setzen. Bald galt er weit über die Grenzen Berlins hinaus als einer der geachtetsten Politiker Deutschlands. Nach der Spaltung Berlins verstärkte seine Wahl zum Regierenden Bürgermeister seinen Ruhm, als er sich als der Mann zu erkennen gab, dem es in besonderem Maße aufgegeben war, die Bemühungen um die Einheit Deutschlands in die rechten Bahnen zu lenken. Er war überzeugt, daß Deutschlands Schicksal in Berlin entschieden werde und daß darum alles, was Deutschland betreffe, mit dem Blick auf Berlin getan werden müsse – und wessen Augen könnten dabei klarer sehen als die seinen?

Damit wurde der Konflikt mit Kurt Schumacher unausweichlich, zumal die Blockade der Stadt ihren Bürgermeister in den Mittelpunkt des politischen Weltinteresses rückte – konnte doch niemand deren Sache in der Welt wirksamer vertreten als der Führer des heroischen Widerstandes der Stadt. Das führte zur Entfremdung der beiden gleichermaßen hochverdienten, gleichermaßen patriotischen, gleichermaßen für den guten Verlauf der deutschen Dinge unentbehrlichen Männer.

Während Kurt Schumachers Krankheit ruhten seine unmittelbaren Kontakte mit der Berliner Bevölkerung, und was dort erfolgte, geschah ohne sein persönliches Zutun. Das war für ihn schwer zu ertragen. Hinzu kam, daß Ernst Reuter, schon bevor die Alliierten ihre Vorschläge für die staatliche Organisation Westdeutschlands bekanntgemacht hatten, dafür eingetreten war, im freien Teil Deutschlands eine in deutscher Hand ruhende politische Gewalt einzurichten, die mit Hilfe des Marshallplanes in Westdeutschland und Berlin politische und ökonomische Zustände schaffen sollte, deren Humanität auf die Bevölkerung der sowjetisch besetzten Zone wie ein Magnet wirken könnte. Über kurz oder lang werde dies die Russen zwingen, ihre der Wiederherstellung der Einheit eines demokratischen Deutschlands widerstrebende Politik zu revidieren. Von dieser Gewißheit aus leistete Ernst Reuter der Politik Kurt Schumachers erbittert Widerstand, soweit sich dieser der Umwandlung der drei Westzonen in einen westdeutschen Staat widersetzte.

Ernst Reuter hatte auf die Militärbefehlshaber weit größeren Einfluß als Kurt Schumacher, vor allem auf General Clay, der in den Jahren 1948 und 1949 in Fragen der Deutschlandpolitik der bestimmende Mann war. Ich bin überzeugt, daß Ernst Reuters Auffassungen starken Einfluß auf die Haltung der Alliierten ausübten und daß dies der Grund war, weshalb Kurt Schumachers Argumente und die seiner engeren Freunde nicht die Wirkung hatten, die sie verdienten. Kurt Schumacher fand zu Ernst Reuter nie mehr ein unbefangenes

Verhältnis, zumal er von manchen Berliner Parteifreunden recht einseitig über den großen Konkurrenten informiert wurde, der ihm den Ruhm streitig zu machen schien, die Reaktion der Alliierten auf die Ereignisse um und in Berlin als erster zur Testfrage für die Beurteilung ihrer Deutschlandpolitik gemacht zu haben.

Zum Höhepunkt dieses Konfliktes kam es während der Diskussion über die Frankfurter Dokumente und mit dem Beginn der parlamentarischen Arbeit des ersten Deutschen Bundestages.

Die Frankfurter Dokumente und Herrenchiemsee

Die erste massive Maßnahme der Alliierten im Zusammenhang mit der »Normalisierung« der Verhältnisse in den Westzonen war die Verkündung der am 20. Juni 1948 in Kraft tretenden Reform der deutschen Währung. Diese »Reform« hat im gesellschaftlichen Gefüge und in den ökonomischen Verhältnissen Westdeutschlands tiefgreifende Umwälzungen hervorgerufen, die mit dem Geschehen anläßlich der Liquidierung der großen Inflation nach dem Ersten Weltkrieg verglichen werden können. Wieder lief unser Land Gefahr, daß die Cleveren auf Kosten der Allgemeinheit, die keine Sachwerte anzubieten hatte, das gute Geld einheimsten. Dem Gemeinwohl konnte dies nicht gut bekommen. In breiten Schichten der Bevölkerung beschäftigte die Reform die Gemüter mehr, als das, was sich in London bei den Außenministern für das Schicksal Deutschlands zusammenbraute. In der Presse stand zu lesen, die Besatzungsmächte würden demnächst den Ministerpräsidenten der deutschen Länder Dokumente überreichen, die sich mit der Umwandlung der Trizone in einen Staat befaßten, dessen Verfassung von den Deutschen auszuarbeiten sein werde. Der Inhalt dieser Dokumente wurde allmählich bekannt: Es handelte sich um drei »Empfehlungen« der westlichen Alliierten an die deutschen Ministerpräsidenten.

In dem ersten Dokument wurden die Ministerpräsidenten der westdeutschen Länder ermächtigt, bis zum 1. September 1948 eine aus Vertretern der Länder bestehende Verfassunggebende Versammlung einzuberufen. Diese sollte für Westdeutschland eine auf demokratischen Grundsätzen beruhende Verfassung föderalistischen Typs ausarbeiten, »die am besten geeignet ist, die gegenwärtig zerrissene deutsche Einheit schließlich wiederherzustellen«, indem sie die Rechte der beteiligten Länder schütze, eine angemessene Zentralregierung schaffe und die individuellen Rechte und Freiheiten garantiere. Diese Verfassung sollte in jedem Land durch eine Volksabstimmung ratifiziert werden. Die Alliierten behielten sich das Recht der Genehmigung dieser Verfassung vor.

Das zweite Dokument forderte die Ministerpräsidenten auf, Vorschläge über die territoriale Neugliederung Deutschlands zu machen, die Grenzen der einzelnen Länder zu überprüfen und gegebenenfalls Grenzänderungen vorzuschlagen.

Das dritte Dokument umschrieb in wenig präziser Weise den Rahmen eines Besatzungsstatuts, das gleichzeitig mit der Verfassung in Kraft gesetzt werden sollte. Der deutsche Außenhandel werde der Kontrolle der Militärgouverneure unterstellt bleiben, die Kontrolle über die internationale Ruhrbehörde würde von den Militärregierungen wahrgenommen werden; die Reparationsfrage, das Ausmaß der deutschen Industrie, die Dekartellisierung, die Abrüstung und die Entmilitarisierung stünden weiter zur Disposition der Alliierten, die sich auch das Recht vorbehielten, die zukünftige Bundesregierung und die Regierungen der Länder bei der Demokratisierung des politischen Lebens, der Ausgestaltung der sozialen Beziehungen und des Erziehungswesens zu beobachten und zu beraten.

Ähnliche Bestimmungen pflegten die Verträge zu enthalten, aufgrund derer die »Mächte« einst in Afrika und Asien »Protektorate« begründeten . . .

Am 1. Juni 1948 hatte Kurt Schumacher mich nach Hannover gebeten, wo ich an seinem Krankenbett Erich Ollenhauer und Hinrich Kopf traf. Wir besprachen das von den Siegermächten vorgesehene Abkommen über die Kontrolle der Ruhr und die Ergänzung der Bizone zur Trizone durch den Beitritt der Französischen Zone. Wir waren überzeugt, daß nun bald die Politisierung dieses Zusammenschlusses kommen werde, und Kurt Schumacher bat mich zu überlegen, wie die Partei am besten reagieren könnte. Wir waren sicher, daß die Alliierten, getreu ihrem bisherigen Verhalten, die politischen Parteien im Schatten stehen lassen und nur die Ministerpräsidenten der Länder als Adressaten ihrer Beschlüsse und als mögliche Verhandlungspartner betrachten werden. Am 20. Juni kamen wir wieder in Hannover zusammen, und Kurt Schumacher billigte meine Auffassung, daß der Parteivorstand die sozialdemokratischen Ministerpräsidenten rechtzeitig am Portepee fassen und verlangen müsse, daß der Stellvertretende Parteivorsitzende Erich Ollenhauer zu den Beratungen der Ministerpräsidenten eingeladen wird.

Am 29. Juni tagte der Parteivorstand. Auf meinen Antrag stellte er fest, »die Londoner Empfehlungen stellen die Souveränität des deutschen Volkes nicht wieder her und sind darum nur ein weiteres Provisorium«. Diese Erklärung war notwendig, weil viele Menschen in Deutschland glaubten, daß wir von nun an in unserem Lande wieder Herren sein würden.

Zum 1. Juli 1948 wurden die deutschen Ministerpräsidenten von den drei Zonenbefehlshabern nach Frankfurt am Main eingeladen, um die Empfehlungen der Londoner Konferenz entgegenzunehmen. Die Ministerpräsidenten erbaten sich eine Frist für ihre Antwort und beschlossen, zu deren Beratung vom 8. bis 10. Juli 1948 auf dem »Rittersturz« in Koblenz zusammenzukommen.

Die Ministerpräsidenten erschienen in Begleitung ihrer politischen und juristischen Berater. Parteivorsitzende waren nicht eingeladen worden, doch machte sich der Wunsch geltend, die Vorsitzenden der großen Parteien als Beobachter und Berater zu den Verhandlungen hinzuzuziehen. Schon im Laufe des ersten Verhandlungstages traf Erich Ollenhauer in Vertretung Kurt Schumachers ein; ihm folgte Josef Müller, der Vorsitzende der CSU; später kam Konrad Adenauer dazu, damals Vorsitzender der CDU der Britischen Zone.

Von Anfang an stand für die Beteiligten fest, daß den Ministerpräsidenten ihre Entscheidung nicht leichtfallen konnte. So wünschenswert ihnen die Erweiterung der deutschen Kompetenzen innerhalb der drei Zonen gegenüber denen des Vereinigten Wirtschaftsgebietes erscheinen mochte, so sehr scheuten sie doch das politische Risiko, das darin lag, daß nun unter der Herrschaft und auf Geheiß der Besatzungsmächte die Deutschen auf einem Teilstück des von ihnen bewohnten Gebietes einen Staat errichten sollten, den nach Form und Inhalt zu genehmigen sich die Westalliierten vorbehielten. Machten sie sich damit nicht zu Erfüllungsgehilfen für politische Absichten fremder Staaten, die vielleicht ein Interesse daran hatten, Deutschland in zwei Teile zu spalten, und uns die Möglichkeit nehmen wollten, die ungeteilte Nation in den *einen* gemeinsamen Staat aller Deutschen einzubringen?

Zunächst sprach Frau Louise Schroeder, die von den Ministerpräsidenten demonstrativ eingeladen worden war, obwohl Berlin von den Londoner Dokumenten nicht betroffen wurde. In eindrucksvoller Weise teilte sie der Konferenz mit, daß die Stadtverordnetenversammlung in Berlin nach Bekanntwerden der Londoner Empfehlungen mit den Stimmen aller demokratischen Parteien einen Beschluß gefaßt habe, in dem sie bedauere, daß die Alliierten sich nur auf eine Teillösung der Deutschlandfrage einigen konnten; sie fordere freie Wahlen in ganz Deutschland. Sie bat inständig, Berlin die Treue zu halten und keine Isolierung der Stadt zuzulassen. Hier und in den folgenden Beratungen dürfe nichts beschlossen werden, was mehr sei als ein Provisorium, das alle Möglichkeiten für eine Verständigung mit der vierten Besatzungsmacht über Deutschland und über Berlin offenließe. Der Eindruck ihrer Worte war außerordentlich; jedermann spürte, daß ein Berufener gezeigt hatte, daß wir an einem Kreuzweg standen. Ich wollte vor meiner Wortmeldung erst einige Ministerpräsidenten der größeren Länder hören. Als sich aus dem Verlauf der Diskussion kein zusammenhängendes Konzept einer das Problem, vor dem wir standen, ganz umreißenden politischen Linie ergab, nahm ich als stellvertretender Staatspräsident meines Landes das Wort.

Ich warnte davor, sich so zu verhalten, als seien *wir* es, die zu verantworten haben, was die Alliierten in London über Deutschland beschlossen hatten. Ihre Entscheidung sei Ausdruck *ihrer* politischen Interessen, und diese seien nicht unbedingt mit den Interessen unseres Volkes identisch. Das deutsche Volk aller Besatzungszonen habe den Willen, in Einigkeit, Recht und Freiheit in einem gemeinsamen Hause zu leben. Werde im Westen Deutschlands ein Staat geschaffen, dann werde die östliche Besatzungsmacht als Gegenmaßnahme einen ostdeutschen Staat ins Leben rufen. Solange die vier Besatzungsmächte sich über das endgültige politische Schicksal Deutschlands nicht einig sind, sei jede rechtliche Verfestigung des Status quo eine Belastung der Chancen jeder für die Aufhebung der deutschen Spaltung geführten Politik. Je weniger die durch die widersprechenden Interessen der Besatzungsmächte geschaffenen Tatbestände konsolidiert werden, desto wahrscheinlicher sei, daß die Verhältnisse einen Zwang auf die Besatzungsmächte ausüben werden, in Viererverhandlungen über Deutschland einzutreten. Ob diese zu einem für uns erträglichen Erfolg führen werden, könne niemand sagen; sicher aber sei, daß es auf die uns aufgegebene Weise nie zu aussichtsreichen Verhandlungen kommen wird.

Die Errichtung eines »Staates« in Westdeutschland setze die Existenz einer westdeutschen Staatsnation voraus, und an deren Existenz glaube doch wohl keiner der Anwesenden. Andererseits könnten wir uns aber nicht als die Repräsentanten der ganzen deutschen Nation betrachten, denn wir hätten von ihr und für sie kein Mandat erhalten; selbst wenn wir davon ausgehen könnten, auch die Deutschen jenseits von Elbe und Werra hätten uns in stillschweigender Übereinstimmung das Mandat erteilt, auch für sie zu handeln, wenn wir für Westdeutschland eine Verfassung beschließen, wären wir zwar moralisch gerechtfertigt, doch würde dies an den Reaktionen der vierten Besatzungsmacht nichts ändern.

Bei dem heutigen Zustand Deutschlands scheine mir das Gebotene zu sein, klar herauszustellen, daß alles, was heute in Deutschland an politisch Relevantem geschehe, in Funktion des Besatzungszustandes erfolge, also Folge der Fremdherrschaft sei, in die wir durch die Schuld der Machthaber des Dritten Reiches geraten seien. Die Freiheiten, die uns die Alliierten einräumen wollten, könnten Inhalt eines Besatzungsstatuts sein, das die alliierten Herrschaftsrechte in Deutschland angemessen begrenze und in rechtsstaatliche Form bringe. Wir selber könnten ein dazu passendes Organisationsstatut schaffen, das in Funktion des Besatzungsstatuts, das die Alliierten ja auch im Falle der Gründung eines westdeutschen Staates erlassen wollten, die gesetzgeberischen, administrativen und richterlichen Kompetenzen für das Gebiet der drei Westzonen ordne und in angemessener Weise zwischen einer zentralen Administration und den Ländern aufteile.

Auf jeden Fall aber müsse, was immer wir schaffen, den Charakter eines Provisoriums haben, das nur so lange in Geltung bleiben solle, als nicht das ganze Volk die Möglichkeit habe, gemeinsam den Staat aller Deutschen zu errichten. Heute könnten wir kein endgültiges »Deutsches Haus« bauen, sondern nur ein Notdach, das uns für die Zeit des Übergangs Schutz gewährt.

Wenn wir aber nur ein Organisationsstatut schaffen wollten, dürften wir keine »Verfassunggebende Versammlung« einberufen und auch ein Organisationsstatut nicht durch Volksabstimmungen sanktionieren lassen; ein solches Verfahren müßte zwangsläufig dahin ausgelegt werden, daß wir in Wirklichkeit einen westdeutschen Staat konstituieren wollen.

Ich schloß mit der Feststellung, daß mein Vorschlag nicht »staatliches Denken« durch »gesellschaftliches« ersetzen wolle; ebensowenig sei er Ausdruck mangelnder Verantwortungsbereitschaft. Er sei nichts anderes als eine juristische Formulierung der politischen Konsequenzen, die sich aus dem gegenwärtigen Zustand der für das Schicksal Deutschlands konstitutiven Machtverhältnisse ergeben.

Meinen Ausführungen folgte eine lange und lebhafte Diskussion, die schließlich zu einer Einigung über folgende Punkte führte: Die Ministerpräsidenten stimmten meinen Überlegungen weitgehend zu, wonach nicht die Verfassung für einen Staat in Westdeutschland geschaffen werden dürfe, sondern lediglich ein Organisationsstatut für ein die drei Zonen umfassendes Verwaltungsgebiet Westdeutschland. Dieses Organisationsstatut solle den Namen »Grundgesetz« erhalten und nicht von einer »Verfassunggebenden Versammlung« beschlossen werden, sondern von einem von den Landtagen der Länder zu beschickenden »Parlamentarischen Rat«. Das Besatzungsstatut, das die Alliierten planen, müsse schon vor Einberufung dieses Parlamentarischen Rates in Kraft gesetzt werden, damit dieser wisse, wie weit er in der Ausgestaltung des Organisationsstatuts mit den von deutschen Stellen auszuübenden Kompetenzen gehen könne. Die wirkliche Verfassung Westdeutschlands werde das Besatzungsstatut sein, denn dieses bestimme die Kompetenzkompetenz und wem in kritischen Fällen das letzte Wort zustehe.

Es wurde beschlossen, mich mit der Redaktion der Mantelnote zu beauftragen, mit der den Militärgouverneuren die Antwort der Ministerpräsidenten auf die drei Dokumente übersandt werden sollte. Meine Fassung dieser Note, die die vorstehend dargestellten Ausführungen vor der Ministerpräsidentenkonferenz erläuterte, wurde von der Versammlung ohne Zusätze und Abstriche gebilligt.

Doch der Sieg dieser Thesen auf dem »Rittersturz« zu Koblenz war ein Pyrrhussieg. Die Besatzungsmächte wollten durchaus einen, wenn auch nur fragmentarischen, so doch der Substanz nach »richtigen« westdeutschen Staat, und sie waren die Stärkeren. In der folgenden Woche zeigte sich, daß es ein Fehler war, die politischen Parteien nicht als eigenen politischen Faktor in die Prozedur eingeschaltet zu haben. Im Juni waren auch bei der CDU ablehnende Stimmen zu hören – nicht bei den »Landesfürsten« –, und am 17. Juni war Konrad Adenauer mit einigen seiner Freunde in das Parteihaus der SPD nach Hannover gekommen, um mit dem geschäftsführenden Vorstand der SPD eine Verständigung über eine einheitliche Haltung der deutschen Parteien – mit Ausnahme der KPD – zu den Ergebnissen der Londoner Konferenz zu versuchen. Erich Ollenhauer erklärte, die SPD könne sich erst nach einer Parteikonferenz, die noch vor dem 1. Juli in Hamburg stattfinden werde, zu den Londoner Beschlüssen äußern. So konnte es zu gemeinsamen Schritten der politischen Parteien mit gleicher Stoßrichtung nicht kommen. Die Besatzungsmächte konnten sich daranmachen, die Ministerpräsidenten »individuell« davon zu überzeugen, daß ihr Beschluß auf dem »Rittersturz« die Chancen für eine deutsche Regelung nicht verbessere, sondern sie im Gegenteil gefährde – was insbesondere für die Sicherheit Berlins von Bedeutung werden könnte.

Vor allem die Amerikaner waren mit den »Rittersturz«-Beschlüssen unzufrieden. Die Verfassungssachverständigen General Clays hatten ihm offenbar den Inhalt der Beschlüsse als radikale Ablehnung der amerikanischen Vorstellungen dargestellt. General Clay war erbittert; er fand, die westdeutschen Ministerpräsidenten hätten seine

Politik gerade dort sabotiert, wo diese den Deutschen Erleichterungen zu verschaffen versuche. Er warf den Deutschen vor, sie wollten alle Verantwortung auf die Schultern der Besatzungsmächte legen und weigerten sich, politische Risiken zu übernehmen, wo es um Entscheidungen von politischer Tragweite ginge. Es kam zu einer regelrechten Krise. Die Verbindungsbeamten der Amerikaner stellten uns die Gefahren unserer Antwort für die Lage in Deutschland besorgniserregend dar. Sie verwiesen wiederholt auf die Lage Berlins, das schon seit April unter der Blockade aller Zufahrtswege durch die Russen litt. Gegen die Auswirkungen der Blockade konnten nur die Amerikaner wirksam helfen. So beschloß denn die Stadtverordnetenversammlung Berlins, anstelle von Louise Schroeder künftig Ernst Reuter zu den Zusammenkünften der westdeutschen Ministerpräsidenten zu delegieren, dessen positive Haltung gegenüber den Frankfurter Empfehlungen bekannt war. In der Amerikanischen und Britischen Zone hatten die politischen Berater der Militärregierung mit den Ministerpräsidenten und deren Beratern gesprochen und ihnen die Nachteile ihrer Haltung auf dem »Rittersturz« für ihr Land und die Trizone verdeutlicht. Doch den wirksamsten Beitrag bei der »Rückbesinnung« der Ministerpräsidenten leistete Ernst Reuter.

Am 20. Juli trafen sich die Ministerpräsidenten in Frankfurt erneut mit den Zonenbefehlshabern. Diese erklärten sich bereit, ihren Regierungen über die Vorstellungen der Ministerpräsidenten bezüglich der Ausgestaltung des Besatzungsstatuts Bericht zu erstatten, lehnten es aber strikt ab, über die Frage »Staat« oder »Verwaltungsgebiet« auch nur zu verhandeln. Sie wollten kein »Grundgesetz« mit all den Diminutiven, die in dem Wort steckten, sondern eine reguläre, im Rahmen des Besatzungsrechts mit allen Hoheitscharakteren ausgestattete »Verfassung«.

Die Ministerpräsidenten beschlossen, erneut über die Haltung zu beraten, die sie den Zonenbefehlshabern gegenüber einnehmen wollten. Am 21./22. Juli trafen sie sich im Jagdschloß »Niederwald« – ganz in der Nähe des Nationaldenkmals, das einst zum Ruhme Germanias und als Zeichen für den ewigen Bestand des aus dem siegreichen »Einigungskrieg« hervorgegangenen Deutschen Reiches

errichtet worden war. Zu den Ministerpräsidenten waren die einflußreichsten Politiker der Parteien hinzugekommen.

Zunächst ging das Gespräch ziemlich steuerlos hin und her; jeder
hatte für die eine und die andere Klausel sein »wenn« und sein »aber«
vorzubringen, bis Ernst Reuter das Wort ergriff. Da er den Verhandlungen auf dem »Rittersturz« nicht beigewohnt hatte, kannte er die
Argumente nur sehr unvollständig, die seine Kollegen bei der
Formulierung ihrer Antwort überzeugt hatten.

Er erklärte sich mit den Ausführungen über den provisorischen
Charakter jeglicher im geteilten Deutschland zu schaffenden politischen Organisation einverstanden, stellte aber kategorisch fest, daß
wir im freien Westen durch eine parlamentarische Körperschaft eine
Verfassung für den freien Teil Deutschlands zu erarbeiten hätten, die
eine positive Antwort auf den Inhalt der Londoner Empfehlungen
darstelle. Vor allem sei dies um Berlins willen nötig (Louise Schroeder
hatte auf dem »Rittersturz« eine andere Meinung vertreten), dessen
Blockade gebrochen werden müsse und dessen Kampf gegen die
Gewaltmaßnahmen der Sowjetunion nicht um die Wiederherstellung
des Status quo ante geführt werde, sondern um seine Zugehörigkeit
zu dem Teil Deutschlands, »zu dem wir unserer politischen Überzeugung nach gehören und mit dem wir aus wirtschaftlichen Gründen
auf Gedeih und Verderb verbunden sind«. Das Argument, das dem
»Rittersturz«-Beschluß zugrunde liege, wir könnten mangels echter
Souveränität die Londoner Empfehlungen gar nicht ausführen, sei
falsch. Der Weg von der Nichtsouveränität zur Vollsouveränität
werde nicht auf einmal zurückgelegt werden; es gelte, sie zu
erobern, indem man stückweise die Machtansprüche der Besatzungsmächte zurückschraube, bis schließlich den Deutschen die
volle Souveränität nicht mehr vorenthalten werden könne. Im
übrigen hätten wir ein vollgültiges Mandat: Nicht nur Berlin, auch
das Volk der sowjetisch besetzten Zone sehe in der »Konsolidierung des Westens eine elementare Voraussetzung für die Gesundung auch ihrer Verhältnisse und für die Rückkehr des Ostens zum
gemeinsamen Mutterlande«.

Diese Ausführungen überzeugten die Ministerpräsidenten vor
allem durch den Hinweis auf den Osten und auf Berlin, denen, nach

Ernst Reuters Meinung, nur durch die in den Londoner Empfehlungen vorgeschlagenen Maßnahmen geholfen werden könne. In meiner Antwort auf Ernst Reuter entwickelte ich die Thesen, die ich schon auf dem »Rittersturz« vorgetragen hatte, aufs neue. Vergeblich. Zwar schwankten einige Ministerpräsidenten noch, aber man erkannte, daß Ernst Reuter den meisten von ihnen aus dem Herzen gesprochen hatte. Ob seine Argumente sie überzeugten oder ob sie sich schon vorher hatten überzeugen lassen, weiß ich nicht; doch ich war überzeugt, daß ihnen die Philippika Ernst Reuters gelegen kam. Mancher schloß sich bei der Begründung seines Sinneswandels dem Plädoyer Reinhold Maiers an, der ausgeführt hatte, er und seine Kollegen im Lande Württemberg-Baden hätten schon seit Monaten einen Weststaat für notwendig gehalten. Wenn sie auf dem »Rittersturz« zu einer anderen Meinung gekommen waren, so nur deswegen, weil sie durch die Ausführungen Louise Schroeders – fälschlicherweise, wie sich jetzt herausstelle – überzeugt worden seien, die Londoner Empfehlungen müßten Berlin zum Nachteil gereichen. Jetzt wisse man aus dem Munde Ernst Reuters, daß das Gegenteil richtig sei. Als ich Erich Ollenhauer beim Verlassen des Verhandlungsraumes fragend ansah, meinte er: Da könne man nichts machen, so sei nun einmal die Stimmung im Lande . . . Vielleicht hatte er recht.

Am 26. Juli trafen wir ein drittes Mal mit den Gouverneuren zusammen. Sie waren mit dem Ergebnis der Tagung auf Schloß »Niederwald« zufrieden. Es war wohl Ernst Reuter zu verdanken, daß uns zugestanden wurde, statt einer »Verfassung« ein »Grundgesetz« zu schaffen und statt einer Verfassunggebenden Versammlung einen Parlamentarischen Rat mit der Durchführung der Londoner »Empfehlungen« beauftragen zu dürfen, dessen Mitglieder die Landtage zu wählen hatten, und daß ferner die Ratifizierung durch die Landtage für die demokratische Legitimität des Grundgesetzes ausreichen sollte. Über den nur provisorischen Charakter der zu treffenden Regelungen bestand bei den Beteiligten stillschweigendes Einverständnis.

Die Ministerpräsidenten bestimmten den 1. September 1948 für den Zusammentritt des Parlamentarischen Rates und verkündeten eine Wahlordnung für diese Körperschaft. Sie handelten dabei nicht als Chefs ihrer Länder, sondern körperschaftlich als gemeindeutsches Organ für den Teil Deutschlands, dessen Bevölkerung in drei der vier Besatzungszonen die Freiheit gewährt bekam, sich unter Berücksichtigung der Einschränkungen seiner Willensfreiheit durch das Besatzungsrecht nach eigenen Vorstellungen politisch zu organisieren. Die Ministerpräsidenten beschlossen, ein Sachverständigengremium zu beauftragen, als Arbeitsvorlage für den Parlamentarischen Rat einen Entwurf für das Grundgesetz auszuarbeiten. Der bayerische Ministerpräsident Ehard stellte Schloß Herrenchiemsee für die Beratungen dieses Gremiums zur Verfügung.

Der Konvent zu Herrenchiemsee begann seine Beratungen am 10. August und schloß sie am 23. August ab. Seine elf Delegierten waren von vierzehn Mitarbeitern begleitet. Die Richtlinien für seine Arbeit waren die Frankfurter Dokumente in der Fassung, die sie nach den Besprechungen der Ministerpräsidenten mit den Gouverneuren erhalten hatten. Staatsminister Dr. Anton Pfeiffer von der bayerischen Staatsregierung wurde von den Delegierten zum Vorsitzenden des Konvents gewählt und mit der technischen Leitung der Arbeiten betraut. Der Konvent bildete Ausschüsse, die unabhängig voneinander die ihnen vom Plenum überwiesenen Probleme zu bearbeiten hatten. Die Ergebnisse der Ausschußberatungen wurden in zwei Plenarsitzungen des Konvents diskutiert.

Der Konvent beendete seine Arbeit mit der einmütigen, grundsätzlichen Billigung der Berichte der Ausschüsse und beschloß, die Koordinierung der umfangreichen Berichte einem besonderen Ausschuß zu übertragen. Dessen Gesamtbericht sollte dem Parlamentarischen Rat als Vorlage dienen.

Der Verfassungskonvent stellte ein seltsames Gemisch verschiedenster politischer Richtungen, verfassungsrechtlicher Theorien und »Zugehörigkeiten« dar. Keines der Mitglieder war offizieller Vertreter einer politischen Partei; manche gehörten keiner Partei an, sondern waren als Beamte ihrer Landesregierungen, als Professoren oder als frühere Diplomaten ausgewählt worden, weil man ihnen Sachverstand zutraute. Diese Männer, von denen nur wenige einander kannten, sahen sich recht unvorbereitet vor die Aufgabe gestellt, für die Vorlage der Ministerpräsidenten an den Parlamentarischen Rat die Probleme zu durchdenken, mit denen dieser Rat sich bei der Erfüllung seines Auftrages konfrontiert sehen würde. Wir wußten, daß das Ergebnis unserer Arbeiten niemanden verpflichten konnte und daß wir nicht mehr als eine Art von Denkschrift für die Gemeinschaft der Ministerpräsidenten und nicht mehr als ein Arbeitspapier für den Parlamentarischen Rat schaffen konnten; ob unsere Ausarbeitung als Vorlage akzeptiert werden würde, lag allein bei den Ministerpräsidenten und dem Parlamentarischen Rat. Wir wußten jedoch auch, daß unsere Vorschläge die Richtung der Beratungen des Parlamentarischen Rates und die Natur der dabei zutage tretenden Argumente in bedeutendem Maße bestimmen werden, wie dies jeder Leitfaden und jede Denkschrift tun.

Die wenigsten der in Herrenchiemsee zusammengekommenen Sachverständigen hatten sich für diese Konferenz besonders vorbereiten können. Bei den Beratungen stellte sich heraus, daß nur wenige die politische und juristische Problematik eingehend durchdacht hatten, mit welcher der Konvent fertig zu werden hatte. Sie hatten ihren Jellinek und manche wohl auch Carl Schmitts Staatslehre gelesen und die Weimarer Verfassung studiert; doch nur wenigen war bekannt, was nach Empfang der Frankfurter Dokumente im Kreis der Ministerpräsidenten besprochen worden war.

Die bayerische Delegation brachte ein Memorandum mit, das unter Federführung von Professor Dr. Hans Nawiasky von tüchtigen Juristen verfaßt worden war und den bayerischen Delegierten als Diskussionsgrundlage dienen sollte. Es bestand aus einem Entwurf für das Grundgesetz und einer Erläuterung dazu unter der Überschrift »Bayerische Leitgedanken für die Schaffung des Grundgesetzes«, beides solide staatsrechtliche Ausarbeitungen, bei denen der Wunsch deutlich erkennbar war, den »Bund« als ein Produkt der auf dem Gebiet des vergangenen Deutschen Reiches allein noch über Souveränitätsrechte verfügenden Länder darzustellen und ihm nur eine numerativ beschränkte Anzahl von Kompetenzen zu geben. Die Absicht, der Exekutive gegenüber dem Parlament eine starke Stellung zu geben, war klar. Andere »Papiere« lagen nicht vor.

Professor Brill aus Hessen, der in der Weimarer Republik die

Verschmelzung der alten thüringischen Fürstentümer zum Land Thüringen durchgeführt hatte und Mitglied des Reichsrates gewesen war, hatte ins Detail gehende Vorstellungen föderalistischen Gepräges, doch legte er – als Sozialdemokrat – Wert darauf, dem Bund gesetzgeberische und exekutive Kompetenzen zu geben, die für das gesamte Bundesgebiet Änderungen des Wirtschaftssystems möglich machen sollten.

Der Vertreter Badens, Oberlandesgerichtspräsident Dr. Paul Zürcher, trat für einen auf der primären Staatsqualität der Länder beruhenden Föderalismus ein, der die unumgängliche Zentralgewalt auf ein Minimum reduzieren sollte.

Der Bremer Bürgermeister Dr. Theodor Spitta, der das besondere Vertrauen Wilhelm Kaisens besaß, war ein Liberaler mit einem starken Einschlag sozialer Gesinnung; er sorgte mit Erfolg dafür, daß wir uns nicht allzusehr mit Scheinproblemen befaßten und für den »Bund« Kompetenzen vorsahen, die ihm ersparten, sich als Kostgänger der Länder fühlen zu müssen.

Ministerialrat Dr. Justus Danckwerts war Hausjurist und »gelernter Verwaltungsmann« des Ministerpräsidenten Hinrich Kopf, der ihm die Weisung erteilt hatte, er möge, wo er nicht von sich aus sicher sei, was zu geschehen habe, sich mir anschließen.

Dr. Theo Kordt hatte ich schon beim Friedensbüro des Länderrates in Stuttgart als einen politisch denkenden, kenntnisreichen und erfahrenen Beamten kennengelernt. Bei seiner Herkunft aus dem alten Auswärtigen Amt interessierten ihn bei unseren Arbeiten in erster Linie die außenpolitischen und völkerrechtlichen Aspekte.

Dr. Adolf Süsterhenn, Justiz- und Kultusminister des Landes Rheinland-Pfalz, vertrat einen auf starke Länderrechte bedachten bundesfreundlichen Föderalismus. Ihm kam es vor allem auf die Stärkung der richterlichen Gewalt an, in der er ein konservatives Element sah, das einer reformationswütigen Neuerungssucht wehren könnte.

Professor Dr. Fritz Baade vom Weltwirtschaftsinstitut in Kiel bemühte sich erfolgreich, die richtigen Institutionen für die Bewältigung wirtschaftlicher und finanzieller Probleme zu finden, die der Bund haben werde.

Der Justizminister des Landes Württemberg-Baden, Dr. Josef Beyerle, plädierte, wo immer er extreme Vorschläge vermutete, aufgrund seiner langjährigen Erfahrungen als württembergischer Justizminister der Weimarer Zeit für die bedächtigere Lösung. Sein föderalistisches Engagement ging so weit, hartnäckig die These zu vertreten, der »Bund« könne nur aus einem Consensus der Länder hervorgehen; ein deutsches Staatsvolk könne es erst nach Schaffung des Bundes durch die Länder geben.

Was mich anlangt, so hatte ich meine Gedanken in einer Ausarbeitung zusammengefaßt, in der ich die Problematik einer den politischen Realitäten, die uns vorgegeben waren, gerecht werdenden Lösung unserer Aufgabe darstellte, deren Krux es war, daß wir die politische Ordnung eines Teiles Deutschlands zu schaffen hatten, bei der zu vermeiden war, daß sie sich als Hindernis für die Wiedervereinigung Deutschlands auswirkte.

Ich fühlte mich durch meine ausgiebigen Gespräche mit meinen Parteifreunden und meine Memoranden für den verfassungspolitischen Ausschuß beim Parteivorstand gut vorbereitet. Ich glaubte, ein klares Bild von den kontroversen Standpunkten zu haben, mit denen es der Konvent zu tun bekommen würde. Die daraus resultierenden politischen Konsequenzen hatte ich systematisch durchdacht und das Ergebnis zu einem Verhandlungsprogramm verarbeitet, das der Pluralität der Standpunkte Rechnung trug. Um zu verhindern, daß wir mit einem »non liquet« enden müßten, stellte ich mich darauf ein, daß es in den Grundsatzfragen wahrscheinlich zu einer Mehrheits- und einer Minderheitsauffassung kommen könnte und wir für beide die angemessene staatsrechtliche Lösung würden vorsehen müssen. Bei meinen Vorarbeiten unterstützte mich mein langjähriger Mitarbeiter Dr. Gustav von Schmoller, der auch hervorragenden Anteil an der Abfassung der Denkschrift hatte, in der die Arbeitsweise und Beratungsergebnis des Konvents festgehalten wurden.

Dr. Otto Suhr, der Vorsteher des Stadtverordnetenkollegiums von Berlin, leistete besonders wertvolle Arbeit, obwohl er nicht zu den ordentlichen Ausschußmitgliedern gehörte. Die Schilderung seiner Berliner Erfahrungen mit der östlichen Besatzungsmacht und den westlichen Besatzungsmächten in der Berliner Kommandantur brachte manches Mitglied des Konvents, das den größten Teil des Weges Deutschlands zu sich selbst schon zurückgelegt wähnte, auf den Boden der Wirklichkeit zurück.

Einige der Konventsmitglieder meinten, man solle zunächst die einzelnen Problemgruppen in den zugehörigen Unterausschüssen beraten und sie erst nach ihrer Klärung im Plenum diskutieren. Ich weigerte mich, so zu verfahren, und bat um eine Generaldebatte, in der vermutlich eine Anzahl von Fragen vorab erledigt werden könnten, was uns manche Sitzung der Ausschüsse ersparen würde. Außerdem bedürften diese, wenn ihre Arbeiten nicht ausschließlich akademischen Charakter tragen sollten, einer Übersicht der im Konvent vertretenen Auffassungen über die politischen Schwerpunktprobleme, die sie zu konkreten Vorschlägen zu verarbeiten haben würden.

In der ersten Generaldebatte konnte man sich zunächst nicht über die Form einigen, in der das Ergebnis unserer Erwägungen den Ministerpräsidenten überreicht werden sollte. Über die Notwendigkeit, eine Denkschrift auszuarbeiten, waren wir uns bald einig. Jedoch waren einige Konventsmitglieder der Meinung, der Konvent müsse sich mit der Aufstellung einiger grundlegender Thesen begnügen; unser Mandat berechtige uns nicht, einen artikulierten Verfassungsentwurf auszuarbeiten. Schließlich ist dann doch aus unseren Beratungen ein artikulierter Doppelentwurf für ein Grundgesetz herausgekommen.

Bei unseren Beratungen durfte nicht übersehen werden, daß – was auch immer der Parlamentarische Rat beschließen würde – der Bundesrepublik erhebliche, für jeden Staat begriffsnotwendige Attribute fehlen würden: das Recht auf eigene Außenpolitik; das Recht auf die Ausübung der Fülle der Gewalt im Innern, ohne deren Beschränkung durch den hoheitlichen Willen fremder Mächte; das Recht, sich durch eigene Streitkräfte zu verteidigen. Der Parlamentarische Rat konnte also nicht mehr ins Leben rufen als ein Staatsfragment. Bei wem lag das Recht, für dieses Staatsfragment eine rechtliche Ordnung zu schaffen, die als demokratisch legitim gelten konnte?

Die Mehrheit war der Ansicht, daß die konstituierende Gewalt originär bei dem Teil des deutschen Volkes liege, das in dem Teil Deutschlands lebt, in dem es deutsche Staatsgewalt zu organisieren gilt. Solange bei den Deutschen der Wille lebendig ist, trotz der von außen her verhängten Spaltung der staatlichen Einheit Deutschlands *ein* Volk zu sein, stehe diesem Volk in einer Welt, die sich der Grundformel der Demokratie verpflichtet fühlt, das Recht zu, auf jedem Teil seines Gebietes, auf dem es seinen Willen frei äußern kann, durch einen Gesamtakt Inhalte und Formen seiner politischen Existenz zu gestalten. Dieses Recht sei durch die bedingungslose Kapitulation nicht untergegangen, sondern lediglich in seiner Geltendmachung durch den Siegerwillen suspendiert, das heißt »gesperrt« worden; nach Lockerung dieser Sperre lebe es automatisch wieder auf.

Die Mehrheit schlug darum eine Präambel vor, in der es heißen sollte, daß das in den Ländern der drei Westzonen lebende deutsche Volk – von dem Willen erfüllt, alle Teile Deutschlands in einer Bundesrepublik neu zu vereinigen und seine Freiheitsrechte zu schützen – vorläufig in dem Teil Deutschlands, der durch die Gebiete dieser Länder ausgefüllt wird, eine den Aufgaben der Übergangszeit dienende Ordnung der Hoheitsbefugnisse schafft und dafür kraft seines unverzichtbaren Rechtes auf Gestaltung seines nationalen Lebens das Grundgesetz für einen Bund deutscher Länder erläßt, der allen anderen Teilen Deutschlands offensteht.

Demgegenüber war die Minderheit der Auffassung, das deutsche Volk habe infolge der durch die bedingungslose Kapitulation dokumentierten »debellatio« aufgehört, als Staatsvolk zu bestehen. Wenn man einen handlungsfähigen deutschen Staat wolle, genüge es also nicht, sein Staatsgebiet neu zu organisieren, man müsse ihm erst einen Staat »konstituieren«. Der neu zu schaffende Staat könne daher nicht mit dem Deutschen Reich identisch sein; mit ihm entstehe eine neue Souveränität, die kein rechtliches Band aktiv und passiv mit der Vergangenheit verknüpfe. Mangels eines organisierten Staatsvolkes könne Deutschland nur durch die Länder als in sich geschlossene Rechtssubjekte »in Verfassung gebracht« werden, die dabei als einzelne und vorher nicht verbundene Rechtspersönlichkeiten zusammenwirkten. Dieser Zustand sei im übrigen in einigen Länderverfassungen zum Ausdruck gekommen. Die Minderheit schlug ihrerseits eine Präambel vor, in der es heißen sollte, daß die Länder zur Wahrung der gemeinsamen Angelegenheiten des deutschen Volkes eine bundesstaatliche Gemeinschaft bilden, der beizutreten allen übrigen deutschen Ländern offensteht. Diese Gemeinschaft solle die Aufgabe haben, bis zur Wiederherstellung der deutschen Einheit die Bundesgewalt auszuüben und die Freiheitsrechte der Bevölkerung zu schützen. Die Gemeinschaft führe den Namen »Bund Deutscher Länder«. Für den Bund gelte das Grundgesetz als vorläufige Verfassung.

Einmütig war der Konvent der Auffassung, daß die staatliche Ordnung verfassungsmäßig garantierten Grundrechten unterstellt werden müsse, die gleichermaßen Gesetzgebung, Exekutive und Rechtsprechung binden und in ihrer Substanz nicht aufgehoben werden könnten.

Für den weiteren Ausbau des Grundgesetzes kam es mir darauf an, von seinem Text alles fernzuhalten, was dahin ausgelegt werden konnte, die Bundesrepublik erstrebe schon vor der Herstellung der Einheit Deutschlands den Charakter voller Staatlichkeit, womit sie die Tatsache verdecke, daß die Souveränität bei den Besatzungsmächten liege. Nichtsdestoweniger mußte auch ein Staatsfragment so eingerichtet werden, daß die in deutschen Händen liegende Verantwortung sachgerecht wahrgenommen werden konnte. Dasselbe hätte für ein Organisationsstatut gegolten, denn auch dieses hätte eine Administration vorsehen müssen, die allen deutschen Bedürfnissen gerecht werden kann; es hätte aber deutlicher in Erscheinung treten lassen, daß die letzte Entscheidungsgewalt und damit die letzte Verantwortung für die Stellung Deutschlands in der politischen Welt bei den Besatzungsmächten lag. Ob Staat mit Grundgesetz oder Staatsfragment mit Organisationsstatut – in beiden Fällen war es gut, die Prinzipien, die den Deutschen ein Leben in innerer Freiheit erlaubten, in ihrem Grundgesetz zu verankern sowie das Verhältnis der Individuen zur öffentlichen Gewalt, so weit es irgend ging, in eine rechtliche Ordnung einzubetten, vor der die Staatsräson haltmachen muß. Schließlich schien es uns nützlich zu sein, gewisse völkerrechtliche Grundsätze im Text des Grundgesetzes festzulegen, deren bloßes Dasein den Bürgern deutlich macht, daß es für das gegenseitige Verhalten der Staaten Normen gibt, die den für zwischenmenschliche Beziehungen geltenden ähneln. Daß diese Normen in erster Linie vorsorglichen und pädagogischen Charakter hatten, war uns klar. Wir meinten, ihr Vorhandensein werde das öffentliche Bewußtsein zur Ächtung des Krieges erziehen.

Sollten die elf Länder, deren Landtage den Parlamentarischen Rat zu wählen hatten, in ihrem Gebietszustand festgeschrieben werden? Oder sollten in das Grundgesetz Verfahrensvorschriften für die Veränderung des Gebietes einzelner Länder, für die Zusammenlegung von Ländern, für die Bildung neuer Länder auf dem Gebiet eines bestehenden Landes aufgenommen werden? Unter den Sachverständigen gab es fast so viele Meinungen wie die Zahl der Länder, aus denen sie kamen; wir zogen es daher vor, in unserem Entwurf die Frage offenzulassen und keinen Vorschlag zu machen. Die entscheidende Ursache für diesen Dissens war, daß keine Einigung darüber zu erzielen war, ob Gebietsveränderungen nur durch Übereinkommen von Ländern und durch Landesgesetze oder auch von Bundes wegen und durch Bundesgesetze sollten erfolgen können.

Im übrigen kam auch der Parlamentarische Rat zu keiner abschließenden Lösung. Die von ihm beschlossenen Verfahrensregeln für die Neugliederung des Bundesgebietes haben bis auf wenige Ausnahmen – von denen die wichtigste die Bildung des Landes Baden-Württemberg ist – bis heute noch keine Neugliederung des Bundesgebietes gebracht. Auch auf diesem Felde scheint der Satz zu gelten, daß nichts so dauerhaft ist wie Provisorisches.

Die Länder sollten die Formen und Inhalte ihrer Lebensverhältnisse nach ihren Vorstellungen frei bestimmen, vorausgesetzt, daß sie dabei demokratisch verfahren und demokratische Institutionen schaffen. Den Sachverständigen des Konvents schien es um der Homogenität der inneren Struktur des Bundes im Grundsätzlichen willen aber notwendig, einige Prinzipien festzulegen, die in die Verfassungen der Länder – die Länder der Britischen Zone hatten noch keine geschriebenen Verfassungen – eingehen sollten. Dabei wurden neben allgemeinen rechtsstaatlichen Kriterien auch Verbote aufgenommen, die uns wegen der Verhältnisse in der sowjetisch besetzten Zone empfehlenswert erschienen: das Verbot des Einparteiensystems und des Systems der »Blockpolitik«, das es einer Partei erlaubt, unter formaler Beibehaltung anderer Parteien die Alleinherrschaft aufzurichten. Der Bund sollte das Recht und die Pflicht haben, im Wege der Bundesaufsicht zu gewährleisten, daß das staatliche Leben in den Ländern dem Grundgesetz des Bundes entspricht, jedoch sollte für das Inkrafttreten der Verfassung eines Landes keine besondere Genehmigung des Bundes erforderlich sein.

Keineswegs sollten die Länder Provinzen des Bundes sein; außer in den dafür ausdrücklich vorgesehenen Fällen sollten sie nicht zur Disposition des Bundesgesetzgebers stehen. Wo Befugnisse nicht ausdrücklich dem Bund zugewiesen werden, sollten die staatlichen Befugnisse und Aufgaben Sache der Länder und der Selbstverwaltungskörper sein. Anders als in der Weimarer Verfassung sollte der Bund seine Zuständigkeiten nicht auf Kosten der Länder erweitern können.

Die Weimarer Verfassung kannte keine Garantie des Bestandes der im Jahre 1919 vorhandenen Länder. Wir meinten, die Existenz der Länder und ihre Rechtssphäre sollten künftig nicht mehr der Gesetzgebungsgewalt des Bundes unterworfen sein. Ihre Grenzen sollten keine bloßen Verwaltungsgrenzen sein, sondern politische Grenzen auch der Bundesgewalt gegenüber. Während in der Weimarer Republik die Reichsgesetze fast immer durch Reichsbehörden ausgeführt wurden, sollten nunmehr die Bundesgesetze grundsätzlich durch die Länder ausgeführt werden.

Bundeseigene Verwaltung mit eigenem Verwaltungsunterbau sollte es nur für die auswärtigen Angelegenheiten, das Eisenbahnwesen und die Post geben. Lediglich für bestimmte Verwaltungsaufgaben sollten selbständige Bundesbehörden eingerichtet werden können.

Für den Fall, daß ein Land sich weigern sollte, seine Bundespflichten zu erfüllen, sollte die Bundesregierung ein Bundeszwangsverfahren einrichten können; sie sollte dazu jedoch der Zustimmung des Bundesrats bedürfen. Da der Bund über keine eigene Polizei verfügen sollte, hätte das sperrige Land nicht sonderlich besorgt zu sein brauchen.

Bund und Länder sollten eine getrennte Finanzwirtschaft führen.

Die Gesetzgebung sollte beim Bund und bei den Ländern liegen. Eine Bedarfsgesetzgebung und eine Grundsatzgesetzgebung des Bundes sollte es nicht geben. Durch Bundesgesetze dieser Art hätten die Länder ihre Autonomie verlieren können, zumal der Bund zu bestimmen haben werde, ob ein Bedarf und die Notwendigkeit bestehen, die Gesetzgebung der Länder an gewisse Grundsätze zu binden.

Das ausschließliche Recht zur Gesetzgebung sollte dem Bund nur auf wenigen Gebieten zustehen, wobei zunächst nach dem Grundsatz verfahren werden sollte, daß der Bund nur regeln soll, was von der Sache her nur einheitlich geregelt werden kann. Soweit der Bund auf einem dieser Gebiete sein Gesetzgebungsrecht nicht ausübte, sollten die Länder dafür zuständig sein. Der für die Vorranggesetzgebung des Bundes vorgesehene Themenkatalog wies nicht weniger als 38 Ziffern auf; praktisch behandelte er alle Sachgebiete, auf denen, um der Homogenität der Lebensverhältnisse der Bewohner des Bundesgebietes willen, einheitliche Regelungen notwendig erschienen.

Die Beratungen über die Ordnung des Finanzwesens waren besonders schwierig. Die konservativ denkenden Sachverständigen wollten die Masse der Zuständigkeiten den Ländern zuweisen; jene, die mehr an die Notwendigkeit dachten, den Bewohnern des Bundesgebietes möglichst identische Lebensverhältnisse zu verschaffen, waren bereit, dem Bund eine größere Gesetzgebungskompetenz und eigene Finanzbehörden zu geben. Diese Problematik sollte bei den Beratungen des Parlamentarischen Rates eine entscheidende Rolle spielen.

Der Konvent schlug dem Parlamentarischen Rat vor, in das Grundgesetz ein Zweikammersystem aufzunehmen; einen aus allgemeinen, direkten und geheimen Wahlen hervorgehenden Bundestag und eine Körperschaft, in der bei der Gesetzgebung das »Element Land« zum Zuge kommen sollte. Bei der Beratung über die Ausgestaltung des Bundestages kam es kaum zu Kontroversen. Die Vorschläge entsprachen den Traditionen der parlamentarisch und demokratisch verfaßten europäischen Staaten. Schwieriger war die Beratung über die Ausgestaltung der Länderkammer. Sollte sie in der Form eines Bundesrates im Sinne der Tradition des Bismarckreiches erfolgen? Sollte sie dem Reichsrat der Weimarer Verfassung ähneln? Oder sollte nicht vielmehr ein von den Länderparlamenten gewählter Senat von nur ihrem Gewissen verpflichteten und nicht an Aufträge gebundenen Senatoren innerhalb der Bundesgewalten das »Element Land« zur Geltung bringen?

Ich setzte mich für die Senatslösung ein, die mir politischer erschien als ein Bundesrat, in dem die von ihren Beamten instruierten Mitglieder der Landesregierungen sitzen. Ein Senat ist in seinen Entscheidungen und seiner Argumentation freier als ein Kollegium von Regierungsvertretern, bei dem die Gefahr besteht, daß es sich weniger als parlamentarisches Gremium fühlen wird denn als eine Art von Diplomatenkonferenz, in der nicht so sehr vom Bundesinteresse aus argumentiert, als nach dem Prinzip des »do ut des« ein Ausgleich von Länderinteressen gesucht wird. Ich fürchtete auch, daß ein Bundesrat als desintegrierendes Element wirken könnte. In der Senatslösung sah ich zudem den Vorzug, daß sie dazu beitragen könnte, in Deutschland eine Schicht »senatorischer« Persönlichkeiten in Erscheinung treten zu lassen, wie es in den USA, in Frankreich, Italien, Belgien, Holland und so weiter der Fall ist. Persönlichkeiten von großer Erfahrung in Staatsdingen haben in diesen Ländern eine Tradition begründet, die dem Staat im ständigen Wechsel der politischen Stimmungen Kontinuität und Stabilität gibt, ohne die Wege, die zur Anpassung an die sich verändernden gesellschaftlichen und machtpolitischen Faktoren führen, zu blockieren.

Der Ausschuß entschied sich dafür, dem Parlamentarischen Rat zwei Varianten vorzulegen, eine für die Bundesratslösung nach dem Vorbild der Verfassung des kaiserlichen Deutschlands und eine für die Senatslösung. Die Frage sollte später im Parlamentarischen Rat erneut diskutiert werden, wobei Konrad Adenauer und ich die Senatslösung vertraten.

Zu einer übereinstimmenden Auffassung kam es auch nicht bei der Beratung über das Staatsoberhaupt. Die einen meinten, die Staatsspitze solle durch übereinstimmenden Beschluß von Bundestag und Bundesrat gewählt werden und ausschließlich als neutrale Gewalt funktionieren; andere waren der Meinung, dem provisorischen Charakter des Grundgesetzes werde es eher entsprechen, wenn die Spitze des Staates durch einen Staatsrat dargestellt werde, dessen Mitglieder der Präsident des Bundestages, der Präsident des Bundesrates oder des Senats und der Bundeskanzler sein könnten. Es wurde beschlossen, dem Parlamentarischen Rat zwei Alternativen vorzulegen.

Einigkeit bestand darin, daß dem Parlamentarischen Rat vorgeschlagen werden solle, im Grundgesetz eine Regierung parlamentarischen Systems vorzusehen, die dem Parlament verantwortlich ist. Allein der Bundeskanzler solle vom Bundestag gewählt werden. Die Minister hatte der Bundespräsident auf Vorschlag des Bundeskanzlers zu ernennen und zu entlassen.

Die Regierung dachten wir uns als ein Kollegium, innerhalb dessen jeder Minister sein Ressort in eigener Verantwortlichkeit leitet. Dem Bundeskanzler sollte die Bestimmung der Richtlinien der Politik obliegen. Damit erhielt der Bundeskanzler den Ministern gegenüber eine überragende, auch nicht durch Kabinettsbeschluß zu beschränkende Stellung. Unter »Bestimmung der Richtlinien der Politik« wollte die überwiegende Meinung des Konvents verstanden wissen, daß der Bundeskanzler allein zu bestimmen habe, auf welches Ziel hin und aufgrund welcher Mittel und Methoden die Geschäfte der Regierung zu führen seien. Hierin sollte der Bundeskanzler auch vom Parlament nicht behindert werden können; es solle Wünsche äußern und Resolutionen beschließen können, jedoch nicht das Recht haben, dem Bundeskanzler Aufträge zu erteilen oder ihm ein Vorhaben zu untersagen.

Durch die Bestimmung von Fristen für die Benennung des Kandidaten für das Bundeskanzleramt sollte verhindert werden, daß die Bundesrepublik über einen längeren Zeitraum ohne aktionsfähige Regierung bleibt. Die schlimmen Folgen verzögerter Regierungsbildung in der Zeit der Weimarer Republik bestimmten unsere Empfehlungen. Um ähnliche Gefahren auszuschließen, wurde vorgeschlagen, die Regierung für die ganze Legislaturperiode zu bestellen; auf diese Weise bleibe die Regierung von dem Wechsel der Stimmungen des Parlaments und des Wahlvolks unabhängig, was vor allem in Zeiten nützlich sei, in denen eine Regierung gezwungen sein könnte, im übergeordneten Interesse unpopuläre Maßnahmen ins Auge zu fassen. Die Mehrheit des Konvents lehnte diesen Antrag ab: Die

Regierung sollte nur so lange im Amt sein, als sie das Vertrauen des Bundestages genieße. Jedoch erschien uns das Mißtrauensvotum der klassischen Tradition für die heutige Zeit und für die Verhältnisse in Deutschland nicht empfehlenswert. Es gelang mir, meine Kollegen von den Vorzügen eines konstruktiven Mißtrauensvotums zu überzeugen, das auf meine Veranlassung schon in den Verfassungen Württemberg-Hohenzollerns und Württemberg-Badens Eingang gefunden hatte. In der Denkschrift des Ausschusses heißt es: »Der in dem Entwurf gemachte Vorschlag stellt den Versuch dar, das Prinzip einer parlamentarischen Regierung mit den Vorzügen einer auf Zeit bestellten Regierung zu verbinden, ohne jedoch einer konstruktiven Mehrheit, die sich in Opposition zu der im Amte befindlichen Regierung stellt, die Möglichkeit des Sturzes dieser Regierung und die Übernahme der Regierungsgewalt zu nehmen.«

Nach einmütiger Vorstellung der Sachverständigen sollte die Dritte Gewalt, die Rechtsprechung, besonders stark ausgebaut werden. Zwar gehörte die Rechtsprechung grundsätzlich zur Zuständigkeit der Länder, doch sollten Bundesgerichte die einheitliche Anwendung von Bundesrecht gewährleisten. Jedes Gericht sollte die Verfassungsmäßigkeit der Gesetze prüfen und bei Zweifeln das Verfassungsgericht des Landes oder den Verfassungsgerichtshof des Bundes anrufen können.

Das Bundesverfassungsgericht war als Krönung der Dritten Gewalt gedacht. Es sollte der eigentliche, nur sich selbst und der Verfassung verantwortliche Hüter der Verfassung sein. Während sich die integralen Föderalisten für einen Verfassungsgerichtshof aussprachen, der in erster Linie für Rechtsstreitigkeiten zwischen Bund und Ländern und zwischen einzelnen Ländern zuständig sein sollte, lag der Mehrheit daran, in ihm eine richterliche Instanz zu schaffen, die mit letzter Autorität entscheidet, ob ein formal korrekt zustande gekommenes Gesetz dem Wortlaut und dem Geist der Verfassung entspricht. Im Falle fehlender Verfassungskonformität eines Gesetzes sollte der Spruch des Gerichtes das formal legal zustande gekommene, aber, am Geist der Grundwerte der Verfassung gemessen, nicht legitime Gesetz für nichtig erklären können.

In die Verwaltungsgerichtsbarkeit führte der Konvent das Universalitätsprinzip ein, das ich in Württemberg-Hohenzollern schon im Jahre 1946 eingeführt hatte: Jeder durch einen Akt behördlicher Gewalt Beschwerte sollte nachprüfen lassen können, ob ihm gegenüber Rechtens verfahren worden ist, unabhängig davon, ob die in Betracht kommenden Rechtsnormen eine gerichtliche Nachprüfbarkeit des Vorganges ausdrücklich zulassen. Freilich hatte ich damals nicht daran gedacht, daß Väter aufgrund dieses Prinzips gegen die Schule ihrer Kinder Klage mit der Behauptung erheben können, ihre Kinder hätten für ihre schulischen Leistungen eine bessere Note verdient . . .

Manche üben an dem Ausmaß der Kompetenz des Verfassungsgerichtes Kritik: Die Bundesrepublik sei kein Rechtsstaat mehr, sondern ein Justizstaat, denn diese Verfassungsbestimmungen machten es möglich, die Gerichtsbarkeit zu einem Instrument der Politik zu denaturieren, indem man politisch motivierte Meinungsverschiedenheiten über die Zweckmäßigkeit eines Gesetzes oder einer Maßnahme der Regierung durch Formulierungskünste in Meinungsverschiedenheiten über deren Rechtmäßigkeit umfunktioniere. Die Kritik geht fehl: Jede gerichtliche Entscheidung vermag eine Lage zu schaffen, die politisch dem einen Vorteil und dem anderen Nachteil bringt, ja die in sich selber zu einem Tatbestand mit politischen Auswirkungen zu werden vermag. Eine parlamentarische Opposition, der es nicht gelang, im Parlament eine Mehrheit gegen die Politik der Regierung zustande zu bringen, mag, was sie parlamentarisch nicht zu erreichen vermochte, über ein richterliches Veto zu erreichen versuchen. Jedoch bedeutet es keine unzulässige Verlagerung der Ebenen, wenn ein Gericht befragt wird, ob die Regierung oder der Gesetzgeber von der Verfassung ermächtigt waren, zu handeln, wie sie es taten. Zum Rechtsstaat gehört es, daß der Bürger oder aktiv legitimierte Gruppen die Dritte Gewalt befragen dürfen, ob die Regierung oder der Gesetzgeber das Recht hatte, auf einem bestimmten Sachgebiet zu handeln, wie es geschah. Das Gericht wird nie sagen dürfen, die Regierung oder der Gesetzgeber habe politisch unzweckmäßig gehandelt, aber es kann feststellen, daß der Rechtmäßigkeit bestimmter von ihnen getroffener Maßnahmen Normen des

Grundgesetzes entgegenstehen. Die Beweglichkeit der Politik – und auch der Verwaltung – werden dadurch gehemmt. Doch liegt es nicht gerade im Wesen des Rechtsstaates, daß sich seine Organe unter das Joch des Rechtes zu beugen haben, auch wenn dies im konkreten Fall den Plänen der Regierung und ihrer Parlamentsmehrheit nicht bekömmlich sein sollte?

In normalen Zeiten wird dies keine besonderen Probleme aufwerfen. Wie aber in Zeiten, da es für den Staat um Sein oder Nichtsein geht? Ist dann nicht jedes – auch das nicht verfassungskonforme – Mittel »recht«, wenn anders der Staat nicht gerettet werden kann? Quis judicabit? Wird es in einem solchen Fall – wie bei den Indemnity Acts des britischen Parlaments – genügen, von Parlaments wegen durch Gesetz den durch solches Handeln in extremis Individuen erwachsenen Schaden zu vergüten? Welchem Areopag könnte sich ein schuldig gewordener Retter stellen? Manche Leute vergessen, daß aus dem Leben der Staaten der tragische Fall nicht auszuschließen ist, daß man dem Gebot ihres Lebensrechtes nur gerecht werden kann, wenn man über ein anderes Recht hinwegschreitet. Doch damit ist man in einen Bereich eingetreten, in dem den Handelnden vielleicht sein Gewissen zu rechtfertigen vermag; von Rechts wegen freisprechen kann ihn nichts.

Das in dem Konventsentwurf vorgesehene Notstandsrecht sollte erlauben, akute Gefahren für den Bestand des Staates und die freiheitliche Grundordnung ohne Verzug abzuwehren. Doch welches Notstandsrecht vermag allen Notständen normativ gerecht zu werden? Auch das umfänglichste Notstandsrecht macht die in den Zeilen zuvor aufgeworfene Gewissensfrage nicht gegenstandslos.

Träger des Rechts der Gesetzgebung sollten nach übereinstimmender Meinung der Konventsmitglieder der Bundestag und der Bundesrat (beziehungsweise der Senat) sein, jedoch gab es unter ihnen verschiedene Auffassungen über die Art und Weise, wie die Länderkammer mit dem Bundestag zusammenzuwirken habe. Die einen sahen im Bundestag den eigentlichen Gesetzgeber und in der Länderkammer lediglich ein mitwirkendes Bundesorgan; die anderen verlangten für den Bundesrat die gleichen Rechte wie für den

Bundestag und ordneten beiden die gleiche gesetzgeberische Würde zu. Diese Meinungsverschiedenheit brachte es mit sich, daß für den Gang der Gesetzgebung drei Varianten vorgeschlagen wurden.

Große Schwierigkeiten bereitete die Frage, ob das Grundgesetz geändert werden dürfe und wie bei Änderungen verfahren werden solle. Übereinstimmung bestand darin, daß das Grundgesetz seiner Substanz nach nur unter besonders erschwerenden Bedingungen sollte geändert werden dürfen. Zwei Drittel der Mitglieder des Bundesrates und des Bundestages sollten zustimmen müssen; außerdem sollte ein Volksentscheid diesen Beschluß mit qualifizierter Mehrheit bestätigen müssen.

Um zu verhindern, daß das Grundgesetz durch Gesetze, die mit verfassungsändernder Mehrheit beschlossen wurden, »durchlöchert« wird, sahen wir vor, daß Anträge auf Erlaß von Gesetzen, die mit dem Grundgesetz unvereinbar sind, erst zulässig sein sollten, wenn zuvor der Text des Grundgesetzes entsprechend verändert wurde. Dadurch sollte verhindert werden, daß Verfassungswirklichkeit und Verfassungswortlaut auseinanderklaffen, wie das zur Zeit der Weimarer Republik häufig geschah.

Zur vollen Wirksamkeit des Grundgesetzes eines Staates gehört der Glaube seiner Bürger an seine Stabilität. Ein Grundgesetz, von dem der Gesetzgeber abweichen kann, verliert seine integrierende Kraft und macht das moralische Gefüge des Staates unglaubwürdig. Doch Stabilität bedeutet nicht Versteinerung seines Gefüges und seiner Ordnungen. Heute noch nicht vorauszusehende Ereignisse können eines Tages den Gesetzgeber zwingen, die Befugnisse der Regierung zu erweitern; heute noch nicht vorauszusehende Erfahrungen könnten es nötig machen, Änderungen im Gefüge der Kompetenzen vorzunehmen und neue Staatsorgane zu schaffen. Es mußte also die Möglichkeit von Änderungen des Grundgesetzes vorgesehen werden. Gewisse Grundstrukturen und Grundwerte sollten jedoch unter keinen Umständen geändert werden können. Anträge auf Änderung des Grundgesetzes, durch die die freiheitliche und demokratische Ordnung beseitigt würde, sollten schlechthin unzulässig sein, also überhaupt nicht in das Gesetzgebungsverfahren eingebracht werden können.

Für die Ausführung der Bundesgesetze hat der Verfassungsentwurf vier Formen für möglich und notwendig gehalten: die Ausführung durch die landeseigene Verwaltung; die Ausführung durch die Landesbehörden als übertragene Angelegenheit mit Weisungsrecht des Bundes; die Ausführung durch Bundesbehörden; die Ausführung durch Selbstverwaltungskörper des öffentlichen Rechts.

Grundsätzlich sollte die Ausführung der Bundesgesetze Angelegenheit der Länder sein, denen auch die Organisation der Behörden, das allgemeine Verwaltungsverfahren und die Verwaltungsgerichtsbarkeit überlassen werden sollten. Der Bund sollte das Recht haben, die Ausführung der Bundesgesetze auf dem Wege der Bundesaufsicht auf ihre Gesetzmäßigkeit hin zu überwachen. Ausführungsverordnungen des Bundes sollten der Zustimmung des Bundesrates bedürfen. Zu den Befugnissen der Bundesaufsicht sollte auch das Recht gehören zu prüfen, ob die Länder bei der Ausführung der Bundesgesetze ihren Ermessensspielraum im bundesfreundlichen Sinne wahrgenommen haben. Die sich in dem Ausmaß der eigenständigen Länderrechte ausdrückende föderalistische Grundordnung des Bundes sollte in keinem Fall genutzt werden können, um den vom Grundgesetz gewollten Handlungsspielraum der Bundesorgane zu verkleinern oder die Bundesgewalt zu schmälern.

Bei der Behandlung des Kapitels über das Finanzwesen gingen die Auffassungen der Sachverständigen weit auseinander. Alle wußten, daß sie nicht viel mehr vorschlagen konnten als Modelle und deren Varianten: Die substantielle Entscheidung konnte nur von den politisch verantwortlichen Instanzen getroffen werden. Wenn Verfassungsfragen Machtfragen sind – und das sind sie wohl –, dann sind es in erster Linie jene Fragen, die sich darauf beziehen, zu wessen Nutzen und zu wessen Lasten die Finanzmasse, die in Bund und Ländern zusammenkommt, aufgeteilt wird. Sollte der Bund an die Leine der Länderregierungen gelegt werden? Sollte umgekehrt der Bund bestimmen können, welcher Anteil an der Finanzmasse den Ländern zukommen soll, und damit das Ausmaß ihrer Gestaltungsmöglichkeiten zu bemessen vermögen? Einigkeit bestand unter den Sachverständigen, daß sowohl der Bund als auch die Länder in der

Lage sein sollten, ihre durch das Grundgesetz bestimmten Aufgaben aus eigener Kraft zu erfüllen. Einigkeit bestand auch darüber, daß der Bund die Kosten der Bundesverwaltung, einschließlich der Kosten für eine Verwaltung, die die Länder nach Weisung des Bundes führen, zu tragen haben soll sowie auch die äußeren und inneren Kriegsfolgelasten und schließlich noch die Lasten der Sozialversicherung mit Einschluß der Arbeitslosenversicherung, soweit die Sozialversicherungträger Mittel des öffentlichen Haushalts in Anspruch nehmen müssen. Für die Aufbringung der Mittel und die Verteilung der Finanzmasse wurden zwei Alternativen ausgearbeitet, von denen die eine Bund und Länder in ihren Einkünften gegenseitig voneinander unabhängig machte, die andere jedoch die Länder privilegierte und den Bund hätte zu deren »Kostgänger« werden lassen.

Die zur Befreiung des deutschen Volkes vom Nationalsozialismus und Militarismus erlassenen und noch ergehenden alliierten Rechtsvorschriften sollten von den Bestimmungen dieses Grundgesetzes nicht berührt werden. Wir wollten verhindern, daß notwendige Säuberungsmaßnahmen an Rechtsnormen scheiterten, denen sich die Betroffenen zur Zeit ihrer Herrschaft nie unterwarfen, ja, deren Eliminierung aus dem deutschen Verfassungsleben eines der Hauptziele ihrer politischen Aktion gewesen war.

Die Parteien nahmen von den Arbeiten des Konvents erst Kenntnis, als man in ihren Reihen seine Denkschrift zu studieren begann. Es gab Proteste: Den Entwurf des Grundgesetzes hätte man nicht Beauftragten der Länder in Auftrag geben dürfen. Nur die Parteien seien legitimiert, Vorschläge für ein Grundgesetz zu machen und auszuarbeiten. Nun zeigte sich, wie verhängnisvoll sich die Praxis der Besatzungsmächte auswirkte, nur mit den Ministerpräsidenten verhandeln zu wollen und die politischen Parteien als unverantwortliche gesellschaftliche Phänomene zu betrachten. Im Aktionsbereich der Parteien wurde der Spieß umgedreht und erklärt, die Ministerpräsidenten der Länder seien nicht legitimiert, die Diskussion über die politische Ordnung der Nation zu führen und dafür eigene Vorschläge zu machen.

Besonders schmerzlich und die Verfassungsarbeit hemmend war die Fortdauer der Krankheit Kurt Schumachers. Die Ärzte hatten ihm die Amputation des linken Beines angeraten. Bei der Überreichung der Denkschrift des Verfassungskonvents an seinem Krankenbett fragte er Erich Ollenhauer, mich und einige Mitglieder des Parteivorstandes, ihm auf Ehre und Gewissen zu sagen, ob wir glaubten, daß er für die Partei und für Deutschland unentbehrlich genug sei, daß man auch als Freund von ihm fordern müsse, sich dieser Amputation zu unterziehen. Er würde lieber »über den Jordan gehen . . .« Alle, die um sein Krankenbett standen, baten ihn, das Opfer auf sich zu nehmen und sich der Partei und Deutschland zu erhalten. Am 25. September wurde er operiert.

Ehe wir von ihm schieden, sprach er den Wunsch aus, bei der Beratung des Grundgesetzes und eventuellen Verhandlungen mit den Zonenbefehlshabern solle ich der Sprecher der Partei sein.

Auf dem Parteitag in Düsseldorf vom 11. bis 14. September 1948 wurde ein Referat Kurt Schumachers verlesen. Die Diskussion der Grundsatzfragen bestritten Ernst Reuter, Fritz Henssler, Rudolf Zorn und ich. Die Hauptresolution stand unter der Überschrift »Deutschland und Europa«. In ihr bekannte sich die Partei sowohl zu einem ungeteilten Deutschland als auch zu den Vereinigten Staaten von Europa; »das Ziel einer echten und dauerhaften Demokratisierung Deutschlands kann nur erreicht werden, wenn die Alliierten bereit sind, dem deutschen Volk die freie Entscheidung über die Gestaltung seiner eigenen inneren Angelegenheiten zu überlassen . . .«

Der Widerspruch, der zwischen der Ankündigung weitgehender neuer Vollmachten der Deutschen im Zusammenhang mit dem Londoner Abkommen und dem Einspruch der amerikanischen und britischen Militärregierungen gegen das im hessischen Betriebsrätegesetz vorgesehene wirtschaftliche Mitbestimmungsrecht und gegen das Sozialisierungsgesetz für den Bergbau in Nordrhein-Westfalen bestehe, müsse zugunsten einer Respektierung demokratischer Entscheidungen der Deutschen aufgegeben werden.

Es ist nicht anzunehmen, daß diese »antikapitalistischen« Grundsatzerklärungen der SPD sie allen drei Besatzungsmächten als den wünschenswerten Partner ihrer Deutschlandpolitik hat erscheinen lassen.

Der Umstand, daß keine »Verfassung«, sondern nur ein »Grundgesetz« geschaffen werden sollte, bedeutete völkerrechtlich und staatspolitisch, daß nach den politischen Vorstellungen der Ministerpräsidenten die durch das Grundgesetz zu schaffende politische Ordnung Westdeutschlands lediglich ein Provisorium, eine Interimslösung der deutschen Frage darstellen würde, deren einziger Zweck wäre, den Übergang zu einer von der ganzen Nation frei gewollten gesamtdeutschen Verfassung vorzubereiten.

Beginn der Arbeit in Bonn

Die vom Verfassungskonvent ausgearbeitete Arbeitsgrundlage für den Parlamentarischen Rat lag den Ministerpräsidenten Ende August 1948 vor. Am 31. August wurde sie von ihnen genehmigt. Zuvor hatten sie sich über den Ort zu verständigen, an dem der Parlamentarische Rat tagen sollte. Sie entschieden sich für Bonn. Die Wahl dieser rheinischen Stadt sollte für die Geschicke der Bundesrepublik bedeutsam werden. Am wenigsten aufwendig wäre es gewesen, den Parlamentarischen Rat nach Frankfurt einzuberufen, wo die parlamentarischen Organe des Wirtschaftsrates und dessen Verwaltungen ihren Sitz hatten. Aber Frankfurt hatte bei den Ministerpräsidenten keinen guten Ruf. Die wenigen bewohnbaren Hotels der Stadt erwiesen sich als wenig gastfreundlich gegenüber deutschen »politischen« Gästen; Geschäftsleute und Angehörige der Besatzungsmächte waren den Hoteliers als Gäste sichtlich lieber.

Gedanken dieser Art hatten den sozialdemokratischen Innenminister des Landes Nordrhein-Westfalen, Dr. Walter Menzel, bewogen, im Kabinett den Antrag zu stellen, Ministerpräsident Karl Arnold möge seinen Kollegen die Stadt Düsseldorf als Sitz des Parlamentarischen Rates vorschlagen. Welche örtliche Umgebung könne den Abgeordneten die Probleme besser sichtbar machen, deren Lösung das Grundgesetz werde in Angriff nehmen müssen, als jene zerstörte und bedrohte Industrielandschaft Deutschlands?

Karl Arnolds Mitarbeiter Dr. Hermann Wandersleb glaubte, von Düsseldorf abraten zu sollen – es gebe wenig Gebäude, die für ein Parlament in Frage kommen könnten –, und empfahl die Stadt Bonn als Sitz des Parlamentarischen Rates; deren Verwaltung werde gut mitziehen . . . Der Stadtverwaltung Düsseldorf seien Industrieanlagen wichtiger als ein zusätzliches Parlament . . .

Karl Arnold beriet sich mit seinen Kollegen. Reinhold Maier schlug Karlsruhe vor; Christian Stock Frankfurt; Hinrich Kopf war für Celle; Hermann Lüdemann meinte, Lübeck sei schon wegen der Nähe der Sowjetischen Besatzungszone ein guter, symbolträchtiger Platz, der die Abgeordneten täglich daran erinnern werde, daß »drüben« auch Deutschland ist; der Landtag von Rheinland-Pfalz bot Koblenz an; Bürgermeister Max Brauer in Hamburg erklärte sich für Bonn. Am 17. August entschieden sich die Ministerpräsidenten mit großer Mehrheit für die Stadt am linken Rheinufer.

Damit war mehr als nur eine Entscheidung für den Sitz des Parlamentarischen Rates getroffen: So wie die Dinge sich entwickelten und entwickeln mußten, war damit die Vorentscheidung für den Sitz der späteren Bundeshauptstadt gefallen. Konrad Adenauer hatte in dieser ersten Frage nicht unmittelbar mitzuentscheiden, aber er konnte sicher sein, den konservativ gesinnten Politikern im Laufe eines Jahres klarmachen zu können, welche Vorteile gerade ihnen das gesellschaftliche Klima einer so unpolitischen und durch und durch im bürgerlichen Lebensgefühl wurzelnden Stadt wie Bonn im Gegensatz zur politischen Atmosphäre einer Stadt mit großer Industriearbeiterschaft bieten konnte. Freilich waren auch sozialdemokratische Abgeordnete aus Bezirken, die Bonn benachbart waren, seiner Ansicht. Sie wollten gern über das Wochenende heimfahren können . . . Im gleichen Geist stimmten ein Jahr später einige konservative Abgeordnete für Frankfurt als Bundeshauptstadt: Es lag ihren Wohnsitzen und Wahlbezirken näher als Bonn . . . Ich wiederum meinte, um klarzumachen, wie ernst es uns mit dem provisorischen Charakter der Bundesrepublik war, sollten wir in einer Barackenstadt an der Demarkationslinie tagen. Ich wurde ausgelacht.

Für die SPD waren schwerwiegende Entscheidungen zu treffen. Wie sollte man sich bei der Konstituierung des Parlamentarischen

Rates verhalten? Kurt Schumacher lag noch schwerkrank darnieder. Der Parteivorstand mußte ohne ihn zurechtkommen.

Bei unserem Gespräch mit Kurt Schumacher im August hatten wir uns entschieden, eher die Positionen anzustreben, die uns den größtmöglichen Einfluß auf die Bestimmung des normativen Inhalts des Grundgesetzes geben konnten, und die mehr repräsentativen Aufgaben den Angehörigen anderer Fraktionen zu überlassen. Die Zusammensetzung des Parlamentarischen Rates erlaubte nicht, das Ergebnis der Wahlen der Funktionsträger des Rates vorauszusehen; es schien uns darum geboten, mit der Fraktion der CDU, der die Stimmen der Deutschen Partei, des Zentrums und einiger Abgeordneten der kleinen Schar von Liberalen sicher waren, zu verhandeln. Sie sollte den Präsidenten stellen, die Sozialdemokraten den Vorsitzenden des Hauptausschusses, der nicht nur die Ergebnisse der Beratungen der Fachausschüsse zu koordinieren haben würde, sondern in dessen Mitte die Chance, entscheidenden Einfluß auf die Ausgestaltung des Grundgesetzes zu nehmen, nach unserer Meinung am größten war. War die CDU mit dem Vorsitz eines Sozialdemokraten im Hauptausschuß einverstanden, wollten wir für den Kandidaten der CDU für das Präsidentenamt stimmen. Daß die Union dafür Konrad Adenauer vorschlagen würde, war klar; für den Vorsitz im Hauptausschuß sollte ich vorgeschlagen werden; zugleich sollte ich den Vorsitz der Fraktion der SPD übernehmen.

Damit beging die Sozialdemokratische Partei einen entscheidenden Fehler. In der Meinung, daß nach der Wahl der Mitglieder des Parlamentarischen Rates durch die Landtage die Besatzungsmächte von ihrer bisherigen Praxis, nur die Landesregierungen als legitimierte Verhandlungspartner zu betrachten, zugunsten der überregionalen politischen Parteien als den formenden Faktoren des politischen Selbstbewußtseins des deutschen Volkes abgehen würden, glaubten wir, daß die politischen Kontroversen mit den Besatzungsmächten, die wir für unvermeidlich hielten, künftig zwischen ihnen und den Parteispitzen ausgetragen werden würden. Der Parlamentarische Rat war nur legitimiert, sich mit der Herstellung eines brauchbaren Textes für das Grundgesetz zu befassen; sein Präsident werde sich demzufolge auf die Leitung der Beratungen und die Wahrnehmung repräsentativer Pflichten zu beschränken haben. Konrad Adenauer hat die sich dem Präsidenten bietenden Möglichkeiten besser erkannt und vom ersten Augenblick an genutzt. Es ergab sich nämlich, daß die Besatzungsmächte zwar bereit waren, sich mit Vertretern der politischen Parteien zu unterhalten, daß sie aber nach wie vor nicht bereit waren, sie als kompetente Verhandlungspartner zu behandeln; nach wie vor waren sie nur gewillt, sich mit Stellen auseinanderzusetzen, die mittelbar oder unmittelbar durch Volkswahlen legitimiert waren. Den Parlamentarischen Rat und dessen erwählten Sprecher sahen sie als legitimierten Verhandlungspartner an. Damit war seinem Präsidenten eine entscheidende politische Schlüsselstellung zugefallen. Für die Öffentlichkeit und für die Besatzungsmächte wurde er damit zum ersten Mann des zu schaffenden Staates, noch ehe es ihn gab und ehe noch feststand, ob aus der Arbeit des Parlamentarischen Rates ein Staat hervorgehen würde, der imstande sein konnte, Politik zu machen, oder lediglich ein Verwaltungskörper, bei dem die politischen Entscheidungen den Besatzungsmächten und ihrem Besatzungsstatut überlassen bleiben würden. Dieses Vorspiel hat es möglich gemacht, daß Konrad Adenauer unmittelbar nach seiner Wahl zum Kanzler den ersten Platz im politischen Leben Deutschlands einnehmen konnte.

Die Mitglieder des Parlamentarischen Rates konnten mit den Arbeitsbedingungen in Bonn nicht sehr zufrieden sein. Der Festsaal der Pädagogischen Akademie sollte den Sitzungsraum für die 65 stimmberechtigten Abgeordneten abgeben, denen sich bald fünf Berliner Abgeordnete als nichtstimmberechtigte Mitglieder anschlossen. Für jede Fraktion stand ein Klassenzimmer zur Verfügung; Büros für die einzelnen Abgeordneten gab es nicht, ebensowenig einen wissenschaftlichen Apparat oder wissenschaftlich ausgebildete Assistenten für die Fraktionen. Ohne die Verwaltungsbeamten, die die Landesminister, die dem Parlamentarischen Rat angehörten, zu ihrer und zur Unterstützung ihrer Ausschüsse einsetzten, hätte der Parlamentarische Rat seine Arbeit nicht in so kurzer Zeit durchführen können.

Von den Mitgliedern der sozialdemokratischen Fraktion hatten nur wenige bisher Gelegenheit gefunden, sich in gemeinsamer Arbeit zu erproben. Unter ihnen befanden sich Landtagsabgeordnete und Landesminister, Rechtsanwälte, Professoren, Richter und Bürgermeister, Landräte und Gewerkschafter. Von Berufs wegen hatten bisher nur wenige mit Verfassungsrecht zu tun gehabt; aber alle waren lebenserfahrene und ihrer Verantwortung bewußte Frauen und Männer ohne persönlichen Ehrgeiz und immer ihrer vaterländischen Pflicht eingedenk. Sie waren von den Prinzipien des demokratischen Rechtsstaates durchdrungen und hatten den festen Glauben, daß für ein Leben in Freiheit und Würde die Regierung des Volkes, durch das Volk und für das Volk, die günstigsten Voraussetzungen biete.

Die Eröffnungsfeier

Am 1. September 1948 versammelten sich die Abgeordneten mit den Ministerpräsidenten der Länder und Vertretern der alliierten Militärregierungen, Gästen und Journalisten zur Eröffnung der Arbeiten des Parlamentarischen Rates im Museum Koenig zu Bonn. Wohl kaum hat je ein Staatsakt, der eine neue Phase der Geschichte eines großen Volkes einleiten sollte, in so skurriler Umgebung stattgefunden. In der Halle dieses in mächtigen Quadern hochgeführten Gebäudes standen wir unter den Länderfahnen – rings umgeben von ausgestopftem Getier aus aller Welt. Unter den Bären, Schimpansen, Gorillas und anderen Exemplaren exotischer Tierwelt kamen wir uns ein wenig verloren vor. Die bizarre Umgebung ließ trotz der Beethovenschen Musik, mit der die Feier eröffnet und beschlossen wurde, keine rechte Feierlichkeit aufkommen; gleichgültig jedoch war keinem von uns zumute.

Karl Arnold, als Ministerpräsident des Gastgeberlandes, hielt die Festrede; nach ihm sprach Christian Stock, der Ministerpräsident Hessens, in seiner Eigenschaft als Vorsitzender der Ministerpräsidentenkonferenz. So war zwischen den größten Parteien der Proporz gewahrt.

Karl Arnold wies darauf hin, daß die Deutschen nur eine politische Ordnung für einen Teil ihres Vaterlandes schaffen könnten, doch über dieses Werk hinaus strebten sie die Einheit Deutschlands an, das ein Glied im geeinten Europa des Friedens, des Fortschritts und der sozialen Gerechtigkeit werden möge. Dafür sei nötig, daß die widerstreitenden Interessen der alliierten Mächte ihren Ausgleich finden; wir Deutschen würden dazu unseren Beitrag zu leisten haben. Das Grundgesetz solle die Magna Charta des öffentlichen Lebens in Deutschland werden. Zwar dürfe Berlin noch nicht voll dazugehören, aber Berlins Delegierte würden dem Parlamentarischen Rat als Gäste angehören können. In bewegten Worten gab Arnold der Hoffnung auf den Abschluß eines Friedensvertrages Ausdruck, damit der Kriegsgeist aus der Welt verschwinde und die endgültige Aussöhnung der Völker erfolgen könne.

Christian Stock dankte für die bisherige Zusammenarbeit zwischen Ländern und Zonen und wünschte, daß der Parlamentarische Rat ergänzen möge, was der Wirtschaftsrat schon ins Leben gerufen habe. Die Ministerpräsidenten hätten bei der Einberufung des Parlamentarischen Rates nicht aufgrund eines Diktats der Sieger gehandelt, sondern nach dem Willen ihrer Landtage einen deutschen Auftrag erfüllt. Dieser Auftrag gebiete, für den Teil Deutschlands, der sich jetzt schon frei entscheiden könne, eine demokratische Ordnung zu schaffen, die eine Heimstatt der Freiheit und des Rechtes werden soll. »Wir Deutschen sind bereit, als friedliebendes Volk mit der ganzen Welt zu arbeiten, wir wollen aber auch in der Welt wieder anerkannt sein.«

Noch am gleichen Tage suchte ich Konrad Adenauer auf, um ihm als Vorsitzender der sozialdemokratischen Fraktion meine offizielle Aufwartung zu machen. Dabei sagte ich ihm: »Man hat mich vor Ihnen gewarnt. Sie kennen Ihren Ruf; vielleicht denken Sie, daß ich Ihnen diesem Ruf entsprechend begegnen werde. Sie irren sich; ich werde Ihnen jedes Wort glauben, das Sie mir sagen. Sie werden sich von mir gefallen lassen müssen, daß ich Sie immer wieder bei Ihrem Wort nehmen werde.« Daran schloß sich ein langes Gespräch, das Konrad Adenauer mit den Worten beendete: »Was uns beide unterscheidet, ist nicht nur das Alter, es ist noch etwas anderes: Sie glauben an den Menschen, ich glaube nicht an den Menschen und habe nie an den Menschen geglaubt.« Ich habe dieses Gespräch nie vergessen; Konrad

Adenauer offenbar auch nicht. Noch nach Jahren zog er mich bei
Empfängen gelegentlich in eine Ecke, zeigte in die Runde und sprach
lächelnd: »Glauben Sie immer noch an den Menschen?«

Am Nachmittag konstituierte sich der Parlamentarische Rat.
Konrad Adenauer wurde bei Stimmenthaltung der beiden kommunistischen Abgeordneten zu seinem Präsidenten gewählt; der alte
Gewerkschafter und Hamburger Senator Adolph Schönfelder und
der Freie Demokrat Dr. Hermann Schäfer wurden zu Vizepräsidenten bestellt. Danach stellte ich den Antrag, der Parlamentarische Rat
solle beschließen, fünf Vertreter Berlins als Gäste an seinen Arbeiten
teilnehmen zu lassen.

Die CDU schloß sich diesem Antrag an; die Kommunisten
widersprachen und verlangten: »Der Parlamentarische Rat stellt seine
Beratungen über eine separate westdeutsche Verfassung ein«; die
Londoner Empfehlungen verstießen gegen die Verträge von Jalta und
Potsdam, also gegen geltendes Völkerrecht. Der Parlamentarische Rat
habe vom deutschen Volk kein Mandat erhalten, denn er sei gegen
den Willen der Mehrheit der Deutschen errichtet worden.

Dieser Antrag wurde gegen die Stimmen der Kommunisten abgelehnt; mein Antrag, die Berliner Vertreter betreffend, wurde gegen
die Stimmen der Kommunisten angenommen.

Die Hauptpunkte der Antrittsrede Konrad Adenauers seien hier
wiedergegeben: Das Dasein des Parlamentarischen Rates selbst sei auf
einen Entschluß eines Teils der Siegermächte zurückzuführen. Jene,
die sich für die Arbeit zur Verfügung stellten, hätten eine richtige
Entscheidung getroffen, denn um Deutschlands und Europas willen
müsse jede uns gebotene Möglichkeit genutzt werden, dem jetzigen
unmöglichen Zustand in Deutschland ein Ende zu bereiten. »Wir
gehen an unsere Arbeit in der festen und unerschütterlichen Absicht,
auf diesem Wege wieder zur Einheit von ganz Deutschland zu
gelangen. Welche Ergebnisse unsere Arbeit für ganz Deutschland
haben wird, das hängt von den Faktoren ab, auf die wir nicht einwir-
ken können. Trotzdem wollen wir die historische Aufgabe, die uns
gestellt ist – und es ist in Wahrheit nach diesem Zusammenbruch des
Jahres 1945 eine historische Stunde und eine historische Aufgabe –,
unter Gottes Schutz mit dem ganzen Ernst und mit dem ganzen

Pflichtgefühl zu lösen versuchen, die die Größe dieser Aufgabe von uns verlangt.«

Den Dank der Berliner stattete der verehrungswürdige Paul Löbe ab: »Wenn wir nunmehr Gelegenheit haben, Ihre Ansichten zu erfahren, unsere Wünsche und unsere Kenntnisse Ihnen zu übermitteln, dann werden Sie bald die Überzeugung gewinnen, wir Berliner Delegierte werden nichts anderes tun, als die Stimmen derjenigen ihrer Landsleute zu erheben, die heute nicht die Freiheit haben, es selbst zu tun. Das sehen wir als unsere Aufgabe an.«

Am 8. September erläuterten Dr. Adolf Süsterhenn und ich dem Plenum die dem Parlamentarischen Rat in den Frankfurter Dokumenten und durch die Vereinbarungen der Länderchefs mit den Militärgouverneuren gestellten Aufgaben. Wir erstatteten Bericht über die Arbeit des Verfassungskonvents und die von ihm erstellten Entwürfe.

Ich wiederholte meine in Herrenchiemsee gemachten Ausführungen, daß Deutschland als Rechtssubjekt weiter bestehe, aber zur Zeit desorganisiert und darum nicht geschäftsfähig sei. Deutschlands Staatlichkeit brauche also nicht neu konstituiert zu werden; unser Auftrag sei, sie neu zu organisieren. Solange das demokratische Grundrecht der freien und vollen Ausübung der Souveränität des Volkes der Deutschen nicht hergestellt sei, könnten wir lediglich ein Grundgesetz für ein Staatsfragment und einen Übergangszustand, also ein Provisorium, beschließen. Für eine Staatsverfassung fehle es an einer westdeutschen Staatsnation. Wer diese Fiktion aufstelle, bereite den Boden für einen anderen deutschen Staat im Osten Deutschlands, in dessen Bevölkerung sich im Laufe der Zeit ein eigenes Staatsgefühl bilden könne. Dieser Gefahr entgingen wir am zuverlässigsten, wenn wir begriffen, daß die faktische Verfassung Deutschlands das geschriebene oder ungeschriebene Besatzungsrecht bis zur Herstellung der Einheit Deutschlands in Freiheit sein wird.

Für die von uns angestrebte demokratische Ordnung sollten Gleichheit und Freiheit der Bürger die oberste Leitlinie sein. Doch es gehöre nicht zum Begriff der Demokratie, legale Voraussetzungen für die Möglichkeit ihrer Beseitigung zu schaffen ... »Demo-

kratie ist nur dort mehr als ein Produkt bloßer Zweckmäßigkeitser-
wägungen, wo man den Glauben hat, daß sie für die Würde des
Menschen unverzichtbar ist. Wenn man den Mut zu diesem Glauben hat, muß man auch den Mut zur Intoleranz denen gegenüber
haben, die die Demokratie gebrauchen wollen, um sie selbst umzu-
bringen.«

Da meine Ausführungen sich mit den von mir in Herrenchiemsee
gemachten im wesentlichen deckten, verweise ich auf das einschlägige
Kapitel. Doch liegt mir daran, einige Gesichtspunkte noch einmal
hervorzuheben: Der Staat soll nicht alles tun können, was ihm gerade
bequem ist; der Mensch müsse Rechte haben, über die auch der
Gesetzgeber nicht verfügen kann. Die Grundrechte dürften nicht als
Anhängsel des Grundgesetzes betrachtet werden, sondern seien
unmittelbar geltendes, von jedermann einklagbares Bundesrecht, die
Magna Charta unseres politischen Lebens. Darin kämen die moralischen Prinzipien zum Ausdruck, für deren Verwirklichung sich die
Menschen dieses Landes zusammengefunden haben, um ein Gemeinwesen zu bilden.

Für ein Übergangsprovisorium empfehle es sich nicht, den Versuch
zu machen, die Lebensordnungen des Volkes für alle Zukunft
programmatisch festzulegen. Man werde sich damit begnügen müssen, einen durchdachten Katalog von Freiheitsräumen und Bestim-
mungsrechten aufzustellen, die den Menschen ein Leben in schöpferi-
scher Freiheit verbürgen und sie vor dem Übermut der Ämter und
einer Staatsräson, die sich verabsolutiert, zu schützen vermögen.

Es schien mir auch notwendig, einiges über die Bedeutung der
politischen Parteien für die Demokratie auszuführen, die zwar keine
Staatsorgane, aber doch unverzichtbare Faktoren unseres staatlichen
Lebens und darum ein Stück Verfassungswirklichkeit seien. Darum
müßten in das Grundgesetz Vorschriften über ein Parteiengesetz
aufgenommen werden, die ausschließen, daß Parteien als Waffen
gegen die Demokratie gebraucht werden können.

Um die Postulate demokratischer Rechtsstaatlichkeit auf das
Verhältnis zu anderen Staaten auszudehnen, empfahl ich, Bestimmungen vorzusehen, die es erlaubten, im Wege einfacher Gesetzgebung Hoheitsbefugnisse auf internationale Organisationen zu

übertragen. Da alle unsere Nöte eine übernationale Grundlage hätten, so könnten wir auch die Mittel, dieser Nöte Herr zu werden, nur auf übernationaler Grundlage finden. Die äußere Sicherheit Deutschlands könne nicht durch nationale Streitkräfte gewährleistet werden, sondern nur durch den Beitritt zu internationalen Systemen kollektiver Sicherheit. Das Grundgesetz solle darum eine Bestimmung enthalten, die es möglich macht, einem solchen System durch einfaches Gesetz beizutreten. Dem Grundgesetz solle zudem ein Artikel eingefügt werden, wonach das deutsche Volk die Abspaltung deutschen Gebietes nur anerkennt, wenn die auf diesem Gebiet wohnende Bevölkerung zugestimmt hat.

Dr. Süsterhenn stellte seine Ausführungen über den Auftrag des Parlamentarischen Rates unter das Postulat der christlichen Staatslehre, daß jedes Volk einen von Gott gegebenen Anspruch auf politische Selbstorganisation und eigene politische Repräsentation habe. Dies legitimiere für sich allein die Arbeit des Parlamentarischen Rates. Demnach entstehe das Grundgesetz kraft der Souveränität des deutschen Volkes und nicht als Produkt einer obersten Gewalt, die von den Besatzungsmächten ausgeht. Die Auflagen, die die Besatzungsmächte uns machen, und ihr Anspruch, die Geltung des Grundgesetzes von ihrer Genehmigung abhängig zu machen, betrachte seine Fraktion nicht als eine Beschränkung unserer Willensfreiheit. Unser aller Wille sei es, die staatliche Einheit des deutschen Volkes wiederherzustellen. Das sei heute aus Gründen, die nicht bei uns liegen, nicht möglich. Heute müßten wir uns auf die politische Einheit der Westzonen beschränken. Wir sollten uns nicht scheuen, dies hinzunehmen, denn wir schüfen damit eine Voraussetzung für die wirtschaftliche Gesundung der Lebensverhältnisse unseres gesamten Volkes und damit Westeuropas. Darum werde die jetzige Beschränkung der deutschen Souveränitätsrechte nur ein vorübergehender Zustand sein. Die Deutschen wollten bei der Schaffung einer internationalen Friedensordnung und an Institutionen für wirtschaftliche Zusammenarbeit mitwirken, aber die Abtretung von Souveränitätsrechten dürfe nicht einseitig vom deutschen Volke verlangt werden, wie es hinsichtlich der zukünftigen Organisation der Ruhr geplant sei, denn Gleichberechtigung und Gegenseitigkeit seien die

Grundvoraussetzung für die Begründung einer europäischen Friedensordnung und Wirtschaftsgemeinschaft.

Das Grundgesetz müsse von der Erkenntnis getragen sein, daß der Mensch nicht für den Staat, sondern der Staat für den Menschen da ist, und daß Freiheit und Würde der menschlichen Persönlichkeit die höchsten Werte des Lebens im Staate sind. Das Grundgesetz müsse eine kräftige Demokratie schaffen, die auf dem Willen der Mehrheit aufgebaut ist, aber dieser Mehrheitswille sei nur dann legitim, wenn die natürlichen Lebensrechte des einzelnen und der innerstaatlichen menschlichen Lebensgemeinschaft ausdrücklich als vorstaatliche und unabänderliche Rechte anerkannt werden.

Die Ergebnisse des Verfassungskonvents von Herrenchiemsee billigte Dr. Süsterhenn zum größten Teil, verlangte aber für den Fall der Einführung einer parlamentarischen Regierungsform ein Wahlrecht nach angelsächsischem Muster. Die politische Willensbildung habe zweigleisig zu erfolgen: durch das Zusammenwirken eines vom Volk gewählten Parlaments und einer Länderkammer in der Tradition des ehemaligen Bundesrates. Eine Ländervertretung durch einen Senat würde zur Verstärkung der Parteienherrschaft führen. Den Bundespräsidenten sollten die beiden gesetzgebenden Körperschaften wählen. Krönung des Verfassungsgefüges sollte ein Staats- und ein Verfassungsgerichtshof bilden.

Am folgenden Tage kamen die Fraktionen zu Wort. Mit Ausnahme der Kommunisten, die dem Parlamentarischen Rat jede Legitimität bestritten, waren ihre Ausführungen im wesentlichen Interpretationen der Berichterstatter.

Auf der Tagesordnung der vierten Plenarsitzung stand Berlin. Der Ältestenrat hatte einen Entschließungsentwurf ausgearbeitet, in dem gegen das Schreckensregiment in Berlin und der Ostzone protestiert und die unzerstörbare Verbundenheit mit der dortigen Bevölkerung und ihrer beispielhaft tapferen Haltung zum Ausdruck gebracht wurde.

Der Debatte über den Antrag kam große politische Bedeutung zu. Es ging um die Frage, ob der Parlamentarische Rat sich auf die Beratung des Grundgesetzes zu beschränken hat oder ob ihm nicht auch das Recht zusteht, zu konkreten Lebensfragen Deutschlands

Stellung zu nehmen. Die Kommunisten bestritten dieses Recht. Ich führte aus, daß der Widerstand gegen Unmenschlichkeit zu den Pflichten aller jener gehöre, die vom Volk ein Mandat zur Errichtung freiheitlicher Lebensordnungen erhalten haben. Darum sei es nicht nur unser Recht, sondern als Beauftragte der freien Bürger auch unsere Pflicht, unsere Stimme zu erheben. »Nach zwölf Jahren Unterdrückung durch den Hitlerterror weiß dieses Volk, was es heißt, die Freiheit zu verlieren.« In Berlin gäben die Deutschen heute der Welt Gelegenheit, sich von ihrer demokratischen Entschlossenheit zu überzeugen. Wer so kämpfe wie die Berliner, beweise, daß Demokratie Lebenselement ist. Wir im Westen sollten den Berlinern nicht nachstehen: »Wir müssen wie sie bereit sein, jedes Opfer für die Freiheit und das Recht der Selbstbestimmung zu bringen. Darüber hinaus müssen wir ihnen jede materielle Hilfe bringen, derer sie bedürfen, vor allem aber die moralische Hilfe, die das Bewußtsein verleiht, daß man im Kampf um die Freiheit nicht allein steht und daß Freunde in der ganzen Welt den Ruf jener hören, die für sie auf die Barrikade gegangen sind. Wir müssen endlich überall in der Welt begreifen, worum es geht. Noch ist es Zeit.«

Theodor Heuss vertrat in einer großen Rede unser Recht auf Protest und schloß: »Man hat davon gesprochen, was in Berlin geschah, sei nicht nur eine deutsche, nicht nur eine Berliner, sondern eine Menschheitsfrage. Denen, die raten: ›Bleiben wir doch in dem Paragraphengehege – wir haben keine Politik zu betreiben!‹, erklären wir: Allein die Tatsache, daß wir hier sind, ist ein Stück Politik. Wir sind hier das Stück Deutschland, das sprechen kann. Und wir sagen den anderen: *Tua res agitur!*«

Im Anschluß an diese Debatte wurden die Ausschüsse gewählt und ihre Mitglieder bestimmt. Ich gehörte dem Hauptausschuß als Vorsitzender und dem Organisationsausschuß sowie dem Ausschuß für die Präambel und die Menschenrechte als Mitglied an.

Die Ausschüsse arbeiteten auf der Grundlage der von den Ministerpräsidenten gebilligten Vorlage des Verfassungskonvents. Bei der Arbeit zeigte sich bald, daß von der Vorlage abweichende Anträge zumeist von den gleichen Abgeordneten eingebracht und begründet wurden. Bei den fünf Abgeordneten der FDP und den je zwei Abgeordneten der kleinen Parteien waren die Anträge oft individuelle Meinungen der Antragsteller, was zur Farbigkeit der Diskussion, doch leider auch dazu führte, daß die Ausschüsse mit Scheinproblemen, Absonderlichkeiten und stilistischen Geschmacksfragen befaßt wurden, deren Behandlung nicht weiterführte. Abgeordnete der rechten Seite des Hauses glaubten, durch Einführung vieler Detailbestimmungen einer Entwicklung steuern zu können, die ihrer Meinung nach zu weit von dem ihnen liebgewordenen Staats- und Gesellschaftsverständnis der Zeit vor den Weltkriegen wegführen könnte. Manche von ihnen hatten Verständnis für gesellschaftliche Notwendigkeiten und die Lebensordnungen der Arbeitswelt; sie hatten jedoch bisher nicht begriffen, daß die industrielle Revolution und die Säkularisierung des Gemeinschaftscharakters vieler Elemente des gesellschaftlichen Gefüges das Selbstbewußtsein unseres Volkes gewandelt hatten, mit der Folge, daß die in den letzten Jahrzehnten durch Kriege und ökonomische Katastrophen eingetretene Emanzipation breiter Schichten diesen Staat von einst und die gesellschaftlichen Herrschaftsverhältnisse, denen die Antragsteller nachtrauerten, nicht mehr als legitime Obrigkeiten erscheinen lassen konnten.

Es war schwer, die Kollegen zu überzeugen, daß man die Dynamik des Drucks sozialer Bewegungen zwar bremsen und kanalisieren kann, daß man sie aber nicht durch Verfassungsnormen zu verriegeln vermag, es sei denn, man wäre bereit, Überflutungen zu riskieren oder Prätorianergarden aufzustellen – was noch nie in der Geschichte die Schubkräfte aufzuheben vermochte, die jeder Wandel des Bewußtseins über Voraussetzungen und Gehalt einer rechten Ordnung auslöst, wenn die Menge derer, die der heutigen Ordnung ihr Recht bestreiten, den Wert einer »kritischen Masse« zu erreichen beginnt.

In den Ausschüssen ist es zu manchen guten Kompromissen gekommen. Wo die Divergenzen grundlegende Dinge betrafen, wurden die Kompromisse fast immer schon vor der offiziellen Ausschußberatung zunächst in Zusammenkünften der Fraktionsvorsitzenden gesucht, die zuvor die Auffassung ihrer Fraktion abgeklärt hatten; in einigen Fällen traten sie aus eigenem Entschluß zusammen, um eine vorläufige Einigung zustande zu bringen, für die sie nachträglich die Billigung der Fraktion einholten – die nicht immer erfolgte. In allen Fällen aber war es Sache des Hauptausschusses, die Texte festzulegen, die dem Plenum zur Abstimmung vorgelegt werden sollten.

Die Sitzungen der Fraktionsvorsitzenden und des Ältestenrates fanden im »Roten Salon« statt, dem einstigen Büro des Direktors der Pädagogischen Akademie. Konrad Adenauer, der in langen Oberbürgermeisterjahren ausgiebige Erfahrungen gesammelt hatte über die beste Art, mit Menschen umzugehen, die anderes wollten, als er meinte, daß sie wollen sollten, versäumte selten, einige Flaschen Weines in den »Roten Salon« stellen zu lassen, um ein stockendes Gespräch wieder in Gang zu bringen.

Gegen Ende der Beratungen stellte sich heraus, daß man in einigen Punkten mit den bisherigen Methoden schnell ins Patt geraten werde. Um beweglicher zu werden, wurden der Fünfer-Ausschuß, der Siebener-Ausschuß und der Redaktionsausschuß geschaffen. In diese Ausschüsse wurden nach dem Fraktionsproporz Abgeordnete delegiert, die sich in ihren Fraktionen und über diese hinaus besonderes Ansehen erworben hatten. In diesen Ausschüssen wurde zum Beispiel die Einigung über die Regelung des Erziehungswesens herbeigeführt, über die im Fachausschuß und im Hauptausschuß kein Konsens zu erreichen war; ebenso die Einigung über die Haltung, die der Parlamentarische Rat den Beanstandungen gegenüber einnehmen sollte, die von den Besatzungsmächten gegen einige der von ihm beschlossenen Regelungen erhoben worden waren. Von großer Bedeutung war der Redaktionsausschuß. Ihm gehörten für die CDU Dr. Heinrich von Brentano, für die SPD der hessische Justizminister Dr. Georg August Zinn, für die FDP Dr. Thomas Dehler an, der sich bei den Beratungen im Hauptausschuß und in den Fachausschüssen besonders hervorgetan hatte. Die Kompetenzen, die der Parlamentarische Rat diesem Ausschuß erteilt hatte, beschränkten dessen Tätigkeit auf die Redaktion der vor der letzten Lesung gefaßten Beschlüsse. Doch mit dem Einverständnis aller »Wissenden« haben jene drei Abgeordnete »im Wege besserer Textgestaltung« gelegentlich inhaltliche Bestimmungen vorgenommen, die in den Ausschüssen und im Plenum nicht zustande kommen konnten. Sie haben damit ihre Kompetenzen überschritten, aber durch die Schlußabstimmung im Plenum wurde dieser Mangel in allen Fällen geheilt. Ich zog aus diesem Verfahren die Lehre: Wer einen Text redigiert, also der Aussage die letzte Form gibt, bestimmt damit auch den Inhalt und die Tragweite der Aussage mit. Die Schlußabstimmung im Plenum hat dann in den meisten Fällen nur noch die Bedeutung eines notariellen Aktes.

Die Ergebnisse der Fachausschüsse wurden dem Hauptausschuß am 18. Oktober vorgelegt; am 19. November wurden sie dort zum erstenmal beraten. Doch ehe es zu dieser Beratung kam, wurde auf den Antrag hin, den ich namens der SPD-Fraktion stellte, eine Generaldebatte über die Präambel zum Grundgesetz abgehalten. Es schien uns notwendig zu sein, vor der Fortsetzung der Beratungen in den Ausschüssen über die Bundesorgane und den juristischen Apparat Klarheit darüber zu schaffen, welchen moralischen und politischen Grundvorstellungen das politische Gebilde, das wir zu errichten hatten, zu gehorchen habe. Ihren Niederschlag sollten diese Grundsätze in der Präambel finden. Von verschiedenen Seiten wurde davor gewarnt, eine solche Debatte herbeizuführen; sie erfolge zur Unzeit; öffentliche Diskussionen zur Unzeit aber hätten es an sich, künftige Kompromisse unmöglich zu machen, und ohne vielfältige Kompromisse werde man nicht zu einem brauchbaren Grundgesetz kommen. Ich widersprach. Kompromisse dürften nicht am Anfang einer Diskussion stehen, sondern müßten ihr Ergebnis sein. Wenn ein sauberer Kompromiß zustande kommen sollte, müßten die Beteiligten mit klaren Leitvorstellungen an die Diskussion herangehen. Wo es um die Festlegung seiner Lebensordnungen gehe, müsse das Volk aber Zeuge sein können, wie sich bei mehreren, ursprünglich verschiedenen oder gar entgegengesetzten Standpunkten auch in Grundsatzfragen eine die bisherigen Widersprüche der Thesen aufhebende, in einem dialektischen Prozeß aus der Logik der Situation heraus von allen Beteiligten bejahte Lösung finden lasse. Die Präambel sei der Schlüssel zum Verständnis des Grundgesetzes, denn von ihr erhalte es seine eigentliche politische und juristische Qualifikation. Wie wolle man denn die einzelnen Artikel, ohne aus dem

System herauszufallen, bereden können, solange dessen Komponenten nicht in aller Klarheit erfaßt sind?

Dr. Süsterhenn stimmte diesem Gedankengang mit einigen Einschränkungen zu. Professor Heuss betonte in seinen Ausführungen, daß schon allein wegen der Besonderheiten, die beim Zustandekommen des Grundgesetzes eine bestimmende Rolle spielen, eine Präambel eine unbedingte Notwendigkeit sei: Es gelte in ihr den historischen Augenblick zu fixieren, der das Zustandekommen der neuen politischen Lebensform des deutschen Volkes bestimmt und regiert hat.

Der Widerspruch der Kommunisten vermochte die Zustimmung des Hauses nicht zu verhindern.

Die Vorstellungen der Alliierten

Im weiteren Bericht beschränke ich mich auf Vorgänge und Kontroversen, von denen ich glaube, daß sie dem Grundgesetz seinen besonderen Charakter gegeben haben.

Nach seinem Selbstverständnis war der Parlamentarische Rat bei seinen Beratungen und Entscheidungen frei; seine Abgeordneten waren nur ihrem Gewissen verantwortlich. Allerdings mußte das zu beschließende Grundgesetz gewissen Prinzipien Rechnung tragen. Wir waren nicht völlig frei bei der Auswahl dieser Prinzipien: Die uns ermächtigenden Texte gaben uns auf, bestimmte Grundsätze zu verwirklichen; die Gouverneure hatten uns wissen lassen, daß sie unser Werk nur genehmigen würden, wenn die Beschlüsse des Parlamentarischen Rates mit »diesen allgemeinen Grundsätzen nicht in Widerspruch stehen«. Das bedeutete, daß die Abgeordneten sich bei ihren Beratungen und Entscheidungen immer zu fragen hatten, ob sie sich mit ihren Erwägungen noch innerhalb der Vorstellungen der Besatzungsmächte über das Wesen der Demokratie, des Föderalismus, der individuellen Rechte, der »Angemessenheit« einer Zentralinstanz innerhalb eines föderalistischen Staates, der die »Rechte der beteiligten Länder schützt«, befänden; oder ob sie im Falle, daß dies für bestimmte Punkte nicht zutreffen sollte, es auf sich nehmen wollten und könnten, das Verfassungswerk im ganzen scheitern zu lassen und damit möglicherweise das wirtschaftliche Chaos in Deutschland auszulösen. Dies wollte kaum jemand riskieren; im Osten stand ja einer auf der Lauer.

So stand von vornherein fest, daß unsere Entscheidungsfreiheit uns nur Regelungen erlauben würde, die dem nicht widersprachen, was die Alliierten als ihren eigenen politischen Vorstellungen konform ansahen. Daß die Alliierten bei ihren Vorstellungen ausschließlich bedachten, welche Institutionen den Deutschen am zuträglichsten sein könnten, war nicht anzunehmen; realistischer war, davon auszugehen, daß sie dabei auch ihre eigenen Interessen im Auge hatten: Unsere »Verfassung« sollte so sein, daß Tendenzen, die zur Aufrichtung einer Gewaltherrschaft innerhalb Deutschlands führen könnten, nach menschlichem Ermessen nicht zum Zuge kommen konnten. Dies sollte institutionell dadurch erreicht werden, daß durch Verlagerung entscheidender politischer Befugnisse auf die Bundesländer und deren Beteiligung an der Willensbildung der Zentralinstanz sowie durch eine den Ländern Vorrang gebende Aufteilung der Gesetzgebungsbefugnisse die Bildung eines zentral gesteuerten Machtwillens erschwert wurde.

Damit konnte man im Prinzip als vaterländisch denkender Deutscher einverstanden sein, aber alles kam darauf an, wie die Alliierten unsere Übersetzung ihrer abstrakten Prinzipien in konkrete Grundgesetzartikel beurteilen würden. Daß sie dabei untereinander nicht von gleichen Vorstellungen ausgingen, war den Erfahreneren unter uns nicht zweifelhaft. Die Franzosen würden das Institut des Föderalismus im wesentlichen als dissoziierende und die Zentralgewalt im Bundesstaat lähmende Einrichtung ansehen, von der sie sich Schutz vor dem allzeit den Limes der Latinität stürmenden östlichen Nachbarn versprachen. Die Amerikaner würden ihr Urteil wesentlich von missionarischen Vorstellungen her bilden: Was gut ist für die Vereinigten Staaten von Amerika und die Amerikaner, wird auch gut sein für Deutschland und für die Gliedstaaten, aus denen die Bundesrepublik bestehen wird. Föderalismus begriffen sie nicht als etwas Dissoziierendes, sondern als ein System Assoziation suchender Kräfte. Den Briten war wohl ziemlich gleichgültig, wie wir die

»Prinzipien« konkret interpretierten. Sie meinten aber, dafür Sorge tragen zu sollen, daß wir eher britischen als »preußischen« Traditionen folgten. Bei manchen ihrer Beamten konnte man den Eindruck gewinnen, daß sie sich unter Föderalismus eine Art von German Commonwealth vorstellten.

Den Besatzungsmächten lag daran, in jedem Stadium der Beratungen zu erfahren, was in unseren Gedanken vorging, und uns bei Zweifeln über die Konformität unserer Vorstellungen mit ihrer Auslegung der Prinzipien der Frankfurter Dokumente zu beraten, was praktisch bedeutete, uns je und je wissen zu lassen, womit sich die Alliierten nicht einverstanden erklären könnten. Sie bestellten zu diesem Zweck Beamte, deren Aufgabe es war, sie zu informieren und uns jene »Ratschläge« zu übermitteln. Manche jener Berater, denen das uns richtig und notwendig Erscheinende nicht ausreichend demokratisch oder föderalistisch im Sinne der Frankfurter Dokumente erscheinen wollte, begnügten sich damit, uns zu erklären: »Wenn Sie dabei bleiben, werden Sie wohl kaum mit der Genehmigung des Grundgesetzes durch die Gouverneure rechnen können ...«

Die französischen Beamten waren an Instruktionen aus Paris gebunden und ihre offiziellen Äußerungen uns gegenüber entsprechend präzis – auch dann, wenn sie uns im privaten Gespräch zum Ausdruck brachten, daß sie sich nicht recht vorstellen könnten, wie wir mit dem, was von uns erwartet wurde, später zurechtkommen würden.

Bei den Amerikanern berieten uns einige Juristen, die einst Deutsche gewesen waren und ihre in Deutschland erworbenen staatsrechtlichen Vorstellungen in der Emigration am amerikanischen Vorbild »geläutert« hatten.

Die britischen Berater waren im allgemeinen umgängliche Beamte, die der Meinung waren, einen Staat lasse man am besten von denen einrichten, die darin zu wohnen haben werden. In allen wichtigen Dingen hatten wir raschen und offenen Zugang zu den maßgebenden Leuten beim Stabe des Gouverneurs Sir Brian Robertson, vor allem dank Lance Pope, der zwanzig Jahre lang Botschaftsrat in Bonn sein sollte, und dem Presseoffizier Michael Thomas.

Ein Teil der Mitglieder des Parlamentarischen Rates hatte den Wunsch, daß das Grundgesetz den von ihnen gewünschten Staat als »christlichen Staat« kennzeichnen und nicht, wie man sagte, »nur« als einen weltlichen, »materialistischen« Staat begreifen sollte. Die Auseinandersetzung hierüber erfolgte in den Ausschüssen. Mit Hilfe von Zitaten aus den Kirchenvätern und den großen Moraltheologen gelang es schließlich, die Überzeugung durchzusetzen, daß es für einen Christen keinen christlichen Staat, sondern nur eine christliche Kirche geben kann, deren Gebote sich an die Menschen richten, die in diesem Staat leben und die diese für geoffenbarte Wahrheiten zu halten vermögen, nach denen zu leben sie für sich persönlich entschlossen sind. Diese Gebote könnten jedoch nicht Gemeinschaften verpflichten, denen Christen und Nichtchristen zu gleichem Recht angehören wollen.

Da aber auch in heutiger Zeit die Mehrheit unseres Volkes die Vorstellung hat, daß sich in der Geschichte göttliches Walten manifestiert, angesichts dessen die Menschen zur Verantwortung ihres Tuns vor Gott aufgerufen sind, trug ich keine Bedenken, in die Präambel aufnehmen zu lassen, daß unser Volk sich im Bewußtsein seiner Verantwortung vor Gott und den Menschen dieses Grundgesetz gibt, weil es von dem Wunsch beseelt ist, »seine nationale und staatliche Einheit zu wahren und als gleichberechtigtes Glied in einem vereinigten Europa dem Frieden der Welt zu dienen«.

Die meisten Bewohner der Bundesrepublik werden unter diesem Gott, den die Präambel nennt, den Gott verstehen, dessen Gebote ihnen die religiöse Unterweisung im Elternhaus und in der Schule sowie ihr Leben in den Kirchen unseres Landes nahegebracht haben. Für viele wird er identisch sein mit dem Herrn des »Stirb und werde« unseres Schicksals. Für andere wird er der Weltbaumeister sein, der mit der Schöpfung in sein Werk die Ursachenreihen eingeführt hat, aus denen alles kommt, was durch sich selbst und in der Vermittlung durch unser Tun geschieht; andere wiederum werden jenen Gott in allem finden, was dieser Welt eigen ist, das *»hen kai pan«*, und es gibt, wie das Beispiel des »Materialisten« Ernst Bloch zeigt, jenes Göttliche auch für den Marxisten, den die Erfahrung gelehrt hat, daß der Mensch nicht vom Brot allein lebt, sondern daß es in seinem Bewußtsein eine übergreifende Transzendenz gibt, die ihre Forderungen stellt, und der, wie Faust, weiß, daß das Gewebe des Da-Seins in Natur und Geschichte in seinem Innersten von einer numinosen Macht zusammengehalten wird.

Es gelang mir auch, meine Kollegen zu überzeugen, daß im Bewußtsein unseres Volkes ein Sittengesetz lebt, das wir für verbindlich halten, weil die Deutschen im Laufe ihrer Geschichte erkannten, daß Freiheit, Selbstverantwortung und Gerechtigkeit die Würde des Menschen ausmachen und daß diese Würde gebietet, daß jeder die Freiheit und die Selbstachtung eines jeden anderen achtet und sein Leben nicht auf Kosten der Lebensmöglichkeiten des anderen führt. In diesem Moralverständnis können Christen und Nichtchristen sich im Freiheitsraum des Staates vereinigen.

Daß Demokratie nicht bedeuten kann, daß die Völker sich auch im Persönlichsten nach dem Willen der Mehrheit der Bürger einrichten und tätig werden, bedarf keiner weiteren Darlegung; auch Mehrheiten können tyrannische Menschenverächter sein. Darum haben wir in das Grundgesetz Bestimmungen eingeführt, die auch den Mehrheiten für die Gesetzgebung und Ausübung der vollziehenden Gewalt Schranken setzen. Es sind jene Normen, die man seit der Zeit der Aufklärung und des Beginns des sich an den Rechten der reinen Menschennatur orientierenden Staatsdenkens in einem weltweiten Consensus in den Begriff der Demokratie eingeflochten hat und die man Menschenrechte zu nennen pflegt.

Was die sogenannten Grundpflichten anlangt, so haben wir wohl an einigen Stellen auf bestimmte Verpflichtungen der Bürger hingewiesen, die sich aus dem demokratischen Consensus sozialer Prägung ergeben. Wir waren der Meinung, daß mit dem Begriff des Rechtsstaates von vornherein die Verpflichtung aller Bürger gegeben ist, die Gesetze dieses Staates zu befolgen und jenen Anordnungen Gehorsam zu leisten, die kraft dieser Gesetze von den von ihnen für zuständig erklärten Stellen erlassen werden, und daß sich aus dem Umstand, daß dieses Volk einen freiheitlichen Volksstaat will, von vornherein die Verpflichtung ergibt, nichts zu tun, was ihn in seinem

Bestand gefährden könnte – unbeschadet des Rechtes, auf den durch das Grundgesetz vorgezeichneten Wegen auf Veränderungen in Staat und Gesellschaft ausgehen zu können.

Wenn die Grundrechte der Bewohner unseres Landes einen wirksamen Schutz seines Freiheitsraumes darstellen sollen, müssen sie vor Gericht eingeklagt werden können; in einem Rechtsstaat können Gerichte aufgrund von Normen Recht sprechen, deren Inhalt und Sanktion der Gesetzgeber präzise definiert hat. Daran kann und will auch jene Bestimmung des Grundgesetzes nichts ändern, daß um des Schutzes der Menschenwürde willen das deutsche Volk sich zu unverletzlichen und unveräußerlichen Menschenrechten als Grundlage jeder menschlichen Gemeinschaft des Friedens und der Gerechtigkeit in der Welt bekennt. Diese Menschenrechte sind nicht universal und a priori dem Staate vorgegeben; es sind Rechte, zu denen sich das deutsche Volk durch den Parlamentarischen Rat in dem Kapitel des Grundgesetzes, das überschrieben ist »Die Grundrechte«, bekannt und die es damit zum Bundesgesetz erhoben hat.

Damit wollten wir uns nicht zu einem substanzlosen Positivismus bekennen, für den Recht nur ist, was in einem Gesetzblatt abgedruckt ist, und für den alles Recht ist, was darin zu lesen steht. Wir waren der Meinung, daß sich im Laufe der Menschheitsgeschichte bei allen redlichen und auf Menschlichkeit bedachten Völkern unseres Kulturkreises eine feste Vorstellung vom Guten und Schönen, vom Bösen und Gefährlichen herausgebildet hat, die in alle staatlichen Tätigkeiten eingehen solle und innerhalb der Strukturen der Gesellschaft als Richtlinie für das Verhalten der Menschen betrachtet werden könne. Was aufgrund von Gesetzen erfolgt, die nach den für das Zustandekommen von Rechtsnormen vorgesehenen Bestimmungen einer Verfassung ordnungsgemäß erlassen wurden, ist legal. Legitim aber ist die dadurch geschaffene Ordnung nur, wenn sie in ihrem Wesensgrund dem geschichtlich gewordenen, die bloßen Kriterien des Nutzens transzendierenden moralischen Bewußtsein unserer Zeit gemäß ist.

Auch gegen die von vielen gewünschte Einführung sogenannter sozialer Grundrechte, an denen die Weimarer Verfassung so reich gewesen ist, habe ich mich energisch gewehrt, waren sie doch nichts anderes als Programme oder Tautologien oder Kennzeichnungen der Zustände, die bei vernünftigem Umgang mit den klassischen Grundrechten aus den politischen Auseinandersetzungen hervorgehen sollten.

Soziale Grundrechte könnten nur abstrakt und in Wunschform von uns heutigen an jene, die auf uns folgen werden, oder als Inhalt eines Sollens formuliert werden. Der konkrete Inhalt müßte von Fall zu Fall von dem Gesetzgeber festgestellt werden; er wird also in Funktion der Stärkeverhältnisse des jeweils befaßten Parlaments definiert werden. Ist eine Mehrheit für eine Veränderung gesellschaftlicher Zustände, dann wird sie entsprechende Gesetze beschließen; ist sie es nicht, dann helfen auch – wie die Geschichte der Weimarer Republik ausweist – noch so progressive soziale Grundrechte im Text der Verfassung nichts; aber vor dem Volk wird die Verfassung unglaubwürdig werden. Worauf es ankommt, ist, daß die im Grundgesetz vorgesehenen Verfahrensregeln den Weg zum Fortschritt nicht blockieren, sondern öffnen.

Der alte Gewerkschafter Adolph Schönfelder war der Abgeordnete, der sich mit größter Energie dagegen wandte, in das Grundgesetz den Satz aufzunehmen, daß das Streikrecht garantiert werde. Der richtige Weg, den Bedingungen der Industriegesellschaft gerecht zu werden, war die Aufnahme einer Bestimmung, die für jedermann und für alle Berufe das Recht gewährleistet, zur Wahrung und Förderung der Arbeits- und Wirtschaftsbedingungen Vereinigungen zu bilden mit der Maßgabe, daß Abreden, die dieses Recht einschränken oder zu behindern suchen, rechtswidrig sind. Auf Artikel 9, Absatz 3, beruhen die Kraft und die Macht der Verbände der Sozialpartner; er ist das Fundament der sozialen Autonomie. Unter diesem Begriff ist das Recht der Arbeitnehmer und der Arbeitgeber zu verstehen, durch frei ausgehandelte Tarifverträge die Lohnbedingungen, die Arbeitsbedingungen und auch den jeweiligen Stand des Verhältnisses zwischen Kapital und Arbeit immer wieder neu den wirtschaftlichen und gesellschaftlichen Gegebenheiten anzupassen; aber auch den Veränderungen des Bewußtseins der den Zwängen einer sich mehr und mehr technisierenden und die Person mehr und mehr versachlichenden Welt ausgesetzten Menschen von dem, was eine rechte Ordnung der Arbeitswelt sein soll, Rechnung zu tragen.

Noch gab es in Deutschland keinen Militärdienst und keine Wehrpflicht; doch es war vorauszusehen, daß es eines Tages wieder deutsche Soldaten geben würde, wenn auch, wie ich damals noch meinte, als Mitglieder der Streitmacht einer überstaatlichen politischen Organisation eines weltweiten Systems kollektiver Sicherheit. Auch in diesem Fall ergab sich die Möglichkeit eines Konfliktes in der Brust manches zum Dienst mit der Waffe Eingezogenen zwischen seiner Bürgerpflicht und seinem Gewissen, das ihm vielleicht kategorisch verbot, Menschen zu töten, und sei es auch um des Schutzes der Gemeinschaft willen, der er sich verpflichtet weiß. Ich dachte dabei an Quäker, Mennoniten, an die Zeugen Jehovas, die im Dritten Reich oft genug ihren Glauben mit dem Leben bezahlen mußten. Meine Meinung war und ist, daß der Staat zwar von jedermann, der seinen Schutz in Anspruch nimmt, verlangen kann, daß er auch das Leben einsetzt, um seinen Staat fähig zu machen, ihm und seinen Mitbürgern Schutz vor Kriegsgefahr zu gewähren; daß der Staat aber nicht das Recht hat zu verlangen, daß jemand gegen den Spruch seines Gewissens Menschen tötet. Ich konnte die Mehrheit des Parlamentarischen Rates überzeugen, daß es unserem neuen Gemeinwesen wohl anstehen könnte auszuschließen, daß jemand gegen sein Gewissen zum Kriegsdienst mit der Waffe gezwungen wird und den Waffendienst nur verweigern kann, indem er Strafe auf sich nimmt. Bedeutende und höchst achtenswerte Mitglieder haben sich gegen diesen Vorschlag gewandt: Zur Souveränität des Staates gehöre das Recht, jedermann zur aktiven Verteidigung seiner Freiheit verpflichten zu können; auch sei die allgemeine Wehrpflicht ein elementarer Bestandteil des demokratischen Ethos, wie es die Geschichte der Revolutionen ausweise, in denen die Völker ihre Souveränität erkämpften. Aber es fand sich dann doch eine Mehrheit für das Recht der Verweigerung des Kriegsdienstes mit der Waffe.

Die Beseitigung der Todesstrafe lag mir gleichermaßen am Herzen. Nach all dem, was in den vergangenen Jahrzehnten in Deutschland und anderswo durch deutsche Blutgerichte geschehen war, sollten wir

Deutschen Zeugnis dafür ablegen, daß in allen Menschen, auch im Mörder, das Leben heiligzuhalten ist, und daß diesem moralischen Postulat gegenüber kriminalpolitische Nützlichkeitserwägungen keine Argumente darstellen. Es gab Abgeordnete, welche meinten, die Befugnis, das Strafgesetzbuch zu ändern, liege nicht in der Zuständigkeit des Parlamentarischen Rates. Doch der Rat ließ sich davon überzeugen, daß es sich in dieser Frage nicht einfach um eine Änderung des Strafgesetzbuches handele, sondern um ein Bekenntnis unseres Volkes zu einer Wertordnung, die in allem, was Menschenantlitz trägt, den Menschen sieht, dessen Leben nicht zum bloßen Mittel für gesellschaftliche Zwecke reduziert oder unter gewissen Umständen ausgelöscht werden darf.

Bund und Länder

Das politisch brisanteste Thema in der Auseinandersetzung mit den Besatzungsmächten und auch im innerdeutschen Verhältnis war die Konkretisierung der uns aufgegebenen föderalistischen Struktur des Grundgesetzes.

Die Mitglieder des Parlamentarischen Rates hielten, zumindest für die jetzige Phase der deutschen Geschichte, einen zentralistischen Staatsaufbau nicht für wünschenswert. Die Folge der Gleichschaltung der Länder im Dritten Reich schreckte sogar jene Sozialdemokraten, die ihre Parteitradition gelehrt hatte, nur eine alles übergreifende, demokratisch kontrollierte zentrale Staatsgewalt sei imstande, die ökonomischen und gesellschaftlichen Veränderungen durchzuführen, die sie mit dem Begriff »Sozialismus« verbanden. Manche freilich dachten, der föderalistisch dezentralisierte Einheitsstaat der Weimarer Republik sei gar nicht so verkehrt gewesen. Aber bald zeigte sich, daß sich für dieses Modell bei keiner Fraktion eine Mehrheit finden lassen würde.

Umgekehrt hatten auch jene keine Aussicht auf eine Mehrheit, die von der Vorstellung ausgingen, der Staat der Deutschen sei durch die bedingungslose Kapitulation und die Beschlüsse von Jalta und Potsdam untergegangen und könne nur durch eine Vereinbarung der

Länder neu konstituiert werden. Bei einigen Kollegen der CSU und der Bayernpartei gab es – wenn auch mehr oder weniger abgeschwächt – solche Vorstellungen; selbst ein so ruhiger und deutschvaterländischer Mann wie Ministerpräsident Ehard neigte ähnlichen Denkbildern zu. Diese Linie wurde auch von den Kollegen der Deutschen Partei – der früheren Niedersächsischen Landespartei, in der die antipreußische welfische Tradition fortlebte – vertreten. Die Abgeordneten des Zentrums und mit ihnen einige Mitglieder der CDU-Fraktion, deren staatspolitische Vorstellungen in der Bismarckzeit wurzelten, hatten eine starke Neigung, im Verhältnis Bund und Land dem Faktor Land einen »Bonus« zu geben. Konrad Adenauer zog dabei nicht mit. Ihm schien bei aller Selbständigkeit der Länder eine starke Zentralgewalt unerläßlich.

Die Sozialdemokraten wollten einen Bundesstaat, dessen Glieder kraftvolle Länder sein sollten, die mit ihren regionalen politischen und ökonomischen Problemen aus eigener Kraft fertig werden können, was finanzstarke und wirtschaftskräftige Territorien voraussetzte. Darum würde eine Flurbereinigung notwendig werden, für die man den Namen »Neuordnung des Bundesgebietes« prägte, ein Vorgang, der übrigens im Text II der Frankfurter Dokumente vorgesehen war. Es stellte sich bald heraus, daß die »historischen« Länder nicht daran dachten, ihre Identität aufzugeben oder Teile ihres Territoriums an andere Länder abzutreten. Selbst wir Sozialdemokraten zuckten mit den Schultern, als der treffliche Ministerpräsident Schleswig-Holsteins, Hermann Lüdemann – Regent des »Armenhauses« Deutschlands, wie man damals sagte –, die Einbeziehung Hamburgs in ein norddeutsches Bundesland verlangte. Auf meinen Rat wurde die Lösung des Problems ausgeklammert. Wir sollten uns damit begnügen, in das Grundgesetz Vorschriften für die bei Neuordnung des Bundesgebietes anzuwendenden Prozeduren aufzunehmen.

Der Hauptausschuß hatte am 11. November 1948 in erster Lesung mit der Beratung der uns von den Fachausschüssen übermittelten Vorlagen begonnen, unter denen sich auch der Vorschlag befand, auf allen Sachgebieten dem Bund das Recht zur konkurrierenden Gesetzgebung zu geben, von deren Ordnung es abhing, daß überall in der

Bundesrepublik die Voraussetzungen für einen in den essentiellen Lebensbedingungen einigermaßen identischen Lebensstandard geschaffen werden konnten; darüber hinaus sollte der Bund für alle Bereiche, die für das Leben des Ganzen wichtig waren, ein vorrangiges Gesetzgebungsrecht erhalten. Die Verteilung der Aufgaben zwischen Bund und Ländern setzte klare Vorstellungen über die geeignetste Finanzverfassung voraus. Doch hierbei standen die im Verfassungskonvent aufgeworfenen Kontroversen so ungelöst wie je vor uns.

Die Verhandlungen über diese Mysterien schienen kein Ende finden zu können. Es war dem Geschick und der Sachkunde des ehemaligen preußischen Finanzministers der Weimarer Zeit, Hermann Höpker-Aschoff, zu verdanken, daß immer wieder im kleinen Kompromisse gefunden werden konnten, die erlaubten, die Auseinandersetzungen im großen auf einer der Vernunft bekömmlicheren Ebene weiterzuführen.

Damit war auch die Diskussion über die Art der Verwirklichung des föderalistischen Prinzips im Gefüge der Bundesorgane in Gang gekommen: Bei wem sollte das Schwergewicht der öffentlichen Gewalt in der Bundesrepublik liegen – bei der Länderkammer, also dem Bundesrat, oder bei dem aufgrund allgemeiner Wahlen gewählten Bundestag? Sollte die Zustimmung der Länderkammer für alle Gesetze erforderlich sein oder nur für besonders bezeichnete? Sollte man die Länderkammer als einen Bundesrat konzipieren oder als einen Senat, nach dem Muster des Senats der Vereinigten Staaten oder des Ständerats der Schweizerischen Eidgenossenschaft?

Hierbei traten die Besatzungsmächte mit ihren Ratschlägen am häufigsten und bedrohlichsten in Erscheinung. Konrad Adenauer war zu diesem Punkt in seiner Eigenschaft als Präsident des Parlamentarischen Rates gegenüber den Besatzungsmächten tätig geworden. Am 17. November wurde er von General Robertson, dem damaligen Sprecher der Großen Drei, in Bad Homburg empfangen. Das Gespräch war offenbar nicht sehr ergiebig. Über die Konkretisierung des in den Londoner Dokumenten enthaltenen Begriffes »Föderalismus« durch den Parlamentarischen Rat würden sich die Besatzungsmächte erst eine Meinung bilden, wenn der Entwurf des Grundgesetzes im ganzen vorliege. Es sei wichtig, habe General Robertson gemeint, so zu verfahren, daß so bald als möglich eine westdeutsche Regierung gebildet werden könne. Einer Verfassung, die Berlin als Teil des Bundes vorsehe, könnten die Besatzungsmächte keinesfalls zustimmen.

Konrad Adenauer bat – so schreibt er in seinen »Erinnerungen« –, die Leiter der Verbindungsstäbe der Besatzungsmächte möchten ihm ein Aide-mémoire zuleiten, um zu verhindern, daß Mißverständnisse über das Gesagte aufkommen. Der General habe sich dagegen ausgesprochen: Man möchte nicht den Anschein erwecken, daß die Besatzungsmächte Druck auf den Parlamentarischen Rat ausüben. Man werde aber in einer gemeinsamen Sitzung die Verbalnote der Generale so langsam zur Verlesung bringen, daß man sie mitstenografieren könne. Konrad Adenauer fügte hinzu, daß er es für höchst unerwünscht halte, wenn nach Verabschiedung des Grundgesetzes im Parlamentarischen Rat Beanstandungen seitens der Militärregierungen kämen, worauf General Robertson erklärte, dies könne durch eine Besprechung zwischen den Militärgouverneuren und einigen Vertretern des Parlamentarischen Rates vermieden werden.

Konrad Adenauer schnitt dann die Frage des Besatzungsstatuts an. General Robertson erklärte, auch diese Frage müsse zwischen Vertretern des Parlamentarischen Rates und den Militärgouverneuren behandelt werden. Außerdem besprachen General Robertson und Konrad Adenauer die Frage des Sitzes des künftigen Bundesparlamentes und der künftigen Bundesregierung.

In der Sitzung des Hauptausschusses am 19. November beantragte der kommunistische Abgeordnete Renner, ich solle den Präsidenten des Parlamentarischen Rates bitten, dem Hauptausschuß öffentlich über seine Gespräche mit General Robertson Bericht zu erstatten. Der Hauptausschuß faßte einen entsprechenden Beschluß, lehnte jedoch ab, die Berichterstattung öffentlich stattfinden zu lassen.

Konrad Adenauer berichtete dem Ältestenrat über seine Unterredung mit General Robertson und vertrat die Auffassung, daß vor der endgültigen Beschlußfassung im Plenum eine Abstimmung mit den Militärgouverneuren erfolgen müsse; sonst laufe man Gefahr, daß die Militärgouverneure nach unserer Beschlußfassung Änderungen unseres Textes fordern könnten. Dies würde für das Ansehen des Parlamentarischen Rates und des Grundgesetzes nachteilig sein. Der Ältestenrat war der Meinung, daß für eine solche Besprechung der Abschluß der zweiten Lesung im Plenum der geeignete Zeitpunkt sei.

Am 22. November sandten die Alliierten dem Präsidenten des Parlamentarischen Rates ein Memorandum, in dem sie eine Reihe von Leitsätzen niedergelegt hatten, die man entweder als Kommentare zu den Frankfurter Dokumenten oder als Kritik an den bisherigen Beschlüssen des Parlamentarischen Rates betrachten konnte. Ich war von letzterem überzeugt, erklärte jedoch vor der Öffentlichkeit, daß ich den Inhalt der Denkschrift als eine Erläuterung des Dokumentes I ansehe: »Die Abgeordneten des Parlamentarischen Rates setzen ihre Bemühungen als Vertreter des deutschen Volkes fort, dessen Vertrauen sie nach Bonn entsandt hat.« Mit dieser Formulierung verband ich eine zweifache Absicht: In erster Linie lag mir daran klarzustellen, daß wir uns nicht als Befehlsempfänger der Besatzungsmächte behandeln ließen, und in zweiter Linie ersparte ich uns mit dieser Erklärung einen Konflikt mit den Besatzungsbehörden, der zu nichts anderem hätte führen können als zu einer Verhärtung der alliierten Standpunkte. Ich war überzeugt, daß wir bei geschicktem und gelassenem Verhalten zu vernünftigen Absprachen kommen würden. Der festen Haltung der Sozialdemokratischen Partei war ich sicher; konnten die Alliierten in Anbetracht ihres eigenen politischen Interesses an einem Gelingen ihres auf der Londoner Konferenz beschlossenen westdeutschen Vorhabens – das doch vor allem ihrer Politik gegenüber der Sowjetmacht dienen sollte – ein Nein der Partei riskieren, die allein die Arbeitnehmerschaft gegen »sozialistische« Verlockungen von Osten her immun machen konnte? In dem Memorandum verkündeten uns die Alliierten unmißverständlich, wie sie sich die Länderkammer vorstellten; ferner, daß die Bundesexekutive lediglich festgelegte Befugnisse ausüben dürfe, die ihr die Verfassung im einzelnen zuordnet; die Befugnisse der Bundesregierung dürften sich nicht auf das Erziehungswesen, die Kultur und die Kirchenangelegenheiten, die Selbstverwaltung und das öffentliche Gesundheitswesen erstrecken; die Bundesregierung solle über

Geldmittel nur zugunsten von Zwecken verfügen dürfen, für deren
Besorgung sie durch die Verfassung ausdrücklich verantwortlich
erklärt werde.

Der Hauptausschuß verhandelte lange über das Memorandum; zu
einer Einigung der Fraktionen kam es nicht. Wichtige Kontroversen
blieben offen. Die Meinungen über die Rolle des Bundesrates, über
die Verteilung der Befugnisse zwischen Bund und Ländern, vor allem
in Fragen der Finanzen, schienen keine Aussicht auf einen erträglichen Kompromiß zu bieten. Vor allem aber erschien eine Einigung
in der Frage der Konfessionsschule, mit der man das Problem des
Elternrechts verband, unmöglich. Es war nicht daran zu denken,
Mitte Dezember als Termin für die zweite Lesung des Grundgesetzes
vorzusehen.

Auf Anregung des Befehlshabers der Britischen Zone luden die
Militärgouverneure den Präsidenten des Parlamentarischen Rates mit
einigen Abgeordneten auf den 16. Dezember zu einer Besprechung
nach Frankfurt ein. Am Tag zuvor berief der Präsident den Ältestenrat und den Interfraktionellen Ausschuß ein und teilte beiden
Gremien mit, wie er sich auf der Sitzung mit den Militärgouverneuren
zu verhalten gedenke.

Die Besprechung mit den Militärgouverneuren führte zu einem
schweren Zusammenstoß der Fraktionen der SPD und der FDP mit
Konrad Adenauer. Die bei der Besprechung anwesenden Vertreter
dieser beiden Fraktionen glaubten, dem Präsidenten des Parlamentarischen Rates vorwerfen zu müssen, daß er sich nicht an die
Zusicherungen vor dem Ältestenrat gehalten habe, nur über das
Besatzungsstatut und die voraussichtliche Dauer der Beratungen des
Parlamentarischen Rates zu sprechen und sich auf die Beantwortung
von Fragen der Militärgouverneure zu beschränken. Er habe von sich
aus die Militärgouverneure über »ihre Ansichten« zu einigen durch
den Parlamentarischen Rat verabschiedeten Regelungen über das
Verhältnis von Bund und Ländern und das Finanzwesen befragt und
damit die Militärgouverneure zu Schiedsrichtern im Kampf der
Fraktionen des Parlamentarischen Rates um die Gestaltung des
Grundgesetzes gemacht. Um diesen Schritt der SPD- und der FDP-
Fraktion in seiner Bedeutung zu verstehen, muß man wissen, daß der

Standpunkt der Gouverneure sich mit den Forderungen des konservativen Flügels des Parlamentarischen Rates deckte.

Die Fraktion der SPD sprach dem Präsidenten des Parlamentarischen Rates ihr Mißtrauen aus, was indessen keine weiteren Folgen hatte.

Vielleicht ist es im nachhinein nicht mehr wichtig, Einzelheiten über diese Vorgänge zu erfahren (sie sind im stenografischen Bericht des Hauptausschusses S. 334 ff. nachzulesen). Ich habe darüber berichtet, um aufzuzeigen, welche politischen Möglichkeiten das Präsidentenamt seinem Inhaber bei der Auseinandersetzung mit den Besatzungsmächten und darüber hinaus gab. Das abgrundtiefe Mißtrauen, das die SPD in den folgenden Jahren gegenüber dem Bundeskanzler Adenauer hegte, hatte seinen Ursprung auch im Verhalten des Präsidenten Adenauer bei den Besprechungen mit den Gouverneuren.

Einen anderen Streitpunkt bildete die Frage, ob für die Bundesrepublik ein Bundespräsident vorgesehen werden solle. Ich hatte mich schon in Herrenchiemsee dafür ausgesprochen, zur Betonung des interimistischen Charakters des Grundgesetzes auf einen Bundespräsidenten im klassischen Verstande der republikanisch-demokratischen Verfassungstradition der westlichen Welt zu verzichten. Ein solches Amt müsse den Eindruck erwecken, daß wir es mit dem Provisorium nicht ernst meinen. Mein Vorschlag, die normalen Befugnisse eines repräsentativen obersten Staatsorgans dem Präsidenten des Bundestages zu übertragen, fand schon im Fachausschuß keine Gegenliebe.

Bis auf die Freien Demokraten hatten sich alle Fraktionen für die Schaffung des Amtes eines Bundespräsidenten entschieden, in dessen Wahrnehmung sich die Einheit des Volkes in der Vielfalt seiner inneren Spannungen vergegenwärtigt, ohne daß ihm Machtmittel und Befugnisse in die Hand gegeben würden, die ihm erlauben könnten zu »regieren«, getreu dem alten Verfassungsgrundsatz der konstitutionellen Monarchie, daß der Fürst das Szepter trägt, aber nicht regiert. Seine Hauptaufgabe neben der Repräsentation der Bundesrepublik nach außen und innen sollte die Mitwirkung bei der Bestellung der Bundesregierung sein sowie das Recht zur Ernennung der Mitglieder der Regierung und der Beamten. Im wesentlichen werde er auf den Ausgleich von Spannungen bedacht sein. Das Recht, den Bundestag aufzulösen oder den Notstand auszurufen, werde er nicht haben. Die Rolle, die der Artikel 48 der Weimarer Verfassung für den Zerfall der Weimarer Republik gespielt hatte, war unvergessen.

Darum auch habe ich mich gegen die Volkswahl des Bundespräsidenten gestellt: Er sollte nicht den gleichen demokratischen Legitimitätsgrad haben wie der Bundestag. Darum sollte er indirekt von einer Versammlung gewählt werden, die aus den Abgeordneten des Bundestages und einer gleich großen Anzahl von Mitgliedern bestehen sollte, die von den Landtagen gewählt wurden.

Der Verzicht auf die Wahl des Staatsoberhauptes durch das Volk ist als ein Mangel des Vertrauens in die Vernunft des Wahlvolkes kritisiert worden. Ich habe mich dadurch nicht beeindrucken lassen: Wäre zur Zeit der Weimarer Republik der Reichspräsident durch ein Wahlkollegium der von mir für die Bundesrepublik vorgesehenen Art zu wählen gewesen, wäre es mit Sicherheit nicht zur Wahl des Generalfeldmarschalls von Hindenburg gekommen, und damit wäre uns und der Welt vielleicht ein Reichskanzler Adolf Hitler erspart geblieben.

Daß der Bundespräsident eine neutrale Gewalt ist, sollte nicht bedeuten, daß er sich jeder politischen Äußerung zu enthalten habe. Er sollte durchaus politisch wirken können, doch mehr durch die Kraft seiner Persönlichkeit und durch das Ansehen, das er sich im Volk und in der Welt verdient, als durch die Mobilisierung politischer Kräfte. Seine politische »Macht« sollte Ausfluß einer moralischen Autorität sein und sich nicht so sehr in »Taten« äußern.

Die FDP-Abgeordneten Becker und Dehler vertraten eine besondere Theorie. Sie meinten, unsere Zeit brauche einen Bundespräsidenten mit starken und aktiven Kompetenzen, mit Zuständigkeiten ähnlich denen des Präsidenten der Vereinigten Staaten von Amerika. Es gelang ihnen nicht, dafür eine Mehrheit zu finden.

Der Parlamentarische Rat entschloß sich mit großer Mehrheit für die parlamentarische Demokratie, in der jedoch anstelle des Sturzes der Regierung durch einfaches Mißtrauensvotum das konstruktive

Mißtrauensvotum treten sollte, durch das verhindert werden kann, daß heterogene Mehrheiten eine Regierung stürzen können, ohne selbst willens oder imstande zu sein, ihre Nachfolge anzutreten und ihrerseits verantwortlich zu regieren: Die Regierung bleibt so lange ungeschmälert im Amt, als nicht eine neue Mehrheit einen neuen Kanzler gewählt hat.

Damit ist dem Bundeskanzler eine Stabilität im Amt zugewachsen, die ihm erlaubt, Entscheidungen zu treffen, ohne sich ständig nach Mehrheiten umsehen zu müssen. Er darf jedoch nicht aus den Augen verlieren, daß heterogene Mehrheiten den Haushalt zu Fall bringen können, also ein Instrument in der Hand haben, um die Mittel, die der Kanzler für die Durchführung seines Regierungsprogramms braucht, zu beschränken.

Man hat dieses System »Kanzler-Demokratie« genannt und damit offenbar ein abwertendes Urteil fällen wollen. Demokratie schließt nirgends aus, daß die Regierungsgewalt fest im Sattel sitzt, vorausgesetzt, daß die Formen, in denen sie sich organisiert, die Möglichkeit bieten, die Regierung gemäß dem Volkswillen zu bilden und ihrer Tätigkeit durch das Parlament über den Haushalt Grenzen zu setzen. Dem Parlamentsrecht des Grundgesetzes liegt der Gedanke zugrunde, daß das Ergebnis der Wahl der neuen Regierung erlauben soll, für vier Jahre einen dem am Wahltage geäußerten Willen des Wahlvolkes entsprechenden Kurs festzulegen. Darum sollte sich die Amtszeit eines Bundeskanzlers, wenn irgend möglich, mit der Legislaturperiode, an deren Beginn er gewählt wurde, decken, denn unter den heute herrschenden Verhältnissen braucht eine Regierung mindestens vier Jahre, um ein in sich geschlossenes Programm zu verwirklichen, möge dieses beschaffen sein wie auch immer. Darum auch darf die Verkürzung der Legislaturperioden nicht allzusehr erleichtert werden. Kommt es zu Schwierigkeiten, müssen Regierung und Partei nach einer Lösung suchen, die erlaubt, die fälligen Entscheidungen zu treffen. Eine Instanz, die ermächtigt wäre, unpopuläre Entscheidungen, vor denen das Parlament sich drücken will, an seiner Stelle zu treffen, kennt das Grundgesetz nicht.

Daß die gesetzgebende Gewalt der Bundesrepublik bei freigewählten Körperschaften liegen müsse, war bei keiner Fraktion streitig; ebensowenig war streitig, daß sie durch zwei »Häuser« ausgeübt werden sollte: durch den aufgrund allgemeiner gleicher direkter Wahlen gewählten Bundestag und durch eine Länderkammer, die nicht wie eine ständische Verfassung die einzelnen Länder, sondern das »Element Land« in seiner Bedeutung für das Ganze zu Wort kommen läßt.

Über die Struktur der Länderkammer und das Ausmaß ihrer Befugnisse wurde bis zuletzt beraten und immer wieder abgestimmt. Ich war der Meinung, daß man sich von dem traditionellen Bundesratsmodell absetzen und zu einem Senatsmodell übergehen sollte. In einem Bundesrat traditioneller Prägung würde die Abstimmung der Minister in den meisten Sachfragen die Meinung ihrer beamteten Berater wiedergeben. Damit werde eine für die Exekutive typische Denkungsart – also ein wesentlich technokratisches Denken – in die Legislative einziehen, was mir nicht besonders empfehlenswert erscheine. Der Bürokratie, in deren Händen infolge der immer umfassender, komplexer und damit notwendig technisch komplizierter werdenden Aufgaben des Regierungsapparates die Ausarbeitung und oft auch praktisch die Initiative bei der Anfertigung der Gesetze liegt, die den gesetzgebenden Körperschaften vorgelegt werden, würde damit ein übermäßiges Gewicht bei der Gesetzgebung zuwachsen. Mir schiene es demokratischer, die Länderkammer mit von den Landtagen oder auf andere Weise zu wählenden Senatoren zu besetzen.

Eine Reihe Abgeordneter des Parlamentarischen Rates stimmten mir zu, unter ihnen auch Konrad Adenauer, der den Bundesrat alten Stils respektlos ein »Parlament der Oberregierungsräte« nannte, womit er zum Ausdruck brachte, wer in diesem Gremium praktisch das Sagen haben würde.

Wir vermochten nicht, uns durchzusetzen. In allen Fraktionen hatten die Freunde des Bundesratsmodells alten Stils die Mehrheit. Bei den Sozialdemokraten gab Walter Menzel den Ausschlag, und einige Ministerpräsidenten gaben uns zu verstehen, daß sie im Genehmigungsverfahren sich mit einem Senat nicht einverstanden erklären würden; auch die Militärgouverneure ließen uns wissen, daß sie unter einer Vertretung der Länder im Sinne der Frankfurter Dokumente eine Vertretung verstünden, die durch die Landesregierungen wahrgenommen wird. In der Diskussion über das Verhältnis beider Kammern im Gesetzgebungsverfahren standen sich, wie in Herrenchiemsee, zwei Extreme gegenüber: Konservative Politiker wollten den Bundesrat bei der Gesetzgebung gleichrangig neben den Bundestag stellen, so daß jeder Gesetzesvorschlag, um Gesetz zu werden, der Zustimmung beider Kammern bedurft hätte; die anderen waren der Meinung, die Rechte der Länder seien ausreichend gewahrt, wenn dem Bundesrat das Recht eingeräumt ist, Gesetzesbeschlüssen des Bundestages seine Zustimmung zu verweigern.

Man einigte sich auf ein Mischsystem: Änderungen des Verfassungstextes sollten zwei Drittel der Stimmen von Bundestag und Bundesrat bedürfen. Gesetze, durch die gewichtige Interessen der Länder betroffen werden könnten, sollten der Zustimmung des Bundesrates bedürfen.

Man einigte sich weiter, dem Bundesrat eine gewisse Beteiligung bei der Verwaltung einiger Bundesangelegenheiten einzuräumen. Dagegen fand ein Antrag, der dem Bundesrat Rechte bei der Bestellung der Regierung geben wollte, keine Mehrheit.

In der Frage der Weitergeltung des Reichskonkordats wurde im Grundsatzausschuß heftig gerungen, schrieb dieses doch die Konfessionsschule vor. Nach langen Auseinandersetzungen beschloß der Hauptausschuß am 8. Dezember mit elf gegen acht Stimmen, daß die seit dem 8. Mai 1945 bestehenden Verträge zwischen den *Ländern* und den Kirchen in Kraft bleiben sollten; darunter befand sich das mit dem Reich abgeschlossene Konkordat nicht. Die Gegnerschaft gegen die Anerkennung des Reichskonkordats von 1933 war erheblich: Dieses Konkordat sei als ein vom Naziregime dolos geschaffenes, ausschließlich politisches Instrument entstanden.

Im Plenum kam es zu langwierigen, wenn auch interessanten Debatten über das Wesen der Konkordate und auch über die nazifreundliche Haltung gewisser Stellen der katholischen Hierarchie Deutschlands während des Dritten Reiches. Schließlich begrub man das Problem in der allgemeinen Formulierung des Artikel 123 des Grundgesetzes, wonach die vom Deutschen Reich geschlossenen Staatsverträge gültig sind, wenn sie gewisse formale Voraussetzungen erfüllen. Das Konkordat war damit implizite anerkannt, ohne daß man es zu nennen brauchte. Einer der Gründe hierfür war, daß im Falle der Fortgeltung des Konkordats die Bistümer in den von Polen verwalteten Ostgebieten des alten Deutschen Reiches vom Vatikan als Bistümer in Deutschland behandelt werden würden, solange es zu keiner formalen Abtretung dieser Gebiete an Polen gekommen war. Man versprach sich davon eine Waffe gegen die polnischen Gebietsansprüche.

Dafür mußten wir das Konkordat als weiter geltend betrachten und durften nichts tun, was der Kurie das Recht geben konnte, uns des Vertragsbruches zu bezichtigen. Einige Abgeordnete der CDU/CSU verlangten mehr. Da in den Fachausschüssen keine Einigung über die allgemeine Stellung des Staats zu den Kirchen, über Eltern- und Schulrecht zu erzielen war, veranlaßte Konrad Adenauer die Überweisung dieser heiklen Fragen an den Siebener-Ausschuß, in dem er auf seine renitenten politischen Freunde Druck ausüben konnte. Hier einigte man sich bald auf einen Kompromiß: Der sich auf die religiöse Freiheit und das Verhältnis des Staates zu den Religionsgemeinschaften beziehende Artikel der Weimarer Verfassung wurde zu einem Bestandteil des Grundgesetzes gemacht und Bestimmungen über Ehe und Familie, das Recht der Eltern auf Erziehung ihrer Kinder und über die Gleichberechtigung unehelicher Kinder, über Religionsunterricht in der Schule sowie das Recht zur Errichtung von Privatschulen unter die Grundrechte aufgenommen.

Um zu dokumentieren, daß Konrad Adenauer, der überzeugte Katholik, kein Klerikaler war, soll in diesem Zusammenhang eine Anekdote erzählt werden, bei deren Entstehung ich zugegen war: Der Vertreter der deutschen Bischofskonferenz, Prälat Böhler aus Köln, meinte zu dem erreichten Kompromiß: »Meine Herren, dazu wird die Kirche nie ja sagen!« Prompt kam Konrad Adenauers Antwort: »Herr Prälat, zu solchen Dingen hat die Kirche weder ja noch nein zu sagen, höchstens Amen!«

Die Beratungen über das Grundgesetz wurden gelegentlich durch
Stellungnahmen zu dem von den Besatzungsmächten geplanten
Besatzungsstatut unterbrochen. Von unseren »Beratern« erfuhren wir
bruchstückweise, was uns die Besatzungsmächte zudachten; es war
nichts Gutes. Ich brachte die Frage in den Ausschüssen, denen ich
angehörte, immer wieder vor, und vor allem mühte ich mich darum,
die Öffentlichkeit für dieses wichtige Problem zu interessieren. Ich
scheute mich nicht zu sagen, das Besatzungsstatut sei die eigentliche
Verfassung, nach der wir zunächst zu leben haben würden. Ihm
gegenüber sei das Grundgesetz zwar ein wichtiges, der Rechtskraft
nach aber nur sekundäres Element unseres politischen Daseins. Man
nahm mir das sehr übel, aber ich bin auch heute noch davon überzeugt, daß ich damit die damalige Verfassungswirklichkeit in
Deutschland richtig beschrieben habe.

Als am 28. Dezember 1948 durch die Alliierten das Ruhrstatut
verkündet wurde, erfolgte eine politische Stellungnahme des Parlamentarischen Rates. Durch dieses einseitig von den Siegermächten
erlassene Statut sollten die Rohstoffe und die Produktion des
Ruhrgebietes unter alliierte Kontrolle gebracht werden. Erinnerungen an die Geschehnisse während der französischen Ruhrbesetzung
im Jahre 1923 wurden wach. Sollte durch diese Kontrolle den
Deutschen die Möglichkeit aus der Hand genommen werden, den
Wiederaufbau des zerstörten Landes aus eigener Kraft und in eigener
Verantwortung durchzuführen? Wie würde die deutsche Arbeiterschaft reagieren, die 1923 gezeigt hatte, in welchem Maße sie die Ruhr
als ihre ureigene Sache betrachte? Ich veranlaßte am 7. Januar 1949
meine Kollegen im Hauptausschuß, die Beratung zu unterbrechen
und das Ruhrstatut zum Gegenstand ihrer Auseinandersetzungen zu
machen.

Ich eröffnete die Aussprache: Wir Deutschen hätten nach allem,
was in den letzten Jahrzehnten geschah, von der Hoffnung gelebt,
daß die Macht sich eines Tages gezwungen sehen wird, der Vernunft
zu weichen, und die Regierungen aufhören würden, Maßnahmen zu
ergreifen, die nur zu neuen Katastrophen führen könnten. Wir hätten
nicht auf die Großmut der Sieger spekuliert – woher hätten wir auch
die Berechtigung dazu nehmen können? –, aber wir seien davon

überzeugt gewesen, daß sie dem deutschen Volk aus freien Stücken lassen würden, was dieses Volk braucht, um in Freiheit von seiner Arbeit leben zu können. Wir seien bereit gewesen, uns für eine Übergangszeit differentielle Behandlung gefallen zu lassen; aber was man mit der Ruhrkontrolle vorhabe, sei nichts anderes, als was Poincaré in den zwanziger Jahren »die Hand an der Gurgel der Deutschen« genannt habe.

So werde man nicht zu dem genossenschaftlichen Zusammenleben der Völker Europas kommen, ohne das keines von ihnen richtig gedeihen könne. Die vorgesehene Ruhrbehörde werde zum eigentlichen Herrn Deutschlands werden, denn von ihr und nicht von der Regierung oder vom Parlament, die wir nach dem Grundgesetz schaffen sollen, werde es abhängen, was wir Deutschen mit uns anfangen können, denn das Statut werde die Autonomie der deutschen Wirtschaft vernichten. Wie sollten wir die Arbeiterschaft glauben machen können, die Sieger im Kampf gegen Gewaltherrschaft und gegen die Ausbeutung der Völker hätten allen Menschen die Segnungen der Demokratie bescheren wollen, wenn sie ihr die autonome Verfügung über ihre Lebensmöglichkeiten wegnehmen? Statt die einseitige Kontrolle der Ruhr einzuführen, sollte man die Schlüsselindustrien aller europäischen Staaten in eine Gemeinschaft einbringen, aus der alle gleichermaßen Nutzen ziehen könnten.

Im Anschluß an diese Ausführungen verlas ich eine Erklärung der SPD-Fraktion, in der diese Gedanken zum Ausdruck kamen. Die anderen Fraktionen nahmen in ähnlicher Weise Stellung, freilich nicht mit dieser europabezogenen und die Grundprinzipien der Demokratie anrufenden Entschiedenheit. Die Kommunisten verlangten die Beteiligung der Sowjetunion an der Ruhrkontrolle: Dann könne die Ruhr das Herzstück einer europäischen Friedensindustrie werden.

Die »Ratschläge« unserer Berater machten mehr und mehr deutlich, daß wir wahrscheinlich mit einem schweren Konflikt mit den Besatzungsmächten würden rechnen müssen. Wie es mit deren Einigkeit uns gegenüber stand, darüber konnten wir nur vage Vermutungen anstellen. Da half mir eine Unterredung weiter, zu der mich der Leiter der britischen Verbindungsstelle, Mr. Chaput de

Saintonge, am 6. Februar aufforderte. Die Schlußfolgerung, die ich aus diesem Gespräch glaubte ziehen zu können, war, daß die Briten uns nicht weiter stören würden; die Amerikaner würden sicher – aus innenpolitischen Gründen – starken Druck auf die Franzosen ausüben, die Franzosen aber wohl stur bleiben. Doch seien die beiden angelsächsischen Mächte sicher nicht mehr bereit, den Franzosen jeden Wunsch zu erfüllen. Sie sähen nun, daß man die von ihnen gewünschte Ordnung Westdeutschlands nicht gegen den Widerstand starker politischer und gesellschaftlicher Kräfte würde schaffen können – vor allem nicht, wenn eine dieser Kräfte die Partei ist, in der die große Mehrheit der deutschen Arbeiterschaft ihre politische Vertretung sieht. Zu Schwierigkeiten werde lediglich das Problem der Finanzverwaltung führen . . .

Einige Tage nach diesem Gespräch trafen wir uns in Hannover mit Kurt Schumacher, der von nun an wieder regelmäßig an unseren internen Besprechungen teilnehmen konnte. Wir waren uns einig, daß wir einer Fassung des Grundgesetzes nicht zustimmen sollten, die der Bundesregierung nicht die Kompetenzen gibt, die sie braucht, um mit den künftigen innen- und außenpolitischen Aufgaben fertig zu werden. Wieder war es Ernst Reuter, der dafür plädierte, wir sollten in keinem Fall die Genehmigung des Grundgesetzes durch die Alliierten in Gefahr bringen, wenn das Grundgesetz einmal in Kraft sei, werde es uns schon gelingen, uns die Kompetenzen zu verschaffen, die man uns heute noch verweigere. Trotz der Einwände Ernst Reuters beschlossen wir, unsere Auffassung hart zu vertreten.

Die Fraktion war mit unserem Vorschlag, hart zu bleiben, einverstanden. Bei den Beratungen in den Ausschüssen zeigte sich bald, daß wir bei dieser Haltung nicht unbedingt auf das Einverständnis aller Abgeordneten der CDU-Fraktion rechnen konnten. Auch Konrad Adenauer wollte natürlich eine aktionsfähige Bundesgewalt, aber er ging in seiner Entschiedenheit nicht so weit, die Genehmigung des Grundgesetzes durch die Militärregierungen aufs Spiel zu setzen. Manchen Kollegen aus dem Kreis der extremen Föderalisten – genauer der »Konföderalisten« – schien es sogar recht zu sein, daß das zu erwartende Verhalten der Gouverneure den Bund gegenüber den Ländern schwächen könnte.

Schließlich gelang es doch, eine Mehrheit für einen zufrieden-stellenden Katalog der konkurrierenden Gesetzgebung zustande zu bringen. Es gelang sogar, einige der französischen »Berater« für das Recht des Bundes auf eine ausreichende konkurrierende Gesetz-gebung in den Fällen zu gewinnen, »wo die Wahrung der Rechts-oder Wirtschaftseinheit, insbesondere die Wahrung der Einheit der Lebensverhältnisse über das Gebiet eines Landes hinaus«, eine bundesgesetzliche Regelung erfordert. Kein Geringerer als der spätere Hochkommissar André François-Poncet hat sich auf meine Bitte hin nach einem Gespräch mit uns darum bemüht, seine Landsleute von dieser Notwendigkeit zu überzeugen. Auf französi-scher Seite hat uns besonders M. Laloy geholfen, ein hoher Beamter des Quai d'Orsay, der wohl der sachkundigste Berater François-Poncets war. Seit dem Sommer 1978 ist er französischer Koordinator für die deutsch-französischen Beziehungen, also mein Kollege.

Mit der zweiten Lesung im Hauptausschuß wurden wir noch im Januar 1949 fertig. Die Ergebnisse der zweiten Lesung des Plenums konnten den Militärgouverneuren in der zweiten Februarwoche zugeleitet werden. Am 2. März notifizierten sie dem Präsidenten, daß unsere Fassung des Grundgesetzes bedauerlicherweise auch jetzt noch nicht voll mit den Richtlinien übereinstimme, die in ihrem Aide-mémoire vom 22. November 1948 enthalten seien.

Wie sollten wir Sozialdemokraten uns verhalten? Noch hatte die französische Regierung ihre Besatzungszone nicht mit der Bizone vereinigt. (Das erfolgte erst bei der Außenministerkonferenz in Washington Anfang April 1949.) Sollten wir die Franzosen verprel-len? Mein Gespräch mit Mr. Chaput de Saintonge hatte mich in meiner Auffassung bestärkt, daß den Alliierten insgesamt die Integra-tion eines handlungsfähigen deutschen Staates in ihre Verteidigungs-front zu wichtig war, als daß sie sie an Meinungsverschiedenheiten über die Finanzverfassung der Bundesrepublik scheitern lassen wür-den – deren Gebiet sie zu allem hin weiter besetzt halten wollten . . . Darum war ich der Meinung, daß wir hart bleiben sollten, ohne zu provozieren. Unsere Kollegen von der CDU waren allerdings der Ansicht, wir sollten unseren Widerstand gegen die Forderungen der Militärgouverneure unter keinen Umständen auf die Spitze treiben –

das Risiko, daß sie dem Grundgesetz die Genehmigung verweigern würden, sei zu groß. Wir achteten diese Bedenken, schlossen uns ihnen aber nicht an – trotz der beschwörenden Worte, mit denen Konrad Adenauer uns umzustimmen versuchte.

Am 5. April 1949 überbrachten die Verbindungsoffiziere der Alliierten dem Parlamentarischen Rat eine Note der Militärgouverneure, in der sie unter verbindlichen Worten auf dem »Alles oder Nichts« bestehen blieben, und am 10. April überreichten sie uns das von ihnen beschlossene Besatzungsstatut. Dessen Bestimmungen waren nun wesentlich vernünftiger als die der Fragmente, die wir bisher in Erfahrung bringen konnten. Offensichtlich hatten unsere Bemühungen um Einsicht auch der Siegermächte Erfolg gehabt.

Am 14. April kamen wir in derselben Besetzung wieder mit den Militärgouverneuren in Frankfurt zusammen. Sie fragten uns, ob wir in der Lage seien, ihren Vorstellungen zuzustimmen. Ich bat um das Wort und erklärte, die sozialdemokratische Fraktion sehe sich außerstande, den Forderungen der Militärgouverneure zuzustimmen; ihre endgültige Antwort werde sie jedoch erst nach dem für den 20. April einberufenen außerordentlichen Parteitag geben können.

Konrad Adenauer schreibt in seinen »Erinnerungen«, »der SPD sei von einem hohen britischen Offizier mitgeteilt worden, daß die Außenministerkonferenz eine zweite, sehr viel entgegenkommendere Note verfaßt habe, die schon im Besitz der Militärgouverneure sei«. Was mich anbetrifft, so ist diese Behauptung nicht zutreffend. Ich hatte vor der Sitzung eine kurze Besprechung mit General Robertson. Bei dieser Besprechung hat er mir weder etwas von einer zweiten Note erzählt noch gesagt, die Militärgouverneure würden uns nachgeben, wenn wir festblieben. Seine Äußerungen deckten sich mit denen Mr. Chaput de Saintonges bezüglich der Einstellung der Besatzungsmächte zu den Kernfragen des Grundgesetzes. Aus Konrad Adenauers »Erinnerungen« geht hervor, daß der hohe Beamte der britischen Militärregierung am 7. Februar auch mit ihm gesprochen hat. Ich kann mir nicht vorstellen, daß General Robertson dem Präsidenten des Parlamentarischen Rates weniger gesagt haben könnte als mir . . . Aus der Art des Gesprächs mit General Robertson hatte ich allerdings den Eindruck gewonnen, daß zumindest er der

Meinung war, man sollte es den Deutschen überlassen, ihren Staat so zweckmäßig einzurichten, wie sie es für möglich und richtig hielten – vorausgesetzt, daß sie dabei die Prinzipien beachteten, die in den Frankfurter Dokumenten niedergelegt sind.

Auf dem außerordentlichen Parteitag der SPD vom 20. April kamen beide Aspekte des Problems zur Sprache. Eine Reihe von Delegierten – Wilhelm Kaisen, Ernst Reuter vor allem, aber auch andere – hielten es für gefährlich und den Interessen des deutschen Volkes abträglich, die Amerikaner durch Festhalten an der Ablehnung ihrer Vermittlungsvorschläge zu provozieren. Die meisten Delegierten aber folgten Kurt Schumachers Ausführungen: Schon aus Gründen der Selbstachtung, aber auch, weil die Sozialdemokraten nur für ein Regierungssystem die Verantwortung übernehmen könnten, das es möglich mache, das Notwendige auch zu schaffen, müßten wir zu dem von den Militärgouverneuren vorgelegten Modell nein sagen. Wir könnten mit keiner Verfassung einverstanden sein, die es den Ländern erlauben würde, über den Bundesrat und die Finanzverfassung von der Bundesregierung und dem Bundestag für notwendig gehaltene Maßnahmen zu torpedieren.

Der Parteitag beschloß mit großer Mehrheit, die Fraktion der SPD im Parlamentarischen Rat dürfe einem Grundgesetzentwurf nur zustimmen, wenn Deutschland in politischen Angelegenheiten eine Freiheit erhält, die von den Besatzungsmächten nicht beschränkt werden kann; wenn der Inhalt des Grundgesetzes auf die für das Funktionieren der Bundesrepublik wesentlichen Bestimmungen begrenzt wird; wenn für den Bund Einnahmequellen vorgesehen werden, die ausreichen, um der Bundesregierung die finanzielle Unabhängigkeit gegenüber den Ländern zu sichern, und wenn innerhalb des Bundes die Rechts- und Wirtschaftseinheit garantiert wird.

Die meisten derer, die sich um die Haltung der Alliierten Sorge machten, waren überzeugt, daß diese den Beschluß der Sozialdemokraten als Provokation betrachten und zurückweisen würden.

Am 22. April aber teilten die Gouverneure dem Präsidenten des Parlamentarischen Rates eine neue Auffassung der Außenminister zum Entwurf des Grundgesetzes mit, darin so gut wie alle wesentlichen Punkte des Parteitagbeschlusses der SPD akzeptiert waren. Konrad Adenauer berichtet in seinen »Erinnerungen«, er habe später erfahren, daß nach Ende der Außenministerkonferenz am 10. April in Washington die Militärgouverneure zwei für den Parlamentarischen Rat bestimmte Noten erhalten hätten. Eine sei unverzüglich dem Präsidenten des Parlamentarischen Rates zugestellt worden; die zweite, kompromißbereite, mit dem Datum vom 22. April versehene, die ihm nur ausgehändigt werden sollte, wenn der Parlamentarische Rat sich weigerte, auf die Forderungen der Alliierten einzugehen, sei zurückgehalten worden. Ob es wirklich von Anfang an zwei Noten gab, weiß ich nicht. Ich stelle mir vor, daß die Alliierten, nachdem der Beschluß des Parteitages in Hannover als conditio sine qua non ergangen war, ihrerseits alles aus dem Weg räumen wollten, was der von ihnen für die Besorgung ihrer eigenen politischen Interessen für unumgänglich gehaltenen politischen Organisation Westdeutschlands im Wege stehen könnte. Ein gegen die Stimmen der Sozial- demokratischen Partei beschlossenes Grundgesetz konnte ihnen nicht in ihr politisches Konzept passen, in dem, weltpolitisch betrachtet, die Regelung des Verhältnisses von Bund und Ländern im Grundge- setz gegenüber den Sorgen, die ihnen das Verhalten des Sowjetblocks bereitete, keinen entscheidenden Faktor darstellen konnte.

Die am 22. April übergebene Note erschien mir als mögliche Grundlage eines erträglichen Kompromisses. Unmittelbar nach ihrer Übergabe trat der Parlamentarische Rat erneut zur Beratung zusam- men. Schon nach zwei Tagen war Einigkeit erzielt. In einer Bespre- chung mit den Militärgouverneuren am 25. April erklärten diese uns, keine Einwendungen mehr gegen die nunmehr festgestellte Fassung des Grundgesetzes zu haben.

Am 8. Mai, dem Jahrestag der Kapitulation der Wehrmacht des Dritten Reiches, erfolgte die Annahme des Entwurfs mit 53 gegen 12 Stimmen. Die Gegenstimmen kamen von den Kommunisten Rei- mann und Renner; den Abgeordneten Kleindienst, Kroll, Laforet, Pfeiffer, Schwalber und Seibold von der CDU, den Abgeordneten Frau Wessel und Brockmann vom Zentrum, den Abgeordneten Heile und Seebohm von der Deutschen Partei. Diesen Kollegen war das Grundgesetz nicht föderalistisch genug.

Am 12. Mai verkündeten die Alliierten das Besatzungsstatut. Für mich war dies ein Tag besonderer Befriedigung, hatte ich doch seit 1946 mich darum bemüht, den Besatzungsmächten klarzumachen, daß auch ein Besatzungsregime in rechtsstaatlichen Formen ausgeübt werden muß und kann.

Wahlrecht und Wahlgesetz

Wie in Herrenchiemsee gab es auch in Bonn Streit über die Frage, ob das Grundgesetz für die Wahl zum Bundestag ein bestimmtes Wahlrechtssystem vorschreiben sollte.

Die Alliierten hatten uns zu Beginn unserer Tätigkeit durch ihre »Berater« wissen lassen, die Entscheidung über das Wahlrecht zum ersten Bundestag müsse von jedem einzelnen Land autonom getroffen werden. Das erschien uns eine Absurdität. Es gelang uns, die rechtspolitischen Berater der Militärgouverneure davon zu überzeugen; die Alliierten ließen ihre Forderung fallen. Daß sie von ihnen erhoben wurde, erscheint mir heute noch erwähnenswert: Es sollte nicht vergessen werden, wie sehr den Alliierten daran lag, daß der von ihnen gewollte westdeutsche Staat in seinen Strukturen so wenig homogen wie möglich ausfalle ...

Ich bin von Anfang an allen Bestrebungen entgegengetreten, im Grundgesetz ein besonderes Wahlrechtssystem zu verankern: Man solle die konkrete Ausgestaltung von Institutionen, von denen angenommen werden muß, daß die Auffassungen über die beste Art, um mit ihnen für den Staat brauchbare Ergebnisse zu erzielen, sich im Laufe der kommenden Jahre verändern könnten, nicht in der Verfassungsurkunde festschreiben; dem Gesetzgeber müsse die Möglichkeit gelassen werden, allenfalls einem Wandel der Überzeugungen des Volkes über den geeignetsten Wahlmodus Rechnung zu tragen.

Der Parlamentarische Rat schloß sich dieser Auffassung an. Das Grundgesetz beschränkt sich darauf, in Artikel 38, Abs. 1 und Artikel 39 festzustellen, daß die Abgeordneten des Deutschen Bundestages in allgemeinen, unmittelbaren, freien, gleichen und geheimen Wahlen für vier Jahre gewählt werden und daß sie an Weisungen nicht gebunden sind. Damit ist nichts darüber gesagt, ob das Wahlgesetz nach dem Modell des Verhältniswahlrechts oder dem des Mehrheitswahlrechts ausgestaltet werden soll.

Mit dem Antrag, das Wahlgesetz auf den ersten Bundestag zu beschränken, wurde der Diskussion über die Meriten der beiden Grundsysteme einiges von ihrer Schärfe und Hartnäckigkeit genommen. Es zeigte sich, daß Wahlrechtsfragen – wie Verfassungsfragen überhaupt – nicht nur theoretische Bedeutung haben, sondern daß die vom Ergebnis der zu erwartenden Wahlen Betroffenen die Vorzüge sämtlicher möglichen Lösungen nach den Chancen bemessen, die ihnen das eine oder das andere System für die Erlangung eines möglichst großen Anteils an der politischen Macht zu gewähren verspricht. Die CDU war mehrheitlich davon überzeugt, daß bei der gegenwärtigen Struktur der Gesellschaft der Bundesrepublik ein Wahlrecht englischen Stils ihrer Partei auf lange Zeit sichere Mehrheiten bringen werde, und trat darum für das sogenannte Mehrheitswahlrecht ein. Natürlich wurde dies nicht als das sie bewegende Motiv angegeben: Sie sei für dieses Wahlrecht, weil es das sicherste Mittel darstelle, klare und stabile parlamentarische Mehrheiten zu schaffen und die Konzentration der Willensbildung der Wählerschaft auf einige wenige große, handlungs- und regierungsfähige Parteien zu erzwingen. Die kleineren Parteien, die von diesem Wahlrechtsmodell befürchten mußten, bei Wahlen einzugehen, sprachen von dessen Ungerechtigkeit: Beträchtliche Teile der Wählerschaft würden im Parlament ohne Vertretung bleiben.

Innerhalb der Sozialdemokratischen Partei war die Meinung nicht einheitlich. Einige ihrer Mitglieder waren für das Mehrheitswahlrecht; sie waren überzeugt, daß der Ausgang des Krieges die politische Grundstimmung der Wählerschaft nach links gerückt habe und daß daher die Sozialdemokraten bei einem Mehrheitswahlrecht die besseren Chancen haben würden. Ich hatte Sympathie für ein Wahlrecht britischen Charakters, durch das mit Sicherheit die Zahl der im Bundestag vertretenen Parteien auf zwei oder drei reduziert werden würde, was für Parlament und Regierung größere Festigkeit und für die Wählerschaft klarere Alternativen bedeuten würde. Es schien mir im jetzigen Augenblick jedoch gefährlich zu sein, die mit dem Mehrheitswahlrecht zu erwartende strikte Polarisierung der politischen Fronten zu wagen; ich empfahl daher für die erste Bundestagswahl, es im Grundsatz bei dem Listenwahlrecht zu belassen.

In der Sitzung des Hauptausschusses vom 22. Februar 1949 vertrat der Abgeordnete Schröter die These der CDU, ich die der SPD. Die Lösung des Dilemmas ermöglichte ein Kompromiß, der Elemente der Persönlichkeitswahl mit denen des Verhältniswahlrechts vermischte, in der politischen Auswirkung jedoch dem klassischen Verhältniswahlrecht gleichkam.

Die Rolle, die in der Bundesrepublik die politischen Parteien spielen sollten, hat den Hauptausschuß lange beschäftigt. Daß das Grundgesetz sie nicht zu Staatsorganen machen durfte, war klar. Ich meinte jedoch, man müsse deutlich machen, daß sie Elemente der Verfassungswirklichkeit sind und nicht nur Wahlvereine, zu dem sie die Staatsrechtslehre des 19. Jahrhunderts bis zuletzt gemacht hatte.

Im Massenstaat der Industriegesellschaft sind sinnvolle Entscheidungen des Wahlvolkes nur zu erwarten, wenn es sich in stabilen Meinungs- und Willensgruppen zusammenfindet, die es den Bürgern möglich machen, unter den vielen Bewerbern um ihre Stimme jenen zu ermitteln, der ihre Interessen oder ihre Auffassungen von dem, was dem Staate frommt, am besten und zuverlässigsten vertreten könnte. Nur so ist es möglich, für die anstehenden Wahlen Kandidaten zu ermitteln, von denen eine sinnvolle Tätigkeit im Parlament erwartet werden kann. Darüber hinaus haben die Parteien die Aufgabe, das Geschehen in Staat und Gesellschaft laufend mit ihren Stellungnahmen kritisch und helfend zu begleiten und damit das politische Bewußtsein des Volkes wachzuhalten und auf die Probleme hinzulenken, die für sein Wohlergehen von Bedeutung sind. Aus dieser Einsicht ist der Artikel 21 des Grundgesetzes hervorgegangen, der bestimmt, daß die politischen Parteien bei der politischen Willensbildung des Volkes mitwirken. Damit ist die Bundesrepublik deutlich als Parteiendemokratie definiert.

Die Bundeshauptstadt

Bei der Frage, wer den Sitz der obersten Bundesorgane zu bestimmen habe, gab es Kontroversen verschiedenster Art: Waren die Ministerpräsidenten zuständig, die den Sitz des Parlamentarischen Rates bestimmt hatten? Gehörte diese Entscheidung zur Zuständigkeit des Parlamentarischen Rates? Mit den meisten Mitgliedern des Parlamentarischen Rates war ich der Auffassung, daß diese Entscheidung logischerweise zu den Kompetenzen des Organs gehöre, dem es oblag, das Grundgesetz für die Bundesregierung zu beschließen. Ich wies darauf hin, daß in einigen Staaten die Hauptstadt ausdrücklich im Verfassungstext genannt wird; vor allem sei dies der Fall bei Bundesstaaten.

Praktisch standen nur noch zwei Städte zur Wahl: Bonn und Frankfurt. Die Mitglieder der CDU waren im großen und ganzen für Bonn, während die Sozialdemokraten sich mehr für Frankfurt erwärmten. Konrad Adenauer sprach oft davon, die Hauptstadt des deutschen Teilstaates, der noch zum deutschen Kernstaat werden müsse, gehöre an den Rhein. Dort gebe es noch eine »europäische« Tradition, und das Schlimme am »Preußischen«, das sich für das Schicksal Gesamtdeutschlands so verhängnisvoll ausgewirkt habe, hätte am Rhein nie recht Fuß fassen können.

Die meisten Sozialdemokraten gaben Frankfurt den Vorzug, weil es ihnen richtig erschien, den Regierungssitz in eine Stadt zu legen, in der die Aufgaben, die das Industriezeitalter in einer Zeit des Wiederaufbaus Parlament und Regierung stellt, deutlicher in Erscheinung treten als in der geruhsamen Pensionopolis am Rhein.

Bald hatte jede der beiden Städte ihre Lobby. Für Frankfurt, die Stadt, in der 1848 die Deutsche Nationalversammlung getagt hatte, warb ein Vertrauensmann des Oberbürgermeisters Walter Kolb. Für Bonn war der eifrigste Werber Dr. Hermann Wandersleb.

Konrad Adenauer versuchte, mich durch bestechende Argumente für Bonn zu gewinnen: In Frankfurt würden Parlament und Regierung unter dem massiven Druck der Bürokratie der Militärregierung stehen; die bürokratische Wand der Verwaltungen des ehemaligen Wirtschaftsrates werde uns den Blick auf die eigentlichen, die politischen Probleme verstellen; in Bonn hätten wir ausgezeichnete Gelegenheit, uns auf das Politische auszurichten; Parlament und Regierung stünden ungestört in engstem Kontakt; man werde nur so viel Bürokratie nach Bonn verlegen, wie zur technischen Vorbereitung der politischen Entscheidungen von Parlament und Regierung nötig sei. Die Verwaltungen könne man in Frankfurt lassen, wo sie gut aufgehoben seien. In Bonn müsse man nicht mit der Gefahr von Massendemonstrationen rechnen ...

Am 10. Mai kam es zur Abstimmung. Es ging das Gerücht, Kurt Schumacher habe erklärt, wenn Frankfurt als Bundessitz gewählt werde, bedeute das einen Sieg der Sozialdemokratischen Partei über die CDU. Das hat offensichtlich die Reihen der CDU dicht geschlossen. Mit 33 zu 29 Stimmen beschloß der Parlamentarische Rat als vorläufigen Bundessitz Bonn.

Die Militärgouverneure ließen uns bald wissen, daß sie die Entscheidung des Parlamentarischen Rates über Bonn als Sitz der Bundesorgane für provisorisch hielten; der Parlamentarische Rat spreche in seinem Beschluß von Bonn ja als dem »vorläufigen Bundessitz«. Die Ministerpräsidenten hätten in dieser Frage wohl auch ein Wort mitzureden. Im übrigen wisse niemand, ob der erst zu wählende Bundestag sich die Entscheidung des Parlamentarischen Rates zu eigen machen werde. Hier hätten die Ministerpräsidenten unverzüglich Gewißheit zu schaffen.

Der Parlamentarische Rat setzte, ehe er auseinanderging, einen Überleitungsausschuß ein, der bis zum Zusammentreten des gewählten Bundestages etwa erforderliche Entscheidungen treffen sollte.

Der Überleitungsausschuß

Die westlichen Außenminister legten Wert darauf, den Überleitungsausschuß des Parlamentarischen Rates und den Konsultativrat der Ministerpräsidenten über den Hergang und das Ergebnis der Verhandlungen auf der Pariser Viererkonferenz der Außenminister zu unterrichten. Ende Juni 1949 kamen in Schlangenbad die Mitglieder dieser beiden Gremien mit den politischen und diplomatischen

Vertretern der drei westlichen Besatzungsmächte unter Vorsitz von General Robertson zusammen.

Die Eröffnungen, die uns in Schlangenbad gemacht wurden, sind für die Zukunft von großer Bedeutung geworden; haben wir hier doch zum erstenmal von einer offiziellen Stelle erfahren, welches die konkreten Einstellungen der vier Besatzungsmächte zum deutschen Problem waren und worin die Unterschiede zwischen der westlichen und östlichen Politik bestanden.

General Robertson leitete das Gespräch ein: Die Vertreter der Alliierten säßen nicht in ihrer Eigenschaft als Militärgouverneure oder deren Vertreter am Tisch, sondern als Sprecher der Außenminister ihrer Länder. Botschafter Seydoux begann mit dem Bericht. Die erste Ziffer der Tagesordnung habe folgenden Wortlaut gehabt: Probleme der deutschen Einheit mit Einschluß der wirtschaftlichen, politischen und der Kontrollfragen. Darüber hätten sieben Zusammenkünfte stattgefunden, und es habe zwei Vollsitzungen gegeben. Außenminister Wyschinski habe vorgeschlagen, den Kontrollrat auf der alten Rechtsgrundlage wiederherzustellen. Unter ihm solle eine deutsche Zentralregierung gewisse administrative Funktionen wahrnehmen. Ihr Zuständigkeitsbereich ergebe sich aus dem Potsdamer Protokoll von 1945. Den Einrichtungen, die im Westen Deutschlands geschaffen worden seien, solle dabei keine Rechnung getragen werden, ebensowenig den Verantwortlichkeiten und Vollmachten, die dabei den Deutschen gewährt wurden. Über den Grundsatz der deutschen politischen und wirtschaftlichen Einheit habe Wyschinski keine Stellungnahme abgegeben. Allen Beteiligten sei klargeworden, daß die Sowjets im Augenblick keine deutsche Regierung wollten. Ihr Ziel sei: zurück zu Potsdam.

Die drei Westmächte hätten demgegenüber folgende Vorschläge gemacht: Man solle die Einheit Deutschlands in der Art des Grundgesetzes schaffen und eine Bundesregierung für ganz Deutschland errichten, wobei den Ländern der Ostzone der Beitritt erlaubt werden solle. Dabei müßten folgende Bedingungen erfüllt werden: Garantie der Freiheit der Person, der Freiheit der Wahlen und der politischen Parteien und die Unabhängigkeit der Rechtsprechung; außerdem solle jede Art von politischer Polizei verboten werden.

In Verbindung mit dem Beitritt der Länder der Ostzone solle von den vier Besatzungsmächten ein Besatzungsstatut erlassen werden; die Militärregierungen sollten ihre Tätigkeit beenden. Die deutsche Regierung solle alle normalen Befugnisse einer Regierung erhalten mit Ausnahme jener, die sich die Besatzungsmächte vorbehalten. Im Laufe der Zeit sollten die Befugnisse der deutschen Regierung stufenweise erweitert werden, damit Deutschland sich politisch und wirtschaftlich mit den übrigen europäischen Ländern zusammenschließen könne.

Auf wirtschaftlichem Gebiet sollten die Besatzungsmächte ihre Rechte einschränken: Es sollten Abkommen über verbotene Industrien sowie über Beschränkungen der industriellen Tätigkeit geschlossen werden; Reparationen sollten nur den Überschüssen gewisser Industrien entnommen werden; Entschädigungen aus laufender Produktion und aus Vorräten sollten nicht gefordert werden. Alle Industrieunternehmungen in Deutschland, die nach dem 8. Mai 1945 von einer Besatzungsmacht oder auf deren Rechnung erworben wurden, sollten zurückgegeben werden. Über ihre Zuteilung solle durch die deutsche Gesetzgebung verfügt werden, es sei denn, daß man im Einzelfall unter den Besatzungsmächten Einigung erziele. Die Kontrolle dieser Maßnahmen solle durch eine Hohe Kommission ausgeübt werden.

Mit diesen Vorschlägen erstrebe man eine umfassende Lösung des deutschen Problems, die den bisher schon erzielten Lösungen Rechnung trage. Man habe das Problem der deutschen Einheit kategorisch angepackt. Zwar sei noch eine Viermächtekontrolle vorgesehen, die aber gegenüber dem bisherigen Stand erhebliche Änderungen aufweise. Vor allem sei die Aufteilung Deutschlands in die durch die Berliner Erklärung geschaffenen Zonen in den alliierten Vorschlägen nicht mehr enthalten.

Wyschinski habe kategorisch geantwortet, daß diese Vorschläge keine Grundlage für eine Diskussion seien. Die Vorschläge der Westmächte und die Politik, deren Ausdruck sie seien, stünden im Widerspruch zu den Potsdamer Vereinbarungen. Wyschinski habe seine Ausführungen mit heftigen Angriffen auf das Grundgesetz beendet, das völlig undemokratisch sei.

Mr. Murphy berichtete über Punkt zwei der Tagesordnung der Außenministerkonferenz. In allen bisherigen Zusammenkünften der Alliierten sei das deutsche Problem der Hauptgegenstand, ja der einzige Gegenstand gewesen; dies zeige die Komplexität des deutschen Problems an und erkläre, weshalb es noch zu keiner Lösung habe kommen können. Einigkeit habe bestanden, daß die Einheit Deutschlands geschaffen werden müsse; aber mit dieser sehr allgemeinen Feststellung sei es auch schon aus gewesen, und zwar wegen der Dinge, die die Franzosen »les modalités« nennen. Überall verlangten die Russen ein Vetorecht. Wyschinski behaupte allerdings, es sei als Schutz der Minderheit innerhalb des alliierten Rates gedacht; ohne ein Vetorecht werde Rußland Diktaten im Verhältnis drei zu eins ausgesetzt sein. Murphy habe darauf erwidert, im anderen Fall erhielten die Westalliierten Diktate im Verhältnis eins zu drei . . .

Der Westen habe seine Vorschläge zur Berlinfrage und zur Währungsfrage vorgebracht. Leider habe man dabei zu der Beratung keine deutschen Vertreter hinzuziehen können. Wyschinski allerdings habe vorgeschlagen, zwanzig Deutsche aus der sowjetischen Zone einzuladen; das habe man abgelehnt, weil eine solche Gruppe nicht für sich in Anspruch nehmen könne, für ganz Deutschland zu sprechen.

Murphy lobte das Ergebnis der Arbeit des Parlamentarischen Rates. Er hoffe, daß bald deutsche Regierungsvertreter an den Beratungen des Ausschusses der Außenminister teilnehmen werden. Er erläuterte die Vorschläge der Westalliierten über die Handhabung der Militärregierung in der Stadt Berlin. Berlin solle eine neue Verfassung beschließen können und Herr seiner Gesetzgebung, seiner Verwaltung, seiner Gerichtsbarkeit sein. Auf einigen Sachgebieten solle die Besatzungsmacht eigene Zuständigkeiten und eigene Handlungsfähigkeit behalten. Entscheidend sei, daß in Berlin freie Wahlen, und zwar Wahlen in ganz Berlin, abgehalten werden könnten, die von einem alliierten Ausschuß überwacht werden müßten.

Über die wesentlichen Punkte sei mit den Sowjets keine Einigung erzielt worden, vor allem nicht über den Wahlkontrollausschuß und über die Beteiligung der Gewerkschaften sowie der sogenannten gesellschaftlichen Verbände an politischen Wahlen. Ebensowenig habe man sich über das Verhältnis von Kommandantur und Magistrat zu einigen vermocht.

Konrad Adenauer dankte den Westalliierten für die Festigkeit, mit der sie für deutsche Rechte eingetreten seien. Ich sagte, Demokratie sei unteilbar; man dürfe nicht Einheit auf Kosten von Freiheit herstellen wollen. Auch Ernst Reuter fand die russischen Vorschläge unannehmbar.

Der stellvertretende amerikanische Hochkommissar, Generalmajor Hays, sprach dann noch über das Streikrecht in Berlin und seine Auswirkung auf die unter russischer Jurisdiktion stehenden Eisenbahnen. Ich führte dazu aus, daß man mit dem Osten kein Wirtschaftsabkommen ohne gleichzeitige politische Abkommen schließen dürfe. Dem stimmte Botschafter Murphy zu. Es wurde über die Möglichkeiten gesprochen, einen Modus vivendi mit dem Osten zu schaffen, der erlauben könnte, den nötigsten Warenaustausch zwischen beiden Teilen Deutschlands zu organisieren, und über die Frage, wer dabei das Minimum und das Maximum der in Betracht kommenden Quantitäten zu bestimmen habe.

Das sei wohl eine Sache der Deutschen, meinte Robert Murphy. Ich warnte: Würde in diesem Fall nicht das Regime in der Ostzone durch die Deutschen selbst als demokratisch legitimiert anerkannt werden?

Generalmajor Hays .meinte dazu: Wenn einmal eine deutsche Regierung in Westdeutschland bestehe, werde manches einfacher werden, als man heute annehmen könne. General Robertson schloß mit den Worten: Sollte die Pariser Konferenz zu keinem Resultat führen, so werden wir uns nicht nach Potsdam begeben, sondern vorwärts nach Berlin!

Kurt Schumacher erklärte zu der Pariser Konferenz: Es sei ausschließlich Schuld der Sowjets, daß es nicht zu einer Einigung über Deutschland gekommen ist. Ihre Parole von der Einheit Deutschlands, die sie anstrebten, sei eine Schwindelparole. Die Deutschen sollten begreifen, »daß aus einer mit Hilfe der Russen zustande gekommenen Vereinigung Deutschlands nichts anderes herauskommen kann als eine das ganze Deutschland umfassende russische

Provinz«. Die grundsätzliche Bereinigung des Ost-West-Verhältnisses auf wirtschaftlichem Gebiet könne nur erfolgen, wenn man von den Sowjets die politische Freiheit und Gleichheit der Deutschen aller Zonen als Preis für die Wirtschaftshilfe des Westens fordere.

Nun galt es noch, die Zustimmung der Länder zum Grundgesetz einzuholen. Alle Landtage stimmten zu, mit Ausnahme des bayerischen, dem das Grundgesetz der Eigenstaatlichkeit Bayerns nicht genügend Rechnung trug. In einigen Landtagen gab es Gegenstimmen, zum Beispiel in »meinem« Landtag zu Bebenhausen bei Tübingen. Da glaubten einige besorgte ländliche Abgeordnete aus dem katholischen Oberland, ihre Zustimmung verweigern zu müssen, weil das Grundgesetz den politischen Tod der Länder wolle ...

Mit der Wahl des Bundestages stellte der Überleitungsausschuß seine Tätigkeit ein. Die endgültige Entscheidung über den Sitz der obersten Bundesorgane lag beim Bundestag.

In der Zwischenzeit ging der Kampf der Lobby für Frankfurt und der für Bonn immer noch fort. Die Bonner Lobby bezifferte, für den Fall der Entscheidung des Bundestages für eine andere Stadt als Bonn, die verlorenen Kosten auf fünfzig Millionen Mark, die der zusätzlichen Kosten für die Neueinrichtung in Frankfurt auf sechzig Millionen. Auch der Technische Ausschuß der Ministerpräsidentenkonferenz legte eine Denkschrift mit Zahlenkolumnen und Lichtbildern vor. Der Journalist Fritz Fay von der Frankfurter Lobby war unermüdlich; Frankfurts Oberbürgermeister Walter Kolb verschickte Briefe und Telegramme. Die tollsten Gerüchte wurden kolportiert. Man sprach von Versuchen der Interessenten, sich der Gunst bestimmter Abgeordneter zu versichern. In diesem Stadium der Vorgänge habe ich mich bemüht, der Sache auf den Grund zu kommen. Bestenfalls wäre dabei eine Moritat herausgekommen ... Bonn wurde die Hauptstadt der Bundesrepublik. Manche meinen, daß damit die Grundlinien der künftigen Politik des Bundes in Richtung konservativer und westlicher Vorstellungen präjudiziert worden seien. Ich glaube nicht, daß der Genius loci so viel vermochte. Hätte sich durch die Wahl Frankfurts das Problem der atlantisch-westeuropäischen Gemeinschaft anders gestellt? Hätte die Wahl

Frankfurts die Chancen für die Wiedervereinigung Deutschlands verbessert? Wären die Bundesgesetze anders ausgefallen, wenn sie in Frankfurt hätten beschlossen werden müssen? Hätte die Wahl Frankfurts als Sitz der obersten Bundesorgane das politische Leben in der Bundesrepublik in engere Verbindung mit dem kulturellen Leben in Deutschland gebracht? Ich bin nicht davon überzeugt; aber ich bin sicher, daß die Wahl Bonns zum Sitz der Bundesregierung es den Franzosen erleichtert hat, Vertrauen in die politische Entwicklung ihres Nachbarn zu fassen. Es kann in bestimmten Fällen seine Bedeutung haben, wenn die Gefühle nicht erst über eine Brücke zu gehen brauchen, um denen des anderen zu begegnen.

Kurzporträts einiger Mitglieder des Parlamentarischen Rates

Konrad Adenauer fühlte sich weniger als Verfasser von Gesetzestexten denn als der Mann, von dem es abhing, daß der Parlamentarische Rat seinen Auftrag zu einem Abschluß bringen konnte. Juristische Kontroversen und staatsphilosophische Dispute interessierten ihn wenig. Er sagte mir, ihm komme es darauf an, daß das Grundgesetz auf breiter Grundlage und ohne Konflikte mit den Besatzungsmächten zustande komme und daß man mit ihm regieren könne.

Er hat den Vorsitz im Plenum mit Geschick und Würde geführt und gelegentlich an den wichtigsten Debatten im Hauptausschuß teilgenommen, wo es ihm immer wieder gelang, Zwischenfälle, die im Anschluß an scharfe Ausführungen der kommunistischen Abgeordneten zu entstehen drohten, in rheinischen Humor auslaufen zu lassen. Kam es zu Schwierigkeiten, die in den »ordentlichen« Ausschüssen nicht geregelt werden konnten, bemühte er sich, die Angelegenheiten in kleinen Gremien – dem Siebener-Ausschuß, dem Fünfer-Ausschuß oder im Gespräch mit den Fraktionsvorsitzenden – behandeln zu lassen, wo in der Tat gute Kompromisse erreicht wurden. Er war darauf bedacht, kraft seines parlamentarischen Amtes als der demokratisch legitimierte Sprecher des deutschen Volkes in den Westzonen zu gelten. Es leidet keinen Zweifel, daß ihm dies einen hohen Rang in der politischen Achtung der Deutschen verschafft hat. Ich glaube nicht, daß Konrad Adenauer seine politische Rolle in der Bundesrepublik so schnell hätte spielen können, wäre er nicht zuvor Präsident des Parlamentarischen Rates gewesen.

Heinrich von Brentano, August Zinn und Thomas Dehler trugen, jeder in seiner besonderen Eigenart, Entscheidendes zum Gelingen von Kompromissen bei, in denen alle Fraktionen, trotz der Unterschiede in den Ausgangspunkten, demokratische Lösungen sehen konnten. Die Zusammenarbeit dieser drei Männer war beispielhaft für politische Auseinandersetzungen, in denen bei aller Entschiedenheit in der Wahrnehmung des eigenen Standpunktes ein Weg der Mitte gesucht wird, den der Gegner mitgehen kann, ohne auf Selbstachtung verzichten zu müssen.

Theodor Heuss trug viel zum Gelingen des Werkes bei, nicht so sehr aufgrund eigener Vorschläge, sondern durch seine klugen Ausführungen zu Anträgen anderer. So konnte manches, das unklar geblieben oder nicht genügend durchdacht worden war, aufgehellt und auf den richtigen Nenner gebracht werden. Seine Vorstellungen vom Staat waren scharf umrissen, doch bei der Debatte mied er jede Überspitzung der Fragestellung. Manchen, der durch gesuchte Originalität der Formulierung zu glänzen versuchte, brachte er durch gutmütig scheinende, in Wirklichkeit aber unbarmherzige Ironie zu Fall. Seine Autorität war unbestritten; sein – oft selbsterlebtes – Wissen um die jüngere Geschichte unseres Volkes gab unseren Debatten einen soliden Gehalt; Berichte über seine Erfahrungen in Zeiten des Kaiserreichs und der Weimarer Republik haben manche theoretische Frage als zurechtfrisiertes Scheinproblem entlarvt. Sein politischer Liberalismus war Ausfluß eines weltbürgerlichen Humanismus, der in allem den Menschen als den Mittelpunkt des Geschehens sah, jedoch zugleich die Würde des Staates gewahrt wissen wollte.

Der aus der amerikanischen Emigration zurückgekehrte einstige Vorsitzende der sozialdemokratischen Fraktion der Ratsversammlung in Altona, Dr. Rudolf Katz, spielte bei den Beratungen und bei der Formulierung der Artikel eine bedeutende Rolle, in denen die Zusammensetzung, die Funktionen und die Arbeitsmethoden der Bundesorgane definiert wurden und das Verhältnis von Bund und Ländern seinen rechtlichen Ausdruck fand. Der Dritten Gewalt galt seine besondere Aufmerksamkeit, und für die Regelung der Probleme des Staatsnotstandes und des Gesetzgebungsnotstandes fand er Lösungen, denen das Haus zustimmte. Er hatte das schwere Schicksal der Verbannung klaglos ertragen und kam sofort nach Beendigung des Krieges zurück, sobald er die Gewißheit hatte, daß es für ihn Möglichkeiten gab, für sein Vaterland zu arbeiten. Seine intime Kenntnis des amerikanischen Staatswesens, vor allem der Methoden des Zusammenwirkens Washingtons mit den Bundesstaaten, half uns über manche Hürde hinweg.

Professor Dr. Wilhelm Laforet und Oberpräsident a. D. Dr. Robert Lehr waren kluge Juristen und erfahrene Praktiker der Verwaltung. Es hat kaum einen Antrag gegeben, dessen Formulierung der Kollege Laforet nicht für verbesserungswürdig gehalten hätte. Wo immer er die Rechtsstaatlichkeit oder die Eigenständigkeit der Länder gefährdet sah, meldete er sich zu Wort. Manche hielten ihn für einen akademischen Pedanten. Ich war ihm dankbar, daß er uns vor mancher Simplifizierung bewahrte. Der konservative Robert Lehr war einer der kundigsten Gegenspieler von Rudolf Katz. Dem fairen Disput dieser beiden so erfahrenen und in ihren Ausgangspunkten so verschiedenen Männer zuzuhören, bedeutete immer Gewinn.

Paul Löbe, Altersgenosse Konrad Adenauers und langjähriger Präsident des Reichstages der Weimarer Republik, hat sich an den Sachdebatten wenig beteiligt, aber durch seine Menschlichkeit und die stete Bereitschaft, aus dem reichen Schatz seiner parlamentarischen Erfahrung aus turbulenter Zeit Rat zu spenden, hat er viel dazu beigetragen, daß die Verhandlungen in den Ausschüssen und im Plenum in guter Ordnung und fairer Weise verliefen. Das ganze Haus sah in ihm den gütigen, selbstlosen Mentor.

Professor Dr. Hermann von Mangoldt wurde als besonderer Kenner des Verfassungsrechtes viel in Anspruch genommen. Er nahm sich vornehmlich der Grundrechte und der Präambel an sowie der Strukturprobleme von Gesetzgebung, Exekutive und Rechtsprechung und ihren Verhältnissen zueinander. Es erschien uns allen selbstverständlich, daß er es unternahm, den maßgebenden Kommentar des Grundgesetzes zu schreiben.

Ohne den Kollegen Hermann Höpker-Aschoff, der einst Finanzminister des republikanischen Preußen gewesen war, wären wir vielleicht nicht mit den Problemen der Finanzverfassung für den Bund fertig geworden. Er reduzierte manches staatsphilosophische Axiom auf seinen realen Gehalt im Angesicht der Notwendigkeit, Bund wie Länder finanziell in den Stand zu setzen, den ihnen obliegenden Verantwortungen gerecht werden zu können. Seine unkomplizierte Problematik brachte uns besser voran als manches »Das war schon immer so« und als geschickt deduzierte Ableitungen aus abstrakten Begriffen, die sich bei näherem Hinschauen als inhaltslose oder vage Vokabeln zu erweisen pflegten.

Dr. Walter Menzel nahm seine Pflichten oft mit pedantischem Ernst wahr. Er war Mitglied mehrerer Ausschüsse und stark in der Fraktionsführung der SPD engagiert; trotzdem nahm er an jeder Sitzung des Hauptausschusses teil. Es gibt kaum einen Artikel in den Entwürfen, zu dem er nicht klärend und fordernd das Wort ergriffen hätte. Ich habe ihn bewundert, wie er immer wieder ins Geschirr ging, obwohl es mit seiner Gesundheit nicht zum besten stand. Immer wieder zwang er seine Kollegen, die juristischen und politischen Konsequenzen der gestellten Anträge und vorgeschlagenen Lösungen daraufhin »durchzurechnen«, ob nicht eigene Unbedachtsamkeit oder gegnerische List darin stecke. Mir war so viel »Wachsamkeit« fremd, und ich war dankbar, daß Walter Menzel diese Tugend in so hervorragendem Maße besaß.

Der bayerische Staatsminister Anton Pfeiffer war ein sehr angenehmer Kollege. Er stand voll ein für die offiziellen bayerischen

Vorstellungen von einem dem Föderalismusgebot der Frankfurter Dokumente gerecht werdenden Grundgesetz, wurde dabei aber nie intolerant gegen die Kollegen, die glaubten, andere Auffassungen vertreten zu sollen. Auch in schwierigsten Verfahrensfragen war mit ihm fast immer Einigung zu erzielen, was dem friedlichen Ablauf der Arbeit sehr zugute kam.

Adolph Schönfelder, ein anderer Altersgenosse Konrad Adenauers und Vizepräsident des Parlamentarischen Rates, war mir besonders lieb. Ich habe von diesem im Kampf um Demokratie und soziale Gerechtigkeit ergrauten Mann Entscheidendes gelernt. In ihm gesellte sich die Erfahrung eines Arbeiters, der auf dem Zimmerplatz groß geworden war, zu den Erfahrungen und der Verantwortung, die er in den Jahren der Weimarer Republik und später als Präsident der Hamburger Bürgerschaft trug. Er vereinigte in sich Entschiedenheit im Kampf um das Wichtige mit einem ganz sicheren Blick für das rechte Maß im Fordern und Gewähren und war denen ein ständiger Warner, die glaubten, es sei möglich, durch kühne Formulierung von Artikeln fehlende reale Macht zu ersetzen. Leute seiner und Paul Löbes Art sind in der Politik das Salz der Erde.

Einem ganz anderen Typus gehörte Dr. Hans-Christoph Seebohm an. Er stammte aus Böhmen, war aus Schlesien vertrieben und hatte nun in Niedersachsen eine maßgebende Stellung im Wirtschaftsleben. Er gehörte zu den Konservativsten des Hauses und hat bei den Beratungen die meisten Anträge gestellt und mit großer Hartnäckigkeit verteidigt, trefflich unterstützt von seinem Sekretär Dr. Hans-Joachim von Merkatz, der einige Jahre später Minister für Bundesratsangelegenheiten werden sollte. Seebohm forderte unentwegt die Verstärkung der Rechte und Kompetenzen der Länder und die Minderung der Kompetenzen des Bundes. Nach seinen Vorstellungen sollte der Bundesrat das wichtigste Organ der Bundesrepublik sein. Trotz dieser Sonderbarkeiten kam es mit ihm und von Merkatz zu guter Zusammenarbeit.

Dr. Adolf Süsterhenn war einer der befähigtsten Streiter für die Vorstellungen der CDU. Seine Argumente entnahm er häufig den Naturrechtsvorstellungen der katholischen Theologie. Er beeindruckte damit manchen Kollegen, fand aber selten die Zustimmung der Mehrheit des Hauses. Er war von großer Beredsamkeit und verstand sich trefflich aufs Argumentieren. Mit ihm zu Kompromissen zu kommen, war schwierig, doch wenn er einmal ja gesagt hatte, konnte man sich auf seinen Handschlag verlassen.

Justizrat Friedrich Wilhelm Wagner war der feurigste Sprecher der SPD-Fraktion, immer auf dem Plan, wenn es galt, für demokratische Rechtsgarantien zu kämpfen und vermeintliche Angriffe von klerikaler Seite abzuwenden. Das gab seiner Eloquenz gelegentlich etwas von der Beredsamkeit, die Don Quichotte in der verzauberten Schenke entfaltete, aber man liebte diesen aufrechten Demokraten – der in den bösen Jahren als Emigrant für seine demokratische Gesinnung zu leiden hatte –, zumal er ein standhafter Zecher war, der sich in den Weinstuben der engeren und weiteren Umgebung Bonns vortrefflich auskannte.

Frau Dr. Elisabeth Selbert hat im Rechtsausschuß vorzügliche Arbeit geleistet. Die reichen Erfahrungen, die der Rechtsanwältin aus der Praxis zugewachsen waren, kamen ihr dabei zugute. Die rechtliche und soziale Gleichstellung von Mann und Frau, vor allem in der Arbeitswelt, war ihre Domäne.

Frau Dr. h. c. Helene Weber, die in der Weimarer Republik Ministerialrätin gewesen war, nahm sich besonders der Grundrechte an und dort vor allem der Probleme des Elternrechts, des Schutzes von Ehe und Familie, des Schulwesens und der allgemeinen Erziehungsfragen. Auch sie trat für die Gleichberechtigung der Frau ein, warnte jedoch dabei vor den Gefahren der Schematisierung. Immer hatte Frau Weber eine Tafel Schokolade in ihrer Tasche, von der sie dem Kollegen ein Stückchen in den Mund steckte, von dem sie glaubte, daß er eine Stärkung brauchen könnte. Dabei kannte sie keine Fraktionen, nur Kollegen . . .

Max Reimann war ein kranker, von der KZ-Haft geschundener Mann, der mir recht hölzern und ungelenk erschien. Aber ich bewunderte seine Unbefangenheit bei der Unterhaltung auch mit geistlichen Würdenträgern. Von anderer Art war Heinz Renner, der zweite KPD-Abgeordnete, der in einem der wenigen evangelischen Dörfer an der oberen Mosel Lehrer gewesen war und Konrad Adenauer aus gemeinsamer Mitgliedschaft im rheinischen Provinziallandtag der Weimarer Zeit kannte. Er war urwüchsig, intelligent und von sicher treffendem Witz. Seine Dialoge mit Konrad Adenauer waren die Freude des ganzen Hauses, und wenn ich ihm gelegentlich einen Ordnungsruf nicht ersparen konnte, tat ich meine Pflicht nur mit halbem Herzen. Ich habe mit ihm manches Gespräch geführt, und wenn er von den Zeiten erzählte, da er Schule gehalten hatte, verstand ich seine politische Entwicklung besser.

Oft besuchten Ministerpräsidenten des einen oder anderen Landes, Landesminister, Mitglieder von Vorständen der politischen Parteien den Parlamentarischen Rat. Sie erkundigten sich nicht nur nach dem Fortgang der Arbeit, sondern suchten auch auf die Meinungsbildung Einfluß zu nehmen. Dr. Ehard, der Ministerpräsident Bayerns, hatte mit seiner verständigen, einfühlenden und zugleich entschiedenen Art zu argumentieren manches Mißverständnis über die bayerischen Absichten aufzulösen vermocht und verstand auch, manchen bajuwarischen Heißsporn zu bändigen.

Auch sein Justizminister Josef Müller, der »Ochsensepp«, kam oft zu uns. Seine rustikale Biederkeit konnte nicht immer und jedermann gegenüber das Schlitzohr verbergen. Er war unter den bayerischen Föderalisten am wenigsten partikularistisch orientiert. Allzeit gut bayerisch, war er in erster Linie ein deutscher Patriot, sozialen Vorstellungen gegenüber aufgeschlossen, der gern von seiner Rolle im Kreis der Widerstandskämpfer des 20. Juli 1944 und seinen diplomatischen Abenteuern als Verbindungsmann der Abwehr zum Vatikan erzählte. Er bemühte sich sehr, dem Einfluß der partikularistischen Hundhammerschen Richtung in der CSU auf die bayerischen Delegierten entgegenzuwirken. Ebenso beharrlich war er bemüht, den

Norddeutschen, vor allem den Liberalen und Sozialdemokraten unter ihnen, verständlich zu machen, wo für einen bayerischen Patrioten die äußerste Grenze für einen Kompromiß lag und liegen wird.

Auch Reinhold Maier, Württemberg-Badens Ministerpräsident, gab uns zuweilen die Ehre. Ihm kam es vor allem darauf an, daß in das Grundgesetz Bestimmungen eingeführt wurden, die das reibungslose Zusammenwachsen Württembergs und Badens zu einem Südweststaat ermöglichen könnten; er setzte bei seinen Kollegen durch, daß für diese Prozedur gegenüber den allgemeinen Regeln für die Neuordnung des Bundesgebietes eine Ausnahmeregelung geschaffen wurde.

Hermann Lüdemann, Ministerpräsident von Schleswig-Holstein, war der eifrigste Streiter für die Lebensrechte der finanzschwachen Länder. Er machte seinen Einfluß geltend, um für sie den Finanzausgleich horizontal und vertikal so ergiebig wie möglich zu gestalten. Sein Land hatte weitaus die meisten Flüchtlinge aufnehmen müssen und war dadurch in einer besonders schwierigen Lage. Seine Vorstellungen haben manchem Abgeordneten des Parlamentarischen Rates klargemacht, daß die Verfassung die Möglichkeit zu schaffen hat, die durch die differentielle Aufnahme von Flüchtlingen einzelnen Ländern entstandenen Lasten umzulegen und einen Vermögensausgleich zwischen denen zu schaffen, die ihre Heimat und ihren Hof behalten konnten, und jenen anderen, die Haus und Hof und Arbeitsplatz verloren haben.

Ministerpräsident Hinrich Kopf machte sich Sorgen um den Gebietsbestand des neu gebildeten Landes Niedersachsen. Würden die Oldenburger, würden die Lippischen Lande nicht ihre Eigenstaatlichkeit wieder beanspruchen, wenn eine Neugliederung der Länder im regressiven Sinn allzu einfach erreicht werden könnte? Er meinte, daß man diesen Möglichkeiten einen Riegel vorschieben müsse. Seine Jovialität hat bei den interessenbeschwerten Verhandlungen oft geholfen, die widerborstigsten Argumente auszuräumen.

Max Brauer und Wilhelm Kaisen wiesen uns immer wieder auf die Notwendigkeit hin, die großen Häfen wieder gebrauchsfähig zu machen, was voraussetzte, den Stadtstaaten Hamburg und Bremen nichts von ihrer Aktionsfähigkeit und Quasisouveränität zu nehmen. Sie glaubten damals noch, sich gegen Versuche ihrer ärmeren Nachbarn wehren zu müssen, ihre Städte zu annektieren ...

Kontroverse in Bern

Während dieser Zeit war ich nicht ausschließlich durch die Arbeit im Parlamentarischen Rat in Anspruch genommen. Neben meiner Tätigkeit in der Trizone hatte ich noch meine Pflichten im Lande Württemberg-Hohenzollern als Justizminister und Stellvertreter des Staatspräsidenten wahrzunehmen. Zudem hatte ich mich mit »Ratschlägen für Bonn« auseinanderzusetzen, die mir aus der Umgebung von General Koenig zukamen. Der Minister für die deutschen Angelegenheiten, Pierre Schneiter, zitierte mich ein Mal ums andere nach Paris. Ich lehnte es ab, ihm über Dinge, die über die Besatzungsangelegenheiten im engeren Sinne hinausgingen, Bericht zu erstatten, und beschränkte mich darauf, anzuhören, was man zu sagen hatte. Bei einem dieser Besuche bekam ich Gelegenheit, mit Schneiter unter vier Augen zu sprechen. Dabei erwies er sich als überzeugter Europäer, durchdrungen von der Gewißheit, daß Europa nur geschaffen werden kann, wenn Deutschland und Frankreich ihre alten Querelen und Erbfeindschaften begraben und ihren Blick auf die Zukunft richten. Niemand werde ans Ziel kommen, der glaube, es sei mit wenigen kühnen Sprüngen zu erreichen. Darum könnten die Franzosen, die denken wie er und wissen, daß die entscheidenden Schritte nur zusammen mit einem gleichberechtigten Deutschland unternommen werden können, die uns Deutschen auferlegten Fesseln nur allmählich lösen. Dieses Gespräch, über das ich Kurt Schumacher ausführlich informierte, hat viel zu meiner Meinung beigetragen: Wenn es in Dingen der Verfassungsstruktur auf Biegen und Brechen gehen sollte, würden auch die Franzosen es nicht auf sich nehmen, um ihrer eigenen Vorstellungen von der besten Verteilung der

Kompetenzen zwischen Bund und Ländern willen, das Grundgesetz scheitern zu lassen.

Im Frühjahr 1949 wurden Konrad Adenauer und ich von der schweizerischen Gruppe der Interparlamentarischen Union eingeladen, am 23. März in Bern vor einem qualifizierten Publikum über die politischen Probleme zu sprechen, denen wir Deutschen gegenüberstanden. Es war das erstemal, daß ich das politische Bern zu sehen bekam; die stolze Gediegenheit, in der sich das demokratische Selbstgefühl des Schweizer Volkes in den Bauten für die obersten Organe des Bundesstaates äußerte, beeindruckte mich sehr, ebenso die höfliche Zurückhaltung, mit der uns deutschen Gästen begegnet wurde. In diesem Kreise war die Sorge, die man in der Schweiz während der Dauer der Naziherrschaft um die Freiheit des eigenen Staates empfunden hatte, noch spürbar.

Mit den Veranstaltern war vereinbart worden, daß jeder von uns beiden dreißig Minuten reden solle und anschließend Fragen gestellt werden könnten.

Konrad Adenauer sprach als erster. Er beklagte, daß sich in der Welt zwei Mächtegruppen gegenüberständen: Auf der einen Seite die im atlantischen Pakt vereinigten Mächte unter Führung der Vereinigten Staaten von Amerika, die aus den Staaten bestehe, die die Güter der christlich-abendländischen Kultur, Freiheit und wahre Demokratie, verteidigten. Auf der anderen Seite stehe Sowjetrußland mit seinen Satelliten. Die Linie, die beide Gruppen trennt, gehe mitten durch Deutschland. Nach dieser Einleitung gab er ein bewegendes Bild von den in Westdeutschland herrschenden Zuständen, die er schwarz in schwarz malte. Die alliierten Maßnahmen, insbesondere die Demontagen und der Raub der deutschen Patente, machten ein geregeltes Wirtschaftsleben unmöglich. Deutschland drohe die allgemeine Proletarisierung mit allen Gefahren, die dies gerade heute für das freie Europa, das vom imperialistischen Kommunismus bedroht werde, mit sich bringe. In Deutschland finde eine beispiellose soziale Umschichtung statt; es drohe eine gefährliche »Ver-ostung« der Deutschen. Die rasche Errichtung eines Weststaates sei von höchster Notwendigkeit. Das Verlangen Frankreichs nach Sicherheit gegenüber Deutschland sei verständlich; doch nur ein Zusammenschluß der westeuropäischen Länder könne Europa retten und unsere Sicherheit bewahren.

Nach einer halben Stunde hatte er immer noch eine stattliche Anzahl Manuskriptblätter vor sich liegen, und ich fragte mich, wie das weitergehen solle. Wollte er die für mich vorgesehene Zeit verkürzen? Als er immer weiter sprach und keinerlei Anstalten machte, zum Schluß zu kommen, wurde ich unruhig, und als dreiviertel Stunden um waren, gab ich dieser Unruhe Ausdruck. Die Zuhörer schauten auf die Uhr. Als Adenauer seine Ausführungen beendet hatte und ich das Wort erhielt, gab ich meine Enttäuschung über den bisherigen Ablauf des Abends zu erkennen und erklärte, daß ich es für sinnlos halte, in den noch verbleibenden wenigen Minuten zu sprechen. Die Veranstalter baten mich, es doch zu tun; man werde mir keine enge zeitliche Grenze setzen. Man könne mir zwar keine unbeschränkte Redezeit einräumen, denn man wolle ja noch Fragen stellen können, und über eine bestimmte Zeit hinaus würde üblicherweise in Bern nicht getagt.

Ich sprach etwa zwanzig Minuten. Ich klagte nicht über das in Deutschland herrschende Elend, sagte aber den Zuhörern, daß wir Deutschen wüßten, wem wir und wem die Welt das Unheil der letzten Jahre zu verdanken haben. Ich bemühte mich darzustellen, worin die politische Konzeption der Sozialdemokraten sich von jener Adenauers unterschied, indem ich die Argumente gegen einen deutschen Weststaat vortrug, die ich im Parlamentarischen Rat so oft ausgeführt hatte.

Nach dem Ende der Veranstaltung kamen Zuhörer auf mich zu und bedauerten, daß die Vereinbarung über die Redezeit nicht eingehalten worden war. Dem internationalen Presseecho nach hat sich Konrad Adenauer durch sein Verhalten in Bern nicht viele Freunde gemacht, obwohl seine Politik sicher den meisten Hörern sympathischer war als die von mir entwickelten Grundsätze. In seinen »Erinnerungen« hat Konrad Adenauer die »Berner Rede« ausführlich behandelt, allerdings ohne zu erwähnen, daß ich mit von der Partie gewesen bin.

Anfänge »europäischer« Politik

In meinen politischen Überlegungen stand seit der Jahreswende 1946/
47 fest, daß das Schicksal der europäischen Staaten davon abhing, ob
es ihnen gelingen würde, sich in einer gemeinsamen Entscheidung zu
einer eigenständigen Kraft zu formieren, die fest genug gefügt wäre,
um imstande zu sein, den beiden Supermächten, die im Begriffe
waren, die Welt unter sich in Einflußsphären aufzuteilen, die Waage
zu halten. Falls die europäischen Staaten die Kraft und den Willen zur
Bildung einer politisch-ökonomischen »Union Europas« nicht sollten
aufbringen können, würden sie zusammen oder einzeln unweigerlich
zu Satelliten oder Protektoraten der beiden Weltmächte werden. Zu
dieser dritten Kraft könne aber Europa nur werden, wenn die freiheitlichen Staaten die Spaltung Deutschlands nicht hinnehmen,
sondern sich bei ihren Auseinandersetzungen mit der Sowjetunion
politisch um die Wiedervereinigung des gespaltenen Deutschland
bemühen. Dies sollte nicht allein um der Deutschen willen geschehen,
sondern weil Europa über die zur Selbstbehauptung erforderlichen
Mittel erst verfügen werde, wenn ihm die Potentiale ganz Deutschlands zugewachsen sind oder wenn diese ungeteilt in ein neutralisiertes Mitteleuropa eingebracht werden, das Gegenstand eines allgemeinen Systems kollektiver Sicherheit ist. In der ersten Phase
dieser Überlegungen war ich – irrigerweise – noch der Meinung,
daß wenigstens ein Teil der späteren Satelliten der Sowjetunion
noch für Europa gewonnen werden könnte. Von der schlichten
Neutralisierung Deutschlands, an die ich 1946 noch gedacht hatte,
hielt ich schon seit Ende dieses Jahres nichts mehr, denn mir war
bei der Betrachtung der Entwicklung des militärischen Kräftever-
hältnisses klargeworden, daß die Neutralität Deutschlands die Entschlossenheit der westeuropäischen Staaten und der USA voraussetzte, sich so stark zu machen, daß sie diese Neutralität auch
gegen eine Macht von der militärischen Stärke der Sowjetunion
wirksam verteidigen könnten.

Die pure Neutralisierung Deutschlands würde also die »freien«
Staaten zwingen, entweder so stark aufzurüsten, daß der Sowjetunion
im Falle eines Konfliktes keine Chance bliebe, oder in Kauf zu

nehmen, daß bei sich bietender Gelegenheit der Sowjetblock sich auch die Bundesrepublik einverleibt, womit es mit der Freiheit der Völker Europas zu Ende wäre.

Für die beste Politik europäischer Staaten hielt ich es, alles zu versuchen, was – ohne die nationale Identität dieser Staaten zu zerstören – ein wirtschaftlich, politisch, militärisch geeintes Europa zustande bringen könnte, dessen Potentiale geschlossen zur Steigerung der inneren Wohlfahrt und zur Verteidigung des Friedens nach außen verfügbar sein würden. Wir Sozialdemokraten freilich würden uns jedem Versuch widersetzen müssen, dem europäischen Kontinent dadurch Ruhe zu verschaffen, daß die besetzten Teile Deutschlands von den Machtblöcken unlösbar deren Einflußbereich eingefügt werden.

Bei den Gesprächen mit Kurt Schumacher und Gerhard Lütkens über diese Gedanken meinten beide, für Erwägungen solcher Art sei es noch zu früh; noch hätten wir unsere Außenpolitik darauf zu beschränken zu verhindern, daß die sowjetisch besetzte Zone von den Staaten des Westens als legitim zustande gekommene Staatsmacht anerkannt werde, denn dies müsse die Spaltung Deutschlands verewigen. Das sei nicht nur um Deutschlands, sondern auch um Europas willen notwendig, stelle Deutschlands Spaltung doch nur für uns den schmerzlichsten Aspekt der Spaltung Europas dar.

An Versuchen, die deutschen Sozialdemokraten für die Schaffung »europäischer Realitäten« zu gewinnen, hat es damals nicht gefehlt. So bemühten die französischen Sozialisten sich, uns dafür zu gewinnen, die Internationalisierung des politischen Status der Ruhr und die »kommunitäre« Ausbeutung ihrer Bodenschätze und ihrer schwerindustriellen Anlagen als Vorleistung für das künftige Europa hinzunehmen. Im Geiste der Vorstellungen Léon Blums von der notwendigen Zusammenarbeit der sozialistischen Parteien Europas hielten sie die »nationalisation internationale« der großen Industrien in den europäischen Staaten für den gebotenen Weg zur Schaffung eines Europas der Völker unter Einschluß Deutschlands. Sie bemühten sich, uns mit vielen Argumenten klarzumachen, daß wir als Sozialisten unmöglich gegen eine Internationalisierung der Ruhr sein könnten, käme doch diese nicht nur allen von deren Produktion abhängigen Staaten, sondern im Endergebnis auch uns zugute. Freilich würde damit zunächst nur den Deutschen das Opfer eigener Verfügungsgewalt über einen Teil ihrer Wirtschaftskraft abgefordert, doch ohne jeden Zweifel würden die anderen Staaten uns auf diesem Gebiet aus eigener Einsicht in das international Notwendige nach-folgen ...

Wir ließen uns durch diese Sirenenklänge nicht verführen. Die internationale Verwaltung der Ruhrindustrie durch die Beauftragten fremder Regierungen konnten wir auch dann nicht als ein Stück Sozialismus anerkennen, wenn sich in den Verwaltungsgremien einige Deutsche befinden sollten. Solange die Staaten, denen an der Interna-tionalisierung der Ruhr lag, nicht bereit waren, ihre eigenen Montan-industrien gleichzeitig mit uns zu internationalisieren, konnte man mit unserem Ja nicht rechnen. Gerade weil wir Sozialdemokraten waren, mußten wir uns mit aller Kraft jedem Versuch widersetzen, den deutschen Arbeitern die Verfügung über den letzten Reichtum ihres Landes vorzuenthalten.

Unsere Freunde in Frankreich waren über unsere Haltung nicht erfreut, und ich bekam dies später des öfteren zu hören; doch so sehr ich bereit war, zuzustimmen, daß Deutschland Opfer bringt, die zur Bildung der Vereinigten Staaten von Europa führen konnten, so sehr war ich entschlossen, solchen Opfern nur insoweit zuzustimmen, als sie die wirtschaftlichen Voraussetzungen für die Möglichkeit einer selbstverantwortlichen Existenz so lange in der Hand des deutschen Volkes ließen, bis durch schlüssige Fakten sichergestellt war, daß die bisherige alleinige Verfügungsgewalt aller über ihre wirtschaftlichen Potentiale nun auch von allen auf ein Gemeinschaftsorgan übertragen worden ist. Vorleistungen für sich allein erschienen mir untauglich, um zu diesem Ziel zu gelangen: Nach der »Vorleistung« würde kein davon profitierender Staat mehr die Vergemeinschaftung auch seiner Industrien für notwendig halten.

Ich bemühte mich schon früh um Kontakte zu internationalen Verbänden, deren Ziel es war, der Öffentlichkeit in den Ländern Europas sowie deren Parlamenten und Regierungen die Notwendig-keit klarzumachen, ihre Politik endlich auf Europa abzustellen und ihre Bedenken gegen die Möglichkeit eines institutionell geeinten Europa zu zerstreuen.

1947 besuchte mich in Tübingen Dr. Ernst von Schenk aus Bern; er wisse durch seine beiden Landsleute, Nationalrat und Stadtpräsident von Schaffhausen Walther Bringolf und den Zürcher Verleger Emil Oprecht, und durch meinen Aufsatz »Das deutsch-französische Verhältnis und der Dritte Weg« in der Zeitschrift »Die Wandlung« sowie durch andere Artikel von mir in deutschen Periodika von meinem Interesse an der europäischen Politik. Er gehöre der Europäischen Union der Föderalisten an und könne mir manches über ihre Bestrebungen und die Persönlichkeiten in ihren Reihen berichten. Die »Föderalisten« gingen von folgenden Erwägungen aus: Nach Molotows Weigerung, mit den westlichen Staaten zusammenzuarbeiten, sei es dringender denn je, daß die Verfechter der Unabhängigkeit Europas in den Supermächten die Einigung unseres Kontinents in die Wege leiteten. Nur ein geeintes Europa könne damit rechnen, von jenseits des Atlantiks weitere Hilfe in der Art des Marshallplanes zu erhalten und, ungeachtet dieser Unterstützung, von permanenter Einmischung der USA in die inneren Angelegenheiten europäischer Staaten frei zu bleiben. Die Einigung Europas ohne den Osten dürfe nicht zu einer Einigung *gegen* den Osten werden, doch sei es notwendig geworden, den Sowjets zu verstehen zu geben, daß der russische Kommunismus mit seinen Begleiterscheinungen niemals die Lebensform der freien Völker des Westens sein könne. Die universale Verwirklichung föderalistischer Prinzipien sei der geeignetste Weg, diese Ziele zu erreichen. Anstelle von Nationalisierungen der Großunternehmen befürworte die Union autonome europäische Verwaltungsorgane für die Kohle, die Schwerindustrie und das Transportwesen.

Ich erklärte mich Dr. von Schenk gegenüber bereit, in der Union der Föderalisten mitzuarbeiten. Zunächst beschäftigte ich mich mit den Memoranden und Rundschreiben der Föderalisten-Union zur Frage »Deutschland und Europa«, in denen viele vernünftige Dinge standen. Doch schienen mir einige ihrer Verfasser keine rechte Vorstellung von den Schwierigkeiten zu haben, auf die man auch im besten Fall stoßen mußte, wenn man von der Meditation in die verantwortliche Aktion überging.

An der konstituierenden Tagung der Union im August 1947 in Montreux konnte ich nicht teilnehmen, da mir die Militärregierung die für Auslandsreisen erforderliche Genehmigung versagte. In den Berichten über die Tagung gefielen mir besonders die Ausführungen des Schweizers Denis de Rougemont und des Engländers Duncan Sandys. Als ich von der Union Europäischer Föderalisten (UEF) eingeladen wurde, an dem von Winston Churchill nach Den Haag einberufenen Gründungskongreß für die Europäische Bewegung teilzunehmen, hätte ich gern zugesagt. Doch bei aller Bereitschaft, das für die Einigung Europas Notwendige zu tun, warnte der Parteivorstand die eingeladenen Mitglieder der SPD, an der Veranstaltung teilzunehmen.

Des Pudels Kern war: Die Labour Party wollte Winston Churchill den Triumph nicht gönnen, der Einiger Europas zu werden, und die französischen Sozialisten waren der Meinung, daß dieser europäische Versuch nur auf eine Stärkung der konservativen Kräfte in Europa hinauslaufen werde. Ich fügte mich. Wieder einmal hatte man in der Parteizentrale zu Hannover nicht erkannt, daß es zukunftsträchtige Initiativen gibt, die Parteischranken zu überwinden vermögen.

Im Mai 1948 wurde eine Arbeitstagung der UEF nach Bad Homburg einberufen, auf der ich das Korreferat übernahm. Meine Bemühungen, die Problematik einer jeglichen Art möglicher Europapolitik zu entwickeln, scheinen auf fruchtbaren Boden gefallen zu sein. So schrieb mir zum Beispiel Ernst von Salomon am 27. Mai 1948: »Schon die Tatsache, daß Sie unsere Zumutung, das erste Hauptreferat im Plenum zu übernehmen, nicht nur derart willig auf sich genommen, sondern so großartig durchgeführt haben, daß damit der ganze wirkliche Aufriß der Problematik gegeben wurde, um die es ging, war eine menschliche und intellektuelle Arbeit, für die wir Ihnen gar nicht genug dankbar sein können.«

Seitdem galt ich den Europafreunden in Deutschland als einer der deutschen Wortführer für eine realistische Europapolitik. Ich setzte meine Mitarbeit in den Organen der UEF noch lange fort. Besondere Würdigung erfuhr meine Arbeit von Henri Frenay. Mit diesem aufrechten Mann, der einer der hervorragendsten Führer der französischen Widerstandsbewegung gewesen war und der später in einer für mich schwierigen Situation, in der es um meine Ehre ging, als Ritter ohne Furcht und Tadel an meine Seite trat, kam ich oft in Paris zusammen. Ich konnte ihn bei Kurt Schumacher einführen, was beiden über einige Mißverständnisse hinweghalf.

Mir schien es an der Zeit, meine Vorstellungen von einem politisch geeinten Europa, seiner Notwendigkeit und seiner Möglichkeit, vor der Öffentlichkeit und auf den Foren der Sozialdemokratischen Partei zu vertreten. Ich war von dem Nutzen einer solchen Öffentlichkeitsarbeit überzeugt, denn ich vermochte Konrad Adenauers Optimismus nicht zu teilen, den er unter anderem am 31. März 1949 in der »Welt« verbreitete: »Die Vorbereitungen für eine europäische Föderation kommen in schnellem Tempo voran; man rechnet mit ihrer endgültigen Verwirklichung im Herbst.« Ich dagegen war der Meinung, daß noch ein gutes Stück realistischer politischer Arbeit nötig sein werde, um ein Europa zu schaffen, das eine handlungsfähige und stabile politische Gemeinschaft genannt werden kann.

Im Mai 1948 sprach ich vor dem Berliner Bezirksparteitag der SPD über meine Auffassung von realistischer Europapolitik: In einer Welt, in der es nur zwei oberste politische Potenzen gebe, herrsche das Gesetz des Dschungels; wenn man den Frieden erhalten wolle, brauche man einen dritten Partner, und dieser Partner könne nach Lage der Dinge nur ein europäischer Bundesstaat sein. Dieser dürfe sich nicht als Schutzwall gegen die sozialistische Bewegung in Europa sehen. Täte er dies, so bestünde die Gefahr, daß der Druck der nach mehr Freiheit und sozialer Gerechtigkeit strebenden Kräfte den Bau zertrümmern wird; die Bruchstücke würden sich gewiß die totalitären Kräfte einverleiben. Europa dürfe nicht »gegen« irgend jemanden geschaffen werden, denn sonst werde Europa nur so lange leben, als es sich von der Gefahr, die es bannen wolle, bedroht fühlt. Europa müsse darum allen Staaten, die den moralischen Consensus akzeptieren, der bei seiner Gründung obwaltet, offenstehen. Voraussetzung des Zusammenschlusses sei die Verflechtung der nationalen wirtschaftlichen Potentiale unter europäischem Vorzeichen. Das sei ein schweres Stück Arbeit, und wir alle würden einen langen und dornenvollen politischen Weg gehen müssen, um sie zu Ende zu bringen.

In einem Vortrag vor der Europa-Union in Stuttgart betonte ich am 20. Dezember 1948 die Rolle, die das Verhältnis Deutschlands zu Frankreich für das Gedeihen jeder Art von Europapolitik spielen werde, wie umgekehrt das Verhältnis Frankreichs zu Deutschland nur im Zusammenhang mit einer Europa intendierenden Politik entschärft und normalisiert werden könne.

Von besonderer Bedeutung wurde meine Rede vom 13. Juni 1949 auf der konstituierenden Versammlung des Deutschen Rates der Europäischen Bewegung in Wiesbaden. Sie blieb für lange Zeit die Leitlinie seiner Tätigkeit und begründete meine Mitgliedschaft in dessen Führungsgremien über die ganze Zeit meiner parlamentarischen Arbeit hinweg.

Meiner Tätigkeit in der UEF verdankte ich die Bekanntschaft mit einigen Männern, mit denen mich in den folgenden Jahren immer enger werdende persönliche Beziehungen im Zeichen der europäischen Politik verbinden sollten. Mit Duncan Sandys, Churchills Schwiegersohn, traf ich immer wieder zusammen. Er vermittelte mir einen tiefen Einblick in die politische Mentalität der englischen Konservativen. Dieser Mann, der während des Krieges als Minister die V-2-Werke in Peenemünde zerbomben ließ, liebte das Deutschland, das er in den zwanziger Jahren kennengelernt hatte, auch nach der Hitlerschen Schreckenszeit; er war ein leidenschaftlicher Europäer, der wußte, wie schwer es sein würde, den rechten Weg und die rechten Gefährten zu finden, um ihn zu Ende gehen zu können. Der Umgang mit ihm und seinen Freunden ließ mich erkennen, warum es oft leichter war, mit konservativ denkenden Menschen über die Grenzzäune hinweg zu reden als mit sogenannten Linken, bei denen man zunächst ein Bekenntnis zu ihrem Weltbild ablegen mußte, ehe mit dem Gespräch über die Realitäten des gemeinsamen Vorhabens begonnen werden konnte. Ich meine dabei nicht den »guten« Konservativen und den »schlechten« Linken. Ich meine auch nicht diesen oder jenen einzelnen. Meine Aussage betrifft das Idealtypische: Auf der einen Seite stehen Menschen, die wissen, daß die Labilität aller Zukunftsperspektiven uns zwingt, Festes zu bewahren, worauf wir weiterbauen können; auf der anderen Seite jene oft Großherzigeren, denen der Glaube an die Zauberkraft der von ihren

Visionen ausstrahlenden Vernunft die Erfahrungen der Väterzeit als untauglich oder überflüssig erscheinen läßt. Die einen wissen, daß sie auch die in anderen Grundüberzeugungen Wurzelnden brauchen; die anderen halten nur die Gleichgläubigen für taugliche Helfer und Weggenossen.

Ich lernte Don Salvador de Madariaga kennen, jenen konservativen spanischen Liberalen, der gleichermaßen Feind Francos und des roten Totalitarismus war, in deren beider Länder er den Rauch der Scheiterhaufen zu spüren glaubte. Bei ihm kam ich mit David Rousset zusammen, dessen Buch »L'Univers concentrationnaire« lange vor Solschenizyn vielen die Augen über den Archipel Gulag öffnete, die bisher nur von Hitlers Konzentrationslagern gewußt hatten.

Im Umkreis der UEF entstand meine Freundschaft mit Jean Paul de Dadelsen, jenem zu frühem Tode verurteilten Dichter, dessen Vorfahren Holsteiner und Elsässer waren und der so strenge Maßstäbe an sein Werk legte, daß er nur weniges in Druck gab und das meiste in seinen Schubladen verwahrte. Wegen der altelsässischen Abstammung seiner Mutter durfte sein Vater, der kaiserliche Notar von Dadelsen, 1918 in Erstein im Elsaß bleiben; Jean Paul bestand den großen Concours, der ihn an die Ecole Nationale Supérieure in Paris führte. »Siehst du, Carlo«, sagte er mir, »das kann die französische Schule aus einem Elsässer Buben machen.« Im Kriege schlug er sich nach England durch, wurde dort Fallschirmjäger und erlebte das Kriegsende als Soldat der französischen Befreiungsarmee. Als ich Mitglied der Beratenden Versammlung des Europarates geworden war, sahen wir uns oft in Straßburg. Wir sprachen von Europa, dem Vaterland unserer Vaterländer, und von den Ursachen des französischen Patriotismus der Elsässer, auch jener, die nicht vergessen hatten, daß ihr Land einst das Herzland des Heiligen Römischen Reiches gewesen war, das zur Stauferzeit die Reichskleinodien der Stadt Haguenau anvertraute.

Inzwischen hatte sich in Deutschland die Europa-Union gebildet, die in die Arbeit der UEF eintrat. Ihr Generalsekretär wurde der einstige Präsident des Reichsbundes der Kriegsbeschädigten in der Weimarer Republik, der ein wenig parteimüde gewordene Sozialdemokrat Erich Roßmann. Die geistige Führung lag bei Eugen

Kogon, einem der Herausgeber und Chefredakteur der »Frankfurter Hefte«. Er schrieb mir im Mai 1949, daß der Delegiertenkongreß der Europa-Union mich zum ersten Vizepräsidenten gewählt habe und um Mitentscheidung und Rat bei wichtigen Fragen bitte.

Kurz zuvor hatten in Versailles die Tagungen des Mouvement Européen und des European Movement stattgefunden, beides Organe der Europäischen Bewegung, zu denen Dr. Spiecker von der CDU und ich eingeladen worden waren. Schon bei der Konstituierung der internationalen parlamentarischen Gruppe der Europäischen Bewegung zeigte sich, daß Europa nicht dadurch zustande kommen würde, daß sich alle, die Europa wollten, freundlich umarmten, sondern daß schon bei der Wahl des rechten Weges nach Europa machtpolitische Interessen ihre Rolle spielen würden. Die Briten und die Skandinavier wollten innerhalb der Organe der Europäischen Bewegung die Parlamentariergruppe besonders stark machen: Sie sollte von den Beschlüssen des Exekutivausschusses der Europäischen Bewegung unabhängig sein, aber durch ihren Vorstand in diesem Ausschuß maßgeblichen Einfluß ausüben können. Die Franzosen und die Italiener wollten die parlamentarische Sektion möglichst bagatellisieren, um der Paneuropa-Bewegung des Grafen Coudenhove-Kalergi nicht den Wind aus den Segeln zu nehmen. In der ersten Gruppe wären die Parteien der Arbeiterbewegung stark gewesen; in der zweiten die mehr konservativ gesinnten »Europäer«. Der britische Standpunkt setzte sich durch. Die englischen und französischen Delegierten baten uns, die von uns bisher gewählte Zurückhaltung aufzugeben und wie vollberechtigte Mitglieder zu handeln. Wir Deutschen stellten jedoch keine Anträge. Wir legten Wert darauf, daß Anträge über die Beteiligung von Deutschen an den Organen der Europäischen Bewegung von Vertretern anderer Länder gestellt wurden. Ich wurde mit allen Stimmen zu einem der Vizepräsidenten der internationalen Parlamentariergruppe gewählt und gehörte damit ex officio dem internationalen Exekutivausschuß der Europäischen Bewegung an.

Bei der Tagung dieses Ausschusses war die Hauptfrage, über die zu entscheiden war, die Aufnahme Griechenlands, Portugals und der Türkei, also von Ländern, die als undemokratisch galten. Hier wurde zum erstenmal auf internationalem Boden das Prinzip virulent, daß in Gremien eines als demokratisch begriffenen »Europa« nur Vertreter aus demokratisch verfaßten Staaten die Mitgliedschaft erwerben können. Die Durchführung dieses Grundsatzes sollte den europäischen Kernstaaten in der Folge manches Problem aufgeben und immer wieder die Frage aufwerfen, ob im Verkehr der Staaten untereinander nicht ideologische Fragen und Praktiken neutralisiert werden sollten und bei der Bewertung ihrer politischen Bedeutung nur das Interesse zu entscheiden habe. Bei Gremien, deren Aufgabe es ist, die wechselseitigen Beziehungen der Staaten auf eindeutig definierte, politisch-moralische Grundlagen zu stellen, scheint mir im Bereich des Fundamentalen das Homogenitätsprinzip unverzichtbar zu sein.

Daß die Deutschen in dem geplanten Europarat Mitglieder werden müßten, war einmütige Überzeugung; eine Kontroverse bestand aber darüber, ob wir nur der Beratenden Versammlung oder auch dem Ministerrat angehören sollten. Ich lehnte die Beteiligung einer deutschen Regierung im Ministerrat ab: Solange das Besatzungsregime nicht in wesentlichen Stücken liberalisiert worden sei, könnten deutsche Regierungen Entscheidungen außenpolitischer Art nicht frei treffen. Dann hätten sie aber auch im Ministerrat nichts zu suchen. Nach langer Debatte einigte man sich: Die Deutschen sollten der Beratenden Versammlung ganz und dem Ministerrat als assoziiertes Mitglied ohne Stimmrecht angehören. (In manchen Konventikeln raunte man sich hinter vorgehaltener Hand die Frage zu, ob diese deutsche Bescheidenheit nicht ein machiavellistischer Coup sei.) Die Deutschen sollten schon zur ersten Sitzung der Beratenden Versammlung eingeladen werden. Auch hier war ich der Meinung, solange die Bundesrepublik sich nicht konstituiert habe, könne niemand die Deutschen der Bundesrepublik in Straßburg vertreten.

Das Schema des von den Regierungen der Siegermächte und der neutralen Staaten der westlichen Welt ins Leben gerufenen Europäischen Rates bekam auf dem Europa-Kongreß in Versailles zum erstenmal in einer lebendigen Debatte, die von Parlamentariern geführt wurde, politisch Fleisch und Blut.

Am 13. Juni 1949 wurde der Deutsche Rat der Europäischen

Bewegung in Wiesbaden konstituiert; er war das nationale Abbild des Internationalen Rates. Es zeigte sich viel »Sektierertum«, und gelegentlich konnte man den Eindruck haben, daß für manche Delegierte Gut und Böse zusammenfiel mit Europäer-Sein und Nicht-Europäer-Sein. Es gab verbohrte Idealisten, die glaubten, es bedürfe nur noch einiger Kongresse von Europagesellschaften, und Europa würde geharnischt und behelmt dem Haupt des Herrn der Geschichte entspringen wie einst Pallas Athene dem Haupt des Zeus.

Unter den Europabeflissenen gab es nicht wenige, für die es ein moralisches Postulat war, für Europa einzutreten. Viele hielten es dabei mit Immanuel Kant; andere mit dem christlichen Abendland, ohne sich viel unter dem vorstellen zu können, was einmal die zwielichtige römische Kaiserherrlichkeit des Mittelalters gewesen war. Weniger zahlreich waren jene, die den Geist der Aufklärung beschworen und in der Freundschaft Voltaires und Friedrichs des Großen ein europäisches Modell sahen. Es fehlten auch jene nicht, die meinten, die Französische Revolution habe ein einiges Europa gleichberechtigter Nationen intendiert und Napoleon Bonapartes Rheinbund sei ein erster realistischer Versuch gewesen, Europa zu integrieren. Aus völlig andern Quellen schöpften die vielen ökonomisch eingestellten »Europäer«. Ihnen schwebten Vorstellungen aus der Zeit des Deutschen Zollvereins vor. Die Chancen eines »Binnenmarkts Europa« faszinierten sie. Sie huldigten dem Dogma, der wahre Herr des politischen Geschehens sei die Wirtschaft.

Einige Sozialisten fürchteten ein kapitalistisches und gar klerikales Europa wie die Pest und waren darum nur für die »Vereinigten Sozialistischen Staaten Europas« zu haben. Trotz des Beschlusses der SPD aus dem Jahre 1947, daß die Partei ein sozialistisches Deutschland in einem sozialistischen Europa anstrebe, vertrat ich den Standpunkt, daß man erst einmal Europa zu einem politischen Gemeinwesen machen solle; in dessen Mitte würden wir dann für Freiheit, Gerechtigkeit und sozialen Fortschritt kämpfen können.

Da gerade der Europarat zu Straßburg aus der Taufe gehoben worden war, wählte ich ihn zum Thema des Hauptreferates der Ausschußtagung. Ich begann mit einer universalen Geschichtsbetrachtung: Die Geschichte unseres Kontinents erweise sich, wenn

man in die Tiefenschichten gehe, als ein immerwährender Pendel-
schlag zwischen Idee und Opportunität, zwischen universalem und
partikularem Denken, zwischen aus der Vergangenheit gespeister
Empirie und planendem, die Welt der Zukunft ersinnenden Geist. Es
folgte eine ausführliche Darstellung der Entwicklung der politischen
Systeme in Europa: Erst kam die Reichsidee Karls des Großen, dann
bildeten sich die souveränen Territorialstaaten unter Führung Frankreichs zu einer antiimperialen Macht aus. Es folgte die Zeit der
Hegemonialpolitik der Großmächte, später das aus der Französischen
Revolution hervorgegangene Dogma der Volkssouveränität und
schließlich dessen durch die Heilige Allianz versuchte Korrektur. Ich
stellte die Motive dar, die 1919 zur Gründung des Genfer Völkerbundes führten, und gleichermaßen die Ursachen seines Scheiterns, von
denen die folgenschwersten waren, daß er weder der Politik Poincarés
noch dem Faschismus zu wehren vermocht hatte und sich als holding
company der Nutznießer des Versailler Vertrags gerierte.

Nach dem Zweiten Weltkrieg habe die Notwendigkeit, die deutsche Frage zu lösen und dabei nach Möglichkeiten zu suchen, die
Potentiale Deutschlands für den von der Sowjetunion bedrohten
Westen nutzbar zu machen, ohne den Deutschen die Möglichkeit zu
geben, die Welt zu verunsichern oder gar im Zusammengehen mit der
Sowjetunion zu bedrohen, die Vorstellung aufkommen lassen, daß
die Europäisierung der Schwerindustrien der Staaten Europas und die
Schaffung eines europäischen Marktes die Fundamente abzugeben
vermöchten, auf denen die Staaten Europas sich zu einer politischen
Gemeinschaft zusammenschließen werden. Ich schilderte die verschiedenen Etappen des Weges, der zum Abschluß des Paktes über
den Europarat vom 5. Mai 1949 führte. Dieser Pakt sei nicht als
Instrument zur Schaffung eines integrierten, supranationalen Europa
konzipiert, sondern lediglich als ein Konvent, der die Koordinierung
nationaler Interessen erleichtern solle.

Eine Europäische Union, die ihren Namen verdiene, müsse vorsehen, daß die Besorgung der auswärtigen Beziehungen des Unions-
gebietes auf die Union übertragen wird; dasselbe müsse für die
Verteidigung gelten und für alles, was die Herstellung eines einheitlichen Wirtschaftsgebietes erfordert. Diese Union dürfe nicht unter

der Hegemonie eines, und sei es des hervorragendsten, Mitgliedes stehen; ebenso unmöglich sei es, sich mit einer Konföderation voll souverän bleibender Staaten zu begnügen. Wenn man Europa wirklich wolle, müsse man es als einen Bundesstaat wollen. Die Beziehungen der Mitgliedstaaten untereinander könnten dann nicht mehr völkerrechtlicher Art sein, sondern müßten zu bundesrechtlichen Beziehungen werden, zu denen ein Staatenhaus treten müsse, das vergegenwärtigt, was die Völker differenziert, denn es könne nicht der Sinn Europas sein, seinen Völkern die nationale Identität zu nehmen. Es werde eine Regierung brauchen, in der nicht nationale Interessen ausgehandelt werden, sondern gesamteuropäischer Wille zum Handeln kommt. Schließlich werde ein Oberster Gerichtshof geschaffen werden müssen, der über die Einhaltung der fundamentalen Prinzipien der Union wacht. Dieses Europa werde sich als die Gemeinschaft derer begreifen, denen das Leben nur dort lebenswert erscheint, wo die Freiheit des einzelnen, die Herrschaft des Rechtes und der sozialen Gerechtigkeit, wie sie die Besten der jeweiligen Gegenwart begreifen, lebendige Wirklichkeit geworden sind.

Davon sei in dem Abkommen vom 5. Mai über den Europarat noch so gut wie nichts erfüllt. Wir stünden also vor einem eher symbolischen als realen Fortschritt; aber auch Symbole hätten ihre Bedeutung, wenn man von ihnen aus auf die Realitäten zu wirken versuche.

Die meisten Redner entwickelten ähnliche Vorstellungen. Der sektiererische Charakter eines Teiles der Versammlung, der bei den Vorbesprechungen zu erkennen war, machte sich nicht geltend – bis auf einen Redner der Bayernpartei, der meinte, die deutschen Länder sollten jedes für sich in die europäische Föderation eintreten können. Der Kongreß verabschiedete eine Reihe von Resolutionen und beschloß Statuten für den Deutschen Rat der Europäischen Bewegung.

Meine Wahl ins Parlament

Ich hatte angenommen, daß ich als Spitzenkandidat des Bezirks Württemberg-Hohenzollern in den Wahlkampf ziehen würde. Doch Kurt Schumacher war der Meinung, daß ich in Mannheim, dem proletarischsten und von den Kommunisten am meisten umkämpften Bezirk Südwestdeutschlands, kandidieren sollte. Ich kannte Mannheim nicht, fand aber schnell ein herzliches Vertrauensverhältnis zur örtlichen Parteiorganisation. Bürgermeister Jakob Trumpfheller war zehn Jahre älter als ich und galt schon vor 1933 unangefochten als der erste Mann der Partei in Mannheim. Im Dritten Reich war es ihm schlecht ergangen, aber er kam ungebrochen aus dem Konzentrationslager zurück und stand schon in den ersten Tagen nach Kriegsende auf dem rechten Platz. Ich verdanke ihm viel. Um ihn war eine Aura, die kein Mißtrauen erlaubte und auch bei Leuten Vertrauen erweckte, die für seine Partei nichts übrig hatten. Unsere Gespräche betrafen nicht nur den Zustand der Partei in Mannheim, nicht nur die großen Linien der Politik der SPD, sondern auch unser beider Lebensschicksale und was außerhalb der Bereiche, in denen die Politik den Gang der Dinge bestimmt, getan werden kann, um Menschen, die es schwer haben, das Leben zu erleichtern. Er ging mit mir in die Altersheime und in die von der Stadt eingerichteten Siedlungen für die sogenannten Asozialen. Durch Jakob Trumpfheller fand ich »vor Ort« bestätigt, daß behördliche Maßnahmen oder vom Gesetzgeber geschaffene Ansprüche, so notwendig, willkommen und wohltätig sie sein mögen, für sich allein den Schlechtweggekommenen das Gefühl des Ausgestoßenseins nicht zu nehmen vermögen, daß aber ein Händedruck einen Verzweifelnden neu mit dem Leben verbinden kann.

Am meisten gab er mir, als ich ihn, der auf den Tod erkrankt war, an seinem Krankenbett besuchte, von dem er glaubte, daß es sein Sterbebett sein werde. Er sprach von sich und von dem, was mich erwarte und was man von mir erwarten müsse, wie nur einer spricht, der vor dem dunklen Tor zu stehen glaubt. Er hat sich von der Krankheit erholt und noch viele Jahre gelebt, und nie hat sich ein Schatten auf unsere Freundschaft gelegt.

Bei unseren Gesprächen über die beste Art, den Wahlfeldzug in Mannheim zu führen, kamen wir überein, so sachbezogen wie möglich vorzugehen. Nur wenige Großkundgebungen sollten veranstaltet werden, dafür aber wollte ich in den vierzehn Stadtbezirken vor überschaubarer Zuhörerschaft über die Fragen sprechen, die den Mannheimern auf den Nägeln brannten. Sonntags ging ich von Haus zu Haus und bat die Bewohner um ihre Stimme. Ich fand Helfer, die das politische Gespräch in der Stadt in Gang hielten, das ein Flugblatt mit meinem Programm, das in jedes Haus kam, ausgelöst hatte.

Ich konnte mich im Wahlkampf nicht auf Mannheim beschränken; es gab kaum einen Landesbezirk, in dem ich nicht Versammlungen abhielt. Hatten die Ortsvereine keinen passenden Saal, so fanden die Veranstaltungen auf dem Marktplatz oder auf dem Platz vor der Kirche statt. Ich sprach einfach und ruhig und konnte am Wahltag mit dem Mannheimer Ergebnis zufrieden sein. Ich wurde mit großer Stimmenmehrheit gewählt, und das hat sich bei jeder Wahl bis zum Jahre 1972 wiederholt.

Für die Bundespartei war das Ergebnis der ersten Bundestagswahl ziemlich enttäuschend. Meine Freunde waren überzeugt, die Deutschen würden erkannt haben, daß die Sozialdemokraten am ehesten geeignet seien, es aus der Talsohle auf eine Anhöhe zu führen, von der aus es die Leuchtzeichen erblicken werde, die ihm den Weg aus den Labyrinthen der aus den Fugen geratenen Welt weisen könnten. War nicht Kurt Schumacher bis in seinen Körper hinein ein Symbol des zerschlagenen, zerrissenen Volkes und in seinen Appellen an die Deutschen der lauterste Herold eines vaterländischen Selbstbewußtseins, das der Welt nicht mehr abverlangte, als daß sie den Deutschen gestatte, in freier Entscheidung die Inhalte und Formen ihrer nationalen Existenz selbst zu bestimmen und in Frieden zu arbeiten, um das verheerte Land wieder aufzubauen, ein Recht, das die Satzung der UNO jedem Volk verbriefte? War er nicht der Mann, der hart und leidenschaftlich wie kein anderer gegen die Vertreibung so vieler Millionen Deutscher aus ihrer Heimat im Osten – der auch seine Heimat war – Sturm lief? Hatte er nicht die Tore der Partei für alle geöffnet, die bereit waren, für eine Vermenschlichung von Staat, Wirtschaft und Gesellschaft zu streiten?

Die deutschen Wähler dachten in ihrer großen Mehrzahl anders. Nur 29,2 Prozent gaben der SPD ihre Stimme; 31 Prozent vertrauten der CDU/CSU; 11,9 Prozent wollten es mit den Freien Demokraten versuchen. Die Kommunisten erhielten 5,7 Prozent, und der Rest der Stimmen entfiel auf Splitterparteien, unter denen die des markt-schreierischen Wirrkopfes Alfred Loritz fast 3 Prozent der Gesamt-stimmenzahl erhielt.

Der Grundfehler, den Kurt Schumacher bei der Einschätzung der Wahlchancen der SPD beging, war seine Annahme, die Heimatver-triebenen würden sich der Partei zuwenden, die seit ihrem Bestehen die Sache der Opfer der geschichtlichen Prozesse vertrat. Ich versuchte immer wieder, ihn davon zu überzeugen, daß zu allen Zeiten die aus ihrer Heimat Vertriebenen so gut wie nie »links« reagiert hätten, sondern restaurativ und reaktionär, denn sie wollten nicht die Gesellschaft verändern, sondern wieder auf ihre Erbhöfe und in die verlorene gesellschaftliche Stellung zurückkehren. Er wies auf die Ergebnisse der Wahl zum Landtag in Schleswig-Holstein hin, bei der in der Tat die Heimatvertriebenen die SPD in den Sattel gehoben hatten, aber nicht, weil die pommerschen und ostpreuß-ischen Bauern, Handwerker und Bürger, die es dorthin verschlagen hatte, sozialdemokratisch zu denken begonnen hätten, sondern weil sie über die abweisende Haltung so vieler eingesessener Schleswig-Holsteiner empört waren, die ihre »Heimatrechte« bei den bürgerli-chen Parteien des Landes am besten vertreten sahen.

Bei der Lagebesprechung nach der Wahl im Parteivorstand rieten einige seiner Mitglieder zu einer Allparteienregierung; anders würde man mit den Schwierigkeiten, die vor uns standen, kaum fertig werden können. Die Mehrheit beschloß, in die Opposition zu gehen und mit den gegebenen Möglichkeiten das Beste für Deutschland herauszuholen, vor allem aber zu verhindern, daß die siegreiche CDU und ihre Verbündeten eine Politik betrieben, die – wie die simplifizierende Formel damals lautete – die Reichen reicher und die Armen noch ärmer machen würde. Wir waren alle entschlossen, uns einer Politik zu widersetzen, die durch Einzementierung der Bundesrepublik in einen atlantischen Block die kargen Chancen einer Wiedervereinigung des deutschen Volkes in Freiheit – die ohne die Zustimmung der Sowjetunion undenkbar war – für immer oder wenigstens für lange Zeit zerstören könnte.

Nach der im Deutschen Reichstag eingebürgerten Regel stand der stärksten Fraktion das Recht zur Benennung des Parlamentspräsidenten zu. Ich habe diese Sitte nie für sehr politisch gehalten. Ein Parlament muß frei sein zu bestimmen, wer sein Präsident sein soll. Ich vertrat diesen Standpunkt in der Fraktion, ohne Gegenliebe zu finden. Das Hauptargument gegen meinen Vorschlag war: Das Recht der stärksten Fraktion, den Präsidenten oder den Vorsitzenden einer parlamentarischen Versammlung zu benennen, gelte der Übung nach auch für die Landtage und die Stadtparlamente; in diesen Gremien stelle die SPD sehr häufig die stärkste Fraktion, auch wo sie nicht die Mehrheit habe. So werde ihr nach der jetzigen Übung fast immer der Vorsitzende zufallen, während ohne diese Regel überall dort, wo die SPD nicht die absolute Mehrheit habe, die anderen Parteien sich zusammenschließen würden, um die Wahl eines Sozialdemokraten – etwa zum Oberbürgermeister – zu verhindern.

So schlug denn die SPD-Fraktion in der konstituierenden Sitzung des Bundestages keinen eigenen Kandidaten für den Posten des Bundestagspräsidenten vor; dafür wollten ihr die anderen Parteien den ersten Vizepräsidenten zugestehen, zweiter Vizepräsident sollte ein Mitglied der FDP sein.

Schon vor der Konstituierung des Bundestages fanden interfraktionelle Besprechungen statt. Unter anderem wurde über die Sitzordnung der Parteien im Plenarsaal gesprochen. Wer solle rechts, wer in der Mitte, wer links sitzen? Daß die Kommunisten die äußerste Linke einnehmen und im Anschluß daran die Sozialdemokraten ihren Platz haben sollten, war unstreitig, ebenso die Plazierung der Splitterparteien der »nationalen Rechten« ganz rechts. Strittig war der Platz der FDP. Sollte sie links von der CDU/CSU sitzen, oder sollte sie zu einer Rechtspartei erklärt werden und darum zwischen der »nationalen Rechten« und der CDU/CSU ihren Platz finden müssen? Darüber wurde lange disputiert. Noch heute, wo die FDP eine Koalition mit der SPD eingegangen ist, sitzt sie rechts von der CDU/CSU, wie es in der interparlamentarischen Besprechung vor der Konstituierung des Bundestages vereinbart worden war. Damals galt die FDP, trotz Theodor Heuss, bei fast allen Mitgliedern des Parlaments ihres vermeintlich radikalen kapitalistischen Credos wegen, und weil einige ihrer Mitglieder sich in nationalen Fragen besonders schneidig geäußert hatten, als eine Rechtspartei. Heute ist die FDP unbestreitbar eine Partei der sich nach links orientierenden Mitte, und in Fragen der Wirtschaftsordnung steht sie nicht weiter »rechts« als die CDU/CSU, trotz deren Sozialausschüssen.

Am 7. September eröffnete Paul Löbe als Alterspräsident die konstituierende Sitzung des Bundestages. Er sprach mit der Eindringlichkeit eines redlich-nüchternen Mannes, doch bewegt von starkem Gefühl, über die Schwere der Last auf unseren Schultern und wie bescheiden die Hoffnung sei, die wir hegen dürften. Die Liebe zum Vaterland gebiete uns aber, auch bei geringer Hoffnung für sein Recht zu streiten, nicht in niederziehender Polemik, sondern durch aufbauende Tat.

Der Vorsitzende der stärksten Fraktion, Konrad Adenauer, schlug den einstigen Präsidenten des Frankfurter Wirtschaftsrates, Dr. Erich Köhler, für das Amt des Bundestagspräsidenten vor. Um die Sozialdemokraten in Verlegenheit zu bringen, nominierte der Kommunist Reimann ein Mitglied der SPD-Fraktion. Der Abgeordnete Erich Köhler wurde mit 346 Stimmen zum Präsidenten des Bundestages gewählt; durch Zuruf wurde ich zum Ersten und Dr. Hermann Schäfer von der FDP zum Zweiten Vizepräsidenten bestimmt.

Erich Köhler sollte sein Amt nicht lange ausüben. Am 13. Oktober 1950 legte er es nieder. Für die Mängel seiner Amtsführung war nicht er verantwortlich, sondern seine Parteifreunde waren es, die einen kranken Mann zum Präsidenten gewählt hatten.

Schon am 21. August hatte Konrad Adenauer die wichtigsten Mit-

glieder der CDU und CSU in sein Haus nach Rhöndorf geladen, um
bei Kaffee und Kuchen die Linie der Fraktion festzulegen. Dabei
sprach er sich strikt gegen eine Koalition mit der SPD aus. Die
stärkste Partei habe natürlicherweise die Führung der Regierung zu
übernehmen; eine Koalition mit der SPD, die gänzlich andere wirtschaftliche Ziele als die CDU verfolge, würde die Partei und ihre
Führung unglaubwürdig machen und zum Verlust der nächsten Wahl
führen. Er schlage eine Koalition mit der FDP und der Deutschen
Partei vor. Die Mehrheit seiner Gäste stimmte ihm zu.

Der nächste Schritt – die Wahl des Bundespräsidenten – war Sache
der Bundesversammlung. Nachdem Konrad Adenauer von seinen
Parteifreunden zum Bundeskanzlerkandidaten nominiert worden
war, schlug er als Kandidaten für das Amt des Bundespräsidenten
Theodor Heuss vor: Die zweitstärkste Partei der Koalition habe
Anspruch auf dieses Amt. Konrad Adenauer hat in seinen »Erinnerungen« über diese Vorgänge berichtet und ebenso Hermann Pünder,
der die Gespräche mitstenografiert hat. Man kann den Taktiker
Adenauer wegen seiner Fixigkeit bewundern und die Entschiedenheit
seiner Ablehnung einer Koalition mit der SPD für einen Beweis seiner
staatsmännischen Begabung ansehen. Schon in jenen ersten Tagen
wurde deutlich, daß der einstige Kölner Oberbürgermeister ein
sicheres Verhältnis zur Macht hatte und entschlossen war, sie zu
ergreifen, wo er sie fand, und festzuhalten, solange es ging. Daß er bei
der Wahl seiner Mittel nicht »pingelig« war, hat er selbst gesagt. Es
gibt im Verhalten Adenauers bei der Wahl des Bundespräsidenten
einen Punkt, zu dem einige Bemerkungen gemacht werden müssen,
weil es dabei um den rechten Umgang mit den Institutionen der
parlamentarischen Demokratie geht.

In die Abmachung über die Bildung der Koalition mit FDP und
DP hatte Konrad Adenauer nicht nur die Verteilung der Ministersitze
aufgenommen, sondern auch ein Koalitionsabkommen über den zu
wählenden Bundespräsidenten herbeigeführt. Daß man bei der Bildung einer Koalition sich mit seinen Partnern auch über die Personen,
die der Regierung angehören sollen, verständigt, leuchtet ein. Doch
daß man in der Vereinbarung über die Regierungsbildung und deren
Programm – also in dem politischen Akt, der die Zielsetzung der

Politik der Regierung und der sie tragenden Parteien festlegt, der somit eine Kampfansage an die durch die Koalitionsvereinbarung nicht erfaßten Parteien ist – schon vor Einleitung des Wahlaktes festlegt, wer das Amt des Staatsoberhauptes wahrnehmen wird, ist in einer parlamentarischen Demokratie eine Systemwidrigkeit: Geht doch aus dem Grundgesetz hervor, daß dieses Amt kein Faktor im Kampf der Parteien sein soll, sondern diesen gegenüber neutral zu sein hat.

Am 10./11. September trat die SPD-Fraktion der Bundesversammlung zusammen, um über ihre Haltung bei der Wahl des Bundespräsidenten zu beraten. Vorher schon hatte Kurt Schumacher einigen seiner Vertrauten dargetan, daß er für das Amt des Bundespräsidenten kandidieren wolle. Nicht alle Angesprochenen hielten diese Absicht für glücklich. Sie waren der Meinung, gerade er dürfe zu dem Zeitpunkt, da die Weichen gestellt wurden, die politische Arena noch nicht verlassen; die Partei und die deutsche Politik seien auf seine politische Gestaltungskraft angewiesen. Es wurde offen ausgesprochen, daß Kurt Schumacher zwar für das Amt eines Bundeskanzlers hervorragend geeignet sei, ein Mann seines Temperaments sich indessen schwerlich mit der Rolle des parteipolitisch neutralen, nur sehr indirekt politisch wirkenden »konstitutionellen« Staatsoberhauptes begnügen werde. Es sei zu befürchten, daß es in diesem Falle zu Konflikten mit der amtierenden Regierung kommen werde. Das aber könne die Bundesrepublik in den schweren Zeiten, die ihr bevorstehen, nicht aushalten. Kurt Schumacher ging über diese Bedenken mit dem Satz hinweg: Jemand, den die SPD zu ihrem Vorsitzenden gewählt habe, sei damit eo ipso zum Bundespräsidenten qualifiziert; wer dies bestreite, müsse ihm auch die Qualifikation zum Parteivorsitzenden absprechen.

Ich wußte, wie sehr Kurt Schumacher daran gelegen war, von der Fraktion der Bundesversammlung als ihr Kandidat für das höchste Staatsamt aufgestellt zu werden, waren in ihr doch nicht nur der Bundestag, sondern auch die Fraktionen der Länderparlamente durch die von diesen gewählten Abgeordneten gegenwärtig. Von den Sozialdemokraten dieses Bund und Länder umfassenden obersten Wahlkörpers der Republik des höchsten Staatsamtes für würdig erklärt zu werden, würde ein für allemal das immer wieder hochgespielte Gerücht zunichte machen, in der Partei gebe es eine starke Opposition gegen ihn, den manche seiner körperlichen Leiden wegen offenbar nicht mehr für leistungsfähig genug hielten. Ich stellte in der Fraktion den Antrag, Kurt Schumacher als Kandidaten zu benennen, und gab dazu eine ausführliche Begründung. Bei der Abstimmung erhielt er eine respektable Mehrheit. Die Chance, daß Kurt Schumacher von der Bundesversammlung gewählt werden würde, war gering: Allzu groß war die Zahl derer, für die er das rote Tuch war, und wer außerhalb der Reihen der SPD wußte schon, wer dieser Kurt Schumacher wirklich war?

Am 12. September hatte die Bundesversammlung zwischen dem Kandidaten der Koalition, Theodor Heuss, dem Kandidaten der SPD, Kurt Schumacher, und dem Kandidaten des Zentrums, Rudolf Amelunxen, zu entscheiden. Nach Artikel 56 des Grundgesetzes bedurfte es zur Wahl der Stimmen der Mehrheit der Mitglieder der Bundesversammlung; diese Mehrheit betrug 403 Stimmen. Im ersten Wahlgang wurde diese Stimmenzahl von keinem der Kandidaten erreicht. Im zweiten Wahlgang siegte Theodor Heuss mit 416 Stimmen, Kurt Schumacher erhielt 312 Stimmen; die im ersten Wahlgang für Rudolf Amelunxen abgegebenen Stimmen waren im zweiten Wahlgang bis auf eine an Theodor Heuss gegangen.

Nach seiner Vereidigung hielt Theodor Heuss eine Rede, die ihn die Sympathien aller Anwesenden gewinnen ließ. Er schloß mit den Worten: »Im Bewußtsein meiner Verantwortung vor Gott trete ich dieses Amt an. Indem ich es übernehme, stelle ich dieses Amt und unsere gemeinsame Arbeit unter das Wort des Psalmisten ›Gerechtigkeit erhöhet ein Volk‹.«

Nach Artikel 63 des Grundgesetzes stand im ersten Wahlgang das Recht, den Kandidaten für das Amt des Bundeskanzlers vorzuschlagen, dem Bundespräsidenten zu. Daß Theodor Heuss Konrad Adenauer vorschlagen würde, war keine Frage. Ob sein Kandidat die erforderliche Stimmenmehrheit erhalten würde, schien jedoch nicht sicher. Adenauer war nicht überall beliebt, und manche Mitglieder seiner Fraktion fanden sein Engagement in der Frage der Wiedervereinigung nicht stark genug. Zwar gab es außer den Kommunisten niemanden, der gegen eine enge Verbindung der Politik der Bundes-republik mit jener der Staaten des freien Westens gewesen wäre, doch hielten es auch außerhalb der Oppositionsfraktionen gewisse Abge-ordnete für falsch und abträglich, ausschließlich auf eine Politik zu setzen, die von der Sowjetunion als gegen sie gerichtet betrachtet werden mußte. Unter solchen Umständen würde ein Verzicht der Sowjetunion auf die Beherrschung des Teiles Deutschlands, dessen Potentiale sie in Händen hatte, für sie lediglich eine Verstärkung der Macht des Westens bedeutet haben.   Der Bundespräsident schlug wie erwartet Konrad Adenauer für das Amt des Bundeskanzlers vor. Gemäß Artikel 63, Absatz 1, des Grundgesetzes fand eine Aussprache über die Person des Vorgeschlagenen nicht statt. Für die Wahl waren 202 Stimmen erforderlich. Mit genau dieser Stimmenzahl wurde Konrad Adenauer zum ersten Kanzler der Bundesrepublik gewählt. Unter diesen 202 Stimmen war auch seine eigene. Man hat ihm daraus einen Vorwurf gemacht, den ich nie verstehen konnte. Der Kandidat für ein Staatsamt hat bei dessen Besetzung genauso mitzuwirken wie jeder andere Wahlberechtigte auch und seine Stimme dem Kandidaten zu geben, den er für den geeignetsten hält. Zurückhaltung mag im Bereich gesellschaftlicher Sitten am Platze sein; beim Wettbewerb um den Platz am Steuer des Staates wäre es pflichtwidrig, durch Stimmenthaltung einem Kandidaten eine Chance zu geben, den man für einen weniger guten Steuermann hält als sich selbst. Gegen Konrad Adenauer stimmten 142 Abgeordnete; 44 enthielten sich der Stimme; 1 Stimme war ungültig.

Am 20. September stellte der Bundeskanzler dem Bundestag sein Kabinett vor, innerhalb dessen er mehr war als der Primus inter pares. Das Grundgesetz hat nicht nur die Stellung der Regierung sehr stark gemacht, sondern insbesondere die Stellung des Bundeskanzlers; er allein bestimmt die Richtlinien der Politik. Diese vom Parlamentari-schen Rat gewollte und von den Parteien bei Erlaß des Grundgesetzes ohne Kritik hingenommene Struktur der Spitze der vollziehenden Gewalt hat es mit sich gebracht, daß während der Ära Adenauer von einer »Kanzlerdemokratie« gesprochen werden konnte. Darunter wurde nicht so sehr verstanden, daß Adenauer die Richtlinien der Politik allein bestimmen konnte und allein bestimmte, sondern daß er dabei zwar innerhalb seiner Zuständigkeiten, aber häufig ohne Absprache mit den Fraktionen aufgrund »einsamer Beschlüsse« handelte. Es mag unklug sein, generell so zu handeln; aber ein Verstoß gegen die Regeln der Demokratie ist dies nicht. Es mag von mangelnder Achtung vor seinen Kollegen oder den politischen Parteien – vielleicht sogar von Menschenverachtung – zeugen, sich in dieser Weise zu verhalten, doch »Demokratie« ist kein Regime, das jenen, denen die Verfassung die Pflicht auferlegt, nach ihrem Gewissen und ihren Vorstellungen von Verantwortung zu handeln, Rechtens vorschreibt, sich vor ihrer Entscheidung mit Dritten, deren Meinung politisch bedeutsam sein kann, zu beraten. Die politische Klugheit mag es oft gebieten, vielleicht auch das Mißtrauen, das man in seine eigene Unfehlbarkeit setzen sollte, wohl auch die Achtung, die man denen schuldig ist, die auf ihre Weise das Staatsgeschick – wenn auch auf anderer Stufe – mittragen. Ob ein Regiment demokratisch und in Achtung vor den Prinzipien der Demokratie ausgeübt wird, bestimmt sich ausschließlich danach, ob der Handelnde seine Zuständigkeit auf ein nach dem Willen der Verfassung zustande gekommenes Gesetz zurückzuführen vermag. Das Moralische versteht sich auch hier von selbst.

Die Organisation des Bundestages

Nach der Konstituierung von Regierung und Bundestag galt es, diesen zu organisieren. Dazu gehörte, daß er sich eine Ordnung gab, nach der die Abgeordneten sich bei Ausübung ihrer Funktionen zu verhalten haben. Auf den Rat von Paul Löbe nahm er die Geschäftsordnung des Deutschen Reichstages in der Fassung vom Dezember 1922 zum Muster. Für jedes Arbeitsgebiet wurden Fachausschüsse vorgesehen, deren personelle Zusammensetzung sich nach der Bedeutung des Sachgebietes richtete.

Daneben wurden zwei Ausschüsse gebildet, die den Präsidenten beraten sollten: der Ältestenrat und der Geschäftsordnungsausschuß. Der Ältestenrat wurde zu einem bedeutsamen Organ des Bundestages. Zwar kann er keine Beschlüsse fassen; dafür hat er aber in

Hunderten von heiklen Fällen durch vernünftige Abwägung des Für und Wider Meinungsverschiedenheiten über die beste Planung des Terminkalenders und ärgerliche Zwischenfälle beizulegen vermocht. Hätten alle Kontroversen, die im Ältestenrat ausgetragen werden konnten, vor das Plenum gebracht werden müssen, der Bundestag hätte kaum die Zeit gefunden, seine legislativen Aufgaben zu erfüllen.

Im Ältestenrat sind die Geschäftsführer der Fraktionen mit besonderen Funktionen betraut. Wenn sie in ihrem rechtlichen Status auch Abgeordnete wie alle anderen sind, so verleihen ihnen doch die Erfahrung im Umgang mit ihren Kollegen von den anderen Fraktionen, der oft schwierige Umgang mit eigenen Fraktionsmitgliedern, die nicht immer so wollen, wie die Fraktionsräson es gebietet, sowie ihre Kenntnis des ganzen Umfangs der Gesetzgebungsvorhaben und des jeweiligen Standes der Geschäfte eine besondere Bedeutung.

Zwischen den Fraktionen eines Parlaments gibt es fast täglich Meinungsverschiedenheiten, die dem Ablauf der Parlamentsarbeit schaden können. Fraktionsgeschäftsführer, die das Vertrauen ihrer Fraktion genießen, können bei Verhandlungen mit dem Sprecher der Gegenfraktion im allgemeinen sehr weit gehen; sie können sicher sein, daß ihnen ihre Fraktion folgen wird.

Auch die beste Geschäftsordnung vermag nicht, für alles Vorfallende eine feste Regel zu geben. Zwar ist es Sache des Präsidenten, die Geschäftsordnung korrekt auszulegen; aber bei dieser Aufgabe muß ihm durch sachkundige Beratung geholfen werden. Diese Beratung wird ihm durch den Geschäftsordnungsausschuß zuteil. Es gibt die Meinung, das Plenum müsse in letzter Instanz über die Handhabung der Geschäftsordnung, auch im Einzelfall, entscheiden. Ich habe mich dieser Auffassung immer entgegengestellt: Läßt man die konkrete Auslegung der Geschäftsordnung durch Mehrheitsbeschlüsse zu, so wird es keinen Schutz der parlamentarischen Minderheiten gegen mißbräuchliches Handeln der Mehrheit geben. Der Schutz der Minderheit und der Schutz der Individuen ist nur gewährleistet, wenn die Entscheidung aufgrund der Geschäftsordnung allein in der Verantwortung des Präsidenten liegt. Dies macht sein Amt so beschwerlich.

Um die Regierung zu kontrollieren, um Gesetzesinitiativen entfalten zu können, um Gesetze zustande zu bringen, deren Artikel in Aufbau und Formulierung ineinanderpassen, ist es nötig, daß sich die Abgeordneten für ihre Parlamentsarbeit organisieren. Das geschieht durch die Bildung der Fraktionen. Die Fraktionsbildung widerspricht den Vorstellungen aus der Zeit des klassischen Parlamentarismus von der Unabhängigkeit und der politischen Allwissenheit des Abgeordneten. Solange diese schmeichelhafte Vorstellung sich zu halten vermochte und der Staat sich nur wenig um die Bedürfnisse der Bevölkerung zu kümmern brauchte, konnte der Satz Edmund Burkes, daß der Abgeordnete nur seinem Gewissen verantwortlich und an Aufträge nicht gebunden ist, auch für die Praxis gelten, ohne daß man ihn gelegentlich zu manipulieren brauchte. Als jedoch der fortschreitende Anstieg der Bedürfnisse nach mehr fürsorglichen Aufgaben des Staates und das damit verbundene rapide Wachstum an einschlägigen Gesetzen an den Tag brachte, daß gesunder Menschenverstand allein für die Wahrnehmung der Pflichten eines Abgeordneten nicht immer ausreicht, ergab sich ganz von selbst, daß Gleichgesinnte sich vor den Verhandlungen des Plenums über die Möglichkeiten gemeinsamen Vorgehens, mit verteilten Rollen und nach individueller Sachkenntnis, verständigten. Wo es um politische Lebensfragen ging, verpflichteten sich die einzelnen Mitglieder der Gruppe gegenseitig, ihre Stimme so abzugeben, wie es die Mehrheit der Gruppe beschloß. Als sich diese Gruppen zu Fraktionen institutionalisierten und eine feste Ordnung gaben, begann man, dieses Verhalten »Fraktionszwang« zu nennen, und fragte sich, ob dies mit freier Gewissensentscheidung noch zu vereinbaren sei.

Eine Fraktion, die dem Parlament und ihren Wählern gegenüber glaubwürdig bleiben will, muß Wert darauf legen, daß von ihren Beauftragten ausgehandelte Kompromisse von der ganzen Fraktion honoriert werden. Ich habe in mehr als zwei Jahrzehnten parlamentarischer Tätigkeit wenig Fälle erlebt, in denen die Fraktion der SPD Fraktionszwang beschlossen hätte; so gut wie immer gelang es, auf dem Wege der Überzeugung Einmütigkeit zu erzielen – oder dadurch, daß man den Widerstrebenden die Folgen des Scheiterns eines Gesetzes für die gemeinsame Sache oder die künftigen Möglichkeiten und Chancen der Partei vor Augen stellte. So habe ich selbst in einer Reihe von Fällen im Plenum einer Vorlage zugestimmt, gegen die ich in der Fraktion aufgetreten war. Ich habe darin keinen Betrug an meinen Wählern gesehen.

Unsere Demokratie ist nach Text und Struktur des Grundgesetzes eine Parteiendemokratie. Das Grundgesetz läßt den Parteien über den ganzen Bereich des staatlichen Lebens hinweg eine bedeutende ordnende und gestaltende Funktion zukommen. Die Wirkungsmöglichkeiten der Partei zu erhalten, auf deren Programm hin Abgeordnete gewählt werden, ist also eine legitime Aufgabe der sie im Parlament vergegenwärtigenden Abgeordneten. Wo die Zustimmung zu einem Kompromiß einen Gewissensbruch bedeuten würde, darf es kein Ja zu einem Kompromißvorschlag geben. Doch wie oft geht es bei Gesetzen – über neunzig Prozent werden einstimmig beschlossen – um Gewissensfragen? Meistens handelt es sich um Interessen oder um ein Mehr oder Weniger an Leistungen, die dem Bürger abverlangt oder ihm von seiten des Staates zugedacht werden. Wo es um Quantitatives geht, rührt ein Kompromiß selten ans Gewissen, und wo um Unterschiede im Qualitativen gestritten wird auch dann nicht, wenn es sich bei »so und nicht anders« nur um verschiedene Schlußfolgerungen aus einer und derselben, von allen bejahten Norm handelt.

Ich habe nicht immer so gedacht. In der ersten Zeit meiner Abgeordnetentätigkeit war ich ein rigoroser Individualist. Ich war bereit, mich überzeugen zu lassen, aber ich gestand dies nur einer Argumentation zu, die keinen Widerspruch mehr zuließ. Erfahrungen lehrten mich, daß ich dadurch kein besserer Volksvertreter wurde. Einem Politiker, der sich für andere verantwortlich weiß, ziemt Bescheidenheit: Ist es denn sicher, daß gerade ich recht habe, wo vier Fünftel meiner Fraktion der Meinung sind, ihre Vorstellung von der Sache sei besser als die meine? Gerade jenen, die aufgrund ihrer Ausbildung und ihres Sachverstandes glauben, auf besondere Beachtung Anspruch zu haben, schadet Demut nicht, sondern nützt auf lange Sicht gesehen der guten Sache.

Mehr und mehr bildete sich die Übung aus, daß die Spitzen der Fraktionen in Situationen, die angesichts einer kritischen Lage parlamentarische Resultate verlangten, miteinander verhandelten, um

Möglichkeiten einer Einigung oder eines Kompromisses zu erkunden und, wenn möglich, zu Abmachungen über ihr Verhalten im Plenum zu kommen. Diese Praxis setzt wechselseitiges Vertrauen in den guten Willen und die Loyalität des anderen voraus, auch Vertrauen in die Kraft, sich mit der ausgehandelten Vereinbarung in der eigenen Fraktion durchsetzen zu können. Daß dieses Vertrauen in den ersten Monaten des Bestehens der Bundesrepublik im Verhältnis Konrad Adenauers und Kurt Schumachers nicht bestand, hat sich nicht zum Vorteil unseres Volkes ausgewirkt.

In jenen Anfangszeiten hatten die Fraktionen kaum einen Apparat von Hilfskräften zur Verfügung. Einige Schreibkräfte, eine Sekretärin für den Vorsitzenden, eine zweite für seinen Stellvertreter wurden zur technischen Unterstützung der Verantwortlichen für ausreichend gehalten. Wissenschaftliche Assistenten gab es erst viele Jahre später, und es dauerte einige Zeit, bis die Bundestagsbibliothek von aktuellem Nutzen sein konnte. Bei meiner ersten Reise in die Vereinigten Staaten kam unsere Delegation nicht aus dem Staunen heraus, als wir die Kongreßbibliothek besuchten und man uns erklärte, daß dort mehrere hundert Wissenschaftler den Abgeordneten zur Verfügung stehen, um ihnen bei ihren Reden nicht nur mit Fakten behilflich zu sein, sondern für sie auch komplette Redeentwürfe anzufertigen – wenn es gewünscht wird, gleich mehrere zur Auswahl, je nachdem, wie die Debatte läuft. Wir sahen »Mr. Poet«, dessen Aufgabe es war und wohl noch ist, den Kongreßabgeordneten wirksame Prologe und dichterisch schwungvolle Schlußpassagen für ihre Reden zu schreiben. Damals konnte ich noch nicht begreifen, daß sich Politiker ihre Parlamentsreden von Dritten schreiben lassen. Inzwischen haben auch bei uns Abgeordnete und Regierungsmitglieder ihre Ghostwriter; wahrscheinlich geht es bei dem hektischen Betrieb unserer politischen Aktivitäten nicht anders. In den ersten Jahren der Bundesrepublik wurden die Reden von denen, die sie hielten, selbst konzipiert. Dies mag mit ein Grund sein, daß die Sitzungen des Bundestages lebendiger und besuchter waren als in den späteren Jahren.

Die Regierungsdebatte

Am 20. September 1949 gab Bundeskanzler Konrad Adenauer die Regierungserklärung ab. Die Zuhörer wurden nicht enttäuscht. So unterschiedlich auch die Stoßrichtung und die Qualität der Debattenreden im Für und Wider war, so ergab ihr Mosaik doch ein Gesamtbild dessen, was das offizielle Deutschland jener Zeit dachte und wollte. Die nächsten Jahre erbrachten nicht viel mehr als Durchführung und Variationen der damals in Partitur gesetzten Themen.

Konrad Adenauer behandelte in seinen Ausführungen die Entstehung der Bundesrepublik und die Folgen der Spaltung Deutschlands. Das deutsche Volk sei noch nicht frei und stehe nicht gleichberechtigt neben anderen Völkern, aber die Bundesrepublik lebe in einem Zustand erträglicher staatlicher Freiheit. Die Wirtschaft sei im Aufstieg begriffen, und innerhalb des Anwendungsgebietes des Grundgesetzes genössen wir den Schutz der individuellen Rechte und Freiheiten. In der parlamentarischen Demokratie sei Opposition eine Notwendigkeit. Ständige Auseinandersetzung zwischen Regierung und Opposition sei die beste Art, das Volk an demokratisches Denken zu gewöhnen. Nach dem Besatzungsstatut seien die auswärtigen Angelegenheiten Sache der Alliierten Hohen Kommission für die drei Zonen. Doch bedeute dies nicht, daß die Bundesrepublik damit auf jede Betätigung auf diesem Gebiet Verzicht leiste.

Daran schloß sich eine lange Aufzählung der Aufgaben, denen die Regierung sich widmen werde. Außer der Regelung der Vertriebenenfrage enthielt dieser Katalog keine gesellschaftspolitischen Vorhaben im Sinne des Ahlener Programms der CDU. Von einer Neuordnung des Verhältnisses von Kapital und Arbeit war nicht die Rede.

Im außenpolitischen Teil ging Konrad Adenauer auf die alliierten Vereinbarungen von Jalta und Potsdam ein. Die Bundesrepublik werde sich unter keinen Umständen mit der von Sowjetrußland oder Polen einseitig vorgenommenen Abtrennung der Ostgebiete Deutschlands abfinden. Trotzdem sei sie bereit, mit ihren östlichen Nachbarn in Frieden zu leben. Das ändere nichts daran, daß Deutschland zur westlichen Welt gehöre und gehören wolle. Die

Teilung Deutschlands werde eines Tages verschwinden; Berlin müsse Hilfe erhalten, und den Vereinigten Staaten von Amerika sei für die von ihnen geleistete Hilfe zu danken.

Kurt Schumacher antwortete ruhig, aber mit eindringlicher Bestimmtheit. Die Opposition sei nicht der Negativabdruck der Regierung, sondern eine selbständige Kraft. Die SPD werde ihre Opposition mit dem Ziel führen, eines baldigen Tages die parlamentarische Mehrheit für eine Politik sozialistischer Demokratie zu erreichen. Er warnte, die Opposition als eine Art Ersatzpartei für die Regierung zu betrachten, die die Verantwortung für Entscheidungen übernehmen werde, für die Verantwortung zu tragen die Regierungsparteien sich scheuen könnten. Die Opposition sei ein ebenbürtiger Bestandteil des staatlichen Lebens. Die Regierungsparteien dächten darüber allerdings anders; in ihrer vorbehaltlosen Überbewertung der Regierungsfunktion und der ebenso vorbehaltlosen Unterbewertung der Oppositionsfunktion setzten sie die Tradition des Obrigkeitsstaates fort. Er belegte seine Ansicht mit Beispielen aus dem Regierungsprogramm und kritisierte insbesondere, daß in der Regierungserklärung das Wort »Arbeiter« nicht vorgekommen und daß weder von der Arbeit der Gewerkschaften noch von der Gleichheit von Mann und Frau die Rede gewesen sei.

Für die Außenpolitik stellte Kurt Schumacher die Forderungen auf, die zu wiederholen er in den vorangegangenen Monaten nicht müde geworden war: Alles, was die Einheit Deutschlands fördere, müsse getan werden; alles, was die Wiedervereinigung verhindern oder erschweren könne, müsse unterlassen werden. Es gebe keine Aktionsgemeinschaft mit denen, die die Einheit und Freiheit Deutschlands zerstören wollen. Es müsse zu einem gedeihlichen Verhältnis mit den Völkern kommen, die unter dem Dritten Reich zu leiden hatten. Die Grundlinie deutscher Außenpolitik könne nichts anderes sein, als in Gemeinschaft mit den freien Völkern Europas die politische Einheit des Kontinents zu schaffen und dem Frieden zu dienen.

Die Debatte wurde zwei Tage lang von den Rednern der verschiedenen Fraktionen fortgesetzt. Aus Erich Ollenhauers Rede, in der er zur Sachlichkeit der politischen Diskussion aufrief, zitiere ich: »Es gibt für die Sozialdemokraten eine unlösbare Gemeinschaft, das ist die Gemeinschaft mit den unterdrückten, inhaftierten und illegalen Freiheitskämpfern in der Ostzone, und es gibt eine unversöhnliche Gegnerschaft, das ist die Gegnerschaft zu den kommunistischen Trägern des Diktatursystems in der Ostzone und zu ihren kommunistischen Mitschuldigen in der Westzone.«

In meiner Rede am letzten Tag der Debatte legte ich meine dem Leser aus verschiedenen Stellen dieses Buches bekannten Vorstellungen über das in der heutigen Lage Deutschlands für die Erhaltung der deutschen Nation und die Wiedergewinnung ihrer staatlichen Einheit Notwendige dar und ging ferner ein auf das, was mir für den Aufbau einer freiheitlichen, den Bedürfnissen der Industriegesellschaft gerecht werdenden demokratischen Ordnung geboten und möglich erschien. Die wißbegierigeren Leser werden den vollen Text im Protokoll der zehnten Sitzung der ersten Legislaturperiode des Bundestages finden.

Inzwischen hatte die sowjetische Besatzungsmacht in der ihr überlassenen Zone durch die Sozialistische Einheitspartei Deutschlands die Grundstruktur für eine Volksdemokratie einrichten lassen: einen totalitären Machtapparat staatskommunistischen Charakters, dessen »Volkskammer« am 15. Oktober 1949, wie in totalitären Staaten üblich, mit 99,7 Prozent der Stimmen für die »Nationale Front« gewählt wurde. Vorher schon, am 7. Oktober, hatten die Volkskammer und die Provisorische Länderkammer unter dem einstigen Sozialdemokraten Otto Grotewohl als Ministerpräsidenten eine Regierung eingesetzt und am 11. Oktober Wilhelm Pieck zum Präsidenten der Deutschen Demokratischen Republik gewählt. Der eigentliche Regent der DDR war aber der Sekretär der SED, des Kremls getreuer Landvogt Walter Ulbricht.

Die drei westlichen Besatzungsmächte protestierten am 11. Oktober gegen die Gründung: »Diese sogenannte Regierung hat keinen Rechtsanspruch darauf, Ostdeutschland zu vertreten. Sie hat noch geringeren Anspruch darauf, im Namen Deutschlands in seiner Gesamtheit zu sprechen.« An den neu geschaffenen Realitäten vermochte dieser Protest nichts zu ändern. Von nun an begann der politische Status Deutschlands – seine Spaltung in zwei Staaten, die sich gegenseitig die Legitimität bestritten – aus der bisherigen Isolierung vom Weltgeschehen und dem fragmentarischen Zustand ihrer Institutionen herauszukommen und sich immer weiter vom Zustand eines Provisoriums weg zu entwickeln. Die Regierungsparteien arbeiteten entschlossen auf die Ausbildung der Bundesrepublik zu einem perfekten Staat hin. Die Sozialdemokraten suchten diese Entwicklung zu bremsen: Solange ein Besatzungsregime bestehe, gebe es keine Möglichkeit voller Staatlichkeit der beiden Hälften Deutschlands; jede Verfestigung des Staatscharakters der Bundesrepublik, der auf jeder Stufe eine Verfestigung des Staatscharakters der DDR folgen werde, vermindere die Chancen einer erfolgversprechenden Wiedervereinigungspolitik. Deutsche Politik müsse davon ausgehen, daß es gegen den Willen der Russen nicht zu einer Aufhebung der Spaltung Deutschlands kommen kann; es werde also notwendig sein, alles zu unterlassen, was es den Russen ratsam erscheinen lassen könnte, den Teil Deutschlands, den sie in Händen haben, noch fester und gar endgültig an sich zu ziehen; am wenigsten würden die Russen bereit sein, ihre Herrschaft über Ostdeutschland aufzugeben, wenn dies zur Folge hätte, daß auch Westdeutschland einem politisch-militärischen Bündnissystem zuwächst, das unter der Führung der Vereinigten Staaten von Amerika steht.

Man mag im nachhinein den Sozialdemokraten vorwerfen, nicht schon jetzt davon ausgegangen zu sein, daß der Spruch der Geschichte über das Schicksal Deutschlands bereits mit Jalta und Potsdam feststand. Man täte unrecht, uns als politische Torheit anzukreiden, daß wir auch noch die letzte Chance wahren wollten, gerüstet zu sein für den Fall, daß bei einer künftigen Veränderung der Kräfteverhältnisse unter den Mächten diese ihr strategisches Interesse an Deutschland anders einschätzen könnten, als sie es Ende der vierziger Jahre taten. Die Gewißheit, daß das Schicksal unserer östlich der Elbe ihrer Freiheit und des Rechts auf Selbstbestimmung beraubten Landsleute auch von unserem Verhalten abhing, gebot uns, noch an der kleinsten Chance, die ihr Los wenden könnte, festzuhalten. Noch war nicht zu erkennen, daß auch in demokratischen Staaten des Westens führende Kräfte die Fortdauer der Spaltung Deutschlands als in ihrem Interesse liegend betrachten könnten, und sei es nur, weil sie meinten, durch die Anerkennung der permanenten Spaltung Deutschlands Schwierigkeiten mit der Sowjetunion und den Staaten des Ostblocks aus dem Weg gehen zu können. Vielleicht hätte machiavellistischer Scharfsinn dies von Anfang an einkalkulieren können; uns Sozialdemokraten fiel es schwer, bei den demokratischen Westmächten soviel Zynismus und politischen Unverstand anzunehmen. Anderen fiel es leichter – vielleicht weil sie ein grundsätzlich anderes Verhältnis zur Politik hatten als wir.

Noch waren die Ausschüsse des Bundestags nicht konstituiert. Da es den Parteien nicht möglich erschien, sich durchgehend über den jeweiligen Vorsitz zu einigen, vereinbarte man das sogenannte Zugriffsverfahren, das es möglich macht festzulegen, welche Fraktion den Vorsitzenden für welchen Ausschuß stellen darf: Die stärkste Fraktion hat den ersten Zugriff, den nächsten die zweitstärkste und so fort.

Typisch für die damalige Zeit war, daß die beiden großen Parteien den Wirtschaftspolitischen Ausschuß für den wichtigsten hielten. Die CDU wollte ihn haben, die SPD wollte ihn ebenfalls haben; den gleichen Wettbewerb gab es für den Ausschuß für das Besatzungsstatut und die Auswärtigen Angelegenheiten. Die CDU entschied sich für den Wirtschaftspolitischen Ausschuß; so kam der Ausschuß für Auswärtige Angelegenheiten an die Sozialdemokraten, die mich für das Amt des Vorsitzenden vorschlugen. In den folgenden Legislaturperioden veränderte sich dann die Bewertung der Ausschüsse: Da wurde der Ausschuß für Auswärtige Angelegenheiten von der CDU im Zugriffsverfahren als wichtigster Ausschuß in Anspruch genommen.

Obwohl die außenpolitischen Zuständigkeiten der Bundesrepublik äußerst beschränkt waren und Konrad Adenauer nur geringen Eifer an den Tag legte, die parlamentarischen Gremien über den Inhalt seiner Gespräche mit den Hohen Kommissaren zu unterrichten, gab der Vorsitz im Ausschuß für Auswärtige Angelegenheiten die Möglichkeit, auf allen Gebieten von außenpolitischer Bedeutung tätig zu werden. Die Besatzungsmächte bemühten sich laufend, von mir die voraussichtlichen Reaktionen des Parlaments auf bestimmte Ereignisse und Maßnahmen zu erfahren. Mein Amt als Vorsitzender gab mir zudem Gelegenheit, auf Konferenzen internationaler Gremien mit amtlicher Autorität zu sprechen und Initiativen in die Wege zu leiten, die für die Außenpolitik der Bundesregierung ihre Bedeutung bekommen sollten.

Mit Konrad Adenauers engstem Berater in außenpolitischen Angelegenheiten, Ministerialdirektor Herbert Blankenhorn, führte ich häufige Gespräche über die Realität und die möglichen Konsequenzen der politischen Verhältnisse. Vieles, das bei diesen Gesprächen an den Tag brachte, wie Konrad Adenauer gewissen Forderungen der Hohen Kommissare begegnete, scheint mir geeignet, jene zu widerlegen, die Konrad Adenauer für einen Befehlsempfänger der Alliierten gehalten haben mögen. Zwar hat er seine Außenpolitik an den Möglichkeiten orientiert, die ihm die Alliierten ließen und gaben; trotz böser Worte, die er gelegentlich für die von den Siegern angeordneten Maßnahmen fand, zog er es immer vor, auf die alliierte Politik einzugehen, statt es auf eine Verstimmung ankommen zu lassen. In manchen Fällen, wo er mit alliierten Maßnahmen und Vorhaben durchaus nicht einverstanden war, fügte er sich, in der Überzeugung, die Zeit werde bald über die Irrtümer und Unerträglichkeiten hinwegschreiten. Vieles in der Politik der Alliierten entsprach seinen eigenen Auffassungen dessen, was er für das Interesse der Bundesrepublik hielt. Dazu gehörte die Bildung eines »regulären westdeutschen Staates«; seine Vorstellung, daß die unseren Nachbarn gefährlich dünkenden ökonomischen und politischen Potentiale der Bundesrepublik gemeinsamer internationaler Kontrolle zu unterstellen seien; seine Meinung, daß die Bundesrepublik auch einen militärischen Beitrag zur Verteidigung Westeuropas zu stellen habe; und dazu gehörte vor allem die von den Westalliierten gewünschte Option der Bundesrepublik für deren Integration in das westliche Bündnis- und Wirtschaftssystem. An dieser so gut wie bedingungslosen Bereitschaft entzündete sich der Widerspruch Kurt Schumachers gegen die Grundlinie der Adenauerschen Politik, der in den Debatten über die Demontagepolitik der Alliierten am 15. November 1949 und über das Petersberger Abkommen am 24./25. November zum Ausdruck kam.

Die Forderung, mit den Demontagen ein für allemal Schluß zu machen, war allen deutschen Parteien gemein. Der deutschen Arbeiterschaft war der Gedanke unerträglich, daß Arbeitsplätze und Produktionsstätten zerstört werden sollten, an deren Aufbau und Entwicklung sie unter großen Opfern jahrzehntelang gearbeitet hatten. Hier konnte einzig die Regierung unmittelbar tätig werden; die Sozialdemokraten hatten nur die Möglichkeit, sich an befreundete Parteien des Auslandes zu wenden. Dabei gab es herbe Enttäuschungen. Die Labour Party zeigte sich nicht geneigt, viel zur Erhaltung und gar Steigerung der Produktionskraft Deutschlands beizutragen, weniger aus Sicherheitserwägungen als aus Sorge um die Chancen der britischen Industrie, der eine wieder voll arbeitende deutsche Konkurrenz Schwierigkeiten bereiten könnte.

Am 4. November informierte Konrad Adenauer mich als Vorsitzenden des Auswärtigen Ausschusses über Einzelheiten eines Gespräches, das er mit dem britischen Hochkommissar Sir Brian Robertson geführt hatte; am 1. November habe er dem Hohen Kommissar brieflich mitgeteilt, die Bundesregierung sei bereit, dem Sicherheitsbedürfnis gewisser Staaten Rechnung zu tragen und sich für die Mitarbeit in allen Organen zur Verfügung zu stellen, die für die Kontrolle eventueller industrieller Kriegspotentiale Deutschlands gebildet werden sollten. Auf diesen Brief hin sei es zu einem Gespräch gekommen, bei dem ihm Sir Brian Robertson mitgeteilt habe, daß ein Ausschuß gebildet werden solle, der unter Zuziehung deutscher Delegierter die Sicherheitsfrage und die damit zusammenhängenden wirtschaftlichen Probleme zu prüfen haben werde. Solange der Bericht dieses Ausschusses nicht vorliege, werde die Demontage nicht fortgesetzt werden. In seinem Brief vom 1. November sei er einem Rat des Hochkommissars gefolgt, die Demontagefrage nicht unter wirtschaftlichen und Reparationsgesichtspunkten, sondern ausschließlich unter denen der Sicherheit anzusprechen. Er sei gebeten worden, über dieses Gespräch bis zur Außenministerkonferenz am 9./10. November Stillschweigen zu bewahren. Aus dem Rat des Hochkommissars, die Demontage unter dem Gesichtspunkt der Sicherheit anzusprechen, schloß ich, daß es nicht mehr lange dauern werde, bis die Alliierten die Bundesrepublik als aktiven

Helfer bei ihrer eigenen Sicherheitspolitik gegenüber der Sowjetunion in Anspruch nehmen werden.

Ich erklärte dem Bundeskanzler, daß ich nicht mehr tun könne, als meine Parteifreunde zu bitten, dem Vorschlag Sir Brian Robertsons gegenüber eine Haltung einzunehmen, die die Politik des Bundeskanzlers in der Frage der Demontagen nicht gefährdet. Unmittelbar darauf informierte ich Kurt Schumacher und Erich Ollenhauer. Sie waren mit meiner Antwort an Konrad Adenauer nicht zufrieden; sie meinten, ich hätte zu wenig Mißtrauen gegenüber den Absichten amerikanischer und britischer Wirtschaftskreise zum Ausdruck gebracht.

In den folgenden Tagen kam es zu einem Gespräch zwischen dem Bundeskanzler und Kurt Schumacher, Erich Ollenhauer, Fritz Baade und mir, in dem wir Auskunft erhielten über konkrete Vorschläge, die das Schicksal einiger großer Unternehmen des Ruhrgebietes betrafen. Dabei ging es auch um die Beteiligung ausländischen Kapitals, von der man sich eine Beruhigung des Sicherheitsbedürfnisses der Nachbarn Deutschlands versprach. Auch das Problem der Saar und die Einbeziehung des Saargebietes in mögliche internationale Abmachungen war akut geworden, vor allen Dingen die Einladung an das Saargebiet, dem Europarat beizutreten.

In den folgenden Besprechungen der Fraktionsspitze mit dem Bundeskanzler konnten Kurt Schumachers Bedenken nicht beseitigt werden. Er gab in Pressekonferenzen seiner Meinung Ausdruck, bei den Kontrollmaßnahmen für die deutsche Wirtschaft gehe es auch den Franzosen weniger um Sicherheit als um die Zuteilung von Quoten für Kohle und Stahl; die deutschen Industriellen seien nur deswegen für die internationale Ruhrbehörde, weil durch sie die Sozialisierung der Schwerindustrien verhindert werde.

Am 9./10. November beschloß die Außenministerkonferenz der Westmächte in Paris neue Instruktionen für die Hohen Kommissare. Diese verständigten den Kanzler und teilten ihm mit, das Fernziel der Alliierten sei die Eingliederung Deutschlands in die Gemeinschaft der europäischen Völker; ihr Nahziel sei zunächst die Herstellung normaler Verhältnisse im Innern Deutschlands und in den Beziehungen der Bundesrepublik zu ihren Nachbarn. Die von den Sozialdemokraten geforderte Debatte des Bundestages über diese neue Lage fand im Anschluß an eine Erklärung des Bundeskanzlers zur Demontagefrage am 15. November statt.

In seinem Bericht über den Stand der Verhandlungen in der Demontagefrage erklärte Konrad Adenauer, Deutschland könne durch Mitarbeit in der Sicherheitskommission, durch die Anerkennung des Ruhrstatuts und die Entsendung eines stimmberechtigten Mitglieds in die Ruhrkommission zu einer vernünftigen Lösung beitragen. Die Hohen Kommissare seien bereit, mit der Bundesrepublik in eine Überprüfung des Demontageproblems einzutreten. Er bat, die Verhandlungen nicht durch Kritik zu stören.

Kurt Schumacher antwortete scharf: Die Vorschläge der Alliierten machten die dringend notwendigen Strukturveränderungen ökonomischer und gesellschaftlicher Art unmöglich, ohne die das wirtschaftliche Fundament für eine solide Demokratie in Deutschland nicht geschaffen werden könne.

Nach Schumacher machte ich Ausführungen zur angemessensten Methode heutiger Außenpolitik. Am Wege nach Europa lägen Engpässe und Klippen, und oft werde man sich zwischen Scylla und Charybdis entscheiden müssen, vielleicht auch ein Ziel zurückzustellen haben, um ein anderes, dringlicheres zu erreichen. Daß der Kanzler Möglichkeiten zu Verhandlungen mit Frankreich suche, sei richtig. Falsch sei aber gewesen, daß er dabei materielle Angebote gemacht habe, die sich mit der Maximalforderung der Franzosen deckten. Damit höre die Möglichkeit, sachlich zu verhandeln, auf. Von solchen Angeboten könne man auf ehrliche Weise nicht herunterkommen. Auf die heilende Wirkung der Zeit zu spekulieren, sei eine schlechte Methode; unterschriebene Verträge müßten auf jeden Fall eingehalten werden. Einseitig auferlegten Bindungen gegenüber sei revisionistische Politik erlaubt, freiwillig unterschriebenen Verträgen gegenüber nicht. Zur Methode einer jeden Außenpolitik gehöre zuvörderst die Klärung der Rangordnung der Probleme sowie der Möglichkeiten, sie zu lösen. Unser Problem Nummer eins sei zu verhindern, daß Deutschland russisch wird; Problem Nummer zwei sei die Schaffung der Vereinigten Staaten von Europa. Alle anderen Dinge stünden zu diesen Grundzielen im Verhältnis variabler Faktoren zur Grundformel einer statischen Gleichung. Geduld bedeute nicht Verzicht auf Aktion, sie sei vielmehr der wirkungsvollste Zustand einer Kraft, die sich ihrer Sache sicher weiß, ohne jedoch die Beschränktheit ihrer Mittel zu übersehen. Dabei wollten die Sozialdemokraten auch einer Regierung helfen, zu der sie in Opposition stehen, denn sie seien deutsche Patrioten.

Die Debatte des 15. November, in der sich der Bundestag auf die Entgegennahme der Erklärung des Kanzlers über den Erfolg seiner bisherigen politischen Bemühungen bei den Besatzungsmächten beschränkte, erleichterte fraglos die Stellung Konrad Adenauers bei seinen Verhandlungen mit den Hochkommissaren. Schon am 17. November traf er bei weiteren Gesprächen mit ihnen eine günstigere Atmosphäre an. Es kam zu einer Verständigung, die unzweifelhaft gewisse Vorteile für Deutschland brachte, jedoch auch gefährliche Präjudizien für die weitere Entwicklung des politischen Status Deutschlands schuf, die nachträglich auszuräumen schwer sein würde, weil die Umwandlung nach Kriegsrecht geschaffener Machtpositionen in Vertragsrecht die Tendenz hat, irreversible Lagen zu schaffen.

Am 22. November 1949 wurde das Petersberger Abkommen unterschrieben, das einen beachtlichen Wandel in der Besatzungspolitik der Alliierten festschrieb. Zwei Tage später gab Bundeskanzler Adenauer vor dem Bundestag dazu eine Regierungserklärung ab. Er leitete sie ein, indem er sich gegen den Vorwurf wehrte, er betreibe eine undemokratische Geheimdiplomatie. Der Erfolg heikler Verhandlungen hänge davon ab, daß die beiderseits eingenommenen Positionen nicht vor dem Abschluß in der Öffentlichkeit diskutiert würden. Im übrigen seien Angelegenheiten, die die Beziehungen zu den Hohen Kommissaren oder den alliierten Mächten betreffen, nicht ratifizierungsbedürftig, weswegen das Abkommen auch dem Bundestag nur zur Kenntnisnahme unterbreitet werde.

In diesem Abkommen habe zwar nicht alles Wünschbare erreicht werden können, aber die Demontage von achtzehn Werken im Ruhrgebiet und im Rheinland sowie aller Werke in Berlin sei eingestellt worden. Für den internationalen Status der Bundesrepublik seien bedeutende Fortschritte erreicht worden. So könne die

Bundesrepublik nunmehr dem Europarat als assoziiertes Mitglied und der Ruhrbehörde als Mitglied beitreten. Die Entmilitarisierung der Bundesrepublik werde aufrechterhalten, und die letzten Spuren nationalsozialistischen Unrechts würden ausgetilgt werden; auf dem Gebiet der Dekartellisierung solle die Gesetzgebung in deutsche Hand gelegt werden. Die dem deutschen Schiffsbau auferlegten Einschränkungen sollten gelockert werden, und die Bundesrepublik könne konsularische und wirtschaftliche Beziehungen mit jenen Staaten aufnehmen, die damit einverstanden sind. Entscheidend sei, daß in dem Abkommen zum erstenmal seit dem Zusammenbruch die Gleichberechtigung der Bundesrepublik anerkannt wurde und diese nunmehr wieder ein aktiver Faktor der internationalen Politik werden könne.

An diese Erklärung schloß sich eine Debatte an, die einen heftigen Verlauf nahm und ein bedauerliches Ende fand. Für die Fraktion der SPD sprach zumeist Dr. Adolf Arndt, der damit seine Laufbahn als Kronjurist der Fraktion einleitete. Er warf dem Kanzler vor, daß die Art, wie er seine Außenpolitik betreibe, nichts anderes sei als eine Methode, Verfassungskämpfe durch autoritäre Handstreiche zu gewinnen, für die in einer Demokratie, die sich ernst nimmt, kein Raum sei. Daß er das Petersberger Abkommen ohne Beteiligung des Parlaments unterschrieben habe, bedeute den Versuch, das Parlament in einer der wichtigsten Fragen deutscher Außenpolitik auszuschalten. Hier stehe zur Debatte, ob der Mehrheit ihr immer wieder zutage tretendes Bestreben, sich über das Grundgesetz hinwegzusetzen, weiter erlaubt bleiben solle. Wir meinten, in Deutschland auf dem Wege zu einer parlamentarischen Demokratie zu sein, und sähen uns nun auf dem Weg zu einer Monarchie ohne Konstitution ... Doch die Sozialdemokraten würden den Bundeskanzler an seinen Eid auf die Verfassung zu erinnern wissen.

Man kann sich denken, wie Ausführungen dieser Schärfe von einem Abgeordneten, der sich überall höchster Achtung erfreute, auf das Haus wirkten. Die Erregung stieg weiter an, als Konrad Adenauer eine amerikanische Agenturmeldung verlas, laut welcher der Vorstand des Deutschen Gewerkschaftsbundes mit Unterschrift seines Vorsitzenden Hans Böckler erklärt habe; im soeben veröffentlichten deutsch-alliierten Protokoll sei das ernsthafte Bemühen der Alliierten anzuerkennen, den deutschen Bedürfnissen entgegenzukommen. Obwohl das deutsch-alliierte Abkommen nicht alle Teile befriedige, sei nach Ansicht der Gewerkschaften die Mitarbeit der Bundesregierung in der internationalen Ruhrbehörde richtig. Die Gewerkschaften knüpften an den Beitritt der Bundesrepublik die Erwartung, daß in der Folge die Schwerindustrien Europas insgesamt in den Arbeitsbereich der Ruhrbehörde einbezogen würden.

Die durch Zwischenrufe unterbrochene Verlesung der Agenturmeldung, deren Richtigkeit angezweifelt wurde, steigerte die schon vorhandene Erregung. Schließlich wurde um drei Uhr morgens die Richtigkeit der Agenturmeldung bestätigt. Ein Antrag der Opposition, die Debatte zu vertagen, wurde von der Mehrheit abgelehnt. Konrad Adenauer ergriff wieder das Wort. Er bedauere, daß nach den letzten Worten Erich Ollenhauers die SPD-Fraktion offenbar eher bereit sei, die Demontage bis zum bitteren Ende gehen zu lassen, als die durch die Regierung erzielten Erfolge hinzunehmen ... Unter immer heftigeren Zwischenrufen fuhr Konrad Adenauer fort: Sei die sozialdemokratische Fraktion einverstanden, daß ein deutscher Vertreter in die Ruhrbehörde geschickt werde, oder sei sie damit nicht einverstanden? Wenn sie erkläre, damit nicht einverstanden zu sein, dann würden die Demontagen restlos durchgeführt werden – das wisse er aufgrund von Erklärungen, die Sir Brian Robertson ihm gegenüber gemacht habe.

Da rief Kurt Schumacher in den Saal: »Das ist nicht wahr!« Es klang wie ein Pistolenschuß. Nach Zwischenrufen von dritter Seite: »Sind Sie noch ein Deutscher? Sprechen *Sie* als deutscher Kanzler?« schleuderte Kurt Schumacher höchst erregt in Richtung Tribüne die Worte: »Der Bundeskanzler der Alliierten!«

Das Haus tobte. Präsident Köhler versuchte vergebens, sich Gehör zu verschaffen, die Abgeordneten erhoben sich gestikulierend und schreiend von ihren Sitzen. Unablässig schwang der Präsident die Glocke. Schließlich raffte er sich zu einem Ordnungsruf für Kurt Schumacher auf und bat den Bundeskanzler fortzufahren.

Der Lärm im Hause überschlug sich, als Erich Ollenhauer rief, Konrad Adenauer habe Kurt Schumacher herausgefordert – *ihm* gebühre der Ordnungsruf . . . Abgeordnete der Koalition beantragten die Einberufung des Ältestenrates. Konrad Adenauer verließ die Rednertribüne. Schließlich unterbrach der Präsident die Sitzung und berief den Ältestenrat ein.

Kurz nach sechs Uhr morgens wurde die Sitzung wieder eröffnet. Im Ältestenrat war keine Einigung erzielt worden: Kurt Schumacher hatte seinen Zwischenruf nicht zurückgenommen. Bei Wiederaufnahme der Plenarsitzung dauerte die Sitzung der SDP-Fraktion noch an. Nach einer langatmigen Erklärung über sein eigenes Verhalten schloß Präsident Köhler den Abgeordneten Kurt Schumacher für zwanzig Sitzungstage von der Teilnahme an den Verhandlungen des Bundestages aus – was eine Periode von mehr als einem halben Kalenderjahr bedeutet hätte . . .

Die Fraktion der SPD beschloß, sich für die gleiche Anzahl von Sitzungstagen nicht an den Verhandlungen des Bundestages zu beteiligen. Kurt Schumacher bat jedoch, von dieser Absicht Abstand zu nehmen. Die Fraktion folgte seiner Bitte, »weil sie in der Praxis der Bundesregierung eine immer stärker werdende Bedrohung des sozialen Schicksals weiter Volkskreise sieht und um die nationalen Lebensfragen des deutschen Volkes besorgt ist. Angesichts dieser Tatsache wird sie auf die parlamentarische Kontrolle dieser Bundesregierung nicht verzichten«.

Der Zwischenfall wurde schließlich dadurch bereinigt, daß Kurt Schumacher sich schriftlich bei Konrad Adenauer entschuldigte und dieser die Entschuldigung annahm. Die Wirkungsmöglichkeiten der SPD sind durch dieses Vorkommnis nicht gestärkt worden.

Der Weg nach Straßburg

Am 5. Mai 1949 hatten die Vertreter zehn europäischer Staaten auf einer Konferenz in London das Statut des Europarates unterzeichnet, jener lockeren Gemeinschaft demokratisch verfaßter Staaten, deren Zweck sein sollte, in Europa ein produktives Neben- und Miteinander zu ermöglichen und zu fördern; Mitglieder sollten nur Staaten sein können, in denen die Prinzipien der Demokratie verwirklicht sind. Ihr oberstes Organ sollte ein Ministerrat sein, der einstimmig beschlossene Empfehlungen an die Regierungen der Mitgliedstaaten richten konnte. Neben ihm sollte es eine aus Parlamentariern der Mitgliedstaaten gebildete Beratende Versammlung geben, die europäische Probleme untersuchen und Resolutionen beschließen konnte, die zu ihrer Wirksamkeit der Genehmigung durch den Ministerrat bedurften.

Die Sozialdemokratische Partei, in deren Heidelberger Programm von 1925 das Bekenntnis zu den Vereinigten Staaten von Europa stand, hatte sich seit je auf ihren Parteitagen und durch führende Persönlichkeiten zur europäischen Idee und zu aktiver Europapolitik bekannt. Das Petersberger Abkommen schuf eine Gelegenheit, durch den Beitritt der Bundesrepublik zu diesem Europarat das seit so langer Zeit ersehnte »Europa« mitschaffen zu helfen. Doch bald machte die Sozialdemokratische Partei gegen den Beitritt Bedenken geltend: Die Einbeziehung des Saargebietes als selbständige, nicht durch die Bundesrepublik zu vertretende politische Einheit bedeute die völkerrechtliche Anerkennung der einseitigen machtpolitischen Separation dieses Gebietes vom deutschen Staatskörper durch Frankreich. Die Zustimmung zum Eintritt der Bundesrepublik in den Europarat käme einer Billigung dieses Gewaltaktes gleich und könne daher von den Sozialdemokraten nicht gutgeheißen werden. Wenn die Bundesrepublik diesen Akt der Separation eines Teils des deutschen Staatsgebietes akzeptiere, werde sie im Osten erfolgte Gebietsabtrennungen nicht mehr für illegitim erklären können.

Ein weiterer Grund für die Ablehnung des Beitritts war, daß uns die Modalitäten der Entstehung des Europarates als eine Verfälschung dessen erschien, was wir unter dem »Europa der Völker« verstanden, nämlich die Verwirklichung des Humanen in der Politik, eine Vision, deren Wurzel die Sehnsucht der Völker nach Frieden, Brüderlichkeit und Freiheit ist. Die Vorstellungen, die beim Zustandekommen des Europarates Pate gestanden hatten, schienen uns eher Ausfluß von Traditionen der europäischen Schwerindustrie zu sein, Traditionen der Art, die sich beim Aufbau der Ruhrbehörde Geltung verschafft hatten. Wir meinten, das Europa der Zukunft müsse etwas anderes sein als eine Vorrichtung zum Schutze des ökonomischen Status quo und der daraus resultierenden politischen Verhältnisse. Würde der Beitritt der Bundesrepublik zum Europarat nicht die Gefahr verstärken, daß unser Volk unter dem Druck der eigenen Not sich mit seiner Teilung abfindet, sich darin einrichtet und, wenn auch widerwilligen Herzens, sich mehr und mehr mit den bestehenden Zuständen zufriedengibt?

Die Sozialdemokratische Partei legte ihre Haltung zur Europapolitik der Bundesregierung auf dem Parteitag fest, der vom 21. bis 25. Mai 1950 in Hamburg stattfand und auf dem Kurt Schumacher über »Die Sozialdemokratie im Kampf für Deutschland und Europa« sprach. Durch den Beitritt zum Europarat würden weder die Grenzen fallen noch das Problem der europäischen Sicherheit gelöst werden. Ein Fernbleiben der Bundesrepublik werde nicht den Hinauswurf Deutschlands aus Europa bedeuten, denn weder würden sich die Deutschen aus Europa weisen lassen, noch liege es – schon Sowjetrußlands wegen – im Interesse der maßgebenden Alliierten, Deutschland aus Europa hinauszudrängen. Straßburg sei nicht das Zimmer, in dem die europäischen Entscheidungen fallen werden; es sei höchstens ein Vorzimmer. Die Entscheidung, auf die es ankomme, werde im Raum des Atlantikpaktsystems fallen. Dies bringe es mit sich, daß wir bei der Ordnung der westlichen Welt kein Recht gestaltender Mitsprache haben würden, denn das einzige, was der Welt etwas wert sei, sei das deutsche Ja zu von anderen für sich geschaffenen Institutionen. Unser Ja heute würde uns den letzten Trumpf aus der Hand nehmen: Ein so wehrloses, zu jeder Form des Mitmachens gezwungenes Deutschland hätte die Möglichkeit eigener freier Entscheidung über die besten Wege zu seiner Sicherheit verloren. Unsere erste Aufgabe aber sei, Deutschland vor dem Schicksal der verbrannten Erde zu bewahren. Über das Schicksal Europas werde nicht durch einseitige Manipulierung Deutschlands entschieden. Europa werde aus der Bereitschaft aller zu gleichen Leistungen erwachsen. Wir müßten den Mut haben, die Welt vor die Frage zu stellen: Was ist euch Europa wert? – und uns erst nach der Antwort entscheiden.

Im Fortgang der Debatte machte ich Ausführungen über die Notwendigkeit, Europa zu schaffen. Ein Europa, das seinen Namen verdient, werde es aber nur geben, wenn es gelingt, die Demokratie der sozialen Gerechtigkeit in Deutschland zu realisieren, denn in Deutschland würden die Grenzwerte bestimmt, von denen es abhänge, in welche Richtung der Weg dieses Kontinents gehen wird. Wir Sozialdemokraten müßten uns so verhalten, daß an die Verwirklichung des Willens zur Selbstachtung des deutschen Volkes nicht allzu unerträgliche Anforderungen gestellt werden, denn wir würden unseren Landsleuten eines Tages noch viele Opfer im Interesse eines höheren Ganzen, als Deutschland es sei, zumuten müssen. Nur wenn unser Volk sieht, daß diese Opfer von allen gebracht werden *wollen* – nicht nur gebracht werden *müssen* –, wird es uns glauben, daß recht ist, was wir von ihm fordern.

Mit dem Beschluß des Parteitages, die Haltung des Parteivorstandes und der Fraktion zu billigen, war die Bundestagsfraktion der SPD in ihrer Haltung zum Eintritt in den Europarat in Straßburg festgelegt.

Auf Kurt Schumachers Wunsch hielt ich beim Parteitag das zweite Referat: »Die SPD vor der geistigen Situation dieser Zeit«. Es lag Schumacher daran, vor der Öffentlichkeit darzutun, daß die Partei bereit ist, an jeder Wendezeit zu prüfen, ob ihr Bild von der Geschichte und von den sie bewegenden Kräften mit den Ordnungen der Werte übereinstimmt, die der forschende Geist und das Welt- und Selbstbewußtsein der Zeit ausgemacht hat. Ich sprach von den verschiedenen Stadien der in Rezeption der Lehren von Karl Marx entstandenen Programme, was davon zeitbedingte Formel ist und was für immer wird bewahrt werden müssen, wenn der Grundimpuls der Sozialdemokratischen Partei lebendig bleiben soll. Die Partei könne nichts Endgültiges über die letzten Dinge aussagen; aber sie könne dazu beitragen, materielle und intellektuelle Möglichkeiten zu schaffen, die es dem Individuum erlauben, sich ein eigenes Urteil über sich und seine Welt zu bilden. Bei aller Neubesinnung dürften wir das Gesetz, nach dem die Partei angetreten ist, nicht vergessen: Es war der Entschluß, eine Welt zu schaffen, die nicht mehr bestimmt ist durch die Aufteilung der Menschen in eine Klasse jener, denen Eigentums- und Verfügungsrechte die Macht in die Hand geben, andere zu zwingen, sich mit weniger zu begnügen, als ihre Arbeit an Werten geschaffen hat, und eine Klasse derer, die mit dem zufrieden sein müssen, was man ihnen übrigläßt. Der vierte Stand habe zwei Instrumente, um zu diesem Ziel zu gelangen – die Partei und die Gewerkschaften, die auch dann demokratisch bleiben müssen, wenn sie die Mehrheit erreicht haben werden.

Die SPD müsse eine *politische* Partei sein, keine Ersatzkirche und keine Sekte. Sie habe sich nicht als Verkünder und Verwalter letzter Wahrheiten zu fühlen. Sozialdemokrat werde man nicht schon durch die Entscheidung für den Eintritt in die Partei, Sozialdemokrat werde man dadurch, daß man jedesmal, wenn die Partei vor eine Entscheidung gestellt wird, sich an eine persönliche Entscheidung wagt und dann für die Entscheidung einsteht, für die sich die Partei ausgesprochen hat. Zu uns gehöre jeder, der zusammen mit uns auf demokratischen Wegen und mit den Waffen der Freiheit die Vermenschlichung von Staat und Gesellschaft erkämpfen will.

Bei der Wahl zum Parteivorstand erhielt Kurt Schumacher 345 von 353 Stimmen und ich 332.

Am 9. Mai hatte Außenminister Robert Schuman dem Bundeskanzler eine Botschaft übermittelt, wonach die französische Regierung die Initiative ergreifen wolle, die gesamte französische und deutsche

Kohle-, Eisen- und Stahlerzeugung in eine Organisation supranationalen Charakters einzubringen, die auch anderen Staaten offenstehen solle. Dieser gewaltig vorwärts weisende Schritt erschien mir geeignet, das Problem des Beitritts zum Europarat neu zu überdenken, jedoch war die Zeit bis zum Parteitag in Hamburg zu kurz, um sich über die Konsequenzen der Botschaft Robert Schumans für die deutsche Wiedervereinigung in allen ihren Auswirkungen schlüssig werden zu können.

So faßte der Hamburger Parteitag zu der dadurch geschaffenen Situation einen zwar zustimmenden, aber mit viel Wenn und Aber gespickten Beschluß, in dem die Partei sich die endgültige Haltung bis zur Klärung gewisser Entscheidungen zu lebenswichtigen Fragen vorbehielt. Im Fall der Zustimmung zum Eintritt der Bundesrepublik in diesen Montanpakt konnte die bisherige Ablehnung der Adenauerschen Politik durch die SPD eine Abschwächung, vielleicht sogar einen Bruch erleiden. Auf der anderen Seite war vorauszusehen, daß die Annahme des Schumanplans unser Verhältnis zu Frankreich und den westeuropäischen Staaten erheblich verbessern könnte und darüber hinaus wahrscheinlich die einzige realistische Chance war, die deutsche Wirtschaftskraft von Servituten zu befreien, die ihr von den Siegermächten auferlegt worden waren. In der Tat hat dann auch die Montanunion schon durch ihre bloße Existenz die deutschen Sozialdemokraten mehr und mehr an den Gedanken gewöhnt, daß dieser institutionellen Verknüpfung der bundesdeutschen Montanindustrie mit dem Westen auch die »politische« Haltung der Bundesrepublik werde folgen müssen.

Immerhin vermochte das französische Memorandum die Haltung der SPD-Fraktion bei den Beratungen über den Beitritt der Bundesrepublik zum Europarat nicht zu ändern – trotz der großen Rede Paul-Henri Spaaks am 11. Juni 1950 in Dortmund, in der er eindringlich darauf hinwies, daß die Ablehnung Deutschlands, in den Europarat einzutreten, dem europäischen Gedanken einen tödlichen Schlag versetzen könnte.

Am 13. Juni 1950 gab die Bundesregierung eine Erklärung vor dem Bundestag ab, in der sie unter Hinweis auf den Schumanplan den Beitritt der Bundesrepublik zum Europarat empfahl. Der Kern der

Oppositionsrede Kurt Schumachers war die Feststellung, daß die deutsche Frage eine Frage der Selbstbehauptung der Völker Europas und der Glaubwürdigkeit der Demokratie überall in der Welt sei, denn ein geteiltes Deutschland bedeute ein geteiltes Europa und eine geteilte Welt. Die Politik der Mächte, deren Initiative der Europarat entsprungen sei, habe jedoch gezeigt, daß sie die deutsche Frage nicht als eine Menschheitsfrage betrachteten. »Ein ›Straßburg‹, bei dem eine Reihe von Mächten von der Teilung Deutschlands profitiert, ist zur Ohnmacht verdammt ...« Nur wenn Straßburg begreife, daß die deutsche Einheit die Einheit Europas bedeute, würden deutsche Sozialdemokraten dem Straßburger Europarat zustimmen können.

Das Problem der Reihenfolge bei den Bemühungen, sowohl die deutsche Einheit als auch die Einheit Europas zu schaffen, war jahrelang das Kernstück der Meinungsverschiedenheiten zwischen Regierung und Opposition. Auch das Verhalten beider Seiten zu den jeweils aktuellen außenpolitischen Fragen war die logische Konsequenz ihrer Stellungnahme zu dem Problem eben dieser Reihenfolge.

Der Europarat

Wie rasch hatte sich die Schaubühne des politischen Theaters verändert: Noch immer äußerst kurz an der Leine des Besatzungsstatuts gehalten; nach wie vor mit schweren Servituten belastet; weiterhin im ungewissen über das Schicksal Deutschlands; noch immer nicht »ehrlich gesprochen«, hat man uns, wenn auch nur als assoziiertes Mitglied, in den Europarat geholt, in diese Sozietät der Staaten, von denen die meisten sechs Jahre lang schwerste Opfer gebracht hatten, um die Welt von einer Herrschaft der Unmenschlichkeit zu befreien, die mit dem deutschen Namen verbunden war. Und während man noch gestern hören konnte, daß es nie mehr deutsche Soldaten geben dürfe – von solchen in der französischen Fremdenlegion abgesehen, die man für die Erhaltung des Kolonialreiches brauchte –, wurde nunmehr immer öfter davon gesprochen, Europa könne zu seiner Verteidigung auf deutsche Soldaten nicht verzichten ... Dies war eine recht paradoxe Wendung innerhalb des

Konzepts der Politik, das nach dem Kriege von den Alliierten für die Erhaltung der Freiheit der demokratischen Welt entworfen worden war. Das Verblüffende daran war nicht, daß die Deutschen mit einemmal wieder würdig waren, Waffen besitzen zu dürfen, sondern der Umstand, daß eine Reihe von Ereignissen im Osten die Illusion von Jalta zerstört hatte, die Sowjetunion betrachte sich als politisch saturiert und empfinde darum, trotz der Heilslehre von der unvermeidlichen Weltrevolution, keinerlei Anreiz mehr, ihre Macht über ihre jetzigen Grenzen hinaus auszudehnen. Die unter dem Druck der Roten Armee und mittels Satellitenparteien usurpierte Regierungsmacht in einigen Staaten sowie die Ereignisse vor allem in Korea und Indochina ließen nun die expansive Dynamik der sowjetischen Weltmacht als die eigentliche Gefährdung der Demokratien erscheinen, die im Vertrauen auf die Vereinten Nationen die Gefahr eines »großen« Krieges gebannt zu haben glaubten und über alles vernünftige Maß hinaus abgerüstet hatten. Jetzt galt also die These, man müsse alle greifbaren Verteidigungspotentiale des Westens in Anspruch nehmen – freilich ohne daß Deutschland über seinen Anteil daran frei verfügen konnte –, um dem »roten Imperialismus« begegnen zu können.

Kurt Schumacher, Erich Ollenhauer, Fritz Erler und ich analysierten die Lage, mit der die Sozialdemokraten nun fertig werden mußten. Wir hatten erklärt, daß der Eintritt der Bundesrepublik in den Europarat in Anbetracht der Zwänge, denen uns Deutschlands Spaltung unterwerfe, ein nicht wiedergutzumachender Fehler sei. Mußten wir daraus nicht die Konsequenz ziehen, daß die sozialdemokratische Fraktion sich an der Delegation nicht beteiligte, die der Bundestag für die Teilnahme an den Sitzungen der Beratenden Versammlung zusammenstellte? Es gab diese Meinung in der Fraktion. Ich habe mich scharf dagegen ausgesprochen: Durch den Bundestagsbeschluß, die Bundesrepublik in den Europarat einzubringen, sei de jure und de facto schon geschehen, was wir vermieden wissen wollten. Wenn wir fernblieben, würden die Konsequenzen dieses Beitritts nicht gegenstandslos; andererseits könnte man uns einen solchen Schritt als Rechthaberei vorwerfen, die uns nicht viel Achtung einbringen würde. Ich hielte es für unsere Pflicht, nach

Straßburg zu gehen, um auch den Europarat als Instrument für die weltweite Darstellung unserer europäischen Politik zu nutzen. Von der Tribüne der Beratenden Versammlung aus werde man mit mehr Resonanz in der Weltöffentlichkeit für eine Politik kämpfen können, die begreifbar macht, daß die Aufhebung der Spaltung Deutschlands eine Voraussetzung ist für die Möglichkeit, ein vereintes Europa zu schaffen, in dem nach demokratischem Grundprinzip die Völker die Inhalte und Formen ihrer politischen Existenz frei bestimmen können.

Kurt Schumacher und die Mehrheit der Fraktion stimmten dem Beitritt sozialdemokratischer Abgeordneter zur Bundestagsdelegation des Europarates zu; ich sollte ihr Sprecher sein.

Die Delegierten reisten mit hohen Erwartungen nach Straßburg, in dessen politischen Geschicken sich einige Jahrhunderte deutsch-französischer Konflikte verdichtet hatten. Diese Stadt schien dazu ausersehen, die Wiege neuer politischer Vernunft und neuer Brüderlichkeit zwischen den Völkern des alten Kontinents zu werden, von dessen Vielgestaltigkeit so viel Gutes für die Welt ausgegangen war und dessen Zwietrachten und Zügellosigkeiten ihr so viel Böses angetan hatten. Würde an diesem Ort ein neuer Geist wehen? Wir wurden von der Bevölkerung freundlich empfangen. Die Straßburger waren sich bewußt, daß ihrer Stadt eine neue Würde zugefallen war. Und die Delegationen aller Länder Europas erhofften sich in dem großen neuen Haus nahe der Brücke über den Rhein ein politisches Pfingstwunder.

Viele Jugendverbände der Europa-Union und auch sonstige politisch interessierte Gruppen aus Deutschland hatten sich auf den Weg nach Straßburg gemacht, um begeisterte Zeugen eines großen Augenblicks der Weltgeschichte zu werden. Mit einer spektakulären Aktion wollten sie den »Alten« zeigen, wie man es anstellt, eine neue Zeit heraufzuführen: Junge Deutsche, Franzosen, Belgier und Holländer rissen an der deutsch-französischen Grenze Schlagbäume aus und verbrannten sie – und weder Polizei noch Gendarmerie, noch Zöllner hinderten sie daran. Leider standen die Schlagbäume anderentags wieder an alter Stelle ... Die Präfektur war rechtzeitig informiert worden; sie hatte Polizei und Zöllner angewiesen, das Vorhaben der

Jungen zu dulden – und für schnellen Ersatz zu sorgen. Was mag in den jungen Menschen vorgegangen sein, die voll glühender Überzeugung alte Zöpfe abschneiden wollten und dann doch wieder vor neuen Schlagbäumen standen?

Die deutsche Delegation wohnte mehrheitlich im »Hotel Bristol« am Bahnhof, in dem wir gemeinsam die Mahlzeiten einnahmen und von den Berichten der Kollegen profitieren konnten, die mit Abgeordneten anderer Länder Gespräche geführt hatten. So erhielten wir schon vor Beginn der Plenarsitzungen ein Bild von den Vorstellungen und Erwartungen der Delegationen anderer Länder. Die Niederländer, die Belgier und die Luxemburger waren bedingungslose Europäer; ihnen konnte die Integration nicht weit und tief genug gehen. Die Italiener hatten ein eher ästhetisches Verhältnis zum Problem, und die Skandinavier waren zurückhaltend und meinten, mit der Äußerung eigener Vorstellungen besser zu warten, bis die Franzosen, Briten und Deutschen deutlich gemacht hätten, wie sie die Chancen für einen möglichst breiten Konsens beurteilten.

Unsere Kollegen von der CDU und FDP waren überzeugt, daß es zu einem »parlamentarischen Gesamtakt« kommen könnte, aus dem die Vereinigten Staaten von Europa als perfekter Bundesstaat hervorgehen würden. Man müsse unverzüglich damit beginnen, Voraussetzungen für das Gelingen dieser Operation zu schaffen. Besonders Heinrich von Brentano verstand unsere Aufgabe so. Wir Sozialdemokraten waren der Meinung, man müsse das Wann und Wie einer integrierten Europäischen Gemeinschaft mit dem Blick auf die nationalen und internationalen Probleme betrachten, die die Spaltung Deutschlands aufwerfe; angesichts dieser Situation sei die Zeit wohl noch nicht gekommen, um auf dem Reißbrett das Schema der Verfassung eines europäischen Bundesstaates zu entwerfen.

Die Franzosen zeigten sich in ihren Reden sehr europafreudig, dachten aber in erster Linie an ihr Kolonialreich. Für eine feste Integration waren die Katholiken der MRP und die Sozialisten der SFIO, weil sie in ihr die Möglichkeit sahen, die Potentiale Deutschlands zum Nutzen aller europäischen Staaten unter supranationaler Kontrolle zu entfalten. Die Jünger Léon Blums sahen die deutsche Frage als internationalistische Sozialisten.

Die Briten hatten keine gemeinsame Linie. Die Liberalen waren auf ihre insulare Art europäisch; bei den Konservativen vertrat jeder eine eigene Variante der von Winston Churchill im Haag entwickelten Vision. Die Labour-Leute hatten mit einem integrierten Europa nicht viel im Sinn – hierin den Skandinaviern, die Dänen ausgenommen, vergleichbar – und lehnten den Gedanken ab, ein Brite habe unter Umständen Gesetzen oder Entscheidungen zu gehorchen, die nicht von einem britischen Parlament stammten. »*We are a nation governed by Parliament . . .*«

Natürlich waren diese Besonderheiten in der Haltung der verschiedenen nationalen Delegationen nicht schon in den ersten Tagen zu erkennen, doch von der ersten Woche ab wurde deutlich, daß die Idealisten und Maximalisten unter uns viel Wasser in ihren Wein würden schütten müssen, wenn überhaupt ein europäisches Gespräch möglich werden sollte.

Nach dem Studium der Europaratsprotokolle und deren Echo in den Blättern der verschiedenen europäischen Unionen und Bewegungen meinte ich drei Hauptgruppen unterscheiden zu können: die Universalisten, die Konstitutionalisten und die Funktionalisten. Zu meinem Kummer glaubte ich erkennen zu müssen, daß nur wenige »Europäer« über zuverlässige Methoden politischer Analyse verfügten und klare Vorstellungen von der möglichen organisatorischen Struktur und dem politischen Gehalt des von ihnen erstrebten Europas hatten. Sie schienen sich wenig Gedanken über die Rolle gemacht zu haben, die die Staaten und Völker auf dem Weg nach »Europa« – und in »Europa« selbst – spielen könnten.

Die Universalisten wollten die Bemühungen um ein politisch geeintes Europa nicht auf die europäischen Staaten westlich der Linie Stettin-Triest beschränken; jede auf Konsolidierung des jetzigen territorialen Standes ausgehende Politik komme einem Verrat an der geschichtlichen Aufgabe Europas gleich. Natürlich erkannten die realistischer Denkenden unter ihnen, daß dieses »Volleuropa« noch nicht heute und morgen geschaffen werden konnte; doch sie meinten, daß man es auf der Tagesordnung belassen sollte, schon um zu verhindern, daß das »Kleineuropa« von heute sich im Bewußtsein der Menschen als der einzige Teil der Erdoberfläche festsetzte, den man sich unter dem Begriff »Europa« vorstellen kann, und daß das Ziel sein müßte, die politische und kulturelle Einheit des Gesamtkontinents in der Mannigfaltigkeit seiner Traditionen zu schaffen. Der universalistischen These war in den Verhandlungen des Europarates in Straßburg nur ein kurzes Dasein beschieden.

Als Konstitutionalisten wurden jene verstanden, die der Meinung waren, der beste und wohl auch einzige Weg zu dem von allen gewünschten Ziel sei, die Verfassung der Vereinigten Staaten von Europa durch eine konstituierende Versammlung beraten und beschließen sowie durch Volksabstimmungen in den einzelnen Staaten und durch ein Gesamtplebiszit der »Nation Europa« ratifizieren zu lassen. Habe man erst einen europäischen Gesetzgeber und eine europäische Regierung, dann würden sich die widerstreitenden Vorstellungen von der zu erwartenden Lebensqualität in einem sich dialektisch ermittelnden europäischen Gemeinwohl aufheben.

Mit den Versuchen, einzelne problematische Situationen zu bereinigen sowie einzelne Verbesserungen im Zusammenleben souverän bleibender Staaten zu schaffen, könnte man fraglos nützliche Reformen zustande bringen, aber nie zu einem wirklich gesamteuropäischen Konzept kommen; jede Phase dieses Prozesses würde notwendig mit Kämpfen um den nächsten greifbaren Vorteil ausgefüllt sein, mit Intrigen oder gar Erpressungsversuchen von »pressure groups«, mit Manipulationen seitens der Staaten, die sich in einer günstigeren Situation befänden, um ihren – auf höchstmöglichen Eigennutzen zielenden – Willen den anderen Staaten aufzuzwingen. Schließlich würden sich die Schwächeren mit dem abfinden müssen, was bei der Verteilung des Bärenfells unter den Großen für sie noch übrigbliebe.

In diesen Überlegungen lag viel Richtiges. Ihre Vertreter gingen jedoch – unbewußt – von Annahmen aus, von denen die Juristen bei ihren Verfassungsentwürfen für werdende Staatsnationen ausgehen können und in denen der Konsens über die grundlegenden charakteristischen Elemente ihrer staatlichen Integration schon hergestellt ist. So rechtstechnisch darf man jedoch nicht denken, wenn das Hauptgeschäft erst noch zustande zu bringen ist, nämlich der Konsens aller Beteiligten über die Prinzipien, in deren Anerkennung sich die Integration der Gemeinschaft vollziehen soll. Ohne diese Übereinstimmung fehlt es an der Möglichkeit, eine volonté générale, einen Gemeinwillen, zu bilden – und was ist denn eine Konstitution anderes als der in Verfassung gebrachte Gemeinwille der Gründer? Auch für Europa gilt Lassalles Wort, daß Verfassungsfragen Machtfragen sind. Jede Verfassung ändert einiges in den Wirkungsmöglichkeiten der einzelnen, die aus der Isolierung heraustreten wollen, indem sie sich mit anderen zu gemeinsamem Handeln zusammenschließen. Der einzelne wird, zum Vorteil aller, auf die Nutzung gewisser Möglichkeiten verzichten müssen, die er bis dahin noch hatte. Trotzdem wird er den Zusammenschluß mit anderen zu einer Gemeinschaft wollen, weil sich daraus auf anderen Gebieten ein Nutzen ergibt, der die gebrachten Opfer zumindest ausgleicht – und bestehe dieser »Nutzen« auch nur in dem Glücksgefühl, von der Vernunft Gebotenes verwirklicht zu haben! Um das aber zu erreichen, bedarf es einer artikulierten Verfassung.

Die Funktionalisten waren die zurückhaltendsten unter den Europäern. Sie sahen den Augenblick noch nicht gekommen, an dem einer konstituierenden Versammlung der Völker Europas eine Verfassung aus einem Guß zur Entscheidung vorgelegt werden könnte – zu viele Konfliktsituationen mußten ihrer Meinung nach erst noch ausgeräumt werden; manche Staaten Europas, so argumentierten sie, hätten Interessen und Verpflichtungen außerhalb Europas, die nicht ohne Zustimmung Dritter von Gesamteuropa übernommen werden könnten; zudem seien die Lebensverhältnisse in den verschiedenen europäischen Gebieten einander zu wenig angeglichen, als daß eine Verfassung jetzt schon Normen für eine identische Qualität der Lebenschancen aller Europäer aufstellen könnte; ohne miteinander vergleichbarer Lebensverhältnisse könne es aber eine demokratischen Prinzipien entsprechende Lebensgemeinschaft von Völkern ebensowenig geben wie unter Individuen. Man müsse sich zunächst bescheiden, bis die materiellen und politischen Voraussetzungen für eine allgemeine Konstitution gegeben seien. Bis dahin solle man sich damit begnügen, in bestimmten Bereichen der europäischen Wirtschaft spezialisierte Institutionen zu schaffen, die, mit supranationaler europäischer Autorität ausgestattet, Gesetzgeber und Regenten für diese Bereiche sein sollten – etwa entsprechend der im Schumanplan vorgesehenen internationalen »Agentur für Eisen, Kohle und Stahl«. So werde im Laufe der Zeit eine sich immer mehr verdichtende Verfassungswirklichkeit entstehen, die in späteren Phasen der Entwicklung gestatten werde, das wechselseitige Verhältnis der europäischen Staaten untereinander politisch und juristisch zu systematisieren. Dieser Weg sei langwieriger als der von den Konstitutionalisten vorgeschlagene, aber er führe zu solideren Ergebnissen.

Die einander widersprechenden Vorstellungen bestimmten lange Zeit die Debatten in der Beratenden Versammlung, bis das autonome Funktionieren der Montanunion sowie das System der Römischen Verträge und die Absonderung Frankreichs von der NATO die Europapolitik immer mehr als eine Bemühung erscheinen ließen, auf meist ökonomischen Sachgebieten gemeineuropäische Institutionen zu schaffen – und zwar unter Ausschaltung der Außenpolitik (soweit sie nicht Handelspolitik war) und der Verteidigungspolitik, die sich Frankreich als nationale Aufgabe vorbehielt und die von den übrigen Staaten der Gemeinschaft als eine zusammen mit den Vereinigten Staaten von Amerika zu planende und zu organisierende teileuropäische Aufgabe betrachtet wurde.

In der Beratenden Versammlung bildeten sich über die nationalen Hürden hinweg frühzeitig internationale Fraktionen, was aber nirgends dazu führte, daß die einzelnen Gruppen, aus denen sie bestanden, in Sachfragen die Meinung der internationalen Fraktion über die der nationalen stellten. Die internationalen Fraktionen waren indes bei der Lösung von Personalfragen wichtig: Wen soll man als Präsidenten wählen, wen als Generalsekretär des Europarates vorschlagen? Einigen Fraktionen gelang es, über die Personalpolitik Einfluß auf den Gang der Geschäfte zu gewinnen, und zwar einen Einfluß, der über ihre zahlenmäßige Stärke weit hinausging.

Die Parlamentarier der Beratenden Versammlung wurden meist von Beamten der Außenministerien ihrer Staaten unterstützt. Uns stand lange Zeit keine derartige Beratung zur Verfügung; bei der Behandlung konkreter Sachfragen waren wir ganz auf uns selbst angewiesen. Die Hilfe der deutschen Ständigen Vertretung beim Europarat beschränkte sich meist darauf, Kollegen anderer Länder einzuladen, die für uns von Bedeutung waren. Aus häufigen Gesprä-

chen unter vier Augen mit Paul-Henri Spaak lernte ich, was von
einem Mann dieser seelischen Struktur und politischen Statur praktisch für Europa erwartet werden konnte und was nicht. Es leidet
keinen Zweifel, daß das im persönlichen Verkehr entstandene Bild
von der Ehrlichkeit und Menschlichkeit Heinrich von Brentanos die
Einstellung mancher Franzosen zu den Deutschen verändern konnte.
In den persönlichen Gesprächen mit den Konservativen wie auch mit
Labour-Abgeordneten wurde deutlicher als in den Debatten der
Versammlung, daß die Briten in Straßburg mehr das Unterhausge-
fecht von Regierung und Opposition fortsetzten, als europäische
Probleme um ihrer selbst willen zu behandeln. Die Unterhaus-
Opposition bemühte sich vor allem zu verhindern, daß die Regierung
in Straßburg Prestigegewinne erzielte; die Konservativen dagegen
waren vor allem daran interessiert, durch Voten der Beratenden
Versammlung die Politik ihrer Regierung bestätigt zu erhalten.

Die Delegation des Saar-Parlaments wurde von allen Gruppen,
ausgenommen die deutsche, als der Beratenden Versammlung zu
Recht angehörendes Mitglied betrachtet. Daß die Wahlen und die
Verfassung des Saargebietes Ergebnis deutlicher und versteckter
Zwänge der Besatzungsmacht waren, wurde entweder nicht gesehen
oder für unerheblich gehalten. Viele Delegierte hegten die Hoffnung,
daß an der Saar ein Stück »Europa« verwirklicht werden könnte,
wenn man die Ausgliederung des Saargebietes aus deutschem
Hoheitsbereich als Beispiel für das Schwinden des nationalstaatlichen
Prinzips begriffe ... Bei der notwendig werdenden Regelung des
Saarkonflikts werde sich offenbaren, daß die Berufung auf Europa
imstande sei, auch die schwierigsten territorialen Fragen zu regeln.
Wir Deutschen verhielten uns diesen Hoffnungen gegenüber skeptisch. Wir meinten, europäisches Denken gebiete, das Volk an der
Saar in freier Abstimmung über sein politisches Schicksal entscheiden
zu lassen.

Die Tribünen des Europahauses waren von einem Publikum
besetzt, dem man anmerkte, daß es sich von den Debatten eines
europäischen Parlaments mehr versprach als von den so oft in der
Routine versandenden Fachdebatten der nationalen Parlamente. Die
Feststellung, etwas sei »europäisch«, schien den Besuchern einen

moralisch höheren Rang gegenüber dem nur »nationalen« auszudrücken. Dies führte dazu, daß oft übersehen wurde, was alles an Kärrnerarbeit notwendig ist, um wirklich Großes zu schaffen.

Am 1. August 1950 hielt ich in der Beratenden Versammlung meine erste Rede. Abgeordnete verschiedener Nationen und parteipolitischer Richtungen hatten vorher ihre Befriedigung darüber zum Ausdruck gebracht, daß die Bundesrepublik nunmehr in den Kreis der demokratischen Nationen zurückgekehrt ist. Man erwarte von uns die lebendigste Beteiligung an den Bemühungen der demokratischen Europäer, die ein Europa der Freiheit und der Gerechtigkeit zu schaffen im Begriffe seien, in dessen Mitte sich die aus dem Kriege überkommenen Ungerechtigkeiten und Unstimmigkeiten im Geiste des Friedens und der freiheitlichen Menschenrechte würden lösen lassen. Es wurde nicht verhehlt, daß am Horizont Europas noch dunkle Gewitterwolken standen, vor denen es sich zu schützen gelte. Dafür habe jede Nation einen ihren Kräften angemessenen Verteidigungsbeitrag zu leisten.

Zunächst sprach der große Alte, Winston Churchill. Ohne seine Worte von Blut, Schweiß und Tränen, die der Preis der Freiheit seien, hätte England in den Tagen nach Dünkirchen vielleicht nicht den Mut und die Kraft aufgebracht, den bitteren Krieg um seiner und um der Welt Freiheit willen bis zum Sieg durchzuhalten. Hier in Straßburg sprach er vom Frieden und von der Notwendigkeit, ihn zu verteidigen. Es gelte, Europa zu einer politischen Gemeinschaft zusammenzuschließen, die stark genug sein müsse, jeder Gefahr zu begegnen. Er begrüße es, daß erstmals Vertreter Deutschlands in dem Saale säßen, und er hoffe, von ihnen etwas über die Bereitschaft ihres Landes zur Leistung eines militärischen Verteidigungsbeitrages zu hören. Das Haus dankte Sir Winston mit achtungsvollem Beifall. Dann wurde ich vom Präsidenten aufgerufen.

Ich begann mit der Feststellung, daß es nur Sinn habe, von Europa zu sprechen, wenn man darunter die vorbehaltlose Verwirklichung der Solidarität aller seiner Staaten und Völker verstehe. Gleichen Rechten müßten gleiche Pflichten entsprechen, und alle Beteiligten hätten sich den Postulaten demokratischer Freiheit verpflichtet zu fühlen. Dazu gehöre, daß alle zu den Anstrengungen beitrügen, die der Schutz dieser Freiheit vor Angriffen von außen erfordere – aber der Beitrag müsse der Qualität und der Quantität nach den Besonderheiten der einzelnen Staaten entsprechen. Dabei sei zu bedenken, daß der Angriff nicht nur mit Panzern geführt werden könne und die Verteidigung nicht nur mit Kanonen: Der Kalte Krieg begünstige revolutionäre Infiltrationen in die Strukturen der Gesellschaften und die Lähmung der moralischen Widerstandskraft der Nationen, wenn nicht alles getan werde, um vor allem den der sowjetischen Propaganda besonders ausgesetzten Völkern die Ernsthaftigkeit des Einsatzes ihrer Regierungen für die Verwirklichung der Postulate sozialer Demokratie glaubhaft zu machen.

Wir deutschen Sozialdemokraten, so fuhr ich fort, hielten es nicht für ratsam, beim heutigen Zustand Europas den Deutschen bereits wieder Soldaten abzuverlangen, auch nicht unter der Parole: deutsche Kontingente für eine europäische Armee. Dazu müßte zuerst eine europäische politische Gewalt vorhanden sein, die diese Armee aufstellt und unter ihrer Kommandogewalt hält. Solange diese nicht existiere, werde es keine deutschen Soldaten geben. Die Tatsache, daß es uns gelungen sei, die Arbeiter Deutschlands gegenüber den Lockungen aus dem Osten immun zu machen, habe Europa bisher wirksamer verteidigt, als einige deutsche Regimenter das hätten tun können. Wir seien bereit, durch unsere Arbeit die erforderlichen Industrieerzeugnisse für die militärische Verteidigung Europas zu liefern. Man verlange von uns im Bereich der Politik und der Wirtschaft alles im Rahmen des Möglichen Liegende, doch man verlange nicht von uns, daß wir vor der Schaffung einer supranationalen europäischen Gewalt deutsche Soldaten stellten.

Winston Churchill kam mitten durch den Saal auf mich zu, legte mir beide Hände auf die Schultern und beglückwünschte mich. Er lud unsere Delegation auf den Abend in sein Straßburger Quartier.

Am gleichen Tage kam es auf einem Empfang des Straßburger Bürgermeisters für die Delegierten zu einem bösen Zwischenfall. Hugh Dalton, Labour-Abgeordneter, den ich bisher nicht kannte, kam auf mich zu: Er wundere sich, mich hier zu sehen, nachdem ich mich doch in Frankreich als Militärrichter am Tod französischer Widerstandskämpfer schuldig gemacht hätte. Ich war verblüfft, doch blieb ich ihm die Antwort nicht schuldig. In dem entstehenden Durcheinander kam Duncan Sandys auf mich zu und entschuldigte sich im Namen der britischen Delegation für die Worte Daltons. Er riet mir, am Abend nicht zu Winston Churchill zu gehen – es könnte ja sein, daß irgend jemand es Hugh Dalton gleichtue . . .

Französische Journalisten boten sich mir als Eideshelfer an; sie waren über meine Zeit in Lille informiert. Im »Combat« und im »Franc Tireur« erschienen berichtigende Glossen. Auf Betreiben des niederländischen Delegierten van der Goes wurde eine Art von Ehrengericht aus Mitgliedern der Internationale angehörender Parteien zusammengerufen, die sich mit einer Erklärung hinter mich stellten.

Bei den späteren Tagungen der Beratenden Versammlung schienen die Konstitutionalisten an Boden zu gewinnen. Es wurde ein »Ausschuß ad hoc« eingesetzt mit dem Auftrag, eine europäische Verfassung zu entwerfen. Vorsitzender wurde Heinrich von Brentano, der die Arbeit des Ausschusses kräftig zu fördern suchte. Ich konnte mir nicht viel davon versprechen, daß eine »Konstitution« entwickelt wurde, von der einige annahmen, sie könne – wie ein guter Konfektionsanzug – mit einigen Verbesserungen für das zu erwartende politische Verhalten der nationalen Regierungen in Sachen »Europa« passend gemacht werden. Die von der Verfassungskommission erarbeiteten Verfassungsentwürfe sind Entwürfe geblieben.

Innenpolitische Probleme

In den Gremien der SPD gab es neue Diskussionen über Vor- und Nachteil der Beteiligung sozialdemokratischer Bundestagsabgeordneter an Sitzungen der Beratenden Versammlung des Europarates. Vielen Mitgliedern in den Ortsvereinen wollte es nicht einleuchten, daß die Fraktion den Eintritt der Bundesrepublik in den Europarat auf der einen Seite einen Verstoß gegen die Interessen des deutschen Volkes nannte, aber andererseits nichts dabei fand, sich an den Beratungen dieser Institution zu beteiligen. Auch im Parteivorstand wurde offen ausgesprochen, die ablehnende Haltung der Partei gegenüber dem Europarat sei schlechte Politik. Ernst Reuter und die Bürgermeister der Hansestädte äußerten Zweifel an der Richtigkeit der außenpolitischen Thesen Kurt Schumachers und des Parteivorstandes. Ihre Kritik hatte jedoch keinen Kurswechsel der Fraktion zur Folge. Kurt Schumacher schenkte den außenpolitischen Vorstellungen der selbstbewußten »Länderfürsten«, wie er die hanseatischen Bürgermeister zu nennen pflegte, noch weniger Beachtung als zuvor. Der Graben, der durch die Londoner Konferenz von 1948 entstanden war, wurde tiefer. Kurt Schumacher konnte sich nur schwer damit abfinden, daß die Alliierten in ihrer Deutschland-Politik dem Regierenden Bürgermeister Berlins mehr Beachtung zu schenken schienen als dem Vorsitzenden der SPD. Diese Unstimmigkeiten drangen nicht in das Bewußtsein der Masse der Parteimitglieder; in der Führung des Berliner Parteibezirks sorgten einige, wegen ihres mutigen Verhaltens gegenüber den Sowjets höchst angesehene Männer und Frauen dafür, daß die Partei Kurt Schumacher *und* Ernst Reuter weiterhin mit unveränderter Achtung begegnete. Den Vorwürfen innerhalb der Mitgliedschaft, die SPD verhalte sich in ihrer Europapolitik nicht konsequent, wurde das Argument entgegengestellt, die Partei habe in ihrer Geschichte nie die Mitwirkung in Gremien abgelehnt, die für das Schicksal des deutschen Volkes von Bedeutung waren. Die Proteste gegen die Teilnahme von Sozialdemokraten an den Verhandlungen der Beratenden Versammlung verstummten.

Der Bundestag beriet und verabschiedete die Gesetze zur Bewältigung der Kriegsfolgen, wobei ich den erkrankten Präsidenten Erich Köhler vertrat. Die Arbeit im Ausschuß für das Besatzungsstatut und die Auswärtigen Angelegenheiten nahm ihren Fortgang; es wurden alle Geschehnisse erörtert, die für die Bundesrepublik und das Schicksal Gesamtdeutschlands von Bedeutung sein konnten. Wir hatten es nicht leicht, mit unserem »deutschen Programm« zurechtzukommen, denn der Bundeskanzler, damals noch allein zuständig für die Außenpolitik, hielt uns mit Informationen knapp. Offenbar glaubte er, bei dem jetzigen Stand der den politischen Status der Bundesrepublik betreffenden heiklen Probleme sei es das Beste, daß sich ausschließlich der Regierungsapparat mit ihnen befaßte und daß das Parlament und sein Ausschuß möglichst wenig Gelegenheit bekäme, ihm ins Handwerk zu pfuschen. Man hat Konrad Adenauer aus dieser Haltung nicht nur politisch motivierte Vorwürfe gemacht, sondern ihm auch verfassungswidriges Verhalten vorgeworfen. Während ich die politischen Vorwürfe teile, kann ich mich den verfassungsrechtlichen nicht anschließen: Die Führung der auswärtigen Politik ist Sache der Regierung, nicht Sache des Parlaments. Das Parlament hat die Regierung dabei zu kontrollieren, aber es kann sich dem Kanzler bei diesem Geschäft nicht substituieren; allerdings sollte es vom Regierungschef verlangen, ausreichend über den Stand von Verhandlungen und über alle Fakten von Bedeutung informiert zu werden. Solange formulierte Anfragen parlamentarischer Organe nicht vorliegen, ist es Sache des für das Gelingen seiner Politik verantwortlichen Bundeskanzlers, den hierfür am besten geeigneten Zeitpunkt in eigener Verantwortung zu bestimmen.

In jener ersten Hälfte des Jahres 1950 gab es Gerüchte, der Bundeskanzler habe den Alliierten Vorschläge für die Beteiligung deutscher Streitkräfte an den Verteidigungsanstrengungen des europäisch-atlantischen Westens unterbreitet. Genaues war darüber nicht zu erfahren. Es hieß, daß nicht einmal alle Mitglieder der Regierung informiert seien. Offenbar waren auch auf anderen Gebieten als auf dem der Verteidigung Verhandlungen im Gang, über die man nur wenig zu wissen bekam. Schon am 31. März 1950 hatte der Bundestag einmütig die Errichtung eines Bundesamtes für auswärtige Angelegenheiten gefordert. Der Bundeskanzler reagierte auf diesen Beschluß nicht. Ich brachte die Sache vor den Auswärtigen Ausschuß. Dort wurde einstimmig festgestellt, die Nichtbeachtung des Bundestagsbeschlusses durch die Bundesregierung setze den Ausschuß außerstande, »die ihm obliegenden Pflichten zu erfüllen, wenn seinen Sitzungen nicht ständig ein politisch verantwortlicher Leiter der außenpolitischen Angelegenheiten beiwohnt«. Man habe Verständnis dafür, daß der Bundeskanzler infolge seiner Belastungen nur bei wenigen Sitzungen des Ausschusses werde anwesend sein können. Darum sei es um so notwendiger, die geforderte Stelle einzurichten. Mit nur wenigen Gegenstimmen wurde ich beauftragt, dem Bundeskanzler mitzuteilen, daß der Ausschuß es sehr bedaure, über die außenpolitischen Vorgänge der letzten Wochen nur unvollkommen unterrichtet worden zu sein. Er habe nach den ihm gegenüber abgegebenen Versicherungen damit gerechnet, daß ihm die Protestnote der Bundesregierung gegen die französische Saarpolitik vor deren Abgang vorgelegt würde. Der Ausschuß sei darüber hinaus verwundert, daß ihm das Ergebnis der bisherigen Besprechungen in Sachen des Schumanplanes nicht bekanntgegeben worden sei. Durch ein solches Verfahren werde es ihm unmöglich gemacht, seine Pflichten wahrzunehmen. Er bitte um rechtzeitige und ausführliche Unterrichtung über die jeweiligen politischen Entscheidungen.

Ich berichte dieses, um zu zeigen, daß der Bundestag in jenen Monaten durchaus nicht bereit war, ein überwiegend persönliches Regiment des Bundeskanzlers zuzulassen. Damals war es noch möglich, selbst die Regierungsparteien für die Überzeugung zu gewinnen, daß auch sie die Pflicht haben, von der Regierung zu verlangen, daß alle im Bundestag vertretenen Parteien rechtzeitig und ausreichend orientiert werden. Wenn es bei dieser Überzeugung geblieben wäre, hätte manche Panne vermieden werden können, die später die Politik der Bundesrepublik gelegentlich belastete.

Ich hatte mich seit langem darüber geärgert, daß es bei der Eröffnung der Sitzungen des Bundestages unerträglich formlos zuging. Während in den Parlamenten anderer Staaten bei Eröffnung der Sitzungen ein Zeremoniell eingehalten wurde, das die Achtung vor der Würde des Parlaments zum Ausdruck bringt, ging es zu Beginn der Sitzungen des Bundestages zu wie in einem Taubenschlag. Natürlich war in Bonn nicht daran zu denken, den Präsidenten der Sitzung mit dem Gepränge des Speakers im britischen Unterhaus in den Sitzungssaal zu geleiten oder gar mit militärischem Prunk wie in Paris. Wir konnten auch nicht den Saaldienst durch silberkettengeschmückte Huissiers versehen lassen, aber etwas mehr Förmlichkeit als bislang sollten wir doch einführen können. Als ich infolge der Erkrankung Dr. Erich Köhlers die Präsidialgeschäfte führte, versuchte ich die Fraktionsvorsitzenden für die Einführung eines schlichten Zeremoniells zu gewinnen. Mit wenigen Ausnahmen waren die Mitglieder der Fraktionsvorstände damit einverstanden. Bei den Sozialdemokraten gab es Widerstände aufgrund ihrer demokratischen Überzeugungen, die ihnen Formalitäten solcher Art überflüssig erscheinen ließen. Ich konnte aber auch sie überzeugen, daß gerade eine Demokratie Zeremonien nötig hat, in denen der Respekt des Volkes und seiner Vertreter vor der gesetzgebenden Gewalt zum Ausdruck kommt.

Die Gewerkschaften

In diesen Jahren begannen die Gewerkschaften über die Horizontlinie hinauszublicken, deren Radius die engen Verhältnisse der ersten Nachkriegsjahre gezogen hatten. Während sie unter dem Zonenregime sich ausschließlich auf die Beschäftigung mit den spezifischen Problemen der einzelnen Besatzungsgebiete beschränken mußten, organisierten sie sich nunmehr auf Bundesebene. Nur so konnten sie sich um die Herstellung einheitlicher Arbeitsbedingungen für das ganze Bundesgebiet bemühen. Ihre volle Bedeutung erhielten sie durch ihren Zusammenschluß zum Deutschen Gewerkschaftsbund, dessen Schöpfer und erster Vorsitzender der Sozialdemokrat Hans Böckler wurde.

Der Gründungskongreß des DGB fand vom 12. bis 14. Oktober 1949 in München statt. Auf Hans Böcklers Bitte ergriff ich nach den Ansprachen des Arbeitsministers Anton Storch und des Präsidenten des Bundestages, Dr. Erich Köhler, dessen Ausführungen mich schockiert hatten, das Wort. Im Anschluß an eine scharfe Kritik der Vorstellungen dieses Mannes, der die Arbeitswelt noch mit den Augen eines Honoratioren der Jahrhundertwende betrachtete, entwickelte ich meine Ideen von einem zeitgemäßen betrieblichen Mitbestimmungsrecht. Das war auch das Thema eines Vortrages gewesen, den ich ein Jahr zuvor auf Veranlassung von Professor Ludwig Preller bei der Gründung der »Gesellschaft für sozialen Fortschritt« gehalten hatte. (Unter diesem Namen wurde die Arbeit der im Dritten Reich aufgelösten »Gesellschaft für Sozialpolitik« weitergeführt.)

Bei der Formulierung des Artikels 9 des Grundgesetzes, der das Koalitionsrecht regelt, sei bewußt nicht im einzelnen festgelegt worden, wofür dieses Recht in Anspruch genommen werden kann.

Ich wies darauf hin, daß der Staat in den letzten Jahrzehnten vor dem
Dritten Reich durch die Anerkennung der rechtsetzenden Kraft des
Tarifvertrages, des Koalitions- und Streikrechtes und des kollektiven
Arbeitskampfes immer weiter in den Hintergrund getreten sei vor der
faktischen Autonomie der sozialen Verbände – nämlich Gewerkschaften und Arbeitgebervereinigungen. Dem Staat bleibe seither auf
dem Gebiet der konkreten Ordnung der Arbeitsverhältnisse fast
keine andere Aufgabe mehr, als die soziale Autonomie in eine
rechtliche Ordnung einzubetten, in der sich der Sozialbereich im
freien Kräftespiel der autonomen Tarifverbände in Verfassung bringen kann.

Auf die Dauer werde es jedoch nicht gehen, den Arbeitnehmer –
der im Verhältnis zum Staat selbstbestimmender Bürger ist – in der
für die Erhaltung und Gestaltung seiner Existenz entscheidenden
Lebenssphäre, nämlich dem »Betrieb«, in der Rolle eines Untertans
zu halten. Im Zeichen sozialer Autonomie sei es geboten, in der
»Verfassung« der Betriebe die gleichen Integrationsprinzipien anzuwenden, die für den demokratischen Staat gelten: also das Recht der
Beteiligung des »Betriebsbürgers« an der Bestimmung seiner Lebensverhältnisse im Betrieb. Das Mitbestimmungsrecht, wie es die
Gewerkschaften forderten, habe mit Sozialgesetzgebung im früheren
Verständnis nur mehr wenig zu tun; es bewirke eine partielle
Strukturveränderung der Lebensordnungen in der Welt der Arbeit,
die es erlauben werde, die in ihren Zwängen befangenen, immer mehr
von Vermassung bedrohten Menschen an die »res publica« heranzu-
führen. Nur so, und nicht durch feierliche Proklamationen in
Kongressen und Parlamenten, könnten in der Industriegesellschaft
unserer Tage menschenwürdige Lebensverhältnisse geschaffen
werden.

In der Folgezeit wurde ich von einer Reihe Gewerkschaften sowie
vom DGB selbst gebeten, auf Jahreskongressen zu sprechen. Das
Wort »Mitbestimmung« stand in jenen Jahren weniger für einen
klaren Rechtsbegriff als für ein diffuses Wunschbild betrieblicher
Harmonie und für ein Bündel arbeitsrechtlicher Zuständigkeiten, von
denen man sich ein ständiges Ansteigen des Anteils der Belegschaft an
den Machtverhältnissen innerhalb des Unternehmens erwartete. Ich

versuchte, den Gewerkschaften klarzumachen, daß nach dem Grundgesetz dem Unternehmer das Gestaltungsrecht und die Verantwortung für den Bestand und den wirtschaftlichen Erfolg seines Unternehmens zusteht; daß aber in einer auf Demokratisierung beruhenden Ordnung des öffentlichen Lebens das Verhältnis von Weisungsrecht und Gehorsamspflicht so gestaltet werden müsse, daß im Betrieb sich nicht mehr absolute Macht des »Betriebsherrn« und absolute Gehorsamspflicht der »Betriebsuntertanen« gegenüberstehen. Die gesetzliche Einführung des Mitbestimmungsrechtes des Arbeitnehmers bedeute also die »Konstitutionalisierung« des Betriebes.

In Ausführungen auf dem Gründungskongreß des DGB über die Stellung der Gewerkschaften innerhalb der Verfassungswirklichkeit wies ich auf Ferdinand Lassalles Wort hin, daß auch die Fabriken des Herrn von Borsig ein Stück preußischer Verfassung seien ... Dies habe dem absolutistischen Staat gegenüber gegolten; dem demokratischen Staat gegenüber habe man dieser Feststellung jedoch eine weitere hinzuzufügen: Auch die Gewerkschaften sind ein Stück Verfassungswirklichkeit! Durch sie gestalten diejenigen, die ausschließlich auf Verwertung ihrer Arbeitskraft in lohnabhängiger Stellung angewiesen sind, die Ordnung ihres Arbeitslebens durch Verträge mit dem Arbeitgeber mit. Im Industriezeitalter seien Gewerkschaften ein unverzichtbarer Faktor einer konsequent durchdachten demokratischen Ordnung an den Berührungsflächen von Staat und Gesellschaft. Darum übe der Arbeitnehmer, der an den Bemühungen seiner Gewerkschaft tätigen Anteil nimmt, eine staatsbürgerliche Verantwortung aus, denn er gestalte und verantworte dabei in Sorge um das Gemeinwohl weite Teile des öffentlichen Lebens. Was darunter zu verstehen ist, lehre uns die Erfahrung von Generationen aus einem langen kämpferischen Lernprozeß, der die Erkenntnisse von unten nach oben trägt, von wo sie, nach Läuterung im Lichte kritischer Zusammenschau, nach unten zurückkehren.

Das Mitbestimmungsrecht war der Bundesrepublik kein völliges Neuland, da die britische Militärregierung schon 1947 in ihrer Zone den durch die Gewerkschaften vertretenen Arbeitnehmern in den Großbetrieben Mitbestimmungsrechte eingeräumt hatte. Dieses Mitbestimmungsrecht ging den Gewerkschaften jedoch nicht weit genug;

außerdem wollten sie das Recht auf Mitbestimmung im Gesamtgebiet der Bundesrepublik für alle Großbetriebe der Eisen- und Stahlindustrie. Die Regierung zögerte; die der FDP angehörenden Mitglieder des Kabinetts hatten erhebliche Bedenken. Die Gewerkschaften drohten mit Streik. Einem Gespräch des Bundeskanzlers mit Hans Böckler folgten weitere Gespräche mit Arbeitgebervertretern und den Gewerkschaften. Am 14. Februar 1951 ging endlich der Gesetzesentwurf der Bundesregierung in die erste Lesung im Bundestag. Am 10. April kam es zur dritten Lesung und zur Abstimmung. Obwohl ich zu den Abgeordneten gehörte, die am meisten über das Mitbestimmungsrecht gesagt und geschrieben hatten, nahm ich an der Debatte nicht teil, denn ich wollte mich zur Verfügung halten, um bei den von mir erwarteten Abstimmungskrisen in dieser Lesung – vor allem bei dem Artikel über die Zusammensetzung des Aufsichtsrates – zwischen Gegnern und Befürwortern des Gesetzes vermitteln zu können. Bei der Abstimmung über die Änderungsanträge kam es zu regelrechten Tumulten; immer wieder traten Gruppen von Abgeordneten außerhalb des Plenarsaales zusammen, um über den jeweils neuesten Vermittlungsvorschlag zu beraten und nach einer Lösung zu suchen. Trotzdem – oder vielleicht gerade deswegen – kam es bei der dritten Lesung, der ich präsidierte, in der Schlußabstimmung zu einem unerwarteten Ergebnis: Nicht alle Abgeordneten, die sich bei meinen Vermittlungsvorschlägen bereit erklärt hatten, für das Gesetz zu stimmen, standen zu ihrem Wort. Die Abstimmung fiel gegen das Gesetz aus. Was tun? Die Ablehnung des Gesetzes hätte den Generalstreik in der gesamten Montanindustrie bedeutet. Die politischen Folgen waren nicht auszudenken.

Ich griff zu einem verzweifelten Mittel. Obwohl die Abgeordneten wahrgenommen hatten, was sich ereignete, verkündete ich das Ergebnis der Abstimmung nicht; statt dessen unterbrach ich die Sitzung. Ich rief die Führungsgremien der Fraktionen zusammen, um ihnen den Ernst der Lage klarzumachen und sie zu unterrichten, daß ich – geschäftsordnungswidrig – noch einmal abstimmen lassen werde. Sie sollten sich darum kümmern, daß es nicht noch einmal zu einer Panne komme. Wenn es ihnen beliebe, könnten sie aus meinem Verhalten als Leiter der Abstimmung die Konsequenzen ziehen, die

sie für richtig hielten. Bei der erneuten Abstimmung ergab sich dann
doch eine klare Mehrheit von CDU/CSU und SPD gegen FDP, DP
und KPD.

Mir schien nun die Zeit gekommen, meine politischen Funktionen auf
Landesebene aufzugeben. Ich hatte im Gegensatz zu manchem
meiner Kollegen Bedenken über die Vereinbarkeit der Funktion eines
Landesministers, also eines potentiellen Bundesratsmitgliedes, mit
den Pflichten eines Bundestagsabgeordneten. Es fiel mir nicht leicht,
aus der Politik meines Heimatlandes Württemberg-Hohenzollern
auszuscheiden, denn sein Schicksal, dessen erster Lenker nach dem
Kriege ich wurde, war mir ans Herz gewachsen.

Am 18. April 1950 teilte ich dem Staatspräsidenten Dr. Gebhard
Müller meinen Entschluß mit, das Ministeramt niederzulegen. Am
21. April erhielt ich meine Entlassungsurkunde mit einem Brief des
Staatspräsidenten, den er mit den Worten schloß: »Wenn auch unser
Verbundensein im engeren Bereich des Amtes endigt, so bin ich doch
gewiß, daß die Jahre der gemeinsamen Zugehörigkeit zur Landesregierung ein dauerndes und festes Band des Vertrauens geschaffen und
den Willen gefestigt haben, auch in Zukunft in ehrlicher und
vertrauensvoller Zusammenarbeit alle Kraft für das Wohl der geliebten Heimat und des Vaterlandes einzusetzen.«

Ich gestehe, daß mich diese Worte aus dem Munde eines Mannes,
der selten große Worte zu machen pflegte und zu den führenden
Männern einer Partei gehörte, deren Politik ich bekämpfte, bewegt
haben. In jenen fernen Tagen war man noch fähig, auch im
politischen Streit den politischen Gegner zu achten und das auszusprechen.

Am 13. Oktober 1950 legte der unheilbar krank gewordene Präsident
Dr. Erich Köhler sein Amt im Bundestag nieder. Das war schon
längere Zeit vorauszusehen gewesen, und so hatten bereits in den
Wochen zwischen seiner Beurlaubung und seinem Rücktritt Verhandlungen zwischen den Parteien über seine Nachfolge stattgefunden.

Am 19. Oktober wurde Dr. Hermann Ehlers zum Präsidenten

gewählt. Ich habe diesen norddeutschen Lutheraner sehr geschätzt, auf dessen Wort man sich immer verlassen konnte und der trotz seiner konservativen Grundeinstellung einen offenen Sinn für die Notwendigkeit hatte, die herkömmlichen Ordnungen den Veränderungen anzupassen, die in den Bereichen von Politik und Wirtschaft eingetreten waren.

Mitarbeit bei internationalen Institutionen

Im Laufe des Jahres 1948 beteiligte ich mich an der Gründung der Rote-Kreuz-Gesellschaft für Württemberg-Hohenzollern, deren Generalversammlung mich zu ihrem Präsidenten wählte. Dieses Amt nahm mich sehr in Anspruch. Wenn wirksam geholfen werden sollte – und wie oft mußte geholfen werden –, mußte zunächst einmal Geld beschafft werden. Die Mitgliedsbeiträge erbrachten nicht genug, und Spenden flossen nur spärlich. Da gab mir ein finanzkundiger Mann aus Genf den Rat, die Franzosen zu veranlassen, Rote-Kreuz-Sonderbriefmarken herauszugeben. Das geschah, und nun kam alle paar Monate eine neue Serie »unserer« Sondermarken heraus, um die man sich auf dem internationalen Philatelistenmarkt ihrer relativen Seltenheit wegen riß. Wir erhielten schöne Summen, mehr als wir bis 1950 ausgeben konnten. Als sich in Bonn das Deutsche Rote Kreuz neu konstituierte, konnte ich diesen Überschuß in seine Kasse legen.

Der Aufbau des Deutschen Roten Kreuzes war keine einfache Sache. Einige Landesverbände hatten sich in eigener Landesherrlichkeit so konsolidiert, daß sie nur einer extrem föderalistisch organisierten deutschen Rote-Kreuz-Gesellschaft beizutreten bereit waren. Immerhin gelang es, sich auf Statuten zu einigen, die von allen Landesverbänden angenommen wurden. Dank der Tüchtigkeit der Präsidenten und der Generalsekretäre und dank des kooperativen Verhaltens der Vertreter der Landesverbände im Bundesausschuß konnte gute Arbeit geleistet werden.

Nur wenige Mitglieder hatten eine klare Vorstellung von den spezifischen Aufgaben und der besonderen Rechtsstellung des Roten

Kreuzes nach nationalem und internationalem Recht. Ich hatte 1927 beim Kaiser-Wilhelm-Institut für ausländisches öffentliches Recht und Völkerrecht ein Gutachten »über gewisse Ausschließlichkeitsrechte der Rote-Kreuz-Gesellschaften« verfaßt, und so galt ich als Experte. Meine Kollegen im Präsidium baten mich, auf der ersten allgemeinen Kundgebung des Deutschen Roten Kreuzes, die am 26. Mai 1951 in Bonn stattfand, eine Darstellung der Problematik der Institution zu geben. Nach geschichtlichem Überblick und rechtlichen Erwägungen sprach ich über die Neutralität des Roten Kreuzes, die nicht nur den Staaten, sondern der Politik schlechthin gegenüber bestehe. Das Rote Kreuz nehme die Politik der Staaten und deren Folgen hin, ohne zu tadeln und anzuklagen, und kümmere sich nur um deren Opfer. Zwar seien die Rote-Kreuz-Gesellschaften von den Regierungen zu genehmigen; aber einmal genehmigt, seien sie in ihrem Tun und Lassen vom Staat unabhängig. Ihre Hilfe habe allen zu gelten, die unmittelbar oder mittelbar Opfer der Machtkämpfe der Staaten oder von Naturkatastrophen sind. Sich für diesen Dienst bereitzuhalten, sei Pflicht der Rote-Kreuz-Gesellschaften, die zum Zweck der Ausbildung von Pflegern und Hilfspersonal karitative Anstalten unterhielten. Die Aufgabe der nächsten Jahre werde sein, die Staaten zu veranlassen, die bereits bestehenden Konventionen durch Schutzbestimmungen für die Opfer von Bürgerkriegen zu ergänzen.

Ich bin bis zum Sommer 1979 Mitglied des Präsidiums des Deutschen Roten Kreuzes geblieben. Besondere Aufmerksamkeit widmete ich dabei dem Ausschuß, der Vorschläge für eine Weiterentwicklung des internationalen Roten-Kreuz-Rechtes auszuarbeiten hatte.

In den ersten Jahren nach dem Kriege erschien die Sowjetunion vielen Intellektuellen in Europa und Amerika nicht nur als das »Vaterland der Werktätigen aller Welt«, sondern auch als Vorkämpfer für die Sache der Freiheit des Geistes. Die dann im Westen bekannt gewordenen Berichte über die Schreckensherrschaft Stalins, unter der die Intellektuellen besonders zu leiden hatten, leiteten bei vielen denkenden Menschen Westeuropas einen Bewußtseinswandel ein. Sie erkannten, daß die geistige Freiheit nicht nur von faschistischen Staaten geknechtet, sondern heute von einem roten Totalitarismus unterjocht wurde. Zahlreiche intellektuelle Flüchtlinge aus östlichen Staaten, die einst gläubige Kommunisten gewesen waren, bekräftigten die Berechtigung dieser Befürchtungen. Dies machte mancherorts Persönlichkeiten, die erkannt zu haben glaubten, wie verhängnisvoll die politische Abstinenz der meisten Intellektuellen – und auch ihre oft unkritische Parteinahme für politische Ideologien – sich auf die Demokratie auswirkten, Mut, in den Randbezirken von politischer Aktion und politischer Bewußtseinsbildung freie Vereinigungen zu bilden, die sich zum Ziele setzten, die Intellektuellen gegen die Gefahren aufzurufen, mit denen ein neuer Totalitarismus die Freiheit der Kultur bedrohte. Einige unter ihnen waren der Meinung, daß es nicht genüge zu klagen, sondern daß man zur Aktion schreiten müsse.

Die Kulturkonferenz der Europäischen Bewegung, die 1949 in Lausanne stattfand, war ein erster Versuch. Ich lernte dabei Denis de Rougemont, Melvin Lasky, François Bondy, Jean Paul de Dadelsen und Michael Josselson kennen. In unseren Gesprächen gelangten wir zu der Überzeugung, daß unabhängige Persönlichkeiten von hohem geistigen Rang die Intellektuellen des freien Teiles der Welt zu einer Demonstration gegen die in Ost und West bestehende Unterdrükkung der Freiheit des Geistes aufrufen sollten. David Rousset, der Verfasser des Buches »L'Univers concentrationnaire«, hatte dazu schon im Plenum der Lausanner Tagung aufgerufen. Wir dachten, der beste Weg dahin wäre, einen Kongreß nach Berlin einzuberufen, in die Stadt, in der sich die Welt der Freiheit und die Welt des Totalitarismus auf Tuchfühlung nahe waren.

Eine solche Demonstration würde um so mehr Beachtung finden, wenn sich unter den Schriftstellern, Wissenschaftlern und Politikern auch solche befänden, die in einer Phase ihres Wirkens vom Glauben an die weltbefreiende Kraft des Kommunismus erfüllt gewesen waren und infolge ihrer in und mit der Sowjetunion gemachten Erfahrungen hatten erkennen müssen, daß der Leninismus kein Weg in die Freiheit, sondern in die Unfreiheit und Versklavung des Menschen war. Melvin Lasky und Denis de Rougemont unternahmen es, die

Möglichkeiten eines »Kongresses für die Freiheit der Kultur« zu sondieren.

Bald schrieben sie mir, daß bedeutende Gelehrte und Schriftsteller aus Europa und Amerika bereit seien, das Patronat über den Kongreß zu übernehmen und aktiv daran teilzunehmen. Sie baten mich um Vorschläge für deutsche Gäste. Irving Brown besuchte mich und berichtete, daß die amerikanische Gewerkschaft AFL sich an dem Vorhaben beteiligen wolle. Ich war ihm schon mehrfach begegnet und hatte seine robuste, völlig unkomplizierte, immer auf das Wesentliche gerichtete Intelligenz schätzen gelernt. Er hatte seinen Sitz in Paris und war von der AFL beauftragt, in den Ländern, deren gewerkschaftliche Organisationen von Besatzungsmächten oder totalitären Regimen zerschlagen worden waren, der Arbeiterschaft den Rat der amerikanischen Gewerkschaften anzubieten, gelegentlich auch materielle Hilfe. Für ihn gab es nur einen Feind: den politischen Totalitarismus, der sich das Recht anmaßt, den Arbeitern vorzuschreiben, wie sie zu denken hatten, und ihnen zu verbieten, nach ihren eigenen Vorstellungen für die bestmögliche Verbesserung ihrer Lebensverhältnisse zu kämpfen. Für ihn gehörte dieses Recht, genauso wie die Freiheit der Presse, zur Freiheit der Kultur, und darum war er »unser Mann«.

Im Januar 1950 teilte Lasky mir mit, daß der Regierende Bürgermeister von Berlin, Ernst Reuter, der Präsident des Berliner Abgeordnetenhauses, Otto Suhr, und der Rektor der Freien Universität ein Komitee gebildet hätten, das unseren Absichten dienlich sein könne. In der Trümmerwelt Berlins, im Schlagschatten der sowjetischen Besatzungsmacht sei eine reelle Chance gegeben, daß man sich nicht auf akademische Vorträge beschränken werde. Bald darauf schrieb er, daß sich ein internationales Komitee bilde, dem aus England Bertrand Russell, Aldous Huxley, R. H. S. Grossmann und Arthur Koestler angehören würden, aus Frankreich André Gide, Léon Blum und David Rousset. Aus Italien sollten Benedetto Croce, Ignazio Silone und Carlo Levi dabei sein und für die USA John Dewey, der Theologe Reinhold Niebuhr und der Philosoph Sidney Hook. Für Deutschland sollten Karl Jaspers, Alfred Weber, Eugen Kogon und ich dem internationalen Komitee angehören. Als Termin war die letzte Woche im Juni des Jahres 1950 vorgesehen. Wer geglaubt haben mochte, der Kongreß würde kein Erfolg werden, sah sich enttäuscht: 150 Schriftsteller, Gelehrte, Politiker, Journalisten, Studenten aus aller Welt erklärten sich mit seinen Zielen einverstanden. Jules Romains von der Académie Française wurde zum Präsidenten der Tagung gewählt, Ernst Reuter, Sidney Hook und Alfred Weber zu Vizepräsidenten und Benedetto Croce, John Dewey, Karl Jaspers, Don Salvador de Madariaga, Jacques Maritain und Bertrand Russell zu Ehrenpräsidenten.

Auf der Eröffnungssitzung hielt Jules Romains eine großherzige Rede im Stil der Festvorträge in der »Coupole« der Académie Française. Ignazio Silone, der große italienische Schriftsteller, dessen Bericht, warum er sich um der Wahrheit willen von dem »Gott, der keiner war«, der Kommunistischen Partei, lossagen mußte, bei seinem Erscheinen die Menschen guten Willens erschüttert hatte, sprach zu der großen internationalen Zuhörerschaft in deutscher Sprache. Er widerlegte die Behauptung, daß der Deutsche von Natur aus nicht für die Freiheit tauge, und sprach von den Deutschen, die ihr Leben für die Freiheit gelassen haben. Der Kongreß sei eine Versammlung freier Menschen, die wüßten, daß Freiheit in keinem Lande angeborenes und unverlierbares Gut sei, sondern immer wieder verteidigt werden müsse, am meisten aber in Zeiten, in denen die Menschen sich an Unfreiheit und Lüge gewöhnt hätten. Und wo sei dies mehr der Fall als in Epochen, in denen so gut wie alle Ausdrucksmittel des Geistes das Monopol der den Staat beherrschenden Gruppen geworden sind?

Großen Eindruck machte Alfred Webers Rede. Fast eine Stunde lang hörte das Haus dem greisen Nestor der deutschen Staatswissenschaft zu. Warum hätten es die Deutschen nie recht zu einer Geist und Tat gleichermaßen umfassenden Freiheit gebracht? Lag die Ursache nur in der politischen Geschichte oder nicht vielmehr in dem falschen Verhältnis, das sie gerade vom Geiste her mit der Freiheit eingingen? Das Unglück hätte seinen Lauf genommen, als die Deutschen zu glauben begannen, es sei dem Menschen möglich, »innerlich« frei zu sein, auch wenn er der »äußeren«, vom Bürger selbst gestalteten politischen Freiheit ermangele. Dies habe es auf dem

Weg über die Romantik in der zweiten Hälfte des 19. Jahrhunderts, dem Zeitalter der Vergottung des Faktischen, möglich gemacht, im Namen der »inneren« und der kulturellen Freiheit politische Unterjochung philosophisch zu rechtfertigen und gegenüber der Freiheit im Sinne der »Aufklärung« von »deutschem Freiheitsverstand« oder von »organischer Freiheit« zu sprechen, woraus dann »die recht verstandene Freiheit« des Dritten Reiches geworden sei . . .

Arthur Koestler, dessen Buch »Sonnenfinsternis« die großartige Durchleuchtung der Beweggründe des in der Denkwelt des Bolschewismus eingeschlossenen Menschen ist, sprach von den zwei Verhaltensweisen, die den Menschen dem politischen Geschehen gegenüber möglich sind: Die eine Art scheue die Antithese von Schwarz und Weiß; sie sehe das Wesentliche in den Nuancen und suche statt der Konfrontation den Ausgleich und den Kompromiß. Diese Art sei gut in Zeiten, die fest auf ihren Fundamenten ruhen und in denen die Dinge sich nicht hart im Raume stoßen. Die andere Art: Eure Rede sei ja, ja und nein, nein; nach dieser Maxime habe man in den Zeiten tödlicher Krisen zu leben. Hier gelte es nicht, nach Nuancen zu spüren, nicht nach möglichen Gemeinsamkeiten in den Randbezirken von Schwarz und Weiß zu forschen; hier gelte es nicht, nach Kompromissen auszuspähen, sondern klar zu erkennen, daß das Ja zu dem einen das Nein zu seinem Gegenteil einschließt und zum Kampf gegen dieses Gegenteil aufruft. Dem Totalitarismus gegenüber gebe es weder Kompromiß noch Neutralität, so wenig wie gegenüber der Cholera. So habe denn dieser Kongreß Stellung zu beziehen, und zwar eine Kampfstellung, denn seine Teilnehmer seien nicht zusammengekommen, um sich über Interpretationen des Freiheitsbegriffes zu unterhalten, sondern um ein Kampfbündnis gegen eine Tyrannei zu schließen, die schlimmer sei als alle anderen vorangegangenen Tyranneien. Er schloß mit dem Ruf an alle Intellektuellen der Welt: »Bezieht Stellung und kämpft!«

Der Kongreß beschloß, eine feste Organisation aufzubauen, die Menschen helfen konnte, deren geistige Freiheit bedroht schien. Er lehnte es ab, sich mit *Anklage* zu begnügen: Er wollte für die Freiheit der Kultur *handeln*.

Für mich bedeutete die Teilnahme an dem Kongreß und das

Zusammensein mit so vielen von starken Erlebnissen geprägten Menschen den ersten Blick in die Tiefen und Weiten der geistigen Welt hinter der Mauer, die uns Deutsche so lange umschlossen hatte. Dies hat mich ein gutes Stück weitergebracht auf dem Wege zu mir selber. Hier entstand die Freundschaft mit Manès Sperber, die heute noch so lebendig ist wie in den Tagen ihres Beginns und mir bei jeder neuen Begegnung neue Einsichten über das Gefüge der Welt bringt. Arthur Koestler, Ritter ohne Furcht und Tadel, erschien mir staunenswert. Über dem Kampf mit dem Drachen vergaß er nicht die strengen Paradiese, in denen beheimatet ist, was die Welt im Innersten zusammenhält.

Der Kongreß wählte ein internationales Exekutivkomitee; Denis de Rougemont, Ignazio Silone, Raymond Aron, Irving Brown, David Rousset, Haakon Lie, Stephen Spender, Eugen Kogon und ich gehörten ihm an. In der Folge wurden nationale Exekutiven für die einzelnen Länder geschaffen. Willy Brandt, Eugen Kogon, Rudolf Pechel, Theodor Plievier, Boris Blacher, Margarete Buber-Neumann gehörten dem deutschen an. Für lange Zeit wurde die Arbeit des Kulturkongresses das geistige Zentrum des freien Teils Berlins.

Von den Tagungen, Arbeitssitzungen und Seminaren des Kongresses in aller Welt gingen nachhaltige Wirkungen aus, ebenso von den Periodika, die er in verschiedenen Ländern gründete. Ich denke an die Zeitschrift »Der Monat«, die unter Melvin Lasky viele Jahre lang eine der angesehensten Monatsschriften Deutschlands war; an »Preuves«, unter François Bondy lange Zeit die wichtigste Konkurrenz der zahlreichen, den Kommunisten zuneigenden französischen Zeitschriften; an »Cuadernos«, die in den spanisch sprechenden Ländern Amerikas gelesene politisch-literarische Monatszeitschrift demokratischer Tendenz. Ich denke vor allem an den »Encounter«, die einst von Stephen Spender geleitete angesehenste politisch-literarische Zeitschrift Großbritanniens, die heute von Melvin Lasky betreut wird.

Im Jahre 1956, nach meiner Erkrankung, gab ich meine Tätigkeit im Kulturkongreß auf. Ich denke mit Dankbarkeit an die Jahre zurück, in denen ich in seinen Reihen tätig werden konnte, an die vielen Begegnungen mit untadeligen Demokraten, die einst an den

Kommunismus sowjetischer Prägung geglaubt hatten, von ihren Erfahrungen berichteten und sich der Diskussion stellten. 1975 erhielt ich die Lebenserinnerungen Nicolas Nabokovs, lange Jahre Leiter der Berliner Festspiele, in denen zu lesen stand, daß der Kongreß Geld von der CIA erhalten habe. Ich hatte also an einer Einrichtung mitgewirkt – unter anderem in der Überzeugung, einer Sache zu dienen, die mit Machtpolitik nichts zu tun hatte –, die ein von der CIA finanzierter Nebenkriegsschauplatz des Kalten Krieges zwischen den Vereinigten Staaten und der Sowjetunion geworden war. War ich also einer jener »nützlichen Idioten« gewesen, von denen Lenin sagte, die Weltrevolution sollte sich ihrer bedienen, um den Weg für den Sieg freizumachen und die Widerstände und Gegenkräfte zu lähmen? Ich rechne mich nicht zu ihnen. Mag das, was wir 1949 in Lausanne planten und dann aufbauten, politischen Elementen des Kalten Krieges in den Kram gepaßt haben; ich bin heute noch froh, daß wir mit Hilfe von Mitteln, über deren Herkunft wir nichts wußten, einiges zu tun vermochten, um die Intellektuellen Europas, Asiens und Südamerikas vor dem zu warnen, was sich ihnen unter der verführerischen Flagge von Hammer und Sichel als die »richtig verstandene, reale Freiheit« anbot. In keiner Phase der Arbeit des Kulturkongresses, die ich verfolgte, konnte ich politische oder geistige Falschmünzerei entdecken. Vielleicht waren wir Werkzeuge in den Händen anderer; vor unserem Bewußtsein handelten wir gemäß dem Ruf und dem Gebot unseres Gewissens in völliger Autonomie.

Beginn der öffentlichen Diskussion

In den ersten Jahren nach Beendigung der Feindseligkeiten machten sich nur wenige deutsche Politiker konkrete Gedanken über eine mögliche Wiederbewaffnung Deutschlands. Das deutsche Volk wollte vom Krieg nichts mehr wissen. Wenn von Soldaten gesprochen wurde, geschah es höchstens, um dem Willen der Deutschen Ausdruck zu geben, das Kriegsgeschäft möchten künftig andere übernehmen. Die »Ohne-mich«-Stimmung war weit verbreitet. In der Rede, die ich bei der Gründung der Sozialdemokratischen Partei in Südwürttemberg-Hohenzollern hielt, erklärte ich, wir Deutschen wollten unsere Kinder nicht mehr in die Kasernen schicken. Was hätten deutsche Streitkräfte auch für einen Sinn haben können in einem Lande, von dem man wußte, daß es für lange Zeit von Truppen der Siegermächte besetzt gehalten werden würde? Außerdem war der Glaube weit verbreitet, die UNO werde imstande sein, jeden potentiellen Angreifer entsprechend rasch und wirksam zur Ordnung zu rufen.

Ich habe den »Ohne-mich«-Pazifismus nicht geteilt. Ich bin immer der Meinung gewesen, in einer Welt, in der mit Angriffen auf Bestand und Freiheit eines Staates, auch unseres Staates, gerechnet werden muß, seien Vorkehrungen zu treffen, die es gestatten, einen Angreifer abzuwehren. Unter den damals herrschenden Umständen – UNO, NATO, Besatzungsregime, differenzielle Behandlung Deutschlands – war ich freilich der Auffassung, daß eine deutsche Beteiligung auch an kollektiven Sicherungssystemen so lange nicht in Frage kommen könne, als Deutschland die Rechtsgleichheit verweigert und sein Gebiet von fremden Truppen besetzt gehalten wird, vor allem aber,

solange seine Einheit nicht wiederhergestellt ist oder wenigstens die
Staaten, die Deutschland in ihrem Sicherheitssystem eine aktive oder
auch nur passive Rolle zugedacht hatten, die Aufhebung der Spaltung
Deutschlands für unverzichtbar erklärten. Kurt Schumacher war der
einzige, mit dem ich schon in der frühen Nachkriegszeit und später in
den Führungsgremien der Partei unbefangen über Militärisches reden
konnte.

Gute Freunde erinnerten sich in diesen Monaten des Liedes, das sie
zu Zeiten der Weimarer Republik in der Sozialistischen Arbeiterjugend gesungen hatten: »Nie wieder wollen wir Waffen tragen . . .«
Während ich unmittelbar nach dem Kriege davon ausgegangen war,
daß auch die Sowjetunion sich saturiert fühle und darum keine
Ursache habe, an kriegerische Ausbreitung zu denken, war Kurt
Schumacher in diesem Punkte skeptischer als ich. Er war überzeugt,
daß die sowjetische Politik auf Expansion ihres Machtbereiches
programmiert sei und der Westen sich in die Lage versetzen müsse,
ihr entgegentreten zu können. Ihr Verhalten gegenüber Polen und der
Tschechoslowakei war ihm Beweis genug. Unter dem Eindruck
seiner Vorstellungen durchdachte ich, wie für den Fall eines Versa-
gens der UNO ein Verteidigungssystem des demokratischen Westens
aussehen könnte, das allen, auch den Deutschen, gestattete, frei von
Furcht zu leben. Ich fand nichts Besseres als die Modelle für die
Systeme kollektiver Sicherheit, die zur Völkerbundszeit diskutiert
wurden und in den Verträgen von Locarno ihren partiellen Niederschlag gefunden hatten. Diese Verträge wären ihrem Mechanismus
nach imstande gewesen, auch Hitlers Kriegsabsichten zunichte zu
machen, wenn die Vertragsmächte den Mut gehabt hätten, zu ihren
Verpflichtungen zu stehen.

In der »Welt« vom 14. Dezember 1948 schlug ich vor, international
integrierte Streitkräfte aufzustellen, die mehr sein müßten als ein
Mosaik nationaler Truppenkontingente. Dabei müsse man an das
ganze Deutschland denken und an ein System kollektiver Sicherheit,
das um ein wiedervereinigtes Deutschland herum die östlichen und
westlichen Länder Europas umfasse und – zusammen mit Rechtsver-
fahren für den Austrag von Streitigkeiten mit friedlichen Mitteln –
jedem Sicherheit vor bösen Absichten des Nachbarn gebe. Den

Rahmen dafür sah ich im Zusammenhang mit den in der UNO-Satzung vorgesehenen Regionalverträgen. Als ich dies schrieb, hielt ich ein globales Verteidigungssystem noch für möglich. Kurt Schumacher dachte dagegen eher an ein System, das Westeuropa und Amerika in einem weitgespannten Bündnis zusammenfaßte. Für ihn war es selbstverständlich, daß nur ein wiedervereinigtes Deutschland militärische Verpflichtungen eingehen konnte.

Im Parlamentarischen Rat haben wir Fragen der Wehrhoheit, der Sicherheit und der Verteidigung nicht erörtert. Dies wäre in Anbetracht der Haltung der Besatzungsmächte, die sich die Führung der auswärtigen Angelegenheiten der Bundesrepublik vorbehalten hatten, ohne Sinn gewesen. Zu der Vorstellung, nur ein Staatsfragment schaffen zu wóllen und zu können, hätte es von vornherein nicht gepaßt.

1949 konnte man von ausländischen Journalisten gelegentlich erfahren, in manchen Hauptstädten, vor allem in Washington, rede man davon, die deutschen Potentiale zur Verteidigung des Westens wieder aufleben zu lassen: die Montanindustrie in erster Linie, aber auch das politische Potential des deutschen Volkes und sogar sein militärisches – allerdings in Formen, die es den Deutschen unmöglich machen würden, darauf eine eigene, womöglich dem Westen abträgliche Politik zu gründen. Im Dezember 1949 gab Konrad Adenauer dem »Cleveland Plain Dealer« ein Interview, in dem er eine nationale Armee energisch ablehnte; denn das deutsche Volk habe schon allzu viele Blutopfer gebracht. Er würde eine *deutsche* Armee auch dann ablehnen, wenn die Alliierten für die Wahrung der europäischen Sicherheit einen militärischen Beitrag der Deutschen verlangen sollten. Im äußersten Fall wäre er bereit, die Frage eines deutschen Kontingents im Rahmen der Armee einer europäischen Föderation zu prüfen. Auf dem Parteitag der rheinischen CDU am 7./8. Dezember in Düsseldorf sagte er Ähnliches. Mir scheint es wahrscheinlich, daß die Aufstellung der kasernierten Volkspolizei in der sowjetischen Besatzungszone unter dem ehemaligen Reichswehrgeneral Vinzenz Müller und dem Generalinspekteur Heinz Hoffmann (»wir sind keine Polizei, wir sind Soldaten . . .«) dem Bundeskanzler Sorge bereitete und daß er darum, wenn auch noch verhalten, die mögliche

Beteiligung deutscher Streitkräfte an den für die Verteidigung Europas zu treffenden Maßnahmen ins Gespräch bringen wollte.

Konrad Adenauer stand nicht allein mit seiner Meinung, auch die Deutschen würden gewisse militärische Anstrengungen auf sich nehmen müssen, falls die Mächte des demokratischen Westens dies für nötig hielten. Zu Beginn des Jahres 1949 hatte Feldmarschall Montgomery, seit Herbst 1948 Vorsitzender des Komitees der Oberbefehlshaber der Truppen im Brüsseler Pakt, erklärt, daß ohne Westdeutschland die westeuropäischen Staaten der sowjetischen Armee keine ausreichenden Streitkräfte entgegenstellen könnten.

Vielleicht war dies die Ursache, daß Eugen Kogon auf einer Pressekonferenz am 24. November 1948 erklärte, die Besatzungsmächte bereiteten in ihren Zonen die Wiederbewaffnung der Deutschen vor, was zwar so nicht stimmte, aber die Diskussion anheizte. Anfang Dezember 1949 zirkulierte im Bundestag das Gerücht, der Bundeskanzler habe von den Alliierten die Zustimmung zur Bildung starker Polizeiverbände in Divisionsstärke verlangt, was Konrad Adenauer sofort dementierte. (»Ich habe zu dieser Frage keine Auffassung ... Ich denke über dieses Problem überhaupt nicht nach.«)

Diese Nachrichten erregten die Gemüter mehr und mehr, was unter anderem bewirkte, daß ein Teil der SPD-Fraktion sich der Aufstellung eines Grenzschutzes gegenüber skeptisch einzustellen begann. Vor allem der ehemalige Innenminister Nordrhein-Westfalens, Dr. Walter Menzel, der durchaus für eine starke Polizei war, vermutete in den Grenzschutzeinheiten eine Art von »Schwarzer Bundeswehr«.

Daß Konrad Adenauer nicht an eine deutsche Nationalarmee dachte, daran besteht kein Zweifel. Er stellte sich Streitkräfte vor, die zur Verfügung des gesamten demokratischen Westens stehen sollten. Er hoffte, mit dieser Vorstellung die Westmächte veranlassen zu können, die Blockierung der Souveränität der Bundesrepublik aufzugeben, deren Sicherheit gegenüber der immer stärker aufrüstenden Sowjetunion zu gewährleisten und eine europäische Föderation herbeizuführen.

Dies muß zusammen mit den Maßnahmen gesehen werden, die mit

dem Namen Robert Schuman verbunden sind. Die Alliierten hatten nach der ersten Euphorie des Sieges, in der sie meinten, Deutschland auf lange Zeit ihrer Oberhoheit unterwerfen zu können, nunmehr begriffen, daß sie sich geirrt hatten. Sie mußten lernen, daß es auf die Dauer für sie eine zu schwere Last sein würde, neben dem eigenen Land noch ein anderes so zu regieren, daß es dem Zugriff einer aggressiven Großmacht entzogen blieb, und dies in einem Bündnis, dessen Mitglieder nur selten an einem Strang zogen. Zumindest die Vereinigten Staaten und Großbritannien wollten aus dieser Verantwortung so bald wie möglich ausscheiden. Einige Ereignisse der letzten Jahre hatten den einst blind auf die Friedfertigkeit der Sowjetunion vertrauenden Alliierten gezeigt, daß sie mit Konflikten konfrontiert werden könnten, mit denen sie für sich allein kaum fertig zu werden vermöchten.

Es kam also für sie darauf an, Institutionen ins Leben zu rufen, die die deutschen Potentiale zum Vorteil des Westens freisetzten, sie jedoch so »eingebunden« hielten, daß die Deutschen darauf keine den Interessen des Westens abträgliche Politik gründen konnten. Das setzte voraus, daß die Deutschen sich damit abfanden, daß ihr einstiges Vaterland in zwei Staaten geteilt blieb. Die Alliierten sagten das nicht öffentlich; sie sprachen im Gegenteil vom Recht des deutschen Volkes auf Wiedervereinigung, deren Verwirklichung sie angeblich begrüßten. Doch Einsichtigen war klar, daß sie für dieses Ziel nichts riskieren würden, solange die Sowjetunion fest auf ihren Fundamenten stand. Der Freundschaftsvertrag General de Gaulles mit der Sowjetunion machte deutlich, wie unser nächster Nachbar im Westen zur Frage der Wiedervereinigung stand.

Die Eingliederung deutscher Streitkräfte in eine Westpakt-Armee, die Befreiung der Deutschen von den industriellen Servituten der Morgenthaupolitik zusammen mit der Beseitigung oder Lockerung der Besatzungsherrschaft und drittens die Umwandlung der einseitigen »kriegsrechtlichen« Besetzung deutschen Gebietes in ein vertraglich eingeräumtes Recht zur Stationierung alliierter Truppen in der Bundesrepublik: Das sind die drei Seiten eines und desselben politischen Konzeptes. Dies muß man sehen, um die Haltung der Sozialdemokratischen Partei Deutschlands zum Verteidigungsproblem, zur Montanunion und zur europäischen Verteidigungsgemeinschaft zu verstehen. All dies erschien ihr an sich durchaus wünschenswert; jedoch hegte sie die Befürchtung, die Anwendung dieses Konzepts auf das halbe Deutschland werde ziemlich sicher ausschließen, daß die Sowjetunion eines Tages ihre deutsche Beute freigeben und den Deutschen gestatten wird, sich wieder zu jenem *einen* Staatsvolk zusammenzuschließen, zu dem die Geschichte sie hat werden lassen.

Anfang 1950 schlug ich bei einer Besprechung mit Kurt Schumacher und Erich Ollenhauer vor, Generale der einstigen Wehrmacht zu Gesprächen einzuladen und sich von ihnen über die Möglichkeit oder Unmöglichkeit einer wirksamen Verteidigung unseres Landes unterrichten zu lassen. Ich dachte dabei an General Hans Speidel und General Adolf Heusinger, von denen ich wußte, daß sie auch Konrad Adenauer berieten. So hatte der Bundeskanzler schon 1949 von General Speidel ein Memorandum über den Atlantik-Pakt erbeten. Am 5. April 1949 übergab General Speidel ihm eine weitere Denkschrift mit Vorschlägen, worin eine deutsche Beteiligung an der europäisch-atlantischen Verteidigung bestehen könnte. Ich wußte, daß die beiden Generale vom amerikanischen Oberkommando zur Klärung militärischer Fragen, die die Lage Deutschlands aufwarf, herangezogen wurden. General Speidel kannte ich gut; für die Loyalität General Heusingers stand er ein.

Im Lauf des Jahres trafen die beiden Generale des öfteren mit Kurt Schumacher zusammen. Die Gespräche beschränkten sich auf die Klärung militärischer und strategischer Fragen. Das politische Problem, ob die Bundesrepublik sich an militärischen Maßnahmen beteiligen sollte oder nicht, wurde nicht behandelt. Die Antworten der Generale sollten uns Klarheit darüber verschaffen, ob mit oder ohne unsere Beteiligung Deutschland oder auch nur das Gebiet der Bundesrepublik wirksam verteidigt werden konnte, ohne daß Deutschland zum Schlachtfeld und zu verbrannter Erde wurde. In diesem Fall erschien es uns äußerst unwahrscheinlich, daß innerhalb seiner Grenzen noch etwas zu verteidigen übrigbleiben werde.

Unsere Erkenntnisse waren: Von Verteidigung Deutschlands kann man nur reden, wenn die Kampfhandlungen nicht zwangsläufig zur Zerstörung des Landes führen. Darum muß jede strategische Konzeption vorsehen, daß der Kampf von Anfang an in das Gebiet des Angreifers getragen werden kann. Dazu müssen aber die Alliierten in Europa, und zwar nahe der Demarkationslinie, sehr viel mehr Truppen unterhalten als heute. Die Russen und die Amerikaner können einen Krieg wagen, bei dem sie sicher sind, die *letzte* Schlacht zu gewinnen; die Deutschen aber müssen sicher sein, daß der Westen die *erste* Schlacht gewinnt. Eine integrierte europäische Streitmacht, wie Konrad Adenauer sie im Auge hat, setzt schon wegen der Notwendigkeit eines einheitlichen Oberbefehls eine politische Führungsgewalt voraus, der das integrierte europäisch-atlantische Kommando untersteht.

Die Generale bestärkten uns in unserer Auffassung, daß Westeuropa für sich allein unter keinen Umständen imstande sei, sich wirksam gegen einen Angriff sowjetischer Truppen zu verteidigen. Ohne den massiven Einsatz amerikanischer Streitkräfte seien die Probleme, die Westeuropas Verteidigung aufwirft, nicht zu lösen. Diese Streitkräfte müßten schon am ersten Tage des Konflikts zur Verfügung stehen. Die heute in Deutschland und in Europa stationierten amerikanischen Kontingente reichten nicht aus, um diese strategische Aufgabe zu erfüllen.

Am 22. Dezember 1950 schrieb mir Kurt Schumacher: »Bei unserer damaligen Unterhaltung waren wir darin der Meinung, daß die Fühlungnahme und der Gedankenaustausch mit den beiden Herren doch eigentlich sehr produktiv sei. Wir haben auf die beiden jedes Vertrauen gesetzt, und ich meine, wir sollten es auch weiter tun . . .« Wer die antimilitaristische Tradition der SPD kennt, weiß, wieviel sich in ihrer Gedankenwelt verändert haben muß, bis ein solcher Vertrauensbeweis möglich werden konnte. Unsere Besprechungen, zu denen sich General Hermann Foertsch und Major i. G. Wolf Graf von Baudissin gesellten, wurden bis zu den abschließenden Verhandlungen über die Europäische Verteidigungsgemeinschaft fortgesetzt. In unseren internen Beratungen zogen wir den Kreis der Beteiligten immer weiter. Von einer »Ohne-mich«-Stimmung war keine Rede. Die Ablehnung der Politik Konrad Adenauers und der CDU hatte politische Gründe: Was Westeuropa und die Vereinigten Staaten zur Abwehr eines Angriffs auf Deutschland bereitstehen hatten, reichte nicht aus für eine sinnvolle Verteidigung; unter den gegebenen Verhältnissen deutschen Einheiten die Verteidigung des Gebietes der Bundesrepublik zu übertragen, kann zu nichts anderem führen, als Deutschland zur verbrannten Erde zu machen. Der entschiedene Wille der Parteiführung, alles gutzuheißen, was unter den gegebenen Umständen zur Verteidigung Westeuropas beitragen könnte, geht aus Kurt Schumachers Vorschlag hervor, die Amerikaner sollten neben ihren fertig ausgebildeten Kampftruppen ihre in der Ausbildung stehenden Einheiten nach Deutschland verlegen, damit im kritischen Augenblick genügend amerikanische Truppen zur Abschreckung des Angreifers zur Verfügung stünden.

Um die Atmosphäre zu verstehen, aus der die Haltung der Sozialdemokraten zum Problem der Verteidigung Europas begriffen werden muß, ist es gut zu wissen, daß der französische Verteidigungsminister Jules Moch schon 1949 vor der französischen Kammer erklärt hatte: Frankreich werde in Deutschland verteidigt werden . . . Es wollte uns nicht einleuchten, daß Deutschlands Wert ausschließlich in seiner Tauglichkeit zum Glacis der »Festung Westeuropa« liegen sollte. Wir meinten, daß Deutschland für ebenso verteidigungswürdig zu halten sei wie seine Nachbarn; das schloß für uns die Glacis-Theorie aus.

Wie sich bei Kurt Schumacher die militärischen Absichten der Alliierten und die Einbringung der deutschen Montanindustrie in die supranationale Montanunion darstellten, zeigt ein Brief, den Ollenhauer in seinem Auftrag am 10. Januar 1952 an Gustav Heinemann schrieb. Der zurückgetretene Innenminister hatte am 11. Dezember 1951 Schumacher gebeten, er möge das Volksbegehren gegen eine deutsche Wiederaufrüstung, das er in Nordrhein-Westfalen plane, unterstützen. In diesem Brief heißt es: »... Der von der SPD entwickelte und vertretene Standpunkt der Voraussetzungen für die Verteidigung und Sicherung Deutschlands und der demokratischen Länder ist bekannt. Diese Voraussetzungen sind nicht gegeben. Die Frage des militärischen Beitrages ist ein Bestandteil des internationalen Vertragssystems, zu dem auch der Schumanplan gehört. Der

Schumanplan soll jetzt angenommen werden, um im französischen
Parlament eine Mehrheit für die ›Europa-Armee‹ zu erreichen. Man
will vor dem französischen Parlament den Nachweis führen, daß man
die Deutschen zuerst industriell entmachtet habe, ehe man ihnen
zugesteht, Waffen zu tragen. Dieser Charakter des Schumanplans ist
im Bundestag zum Teil noch nicht begriffen worden. Wer dem
Schumanplan zustimmt, hat das Gesetz des eigenen Handelns in der
militärischen Frage verloren. Man kann nicht einem Teil des Systems
zustimmen und einen anderen ablehnen.«

Am 25. Juni 1950 brach die Koreakrise aus. Die UNO trat in Aktion.
Die NATO-Mächte überprüften ihre militärische Stärke, denn es schien
durchaus möglich, daß es zu einer allgemeinen Konfrontation der
beiden Blöcke kam. Das war wohl der Grund für das von mir schon
früher erwähnte Plädoyer Sir Winston Churchills vor der Beratenden
Versammlung des Europarates. Damals waren sogar einige französische
Delegierte für die Aufstellung einer europäischen Streitmacht gewesen,
in der auch deutsche Soldaten Dienst tun sollten.

An der für September 1950 nach New York einberufenen Außenministerkonferenz der Alliierten sollte auch der amerikanische Hochkommissar für Deutschland, John McCloy, als geschäftsführender
Vorsitzender der Hohen Kommission teilnehmen. Er bat den Bundeskanzler um eine Darlegung seiner Ansichten über das Verhältnis
der Bundesrepublik zu den Alliierten. Unverzüglich legte Konrad
Adenauer ein Memorandum vor, in dem er die Verstärkung der
Besatzungstruppen in Deutschland verlangte. Dies sei notwendig, so
heißt es darin, weil nur »hinter dem Schutz einer ausreichenden Zahl
gut ausgerüsteter alliierter Divisionen die gegenwärtig in Europa
anlaufenden Verteidigungsmaßnahmen ungestört durchgeführt werden können. Der Bundeskanzler hat ferner wiederholt seine Bereitschaft erklärt, im Falle der Bildung einer internationalen westeuropäischen Armee einen Beitrag in Form eines deutschen Kontingents zu
leisten. Damit ist eindeutig zum Ausdruck gebracht, daß der Bundeskanzler eine Remilitarisierung Deutschlands durch Aufstellung einer
eigenen nationalen Militärmacht ablehnt.« Die Außenministerkonferenz nahm von der Erklärung des Bundeskanzlers, die Deutschen

wünschten keine Nationalarmee, Kenntnis und befürwortete die Beteiligung der Bundesrepublik an der Verteidigung der Freiheit Europas.

Konrad Adenauers Vorstoß hatte eine unerwartete Wirkung: Innenminister Dr.Gustav Heinemann protestierte gegen die Eigenmächtigkeit des Bundeskanzlers und ersuchte ihn, dem Bundespräsidenten seine, Heinemanns, Entlassung aus dem Amt vorzuschlagen. Er verließ die CDU und gründete die Gesamtdeutsche Volkspartei. Später trat er der SPD bei.

Konrad Adenauer berichtet in seinen »Erinnerungen«, McCloy habe ihm die Beschlüsse der Außenministerkonferenz dahin erläutert, daß die Entscheidungen, die Deutschland betrafen, »nicht nur getroffen worden seien. um Deutschland gegen Angriffe zu schützen, sondern um dem Ziel der Einheit näherzukommen«. McCloy sei der Meinung, »auf dem Gebiet der Sicherheit wie in der Frage der Einheit würde jetzt eine Periode eintreten, in der man mit viel mehr Vertrauen als bisher einen Erfolg erhoffen könne«.

Ich vermag nur zögernd zu glauben, daß ein so kluger und politisch erfahrener Mann wie McCloy der Meinung gewesen sein könnte, diese Beschlüsse seien auch mit dem Ziel gefaßt worden, der Einheit Deutschlands effektiv näherzukommen. McCloy kannte die Ziele der sowjetischen Politik und die Zähigkeit, mit der Stalin diese zu verfolgen pflegte. Ich kann mir nicht vorstellen, daß er es auch nur für möglich hielt, die Alliierten könnten um der Wiederherstellung der Einheit Deutschlands willen bereit sein, einen Konflikt mit der Sowjetunion zu riskieren, bei dem es härter zugehen würde als beim Koreakonflikt – und mit einem sehr viel größeren Risiko für alle! Sollte die traditionelle französische Rußlandpolitik de Gaulles dem amerikanischen Hochkommissar für Deutschland unbekannt gewesen sein? Ohne das Mitgehen Frankreichs auf jede Gefahr hin konnte nichts gegen den Widerstand der Sowjetunion für die Einheit Deutschlands unternommen werden.

Kurt Schumacher erklärte zu den New Yorker Beschlüssen am 17. September 1950: »Wir sind bereit, wieder Waffen zu tragen, wenn die westlichen Alliierten mit uns das gleiche Risiko und die gleichen Chancen der Abwehr eines sowjetischen Angriffs auf sich nehmen und sich mit größtmöglicher Macht an der Elbe etablieren.« Den alliierten Vorstellungen, Westeuropa sei am Rhein zu verteidigen, setzte er die Vorwärtsverteidigung an der Demarkationslinie entgegen. Mit dieser Vorstellung ist er schließlich, wenn auch posthum, durchgedrungen.

Die Verteidigungsdebatten im Bundestag

Am 24. Oktober 1950 entwickelte der französische Ministerpräsident René Pleven vor der Französischen Nationalversammlung den Plan einer europäischen Armee, der auch deutsche Kontingente angehören sollten. Die deutschen Einheiten dürften allerdings nur Bataillonsstärke haben und müßten alliierten Einheiten unter alliiertem Kommando integriert werden. Letztlich lief dieses Angebot darauf hinaus, die Streitkräfte der Staaten Europas durch deutsche »Legionäre« zu verstärken, ohne den Deutschen auch nur die geringste politische oder militärische Verfügungsgewalt über ihre Kontingente einzuräumen. Man suchte ihnen das Unternehmen mit der Versicherung schmackhaft zu machen, die integrierte Europa-Streitmacht werde einheitlicher politischer und militärischer Führung unterstellt werden. War man damit »Europa« nicht recht nahe gekommen? Deutsche »Europäer« begannen schon zu schwärmen . . .

Unmittelbar nach dieser Erklärung des französischen Ministerpräsidenten kam es zu einem Gespräch Kurt Schumachers mit den Generalen Speidel und Heusinger, an dem ich teilnahm. Die Generale erklärten übereinstimmend, schon aus militärischen Gründen sei dieses Konzept unmöglich; jeder Kenner soldatischer Psychologie könne sich die Auswirkung der Diskriminierung der deutschen Truppen auf ihre Kampfkraft ausmalen.

Der Bundestag wurde für den 8. November 1950 einberufen, um eine Regierungserklärung zu dem französischen Angebot entgegenzunehmen. Am Tage zuvor hatte der Bundeskanzler eine Besprechung mit Kurt Schumacher, ohne ihm dabei zu sagen, daß er die Abstimmung des Bundestages über einen Entschließungsantrag fordern werde, in dem das Angebot Plevens begrüßt wird.

Vor dem Bundestag erläuterte Bundeskanzler Adenauer seine These, daß nur die engste wirtschaftliche Verflechtung der Bundesrepublik mit dem Westen und ihre Beteiligung an einer integrierten westlichen Streitmacht die Sicherheit Deutschlands gewährleisten und den Weg zur Wiedervereinigung bereiten könne. Die Sozialdemokraten bestritten ihm das Recht, militärische Einheiten irgendwelcher Art zu irgendwelchen Zwecken aufzustellen. Im Grundgesetz habe man mit voller Absicht unterlassen, einen wehrpolitischen Artikel aufzunehmen; die Bundesrepublik sollte ein Staat ohne bewaffnete Macht sein; erst ein wiedervereinigtes Deutschland sollte eigene oder international integrierte Streitkräfte aufstellen können.

Kurt Schumacher trug die Thesen der sozialdemokratischen Verteidigungspolitik vor, die er durch kritische Bemerkungen zur Politik der Alliierten ergänzte. Ihre neuen Pläne, deutsche Soldaten in eine westeuropäische Armee zu integrieren, diene nicht der Verteidigung Deutschlands, sondern der ihrer eigenen Länder. Für sie sei dieses Vorhaben legitim, für die Deutschen aber nur dann, wenn ihnen dabei die gleichen Chancen eingeräumt würden wie den Alliierten und diese bereit seien, das gleiche Risiko zu tragen wie das den Deutschen zugemutete. Daß dies nicht der Sinn des Plevenplans sei, ergebe sich aus den Äußerungen des französischen Außenministers vom August. Den Franzosen gehe es darum, »die Verteidigung des Glacis zu sichern, das zu besetzen der Sieg von 1945 erlaubt habe. Unsere dringende Sorge muß die Schaffung eines Manövrierfeldes zwischen Elbe und Rhein sein.« So wenig Europa der vorgeschobene Verteidigungsgürtel Amerikas sein könne, so wenig sei Deutschland Vorfeld für die Verteidigung der anderen Staaten Europas. Die Sozialdemokratische Partei mute keinem anderen Lande zu, für Deutschland irgend etwas zu tun, was nicht die Deutschen bereit sind, auch für andere Länder zu tun. Doch elementarste Voraussetzung für eine gemeinsame Verteidigung sei das Vorhandensein ausreichender Mittel. Die heutigen Verteidigungsanstrengungen aber seien unvermögend, Europa gegen einen Angriff des Ostens zu schützen. Einige deutsche Divisionen in ihrer Mitte änderten daran nichts; nur die waffentechnische Überlegenheit der Angelsachsen könne abschreckend wirken. Ein Kampf ohne Aussicht sei ein Kampf ohne Sinn. Die

Sozialdemokraten würden den deutschen Verteidigungsbeitrag erst hinnehmen, wenn die unzweideutige Entscheidung für die internationale Solidarität der anderen Nationen mit der deutschen durch militärische und politische Tatsachen geschaffen sei. Am Schluß seiner Rede forderte Kurt Schumacher die Selbstauflösung des Deutschen Bundestages und Neuwahlen. Da das Grundgesetz eine Militarisierung der Bundesrepublik ausschließe, müsse nach eingehender Information und eingehender Diskussion das Volk um seine Meinung befragt werden.

Die Mehrheit des Bundestages stimmte der Politik des Bundeskanzlers zu. Das Zeitalter des Denkens in der Kategorie »Politik der Stärke« begann.

Nun schalteten sich die Sowjetunion und die SED in die Diskussion ein. Die Remilitarisierung der Bundesrepublik vertiefe die Spaltung Deutschlands, hieß es in ihren Erklärungen. Die Sowjets erreichten, daß für den 1. März 1951 eine Viermächtekonferenz in Paris angesetzt wurde. Die SED schlug einen »Gesamtdeutschen Konstituierenden Rat« unter paritätischer Zusammensetzung aus Vertretern Ost- und Westdeutschlands vor, der die Bildung einer gesamtdeutschen, souveränen, demokratischen und friedliebenden Regierung vorzubereiten habe. Kurt Schumacher wandte sich gegen jede gemeinsame Beratung mit den Machthabern Ostdeutschlands. Er lehnte es ab, den Brief Grotewohls zu beantworten, in dem dieser Vorschlag stand, da der in Moskau erdacht und geschrieben worden sei. Daß die SED wirklich freie Wahlen durchführen werde, hielt er für ausgeschlossen. Einer Erklärung der Volkskammer vom September gegenüber verhielt er sich ebenso wie auf das Angebot der SED.

Die Antwort des Bundestages auf die Vorschläge des Ostens war die Zustimmung zu einer Regierungserklärung, die in vierzehn Punkten die Grundsätze einer Wahlordnung für allgemeine Wahlen in ganz Deutschland festlegte, die von allen vier Besatzungszonen akzeptiert werden sollte. Die SED machte ihre Zustimmung von der Einstellung aller Verhandlungen über die Wiederbewaffnung der Bundesrepublik abhängig. Damit war der Versuch, gesamtdeutsche Wahlen zustande zu bringen, gescheitert. Weitere Versuche der SED in dieser Richtung folgten. Kurt Schumacher widersetzte sich auch jetzt jedem Ansinnen, mit Abgesandten der SED zu verhandeln: Es sei jede politische Berührung mit Leuten zu unterlassen, die jeder demokratischen Legitimation ermangelten, als Sprecher irgendeines Teiles der Bevölkerung der sowjetischen Besatzungszone aufzutreten.

In den folgenden Monaten fanden in verschiedenen Bundesländern Wahlkämpfe statt. Ich benutzte diese Gelegenheit, um in Massenversammlungen die Politik der SPD in der Wiederbewaffnungsfrage und zum Schumanplan zu erläutern. Daneben hatte ich, wie in den Jahren zuvor, die Partei bei Zusammenkünften mit den Bruderparteien im Ausland zu vertreten, um auch dort die Haltung der Sozialdemokraten zu diesen Projekten zu erklären und böse Mißverständnisse auszuräumen. Meine Bemühungen, unsere Auffassung in den Gremien der Europa-Union zur Geltung zu bringen, blieben ohne Erfolg, denn die Europamystik der meisten ihrer führenden Persönlichkeiten machte jede rationale Diskussion der besonderen Problematik Deutschlands unmöglich. Ich beschränkte mich künftig darauf, in diesen Kreisen um Verständnis für eine die Lebensinteressen der beteiligten Nationen berücksichtigende und von den gegebenen Möglichkeiten ausgehende pragmatische Europapolitik zu werben.

Nachdem es mir gelungen war, Kurt Schumacher mit den Generalen ins Gespräch zu bringen, hielt ich im Frühjahr 1951 den Zeitpunkt für gekommen, ihn mit Wirtschaftsführern zusammenzuführen, deren großer Einfluß auf die Gremien der deutschen Industrie mir bekannt war und deren Vorurteilslosigkeit ich erprobt hatte. Ich hielt den Generaldirektor der Phoenix-Werke in Hamburg-Harburg, Otto A. Friedrich, den ich in Tübingen, wo er in den letzten Kriegsmonaten seine Familie in Sicherheit gebracht hatte, als einen dem sozialen Fortschritt aufgeschlossenen loyalen Demokraten kennengelernt hatte, für einen guten Gesprächspartner, zumal er der Bruder eines der einflußreichsten Berater des amerikanischen Hochkommissars war. Kurt Schumacher und Otto A. Friedrich trafen sich in den folgenden Monaten häufig, um über die Möglichkeiten zu sprechen, die bisher unzureichende Versorgung der Wirtschaft mit deutschen Grundstoffen zu verbessern und mit dem Problem der Verknappung einzuführender Rohstoffe fertig zu werden. Otto A. Friedrich war von Kurt Schumacher so beeindruckt, daß er den Entschluß faßte, die Vorurteile auszuräumen, die in weiten Kreisen der Wirtschaft gegenüber der Sozialdemokratischen Partei herrschten. Er bewegte sie dazu, in den Gewerkschaften etwas anderes zu sehen als Institutionen, deren wahres Ziel es sei, die Unternehmer zu erpressen und aus ihren Funktionen zu verdrängen. Mit diesen Gesprächen begann eine Entwicklung, die viele Jahre später die Konzertierte Aktion von Unternehmern und Gewerkschaften möglich machte.

Die Interparlamentarische Union und
erste Israelkontakte

Dr. Hermann Pünder war 1950 mit der Frage an mich herangetreten, wie wohl meine Fraktion auf eine Einladung des Präsidiums der Interparlamentarischen Union – IPU – reagieren würde, dieser Vereinigung beizutreten. Ich sprach mit Paul Löbe darüber, der diesen Vorschlag begrüßte, und brachte schließlich die Frage in der Fraktion vor, die einmütig dem Aufnahmeantrag zustimmte.

Die Interparlamentarische Union ist eine lose Vereinigung, in der sich seit dem Ende des 19. Jahrhunderts die meisten Parlamente der Welt zusammengefunden haben, um – ohne Verbindlichkeit für irgend jemanden, aber mit der Autorität eines hochangesehenen Gremiums – allgemeine Probleme des Parlamentarismus und Fragen, an deren Lösung ein großer Teil der Staaten interessiert sein könnte, zu beraten und gegebenenfalls Empfehlungen für ihre Behandlung zu beschließen.

Die Fraktionen des Bundestages beschlossen, die Einladung anzunehmen, und stellten aus Mitgliedern ihrer führenden Organe eine elfköpfige Delegation zusammen, deren Führung der Präsident des Bundestages, Dr. Hermann Ehlers, übernahm; ich wurde zu seinem Stellvertreter bestellt.

Auf der Tagesordnung ihres Kongresses, der zum 31. August 1951 nach Istanbul einberufen war, standen das Flüchtlingsproblem und das Problem des Hungers in der Welt. Wir wußten, daß das Parlament des neuen Staates Israel auf der Konferenz vertreten sein würde, und es war uns bekannt, daß kurze Zeit vorher eine israelische Delegation auf der Vollversammlung der UNESCO gegen die Anwesenheit von Deutschen protestiert hatte. Würde sich hier dasselbe ereignen?

Nach den Begrüßungsansprachen wurde zur Diskussion über die Tagesordnung aufgerufen. Zu Wort meldete sich Rabbi Dr. Nurock, ein würdiger, Ehrfurcht gebietender Greis aus Israel: Es sei unmöglich, diese Konferenz in Anwesenheit einer deutschen Delegation abzuhalten. Er fühle sich zu dieser Erklärung aus Gründen der Moral verpflichtet, da Deutschland sich nicht bereit zeige, die Schuld für die Massenmorde zu übernehmen, die an Millionen Juden begangen worden seien, und eine Garantie dafür zu geben, daß sich solche Untaten nicht wiederholten. »Wir glauben nicht, daß Deutschland sich das Recht erworben hat, in die Völkerfamilie zurückzukehren.«

Bundestagspräsident Hermann Ehlers antwortete ihm: Er wolle zu den Erklärungen Dr. Nurocks nicht Stellung nehmen. Die Deutschen seien zu Recht hier, denn der Bundestag sei im vergangenen Jahr in Monaco einstimmig in die Union aufgenommen worden. Er sprach von der Notwendigkeit, die politische Einheit Deutschlands wiederherzustellen. Bei der Lösung der Flüchtlingsfrage müsse internationale Solidarität Platz greifen. Das gelte auch für die Ernährungsprobleme der Welt. Deutschland lehne jeden übersteigerten Nationalismus ab, denn es gelte, die Gemeinschaft der Völker der Welt zu schaffen. Er hoffe, daß die in den letzten Jahren aufgeworfene Frage der Schuld des deutschen Volkes an diesen Greueln eine gerechte Antwort finden werde.

Andere Redner folgten. Nach einer Unterbrechung der Sitzung trat der Delegierte Ben Zwi, der spätere israelische Staatspräsident, auf die Tribüne und schleuderte in höchster Erregung böse Worte der Anklage gegen die Deutschen in den Saal. Ebenfalls bebend vor Zorn zieh ein arabischer Delegierter Israel der Heuchelei und faschistischer Unterdrückungsmaßnahmen den Palästinensern gegenüber; die Pakistanis griffen Indien an; die Iren erhoben sich gegen die Briten, die ihnen die sechs nördlichen Grafschaften der Grünen Insel vorenthielten. »So lange britische Okkupationstruppen Nordirland nicht geräumt haben, kann es keinen Frieden geben . . .«

Da meldete ich mich zu Wort. Ich war erregt, aber es gelang mir, ruhig zu sprechen. Ich gab der Meinung Ausdruck, daß wir wie jede andere Delegation gleichberechtigte Gäste der Konferenz seien. Wenn man die Deutschen wegen der Greuel des Hitlerismus nicht auf der Konferenz der IPU haben wolle, hätte man dies im letzten Jahr in Monaco beschließen können. Was die Anklage der israelischen Delegierten anbelange, so sei es richtig, daß im Namen des deutschen Volkes unzählbare Greueltaten gegen jüdische Menschen – und andere – begangen worden waren. Was aber die deutsche Delegation betreffe, so sei es erlaubt darauf hinzuweisen, daß zu einer Zeit, da viele Tausende Deutscher – darunter einige der hier Anwesenden – in den Konzentrationslagern Hitlers litten, die Botschafter einiger hier im Saal vertretener Staaten, von ihren Parlamenten ungerügt, die Parteitage Hitlers zu besuchen pflegten . . . Dieser Kongreß sei kein Tribunal, vor dem Völker angeklagt und verurteilt werden könnten. Sei es fair, zu den Mitgliedern einer parlamentarischen Delegation so zu sprechen, als seien sie gekommen, um die Verteidigung eines grauenhaften und verbrecherischen Regimes zu übernehmen – eines Regimes, das einige von ihnen in seine Zuchthäuser und Konzentrationslager geworfen hat, weil sie zu einer Zeit, in der andere sich mit der Rolle des Zuschauers begnügten, den Kampf dagegen aufgenommen haben? Viele Deutsche seien schuldig geworden – aber dies erlaube niemandem, das deutsche Volk kollektiv schuldig zu sprechen, so wenig wie die Feststellung, daß in Deutschland die erdrückende Mehrheit unschuldig war, uns den Mythos einer Kollektivunschuld aller Deutschen gestatte. Wir führten das Unrecht, das nach dem Krieg Millionen Deutscher der Ostprovinzen erleiden mußten, nicht ins Feld, um irgend etwas zu entschuldigen, was auf unserem Schuldkonto stehe; man könne das Böse nicht durch den Hinweis auf ein Böses, das einem selbst angetan wurde, rechtfertigen. Gegenüber dem jüdischen Volk sei die deutsche Schuld unstreitig, und die Rechte des jüdischen Volkes hätten Vorrang, denn seine Angehörigen seien unter den Opfern des Nazismus am unmittelbarsten und brutalsten getroffen worden.

Ich trat von der Tribüne. Der lauteste Beifall kam von den Arabern, die mir aufmunternde Worte zuriefen. Da ging ich noch einmal ans Mikrofon und rief ihnen zu, daß ihre Zurufe uns Deutsche nicht freuten . . .

Nach der Sitzung bat mich der Schweizer Delegierte Aymon de Senarclens an seinen Tisch. Er sagte mir, er kenne einige Mitglieder

der israelischen Delegation; wenn wir Deutschen den Wunsch haben sollten, mit ihnen zu reden, wolle er sie darauf ansprechen. Ich beriet mich mit unserer Delegation, die einverstanden war, daß Heinrich von Brentano, Robert Tillmanns und ich das Gespräch führen würden, sollten die Israelis dazu bereit sein. Es dauerte lange, bis wir Antwort erhielten: Die israelischen Delegierten hatten telegrafisch bei der Knesset in Jerusalem um die Zustimmung gebeten; offenbar war es schwierig gewesen, die Genehmigung dafür zu erhalten. Schließlich nannte uns de Senarclens als Gesprächspartner Itzhak Ben Zwi, David Hacohen und den Vorsitzenden der Liberalen Partei, dessen slawisch klingenden Namen ich leider vergessen habe. Wir trafen uns mit ihnen in einem Nebenraum des Kongreßgebäudes. Beide Seiten spürten das Gewicht der Stunde. Die Israelis waren von eisiger Sachlichkeit und ließen zunächst keinerlei Absicht erkennen, uns als Kollegen zu betrachten. Wir bekannten uns zum Recht der Juden und des Staates Israel auf Wiedergutmachung für das dem jüdischen Volk angetane Unrecht. Unsere Bitte gehe dahin, der Staat Israel möge es der Bundesrepublik ermöglichen, in Verhandlungen mit Vertretern Israels einzutreten, um Art und Weise der Wiedergutmachung festzulegen. Wir verbänden damit nicht die Erwartung, das jüdische Volk werde nun vergessen, was Millionen Juden angetan worden war. Die Antwort der Israelis war spröde. In jedem Wort kam zum Ausdruck, daß es zwischen Deutschen und Juden keine Brücke des Gesprächs gab; Geld könne vergossenes Blut nicht wegwaschen. Schließlich schienen unsere Gesprächspartner zu spüren, daß wir nicht gekommen waren, um unser Gewissen zu betrügen und den unlöschbaren Schmerz ihres Volkes in Gold aufzuwiegen. Auf einmal wandte sich der Vorsitzende der Liberalen an Heinrich von Brentano und sagte auf Deutsch: »Ich habe 1908 bei Ihrem Onkel in München promoviert. Ich habe ihm heute noch zu danken.« Auch Ben Zwi und David Hacohen sprachen nun Deutsch, das sie besser konnten als Französisch. Wenn auch der Ton des Gesprächs anders geworden war, in der Substanz änderte sich nichts. Wir trennten uns mit der Vereinbarung, sie möchten bei ihrer Regierung und bei ihrem Parlament erkunden, ob Israel bereit sei, mit unserer Regierung Verhandlungen über deutsche Leistungen an den Staat Israel zu führen. Die Antwort werde am besten durch den israelischen Konsul bei der amerikanischen Militärregierung in München erfolgen, die sie nach Bonn weiterleiten werde. Aymon de Senarclens berichtete uns später, daß Rabbi Dr. Nurock sich strikt jeder Annahme deutscher Wiedergutmachungsleistungen widersetze.

Mit dem Fortgang der Konferenz in Istanbul konnten wir zufrieden sein. Es wurde einmütig beschlossen, daß jeder Mensch ein unabdingbares Recht auf seine Heimat habe; dieses Recht sei ein Menschenrecht, brauche also nicht erst durch staatliche Gesetzgebung geschaffen zu werden. Alle Staaten sollten daher verpflichtet werden, den Heimatvertriebenen die Rückkehr zu gestatten. Die israelischen Vertreter stimmten gegen diese Klausel. Ihr Antrag war: Die nicht durch Flüchtlinge heimgesuchten Staaten sollen solidarisch für die Kosten aufkommen, die dem aufnehmenden Staate bei der Eingliederung Heimatvertriebener entstehen.

Ich versuchte in Istanbul, mir einen Eindruck von der Stadt und ihren Bauwerken zu verschaffen. Wir fuhren jeden Morgen auf dem Weg zum Kongreß durch das Adrianopeler Tor in der antiken Stadtmauer. Diese Mauer faszinierte mich noch mehr, als mich einst die Aureliansmauer in Rom erstaunt hatte. Diese in einem Mauerring steingewordene Kraft, diese doppelten Gräben, diese Türme, diese fortifikatorische Kunst der Baumeister: Wie muß all dies einst auf die Germanen gewirkt haben, die in der Armee Ostroms dienten . . . ? Der desolate Zustand, in dem sich die Hagia Sophia damals befand, ließ die Koransprüche an den Wänden und Arkaden seltsam wirken; unter der Tünche hatte man die alten byzantinischen Ikonen hervorgeholt. Ich besuchte kleine byzantinische Kirchen, die vor Jahrhunderten in Moscheen umgewandelt worden waren; nun waren durch sie Fresken und Mosaiken wieder freigelegt, und Istanbul schien in ihnen erneut zu Byzanz geworden zu sein. Die Kunst, mit der diese Maler und Steinsetzer die hierarchische Strenge des himmlischen Hofstaates zum Ausdruck gebracht haben, findet in der Welt nicht ihresgleichen. In den Ruinen des Blacharnen-Palastes, bei dessen Verteidigung der letzte Kaiser aus dem Hause der Paläologen kämpfend fiel, dachte ich an die Meditationen des Marius auf den Trümmern Karthagos. In den

Gärten des Serails beglückt den Besucher die Anmut eines von kühlenden Wassern durchflossenen Pavillons, der aus einer mogulischen Miniatur hierher versetzt worden zu sein scheint. Damals standen noch Teile der alten türkischen Viertel mit ihren hohen dunklen Holzhäusern im Schmuck des Schnitzwerkes der Balkone vor den Frauengemächern. Die Linien der Gassen hatte der Zufall gezogen, und unvermutet öffneten sich kleine Plätze, von Platanen beschattet. Dies muß vor dem Wühlen der Bagger eine Stadt nachbarschaftlicher Mitmenschlichkeit gewesen sein; jetzt machten die stählernen Ungeheuer Platz für den Boulevard Atatürk . . .

Auf dem Fest, das die türkische Regierung für die Mitglieder des IPU-Kongresses gab, wurde eindrucksvolle Volkskunst mit Tänzen und Kampfspielen aus alter Zeit vorgeführt. Mich erstaunte, wie viele Angehörige der türkischen Führungsschicht fließend Deutsch sprachen; die meisten hatten an deutschen Hochschulen studiert, auch der damalige Wirtschaftsminister, mit dem ich mich ausgiebig unterhalten konnte. Das A und O seiner Klagen war: Es habe keinen Sinn, seine Landsleute nach Europa zu schicken, um sie als Diplomingenieure ausbilden zu lassen, solange es im Lande selbst keine qualifizierten Metallarbeiter und Werkmeister gebe. Was nützten Ingenieure ohne diesen technischen Unterbau?

Nach unserer Rückkehr aus Istanbul erstatten Heinrich von Brentano, Robert Tillmanns und ich dem Bundeskanzler Bericht. Seit meiner ersten Begegnung mit ihm wußte ich, daß die Versöhnung mit dem jüdischen Volke ein wichtiger Faktor seiner politischen Gesamtkonzeption war. Seines Interesses an unserem Bericht konnte ich also sicher sein. Nach meinem Bericht in der Fraktion erbot sich unser jüdischer Kollege Jakob Altmaier, zu dem für das Land Bayern akkreditierten israelischen Konsul nach München zu fahren, mit dem ihn seit der Zeit seiner Emigration freundschaftliche Beziehungen verbanden, um ihn zu bitten, nach Israel zu berichten, daß die politischen Parteien der Bundesrepublik bereit seien, sich im Rahmen des Möglichen für die Forderungen Israels einzusetzen.

Konrad Adenauer erwähnt in seinen »Erinnerungen«, daß Vertreter des Staates Israel schon im Frühjahr 1950 mit Beamten der

Bundesregierung Fühlung aufgenommen hatten; diese Kontakte scheinen jedoch nicht zu praktischen Ergebnissen geführt zu haben, weil die Devisengesetzgebung der Hohen Kommission praktikablen Lösungen im Wege stand. Daß die Regierung Israels sich am 12. März 1951 in einer ausführlichen Note an die Besatzungsmächte gewandt hatte, um ihnen ihre Wiedergutmachungsforderungen vorzulegen, war mir unbekannt geblieben. Die Bundesrepublik, so die Israelis, habe den Juden »das gestohlene Eigentum zurückzuerstatten« und die für die Eingliederung der Überlebenden in Israel aufgewandten Kosten zu übernehmen.

Der Bundeskanzler teilte unmittelbar nach unserer Rückkehr den Fraktionsführungen seine Absicht mit, im Bundestag eine Erklärung abzugeben, wonach die Bundesrepublik sich für moralisch und juristisch verpflichtet halte, für die den Juden zugefügten individuellen Schäden Ersatz zu leisten und auch für Vermögenswerte, bei denen der Eigentümer oder seine Erben nicht mehr festgestellt werden könnten, Wiedergutmachung zu zahlen. Alle Fraktionen erklärten sich einverstanden.

Das Echo in Israel war zurückhaltend. Die Regierung begnügte sich mit der Feststellung, sie werde die Erklärung der Regierung der Bundesrepublik prüfen und zu gegebener Zeit dazu Stellung nehmen. Seitens der Bundesregierung erfolgten in London erste Sondierungen über Gespräche Konrad Adenauers mit Dr. Nahum Goldmann, dem Vorsitzenden der »Conference on Jewish Material Claims against Germany«. Der nächste Schritt war, daß die Bundesregierung die Note der Regierung des Staates Israel als Verhandlungsgrundlage akzeptierte, worin die Israelis den alliierten Militärregierungen ihre Ansprüche notifiziert hatten. Am 9. Januar 1952 beschloß das israelische Parlament, das Verhandlungsangebot der Bundesregierung anzunehmen. Die Verhandlungen wurden am 20. März 1952 in Wassenaar bei Den Haag aufgenommen. Leiter der deutschen Delegation war mein Frankfurter Kollege Professor Franz Böhm; die israelische Delegation stand unter Führung von Felix E. Shinnar.

Zu gleicher Zeit schwebten in London die Verhandlungen über die deutschen Kriegsschulden, die auf deutscher Seite von Hermann Josef Abs von der Deutschen Bank geführt wurden. Er wandte sich gegen

den Abschluß eines besonderen Wiedergutmachungsvertrages mit
Israel, weil er dadurch eine Erschwerung der deutschen Verhandlungsposition in London befürchtete. Nach seiner Meinung sei die
richtige Methode, auch die Forderungen Israels, die er dem Grund
nach für berechtigt halte, in das allgemeine Schuldenabkommen
aufzunehmen. Wirtschaftsminister Ludwig Erhard schien ähnlich zu
denken wie Abs.

Bonn wurde plötzlich Ziel vieler Besucher aus arabischen Staaten.
Sie sprachen mit Parlamentariern und versuchten ihnen klarzumachen, daß der geplante Wiedergutmachungsvertrag mit Israel die den
arabischen Staaten seitens der Bundesrepublik geschuldete Neutralität verletze, denn die vorgesehenen Leistungen erhöhten das Kriegs-
potential Israels und bedrohten damit die Sicherheit seiner arabischen
Nachbarn. Diese Subsidien für den »Feindstaat« Israel müßten von
den Arabern als gegen sie gerichtete feindselige Handlungen angesehen werden. Es werde für die Deutschen beim Kampf um die
Aufhebung der ihnen aufgezwungenen Spaltung ihres Landes nicht
gut sein, von den Arabern als Feinde betrachtet zu werden . . . Das
war der Inhalt vielfältiger Gespräche, die ich mit diesen Emissionären
geführt habe; anderen Abgeordneten werden sie ähnliche Argumente
vorgelegt haben.

In einigen Sitzungen des Auswärtigen Ausschusses gewann ich den
Eindruck, daß manche Abgeordnete Bedenken vorbrachten, die
ihnen vor Wochen noch fremd gewesen waren. Sollten wir uns
wirklich Israels wegen die Feindschaft der arabischen Welt zuziehen?
Hätten denn die deutschen Heimatvertriebenen nicht auch Anspruch
auf volle Entschädigung? Wie stehe es denn damit? Die Diskussion
drohte auszuarten; hier mußte ein Nagel eingeschlagen werden. Ich
bat Professor Böhm, dem Auswärtigen Ausschuß über den Stand der
Verhandlungen mit Israel und die Art der Widerstände, die dabei
aufkamen, zu berichten. In der Diskussion über seinen Bericht ergriff
ich als Ausschußvorsitzender das Wort: Im Falle Israels komme der
Moral gegenüber dem formalen Recht Vorrang zu. Unser moralisches
Bewußtsein und unsere Ehre geböten uns, das in unserem Namen den
Juden angetane Unrecht so vollständig, als es materiell möglich sei,
wiedergutzumachen. Ich brachte einen Entschließungsantrag ein, der

besagte: Der Ausschuß vertritt die Auffassung, »daß die Verpflichtung zur Wiedergutmachung, zu der sich Bundestag und Bundesregierung Israel gegenüber bekannt haben, nur dann voll erfüllt wird, wenn ihr gegenüber das Recht auf bevorzugte Befriedigung anerkannt wird«. Der Antrag wurde fast einstimmig angenommen. Damit brachte der maßgebende Parlamentsausschuß – das Plenum würde nicht anders können, als zu folgen – klar zum Ausdruck, daß die Ansprüche Israels und der Juden in der Welt nicht in einen Topf mit den Ansprüchen anderer Staaten geworfen werden dürfen.

In jenen Monaten und auch in den folgenden Jahren kam ich viel mit Felix Shinnar zusammen. Wir wurden gute Freunde, und auch Nahum Goldmann hat mich über Jahre hin immer wieder besucht. Er war ein fairer Sachwalter von Interessen, die in vielen Fällen juristisch nur schwer definiert werden konnten. Er kämpfte für die Sache seines Volkes einen guten Kampf, mit aller gebotenen Entschiedenheit und offenen Visiers. Er gebrauchte keine anderen Mittel als den Hinweis auf die Realitäten und auf seinen Glauben an die Ehrenhaftigkeit der Sprecher des deutschen Volkes. Dieses Volk wüßte ohnehin, daß es ihm ohne eine faire Regelung der Wiedergutmachungsansprüche der Juden und des jüdischen Staates kaum gelingen werde, ohne Vorbehalt wieder in die Gemeinschaft der freien Nationen aufgenommen zu werden.

Am 18. März 1953 erfolgte die Zustimmung des Bundestages zum Abkommen zwischen der Bundesrepublik Deutschland und dem Staate Israel vom 10. September 1952. Die Parteien hatten vereinbart, keine Debatte zu führen; die Fraktionen sollten sich mit der Abgabe von Erklärungen begnügen. Für die sozialdemokratische Fraktion hatte ich diese Erklärung zu formulieren und abzugeben. Der Leser kennt meine Vorstellungen über die Pflicht zur Wiedergutmachung des den Juden angetanen Unrechts und über das Recht Israels, kollektive Ansprüche des jüdischen Volkes zu vertreten.

Der Schumanplan

Im Sommer und Herbst 1951 waren die politischen Verhandlungen über den Schumanplan und die Europäische Verteidigungsgemeinschaft voll in Gang gekommen. Die parlamentarische Szene für die sie begleitende innerdeutsche Auseinandersetzung war zunächst nicht das Plenum des Bundestages, sondern dessen Auswärtiger Ausschuß, in dem ich für die Opposition sprach. Meine fairen Widersacher waren Heinrich von Brentano und der scharfsinnige, als Leiter der Außenpolitischen Abteilung des Bundeskanzleramtes besonders sachkundige Walter Hallstein. Oft kreisten unsere Gespräche um die Frage, welches wohl die beste Methode sei, bei Verhandlungen mit den Alliierten zu Ergebnissen zu kommen, die sich auf die Wiedervereinigung eventuell günstig auswirkten. Wir meinten, daß unsere Kontroversen auch für die deutsche Öffentlichkeit hilfreich sein könnten. Wir kamen überein, in einem öffentlichen Streitgespräch die Grundzüge der politischen Zielsetzungen und Strategien der Bundesregierung und der sozialdemokratischen Opposition darzustellen. Die Paulskirche zu Frankfurt schien uns dafür die geeignete Tribüne zu sein.

Walter Hallsteins Ausführungen gipfelten in folgenden Thesen: Die Grundformel der Politik der Bundesregierung heiße Frieden und Freiheit im Innern wie nach außen sowie die Einheit Deutschlands und Europas. Die Grundtatsachen, von denen man bei den politischen Bemühungen, sie zu verwirklichen, auszugehen habe, seien die noch überall lebendigen traditionellen politischen Egoismen der Staaten; die Tatsache, daß wir den Krieg verloren haben; die faktische Unfreiheit Deutschlands sowie der Umstand, daß die Berührungslinien der heutigen weltpolitischen Auseinandersetzungen quer durch Deutschland verlaufen. Die Ziele der deutschen Außenpolitik könnten daher nur in Etappen erreicht werden. Um das Mögliche realisieren zu können, müsse manches Wünschenswerte zurückgestellt und manches hingenommen werden, was uns nicht paßt; man müsse auf die heilende Wirkung des Zeitablaufs vertrauen. Neutralisierung sei kein taugliches Mittel, um das Deutschlandproblem zu lösen, denn ein neutralisiertes Deutschland zwischen den großen

Verteidigungssystemen könne nicht frei sein. Beide Seiten würden es so kontrollieren, daß es politisch unbeweglich werden müßte. Deutschland brauche aber die volle Freiheit, um dem östlichen Totalitarismus widerstehen und gleichzeitig die Aufhebung der ihm von den Westmächten auferlegten Beschränkungen betreiben zu können. »Wir wollen keine Freiheit um den Preis des Friedens, wir wollen keinen Frieden um den Preis der Freiheit.«

Die Eingliederung in das westliche Verteidigungssystem bedeute, so Hallstein, keinen Verzicht auf die Einheit Deutschlands; sie sei vielmehr die einzige Chance für deren Wiederherstellung. Die angestrebte deutsche Souveränität dürfe nicht im nationalstaatlichen Sinn des 19. Jahrhunderts, sondern als Partnerschaft in einer freien Gemeinschaft der europäischen Staaten verstanden werden. Jede außenpolitische Einzelhandlung der Bundesregierung reihe sich widerspruchslos in diese politische Konzeption ein.

Ich begann meine Ausführungen mit der Feststellung, daß eine Regierung sich von vornherein auf die falsche Position begebe, wenn sie sich so bereitwillig, wie die Bundesregierung es tue, die politischen Methoden und Denkschemata der Alliierten zu eigen mache: nämlich sich die Verwirklichung deutscher politischer Ziele, die wir um der Glaubwürdigkeit unseres demokratischen Selbstverständnisses willen anstreben müssen, so gut wie immer durch politische oder wirtschaftliche Vorleistungen einseitig zugunsten der Alliierten abkaufen zu lassen.

Mit der Hinnahme dieser Methode präjudiziere man, um augenblicklicher Vorteile willen, die deutsche Zukunft negativ; denn was die Alliierten bei uns an Rechten aufgäben, betreffe so gut wie immer Positionen, die sie aus eigener Kraft ohnehin nicht mehr lange würden halten können. Auf diesem Wege werde unser Status zwar äußerlich ansehnlicher; auf gewissen Gebieten bringe er uns Erleichterungen ein – doch mit unseren Vorleistungen unterhöhlten wir das Fundament unserer Zukunft. Es sei ein Irrglaube anzunehmen, wer ein Vorhaben europäisch etikettiere, gehe damit auch in der Tat auf Europa aus. Solche Vorhaben seien häufig – und wenn es um Kohle und Stahl gehe, fast immer – Angelegenheiten des in erster Linie auf das nationale Interesse bezogenen Kalküls. Die Erfahrung zeige, daß in der Politik nur dort solide gebaut wird, wo man um des eigenen Interesses willen baut. Dem politischen Kalkül der anderen Seite müsse das eigene entgegengesetzt werden. Es sei falsch zu glauben, man merze den nationalstaatlichen Egoismus aus dem Arsenal der politischen Antriebe schon dadurch aus, daß man sich fremden nationalstaatlichen Egoismen unterwerfe. Kein Staat sage heute mehr, er wolle, daß ein anderer Staat etwas einseitig zu seinen Gunsten tue. Heute sage man: »Laß uns zusammen ein Menschheitsideal realisieren und dazu eine ›societas leonina‹ gründen. Daß ich dabei der Löwe bin und du die Maus – dafür können wir beide nichts . . .« Der subtilere Nationalismus unserer Zeit könne sich keines tauglicheren Instruments bedienen als eines Hinweises auf die »europäischen« Auswirkungen seines Vorhabens. Wer sich in der Meinung, er mache damit den Weg nach Europa frei, machtpolitischem Handeln anderer unterwerfe, fördere nicht Europa, sondern nur den Mißbrauch seines Namens und der Europasehnsucht seiner Völker.

Europäisch handeln heiße, europäische Realitäten setzen und verhindern, daß unechte, verfälschte, nur europäisch genannte Realitäten geschaffen werden, die, wenn die Stunde der Wahrheit schlägt, Europa im Wege stehen werden. Diese europäischen Realitäten seien: Freiheit aller, Gleichheit aller, keine Privilegien und keine Diskriminierungen. Europa verlange die Solidarität aller bei allem, was in seinem Namen geschehen soll; die Bereitschaft, das, was man will, zu gleichem Nutzen für alle zu wollen und nicht zu eigenem Nutzen allein. Zu europäischer Politik gehöre, daß allem, was von heute an bis zum endgültigen Europa geschehen soll, europäische Qualität verliehen wird. Über uneuropäische Etappen könne man nicht zu Europa kommen. Zum wahren Europa gelange man nur über Gesamtdeutschland; ohne das ganze Deutschland sei Kleineuropa nichts anderes als ein amerikanischer Brückenkopf oder ein abschnürbarer Zipfel einer Halbinsel des riesigen Kontinents Asien. Durch die Spaltung Deutschlands seien Gravitationskräfte ausgelöst worden, die zum politischen Handeln zwängen. Wer immer sich diese Kräfte zunutze mache, gewinne einen Punkt; wer zögere, habe einen Punkt verloren. Wer die Initiative ergreife, bringe den anderen in die schlechtere politische Ausgangssituation: Der Zögernde werde in den

Verdacht geraten, der Zukunft Europas den Weg zu verstellen. Um der Ordnung in Europa willen könne es weder eine nach Westen orientierte deutsche Einigungspolitik geben noch eine nach Osten orientierte, sondern nur eine auf Deutschland ausgerichtete.

Walter Hallstein habe viel von Pessimismus, Optimismus und Realismus gesprochen. Mit Pessimismus könne man keine Politik machen, aber auch Optimismus sei für sich allein noch kein politisches Prinzip. Nur der Realismus, nämlich das Wissen, daß man gegen Fakten nicht mit Wünschbarkeiten spielen, daß man die Tatsachen nicht überlisten, daß man Fakten nur durch Fakten verlagern, verhindern oder gegenstandslos machen kann, dies allein vermöge politische Impulse ans Ziel zu bringen.

Die öffentliche Diskussion in der Paulskirche hat einiges dazu beigetragen, weiten Kreisen verständlich zu machen, daß politische Gruppen, die dasselbe Endziel mit gleicher Vaterlandsliebe verfolgen, sich in ihren Vorstellungen von den besten Methoden für die Erreichung dieses Zieles diametral unterscheiden können – nicht weil die eine Seite der bessere Logiker wäre, sondern weil es zur Bewertung der für den Denkprozeß bedeutsamen Faktoren keine von der spezifischen Vorstellungswelt der politischen Strategien unabhängige Kriterien gibt. Wenn man dies weiß, wird man Motive des politischen Gegners, der einen anderen Weg für notwendig oder besser hält, nicht schon aus diesem Grund verdächtigen.

Am 9. Mai 1950 hatte der französische Außenminister Robert Schuman vor dem französischen Parlament bekanntgegeben, Frankreich beabsichtige den Abschluß eines Vertrages mit der Bundesrepublik und anderen europäischen Staaten, durch den die Montanindustrie der Vertragspartner zu einer supranationalen Gemeinschaft zusammengeschlossen werden solle. Er betrachte dies als eine wichtige Etappe auf dem Weg zu einer europäischen Föderation.

Auf dem Hamburger Parteitag von 1950 hatte Kurt Schumacher dieses Vorhaben begrüßt »als den Versuch, zum erstenmal aus der Theorie pathetischer, aber ineffizienter Diskussionen in den Versuch einer Realisierung von sachlichen und ökonomischen Notwendigkeiten zu kommen«. Der Parteitag begrüßte in einer Resolution den

Vorschlag Schumans grundsätzlich, machte aber die endgültige Stellungnahme der Partei »von den materiellen Inhalten der Entscheidungen einer Reihe von wichtigen Fragen« abhängig. Dies waren: die Gleichberechtigung der Partner; die Aufhebung des Ruhrstatuts; das Recht des deutschen Volkes, über die Eigentumsverhältnisse in seiner Wirtschaft selbst zu bestimmen; Maßnahmen, die ausschließen, daß die Montanunion zu einem internationalen Kartell schwerindustrieller Privatinteressen werden kann; die Lösung der Saarfrage im deutschen Sinn; die Integration der Bundesrepublik in europäische Institutionen, vorausgesetzt, daß sie den Weg zur deutschen Einheit nicht versperrt.

Was von den Verhandlungen über die Ausgestaltung des Schumanplans durchsickerte, überzeugte uns bald davon, daß die Vertragspartner nicht daran dachten, die Saarfrage in einer dem Selbstbestimmungsrecht des deutschen Volkes angemessenen Weise zu lösen. Wir hatten den Eindruck, die Montanunion verfolge vor allem den Zweck, Frankreich das Kommando über die deutsche Industrie in die Hand zu geben. Uns erschien es unmöglich, ein Vertragswerk, das Großbritannien und die skandinavischen Staaten nicht mit einschloß, als »europäisches« Vertragswerk zu verstehen. Ich fürchtete, daß durch diesen Vertrag nunmehr auch der europäische Westen gespalten werden könnte. War es nicht schlimm genug, daß der europäische Westen in seinen politischen Plänen keinerlei Rücksicht auf die Mehrung oder Minderung der Chancen für die Wiedervereinigung Deutschlands zu nehmen gedachte? Die Äußerung André Philips, der zur Führungsspitze der französischen Sozialisten gehörte, stimmte mich nachdenklich: »Die Einheit Europas, wie unangenehm dies auch für unsere deutschen Freunde sein mag, hat den Vorrang vor der Einheit Deutschlands.«

Innerhalb der SPD wurde Kritik laut. Wilhelm Kaisen und andere angesehene Sozialdemokraten meinten, aus ökonomischen und politischen Gründen dürften wir den Vertrag nicht ablehnen. Ernst Reuter warnte, wie so oft, vor der »Alles-oder-nichts-Politik« der Partei. Doch die offizielle Linie blieb bei dem Nein des Parteivorstandes.

Am 12. Juli 1951 fand im Bundestag die erste Lesung des Gesetzentwurfes betreffend den Vertrag vom 18. April 1951 über die

Gründung der Europäischen Gemeinschaft für Kohle und Stahl statt. Konrad Adenauer empfahl die Zustimmung zum Vertrag, der den Nationalismus, dieses Krebsgeschwür Europas, überwinde und es möglich mache, gemeinsame Interessen durch gemeinschaftliches Handeln zu wahren. Eines Tages würden auch Großbritannien und die skandinavischen Staaten dem Vertrag beitreten können. Die Integration Europas sei für alle europäischen Länder eine Notwendigkeit; der Vertrag über die Montanunion bereite diese europäische Integration vor.

Der CDU-Abgeordnete Günther Henle, Generaldirektor eines der größten deutschen Montankonzerne, begrüßte trotz einiger Kritik am Schumanplan das Vertragswerk und empfahl seine Annahme. Ich führte als Sprecher der sozialdemokratischen Fraktion aus, daß leider alle Feststellungen über die Vortrefflichkeit der Montanunion und ihren Nutzen für die Bundesrepublik wie auch für die deutsche Wiedervereinigung im Futurum gesprochen worden seien. Sicher sei nur eines: Der supranationale Charakter der Befugnisse ihrer Organe werde dazu führen, daß die für Deutschland lebenswichtigsten Fragen nicht mehr zur Kompetenz des Bundestages zählen werden. Mit der Annahme des Schumanplanes beträten wir eine weiteres Mal das glatte Parkett der Vorleistungen – unversehens würden uns weitere Leistungen als Folgelasten des Vertrages abverlangt werden. »Wir Sozialdemokraten lehnen den Schumanplan, wie er jetzt ist, ab.« Ich gestehe, daß mir bei diesen Ausführungen nicht ganz wohl war.

Die zweite Lesung des Ratifizierungsgesetzes fand am 11. Januar 1952 statt. Der Bundestag stimmte mit 232 gegen 143 Stimmen und drei Enthaltungen dem Vertrag über die Gründung der Europäischen Gemeinschaft für Kohle und Stahl zu.

Verteidigungsgemeinschaft und Deutschlandvertrag

Mit der Zustimmung des Bundestages zur Montanunion war die eine Bedingung Frankreichs für die Aufhebung des Besatzungsregimes und die Aufnahme der Bundesrepublik als Vollmitglied in den Europarat erfüllt. Die andere Bedingung für das Einverständnis der

Alliierten mit der weiteren Normalisierung des politischen Status der Bundesrepublik war ihr Beitritt zu einem europäischen Verteidigungspakt und ihre Bereitschaft, sich dabei einseitig gewissen Beschränkungen zu unterwerfen.

Das Signal war von Frankreich gekommen. Der französische Ministerpräsident René Pleven hatte am 24. Oktober 1950 verkündet, daß seine Regierung die Schaffung einer Europa-Armee betreibe, der außer Truppenverbänden des westlichen Europas auch deutsche Einheiten angehören sollten. Eine deutsche »Armee« unter einem deutschen Generalstab sollte es allerdings unter keinen Umständen geben. Nur die Vertragspartner, die jetzt schon eigene Armeen besäßen, würden die nationale Verfügungsgewalt über ihre Streitkräfte behalten. Strategische Waffen sollten den Deutschen vorenthalten bleiben.

Abgesehen von der negativen Haltung der Sozialdemokraten gegenüber dem Plan einer Integrierung deutscher Streitkräfte in eine europäische Armee vor Aufhebung der Spaltung Deutschlands, schien es der Partei aus Gründen der Selbstachtung des deutschen Volkes unmöglich, ein Angebot anzunehmen, das die Deutschen in so unerträglicher Weise diskriminierte und ihre Rolle bei der europäischen Verteidigung auf die einer schlecht bewaffneten Fremdenlegion reduzierte.

In der Beratenden Versammlung des Europarates stimmte die Mehrheit dem französischen Projekt zu. Bei der Sitzung des Deutschen Bundestages vom 8. November 1950 empfahl Konrad Adenauer die Annahme einer Entschließung, die die französische Initiative begrüßte, jedoch volle Gleichberechtigung für Deutschland verlangte. Die Regierungsparteien stimmten zu; die Sozialdemokraten lehnten ab.

Am 7. und 8. Januar 1951 wurde im Bundestag über die Erklärung der Bundesregierung zur Notwendigkeit eines deutschen Verteidigungsbeitrages und des Beitritts zu einer Europäischen Verteidigungsgemeinschaft diskutiert. Der Bundeskanzler erläuterte, was die Vertragspartner veranlaßt hatte, eine Europäische Verteidigungsgemeinschaft zu errichten und einen deutschen militärischen Beitrag hierzu für notwendig zu halten. Es sei das gemeinsame Ziel der Signatarstaaten, die Bundesrepublik auf der Grundlage der Gleichberechtigung in die europäische Gemeinschaft einzugliedern und auf friedlichem Wege ein völlig freies, vereintes Deutschland entstehen zu lassen und einen frei vereinbarten Friedensvertrag herbeizuführen. Das Besatzungsstatut und die sich daraus ergebenden Befugnisse würden durch diesen Vertrag hinfällig, mit Ausnahme jener speziellen Rechte, deren Beibehaltung im Hinblick auf die Besonderheiten der internationalen Lage im gemeinsamen Interesse erforderlich sei. Die Beziehungen zwischen den drei Mächten und der Bundesrepublik würden künftig durch Botschafter unterhalten werden. Die Vorbehalte des Vertrages bezögen sich auf die Stationierung von Streitkräften in Deutschland und die Wahrung ihrer Sicherheit, auf Berlin und auf Deutschland als Ganzes, einschließlich seiner Wiedervereinigung. Diese Bestimmungen beträfen zudem die Notwendigkeit der Verständigung der drei Signatarmächte über eine Politik der Wiedervereinigung Deutschlands auf friedlichem Wege und bezeugten ihre Entschlossenheit zu gemeinsamer Verteidigung und gemeinsamem Schutz der Freiheit aller.

Hinsichtlich des Vertragswerkes über die Europäische Verteidigungsgemeinschaft, so fuhr Adenauer fort, seien Spannungen zwischen Frankreich und Deutschland entstanden; es werde jedoch gelingen, sie aus der Welt zu schaffen. Das gemeinsame Ziel sei, nicht nur jetzt den Frieden zu retten, sondern für alle Zeiten einen Krieg in Europa unmöglich zu machen. Darum betrachte er die Europäische Verteidigungsgemeinschaft neben dem Schumanplan als ein wesentliches Element der dauernden Befriedung Europas. Für den deutschen Beitrag zur europäischen Armee werde man zunächst mit Freiwilligen beginnen – doch eines Tages würden wir ein deutsches Wehrpflichtgesetz schaffen müssen.

Er wisse, daß 144 Abgeordnete des Bundestages die Absicht hätten, vom Bundesverfassungsgericht feststellen zu lassen, daß ein Wehrgesetz nur mit Zweidrittelmehrheit beschlossen werden könne. Die Folge dieses Schrittes werde die Schwächung des Verhandlungsspielraums der Bundesrepublik bei internationalen Verhandlungen sein. Dieser Gefahr gegenüber erkläre er, daß eine solche Klage sowohl nach dem Inhalt des Grundgesetzes als auch nach den vorangegangenen Verhandlungen völlig aussichtslos und überflüssig sei.

Adolf Arndt begründete, warum die sozialdemokratische Fraktion es für notwendig hielt, das Bundesverfassungsgericht anzurufen: Nach Auffassung der Fraktion widerstreite die Verteidigungspolitik der Bundesregierung dem Wortlaut und dem Geist des Grundgesetzes.

Erich Ollenhauer bedauerte in seiner Rede, daß diese Debatte ohne ausreichende interne Informationen stattfinden müsse. Diese Uninformiertheit mache eine erfolgversprechende Zusammenarbeit von Parlament und Regierung unmöglich. Ein deutscher Verteidigungsbeitrag werfe keine moralische, sondern eine politische Frage auf, die allein unter politischen Gesichtspunkten beantwortet werden könne – nämlich die Frage: Kann die von der Bundesregierung eingeschlagene Politik zu einer sinnvollen und vertretbaren Mitwirkung der Bundesrepublik an einer europäischen Verteidigung führen? Die Sozialdemokraten müßten diese Frage mit »nein« beantworten. Es gehe um mehr als Divisionen, Kampfgeschwader und Atombomben; es gehe auch und zuerst um die Herstellung der sozialen Krisenfestigkeit der deutschen Demokratie. Die Frage nach der Größe der Kriegsgefahr gehöre in das Reich der Spekulationen, doch der bestehende Kalte Krieg sei Realität. Die wirksamste Verteidigungswaffe sei eine Politik, die im Bewußtsein des gesamten deutschen Volkes die Demokratie als verteidigungswürdig erscheinen lasse! Darum müsse zuerst die Entscheidung über den Deutschlandvertrag gefällt werden, von dessen Inhalt viel für die Möglichkeit abhänge, diese Prämisse verwirklichen zu können. Nach dem bisherigen Stand der Verhandlungen werde dieser Vertrag uns nicht das Recht bringen, frei über uns zu entscheiden. Solange den Deutschen dieses Recht nicht eingeräumt werde, würden die Sozialdemokraten einem militärischen Verteidigungsbeitrag gegenüber bei ihrer ablehnenden Haltung bleiben.

Im weiteren Verlauf der Aussprache kritisierte ich konkrete Bestimmungen des Vertragswerkes, die seinen uneuropäischen Geist sichtbar machten. Der Deutschlandvertrag bringe uns zwar Erleichterungen, räume aber den Besatzungsmächten übermäßige Interven tionsrechte zum Schutz der Demokratie in der Bundesrepublik ein. Bisher hätten sie – die Schutzmächte von morgen – durch ihr Verhalten oft genug zum Ausdruck gebracht, daß sie uns für Demokraten nur dann hielten, wenn wir täten, was *sie* für gut befänden. Aufgrund der Verträge könnten wir nicht sicher sein, daß unsere Partner alles einsetzen würden, was zur Verteidigung unseres Gebietes notwendig sei. Wir Deutschen seien aber der am meisten gefährdete Partner! Zwar könne man die Geographie nicht korrigieren, doch bei einer Partnerschaft müsse das zu Lasten des einen Partners bestehende natürliche Gefälle der Chancen, das Vertragsziel erreichen zu können, durch zusätzliche Leistungen derer ausgeglichen werden, die begünstigter seien als er. »Wir gefährden die Möglichkeit, den Kalten Krieg zu gewinnen, wenn wir vergessen, daß Soldaten nichts helfen können, wenn das Volk sich nicht von innen her gegen den demoralisierenden Sog immunisiert, der vom Osten her nach ihm greift.«

Nach meinen Ausführungen nahm Konrad Adenauer wieder das Wort und begann seine Antwort auf meine Kritik mit der Feststellung, daß er sich das unkorrigierte Exemplar meiner Rede werde geben lassen. Ich hätte nämlich den größten Teil der vertraulichen Mitteilungen, die er mir und einigen anderen Mitgliedern meiner Fraktion gemacht habe, öffentlich ausgewertet. Ich widersprach ihm sofort und gab ihm meine Quellen an. Daraufhin erklärte er sich bereit, durch eine amtliche Untersuchung feststellen zu lassen, daß ich keine vertraulichen Mitteilungen benutzt hätte. Das Ergebnis werde er in einer Bundestagssitzung mitteilen.

Es hat trotz mancher Anmahnung vier Monate gedauert, bis mir Konrad Adenauer schrieb, daß sein Eindruck, ich hätte vertrauliche Angaben benutzt, unbegründet gewesen sei ... Daß er dies dem Hohen Hause bekanntgeben wollte, hatte er inzwischen wohl vergessen.

Am 9. Mai 1952 wurde der Vertrag über die Europäische Verteidigungsgemeinschaft, dem der Bundestag mit großer Mehrheit zugestimmt hatte, paraphiert. Am 26. Mai wurde in Bonn der Deutschlandvertrag unterzeichnet und am folgenden Tag in Paris der Vertrag über die Europäische Verteidigungsgemeinschaft. Jetzt schon pfiffen

die Spatzen von den Dächern, daß die Französische Nationalversammlung dem Vertrag die Ratifikation verweigern würde ...

In den Beratungen im Auswärtigen Ausschuß und im Plenum über
das Ratifikationsgesetz zum Vertrag über die Europäische Verteidigungsgemeinschaft wurde sichtbar, daß die Sozialdemokraten die
Regierungsparteien nicht von der Richtigkeit ihrer politischen und
rechtlichen Argumente würden überzeugen können. Da die Rechtslage nur vom Bundesverfassungsgericht geklärt werden konnte, erhob
Adolf Arndt im Auftrag der Fraktion eine vorbeugende Feststel-
lungsklage mit dem Antrag, das Gericht möge feststellen, »daß
Bundesrecht, welches die Beteiligung Deutscher an einer bewaffneten
Streitmacht regelt oder Deutsche zum Wehrdienst verpflichtet, ohne
vorangegangene Ergänzungen und Abänderung des Grundgesetzes
weder förmlich noch sachlich mit dem Grundgesetz vereinbar ist«.

Im Bundeskanzleramt wurde die Klage nicht ernst genommen: Sie
sei schon prozessual unzulässig. Die Gleichgültigkeit des Bundeskanzleramtes und des Bundeskanzlers änderte sich, als das Gerücht
umging, der Erste Senat (der »rote Senat« genannt) sei offenbar
geneigt, der Klage stattzugeben. Der Präsident des Bundesverfassungsgerichts, Hermann Höpker-Aschoff, hielt es für seine Pflicht,
die Bundesregierung wie auch die Führung der Opposition auf die
möglichen positiven und negativen Aussichten des Verfahrens aufmerksam zu machen, um ihnen Gelegenheit zu geben, sich auf die
Folgen der eventuell zu erwartenden Entscheidung vorzubereiten.

Da geschah etwas Ungewöhnliches. Der Bundespräsident forderte
beim Bundesverfassungsgericht ein Gutachten über die Rechtslage an.
Der Historiker Arnulf Baring deutet an, dieser Schritt sei vom
Bundeskanzler veranlaßt worden. Ich kann aus eigenem dazu nichts
sagen, und auch Konrad Adenauer schreibt in seinen »Erinnerungen«
nur, daß der Bundespräsident nicht ganz von der Vereinbarkeit des
EVG-Vertrages mit dem Grundgesetz überzeugt gewesen sei und
darum das Bundesverfassungsgericht ersucht habe, ihm das Grundgesetz zu erläutern. Der Schritt des Bundespräsidenten erregte Aufsehen. Viele seiner Kritiker waren überzeugt, der Bundeskanzler werde
dabei in irgendeiner Weise die Hand im Spiel gehabt haben –
vielleicht um dadurch den Zweiten Senat, den »schwarzen«, ins Spiel

zu bringen, von dem man glaubte, eher eine der Regierungspolitik genehme Entscheidung erwarten zu können.

In dieser kritischen Lage zeigten die Richter, daß sie nicht gesonnen waren, die Degradierung des Verfassungsgerichts zum politischen Instrument zuzulassen: Sie beschlossen, das Gutachten durch die vereinigten Senate erstatten zu lassen, womit zunächst einmal der Unfug, von einem »roten« und einem »schwarzen« Senat zu sprechen, ausgeräumt war. Zunächst machte das Gericht einen Vorschlag zum weiteren Verhalten: Opposition und Regierung möchten sich damit einverstanden erklären, daß die Normenkontrollklage ausgesetzt werde, bis das Gutachten erstattet sei, und bereit sein, sich dem Gutachten des Plenums zu unterwerfen. Die Regierung nahm den Vorschlag an; die Sozialdemokraten lehnten ihn ab.

Es kam zum Chassé-croisé zwischen Regierung, Bundesverfassungsgericht, Koalitionsparteien und Oppositionsparteien mit der Folge immer neuer Verschiebungen der Termine. Den Abschluß dieser Komödie der Verwirrungen beschleunigte ein Satyrspiel: Am 6. Dezember 1952 erhoben die Regierungsparteien beim Bundesverfassungsgericht eine Klage mit dem Antrag festzustellen, daß die Antragsteller gegen das Grundgesetz verstoßen, wenn sie dem Deutschen Bundestag und seiner antragstellenden Mehrheit das Recht bestreiten, die Gesetze über den Deutschlandvertrag und den EVG-Vertrag mit Mehrheit zu verabschieden; weiter, daß der Deutsche Bundestag berechtigt ist, die Gesetze über den Deutschlandvertrag und den EVG-Vertrag mit einfacher Mehrheit zu verabschieden.

Dem Normenkontrollverfahren der Opposition sollte also eine Organklage gegenübergestellt werden. Warum? Weil für deren Entscheidung der andere Senat zuständig war. Ich habe nicht verstanden, worauf die Regierungsparteien – und wohl auch der Bundeskanzler – mit einem solchen Unikum von Klage hinauswollten. Glaubten der Bundeskanzler und seine Berater, durch solche Manipulationen die öffentliche Meinung verwirren zu können? Meinten sie, damit den für die Klage der Regierungsparteien zuständigen »schwarzen Senat« ausschließlich ins Spiel bringen zu können? Doch das Bundesverfassungsgericht beschloß, vor der Klage der Regierungsparteien das Gutachten für den Bundespräsidenten zu erstellen; an dieses Gutachten würden sich beide Senate gebunden halten . . . Am 7. März 1953 wies das Bundesverfassungsgericht die Anträge der Regierungsparteien als unzulässig ab. Das gleiche Schicksal hatte die Normenkontrollklage der Sozialdemokratischen Partei: Normenkontrollklagen seien erst zulässig nach Erlaß des beanstandeten Gesetzes.

Stalins Angebot

Die Regierungen in Moskau und Ostberlin versuchten, durch Angebote, die von der Sorge um die Bewahrung der Einheit Deutschlands eingegeben zu sein schienen, die von der Bundesregierung eingeleitete feste Bindung an den Westen aufzuhalten oder gar gegenstandslos zu machen. Am 13. Februar 1952 gab die Regierung der DDR das Zeichen, indem sie die vier Besatzungsmächte bat, den Abschluß eines Friedensvertrages mit Deutschland zu beschleunigen. Die Sowjetunion forderte unter Berufung auf die Potsdamer Beschlüsse ebenfalls den unverzüglichen Abschluß eines Friedensvertrages.

Die Westmächte ließen das Schreiben unbeantwortet, doch gaben sie bekannt, daß die Einberufung einer Friedenskonferenz die Existenz einer frei gewählten gesamtdeutschen Nationalversammlung und die Bestallung einer wiederum durch diese gewählten gesamtdeutschen Regierung voraussetze. Nun ergriff am 10. März 1952 Stalin selbst die Initiative. Er schlug den Westmächten eine Viererkonferenz über die Wiedervereinigung Deutschlands vor, die auf der Grundlage freier Wahlen zustande kommen solle. Das wiedervereinigte Deutschland werde über eine nationale Armee verfügen und durch das Verbot, Bündnisse abzuschließen, militärisch neutralisiert werden.

Die Reaktion der Westmächte und der Bundesrepublik war eigenartig. Es wurde nicht etwa ein Termin für Verhandlungen vorgeschlagen, in denen wenigstens die Ernsthaftigkeit des sowjetischen Angebots hätte geprüft werden können. Man begnügte sich damit, die Bestallung einer UNO-Kommission zu empfehlen, die in ganz Deutschland prüfen sollte, ob überall die Voraussetzungen für freie und geheime Wahlen gewährleistet seien.

Ich hielt dieses Ansinnen für absurd. Einen politischen Sinn hätte es erst haben können, nachdem die Verhandlungen gezeigt hätten, daß ein Erfolg möglich war. Darum setzte ich mich trotz meiner Skepsis gegenüber allem, was aus dem Kreml kam, in der Presse für Verhandlungen über das sowjetische Angebot ein; nur so könne man prüfen, was wirklich hinter Stalins Angebot stecke. Die wahren Absichten der Sowjetunion würden spätestens bei den Beratungen über den Passus der Note offenbar werden, in dem es hieß, daß die beteiligten Mächte »die Frage der Bedingungen prüfen müssen, die die beschleunigte Bildung einer gesamtdeutschen, den Willen des Volkes ausdrückenden Regierung fordert«. Stimme die Sowjetregierung dabei freien und geheimen Wahlen zu, werde es möglich sein, dem weiteren Vorschlag der Sowjetunion näherzutreten, unter unmittelbarer Beteiligung einer *gesamtdeutschen* Regierung einen Friedensvertrag auszuarbeiten. Die weiteren Vorschläge der Note über die Rolle und über den Zustand eines wiedervereinigten Deutschland seien einer ernsthaften Prüfung wert – wenngleich mich bei der Lektüre der Note eine Floskel störte, die immer wieder vorkam: »...in Übereinstimmung mit den Potsdamer Beschlüssen...« Ich hielt es für einen groben Fehler, daß man sich damit begnügte, Stalins Verhandlungsangebot jede Ernsthaftigkeit abzusprechen. Hätte man sich die Mühe gemacht, durch das Verhalten der sowjetischen Diplomatie vor aller Öffentlichkeit deutlich werden zu lassen, daß jenes Angebot nur eine Finte war, wäre manchem heutigen, um die Zukunft Deutschlands besorgten Vaterlandsfreund der nostalgische Rückblick auf das Jahr 1952 erspart geblieben.

Kurt Schumachers Tod

Die Ereignisse des Jahres 1952 brachten es mit sich, daß ich Kurt Schumacher, trotz seines schweren Schlaganfalls, den er am 21. Dezember 1951 erlitten hatte, um manches Gespräch bitten mußte. Als ihm seine Ärzte im April 1952 gestatteten, mit seinen Beratern wieder politisch zu arbeiten, verbrachte ich zusammen mit Erich Ollenhauer, Herbert Wehner, Fritz Erler und gelegentlich auch mit anderen Freunden viele Abende in seinem Haus auf dem Bonner Venusberg. Das Thema der Gespräche blieb sich in vielen Varianten immer gleich: Was wird aus Deutschland werden, wenn bestimmte Dinge geschehen oder nicht geschehen; wenn die Westalliierten sich mehr als Besatzungsmächte oder mehr als Schutzmächte betrachten; was muß in der Bundesrepublik getan werden, um die seelischen Widerstandskräfte ihrer Bürger zu stärken, deren Lähmung den Rückfall in politische Passivität ausdrückt? Wie muß sich die Bevölkerung, wie müssen sich insbesondere die Parteien in der Bundesrepublik verhalten, damit jener Satz in der Präambel des Grundgesetzes auch bei den Bürgern jenseits der Elbe glaubhaft bleibt, nach dem wir uns aufgefordert wissen, die Einheit und Freiheit Deutschlands in freier Selbstbestimmung zu vollziehen?

Hinzu kamen die Überlegungen zu den im Herbst 1953 anstehenden Bundestagswahlen. Kurt Schumacher war sicher, daß das von allen Seiten gezeigte Mißvergnügen der Deutschen an der Aussicht, wieder Waffen tragen zu müssen, die Wähler von der Richtigkeit der sozialdemokratischen Opposition gegenüber den politischen Absichten der Bundesregierung überzeugen würde. Als ich ihm vorschlug, eine Meinungsumfrage durchführen zu lassen – Elisabeth Noelle-

Neumann, die ich von Tübingen her gut kannte, hatte mir die Dienste ihres Demoskopischen Instituts in Allensbach angeboten –, winkte er ab: Davon halte er nichts; unsereiner kenne die Vorstellungen und Wünsche der Wählerschaft besser als alle Demoskopen zusammen ... Daß die Bevölkerung der Bundesrepublik sowohl jeder Aufstellung von Streitkräften abhold als auch gleichzeitig willens sein könnte, dem, der ihm mehr Sicherheit versprach, das größere Vertrauen zu schenken, mochte er sich nicht vorstellen.

In jenen letzten Wochen fiel seinen Freunden auf, daß dieser Unermüdliche bei den gemeinsamen Gesprächen schneller ermattete, als man es bei ihm gewohnt war. Am 8. August 1952 hielt er noch eine Rundfunkansprache, dann verschlimmerte sich sein Befinden. Am 20. August starb er. Sein Tod bewegte die Gemüter des ganzen Volkes. Die Nation spürte, daß ihr mit diesem Tod mehr genommen wurde als ein tüchtiger Politiker. Das wurde deutlich, als wir ihn zu seiner letzten Ruhestätte geleiteten.

Schon bei seiner ersten schweren Erkrankung hatte er den Wunsch ausgesprochen, am Ort seines ersten Wirkens für das durch Gewaltherrschaft, Krieg und Niederlage in seinen Grundfesten erschütterte deutsche Volk bestattet zu werden, in Hannover. Der Parteivorstand beschloß, Kurt Schumachers Sarg im Geleit seiner Freunde auf der Bundesstraße, deren Endpunkt Berlin ist, in langsamer Fahrt von Bonn nach Hannover zu bringen. Kein Zeuge wird jemals die Hunderttausende vergessen können, die die Straßen säumten, die der Wagen mit Kurt Schumachers sterblicher Hülle entlangfuhr. Das waren keine kommandierten Formationen – Männer, Frauen und Kinder sammelten sich an der Heerstraße, die durch das Ruhrgebiet führt, um dem Mann, der für sie gestritten und gelitten hatte, Blumen und frisch gepflückte Zweige auf den letzten Weg zu streuen. Mancherorts wehten aus Fenstern oder von den hohen Schornsteinen der Fabriken schwarz umflorte Fahnen. Als die Nacht einbrach, loderten Fackeln, und an erleuchteten Kirchenpforten stand der Pastor im Lutherrock mit der Bibel in der Hand.

In Hannovers Straßen standen weitere Hunderttausende dicht gereiht und warteten von sieben Uhr abends bis Mitternacht, um Kurt Schumacher einen letzten Abschiedsgruß zuwinken zu können.

Es ist gut, sich dessen zu erinnern, und es ist gut, solche Erinnerungen in anderen wachzurufen, denn in unserem Land vergißt man zu leicht. Die seltenen Tage, an denen ein Volk sich nicht scheut, seinen Schmerz über den Verlust eines großen Menschen in einer eindrucksvollen Geste der Dankbarkeit zu zeigen, sollten dem Wissen der Nation von sich selbst einverleibt bleiben.

Sicher waren in der Menge nur wenige, die die verschlungenen Pfade der deutschen Nachkriegspolitik verstanden. Die meisten hatten Kurt Schumacher nie von Angesicht zu Angesicht gesehen. Um den Vorsitzenden einer Partei oder einen durch Rundfunk, Wochenschau und Presse bekanntgewordenen Mann zu ehren, steht ein Volk nicht auf, als gelte es, den Leichnam seines gefallenen Herzogs von der Walstatt nach Hause zurückzuholen, von wo er ohne Glück ausgezogen war, das Land zu befreien. So verhält sich ein Volk, wenn es fühlt, daß ein zu jäher Tod ihm zu früh den getreuen Eckart entriß. Nicht den Sozialdemokraten ehrte das Volk, sondern den Mann, der ihm den Weg zu sich selber bahnen half, der ihm den Mut zurückgab, sich trotz allem als eine Nation erkennen zu wollen, die nicht untergehen darf. Es dankte dem Mann, daß er ihm den Weg wies, auf dem es trotz Niederlage, trotz Chaos, trotz der Zertrümmerung der Grundfesten seines Staates in tapferer Selbstachtung neuen Horizonten der Geschichte zustreben konnte.

Manche meinten, dieser Mann, der Konrad Adenauers »Politik der Stärke« schlecht fand, habe einer gandhischen Politik der »aktiven« Schwäche das Wort geredet. Dieser Mann wußte besser als viele seiner Kritiker, daß gute Politik nur von einem starken Willen gemacht werden kann; doch er wußte auch, daß hierfür zu bestimmten Zeiten manche Mittel nicht taugen, die zu anderen Zeiten taugen können. In dem, was man landläufig die »Politik der Stärke« nennt, sah er Selbsttäuschung; denn er hielt nichts davon, Stärke zu demonstrieren, wo die Muskeln fehlen. Dann sei etwas anderes notwendig als das Pathos des Riesen Goliath. Auch der an Machtmitteln im herkömmlichen Sinn Arme sei nicht wehrlos; gerade seine Machtlosigkeit könne zur Waffe gegen Siegerübermut und Siegertorheit werden. Kein Sieger eines Koalitionskrieges könne zulassen, daß seine Verbündeten von gestern sich allein des Potentials des ehemali-

gen Feindes bemächtigen. Hier nun habe der Machtlose eine besondere politische Chance, mit der er allerdings konsequent und
geschmeidig-rational umzugehen habe.

Heute sei uns aufgegeben, uns so zu verhalten, daß sich die Sieger
nicht aus ihrer Verantwortung für Deutschland, die ihnen der totale
Sieg auferlegt hatte, zurückziehen können. Es gelte, auf Tagesvorteile
zu verzichten, mit denen die Sieger unsere Bereitschaft zu honorieren
versuchen könnten, die Wiedervereinigung Deutschlands nicht mehr
vor allen anderen politischen Zielen zum Motor unserer Politik zu
machen. Darum wehrte er sich so leidenschaftlich dagegen, uns von
den Alliierten einen westdeutschen Staat mit separater Souveränität
aufdrängen zu lassen, und darum bestand er so konsequent darauf,
die Deutschen dürften sich erst nach ihrer staatlichen Wiedervereinigung einem westeuropäisch-atlantischen Block integrieren.

Diese Weigerung, den landläufigen Parolen und Kräften der Zeit zu
folgen, ließ ihn oft hart und querköpfig erscheinen. Hart war er, wo
es um den Bestand Deutschlands, um den Frieden, um Freiheit und
Menschenwürde ging – und um jene, die wehrlos von den Zeitläuften
zerdrückt zu werden drohten, diesseits und jenseits unserer Grenzen.
Er wußte, daß Politik die Kunst des Möglichen ist und daß niemand
mehr aus Politik zu machen vermag, als er Mittel hat, das Gewollte zu
verwirklichen. Er wußte, daß es die Aufgabe des Staatsmannes ist,
neben dem Möglichen auch das Notwendige zu erfassen und es durch
allmähliches Hervorholen und Bereitstellen wirksamer Faktoren zu
realisieren. Was er mit seinem »westpreußischen Charme« – das Wort
stammt von ihm – immer wieder denen ins Gewissen rief, die es
anging, war so wenig Produkt einer Querköpfigkeit wie sein Verhalten im Konzentrationslager. Er wußte, was Ehre gebietet. Er wußte,
daß jeder Schritt abseits von Demokratie und Rechtsstaat zur
Herrschaft der Unmenschlichkeit führen wird.

Gegenüber den Besatzungsmächten hat er oft harte Worte
gebraucht. Den Sowjets, die mit Zuckerbrot und Peitsche um ihn
warben, erklärte er, er mache nicht russische, er mache deutsche
Politik . . . Dasselbe hat er jeweils auch Amerikanern, Franzosen und
Briten gesagt. Als man ihn deshalb einen Nationalisten schalt, hat ihn
dies nicht gestört. Diesen Schimpf wolle er sich gerne gefallen lassen,

sagte er einmal zu mir, wenn das deutsche Volk von ihm lerne, daß Demokratie keine Sache des Kapitulierens vor fremden Egoismen und Nationalismen ist, sondern Ausdruck der Achtung des Volkes vor sich selbst.

Sein leidenschaftliches Besorgtsein um Deutschland hat ihn einige Male auch in der Öffentlichkeit zu bösen Äußerungen über Personen hingerissen, deren politisches Verhalten ihm die deutschen Lebensinteressen – mit dem Wort »deutsch« meinte Kurt Schumacher immer das ganze Deutschland – leichtfertig oder aus mangelndem Verständnis für die verführerische und aufweichende Atmosphäre politischer Nach-Tisch-Gespräche in Gefahr zu bringen schien. Manchmal hat er bei solchen Anlässen Worte in den Saal geschleudert, mit denen er das Maß des in der parlamentarischen Polemik Erlaubten überschritt. Diese Art, jemandes Verhalten gelegentlich mit extremer Schärfe anzuprangern, war Ausfluß der immensen Leidensfähigkeit dieses von leidenschaftlicher Liebe zu Deutschland ganz und gar ergriffenen Menschen. Ich konnte ihn bei Vorfällen dieser Art genau beobachten. Seine Zwischenrufe, die ihn bei so vielen menschlich abwerteten, waren Aufschreie eines Gequälten. Vielen galt und gilt er als der ewige Neinsager aus Passion. Wie gerne hätte er zu dem, was die Regierung tat, ja gesagt, wenn er es von der Sache her hätte billigen können. Und was hat er nicht alles mit seinem Nein von uns abgewehrt: Ich erinnere an das Nein zum Grundgesetz, das er an jenem 19. April 1949 ankündigte, falls die Alliierten weiterhin auf der von ihnen gewollten Schwächung der Bundesregierung zugunsten eines Länder-Partikularismus bestehen sollten, der jede vernünftige Regierungsarbeit unmöglich machte. Dieses Neins wegen haben wir heute einen funktionierenden Bundesstaat.

Seine unbeugsame Haltung gegenüber den Siegermächten, wo diese unter dem Vorwand, einer großen Idee dienen zu wollen, nichts anderes taten, als zu ihrem Vorteil dem deutschen Volk die Mittel zu beschneiden, deren es bedurfte, um sich aus eigener Kraft einen Lebensraum einzurichten, in dem demokratische Tugenden gedeihen können, hat ihn bei der Arbeiterschaft glaubwürdig gemacht. Nur weil diese Millionen, die glaubten, daß ihnen ihr Land etwas schuldig geblieben war, wußten, daß sie seinem Wort trauen konnten, gelang es, sie ohne Vorbehalt so an die Demokratie glauben zu lassen, daß sie dem Sog, der vom Osten her auf sie angesetzt wurde, so unbedingt widerstanden wie er. Nun vermochten die vom Osten her ausgerufenen alten Kampfparolen nicht mehr ohne weiteres zu zünden. Man sollte nicht vergessen, wie sehr die Kameradschaft in den Konzentrationslagern manchen sonst hellsichtigen Menschen den Blick für die Versucherkunst politischer Roßtäuscher getrübt hatte, daß sie nicht ohne weiteres und von sich aus zu erkennen vermochten, daß für den Kreml und seine Satelliten die neu aufgelegten und zurechtgebogenen Leitworte der Arbeiterbewegung nichts anderes mehr waren als taktische Parolen zur Verschleierung der Herrschaftsansprüche eines neuen Imperialismus. Als Kurt Schumacher den Arbeitern zurief, die Kommunisten seien heute nichts anderes als rot gefärbte Faschisten, glaubten sie ihm, weil sie in ihm den Mann erkannten, für den demokratische Freiheit sich in immer mehr sozialer Gerechtigkeit zu erfüllen hat. Ihm glaubten sie, daß es nur *einen* Weg gibt, diese Welt zur Heimstatt des Friedens, der Freiheit und der Gerechtigkeit zu machen: den steinigen und verschlungenen Weg der parlamentarischen Demokratie.

Kurt Schumacher, dem die Nation Quelle und Fundament der Demokratie war, hielt den politischen Zusammenschluß der europäischen Nationen zu einem übergeordneten Ganzen für eine absolute Notwendigkeit; er sah darin die einzige Möglichkeit für die Völker Europas, sich in einer in fundamentalem Wechsel befindlichen Welt Freiheit und humane Gesittung zu bewahren. Diesen Zusammenschluß könne man jedoch nicht zuwege bringen, indem man sich an der Nation vorbeischleicht, sondern nur, indem man die Nation mit allem, was an Schwerem mit ihr verbunden ist, auf sich nimmt und in die Gemeinschaft einbringt. Der Europapolitik Konrad Adenauers hat er sich mit größter Entschiedenheit widersetzt, weil er zu sehen glaubte, daß unter der Europaflagge alte Machtprivilegien in die Zukunft hinübergerettet werden sollten. So hat er den Schumanplan, die Montanunion, die Europäische Verteidigungsgemeinschaft, den Europarat nicht bekämpft, weil sie ihm zu europäisch gewesen wären, sondern weil sie ihm nicht europäisch genug waren. »Europa verträgt keine Gliederung in Sieger und Besiegte«, war sein ständiges Wort. Er wollte ein Europa gleichberechtigter Völker und nicht eine »Europa-GmbH« der Regierungen zur politischen und ökonomischen Verwertung Deutschlands für eigensüchtige Zwecke. Darum wurde er nicht müde zu fordern: »Keine Integration der Bundesrepublik in einen irgendwie benannten Block vor Wiederherstellung der Einheit Deutschlands, denn dann wird die Wiedervereinigung nie kommen.« Ebenso entschieden rief er den Deutschen zu: »Leidet nicht, daß man unter dem Vorwand, euch zu verteidigen, in Wirklichkeit nichts weiter im Sinn hat, als Deutschland zum Vorfeld der Verteidigung anderer Länder zu machen; wir können nicht von der Hoffnung leben, daß die *letzte* Schlacht vom Westen gewonnen werden wird.« Und ein anderes Wort von ihm: Wo bei einem politischen Vorhaben ein Kompromiß auf Kosten der Grundwerte der Demokratie erfolgen müsse, sei es besser, ein unpopuläres Nein zu sagen, als mit einem bequemen Ja formal-demokratischen Prozeduren Vorrang vor realen Postulaten substantiell begriffener Demokratie einzuräumen. Nur dann werde ein Volk auch in Zeiten der Krise an die Tragfähigkeit und Glaubwürdigkeit der Demokratie glauben.

Nun mußte die Sozialdemokratische Partei ihren weiteren Weg ohne Kurt Schumacher gehen. Seine Worte blieben lebendig und auch der Geist, den er der Partei eingeflößt hatte. Manchen wurden Wegweisungen, die er gegeben hatte, zu Glaubensartikeln eines dogmatischen Katechismus. Sie übersahen, daß seine Feststellungen mit dem Blick auf die Verhältnisse und die Möglichkeiten getroffen worden waren, die zu seinen Lebzeiten bestanden. Sie vergaßen, daß jede Veränderung der Umstände eine Veränderung der Strategien und der Taktiken bedingt, auch wenn das politische Ziel unverändert bleibt. Von dem Augenblick an, da feststand, daß – nicht durch die Schuld der Sozialdemokraten – die Betreibung der Wiedervereinigung Deutschlands nicht mehr Bestandteil der Realpolitik der Alliierten war und daß das inzwischen entstandene weltpolitische System auf der Anerkennung der Trennungslinie zwischen den Weltmachtblöcken beruhte, war es notwendig geworden, neue Trassen zu ziehen. Kurt Schumacher hätte es getan.

Der Dortmunder Parteitag 1952

Wenige Wochen nach Kurt Schumachers Tod fand vom 24. bis 28. September 1952 in Dortmund der vierte Parteitag der Sozialdemokratischen Partei nach dem Kriege statt. Sein Thema hieß: »Die Einheit Deutschlands und ein lebensfähiges Europa als vordringlichstes Ziel sozialdemokratischer Politik«.

Der Parteitag stand ganz unter dem Eindruck des Verlustes, den die Sozialdemokratie Europas durch Kurt Schumachers Tod erlitten hatte. Deren Anteilnahme bezeugten die Worte vieler Delegierter ausländischer sozialdemokratischer Parteien, die diesmal zum Parteitag gekommen waren. Die Gedenkrede für Kurt Schumacher hielt Dortmunds Oberbürgermeister Fritz Henssler. Dieser hochgeschätzte Mann stammte aus Altensteig im württembergischen Nordschwarzwald, einem der traditionellen Vororte des schwäbischen Alt-Pietismus. Den Kirchenglauben seiner Kindheit hatte er aufgegeben, aber seine Persönlichkeit blieb von den Lebenskräften jenes Pietismus gezeichnet: völlige Hingabe an die Aufgabe, für die man sich entschieden hat; kein Abirren von einmal erkannter Wahrheit; Lauterkeit des Gewissens; Absage an alles, was uns angesichts der Schwere einer Entscheidung verführen könnte, ein Surrogat für das Wahre zu halten.

Die große Rede zum Hauptpunkt der Tagesordnung hielt Erich Ollenhauer. Er beschwor die Partei, am Erbe Kurt Schumachers festzuhalten. Neue Strategien entwickelte er nicht, jedoch faßte er meisterlich zusammen, was in den Debatten des Bundestages der letzten Jahre von den Verantwortlichen der Partei als Ziele und Methoden sozialdemokratischer Politik und an Kritik der Regierungspolitik dargelegt worden war.

In den Resolutionen des Parteitages kommt die Entschlossenheit zum Ausdruck, alle Gefahren abzuwehren, die eine Entwicklung nach dem Vorbild von Warschau und Prag einleiten könnte. Gleichermaßen müsse alles vermieden werden, was die Teilung Deutschlands endgültig machen würde.

Niemand hatte auf dem Parteitag vorgeschlagen, die Zielvorstellungen der Partei neu zu überdenken oder zu ihrer Verwirklichung neue Methoden zu empfehlen; so stark wirkten die Impulse nach, die Kurt

Schumacher der SPD eingegeben hatte. Die bisherige Führungsspitze sammelte sich um Erich Ollenhauer. Auf dem Krankenbett hatte Schumacher seine Vertrauten gebeten, Ollenhauer zu seinem Nachfolger vorzuschlagen. Darüber hat es nie eine Auseinandersetzung gegeben. Bei allem Wissen um das, was die beiden Männer voneinander unterschied, herrschte in unserer Mitte kein Zweifel darüber, daß dieser allem Neuen offene Veteran der Partei, der in der Emigration in England mit den Gebräuchen gewachsener Demokratie eng vertraut geworden war und den freundschaftliche Beziehungen mit so vielen skandinavischen Politikern verbanden, der rechte Mann am rechten Platz sein würde. Er konnte unserer Treue und Loyalität sicher sein. Und so ist es bis zu seinem Tod geblieben.

Der Mailänder Sozialistenkongreß

Vom 17. bis 21. Oktober 1952 wurde in Mailand ein internationaler Sozialistenkongreß abgehalten, an dem alle sozialistischen Parteien teilnahmen, die sich im Gegensatz zum Totalitarismus des Ostens zur parlamentarischen Demokratie bekannten. Erich Ollenhauer, Fritz Erler und ich vertraten die SPD.

Obwohl ich schon Tagungen der Sozialistischen Internationale beigewohnt hatte, schien mir die Mailänder Zusammenkunft lehrreicher als die früheren Begegnungen zu sein. In den ersten Jahren nach Beilegung der Feindseligkeiten hatten die sozialistischen Parteien der freien Welt noch kein rechtes Verhältnis zu den Besonderheiten der jeweiligen Bruderparteien zu finden vermocht. Der Totalitarismus, der in jenen Jahren in einigen klassischen Ländern der Arbeiterbewegung die Szene beherrschte; der Zweite Weltkrieg, der so viele für unumstößlich gehaltene »Wahrheiten« im Bewußtsein der Menschen durcheinandergebracht hatte; die dogmatischen Traditionen aus der Frühzeit der Internationale, die vor allem in den sozialistischen Parteien der erst nach dem Zweiten Weltkrieg entstandenen Staaten virulent wurden – all das hatte verhindert, daß es zu einem Gemeingeist der sozialistischen Parteien kommen konnte. Einige hatten sich von ihrer ursprünglich ideologischen Konzeption des

Geschichtsvorganges nunmehr einem pragmatischeren Verständnis der Geschichte und der Politik zugewandt, während andere, wie zum Beispiel die Labour Party, die ursprünglich mit ideologischen Systemen nicht viel im Sinn hatte, sich marxistischen Vorstellungen zu öffnen begann. Die Parteien in den eben erst aus kolonialer Unterwerfung entlassenen Staaten schlossen sich eng an die marxistischen Traditionen der Zeit vor dem Kriege·an, was sie nicht hinderte, in ihrer praktischen Politik pragmatisch, opportunistisch und ohne viel Achtung vor den humanitären Idealen marxistischer Tradition zu verfahren. Auf dem Kongreß kam diese Auseinanderentwicklung unübersehbar zum Ausdruck. Keinem Teilnehmer blieb verborgen, daß es künftig nicht mehr möglich sein würde, die sozialistischen Parteien bei Zusammenstößen mit den wechselnden Realitäten der Zeit als einheitlich denkende Gruppe anzusehen, in der jedes Mitglied davon ausgehen kann, daß alle die anstehenden Fragen mit den gleichen Kategorien erfassen und den gleichen Kriterien unterwerfen.

Dieser Zustand lag durchaus auf der Linie des Weges, den die internationale politische Arbeiterbewegung im letzten Jahrhundert zurückgelegt hatte. Die von Karl Marx und seinen Freunden im Jahre 1864 geschaffene Organisation der Arbeiterbewegung der Industriestaaten stellte infolge des ideologischen Konflikts zwischen Marx und Bakunin 1872 ihre Tätigkeit ein. Ein im Juli 1889 in Paris zusammengetretener internationaler sozialistischer Arbeiterkongreß beschloß, am 1. Mai 1890 eine Kundgebung für den Acht-Stunden-Tag abzuhalten. Es wurde ein internationales sozialistisches Büro gegründet, in dem alle Gruppen vertreten waren. Dem Grundsatz nach sollten die Beschlüsse der Organe dieser Zweiten Internationale für die sozialdemokratischen Parteien verbindlich sein. Im Ersten Weltkrieg brach die Zweite Internationale zusammen. Sie wurde jedoch im Jahre 1923 auf einem Kongreß in Hamburg als Sozialistische Arbeiterinternationale neu gegründet. Der Zweite Weltkrieg machte ihre Tätigkeit zunichte. Doch schon im Mai 1944 entstand das Internationale Sozialistische Büro, das 1946 zu einem Komitee ausgeweitet wurde, in dem jede der Mitgliederparteien vertreten sein sollte. Schließlich wurde 1951 auf dem 8. Internationalen Sozialistenkongreß in Frankfurt die Sozialistische Internationale neu begründet.

Die regelmäßigen Zusammenkünfte unter dem Zeichen der Internationale dienten nun weniger dazu, konkrete, für die Mitgliederparteien verbindliche Entscheidungen zu fällen. Sie begnügten sich fortan mit wechselseitiger Orientierung über die Auffassungen der Schwesterparteien; sie gaben den jeweiligen Parteien Gelegenheit, ihr Wissen um die Intentionen der Regierung ihres Staates oder dritter Staaten den übrigen Genossen mitzuteilen, wenn sie glaubten, dies könne der Erhaltung des Friedens dienen und mithelfen, Krisen zu entschärfen. Die Internationale wurde zu einem Clearing-House für die gegenseitige Abstimmung und den Ausgleich der nationalen Vorstellungen und Absichten der einzelnen Parteien. Bei diesem Sachverhalt konnten bindende Beschlüsse auf diesem Kongreß nicht gefaßt werden. Jedoch ging aus den Reden deutlich hervor, daß auch die sich der Internationale gegenüber autonom fühlenden Parteien sich für verpflichtet hielten, bei der Verfolgung nationaler Interessen deren Rückwirkung auf internationale Umstände und Notwendigkeiten zu beachten.

Eine wichtige Entschließung des Kongresses betraf die Aufnahme einiger sozialistischer Parteien Asiens in die Internationale. Die Arbeiterbewegung Asiens hatte aufgehört, sich als Ableger und Stipendiaten der europäischen Arbeiterbewegung zu betrachten. Sie hielt es offenbar für sicher, daß nun den Europäern das Geschehen im Osten genauso bedeutungsvoll erscheinen würde wie einst den Bewohnern Asiens das europäische Geschehen. Auch hier habe die Welt aufgehört, sich auf Europa hin zentriert zu fühlen. Mir erschien hierfür das Wort eines indischen Delegierten besonders kennzeichnend: Er wundere sich, mit welcher Naivität man heute davon spreche, die asiatischen sozialistischen Parteien seien für die Internationale ein Problem – für die Sozialisten Indiens sei umgekehrt die Internationale von heute ein Problem . . .

Mir war bisher nie so deutlich geworden, in welchem Ausmaß außerhalb Europas Prozesse in Gang gekommen waren, die uns zwangen, gründlich umzudenken. Auch die Arbeiterbewegung war polyzentristisch geworden. Das Schicksal der europäischen Demokratien würde heute und morgen nicht mehr allein durch europäische Entwicklungen bestimmt werden, sondern auch durch die Richtung, die soziale Emanzipationsprozesse einschlagen würden, die sich in Indien, Afrika, China und anderswo vollzogen.

Auf dem Kongreß waren mir Ignazio Silone und Altiero Spinelli der liebste Umgang. In diesen beiden Männern vereinigten sich auf imposante Weise die Traditionen der Heimat mit den Tugenden weltbürgerlicher Aufklärung und der Kraft, der Tyrannenmacht bis zum äußersten zu widerstehen. In dieser Mailänder Woche konnte ich täglich mit ihnen zusammensein und mir erzählen lassen, wie viele Jahre der Verbannung überstanden werden können, ohne daß man sich im Innern von seinem Vaterland löst. Altiero Spinelli war schon als junger Mann von den Faschisten in den Kerker geworfen worden; dennoch brachte er die Kraft auf, sich dort das Wissen anzueignen, für das wir anderen ein langes Studium in akademischer Freiheit brauchten. Während seiner Gefängnisjahre ist in ihm die Leidenschaft für Europa gewachsen ... Lange war er der führende Mann des Bundes Internationaler Föderalisten. Heute ist er Abgeordneter des direkt gewählten Europäischen Parlaments. Dies zeigt, daß gelegentlich auch die Geschichte Logik kennt.

John Foster Dulles und die Vorstellungen der SPD

Im Februar 1953 besuchte John Foster Dulles die Bundesrepublik. Als Vorsitzender des Auswärtigen Ausschusses wurde ich von dem führenden Mann der amerikanischen Außenpolitik ausführlich ins Gespräch gezogen. Ich gab mir große Mühe, ihm meine und meiner Partei Beurteilung der Lage Deutschlands darzulegen, und versuchte, ihm begreiflich zu machen, warum die Wiedervereinigung Deutschlands in unserem Denken den ersten Rang einnimmt. Was uns bewege, sei nicht das Eintreten für einen verjährten Nationalismus, sondern die Sorge um die Wertbeständigkeit der demokratischen Einsichten und Impulse, die das deutsche Volk bewegen. Eine Enttäuschung seiner, des deutschen Volkes Vorstellung, daß auch die Alliierten bei ihrer Politik davon ausgingen, daß das Moralgesetz der Demokratie es kategorisch ausschließt, Landsleute einem Regime

preiszugeben, das die Menschen zu Objekten einer perversen Staats-
räson reduziert, könne sich auf den Glauben des deutschen Volkes an
die Ehrlichkeit der Alliierten ebenso schlimm auswirken wie die
Bestätigung des Verdachts, daß die sich demokratisch nennenden
Staaten die Partnerschaft mit der Bundesrepublik zu keinem anderen
Zweck wollen als für die Verbesserung ihrer eigenen Chancen bei der
Auseinandersetzung mit der Sowjetunion.

Daß John Foster Dulles mit meinen Ausführungen nicht viel
anzufangen wußte, sondern sie für Spintisierereien eines Sonderlings
zu halten schien, ließ mich ihn als einen Mann erblicken, der sich in
einer eigenen, geschlossenen Vorstellungswelt eingesperrt hielt. Er
kam mir vor wie ein Stiefbruder Abraham Lincolns aus dem
Bankenviertel, der den Weltkirchenrat gründete, nicht um die geistigen Impulse der christlichen »denominations« im Geiste der Bergpredigt zu verschwistern, sondern um dessen Apparaturen zur Aufrechterhaltung der von den Gründervätern geschaffenen Gesellschaftsordnung einsetzen zu können. Sein Gesicht schien mir auszudrücken:
Die Gedanken, die ich in meinem Kopf habe, füllen diesen so aus, daß
keine einzige unamerikanische Ketzerei darin Platz finden kann. In
ein so gestaltetes Gehirn konnte nichts eindringen, was das Konzept
stören könnte, auf dessen Durchführung sein Wille eingeschworen
war.

Sein politisches Credo war einfach: Was die jetzt Verantwortlichen
für das Lebensinteresse des Westens, des Hortes der Freiheit und
Garanten des Glückstrebens, ansehen, muß um jeden Preis erhalten
werden; um die möglichen Reaktionen der kommunistischen Welt
sich zu kümmern, ist müßig. Wenn die von Gott abgefallene Welt
spürt, daß man ihrer nicht achtet und ihre Reaktionen nicht fürchtet,
wird sie von selbst vernünftiger werden. Was Ostdeutschland anbe-
langt, so wäre es, laut Dulles, den Amerikanern auch lieber, wenn die
Russen sich nicht darin festgesetzt hätten, aber Westdeutschland
müsse sich, wie die Dinge nun einmal lägen, so einrichten, wie es für
seine Bewohner am bekömmlichsten sei. Mir erschien aufschlußreich,
daß John Foster Dulles viele Argumente und Beispiele aus den
Usancen des Bankgeschäftes nahm – er war ein großer Bankenanwalt
und ein zäher Pedant.

Der 17. Juni 1953

Der Aufstand der Arbeiterschaft in der sowjetischen Besatzungszone am 17. Juni 1953 war keine von langer Hand vorbereitete revolutionäre Bewegung. Er begann mit einem Streik und Demonstrationen Ostberliner Bauarbeiter gegen die von der Regierung angeordnete Erhöhung der Bewertungsnormen für die Arbeitsleistung. In der Bevölkerung wurden Unmutsäußerungen laut; sie bewirkten, daß einiges Wenige für die Hebung des Lebensstandards und für vorübergehende Liberalisierung der Lebensverhältnisse geschah; diese Zugeständnisse wurden indessen durch die Erhöhung der Normen gegenstandslos. Die Arbeiterschaft empfand diese Reaktion der Regierung als blanken Hohn. Die Erregung stieg mit jedem Tag. Funktionäre des östlichen Freien Deutschen Gewerkschaftsbundes warnten die Führung, doch umsonst.

Am Vormittag des 16. Juni legten die Arbeiter einiger Baustellen die Arbeit nieder und marschierten zum »Haus der Ministerien«. Auf ihren Spruchbändern war zu lesen: »Wir fordern die Herabsetzung der Normen«. Die Regierung stellte sich nicht. Nur der Minister für die Schwerindustrie zeigte sich und versuchte vom Fenster seines Arbeitszimmers zu den Arbeitern zu sprechen. Sie schrien ihn nieder; und nun begann, was ursprünglich nur ein Auflauf gewesen war, den Charakter eines gewaltsamen Protestes gegen Regierung und Regime anzunehmen. »Ulbricht muß weg« wurde gerufen, und auf Spruchbändern war zu lesen: »Wir wollen Freiheit!«

Ich war in diesen Tagen wegen Parteiangelegenheiten in Berlin mit führenden SPD-Mitgliedern zusammengekommen. Wir alle hatten keine Ahnung, daß im Osten »etwas passieren wird«. Die Unzufriedenheit der Arbeiterschaft war bekannt, aber sie galt durch den Terror der SED und des NKGB für zu sehr eingeschüchtert, als daß jemand in Westberlin hätte auf den Gedanken kommen können, die Arbeiter würden auf die Straße gehen und offen für die Absetzung Ulbrichts und für mehr Freiheit demonstrieren.

Doch am Abend des 16. Juni erfuhren wir im Rathaus, daß »drüben etwas los« sei, das nicht mit früheren Ereignissen verglichen werden könne. In Ostberlin ansässige Parteifreunde, die herübergekommen waren, berichteten, was sie gesehen hatten: den auf das »Haus der Ministerien« zumarschierenden Arbeitern hätten sich spontan weitere Gruppen aus verschiedensten Betrieben angeschlossen; schon am Abend sei weniger von Arbeitsnormen gesprochen worden als davon, daß die Regierung, die das Volk ausbeute, verjagt werden müsse.

In der Nacht erfuhren wir einiges über spontan gebildete Streikkomitees, die mit den ursprünglichen Demonstrationen nichts zu tun hätten. Diese Komitees sorgten dafür, daß überall in Berlin und in der Zone bekannt wurde, was in der Leipziger Straße geschah. Außerdem bemühten sie sich, Ordnung in die planlos durcheinanderlaufenden Demonstrationszüge zu bringen.

In einer Rundfunksendung am Abend des 16. Juni versicherte der Bundesminister für gesamtdeutsche Fragen, Jakob Kaiser, die Demonstranten der Solidarität der Bundesregierung und bat die Streikenden, im Vertrauen auf den Zusammenhalt aller Deutschen Ruhe zu bewahren. Der 17. Juni gab den Geschehnissen des Vortages ein kriegerisches Gesicht. Die Regierung Ulbricht setzte die kasernierte Volkspolizei ein, um die Demonstranten auseinanderzutreiben. Gruppen der Freien Deutschen Jugend sollten die Demonstranten durch Diskussionen verwirren; es gelang ihnen nur selten. Die Demonstrationen wuchsen an. Da erschienen sowjetische Panzer, die Menge lief auseinander, aber einzelne Gruppen griffen die Panzer mit Steinen an. Die Russen schossen nicht; offenbar lag ihnen nichts daran, die Lage zu verschärfen. Die Demonstranten wichen in andere Viertel aus. Am Vormittag holten beherzte Arbeiter die rote Fahne vom Brandenburger Tor herunter. Nun kam auch die Arbeiterschaft der Schwerindustriebetriebe vor den Toren Ostberlins in die Stadt.

Ganze Belegschaften, voran die Henningsdorfer Stahlarbeiter, zogen Arm in Arm, die ganze Straßenbreite einnehmend, ins Zentrum. In anderen Städten der Zone kam es zu ähnlichen Unruhen; sehr schnell ging der ursprüngliche »soziale« Charakter der ersten Aufläufe in politisch-revolutionäre Aktionen über.

Nun griffen die russischen Standgerichte ein. »Aufrührer« wurden erschossen; Demonstranten kamen bei Zusammenstößen mit Polizei und Roter Armee ums Leben. Tausende wurden verhaftet und vor Gericht gestellt. Das Abgeordnetenhaus von Berlin hielt eine Sondersitzung ab. In der Bundesrepublik feierte man die Arbeiter als Vorkämpfer für Freiheit und Demokratie – aber helfen konnte ihnen niemand. Den Westalliierten kam es in erster Linie auf die Bewahrung von Ruhe und Ordnung an. Wie würden wir Deutschen im Westen reagiert haben, wenn aufgrund dieser Unruhen ein interalliierter Konflikt entstanden wäre, der auch unser Gebiet in Mitleidenschaft gezogen hätte?

Damals glaubte ich, wir Deutschen hüben und drüben würden begreifen, daß die Arbeiterschaft Berlins und der Ostzone zum Sturm auf ihre Bastille angetreten war und damit für uns alle ein Fanal der Hoffnung entzündet hatte. So gehörte ich zu denen, die forderten, den 17. Juni zum Nationalfeiertag zu erklären. Aber der 17. Juni ist kein Feiertag geworden, an dem die Feiernden derer gedenken, die ihr Leben für die Freiheit hingaben. Er wurde auch nicht zu einem Tag, an dem die Deutschen weithin sichtbar ihrem Schmerz darüber Ausdruck verleihen, daß die Geschichte ihr Vaterland in zwei Teile auseinandergerissen hat. Er wurde zu einem arbeitsfreien Tag ohne Lohnausfall, an dem fröhlich ins Grüne gefahren wird und von dem heute nur die wenigsten unter den Jüngeren wissen, warum es ihn gibt. Immer wieder wurden Stimmen laut, die die Abschaffung dieses verunglückten Gedenktages forderten. Doch hier kommt der »soziale Besitzstand« ins Spiel. Mag ein gesetzlich anerkannter Feiertag noch so denaturiert sein, Freizeit ist ein wohlerworbenes Recht – durch wen? – und daher tabu.

Am 1. Juli 1953 wurde in drei Lesungen ein Gesetzesantrag der sozialdemokratischen Fraktion über den Nationalfeiertag des deutschen Volkes und ein Antrag der Koalitionsfraktionen über den nationalen Gedenktag beraten. Außerdem gab der Bundeskanzler eine Regierungserklärung ab »betreffend den Aufstand in der Sowjetzone, die Wiedervereinigung Deutschlands und die außenpolitische Lage«. Diese Debatte wurde zur letzten außenpolitischen Aussprache im ersten Deutschen Bundestag. Für die sozialdemokratische Fraktion sprachen Herbert Wehner und ich. Ich benutzte diese Gelegenheit, um am Ende der Legislaturperiode noch einmal darzulegen, welches die Voraussetzungen sind, ohne deren Erfüllung die Wiederherstellung der staatlichen Einheit unseres Volkes nie zu haben sein wird.

Die zweite Bundestagswahl

Die Wahl zum zweiten Bundestag war auf den 6. September 1953 angesetzt worden. Von Mitte Juli ab führten die Wahlreisen mich kreuz und quer durch unser Land. Von Passau bis Flensburg, von Lörrach und Trier bis nach Lübeck und Hof sprach ich immer von derselben Sache: Was darf nicht geschehen, wenn nicht die letzte Chance verlorengehen soll, unser Vaterland wieder vereint zu sehen? Was müssen wir tun, damit die Arbeitnehmer einen gerechteren Anteil an der auch durch sie geschaffenen Steigerung des Sozialproduktes erhalten? Was muß geschehen, um das Arbeitsleben menschlicher zu gestalten? Was können wir tun, damit jeder, der sich um Bildung bemüht, die Möglichkeit erhält, sich so zu bilden, wie es seinen Neigungen und geistigen Fähigkeiten entspricht?

Jede Woche trafen sich die Spitzen der Partei in Bonn oder anderswo und tauschten ihre Erfahrungen aus dem Wahlkampf aus. Wir sahen dem Wahltag gelassen entgegen, denn das starke Interesse, das unsere Kundgebungen auch an Orten fanden, die keine Hochburgen der SPD waren, erlaubte den Schluß, daß wir am 6. September gut abschneiden würden.

Wir hatten uns getäuscht. Die Wähler entschieden sich für die Politik Konrad Adenauers. Sein Sieg war überwältigend: Die Unionsparteien erhöhten ihren Stimmenanteil von 31 Prozent im Jahre 1949 auf 45,2 Prozent. Wir Sozialdemokraten fielen von 29,2 auf 28,8

Prozent zurück. Die einstigen Wähler der kleinen Parteien, die durch die Fünf-Prozent-Klausel praktisch verschwunden waren, hatten die Reihen der CDU/CSU weiter verstärkt. Die Kommunisten sanken von 5,7 Prozent auf 2,2 Prozent ab. Diese Differenz von 3,5 Prozent stellte offenbar die einzige Gruppe dar, die die Sozialdemokratische Partei hinzugewann.

Ich werde die Stunden in der »Baracke« nicht vergessen, da wir beieinander saßen, um am Fernsehschirm die Hochrechnungen abzulesen. Von Anfang an kamen schlechte Zahlen für uns. Selbst Wahlkreise, die wir für sicher gehalten hatten, meldeten Mehrheiten für die Parteien der Regierungskoalition. Als das Endergebnis feststand, überkam uns tiefe Betroffenheit. Natürlich stellten wir uns die Frage nach den Ursachen dieser Niederlage. War denn unsere Politik nicht besser durchgezeichnet als der Schwarzweißholzschnitt Konrad Adenauers? Hatten wir denn nicht den Deutschen aus dem Herzen gesprochen? Hatten wir nicht unglaublich viele Zeugnisse ihrer Ablehnung jeder Art von Waffendienst erhalten? Wieso hatten die Wähler nicht gemerkt, daß wir die besseren Kämpfer für die Wiederherstellung der Einheit Deutschlands waren als die Konservativen, die einen westdeutschen Staat, den sie beherrschten, jenen Chancen vorzogen, die der Mut, neue Wege zu gehen, der Wiedervereinigung bieten konnte? War den Wählern entgangen, daß die Wirtschaftspolitik der Regierung in erster Linie denen zugute kam, die schon Besitz hatten? Auf diese Fragen hatte jeder von uns seine eigene Antwort. Die Erklärung des Parteivorstandes war einfach: »Wir haben nicht ›eigentlich‹ verloren, wir wurden nur um den verdienten Sieg gebracht . . .« Es wurde festgestellt, daß wir so gut wie in allem recht hatten, daß wir aber unsere Politik und vor allem unsere Erfolge schlecht »verkauft« hätten. Dies wollten wir künftig besser machen.

Wir hatten in der Tat wenig Talent entwickelt, um den Wählern unsere Politik als die bessere zu präsentieren; wir hatten, von der in den Verhältnissen liegenden Sachlogik her gesehen, politischer gedacht als unsere Gegner. Aber hatten wir dort, wo es darauf ankam, den Bürgern verständlich zu machen, daß unsere Politik die realistischere, den Umständen gemäßere und den Interessen aller Volksschichten günstigere war, immer die richtige Argumentation gewählt? Hatten wir uns nicht zu sehr auf die Überzeugungskraft »großer Prinzipien« und alter Wunschlisten verlassen, mit denen man doch bestenfalls seine Gemütsbedürfnisse befriedigen, aber nur sehr schwer den einzelnen Wählern bei ihren Versuchen helfen konnte, ihre existentiellen Probleme zu erkennen?

Das Verhalten der Wähler brachte bei dieser Wahl klar zutage, daß in Zeiten der Unsicherheit kein Schlagwort stärker wirkt als der Ruf »Keine Experimente!« Dem Wähler waren Abgeordnete lieber, die ihm halfen, zu behalten, was er hatte – mochte dies auch noch so dürftig sein –, als jene anderen, die ein Umdenken von ihm erwarteten und ihm zumuteten, Opfer für eine bessere Zukunft zu bringen. Auch der nur mäßig Begüterte hat Angst vor Eingriffen in die Vermögen der »Großen«: »Jetzt geht es den Millionären an den Kragen, und morgen komme ich dran.« Wie oft habe ich das gehört . . .

Sicher war der Wunsch unserer Mitbürger echt, von militärischen Pflichten befreit zu bleiben. Aber diese Wahl zeigte, daß stärker als dieser Wunsch die Angst war, wir könnten unseren westlichen Schutzmächten nicht deutlich genug zeigen, daß auch wir bereit sein würden, das Gewehr in die Hand zu nehmen, wenn es einmal um unsere und ihre Sicherheit gehen sollte. Würden sie sonst bei uns bleiben, um uns zu schützen? Wer den Ausgang einer Wahl von der massiven Steigerung der Unmutsäußerungen oder emotionaler Kritik glaubt ablesen zu können, wird selten recht behalten: Der Wähler, der vor der Wahlurne steht, ist ein anderes Wesen als der Mann und die Frau, die in nachbarschaftlichem Gerede ihrem Herzen Luft machen.

Das Wahlergebnis von 1953 hat in meinen Augen nicht die logische Richtigkeit der sozialdemokratischen Argumente zum Problem der Wiedervereinigung widerlegt, aber es hat uns um die Möglichkeit gebracht, recht zu behalten. Damals schon konnte man ahnen, daß wir uns im Zuge der von den Wählern getroffenen Entscheidung gezwungen sehen könnten, einige Posten unserer politischen Gleichungen zu überprüfen.

Einige Ereignisse der zweiten Legislaturperiode

Die zweite Legislaturperiode brachte die Gewißheit, daß mit ernstzunehmenden Bemühungen der westlichen Alliierten für die Wiederherstellung der politischen Einheit Deutschlands auf absehbare Zeit nicht mehr gerechnet werden konnte. Die westlichen Verbündeten fanden sich von vielen, für ihre Existenz entscheidend wichtigen Ereignissen derart in Anspruch genommen, daß sie der Sowjetunion gegenüber auch dann nicht mit starkem Druck hätten auftreten können, wenn ihnen die Wiedervereinigung Deutschlands so am Herzen gelegen hätte, wie es im Deutschlandvertrag geschrieben stand. Die Vereinigten Staaten hatten sich in Korea in einen Krieg festgebissen, der inzwischen ihr Krieg war, wenngleich sie im Auftrag des Sicherheitsrates der Vereinten Nationen handelten. Frankreich hatte zuviel mit der revolutionären Armee Ho Tschi Mins zu tun, als daß es imstande gewesen wäre, nach anderen Seiten hin Front zu machen, zumal es außerdem noch mit einem harten Freiheitskrieg des algerischen Volkes rechnen mußte. Die Briten standen mitten in der Auflösung des Commonwealth, dessen asiatische Glieder in die politische Souveränität entlassen werden mußten. Vor allem aber: Den Vereinigten Staaten und ihren westlichen Verbündeten war das Monopol der Atombombe verlorengegangen. Damit hatte sich in der weltpolitischen Balance einiges entscheidend geändert: Wer die Sowjetunion mit dem Hinweis auf den möglichen Einsatz militärischer Macht zwingen wollte, ein Gebiet aufzugeben, dessen Besitz sie für lebensnotwendig hielt, konnte sich nicht mehr darauf verlassen, daß die Russen aus Furcht vor den Verheerungen eines einseitigen Atomkrieges nachgaben; er mußte damit rechnen, daß auch über *sein* Land die Schrecken des Atomschlages hereinbrechen würden. Kein Staat der Welt war bereit, eine solche Gefahr auf sich zu nehmen, jedenfalls nicht um der Wiedervereinigung Deutschlands willen.

Die Führung der SPD gab sich keiner Täuschung hin, und je mehr Zeit ins Land ging, desto weniger konnte man ihr mit der Behauptung imponieren, eine »Politik der Stärke« werde die Sowjetunion zwingen, Vernunft anzunehmen. Wir waren überzeugt, daß es nun darum

ging, eine Politik zu betreiben, die den Russen ein wiedervereinigtes
Deutschland nicht mehr als eine Gefährdung ihrer Sicherheit erscheinen ließ. Innerhalb der deutsch-deutschen Wirklichkeit mußte diese
Politik so angelegt werden, daß sie zur schrittweisen Annäherung und
schließlichen Verschmelzung der beiden Staatswesen und gesellschaftlichen Systeme führen konnte, ohne die freiheitliche Grundordnung in Frage zu stellen, die wir im Westen Deutschlands geschaffen
hatten; wir glaubten, uns darauf verlassen zu können, daß auch die
Deutschen im Osten unseres Landes sich zu ihr bekennen würden.

Zwei Argumente wurden nunmehr entscheidend: Wir würden
nicht vorankommen, solange wir – wie Adenauer – in Anspruch
nahmen, daß auch ein wiedervereinigtes Deutschland Mitglied der
NATO sein sollte. Es mußte unverzüglich der Versuch unternommen
werden, eine neue Viermächtekonferenz zustande zu bringen; gleichzeitig mußte ein gesamtdeutsches Modell für schrittweises Näherrük-
ken beider deutscher Staaten entworfen werden, das eine Chance
hatte, von allen Seiten gebilligt zu werden. Mit der Einigung aller
Betroffenen auf ein solches Modell würde es unserer Meinung nach
möglich sein, eine vorläufige Nationalversammlung und eine vorläufige deutsche Regierung ins Leben zu rufen, die den für die
Friedenskonferenz notwendigen Partner darstellen konnte. Mit dieser
letzten Feststellung bin ich der Zeit weit vorausgeeilt. Es scheint mir
jedoch angebracht, beide Brennpunkte der sozialdemokratischen
Konzeption schon hier sichtbar zu machen; ohne ihre Kenntnis
werden die nun folgenden Etappen der Wege der SPD schwer zu
verstehen sein.

Zunächst galt es abzuwarten, wie sich das Verhältnis der drei
westlichen Besatzungsmächte zur Sowjetunion entwickeln würde. Es
war zudem notwendig, in Erfahrung zu bringen, wie man in den
Hauptstädten der freien Welt über die Zukunft Deutschlands dachte.
Die regelmäßige Teilnahme an den Sitzungen des Europarates konnte
darüber einigen Aufschluß geben; aber was man von den Delegierten
erfuhr, mußte durch Aufklärung in den Kreisen der jeweiligen
Regierung an Ort und Stelle ergänzt werden.

In den politischen Kreisen Bonns herrschte die Unruhe, die alle
Parlamente zu Beginn einer Legislaturperiode kennzeichnet. Nach

der Wahl des Präsidenten und seiner Stellvertreter – Hermann Ehlers wurde wiedergewählt – waren die Ausschüsse zu besetzen. Diesmal machte die CDU von ihrem Recht des ersten Zugriffs anderen Gebrauch als 1949; sie nahm den Ausschuß für Auswärtige Politik, für den sie Kurt Georg Kiesinger als Vorsitzenden benannte, einen belesenen, auf Ausgleich eingestellten Juristen aus dem katholischen Teil des alten Württembergs, dessen politischer Lieblingsautor Alexis de Tocqueville war und den nichts von der Meinung abbringen konnte, daß es gegenüber der Außenpolitik Konrad Adenauers keine Alternative gebe. Ich wurde sein Stellvertreter.

Die ersten Parlamentsdebatten waren im Gegensatz zu denen des Jahres 1949 ohne Dramatik. Der Wahlerfolg und eine massive Majorität im Bundestag gaben Konrad Adenauer die Gewißheit, daß seine Politik von der Opposition nicht ernsthaft gestört werden konnte; das ließ ihn zunächst auf Aggressivität verzichten. Bei der SPD fehlte der streitbare Kurt Schumacher; Erich Ollenhauer hielt zwar eisern fest an der vom verstorbenen Vorsitzenden angelegten Strategie der deutschen Außenpolitik, war aber bei aller Bestimmtheit und Entschiedenheit der Zielsetzung und seines Auftretens darauf bedacht, die Temperatur der Aussprachen und der interfraktionellen Besprechungen nicht allzu hoch zu treiben. Er hielt den politischen Grabenkrieg für eine wirkungsvollere Taktik als die Attacke, zumal in einer Zeit, da mehr als eine Auflockerung der Standpunkte kaum zu erhoffen war.

Die SPD konnte nicht viel mehr tun, als sich gegen die Einzementierung der Bundesrepublik in den westeuropäisch-atlantischen Pakt zu stellen, immer wieder die Einberufung einer Viermächtekonferenz zu fordern, Möglichkeiten für die verantwortliche Beteiligung einer gesamtdeutschen Vertretung bei Friedensverhandlungen zu ermitteln sowie zu versuchen, zur Wachsamkeit gegenüber der französischen Absicht aufzurufen, das Saarland unter dem Vorwand, damit einen wichtigen Schritt auf Europa hin zu tun, aus dem deutschen Staatsverband zu lösen.

Konrad Adenauers neues Kabinett war zahlenmäßig mehr als erwartet gewachsen. Diese Aufblähung war notwendig geworden, um die personellen Wünsche der Fraktionen zu befriedigen, deren

Unterstützung der Bundeskanzler suchte; er selbst hatte zusätzlich das Amt des Außenministers übernommen.

Am 10. Dezember 1953 erklärte der Bundestag anläßlich der für die nächste Zeit zu erwartenden Viermächtekonferenz in Berlin einstimmig »erneut den Willen des ganzen deutschen Volkes, seine nationale und staatliche Einheit zu wahren und als gleichberechtigtes Mitglied in einem vereinten Europa der Welt zu dienen«. Beim Lesen dieses Textes kann ich mich heute eines Lächelns über die Naivität nicht erwehren, mit der man glaubte, den Großmächten könne in der Lage, in der sie sich damals befanden, besonders viel daran liegen, daß die Deutschen ihre staatliche Einheit wiedererhielten, um als gleichberechtigte Mitglieder eines vereinten Europa der Welt dienen zu können.

Vom 25. Januar bis 18. Februar 1954 fand in Berlin die Konferenz der Außenminister der vier Besatzungsmächte statt. Konrad Adenauer hatte in seiner Regierungserklärung seine Vorstellungen von den Voraussetzungen eines deutschen Friedensvertrages dargelegt. Diese sahen einen Dreistufenplan vor: Herstellung der Unabhängigkeit der Bundesrepublik; Wiedervereinigung Deutschlands; Zusammenschluß des freien Europa und Integration Deutschlands in die Europäische Gemeinschaft. Im Deutschlandvertrag sah er die erste Stufe so gut wie erreicht; er betonte, daß sich darin die Westmächte vertraglich verpflichtet hätten, an der Wiedervereinigung Deutschlands mitzuwirken; außerdem schalte der Vertrag die Möglichkeit einer Einigung der Westalliierten mit der Sowjetunion auf Kosten Deutschlands aus. Erich Ollenhauers Antwort darauf war: Die Wiedervereinigung sei der Integration der Bundesrepublik in politische Gemeinschaften gegenüber vorrangig. Erst ein wiedervereinigtes Deutschland könne der UNO beitreten. Innerhalb deren Ordnungen werde sich der militärische Status Deutschlands am ehesten regeln lassen. Voraussetzung für die Möglichkeit einer Zustimmung der Sowjetunion zur Wiedervereinigung Deutschlands sei die verpflichtende Erklärung der interessierten Regierungen, daß ein wiedervereinigtes Deutschland keinem Bündnissystem beitreten wird.

Daß bei Aufrechterhaltung dieser beiden, sich nicht nur gegenseitig, sondern auch der Politik der Westalliierten und der Sowjetunion widersprechenden Thesen die Konferenz ergebnislos bleiben mußte, lag auf der Hand. Sollten die Westalliierten auf dem Gesamtkonzept ihrer Politik bestehen wollen, konnten sie auf die Einbeziehung der westdeutschen Potentiale in ihre politisch-militärische Interessenzone nicht verzichten. Die Sowjetunion ihrerseits konnte mit keiner Lösung einverstanden sein, die den Teil Deutschlands, über den sie faktisch verfügte, dem politisch-militärischen Block des Westens zuschlug.

Nach Konrad Adenauers Meinung brachte die Konferenz nicht den geringsten Nutzen; die Sprecher der Sozialdemokratischen Partei drückten demgegenüber die Meinung aus, die Tatsache, daß die Großen Vier über den Kern dessen, was sie trennte, endlich ins Gespräch kamen, sei immerhin ein Fortschritt, der durch weitere Vierergespräche ausgebaut werden konnte.

Noch bevor die Konferenz stattfand, versuchte ich, die durch die Spaltung Deutschlands aufgeworfene Problematik im Licht der nunmehr bestehenden politischen Verhältnisse neu zu klären: Statt sie als eine Frage der Stärkung oder Schwächung der Fronten des Kalten Krieges zu betrachten, sollte man sie unter dem Gesichtspunkt der Schaffung einer Gefahrengemeinschaft zu begreifen versuchen, innerhalb derer die Staaten, denen in erster Linie die Verantwortung für die rechte Ordnung in Europa obliegt, die Kräfteverhältnisse so ausgleichen können, daß kein Staat mehr zu fürchten braucht, die Beute eines anderen zu werden. Durch die Konstituierung dieser Gefahrengemeinschaft würden zugleich günstige Voraussetzungen für die Beendigung des für alle ruinösen Wettrüstens geschaffen werden.

Sir Winston Churchill hatte kurz zuvor das Wort »Locarno« in die internationale Debatte eingeführt, den Namen der Stadt, in der in den zwanziger Jahren die Verträge unterzeichnet worden waren, mit denen man die Sicherheit der Nationen Europas durch eine spezifische Gefahrengemeinschaft organisieren wollte. Dieses System war den damaligen Verhältnissen angepaßt, scheiterte aber, als die Stunde der Wahrheit schlug, an dem mangelnden Willen der Garantiemächte, zu ihrem Wort zu stehen. Der Grundgedanke der Locarnoverträge war einfach: Die unmittelbar beteiligten Mächte garantierten sich den völkerrechtlich anerkannten Status quo und vereinbarten ein System von Schiedsgerichts- und Vergleichsverträgen, das dazu dienen sollte, zwischen ihnen auftretende Schwierigkeiten zu bereinigen. Die Einhaltung dieser Verträge durch die unmittelbar Beteiligten sollte von dritten Mächten garantiert werden. Unter den heutigen Verhältnissen hätte ein Locarnovertrag alten Stils nicht mehr funktioniert. Man würde – wollte man realistisch bleiben – zwei Vertragsgruppen dieses Schemas schaffen müssen: ein »großes« und ein »kleines Locarno«. Das »große Locarno« hätte Sowjetrußland und die Vereinigten Staaten umfassen müssen, wobei hier allerdings auf eine Garantie durch dritte Mächte zu verzichten war. Voraussetzung für die Möglichkeit eines »großen Locarno« dieser Art war die vorherige allgemeine Verständigung der Vereinigten Staaten und der Sowjetunion über die Liquidierung des Kalten Krieges in der ganzen Welt, also die Saturierung der Ansprüche der Sowjetunion, ohne in die Lebensinteressen der Vereinigten Staaten einzugreifen, was der Quadratur des Zirkels gleichkam.

Ein »kleines Locarno« würde sich auf Europa zu beschränken haben; es müßte die Räumung der noch besetzten Länder von Besatzungstruppen vorsehen und reale Garantien für die innere und äußere Unabhängigkeit der vertragschließenden Staaten schaffen, was die Wiederherstellung der Einheit Deutschlands – wenigstens innerhalb der in der Potsdamer Erklärung vorgesehenen Demarkationslinien – voraussetzte. Die Einhaltung der gegenseitigen Verpflichtungen hätte durch die Vereinigten Staaten, die Sowjetunion, Großbritannien und Frankreich garantiert werden müssen.

Bei den Locarnoverträgen von 1925 gab es einen vertraglich festgelegten Besitzstand und einen allgemein anerkannten rechtlichen Status der Partner. Nun aber fehlte es an einem rechtlich anerkannten Besitzstand Deutschlands, der garantiert werden konnte. Dies aber bedeutete, daß man vor Abschluß solcher »Locarnoverträge« oder gleichzeitig mit ihnen zu einem Friedensvertrag mit Deutschland kommen mußte, der seine Grenzen festlegte; das jedoch setzte die vorherige Wiederherstellung der Einheit Deutschlands voraus. Ein Friedensvertrag mit Wirkung für alle konnte nur mit einer gesamtdeutschen Regierung abgeschlossen werden, und eine solche Regierung war nur durch vorherige Wahlen in allen vier Besatzungszonen

Deutschlands zu schaffen; diese konnten jedoch erst erfolgen, wenn die vier Besatzungsmächte ihre Meinungsverschiedenheiten bezüglich Deutschlands bereinigt hatten. Damit war klar, daß die Idee, den Kalten Krieg durch »Locarnoverträge« zu beenden, die vorherige Lösung der Probleme voraussetzte, die das Weiterbestehen der Teilung Deutschlands aufwarf. »Locarnoverträge« allein waren nicht in der Lage, den Kalten Krieg zu erledigen. Sie hätten aber vielleicht ein geeignetes Mittel sein können, die Bereitschaft der Beteiligten für seine Erledigung zu fördern und erträgliche Zwischenlösungen zu finden, bis die Zeit jene Problematik gegenstandslos gemacht haben würde.

Diese Analyse zeigt, daß es zu einem brauchbaren System kollektiver Sicherheit vor einem die Grenzen Deutschlands festlegenden Friedensvertrag nicht kommen konnte. Man mochte die Sache drehen und wenden, wie man wollte, das Grundproblem blieb: entweder Beendigung des Kalten Krieges durch Herstellung der Einheit Deutschlands im Rahmen einer Verständigung der Weltmächte über ihre Einflußzonen in den strittigen Teilen der Welt – oder das Sich-Abfinden mit der Teilung Deutschlands, was weltpolitisch darauf hinauslaufen mußte, daß die Russen ihre Deutschen behielten und die Westmächte die ihrigen.

Von heute aus gesehen, läßt sich das Dilemma leichter begreifen als nach dem damaligen Stand der Dinge. Manche tun sich viel darauf zugute, daß sie damals schon so klug waren, sich mit dem Unausweichlichen abzufinden. Man mag sie für die politisch Einsichtigeren halten. Bei vielen Deutschen, die dieser Ansicht waren, hatte ich gelegentlich das fatale Gefühl, daß ihnen diese Einsicht um so leichter fiel, je weniger sie beim Beziehen dieser Stellung durch die Stimme des Herzens gestört wurden. »Brüder und Schwestern . . .«

Die Diskussionen in Straßburg brachten die Lösung des Problems »Europa« nicht voran. Manche betrachteten es als einen Gewinn, daß immerhin mehr als bisher eingesehen wurde, daß das Zustandekommen einer politisch handlungsfähigen Europäischen Gemeinschaft nicht so sehr eine Frage geschickter Formulierung einer europäischen Verfassung war, als vielmehr eine Frage des politischen Willens der europäischen Regierungen, eine Frage des politischen Wertes also, den diese einer Integrierung der Interessen ihrer Staaten beilegten. Leider sah es nicht danach aus, daß sie – außer den Deutschen, Belgiern, Holländern und Luxemburgern – den ihnen daraus erwachsenden möglichen Nutzen höher einschätzten als die Möglichkeit, ihre Interessen selbst und unabhängig von beengenden Statuten wahrnehmen zu können. Die Folge war, daß die Verfassungsentwürfe der Ad-hoc-Kommission juristische Stilübungen blieben. Europäische Fortschritte konnten sinnvollerweise wohl nur auf einzelnen Sachgebieten angestrebt werden, indem man für begrenzte Sektoren der Wirtschaft, der Verwaltung, der Finanzen supranationale Institutionen schuf, ohne deren Kompetenzen mit politischen Nebenabsichten zu koppeln und unter Verzicht auf Privilegierung oder Diskriminierung bestimmter Staaten. Aber auch nach dieser Selbstbescheidung zeigte sich, daß man in der Beratenden Versammlung, bei dem geringen Respekt, der ihr vom Ministerrat erwiesen wurde, diese Probleme zwar diskutieren und in beschränktem Umfang auch öffentliche Meinungen für sie bilden konnte, aber doch im Grunde außer an den Federn der Kommentatoren gewisser Journale nichts bewegen konnte.

Dies hatte zur Folge, daß immer weniger der einflußreichen Politiker der ersten Jahre sich in die Versammlung delegieren ließen und ihre Plätze mehr und mehr von Parlamentariern geringerer politischer Geltung eingenommen wurden; die nationalen Parlamente begannen, Abgeordnete nach Straßburg zu delegieren, von denen man glaubte, sie für die Arbeit daheim entbehren zu können. Man gab ihnen ein oder zwei Kollegen der jeweiligen Fraktionsspitze bei, die bei ihren Kollegen aus den anderen Parlamenten Gewicht hatten und imstande waren, durch ihre Ausführungen in den Plenarsitzungen die Presse zu interessieren.

Nachdem die Abstimmung des Politischen Ausschusses der Beratenden Versammlung des Europarates über einen Europäisierungsvorschlag für die Saar auf den September vertagt worden war, beschloß die Beratende Versammlung in der zweiten Märzhälfte eine Resolution, in der sie die Hoffnung aussprach, es möge Frankreich und

Deutschland bald gelingen, eine Lösung der Streitfrage auf der Grundlage eines europäischen Saarstatuts zu finden, das von einer internationalen Konferenz auszuarbeiten sei. Die deutschen Sozialdemokraten stimmten als einzige dagegen. Sie wollten nicht die Europäisierung des Saargebietes, sondern seine Rückkehr zu Deutschland, von dem es rechtswidrig abgetrennt worden war.

Über die Beteiligung Deutschlands an der Europäischen Verteidigungsgemeinschaft wurde am intensivsten debattiert. Für die deutschen Sozialdemokraten führte ich aus, daß wir keine Neutralisten seien und bereit wären, von der deutschen Nation alle notwendigen und möglichen Anstrengungen zu verlangen – vorausgesetzt, daß die damit zusammenhängenden politischen Abkommen keine Klausel enthielten, welche die Möglichkeit der Wiedervereinigung Deutschlands in Frieden und Freiheit ausschließe. Die Briten redeten uns zu, den Widerstand gegen die EVG aufzugeben. Anthony Nutting, der parlamentarische Staatssekretär im britischen Außenministerium, hielt eine eindrucksvolle Rede: Aus dem Scheitern der Berliner Konferenz sei der Schluß zu ziehen, daß wir Europäer so energisch wie möglich an der Organisation der Sicherheit unseres Kontinents weiterarbeiten müßten. Dafür hätten die Deutschen einen militärischen Beitrag zu leisten, der der Bedeutung der Bundesrepublik entspreche und sie aufs engste mit dem Westen verbinde. Nie sei die Gelegenheit, ein neues Europa zu bauen, so günstig gewesen wie jetzt. Für die deutsche Wiedervereinigung gelte: »Das beste Mittel, eines Tages zur Wiedervereinigung zu kommen, ist, stark zu sein.«

Nach dieser Debatte in Straßburg war klargeworden, daß es nunmehr in Paris und Bonn sowohl über die Europäische Verteidigungsgemeinschaft als auch über das Schicksal des Saargebietes zu Entscheidungen kommen mußte.

Der Verteidigungspakt und die Bundesregierung

Nach Kurt Schumachers Tod hatte ich Fritz Erler bei dessen einstigen militärischen Beratern eingeführt. Im Umgang mit ihnen erwarb er sich ein Sachwissen, das ihn bald zum Hauptsprecher der Fraktion in

Fragen der Verteidigung machte. Es war wesentlich ihm zu verdanken, daß der traditionelle emotionale Pazifismus vieler Sozialdemokraten sich in der Fraktion nicht durchsetzen konnte. Jenen, die jede Art militärischer Rüstung ablehnten, weil Soldaten noch immer der Demokratie gefährlich geworden seien, antwortete er: Im Zuge allgemeiner Aufrüstung, die man nicht verhindern könne, sichere man die Demokratie und die Rechte der Bürger durch die parlamentarische Kontrolle des militärischen Apparates wirksamer als durch die Flucht in eine Wehrlosigkeit, die einen auf die Soldaten dritter Staaten angewiesen sein lasse. Den auf die Sinnlosigkeit einer Militärpolitik im Atomzeitalter hinweisenden Kritikern pflegte er zu sagen, das Vorhandensein nationaler und durch ein Bündnis verstärkter Verteidigungsmittel sowie die Möglichkeit ihres wohldosierten, vielfältigen Einsatzes entscheide auch heute darüber, ob ein Staat durch Drohungen oder mit Gewalt zur Aufgabe seiner Freiheit oder seiner vitalen Interessen gezwungen werden kann. Der Hinweis auf militärische Macht sei – ganz im Sinne von Clausewitz – ein *diplomatisches* Mittel zum Schutz gegen politische Erpressung.

Das wichtigste Ereignis des Jahres war der Beschluß der Französischen Nationalversammlung vom 30. August 1954, die Beratung des EVG-Vertrages zu verweigern – obwohl der Bundestag schon 1953 dem Vertragswerk zugestimmt und die verfassungsrechtlichen Voraussetzungen für die Einführung der Wehrpflicht geschaffen hatte. Die Eile der Deutschen erschien vielen Franzosen verdächtig.

Damit war aus dem Gewölbe des Pariser Vertragssystems der Schlußstein herausgebrochen. Was konnte getan werden, um die NATO durch deutsche Kontingente zu verstärken? Wie weit mußte das Besatzungsregime gelockert werden, um die Deutschen nach dem Schlag, den die Französische Nationalversammlung dem Vertragswerk versetzt hatte, erneut für einen militärischen Beitrag zur Verteidigung der westlichen Welt zu gewinnen?

Die Antwort auf diese Frage wurde auf der Londoner Neunmächtekonferenz gefunden: Am 28. September 1954 einigten sich die Alliierten und der Bundeskanzler über die Beendigung des Besatzungsregimes, über die völkerrechtliche Stellung der Bundesrepublik, über ihren und Italiens Beitritt zum Brüsseler Pakt und über den

Eintritt der Bundesrepublik in die NATO. Schon am 23. Oktober 1954 lud der NATO-Rat einstimmig die Bundesrepublik ein, dem westeuropäisch-atlantischen Verteidigungspakt als fünfzehntes Mitglied beizutreten. Die Voraussetzung für das Zustandekommen dieser Vereinbarung war die Umwandlung des Brüsseler Vertrages, der ursprünglich Frankreich im Fall eines deutschen Angriffs die automatische Bündnishilfe der Benelux-Staaten und Großbritanniens garantieren sollte, in sein Gegenteil: Die Bundesrepublik wurde Mitglied dieses Paktes, der den Namen Westeuropäische Union erhielt; außerdem trat sie der NATO bei und unterstellte ihr deutsche Streitkräfte in Höhe von rund 500000 Mann, die zusammen mit den Armeen der anderen Vertragsstaaten außerhalb nationaler Verfügungsgewalt einem gemeinsamen Oberkommando unterstehen sollten. Die Bundesrepublik verpflichtete sich, auf den Besitz und die Herstellung gewisser strategischer Waffen zu verzichten. Der Stand der Rüstungen der Mitgliedsstaaten sollte durch einen Sicherheitsausschuß der WEU überwacht werden. Der Apparat der Westeuropäischen Union wurde einem Generalsekretär unterstellt, der seine Weisungen von dem Ministerrat erhielt; die von den Parlamenten der Mitgliedsstaaten gewählte Beratende Versammlung stellte das parlamentarische Organ der Union dar; ihre Kompetenz beschränkte sich jedoch auf Debatte und Beratung; das Recht, verpflichtende Entscheidungen zu treffen, stand ihr nicht zu.

Nun konnte auch das Besatzungsregime gelockert werden; einige Vorbehalte zugunsten der Alliierten blieben bestehen. Die bisher auf Kriegsrecht beruhende Anwesenheit von Truppen der Alliierten auf dem Gebiet der Bundesrepublik wurde in ein vertragsrechtliches Stationierungsrecht umgewandelt. Die Bundesrepublik übernahm die Verpflichtung, ihre Politik an den NATO-Grundsätzen auszurichten; dafür erklärten die bisherigen Besatzungsmächte, daß die Wiedervereinigung Deutschlands zu den Prinzipien ihrer Politik gehöre, wobei jede von ihnen sich die konkrete Auslegung und Tragweite dieser Klausel vorbehielt.

Ministerpräsident Pierre Mendès-France knüpfte jedoch die endgültige Zustimmung Frankreichs zu dem Vertragswerk an die Bedingung, daß zuvor die Lösung der Saarfrage einverständig gefunden worden sein müsse. Damit hing die endgültige Zustimmung Frankreichs zu dem Vertragswerk, das eine neue Epoche europäischer Politik einleiten sollte, von dem Votum der Nationalversammlung über das politische Schicksal des Saarlandes ab.

Die Verhandlungen über das Schicksal des Saargebietes fanden am 19. Oktober 1954 in Saint-Cloud statt. Adenauer bezeichnete es als Erfolg, den Franzosen den Verzicht auf ihre Saarpolitik abgerungen zu haben. Allerdings verlangte Mendès-France, die endgültige Entscheidung habe das Volk an der Saar in einer Volksabstimmung zu treffen. Ein Plebiszit war aus französischer Sicht das beste Mittel, künftige Streitigkeiten auszuschließen und jede revisionistische Politik der Deutschen unmöglich zu machen. Ministerpräsident Mendès-France glaubte kein Risiko einzugehen: In Paris herrschte die Überzeugung, daß die Bevölkerung an der Saar nicht zu Deutschland zurückkehren wolle ...

Am 5. Oktober 1954 hatte der Bundeskanzler eine Regierungserklärung zur Londoner Konferenz vom 28. September abgegeben, auf der die Bedingungen und Modalitäten des Beitritts der Bundesrepublik zum Verteidigungssystem der Westmächte beschlossen worden waren. Dank dieser Konferenz seien neue Grundlagen für eine Politik der Zusammenarbeit der Staaten des freien Europa und der Vereinigten Staaten mit Deutschland geschaffen worden. Der Weg zur Wiedererlangung der deutschen Souveränität – wenn auch mit Beschränkung auf die Bundesrepublik – sei frei und der Einbau der Bundesrepublik in die atlantische Verteidigungsgemeinschaft gesichert.

Erich Ollenhauer bestätigte dem Bundeskanzler, daß die neuen Vereinbarungen den alten EVG-Bestimmungen gegenüber Verbesserungen enthielten; die negativen Aspekte überwögen jedoch. Es sei ein Fehler, die europäischen Probleme auf die Frage eines deutschen militärischen Beitrages für die Verteidigung des Westens zu konzentrieren statt auf konkrete Wiedervereinigungsbemühungen auf Viermächtebasis, denn da ohne die Zustimmung der Sowjets für die Aufhebung der Spaltung Deutschlands nichts zu erreichen sei, bedeute die Eingliederung der Bundesrepublik in das NATO-System den Verzicht auf eine aussichtsreiche Wiedervereinigungspolitik. Die

Spaltung der Welt in zwei Blöcke werde fortbestehen, und damit sei die Spaltung Deutschlands für lange Zeit unabänderlich.

Fritz Erler forderte statt der Londoner Modelle ein europäisches Sicherheitssystem. Um die Verbundenheit Deutschlands mit dem Westen zu dokumentieren, bedürfe es keines Vertrages: »Deutschland würde auf allen anderen Gebieten als dem militärischen nach dem freien Willen der Bevölkerung auf seiten der demokratischen Freiheit und nicht bei der kommunistischen Knechtschaft stehen«.

Konrad Adenauer und die Alliierten gingen in den Londoner Vereinbarungen davon aus, daß die Bundesrepublik das Recht habe, den endgültigen Status eines wiedervereinigten Deutschlands zu bestimmen. Die Befugnisse der Bundesrepublik hinsichtlich Gesamtdeutschlands seien aber nur treuhänderischer Art, was bedeute, daß die Bundesregierung völkerrechtlich nur Übergangszustände vereinbaren könne, die zur freien Disposition des wiedervereinigten Deutschland stünden. Die Londoner Beschlüsse schlössen dies aus, und damit fehle einer der wichtigsten Faktoren für die Möglichkeit, mit der Sowjetunion zu aussichtsreichen Verhandlungen über die Wiedervereinigung zu kommen. Einseitige Vereinbarungen des Westens mit der Bundesrepublik seien nicht geeignet, dem weltpolitischen Spannungszustand ein Ende zu bereiten: Die Spaltung Deutschlands sei das Produkt des bestehenden Kalten Weltkrieges, und dieser könne nur durch einen Weltfriedensschluß beendet werden. Militärverträge der westlichen Welt mit der Bundesregierung seien hierfür nicht das rechte Mittel, sondern Vereinbarungen der Großen über die Neuverteilung der Machtverhältnisse in der Welt. Solange dies nicht erfolgt sei, werde keine Macht das Risiko übernehmen, das jedes System kollektiver Sicherheit dessen Garantiemächten bringt.

Die erste Beratung des Entwurfes eines Gesetzes über den Gesamtkomplex der Pariser Verträge behandelte am 16. Dezember 1954 auch die Vereinbarung über ein Saarstatut. Dabei kam es zu einer Kontroverse über Erich Ollenhauers Bemerkung, das Vertragswerk sei der Preis, den die Bundesrepublik für die französische Zustimmung zur deutschen Mitgliedschaft in der NATO zu zahlen habe. Der Abgeordnete Karl Mommer stellte in einem erregten Disput mit dem Bundeskanzler die Frage, ob es richtig sei, daß im Lauf der Verhandlungen der französische Ministerpräsident dem Bundeskanzler erklärt habe: »Wenn Sie nicht ein Saarabkommen unterzeichnen, dann unterzeichne ich die anderen Abkommen nicht.« Adenauer antwortete: »Nein, so ist es nicht gewesen, Herr Mommer . . . Herr Mendès-France hat eine solche Drohung nicht ausgesprochen. Er hat gesagt, daß es sonst zweifelhaft sei, ob er die notwendige Mehrheit bekommen werde.«

Da ich bei den Gesprächen in Paris, in denen dieser Satz fiel, zugegen war, meldete ich mich zu Wort. Ich stellte dem Bundeskanzler nacheinander drei detaillierte Fragen über den Hergang der Verhandlung in der entscheidenden Sitzung und über die Rolle, die der Hinweis Mendès-France' auf die bevorstehende Sitzung und den Beschluß des französischen Ministerrates gespielt hatte. Eine präzise Antwort war von Konrad Adenauer nicht zu erhalten. Als er schließlich, sichtlich verstört, ausrief, er verstehe noch immer nicht, was ich mit meinen Fragen beabsichtige, antwortete ich ihm: »Ich beabsichtige gar nichts, als – verzeihen Sie, daß ich wieder von der Wahrheit spreche – die Wahrheit festzustellen . . .«

In Anbetracht des Zustandes, in dem sich Konrad Adenauer befand, stellte ich keine weitere Frage. Der Bundeskanzler verließ die Tribüne und den Plenarsaal. Er war offenbar am Ende. Manche Zeugen des Vorfalls meinten, er habe einen Schwächeanfall erlitten. Einige Wochen später sprach Adenauer mich auf diesen Vorgang an. Ich sagte ihm, ich hätte noch eine Frage gehabt, sie aber nicht mehr gestellt. Auf seine Frage, warum ich diese Frage nicht gestellt hätte, antwortete ich ihm, daß ich auf einen Mann, der aufgegeben hat, nicht weiter einschlüge. Darauf antwortete er mir, er habe mir ja schon immer gesagt, daß ich kein Politiker sei. Wäre er an meiner Stelle gewesen, er hätte seine Frage gestellt und mich damit vollends umgeworfen . . .

Am 23. Oktober 1955 fand die im Statut vorgesehene Volksabstimmung statt, in der 67,7 Prozent der Saarbevölkerung sich gegen die im Statut als Eventualität vorgesehene Europäisierung des Landes erklärten. Das Saarland wurde das zehnte Land der Bundesrepublik.

Dies zwingt einen Gegner der damaligen Westpolitik Konrad

Adenauers zu der Feststellung: Der Saarvertrag hat die Voraussetzungen zum Ja der Saarbevölkerung für Deutschland geschaffen. Angesichts dieser Sachlage erübrigt sich jede Frage nach den »wahren« Motiven, die Bundeskanzler Adenauer veranlaßten, ihn abzuschließen. Der Erfolg gab ihm recht, und bei den Bestandsaufnahmen politischer Prozesse zählen allein Erfolge oder Mißerfolge. Für die Historiker und Biographen mögen noch andere Kriterien gelten.

Am 26./27. Februar 1955 fanden die zweite und dritte Lesung des Vertragswerkes statt. Die Abstimmung über die einzelnen Teile des Gesamtvertragswerks erbrachte verschiedenartige Mehrheiten, doch stimmte das Haus – gegen die Sozialdemokraten – dem Deutschlandvertrag mit 314 zu 157 Stimmen zu. Am 5. März 1955 wurden die Ratifizierungsurkunden hinterlegt.

Für die Regierungsorgane des Bundes und der Länder ergaben sich spürbare Erleichterungen, da ein Großteil des Besatzungsgehabes abgebaut wurde. Für das Volk änderte sich nicht viel. Daß die fremden Truppen nun kraft Vertragsrechts in Deutschland standen, war ihrem Verhalten nicht anzumerken. Die nunmehr verbrieften politischen Freiheiten hatten sich faktisch schon seit längerer Zeit etabliert.

Der Parteitag 1954 –
Hermann Ehlers' Tod

Der zum 20. Juli 1954 einberufene Parteitag der SPD, dessen Grundthema lautete »Die Einheit Deutschlands und die Einigung Europas«, erhielt eine besondere Bedeutung durch die vielen politisch bedeutsamen Gäste, die aus dem Ausland angereist kamen.

Die Delegierten stimmten fast einmütig der vom Parteivorstand und der Fraktion vertretenen außenpolitischen Linie zu; nicht jeder aus Gründen, die den Parteivorstand bewogen hatten, die Integrationspolitik abzulehnen. Bei den Diskussionen war nicht zu überhören, daß jedes Eintreten für die Wiederbewaffnung Deutschlands selten mit realpolitischen Argumenten, sondern so gut wie immer mit dem Wortschatz einer vagen pazifistischen Weltanschauung bekämpft wurde. Mein Beitrag versuchte Klarheit darüber zu schaffen, daß Ehrbarkeit eines Gefühles noch keine Gewähr dafür bietet, daß seine Umsetzung in Politik den erhofften Erfolg bringen wird.

Beim zweiten Thema, »Die sozialistische Gestaltung von Staat und Gesellschaft«, zu dem viele Anträge gestellt worden waren, hatten einige Redner den Mut zur Kritik an liebgewordenen Vorstellungen. Das Ereignis des Tages wurde der Parteitagsbeschluß, der den Parteivorstand beauftragte, die Arbeit an einem neuen Grundsatzprogramm in die Wege zu leiten. Vier Jahre später ist daraus das Godesberger Programm geworden.

Am 29. Oktober starb Hermann Ehlers, der Präsident des Deutschen Bundestages. Sein früher Tod erschütterte alle Mitglieder des Hauses. Jedermann spürte, daß mit dem Weggang dieses Mannes eine stilprägende Kraft verlorengegangen war. Ich versuchte dies an seinem Grabe und in einer Gedenkrede im Bundestag deutlich zu machen. Vor allem wies ich darauf hin, daß dieser im Grunde seines Wesens konservative, aber der Forderung der Zeit offene Mann aus Norddeutschland durch die Art seiner Amtsführung unserem Volke deutlich gemacht hatte, welchen Schutz ein selbstbewußtes Parlament zu bieten vermag. Ich habe meiner Würdigung des Verstorbenen dadurch Ausdruck verliehen, daß ich meine Rede an seinem Grab mit der römischen Formel schloß: »Hermann Ehlers hat sich um das Vaterland verdient gemacht.«

Ich habe diese Formel gewählt, um eine Tradition zu begründen. Mir schien es einer Demokratie wohl anzustehen, von der Tribüne der Volksvertretung herab durch ihren erwählten Sprecher öffentlich festzustellen, daß sich ein Bürger um das Vaterland verdient gemacht hat.

Am 16. November 1954 wurde der Abgeordnete der CDU-Fraktion Eugen Gerstenmaier mit 204 gegen 190 Stimmen bei 15 Enthaltungen zum Präsidenten des Bundestages gewählt. Wir waren Landsleute, was unter Schwaben in der Fremde ein Band darstellt, das oft enger verbindet als die Kameraderie der Zugehörigkeit zur selben Partei. Ich kannte den schwäbischen Oberkirchenrat aus meiner Tübinger

Zeit, als er von Stuttgart aus das Evangelische Hilfswerk und einige diesem angeschlossene Gesellschaften organisierte und leitete. Daß mein ehemaliger Schüler Georg Federer sein engster Mitarbeiter war, trug zu häufigerem Treffen bei. Ich hatte schon damals den Tatendrang und die unternehmende Zähigkeit dieses so gar nicht pfäffischen Theologen mit starker Neigung zur Philosophie bestaunt, der in die Politik gegangen war, weil er sich zutraute, die Bildungswerte des klassischen deutschen Idealismus zum Lebenselement des neuen Staates zu machen. Seine Einstellung fand nicht immer den Beifall seiner Parteifreunde, und Konrad Adenauer vermochte diesem widerborstigen Schwaben nicht viel abzugewinnen. Eugen Gerstenmaier wurde ein guter Präsident des deutschen Parlaments, der es auch politisch Andersdenkenden gegenüber nie an Loyalität fehlen ließ, sie vielleicht sogar – aus Furcht, sich von seinen Neigungen treiben zu lassen – in Zweifelsfällen eher begünstigte. Wir haben uns gut verstanden. Es hat mich schwer getroffen, daß dieser Mann, dem es leider in gewissen Angelegenheiten an Sicherheit des Urteils über das Mögliche und Unmögliche fehlte und der sich darum gelegentlich auf zu geschäftige Berater verließ, sein Amt unter demütigenden Umständen verlor. Unsere freundschaftlichen Beziehungen haben nicht darunter gelitten.

Die Ausgangslage

Die Aufnahme der Bundesrepublik in den Nordatlantikpakt und ihre Einbettung in das politische System der westeuropäisch-atlantischen Gemeinschaft veränderte die Grundhaltung der Sowjetunion in der Deutschlandfrage. Bislang war in fast allen Verlautbarungen des Kreml zur Deutschlandfrage wenigstens mittelbar zum Ausdruck gekommen, daß die Sowjetunion dem deutschen Volk das Recht auf Wiederherstellung seiner staatlichen Einheit zuerkannte, vorausgesetzt, daß es die Wiedervereinigung in einem friedliebenden und sozialistischen Staat in allen Teilen des alten Reichsgebietes wolle und die durch den Krieg geschaffenen politischen Gegebenheiten anerkenne.

Von nun an änderte sich das Vokabular des Kreml. Jetzt wurde von zwei deutschen Staaten gesprochen, die sich nach einander ausschließenden ökonomischen und politischen Systemen gebildet hätten. Beide seien nunmehr souverän; ihre Vereinigung könne also nicht mehr die Sache der Besatzungsmächte von einst sein, sondern ausschließlich Sache dieser beiden Staaten und ihrer Völker. Am 14. Mai 1955 wurde die DDR in den Warschauer Pakt aufgenommen. Am 7. Juni ließ der Kreml durch einen Sekretär der Pariser Sowjet-Botschaft über den deutschen Botschafter in Paris eine Note an die Bundesregierung überreichen, darin die Aufnahme diplomatischer Beziehungen zwischen beiden Staaten vorgeschlagen und der Bundeskanzler zu politischen Gesprächen nach Moskau eingeladen wurde.

Man kann sich denken, wie diese Note in Bonn einschlug. Der Bundeskanzler verlor sich so wenig in Spekulationen und Illusionen wie die führenden Persönlichkeiten der Sozialdemokratischen Partei.

Seine Entscheidung konnte nicht ohne vorherige Konsultation mit den Führungsmächten des Atlantikpaktes getroffen werden; darüber waren er und die Sozialdemokraten einer Meinung. Konrad Adenauer fuhr am 13. Juni zu Besprechungen mit der Regierung der Vereinigten Staaten nach Washington. Es wurde Übereinstimmung erzielt, daß in Moskau an erster Stelle das Problem der Wiedervereinigung Deutschlands behandelt werden müsse. In Washington war man überzeugt, daß die Russen besonders auf wirtschaftlichem Gebiet dringend eine Erleichterung wünschten und es darum falsch sein würde, ihrem Wunsch nach Aufnahme diplomatischer Beziehungen ohne angemessene Gegenleistung nachzukommen. Auf das Verhältnis zur Sowjetunion komme es zur Zeit weniger an als auf die weitere europäische Integration. Auf der am 16./17. Juni 1955 in New York stattfindenden Konferenz der drei Außenminister der Westmächte sprachen diese Konrad Adenauer ihr volles Vertrauen für seine Reise nach Moskau aus.

In seiner Antwort an den Kreml erklärte sich Bundeskanzler Adenauer zu Verhandlungen über die Aufnahme diplomatischer Beziehungen bereit; auf die Einladung nach Moskau ging er nicht ein. Nach langem Hin und Her erklärte der Kreml sich schließlich damit einverstanden, auch die mit der Wiedervereinigung Deutschlands zusammenhängenden Probleme und das Schicksal der deutschen Kriegsgefangenen in die Gespräche mit einzubeziehen.

In seinen »Erinnerungen« bezeichnet Konrad Adenauer die Initiative des Kreml als Beweis der Richtigkeit seiner bisherigen Politik; die Behauptung der Sozialdemokraten, die Westverträge machten eine Verständigung mit der Sowjetunion unmöglich, habe sich als falsch erwiesen. Diese Feststellung Konrad Adenauers ist nicht schlüssig.

Daß die Russen in die Tagesordnung für Moskau die Wiedervereinigungsfrage nicht aufgenommen hatten, zeigt, wie sie über die Möglichkeit einer realistischen Wiedervereinigungspolitik und die Kraft der »Politik der Stärke« Adenauers dachten. Wenn sie nachträglich ihr Einverständnis erklärten, in Moskau auch über das Problem der Wiedervereinigung zu sprechen, taten sie es, um dem Bundeskanzler ex cathedra mitteilen zu können, daß es jetzt zwei souveräne Staaten in Deutschland für sie gab und darum die Wiedervereinigung

nicht mehr Sache der einstigen Alliierten sein konnte, sondern
ausschließlich Sache der beiden deutschen Staaten. Wie sie das
meinten, ergab sich aus einer Erklärung des Sekretärs der Kommunistischen Partei der Sowjetunion, Nikita Chruschtschow, vom 27. Juli
in Ostberlin: In der Deutschlandfrage werde es keine Lösung auf
Kosten der DDR geben. Beide Staaten könnten – sofern sie das
wollten – auf jedem Gebiet des innenpolitischen Lebens zusammen-
arbeiten.

Am 18. Juli 1955 trafen die Regierungschefs der vier Besatzungsmächte in Genf zusammen, um über den Zusammenhang der
Sicherheitsfrage mit dem Problem der Wiedervereinigung Deutschlands zu sprechen. Ein nichtssagendes Kommuniqué war das einzige
Ergebnis dieser Zusammenkunft.

Die Reise nach Moskau war auf den 8. September festgesetzt worden.
Außenminister Heinrich von Brentano, Staatssekretär Walter Hallstein, Ministerialdirektor Hans Globke, Ministerialdirektor Wilhelm
Grewe, Bundesratspräsident Karl Arnold sowie verschiedene Berater
sollten den Kanzler begleiten, dazu Kurt Georg Kiesinger und ich in
unserer Eigenschaft als Vorsitzender und stellvertretender Vorsitzender des Auswärtigen Ausschusses des Bundestages; so wurde ermöglicht, einen Sozialdemokraten als Beobachter an den Verhandlungen
teilnehmen zu lassen, ohne die Sozialdemokratische Partei offiziell an
der Delegation zu beteiligen.

»Gospodin Großdeutschland«

Auf dem Flugplatz Wnukowo erwarteten uns Bulganin und
Chruschtschow mit der Spitze der politischen Machthaber der
Sowjetunion. Den blanken Säbel in der Faust, meldete ein Offizier
dem Bundeskanzler das Ehrenbataillon: zweihundert »lange Kerls«
in attraktiven blauen Uniformen. Ihr Parademarsch – exakt, fest
und zugleich federnd wie ein Sturmschritt – konnte einem Schauer
über den Rücken rieseln lassen, so viel Kraft ging von dieser
Truppe aus.

Wir fuhren in das Hotel »Sowjetskaja«, das frühere Offizierskasino der sowjetischen Luftwaffe. In dem monströsen Bau mit seinen unendlich vielen Räumen bekam ich ein großes Appartement, auf das prachtvollste im Stil von 1910 ausgestattet. Schon allein das Badezimmer hatte riesige Ausmaße, aber die Wasserhähne tropften. Als ich dreieinhalb Jahre später mit Chruschtschow darüber sprach, sagte er, es sei leichter, einen Sputnik zu erfinden, als nichttropfende Wasserhähne herzustellen; für Sputniks brauche man nur einige Genies, für Wasserhähne aber einige Generationen geschulter Handwerker.

Ich weiß nicht, ob in unseren Räumen Mikrofone versteckt waren. Mich hätte das nicht gestört, denn für vertrauliche Gespräche am Rande der Konferenz stand in unserem Sonderzug ein abhörsicherer Wagen zur Verfügung. Manche Besprechung wurde aus besonderer Vorsicht auch während eines Spazierganges geführt. Doch das geschah nur selten – und was schadete es schon, wenn die Russen erfuhren, was wir zu erwägen hatten? Konnte es nicht für den Fortgang der Verhandlungen sogar nützlich sein, wenn sie auf diese Weise erfuhren, daß es unmöglich für uns war, zwar mit diplomatischen Beziehungen, aber ohne Hoffnung auf die Rückkehr der deutschen Kriegsgefangenen heimzufahren? Staatsgeheimnisse, die niemand erfahren darf, wenn der Staat nicht Schaden nehmen soll, sehen anders aus als das, was man durch Abhören unserer Gespräche hätte erfahren können.

Die Verhandlungen führte der Bundeskanzler allein. Außenminister von Brentano ergriff manchmal am Rande der Gespräche das Wort. Staatssekretär Hallstein wirkte nach Abschluß eines Verhandlungspunktes bei der Formulierung der Ergebnisse für das Protokoll mit. Wir Parlamentarier beteiligten uns an den eigentlichen Verhandlungen nicht. In zwei kritischen Situationen habe ich dennoch in den Gang der Dinge eingegriffen: ein erstes Mal durch einen Rat, den ich Konrad Adenauer gab, um die Konferenz aus einem bösen Dilemma herauszuhalten; ein zweites Mal an ihrem kritischsten Punkt durch eine kurze Rede.

Die Verhandlungen fanden im Spiridonowka-Palais statt, das ein reicher Industrieller der Belle Epoque für eine schöne Tänzerin erbaut haben soll. Auf sowjetischer Seite waren Ministerpräsident Bulganin, Chruschtschow, Außenminister Molotow und einige weitere Außenpolitiker anwesend, auf deutscher Seite die gesamte Delegation.

Die Russen hatten lange Ausarbeitungen vor sich liegen, die sie ablasen. Auch der Bundeskanzler hatte Unterlagen zur Verfügung, aber zumeist antwortete er den Russen in freier Rede. Ich habe die Darlegungen beider Seiten mitstenografiert und kann daher bestätigen, daß Konrad Adenauer in seinen »Erinnerungen« die Vorgänge korrekt geschildert hat, wenngleich er manche Akzente anders setzte, als ich es getan hätte. Am frühen Morgen des ersten Arbeitstages sprach der Bundeskanzler, bevor die offiziellen Verhandlungen begannen, mit Bulganin und Chruschtschow allein. Bulganin und Adenauer trugen ihre Grundpositionen vor.

Die zentrale These der Russen war, daß wir uns bereit erklären sollten, mit der Sowjetunion diplomatische Beziehungen aufzunehmen. Habe man in Bonn und Moskau Botschafter, werde es möglich sein, über die anderen Punkte, die uns Deutsche interessierten, zu verhandeln und zu Einigungen zu kommen. Im übrigen sei zwar der Umfang der von ihnen, den Sowjets, vorgeschlagenen Themen erweitert worden, aber es dürfe kein Zweifel daran bestehen, daß für sie die Behandlung weiterer Punkte von unserer Antwort auf ihre Frage abhänge, ob die Bundesrepublik willens sei, diplomatische Beziehungen aufzunehmen. Bulganin wies auf die ernsten Hindernisse hin, die durch Inkrafttreten der Pariser Verträge entstanden seien. Die Bundesrepublik sei damit in einseitige militärische Gruppierungen eingetreten und betreibe die Remilitarisierung Westdeutschlands. Die Sowjetregierung verfechte nach wie vor die Wiedervereinigung Deutschlands in einem friedliebenden und demokratischen Staat; sie werde aber nur aufgrund einer Vereinbarung zwischen den heute auf deutschem Boden bestehenden beiden deutschen Staaten erfolgen können und werde den internationalen Abkommen über die Sicherung des Friedens und der Sicherheit in Europa zu entsprechen haben.

Der Bundeskanzler begann seine Antwort mit der Forderung nach Freilassung der Deutschen, die sich noch in sowjetischem Gewahrsam befanden oder an der Ausreise aus der Sowjetunion gehindert wurden. Solange diese Frage ungelöst sei, seien »normale« Beziehungen zwischen den beiden Staaten nicht denkbar. Dann schnitt auch er das Problem der Wiedervereinigung Deutschlands an. Die staatliche Einheit Deutschlands wiederherzustellen, sei eine Verpflichtung der vier Mächte, die nach dem Zusammenbruch die oberste Gewalt in Deutschland übernahmen. Wenn die Sowjetunion glaube befürchten zu müssen, die Wiedervereinigung Deutschlands könne ihre Sicherheit beeinträchtigen, so seien wir gewillt, alles zu tun, um diese Besorgnisse gegenstandslos zu machen. Mit den Beratungen über die Wiederherstellung der Einheit Deutschlands müßten Beratungen über ein Sicherheitssystem für Europa einhergehen.

Damit standen sich die Thesen der beiden Regierungen schroff gegenüber: Die Russen wollten in erster Linie die Aufnahme diplomatischer Beziehungen und weigerten sich, Vorbedingungen anzunehmen; die Bundesregierung war nur bereit, diplomatische Beziehungen aufzunehmen, wenn die Russen sich zur Freilassung der Kriegsgefangenen und zu Erörterungen über die Wiedervereinigung Deutschlands bereit erklärten. Zu einer Diskussion der Kontroverse kam es an diesem Vormittag nicht.

Bei dem anschließenden Essen saß ich zwischen Molotow und dem Minister für die Planwirtschaft, Saburow. Der Gegenstand unseres Gespräches war China. Saburow meinte, China müsse unbedingt industrialisiert werden, doch die Sowjetunion allein werde das nicht zu leisten vermögen; im Verein mit den Deutschen würde es dagegen möglich sein . . .

Ministerpräsident Bulganin erhob sein Glas auf die Gesundheit des Bundeskanzlers. Jeder nahm sein Wodkagläschen und trank es aus. Ich bat um das Wort und sagte, es scheine mir eine Geschichtslüge zu sein, daß die Russen trinkfest seien. Wäre es so, würden sie nicht aus Fingerhüten auf die Gesundheit ihrer Gäste trinken. Mir sei die Gesundheit meines Kanzlers zu wichtig, als daß ich darauf nur mit ein paar Tropfen anstoßen könne. Ich bäte um ein größeres Glas . . . Es kam, und ich leerte es. Dann brachte Konrad Adenauer einen Trinkspruch auf Bulganin aus. Ich trank wieder aus meinem größeren Glas. Darauf Konrad Adenauer: »Herr Schmid, ich verbiete Ihnen das! Sie kriegen einen Herzschlag!« Darauf ich: »Herr Bundeskanzler, Sie können mir nichts verbieten, und mein Herz ist recht stark.« Ich trank mein Glas leer, und so ging es noch einige Male.

Da kam Chruschtschow, der mir gegenübersaß, um den Tisch herum auf mich zu, faßte mich an den Schultern, sagte lachend etwas, das ich nicht verstand, und prüfte meine Armmuskeln. Ich tat dasselbe und bat den Dolmetscher, Chruschtschow zu fragen: »Wollen wir einen Versuch machen?« Lachend stimmte Chruschtschow einer kleinen Kraftprobe zu. Als ich gewann, faßte Chruschtschow mich wieder an den Schultern und sagte mit einer kleinen Verbeugung: »Gospodin Welikaja Germanija« – Herr Großdeutschland. Dieser Name blieb mir bei den Russen während der Konferenz, und auch später noch wurde ich bei manchen Gelegenheiten lachend so angesprochen.

Ich habe mich nicht aus Spontaneität und Freude am Spaß so verhalten. Ich wußte, daß die Russen – auch bei Verhandlungen – ihre Partner nicht zuletzt nach deren Trinkfestigkeit beurteilen. Ich dachte, es könnte sich ergeben, daß ich bei den Verhandlungen einige Sätze würde sprechen müssen, die als schwächliche Bußfertigkeit gedeutet werden könnten. Deshalb wollte ich mir zunächst den Ruf eines Mannes verdienen, der sich einiges zutrauen kann.

Die Meinung unserer Delegation, die sich im Sonderzug über das Ergebnis des ersten Sitzungstages unterhielt, ging dahin, die Konferenz werde, wenn es so weitergehe wie bisher, zu keinem Ergebnis führen. Wir dürften es jedoch nicht zu einem lautstarken Eklat kommen lassen, und es gelte, weiter zu verhandeln. Ich höre noch den verzweifelten Ton, mit dem Außenminister von Brentano und Staatssekretär Hallstein den Bundeskanzler beschworen, sich auf das russische Verlangen, diplomatische Beziehungen schon jetzt aufzunehmen, nicht einzulassen.

Meine Auffassung war, daß noch kein Grund für extremen Pessimismus vorliege. Immerhin stünden wir erst am Beginn der Verhandlungen, und Kompromißmöglichkeiten pflegten sich erst am Ende der Diskussion einzustellen. Wir hätten den Standpunkt des Kreml schließlich schon zur Zeit der Einladung gekannt; wenn wir auf einem »alles oder nichts« hätten bestehen wollen, hätte der

Bundeskanzler wohl kaum die Einladung angenommen. Ich fügte
hinzu: »Herr Bundeskanzler, Sie werden morgen oder übermorgen
oder in drei Tagen vor der Situation stehen, in der man Ihnen sagen
wird: ›Du kannst die Gefangenen haben unter der Voraussetzung,
daß du mit uns normale diplomatische Beziehungen anknüpfst.‹ Die
Folgen der einen oder der anderen möglichen Antwort muß man sich
sorgfältig überlegen.« Adenauer entgegnete: »Meinen Sie wirklich,
daß man mich so fragen wird?« – »Sie können sich darauf verlassen,
Herr Bundeskanzler. Sie sollten sich die Antwort vor allem auch
unter außenpolitischen Aspekten überlegen. Nach der Einleitung
diplomatischer Beziehungen mit der Sowjetunion werden unsere
außenpolitischen Vorstellungen nicht so bleiben können, wie sie
heute sind – und zwar auf beiden Seiten des Hohen Hauses.«
Ministerpräsident Karl Arnold fügte hinzu: »Herr Bundeskanzler,
auf keinen Fall können Sie ohne die Kriegsgefangenen nach Hause
kommen: Das hält das deutsche Volk nicht aus.« Er stand mit dieser
Warnung nicht allein.

Bei den Verhandlungen des nächsten Tages kam es zu heftigen
Kontroversen. Ich begann schon zu fürchten, uns werde nichts
anderes übrigbleiben, als die Papiere zusammenzupacken und zu
gehen. Ich meinte, daß – nach altem diplomatischem Rezept – ein
Themenwechsel hilfreich sein könnte, und legte Adenauer einen
Zettel auf den Tisch: Er möge von Brentano das Wort erteilen und
ihn wirtschaftspolitische Probleme anschneiden lassen. Nach einem
ruhigeren Gespräch über Wirtschaftsfragen vertagte Adenauer die
Sitzung, eine Stunde vor der vorgesehenen Zeit.

An diesem Tag wurde deutlich, daß bei der sowjetischen Führungsschicht noch der alte russische Deutschlandmythos lebendig war. Als
der Bundeskanzler einmal darauf hinwies, wir Deutsche seien ein
kleines Volk geworden und unser Staat sei schwach, konterte
Bulganin: »In euch steckt nach wie vor große Macht. Wenn
Deutschland auf der Friedensseite ist – und das setzt voraus, daß es
mit uns diplomatische Beziehungen unterhält, was längst hätte der
Fall sein sollen –, kann niemand einen Krieg herbeiführen! Daher ist
es unser Interesse, daß Deutschland mit uns diplomatische Beziehungen anknüpft. Sobald dies geschehen ist, können und wollen wir mit

euch über alles reden; geschieht das nicht, werdet ihr mit uns über nichts reden können. Diplomatische Beziehungen zu uns könntet ihr doch nur ablehnen, wenn ihr entweder unsere Existenz leugnen wollt oder wenn ihr nicht freundlich mit uns leben wollt – oder wenn ihr euch für zu fein haltet, mit uns zu verkehren, oder es euch mit euren Anliegen nicht so ernst ist, wie ihr sagt.«

Am Nachmittag dieses Tages trafen Bulganin und Chruschtschow mit dem Bundeskanzler wieder allein zusammen. Adenauer hat uns über dieses Gespräch berichtet: Zuerst habe Chruschtschow gesprochen – nicht über den bisherigen Gang der Verhandlungen, sondern über die Fortschritte der Russen in der Technologie. Dann habe Bulganin gefragt, wie er, Adenauer, über die amerikanische Politik denke. Er habe geantwortet, die amerikanische Politik sei eine Friedenspolitik und die militärischen Anstrengungen der Vereinigten Staaten dienten nur der Verteidigung. Bulganins Antwort sei gewesen, daß er Präsident Eisenhower für einen Mann halte, der unbedingt den Frieden erhalten wolle. Bei Außenminister Dulles habe er Zweifel gehabt, aber seit der Ministerkonferenz sei er überzeugt, daß auch Dulles keinen Krieg wolle – doch es gebe in Amerika Leute wie den Vizepräsidenten Nixon, und da wisse er nicht so recht ... Adenauer erwiderte, daß der Vizepräsident in Amerika nicht sehr viel zu sagen habe, worauf Bulganin daran erinnerte, daß Truman zunächst Vizepräsident gewesen sei, und alle Menschen seien sterblich.

Der Bundeskanzler versuchte nun, seine Gesprächspartner zu überzeugen, daß die Mitgliedschaft der Deutschen in der NATO und in der WEU die beste Friedensgarantie für Rußland sei. Wir Deutsche wüßten, was Krieg bedeutet, und wüßten vor allem, daß das Schlachtfeld des nächsten Krieges Deutschland heißen werde. Deswegen könne keine deutsche Regierung für den Krieg sein. – Über die Sache, um die es bei der Konferenz eigentlich ging, war nicht gesprochen worden.

In der Delegationsbesprechung des nächsten Tages im Sonderzug erklärten die Herren von Brentano, Hallstein und Blankenhorn, es wäre eine politische Sünde, wenn wir noch weiter verhandelten. Brentano äußerte, er werde sein Amt niederlegen, wenn es zu diplomatischen Beziehungen mit Moskau käme. Die Herren Kiesinger und Arnold meinten, man müsse die russische Forderung annehmen, es sei denn, die Russen seien in der Gefangenenfrage zu keinem Entgegenkommen bereit.

Ich gab zu, daß man bezüglich der diplomatischen Beziehungen gewisse Bedenken haben könne – aber es sei nicht zu verantworten, aus Moskau zurückzukommen, ohne die Gefangenen mitzubringen. Dürfe man aus Gründen der Außenpolitik Zehntausende, die für ihr Vaterland gekämpft hatten, in den sibirischen Lagern zugrunde gehen lassen – oder aus Gründen der Menschlichkeit, vielleicht auch um innenpolitischer Reaktionen in Deutschland willen, unsere außenpolitische Position verschlechtern? Hier könne die Delegation nur helfen, das Problem klar zu definieren, aber sie könne dem Kanzler nicht raten, wie er sich zu entscheiden habe; die Last der Entscheidung habe er in diesem Stadium allein zu tragen. Ich riet, in den Text der bisherigen Vereinbarungen über die Aufnahme diplomatischer Beziehungen die Klausel einzubringen, daß die Entscheidung des Kanzlers nur unter dem Vorbehalt der Zustimmung des Bundestages gelte. Der Bundeskanzler war einverstanden, und die Klausel wurde in der Tat in den Text der Vereinbarung aufgenommen.

Auf den Sonntag lud Konrad Adenauer beide Delegationen und die Spitzen der sowjetischen Staats- und Parteiführung in die Datscha ein, die ihm zur Verfügung gestellt worden war. Ich hatte mir unter einer Datscha keine so herrschaftlich eingerichtete Villa in einem parkähnlichen Garten vorgestellt. Bulganin war bei der Unterhaltung der ruhigere, überlegtere; Chruschtschow der lebendigere, der sich vor groben Worten nicht scheute und immer ein wenig provozierte.

Am Tag zuvor hatten am gleichen Ort Adenauer und Brentano mit Bulganin und Chruschtschow lange miteinander gesprochen. Dabei war vereinbart worden, daß am Montag vormittag die beiden Außenminister und ihre Staatssekretäre sich treffen sollten. Bulganin wiederholte, er sehe nicht ein, wieso bei den Verhandlungen über die Aufnahme diplomatischer Beziehungen die Kriegsgefangenenfrage angeschnitten würde. Wir sollten sagen, ob wir bereit seien, diplomatische Beziehungen mit der Sowjetunion aufzunehmen oder nicht. Der Gegensatz der Auffassungen der beiden Verhandlungspartner erschien unauflösbar.

Die Krisis

Die nächste Sitzung der Delegationen war für Montag 16 Uhr anberaumt. Konrad Adenauer hatte angeordnet, daß die Flugzeuge vorzeitig in Moskau bereitstanden. Falls es zu keiner Einigung komme, würden wir sofort abfliegen. Am Vormittag berichtete uns Brentano im Sonderzug über den Mißerfolg seiner Verhandlungen mit Molotow. Nach seiner Meinung erlaube der bisherige Verlauf der Besprechungen nicht, heute schon über die Aufnahme diplomatischer Beziehungen zur Sowjetunion zu entscheiden. Da die Sowjetunion nicht bereit sei, zuvor ihr Verhältnis zur Bundesrepublik durch Beseitigung des anomalen Zustandes Deutschlands und durch Entlassung der deutschen Kriegsgefangenen und aller sonst gegen ihren Willen in der Sowjetunion festgehaltenen Deutschen zu normalisieren, könne nicht mehr geschehen, als die offenen Probleme durch Sonderausschüsse behandeln zu lassen. Molotow habe dies abgelehnt. Die Sowjetunion fordere nach wie vor die bedingungslose Aufnahme diplomatischer Beziehungen.

In der Nachmittagssitzung führte Bulganin den Vorsitz. Molotow referierte über die Außenministerbesprechung: Die deutschen Vorschläge seien unannehmbar. Er habe Herrn von Brentano erklärt, daß darüber nicht verhandelt werde.

Der Bundeskanzler rief den Russen ins Gedächtnis, daß in dem Notenwechsel vor der Konferenz von beiden Seiten erklärt worden sei, daß eben diese von seinem Außenminister angeschnittenen Fragen »erörtert« werden sollten. Bulganin entgegnete, das Grundthema des Notenwechsels sei die Frage der Normalisierung der diplomatischen Beziehungen zwischen der Sowjetunion und der Bundesrepublik gewesen. Erst nach Lösung dieser Hauptfrage könne über die weiteren Fragen verhandelt werden. Die Hauptfrage müsse in der Sitzung der Regierungschefs verhandelt werden; die anderen Fragen könnten zweiseitigen Kommissionen übertragen werden. Im übrigen sei die Frage der noch in der Sowjetunion befindlichen Deutschen ausschließlich ein Problem der inneren Angelegenheiten der Sowjetunion und betreffe nur sie, denn die Personen, die deutscherseits als Kriegsgefangene bezeichnet würden, seien aufgrund der Gesetze des Landes verurteilte Kriegsverbrecher.

Er stellte noch einmal die Forderung, die »Hauptfrage« sofort zu entscheiden. Sei sie positiv entschieden, werde über alle anderen Fragen zu sprechen sein, auch über die mit der Rückführung aller Deutschen zusammenhängenden Probleme, deren Lösung Zeit bedürfe.

Der Dialog wurde heftig, die Spannung im Raum unerträglich. Ich bat den Bundeskanzler für den Fall, daß er dies für nützlich erachte, mir das Wort zu erteilen. Er tat es, und ich sagte:

»Herr Ministerpräsident, ich bin nicht nach Moskau gekommen, um vielleicht in die Verhandlungen einzugreifen. Ich bin kein Mitglied der Regierung, sondern ich bin hier in meiner Eigenschaft als Parlamentarier. Sie wissen, daß ich mit wichtigen Grundfragen der Außenpolitik des Herrn Bundeskanzlers nicht einverstanden bin, und Sie wissen auch, daß ich im Parlament und außerhalb des Parlaments mit Entschiedenheit meinen Standpunkt vertreten habe. Ich spreche hier als Mitglied des deutschen Parlaments, das einer Partei angehört, der acht Millionen der Bevölkerung bei der letzten Wahl ihre Stimme gegeben haben. Ich möchte vorausschicken, daß im Namen des deutschen Volkes am russischen Volke Verbrechen begangen worden sind wie vielleicht nie in der Weltgeschichte. Ich betone ausdrücklich, daß die moralische Verantwortung für diese Dinge und die Haftung für die Folgen auch auf den Schultern der Menschen liegen, die sich dieser Verbrechen nicht schuldig gemacht haben. Denn auch diese haben zum mindesten dieses Regime nicht zu verhindern vermocht. Ich muß das vorausschicken, denn es gehört zur Wahrheit. Und weil es so ist, ist es für jeden Deutschen immer beschämend, von Menschen, die Opfer von Verbrechen geworden sind, begangen im Namen des deutschen Volkes, etwas für Deutsche zu erbitten. Aber es gibt Situationen, in denen man aus Gründen der Menschlichkeit auch dann um etwas bitten muß, wenn diese Bitte für einen beschämend ist. Das gehört mit zu der Last, die das Vertrauen unserer Wähler auf unsere Schultern gelegt hat. Und so schließe ich mich der Bitte an, die der Herr Bundeskanzler ausgesprochen hat. Es liegt mir fern zu bestreiten, daß es ausschließlich Sache der Sowjetunion ist, ihre Gesetze anzuwenden. Ich rufe darum nicht die Gerechtigkeit an. Ich appelliere an die Großherzigkeit des russischen Volkes, von der es so viele Beispiele gibt. Und wenn ich das tue, denke ich in erster Linie nicht an die Menschen, die noch hier zurückgehalten werden, sondern an ihre Frauen, an ihre Kinder, an ihre Eltern. Lassen Sie Gnade walten, und lassen Sie diese Menschen zurückkehren zu denen, die auf sie warten – die seit mehr als zehn Jahren auf sie warten. Hinter dieser Bitte steht das ganze deutsche Volk ohne Unterschied der Parteien und ohne Unterschied des persönlichen Schicksals, das der einzelne Deutsche in der schrecklichen Zeit des Naziregimes erlitten hat. Ich bitte, mir zu glauben, daß diese Frage die Gemüter der Menschen bei uns ohne Unterschied mehr erregt als das, was man gemeinhin Politik nennt. Ich möchte Sie bitten, doch wenigstens eine Erklärung abzugeben, die einigen hunderttausend Menschen wieder Hoffnung geben kann, eine Hoffnung, die weiter gehen kann, als es die bloße Aussicht auf Verhandlungen der drei Regierungen unter sich gestattet. Danke.«

Der Dolmetscher übersetzte zunächst Chruschtschows spontanen Zwischenruf: »Das war das rechte Wort und auch die rechte Art. Jetzt können wir weitersprechen.« Dann sprach der Parteivorsitzende von den Gefühlen des russischen Volkes, das durch den deutschen Überfall Millionen auf den Schlachtfeldern und in den Konzentrationslagern verloren habe und dessen Wirtschaft ruiniert worden sei. Trotzdem habe das russische Volk guten Willen bewiesen und der Bundesregierung vorgeschlagen, diplomatische Beziehungen zu ihm aufzunehmen. Anstatt diesen Vorschlag anzunehmen, würde in dieser Konferenz von den Deutschen faktisch ein Ultimatum gestellt. Wenn die Bundesregierung dem Wunsch der Sowjetunion nicht nachkommen wolle, solle sie es offen sagen. Die Sowjetregierung sei einverstanden, mit der Bundesregierung in Frieden auseinanderzugehen und zu warten, bis der Zeitpunkt gekommen sei, da sie die Notwendigkeit diplomatischer Beziehungen einsehe. Chruschtschow schloß mit einer Reihe scharfer Bemerkungen über Kriegsverbrecher, die ihre Strafe noch nicht abgesessen hätten und den Appell der Bundesregierung an die Humanität des russischen Volkes nicht verdient hätten. Für die Einsetzung von Kommissionen bestehe keine Notwendigkeit; sie könnte nur dazu führen, die deutsche und die Weltöffentlichkeit irrezuführen.

Konrad Adenauer ergriff noch einmal das Wort. Wenn er nicht den Wunsch hätte, daß zwischen der Bundesrepublik und der Sowjetunion diplomatische Beziehungen aufgenommen würden, wäre er nicht hier. Was die Kriegsverbrecher anlange: Unter den Gefangenen gebe es eine große Zahl an solchen Verbrechen unschuldiger Männer. Als Chruschtschow auf Adenauers Versicherung, die Bundesrepublik, in welcher Organisation sie auch sein möge, werde immer für den Frieden eintreten, höhnisch bemerkte, daß Truppen nicht aufgestellt würden, um Zucker zu essen und Brühe zu kochen, machten wir Anstalten zu gehen. Bulganin schloß in diesem Augenblick die Sitzung und vertagte die Fortsetzung der Aussprache auf den folgenden Vormittag.

Am Abend dieses Tages kam es bei dem großen Empfang der Sowjetregierung für die deutsche Delegation im Saal des St.-Georgs-Ordens im Kreml zu einem lebhaften Gespräch zwischen Bulganin, Chruschtschow und Adenauer, in dessen Verlauf Bulganin sagte: »Ich gebe Ihnen mein Ehrenwort, daß die verurteilten Kriegsverbrecher acht Tage nach Inkrafttreten einer Vereinbarung zwischen uns über die Aufnahme diplomatischer Beziehungen entlassen werden.« Chruschtschow bestätigte dies mit seinem Ehrenwort. Darauf Adenauer: Es seien aber nicht nur 9 600 Menschen, die auf Rückkehr warteten. Wahrscheinlich seien es mehr als hunderttausend Deutsche, die auf die Erlaubnis zur Heimkehr hofften. Bulganin: »Davon weiß ich nichts. Nikita, weißt du etwas davon?« Chruschtschow: »Nein, aber vielleicht gibt es noch welche.« – »Gut«, sagte Bulganin, »wir werden jeden Deutschen, dessen Existenz ihr uns nachweist, freilassen. Ihr habt unser Ehrenwort. Die Feststellung, ob die Voraussetzungen für eine Heimkehr gegeben sind, bleibt aber ausschließlich Sache sowjetischer Behörden und Gesetze.«

Nach dem Empfang hielt die Delegation im Sonderzug eine lange Beratung über das weitere Vorgehen ab. Ich gab meiner Überzeugung Ausdruck, daß das an diesem Abend gegebene Ehrenwort gehalten werden würde, es mir aber unmöglich erscheine, eine so schwerwiegende Entscheidung wie die Aufnahme normaler diplomatischer Beziehungen zu treffen, ohne die Erklärung abzugeben, daß dies nicht die De-jure-Anerkennung des Status quo in Deutschland bedeute. Außerdem müßten wir erklären, daß die Zustimmung des Bundeskanzlers unter dem Vorbehalt der Zustimmung des Bundestages gegeben werde. Es könnte förderlich sein, vor der nächsten Konferenzsitzung darüber mit Bulganin zu sprechen.

Das Gespräch fand statt. Die Russen verhielten sich ablehnend: Hier gebe es nur ein Ja oder ein Nein. Wenn wir Vorbehalte machten, sollten wir uns einen anderen Verhandlungspartner suchen. Die Vereinigten Staaten von Amerika hätten sechzehn Jahre gebraucht, bis sie diplomatische Beziehungen zur Sowjetunion aufnahmen. Wir würden sicherlich nicht so lange brauchen.

Am Nachmittag wurde weiterverhandelt. Bulganin gab zwei Erklärungen ab, die mit dem eigentlichen Verhandlungsgegenstand nichts zu tun hatten. Die eine betraf Sowjetbürger, die sich in Deutschland befanden. Er erklärte namens der Sowjetregierung: Sie könnten heimkehren; man werde nicht streng mit ihnen verfahren. Er ersuche den Kanzler, alles zu tun, damit diese Leute in die Sowjetunion zurückkehren könnten. Die Antwort des Bundeskanzlers war: Die Kompetenz für Ausländer habe bisher bei den Besatzungsmächten gelegen. Erst seit kurzer Zeit sei sie auf die Bundesregierung übergegangen, die geneigt sei, diese Frage zu untersuchen; er bitte, eine Kommission in die Bundesrepublik zu schicken, die zusammen mit uns prüfen werde, ob es solche Personen bei uns noch gibt und welche von ihnen den Wunsch haben zurückzukehren.

Bulganins Antwort ließ Rückschlüsse auf Prinzipien sowjetischer Politik zu: »Wir werden Ihnen keine Kommission schicken. Sie sind ein souveräner Staat. Zu seinen Obliegenheiten gehört, die Dinge, die es auf seinem Gebiet zu tun gibt, selbst zu tun. Sie werden nach Ihren Gesetzen und nach Ihrem Gewissen handeln müssen.« Der Hauptgrund dieser Stellungnahme war, zu verhindern, daß wir im Falle der Annahme unseres Kommissionsvorschlages verlangen könnten, daß dementsprechend eine deutsche Kommission bei der Feststellung des Rechtes Deutscher auf Rückkehr aus der Sowjetunion in die Heimat beteiligt wird.

Die zweite Erklärung war ein Protest. Die Bundesrepublik lasse Luftballons mit Propagandamaterial aufsteigen und auf das Gebiet der Sowjetunion zutreiben. Es bestehe die Gefahr, daß dadurch sowjetische Flugzeuge gefährdet werden. Auf die Feststellung des Bundeskanzlers, davon wisse er nichts, aber in unserem Lande seien amerikanische und andere alliierte Stellen auf verschiedene Weise tätig, erfolgte die spitze Antwort: »Wir dachten, Sie seien souverän . . .«

Bulganin fuhr fort: Sie hätten ihre Zeit nicht gestohlen, wir hätten unsere Zeit auch nicht gestohlen; wir müßten nun zur Sache kommen. »Ich habe Ihnen gestern mein Ehrenwort gegeben, daß acht Tage nach unserer Vereinbarung die Aktion der Gefangenenrückführung beginnen wird. Wir wiederholen unser Ehrenwort und fragen: Sind Sie bereit, diplomatische Beziehungen zur Sowjetunion aufzunehmen oder nicht?«

Konrad Adenauer bestand auf einer schriftlichen Vereinbarung und erhielt zur Antwort: »Wenn Ihnen das Ehrenwort eines Marschalls der Sowjetunion nicht genügt, was soll da ein Stück Papier?« Adenauer gab nach: »Gut. Ich nehme Ihr Wort an. Aber wir müssen uns noch über die Texte und die Vorbehalte verständigen, die die deutschen Ostgrenzen und den Friedensvertrag betreffen, und darüber, daß die Bundesregierung allein berechtigt ist, in gesamtdeutschen Angelegenheiten international aufzutreten – auch bezüglich der Gebiete, die ihrer Jurisdiktion nicht unterstehen.« Die Russen lehnten diese Forderungen Adenauers ab. Diplomatische Beziehungen nehme man in der ganzen Welt im Wege des Austauschs gleichlautender Briefe auf. Da die Rechtsstandpunkte beider Verhandlungspartner einander entgegengesetzt seien, könne man keine gleichlautenden Briefe schreiben.

Man einigte sich, daß jede Seite einen Brief schreiben solle, dem der Zusatz beigefügt werden könne, daß beide Regierungen davon überzeugt seien, die Aufnahme diplomatischer Beziehungen könne die Lösung schwebender Fragen, darunter auch die Wiederherstellung der Einheit Deutschlands, fördern. Nun verlangte Adenauer, daß in den Text expressis verbis aufzunehmen sei, die »alsbaldige Wiederherstellung der Einheit Deutschlands sei zu fördern«. Darauf kam Molotows Antwort, die ich mitstenografiert habe: »Wenn es keine Pariser Verträge gäbe, würden wir dieses Wort aufnehmen; aber so können wir dieses Wort nicht aufnehmen. Wenn wir es aufnähmen, würden wir uns und unsere Völker betrügen.« So wurde dieser Vorbehalt im gemeinsamen Text fallengelassen. Die Russen sagten: »Jede Regierung kann jeder anderen Regierung erklären, daß sie einen bestimmten Standpunkt in einer bestimmten Sache einnimmt. Die andere Regierung kann darauf antworten, daß sie diesen Standpunkt des Verhandlungspartners nicht teilt.«

Weiter wurde darüber verhandelt, ob das Protokoll über diese Erklärungen zu den Akten genommen werden solle. Um dies zu erörtern, zogen sich die beiden Außenminister Molotow und Brentano für drei Stunden zurück. Nach Wiedereröffnung der Plenarsitzung referierte Brentano, er habe sich mit Molotow geeinigt, daß der Bundeskanzler die Vorbehalte vor dem Plenum der Konferenz vortragen und daß diese Erklärung zu den Konferenzakten genommen werden solle. Bulganin solle dann die Gegenerklärung abgeben.

Da sprang Chruschtschow auf: »Was habt ihr vereinbart? Ihr hattet doch nur miteinander zu formulieren, was wir vereinbart hatten! Und wir haben nichts dergleichen vereinbart!«

Molotow erhob sich und sagte: »Ich höre das jetzt zum erstenmal . . .« Das war eine glatte Lüge. In meinem Stenogramm stand, daß beide Herren darüber verhandelt und sich geeinigt hatten. Als ich dies bemerkte, war Molotows Antwort: »Ich habe es gehört.«

Dann kam die Frage der Ostgrenze zur Sprache. Die Russen waren kurz angebunden: »Darüber brauchen wir nicht zu reden. Über die deutschen Ostgrenzen ist die Entscheidung gefallen. Der künftige Friedensvertrag wird nur noch die Beurkundung dieser Entscheidung darstellen. Wir werden darüber auch nicht mit den Mächten verhandeln, die das Potsdamer Abkommen geschlossen haben. Die Sache ist entschieden.« Als wir baten, anstatt »die Sache ist entschieden« zu protokollieren: »Die Sache ist geregelt«, lehnten die Russen ab. Immerhin wurde in das Protokoll noch die Klausel aufgenommen, daß die Vereinbarung mit der Zustimmung des Bundestages und des Obersten Sowjets in Kraft treten werde. Damit war die Konferenz zu Ende.

Vor dem Abflug ließ der Bundeskanzler Ministerpräsident Bulganin den Brief übergeben, der die Vorbehalte enthielt, über die man so lange gestritten hatte: Die Aufnahme der diplomatischen Beziehungen stelle keine Anerkennung des derzeitigen Besitzstandes beider Staaten dar. Die endgültige Festsetzung der deutschen Grenzen bleibe dem Friedensvertrag vorbehalten. Ferner: Die Aufnahme der diplomatischen Beziehungen bedeute keine Änderung des Rechtsstandpunktes der Bundesregierung in bezug auf ihre Befugnis zur Vertretung des deutschen Volkes in internationalen Angelegenheiten und in bezug auf die politischen Verhältnisse in den Gebieten, die gegenwärtig außerhalb ihrer effektiven Hoheitsbefugnisse liegen.

Die Verabschiedung auf dem Flugplatz erfolgte mit dem gleichen Zeremoniell wie bei der Ankunft.

Zu der Kabinettssitzung, in der der Bundeskanzler Bericht über den Gang und das Ergebnis der Verhandlungen erstattete, lud er mich ein und dankte mir für meine Bemühungen während der internen Beratungen der Delegation und bei den Verhandlungen im Konferenzplenum.

Am 22. September gab Adenauer im Bundestag eine Regierungserklärung zu den Moskauer Gesprächen ab. Er stellte fest, daß die Aufnahme diplomatischer Beziehungen zur Sowjetunion einen Beitrag zur internationalen Entspannung und damit zum Frieden in der Welt leiste. Erich Ollenhauer dankte dem Bundeskanzler für »sein beharrliches Ringen um die Freigabe der Gefangenen und Verschickten« und begrüßte die Klausel, die das Inkrafttreten der Vereinbarung über die Aufnahme diplomatischer Beziehungen vom Votum des Bundestages abhängig machte. Die normalen Beziehungen zur Sowjetunion könnten »an dem unüberbrückbaren Gegensatz zwischen sozialdemokratischen und kommunistischen Vorstellungen« nichts ändern. Seine Partei stimme den Ergebnissen der Moskauer Konferenz dennoch zu, weil sie die Diskussion über die deutschsowjetischen Beziehungen versachlichten. Diese Zustimmung bedeute nicht die Zustimmung der Sozialdemokratischen Partei zu der Grundlinie der Außenpolitik der Bundesregierung. Es leide keinen Zweifel, daß die Verhandlungen in Moskau einiges für die Wiedervereinigung Deutschlands hätten erbringen können, wenn die Bundesregierung vor der Ratifizierung der Pariser Verträge mit der Sowjetunion ins Gespräch zu kommen versucht hätte.

Einige Wochen später kamen die Kriegsgefangenen und Verschickten aus ihren sibirischen Lagern in die Heimat zurück – eine Schar geschundener, kranker, halbverhungerter Menschen –, zehn Jahre nach der bedingungslosen Kapitulation.

Die Genfer Konferenz

Am 27. Oktober 1955 kamen die Außenminister der vier Besatzungsmächte in Genf zusammen, um erneut das Deutschlandproblem zu besprechen – diesmal in erster Linie in seinem Zusammenhang mit den Fragen der internationalen Sicherheit. Auf dieser Konferenz definierte Außenminister Molotow die Grundlinie der sowjetischen Deutschlandpolitik folgendermaßen: Die Lösung der Deutschlandfrage sei der Sicherheit Europas untergeordnet. Die in den Vorschlägen der Westmächte vorgesehenen gesamtdeutschen Wahlen betrachte die Sowjetunion nicht als vordringliches Ziel. Das Beitrittsgesuch Deutschlands zur NATO entspreche weder den Interessen der Deutschen noch der Sicherheit der europäischen Völker, noch den Direktiven der Regierungschefs.

Die Verhandlungsführung der Sowjetregierung machte klar, daß niemand zu erwarten oder zu befürchten brauchte, die Sowjetunion werde um eigener Interessen willen die Interessen jener Staaten verraten, die sich ihr anvertrauten. Damit war deutlich geworden, daß jede Politik, die darauf ausging, durch politische Angebote an die Sowjetunion die Satellitenstaaten zu isolieren und damit verwundbar zu machen oder zur Nachgiebigkeit anderen gegenüber zu zwingen, keine Aussicht auf Erfolg haben würde. Die politische Führung der Sowjetunion bekundete dadurch gleichzeitig, daß sie den Eintritt der Bundesrepublik in den Atlantikblock als unabänderliche Tatsache hinzunehmen bereit war, dafür aber jede Verantwortung für die Vereinigung der beiden Teile Deutschlands ausschloß. Sicherheit und nationale Einheit der Deutschen mußten auf anderen Wegen gesucht werden als bisher. Damit wurden wir alle vor die Frage gestellt: Kann es bei der bisherigen Politik des Bundeskanzlers und den bisherigen Vorstellungen der Sozialdemokraten bleiben, oder müssen wir uns nicht alle auf eine neue Politik besinnen?

Ich war nach wie vor davon überzeugt, daß Adenauers Politik entscheidend zur Verfestigung der Spaltung Deutschlands beigetragen und mit dem Einbau der Bundesrepublik in das westliche Paktsystem Tatsachen geschaffen hatte, mit denen auch der rechnen mußte, der sie nicht herbeiwünschte. Daß man mit seiner Kritik recht gehabt hatte, solange die Dinge noch im Fluß waren, konnte diese Fakten nicht ungeschehen machen. Die Uhr zurückzudrehen, war unmöglich. Der Weg in die Zukunft mußte von dem Punkt aus neu anvisiert werden, auf dem der Zeiger nunmehr stand.

In Anbetracht der bestehenden Lage mußte eine Politik, die vermeiden sollte, daß in der Wiedervereinigungsfrage auch noch die letzte Chance blockiert wurde, es sich angelegen sein lassen, in stetigen Verhandlungen mit der Sowjetunion mehr und mehr von dem Mißtrauen abzubauen, das diese gegenüber der bisherigen Politik der Bundesregierung hegte; daneben galt es zu versuchen, mit der DDR in ein Verhältnis zu kommen, das es möglich machte, von unten her in kleinen Schritten Tatsachen zu schaffen, die verhindern oder wenigstens erschweren konnten, daß die beiden Hälften Deutschlands sich völlig auseinanderlebten. Welche Folgen die Aufnahme diplomatischer Beziehungen der Bundesrepublik zur Sowjetunion in der Welt auslösen würde, war vorerst nicht zu übersehen. Ich war aber sicher, daß schon das Ereignis als solches erhebliche politische Auswirkungen über die Deutschlandfrage hinaus haben mußte.

Nach der Konferenz ergingen sich die Kreml-Astrologen noch eifriger als vorher in Spekulationen darüber, was denn wohl die wirklichen Absichten der Russen bei diesen Verhandlungen in Moskau und Genf gewesen sein könnten. So wichtig es sein mag, *vor* Beginn von Verhandlungen zu wissen, welche Absichten der andere Teil mit ihnen verbindet, so unerheblich ist deren Erforschung nach Abschluß der Verhandlungen. Fraglos war die Konferenz von Moskau und was sie erbrachte ein Ereignis ersten Ranges. Doch ist es solchen Fakten eigentümlich, daß es, sind sie einmal geschaffen, für ihre späteren Auswirkungen gleichgültig ist, in welcher Absicht und auf welche Weise sie zustande kamen. Sie wirken durch ihr spezifisches Eigengewicht und durch den Ort, den sie im Koordinatensy-

stem der politischen Kräfte eingenommen haben. Mochten die
Urheber bei ihrem Tun von dieser oder jener Absicht ausgegangen
sein, für die Zukunft kam es nun darauf an, mit den Ergebnissen der
Konferenz für die Erhaltung der Lebenseinheit der deutschen Nation
und für ihre und aller anderen Staaten Wohlfahrt und Sicherheit die
besten Mittel und Wege ins Auge zu fassen.

Ich war der Meinung, Bonn dürfe künftig nicht mehr nur allein
nach Westen hin aktiv sein und sich nach Osten hin weiter darauf
beschränken übelzunehmen, was die Russen taten oder nicht taten.
Mit der Aufnahme diplomatischer Beziehungen zur Sowjetunion sei
die Bundesrepublik nunmehr gezwungen, eine eigene Ostpolitik zu
betreiben, was sich auf die Interdependenz der Machtverhältnisse in
Europa auswirken werde. Die Moskauer Vereinbarungen brachten
der Sowjetunion eine Aufwertung ihres politischen Status ein, was
ihre Verhandlungsposition auf der Genfer Viermächtekonferenz
erheblich verbesserte. In ihrem Spiel mit den drei anderen Mächten,
die in Deutschland engagiert waren, konnte sie jetzt eine neue Karte
auf den Tisch werfen: »Die deutsche Frage bedarf nicht mehr so
dringend wie bisher einer Regelung; wir haben ja jetzt mit beiden
Teilstaaten normale Beziehungen und können mit beiden direkt
verhandeln, so daß wir uns nicht mehr mit der Ordnung des
deutschen Raumes zu befassen haben und uns aktuelleren Fragen
zuwenden können . . .« Mit diesen Worten Molotows wurde über die
Doktrin der Berliner Erklärung von 1945 zur alleinigen Verantwortung der vier Mächte für Deutschland im ganzen einseitig der Stab
gebrochen.

Am 2. Dezember 1955 gab Außenminister von Brentano eine
Erklärung über die Genfer Außenministerkonferenz der vier Mächte
ab, worin er deren Ergebnislosigkeit feststellte. Die Bundesregierung
werde in loyaler Erfüllung ihrer freiwillig eingegangenen vertragli-
chen Verpflichtungen fortfahren, an der Verteidigung der freien Welt
und damit auch der eigenen Freiheit mitzuwirken. Die Aufhebung
der deutschen Spaltung sei weiterhin das vornehmste Ziel der Politik
der Regierung.

Erich Ollenhauer wiederholte die sozialdemokratischen Vorstellungen von einem wirksamen System kollektiver Sicherheit und setzte

sich mit Schärfe vom diktatorischen System der Sowjetunion ab. Bei der Gegnerschaft zwischen Sozialdemokraten und Kommunisten gehe es nicht um bloße aktuelle Meinungsverschiedenheiten, sondern um eine nicht zu überbrückende Verschiedenheit der moralischen Prinzipien, die ihre politischen Grundvorstellungen regieren.

DIE ATOMDEBATTE

Der Münchner Parteitag 1956

Der Parteitag der SPD, der im Juli 1956, in München stattfand, stand im Zeichen des Themas »An der Wende der deutschen Politik«. Leo Brandt sprach über die durch die zweite industrielle Revolution für Staat und Gesellschaft entstandenen Probleme, wobei er das Gewicht auf die in der industriellen Produktion durch eine Fülle neuer Technologien entstandenen Veränderungen legte. Ich hielt ein Referat über die Auswirkungen der ökonomischen, technologischen, gesellschaftlichen und kulturellen Folgen der zweiten industriellen Revolution auf die menschlichen Lebensvorgänge, insbesondere soweit sie die Arbeitswelt und ihre vielfältigen Probleme betreffen. Dies ist die Quintessenz meiner seinerzeit angestellten Überlegungen: Die Entthronung der Kohle durch das Öl und die Nutzbarmachung der Atomenergie hätten das industrielle und militärische Machtmonopol der Länder der nördlichen Hemisphäre gebrochen. Die Zentren der Macht verlagerten sich mehr und mehr an die Peripherie der einstigen Industriewelt. Die früheren Rohstoffländer beginnen, sich ihrer Macht über die energieverbrauchenden Staaten der Alten Welt bewußt zu werden. Die bisherige Ordnung der Machtverhältnisse erfährt umstürzende Modifikationen. Die Elektronik hat Möglichkeiten der Automatisierung in der gewerblichen Fertigung und in den Produktionsvorgängen geschaffen, durch die ungeahnte Einsparungen von Arbeitsplätzen möglich wurden. Dieses Wegrationalisieren von Arbeitsplätzen wird die Lebensangst der Menschen vergrößern und Umschichtungen der sozialen Strukturen bewirken; es wird fraglich, ob die überkommenen Vorstellungen vom Segen der Demokratie und der Fähigkeit des Marktes zur Selbstregulierung noch geeignet sind, mit den Nöten, den Enttäuschungen und den Erwartungen der Menschen fertig zu werden.

Die neuen Produktionsmethoden werden erlauben, die Arbeitszeit erheblich zu verkürzen. Bei dem derzeitigen Bildungsstand der Masse bestehe dabei die Gefahr, daß die arbeitsfreie Zeit nicht zu einer Zeit der Freiheit wird, sondern zu einer Zeit steriler Leere, in der die Selbstentfremdung unerträgliche Ausmaße annehmen wird. Doch die vermehrte Freizeit enthält eine Chance, die es zu nutzen gelte: Zum erstenmal in der Geschichte könnten Realitäten geschaffen werden, die es dem Menschen gestatten, auch in einer sich ständig weiter technisierenden Welt Selbstverwirklichung und Wesensbejahung zu finden, indem er die Inhalte und Formen seiner Lebensführung von der Freizeit her bestimmt sein läßt, statt Freiheit in dem zu suchen, was die Zwänge der Arbeitswelt ihm an Freiraum übriglassen. Damit wäre der Zustand verwirklicht, den Karl Marx mit den Worten beschreibt, der Mensch sei frei, wenn er sich in einer von ihm geschaffenen Welt umschaut.

Die Fähigkeit, aus »leerer« Zeit »freie« Zeit zu machen, in der die schöpferischen Kräfte des Menschen sich entfalten, setzt voraus, daß die Menschen durch Bildung lernten, mit sich und der Welt, in die sie sich geworfen sehen, fertig zu werden. Diese Bildung darf sich nicht auf Ausbildung des Intellekts und die Fähigkeit zum Umgang mit Abstraktionen beschränken, sie muß vielmehr in erster Linie als moralische Bildung begriffen werden, die dem Menschen Kriterien gibt, mit denen er sein Verhältnis zu sich selbst und zur Umwelt nach festen Maßstäben bestimmen kann, was ihm gestattet, sowohl freies Individuum als auch tätiges Glied eines Ganzen zu sein. Wenn es uns nicht gelingt, diesen Bildungswunsch nach dem jeweiligen Ausmaß der Lernbereitschaft und der Entschlossenheit der von den seelenlosen Mechanismen der heutigen Produktionsverhältnisse mit Selbstentfremdung Bedrohten zu erfüllen, dann wird jede technische Verbesserung der Arbeitsverhältnisse nicht zu mehr Freiheit, nicht zu mehr Menschlichkeit führen, sondern zu mehr Langeweile und zur Verödung des Lebensraumes des einzelnen wie des ganzen Volkes.

Meine Überlegungen vermochten in der praktischen Politik nicht viel zu verändern. Zwar wurden durch sie Diskussionen über notwendige Veränderungen des Ausbildungswesens angeregt, doch beschäftigte sie sich wenig mit den Fragen, die durch die Verhältnisse der neuen Arbeitswelt auf dem Felde der Persönlichkeitsbildung aufgeworfen wurden.

Die Europäische Kommission für Atomare Energie
EURATOM

Im Bundestag war es am 22. März 1956 zu einer Debatte über die Gründung einer Europäischen Kommission für Atomare Energie gekommen. Der Bundeskanzler eröffnete sie mit der Aufzählung der multilateralen Institutionen, die zu ihrem Zuständigkeitsbereich gehören sollten, und gab der Hoffnung Ausdruck, daß den Beratungen der Sachverständigenkonferenz über die Errichtung einer Europäischen Atomgemeinschaft (EURATOM) Erfolg beschieden sein möge.

In seinen Ausführungen für die Regierungsparteien berief sich der Abgeordnete Hermann Pünder, der den Beitritt der Bundesrepublik zu der geplanten europäischen Atombehörde empfahl, auf die Entschließungen, die von der Beratenden Versammlung des Europarates zu dieser Sache beschlossen worden waren. In meiner Replik wies ich darauf hin, daß diese Entschließung für eine europäische Atombehörde die Erwartung enthalte, daß gleichzeitig mit deren Errichtung eine Politik der Abrüstung in Gang gesetzt werde, die damit zu beginnen habe, daß die Staaten auf beiden Seiten das Schwergewicht ihrer Politik auf die Bemühungen legen werden, die den Frieden bedrohenden Spannungen schrittweise abzubauen. Wer diese Resolution ernst nehme, dürfe nicht die Solidarität mit den unterentwickelten Gebieten vergessen. Wäre es unter den heutigen Verhältnissen nicht besser, wenn die Bundesrepublik, statt aufzurüsten, die Initiative für einen europäischen Marshallplan zugunsten einer wirksamen weltweiten Entwicklungshilfe ergriffe? Ich verwies auf das am 18. Januar 1956 verkündete Aktionsprogramm des Aktionskomitees für die Vereinigten Staaten Europas, in dem dargelegt wird, wie die Staaten Europas verhindern könnten, daß Europa in der zweiten industriellen Revolution seinen Rang verliert. Dieses

Programm enthalte die Empfehlung, Anlagen zur Erzeugung atomarer Energie ausschließlich für friedliche Zwecke zu bauen und zu nutzen. Ich schloß mit Worten, die einen Wandel in der Haltung der Sozialdemokraten gegenüber der Straßburger Europapolitik zur Kenntnis bringen sollten: »Die Sozialdemokraten sind zu Beginn dem Europarat mißtrauisch gegenübergestanden. Inzwischen hat sich in Straßburg einiges geändert. Es herrscht dort heute ein realistischerer Geist als in dem Jahre, da man uns aufgefordert hat, dem Europarat beizutreten. Mit vielem, das in den letzten Jahren geschaffen wurde, wurde der Bereich der Illusionen, Deklamationen und Dogmen verlassen, in dem so viele Holzwege ins Nichts führten. Mit der Annahme der Resolutionen, die uns vorgelegt worden sind, verlassen wir das bloße Projekteschmieden und machen wir uns ans Bauen, diesmal nicht mit Stoffen, die uns in den Händen zerrinnen können, nein, diesmal mit Stoffen, die fest genug sind, das Fundament für Europa zu mauern. Und hier sollten wir alle zufassen.«

In diesem Jahr häuften sich die öffentlichen Diskussionen über die Auswirkungen der militärischen und industriellen Nutzung der Atomenergie. Was werde dieser Sieg der Wissenschaft über die Natur der Menschheit bringen? Nicht nur die über Hiroshima abgeworfene Atombombe hatte die Menschen in Schrecken versetzt, auch die friedliche Nutzung der atomaren Kräfte erschien nunmehr vielen als eine bedrohliche Gefahr, und sie fragten: Kann man denn die Menschen überhaupt dagegen schützen, daß die Abfallprodukte der Reaktoren die Organe vergiften, die Erde selbst krank machen und qualvolles Siechtum über Millionen bringen?

Viele Wissenschaftler hatten mit ihren Publikationen den Grund zu dieser neuen Angst gelegt; populärwissenschaftliche Abhandlungen, Massenmedien und Sektierertum bemächtigten sich ihrer, und bald entstand eine Massenbewegung, die sich in turbulenten Demonstrationen ·auf den Straßen unserer Städte äußerte. Sie motivierten Menschen aller Bevölkerungskreise, »auf die Straße zu gehen«, und führten zu immer stärker werdender Bereitschaft weiter Kreise, trotz aller Meinungsverschiedenheiten im einzelnen solidarisch gegen alles zu demonstrieren, wodurch man seine Freiheit oder seine Gesundheit durch Maßnahmen »von oben« oder gewisse, in unserer Gesellschaft herrschende Verhältnisse angeblich repressiven Charakters gefährdet fühlte. Es wurde Mode, für diese Mißstände den Sammelbegriff »Faschismus« zu verwenden. Die spätere APO-Bewegung und ein beträchtlicher Teil der studentischen Unruhen sowie die Antinotstandskampagnen der kommenden Jahre hätten sich ohne diese »Atommärsche« wahrscheinlich in weniger spektakulärer Form manifestiert. Nachdem die Öffentlichkeit die lautstarken Straßendemonstrationen »gegen den Atomtod« hingenommen und das Reizwort von der Gegengewalt in das Vokabular der Medien eingegangen war, war das Tabu gebrochen, das Massendemonstrationen auf der Straße Parteien und Gewerkschaften vorbehielt.

Diese geräuschvolle Anprangerung der Gefahren, die sich auch aus der friedlichen Verwertung atomarer Kräfte ergeben könnten, fand auch Anhänger in der Sozialdemokratischen Partei. Die Parteiführung hielt das nur Emotionale, Irrationale dieser Bewegung für gefährlich. Sie warnte davor, die Bewältigung der Probleme, die durch die Begleiterscheinungen der Kernspaltung entstanden waren, den schwankenden Emotionen steuerloser Massen zu überlassen. Es gelte, die Probleme zu analysieren und sie mit politischen Mitteln und in politischer Verantwortung auf Wegen, die das Grundgesetz vorzeichnet, zu lösen. Um angesichts der Verwirrung der Gefühle und des Denkens der Öffentlichkeit Ordnung in die Gedankengänge der Parteimitglieder zu bringen, veranstaltete sie im Juni 1955 in München eine Kundgebung unter dem Thema »Weltmacht Atom«.

Bei dieser Kundgebung hielt ich den Schlußvortrag, in dem ich Gedanken zum Thema »Was soll Atompolitik im Atomzeitalter?« entwickelte. Die Antwort auf die Frage, wie die befürchteten Gefahren ausgeschaltet werden könnten, hänge davon ab, ob es genügend politische Mittel gebe, um die Entwicklung gefährlicher Technologien so zu lenken und durch internationale Verträge den Umgang mit ihnen so zu ordnen, daß daraus nicht Vernichtung, sondern gesteigerte Lebensmöglichkeiten erwachsen. Menschheitsbedrohende Erzeugung und Verwendung atomarer Energie könne nur verhindert werden, wenn alle Staaten ihre Grenzen allen anderen Staaten für umfassende Untersuchungen der Forschungsanstalten und der industriellen Entwicklung öffnen. Doch sei zu fürchten, daß die Sowjetunion, solange sie bleibe, was sie heute ist, innerhalb ihrer Grenzen keiner internationalen Organisation solche Untersuchungsrechte einräumen werde. Zu wirksamer Kontrolle atomarer Energie werde es nur kommen können, wenn der Kalte Krieg beendet werde; dies setze einen »epochalen Friedensschluß« voraus, der gleichermaßen eine Abschlußbilanz unseres Zeitalters aufstellt wie auch sich als die Eröffnungsbilanz für eine Epoche des allgemeinen Friedens versteht, nach der wir streben. Solange nicht das emanzipatorische Bemühen der Entwicklungsländer in Ost und West gleichermaßen anerkannt wird, könne der Kalte Krieg nicht beendet werden: Im Wettlauf zwischen den Weltmachtblöcken werde jeder der beiden versuchen, möglichst viele Völker der Dritten Welt seinem Einfluß- oder Machtbereich zuzuschlagen, um beim Wettkampf um den größeren Machtanteil der Überlegene zu sein. In Anbetracht dieser Realitäten werde die beste Politik für uns sein, die Welt davon zu überzeugen, daß ein internationaler Marshallplan geschaffen werden muß, der, ohne die Völker der blockfreien Welt von sich abhängig zu machen, diese in die Lage versetzen kann, sich allein weiterzuhelfen. Damit würden Erwägungen über Brückenköpfe und militärische Stützpunkte auf dem Gebiet anderer Völker gegenstandslos werden. Vielleicht könne man dann an allgemeine Abrüstung denken.

Doch auch im Frieden gebe es bei der Erzeugung atomarer Energie medizinische und Umweltprobleme. Um für den Schutz der Menschen wirksam zu sorgen, seien weltumfassende Konventionen nötig. Vielleicht werde man auf die Verwendung der atomaren Energie für friedliche Zwecke nicht verzichten können, denn eines Tages würden Kohle und Erdöl nicht mehr ausreichen. Für diesen Fall hätten wir uns alle rechtzeitig vorzusehen und sowohl geistig als auch materiell zu rüsten.

Ähnliche Gedanken entwickelte ich auch vor der Beratenden Versammlung des Europarates. An dem Verhalten der verängstigten Bevölkerung vermochten meine Ausführungen nichts zu ändern, doch vielleicht ist es gut, festzuhalten, daß es an Warnern nicht gefehlt hat, als es noch Zeit war, auf guten Kurs zu gehen.

Reise in die USA

In den Jahren 1954 und 1956 hatte ich Gelegenheit zu einigen großen, gewinnbringenden Reisen. So fuhr ich im Frühjahr 1954 zusammen mit Fritz Erler, Willy Brandt und Günther Klein auf Einladung des State Department zu einer sechswöchigen Sondierungsfahrt in die Vereinigten Staaten.

Die Reise nach Washington verlief ohne Zwischenfälle. Wir begaben uns am ersten Vormittag ins Außenministerium, wo man die Einzelheiten unserer Route festlegte. Zehn Tage sollten wir in der Hauptstadt bleiben, dann über New Orleans, San Francisco und Chicago zurück nach New York fliegen.

Nach einem Besuch in der National Gallery, wo es eine Fülle von Meisterwerken zu bewundern gab – Bilder von El Greco, Velasquez, Goya, Picasso und, nicht zu vergessen, Manet –, fuhren wir über die Hochstraße der Blauen Berge durch das Shenandoahtal nach Charlotteville in Virginia zu der ältesten Staatsuniversität der Vereinigten Staaten sowie nach Monticello, dem Herrensitz Jeffersons, des Schöpfers der Unabhängigkeitserklärung der Vereinigten Staaten und Gründers dieser Universität. Dieses Herrenhaus erschien mir als die Wohnung eines Mannes, der sich nicht damit begnügen wollte, die Welt zu erklären und zu genießen, sondern der mit seiner Überzeugung ernst gemacht hatte, daß Philosophie nur dann einen humanen Sinn hat, wenn man ihre Denkbilder nutzt, um die Welt zu verändern. Er hat der Deklaration über die Menschenrechte in den Vereinigten Staaten den Satz eingeschrieben, die Bestimmung des Menschen sei auch »the pursuit of happiness«, das heißt, durch gemeinsame Anstrengungen der Bürger dieses Staates das Leben glückhafter, lebenswerter zu machen – und hat damit der Demokratie das humane Ziel gewiesen. Die Pioniere haben den Boden des Landes gerodet und fruchtbar gemacht, aber diesen *Staat* haben nicht sie geschaffen, sondern jene Männer, die nicht der Dollar antrieb, sondern die Impulse ihrer Bildungswelt.

Hinter Jeffersons Herrenhaus liegen indes noch die Sklavenhütten . . . Dieser Mann, der es für eine »offenbare Wahrheit« hielt, daß alle Menschen frei geboren sind, hat bei der Niederschrift der Unabhängigkeitserklärung an die Menschen schwarzer Hautfarbe nicht gedacht . . .

Spät am Abend kehrten wir nach Washington zurück und besuchten am folgenden Tag den Dokumentationsdienst des Kongresses. Mehrere hundert hochqualifizierte Beamte sind dort damit beschäftigt, den Abgeordneten Fragen zu beantworten und ihnen – wenn sie es wünschen – Reden auszuarbeiten. Die Hauptleistung dieses Dienstes ist aber, den Parlamentsausschüssen die Grundlagen für ihre Urteilsbildung objektiver zu liefern, als dies die Bürokratie der Regierung tun könnte oder tun dürfte.

Wir nahmen uns vor, in Bonn dafür einzutreten, auch im Deutschen Bundestag Einrichtungen zu schaffen, bei denen sich die Abgeordneten durch unabhängige Experten in Sachfragen beraten lassen können – weniger um ihnen bei der Abfassung ihrer Reden behilflich zu sein, als um den Fraktionen und ihren Mitgliedern zuverlässige Grundlagen an die Hand zu geben; diese würden ihnen erlauben, die Regierung und Verwaltung besser als bisher zu kontrollieren und die Verästelungen der vielfältigen Gegebenheiten einer politischen Situation genauer zu durchschauen. Heute erfüllt der Wissenschaftliche Dienst beim Deutschen Bundestag diese Aufgabe.

Im Repräsentantenhaus beobachteten wir von der Galerie aus eine Weile die Sitzung. Das Haus war spärlich besetzt, wie wir es auch bei uns an den »langweiligen Sitzungstagen« beobachten können. Wir wunderten uns über die Kürze der Reden – nach der Geschäftsordnung hat jeder Repräsentant lediglich eine Redezeit von fünf Minuten.

Am nächsten Morgen trafen wir uns im State Department mit Mrs. Dulles, der vortrefflichen Schwester des Außenministers und einer besonderen Freundin Berlins, zu einem Rundgespräch mit Mitgliedern der Deutschlandabteilung des Auswärtigen Amtes. Es wurden uns einige Lichter am »Altar unserer Gewißheiten« ausgeblasen; das war schmerzlich, säuberte aber gewisse Denkansätze unserer politischen Vorstellungswelt von falschen Annahmen und erlaubte uns, die politische Landschaft nach besseren Wegen abzusuchen. Wir verschwiegen nichts und vermieden alles, was als versuchte Überredung oder Besserwisserei hätte gedeutet werden können. Die Gesprächsteilnehmer schienen nach anfänglicher Distanz von unseren Darlegungen beeindruckt zu sein. Daß wir als Vertreter der Opposition – auch einer Opposition gegenüber einigen Schwerpunkten der amerikanischen Politik – die Sozialdemokratische Partei Deutschlands als eine ernstzunehmende, sich ihrer internationalen Verantwortung bewußte, demokratisch zuverlässige und konstruktive politische Kraft vergegenwärtigten, konnte nicht ohne Wirkung auf das Deutschlandbild der amerikanischen Politik bleiben.

Am 10. März nahmen wir an einer Pressekonferenz im Weißen Haus teil. Man sah Präsident Eisenhower an, daß er müde war; um so mehr beeindruckte uns die Präzision, mit der er die heikelsten Fragen beantwortete. Nie kniff er; immer stellte er sich, auch als nah am Nerv gebohrt wurde; immer war 'er orientiert, und es gelangen ihm Sarkasmen, ohne zu verletzen, denn sein Riposte war nicht ohne den Humor dessen, der weiß, daß es gerade noch gut abgelaufen ist. Die Journalisten fragten intelligent, knapp und tasteten sich oft bis nahe an die Linie heran, jenseits derer Fragen unziemlich wird. Da in jenen Tagen Senator Joseph McCarthy die ersten Seiten der Zeitungen füllte und gerade einige seiner Parteifreunde sich hart von ihm abgesetzt hatten, galten die meisten Fragen der Einstellung des Präsidenten diesem Politiker gegenüber, dessen Publicity schon gefährliche Dimensionen erreicht hatte.

Präsident Eisenhower distanzierte sich scharf von dem Mann, »der die Partei zu zersplittern droht, und dies in einer Zeit, in der die Einheit der ›Party in power‹ nötiger ist als je«. Interessant an dieser Antwort war, daß der Präsident zwar ein scharfes Nein zu den Methoden McCarthys aussprach, sich aber nicht grundsätzlich vor alle stellte, die von ihm verfolgt wurden.

Dann gingen wir in den Senat, dessen Speaker uns dem Hause vorstellte. Der Versuch, mit Senator McCarthy zu sprechen, mißglückte. Sein Ausschuß tagte gerade in nichtöffentlicher Sitzung. Wir hörten ein Hearing über Wohnungsbaufragen und waren von der Sachkunde der Senatoren beeindruckt. Im Gegensatz zu der Masse der Mitglieder des Repräsentantenhauses erschienen uns die Senatoren als Männer, die zu herrschen gewohnt sind und wissen, was ihre Hausmacht vermag.

Den Abend verbrachten wir als Gäste der »Gesellschaft für ein demokratisches Amerika« – dem Treffpunkt der »Liberals«, unter ihnen viele Emigranten, die einst Leser der »Weltbühne« oder der »Fackel« gewesen waren. Sie waren die heimatlosen Linken dieses großen Landes, die ihre neue Heimat, in der es einen McCarthy gab, reaktionär fanden. Die meisten waren dogmatische Pazifisten und engagierte Kämpfer gegen Rassenvorurteile und ohne viel Verständnis für das Besondere staatlicher Autorität. Sie schienen mir rechtschaffen und intelligent, aber politisch einflußlos zu sein. Sie waren ein verlorener Haufen . . . Aber wer sich zum verlorenen Haufen rechnet, ist mir lieber als jene, die zum Troß der in Reih und Glied marschierenden Legionen der Macht gehören.

Das Land lag im Licht eines Frühlingsabends, als wir von Washington nach New Orleans flogen. Vor der sinkenden Sonne zeichneten sich ferne Gebirge ab, hinter denen sich Wolken türmten. Ein Sturm kam auf, und nach unruhigem Flug landeten wir im Dunkel einer südlichen Gewitternacht.

Der erste Tag am Mississippi begann mit einer Rundfahrt in diesem zweitgrößten Hafen der Vereinigten Staaten, der mir aber trotz des mächtigen Stroms weniger Eindruck machte als Jahre zuvor mein erster Besuch im Hamburger Hafen. Auf dem Mississippi drängten sich Schiffe und Masten nicht wie dort, denn sie wurden an Pfahlgerüsten, die sich weithin den Strom entlang erstreckten, mit eigenen Ladebäumen be- und entladen, so daß hier der Kranenwald Hamburgs fehlte. An einem Schuppen, vor dem die Bananendampfer lagen, stand in großen Buchstaben »Station Desire« – Endstation Sehnsucht . . .

Im Rathaus revanchierte sich der Bürgermeister für einen Empfang, den man ihm in Deutschland bereitet hatte, und wir wurden in einer freundlichen Zeremonie zu Ehrenbürgern der Stadt New Orleans ernannt, erhielten Urkunden mit Siegel und Unterschrift und ein goldenes Schlüsselchen, winziger Ururenkel des Riesenschlüssels der vordem französischen Festung.

Auf dem Rundgang durch die Straßen sahen wir in buntem Wechsel viktorianische Prunkbauten, kleine Bürgerhäuser, riesige Bürotürme und Negerhütten. In den Straßen drängten sich unendliche Wagenreihen und die bunt gekleideten Bewohner der Stadt – mehr als die Hälfte seien Farbige, wurde uns gesagt.

Der folgende Tag führte uns dann in das Land am großen Strom, bis in die Dschungelsümpfe des Deltas. In den Tiefen verwilderter Parks prangten im Schmuck ihrer Terrassen und Balkone, leuchtender Blüten vor dunklen Buchsbaumhecken, unter hohen Eichen, schlanken Palmen, blühenden Magnolien und Kamelien die hellen Fassaden der Landsitze aus der Zeit des Ancien régime. Daneben reihten sich in geziemendem Abstand die einstigen Sklavenhütten und die Unterkünfte, in denen die Schwarzen heute frei leben.

In den Dschungelsümpfen mit ihren seltsamen Bäumen, bunten Wächtervögeln, Alligatoren, Schlangen, aber auch blauen Iriswiesen und großblumigen Duftbüschen, trafen wir Trapper, die der Bisamratte nachstellten und ein altertümliches Französisch sprachen. Es war bewegend, in einem so ganz durchtechnisierten Land eine noch völlig archaische Welt zu sehen. In diesem Sumpfwald konnte man das Fürchten lernen.

Das nächste Reiseziel war San Antonio; wir sollten dort eine Luftwaffeneinheit besuchen. Während des Fluges stellte ich bei der Lektüre der Provinzzeitungen merkwürdige Dinge fest: Bei einem Umfang von etwa 36 Seiten bestanden 30 Seiten aus Anzeigen. Kaufhäuser präsentierten ganzseitig ihre Preislisten; Versicherungsfirmen veröffentlichten ihre Vorzugstarife und appellierten an das Verantwortungsgefühl der Familienväter; Kirchen empfahlen sich dem Publikum als Partner in »faith« und »social questions« ... Solche Dinge muß man wissen, wenn man für das politische Schicksal seines Landes auf die Denkart der Amerikaner angewiesen ist. Die innenpolitischen Informationen waren detaillierter als bei uns; über Außenpolitik erfuhr man wenig, um so mehr jedoch über das Ansteigen der Steuerlasten, die man »Washington« verdankte ... Per Anzeigen wurden die Leser aufgefordert, ihrem Congressman zu schreiben, daß die Steuern gesenkt werden müßten; das sei wichtiger, als Lebensmittellager anzulegen, um fremde Völker zu versorgen, die dann doch Kommunisten würden ... Über fremde Länder wurden die Leser nicht oder ungenau informiert. Ein Resultat: Man gratulierte uns zu unserem großen »social-democratic leader Adenauer«, und als ich darauf hinwies, er sei »christian-democrat«, war die Antwort: »Social and christian, that's all the same ...«

Wir fuhren weiter nach Fredericksburg, hundertfünfzig Kilometer von San Antonio entfernt und Mittelpunkt eines weiten Farmbezirks. Wir wurden von sicher mehr als zweihundert Ehepaaren deutscher Abstammung begrüßt. Mit ihrem seltsamen Gemisch aus Englisch und Deutsch fragten sie uns nach »der alten Heimat«. Sie zeigten uns vergilbte Fotografien ihrer deutschen Vorfahren und wünschten Gottes Segen auf unser Land herab. Viele dieser Texaner, die in dem weiträumigen Land ein Leben zu Wagen und zu Pferde führen, sehen seltsam »deutsch« aus. Man hätte sich im Festsaal einer westfälischen Kleinstadt wähnen können. Die Älteren sprachen noch gutes Deutsch; die Jungen – die vierte Generation – verstanden die Sprache ihrer Väter, sprachen sie aber schlecht. Der Pfarrer eröffnete und schloß die Zusammenkunft mit einem deutschen Gebet. Ich sprach darüber, wie sich Loyalität und Treue zur neuen Heimat verbinden könnten mit Liebe zu dem Lande, aus dem die Väter kamen, und wie das gemeinsame Schicksal, das unsere Vorfahren noch unmittelbar verband, uns auch heute Verwandte sein lasse. Zum Abschluß wurde uns eine Botschaft an »den Präsidenten der Deutschen Republik Dr. Adenauer und seine getreuen Sendboten Dr. Schmid, Fritz Erler, Willy Brandt und Günther Klein ...« übergeben. Hier wußte offenbar niemand etwas von Theodor Heuss; man hielt Konrad Adenauer für das Staatsoberhaupt und uns Sozialdemokraten für seine getreue Gefolgschaft ...

Am nächsten Tag waren wir wieder in San Antonio, wo es diesmal militärisch zuging. Wir besuchten ein Lager für die Elementarausbildung der Luftwaffensoldaten, in dem uns eine Disziplin begegnete, bei der sich die Kameradschaft des Teams und die Distanz zum Vorgesetzten in einem ebenso humanen wie ritterlichen Stil trafen. Die Art, wie man sich bemühte, aus den schlaksigen Jungen Soldaten und aus diesen Bürger zu machen, erschien mir vorbildlich.

Der Weiterflug nach San Francisco ging über Wüsten und felsiges Gebirge, bis sich die Landschaft, von vielen Wasserläufen durchzogen, in leuchtendem Grün ausweitete. Der Bürgermeister fuhr uns gleich nach unserer Ankunft zur Golden Gate Brücke, jenem frühen unter den technischen Meisterwerken, die in meiner Jugend die Menschen an die Vorstellung zu gewöhnen begannen, daß Architektur auch dann schön sein kann, wenn die Form allein aus funktioneller Vollkommenheit entsteht.

Am nächsten Tage fuhr ich durch eine bunte Gartenlandschaft in eine völlig in sich ruhende Welt, den Campus der Universität von Berkeley. In den Räumen der Rechtsfakultät hielt ich eine Vorlesung über völkerrechtliche Probleme der Europapolitik; im Anschluß daran sprach ich vor den Dekanen und Senioren über Deutschland, wie wir es nach dem Kriege angetroffen hatten, wie es jetzt war und was wir daraus machen wollten. Den Nachmittag verbrachte ich mit Historikern und Politologen. Nicht alle Fragen der Studenten zeugten von Einsicht in die Problematik eines geteilten Volkes unter der Herrschaft von Besatzungsmächten, die verschiedene, oft gegensätzliche Vorstellungen von ihrer Aufgabe haben.

Bei den Studenten des International House sprach ich über deutsche Außenpolitik. Ich traf auf ein derartiges Kreuzfeuer von Fragen, daß wir die Diskussion am nächsten Tage fortsetzen mußten. Die Tage in Berkeley waren von großem Nutzen: Ich konnte mit vielen Menschen sprechen, die für die Meinungsbildung einer politisch einflußreichen Oberschicht wichtig waren. Aus ihrem Verhalten gewann ich die Gewißheit, daß sie vor ihren Freunden manches Zerrbild von Deutschland richtigstellen würden.

Unsere nächste Station war Chicago. Mitglieder der Stadtverwaltung führten uns kreuz und quer durch die Stadt – wenn man diese bebaute

Region zwischen Prärie und Michigansee noch »Stadt« nennen
konnte. Mich interessierte besonders das Roosevelt-College. Diese in
einem zweiundzwanzigstöckigen Turmhaus untergebrachte Hochschule erschien mir als Lernfabrik, verbunden mit einem Laborato-
rium zur Erprobung der praktischen Verwendbarkeit des Erlernten.
Ich unterhielt mich lange mit Professor Morgenthau, dem besten
Kenner der Machtkämpfe der Staaten und der Beilegung ihrer
Konflikte mit den Mitteln einer den modernen Strukturwandlungen
in Politik, Wirtschaft und Gesellschaft angepaßten Diplomatie sowie
durch völkerrechtliche Institutionen, die es erleichtern, widerstrei-
tende Interessen auszugleichen und so zu erträglichen Kompromissen
zu kommen. Er war vor seiner Emigration Privatdozent an der
Frankfurter Universität gewesen. Am Ende unseres Gesprächs lud ich
ihn ein, an meinem Frankfurter Institut eine Vorlesungsreihe zu
übernehmen.

Ich fand Chicago erheblich anders als die Städte, die ich bisher in
den Vereinigten Staaten gesehen hatte. Auch die arbeitsamsten Städte
hatten an einer Stelle ihres Grundrisses Bauten aufzuweisen, die etwas
von den Traditionen der großen Zeit der Staatsgründung vergegenwärtigten. In Chicago fand ich solche Zeichen nirgends. Diese Stadt
ist eine Plebejerstadt, die sich als solche will; eine Stadt, in der nur der
Erfolg der Arbeit gilt und Fleiß die einzige Tugend ist, die Respekt
verdient. Ich fand sie voller fleißiger Arbeiter, fleißiger Ingenieure,
fleißiger Geschäftsleute; außerdem hatte sie, wie man mir sagte,
fleißige Verbrecher. Kein Haus war älter als fünfundsiebzig Jahre; in
dieser Zeit war Chicago von viertausend Einwohnern auf 6,6
Millionen Bewohner angewachsen. Aus einem Fischerdorf wurde ein
industrielles Areal von 80 Kilometern Länge und 60 Kilometern
Breite. Die Amalgamierung der Einwanderer aus fünf Kontinenten zu
Stadtbürgern war noch nicht abgeschlossen; der »Amerikaner« schien
noch ganz und gar im Werden begriffen: 600 000 Schwarze, 80 000
Chinesen, 90 000 Griechen und immer zahlreicher aus Mexiko
einströmende Lateinamerikaner gab es bei diesem Prozeß zu ver-
kraften.

Zutiefst erschütterten mich die vielen Arbeitslosen, die auf den
Bürgersteigen saßen und warteten, bis dem einen oder anderen

jemand auf die Schulter klopfte und ihn nach Abschätzung seiner
Kräfte für einige Arbeitsstunden mit sich nahm. In den ärmsten
Vierteln kündigten hier und da schmutzige Tafeln an, daß eine Sekte
dort ihr armseliges Bethaus hatte. In einem Winkel las ich die
Inschrift: *»Jesus, the light of the world, is therein.«* Hier schien mir
ein stärkerer Glaube zu walten als im Schatten der Türme vieler
neugotischer Kathedralen.

In aller Frühe ging ich zum Schlachthof der Firma Swift &
Company, die ganz USA mit Fleischkonserven und Frischfleisch
versorgt. Ich wollte die Welt der »Heiligen Johanna der Schlacht-
höfe« kennenlernen. Hinter den Slums lag ein Viertel mit Geleisen,
Überführungen, Kneipen, Buden, ummauerten Fabrikhöfen riesigen
Ausmaßes, mit gewaltigen Pferchen voller Rinder und rauchenden
Schloten; über allem hing beizender Gestank. Eine Meile weit ging es
durch Tore, unter Brücken und an Rampen entlang, bis in das
Innerste der Anlagen. Unzählige Autos parkten vor den Gebäuden;
Kühlwagen kamen in kurzen Abständen vorgefahren; Vieh wurde
ausgeladen und trottete muhend über hölzerne Stege einem riesigen
Backsteinbau zu, wo auf dem Podium neben dem schmalen Durch-
gang vor der Falltür ein Mann mit einem langgestielten Hammer
wartete.

Vor Betreten des Hauptgebäudes erfuhren wir von unserem
Führer, daß Swift & Company das Eigentum von 68 000 Klein-
Aktionären ist, daß täglich 10 000 Schweine und 4 000 Rinder
»verarbeitet« werden, und jedermann konnte sehen, daß die Corned-
beefbüchsen reell gefüllt wurden. Bei Swift & Company verstand
man sich auf Psychologie: Die Führung begann nicht mit dem Anfang
der Prozedur, sondern mit einer Besichtigung der appetitlichen
Endprodukte, die einen mit dem versöhnen konnten, was man auf
dem Rundgang vorgeführt bekam. So sahen wir zuerst würdige
Matronen in einem sauberen Raum Steaks und geschnittenen Schin-
ken in Cellophantüten verpacken. Auf einem Schriftband stand zu
lesen, daß diese Frauen wöchentlich 60 Dollar »machen« und eine
Prämie von weiteren fünf Dollar erhielten. Die Hände der Arbeiterin-
nen bewegten sich hin und her wie die Glieder eines Hampelmanns,
an dessen Schnur einer zieht: Sie arbeiteten an einem Band, das so

schnell lief, daß die geringste Verzögerung das nächste Stück vorbeigetragen und damit einen Lohnabzug verursacht hätte . . .

In einem niedrigen, dampfenden Raum standen an laut rasselnden Laufbändern dicht nebeneinander Männer mit großen Messern in den blutigen Fäusten, mit denen jeder alle ein bis zwei Sekunden denselben Schnitt in ein Stück Schwein tat: Die ersten in das ganze Schwein, die nächsten in das halbe und so fort, bis schließlich nur noch das Endprodukt zuzuschneiden war. Hier »machte« man 100 Dollar die Woche – und immer nur einen, immer denselben Schnitt in rotes Fleisch.

Wir wurden dann in eine hohe, großflächige Halle geführt, an deren Decke sich Laufkräne bewegten und deren Fußboden von Rinnen durchzogen war. Links war eine niedrige Wand und hinter ihr ein Gang, gerade breit genug für ein Rind. Den Gang schloß ein Podium ab, auf dem in Abständen von zehn Metern Schwarze mit keilförmigen Hämmern an langen Stielen standen. Die Rinder trotteten in den Gang, bis zwanzig Tiere hintereinander standen. In diesem Augenblick traten die Männer mit den Hämmern heran und schlugen, je nach Standfestigkeit der Tiere, einmal, zweimal, dreimal zu. Die Ochsen und Kühe brachen in die Knie, rutschten gegen die Wand – ein Zug an einer Kette und die Wand klappte in ihren Scharnieren nach unten; strampelnd stürzten die Rinder auf den Boden der Halle. Schwarze Männer in blutigen Schürzen und Gummistiefeln schlangen eine Kette um die Vorderläufe der Tiere. Die schweren Körper schwebten kopfunter zur Decke, andere Männer traten heran, durchschnitten die Kehlen der Tiere, und schon standen weitere Arbeiter da, das Blut aufzufangen. Da Zeit Geld ist – »wir halten es nämlich für unsere Pflicht, kein Geld zu verlieren« –, hatten inzwischen andere die Köpfe weggeschnitten und die Speiseröhre entfernt. Das Fell wurde abgelöst, doch nur bis zu einer gewissen Stelle, weil dann andere die Feinarbeit zu besorgen hatten. Dazu mußte das blutende Trumm von dem Galgen, an dem es hing, der Länge nach rücklings auf den Boden gelegt werden, damit sich gleich vier oder fünf jener Riesen darüber hermachen konnten.

4 000 Stück Rindvieh – das will geschafft sein! Diese Männer, die

da in ihren blutigen Blusen, die Arme bis zu den Schultern rot, zu
Hunderten mit ihren Messern arbeiteten – immer denselben Schnitt in
warmes, vom Blut dampfendes Fleisch, dazu der Gestank und das
Rasseln der Kräne, das Getrappel und Gemuhe der neu herangeführ-
ten Rinder, acht Stunden lang jeden Tag –, das sollte man Menschen
nicht antun! Denn was hier geschlachtet wurde, war letztlich der
Mensch in diesen Menschen.

Wir sollten nun eine jener typischen Kleinstädte besuchen, in denen
die große Masse des amerikanischen Volkes lebt, in denen die
»schweigende Mehrheit« zu Hause ist, von deren Gefühlen, Stimmungen, Ängsten, Hoffnungen wie auch von deren Bedürfnis nach
Selbstgefühl vermittelnden Symbolen und Persönlichkeiten mehr für
die langfristige Politik dieser Weltmacht abhängt als von der Turbu-
lenz der großen Städte und deren intellektuellen Moden. Unsere
Betreuer hatten ein Städtchen von 14 000 Einwohnern ausgesucht,
das im Norden des Michigansees unweit der kanadischen Grenze
liegt: Traverse City. Der Umweg hat sich gelohnt.
  Das Städtchen liegt inmitten großer, heller Wälder und lebt vom
Ertrag seiner vielen hunderttausend Kirschbäume, die »der Welt
berühmteste Kirschen produzieren«; sie werden entweder tiefgekühlt
auf die großen Märkte gebracht oder als Marmeladen, Säfte, Konser-
ven versandt. »Jede zweite Kirsche in einem Cocktailglas der Welt
kommt aus Traverse City.« Wir sahen altertümliche, handwerklich
betriebene Unternehmen, in denen den Kirschen entzogen wurde,
was die von der Natur gewollte Kirsche ausmacht, bis nur noch ein
farbloses, wabbelndes Ding übrigblieb, dem man Aroma, Süße, Farbe
zufügte, bis eine pralle, hellrote, makellose, universal verwendbare
Kirsche in der Retorte prangte. Die Kirsche am Baum war nichts
anderes als die Vorstufe eines Trägers von möglichen Eigenschaften,
die der Unternehmer, nach Säuberung des Rohstoffs »Kirsche« von
allem, was an ihm Natur ist, nach seinen Vorstellungen von einer
korrekten Cocktailkirsche dem Rest zuführt ... Ich fand in dieser
Prozedur einiges von dem ausgedrückt, was für die durchindustriali-
sierte Gesellschaft die Rolle des Menschen geworden ist: Träger von
Eigenschaften zu sein, die ihm nach seiner »Denaturierung« von der

Gesellschaft zugeführt werden, um ihn für die von ihr aufgestellten Zwecke so verwendbar wie möglich zu machen. Dies ist der andere Aspekt der Marxschen Vorstellung, daß der ungebremste Kapitalismus schließlich nur noch an den Eigenschaften des Menschen interessiert ist, die sich vermarkten lassen.

Traverse City hatte sich nach dem Modell der City-Manager-Gemeinden organisiert. Der gewählte Gemeinderat gab durch Mehrheitsbeschluß die Rechte des Stadtparlaments für einen bestimmten Zeitraum an einen Verwaltungsfachmann ab – den City-Manager –, der nach seinem Sachverstand schalten und walten konnte, solange ihn das Stadtparlament nicht absetzte.

Wir lernten durch unsere freundlichen Gastgeber viel über das Leben in einer Kleinstadtgemeinde. In der Handelskammer und mit den Vertretern der Gewerkschaften kam es zu lebhaften, interessanten Gesprächen. Fast einen ganzen Tag verbrachten wir in der High School, einem mächtigen Gebäudekomplex mit Internaten und einem großen Campus, der ein Stadion für Baseball und American Football umschloß. In der Schule wurden neben den üblichen allgemeinen Fächern eine Reihe von Sonderkursen angeboten, darunter auch musische Disziplinen, von denen Modezeichnen und Fotografieren den größten Zulauf zu haben schienen.

Bei einem Besuch auf einer kleineren Farm in der Nachbarschaft beeindruckte uns das durchtechnisierte Farmhaus. Der Farmer hatte sich ausschließlich auf Viehaufzucht spezialisiert. Jedes Jahr fuhr er 2 500 Kilometer weit nach Wyoming oder Texas, um dort dreihundert Kälber einzukaufen. Sie blieben auf seinen Weiden, bis sie ungefähr 150 Kilo zugenommen hatten, dann verkaufte er sie weiter an andere Farmer in der Maisgegend, die sie für die Fleischfabriken mästeten. Auf dieser Farm wurde nie ein Kalb geboren – der Kreislauf von diesem Idyll zu den blutigen Laufbändern bei Swift & Company ist reibungslos geschlossen.

Unsere nächste Station war Detroit. Nach einem Rundgang durch einige Stadtviertel besuchten wir die Automobilarbeiter-Gewerkschaft; ihr Präsident war Walter Reuther, dessen Mutter aus einem Dorf in der Nähe Stuttgarts stammte. In seinem Arbeitszimmer hing eine große Karte der Vereinigten Staaten; sie war mit schwarzen, weißen und grauen Sternen markiert. Auf meine Frage nach der Bedeutung sagte er uns: »Die einen bezeichnen die Wahlbezirke, in denen die Partei, die wir favorisieren, keine Chancen hat. Dorthin geben wir kein Geld. Die anderen bezeichnen Wahlkreise, in denen diese Partei sicher durchkommen wird. Dahin geben wir auch kein Geld, denn da ist Subvention nicht nötig. Die dritte Farbe bezeichnet die Wahlkreise, in denen die Partei gewisse Chancen hat. Dorthin geben wir so viel Geld für die Unterstützung des von uns favorisierten Kandidaten, wie wir aufbringen können.« Als ich ihn weiter fragte, welches denn die Partei wäre, sagte Reuther: »Das ist unterschiedlich. Die Ideologien der Parteien interessieren uns weniger. Uns interessiert, welche Kandidaten der einzelnen Parteien sich als gewerkschaftsfreundlich und welche sich als gewerkschaftsfeindlich ausgewiesen haben. Das kann in dem einen Wahlkreis ein ›Republikaner‹ sein, im anderen ein ›Demokrat‹. Im allgemeinen sind die von uns favorisierten Leute Kandidaten der Demokratischen Partei. Aber es kann durchaus geschehen, daß wir in einem Wahlkreis die Republikaner unterstützen und im anderen die Demokraten.«

Am nächsten Tag besichtigten wir die Ford-Werke. Der Vertrauensmann der 89 000 Arbeiter, die an den Laufbändern standen, führte uns, und so bekamen wir manches zu sehen, was man sonst Besuchern nicht zu zeigen pflegt; auch jene Hallen, in denen die Arbeit völlig anders aussieht als auf den schönen Farbdrucken, die die Public-Relations-Abteilung der Firma freigebig verteilt. Da dröhnte es zyklopisch wie in der Schmiede des Hephaistos in der Tiefe des Ätna; böse Dünste zogen aus den Schmelzöfen durch die niedrigen Hallen. So eindrucksvoll die Gebäude in ihrer Dimension waren, so peinvoll war es, zusehen zu müssen, in welchem Maße in einem solchen Betrieb der Mensch zum Bediensteten der Maschine erniedrigt wird – jeden Tag acht Stunden lang, um sich dann auf dem Heimweg einer Maschine zu bedienen, als deren Herr er sich fühlen darf, um am nächsten Morgen dem Maschinenmoloch wieder pünktlich ergeben zu sein.

Abends waren wir mit unseren neuen Freunden von der Automobilarbeiter-Gewerkschaft zu Gast in Walter Reuthers Wohnung. Es wurde über die Sorgen und Pläne der Arbeiterschaft gesprochen. Persönliches kam zur Sprache, und man wollte von uns Näheres über die Verhältnisse in Deutschland wissen. Ähnliche Fragen wurden uns auch bei den vielen Zusammenkünften gestellt, die wir in der letzten Woche unserer Reise in New York mitmachten. Arthur Sulzberger von der »New York Times« beispielsweise hatte seinen »top staff« zusammengerufen, der mich in ein Kreuzverhör nahm, dessen Gegenstand in erster Linie die Gründe der SPD für ihre Opposition gegen die Adenauersche Außenpolitik war. Meine Fragen nach dem Engagement der Vereinigten Staaten für die Wiederherstellung der Einheit Deutschlands, nach ihrer Meinung zur »Politik der Stärke«, nach der Realität der Interessenkonflikte gegenüber den Dritten Staaten wurden aufrichtig beantwortet. Unsere Gesprächspartner warnten mich vor der Illusion, die Vereinigten Staaten könnten zugunsten irgendeines Staates bereit sein, politische Risiken oder Belastungen auf sich zu nehmen, die sie nicht im amerikanischen Interesse für notwendig hielten.

Was war der Ertrag dieser Reise? Ich wußte nun aus eigener Anschauung mehr als bisher über das Volk, von dessen Tun und Lassen, Denken und Fühlen so viel für die Zukunft meines Landes abhing. Ich hatte einiges über die hellen und dunklen Bereiche erfahren, aus denen die Emotionen und die Gedankenwelt seiner Bürger gespeist werden, deren Wahlentscheidungen den Kurs bestimmen, auf dem der Kapitän das Staatsschiff steuert. Jeder von uns vieren hatte seine Vorstellungen von diesem Teil der Welt ergänzen und korrigieren können. Was in den Gesprächen mit den Politikern zutage kam, brachte uns selten ganz neue Erkenntnisse. Doch daß wir erkennen konnten, von welchem Schrot und Korn jene Männer waren, von deren Einschätzung der Bedeutung unseres Landes für das ihrige so viel für die Geschicke Deutschlands abhing und noch lange abhängen würde, war wichtig genug. Solche Reisen leiten hier wie dort einen dialektischen Prozeß ein, in dem sich das Für und Wider in wechselseitigen Auseinandersetzungen klären kann.

Auf dem indischen Subkontinent

Im Oktober 1956 reiste eine Bundestagsdelegation nach Indien und Pakistan. Wir sollten unser Wissen von diesem zukunftsträchtigen und so gegenwartsbedrohten Teil der Welt mehren, den keiner von uns bislang mit eigenen Augen gesehen hatte. Erste Station war Karatschi.

Der erste Eindruck, den ein Rundgang durch die Stadt vermittelte, war verwirrend. Nichts schien zueinander zu passen. Neben modernen Fabrikgebäuden standen Bidonvilles; neben schönen Autos und gewaltigen Lastwagen keuchten Lastträger unter schweren Ballen. Nichts schien von obenher geregelt zu werden; die uralte Ordnung von Sippe und Zunft reichte offenbar aus, um das Leben in Verfassung zu halten.

Zu dem abendlichen Empfang in der Botschaft hatten einige der pakistanischen Gäste ihre Frauen mitgebracht; in islamischen Ländern gehört die Frau ins Haus und hat nur selten Gelegenheit, es zu verlassen, wir hatten es also hier mit Emanzipierten zu tun. Sie sprachen Englisch miteinander, und das Hauptthema waren die Schulprobleme ihrer Kinder und die Möglichkeiten, sie nach England zur Schule zu schicken. Trotz dieses so ganz europäischen Gehabes waren die Frauen verschleiert.

Auf der Fahrt zum Meer, die wir folgenden Tages unternahmen, durchquerten wir die Stadt von einem zum anderen Ende, vorbei an elendesten Hütten mit zerlumpten Bewohnern, an Betonkolossen, in denen Risse klafften; unseren Weg kreuzten Kamele und Cadillacs, und überall an den Straßenrändern lagen Schlafende – Menschen, die nichts hatten, worauf sie ihr Haupt betten konnten.

Am Strand, an dem die Reichen ihre Badehäuser haben, gab es schattenspendenden Komfort. Es war faszinierend, den Riesenschildkröten zuzusehen, die aus dem Indischen Ozean gekrochen kamen, um ihre Eier zu legen; und kurzweilig war es bei den Schlangenbeschwörern und den Afridis, die ihre dressierten Äffchen tanzen ließen. Am Abend sah man gegen den reinen Himmel, sich wie ein Scherenschnitt abhebend, majestätisch dahinschreitende heimkehrende Karawanen..

Im Parlament empfing uns der Präsident, ein ehrwürdiger Mann im Schmuck seines wallenden weißen Bartes, der als besonders frommer Moslem galt und ein Landlord war, dem viele Dörfer Zins zahlten, ein Überlebender der guten alten Zeit jenes Kontinents. Er beglückwünschte uns zu dem großen Adolf Hitler, der so mutig gegen Briten, Amerikaner und Juden gestritten hatte ... Der Minister für Handel und Industrie wußte zu berichten, wieviel er Kant, Schopenhauer, Nietzsche und Spinoza verdankte, und bedauerte uns, weil wir unseren »Führer« verlieren mußten ... Vor diesen Bekundungen unseres Beliebtseins konnte man nur die Flucht ergreifen.

Unsere Fragen nach dem Flüchtlingsproblem in Pakistan führten uns in ein sogenanntes Notlager und im Anschluß daran in ein Dauerlager. Das Notlager bot einen entsetzlichen Anblick: Schmutz, Elend, Ungeziefer; schmale Trampelpfade führten durch wimmelndes Volk aller Altersstufen und dienten zugleich als Abflußkanäle für unermeßlichen Unrat. Mir schien es ein Wunder, daß nicht alljährlich Pest und Cholera ausbrachen; aber die brennende Sonne schien alle Welt immun zu machen.

Vierzig Kilometer weiter östlich lag eine der permanenten Flüchtlingssiedlungen; 60 000 Menschen waren hier in ödester Landschaft in aneinandergereihten Gelassen aus Beton angesiedelt worden. In einem Raum, davor ein vier Quadratmeter großes Gärtchen, lebten Urahne, Großmutter, Eltern und Kinder. Das hätte doch für kommunistische Agitatoren eine fette Weide sein müssen; aber alle paar hundert Schritte stand eine Polizeistation, in der wohlgenährte Sikhs Dienst taten. Was wir in diesen Lagern zu sehen bekamen, erschien mir als ein Verdammungsurteil über ein Europa, das es gelassen erträgt, daß Menschen so leben.

Am nächsten Morgen fuhren wir in die Wüste Thar – ein schreckliches Stück Land, ausgefressen von Wind und Wolkenbrüchen. Wir begegneten kleinen Kamelkarawanen, beladen mit grünen Mangozweigen, Futter für das kärgliche Vieh, oder Holzknorren, aus denen Kohle gebrannt wird. Wir hielten an einem kleinen Wallfahrtsort. In dem von Palmen und Laubbäumen umstandenen Tümpel am Fuße des Heiligengrabes lagen unbeweglich »heilige« Krokodile. Kinder stießen respektlos mit langen Stangen nach ihnen, damit sie

sich regten, und streckten die Hände nach Bakschisch aus. Alte
Frauen bettelten uns an, die aussahen, als wären sie aus grauem
Schlamm geformt, der nun in der Sonne rissig wurde.

Das nächste Dorf war seiner warmen Quellen wegen berühmt, die
Kranken Linderung brachten. Soviel Schmutz wie in diesem »Kur-
ort« mit seinen ärmlichen Hütten rings um eine verputzte Moschee
hatte ich selbst in diesem Lande noch nicht gesehen. Am Dorfrand lag
eine Lepra-Kolonie; die Aussätzigen verbargen ihre Gesichter.

Auf dem Flug nach New Delhi sahen wir im Abendlicht die
Schneegipfel des Himalaja und am westlichen Horizont einen breiten
Streifen orangefarbenen Lichtes, wie eine Staubwolke, die von innen
her leuchteten. New Delhi bot sich uns von oben in seinen äußerst
polaren Aspekten dar: Die Regierungs- und Beamtenstadt aus der
Britenzeit zerlegte sich in leuchtende Perlenschnüre der quadratisch
gegliederten Straßenzüge; das alte Delhi erschien wie ein Gewimmel
durcheinanderwirbelnder Leuchtkäfer.

Am nächsten Vormittag gingen wir zunächst zum Nationalheilig-
tum, der Stelle, an der Gandhis Leichnam den Flammen übergeben
worden war; dann besichtigten wir die Große Moschee und das Rote
Fort, das Palastareal der Moguln. Die Moschee präsentiert sich als
eine offene Säulenhalle unter freiem Himmel, das Rote Fort ist eine
Landschaft für sich: aufgeteilt in Rasenhöfe mit sprudelnden Wasser-
becken und Pavillons, durchzogen von marmornen Kanälen, die
Kühlung in die Gelasse und Hallen bringen. Nirgends gab es
geschlossene Räume. Blinkendes Gold und weiß spiegelnder Glim-
mer bildeten die Arabesken an den Decken; Wundervögel aus Achat
und Jade, Jaspis und Bernstein bedeckten den Marmor in verwirren-
der Intarsienschönheit. In der Halle, in der einst der Pfauenthron
stand, ist in persischer Sprache der Spruch zu lesen: »Wenn es ein
Paradies auf Erden gibt – siehe, hier ist es, hier ist es, hier ist es . . .«

Auf der Fahrt nach Agra erlebten wir das Indien Kiplings. Hier
wurde gerade das Neujahrsfest der Kaufmannsgilde gefeiert, der Tag,
an dem das Hauptbuch neu angelegt und das erste Geld, das der
Verkauf einbringt, »angebetet« wird. Öllämpchen standen in den
Fenstern und auf den Schwellen; Böller wurden abgeschossen, von

überall her ertönte das Dudeln der Kürbisflöten. Wir waren nach
Agra die Straße entlanggefahren, die Kim mit dem Lama und der
Kulufrau entlanggezogen war, um das Regiment mit dem Zeichen des
roten Stiers im grünen Felde zu suchen. Es herrschte ein unvorstellba-
res Treiben, Männer und Frauen aller Kasten waren mit Eselskarren
unterwegs; Kühe zogen gelassen ihres Weges und blieben taub für alle
Signale; Affen schwangen sich von Baum zu Baum; vor Heiligengrä-
bern drängten sich die Gläubigen. Wir durchfuhren Dörfer, kamen an
verlassenen Moscheen vorbei, sahen Schiwa-Tempel, durch deren
offene Pforten der Lingam, der göttliche Phallus, zu sehen war, den
Frauen mit Butter bestrichen. An Zisternen drängten sich Wasserträ-
gerinnen, kamen und gingen mit dem schönen Gang derer, die
gewohnt sind, Lasten auf dem Haupt zu tragen. Frauen wuschen ihre
Saris; in ihren weiten Schleiern bewegten sie sich wie römische
Vestalinnen. In den Dörfern wimmelte es von Kindern zwischen
Wasserpfeife rauchenden Alten im Schatten der Mangobäume. »Heilige« sprachen zu ihren Hörern, und an den Dorfrändern begegneten
wir Bärentreibern, die ihre plumpen Riesen nach dem Klang der
Handtrommel tanzen ließen.

Das Schloß des großen Mogulkaisers Akbar ist eine mächtige
Festung mit unersteigbaren Mauern. Im Innern besteht es aus einer
Abfolge von Höfen, Palästen, Pavillons und Moscheen, denen
gegenüber sich die Ausmaße des Schlosses von Versailles nicht
sonderlich groß ausnehmen.

Vom Tadsch Mahal und seiner Majestät vermögen Abbildungen
keinen Begriff zu geben. Die Begräbnisstätte der Gattin des Großmo-
guls Schahdschahan bedeckt ein riesiges Areal: rasenüberzogene Höfe,
Blumenbeete, Marmorkanäle, die Lotosbecken speisen – alles gebaut,
um dem weißen Marmorbau als Folie zu dienen, in dessen Kuppelgruft
der Kaiser mit der geliebten Gemahlin ruht. Die Kontur der Kuppel
übertrifft alles bisher von mir Gesehene an Schönheit; die Maße und
Verhältnisse der vier Minarette, der Wände und Nischen, der
Horizontalen und Vertikalen sind reine Vollkommenheit; das Filigran
der Marmorfenster ist feiner als das Geschmeide der Goldschmiede.

Die nächste Station war Jaipur. Das Abschiedsfest, das der
inzwischen mediatisierte Maharadscha seinen Untertanen gab, dau-

erte noch an, als wir in die Stadt kamen. Überall brannten Öllämpchen, die eine Szenerie beleuchteten, die Illustrationen von Texten aus »Tausendundeiner Nacht« entnommen schien. Ringsum hohe Berge, mächtige, himmelstürmende Burgen; auf dem Höhenkamm sind sie durch zinnenbewehrte Mauern miteinander verbunden. In den Straßen der Stadt reihen sich rosafarben verputzte Häuser mit Balkonen und Marmorfenstergittern. Das Volk strömte in die Tempel und die hohen Stufenpagoden; die Riesentrommeln Hanumans, des Gottes mit dem Pavianskopf, dröhnten.

Der Palast des Maharadschas mit seiner Inneneinrichtung aus den neunziger Jahren des letzten Jahrhunderts enttäuschte durch die Ansammlung schrecklichen Kitsches. Um so schöner war der im dreizehnten Jahrhundert erbaute Palast Amber hoch oben auf dem Berg. Von seinen Terrassen schweift der Blick nach Norden ins Tal, durch das in Jahrtausenden Turkmenen unter ihren Khanen, Makedonen unter Alexander, Mongolen unter Tamerlan und die Heere der Moguln gezogen kamen. Hinter der Burg blickten wir auf eine Stadt: Sie ist zweitausend Jahre alt, und niemand wohnt mehr in den Mauern, die Schiwa verfluchte, aber ihre Paläste und Häuser, die Kuppeln ihrer Moscheen stehen noch so unversehrt, als hätten die Bewohner sie erst jetzt und nicht schon vor siebenhundert Jahren verlassen.

Einen Tag lang fuhren wir durch das Radschputenland. Was trafen wir alles auf seinen Straßen! Fahrende Schmiede standen stolz mit halbgeschorenen Köpfen, an deren Zöpfchen einst Brahma sie zu sich emporziehen soll. Ihre Frauen hockten am Boden, die Kinder neben sich, und sortierten aus der Asche der Essen die Kohlestückchen aus, die noch zu brauchen waren.

Das schönste Stadtbild bot Fatehpur Sikri, die Stadt des Sieges, erbaut von Akbar. Fünfzehn Jahre lang hat er darin gewohnt, bis 1630 sein Guru die Stadt verfluchte. Seitdem steht sie, von den Menschen verlassen, aber so erhalten, wie sie am Tage ihrer Erbauung war, denn alles in dieser Stadt, auch das Gebälk der Häuser, ist von Stein. Ich saß eine Weile auf dem Platz, auf dem der Kaiser Recht sprach, stellte mich hinter die Beter in der Moschee, die mich nicht bemerkten.

Die Eisenbahn brachte uns nach New Delhi zurück. Auf den Bahnsteigen hockten unzählige Gestalten am Boden, die schweigend vor sich hin starrten, die Frauen immer hinter dem Manne kauernd; sie trugen ihre Kinder auf der Hüfte. Ich habe diese Kinder nie schreien gehört; entweder schliefen sie oder sie guckten dem Getriebe zu. Wie alle Orte hierzulande, wo viele Menschen zusammenkommen, waren diese Bahnhöfe voller Bettler, unter ihnen Gestalten, die mich bis in den Grund der Seele erschreckten. Die Menschen in Indien, auch die Weißen, scheinen von dem Elend nicht angerührt zu werden: Da jeder Mensch sich sein Leben durch rechtes oder normwidriges Tun in einem früheren Leben »verdient« hat, entspricht sein jeweiliger Zustand der Weltordnung . . .

In New Delhi versuchte ich mehr über das Leben der Unberührbaren, der Parias, zu erfahren. Ein Gelehrter an der Universität, den ich fragte, wie denn die Gebildeten es ertragen könnten, daß menschliche Wesen in die Schmutzecken gestoßen werden, damit sich niemand auch nur durch ihren Schatten verunreinigt fühle, sagte mir, die Parias seien Abkömmlinge primitiver Stämme, die die Arias bei ihrem Eindringen von Norden her in den indischen Ebenen angetroffen hätten. Diese Menschen ohne ethische Fundierung seien weder willens noch imstande gewesen, höhere »arische« Lebensformen auch nur zu begreifen. So habe man sie von vornherein gar nicht erst in das Kastensystem aufgenommen. Es gäbe keinen Weg aus der Kaste oder der Kastenlosigkeit heraus, es sei denn die völlige Erfüllung des Dharma, der Kastenethik, die den Menschen bei der nächsten Wiedergeburt kraft der Wirkung des Karma in eine höhere Kaste führen könne. Während eines Lebens gebe es nur einen Weg, um aus dem Kastenschicksal herauszukommen: das Abwerfen des Lebens »in der Zeit« überhaupt. Ein Paria, der als Sadhu nur noch der Meditation lebt, der »in den Wald zieht« und als »Enthobener« auf jede Funktion in der Gesellschaft verzichtet, stehe außerhalb des Gefüges sozialer Ränge. Er sei kein Outcast mehr, sondern kastenunbedürftig, ja, kastenüberlegen, und jeder Brahmane werde sich vor ihm verneigen, so wie er den, der seinen Ort noch im Ordnungsgefüge der Zeit hat, mit einem Fußtritt wegjagen werde.

Beim Anblick des Elends auf den Bahnhöfen während unserer

Weiterreise nach Benares dachte ich an meinen Besuch im großen Schiwa-Tempel von New Delhi: Die andächtigen Beter vor den Idolen boten dem Gott ihre Blütenschalen dar, warfen sich auf die Knie, schmiegten ihre Stirn an die Steinplatten des Bodens und schritten rückwärts aus dem Tempel. Die Menschen, die ich auf den Bahnsteigen sah, hätten zu diesen so gut gekleideten Gläubigen nicht gepaßt . . .

Das »heilige« Benares sieht so gar nicht aus wie die heiligen Städte unseres Kontinents; es gleicht eher den Bazaren, in denen gefeilscht, gebettelt und auch meditiert wird. Durch die engen Gassen drängten sich Menschen, Rikschas, heilige Kühe. Inmitten dieses Chaos steht der »Goldene Tempel«, der Schiwa heilig ist. Unbeschreiblicher Schmutz erstickte das Weiß seiner marmornen Innenwände, vor denen Kühe die Blütenkörbe abweideten, die die Gläubigen dem Gotte als Opfer darbrachten. In der engen Gasse, die am Tempel vorbeiführt, hockten beiderseits Krüppel, Aussätzige, Greisinnen. Inmitten einer wachsenden Schar von Bettlern gelangten wir zu einer der Treppen, die zum Ganges hinabführen. Die Hindu glauben, daß sein strömendes Wasser die Sünden abwäscht und das Eintauchen in seine Fluten eine günstige Wiedergeburt verbürgt. Alle Gläubigen stiegen in die schmutzigen Fluten, in der die Abwässer der Riesenstadt zusammenfließen; alle tranken fünfmal von diesem Wasser. Hier begann ich mich an den Gedanken zu gewöhnen, daß mehr als die Hälfte der Bevölkerung der Erde in anderen Kategorien denkt und fühlt als wir, nach anderen Kriterien urteilt und daß ihr Leben sie in Denkwelten führt, die mit unseren nur wenig gemein haben. Wer dies erkennt, stößt unweigerlich auf politische Konsequenzen, die unsere Zukunft nicht in rosigem Licht erscheinen lassen – sei es, daß dieser Teil der Menschheit die Technologien der Weißen in den Griff bekommt und uns dann in die Ecke drängt, sei es, daß ihm dies nicht gelingt und er uns die moralische Bürde auflädt, ihn vor dem Verhungern zu bewahren.

Nach einem Besuch in der Universität von Benares fuhren wir zum Palast des Maharadscha, dessen Illuminierung des Innenhofes mit Girlanden roter und blauer Glühlämpchen einen bizarren Anblick bot, der durch die Silberlöwen am Fuß der Treppe und

zwei gipserne Jungfrauenstatuen mit elektrischen Fackeln in den
erhobenen Händen noch verstärkt wurde. Unter den Bogen der
Palastfront standen rotgoldene Rokokosessel; zwischen ihnen
waren Vorrichtungen angebracht, an denen sowohl herrliche Minia-
turen aus der großen Zeit der indischen Kunst als auch Farbpor-
träts Marlene Dietrichs befestigt waren. Die Reihe der Köpfe
ausgestopfter Tiger an den Außenwänden – dreihundert soll der
Fürst bisher erlegt haben – reichte bis zu einem großen Saal, der
drei Stockwerke hoch war und groß wie ein Kirchenschiff erschien.
In den Ecken fanden sich wieder ausgestopfte Tiger, und Tigerfelle
lagen auf dem Boden, Ahnenbilder – von Hofmaler Vogel aus
Berlin, Lindenpassage – hingen über falschen Rokokokommoden.
Von der Decke herab prangten merkwürdige Lüster in Gestalt von
Riesenschmetterlingen aus Messing, deren je aus einem Dutzend
bunter Glühbirnen zusammengesetzte Augen für die Beleuchtung
sorgten. »It comes from London«, sagte uns die Mutter des Fürsten,
der wie der schönste aller Großmoguln aussah und Präsident des
Allindischen Cricket-Verbandes war. Beide waren überzeugt, daß ein
frommer Hindu diese Welt akzeptieren müsse, wie sie ist – mit
Maharadschas in Lunapark-Palästen und einer Bevölkerung von
überwiegend unterernährten Menschen.

Das andere Benares sahen wir am nächsten Tage vom Ganges aus.
Jeder Ruderschlag brachte neue großartige Prospekte: Kuppeln,
Pagoden, Palastfronten, aufragende breite Terrassen, Rundtürme und
die vielen schmalen oder auch breiten Ghats, auf deren Stufen die
Pilger sich auf das heilige Bad vorbereiteten. Wir sahen die Scheiterhaufen, manche schon niedergebrannt, manche neu aufgeschichtet,
auf denen die Toten verbrannt werden, das Haupt dem Strom
zugekehrt, und Parias, damit beschäftigt, die Asche im Strom zu
versenken.

Wir verließen das Boot in der Nähe des Schiwa-Tempels, dessen
geschnitzte Balken Szenen der Hochzeit des Gottes darstellen. Die
indische Religion bezieht alle Lebenswirklichkeiten in die kosmische
Ordnung ein: Wenn auch die Ablösung von allem Begehren das Ziel
des rechten, des wissenden Lebens ist, so darf es doch nur Ziel für den
sein, den der Verzicht nicht mehr plagt und nicht rückwärts schauen

läßt. Wem die Ablösung vom Geschlecht eine Plage ist, dem nimmt
der Stachel des Fleisches die Meeresstille der Seele, ohne die
Versenkung in Meditation und Erkenntnis des Selbst und des Seins
der Welt unmöglich ist.

Ein Priester umschritt Schiwas Bild; Gläubige legten Blütenkränze
um den Hals des Stieres, des Reittieres des Gottes, das immer an der
Schwelle wartet. Vom First leuchtete des Gottes Zeichen: der goldene
Dreizack, das Urbild der Mannheit.

Wir gingen durch die engen Gassen der alten Stadt, die einmal sehr
prächtig gewesen sein muß. Heute ist sie verwahrlost und zeigt das
Bild eines anderen »Orients« als des islamischen Indien – alles war
enger und höher, bunter und verhaltener zugleich.

Von Benares fuhren wir nach Kalkutta. Die Stadt erschien mir
fürchterlich. Sie beherbergte damals mehr als acht Millionen Men-
schen, von denen zumindest eine Million kein Obdach hatten. Jeder
Gang durch die Straßen zeigte die Grausamkeit dieser Stadt. Die
Sonne ist grausam, deren Bruthitze wie Keulenschläge die Stirn trifft;
die Menschen sind grausam, denn keiner achtet des anderen; der
Rhythmus des Kreislaufs in ihrem Geäder ist grausam, das soziale
Gefälle ist grausam. Das mag anderswo in Indien nicht anders sein,
aber in dieser Stadt, von den Weißen erbaut, ohne lebendige
Tradition, manifestiert dies alles sich nackter, gleichsam wie ein
Präparat für das Mikroskop des Biologen.

Die möglichen Empörer dieses Landes werden nicht aus den Slums
kommen; sie werden vielmehr aus den Vorstädten mit den hübschen
Gartenhäusern kommen, vielleicht aus den Mustersiedlungen der
Bata-Schuhfabrik in Kalkutta. In diesem Musterbetrieb mit Schule,
Krankenhaus und guten Löhnen sind die Kommunisten am aktivsten.
Um sich die Möglichkeit einer Welt vorstellen zu können, die anders
ist als jene, die einen umgibt, muß man die Elendsschwelle schon
überschritten haben. Aber was heißt in diesem Land schon »Kommunisten«? Bei uns würden wir meinen, diese Leute seien Gewerkschafter. Aber die Reichen und die Weißen in Indien haben Angst vor den
»Roten«. Sie setzen ihr Vertrauen in die sehr stramme Polizei. Es
könnte aber sein, daß sie sich täuschen.

Wir hatten uns mit Bundestagspräsident Eugen Gerstenmaier in Rawalpindi verabredet, der von dort aus die Bundestagsdelegation zum Kongreß der Interparlamentarischen Union nach Bangkok führen wollte. Das pakistanische Rawalpindi liegt nahe der Stelle, wo der Indus aus dem Gebirge in die Ebene tritt. Hier hatte Alexander der Große mit seinen Makedonen Indien betreten. Wie oft hatte ich seit meiner Jugend um den Alexanderzug herumspintisiert, und so suchte ich nach einer Möglichkeit, die Straße, die Alexander entlanggezogen war, zu sehen. Ich fragte den Land Commissioner am Flugplatz von Rawalpindi nach den kleinen Flugzeugen, die auf dem Flugfeld standen, und hörte, daß sie täglich Proviant zu den Grenzposten ins Gebirge brachten. Ein Pilot war bereit, mich mitzunehmen, wenn ich mit einem Reissack als Sitzplatz vorliebnehmen wollte und es mich nicht störte, daß er keine Sauerstoffmaske für mich habe. Es störte mich nicht.

Wir flogen das Indus-Tal entlang auf das Gebirge zu. Es wurde kalt, unversehens zog unter uns ein Eisgebirge vorüber, einem im Sturm gefrorenen Meer vergleichbar. Eine riesige weiße Pyramide kam ins Bild, und ich machte dem Piloten ein Zeichen, ob diese Pyramide nicht zu umfliegen sei. Er setzte seine Maske auf, nickte und flog in der von mir gewünschten Richtung. Plötzlich fiel mir der Fotoapparat aus der Hand, ein merkwürdiges Gefühl kroch mir durch die Glieder; mir wurde übel, und ich sank in mich zusammen. Auf einer grünen Wiese nahe der Stadt Gilgit kam ich wieder zu mir. Der Pilot benachrichtigte einen jungen Militärarzt, der meinen Blutdruck maß und meinte, das werde sich geben, und so flogen wir nach Rawalpindi zurück. Ich konnte den rechten Arm nicht mehr bewegen, das Sprechen fiel mir schwer, und auch mit dem Gehen hatte ich Schwierigkeiten. Ein Arzt in Rawalpindi gab mir ebenfalls den Rat, getrost nach Bangkok weiterzufliegen, das Unwohlsein werde bald vergehen, und in Bangkok gebe es für alle Fälle bessere Ärzte als hier.

So flog ich, mit einer Spritze wohlversehen, nach Bangkok weiter, in der Meinung, es werde sich bei dieser Moleste um eine Kreislaufstörung handeln, wie sie eintreten kann, wenn man törichterweise ohne Sauerstoffmaske in großen Höhen fliegt. Ich fand kaum Schlaf in der Nacht, und als der Tag anbrach, erhob ich mich mühsam und hoffte, der Dumpfheit meines Körpergefühls mit Freiübungen beizukommen. Ich fiel in der ersten Minute zu Boden, das rechte Bein knickte ein, der rechte Arm hing schlaff herab, die Hand schien tot zu sein. Ein Hotelangestellter fand mich und alarmierte den Bundestagspräsidenten; ein Botschaftsangehöriger wurde herbeigerufen, und dann kam ich in das Bangkok Nursing Home.

Dort habe ich bis zum 2. Dezember 1956 gelegen, von zwei deutschen Ärzten betreut und von Dr. Eberhardt, dem Delegationssekretär, behütet. Dr. White, Präsident Eisenhowers Arzt, der sich zu Konsultationen in Bangkok befand, untersuchte mich und erklärte mich für reisefähig, obwohl ich an diesem Schlaganfall noch lange zu laborieren haben werde. Daß mir das Schicksal Schwester Susanna Lee als Pflegerin bescherte, eine Chinesin, die mich wochenlang täglich behutsam massierte, hat entscheidend dazu beigetragen, daß ich kein Krüppel wurde.

Meinen 60. Geburtstag verbrachte ich in der Medizinischen Klinik in Bonn, in der mir Professor Martini treu und einfühlend zur Seite stand. Er war ein Arzt im Sinn des Hippokrates, und war es trotz der immensen Inanspruchnahme durch die Pflichten, die ihm als Chef einer großen Klinik oblagen. Er schaffte es, daß mich in den langen Krankheitsmonaten nie die Hoffnung verließ, wieder gesund zu werden. Im April entließ mich Professor Martini zu einem Kuraufenthalt nach Meran und gab mir Schwester Magdalene Matuschek vom Roten Kreuz mit auf die Reise, die in meinem Krankenzimmer durch ihre Gegenwart den Dingen rechtes Maß und rechten Fug gegeben hatte. Nach der Kur konnte ich meine Arbeit wieder aufnehmen.

Neue Zielvorstellungen

Während der letzten Phase meiner Genesung hatte ich mir ein Programm für die politische Arbeit der nächsten Jahre überlegt und war zu dem Ergebnis gekommen, daß meine Bemühungen vor allem der Reform der Parteiorganisation und der Modernisierung der politischen Vorstellungswelt ihrer Mitglieder gelten sollten. Ich glaubte, daß wir noch mehr tun mußten, um der Partei einzuhämmern, daß die Verwirklichung ihrer Grundideen nur möglich war, wenn es gelang, die Parlamentsmehrheit zu erringen. Die Liberalen würden im offenen Kontakt mit uns erkennen, daß das Ziel der Sozialdemokratie ist, den Staat zu vermenschlichen und Verhältnisse zu schaffen, die es auch den Bürgern, deren Lebensformen von den Zwängen der Industriewelt geprägt sind, erlauben, die vom klassischen Liberalismus definierten humanen Wertvorstellungen in einer den heutigen ökonomischen, politischen und kulturellen Möglichkeiten angepaßten Weise zu verwirklichen. Jenen unter den konservativ Denkenden, denen es nicht so sehr darauf ankam, Petrefakte zu bewahren, sondern die jenen Strömungen, die in der Vergangenheit Großes schufen, die Kraft erhalten wollten, ihr schöpferisches Werk in einer veränderten geschichtlichen Wirklichkeit fortzusetzen, sollte mehr als bisher deutlich gemacht werden, daß in unserer von Entfremdung bedrohten Welt der freiheitliche Sozialismus der beste Weg war und ist, dieses Ziel zu verwirklichen. Vor allem kam es mir darauf an, die gebildeten Schichten an der Sozialdemokratischen Partei zu interessieren, weil ich aus eigener schmerzlicher Erfahrung gelernt hatte, daß sie nur dann aus dem politischen Abseits, das der Weimarer Republik zum Verhängnis geworden war, gezogen werden

konnten, wenn man ihnen die Partei als den Ort vergegenwärtigte, an
dem sie ihre Vorstellungen von einem rechten Leben der Nation
besser verwirklichen konnten als im Elfenbeinturm eines substanzlosen Idealismus. »Wer nach den Sternen greift, muß bereit sein, sich
fest auf der Erde einzurichten. Mancher, der nur nach den Sternen zu
blicken bereit ist, hält – genau betrachtet – nur den Kopf in die
Wolken . . .«, sagte ich in einer Rede in Hamburg. Wer den Staat, in
dem wir leben, nicht tätig mitzuformen bereit sei, der habe den Staat
zu ertragen, den andere nach ihrem Geschmack gestalten und für ihre
Zwecke einrichten.

Für besonders dringlich hielt ich, die Partei und die deutsche
Öffentlichkeit darauf vorzubereiten, daß wir außenpolitisch nicht
weiterkämen – sowohl in unserem Verhältnis zum Sowjetblock als in
unserem Verhältnis zu den Westmächten –, wenn wir weiterhin den
polnischen Staat in seiner heutigen Gestalt ignorierten. In Anbetracht
der weltpolitischen Konstellation werde kein Staat der Welt, auch
nicht die mit uns in der Westeuropäischen Union verbündeten
Nationen, es auf sich nehmen, den Polen ihre territorialen Gewinne
streitig zu machen. Dies bedeute, daß wir uns damit abzufinden
hätten, daß die Gebiete östlich Oder und Neiße von Deutschland
abgetrennt und Polen zugeschlagen bleiben würden. Ohne diese
Einsicht stehe uns nicht einmal mehr die Möglichkeit offen, etwas zur
Verbesserung der Lebensverhältnisse der in Polen lebenden Deutschen zu tun.

Ich erläuterte meine Vorstellungen nicht, ohne darauf hinzuweisen,
daß es künftig nötig werden könnte, über einzelne Sachprobleme mit
der Regierung der DDR zu verhandeln: zum Beispiel Erleichterungen
für unsere Landsleute in der DDR und bessere Verkehrsmöglichkei-
ten über die Demarkationslinie hinweg. Zweckbedingte, auf
bestimmte Sachprobleme begrenzte Verhandlungen stellten keine
Legalisierung der faktischen Besitzverhältnisse dar, sondern dienten
lediglich der Aufstellung eines Modus vivendi – was sogar gelegentlich zu Kriegszeiten zwischen sich bekämpfenden Staaten geschehe.

Ich meinte weiter, daß wir Sozialdemokraten uns mit den Problemen würden zu befassen haben, die durch die Tatsache der Ratifikation der Westverträge, besonders des Vertrages über die Westeuropä-

ische Union, entstanden waren. Genügte es wirklich zu protestieren, daß die Bundesregierung diese Verträge abgeschlossen hatte, oder sollte man sich nicht vielmehr an den Arbeiten der durch diese Verträge geschaffenen Institutionen beteiligen, bei denen die Entscheidung über Form und Ausmaß der Mitwirkung der Bundesrepublik an der gemeinsamen Verteidigung lag? Wie sollte man sich zur Frage der atomaren Bewaffnung verhalten? Aus den Verträgen ergab sich, daß nukleare Waffen für die Streitkräfte der Bundesrepublik nicht in Frage kamen. Wie sollten wir uns aber der atomaren Bewaffnung unserer Verbündeten gegenüber verhalten, insbesondere gegenüber ihrer Absicht, nukleare Waffen auf dem Gebiet der Bundesrepublik zu stationieren? Die Russen hatten jetzt ebenfalls Atomwaffen. Politik gebietet, sich den Veränderungen der Machtverhältnisse anzupassen; mußten wir da nicht bereit sein, den Waffen, die der potentielle Angreifer gegen uns einzusetzen bereit war, eigene adäquate Waffensysteme entgegenzustellen? Aber würde Deutschland dann nicht zum Schlachtfeld werden – mit allen furchtbaren Konsequenzen für seine Bevölkerung? Meiner Partei und unserem Volk diese Fragen zu stellen, schien mir ein Gebot der Redlichkeit zu sein. Die Gelegenheit hierzu bot sich im Wahlkampf 1957, der im Zeichen von Adenauers Wahlparole stand, ein Sieg der SPD bedeute den Untergang Deutschlands.

Konrad Adenauer trug einen triumphalen Wahlsieg davon: 50,2 Prozent der Wähler entschieden sich für die CDU/CSU. Zwar hatte die SPD mit 31,8 Prozent der Wählerstimmen drei Prozent mehr als 1953 erhalten, aber sie hatte sich einen größeren Zuspruch erhofft. Über die Ursachen der Wahlniederlage der Sozialdemokraten gab es innerhalb der Partei einander widersprechende Auffassungen. Viele sahen die Gründe allein in der skrupellosen Demagogie, mit der Konrad Adenauer im Gegensatz zu seinen Widersachern den Wahlkampf geführt hatte; andere meinten, die Schuld an der Niederlage trügen die geringere Durchschlagskraft Erich Ollenhauers und die Tatsache, daß die SPD ihre Politik nicht wendig genug »verkauft« hätte. Meine Auffassung war, der Slogan der CDU, »Keine Experimente«, hätte genau ausgedrückt, was die meisten Wähler wollten: Was sie an Hab und Gut und bescheidenem Wohlstand gewonnen hatten, wußten sie; was ihnen kühne Reformen einbringen konnten, wußten sie nicht. Dieser Sicherheitskomplex war der tiefste Grund für das Mandat, das die Mehrheit der Wähler Konrad Adenauer gegeben hatte. Er schützte sie vor Experimenten und, durch seine von den Amerikanern unterstützte »Politik der Stärke«, vor der roten Gefahr aus dem Osten.

Von allen Seiten kamen jetzt Aufforderungen, wir sollten unsere außenpolitische Konzeption ändern. Ich trat diesem Ansinnen entgegen: Es sei einer politischen Partei, die sich achte, nicht würdig, in Lebensfragen der Nation die von ihr für richtig gehaltene Politik umzustellen, nur weil die Mehrheit der Wähler sie ablehne. Die Parteien hätten ihre Vorstellungen vom Notwendigen und vom Möglichen nach bestem Gewissen zu bilden und damit vor die Wähler zu treten. Erfolg oder Mißerfolg bei einer Wahl sei kein Kriterium für die Richtigkeit einer Politik. Unabhängig vom Wahlausgang hätten wir aber fortlaufend zu prüfen, ob nicht neue Gegebenheiten uns zwingen könnten, unsere außenpolitischen Vorstellungen neu zu überdenken. Ich entwickelte mehrere außenpolitische Thesen, die ich in den Bundestagsdebatten der nächsten zwei Jahre wiederholte: Man habe sobald wie möglich diplomatische Beziehungen zu den Satellitenstaaten aufzunehmen; dies könne zur Lockerung der Systeme der politisch-militärischen Blöcke beitragen. Ein Verzicht darauf lasse dagegen diese Staaten immer enger an Moskau heranrücken. Die Bundesregierung habe sich zu bemühen, Deutschland militärisch uninteressant zu machen, denn je interessanter Deutschland militärisch werde, desto größer werde das Interesse der Stationierungsmächte sein, an ihren deutschen Pfändern festzuhalten. Die Bundesregierung müsse daher alle ernsthaften, auf Beschränkung der Rüstung abzielenden Bemühungen fördern und sich dagegen wehren, daß deutsches Gebiet zur Abschußrampe für atomare Fernraketen gemacht werde. Ihre Politik habe sicherzustellen, daß Deutschland auch nach der Wiedervereinigung für niemanden mehr eine Bedrohung werden könne. Die Bundesregierung solle alles tun, um sobald wie möglich zu Verhandlungen über den militärischen und politischen Status eines wiedervereinigten Deutschland zu kommen. Ein Abkommen darüber sei geeignet, Hemmnisse zu beseitigen, die der Entspannung des Verhältnisses der Mächte entgegenstünden und das Zustandekommen wirksamer Vereinbarungen blockierten.

Der dritte Bundestag konstituierte sich am 15. Oktober 1957. Eugen Gerstenmaier und ich blieben in unseren Ämtern als Präsident und Vizepräsident des Bundestages. Am 29. Oktober gab Konrad Adenauer seine Regierungserklärung ab. Das Wahlergebnis bedeute eine Vertrauenserklärung des deutschen Volkes für seine Politik. Er werde daher seine Außenpolitik fortsetzen, die besage, »daß ein Volk, solange eine unmittelbare Bedrohung seiner Freiheit besteht, alle Vorkehrungen treffen muß, damit es seine Freiheit und Unabhängigkeit erhält«. Er werde alles in die Wege leiten, um ein gesundes Wirtschaftsleben zu ermöglichen, das Sozialprodukt zu erhöhen und die Sozialpolitik voranzutreiben. Der Wiederherstellung der staatlichen Einheit Deutschlands gelte seine besondere Sorge.

Erich Ollenhauer trat den Ausführungen des Bundeskanzlers entschieden entgegen. Eine gemeinsame Außenpolitik sei nur möglich, wenn die Regierung die staaterhaltende Rolle der parlamentarischen Opposition anerkenne. Es genüge nicht, solche Erklärungen lediglich nach gewonnener Schlacht abzugeben; die lebenswichtige Rolle der Opposition im Staate sei auch während des Wahlkampfes zu respektieren. »Der Bundeskanzler hat den Wahlkampf jedoch uns gegenüber mit derartigen Unterstellungen und politischen Verleumdungen geführt, daß er damit praktisch die Sozialdemokratie als eine außerhalb der Demokratie stehende und im Grunde staatsfeindliche Partei hinzustellen versuchte.« Das erneute Bekenntnis zur »Politik der Stärke« bedeute praktisch die Forderung nach totaler Aufrüstung der Bundesrepublik. Er fordere im Namen seiner Fraktion den ausdrücklichen Verzicht der Bundesrepublik auf atomare Waffen.

Als letzter Redner meiner Fraktion entwickelte ich die vorstehend zitierten außenpolitischen Thesen; ich sprach mich insbesondere für die Vereinbarung einer atomwaffenfreien Zone in Europa aus und forderte die »Desatomisierung« der auf deutschem Boden stehenden amerikanischen Truppen als einen Beitrag zur Entspannung. Ein Rückzug der amerikanischen Truppen aus Europa könne jedoch erst erwogen werden, nachdem die Sowjetunion ihre Truppen aus Ostdeutschland abgezogen habe. Wenn man Westeuropa, und vor allem die Bundesrepublik, zur Abschußrampe für strategische Atomraketen der NATO mache, werde sich keine der beiden Supermächte aus einem Gebiet zurückziehen, dessen Besitz auch für sie über Sein oder Nichtsein entscheiden könne.

Die Frage der atomaren Bewaffnung

Die Frage, wie es in Europa – nicht nur in der Bundesrepublik – mit den Atomwaffen gehalten werden solle, bewegte die öffentliche Meinung und das Parlament. Die Demonstrationen im Zeichen »Kampf dem Atomtod« wurden massiver und die außerparlamentarischen Bürgergruppen lebendiger, die sich nunmehr nicht nur gegen die Stationierung nuklearer Waffen auf dem Gebiet der Bundesrepublik richteten, sondern sich mit gleicher Entschiedenheit auch gegen die industrielle Verwertung der Atomenergie wandten. Wissenschaftliche Gutachten über die vergiftenden Wirkungen des Atommülls hatten weite Kreise der Bevölkerung aufgeschreckt. Dazu kam, daß achtzehn Wissenschaftler der Bundesrepublik, die an der Entwicklung der Atomphysik bedeutenden Anteil hatten, eine Erklärung veröffentlichten, daß sie sich jeder Mitwirkung bei der Herstellung atomarer Waffen enthalten werden. Hier wurde zum erstenmal in Deutschland von ausgezeichneten Gelehrten öffentlich bekundet, daß Forscher für die Folgen der Anwendung der von ihnen gemachten Entdeckungen – auch durch Dritte – moralisch mitverantwortlich sind.

Diese Bewegung innerhalb der Gelehrtenwelt hatte in den Vereinigten Staaten begonnen, wo einige Konstrukteure der auf Hiroshima abgeworfenen Atombombe die Öffentlichkeit wissen ließen, wie sehr ihre Mitarbeit bei der Herstellung einer Waffe, die die Menschheit vernichten könnte, ihr Gewissen belastete. Diese Demonstrationen gegen die industrielle und militärische Nutzung der Kernenergie waren die Initialzündung für die verschiedensten, sich in der Folge bildenden »Bürgerinitiativen« – einschließlich der in den sechziger

Jahren mächtig anschwellenden Demonstrationen an den Hochschulen. Das Entsetzen über Hiroshima und die Vorstellung, daß auch europäischen Städten ein ähnliches Schicksal drohen konnte, hatte Tausende, die sonst nie daran gedacht haben würden, sich an Demonstrationen zu beteiligen, auf die Straße gehen lassen, um den Verantwortlichen ihre Ängste und Sorgen in die Ohren zu schreien.

Vordem pflegten diese neuen Demonstranten es den »Proleten« zu überlassen, für die Beseitigung öffentlicher Übelstände und für bessere Lebensbedingungen auf die Straße zu gehen. Manchen, der nun im Zeichen »Kampf dem Atomtod« hinter roten Fahnen marschierte, mochten einst die Maiumzüge der »Roten« erschreckt haben. Jetzt gaben, fast übergangslos, bürgerliche Menschen spontan ihrer Meinung Ausdruck, daß man sein Schicksal nicht allein durch die Parlamente und die politischen Parteien bestimmen lassen dürfe, sondern daß man durch *direkte* Aktionen die Obrigkeiten hindern müsse, Schädliches zu unternehmen oder Notwendiges zu unterlassen.

Von diesem Denkansatz aus war es nur ein Schritt bis zu der generellen Forderung, überall dort, wo es unmittelbar um das persönliche Wohl und Wehe der Menschen gehe, sei das Notwendige durch Entscheid der unmittelbar Betroffenen zu bestimmen – auch wenn diese eine Minderheit darstellten. Die Vertreter dieser Forderung übersahen dabei allerdings die in allen Ländern mit direkter Demokratie gemachte Erfahrung, daß Volksentscheide in emotional bewegten Zeiten fast immer zu unberechenbaren irrationalen Ergebnissen geführt haben.

Die außenpolitischen Auseinandersetzungen im Bundestag häuften sich. Schon im Mai 1957 fand eine Debatte über die Große Anfrage der SPD statt, die das Problem der atomaren Bewaffnung betraf. In dieser Debatte führte ich aus, die sich aus der Ausrüstung der Streitkräfte einiger Staaten mit atomaren Waffen ergebenden Probleme dürften nicht nur als Fragen größerer oder geringerer militärischer Zweckmäßigkeiten angesehen werden; man habe sie vielmehr als Fragen zu begreifen, deren Beantwortung für die Überlebenschancen der Völker von schicksalhafter Bedeutung sein könne. Politische

Entscheidungen, bei denen es um Sein oder Nichtsein gehe, würfen aber stets die Frage nach dem Verhältnis von Moral und Politik in seiner ganzen Tiefe und tragischen Uferlosigkeit auf. Dies gelte für alle Völker, besonders aber für uns, weil wir das Land der Mitte in dem Doppelsinn von möglicher Brücke und möglichem Schlachtfeld seien. Die Verlautbarung der achtzehn Wissenschaftler sei eine Tat, durch die sie unser Volk darüber unterrichten wollten, daß auch die »harmlosen« taktischen Atomwaffen die Sprengkraft der Bombe von Hiroshima haben.

Auf des Bundeskanzlers Äußerung, die achtzehn hätten vielleicht im Bereich persönlicher moralischer Entscheidungen recht, aber sie hätten nicht recht im Bereich politischer Verantwortlichkeit, erwiderte ich: Wenn Moral das Handeln nach der Stimme des Gewissens sei, wenn Politik Umgang mit der Macht und den Mitteln der Macht nach Zweckmäßigkeitsgesichtspunkten bedeute, wenn Atomkrieg Selbstmord sei – nun, dann hätten die achtzehn, die erklärten, sich an der Herstellung von Selbstmordinstrumenten nicht beteiligen zu wollen, ebenso moralisch wie politisch gehandelt.

Ich schloß mit einem Zitat aus einem Vortrag Professor Carl Friedrich von Weizsäckers, daß es sinnlos sei, den Frieden mit der Atombombe und durch die Angst vor der Atombombe garantieren zu wollen. Wenn dies aber trotzdem für notwendig gehalten werde, dann solle man das atomare Gleichgewicht auf die atomaren Großmächte von heute beschränken und die Bewaffnung kleinerer Staaten mit solchen Waffen unterlassen. Wenn die Bundesrepublik atomare Waffen erhalte, werde die Sowjetunion ihre Satelliten ebenso ausrüsten, und ein neuer Teufelskreis werde beginnen.

Am 23. Januar 1958 debattierte der Bundestag über das Ergebnis der Konferenz der Regierungschefs der Atlantischen Gemeinschaft. Redner aller Fraktionen beklagten, daß eine Epoche des Wettrüstens zu beginnen scheine, und wiesen auf die Gefahren hin, die sich daraus ergäben. Doch während die Sprecher der Regierungsparteien die Meinung vertraten, daß wir uns dieser Entwicklung auch mit dem Blick auf die Wiedervereinigung Deutschlands anzupassen hätten, waren Erich Ollenhauer und ich der Ansicht, daß es besser sei, in der gegenwärtigen Situation das Problem der Wiedervereinigung aus der

Diskussion auszuklammern. Es werde so lange unlösbar bleiben, als die Großmächte ein strategisch motiviertes Interesse am Fortbestand der Teilung Deutschlands hätten.

Am 22. März 1958 erfolgte eine Bundestagsdebatte über die Möglichkeit der Einrichtung atomwaffenfreier Zonen. Franz Josef Strauß forderte die Ausrüstung der Bundeswehr mit atomaren Waffen unter der Verfügungsgewalt der NATO. Der Abgeordnete Kurt Georg Kiesinger folgte ihm – allerdings mit Zweifeln an der Wirksamkeit von Vereinbarungen über atomwaffenfreie Zonen. Es herrschte Einverständnis darüber, daß die Bundesrepublik bei der Auseinandersetzung zwischen Ost und West im Verhältnis zu den Machtmitteln, die ihr zur Verfügung standen, eine aktive Rolle spielen konnte. Daraus ergebe sich für heute, daß sie sich der DDR gegenüber mit einer Politik begnügen müsse, die auf eine Verbesserung der Lebensbedingungen und der Freiheitsrechte der Bevölkerung in der DDR ausgehe.

Fritz Erler hielt ein leidenschaftliches Plädoyer gegen die Art, mit der Franz Josef Strauß atomare Waffen für die Bundeswehr gefordert hatte. Wer so rede, werde auch schießen. Die Fraktion der CDU/CSU verließ daraufhin unter Protest den Plenarsaal.

Nach der Wiederaufnahme der Debatte versuchte ich, die Wogen zu glätten. Ich ging auf den Vorwurf ein, wer Verhandlungen vorschlage, betreibe die Unterwerfung; das Gegenteil sei richtig – verhandeln müsse man gerade mit denen, die einem im Wege stehen . . . Nur so habe man eine Chance, zu erträglichen Ergebnissen zu kommen. Zunächst sei auf dem Verhandlungswege das strategische Interesse der Mächtigen an der militärischen Präsenz auf deutschem Boden gegenstandslos zu machen, damit man nicht von Strategie zu reden brauche, wo es primär um Politik und Menschenrechte geht. Wir müßten jetzt den Mut aufbringen, über die Grenzfragen zu verhandeln, denn ohne bindend festgelegte Grenzen bekämen wir weder einen Friedensvertrag noch Garantien unserer Sicherheit, noch die Wiedervereinigung. Dann erst werde es möglich sein, sich darüber zu einigen, welche Maßnahmen den Staaten Europas die größte Sicherheit geben könnten. Der Plan des polnischen Außenministers Rapacki sei ein tauglicher Ansatz für solche

Verhandlungen. Sicher gäbe es dabei Risiken, aber im Nichtstun liege das wesentlich höhere Risiko.

Die fortschreitende Entwicklung der Waffentechnik lade allen Staaten schwere Probleme auf. Voraussetzung für deren vernünftige Lösung sei, daß überall begriffen werde, daß es in erster Linie darauf ankomme, die Entwicklung nicht nur technisch, sondern auch politisch in den Griff zu bekommen. Dieses Postulat habe unsere Einstellung zur Frage der atomaren Rüstung zu regieren. Die politisch beste Lösung sei, Mitteleuropa, und vor allem Deutschland, strategisch uninteressant zu machen, denn die strategische Einplanung Deutschlands in die Politik beider Blöcke werde die Wiedervereinigung Deutschlands so lange blockieren, wie dieser Zustand bestehe. Diese Situation sei nicht einseitig zu verändern, aber sie könne durch politische Maßnahmen, die der Entspannung dienten, entschärft werden. Solange die Bundesregierung daran festhalte, daß auch ein wiedervereinigtes Deutschland das Recht erhalten müsse, der NATO beizutreten, werde es nicht zur Wiedervereinigung Deutschlands kommen. Dies sei so sicher wie das Amen in der Kirche.

Die Debatte fand ein breites Echo in der Öffentlichkeit. An der aktuellen Politik hat sich durch sie nichts geändert.

Polen

Seit Bestehen der Bundesrepublik war ich überzeugt, daß die Bundesregierung lange vor dem Abschluß eines Friedensvertrages offizielle Beziehungen mit unseren östlichen Nachbarn werde aufnehmen müssen, und sei es nur, um mit Polen über die Verbesserung der oft unerträglichen Existenzbedingungen der vielen tausend Menschen deutscher Volkszugehörigkeit in den von Polen verwalteten deutschen Ostprovinzen verhandeln zu können. Eine endgültige Regelung der Grenzfrage allerdings konnte nur in einem von den Siegermächten mit Deutschland abgeschlossenen Friedensvertrag erfolgen. Wann dies geschehen würde, war nicht vorauszusehen. Doch nicht alle zwischen beiden Staaten bestehenden Probleme setzten für ihre Lösung die abschließende Regelung der Grenzfrage voraus.

In meiner Eigenschaft als Mitglied des Präsidiums des Deutschen Roten Kreuzes setzte ich mich schon früh dafür ein, daß das DRK versuchen solle, unmittelbare Beziehungen zum Polnischen Roten Kreuz aufzunehmen. Lange Zeit kam man über inoffizielle Gespräche von Mittelspersonen nicht hinaus. Da stattete 1957 die Präsidentin des Polnischen Roten Kreuzes, Irena Domanska, dem Präsidium des DRK in Bonn einen offiziellen Besuch ab, bei dem die ersten Verhandlungen stattfanden über die Humanisierung der Existenzbedingungen der in Polen lebenden Deutschen und die Zusammenführung der durch die Kriegsereignisse getrennten Familien. Frau Dr. Domanska erklärte sich bereit, ein Mitglied des Präsidiums des Deutschen Roten Kreuzes in Warschau zu empfangen.

Auf den Tagungen der Interparlamentarischen Union hatte ich

keine Gelegenheit vorübergehen lassen, mit polnischen Delegierten über das gemeinsame Interesse Deutschlands und Polens an der Einbeziehung beider Länder in eine atomwaffenfreie Zone zu sprechen, wie sie der polnische Außenminister Rapacki zur Diskussion gestellt hatte. Gelegentlich wurde gefragt, ob sich wohl ein Deutscher von politischer Bedeutung bereit finden werde, auch angesichts der zwischen beiden Völkern bestehenden Spannung eine Reise nach Polen zu unternehmen und – ohne Verbindlichkeit – politische Gespräche mit polnischen Persönlichkeiten zu führen. Meine Antwort war, daß es auf die Art der Einladung ankomme. Wenn diese in einer Weise erfolge, die dem Eingeladenen keinen Verzicht auf Selbstachtung als Deutscher zumute, werde sich eine geeignete Persönlichkeit finden.

Im Dezember 1957 erhielt ich einen Brief des Rektors der Universität Warschau, Professor Turski, mit der Anfrage, ob ich bereit wäre, als Gast der Universität Warschau einen Vortrag über ein Thema aus dem Bereich der Politischen Wissenschaften zu halten. Mein Besuch werde keiner zeitlichen Begrenzung unterworfen und meine Beweglichkeit nicht eingeschränkt sein. Ich nahm die Einladung an. Daß mein Entschluß Mißverständnissen ausgesetzt sein, daß man meinen Patriotismus in Zweifel ziehen würde, war vorauszusehen. In einem Gespräch mit Erich Ollenhauer, Fritz Erler und Herbert Wehner kamen die möglichen Konsequenzen zur Sprache, vor allem was die Glaubwürdigkeit unseres Wiedervereinigungsanspruches und unseres Protestes gegen die einseitige Abtrennung der Ostgebiete sowie gegen die Auslegung des Potsdamer Abkommens durch die polnische Regierung anlangte. Wir hielten für gewiß, daß meine Reise nicht überall in der Partei Anklang finden würde und daß mit Protesten der Vertriebenenverbände gerechnet werden mußte. Ich war bereit, dies in Kauf zu nehmen.

Außenminister Heinrich von Brentano, den ich über meine Absicht informierte, befürchtete ebenfalls Mißverständnisse und riet mir ab. Als ich festblieb, sicherte er mir die Unterstützung seines Amtes zu.

Für die Fahrt durch das Gebiet der DDR brauchte ich ein Visum. Es von der Regierung der DDR zu erbitten, kam bei dem Stand des politischen Bewußtseins in der Bundesrepublik nicht in Betracht. Der Leiter der Polnischen Militärmission in Berlin half: Er stellte mir ein »Reisepapier« aus, das nicht nur von den polnischen Grenzbehörden an der Oder, sondern auch von den Polizisten der DDR honoriert werden würde. Sollte es zu Schwierigkeiten kommen, würde er mich in seinem Wagen nach Warschau fahren lassen. Ich legte das »Reisepapier« in meinen Paß und fuhr am 9. März 1958 von Berlin aus gen Osten.

Das polnische Papier brachte die Grenzsoldaten der DDR sichtlich in Verlegenheit, aber sie ließen mich auf gutes Zureden hin passieren, und an der Brücke in Frankfurt an der Oder gelang es dem polnischen Grenzoffizier, seinen Kollegen aus der DDR zu überzeugen, daß mein Dokument zu respektieren sei.

Jenseits der Grenze war viel Zerstörtes zu sehen. Das Land war gut bestellt, doch schienen mir die Bewohner der Dörfer und Höfe noch nicht den rechten Mut zu haben, aufwendige Reparaturen an den ihnen zugewiesenen Häusern zu wagen. Vor Warschau erwartete mich an dem mit der Militärmission in Berlin vereinbarten Treffpunkt ein Beamter des Rektorats, der mich zum Hotel brachte, in dem mich Professor Jerzy Sawicki begrüßte, der mein ständiger Begleiter werden sollte.

Der Rektor der Universität empfing mich im Kreise der Dekane. Es kam sehr schnell zu einem »Gespräch unter Kollegen«, in dem wenig über die aktuellen politischen Probleme unserer Länder gesprochen wurde, dafür um so mehr von den Schwierigkeiten, die es in Warschau zu überwinden galt, um wieder zu einem geordneten Lehr- und Forschungsbetrieb zu kommen. Alle Gebäude der alten Universität waren zerstört worden, zweihundert Professoren und Dozenten waren nicht mehr aus dem Krieg zurückgekehrt, die Bibliothek bis auf wenige Bestände vernichtet. Aber man hatte darauf bestanden, die Prunkgebäude völlig zu restaurieren. Der Rektor meinte, es wäre natürlich billiger gewesen, die Gebäude in Beton hochzuziehen und »funktionell« einzurichten. Aber den Polen erscheine es wichtiger, der Jugend vor Augen zu führen, in welcher Tradition sie stehe . . .

Beim Rundgang durch die Stadt konnte ich voller Staunen feststellen, was sich die Polen die Wiederherstellung des alten Stadtbildes mit allen Details kosten ließen. Ich verstand jetzt, welche Rolle die Identifikation des einzelnen mit der Geschichte der Nation für das Selbstbewußtsein eines jeden Polen spielt. Aus der Kraft des Glaubens an sich und seine Bestimmung hat dieses Volk die Seelenkräfte geschöpft, die es vier Teilungen des Landes und die Auslöschung seiner Staatlichkeit überstehen ließen.

Im blutverschmierten ehemaligen Gestapokeller schrieb ich in das Besucherbuch, was ich »an diesem Orte deutscher Schande« empfand. Und vor dem Denkmal in der Wüstenei, wo einst das Getto war, habe ich lange gestanden. Einige Jahre später hat Willy Brandt an der gleichen Stelle seinen Kniefall getan.

Meinem Vortrag in der Universität über die »Staatsauffassung Niccolo Machiavellis« stellte ich folgende Sätze voran: »Von einem Katheder dieser Universität lehrend das Wort zu ergreifen, ist für einen Deutschen nicht möglich, ohne zuvor zu sagen, welche Gefühle ihn bewegen – weiß er doch, daß er in einem Lande spricht, dem von Menschen seines Volkes unendlich Leid zugefügt worden ist in Verbrechen ohne Zahl. Wenn es eine Kollektivschuld im strafrechtlichen Sinne des Wortes auch hierbei nicht geben kann, so weiß jeder redliche Deutsche, daß die an Polen begangenen Untaten auch auf seinem Gewissen lasten – auch auf dem Gewissen dessen, der mehr als ein Jahrzehnt seines Lebens damit zugebracht hat, die Herrschaft des Unmenschen zu bekämpfen. Er weiß auch, daß das, was in Ihrem Lande geschehen ist, mit nichts aufgerechnet werden kann, das Deutschen angetan worden sein mag. Solche Untaten können nicht vergessen werden – sie dürfen vor allem nicht von denen vergessen werden, in deren Namen sie begangen wurden. Vielleicht können sie vergeben werden, aber darum darf man nicht bitten! Vergebung ist ein freies Geschenk dessen, der gelitten hat. Aber vielleicht können wir trotz des Schrecklichen versuchen, miteinander am Aufbau einer Welt zu arbeiten, die so menschlich sein wird, daß es unseren Kindern unmöglich ist zu begreifen, daß einmal geschehen konnte, was wir als Wirklichkeit erlebten. Ich deute den Umstand, daß Ihre berühmte Universität, die Anführerin so vieler Kämpfe für Freiheit und Menschenwürde, mich eingeladen hat, diese Vorlesung zu halten, als einen großmütigen Schritt auf diesem Wege, als ein Zeichen der

Menschlichkeit, das sich den vielen Ehren hinzufügt, die ihr Ruhm einbrachten.«

Nach der Vorlesung lernte ich bedeutende Mitglieder des Lehrkörpers kennen, die schon an Universitäten in Amerika und England gelehrt und ihre wissenschaftliche Laufbahn zumeist in Lemberg begonnen hatten. Sie waren stolz darauf, »Galizianer« zu sein ... In der Seele dieser Menschen hatte das alte Österreich freundliche Gefühle hinterlassen.

Ich folgte einer Einladung des Vorsitzenden des Außenpolitischen Ausschusses, Jerzy Morawski, den ich von der Interparlamentarischen Union her kannte, in den Sejm. Wir wußten beide, daß es nützlich sein könnte, uns gegenseitig die Standpunkte unserer Regierungen zu erläutern. Über die Oder-Neiße-Linie wurde nicht gesprochen, aber über die Möglichkeit der Einbeziehung Mitteleuropas in eine atomwaffenfreie Zone. Polen sei bereit, sagte mein Gesprächspartner, normale Beziehungen mit der Bundesrepublik aufzunehmen; es bedürfe keiner Erklärung der Bundesregierung, daß sie zuvor die Oder-Neiße-Linie anerkenne. Man habe über genug andere Probleme zu reden ...

Das vorgesehene Gespräch mit Außenminister Rapacki kam wegen seiner Erkrankung nicht zustande; an seiner Stelle empfing mich der stellvertretende Außenminister, Marian Naskowski, ein engagierter Altkommunist von wachem Verstande. Ich hatte nicht den Eindruck, daß er von der praktischen Brauchbarkeit des Planes seines Ministers überzeugt war. Er legte Wert auf die Feststellung, daß die Politik Polens unverbrüchlich mit der Politik der Sowjetunion identisch sei, worauf ich ihm mit behutsamen Worten antwortete, daß es dann wohl logisch sei, daß die Bundesregierung auch in Fragen, die die Bundesrepublik und Polen beträfen, in erster Linie die Sowjetunion als ihren Verhandlungspartner betrachte ... Marian Naskowski war der einzige Pole von Rang, der mit solcher Eindringlichkeit die Identität der polnischen und sowjetischen Außenpolitik betonte. Ein geistlicher Würdenträger sagte mir: Jeder Versuch Polens, sich von dem sowjetischen Bündnis zu lösen, würde darauf hinauslaufen, daß es sich zwischen zwei Stühle setze, und das werde man unter allen Umständen zu vermeiden suchen, auch wenn man die Freundschaft der Sowjetunion teuer zu bezahlen habe. Das für das polnische Volk Wesentliche werde die Kirche zu wahren wissen . . .

Zu einem Gespräch mit Wladyslaw Gomulka kam es nicht. Ich erfuhr, daß Ostberlin gebeten hatte, meinen Besuch nicht hochzuspielen. Dafür hatte ich Gelegenheit, bei einer Pressekonferenz im Institut für Außenpolitik mit Redakteuren der Warschauer Presse zu debattieren. Die Polen empfanden die Zwischenfragen einiger ihrer Kollegen aus der DDR als störend.

Ich hatte inzwischen ausreichend Beweise sammeln können, daß die Mitgliedschaft der Bundesrepublik in der NATO den Polen ernste Sorgen bereitete. Sie hielten Konrad Adenauer – der gerade zum Ritter des Deutschen Ordens gekürt und in schwarzweißem Mantel abgebildet worden war – für einen Nationalisten und Militaristen und Franz Josef Strauß für einen bösen Revanchisten. Ich legte ihnen die negative Stellung der Sozialdemokraten zur außenpolitischen Konzeption Konrad Adenauers dar, betonte aber, daß man sich in Polen im Irrtum befinde, wenn man diesen Mann für einen Nationalisten und Militaristen halte: Die Annahme der Ritterwürde im Deutschen Orden sei nicht viel anders zu bewerten als die Entgegennahme eines Ehrendoktorhutes, und für die Sünde des Nationalismus und Militarismus fehle es ihm, dem Rheinländer, an allen Voraussetzungen. In der Bundeswehr sähe er die Schutztruppe zur Bewahrung von Ordnung, Wohlfahrt und Demokratie in der Bundesrepublik, die er durch den »großen roten Bären« im Osten für bedroht halte. Franz Josef Strauß sei kein vom Drang nach dem Osten besessener Krieger; manches von dem, was sie an seiner Art für bedrohlich ansähen, sei nichts anderes als von ihnen mißverstandene bayerische politische Folklore.

Die Polen hörten sich dies freundlich an, gaben aber deutlich zu verstehen, daß ihre Bedenken nicht ausgeräumt waren. Schließlich habe Konrad Adenauer doch wissen müssen, daß der Deutsche Orden für die Polen eines der schrecklichsten Kapitel ihrer Geschichte bedeute. Er sei für sie das Symbol für den Willen der Deutschen, Polen zu unterwerfen, und nun komme der Mann, der Westdeutschland heute führe, ausgerechnet jetzt auf den Gedanken, sich zum Ritter dieses Ordens schlagen zu lassen! Das könne doch

nicht ohne Absicht geschehen sein . . . Manche gingen so weit, diesen
Ritterschlag mit dem Ankauf von Matador-Raketen für die Bundeswehr in Verbindung zu bringen. Heute brauche man die Deutschen
zwar nicht zu fürchten, aber was werde in zehn Jahren sein? Es
kränke die Polen, daß man sie in Deutschland nicht für gleichwertig
einzuschätzen scheine und es offenbar für unmöglich halte, daß ein
Pole ein guter Ingenieur oder Fabrikdirektor sein könne. Ich hatte
den Eindruck, daß sichtbare Zeichen erwartet wurden, die eine
andere Einschätzung der Polen durch die Deutschen bewiesen.

In einer Sitzung des Außenpolitischen Ausschusses des Sejm
wurden mir Fragen nach der Einstellung der Sozialdemokraten zur
Oder-Neiße-Linie gestellt. Meine Antwort war ebenso direkt wie die
Fragen: Die Ostgrenzen Deutschlands würden im Friedensvertrag
festgelegt werden, der gleichzeitig mit der Festsetzung der Grenzen
ein System kollektiver Sicherheit für Mitteleuropa organisieren
werde. Bis dahin seien Interimsregelungen notwendig, über deren
Inhalt und Tragweite zwischen der Bundesrepublik und Polen
verhandelt werden müsse. Ich bekam zur Antwort: Mit der DDR,
dem unmittelbaren deutschen Nachbarn, habe man die Oder-Neiße-
Linie als Friedensgrenze festgelegt. Da die Bundesrepublik kein
unmittelbarer Nachbar Polens sei, seien auch Verhandlungen mit ihr
über die polnische Westgrenze nicht erforderlich. Man erwarte von
der Bundesregierung eine Erklärung, daß sie die Zugehörigkeit der
Gebiete östlich von Oder und Neiße zur Republik Polen anerkenne
und daraus die politischen und völkerrechtlichen Konsequenzen zu
ziehen bereit sei.

War dies ein unergiebiges Gespräch? Es ist immer gut, im Gespräch
mit jenen, auf die es ankommt, zu erleben, welche Härtequalität der
Differenz der beiderseitigen Auffassungen von Recht und Unrecht,
richtig und falsch, nützlich und schädlich, fördernd und hemmend
zukommt. In Krakau sollte mir einige Tage später ein angesehener
Professor auf meine Frage, ob er denn die Annexion Schlesiens, Danzigs
und des größten Teils von Ostpreußen ohne Befragung der Bevölkerung
für gerecht halte, antworten: »Das Schwert ist gerecht . . .«

Nach einer Besprechung beim Polnischen Roten Kreuz verließ ich
Frau Domanska mit der Überzeugung, daß wir bei der Lösung der

mit der Familienzusammenführung zusammenhängenden Fragen
auf die loyale Mitarbeit des Polnischen Roten Kreuzes würden
rechnen können. Daß sie ihre Organisation für gänzlich inkompe-
tent hielt, auf die Lösung politischer Fragen Einfluß zu nehmen,
litt keinen Zweifel.

Es kam auch das Schicksal der polnischen Frauen zur Sprache, die
in deutschen Konzentrationslagern zu medizinischen Versuchen
mißbraucht und zu Krüppeln gemacht worden waren. Konnte das
Deutsche Rote Kreuz nicht bewirken, daß die Bundesregierung trotz
des Londoner Schuldenabkommens diesen Opfern individuelle Entschädigungen anbot? Ich erklärte meine Bereitwilligkeit, diese Frage
an geeigneter Stelle in Bonn vorzutragen und eine würdige Lösung
vorzuschlagen; vielleicht könnte man auch das Internationale Komitee vom Roten Kreuz in Genf um Vorschläge bitten.

Das Präsidium des Deutschen Roten Kreuzes stimmte meinen
Vorschlägen zu. Sie wurden an die Regierung herangetragen, scheiterten jedoch am Widerstand des Finanzministers, der sich auf das
Londoner Schuldenabkommen berief und Folgeansprüche aus anderen Staaten befürchtete. Erst als ich in der Großen Koalition dem
Kabinett angehörte, konnte ich mich unmittelbar um eine Lösung
dieses Problems bemühen, dessen Offenhaltung uns wahrlich nicht
zur Ehre gereichte. Obwohl alle Ressorts ihre Zustimmung gaben,
blieb das Finanzministerium weiterhin unnachgiebig und schob die
Sache auf die lange Bank der Kompetenzen, bis sie schließlich durch
die Polenverträge der Regierung Brandt politisch gegenstandslos
wurde. Hätten wir rechtzeitig die rund 80 Millionen Mark angeboten,
um die es ging, hätten wir bei späteren Verhandlungen nicht unter
dem moralischen Druck gestanden, den man dieser unglücklichen
Frauen wegen zu bestehen hatte.

Meine Reise sollte mit dem Besuch Krakaus und Auschwitz'
abgeschlossen werden. Auf dem Empfang, den mir der Senat der
Universität Krakau gab, traf ich zu meiner Freude den Senior der
Völkerrechtswissenschaft Polens, Professor Ehrlich, den ich noch aus
meiner Zeit in Den Haag kannte. Er begrüßte mich herzlich und
erwähnte die böse Zeit nicht, die er in einem deutschen Konzentrationslager hatte verbringen müssen. Er erinnerte mich an den Besuch

von Theodor Heuss vor dreißig Jahren in Krakau – auch mit ihm sei über deutsch-polnische Verständigung gesprochen worden. Das hätte nicht verhindern können, daß in der Zwischenzeit böse Dinge geschahen. Wir sollten aber von der Gegenwart und von der Zukunft sprechen . . .

Daß viele der Professoren, die ich an diesem Abend traf, zu denen gehörten, die am 6. November 1939 in eine Falle gelockt und verhaftet worden waren, erfuhr ich aus dem Bericht eines weißhaarigen Kollegen: »Da kam ein SS-Obersturmführer namens Müller zum Rektor und sagte, die Besatzungsbehörden wünschten, daß er, Müller, einen Vortrag über ›Das Verhältnis des Deutschen Reiches und des Nationalsozialismus zu den Wissenschaften‹ halte.« Der größte Teil der Professoren sei am 6. November zu diesem Vortrag gekommen und hätte auch Bekannte mitgebracht, die sich für das Verhältnis des neuen Deutschland zu den Wissenschaften interessierten. Doch SS-Obersturmführer Müller sei mit bewaffneten SS-Männern in die Aula gekommen und habe sämtliche Anwesende verhaften lassen, 144 Professoren, Lektoren, Dozenten und 39 andere polnische Bürger. Ein Teil der Professoren sei 1940 aus dem Konzentrationslager Sachsenhausen entlassen worden; die anderen hätten bis Kriegsende in Dachau bleiben müssen.

Vor der staatswissenschaftlichen Fakultät wiederholte ich meine Warschauer Vorlesung und hatte Gelegenheit, im Gespräch mit Studenten zu spüren, daß wissenschaftlicher Eros ihr Studium erfüllte. Ich ging mit den Kollegen durch die uralten Gebäude der 1364 gegründeten Universität, an der Kopernikus studiert hatte. In der Jagellonischen Bibliothek erstaunte mich, welch großer Raum der Rechtsgeschichte eingeräumt war und in welch hohem Ansehen die Klassiker der deutschen historischen Rechtsschule standen. Ich sah eine Bibliographie von Schriften aus dem Gebiet der Altertumswissenschaften aus den Jahren 1945–1949, die 783 Nummern aufwies. In den Universitätsbuchhandlungen lagen die Schriften polnischer Humanisten; sowohl die Dissertationen als auch die Kommentare waren lateinisch verfaßt.

Im Wawel, dem alten Schloß der polnischen Könige, wurde sichtbar, wie eng Krakau einst der Renaissance Italiens verbunden war. Ich stand bewundernd vor den Schätzen des Prunkzeltes des Sultans, das die Panzerreiter Jan Sobieskis vor den Mauern Wiens erbeutet hatten. Krakau ist ein schönes Musterbild des Abendlandes. In den alten Vierteln erschien mir die Stadt wie ein Produkt der städtischen Kultur jenes Flandern, dessen Stolz die Tuchhallen und Bürgerhäuser waren. Das schönste Kleinod Polens schien mir der Altar des Nürnbergers Veit Stoß in der Kathedrale; die Art, wie er nach dem Krieg restauriert worden ist, ehrt Polen.

Auschwitz zu besuchen, erwies sich als unmöglich, die Straße war für Kraftwagen nicht passierbar. Jahre später sollte ich Gelegenheit erhalten, die Pilgerfahrt zu den Gaskammern zu unternehmen.

Wieder in Warschau, erfuhr ich, die Regierung der DDR habe wissen lassen, daß mein polnisches »Reisepapier« für die Rückreise nicht anerkannt werden würde; die Botschaft der DDR in Warschau würde mir ein Durchreisevisum geben, falls ich dieses schriftlich beantragte. Daraufhin flog ich über Kopenhagen nach Hause.

Ich berichtete den Führungsgremien in Bonn über meine Eindrücke. Viele Zuhörer stimmten meinen Schlußfolgerungen zu; einige fanden, daß ich mit meinen Vorschlägen der Sache der Heimatvertriebenen Schaden zugefügt und gegen die Prinzipien der Wiedervereinigungspolitik der Partei gehandelt hätte. Sprecher der Heimatvertriebenenverbände sparten nicht mit Vorwürfen, und im Bundestag warf mir ein Abgeordneter vor, ich hätte mit meiner Eintragung in das Besucherbuch des Gestapokellers in Warschau gegen die nationale Würde verstoßen.

Außenminister Heinrich von Brentano dankte für meinen Bericht mit der Bemerkung, meine Erlebnisse in Polen seien interessant und zum Teil auch für ihn erfreulich, aber sie vermochten die Regierung nicht zu veranlassen, ihre Politik gegenüber Polen zu überprüfen.

Mit meinen Artikeln über das in Polen Gesehene und Gehörte habe ich in der deutschen Öffentlichkeit wenig politische Wirkung erzielt. In Polen scheint mein Besuch auflockernd und aufklärend gewirkt zu haben – so versicherte es mir nach der Unterzeichnung des Deutsch-Polnischen Vertrages Staatspräsident Cyrankiewicz.

Israel

Seit jener Begegnung 1950 in Istanbul und seit den Verhandlungen über das erste Wiedergutmachungsabkommen mit Israel hatte ich mich um Kontakte mit israelischen Politikern bemüht. Was ich von ihnen auf den Tagungen der Interparlamentarischen Union hörte, gab wenig Hoffnung, daß sich die verschlossene Tür in der Mauer, die unsere beiden Völker trennte, bald öffnen werde. Um so notwendiger schien mir zu sein, über die Möglichkeiten fruchtbarer Beziehungen nachzudenken. Als mir Felix E. Shinnar, der Leiter der diplomatischen Mission Israels, eine Einladung seiner Regierung zur Teilnahme an der Feier zum zehnten Jahrestag der Staatsgründung übermittelte, flog ich am 21. Oktober 1959 mit meiner Tochter nach Israel. Im Haus Shinnars trafen wir mit Regierungsmitgliedern zusammen, die einst Bürger der Weimarer Republik gewesen waren. Dank Felix Shinnars Einführung entstand ein Gespräch, das mir nützliche Einsichten in die Schwierigkeiten vermittelte, mit denen der junge Staat zu kämpfen hatte. Daß mit großer Bitterkeit über das Unrecht gesprochen wurde, das im Namen des deutschen Volkes den Juden angetan worden war, hatte ich erwartet, doch mich traf tief, wie unwiderruflich das Nein der einstigen Deutschen, unter ihnen Teilnehmer am Ersten Weltkrieg, gegen jedes Noch-zu-Deutschland-gehören-Können war.

Felix Shinnar brachte mich zu Ministerpräsident Ben Gurion. Ich wußte viel von diesem erstaunlichen Mann, der schon vor dem Ersten Weltkrieg mit einer Handvoll Gesinnungsgenossen aus einem russischen Getto in das Land seiner Väter gezogen war, um dort für jene, die nachfolgen sollten, eine menschenwürdige Heimat aufzubauen. Die Juden, die nach Israel kamen, sollten nicht mehr »Ärgernis der Völker« sein, unter denen sie in der Zerstreuung lebten; sie sollten Brot von ihrer Hände Arbeit essen; sie sollten als das Volk des »Buches« ein Handwerker- und Bauernvolk werden, das sich seinen Lebensraum schafft, ohne fragen zu müssen, ob es geduldet sei. Nun hatte er nach langen Wartejahren den Staat der Juden geschaffen.

Ich stand einem Mann gegenüber, in dessen Stirn das Leben Runen seiner Freuden und Leiden, seiner Sorgen und Triumphe eingeschrieben hatte, und wußte nicht, wie das Gespräch beginnen. Ihm schien meine Verlegenheit nicht entgangen zu sein, denn er sagte mir ohne Übergang in gebrochenem Deutsch: »Gerade hat mir der Polizeichef von Tel Aviv gemeldet, daß man zwei Einbrecher verhaftet hat, Juden, verstehen Sie! Endlich sind wir ein normales Volk geworden ...« Der Bann war gebrochen; wir sprachen von der Idee des Zionismus, vom »Land« und vom »Volk« und vom Staat, dem nicht erlaubt sei, sich für das Reich Gottes zu halten. Das Volk der Juden sei eine Glaubens- und Schicksalsgemeinschaft, deren größerer Teil wie bisher über die ganze Welt zerstreut werde leben müssen. Aus jenen seiner Kinder aber, die Israel fruchtbar machen und zu ihrem Schicksal erwählen wollen, beginne eine Staatsnation zu werden. Als ich ihn fragte, ob nicht die Gefahr bestehe, daß ein israelisches Staatsvolk so nationalistisch und töricht werden wie andere Nationen auch und damit die Hingabe an die Welt des Geistes vergessen könne, die sein Volk in der Zerstreuung durch die Jahrtausende ausgezeichnet habe, antwortete er: »Vielleicht werden wir so dumm und töricht werden wie andere Nationen auch, sicher aber dabei so glücklich sein wie sie ...«

Ich hatte schon lange vor dieser Reise gehört, daß Ben Gurion noch in hohem Alter Griechisch lernte, um Platon im Urtext lesen zu können. Ich brachte die Sprache darauf. Von Platon kamen wir dann zu Spinoza, und es zeigte sich, daß der wegen Ketzereien aus der jüdischen Gemeinde zu Amsterdam Ausgestoßene für ihn der bedeutendste Philosoph der Neuzeit war. »Ich werde der Welt noch beweisen, daß seine Philosophie die Vollendung der Platonschen ist!« Viele Jahre später konnte ich ihm bei einem Besuch in seinem Kibbuz Sde Boker, in dem er nach Niederlegung seines Amtes lebte, Platons Dialoge in einem Amsterdamer Druck von 1650 überreichen.

Er bat mich, mit meiner Tochter sprechen zu dürfen, am besten unter vier Augen, weil das Gespräch dann freier würde. So geschah es. Meine Tochter sagte mir nachher, der alte Mann habe sie gebeten, ihm zu erzählen, was die deutsche Jugend denke, wie sie fühle, was sie befürchte und was sie erhoffe.

Später erzählte mir ein Besucher aus Israel von einer Knesset-Sitzung, in der Ben Gurion von der Opposition gescholten worden sei, er setze zu viel Vertrauen in den Gesinnungswandel der Deutschen. Vielleicht seien diese Vorstellungen für die ältere Generation zutreffend, die deutsche Jugend aber werde heute und morgen so nationalistisch und gefährlich sein wie in der Zeit der Verfolgungen. Da habe Ben Gurion widersprochen und von seiner Unterhaltung mit meiner Tochter berichtet; er glaube der Tochter Carlo Schmids und wisse daher, wie die deutsche Jugend fühle und denke. Von dieser Jugend sei nichts Böses für das Volk der Juden zu befürchten.

Als Gast Ben Gurions nahm ich an der Militärparade teil, die im Stadion Tel Avivs zur Feier des zehnten Jahrestages der Gründung des souveränen Staates Israel stattfand. An hohen Masten flatterten die blau-weißen Fahnen, und auf den Tribünen schwenkten die Menschen blau-weiße Fähnchen. Ich saß zwischen Ben Gurion und Außenminister Moshe Sharett, der mir von den Tagungen der Interparlamentarischen Union her wohlbekannt war. Durch das Tor des Stadions zogen die Fahnenkompanien aller Waffengattungen. Die Soldaten marschierten in gemessenem Paradeschritt und unter klingendem Spiel an der Tribüne vorüber. Ben Gurion fragte mich, wie mir der Aufmarsch gefallen habe. »Sehr gut«, antwortete ich, »man hätte meinen können, ein preußisches Armeekorps paradiere am Sedanstag . . .« Ben Gurion lachte. An Preußen sei nicht alles so schlecht gewesen, wie oft gesagt werde. Er möge es nicht, daß auf alles gescholten werde, was von Deutschland ausgehe. Schließlich sei der Zionismus ja auch als Kind der deutschen Romantik auf die Welt gekommen, und in den Kibbuzim sei einiges aus der Zeit der deutschen Jugendbewegung vor dem Ersten Weltkrieg wirksam geworden.

Nach Jerusalem, der den Juden, Christen und Moslems gleichermaßen heiligen Stadt, fuhren wir die steile Straße hinauf, an deren Rändern ausgebrannte Panzerwagen an die Kämpfe von 1949 erinnerten. Von der Paßhöhe aus erblickten wir die Stadt: die Bauten der aufgelassenen Universität, die Kuppeln der Moscheen auf dem Tempelberg, die russische Kirche auf dem Ölberg, die Mauerkrone der Altstadt. Der Hauptteil von König Davids Stadt lag – für Juden unzugänglich – im jordanischen Sektor des geteilten Jerusalem. Uns wurden die Bauten im neuen Teil der Stadt gezeigt; zuletzt standen wir an dem hochgelegenen Punkt der Altstadt, an dem Israels und Jordaniens Grenzen im spitzen Winkel aufeinandertrafen. Einen Steinwurf von uns entfernt wachten jordanische Soldaten, das Gewehr im Anschlag, hinter schützenden Sandsäcken.

Über die neue Straße fuhren wir durch die Negev-Wüste nach Eilat am Roten Meer, vorbei an Beersheba und den Kupferminen König Salomos, vorbei auch an den israelischen Baukolonnen, die mit Pickel und Schaufel in der Sonnenglut den Bau der noch längst nicht fertigen Straße vorantrieben. In Eilat standen nur Baracken, aber schon waren junge Bäume gepflanzt und floß von weither durch mächtige Betonröhren Wasser zur Berieselung neuer Plantagen. An der Bucht waren die Maße des künftigen Hafens abgesteckt; vom jenseitigen Ufer leuchteten die weißen Häuser des jordanischen Akaba.

Unseren letzten Tag in Israel verbrachten wir am See Genezareth. Am Hügel der Bergpredigt ruhten wir, in erinnerndes Schweigen versunken, lange im Schatten der Bäume des Franziskanerklosters. Als ich beim Abflug gefragt wurde, was für mich der größte Nutzen dieser Reise gewesen sei, war meine Antwort: Ich wisse nun, daß es nicht erlaubt sei, am Menschen zu verzweifeln. Ich dachte an die Bürger dieses Landes, die größte Opfer auf sich nehmen, um eine staatliche Gemeinschaft zu bilden, in deren Schutz sie sich als freie Kinder Israels verwirklichen können.

Im Winter 1959/60 fuhr ich wiederum nach Israel, um an der Hebräischen Universität meine Vorlesung über »Die Entwicklung des Menschenbildes in der europäischen Geistesgeschichte« zu halten.

Ich glaube, daß der Dank, den mir Professor Ernst Simon im Namen des Auditoriums übermittelte, den Wert meiner Reise in das Schicksalsland Israel am besten darlegt: Er verlas die Stelle aus dem Talmud (Traktat Sanhedrin 46 f.), darin die Vorschrift des Deuteronomium, Kapitel 21, Vers 21 und 22, besprochen wird, wonach man einen Gehenkten nicht über Nacht am Galgen hängen lassen dürfe, denn »der Gehenkte ist ein Fluch Gottes«. Dies wird wie folgt kommentiert: »Denn eine Lästerung Gottes ist ein Aufgehängter – es ist eine Geringschätzung des Königs: denn der Mensch ist in Seinem

Ebenbilde erschaffen und Israel sind Seine Kinder; das ist Zwillings-
brüdern zu vergleichen, die einander ähnlich sind – der eine ist ein
König, und der andere wird als Räuber ergriffen und gehängt. Alle,
die ihn sahen, sprachen: Dort hängt der König! Da befahl der König,
ihn herabzunehmen.«

Ich muß es dem Leser überlassen, dieses Gleichnis auf das
Zwillingsverhältnis der Völker anzuwenden, denen Ernst Simon und
ich angehören. Ich wußte nun, daß es Hoffnung gibt, daß das
Verhältnis unserer Völker mitmenschlich-brüderlich werden kann,
wenn jeder einzelne von uns und wir alle zusammen deutlich machen,
daß wir nicht vergessen werden, was im deutschen Namen geschah
und was wir geschehen ließen.

Diese zweite Reise in das Land, dessen Heilige Bücher auch uns
Deutsche formten, ließ mich Menschen treffen, die es ein Jahr zuvor
wahrscheinlich noch abgelehnt hätten, mit einem Deutschen Gedanken auszutauschen. Ich war einige Tage Gast in einem Kibbuz am
Fuße des Hermongebirges, dessen Bewohner – viele kamen aus
Deutschland, aus der Frankfurter Gegend –, mich zwar nicht mit
offenen Armen aufnahmen, aber mir die Gastfreundschaft erwiesen,
mit der man Menschen aufzunehmen pflegt, die von guten Freunden
empfohlen werden. Ich fand, daß hier verwirklicht war, wovon wir
einst als Wandervögel geträumt hatten: auf selbstgerodetem Boden
eine Heimat zu schaffen, in der sich die Menschen lieben, die in den
verschiedensten Ausprägungen gleichen Sinnes sind und mit denen
man sich nach der Arbeit dem Gespräch und der Freude ergeben
kann. So gut wie keiner, der dies nach dem Ersten Weltkrieg bei uns
versuchte, hat sein Glück dabei gefunden. In Israel konnte es
gelingen, weil ein großer Teil des über die Erde verstreuten Volkes im
gemeinschaftlichen Siedeln die Chance erblickte für die Heranbildung
einer moralischen Elite, die den Kern darstellte, um den herum sich
die Vielfältigkeit der ins Land der Väter zurückgekehrten Menschen
zu einer Nation Israel integrieren konnte.

In Jerusalem war der Bau neuer Stadtviertel in Angriff genommen
worden und der Ausbau des Universitätscampus vorangekommen. In
die Altstadt konnte ich mich erst später, nach dem Sechstagekrieg von
1967, begeben. Das neue Jerusalem vermittelte den Eindruck hoher

Noblesse. Ich vermochte nicht zu glauben, daß die Teilung dieser Stadt ewig währen würde. Ich glaubte noch an die Vernunft der Regierungen der Großmächte, in deren Hand auch hier das Schicksal lag. Es bedurfte der »Unvernünftigkeit« des Sechstagekrieges, um die Vernunft der Geschichte wiederherzustellen.

In der Kirche eines ehemaligen französischen Frauenklosters hörte ich ein Barockkonzert: Werke von Schütz und der Bach-Familie wurden von jungen Israelis, von denen manche Uniform trugen, gespielt und auf deutsch gesungen, wie ich sie reiner und getreuer auch in Deutschland nicht gehört habe.

Am Heiligen Abend wäre ich gerne nach Bethlehem gegangen, aber es war unmöglich, ohne zeitraubende Umwege dorthin zu kommen. So beschloß ich, Nazareth zu besuchen, wo das Fest der Christgeburt sicher nicht weniger feierlich begangen würde. Der Weg dorthin führte über Kana. Als ob man sie für mich bestellt hätte, fand in der orthodoxen Kirche eine Hochzeitsfeier statt. Ich ließ mir das Schauspiel einer Hochzeit von Kana in unserer Zeit nicht entgehen. Auf dem Kirchplatz waren Buden aufgestellt, in denen Süßigkeiten, Wurfschlangen, Klappern und Knallfrösche feilgeboten wurden. Viele Zuschauer hatten sich eingefunden, die ihrer Freude geräuschvollen Ausdruck gaben. Zum Glück gab es nichts Alkoholisches zu kaufen, obwohl die Bevölkerung nicht aus Mohammedanern zu bestehen schien. Mir fiel die Stelle aus der Vulgata ein: *»Vinum non habent . . .«* Fröhliche Musik auf zwei Akkordeons begleitete den Hochzeitszug des Bräutigams, eines netten Jungen, der verlegen dreinschaute und rasch in der Kirche verschwand, während einige seiner Freunde erst nach einem scherzhaften Dialog mit den Umstehenden durch das Portal traten. Einige Minuten später wurde die Braut von ihrer Familie und deren Freunden in feierlichem Zug zur Kirche geleitet. Sie saß tief verschleiert in einer Sänfte. Alles hier war reiner Orient. Die Scheu, mich aus Neugier unter Menschen zu begeben, die zu einer Zeremonie zusammengekommen waren, hinderte mich, die Kirche zu betreten, und so fuhr ich ohne weiteren Verzug nach Nazareth.

Der Großteil der Bevölkerung lebte von dem heilsgeschichtlichen Ruhm ihrer Stadt. Der Devotionalienhandel blühte wie überall auf der Welt an heiligen Stätten, und die Weihnachtsgottesdienste in den verschiedenen Kirchen waren Anziehungspunkte für Besucher aus aller Herren Ländern.

Eine vollkommen andere Welt zeigte mir Jakob Oleiski. Er brachte mich nach Natanya, wo er mir eine der berufsbildenden Schulen der ORT-Organisation, deren Initiator und Leiter er seit vielen Jahren war, vorführte, in deren modernen Lehrwerkstätten Jugendliche zu Facharbeitern ausgebildet werden und gleichzeitig einen Abschluß erwerben können, der zum Studium berechtigt. Daß an dieser Institution auch junge Afrikaner geschult wurden, machte deutlich, daß auch ein kleines Land Entwicklungshilfe leisten kann.

In Haifa führte mich der Bürgermeister, ein aus Österreich stammender Gewerkschafter, durch die Stadt und erzählte mir die Geschichte ihres noch lange nicht abgeschlossenen Wachstums. Von den Höhen aus sah ich inmitten der modernen Industrie- und Geschäftsgegend die Siedlung der schwäbischen Pietisten, die Prälat Hoffmann Mitte des letzten Jahrhunderts gegründet hatte, um das Ende der Zeiten in der Nähe des Tempels im Heiligen Land erwarten zu können. Diese »Templer« rodeten das Land und machten aus ihm fruchtbare Felder, bauten Giebelhäuser, gleich denen in ihrer alten Heimat, errichteten Schulen und ein Spital und wurden eine glückliche Exklave Schwabens im Orient. Im Ersten Weltkrieg blieb das »schwäbische Haifa« bestehen – im Zweiten ging es zugrunde. Die Briten siedelten die dritte und vierte Generation der Templer nach Australien um, soweit sie nicht nach Deutschland zurückkehren wollten. Ihre Häuser und Gärten aber geben noch heute Kunde von ihnen.

Von Haifa war es nicht weit nach Akkon, der Kreuzfahrerstadt, die schon dreitausend Jahre alt war, als 1022 die Hospitaliter-Ritter das Spital zum Heiligen Johannes bauten, aus dem 1099 der Ritterorden der Johanniter hervorging. Einige Jahre danach wurde hier auch der Orden der Deutschherren gegründet, der die Lande an der Ostsee bis hinauf nach Livland und Kurland eroberte und missionierte, bis seine Militärmacht 1410 bei Tannenberg zerbrach. 1799 hat ein General der Französischen Revolution namens Napoleon Bonaparte Akkon – vergeblich – belagert. Der Hügel, von dem aus er die Kanonade kommandierte, wird heute noch gezeigt.

Der Leiter des kleinen Museums, der einst Zahnarzt in Frankfurt gewesen war, führte mich durch die alten Gassen zum Hafen. Überall saßen Moslems mit ihren Wasserpfeifen auf den Terrassen der kleinen Kaffeehäuser und hörten die anti-israelischen Tiraden von Radio Kairo, und kein israelischer Polizist störte die Araber.

Wie auf der ersten Reise blieb ich eine Weile in Beersheba, wo das Grün frischer Pflanzungen das Braun des Wüstensandes um ein weiteres Stück zurückgedrängt hatte und die mächtigen Zementröhren bereitlagen, um von weither neuen Arealen des in den Jahrhunderten der Vernachlässigung abgestorbenen Bodens Wasser zuzuleiten, damit das Wort der Schrift wahr werde, daß die Zeit komme, da die Wüste wieder grüne.

Erneut war ich einige Stunden zu Gast bei Ben Gurion. Diesmal lernte ich bei ihm den neuen Außenminister Israels, Frau Golda Meir, kennen. Damals sprach sie nur englisch mit mir, doch einige Jahre später, bei einem Gespräch über lebenswichtige Fragen ihres Landes, bei dem mein recht kümmerliches Englisch sich als störend erwies, begann sie, mit mir deutsch zu sprechen, und erzählte mir dann, daß sie als junge Lehrerin in Milwaukee Einwandererkindern, die Jiddisch und Schwäbisch sprachen, Englischunterricht gegeben und auf diese Weise mühsam die deutsche Sprache erlernt hatte.

Die politischen Gespräche beschränkten sich auf naheliegende Probleme. Die Israelis fürchteten, die Geschlossenheit des Wirtschaftsgebietes der Europäischen Wirtschaftsgemeinschaft könnte ihre bilateralen Handelsbeziehungen zu den einzelnen Mitgliedstaaten des Gemeinsamen Marktes erschweren. Ich versuchte, diese Befürchtungen auszuräumen. Die Natur der Beziehungen zwischen dem Staat Israel und der Bundesrepublik war ein anderer Gesprächsgegenstand. Auf beiden Seiten, so Golda Meir, bestehe der Wunsch, diese Beziehungen durch den Austausch von Botschaftern zu normalisieren – aber es werde nicht leicht sein, die israelische Öffentlichkeit von der Notwendigkeit eines solchen Schrittes zu überzeugen. Der erkennbar gewordene Wille der Bundesrepublik, gutzumachen, was gutgemacht werden kann, werde den verständlichen Unwillen vieler Israelis abschwächen, meinte ich. Auf jeden Fall müsse der erste Schritt von Israel ausgehen; wenn die Regierung in Bonn die Initiative ergreife, werde es die israelische Regierung schwer haben, die Zustimmung des Volkes zu erreichen. Bei diesen Gesprächen vergab sich keine Seite etwas, und wenn ich von der deutschen Schuld gegenüber dem jüdischen Volk sprach, mißverstand dies keiner meiner Gesprächspartner als einen Versuch, um Gutwetter zu bitten.

Die Führung der Arbeiterpartei MAPAI, Ben Gurions Partei und die größte des Landes, lud mich ein, in der Parteischule Beth Berl zu sprechen, wobei sich der einstige Außenminister Moshe Sharett der Mühe unterzog, meine Ausführungen ins Hebräische zu übersetzen. In der Diskussion wurde deutlich, daß die ideologischen Probleme des neuen Selbstverständnisses der SPD hier nur wenig interessierten, um so mehr aber die Art und Weise, wie wir – falls wir an die Regierung kommen sollten – die praktischen Probleme anfassen würden, für deren Lösung es keine erprobten Rezepte gab; bestehe doch das Geschäft des Regierens in Bemühungen, mit Unvorhersehbarem fertig zu werden. Wie wollten wir es denn anstellen, mit den freiheitlichen Methoden, von denen unser Programm ausgehe, aus einer Welt, die unter dem Zwang der Notwendigkeit stehe, in eine Welt der Freiheit zu gelangen. »Wir Juden wissen, daß zuvor der Messias gekommen sein muß . . .«

Offensichtlich gab es in dieser Partei kein Dogma, das für alle verbindlich gewesen wäre – außer jenem, daß nichts getan werden darf, was dem Bestand Israels schaden kann. Ich hatte den Eindruck, mich unter Menschen zu befinden, von denen keiner bereit war, auf die Freiheit zu verzichten, sich Gedanken über alles zu machen, von denen aber jeder fest entschlossen war, ohne Vorbehalt mit allen anderen zusammenzustehen, wenn es um den Bestand des Staates ging.

Nach meiner Rückkehr unterrichtete mich die Israelische Mission in Bonn, daß Ben Gurion am 20. Januar 1960 in einer Debatte in der Knesset über den angeblichen Antisemitismus der Deutschen folgendes gesagt habe: Er sei nicht bereit, auch nur ein Wort aus seiner Rede zurückzunehmen, die er seinerzeit in der Knesset über das deutschisraelische Waffengeschäft gehalten habe. »Auch damals wußte ich, daß es Nazis in Deutschland und in anderen Ländern gibt; und in Ländern, deren Namen ich aus bestimmten Gründen nicht nennen

will, besteht ein starker Antisemitismus, und Synagogen werden in
Brand gesetzt; dennoch ziehen wir keine Konsequenzen jenem Land
gegenüber, mit dem wir normale Beziehungen unterhalten wollen.
Ich selbst konnte die Situation in Deutschland nicht beurteilen, denn
ich war nicht in Deutschland. Aber ich habe von einem Mann, dem
ich glaube und auf dessen menschliche Honorigkeit ich mich verlasse,
ich habe von Carlo Schmid gehört, daß seiner Meinung nach einer der
Mängel der deutschen Jugend der ist, daß sie allzusehr pazifistisch,
leichtfertig pazifistisch ist. In letzter Zeit ereigneten sich bedauerliche
Zwischenfälle, die, wie es scheint, in Deutschland begannen, sich aber
auch in anderen Ländern ereigneten. Die Juden der Welt wären, wie
in den meisten Fällen, so auch diesmal, sehr kurzsichtig, wenn sie den
Dingen, die nicht nur bedauerlich, sondern auch besorgniserregend
sind, nicht die notwendige Aufmerksamkeit schenkten. Ich lehne
hingegen die Bezeichnung ›Volk der Mörder‹, mit dem man die
Deutschen von heute bezeichnen möchte, ab, denn das würde einer
nazistischen Auffassung gleichkommen. Der Rassenwahn ist eine
schmutzige Sache, vor der wir uns zu hüten haben. Jeder Mensch soll
nach seinen Taten beurteilt werden, und das gleiche gilt für jedes
Regime. Es ist klar, daß es in Deutschland einen Antisemitismus gibt
und daß dort noch Nazis leben, aber das deutsche Volk von heute ist
keine Nation von Mördern, und seine Jugend von heute ist keine
Hitlerjugend – im Gegenteil, sie wendet sich dem anderen Extrem
zu.« Vielleicht waren einige dieser Sätze auch eine Frucht meiner
Reisen nach Israel.

In meinen Berichten an den Parteivorstand, den Außenminister
und den Außenpolitischen Ausschuß des Bundestages vertrat ich die
Auffassung, daß die bisherige Entwicklung des Verhältnisses beider
Staaten die Aufnahme diplomatischer Beziehungen zu Israel nunmehr
dringlich werden lasse. Zu diesem Schritt sei man in Jerusalem nicht
nur bereit, man halte ihn dort vielmehr für wünschenswert. Jedoch
sei man dort im Gegensatz zu mir der Auffassung, die Initiative habe
von Bonn auszugehen.

Die Vertreter meiner Partei im Auswärtigen Ausschuß waren
meiner Auffassung; die Vertreter der Regierungsparteien äußerten die
Befürchtung, ein solcher Schritt könne schwerwiegende Reaktionen

in den arabischen Staaten auslösen. Es sollte noch geraume Zeit dauern, bis es zur Aufnahme normaler diplomatischer Beziehungen zwischen Israel und der Bundesrepublik kommen konnte.

Die zweite Moskaureise

Im Präsidium der SPD war nach Chruschtschows Berlin-Ultimatum vom 27. November 1958 beschlossen worden, daß Mitglieder der Partei, die auch im Ausland bekannt waren, in die Hauptstädte der für die Deutschlandpolitik wichtigsten Staaten reisen sollten, um sich über dortige politische Vorstellungen zu informieren und die außenpolitischen Konzepte der SPD zu erläutern, über die im offiziellen Verkehr mit den amtlichen Stellen der Bundesrepublik nur wenig zu erfahren war.

Fritz Erler und ich sollten nach Moskau fahren. Einige Tage vor Antritt unserer Reise besuchte Chruschtschow Berlin und traf dort Erich Ollenhauer. Vor dem Parteipräsidium berichtete Ollenhauer, er habe in dieser Unterhaltung den Eindruck gewonnen, Chruschtschow sei bereit, »über alles zu sprechen«, auch über Fragen der Wiedervereinigung im Zusammenhang mit einem Friedensvertrag. Trotz der bedrohlichen Töne, die in letzter Zeit aus Moskau zu vernehmen waren, liege ihm an der Bewahrung des Friedens. Zwar halte die Sowjetregierung an ihrer Vorstellung fest, daß Westberlin als dritter deutscher Staat zu gelten habe, Chruschtschow habe jedoch nichts gegen den Verbleib einiger Truppenverbände der westlichen Alliierten in einer »Freien Stadt Westberlin«.

Fritz Erler und ich trafen am 11. März in Moskau ein. Wir galten als Gäste der Sowjetischen Sektion der Interparlamentarischen Union. An unserer ersten Gesprächsrunde in einem Konferenzsaal des Kreml nahmen Angehörige des Obersten Sowjets teil; der Leiter des Staatskomitees für Arbeit und Lohnfragen, Wolkow, der Vorsitzende der Gesellschaft zur Verbreitung politischer und wissenschaftlicher Kenntnisse, Nitim, wie auch der stellvertretende Vorsitzende des Gewerkschaftsverbandes, Solowjew, waren Angehörige des Zentralkomitees; einige Mitglieder des Ausschusses für Auswärtige

Beziehungen und der Chefredakteur der »Iswestija« nahmen ebenfalls an dem Gespräch teil, das sich über vier Stunden hinzog. Unsere
Annahme, daß unsere Gesprächspartner über die Bundesrepublik
und die Sozialdemokratische Partei Deutschlands wohlinformiert
seien, erwies sich als irrig. Sie meinten zum Beispiel, die Sozialdemokraten hätten im Bundestag für die atomare Aufrüstung der Bundeswehr gestimmt und die SPD trage die Verantwortung für das Verbot
der Kommunistischen Partei in der Bundesrepublik. Ich glaube auch
nicht, daß sie die Argumente für stichhaltig ansahen, die es uns
untunlich erscheinen ließen, Ulbricht als unseren eigentlichen Verhandlungspartner zu betrachten und eine Lösung der Deutschlandfrage über eine Konföderation mit der DDR zu suchen. Ihre
Meinung, daß ein Friedensvertrag alle Probleme, auch das der
Wiedervereinigung, lösen werde, weil die beiden deutschen Regierungen dann unmittelbar und souverän miteinander verhandeln könnten,
begegnete unserer Auffassung, daß der Weg für die Wiedervereinigung nur von den Mächten frei gemacht werden könne, die Deutschland geteilt hätten.

Es wurde eingehend über Abrüstung und Räumung der bisher
besetzten Gebiete Deutschlands von Truppen der Besatzungsmächte
diskutiert. Eine beiderseitige wirksame Kontrolle der Abrüstungs-
maßnahmen, wie wir sie uns vorstellten, stieß auf eisige Ablehnung.
Dieser Vorschlag, so meinten sie, bedeute die allgemeine Legalisierung der Spionage . . .

Im Außenministerium wurden wir vom stellvertretenden Außenminister Valerian Sorin erwartet. Er war nach der Moskauer Konferenz von 1955 der erste Botschafter der Sowjetunion in Bonn
gewesen. Sorin legte uns dar, daß die Sowjetunion den Status quo der
Nachkriegszeit als endgültig betrachte und sich in ihrer Politik
demgemäß verhalten werde. Der Westen werde gut beraten sein,
wenn er dies zur Kenntnis nehme. Für die Sowjetunion zählten Taten
und Tatsachen, und wenn der Westen dies begreife, werde es auch zu
einem Friedensvertrag mit beiden deutschen Staaten kommen, der die
Ergebnisse des Zweiten Weltkrieges festschreiben werde. Dann erst
könne man über die anderen Fragen sprechen, deren Ordnung im
Interesse eines dauerhaften Friedens notwendig sei.

Unsere Erklärung, ein Friedensvertrag setze die vorherige Beseitigung bestehender Spannungen voraus, sonst werde der Friede nur auf dem Papier stehen und die Krise trotz der Unterschriften weiterschwelen, beantwortete Sorin eisig: Wer den heutigen Spannungszustand in der Welt lösen wolle, müsse bereit sein, die durch den Ausgang des Zweiten Weltkrieges geschaffenen territorialen und anderen Tatbestände zu akzeptieren.

Diese Gespräche mit den europapolitischen Fachleuten der Sowjetunion ließen uns wenig Hoffnung, vom führenden Mann des Politbüros mehr Verständnis für unsere Thesen zu erfahren, dessen Stellung in Staat und Partei ihm die Befugnis gab, authentisch zu erklären, wozu die Sowjetunion bereit war, ja, und wo sie entschlossen war, nein zu sagen.

Zu dem Gespräch mit Chruschtschow, das für den 17. März verabredet war, wurden wir von einem Oberst abgeholt, der in der Vorhalle unseres Hotels wartete. Wir stiegen in seine große schwarze Limousine und fuhren zum Kreml. Am großen Tor der Außenmauer gab der Oberst das Paßwort; ein Klingelzeichen ertönte und hörte nicht auf, bis wir zum Tor des Amtsgebäudes kamen, wo uns ein anderer Oberst in Empfang nahm. Er begrüßte uns knapp, unser Begleiter verabschiedete sich ebenso knapp. Die vergitterte Tür des Fahrstuhls wurde geöffnet, wir fuhren hinauf und traten auf einen endlosen Korridor, auf dem niemand zu sehen war. Vor einer schlichten Tür wurde haltgemacht. Unser Begleiter klopfte – auf einen Ruf von innen drehte er den Türknopf und bat Fritz Erler, den Dolmetscher und mich hinein. Wir standen in einem schmucklosen, mäßig großen Zimmer, das trotz des Fensters gegenüber der Eingangstür ziemlich dunkel war. Nahe dem Fenster stand, beleuchtet von einer Lampe mit grünem Schirm, ein kleiner Schreibtisch, an dem ein älterer Mann saß, dem anzusehen war, daß er sein Leben in Kanzleien zugebracht hatte. Er deutete wortlos auf einige Stühle an der Wand zu unserer Rechten; wir setzten uns und warteten.

Bald hörten wir Schritte; die Tür uns gegenüber öffnete sich; ein junger Mann trat ein, dessen Gesicht mir bekannt vorkam. Es war der Dolmetscher, der an den Verhandlungen der Konferenz von 1955 teilgenommen hatte. Er gab uns lächelnd die Hand, sagte: »Willkom-

men im Kreml« und bat uns einzutreten. Wir betraten einen
länglichen Raum; an der rechten Wand hingen große Porträts von
Marx, Engels und Lenin, an der linken eine überdimensionale
Weltkarte. Ein Schreibtisch stand am Kopfende des Raumes quer
zur Längsachse, ein größerer, länglicher Tisch stieß rechtwinklig
dagegen, auf dem kleine Tabletts mit Mineralwasserflaschen und
Gläsern standen. Vor jedem Platz lagen Papier und Schreibzeug.
Hinter dem Schreibtisch saß lächelnd Nikita Chruschtschow. Er
sprang auf, kam mit kleinen Schritten auf uns zu, schüttelte mir
lange und herzlich die Hand. Nachdem ihm Fritz Erler und unser
Dolmetscher vorgestellt worden waren, nahmen wir an dem länglichen Konferenztisch Platz.

Chruschtschow schien sehr aufgeräumt. Er habe sich vor vier
Jahren eine schnellere und fruchtbarere Entwicklung der deutsch-
sowjetischen Beziehungen vorgestellt, begann er, aber in der Politik
dürfe man nicht ungeduldig sein, man müsse die Fakten nehmen, wie
sie sind. Die Erfahrung zeige, daß auch hartnäckig verteidigte
Positionen geräumt zu werden pflegen, wenn man schließlich einsehen muß, daß sie nicht gehalten werden können ... Dies gelte für alle
Seiten, aber ihm scheine, daß dies vor allem den Politikern der
Bundesrepublik in die Erinnerung gerufen werden müsse. Gerade
ihnen falle es offenbar besonders schwer zu erkennen, was der Krieg
und die Ereignisse der Nachkriegszeit an irreversiblen Tatsachen
geschaffen haben ... Er könne sich unsere Antwort vorstellen: etwa,
daß man in der Politik niemals »niemals« sagen dürfe; vielleicht auch,
daß niemand wissen könne, ob etwas wirklich irreversibel ist, da die
Geschichte ja in stetiger Veränderung begriffen sei ... Das alles sei
richtig. Aber manche Dinge lägen eben trotzdem unverrückbar fest,
weil nun einmal manche Staaten deren Festschreibung um ihrer
Lebensinteressen willen für notwendig hielten und andere, die es
anders haben wollten, sich entweder nicht stark genug fühlten, ihre
entgegengesetzten Vorstellungen durchzusetzen, oder anerkennen
müßten, daß ihre Freunde nicht gewillt seien, für sie die Kastanien aus
dem Feuer zu holen ...

Er spann das Garn weiter, gutgelaunt wie einer, der weiß, daß ihn
nur Fakten widerlegen können und es solche Fakten nicht gibt. Er

wies auf den Tisch: »Ich wage nicht, Sie aufzufordern, diesen Flaschen zuzusprechen – wer wird schon jemanden auffordern, Wasser zu trinken, wo es bei uns ein so gutes ›Wässerchen‹ gibt! Aber die Ärzte haben gesagt, Wasser sei gesünder als ›Wässerchen‹. Ich rate Ihnen: Fragen Sie nie Ärzte – sie können nichts anderes, als Ihnen verbieten, zu essen und zu trinken, was Ihnen schmeckt!«

Dann wurde er ernst. Er wisse, daß wir aus seinem Munde die politischen Vorstellungen und Absichten der Sowjetregierung erfahren wollten. Was die Partei und die Regierung der Sowjetunion für notwendig hielten und worüber sie unter keinen Umständen mit sich reden lassen würden, wolle er uns ohne Umschweife sagen: Die Sowjetregierung halte nichts von der deutschen These, die Ursachen der politischen Spannungen, unter denen die Welt leide und die den Frieden gefährden könnten, würden erst dann gegenstandslos, wenn den Deutschen gestattet worden sei, die Spaltung ihres Landes auf die eine oder andere Weise rückgängig zu machen. Der Sowjetregierung komme es darauf an, mit den beiden deutschen Staaten so rasch wie möglich einen Friedensvertrag abzuschließen, der die durch den Krieg geschaffene Lage festschreibe. Die Zeit dafür sei überreif. Die Sowjetregierung werde zu verhindern wissen, daß dieser Prozeß unter Berufung auf die angeblich notwendige vorherige Lösung bisher ungelöster Fragen erschwert oder verlangsamt werde. Die Deutschen verlangten, der Prozeß der Wiedervereinigung müsse von den Alliierten in Gang gesetzt werden. Vor einigen Jahren noch hätte man so vorgehen können, jetzt aber sei die Wiedervereinigung nicht mehr Sache der Alliierten, sondern ausschließlich Sache der beiden deutschen Staaten, die sich im übrigen in der Zwischenzeit weiter verfestigt hätten. Die Sowjetregierung lehne darum jede Vermischung des Friedensvertragsproblems mit der deutschen Frage ab. Wenn es nicht möglich sei, diesen Friedensvertrag mit beiden deutschen Staaten abzuschließen, weil der Westen dies verweigere, dann werde die Sowjetunion eben einen separaten Friedensvertrag mit der DDR unterzeichnen . . . Das sei sicher nicht die beste Lösung, doch für den Fall, daß der Westen sich nicht überzeugen lasse, sei die Sowjetunion entschlossen, dies zu tun.

Der Sowjetregierung komme es fürs erste auf folgendes an: Sie wolle, daß der bisherige De-facto-Zustand, wie er sich herausgebildet hat, weil der Westen auf sowjetische Vorschläge nie eine konkrete Antwort gegeben habe, in einen De-jure-Zustand verwandelt werde. Solange man sich gegenseitig Rechte bestreite und gegenläufige Interessen geltend mache, werde die Spannung in der Welt nicht nachlassen; und solange diese Spannung nicht nachlasse, könnten sich die Völker nicht friedlicher Arbeit widmen, jedenfalls nicht mit voller Kraft, und die Kriegsgefahr werde weiterschwelen. Die Sowjetunion sei jedoch entschlossen, den Ursachen dieser Gefahr ein Ende zu bereiten.

In diesem Zusammenhang werde auch die künftige Stellung Berlins geregelt werden müssen. Den bisherigen Status Berlins könne die Sowjetregierung nicht länger dulden. Auf jeden Fall würden mit dem Abschluß des Friedensvertrages – ob dieser nun mit den beiden Staaten oder nur mit der DDR abgeschlossen werde – die Rechte der Besatzungsmächte in Berlin gegenstandslos. Darum müsse man zu neuen Vereinbarungen über Berlin kommen. Doch hierbei sei nicht mehr die Sowjetunion der Vertragspartner der Bundesrepublik und ihrer Verbündeten, sondern der Souverän des Gebietes, auf dem Berlin liege, die DDR, denn nach sowjetischer Vorstellung gehöre Berlin staatsrechtlich und völkerrechtlich zum Territorium der Deutschen Demokratischen Republik. Bis zum Abschluß des Friedensvertrages mit den beiden deutschen Staaten oder mit einem von ihnen werde die Sowjetunion die Rechte der Besatzungsmächte in Berlin nicht antasten und die allgemeinen Verpflichtungen erfüllen. Aber nach dem Friedensvertrag – auch nach einem nur einseitig mit der DDR abgeschlossenen – werde sich Berlin in einer anderen Lage befinden.

Man wisse in Moskau, daß der Westen glaube, die Sowjetunion einschüchtern zu können. Sie werde sich aber weder einschüchtern lassen noch dulden, daß sich die bisher sogenannten Schutzmächte Berlins den Zugang nach Berlin erzwängen. Die Sowjetunion habe Mittel, um solche Versuche zu parieren. Der Westen möge sich das gesagt sein lassen . . .

Das freie Westberlin werde der Bundesrepublik gegenüber Ausland sein. Die Sowjetunion sei bereit zu garantieren, daß sich keine fremde Macht, auch nicht sie selbst oder die DDR, in die inneren Verhältnisse eines freien Westberlin werde einmischen können. Man könne dort »symbolisch« Truppen stationieren, solche der Sowjetunion und neutraler Staaten; man könne die Garantie der Freiheit Westberlins auch den Vereinten Nationen anvertrauen. Aber so, wie die Dinge heute in Berlin gehandhabt würden, könne es nicht bleiben.

Unseren Einwand, der Friedensvertrag könne doch ein Verfahren für die Wiedervereinigung Deutschlands vorsehen, wischte Chruschtschow mit einer Handbewegung vom Tisch: Die Wiedervereinigung sei Sache der Deutschen, also Sache eines Vertrages zwischen beiden deutschen Staaten und nicht etwa vorher durchgeführter gesamtdeutscher freier Wahlen. Die Bundesregierung und die Regierung der DDR müßten sich über das anzuwendende Verfahren einigen. Wenn beide Regierungen freie Wahlen beschlössen, werde die Sowjetunion nichts dagegen haben. Aber die Deutschen müßten dies allein zustande bringen; mehr als gute Dienste bei Verhandlungen über derartige Vereinbarungen könnten die anderen Mächte nicht leisten.

In Moskau wisse man, daß es in der Bundesrepublik wie anderswo in der Welt Kräfte gebe, die auf revolutionäre Veränderungen in der DDR spekulieren. Wenn sich auf dem Gebiet der DDR Veränderungen revolutionärer Art vollzögen, werde die Sowjetunion nicht intervenieren – vorausgesetzt, diese Bewegungen gingen von der Bevölkerung der DDR aus und würden nicht von außen geschürt oder hineingetragen; wobei unter »außen« auch die Bundesrepublik zu verstehen sei. Auf eine entsprechende Zwischenfrage antwortete Chruschtschow: Ob diese Bewegungen eigenständig in der DDR entstünden oder von außen betrieben würden, das werde die Sowjetunion beurteilen. Sollte der Westen den Versuch machen, durch Gewalt oder politischen und wirtschaftlichen Druck auf die DDR einzuwirken, müsse die Sowjetunion aufgrund des Warschauer Paktes eingreifen. Dieser Pakt verpflichte sie ihren Verbündeten gegenüber zur Hilfeleistung, und die DDR sei nun einmal Verbündeter der Sowjetunion.

Wir hätten uns darauf berufen, fuhr Chruschtschow fort, daß auch im Deutschlandvertrag und in einer Reihe maßgeblicher Verlautbarungen der Regierungen der Westmächte die Wiedervereinigung Deutschlands als gemeinsames Ziel deklariert worden sei. Er habe sich das genau angesehen, wie er auch alle anderen von uns abgeschlossenen Verträge genau studiert habe. Er halte es für fraglich, ob wirklich alle unsere Freunde die Wiedervereinigung wollen; er sei überzeugt, daß die Westmächte sie aus einer Reihe von Gründen jedenfalls heute nicht wollen. Ihm sei oft genug versichert worden, daß man im Westen kein Interesse an einem Deutschland mit siebzig oder achtzig Millionen Menschen habe. Zudem gebe es ökonomische Gründe, die die Wiedervereinigung den westlichen Nachbarn Deutschlands nicht wünschenswert erscheinen lassen. Vor allem aber wolle der Westen die Wiedervereinigung nicht, weil Westdeutschland für den Zusammenhalt der NATO unerläßlich sei und der Westen glaube, daß er die NATO brauche. Ein wiedervereinigtes Deutschland aber würde die NATO sprengen.

Das Gespräch dauerte etwa drei Stunden, und während dieser Zeit hielt Nikita Chruschtschow praktisch einen Monolog. Unsere Argumente vermochten in ihm nichts zu bewegen.

Nach einer kurzen Pause, in der die Dolmetscher ihre Notizen verglichen, begann Chruschtschow über den Rüstungswettlauf zu sprechen; er beklagte, daß die Vereinigten Staaten die Sowjetunion zu immer größeren Rüstungsanstrengungen zwängen. Er halte es für notwendig, daß sich die Großmächte auf einen Stopp des Wettrüstens und auf eine Verminderung der Rüstungsbestände einigten. Bis es dazu komme, werde aber wohl noch einige Zeit vergehen.

Als er dann auf China zu sprechen kam, gab er seiner Befürchtung Ausdruck, daß dieses Volk mit seinen sechs- oder siebenhundert Millionen Menschen, die sich Jahr für Jahr um zwanzig bis vierzig Millionen vermehrten, im Lauf der Zeit durchaus imstande sein könnte, im Rüstungswettbewerb mitzuhalten; was dann geschehen werde, wisse niemand.

Beim Abschied sagte uns Chruschtschow, er werde uns auf dem Flugplatz auf Wiedersehen sagen.

Wir wurden zum Hotel zurückgeleitet, wo uns ein Anruf des Schriftstellers Ilja Ehrenburg erreichte, der um ein Gespräch bat. Er holte uns mit seinem kleinen Auto zu einer Fahrt durch die Stadt ab. Wir begriffen bald, daß er der Ansicht war, unterwegs lasse es sich freier und offener sprechen als im Hotel. Er sagte uns, er habe erfahren, daß Chruschtschow mit dem Verlauf unseres Gespräches zufrieden gewesen sei und Fritz Erler und mich für Leute halte, denen man glauben könne. Er kenne Chruschtschow seit dem Kriege und kenne auch seine Launen; er wisse, daß die Diplomaten, die ihn informierten, sich oft scheuten, Dinge zu berichten, von denen sie fürchteten, sie könnten ihm mißfallen. Ihm käme es darauf an, daß die SPD bei ihren Versuchen, mit der Sowjetführung ins Gespräch zu kommen, die richtigen Wege gehe. Es gebe Leute in Moskau, die unmittelbaren Zugang zu Chruschtschow hätten und bereit wären, ihm unsere Auffassungen ungeschminkt weiterzugeben. Er wolle gern als Vermittler auftreten. Auf unsere Frage nannte er uns einige Namen, die ich noch nie gehört hatte. Fritz Erler schrieb die Namen auf. Ich hatte wenig Zutrauen zu Ilja Ehrenburgs empfohlener Methode. Von Hintertreppen und Seiteneingängen im Umgang mit Regierungen habe ich nie viel gehalten.

Bei unserem Abflug verabschiedeten uns die Mitglieder der sowjetischen Sektion der Interparlamentarischen Union, und auch Nikita Chruschtschow kam, um uns Lebewohl zu sagen. Als ich ihm die Hand gab, fragte er mich: »Für was für einen Menschen halten Sie mich eigentlich?« Ich war verblüfft, dachte nach und antwortete, ich hielte ihn für einen Nachfahren der großen Anführer der Bauernrevolten in der Ukraine, der – weil er Jules Verne gelesen hat – sich für einen Marxisten halte . . . Chruschtschow lachte laut auf. An welchen dieser Anführer ich denn denke? An Taras Bulba, erwiderte ich, dessen Gestalt uns Gogol überliefert habe . . . Da schlug er mir kräftig auf die Schulter und sagte: »Das ist mein Lieblingsbuch!«

Unser Bericht nach der Rückkehr beeindruckte die Führungsgremien der Partei. Es wurde klarer, daß seit 1949 unverrückbare Realitäten entstanden waren, die jede Wahrscheinlichkeit ausschlossen, in absehbarer Zeit auf internationalen oder nationalen Wegen zur Wiedervereinigung Deutschlands zu gelangen. Die Vorstellung Konrad Adenauers, die militärische Überlegenheit der Vereinigten Staaten sei so erdrückend, daß die Sowjetunion den Rüstungswettbewerb nicht werde durchhalten können und darum in der Frage der Wiederherstellung der Einheit Deutschlands nachgeben werde, hatte sich als eine Illusion erwiesen. Adenauers Politik hatte der Bundesrepublik Sicherheit gebracht und damit die Möglichkeit, zu Wohlstand zu gelangen. Darüber war jedoch versäumt worden, in den Jahren, als die Sowjetunion rüstungsmäßig noch nicht mit den USA gleichgezogen hatte, mit dem Osten ins Gespräch zu kommen.

Diese Erkenntnis leitete in der SPD einen Denkprozeß ein, der dazu führte, das Schwergewicht außenpolitischer Bestrebungen auf die Stellung der Bundesrepublik innerhalb des westeuropäisch-atlantischen Systems zu legen. Die Pragmatik der Wiedervereinigung rückte damit aus dem Zentrum der *aktuellen* politischen Aufgaben an den Horizont des Aktionsfeldes. Es kam nun darauf an, sich im Rahmen der Westbindung so zu verhalten, daß für später – viel später – Wiedervereinigungschancen erhalten blieben, und außerdem ein Verhältnis gegenüber den Staaten des Ostens zu schaffen, das die Möglichkeit eröffnet, auf dem Verhandlungswege Verbesserungen der Lebensverhältnisse der ihrer Gewalt unterworfenen Deutschen zu erreichen und den politisch-rechtlichen Status Berlins zu sichern.

Dieser Prozeß des Umdenkens brauchte seine Zeit. Wir bezweifelten nicht, daß es innerhalb der Partei zu Klagen und bei den Regierungsparteien zu dem Triumphgeschrei kommen würde: Nun hat sich auch bei den Sozialdemokraten die Einsicht in die Richtigkeit der Adenauerschen Politik durchgesetzt! Die Sozialdemokraten schwenken nun auf Adenauers Linie ein ... Wir sahen voraus, daß nicht alle Betroffenen bereit sein würden zuzugeben, daß es politische Uneinsichtigkeit und nicht »Grundsatztreue« wäre, eine politische Konzeption auch dann noch beizubehalten, nachdem sich die materiellen Gegebenheiten, die ihr einst zugrunde lagen, radikal verändert hatten. Es ist kein »Einschwenken auf die politische Linie des Gegners«, wenn man die unvermeidlich gewordenen Konsequenzen aus dem durch seine Politik mitverschuldeten neuen Stand der Dinge zieht.

Nach einem Jahr war die Partei soweit. In der Bundestagssitzung vom 30. Juni 1960 gab Herbert Wehner bekannt, welche politischen Schlußfolgerungen für ihre Politik die Sozialdemokratische Partei aus den inzwischen eingetretenen Verschiebungen der politischen Realitäten zu ziehen bereit war.

Die Arbeit an den zeitgerechten politischen Zielsetzungen und -vorstellungen der Partei hatte indes schon früher begonnen.

Der Stuttgarter Parteitag 1958

Vom 18. bis 23. Mai 1958 fand in Stuttgart der satzungsgemäß fällige Parteitag statt, auf dem das Fazit des vergangenen Jahrzehnts gezogen werden sollte; sodann war der Termin für einen außerordentlichen Parteitag festzulegen, dem der Entwurf eines den Erkenntnissen und Erfordernissen der Gegenwart gemäßeren Parteiprogramms zur Diskussion vorzulegen sein würde.

In den Wochen, die diesem Parteitag vorausgingen, und in den Monaten danach kam es zu enger Zusammenarbeit zwischen Fritz Erler, Herbert Wehner und mir. In vielen Gesprächen suchten wir zu klaren Vorstellungen von der spezifischen Rolle zu gelangen, die unserer Partei in dieser so vieles verändernden Zeit aufgegeben sein könnte. Wir wollten ergründen, welchen Voraussetzungen die SPD Rechnung zu tragen haben würde, um dieser Rolle gerecht zu werden, und Klarheit darüber gewinnen, wie das als notwendig und fällig Begriffene in Wort und Tat zur Darstellung zu bringen sei, wenn die Partei die Chance erhalten wollte, das Grundziel des demokratischen Sozialismus verwirklichen zu können. Wir fragten uns, auf welche Weise politische, ökonomische, kulturelle Verhältnisse herbeigeführt werden könnten, die den Menschen unserer Zeit, auch unter den Bedingungen einer sich immer stärker akzentuierenden Industrialisierung und Technisierung der Arbeitswelt, Selbstverwirklichung und Wesensbejahung zu ermöglichen vermochten. Wir meinten, daß dies nur gelingen könne, wenn wir möglichst viele Menschen, die bisher die SPD nicht für ihre Partei zu halten imstande gewesen waren, überzeugen konnten, daß die Sozialdemokraten die Lebensverhältnisse in unserem Lande auch für sie verbessern werden.

Wir kamen zu Erkenntnissen, die uns praktikabel erschienen, und entschlossen uns, für deren Anerkennung durch die Partei – jeder an seinem Ort und auf seine Weise – zu kämpfen.

Erich Ollenhauers Ausführungen auf dem Parteitag enthielten scharfe Kritik an der allgemeinen Politik der Regierungsmehrheit, insbesondere tadelte er deren Bemühungen, der Bundesrepublik zum Eintritt in den militärischen Atomklub zu verhelfen. Er beschwor die Bundesregierung, das Ihre zu tun, um eine konsequente Abrüstung und Entspannungspolitik in Europa zu ermöglichen. An die Stelle der »Politik der Stärke« müsse eine Politik der Bereitschaft treten, über diese Ziele mit allen Staaten zu verhandeln. Man müsse den Völkern Afrikas und Asiens helfen, ihre wirtschaftlichen Probleme zu lösen und eine Verwaltung sowie ein angepaßtes Erziehungs- und Gesundheitswesen aufzubauen.

Mir lag daran, der Resignation entgegenzuwirken, die nach der Wahl vom 15. September 1957 noch immer zu verspüren war. Daher legte ich dar, was die Partei auch in der Opposition zum Nutzen unseres Volkes und des Friedens in der Welt zu leisten vermocht hatte. Gerade der Oppositionspolitik der Sozialdemokratischen Partei Deutschlands sei es zu danken, daß in der Welt über vieles anders gedacht werde als noch vor Jahren und daß man dem deutschen Volk mindestens mit steigendem Vertrauen in seine demokratische Zuverlässigkeit und seine Absage an das Machtdenken früherer Zeit begegnet. Wir sollten dies eindeutig in den Vordergrund unserer Argumentation rücken und auf Parolen verzichten, die als der Versuch mißdeutet werden könnten, uns für unser Verhalten zu rechtfertigen. Der Bevölkerung sei zu verdeutlichen, daß eine Chance zur Wiedervereinigung Deutschlands nur besteht, wenn wir Deutschland aus den strategisch-politischen Gleichungen der Weltmächte ausklammern und so das Wiedervereinigungsproblem entmilitarisieren. Dazu gehöre, daß wir versuchen, das Verhältnis zu Polen und den anderen mitteleuropäischen Staaten in eine vernünftige Ordnung zu bringen. Der Rapackiplan sei zwar in seiner jetzigen Form keine ideale Lösung, er könne aber durchaus als Verhandlungsgrundlage dienen.

Wem anders als den Sozialdemokraten sei zuzuschreiben, daß die

Probleme der zweiten industriellen Revolution ernsthaft in Angriff genommen werden; daß nach Mitteln gesucht wird, mit deren Hilfe die Gefahren für unser aller Freiheit gebannt werden können, die in den neuen Produktionsweisen und in der durch sie bewirkten fortschreitenden Entseelung der menschlichen Beziehungen liegen?

Die Entschließungen des Parteitages enthielten Warnungen und Forderungen:

Deutschland als Ganzes dürfe nicht zum Aufmarschgebiet für die atomaren Waffen der Großmächte werden.

Die Bundesrepublik habe auf Beteiligung am Wettrüsten zu verzichten. Die Politik der Bundesregierung müsse sich an den Bemühungen beteiligen, ganz Mitteleuropa atomwaffenfrei zu machen und eine gesamteuropäische Sicherheitsordnung zu schaffen.

Die Bundesregierung habe alles zu fördern, was wirtschaftlich, sozialpolitisch und kulturell der Auseinanderentwicklung beider Teile Deutschlands entgegenwirken kann.

Um die Auswirkungen der Spaltung Deutschlands zu vermindern, um die inneren Spannungen in Deutschland abzubauen, um die Lage der Bevölkerung in der sowjetisch besetzten Zone zu erleichtern, sei es notwendig, mit den dort verantwortlichen Behörden ins Benehmen zu treten.

Mit den osteuropäischen Staaten und der chinesischen Volksrepublik seien diplomatische Beziehungen aufzunehmen.

Ein wiedervereinigtes Deutschland habe im Rahmen eines europäischen Sicherheitssystems zur europäischen Sicherheit beizutragen.

Die Bundesrepublik habe ihre Streitkräfte auf ein angemessenes Verhältnis zu dem ihrer unmittelbaren Nachbarn zu begrenzen und auf atomare Waffen zu verzichten.

Auf dem Feld der Wirtschaft sei eine gerechtere Verteilung der Einkommens- und Vermögensverhältnisse herbeizuführen. Das Gemeineigentum habe dort an die Stelle des Privateigentums zu treten, wo dieses seine gesellschaftlichen Funktionen nicht zu erfüllen vermöge.

Im Kampf um die Vermenschlichung von Staat und Gesellschaft

werde die SPD die Kulturpolitik und die Erziehungspolitik in den Mittelpunkt ihrer Aufgaben zu stellen haben.

Der Parteitag beschloß die Schaffung eines Parteipräsidiums, das vom Parteivorstand aus dem Kreis seiner Mitglieder gewählt werden sollte. Zu Mitgliedern dieses Präsidiums wurden außer den Parteivorsitzenden Herbert Wehner, Fritz Erler, Heinrich Deist und ich gewählt.

Die »Troika«

Aus einer Reihe von Erfahrungen der letzten Zeit glaubte ich schließen zu müssen, daß die Partei mit dem bisherigen System der Führung von Partei und Fraktion mit den politischen Problemen, die auf sie zukommen werden, nicht wird fertig werden können und daß darum ein Wandel der Führungspraxis nötig sein wird. Darüber mußte im Präsidium gesprochen werden.

Erich Ollenhauer hatte uns wissen lassen, daß er vor der nächsten Wahl darum bitten werde, ihn nicht mehr als Kandidaten für das Amt des Bundeskanzlers zu benennen. Es mußte also nach einem anderen Kandidaten Ausschau gehalten werden.

Eine weitere Sorge war, im Hin und Her der Diskussionen um das neue Parteiprogramm die Weichen so zu stellen, daß der Entwurf eine Chance bekam, auf dem Parteitag mit breiter Mehrheit angenommen zu werden und als zutreffender Ausdruck des neuen Selbstbewußtseins der Partei zu gelten; einer Partei, die den Menschen in das Zentrum ihres Verständnisses von Staat und Gesellschaft stellt und darum entschlossen ist, die Lebensordnungen unseres Volkes so einzurichten, daß künftig Freiheit und Gleichheit – miteinander durch Brüderlichkeit verbunden – nicht mehr nur Forderungen oder gar Träume zu bleiben brauchen, sondern auch unter den Bedingungen dieser harten Zeit in Staat und Gesellschaft zu gelebter Wirklichkeit werden können.

Zunächst besprach ich diesen Komplex von Fragen und Problemen mit Fritz Erler und, als er einverstanden war, mit Herbert Wehner, ohne den in der Partei nichts versucht werden konnte, was den

Traditionalisten als Bruch mit der hundertjährigen Parteitradition hätte erscheinen können. Dieser von wenigen geliebte, aber von allen hochangesehene und in seiner »linken« Lauterkeit von niemandem angezweifelte Mann mußte als Mitstreiter gewonnen werden, wenn das Notwendige möglich werden sollte. Auch sein Einverständnis wurde erreicht.

Wir trafen uns allwöchentlich in meinem Büro im Bundeshaus; bald nannte man uns die »Troika« oder das Triumvirat, ein Overstatement fraglos, denn wir waren nicht die einzigen, die sich um die Steuerung der Arbeit in Fraktion und Partei bemühten, aber wir waren in der besonderen Kombination von Temperament, Erfahrung, Vision und Erkenntnis durchaus eine Macht in der Fraktion, die sich etwas zutrauen konnte. Es hat in all den Jahren bis zu Fritz Erlers Tod keinen Mißklang unter uns dreien gegeben, und das Vertrauensverhältnis zwischen Herbert Wehner und mir hat bis heute keine Trübung erfahren.

Die Ausarbeitung des Entwurfs für das neue Parteiprogramm übernahmen verschiedene Mitglieder des Parteivorstandes. Besonders wertvoll waren Heinrich Deists Vorschläge, der seit seiner Jugend Mitglied der Partei und seit seinem Studium Berater der Gewerkschaftsbewegung war und sich als Vorsitzender des Aufsichtsrates einer zum Krupp-Konzern gehörenden Aktiengesellschaft Verdienste um den Wiederaufbau der deutschen Schwerindustrie erworben hatte. Willi Eichler arbeitete an der Formulierung der Grundwerte; Fritz Erler und ich versuchten, die für die Politik, vor allem für die Außenpolitik, geltenden Leitsätze den inzwischen eingetretenen Veränderungen der politischen Verhältnisse anzupassen. Für alle Sachgebiete wurden Ausschüsse gebildet, deren Vorschläge dem allgemeinen Programmausschuß vorgelegt wurden. Die Partei beauftragte Benedikt Kautsky mit der Redaktion des Vorentwurfs. Der österreichische Sozialist war der Sohn Karl Kautskys, des Hauptverfassers des Erfurter Programms von 1891, das die »marxistische Orthodoxie« der Sozialdemokratischen Partei Deutschlands – mit Änderungen im Heidelberger Programm von 1925 – bis 1933 festgelegt hatte. Daß der Sohn des einstigen Papstes des Parteimarxismus sich bereit erklärte, das neue Selbstverständnis der Partei zu

formulieren, zu dessen Hauptstücken der Übergang von der Klassenpartei zur Volkspartei und vom Dogmatismus zum Pluralismus der
Weltanschauungen auch innerhalb der Partei gehört, erschien mir als
ein Ereignis von symbolischer Dimension.

Große Sorge bereitete der Fraktion nach wie vor die immer
spürbarer werdende Minderung der Aussichten, zu einer Wiedervereinigung Deutschlands zu kommen. In der Sitzung des Bundestages
vom 1. Oktober 1958 kam der Entwurf einer Resolution aller
demokratischen Parteien des Hauses zur Beratung, die sich mit den
Verhältnissen in der sowjetisch besetzten Zone und der Lage der
Zonenflüchtlinge befaßte. Diese Bundestagssitzung in Berlin brachte
die Ohnmacht der Bundesrepublik an den Tag, sich in den Fragen
Geltung zu verschaffen, bei denen es um mehr ging als um Bekennt-
nisse ihres Glaubens an die Macht und den schließlichen Sieg des
Rechts. Was nützte es schon, daß der Bundestag einmütig feststellte,
die Flucht der Bewohner aus der Zone komme einer Volksabstimmung gegen die Unmenschlichkeit des kommunistischen Regimes
und einer Option für die freie Welt gleich, wenn die Fraktionen in
allem, was aus dem Willen einer Freiheit »wovon« den Willen zu
einer Freiheit »wozu« hätte erstehen lassen können, aneinander
vorbeiredeten?

Der Deutschlandplan

Am 27. November 1958 schlug in das politische Konzept des Westens
eine neue Bombe ein: Die Sowjetunion erklärte, Westberlin künftig
nicht mehr als Teilstück eines deutschen Staates betrachten zu wollen.
Westberlin sei für sie von nun an eine freie Stadt mit eigener
Souveränität. Mit der Errichtung des westdeutschen Staates und
dessen Einbeziehung in das atlantische Bündnissystem hätten die
Westmächte das Potsdamer Abkommen gebrochen. Damit habe für
die Sowjetunion das Viermächtestatut für Berlin aufgehört zu bestehen. Schon einige Tage vorher hatte Ulbricht auf einer Kundgebung
erklärt, Berlin gehöre insgesamt zum Hoheitsgebiet der Deutschen
Demokratischen Republik. Diese wolle den Westmächten die weitere

Ausübung der für sie in der Potsdamer Deklaration vorgesehenen Rechte zwar weiter gestatten, allerdings nunmehr ohne Rechtsverpflichtung.

Die Westmächte protestierten, indem sie darauf hinwiesen, daß ihre Rechte in Berlin nicht auf den Potsdamer Beschlüssen, sondern auf der bedingungslosen Kapitulation des Deutschen Reiches beruhten. Darauf kündigte die Sowjetunion das Londoner Protokoll vom 12. September 1944. Auf dem Staatsgebiet des ehemaligen Deutschen Reiches bestünden nunmehr drei Staaten: die Bundesrepublik Deutschland, die Deutsche Demokratische Republik und die Freie Stadt Westberlin. Die Russen drohten für den Fall eines Widerstandes der Alliierten mit der Kontrolle der Zugangswege nach Westberlin durch die DDR. Die Westmächte begnügten sich mit der Erklärung, nicht unter Druck verhandeln zu wollen.

Am 10. Januar 1959 legte die Sowjetunion den Entwurf eines Friedensvertrages »mit beiden deutschen Staaten« vor. Die Westmächte lehnten isolierte Verhandlungen über Berlin oder einen deutschen Friedensvertrag ab, erklärten sich jedoch zu allgemeinen Verhandlungen bereit. Am 30. April betonten die Außenminister der drei Westmächte und der Bundesrepublik die Entschlossenheit ihrer Regierungen, Westberlin gegen Übergriffe zu schützen. Am 11. Mai trat in Genf die Außenministerkonferenz der Regierungen der Westmächte und der Sowjetunion zusammen, deren Thema die deutsche Frage sein sollte, zu der Vertreter der Bundesrepublik und der DDR hinzugezogen wurden. Die Konferenz dauerte bis zum 5. August 1959, ohne der Lösung des Problems auch nur einen Schritt nähergekommen zu sein.

Während dieser Monate war es den Sowjets gelungen, den »Sputnik« in den Weltraum zu schießen. Nun wußte die Welt, daß auch die Russen in der Lage waren, mit Atomsprengköpfen weit im Westen gelegene Ziele unter Beschuß zu nehmen. Das dämpfte den politischen Eifer mancher integraler Antikommunisten und verstärkte die sowjetische Hartnäckigkeit bei der Verfolgung der Ziele ihrer globalen Politik. Der Bankrott der vielgerühmten »Politik der Stärke« wurde offenbar.

Sollten wir Sozialdemokraten auf die Konzeption einer Politik

verzichten, in der die Wiedervereinigung Priorität hatte? Unsere
Vorstellungen von vaterländischer Solidarität verboten uns, unsere
Landsleute jenseits der Demarkationslinie für immer einem Regime
der Unfreiheit ausgeliefert sein zu lassen. Wenn auf dem Wege über
die Regierungen nicht weiterzukommen war, mußte da nicht versucht
werden, von der Basis der gesellschaftlichen Institutionen hüben und
drüben aus einen Weg zu finden? Auf jeden Fall mußte es der
deutschen Politik zugute kommen, wenn eine große Partei der
Bundesrepublik die Grenzwerte möglicher Bereitschaft der Machthaber in Ostberlin testete, mit den politischen Kreisen der Bundesrepublik über die Präliminarien einer möglichen Vereinigung beider
Teilstaaten zu einer Deutschen Republik ins Gespräch zu kommen.
Aus diesen Gedanken entstand der »Deutschlandplan« der Sozialdemokratischen Partei.

Die Möglichkeiten, aus der Stagnation der Wiedervereinigungspolitik herauszukommen, bildeten den Gegenstand vieler Gespräche
zwischen Erich Ollenhauer, Fritz Erler, Herbert Wehner und mir.
Die Ereignisse der letzten Jahre hatten uns überzeugt, daß der
Gedanke einer Wiedervereinigung Deutschlands im Zuge der »Eingemeindung« der DDR in die Bundesrepublik eine Illusion war. Es
mußte ein Weg gefunden werden, der, ohne Vergewaltigung des einen
Teiles Deutschlands durch den anderen, ein langsames Zusammenrücken von unten her mit der Aussicht auf ein späteres Zusammenwachsen der gesellschaftlichen und politischen Institutionen beider
Teile Deutschlands zu einem neutralen Staat ermöglichen konnte.

Jeder von uns brachte für das Konzept, das wir »Deutschlandplan
der Sozialdemokratischen Partei Deutschlands« nannten, Vorschläge
und Argumente ein, bis am 18. März 1959 das Ergebnis unserer
Arbeit dem Partei- und dem Fraktionsvorstand zur Diskussion und
Billigung vorgelegt werden konnte.

Wir hatten nicht die Illusion, der bloße Vorschlag dieses Planes
würde genügen, um von allen angenommen zu werden, von denen
seine Verwirklichung abhing. Die Sowjetunion mochte in den ersten
Nachkriegsjahren ein Interesse daran gehabt haben, die amerikanischen Raketenbasen so weit wie möglich von ihren Grenzen entfernt
zu halten; seit sie durch ihre Wasserstoffbombe und die durch den

Sputnik offenbar gewordenen Möglichkeiten in der Lage war, Amerika unmittelbar zu bedrohen, war ihr Interesse am Verschwinden der amerikanischen Abschußrampen aus Westdeutschland erheblich geringer geworden; ihr Wunsch, den europäischen Westen durch Stationierung einer starken, konventionell bewaffneten Heeresmacht in Deutschlands Mitte bedrohen zu können, war dafür um so größer.

Andererseits erschien es wenig wahrscheinlich, daß die Vereinigten Staaten mit einem militärisch neutralisierten Gesamtdeutschland einverstanden sein würden. Dafür hatten sie sowohl militärische wie politische Gründe: Ein von amerikanischen Truppen geräumtes Westdeutschland, dessen Neutralität die Sowjetunion mit zu garantieren haben würde, mußte über kurz oder lang dem Sowjetblock zufallen. Auch Konrad Adenauer, dieser zäh an seinen Vorstellungen festhaltende Staatsmann, würde niemals einer politischen Lösung zugestimmt haben, die eine politisch-militärische Option Gesamtdeutschlands für ein atlantisches Bündnis ausschloß.

Trotz dieser von uns lange diskutierten Einwände gegen den Deutschlandplan legten wir ihn der Öffentlichkeit vor. Ehe eine Partei, für die der Gedanke der ungeteilten Schicksalsgemeinschaft des ganzen Volkes keine machtpolitisch-nationalistische Frage ist, sondern unverzichtbares Postulat des ersten Gebotes jeder demokratischen Geschichtsauffassung, sich damit abfinden kann – sei es auch für unbestimmte Zeit –, daß ihrem Volk die Verwirklichung seines elementaren Grundrechts durch fremde Machthaber unmöglich gemacht wird, muß sie das Äußerste versuchen – und sei es nur, um in das Grundbuch der Geschichte einen Vorbehalt gegen die Verjährung eines Anspruchs einzutragen. Abgesehen davon hielten wir es für möglich, unsere Vorschläge könnten in die politische Vorstellungswelt der Besatzungsmächte Keime für neue Denkanstöße legen.

Heute ist dieser Deutschlandplan ein Stück Vergangenheit geworden, zu einem Zwischenakt im Drama der Nachkriegsgeschichte Deutschlands, der ohne Folgen blieb und bleiben wird. Vielleicht wird es für spätere Zeiten bedeutsam sein, daß sie erfahren, mit welcher Zähigkeit die Partei, in der die Masse der Arbeiterschaft Deutschlands ihre politische Heimat fand, im vollen Bewußtsein der Fragwürdigkeit ihrer Anstrengungen versuchte, dem in die Unfreiheit

verstoßenen Teil unseres Volkes wenigstens die Hoffnung zu retten,
auch ihm könne das Glück beschieden sein, in Einigkeit und Recht
und Freiheit leben zu können.

Der Deutschlandplan wurde in der politischen Öffentlichkeit
unseres Landes durchweg abgelehnt. Auf der Genfer Gipfelkonferenz
scheint er keine Rolle gespielt zu haben. Das »Neue Deutschland«
höhnte, einige »rechte« Sozialdemokraten wollten mit ihrem
Deutschlandplan innerhalb der DDR eine Opposition erzeugen und
die Massen der Bundesrepublik gegen die DDR mobilmachen, statt
sie zum Kampf gegen die atomare Kriegspolitik im eigenen Lager zu
führen ...

Die Bundespräsidentenwahl 1959

Nach unserer Rückkehr aus Moskau waren es nur noch zehn Wochen
bis zur Neuwahl des Bundespräsidenten. Da ich hierbei eine Rolle
gespielt habe, werde ich aus dem politischen Wirbel, den das Ereignis
in Bonn auslöste, einige besondere, für die politische Aktivität
Konrad Adenauers und führender Mitglieder der Regierungsparteien
bezeichnende Umstände ausführlicher schildern, als es sonst diesem
Vorgang zugekommen wäre. Ohne jenen Wirbel und seine Bedeutung für das Erkennen des politischen Stils und der politischen Moral,
die in Bonn für die bedeutsamsten Entscheidungen als möglich und
dem Volk als zumutbar betrachtet wurden, hätte ich meinen Bericht
über die Wahl des Nachfolgers von Theodor Heuss auf die Mitteilung
der Tatsache beschränkt, daß meine Partei mich als ihren Kandidaten
für das Amt aufstellte, daß aber in Anbetracht des Zahlenverhältnisses
zwischen rechts und links klar war, daß ein Kandidat des Regierungs-
blocks gewählt werden würde.

Dieser Exkurs war notwendig, um das folgende verständlich zu
machen.

Im Anschluß an die Jahrestagung des Deutsch-Französischen
Instituts in Ludwigsburg am 10. Oktober 1958 hatte Bundespräsident
Heuss in einem Gespräch bemerkt, man werde sich innerhalb der
Parteien bald über seinen möglichen Nachfolger klarwerden müssen.

Ihn würde es freuen, wenn dabei mein Name genannt werden sollte. In seinen »Tagebuchbriefen« notierte er unter dem 1. November 1958, daß Botschafter Blankenhorn bei einem Gespräch über die Probleme der Präsidentenwahl erklärt habe, er wäre »auch für Carlo Schmid«. Unter dem 7. November erwähnte er in demselben Brieftagebuch, ich sei ihm nicht nur von einigen SPD-Leuten als möglicher Kandidat genannt worden, sondern auch von Angehörigen der CDU. Unter dem 9. November vermerkte er, anläßlich eines Empfanges habe ihm Staatssekretär Bleek mitgeteilt, daß der Präsident des Bundestages, Eugen Gerstenmaier, in einem Gespräch über den Nachfolger von Theodor Heuss dem Bundeskanzler gesagt habe, »er halte einen SPD-Mann für richtig«. Ich nehme an, daß Eugen Gerstenmaier dabei an mich dachte.

Einige Monate früher war der Versuch gemacht worden, Theodor Heuss dafür zu gewinnen, ein drittes Mal zu kandidieren, was eine Änderung des Artikels 54 des Grundgesetzes zur Voraussetzung gehabt haben würde, eine »Lex Heuss«. Inzwischen befaßten sich auch die Führungsgremien der SPD mit dem Problem. Am 9. Oktober 1958 berichtete die »Süddeutsche Zeitung«, bei den Sozialdemokraten bestehe die Absicht, mich als Kandidaten zu gewinnen. Bei der CDU dachte man zu diesem Zeitpunkt an die Kandidatur einer Persönlichkeit protestantischer Prägung. Inzwischen hatte Heuss dem Bundeskanzler ein Memorandum zugehen lassen, in dem er sich gegen die geplante »Lex Heuss« aussprach. Seine Entschlossenheit, nicht noch einmal zu kandidieren, teilte er auch Erich Ollenhauer mit.

Am 12. Februar 1959 beschlossen die Führungsgremien der SPD einstimmig, mich als Kandidaten für das Amt des Bundespräsidenten zu nominieren, weil ich am besten geeignet sei, das Erbe Theodor Heuss' zu verwalten und die durch ihn begründete Tradition fortzuführen und auszubauen. In der Öffentlichkeit schien die Meinung zu herrschen, die CDU solle angesichts der Wertschätzung, die dieser Präsidentschaftskandidat im Volk genieße, auf die Suche nach einem eigenen Kandidaten verzichten und ihre Stimme mir geben. Vielleicht haben einige meiner politischen Freunde mit dieser Möglichkeit gerechnet. Ich hielt es für ausgeschlossen, daß Adenauer und führende Leute seiner Partei bereit sein könnten, so zu handeln, und habe nie daran gezweifelt, daß die CDU/CSU sich um einen eigenen Kandidaten bemühen würde. Man hatte zwar gegen mich als Person nichts einzuwenden, aber ich war Sozialdemokrat, und ein Sozialdemokrat durfte unter keinen Umständen Bundespräsident werden. Konrad Adenauer führt in seinen »Erinnerungen« aus, seine Bedenken gegen meine Person hätten ihre Ursache in meinem Kampf gegen die Westverträge und ihre Konsequenzen und in meiner Ablehnung der Wiedereinführung der Wehrpflicht gehabt. Er wies darauf hin, ich würde sicherlich Fritz Erler oder Adolf Arndt zum Staatssekretär des Bundespräsidialamtes ernennen. Dieser würde bei jeder Kabinettssitzung anwesend sein können, wodurch die Sozialdemokraten Interna der CDU/CSU-Regierung erfahren könnten – dies gelte es unter allen Umständen zu verhindern.

Die erste Auswirkung meiner Kandidatur war, daß die CDU davon abgehen mußte, einen unpolitischen Professor oder Theologen als Kandidaten aufzustellen; sie mußte nach einem politisch profilierten Kandidaten Ausschau halten. Zunächst wurde der Vorsitzende der CDU/CSU-Fraktion im Deutschen Bundestag, Dr. Heinrich Krone, genannt, dann Ludwig Erhard und schließlich der Landwirtschaftsminister Dr. Heinrich Lübke.

Dr. Krone hatte Zweifel an seiner Eignung, und Konrad Adenauer wollte ihn als Fraktionsvorsitzenden nicht verlieren. Von Heinrich Lübke war zunächst nicht mehr die Rede. Seine Stunde kam später. Innenminister Gerhard Schröder setzte sich für die Kandidatur Erhards ein. Dieser lehnte zunächst ab: Er wolle in der aktiven Politik bleiben; Adenauer stimmte ihm zu. Aber dann schien Adenauer mit Erhards Kandidatur einverstanden zu sein: Gerhard Schröder habe ihn zu überzeugen vermocht. Wenn auch die Gremien der CDU/ CSU bisher noch nicht zugestimmt hatten, bestand doch in der Öffentlichkeit die Meinung, daß Ludwig Erhard am 1. Juli zur Wahl stehen würde. Die regierungsfreundliche Presse beglückwünschte die CDU/CSU zu diesem Entschluß. Am 26. Februar schrieb Theodor Heuss in sein Brieftagebuch: »Mir wären Carlo und Erhard als Nachfolgekandidaten willkommen. Denn *beide* sind eigenständige und profilierte Figuren, und ich kann, um Deutschlands und eines dubiosen Nachruhms willen nicht wünschen, daß das Amt an einen redlichen ›Funktionär‹ delegiert werde.«

Doch ein erheblicher Teil der Fraktion unter Führung Dr. Krones und Eugen Gerstenmaiers stellte sich gegen die Kandidatur Erhards. Man könne und wolle ihn in der aktiven Politik nicht entbehren! Am 28. Februar suchte Erhard den Kanzler in dessen Wohnung auf; Adenauer zeigte sich bemüht, seinen Minister zur Annahme der Kandidatur zu bewegen. Doch Erhard sagte, er werde nur einem einstimmigen Beschluß der Fraktion folgen.

Bald hatte er Gelegenheit festzustellen, daß Einstimmigkeit nicht zu erreichen war, und so ließ er in der Fraktionssitzung Anfang März eine Verzichterklärung verlesen. Bei der CDU wurden weitere Kandidaten genannt. Eugen Gerstenmaier lehnte ab: Er sei erst dreiundfünfzig Jahre alt und wolle nicht in zehn Jahren als »Altbundespräsident« in Pension gehen. In der CDU wurde die Meinung laut, in Anbetracht der guten Chancen des Kandidaten der SPD sei Konrad Adenauer der sicherste Kandidat. Als Bundespräsident könne er sich mit Hilfe von dessen Vorschlagsrecht für die Wahl des Bundeskanzlers der Kontinuität seiner Politik am besten versichern. In einer Sitzung der Wahlmänner der CDU wurde ein Gutachten diskutiert, das die Befugnisse des Bundespräsidenten definierte. Der stellvertretende Parteivorsitzende Kai-Uwe von Hassel und Eugen Gerstenmaier schlugen die Nominierung Adenauers vor. Niemand sprach dagegen. Man bat den Bundeskanzler in die Sitzung, wo ihm das Votum der Wahlmänner mitgeteilt wurde. Bewegt nahm Adenauer an. Die große Mehrheit der Fraktion stimmte zu.

Der Jubel bei den Sozialdemokraten war groß: Der gefährlichste Gegner ihrer politischen Vorstellungswelt verließ die Kampfbahn! In den Fraktionsräumen der SPD wurde gefeiert. Von Herbert Wehner fiel das Wort: »Es ist zu schön, um wahr zu sein . . .« Auch Reinhold Maier von der FDP beschwor seine Parteifreunde, Adenauer zum Bundespräsidenten zu machen.

Von der Presse um meine Meinung befragt, antwortete ich: »Ich rechne es mir zu hoher Ehre, daß die CDU glaubt, nur mit ihrem besten Mann gegen mich bestehen zu können.« Und zu meinen Freunden sagte ich: »Laßt uns alle miteinander Adenauer auf dem

Präsidentenstuhl ins Altenteil hieven.« Einheitlich herrschte die Auffassung, die SPD habe durch meine Nominierung einen Sieg über die CDU davongetragen; sie werde ihrer stärksten Kraft beraubt sein.

Adenauer gab die Erklärung ab, sein Entschluß sei zwar schnell gefaßt worden, er sei aber wohlüberlegt und richtig. Die Stellung des Bundespräsidenten werde in der deutschen Öffentlichkeit zu gering eingeschätzt. Sie sei bedeutender, als man glaube. An der Haltung der Bundesregierung in außenpolitischen Fragen werde sich nichts ändern.

Doch nun erhob sich die Frage, wer Konrad Adenauers Nachfolger als Bundeskanzler werden sollte. Ludwig Erhard war überzeugt, daß man bei dieser Frage nicht an ihm werde vorbeigehen können. Robert Pferdmenges überbrachte diese Auffassung Erhards dem Bundeskanzler. Seine Antwort war: Davon müsse man Erhard abbringen! Er hielt ihn für einen schlechten Organisator und, was besonders schwer wog, für einen lauen »Europäer«. Nachdem ihm der Vorsitzende des Rechtsausschusses, Dr. Hoogen, mitgeteilt hatte, die Bundesregierung brauche für ihre Außenpolitik nicht das Einverständnis des Bundespräsidenten, erschien ihm Erhard, der nach seiner Meinung nur wenig außenpolitisches Verständnis besaß, vollends nicht als der Mann, dem man die Bestimmung der politischen Richtlinien anvertrauen durfte.

Adenauer hielt seinen Finanzminister Dr. Franz Etzel für den besten Mann. Doch der lehnte ab. Die Presse sparte nicht mit Lob für den Wirtschaftsminister Erhard, gab aber der Meinung Ausdruck, um politisch führen zu können, müsse er über sein fachliches Wissen hinaus Vollblutpolitiker sein, und gerade dies sei er nun einmal nicht. Während seiner Ferien in Cadenabbia kamen Adenauer Zweifel an der Richtigkeit seiner Entscheidung: In der Fraktion wurde immer lauter gefordert, Ludwig Erhard zum Nachfolger Adenauers zu küren; doch Adenauer war unter keinen Umständen bereit, Erhard als Bundeskanzler zu akzeptieren.

Am 17. Mai erklärte er in einer Sitzung des Ministerrates, daß er im Hinblick auf den schlechten Beginn der Genfer Außenministerkonferenz zu neunzig Prozent entschlossen sei, Regierungschef zu bleiben. Die meisten Minister, auch Ludwig Erhard, glaubten, diese Ankündigung Adenauers nicht ernst nehmen zu müssen. Einige Tage später rief er seine engsten Freunde zusammen und teilte ihnen mit, daß er Erhards Berufung zum Kanzler für einen katastrophalen Fehler halten müsse. Er werde ihn deswegen, falls er zum Bundespräsidenten gewählt werden würde, dem Bundestag nicht als Kanzler vorschlagen können. Wenn der Bundestag im zweiten Wahlgang dennoch Ludwig Erhard zum Bundeskanzler wählen sollte, werde er aus Respekt vor seinem Amt seinen Rücktritt als Bundespräsident erklären. Man solle sich daher bemühen, Ludwig Erhard zu überzeugen, daß es für ihn richtiger sei, sich mit seinem bisherigen Ministeramt zu begnügen, und einen anderen Kandidaten suchen. Wenn man keinen finde, werde er Kanzler bleiben. Die Fraktion wußte weder aus noch ein.

Da half ihr die FDP aus der Verlegenheit: Am 21. Mai 1959 beschloß sie auf ihrem Berliner Parteitag, einen eigenen Kandidaten aufzustellen, den Abgeordneten Dr. Max Becker, der zwar keinerlei Chancen hatte, gewählt zu werden, dessen Kandidatur aber verhindern würde, daß Wahlmänner der FDP ihre Stimme dem Kandidaten der SPD geben. Das Kalkül der Führungsgruppe der FDP, die auf jeden Fall verhindern wollte, daß ein Sozialdemokrat Bundespräsident wurde – zu ihr zählten vor allem jene Abgeordneten, die einige Jahre später zur CDU überwechselten –, war richtig. Auf jeden Fall war durch die Nominierung eines FDP-Kandidaten dem CDU-Kandidaten im dritten Wahlgang der Sieg sicher.

Doch am 26. Mai bekräftigte Konrad Adenauer vor der Fraktion nun plötzlich wieder seinen Entschluß zu kandidieren: Er habe ihn gefaßt, weil die Gefahr bestanden habe, daß Carlo Schmid zum Bundespräsidenten gewählt werden könnte. (Theodor Heuss in seinen »Tagebuchbriefen« am 8. März 1959: »Den Einzug Carlo Schmids in das Palais Hammerschmidt zu verhindern, ist eine wesentliche Phantasiebeschäftigung für Adenauer geworden.«) Nach langem Hin und Her in der Fraktion und vergeblichen Versuchen, eine Kombination Erhard/Etzel zustande zu bringen, teilte Adenauer dem stellvertretenden Fraktionsvorsitzenden der CDU, Oberkirchenrat Adolf Cillien, mit, nun werde er seine Kandidatur endgültig zurückziehen. Als Cillien protestierte, berief sich der Kanzler auf sein Gewissen. Die Führungsspitze der Fraktion bestürmte ihn, bei seiner

Kandidatur zu bleiben. Adenauer blieb unbeugsam – der Sturm werde sich wieder legen . . .

Während der Haushaltsdebatte im Bundestag am 11. Juni 1959 benutzte Fritz Erler die Gelegenheit, Adenauers Verhalten scharf zu kritisieren. Er glaube offenbar, auch als Bundespräsident die Führung der Regierung in der Hand behalten zu können. Damit verstoße er gegen ein tragendes Prinzip des Grundgesetzes. Jedermann hatte erwartet, Adenauer werde antworten, Befürchtungen solcher Art seien unbegründet, denn er werde Kanzler bleiben. Doch er gab keine Erklärung zu seiner Kandidatur ab.

Nach der Sitzung des Bundestages wurde innerhalb der Fraktionsführung vereinbart, Adenauers Entschluß, nicht für das Amt des Bundespräsidenten zu kandidieren, der Öffentlichkeit vorläufig nicht bekanntzugeben. Dennoch wußte einige Tage später jeder, was die Stunde geschlagen hatte. Adenauer zog die Konsequenz und richtete einen Brief an Dr. Krone, in dem er seinen Entschluß, die Kandidatur zurückzuziehen, offiziell bekanntgab. Eine Kopie sandte er an Erhard, der sich gerade in Washington befand.

Man kann sich die Wirkung in Bonn und in den Hauptstädten des Auslands vorstellen. Besonders getroffen fühlte sich Ludwig Erhard. Er wußte natürlich, warum ihm der Regierungschef die Befähigung zum Regierungschef absprach, und litt unter der Minderung seines Ansehens in Deutschland und in der Welt. Eine von der Fraktion beschlossene Vertrauensresolution genügte ihm nicht; er wollte eine Ehrenerklärung des Kanzlers und eine Vertrauenserklärung der Fraktion. In einer Pressekonferenz am 9. Juni erklärte Ludwig Erhard, es sei undenkbar, daß die geschichtliche Lüge bestehen bleibe, er sei in bezug auf die außenpolitische Konzeption der Regierung weniger standhaft und weniger klar in seinen Auffassungen als Konrad Adenauer. Er könne auch nicht »im Raume stehen lassen«, daß er ein Gegner der Integration Europas sei. Um die Richtigstellung dieser negativen Qualifikationen werde er kämpfen.

In der Fraktionssitzung erklärte er, daß er durch die Vorgänge der letzten Wochen zutiefst beleidigt sei. Er habe nie das Amt des Bundeskanzlers begehrt . . . Durch die Zweifel an seiner Europatreue und durch die Tatsache, daß der Bundeskanzler ihm die Wahrung der bisherigen Politik nicht zutraue, fühle er sich »abgewetzt«. Adenauer lenkte ein und sprach von guter künftiger Zusammenarbeit; eine öffentliche Erklärung, daß er Erhard zur Führung der Bundesregierung für geeignet halte, gab er nicht ab. Trotzdem reichte man sich die Hand.

In der nächsten Bundestagssitzung griff Ollenhauer den Bundeskanzler an: Seine Art, mit der Kandidatur für das höchste Amt der Bundesrepublik zu jonglieren, untergrabe das Vertrauen des Volkes und der Welt in die Institutionen der Bundesrepublik und zu den Männern, die diese repräsentieren. Im Laufe der Debatte wiederholte Adenauer, daß er bei seinen Entscheidungen hinsichtlich der Kandidatur nur seinem Gewissen gefolgt sei. Von Ludwig Erhard sprach er nicht. Doch führte er aus, er habe am 14. Mai vor dem Kabinett erklärt, daß seine Entscheidung, für das Amt des Bundespräsidenten zu kandidieren, infolge des Verlaufs der Ereignisse schon zu neunzig Prozent nicht mehr gelte. Wirtschaftsminister Erhard habe an dieser Sitzung teilgenommen.

Nun hagelte es Zwischenrufe: Wer denn hier die Wahrheit sage, der Kanzler oder sein Minister? Adenauer wurde vorgeworfen, die amerikanische Regierung früher von seinen Absichten unterrichtet zu haben als seinen präsumtiven Nachfolger als Bundeskanzler. Adenauers Antwort: Er habe vor der Abreise Erhards in die USA in vollem Freimut mit ihm gesprochen, wie es in der CDU unter Parteifreunden üblich sei. Darauf fragte der Abgeordnete Dr. Gustav Heinemann den Wirtschaftsminister, ob dies stimme. Erhard antwortete, der Bundeskanzler habe mit ihm weder von einer Verschlechterung der Weltlage gesprochen noch von seinem Entschluß, auf die Kandidatur für das Amt des Bundespräsidenten zu verzichten. Daraufhin las Dr. Gerhard Schröder das Protokoll der Ministerratssitzung vor, in dem stand, Adenauer habe vor *allen* Ministern erklärt, daß er zu neunzig Prozent entschlossen sei, nicht zu kandidieren. Erhard gab dies zu. Doch gab er am folgenden Tag auf eine Äußerung des sozialdemokratischen Abgeordneten Dr. Heinrich Deist hin eine schriftliche Erklärung ab, in der er bestätigte, daß der Bundeskanzler in der Kabinettssitzung vom 14. Mai die erwähnten Äußerungen getan habe; die Fraktionssitzung der CDU/CSU vom 26. Mai in Anwesenheit des Bundeskanzlers habe jedoch mit der Feststellung geendet, daß es bei der Kandidatur des Bundeskanzlers für das Amt des Bundespräsidenten bleibe. »Nach dieser Fraktionssitzung vom 26. Mai hatte ich dann nur noch eine Besprechung mit dem Bundeskanzler, und zwar am 1. Juni, acht Stunden vor meinem Abflug nach New York, das heißt zugleich, kurz nach seiner Rückkehr aus Amerika. Dabei hat er mir mit keinem Wort gesagt und mit keiner Geste zu erkennen gegeben, daß er sich erneut eines anderen besonnen habe oder den verkündeten Entschluß rückgängig machen wolle. Ich mußte also nach Treu und Glauben annehmen, daß sich die Situation seit der Fraktionssitzung am 26. Mai nicht mehr verändert hatte.«

Es kam wieder zu einer Fraktionssitzung der CDU/CSU, an der – auf Dr. Krones Rat – Konrad Adenauer nicht teilnahm. Die Erbitterung der Abgeordneten war groß. Adenauer beschuldigte Erhard in einem Telegramm, in der Fraktionssitzung vom 19. Juni gegen ihn Vorwürfe erhoben zu haben, die auf falschen Zeitungsmeldungen beruhten. Er habe nicht die Absicht, auf diese Vorwürfe zu antworten, denn er sei der Auffassung, daß der Öffentlichkeit nicht das Schauspiel einer Auseinandersetzung innerhalb der Partei und der Regierung geboten werden dürfe. Er lege auf weitere einträchtige Zusammenarbeit größten Wert . . . Die Verhandlungen in der Fraktion waren damit nicht zu Ende. Um zu einem Abschluß zu kommen, mit dem man vor der Öffentlichkeit bestehen konnte, wurden einige Abgeordnete beauftragt, einen Brief zu entwerfen, den Adenauer an Erhard richten solle, und eine Antwort Erhards an Adenauer zu konzipieren. Die beiden Briefe wurden entworfen, von beiden Akteuren für gut befunden und unterschrieben.

Alles weitere verlief nun ohne neue Komplikationen. Die CDU nominierte Dr. Heinrich Lübke als ihren Kandidaten für das Amt des Bundespräsidenten. Die Bundesversammlung trat am 1. Juli 1959 in Berlin zusammen und wählte den bisherigen Bundesminister für Ernährung, Landwirtschaft und Forsten im zweiten Wahlgang mit 526 von 1 038 Stimmen. Auf mich entfielen 386 Stimmen, auf Dr. Becker 99, bei 22 Enthaltungen.

Ich kannte Dr. Lübke von seiner Tätigkeit als Minister her. Später sollte ich zu ihm in ein besonderes Vertrauensverhältnis kommen. Dieser Mann führte sein Amt treu und redlich, aber ohne den Glanz, den Theodor Heuss ihm gegeben hatte. Heinrich Lübke bekannte sich zu seiner einklassigen Volksschule im Sauerland. Er verfolgte die Ereignisse sorgfältig und aufmerksam, nahm sein Amt ernst und nutzte die wenigen politischen Möglichkeiten, die es ihm gab, wie es ihm das Bewußtsein von seiner Verantwortung gebot. Es blieb ihm nicht erspart, als »der Mann aus dem Sauerland« verspottet zu werden, und schlimm traf ihn die Kampagne, die ihn als Erbauer von Konzentrationslagern bezeichnete, weil er Angestellter einer Baufirma in Peenemünde gewesen war, die mit der Errichtung von Baracken für die Unterbringung von Kriegsgefangenen und Zwangsarbeitern zu tun hatte. Er hat diesen Anwurf nie verschmerzt. Ich bewahre Heinrich Lübke und seiner Frau ein gutes Andenken. Sie haben ein Stück Deutschland vergegenwärtigt, das ehrenwert ist.

Gern erinnere ich mich an den Tag von Lübkes Wiederwahl am 1. Juli 1964: Während des Empfangs, den er am Abend nach seiner Wahl im Schloß Bellevue gab, bemerkte ich auf dem Ehrenhof eine große Zahl junger Leute, die dem Präsidenten einen Fackelzug dargebracht hatten und um die sich nun niemand kümmerte. Ich trat zu Heinrich Lübke und schlug ihm vor, auch diese Gratulanten hereinzulassen. Gleich darauf füllten sich die Räume des Schlosses mit jungen Menschen, die sangen und lachten und es sich gut schmecken ließen ...

Es war die erste und einzige Bundespräsidentenwahl, die zum Volksfest wurde.

Das Godesberger Programm

Gemäß dem auf dem Stuttgarter Parteitag gefaßten Entschluß trat am 13. November 1959 in Bad Godesberg der Außerordentliche Parteitag der SPD zusammen, der ein neues Parteiprogramm beraten und beschließen sollte. Das letzte offizielle Parteiprogramm der SPD war 1925 beschlossen worden. Seit 1954 wurde in den Ortsvereinen und Parteibezirken über die Notwendigkeit eines Parteiprogramms diskutiert, das den weltweit eingetretenen Veränderungen der politischen, gesellschaftlichen, ökonomischen und kulturellen Verhältnisse besser entsprechen sollte. Es zeigte sich, daß die Zahl jener, die an dem marxistischen Vokabular der Zeit des Erfurter Programms festhalten wollten, geringer war als die Anzahl der von der Notwendigkeit einschneidender Neuprägungen der Vorstellungswelt der Partei Überzeugten. Bei der Analyse der aus dem ganzen Lande eingegangenen Vorschläge schälte sich ein klares Bild der Vorstellungen des überwiegenden Teils der Parteimitglieder heraus, von der dogmatischen Festlegung der Parteipraxis sowie der Theorien loszukommen, die so lange Zeit das Leben der Partei beherrscht hatten. Es erwies sich ferner, daß allgemein als notwendig empfunden wurde, den Aktionsteil des Programms in ein System von Werten einzubetten, an denen sich das praktische Verhalten der Partei zu orientieren haben würde. Die Mitglieder hatten offensichtlich die einst weitverbreitete Vorstellung abgestreift, die Erkenntnis der Strukturelemente der Gesellschaft der jeweiligen Epochen schenke uns automatisch die Antwort auf die Forderungen des Tages und öffne den Weg zu ihrer Erfüllung. Es wurde ein Katalog moralischer Prinzipien für die Ordnungen von Staat und Gesellschaft erwartet, die, für alle gleich annehmbar, sichere Wege in eine humanere Zukunft wiesen, die aber darum durchaus nicht alle aus demselben weltanschaulichen Wurzelgrund hervorgegangen zu sein brauchten. An die Stelle des marxistischen Monismus sollte ein Pluralismus aller Weltanschauungen treten, bei denen der Mensch und seine Bestimmung zur Freiheit im Mittelpunkt steht.

In der Programmkommission setzte ich mich dafür ein, daß alles vermieden werden möge, was als Einzwängung der Menschen in ideologisch oder technokratisch konstruierte Schablonen verstanden werden könnte. Grundziel aller Bemühungen der Partei müsse die größtmögliche Erweiterung des den Menschen zugeordneten Freiheitsraumes sein, so weit sie mit dem Gemeinwohl vereinbar ist. Dies setze die Prüfung voraus, wie die Entwicklung der Lebensverhältnisse des Industriezeitalters den Notwendigkeiten und Möglichkeiten der Zeit am zuträglichsten im Sinne ständigen humanen Fortschritts angepaßt werden könnte. Nur wenn dies geschehe, werde es den Menschen auch unter den Bedingungen fortschreitender Automatisierung der Produktionsmethoden möglich sein, in der Wirklichkeit der gesellschaftlichen Bedingungen eine Existenz in Freiheit konkret zu verwirklichen. Ich warnte vor zu großem Umfang des »praktischen Teils« des Programms, denn ich fürchtete, daß dieser die Bewegungsfreiheit der Partei bei der erforderlichen Anpassung der aktuellen Politik an die Vielfalt der nicht voraussehbaren Veränderungen der Umstände, mit denen man werde fertig werden müssen, einschränken könnte – ohne verhindern zu können, daß unter dem Zwang existenzgefährdender Faktoren in der Sache gegen die Grundprinzipien gehandelt wird.

Der erste Entwurf der Programmkommission wurde dem Stuttgarter Parteitag 1958 vorgelegt; er umfaßte 45 Seiten seines Protokollbandes. Ein umgearbeiteter Entwurf, der 18 Seiten umfaßte, wurde dem Parteitag in Godesberg vorgelegt. Aus der Mitte der Partei waren an den Parteitag 276 Anträge gerichtet worden – 112 Seiten des Protokollbandes. Der vom Parteitag beschlossene Text des Parteiprogramms füllte wieder 18 Seiten. Ich möchte durch diese Zahlen verdeutlichen, wie stark die Parteibasis sich an der Vorbereitung dieses Parteitages und an der Gestaltung des Programms beteiligte und wie erfolgreich die Bemühungen des Parteivorstandes waren, durch gründliche Vorbereitung der Programmdiskussion in den Gliederungen der Partei auf dem Parteitag eine lebendige Debatte möglich zu machen.

In den Führungsgremien der Partei bestand Einigkeit, daß die Delegierten die Hauptlast der Diskussion tragen sollten. Die an der Ausarbeitung der Entwürfe Beteiligten hatten sich auf Erklärungen zu beschränken; Erich Ollenhauer erläuterte dem Parteitag die Grundgedanken des Entwurfs. Die Berichterstattung über die in den Arbeitsgemeinschaften erzielten Ergebnisse hatten Fritz Erler, Heinrich Deist, Herbert Wehner, Willi Eichler, Käte Strobel, Waldemar von Knoeringen und ich übernommen.

Ollenhauer legte die Prinzipien dar, deren Summe die Politik der SPD für die Gestaltung der Zukunft Deutschlands im Geiste der Freiheit, der sozialen Gerechtigkeit und der Solidarität aller Menschen und Völker darstellen sollte – im Unterschied zu den wechselnden Wahlprogrammen, die für jeweils eine Legislaturperiode die Ziele und Methoden der Fraktion festzulegen haben. Der Parteivorsitzende betonte, daß das Grundsatzprogramm kein wissenschaftliches Dokument sei, sondern ein Katalog von Zielsetzungen und Grundwerten politischen Handelns, mit denen der Kampf gegen die Zustände geführt werden solle, die in Politik, Wirtschaft und Gesellschaft den Menschen sich selbst, der Natur und seinen Mitmenschen entfremden. Maßnahmen und Werte seien nicht »wissenschaftlich« zu errechnen, jedoch könne die Erkenntnis der die menschliche Existenz bestimmenden Faktoren unserem Willen Wege anbieten, auf denen die Postulate der Freiheit und der Menschenwürde am sichersten zu verwirklichen seien. Das Ziel sozialdemokratischer Politik seien ein Staat und eine Gesellschaft, deren Lebens- und Arbeitsverhältnisse von jedem Redlichen bejaht werden können, ohne daß er auf Selbstachtung zu verzichten braucht. Dem Marxismus komme für die Verwirklichung des demokratischen Sozialismus keine dogmatische Bedeutung zu; er sei eine unter mehreren möglichen Methoden soziologischer und politischer Analyse zur Entlarvung der machtpolitischen Hintergründe gewisser Ideologien. Das Bekenntnis zur Freiheit und zur Würde des Menschen erfordere das Bekenntnis zum

Wesen und zur Praxis der Demokratie, die allein den Menschen aus der Furcht vor Not und Unterdrückung zu befreien vermöge. Außerhalb freiheitlicher Ordnungen sei demokratischer Sozialismus nicht möglich, und die Demokratie werde ihre humanitären Werte nur innerhalb sozialistisch begriffener Wirklichkeit voll entfalten können. Zwischen uns und jeglicher Art von Totalitarismus klaffe eine unüberbrückbare Kluft. Für den demokratischen Sozialismus stehe über allem die Pflicht, als Hort der Freiheit aller dem Frieden zu dienen. Doch die demokratische Grundordnung des Staates dürfe nicht ohne Schutz gegen Bedrohung von außen bleiben. Darum bekenne sich die Sozialdemokratische Partei Deutschlands zur Pflicht der Landesverteidigung. Für die Sozialdemokraten schließe die Sorge für die Erhaltung des Friedens die Wiederherstellung der Einheit des deutschen Volkes mit friedlichen Mitteln ein, denn der vornehmste Grundsatz des Katalogs der Werte, deren Verwirklichung Demokratie ausmache, sei das Recht der Völker, Inhalt und Formen ihrer Lebensverhältnisse frei zu gestalten. Jenseits der Verschiedenheit der Formen, in denen sich Demokratie politisch verwirkliche, gehöre zu ihren Postulaten, daß der Staat Ordnungen zu schaffen hat, die allen Menschen die größtmögliche Entfaltung ihrer Fähigkeiten und Begabungen, ihrer politischen Rechte, ihrer wirtschaftlichen Initiativen, ihres geistigen, religiösen und kulturellen Lebens gestatten. Die Demokratie werde um so lebenskräftiger sein, je vielgestaltiger sich in ihr das gesellschaftliche Leben in allen seinen Verzweigungen entfalten kann. Dazu gehöre die Bereitschaft aller gesellschaftlichen Kräfte zu Selbstbeschränkung und Toleranz. Die Sozialdemokratie habe in ihrem Programm daraus die Schlußfolgerung gezogen, daß sie als politische Partei nicht den Anspruch erhebt, eine Weltanschauungspartei oder Ersatz für die Kirchen zu sein.

Herbert Wehner ergänzte diese Darlegungen durch die Betonung der Gefahren, die in jedem politischen Dogmatismus stecken. Er wies auf die bitteren Erfahrungen seines Lebens hin. Auch er sprach sich unmißverständlich für die Landesverteidigung aus. Und im gleichen Sinne äußerte sich Fritz Erler.

Nach Waldemar von Knoeringens Mahnung, daß wir den ganzen Sozialismus in den Rauchfang hängen könnten, wenn auf die

Industriegesellschaft nicht die Bildungsgesellschaft folge, stellte ich in meinem Beitrag zu dem Abschnitt »Das kulturelle Leben« die Bildungsfrage in den Mittelpunkt. Es sei ein Irrtum zu glauben, Bildung erschöpfe sich mit der Anpassung des Menschen an die gesellschaftlichen Bedürfnisse seiner Zeit. Bildung könne nicht zweckgebunden sein, sonst erniedrige sie den Menschen zum Funktionsträger gesellschaftlicher Mechanismen. Wir müßten glaubhaft machen, daß wir alles tun werden, damit Idee und Wirklichkeit des Menschen endlich wieder in eins zusammenfallen!

Mit der Annahme des Entwurfs eines Grundsatzprogramms fand seinen vorläufigen Abschluß, was in den Jahren seit 1946 durch Initiativen weniger einzelner eingeleitet und in der Erprobung von Fall zu Fall zum Prozeß der Neubestimmung des Selbstverständnisses der Sozialdemokratischen Partei geworden war. Das Godesberger Programm weckte neues Vertrauen in die Ziele der Partei und machte sie für Bevölkerungsschichten wählbar, denen die Art, wie die Partei sich einst begriffen hatte, das Verständnis für ihre Ziele kaum je erschlossen haben würde. So ist der Godesberger Parteitag nicht nur ein Stück Parteigeschichte, sondern der Auftakt einer neuen Phase der Geschichte des deutschen Volkes geworden, jenes Teils des Volkes, das die Möglichkeit hat, sich frei für die Inhalte und Formen seines politischen Lebens zu entscheiden.

Prognose für das Jahr 1960

In einem Artikel zur Jahreswende 1959/60 – »Die Weichen sind gestellt« –, der in einer ganzen Reihe deutscher Zeitungen erschien, brachte ich meine Meinung zum Ausdruck, daß der erstaunliche Sprung nach vorn, den die Sowjetunion in Wissenschaft und Technik aufzuweisen habe, sich politisch auswirken werde, nehme er doch dem Westen ein Stück seines bisherigen Übergewichts in der Waffentechnik weg. Dies werde den Völkern der UdSSR ein neues Selbstgefühl verleihen und sie stärker als bisher für befähigt und legitimiert erscheinen lassen, die Zukunft der Welt maßgeblich mitzubestimmen. Das wiederum werde mit sich bringen, daß viele Völker, die aus den

Hinterhöfen der Geschichte nach vorn drängen, auf den Foren der Weltpolitik die Sowjetunion als ihren wirksamsten Sprecher ansehen werden. Dadurch werde sich das bisherige Koordinatensystem der Kraftlinien der Weltpolitik entscheidend verändern.

Gipfelkonferenzen würden zu gängigen Praktiken der Diplomatie werden und die Staaten zur Veränderung erprobter diplomatischer Methoden zwingen, und dies werde auch auf ihre Innenpolitik Auswirkungen haben. Mit diesem Neuen fertig zu werden, stelle große Anforderungen an unsere Geduld und werde uns viel Vorstellungsvermögen, viel Willenskraft und große Geschmeidigkeit abverlangen. Die Prüfungen könnten nur Regierungen bestehen, die sich nach innen und außen so verhalten, daß sie der Bereitwilligkeit der ganzen Nation sicher sein dürfen, ihnen auch durch risikoreiche Wirrnisse zu folgen.

Alle Regierungen würden sich vordringlich um Verhandlungen bemühen, deren Ergebnisse ihnen erlauben könnten, ihre Rüstungen abzubauen. Eine Reihe bisher vorrangiger Probleme werde ihnen nicht mehr so wichtig vorkommen wie noch gestern: Die Frage der Wiedervereinigung Deutschlands etwa werde künftig weit in den Hintergrund geschoben werden.

Rotchina werde eine erhebliche Rolle spielen. Würde die Flagge dem Kaufmann folgen? Auf jeden Fall werde der Westen begreifen müssen, daß das Geschehen in jenem anderen Teil der Welt die Folge eines erwachten Selbstgefühls der Völker ist, die lange Zeit geduckt leben mußten und sich nunmehr eine Welt erkämpfen wollen, in der ihnen der aufrechte Gang des Freien möglich sein wird. Es bestehe die Gefahr, daß sie mit einem gewaltigen Schritt erreichen wollen, wozu wir Jahrhunderte brauchten. Wer ihnen dabei als Helfer erscheine, auf dessen Seite würden sie sich schlagen. Die Völker des Westens müßten der Dritten Welt durch Taten beweisen, daß sie ihre Emanzipationsbestrebungen anerkennen. Die Fakten – auch psychologische Tatbestände könnten Machtfaktoren sein – zwängen uns neue Orientierungen auf.

Die Reise nach Marokko

Auf Einladung der Königlich Marokkanischen Regierung traf ich im Mai 1960 zusammen mit einigen Bundestagsabgeordneten zu einem fünftägigen Studium des Landes in Casablanca ein. Der dortige deutsche Generalkonsul, Franz Obermeier, ein hervorragender Kenner der im Königreich herrschenden politischen Sitten und Zustände, hielt es für richtig, mich vom Betreten des Landes an über gewisse Eigentümlichkeiten aufzuklären.

Rabat, die Hauptstadt des Königreichs Marokko, glich, mit Ausnahme des Palastbezirks, einer südfranzösischen Präfektur. Von den Vorhöfen des Palastes aus konnten wir den festlichen Zug des Sultans zum Freitagsgebet in der Großen Moschee beobachten. An den Toren und entlang dem Weg zur Moschee standen Abteilungen der Garde Noire und Scharen des königlichen Gesindes in roten Burnussen. Trommelwirbel und Claironsignale kündigten das Kommen des Monarchen an. Hinter einem Spielmannszug, gefolgt von einer Abteilung der Garde, ritt Mohammed V. auf einem Schimmel unter einem Schirmbaldachin – ein in sich versunkener müder, alter Mann. Das Volk verneigte sich in scheuer Verehrung und verharrte in dieser Haltung noch lange, nachdem der Zug vorbeigezogen war.

Nach dem Freitagsgebet des Sultans waren wir zur Audienz gebeten. In einem kleinen Raum, an dessen Wänden einfache Bänke standen, erhob sich auf einem niederen Podest ein schmuckloser Thron aus weißem Marmor. Ich dankte dem Souverän für die uns erwiesene Ehre und überbrachte die Wünsche des Parlaments der Bundesrepublik für ihn und sein Land. Der Sultan antwortete kurz. Dann winkte mich der Hofmarschall heran, ein Diener schob ein Tabouret an die Seite des Throns, und es folgte eine leise Unterhaltung auf französisch zwischen dem Sultan und mir. Er fragte, ob ich nach Wunsch versorgt sei und wie mir das Land gefalle. Ich antwortete mit den bei solchen Gelegenheiten üblichen Freundlichkeiten. Als er mich fragte, ob ich nicht auch anderes zu bemerken hätte, sprach ich von dem Subproletariat Casablancas und den Gefahren, die darin lägen, daß diese Menschen auf den Arbeitsmarkt geworfen werden, ohne daß ihnen Schutz gegen Ausbeutung und

Wucher zuteil würde. Der Monarchie und des Volkes Interesse gebiete, den Weg zur Bildung von Einrichtungen freizumachen, wie sie sich die Arbeiterschaft Europas und Amerikas schuf. Sie würden sich für den Staat und die Dynastie als Schutz und nicht als Gefahr auswirken. Der alte Mann auf dem Marmorthron überlegte eine Weile, beugte sich dann zu mir herab und flüsterte: »Sagen Sie das bitte auch meinem Sohn . . .«

Auf dem Empfang, den die Regierung im Anschluß an die Audienz gab, wunderte ich mich über die große Zahl der französischen Gäste, die zum Establishment des Landes zu gehören schienen. Ich traf den Generalstaatsanwalt am Obersten Gericht von Marokko, Monsieur Roult, mit dem ich im Krieg viel zu tun gehabt hatte, als er Generalstaatsanwalt von Douai gewesen war. Er schilderte mir, was in Marokko der Begriff »Regierung« konkret und praktisch bedeutet. Auf der einen Seite stehe »der Hof«, auf der anderen die hohe Bürokratie, die zum Teil aus Franzosen bestehe und deren marokkanische Mitglieder ihre Ausbildung insgesamt in Frankreich erhalten hätten; auf einer anderen Ebene stünden die wenigen Paschafamilien und die islamischen Traditionalisten, deren bedeutendster Vertreter Kultusminister El-Fahsi sei. Im Bewußtsein des Volkes aber zähle mehr als jede politische Gruppe die Autorität Sultan Mohammeds V., der dem Volk als Nachfahre des Propheten und damit als authentischer Interpret des Korans gelte. Er genieße uneingeschränkte Verehrung als gütiger Vater seines Volkes, auch wenn er gegen jene, »die das Volk verderben«, unerbittliche Strenge walten lasse. Sein Sohn, Kronprinz Hassan, sei aus ganz anderem Holz.

Ich sollte noch am selben Tag Gelegenheit haben, beim Vergleich von Vater und Sohn den Gegensatz zweier Stile, König zu sein, festzustellen. Während des Empfangs übermittelte mir eine Ordonnanz des Kronprinzen dessen Bitte, ihn in seiner Residenz aufzusuchen. Vor dem prachtvollen Pavillon, in dem ich erwartet wurde, präsentierte ein Halbzug der Garde Noire das Gewehr, ein reich betreßter Adjutant empfing mich am Fuße der Treppe in vorzüglichem Französisch und führte mich in einen wohltuend abgedunkelten und temperierten Salon, in dem an einem mächtigen Empireschreibtisch Kronprinz Hassan saß. Er erhob sich, reichte mir die Hand und

wies auf einen Sessel. Der Adjutant und mein Begleiter von der
deutschen Botschaft zogen sich zurück. Als der Tee gebracht worden
war, begann unser Gespräch.

»Wird gut für Sie gesorgt? Gefällt Ihnen unser Land? Haben Sie
unsere Industrie bemerkt? Ich halte es für gut, daß zwischen Ihrem
Land und Marokko jetzt eine direkte Flugverbindung besteht. Das
wird nicht nur unsere Handelsbeziehungen fördern, sondern auch
Touristen ins Land bringen.«

Ich versicherte ihm, daß deutsche Firmen in seinem an Rohstoffen
so reichen Land künftig gewiß in steigendem Maße investieren
würden. Doch frage ich mich, ob sie eine genügend geschulte
Arbeiterschaft vorfinden werden, die bereit ist, sich die Arbeitsdiszi-
plin zu eigen zu machen, die in einer industrialisierten Wirtschaft
unerläßlich sei.

Der Kronprinz reagierte unfreundlich. Ob ich denn die Leute des
Maghreb für dümmer hielte als die Europäer? Schließlich hätten sie ja,
lange bevor in Frankreich und Deutschland Kathedralen gebaut und
Handwerke betrieben wurden, Beachtliches geleistet! Das sei zwar
nicht mit der heutigen Fabrikarbeit zu vergleichen, aber die Fertigkeiten von einst ließen sich durchaus auf die Arbeit in der Fabrik
übertragen.

Ich sprach von Casablanca, seinem Subproletariat in den Bidonvilles, dem alles fehle, was zur Bildung einer modernen Industriearbeiterschaft notwendig ist. Das werde sich nur ändern lassen, wenn man
der Arbeiterschaft die Möglichkeit eröffnet, sich in von ihr selbst
gebildeten Gewerkschaften zu organisieren, die sie vor Ausbeutung
schützen und ihre unfruchtbare Erbitterung über den Unterschied
von arm und reich in Bestrebungen verwandeln werden, in ständiger,
vom Staat geregelter Auseinandersetzung mit den »Patrons« bessere
Arbeitsbedingungen und bessere Löhne zu erkämpfen.

»Das würde lediglich als eine Aufforderung zur Revolution
verstanden werden!« – »Im Gegenteil! Der durch eine feste Organisation geregelte Arbeitskampf wird das beste Mittel sein, Revolutionen
als gegenstandslos erscheinen zu lassen.« – »Wir brauchen so etwas
nicht. Unsere Machtmittel reichen aus, um mit jeder gewalttätigen
Äußerung des Unmuts der Arbeiter fertig zu werden ...« – »Ja,

Monseigneur, Sie haben viele und gute Soldaten. Ich habe Ihre Garde vor dem Portal bewundert, und die blanken Bajonette an ihren Gewehren haben mich beeindruckt. Mit Bajonetten kann man manches machen, nur kann man nicht für längere Zeit auf ihnen sitzen bleiben.«

Ich erwartete einen Zornesausbruch. Es kam anders. Der Kronprinz dachte eine Weile nach. »Wir sollten uns vielleicht noch einmal darüber unterhalten. Sie werden von mir hören.« Damit verabschiedete er mich.

Von Rabat ging es nach Fes, der Stadt, in der im Mittelalter die islamische Wissenschaft besonders reiche Blüten trieb. Mit mir reiste Marokkos Kultusminister El-Fahsi, »der Mann aus Fes«. Er hatte nicht nur an französischen Universitäten gelernt, auf europäische Weise zu denken, sondern auch auf den Hohen Schulen des Islam sich aneignen können, was es heißt, auf islamische Weise zu leben. Er war ein gelehrter Arabist und ein leidenschaftlicher Kämpfer für die Erneuerung seines Volkes aus den Lebenskräften der islamischen und maurischen Tradition, die für ihn bis nach Córdoba und Granada reichte. Er hatte uns zu einer Vorführung klassischer maurischer Musik der Frühzeit in den Patio des Hauses eingeladen, das seine Familie seit Jahrhunderten bewohnte. Wir betraten durch ein mächtiges Tor einen weiten quadratischen Hof, den dunkle Fronten mehrstöckiger Fassaden umschlossen. In seiner Mitte sprudelte ein Brunnen, den mit Oleander, Lorbeer und Mandarinenbäumchen bepflanzte Steingefäße umstanden. Im zweiten Stockwerk ragten mit kunstvoll gesägtem und geschnitztem Holz vergitterte Balkone aus den Wänden. Zu ebener Erde lockerten sich die Fassaden in Laubengänge auf. Die Kerzen in den Windlichtern hatten nicht die Kraft, das Licht der Sterne zu überstrahlen. Rings um das Geviert waren Polstersitze gereiht, die das Sitzen mit untergeschlagenen Beinen erleichtern sollten; auf einem niederen Podest saßen, in Djellabas gehüllt, die Musiker. Schon nach den ersten Takten war deutlich, daß die Töne ihrer Lauten und flötenähnlichen Blasinstrumente etwas anderes ergaben, als das, was uns als »arabische Musik« bekannt war. Hätte ich nicht gewußt, daß wir alte maurische Musik hören, hätte ich gemeint, alte Musik Europas zu vernehmen. Als ich

Jahre später Schallplatten mit Liedern provençalischer Troubadoure hörte, erinnerten sie mich an die Musik aus Fes.

Ich besuchte mit Minister El-Fahsi die Karouiin-Universität, eine der ältesten Hohen Schulen der nachantiken Welt, heute ein eng ineinander geschobener Komplex im Laufe der Jahrhunderte entstandener Bauten. Wir wurden von Gelehrten dieser ehrwürdigen Stätte empfangen, die aussahen, wie ich mir die Patres eines Studium generale der Dominikaner im 14. Jahrhundert vorstelle. Nichts an ihnen erinnerte an europäische Professoren; ihre Art sich auszudrükken, ihre Gebärden, die Bedächtigkeit, mit der sie sich zwischen den Regalen der Bibliothek bewegten, waren anders als in unseren Breiten. An den Willkommensgruß fügte der Herr des Hauses die Bemerkung, daß schon früh Gelehrte aus Fes in Beziehung zu dem Lande Goethes getreten seien, insbesondere zu den hervorragenden Philologen, die aus Deutschland kamen, um seltene Schätze arabischer Literatur zu erschließen.

Der Konservator der Bibliothek führte uns durch die bescheidenen Räume. Die baufälligen Schränke hätte selbst ein ungeübter Einbrecher mit dem Daumen aufdrücken können. Darin waren antike Bücher aufgereiht – er sprach von zwanzigtausend –, hundertfältig benutzt, wie die abgegriffenen Ränder der Folianten erkennen ließen. Da gab es alte, aus der Lebenszeit der Verfasser stammende Codices mit Schriften des Averroës, des Avicenna, in Fes Ibn Sina geheißen, und mir wurde die Unterschrift Ibn Chalduns gezeigt, jenes Historikers des 14. Jahrhunderts, dem wir viel von unserem Wissen um die mittelalterliche Geschichte der Länder an den Küsten des Mittelmeers, auch der mittelmeerischen Geschichte des Stauferreiches und dessen Institutionen zu verdanken haben. Ich konnte mich kaum trennen von einem Traktat aus dem 12. Jahrhundert über astronomische Geometrie, dessen sauber gezeichnete Figuren nachzuweisen versuchten, wie sich überall am Firmament in den Bewegungen des gestirnten Himmels der Goldene Schnitt manifestiere.

Bei meiner Rückkehr nach Rabat wurde mir ein Schreiben des »Palastes« mit der Ankündigung des Besuches einiger politischer Persönlichkeiten übergeben. Zur angegebenen Zeit erschien ein eleganter junger Mann, der mir höflich eröffnete, er stünde zu meiner

Verfügung, um mich zum Arbeitsminister und zum Justizminister zu geleiten. Von ihnen erfuhr ich, Seine Königliche Hoheit der Kronprinz habe sie beauftragt, sich mit mir über das bei der Audienz von mir angeschnittene Problem der Organisation der Industriearbeiterschaft zu unterhalten. Es entspann sich ein Gespräch, bei dem ich ein weiteres Mal lernte, wie unmöglich es ist, Institutionen, die in einem bestimmten Kulturkreis unter bestimmten Voraussetzungen in Erkenntnis bestimmter spezifischer Notwendigkeiten entstanden, unverändert auf Völker zu übertragen, die politisch, ökonomisch, bildungsmäßig in einer anderen Epoche leben. Meine Gesprächspartner wiederum lernten vielleicht von mir, wie vielerlei Möglichkeiten es gibt, Rechtsformen für eine den Zeitbedürfnissen adäquate Gestaltung der Lebensordnungen der Bevölkerung zu finden. Es ist mir nicht bekannt, ob dieses Gespräch den Anstoß zu den inzwischen erlassenen Gesetzen über das Koalitionsrecht in Marokko gab. Doch unter dem 28. Juni 1960 erhielt ich einen Brief der Deutschen Botschaft in Rabat, in dem stand: »Die dem Erbprinzen von Ihnen seinerzeit gegebenen Anregungen scheinen auf fruchtbaren Boden gefallen zu sein. Im hiesigen Arbeitsministerium hörte ich kürzlich, daß man sich von Staats wegen ernsthaft mit der Organisation des Gewerkschaftswesens in Marokko befaßt und daß diese Anregung vom Erbprinzen ausgegangen sein soll.«

Die Verkündung der neuen außenpolitischen Konzeption der SPD

Nun kam die Zeit, da Erich Ollenhauer, Herbert Wehner, Fritz Erler und ich uns bemühten, die Fraktion, die Mitglieder des Parteivorstandes und des Parteiausschusses von der Notwendigkeit einer Anpassung unserer politischen Doktrin hinsichtlich der Wiedervereinigung Deutschlands und der Sicherheit Europas an die veränderte politische Weltlage zu überzeugen. Daß dies kein leichtes Geschäft war, wird jedem einleuchten, der erlebt hat, mit welcher Intensität die Partei sich die These zu eigen gemacht hatte, der Einbau der Bundesrepublik in die politisch-militärischen Pakte des atlantisch-westeuropäischen

Bündnissystems lösche die Chancen für eine Wiedervereinigung Deutschlands aus. Wir bekamen immer wieder zu hören: »Wie werden unsere Mitglieder an der Basis reagieren, wenn wir ihnen sagen, daß unser Wiedervereinigungskonzept in Anbetracht der inzwischen zutage getretenen Realitäten praktisch für lange Zeit nicht zu verwirklichen sein wird? Wird es nicht überall in Deutschland und im Ausland heißen: ›Die Sozialdemokraten sind auf Adenauers Linie eingeschwenkt? Werden die politischen Aussagen der Partei künftig noch glaubwürdig sein?‹«

Wir ließen uns nicht abschrecken. Schließlich würde doch begriffen werden, daß die Gleichwertigkeit der Ausrüstung der sowjetischen Streitkräfte mit strategischen, vor allem interkontinentalen und atomaren Waffen nunmehr den Gedanken ausschloß, die UdSSR werde angesichts eines auf die Überlegenheit an Zerstörungswaffen gestützten Druckes des Westens sich eines Tages doch entschließen, über die Wiedervereinigung Deutschlands zu erträglichen Bedingungen zu verhandeln. Eine politische Partei, die Wahlen gewinnen will, müsse sich als regierungsfähig auch dadurch erweisen, daß sie einst für erreichbar gehaltene Ziele zurückzustellen vermag, nachdem sie erkannt hat, daß die Zeit für die Verwirklichung noch nicht gekommen ist. Andernfalls werde sie darauf verzichten müssen, auch nur den Teil ihres Programms zu verwirklichen, der tatsächlich heute und morgen verwirklicht werden kann. Die bisherigen Wahlen hätten deutlich genug gezeigt, daß das Volk der Bundesrepublik die Verbürgung seiner Sicherheit durch die Mächte des freien Westens für ersprießlicher hält, als darauf zu warten, daß Änderungen der politischen Kräfteverhältnisse die Wiedervereinigung Deutschlands möglich machen.

Konrad Adenauer reagierte auf seine Weise. Das Godesberger Programm interessierte ihn weniger wegen der darin enthaltenen Aussagen über die von der SPD für notwendig und möglich gehaltenen politischen Maßnahmen, als deshalb, weil er erkannt hatte, daß der Übergang von der Klassenpartei zur Volkspartei die Sozialdemokraten für weitere Kreise als bisher wählbar machte. Könnte dieser Wandel die Sozialdemokraten nicht eines Tages an die Regierung bringen? Um das zu verhindern, zieh er bei jeder Gelegenheit die

Sozialdemokraten der »außenpolitischen Unzuverlässigkeit«. Eines der Grundaxiome seiner Politik war, die SPD auf die Rolle einer permanenten Oppositonspartei zu fixieren. In der Opposition konnten sie nützliche Arbeit am Rande leisten – doch dürfte es niemals dazu kommen, daß sie die Richtlinien der Politik bestimmen.

Nach dem Scheitern der Pariser Gipfelkonferenz gab Chruschtschow am 21. Mai 1960 in Ostberlin die Erklärung ab, seine Berlin-Note vom Jahr zuvor dürfe nicht als Ultimatum, sondern nur als eine Erläuterung eines der Ziele der sowjetischen Politik verstanden werden. Vor den amerikanischen Präsidentschaftswahlen waren keine weiteren Schritte in der Berlin-Frage zu erwarten. Damit schien uns der Zeitpunkt gekommen, vor der Weltöffentlichkeit die Konsequenzen darzulegen, die wir aus den offenbar gewordenen Veränderungen der politischen Realitäten, die bei der Schaffung der Bundesrepublik bestanden, gezogen hatten. In der nächsten außenpolitischen Debatte des Bundestages sollte Herbert Wehner, als Sprecher der Fraktion, die neue sozialdemokratische Beurteilung der politischen Lage erläutern, jener Mann, von dem niemand annehmen konnte, er sei imstande, auf Adenauers Nachkriegspolitik einzuschwenken, die ausschließlich an den Vorstellungen der USA und Frankreichs orientiert war. Wehners Aussage mußte um so mehr als Aussage der gesamten Partei wirken, da er als Mann des linken Flügels galt, so daß nicht befürchtet zu werden brauchte, die »Linken« würden sich dem neuen Konzept gegenüber widerspenstig verhalten. Am 21. Juni stimmte die Fraktion diesem Vorhaben zu, einige wenige Mitglieder ausgenommen, die, wie Professor Fritz Baade, meinten, die Partei solle sich weiter an den Deutschlandplan halten.

Am 24. Juni 1960 gab der Bundeskanzler vor dem Bundestag eine pessimistisch gehaltene Erklärung über die Ergebnisse der Pariser Gipfelkonferenz ab. Am 30. Juni stellte Außenminister von Brentano als Sprecher der Regierung fest, die Sowjetunion lehne jede Diskussion über Veränderungen des durch den Krieg und die Nachkriegsvereinbarungen der Sieger geschaffenen Status quo ab; sie bestehe auf dem Abschluß eines Friedensvertrages, der diesen Status festzuschreiben habe. Die Bundesregierung beharre hingegen auf ihrer Auffassung, daß es zu einem Friedensvertrag erst kommen dürfe, nachdem es zu wirksamen Vereinbarungen über eine Politik der Entspannung und zu Maßnahmen militärischer Abrüstung gekommen sei.

Der Abgeordnete Majonica (CDU) eröffnete die Aussprache, indem er für eine Verstärkung der Verteidigungsanstrengungen des Westens plädierte und zu einer energischeren Europapolitik aufrief. Dann betrat Herbert Wehner die Rednertribüne. Das Haus erwartete eine scharfe Abrechnung mit der Außenpolitik der Bundesregierung; statt dessen erklärte der Sprecher der Fraktion, daß auch für die Sozialdemokratische Partei Deutschlands das europäische und atlantische System, dem die Bundesregierung unter anderen Bedingungen als den heute bestehenden vertraglich beigetreten sei, nunmehr Grundlage und Rahmen für alle Bemühungen der deutschen Außen- und Wiedervereinigungspolitik sein müsse. Die SPD habe nie gefordert und beabsichtigt, das Ausscheiden der Bundesrepublik aus dem Vertrag und den Bündnisverpflichtungen zu betreiben. Sie habe jederzeit ein auf gleichen Rechten und Pflichten und dem Bewußtsein gegenseitiger Solidarität beruhendes europäisches Sicherheitssystem als geeignete Grundlage für den Beitrag des *wiedervereinigten* Deutschland zur Sicherheit in Europa und der Welt betrachtet. Seine Partei bekenne sich zur Verteidigung der demokratischen Grundrechte und bejahe darum auch die Pflicht zur Landesverteidigung. Die SPD habe nie einer Disengagement-Politik das Wort geredet, aber sie vertrete die Notwendigkeit einer Einigung aller Beteiligten, sich für eine Beschränkung der Rüstungen einzusetzen. Dies dürfe nicht zum Verzicht auf die Forderung von Viermächte-Verhandlungen über Deutschland führen, deren Ziel die Herstellung der Wiedervereinigung Deutschlands sein müsse. Auf dieser Grundlage hätten die Fraktionen des Hauses nach Möglichkeiten zu suchen, die Ursachen der politischen Spannungen in der Welt gegenstandslos zu machen. Dies setze voraus, daß die Regierung und die Regierungsparteien aufhörten, die Vertragstreue der SPD zu bezweifeln. Die vaterländische Zuverlässigkeit der SPD sei tausendfach bewiesen worden. Der Deutschlandplan der SPD sei nicht mehr zeitgemäß; er werde in der Partei nicht mehr zur Diskussion gestellt werden. Die heutige Debatte müsse als eine Etappe im Ringen um das höchste erreichbare Maß an Übereinstimmungen betrachtet werden. Das geteilte Deutschland könne nicht unheilbar miteinander verfeindete christliche Demokraten und Sozialdemokraten ertragen.

Die Antwort des CSU-Abgeordneten von Guttenberg brachte Zweifel an der Aufrichtigkeit der neuen politischen Konzeption der SPD zum Ausdruck. Ihm erwiderte Fritz Erler, gemeinsame Außenpolitik bedeute, daß alle Parteien gemeinsam die Lage prüfen und gemeinsam versuchen, aus dem Ergebnis der Prüfung die Maßnahmen abzuleiten, die den besten Erfolg versprechen. Gemeinsame Außenpolitik bedeute nicht, daß die eine Partei sich der einseitig gebildeten Auffassung der anderen zu unterwerfen habe. Er faßte schließlich zusammen, was beiden Seiten als Grundlage ihrer Politik dienen könnte, und schloß mit der Forderung, alles, was die Solidarität des freien Teils Europas bedrohen könnte, gemeinsam abzuwehren.

Diese Debatte stellte einen Wendepunkt der deutschen Nachkriegspolitik dar. Mit ihr war klargestellt, daß in Anbetracht der Gewißheit, daß die bisherige Politik der Stärke nicht dazu führen konnte, die Sowjetregierung von ihrer expansiven Politik abzubringen, nun auch die Sozialdemokratische Partei Deutschlands die Einbettung der Bundesrepublik in ein System solidarischer Kooperation mit dem Westen sowie die Bereitschaft für unerläßlich hielt, sich voll an den Bemühungen um die Verteidigung Europas zu beteiligen.

Mit dem Godesberger Programm und der neuen Definition der außenpolitischen Haltung der SPD konnte an die Vorbereitung der Bundestagswahl 1961 herangegangen werden.

Willy Brandt wird Kanzlerkandidat

Das andere wichtige Ereignis des Jahres 1960 war die auf dem SPD-Parteitag zu Hannover im November erfolgte Wahl Willy Brandts zum Kanzlerkandidaten, die Aufstellung einer »Wahlmannschaft« und der »Appell von Hannover«.

Die ersten Besprechungen über die Führung des Wahlkampfes 1961 hatten bereits 1959 stattgefunden. Noch ehe der zu diesem Zweck eingesetzte Siebenerausschuß, dem Erich Ollenhauer, Willy

Brandt, Georg-August Zinn, Max Brauer, Heinrich Deist, Fritz Erler
und ich angehörten, sich mit der Personenfrage befaßt hatte, trat im
Mai 1959 das Parteipräsidium zu einer Klausurtagung zusammen.

Die Presse hatte schon seit geraumer Zeit berichtet, daß die
Gremien der SPD dem Parteitag einen Kanzlerkandidaten vorschla-
gen werden und dabei meinen Namen genannt, falls ich bei der Wahl
des Bundespräsidenten gegenüber Konrad Adenauer eine »ehrenvolle
Niederlage« erleiden sollte. Um jeder Art von Personenkult und
Personenüberschätzung entgegenzutreten, veröffentlichte ich meine
Ansicht, die Partei solle eine Reihe von Persönlichkeiten herausstel-
len, deren bisherige öffentliche Tätigkeit das politische Spektrum der
Partei deutlich machen könnte. In Gesprächen mit meinen Freunden
und im Parteipräsidium erklärte ich, durchaus zu wissen, wo meine
Fähigkeiten liegen, aber ich wisse nicht minder, wozu ich weniger
geeignet bin. Ich hätte viel über Inhalt und Formen eines demokratisch geprägten Staates der Deutschen in dieser Zeit nachgedacht und
reiches Wissen über fundamentale Notwendigkeiten und aktuelle
Möglichkeiten deutscher Politik erworben. Jedoch fehle mir eine
Eigenschaft, die für den Regierungschef eines Staates, der von außen
und innen auf schwere Proben gestellt werden wird, unerläßlich sei:
das Bedürfnis, Sinnerfüllung meines Lebens im politischen Erfolg
und im Kampf um die Macht zu suchen. Die Schlange der Politik mit
den Giftzähnen des Ehrgeizes habe mich nie gebissen; mein Wissen
um die Bedeutung der Macht im Leben der Staaten habe sich nicht in
persönliches Machtstreben umgesetzt. Als »Kenner« und »Wisser«
könnte ich dem Mann an der Spitze als beratender Helfer gute
Dienste leisten, die Volk, Staat und Partei zugute kommen – dafür
werde ich immer zur Verfügung stehen. Mir schiene Willy Brandt der
rechte Mann für die Kanzlerkandidatur zu sein; er habe als Regierender Bürgermeister Berlins bewiesen, daß er führen kann. Er kenne die
Mäander, in denen die Politik sich bewege, ebensogut wie die
Chancen und Gefahren der geraden Wege. Er habe ein Gespür für die
politischen Möglichkeiten und Grenzen, die sich aus der Machtlosigkeit ergeben, mit der unser Volk heute leben muß. Durch die Art, wie
er für seine Stadt bei den verbündeten Besatzungsmächten auftrat und
sich gegenüber den Drohungen der vierten Besatzungsmacht verhielt,

habe er sich das Vertrauen und die Achtung aller Besatzungsmächte erworben.

Willy Brandt meinte, seine Anwesenheit in Berlin sei notwendig, denn nur durch persönlichen Zugriff seien die Schwierigkeiten zu meistern, die in dieser Stadt immer wieder auftauchen würden. Er wollte nicht gelten lassen, daß er als Bundeskanzler vielleicht noch mehr für Berlin würde tun können, als ihm dies als Regierender Bürgermeister möglich war.

Der fällige Parteitag war ursprünglich für den Sommer 1960 anberaumt worden, wurde dann aber wegen Willy Brandts Bedenken, Berlin in den unruhigen Tagen zu verlassen, auf die Zeit vom 21. bis 25. November 1960 nach Hannover einberufen. Der Siebener-Ausschuß einigte sich einstimmig auf die Kandidatur Willy Brandts; der Parteivorstand schloß sich diesem Votum an und beschloß, daß ich dem Parteitag den Vorschlag des Parteivorstandes vortragen und ihn begründen solle.

Der Parteitag stand unter dem Thema »Der demokratische soziale Bundesstaat – die Aufgaben der Sozialdemokratie in unserer Zeit«.

Erich Ollenhauer legte dem Parteitag ein Bündel von Richtlinien vor, die der Siebener-Ausschuß ausgearbeitet hatte und die unter dem Namen »Manifest von Hannover« in die Parteigeschichte eingingen. Die Bedeutung dieses Manifestes sollte durch die Wahl einer sozialdemokratischen »Mannschaft« erhärtet werden, einer elfköpfigen Gruppe, deren Mitglieder sich im vergangenen Jahrzehnt, sei es auf der Ebene der Bundespolitik, sei es in den Ländern durch aufbauende und konstruktive Leistungen ausgezeichnet haben. In ihnen sollen die Vielfalt und Vielgestaltigkeit sozialdemokratischer Politik und sozialdemokratischer Repräsentation zum Ausdruck kommen. »Ich möchte im Namen des Parteivorstandes die elf Mitglieder unserer Mannschaft vorstellen: Willy Brandt, Regierender Bürgermeister von Berlin, Carlo Schmid, Max Brauer, Bürgermeister der Freien und Hansestadt Hamburg, Dr. Heinrich Deist, Fritz Erler, Wenzel Jaksch, Alex Möller, Fritz Steinhoff, Willi Richter, Käte Strobel, August Zinn.

Ich denke, die Sozialdemokratische Partei zeigt durch die Aufstellung dieser Persönlichkeiten auch ihre Stärke in bezug auf die

Voraussetzung der personellen Lösung der Probleme, die sich beim
Sieg der Sozialdemokratie ergeben werden. Diese Gruppe ist indessen
nicht nur eine Gruppe, die dem Wahlkampf und der Propaganda
Farbe geben soll; sie soll im Rahmen der vorbereitenden Aktion eine
wichtige Rolle spielen und entscheidend mitarbeiten bei der Ausarbeitung des Regierungsprogramms, das wir im Frühjahr 1961 verkünden werden . . .«

Nach Erich Ollenhauer ergriff ich das Wort: Auf jedem Parteitag
besinne sich die Partei auf sich selbst, indem sie versuche, ihren
geschichtlichen Ort und dessen Bedeutung für Zielrichtung und
Methoden ihrer aktuellen Politik zu bestimmen. Geschichte sei
immerwährendes Werden – auch eine Partei steige nicht zweimal in
denselben Fluß. Die Partei wisse dies und sei darum dynamisch und
lebendig geblieben. Aus der Arbeiterbewegung hervorgegangen, sei
sie zur Sachwalterin der Interessen des ganzen Volkes geworden. Ihr
Ziel sei in jeder Phase der Geschichte unseres Volkes gewesen, Staat
und Gesellschaft zu vermenschlichen. Dabei hätten ihre Unterneh-
mungen je und je die Gestalt angenommen, die dem Gebot der Stunde
entsprachen. Ihre Grundsätze aber seien sich gleichgeblieben: Sie
wisse sich aufgerufen, einen Staat, eine Gesellschaft zu schaffen, darin
die Menschen nicht mehr bloße Objekte seelenloser Mechanismen
sind, sondern Bürger, die frei ihre Lebensordnungen selbst zu
bestimmen vermögen . . .

Eine Partei stelle sich indessen nicht nur auf den Tafeln der
Grundsätze dar, an die sie sich gebunden weiß. Grundsätze werden
lebendig durch die Menschen, die in ihrem Zeichen leben und in
deren warnender und anfeuernder Hut sie ihren Weg zu gehen
entschlossen sind, um in den wechselnden Möglichkeiten der Zeiten
für ihre Verwirklichung zu kämpfen. »Ihre Zahl in unseren Reihen ist
Legion, aber nicht alle sind der Öffentlichkeit in gleichem Maße
sichtbar geworden, denn nicht jedem waren die Umstände gleich
günstig, sichtbar zu machen, was er kann und ist. Das ist der Grund,
warum der Parteivorstand beschlossen hat, die Wirklichkeit der
Partei den Wählern in einer Mannschaft von Männern und Frauen
darzustellen, die durch Leistungen in den Regierungen der Länder, an
der Spitze von Stadtverwaltungen, im Parlament, in der ganzen

Mannigfaltigkeit und Breite ihres Gemeinwesens, jeder auf seinem Gebiet wirkend, in das Bewußtsein der Öffentlichkeit traten. Eine Partei, die sich als Partei des ganzen Volkes erkannt hat, ist nicht durch eine einzige Formel, ist nicht durch eine einzige Leistung, ist nicht durch ein einziges Gesicht darzustellen. Zwar kann sie nur als ein Ganzes wirken, aber dieses Ganze bricht sich in seiner Selbstdarstellung im Prisma der Mannigfaltigkeit unseres Volkes in einem farbenreichen Spektrum, das sie nicht aufspaltet, sondern dessen lebendige Fülle sie in der Entfaltung sichtbar macht. Der Vormann dieser Mannschaft heißt Willy Brandt.«

Ich fügte ein persönliches Wort hinzu: Ich, der Ältere, habe den Jüngeren vorgeschlagen, weil im sechsten Jahrzehnt dieses Jahrhunderts in die vorderen Reihen junge Menschen gehörten. Wir Älteren hätten ihnen den Raum zu schaffen, in dem sie wirken können; wir würden ihnen mit unserem Rat und unseren Erfahrungen zur Seite stehen. Willy Brandt werde nicht als Galionsfigur eines Funktionärsapparates vorgeschlagen, sondern als ein Mann, der weiß, was er will; ein Mann in der Kraft der Jahre, der Willen in Tat umzusetzen vermag; ein Mann auf Deck, der Wind und Wetter beobachte und, den Kompaß vor sich, das Steuer zu führen weiß. Seine Regierung werde eine Regierung der deutschen Nation sein. Sie werde in eigener Verantwortung handeln, nicht an der Leine eigensüchtiger Interessengruppen, nicht kommandiert von einem Parteiapparat, sondern in enger Fühlung und ständiger Beratung mit allen Parteien.

Dann verlas ich den Appell von Hannover, dessen Hauptpunkte waren: Trotz aller Gefahren, trotz kommunistischer Bedrohung kann es gelingen, den Frieden zu erhalten, die Freiheit zu bewahren und das ganze deutsche Volk in einem ungeteilten deutschen Staat wieder zusammenzuführen. Wir brauchen nicht in Furcht zu leben, denn dauernde Sicherheit und allgemeiner Wohlstand seien zu schaffen. Doch wenn wir mit der Zeit Schritt halten wollen, müssen wir Seite an Seite mit unseren Freunden überall in der Welt uns um die besten Wege bemühen, auf denen das Ziel der Vermenschlichung von Staat und Gesellschaft erreicht werden kann.

Nach einigen Ausführungen über die vordringlichen Aufgaben einer sozialdemokratisch bestimmten Regierung lautete der Schluß meiner Rede: »Heute haben wir die Mittel, den sozialen Rechtsstaat zu verwirklichen und die Bundesrepublik zu einem Bollwerk der Freiheit zu machen. Andere Zeiten erfordern andere Männer. Mit den unverbrauchten Energien der jungen Generation müssen frische Kräfte ans Werk. Darum muß Willy Brandt Bundeskanzler werden!«

Aus Willy Brandts Antwort zitiere ich: »Ich werde nicht verleugnen und nicht vergessen, daß es diese, unsere, meine Partei ist, die mir die Aufgabe gestellt hat; aber ich sage ebenso offen, daß die Richtschnur meines Handelns das Gewissen sein wird, das nur dem Ganzen verpflichtet sein kann. Ich bin der Kandidat der Partei für ein Amt, dessen Inhaber die Richtlinien der Politik bestimmt und dem ganzen Parlament und damit dem Volk verantwortlich ist. Es ist vielleicht nicht populär, wenn ich hier erkläre, daß ich nicht einfach nur Willensvollstrecker der Partei sein kann, sondern daß ich nach ernsthafter Überlegung in eigener Verantwortung jene Entscheidungen werde treffen müssen, die im Interesse unseres Volkes erforderlich sind. Aber ich weiß, daß die Sozialdemokratische Partei, deren Vertrauen ich habe, mir die Freiheit der Entscheidung gewähren wird, die dieses Amt nach dem Grundgesetz braucht.

Wir werden uns daran gewöhnen müssen, im Gleichgewicht des Schreckens zu leben, in einem Zustand, der im klassischen Sinn weder Krieg noch Frieden ist. Die Welt ist dabei, für diesen unheimlichen und ihr neuen Zustand auch neue politische Spielregeln zu finden. Es gibt keine Alternative, da es den Krieg nicht geben soll. Es ist das Problem, den Status quo militärisch zu fixieren, um die notwendige Bewegungsfreiheit zu bekommen für die politische Überwindung dieses Status quo. Wir brauchen, ohne daß es unsere Sicherheit gefährdet, Raum, um die politischen Kräfte zur Wirkung zu bringen, um den Immobilismus und den ideologischen Grabenkrieg zu überwinden. Ich weiß mich hier in Übereinstimmung mit dem neugewählten amerikanischen Präsidenten John F. Kennedy.

Wir haben uns militärisch zu sichern. Wir haben uns gegen eindeutige Machtveränderungen durch den Ostblock zu wehren, aber wir haben zugleich die Voraussetzungen zu schaffen für jede Auseinandersetzung außer der des Krieges. Die Bundesrepublik muß auch auf diesem Gebiet mit der Zeit gehen. Sie darf nicht stehenbleiben;

unsere Verbündeten erwarten für die neue weltpolitische Phase einen deutschen Beitrag. Wir werden ihn leisten.«

Mit der Wahl Willy Brandts zum Kanzlerkandidaten begann ein neues Kapitel der Geschichte der Sozialdemokratischen Partei Deutschlands. Der in Hannover trassierte und von der »Mannschaft« ausgebaute und begangene Weg führte über die Große Koalition des Jahres 1966 schließlich über die Wahl des Jahres 1969 zur Übernahme der Kanzlerschaft durch Willy Brandt. Zum erstenmal nach dem Krieg hatte ein Sozialdemokrat die Richtlinien der Politik der Bundesrepublik Deutschland zu bestimmen.

Ich sah von nun an meine Hauptaufgabe darin, im Rahmen der europäischen Institutionen um Vertrauen für Deutschland zu werben und den Gedanken wachzuhalten, daß es ohne die Herstellung normaler Beziehungen zu unseren östlichen Nachbarn – auch zur DDR – keine schöpferische Außenpolitik der Bundesrepublik geben kann. Es hat seine Zeit gedauert, bis der Weg dorthin zurückgelegt war.

Erfahrungen in Ostasien

Im Juli 1960 hatte Professor Klaus Mehnert, der angesehene Kenner Ostasiens, in einem Brief aus Tokio der SPD-Fraktion berichtet, wie sorgenvoll ihn ein längerer Aufenthalt in Korea gestimmt habe. Was sich dort unter dem Sammelwort »Sozialismus« breitmache, müsse in die Katastrophe führen. Er halte es für ratsam, daß die sozialdemokratischen Delegierten, die an der Konferenz der Interparlamentarischen Union in Tokio teilnehmen würden, auch Korea besuchen und mit den sich sozialistisch nennenden Parteien sprechen. Sicherlich werde sich dadurch in Korea nichts ändern, aber es sei notwendig, daß die sozialdemokratischen Parteien Europas Bescheid wissen, was in Ostasien alles im Zeichen des »Sozialismus« geschieht.

Am 29. September 1960 begann in Tokio die Konferenz der Interparlamentarischen Union. Vor der Plenarsitzung nahm ich an der Sitzung des Rates teil, in der sich zeigte, daß der Sowjetblock entschlossen war, die Konferenz zu einer Plattform für die Propagie-

rung humanitär und demokratisch eingekleideter Maximen zu
machen, die dazu dienen sollten, Machtpositionen der westlichen
Welt aufzuweichen. Die Sowjets waren mit einem Riesenapparat
gekommen, den sie einsetzten, um mit Hilfe der »farbigen« Delegationen Majoritäten für ihre Anträge zu erreichen, die sie so formulier-
ten, daß sie den Beifall der Non-committed Nations finden mußten.
Die Delegierten der anderen Ostblockstaaten operierten nach einem
strategischen Plan mit verteilten Rollen: Jede Debatte wurde von
einem Vertreter des Ostblocks eröffnet, und am Schluß der Debatte
sprach der Repräsentant der Sowjetunion das abschließende Urteil.

Der Tenno eröffnete die Sitzung des Plenums mit einer Gruß-
adresse. Mir tat dieser Mann, dem einst ein großes Volk göttliche
Verehrung entgegenbrachte, leid: Beim Ablesen seines Textes zitter-
ten ihm die Hände. Die Kaiserin neben ihm wirkte mütterlich
besorgt.

Nichts unterschied die folgenden Reden von den auf internationalen Konferenzen ohne feste Tagesordnungspunkte üblichen Ansprachen. Aber als die junge Delegierte aus Ghana von den Nöten und
Hoffnungen und von den Kräften des Schwarzen Erdteils sprach,
wurde es still im Saal. Wir spürten, daß in Afrika etwas heranwuchs,
das eines Tages die Welt des weißen Mannes in dem Maße verdunkeln
könnte, in dem es ihr das Monopol weißer Vorbildlichkeit abnimmt.

In den Plenarsitzungen gab es heftige Dispute. Redner aus dem
Westen versuchten, das Öl der Unverbindlichkeit auf die aufgewühl-
ten Wogen zu gießen. Doch dann warf Senator Fulbright im Namen
des Senats der Vereinigten Staaten einige deutliche Wahrheiten in die
Debatte. Dies veranlaßte den sowjetischen Hauptdelegierten zu einer
Philippika gegen den angeblich so demokratischen Westen, die
anzuhören schwer erträglich war. Ich meldete mich zu Wort, indem
ich sein Stichwort vom Imperialismus des Westens aufnahm und
gegen die Sowjetunion kehrte, die in dem von ihr besetzten Teil
Deutschlands eine neue Art von Kolonialismus errichte und keine
Gelegenheit versäume, sich Berlin gegenüber wie ein Aggressor zu
betätigen. Trotz der Heftigkeit der Diskussionen wurden Resolutionen verabschiedet, die sich einmütig gegen Imperialismus, Rassismus
und Kolonialismus wendeten; natürlich erklärte man sich für die

Gleichbehandlung aller Völker, natürlich wurde der Atomkrieg verurteilt und allgemeine Abrüstung gefordert . . .

Ich verließ Japan mit zwiespältigen Eindrücken. Ich hatte ein Land gesehen, in dem alles in Beziehung zu seinem Gegenteil steht und wo Leben nur möglich ist, weil jeder jederzeit bereit ist, zwischen Tradition und Forderung des Tages einen Kompromiß zu schließen. Ich sah zwei Dinge: ein Selbstverständnis, das im tiefsten Urgrund der Geschichte wurzelt, und dazu die eifernde Bereitwilligkeit, sich dem Fremdesten und Fernsten zu öffnen, sofern dies nicht den Verzicht auf die nationale Identität erfordert.

Der Anregung Professor Mehnerts folgend, war ich mit zwei Mitgliedern der sozialdemokratischen Delegation nach Seoul geflogen. Wir statteten dem koreanischen Parlament einen Besuch ab, bevor wir mit dem Präsidenten Syngman Rhee sprachen und daran anschließend mit dem Ministerpräsidenten und dem Außenminister. Sie residierten beide in unschönen ehemaligen japanischen Verwaltungsgebäuden.

Mit dem deutschen Geschäftsträger fuhren wir ein Stück in das Land hinein. In vergilbendem Grün staffelten sich die Reisterrassen um die Hauptstadt, die immer noch den Eindruck einer japanischen Kolonialstadt erweckte, einst allein zu dem Zweck geschaffen, die Ausbeutung der dreißig Millionen Koreaner zu zentralisieren. Auf den kreuz und quer durch die Stadt führenden Wegen konnten wir das Gewühl in den Straßen beobachten: hastendes Volk in Europas abgelegten Kleidern; die Frauen jedoch mit bunten Schürzen, die sie aussehen ließen, als seien sie alle in der Hoffnung. Stramme Polizisten versuchten das Chaos des Verkehrs zu regeln, das sich in der Geschäftsstadt mit Betonhäusern von zehn Stockwerken, die sich mit ärmlichen kleinen Häusern abwechseln, verdichtete. Nur der alte Palastbezirk mit seinen chinesischen Pavillons erinnerte an die alte Königspracht.

Wir fuhren auch nach Panmunjon an der Demarkationslinie zwischen Nord- und Südkorea. Der Name bezeichnet ein Gehöft, bei dem sich am Tage der Waffenruhe der Frontverlauf und der 38. Breitengrad schnitten, weswegen es zum Sitz der Waffenstillstands-

kommission und der Überwachungskommission der UNO ausersehen wurde, als man den Schießkrieg in Korea beendete. Ich hatte dort
die gleichen Gefühle, die sensible Ausländer am weißen Strich quer
vor dem Potsdamer Platz in Berlin befallen: Hier war die andere
Wasserscheide zwischen beiden Welten! Der rote Stern auf dem First
des Wachlokals der Nordkoreaner erschien mir als der Anfang der
roten Milchstraße, die bei Marienborn endet; und der weiße Stern auf
dem USA-Jeep, der uns dorthin gebracht hatte, erschien mir als der
Beginn der weißen, die aus der anderen Himmelsrichtung bis
Helmstedt führt . . . Entlang der »Linie« Lager an Lager, Batterie bei
Batterie, ein Gewimmel von Soldaten. Als vor Jahren die Front zum
Stehen kam, wurde ein vier Kilometer breiter Streifen Niemandsland
geschaffen, dessen Reisfelder allmählich versumpften. Um den Punkt,
da sich Front und Breitengrad schnitten, war ein Kreis von hundert
Metern Radius gezogen worden, in dessen Mitte einige Schuppen
stehen. Einmal in der Woche kommen in einem kahlen Raum, der wie·
ein Wachlokal aussieht, die beiderseitigen Kommandostäbe zusammen, um sich wechselseitig die jüngsten Waffenstillstandsverletzun-
gen vorzuhalten. An dem quergestellten Tisch, der den Raum in zwei
Hälften teilt, nehmen auf der einen Seite die Nordkoreaner, auf der
anderen die Amerikaner Platz, ohne Gruß, ohne irgendeine Art von
Beziehung zueinander. Das Telefonkabel auf dem Tisch scheidet die
Welt in ihre Hälften; vier Apparate hängen an ihm: Zwei gehen direkt
nach Peking und Moskau, zwei nach Seoul und Washington. Auf dem
Tisch stehen die Flaggen Nordkoreas und Südkoreas. Wochenlang
wurde über die Größe dieser Flaggen gestritten.

Ich sprach lange mit dem schweizerischen Beobachter der UNO-
Kommission. Er war skeptisch: »Drüben« werde mehr und besser
gearbeitet als »hüben«; die Krankheit des Landes, die Korruption,
habe man »drüben« auszubrennen verstanden, während »hüben« . . .
Da die Koreaner aber nicht gern arbeiten und sich lieber philosophie-
rend ergehen, sei gerade die Angst vor solcher Art »Fortschritt« ein
Schutz gegen kommunistische Ansteckung.

Einen Abend verbrachte ich als Gast des französischen Botschafters in Seoul zusammen mit dem Botschafter Frankreichs in Tokio.
Beide Herren waren Sinologen aus Passion und der vielfältigen

Lebensordnungen Asiens sehr kundig; beide gaben dem Westen in Asien keine großen Chancen mehr. Der Sog des »Preußentums« im Kommunismus erfasse die Jugend zu mächtig. Vielleicht sei allein die Disziplin der kommunistischen Partei geeignet, aus vegetierenden Bauern handelnde Industriearbeiter zu machen . . .

Der deutsche Geschäftsträger hatte Vertreter der Parteien, Gewerkschaften und Unternehmer eingeladen. Sie versicherten, wie sehr sie sich des gemeinsamen Schicksals, ein gespaltenes Volk zu sein, bewußt seien und wie gern man uns helfen wolle, die deutsche Spaltung zu beseitigen . . . woran sich unvermittelt die Frage schloß: »Wann können wir für unsere Projekte mit einer kräftigen Subvention rechnen?« Das war nicht erfreulich, gab aber Gelegenheit, die Politiker dieser Weltgegend kennenzulernen, die Politik als Glücksspiel um die Macht betrachten, das einem die Schatzkammern des reichen Onkels aufschließen kann. Professor Mehnerts Befürchtungen erschienen mir nur allzu berechtigt.

Nach einem kurzen Aufenthalt in Hongkong flog ich nach Saigon weiter, wo sich aus einem ersten Gespräch mit dem deutschen Botschafter ergab, wie wenig Chancen die Regierung Diem noch hatte. Der Süden Vietnams werde mit den Folgen der im Jahre 1954 auf der Genfer Indochinakonferenz beschlossenen Teilung nicht fertig. Die Weigerung des Staatspräsidenten, die in Genf vereinbarte Volksabstimmung durchzuführen, habe ihn dem größten Teil der emanzipierten Jugend entfremdet und gelte als Beweis, daß die Mehrheit des Landes kommunistisch fühlt. Diem gelte als Werkzeug des »amerikanischen Imperialismus«. Die Wohlhabenden stünden hinter ihm, weil er die Bodenreform verhindert, das Volk der Reisbauern aber sehe in Ho-Tschi-Min seinen Befreier. Wie lange die Amerikaner ihr Engagement durchhalten werden, könne niemand voraussagen. Mir waren diese Thesen nicht neu, aber mir fehlte das Tatsachenwissen, das nötig gewesen wäre, um mir ein eigenes Urteil zu bilden.

Inmitten eines hochumgitterten Parks lag der Palast, in dem einst der französische Gouverneur residierte – ein nach Ostasien verpflanztes Stück provinzieller Repräsentationsarchitektur aus der Zeit der II. Republik, nun Sitz des neuen Herrn des Landes, Ngo Dinh Diem, Staatspräsident und Regierungschef in einer Person. An der Pforte nahm uns ein eleganter Marineoffizier in Empfang und führte uns in einen kleinen Salon, wo sich die Schwägerin des Präsidenten, Madame Nhu, kurz nach dem Zweck unserer Reise erkundigte, um sogleich zu fragen, ob Saigon auf Unterstützung durch die Bundesrepublik rechnen könne, was selbstverständlich sein sollte, da beiden Staaten das Schicksal auferlegt wurde, geteilt zu sein, und beide gleichermaßen von der Sowjetunion in ihrem Bestand und ihren Lebensformen bedroht würden. Mir war bei dieser Unterhaltung mit der sehr einflußreichen Verwandten des Präsidenten nicht recht wohl. Präsident Diem war ein klug aussehender Mann, der nicht den Anschein erweckte, sich Illusionen hinzugeben, aber entschlossen schien, sich an der Macht zu halten. Er rühmte Geist, Ausrüstung und patriotische Entschlossenheit seiner Streitkräfte. Auf meine Frage nach der Volksabstimmung bekam ich die Antwort: Die Erfüllung dieser Klausel des Genfer Abkommens würde das Land den Kommunisten ausliefern, denn die hätten Mittel genug an der Hand, das Volk durch Terror verschiedenster Art so einzuschüchtern, daß sich eine kommunistische Mehrheit ergeben müsse. Die Einheit Vietnams werde nicht auf den in der Genfer Konferenz vorgesehenen Wegen erreicht werden, sondern durch die moralische und militärische Kraft des demokratischen Regimes, das er in Vietnam vertrete.

Beim Betrachten der Fotos, die mich im Gespräch mit Präsident Diem zeigen, befallen mich trübe Gedanken: Dieser Mann verdankte seine Macht den Amerikanern; 1963 stürzte und ermordete die Armee den Kämpfer für »law and order« in einem blutigen Staatsstreich – wie man sagt, mit Billigung der Vereinigten Staaten; 1964 begann der Vietnamkrieg. Als ich im Gouverneurspalast dem energischen und selbstsicheren Mann gegenübersaß, hätte ich jeden für einen Narren gehalten, der mir all dies vorausgesagt hätte.

Die Konferenz der Atlantikbrücke in Washington

Für den 15. bis 19. Februar 1961 war durch den American Council on Germany eine Tagung der Atlantikbrücke unter dem Thema »Die Ost-West-Spannung – ihr heutiger Zustand – ihre künftige Entwicklung« in Washington anberaumt worden, zu der einflußreiche Mitglieder des öffentlichen Lebens der USA – Kongreßabgeordnete, Professoren, Journalisten, Diplomaten, Regierungsberater – ihre Teilnahme zugesagt hatten. Aus der Bundesrepublik waren Persönlichkeiten des Wirtschaftslebens, der Finanzwelt, der Diplomatie und Mitglieder der Bundestagsfraktionen eingeladen worden. Auf beiden Seiten herrschte der Wunsch, weniger abstrakte Prinzipien zu diskutieren, als die konkreten Ursachen anzusprechen, die bisher die Lösung der den Weltfrieden gefährdenden Spannungen verhindert hatten. Ferner sollten Sinn und Funktion der NATO und ihrer Bezugssysteme erörtert werden, nicht allein ihre militärischen Aspekte, sondern auch ihre ökonomischen und politischen Implikationen im Zusammenhang mit der Spaltung Deutschlands. Das deutsch-polnische Verhältnis sollte ebenso zur Sprache kommen wie das Defizit der amerikanischen Zahlungsbilanz, das durch die Stationierung amerikanischer Truppen in Deutschland entstanden war. Es sollte geprüft werden, wie das Verhältnis der EWG zur EFTA harmonisiert werden könnte, ohne die EWG zu verwässern; und man wollte den Sorgen der Entwicklungsländer besondere Beachtung widmen.

Die Fraktionen des Bundestages hatten ihre außenpolitischen Sprecher für die Konferenz vorgesehen. Die sozialdemokratische Fraktion bestimmte Max Brauer, Fritz Erler, Helmut Schmidt und mich zu ihren Delegierten. Für wie bedeutsam die Konferenz angesehen wurde, ergab sich aus der Teilnahme der Außenminister Dean Rusk und Dr. von Brentano und der Vorsitzenden der beiderseitigen Parlamentsausschüsse für auswärtige Angelegenheiten.

Nach einer die Themen präzisierenden Eröffnungssitzung wurden für jeden Beratungspunkt Ausschüsse gebildet, deren Mitglieder mir durchweg sachkundig und als Männer und Frauen guten Willens erschienen. Sie berieten zwei volle Tage. Auf die Formulierung ihrer Empfehlungen wurde besondere Sorgfalt verwandt, um jede Art von Dissens auszuschließen und das Abschweifen in die Spekulation zu verhindern. Die Ergebnisse der Beratungen der Ausschüsse wurden im Plenum ausführlich debattiert. Das für uns Deutsche bedeutsamste Ergebnis der Ausschußberatungen und der Schlußsitzung des Ple-

nums war die Feststellung: Die Ablösung der Eisenhower-Admini-
stration durch die Kennedy-Mannschaft werde noch keine umstür-
zenden Änderungen im außenpolitischen System der Vereinigten
Staaten mit sich bringen. Es sei sicher, daß die USA in der Berlinfrage festbleiben werden und nicht an Konzessionen irgendwelcher
Art dächten. Die NATO müsse gestärkt werden, vor allem sei die
militärische Integration auf dem Gebiet der Standardisierung der
Waffen voranzutreiben. Über die Ausrüstung der NATO mit strategischen Atomwaffen wurde mit Skepsis gesprochen.

Bei den Beratungen des Verhältnisses der Bundesrepublik zu Polen
und der Frage der Oder-Neiße-Grenze hielten sich die amerikanischen Teilnehmer sehr zurück und vermieden jede Bemerkung, die als
Druck auf die Deutschen hätte ausgelegt werden können; denn dies
seien Fragen, die die Deutschen selbst zu entscheiden haben.

Am Rande der Tagung ergaben sich Gelegenheiten zu Gesprächen
mit amerikanischen Politikern der verschiedensten Richtungen. In
der schönen, altväterisch eingerichteten Wohnung des einstigen
Außenministers Dean Acheson trafen wir mit Dr. Conant, dem
einstigen Botschafter in Bonn, mit George F. Kennan und Persönlichkeiten jenes Typus zusammen, der bei uns so selten ist: Männer, die
einige Jahre lang Universitätslehrer waren, dann Berater der Regierung wurden, um schließlich ein hohes Staatsamt zu bekleiden und
dann wieder an die Universität oder an die Spitze eines Industrieun-
ternehmens zurückzukehren. Das Demokratieverständnis dieser
schmalen, für die Kontinuität des politischen Denkens der »classe
politique« dieses Landes bedeutsamen Schicht beruht auf Achtung
der Meinung eines jeden, der dazugehört, und absoluter Fairneß.

Bei einem Empfang im Weißen Haus sah ich zum erstenmal Präsident Kennedy. Das Gesicht des Mannes, von dem ich nur wußte, was
in den Zeitungen über ihn zu lesen stand, gefiel mir ausnehmend. Ich
glaubte darin Offenheit zu erkennen, vor allem aber schienen mir
diese Gesichtszüge ein großes Maß an Leidensfähigkeit zu offenbaren. Die Fähigkeit eines Menschen, darunter zu leiden, daß die Kräfte
seines Verstandes und die Impulse seines Herzens nicht ausreichen,
um die Welt mit seiner Idee von der Welt zur Deckung zu bringen, ist
mir stets als Adelsbrief der Humanität erschienen.

Vor dem Rückflug fand ich Zeit, das »Faust«-Gastspiel des Deutschen Schauspielhauses Hamburg im City-Theater zu besuchen. Das kleine Theater füllten Hunderte ehemaliger deutscher Landsleute, die aus ihrem Vaterland vertrieben worden waren und an jenem Abend glaubten, etwas von der geistigen Luft atmen zu können, die ihnen die alte Heimat einst liebenswert gemacht hatte. Die verhaltene Herzlichkeit, mit der einige von ihnen während der Pause die Abgeordneten des Deutschen Bundestages begrüßten, weckte Trauer und Stolz. Trauer, daß ein unüberbrückbarer seelischer Abgrund sie für immer daran hindern wird, dorthin zurückzukehren, wo ihr Geist und ihre Seele erste Nahrung fanden; Stolz, weil in ihren Mienen zu lesen war, daß diese von Deutschen geschundenen Menschen sich des Anteils des Deutschen an der Bildung ihrer Persönlichkeit bewußt waren.

Das Gastspiel des Gustaf-Gründgens-Ensembles sollte zu Hause ein Nachspiel haben. In der »Welt der Arbeit«, der Zeitung des Deutschen Gewerkschaftsbundes, erschien, verfaßt von einem gewissen Candide, eine Glosse, in der es unter anderem hieß, das Gastspiel habe 500 000 DM Subvention gekostet und dafür hätten nur 43 000 Besucher den »Faust« sehen können. Wäre es nicht besser gewesen, dieses Geld für »kulturell bleibende Leistungen« auszugeben, die sich fortdauernd verzinsen, zum Beispiel für Lehrer in Entwicklungsländern, für Werkstätten, für Betreuung von Ausbildern, statt für den Theatergenuß weniger Menschen? Der »Faust« in New York gehöre in die Cut-und-Zylinder-Diplomatie, und deren Tage seien vorüber.

Ich habe mich gewundert, diese Schelte im Blatt der Gewerkschaften zu lesen, die so hoch von der Selbstdarstellung der Demokratie durch die Bühnenkunst denken, daß sie es auf sich nahmen, für die Ruhrfestspiele in Recklinghausen ein großes Theater zu bauen. Was die Behauptung anlangt, anderswo seien die Tage solcher Repräsentation vorüber: Während die Bundesrepublik – nach achtjährigem Zögern der zuständigen Stellen – mit dem inkriminierten Gastspiel sich zum erstenmal in den USA theatralisch manifestierte, waren in den letzten zehn Jahren Frankreich, England, Japan, Italien, Polen und die Sowjetunion mit zahlreichen Gastspielen in New York aufgetreten und hatten anschließend ihre Theater quer durch die Staaten reisen lassen. Ich hielt mich für verpflichtet, mich gegen den in dieser Glosse zutage gekommenen Geist jenes journalistischen Candide zu wenden, der mit seinem von Voltaire in die Welt gesetzten Namensbruder offensichtlich nicht mehr gemein hatte als den Glauben, daß Einfalt der sicherste Weg zur Schaffung der besten aller möglichen Welten sei. Doch will ich nicht verhehlen, daß meine Erfahrungen der letzten zwanzig Jahre auch mich oft haben zweifeln lassen, ob die für die kulturelle Selbstdarstellung der Bundesrepublik im Ausland aufgewendeten Mittel wirklich vernünftig und zweckmäßig ausgegeben wurden. Es erschien mir nicht richtig, Veranstaltungen wie die des Goethe-Instituts weitgehend auf die Hauptstädte zu beschränken. Was in Paris, London oder New York an solchen kulturellen Präsentationen geboten wird, geht für die Bestimmung des Bildes von Deutschland so gut wie immer in der Masse des ohnehin Gebotenen unter. Würde man die Hälfte der für die Metropolen vorgesehenen Veranstaltungen in die kulturellen Zentren der Provinz verlegen, ließe sich das meist unzulängliche Deutschlandbild der Bevölkerung des Gastlandes wesentlich wirksamer korrigieren.

Ich wollte New York nicht verlassen, ohne das UNO-Gebäude besucht zu haben. Der Beobachter der Bundesrepublik bei der UNO, Dr. Knappstein, führte mich durch das schöne, mit Gaben aller Mitgliedsländer ausgestattete Haus. Was mir als erstes auffiel, waren die Zwanglosigkeit und Selbstverständlichkeit, mit der in den Räumen des Riesengebäudes Delegierte und Journalisten aller Kontinente, aller Rassen und Ideologien miteinander umgingen. Es schien mir, als betrachte sich dieses bunte Gewimmel als »Belegschaft« eines multinationalen politischen Unternehmens, dessen Aufgabenkreis von jedem seiner Mitglieder gleich gedeutet wird und in dem alle in der gleichen Generalrichtung einem identischen Ziel zustreben. In Genf konnte ich seinerzeit diesen Eindruck nicht gewinnen. In den Hallen des Palais des Nations erschloß einem der erste Blick die politische Geschäftslage und die nationale Zugehörigkeit der einem darin begegnenden Personen aus den verschiedenen zur politischen Feldschlacht aufmarschierenden Kolonnen.

Gespräche mit einigen Delegierten machten bald deutlich, daß der Eindruck der gesinnungsmäßigen Homogenität aller mit den Angelegenheiten der UNO Befaßten getrogen hatte. Offenbar hatte sich seit Genf am Wesentlichen der Einschätzung der Möglichkeiten und der raison d'être einer Weltorganisation nichts geändert: Jedermann sah darin ein Instrument, das in erster Linie den Interessen des eigenen Landes zu dienen hatte. Nicht einmal bei Angehörigen nicht unmittelbar vom Konflikt oder von Tagesordnungspunkten betroffener UNO-Mitgliedsstaaten war etwas wie objektiver UNO-Patriotismus oder UNO-Geist – Friede durch Recht und Solidaritätsbewußtsein – zu erkennen; ein jeder dachte und operierte, als gelte es, aus den Konflikten Dritter Nutzen für den eigenen Staat zu ziehen.

Trotzdem ist es gut, daß es die UNO – selbst in solcher Verfassung – gibt. Ihre Schwerfälligkeit hat sich gelegentlich gar als eine »Tugend« erwiesen: Paradoxerweise war es gerade ihre administrative Unvollkommenheit, die verhinderte, daß schwelende Konflikte zu Explosionen führten. Zwar ist ein schwelender Konflikt auch auf der langen Bank immer noch ein Konflikt und die Beerdigung des Scheintoten in den Akten und Kommuniqués des Generalsekretariats alles andere als eine Lösung; aber immerhin ist dies für die Welt besser als eine Bereinigung mit den Mitteln der Ultima ratio principum. Gewiß wird damit oft nur ein fauler Frieden gestiftet; doch ist auch ein fauler Friede besser als ein emsiger Krieg.

Schon der Blick in die Vordergründe dieses politischen Bazars zeigte, daß die Weltpolitik aufgehört hat, um Europa zu kreisen. Es gibt kein um diese Sonne von einst gravitierendes Planetensystem mehr. An seine Stelle sind emanzipierte Kontinente getreten, die um einen unstabilen Schwerpunkt gravitieren, dessen Koordinaten sich nicht mehr ausschließlich in den strengen Linien rational begriffener Interessen schneiden, sondern sich in einem Strahlenbündel irrationaler Visionen verlieren.

Als ich vom Bayerischen Rundfunk nach der Rolle der UNO bei der Lösung der großen Krisen unserer Zeit gefragt wurde, antwortete ich: Der Apparat der UNO wird sich vorerst als außerstande erweisen, tiefwurzelnde Krisen zu beheben. Es wird ihm gelingen, die Ausweitung lokaler Krisen und der allgemeinen Krise zur Weltkatastrophe zu verhindern. Viele sehen das Übel in der Satzungsbestimmung, daß die Weltmächte über ein Veto gegen Beschlüsse des

Sicherheitsrates verfügen. Man schlägt darum vor, der Sicherheitsrat solle seine Entscheidungen mit der Mehrheit der Stimmen aller in ihm vertretenen Mächte treffen. Doch damit würde man die UNO in tödliche Gefahr bringen: Gesetzt den Fall, die Mehrheit im Sicherheitsrat überstimme in einer Lebensfrage die Sowjetunion – was würde geschehen, wenn sie sich weigern sollte, sich zu fügen? Entweder werde man versuchen, sie mit Gewalt zu zwingen, den Mehrheitsbeschluß auszuführen – das Ergebnis wäre ein dritter Weltkrieg. Oder die Weigerung müßte hingenommen werden und damit die UNO jeder Autorität verlustig gehen. Die Erfahrung habe gezeigt, daß in Krisenzeiten der Friede nur gewahrt werden kann, wenn das Gleichgewicht der Mächte den Status quo beizubehalten erlaubt oder zu erhalten zwingt, oder wenn die Großmächte in einverständigem Handeln – und etwas anderes bedeute das Vetorecht der Großmächte in der UNO nicht – die gleiche Veränderung des Status quo wünschen oder zulassen wollen. Darum werde man wohl die UNO-Satzung so lassen müssen, wie sie nun einmal ist.

Die Bundestagswahl 1961 und der Mauerbau

Im April 1961 trat die »Mannschaft« der SPD mit der Wahlkampfleitung zusammen, um Vorbereitungen für den Wahlkongreß der Partei zu treffen, der am 3. Mai in Bonn stattfinden sollte. Auf ihm sollte der Öffentlichkeit bekanntgegeben werden, mit welchen Vorstellungen die Sozialdemokraten die Auseinandersetzungen in diesem Kampf bestreiten wollten. Nach meiner Eröffnungsrede trug Willy Brandt der Konferenz sein Regierungsprogramm vor, das die einmütige Billigung aller Teilnehmer fand. Alle waren voller Zuversicht und überzeugt, die Partei werde bei der Wahl gut genug abschneiden, um eine Koalition unter sozialdemokratischer Führung zustande bringen zu können.

Meine Wahlreisen unterbrach eine Tagung der Westeuropäischen Union in London. Auf ihr wurde zum erstenmal das Eis des britischen Mißtrauens gegen ein engeres Zusammenrücken der Staaten Europas zum Schmelzen gebracht. Ich nutzte die Gelegenheit und sagte in meiner Antwort auf die nur mäßig europafreudige Tischrede unseres englischen Gastgebers: Wenn Großbritannien das Mädchen Europa heute noch für zu jung halte, um es vom Fleck weg zu heiraten, könne es doch zumindest eine Verlobung in Betracht ziehen ... Das Wort von der Verlobung schien den Briten zu gefallen, und ich hatte bei manchem Gespräch den Eindruck, daß sie bereit waren, es ernst zu nehmen.

Die Juli-Tagung des Parteipräsidiums fand in den Räumen des Reichstagsgebäudes in Berlin statt. Der Bundestag hatte ohne Begrenzung die Mittel bewilligt, die für die Wiederherstellung des völlig zerstörten Bauwerks erforderlich sein würden. Damit sollte aller Welt kundgetan werden, daß Berlin für die demokratischen Deutschen die Hauptstadt des demokratischen Deutschlands geblieben und nicht nur eine kranke Enklave der Freiheit in dem unter totalitärer Zwangsherrschaft stehenden Teil des gespaltenen Landes ist. Dieses Verhalten der politischen Parteien der Bundesrepublik mag manchem als typisches Beispiel für den Aberglauben gelten, man könne durch Errichtung und Nutzung symbolträchtiger Bauten, in denen sich einst die Einheit des Deutschen Reiches und Preußens verkörperte, Berlin politisch und verfassungsrechtlich der Bundesrepublik einverleiben, als gebe es eine normative Kraft des Faktischen auch dort, wo ein Dritter, der die Macht hat, seinen Worten Geltung zu verschaffen, entschlossen ist zu verhindern, daß solche Fakten sich zum Fait accompli ausweiten – zumal, wenn er das Land rings um Berlin beherrscht und darum nicht viel Aufwand braucht, um deutlich zu machen, wie ernst er es meint. Ein Faktum wird zum Fait accompli mit normativer Kraft nur dort, wo der in seinen Rechtsbehauptungen Angegriffene sich widerspruchslos fügt.

Man mag dies als eine politische Naivität der Parteien schelten; dennoch taten sie politisch gut daran, durch ihr Verhalten in Berlin der Welt vor Augen zu führen, was auch nach den Potsdamer Beschlüssen in Berlin Rechtens sein sollte. Psychologisch hat dieses Verhalten die Verjährung des Anspruchs auf Verwirklichung des Selbstbestimmungsrechtes des deutschen Volkes in Berlin verhindert, wie es die aufgeregten Proteste des Ostens bewiesen. Nur hätte man nicht glauben dürfen, man könne aufgrund ständig wiederholter symbolischer Handlungen die Sowjetunion und ihre politischen Handlanger zum Verzicht auf

Ansprüche zwingen, ebensowenig wie man darauf spekulieren sollte, am passiven Widerstand der Bevölkerung der DDR und an ihrer wachsenden Ablehnung der Regierungsmethoden ihres totalitären Staates werden Macht und Autorität des Regimes zerbröckeln. Diese Vorstellungen haben manchen Westdeutschen abgehalten, sich mit dem Gedanken zu befreunden, daß jenseits des Zonenübergangs bei Helmstedt und auch in Berlin keine uns wünschenswerte Veränderung möglich sein wird, ohne daß die Sowjetunion und ihre Schutzbefohlenen zustimmen, und daß darum die Bundesrepublik darauf angewiesen ist, eine Ostpolitik zu betreiben, bei der der Fordernde – also wir – jenen, die faktisch im Besitz sind, einen politischen Preis anbietet. Daß es zu unseren Lebzeiten möglich sein könnte, den Osten durch Drohung mit Gewalt oder mit Maßnahmen, die seine Lebensinteressen in Frage stellen, zum Nachgeben zu bringen, wird wohl kein auch nur mäßig politisch Begabter annehmen.

Das Berlin jener Tage war unruhig. Es wurde von nichts anderem gesprochen, als von den vielen Hunderten, ja, Tausenden, die jede Woche aus dem Osten kamen, um im Westen zu bleiben. Das Volk, dem man das demokratische Recht auf Selbstbestimmung verweigere, stimme mit den Füßen ab . . . Jeder Deutsche, der über die Demarkationslinie komme, sage damit sein Nein zum Totalitarismus und zur gewaltsam aufrechterhaltenen Spaltung Deutschlands. Lange würden sich die Machthaber in Pankow ihre Verachtung des Volkswillens nicht mehr leisten können. Doch es kam anders.

Wenig später schon schreckte uns alle die Nachricht auf, die DDR sperre sich von Westberlin durch einen Stacheldrahtzaun ab. Aus diesem Sperrzaun wurde die Mauer, die die beiden Teilstücke Deutschlands gegeneinander abschloß. Den Bewohnern der DDR sollte die »Abstimmung mit den Füßen« unmöglich gemacht werden. Sie sollten wissen, daß für sie der Weg künftig von Deutschland nach Deutschland nur mit Genehmigung der staatlichen Behörden der DDR gegangen werden kann und daß jeder, der ihn ohne Genehmigung zu gehen versuchte, die Maschinenpistolen der Grenztruppe oder das Zuchthaus zu riskieren haben wird.

Während Konrad Adenauer, der Erste Mann der deutschen Politik, seine Wahlreise durch das Bundesgebiet fortsetzte und die Berliner sich selbst überließ, stand jener »Herr Brandt alias Frahm« in Berlin vor den Hunderttausenden, die auf die Straße strömten und nach Taten riefen, und forderte von der Treppe des Schöneberger Rathauses die Massen auf, Ruhe zu bewahren und nicht an die Mauer zu laufen, um sie einzureißen! Damals lag in Berlin der Krieg auf der Straße – wie 1956 beim ungarischen Aufstand –, und nicht die Bundesregierung, sondern Willy Brandt war es, der verhinderte, daß von Berlin aus ein Funke in das offene Pulverfaß übersprang. Daß sich Adenauer, trotz der Bitten seiner Berliner Freunde, nicht veranlaßt sah, nach Berlin zu fliegen, habe ich nicht verstanden. »Ein Besuch in Berlin zu dieser Stunde würde die Kriegsgefahr erhöht haben«, lautete später seine Rechtfertigung.

Willy Brandt erreichte, daß am 19. August der damalige US-Vizepräsident, Lyndon B. Johnson, nach Berlin kam, wo ihn zusammen mit General Lucius D. Clay der Jubel der Berliner empfing, die Willy Brandts Namen und nicht den des Bundeskanzlers riefen. Am 20. August fuhr ein Konvoi amerikanischer Panzer über die Zonenautobahn nach Berlin – sicher nicht, um einen Schießkrieg zu beginnen, doch um den Russen und den Deutschen zu zeigen, daß es auch für Washington ein »Bis-hierher-und-nicht-weiter« gab.

Am Wahltag bekam Adenauer die Quittung: Er verlor die absolute Mehrheit und mußte sich mit 45,3 Prozent der Stimmen begnügen. Die FDP erhöhte ihren Stimmenanteil um 5,1 Prozent auf 12,8 Prozent und die SPD den ihren um 4,4 Prozent auf 36,2 Prozent. Noch war die CDU/CSU stärkste Fraktion im Bundestag, aber Adenauer brauchte nun einen Koalitionspartner. Er fand ihn – nach dreizehn Verhandlungen, bei denen eine vierseitige Koalitionsabsprache zustande kam – in der FDP, deren Vorsitzender Erich Mende, der später zur CDU überwechselte, den Wahlkampf mit der Parole »Für die CDU – aber ohne Adenauer« geführt hatte. Adenauer erhielt die Stimmen der FDP für seine Wahl zum Bundeskanzler nur gegen die Zusicherung, vor Ablauf seiner Amtszeit zurückzutreten. Er hielt sich, wenn auch zögernd, an seine Zusage: Am 15. Oktober 1963 trat er zurück. Heinrich von Brentano, sein getreuer Außenminister, war bereits am 30. Oktober 1961 zurückgetreten.

Willy Brandt hatte auf einen vollen Wahlsieg gehofft. Daß die SPD weiter in der Opposition würde verharren müssen, traf ihn tief. Schon im Februar 1961 hatte er erklärt, Regierender Bürgermeister Berlins bleiben zu wollen, falls es ihm nicht gelinge, Bundeskanzler zu werden. Obwohl viele Mitglieder der Fraktion und der Parteiorganisation ihn als Führer der Opposition wünschten, ließ er nach Abschluß der Regierungsbildung verlauten, daß er seine Aufgabe als Kanzlerkandidat für beendet ansehe. In der Öffentlichkeit glaubte man, Willy Brandt werde aus der Bundespolitik ausscheiden, doch seine Freunde steuerten dagegen, und Ende November 1961 teilte Erich Ollenhauer mit, daß er auf dem nächsten Parteitag Willy Brandt zum stellvertretenden Parteivorsitzenden vorschlagen werde. Auf dem Kölner Parteitag im Mai 1962 wurde er in dieses Amt gewählt. Damit stand sein Verbleiben in der Bundespolitik fest.

Auf der Herbstsitzung der Beratenden Versammlung des Europarates, die kurz nach der Bundestagswahl stattfand, analysierte ich in einem Referat die Entwicklung der Deutschlandpolitik der europäischen Mächte und der Vereinigten Staaten und hielt der Meinung eines Delegierten, wir Deutschen sollten doch endlich die DDR als souveränen Staat anerkennen, entgegen, daß in den Verträgen, die zum Beitritt der Bundesrepublik zum Vertragssystem der NATO geführt hatten, die Bundesrepublik als einziger Sprecher für Deutschland anerkannt worden sei.

Was die Mauer von Berlin betreffe, so verlange kein Deutscher, daß die Mitgliedsstaaten des Europarates sich um der Freiheit Berlins willen akuter Gefahr aussetzten, wir seien jedoch der Auffassung, daß in der freien Welt nichts getan werden sollte – in Staatsverträgen etwa –, das als Billigung der Abschnürung Berlins angesehen werden könnte. Die beste Antwort auf den Mauerbau werde sein, alles zu tun, um die Lebensfähigkeit der Stadt zu erhalten und zu verhindern, daß sie zu einem Armenhaus wird. Dabei könnten die Staaten Europas mitwirken, indem sie bei ihrer Handelspolitik daran denken, daß auch das halbierte Berlin noch eines der größten industriellen Zentren Europas ist. Man könne in der Politik nicht passen wie beim Kartenspiel; wenn man nicht von vornherein bereit ist zu verlieren, sei man dazu verurteilt, das Spiel zu spielen. Es gehe in Berlin um mehr als nur um Prestige: Es gehe um Menschen, es gehe um das Recht, es gehe vielleicht um die moralische Grundlage der Existenz dieses Europarates selbst – und es gehe schließlich und endlich um Machtfragen.

Die Staaten, die heute noch blockfrei sind, könnten sich eines Tages sagen: Wenn sich in Berlin zeigt, daß die Sowjets alles erreichen, was sie erreichen wollen, wäre es dann nicht kluge Politik, sich in Afrika und Asien rechtzeitig auf die »richtige« Seite zu stellen? Wenn dies geschehen sollte, hülfe uns vieles nicht mehr, was uns heute noch helfen könnte . . .

Nach zwei Wochen in Bonn, in denen ich am Rande Zeuge der grotesken Koalitionsverhandlungen zwischen CDU/CSU und FDP wurde, tagte in Paris das Präsidium der WEU-Versammlung, bei der ich die Sorgen anhören konnte, die der Mauerbau in Berlin bei den Delegierten der Mitgliedsstaaten wachgerufen hatte. Niemand konnte eine Antwort auf die Frage wagen, ob der Bau der Mauer das Ende der sowjetischen Expansionsbestrebungen oder den Beginn einer neuen Phase des sowjetischen Imperialismus bedeutete.

Dieselbe Unsicherheit war auf der NATO-Parlamentarierkonferenz zu verspüren, die vom 11. bis 17. November in Paris tagte. Der symptomatische Charakter der Ereignisse in der DDR und in Berlin war das Hauptthema. Doch so klug auch die Überlegungen hierzu sein mochten, so machte die Art, wie die Delegierten ihre Argumente vortrugen, überaus deutlich, daß keiner unserer Verbündeten bereit sein würde, um Berlins oder Deutschlands willen ein Risiko zu übernehmen, das ihn zu einem militärischen Engagement verpflichten könnte. Ich war sicher, daß wir im Falle weiterer Zwischenfälle von der Art, wie wir sie in diesem Sommer erlebten, zwar ermutigende Worte zu hören bekommen werden, in der praktischen Politik jedoch nie mehr als mäßigen diplomatischen Sukkurs. Auf dieser Konferenz wurde wieder deutlich, daß die NATO praktisch nur wert war, was die USA bereit waren, in sie militärisch und politisch zu investieren.

Auf der Pariser Tagung der Westeuropäischen Union vom 9.–14. Dezember stand Berlin abermals als Hauptpunkt auf der Tagesordnung. Der neue Präsident, Arthur Conte, hatte Willy Brandt gebeten, über Berlin zu sprechen. Seine Rede machte auf die Delegierten nachhaltigen Eindruck. In der sehr intensiven Diskussion war die Betroffenheit der Delegierten deutlich zu verspüren. Ich hatte zum erstenmal den Eindruck, daß unsere Kollegen sich nicht mehr mit dem Gedanken begnügten, wir hätten die Folgen der deutschen Tragödie uns selber zuzuschreiben, weswegen für sie kein Anlaß bestehe, sich den Kopf zu zerbrechen, wie es mit den Deutschen weitergehen solle. Ich glaubte zu spüren, daß unsere Kollegen sich fragten, ob ihre Länder sich nicht an dieser Niederlage der Menschenrechte mitschuldig machten, als sie versäumten, rechtzeitig den Anfängen zu wehren.

Gespräche in Jugoslawien

Bereits 1957 hatte mich der Leiter des Instituts für internationale Politik und Wirtschaft in Belgrad zu einer Veranstaltung eingeladen, auf der ich vor Wissenschaftlern und Politikern Jugoslawiens über die Europapolitik der Bundesrepublik sprechen sollte. Durch den Abbruch der diplomatischen Beziehungen zwischen Bonn und Belgrad aufgrund des Botschafteraustausches zwischen Jugoslawien und der DDR war es nicht dazu gekommen. Zu Beginn des Jahres 1962 wurde die Einladung erneuert, und ich wollte ihr Folge leisten, obwohl die diplomatischen Beziehungen zwischen beiden Ländern noch nicht wiederhergestellt waren. George F. Kennan, der Leiter der Planungsabteilung des US-Außenministeriums gewesen und nun Botschafter in Belgrad geworden war, hatte mir in Bonn gesagt, wie wichtig es sei, daß die Bundesrepublik in Belgrad wieder zu Wort komme. Ich informierte Außenminister Dr. Schröder, weil ich es für ein Gebot der Loyalität hielt, ihn über meine Zusage ins Bild zu setzen. Er bat mich, ihn nach meiner Rückkehr zu unterrichten.

In seiner Belgrader Residenz verdeutlichte mir US-Botschafter Kennan seine Ansicht, daß die diplomatische Präsenz der Bundesrepublik in Belgrad ihr allgemein mehr Nutzen bringen werde, als sie ihrer Deutschlandpolitik schaden könnte, und er bat mich, dies den Verfechtern der Hallstein-Doktrin in Bonn zu sagen. Jugoslawien falle immer mehr die Rolle einer antisowjetischen Schlüsselstellung

im Südosten Europas zu. Wenn Informationen über die deutsche
Frage nur aus dem Munde des Botschafters der DDR kämen, schade
dies nicht nur der Bundesrepublik, sondern dem Westen überhaupt.
In Jugoslawien geschehe manches, das auch für die Regierung in
Bonn von Bedeutung sei. Hierüber nur aus zweiter Hand oder über
die Presse zu erfahren, könne sich für die Politik der Bundesrepublik
nachteilig auswirken.

Der schwedische Botschafter Backlund, den ich von Stockholm her
kannte, gab den gleichen Rat. Um so sparsamer waren die Ratschläge
und Informationen, die mir in der Französischen Botschaft von
Botschafter Arnaud zuteil wurden, der sich offenbar nicht für
kompetent hielt, mit mir über die konkrete politische Situation zu
sprechen, obwohl seine Botschaft für die Dauer des Ruhens der
Beziehungen zwischen Bonn und Belgrad die Interessen der Bundesrepublik in Jugoslawien vertrat.

Im Institut für internationale Politik erwartete mich eine zahlreiche
und aufnahmebereite Zuhörerschaft. Ich sprach von den Schwierigkeiten, mit denen die europäischen Regierungen zu kämpfen haben,
um dem Wunsch ihrer Völker nach einem engeren Zusammenschluß
der Staaten Westeuropas nachzukommen, und daß es mir zur Zeit
noch unmöglich erscheine, den Kreis der zur Europäischen Wirtschaftsgemeinschaft gehörenden Staaten nach Osten hin auszuweiten.
Ich schilderte die Vorteile, die der Industrie, dem Handel und der
Landwirtschaft der Mitgliedsländer durch die Römischen Verträge
zugute gekommen sind. Diese wirtschaftlichen Vorteile seien jedoch
nicht der letzte Sinn dieser Verträge. Das Fernziel für alle Beteiligten
sei, Schritt für Schritt, die Integration Europas zu verwirklichen.

Die Sozialdemokraten in der Bundesrepublik seien ursprünglich
keine Freunde dieser Politik gewesen, weil sie fürchteten, die
Integration der Bundesrepublik in ein westliches politisch-militäri-
sches Bündnissystem werde den sowjetischen Widerstand gegen die
Aufhebung der Spaltung Deutschlands verstärken. Nachdem aber
deutlich geworden sei, daß Moskau die Wiedervereinigung nur um
den Preis der Sowjetisierung ganz Deutschlands zulassen werde, habe
die Sozialdemokratische Partei daraus die Konsequenz gezogen und
widersetze sich nicht mehr der Beteiligung der Bundesrepublik an

den Bemühungen, Europa politisch, wirtschaftlich und auch für den Verteidigungsfall zu einen, vielmehr trage sie das Ihre dazu bei, die Europäische Gemeinschaft so eng als möglich zu integrieren. Die Integration der Wirtschaft und der Streitkräfte der Bundesrepublik in ein vereinigtes Europa stärke die Sicherheit aller freien Staaten Europas und mache jede revanchistische Politik unmöglich.

In lebhafter Diskussion erklärten die jugoslawischen Sprecher durchweg, daß sich die Römischen Verträge nachteilig für ihr Land auswirkten: Bisher habe Jugoslawien mit allen Staaten Europas bilateral verhandeln und je nach der Interessenlage ihrer Verhandlungspartner Vorteile aushandeln können; nun stünden sie einer einheitlichen Zollmauer gegenüber, die sich lückenlos um Westeuropa ziehe. Schon jetzt habe sich der Außenhandel Jugoslawiens um acht Prozent vermindert; wenn dies so weitergehe, könnte man sich gezwungen sehen, die bisherige, auch für den europäischen Westen nützliche Politik aufzugeben.

Über die Wiedervereinigung Deutschlands wurde nicht gesprochen. Für die Jugoslawen existierten zwei deutsche Staaten. Daß ihnen die Bundesrepublik lieber sei als die DDR, erklärten sie unverhohlen. Ein geachteter Politiker bekannte freimütig, er finde es unbegreiflich, daß ein Staat, der sich sozialistisch nennt, eine Mauer bauen müsse, um seine Bewohner am Verlassen des Landes zu hindern.

Die Klarheit und Unbefangenheit des Urteils meiner Gesprächspartner überraschte mich. Sie scheuten sich nicht, heiße Eisen anzupacken, etwa, als sie erklärten, daß sie keine Chance für nennenswerte Rüstungsbeschränkungen sähen. Auf diesem Gebiet werde man, solange keine Einigung über die ungelösten territorialen Fragen in aller Welt, vor allem aber in Deutschland, erzielt seien, nur schrittweise und nur mit Provisorien weiterkommen.

Auch der Parlamentspräsident Petar Stambolić und Dr. Iveković, der bis 1956 Botschafter in Bonn und nun Präsident der Ersten Kammer des Parlaments war, betonten, daß sie die Abwesenheit eines westdeutschen Botschafters in ihrem Lande bedauerten. Daß sie nicht anders handeln konnten, als die DDR anzuerkennen, sollten wir ebenso begreifen, wie sie Verständnis dafür hätten, daß uns dieser

Schritt mißfalle. Bei dem jetzigen Zustand müßten beide Seiten versuchen, aufkommende Probleme von Fall zu Fall pragmatisch zu lösen. Auf jugoslawischer Seite würde alles getan werden, um das Notwendige und Nützliche möglich zu machen.

In jener Zeit war man in Jugoslawien sehr mit der Ausarbeitung der neuen Verfassung beschäftigt. Mir war gesagt worden, daß ihr föderalistisches System konsequenter sei als das unsere. Man wolle durch ein weitgespanntes Geflecht genossenschaftlicher Zusammenschlüsse dem Staat allmählich einen Teil seiner klassischen Befugnisse nehmen und diese auf die unmittelbar Interessierten übertragen. Ein Grundsatz der neuen Staatswirklichkeit würde sein, daß die Bewohner des Landes ihre Angelegenheiten so weit selbst besorgen und verantworten sollen, als von der Sache her die Inanspruchnahme eines höheren Verbandes notwendig ist. Was der einzelne tun kann, solle er selbst tun. Was nicht er allein schaffen kann, solle die Familie oder der Betrieb tun. Was diese beiden nicht zu tun vermögen, müsse das Dorf übernehmen – und so hinauf bis zur Spitze, bis zum »Staat«. In der Sphäre des Staatlichen sollen die hauptsächlichen Kompetenzen bei den Teilrepubliken liegen; die auswärtige Politik, die Landesverteidigung und die Grundsatzfragen der Wirtschaftspolitik sollten hingegen beim Bundesstaat Jugoslawien, also bei der Regierung in Belgrad, verbleiben.

Meine Gesprächspartner sagten mir, sie hofften, auf diese Weise der Selbstentfremdung des Menschen durch die Industriegesellschaft begegnen zu können und aus bisherigen Objekten ökonomischer, gesellschaftlicher und politischer Mechanismen selbstverantwortliche, ihr Leben selbst gestaltende »Bürger« zu erziehen. Die *Partei,* auf die letztlich alles zurückgehe und von der alles ausgehe, was in Jugoslawien geschieht und geschehen wird, müsse in ihrer staatsschaffenden, staatstragenden Macht ungeteilt weiter bestehen. Sie solle nach dem Prinzip des leninistischen demokratischen Zentralismus hierarchisch geordnet bleiben, der Theorie nach von unten nach oben, der Praxis nach aber von oben nach unten handelnd. Der Gefahr des Bürokratismus wolle man dadurch steuern, daß keine Funktion länger als vier Jahre von derselben Person wahrgenommen werden darf. Auf meine Frage, ob dies auch für das Staatsoberhaupt gelte, hieß es, Präsident Tito stehe in seinem Amt nicht als Funktionär, sondern als *Person* . . . Die neue Verfassung übertrug ihm denn auch das Amt des Staatschefs auf Lebenszeit.

Ich entnahm diesen Erläuterungen, daß die Jugoslawen entschlossen waren, ihre Ordnungen nach anderen Gesichtspunkten aufzubauen, als dies innerhalb des Sowjetblocks der Fall ist. Bei diesen Gesprächen mußte ich gelegentlich an die Thesen von Konstantin Frantz denken und hatte manchmal den Eindruck, daß meinen Gesprächspartnern Bakunin, Kropotkin und Proudhon näherstanden als Marx und Lenin.

In einer letzten Unterhaltung mit George F. Kennan gab dieser seiner Meinung Ausdruck, daß die Zusagen meiner Gesprächspartner sicher ernst gemeint waren. Auf das Wort der Jugoslawen könne man sich verlassen. Man wisse zwar nicht, welcher der heute wichtigen Männer morgen noch ein wichtiger Mann sein wird – ganz sicher könne man wohl nur gehen, wenn Marschall Tito selbst gesprochen hat.

Im allgemeinen hat die Presse meine Reise freundlich kommentiert; es wurde aber auch der Vorwurf gegen mich erhoben, daß ich in ein diktatorisch regiertes Land gereist sei und damit das Böse am kommunistischen Totalitarismus in den Augen der Welt verharmlost hätte.

Ein praktisches Ergebnis dieser Reise war vielleicht, daß auf beiden Seiten das Interesse am baldigen Abschluß eines Handelsvertrages wach wurde.

Adenauers und de Gaulles Europa

Die politischen Diskussionen in Bonn waren in den folgenden Monaten von zwei Grundfragen beherrscht: Die erste stand im Zeichen des Wandels der Ostpolitik der Vereinigten Staaten, die sich auf eine Politik der Entspannung umzustellen begann; die zweite Frage betraf die Rolle der deutschen Verteidigungspolitik innerhalb der NATO.

Ich hatte General Speidel, der NATO-Oberbefehlshaber für Europa geworden war, des öfteren in Fontainebleau, seinem Hauptquartier, aufgesucht. So kannte ich einige Vorstellungen des NATO-Oberkommandos, zu denen die Gewißheit gehörte, daß es künftig konventionelle Kriege nicht mehr geben werde. Demgegenüber versuchten vor allem Fritz Erler und auch ich die verantwortlichen Militärs und Politiker davon zu überzeugen, daß ein strategisches Konzept unsinnig sei, das davon ausgeht, bei einem eventuellen Konflikt, der die Lebensinteressen einer Nation entscheidend in Frage stellen würde, werde es nur die Wahl zwischen Atomkrieg und Kapitulation geben. Es sei für eine Möglichkeit der Gegenwehr Sorge zu tragen, die ausschließt, daß ein numerisch überlegener Aggressor seinen Nachbarn im ersten Anlauf überrennen kann. Die sich in den Ereignissen der ersten Kampftage abzeichnende Situation werde die Verteidiger in die Lage versetzen, dem Angreifer mit einem atomaren Gegenschlag zu drohen und diesen in einer Weise vorzusehen, die nicht unbedingt die Vernichtung von Teilen des eigenen Staatsgebietes im Gefolge haben muß. Fritz Erler lag besonders daran, die Möglichkeiten eines Mitbestimmungsrechts aller durch den möglichen Einsatz atomarer Waffen durch die NATO gefährdeten Staaten zu prüfen und Vereinbarungen der NATO-Mächte über die Modalitäten dieser Mitwirkung zustande zu bringen. Alle diese Überlegungen erübrigten sich, als feststand, daß die Vereinigten Staaten nicht gesonnen waren, der Bundesrepublik atomare Waffen zur Verfügung zu stellen. Wie sehr die Weltmacht des Westens sich für allein legitimiert hielt, bei Kriegsgefahr ohne Konsultation ihrer Verbündeten allein nach ihren Vorstellungen zu handeln, zeigte ihr Verhalten anläßlich der Kuba-Krise noch im gleichen Jahr 1962.

Für die Bundesrepublik war die Haltung Frankreichs zu den politisch-strategischen Problemen in Europa naturgemäß von besonderer Bedeutung. Die französische Politik war in den letzten Jahren mit der Notwendigkeit beschäftigt gewesen, die Ablösung Algeriens, die nicht mehr verhindert werden konnte, in geordneter Weise durchzuführen, ohne dabei Frankreichs weltpolitischen Rang zu schmälern. Parallel dazu schien auch die »europäische« Phase des politischen Konzepts Frankreichs ihrem Ende zugehen zu wollen. Bei der französischen Linken trockneten die europäischen Impulse der Zeit Robert Schumans ein. Von den französischen Delegierten in der

Beratenden Versammlung der WEU hörte ich immer wieder, die Verfügung über eine eigene atomare Force de frappe mache Frankreich zwar nicht völlig unabhängig vom atlantischen Bündnis, gebe ihm darin aber einen besonderen Stellenwert, der es ihm geraten erscheinen lasse, weniger in europäischen Kategorien zu denken als in den Kategorien der klassischen Diplomatie und der klassischen Bündnispolitik, wobei dem bilateralen Verhältnis Frankreichs zur Bundesrepublik eine besondere Bedeutung zukomme.

Nachdem Frankreich im Frühjahr 1962 durch den Friedensvertrag mit der algerischen Freiheitsbewegung einen beträchtlichen Teil seiner außenpolitischen Handlungsfreiheit zurückgewonnen hatte, begann General de Gaulle eine Politik einzuleiten, die ein von den Vereinigten Staaten unabhängiges »Europa der Vaterländer« ins Auge faßte, in dem Frankreich die politische Führung zufallen sollte. Mit Hilfe dieser Konstruktion glaubte der General die Gefahr einer Amerikanisierung Europas neutralisieren zu können. Dieses Konzept wurde durch die Weigerung ergänzt, Großbritannien, den »Brückenkopf der Vereinigten Staaten«, in das Europa der Sechs aufzunehmen. De Gaulle war überzeugt, in diesem Punkt auf das Entgegenkommen Adenauers rechnen zu können; er kannte dessen Abneigung gegen ein England, »das alle paar Jahre eine Linksregierung bekommen konnte«.

De Gaulle war sich bewußt, daß der Erfolg dieser Politik voraussetzte, daß das deutsche Volk aus Frankreich andere Worte zu hören bekam als bisher – Worte, die ihm nicht die Ehre absprachen; Worte, die es nicht mehr für alle Zeiten mit dem Brandmal des geborenen Rechtsbrechers gezeichnet erscheinen ließen; Worte, mit denen es der Freundschaft der französischen Nation für würdig und einer neuen Größe fähig erklärt wurde. Worte dieses Inhalts waren um so nötiger, als die Konzentration des französischen Verteidigungsbeitrages auf die atomare Force de frappe das Land immer unfähiger machte, auf dem Felde der konventionellen Waffen mit anderen Mächten Schritt zu halten. Der Ausfall französischer konventioneller Waffenmacht würde nur durch zusätzliche konventionelle Rüstung der Deutschen kompensiert werden können und der Bundesrepublik weitere Opfer abverlangen.

Diese Perspektiven mußten das politische Konzept des Bundeskanzlers belasten, dessen Kernstück eine Politik war, die zu einem
integrierten Europa führen sollte, wobei es für ihn feststand, daß
dieses Europa sich nur im Schutze der USA würde entfalten können.
Ein Europa außerhalb dieses Schutzes konnte für Adenauer nicht in
Betracht kommen, und ein Europa, das nicht mehr sein durfte als ein
»Europa der Vaterländer«, war nicht das Europa, das er erstrebte.
Sein Europa sollte zumindest im Endstadium der Entwicklung ein
integriertes Europa mit supranationalen Führungsorganen sein, in
denen die von einem Europäischen Parlament gefaßten Beschlüsse für
alle Mitgliedsstaaten verbindlich sein würden. Nur ein solches
Europa sei in der Lage, außenpolitisch mit *einer* Stimme zu reden.
Nur so vermochte er sich den Übergang vom Jahrhundert des
Nationalstaates zu der übernationalen Phase der Geschichte des
europäischen Kontinents vorzustellen, die dauernden Frieden und
steigende Wohlfahrt verbürgen konnte.

Im persönlichen Gespräch hielt Konrad Adenauer mit seiner
Beurteilung des Unterschieds »seines« Europas zu dem de Gaulles
nicht hinter dem Berg. Doch seine Überzeugung, daß auf die Dauer
nichts in der Politik unverändert fortbestehe, half ihm über seine
Bedenken hinweg: Die geschichtliche Logik stehe im Lager der
supranational motivierten Europäer – also werde nach einer gaullisti-
schen Phase Europas das wahre Europa doch noch zu seinem Recht
kommen. Für die Zwischenzeit und für das Gelingen des »großen«
Europakonzepts sei aber die deutsch-französische Versöhnung und
Freundschaft lebensnotwendig. Mit de Gaulle – und wohl nur mit de
Gaulle – könne das erreicht werden. Das Weitere werde die
Geschichte tun . . .

Ich habe ihm meine Zweifel an dem Erfolg seiner Spekulation
nicht verschwiegen: Es bestehe die Gefahr, daß Großbritannien
politisch endgültig aus Europa abgedrängt werde und sich mit den
Vereinigten Staaten, vielleicht auch mit den skandinavischen Ländern zu einem atlantisch-nordischen Commonwealth vereinigen
könnte. Dann werde es keine europäische Hoffnung mehr geben –
bestenfalls einen Rheinbund, der sich nach zwei Fronten werde zu
verteidigen haben, wie einst jener, den Napoleon sich zurechtge-

zimmert hatte, um sich Rußland und Großbritannien gegenüber behaupten zu können.

Der französische Staatschef handelte klug. Zunächst lud er im Sommer Konrad Adenauer zu einem Besuch Frankreichs ein, der am 8. Juli 1962 in der gemeinsam gefeierten Messe in der Kathedrale zu Reims, der Krönungskirche der Könige Frankreichs, seinen Höhepunkt erfuhr. Anfang September erwiderte General de Gaulle den Besuch des Kanzlers und sprach in deutscher Sprache zur deutschen Nation, der er versicherte, daß sie zu Großem berufen sei. Ein Begeisterungstaumel war die Folge. Ich hatte den Eindruck, die große Mehrheit der Deutschen – auch der Politiker – wäre imstande, unverzüglich alles zu bejahen, was de Gaulle und Adenauer miteinander vereinbaren könnten. In solcher Lage galt es, gelassen zu bleiben und nicht zu vergessen, daß schon zuvor in der Geschichte Stunden der Begeisterung zu Mutterlaugen von Gefahren wurden. Es galt abzuwarten, was die beiden Staatslenker aus dem Versöhnungsfest machen werden; es galt, den Lauf der Verhandlungen zu verfolgen und sich über zweierlei klarzuwerden: Wie kann die deutschfranzösische Freundschaft und Zusammenarbeit institutionalisiert werden, ohne eine Achse Bonn – Paris zu schaffen und ohne die Integration Europas zu gefährden, insbesondere ohne Großbritannien abzustoßen?

Der politische Ertrag dieser Begegnungen wurde einige Monate später manifest, als am 22. Januar 1963 der deutsch-französische Freundschaftsvertrag geschlossen wurde und es nun darum ging zu verhindern, daß die darin vorgesehene überaus enge Koordination der deutschen und der französischen Politik zu einer Gefahr für die weitere Integration der multilateralen europäischen Zusammenarbeit wurde. Der Konflikt wurde in den Bundestagsdebatten ausgeräumt, deren Ergebnis eine Präambel zum Ratifikationsgesetz wurde, aus der sich ergab, daß die Bundesrepublik ihren bisherigen Kurs in der Europapolitik beibehalten werde.

Diese Präambel hat de Gaulle bitter enttäuscht. Er sagte es mir unverblümt. Der Elysée-Vertrag selbst aber wurde zu einem Instrument, dessen intelligente Handhabung durch beide Partner bei den Regierungen Europas die Furcht zerstreute, daß eine Achse Bonn –

Paris geschmiedet worden sei, andererseits aber dazu führte, daß Frankreich und die Bundesrepublik ihre Politik so zu koordinieren vermochten, wie dies so eng wohl noch nie zum Vorteil zweier Staaten geschehen war. Die nach dem Kalender festgelegten Konsultationen der Spitzen beider Staaten, der Minister der wichtigsten Ministerien und ihrer Abteilungsleiter, haben ein Vertrauensverhältnis geschaffen, von dem die Bauleute Europas werden profitieren können.

An die Frühjahrssitzung der Beratenden Versammlung des Europarates 1962 erinnere ich mich wegen der scharfen Angriffe, die Paul-Henri Spaak gegen Äußerungen de Gaulles richtete, in denen sich dieser gegen ein supranational organisiertes Europa ausgesprochen und obendrein erklärt hatte, der Europarat sei zum Sterben verurteilt. Dieser Rückzug Frankreichs aus der Europapolitik dürfe nicht hingenommen werden. De Gaulle fördere durch solche Erklärungen die Ziele der Sowjetunion, deren neue politische Aktivität auf die Spaltung Europas abziele. Diese Politik könne aber nur durch eine konsequente europäische Politik der Regierungen und der Parlamente der demokratischen Staaten Europas abgewehrt werden. Der Gemeinsame Markt müsse seine Tore den europäischen Staaten, die ihm noch nicht angehören, öffnen: Europa ohne Großbritannien könne kein politisches oder ökonomisches Gleichgewicht finden. Darüber hinaus sollte man die »Neutralen« dem Gemeinsamen Markt assoziieren, dies werde die Fenster gegen Osten hin öffnen, was jedermann zum Vorteil gereichen werde.

Die Tagung der WEU in Paris im Juni behandelte die Frage, mit welchen Rechten und Pflichten Großbritannien der EWG zugeführt und ob und wie aus dieser Ausweitung der wirtschaftlichen Integration Europas dessen politische Integration werden könnte. Die Briten schienen bereit zu sein, solange es nur um theoretische Erwägungen ging, den Beitritt zu wagen; aber die Debatte machte deutlich, welche schwer zu bewältigenden Probleme die praktische Durchführung aufwerfen würde. Die gaullistischen Delegierten waren von der britischen Bereitschaft nicht sonderlich begeistert, sahen jedoch schließlich ein, daß ohne die Briten und die Skandinavier der politischen Organisation Westeuropas das innere Gleichgewicht fehlen werde. Zu der Absicht, aus der wirtschaftlichen Integration Europas eine integrierte politische Gemeinschaft werden zu lassen, sagten die Briten nein. Hierbei trafen sie sich mit den Anhängern der Politik des Generals de Gaulle. Ihnen war »Europa« nur als eine Genossenschaft vorstellbar, in der die Regierungen ihre Interessen nach dem Prinzip der Einstimmigkeit koordinieren.

In der Bundestagssitzung vom 27. Juni trat ich dafür ein, daß auch Staaten mit anerkanntem Neutralitätsstatus die Möglichkeit erhalten sollten, im Wege der Assoziation Teilhaber der EWG zu werden. Ich fragte, ob nicht zu fürchten sei, daß aus der verstärkten Zusammenarbeit der drei großen Mitglieder der EWG Gefahr für den Fortgang der europäischen Einigungspolitik erwachsen könnte. Europa würde doch nur dann »europäisch« werden können, wenn kein Unterschied zwischen großen und kleinen Staaten gemacht wird. Der Außenminister stimmte zu, konnte jedoch nicht dementieren, daß der Bundeskanzler in einer amerikanischen Universität am 14. Juni ausgeführt hatte, daß die politische Union Europas einen kleineren Kreis von Staaten umfassen könne, als die Europäische Wirtschaftsgemeinschaft aufgrund der Römischen Verträge Mitglieder aufweise. In derselben Fragestunde erklärte sich der Außenminister namens der Bundesregierung für die Schaffung eines aus allgemeinen und direkten Wahlen hervorgehenden Europa-Parlamentes.

Auf der Europa-Konferenz der Sozialistischen Internationale in Brüssel am 15./16. Juli ergingen weitreichende Entschließungen: Europa müsse ohne Verzug ins Leben gerufen werden, und zwar gleich mit allen rundum erforderlichen Kompetenzen – allerdings dürfe es dabei nicht zur Loslösung von der Atlantischen Gemeinschaft kommen. Was dabei alles an aktuellen Maßnahmen für die Schaffung einer wirtschaftspolitischen, sozialpolitischen, kulturpolitischen, rechtspolitischen Ordnung Europas gefordert wurde, war, pragmatisch gesehen, wohl etwas zu viel auf einmal und ließ mich an der Ernsthaftigkeit solcher Tagungen zweifeln. Ich habe ihre Veranstaltungen daher nicht mehr besucht.

Die Notwendigkeit einer Notstandsgesetzgebung

Auf dem Parteitag der Landesorganisation der SPD für Baden-Württemberg vom 25. März 1962 gab ich einen Überblick über den Wandel der zeitbedingten Artikulierungen des ideologischen Selbstverständnisses der Partei und erläuterte das Godesberger Programm, in dem die Partei ihr bedingungsloses Ja zum demokratischen Rechtsstaat gesprochen und der Vorstellung einer Klassenpartei im marxistischen Sinne abgesagt habe. Sie bekenne sich als Volkspartei, die durch stetig wachsende Reformen Staat und Gesellschaft zu vermenschlichen suche. Betriebsdemokratie und Mitbestimmung in den Betrieben hätten die Lebensverhältnisse der Arbeiterschaft und damit die Gesellschaftsordnung wirksamer verändert als die Klassenkampfideologie der Vergangenheit.

Ich wandte mich gegen Bundesminister Ludwig Erhard, der sich über den Rundfunk unmittelbar an das Volk wende, um seine Sorgen über die Entwicklung der deutschen Wirtschaft darzutun, und damit gegen eines der Grundprinzipien des Grundgesetzes verstoße, das mit vollem Bewußtsein nach ausführlicher Diskussion im Parlamentarischen Rat plebiszitäre Regierungsmethoden ausschließen wollte. Der Partner der Regierung sei nicht die »Öffentlichkeit«, sondern das Parlament. Mit solchen Methoden ersetze man den Dialog zwischen den vom Volk designierten Trägern der politischen Verantwortung durch Praktiken, die nicht zu Entscheidungen verfassungsmäßig legitimierter Institutionen führen, sondern lediglich irrationale Stimmungen in der Bevölkerung erzeugen. Emotionen aber seien noch nie Quelle für verantwortungsbewußtes Handeln gewesen. Der Ort für die Darlegung der Absichten der Regierung sei die Tribüne des Bundestages. Nur im Parlament könne zwischen Regierung und Volk in geordneter Weise versucht werden, die Probleme zu klären und Mittel und Wege zu suchen, durch rationale Maßnahmen Übelstände abzubauen und Weichenstellungen zu korrigieren.

Ich sprach auch über die Absichten der Regierung, das Grundgesetz durch Artikel zu ergänzen, aufgrund derer der Bundestag im Falle unmittelbarer Gefahr für den Bestand der Demokratie das Recht erhalten sollte, Notstandsmaßnahmen anzuordnen. Verfassungsbe-

stimmungen dieser Art hielt ich für notwendig, weil sich die
Alliierten ihre auf Kriegsrecht beruhenden Notstandsrechte im
Deutschlandvertrag so lange vorbehielten, als sie nicht durch entspre-
chendes deutsches Recht ersetzt worden waren. Darüber hinaus
erschien es mir unwürdig, auf Kriegsrecht beruhende Souveränitätsrechte fremder Staaten in der Bundesrepublik weiterdauern zu lassen.

Es sollte noch einige Jahre dauern, bis das Grundgesetz ergänzt
werden konnte. Eine geräuschvolle Propaganda wollte dies verhindern. Sie wurde auch von Personen betrieben, die zur SPD gehörten
oder ihr »nahestanden«. Einige von ihnen beteiligten sich an der
Organisation von Straßendemonstrationen, durch die gegen jede Art
von Notstandsgesetzgebung protestiert wurde. Das geschah zumeist
unter Hinweis auf die Geschichte des Mißbrauchs des Artikels 48 der
Weimarer Verfassung und aus Furcht, daß die geplanten Zusätze zum
Grundgesetz der Beginn einer faschistischen Entwicklung der Bundesrepublik werden könnten. Mich besorgte dabei sehr, daß die
meisten der Protestierenden sich nicht die Mühe gemacht haben
konnten, die vorliegenden Entwürfe eingehend zu prüfen, sonst
hätten sie nicht guten Gewissens argumentieren können, wie sie es
taten. Mich stimmte die Erkenntnis ernst, daß viele rechtschaffene
Intellektuelle, rechtschaffene Demokraten und Republikaner nicht zu
begreifen vermochten, daß eine Republik, daß eine freiheitliche
Demokratie in Lagen, darin offenbar wird, daß die normalen
Machtmittel des Staates nicht ausreichen, um Stand und Funktionsfähigkeit der rechtsstaatlichen Grundordnung zu verbürgen, imstande
sein muß, von der Verfassung genau definierte Mittel einzusetzen, um
die freiheitliche Ordnung zu bewahren, die zu ermöglichen und zu
schützen den Sinn des Staates ausmacht, den das Volk sich schuf.

Bei genügender Aufklärung würden die anfangs erschreckten
Bürger bald begriffen haben, daß es sich um Rechtsvorschriften
handelt, die im Verteidigungsfall das Funktionieren der Regierungs-
anordnungen sicherstellen sollten sowie gesetzliche Möglichkeiten
schufen, die der Regierung im Verteidigungsfall das Recht zu
Requisitionen gaben. Notstandsmaßnahmen im eigentlichen Sinn des
Wortes waren nur insoweit vorgesehen, als die bewaffnete Macht
eingesetzt werden durfte gegen Aufständische, die, kriegsmäßig

bewaffnet, versuchten, den Staat zu zerstören. Sie hätten insbesondere lesen können, daß der Weg zu Entscheidungen nie ohne parlamentarische Kontrolle begangen werden konnte und daß der Einsatz von Militär im Arbeitskampf ausdrücklich verboten war.

Auf dem Bundesparteitag der SPD in Köln vom 26. bis 30. Mai 1962 wurden vor allem sozialpolitische Fragen zum Gegenstand der Beratungen gemacht. Erich Ollenhauers Referat »Heute für morgen« und Willy Brandts Ausführungen unter dem Motto »Wer nicht fähig ist, die Welt von morgen zu ahnen, wird sie nicht gestalten können« führten zur einmütigen Annahme von Resolutionen zur Wirtschafts- und Energiepolitik sowie zur Sozial- und Kulturpolitik. In den Erklärungen zur Außen- und Sicherheitspolitik wurde die Bedeutung der NATO für die Sicherheit Europas unterstrichen, eine dem Sicherheitsbedürfnis der Bundesrepublik angemessene Ausrüstung der Bundeswehr empfohlen und gefordert, alle Bemühungen zu unternehmen, die dazu führen können, das atomare Wettrüsten zu beenden. Es wurde deutlich, daß sich das Godesberger Programm im Bewußtsein der Mitglieder durchzusetzen begann. Die Notwendigkeit einer Notstandsgesetzgebung wurde bejaht, jedoch unter der Voraussetzung, daß das erste und letzte Wort dem Bundestag zustehe und die Ausführung der Notstandsmaßnahmen in die Zuständigkeit der Länder zu legen sei, um die Gefahr des Staatsstreichs von oben auszuräumen. Es gab nur ein Dutzend Gegenstimmen. Die Annahme dieser Erklärungen machte deutlich, mit welchem Ernst sich die Sozialdemokratische Partei auf die Übernahme der Regierungsverantwortung vorbereitete.

Seit geraumer Zeit machte mir der offensichtliche Rückstand der europäischen, insonderheit der deutschen wissenschaftlichen Forschung gegenüber den Ergebnissen, die Wissenschaftler in den USA und in der Sowjetunion erzielten, große Sorge. Durch die Vertreibung der jüdischen Forscher war die wissenschaftliche Potenz Deutschlands schrecklich reduziert worden. Während unser Land einst auf wesentlichen Gebieten der Forschung in der ersten Reihe stand, rangierte es nunmehr unter »ferner liefen . . .«. Daran änderte die Feststellung nichts, daß gelegentlich auch deutsche Forscher noch für nobelpreiswürdig erachtet wurden. Die Verfolgung der Juden durch Hitler hatte den Vereinigten Staaten ein Forschungsteam eingebracht, das seinesgleichen in der Welt suchte. Die Sowjetunion hatte von dem Exodus der deutschen Forscher weniger profitiert, aber durch methodische Organisation von Lehre und Forschung und durch Spezialisierung sowie Disziplinierung der Begabten eine erstaunliche Steigerung ihrer wissenschaftlichen Potenz erreicht, wenn auch mehr in der Breite als in der Tiefe und mehr in Richtung der technologischen Auswertung eigener und fremder Forschungen als in der Grundlagenforschung selbst.

Auf den Tagungen des Senats der Max-Planck-Gesellschaft besprach ich mit Gelehrten, mit denen mich persönliche Beziehungen verbanden, meine Sorgen. Ich war erstaunt über den Pessimismus, den ich bei ihnen antraf: Unser Sturz sei zu tief, als daß wir ihn noch zu unseren Lebzeiten aufholen könnten. Wir dürften bestenfalls hoffen, auf einigen speziellen Forschungsgebieten noch Spitzenleistungen zu erreichen; doch dort, wo die großen Funde zu erwarten sind, seien wir durch die Wissenschaftspolitik des Dritten Reiches und die Unterbrechung der Grundlagenforschung durch den Krieg um fünfzehn Jahre zurückgeworfen worden. Anderthalb Jahrzehnte Stillstand ließen sich nicht in anderthalb Jahrzehnten gesteigerter Forschungstätigkeit aufholen; inzwischen werde nämlich die Zielmarke wieder ein Stück höher geschoben worden sein. Allein um den heutigen Nachwuchs auf die Höhe der Vorkriegszeit zu bringen, werde man mehr als ein Jahrzehnt brauchen. Wenn man allerdings sehe, wie gering die Kenntnisse sind, mit denen die jungen Leute von den Schulen und Universitäten kommen, müsse selbst daran gezweifelt werden. Besonders verderblich wirke sich aus, daß die Forschung in der Bundesrepublik in unerträglicher Verzettelung betrieben werde. Selbst die Max-Planck-Gesellschaft habe an diesem Übelstand praktisch nichts zu ändern vermocht. Daß an den Universitäten und Instituten unabhängig und aus individueller Initiative der Gelehrten geforscht wird, sei durchaus kein Schaden; doch sei nicht zu verkennen, daß es dadurch auch zu Leerlauf und unergiebiger, Kräfte und Mittel verschwendender Doppelarbeit komme.

Ich dachte über die Geschichte der wissenschaftlichen Forschung nach. Im 18. Jahrhundert wurde, zum Teil wegen des Ungenügens der Forschungsarbeit an den Universitäten, nach Wegen gesucht, den Forschern ergiebigere Arbeitsmöglichkeiten zu schaffen. Ich erinnerte mich der Rolle, die in der Geschichte der Forschung die Royal Society in London gespielt hatte und noch immer spielte; an die Akademie der Wissenschaften, die Katharina die Große in Petersburg schuf; ich dachte an das Collège de France und hatte das Beispiel der Sowjetischen Akademie der Wissenschaften vor Augen, mit deren Hilfe die UdSSR den durch die Wirren der Revolution eingetretenen Rückstand seiner wissenschaftlichen Bemühungen hatte aufholen können. Sollte man nicht einen Versuch unternehmen, in der freien Welt dasselbe zu tun, was einige Fürsten der Aufklärungszeit und was die Sowjetunion getan hatten? Ich dachte dabei nicht an eine nationale Institution, sondern an eine »Akademie der Wissenschaften der freien Welt«, in deren Instituten alle Forscher, die sich an schwierige Aufgaben der Grundlagenforschung wagen, sollten arbeiten können, ohne durch außerwissenschaftliche Zwänge behindert zu werden. Diese Akademie sollte keine wissenschaftliche Kommandozentrale sein, denn Forschung kann man nicht kommandieren; doch kann wissenschaftliche Forschung koordiniert und harmonisiert werden, etwa in Akademien, in denen schöpferische Wissenschaftler in genossenschaftlich-kollegialem Verband aus eigenen Impulsen und nicht als Hilfsorgane der Regierungen die Problemstellungen klären, die verfügbaren Mittel und Möglichkeiten feststellen und koordinieren sowie die Forschungswege erkunden. Sache der Regierungen und deren technischer Institutionen wäre es dann, die Resultate dieser Tätigkeit »in die Serie zu bringen«. So könnte sich ein lebendiger und lebenspendender Austausch zwischen den Realitäten der Politik und den Visionen und Funden des schöpferischen Geistes vollziehen. Ich veröffentlichte darüber am 21. August 1962 einen Artikel, den ich mit den Worten abschloß: »Ich scheue den Vorwurf der Utopie nicht. Was anders ist Utopie denn als die Erkenntnis, daß die Welt, wie sie heute ist, nicht so ist, wie sie aufgrund unserer Erkenntnisse und Möglichkeiten sein könnte; daß wir aber mit diesen Erkenntnissen und Möglichkeiten sie ein Stück weiterzubringen vermögen, wenn wir den Mut haben, diese Möglichkeiten zu verwirklichen.« Dieser

Artikel wurde in einigen Zeitungen gedruckt. Offizielle Stellen nahmen keine Kenntnis davon. Einige Briefe von Gelehrten und von wissenschaftlich interessierten Lesern waren alles, was er auslöste.

»Affären«

In jenen Tagen passierte mir zu Hause etwas Merkwürdiges: Nach einem Telefongespräch vernahm ich in der Leitung eine Männerstimme, die feststellte, daß »an dem Band irgend etwas nicht stimmt«, und eine zweite Stimme, die antwortete, da müsse man die Technik holen, damit die nach dem Rechten sehe . . . Mir schien klar, daß die Sprecher zu einer Abhörstelle gehörten, und ich fragte mich, zu welchem Zweck gerade ich abgehört wurde und wer sich wohl diese Mühe geben mochte. Auf meine Anfrage beim Postministerium wurde mir mitgeteilt: Wenn meine Leitung angezapft wäre, würde das Ministerium dies wissen. Nachforschungen hätten ergeben, daß mein Anschluß nicht abgehört werde . . . Doch von wo kamen dann die Stimmen? Zwei Jahre zuvor war ein von mir an den damals in London lebenden georgischen Schriftsteller Alexander Tscheischwili gerichtetes Schreiben von einer alliierten Dienststelle geöffnet worden, die es dem Bundesamt für Verfassungsschutz in Frankfurt zur Verfügung stellte und den Wortlaut dem hessischen Verfassungsschutzamt mitteilte. Der Verfassungsschutz hielt es nicht für nötig, mich zu unterrichten. Im November 1963 befaßte sich der Bundestag mit der Angelegenheit. Es ist vielleicht gut, diese nicht bedeutsame Sache zu erwähnen, denn sie zeigt, daß in jenen Jahren selbst ein Mann, dem niemand irgendeine Art von Subversivität oder landesverräterischer Gesinnung auch nur andichten konnte, unter Überwachung stand und für verdächtig gehalten wurde, gegen die Interessen der Bundesrepublik zu handeln. In sehr viel größerem Umfang kam dies im Oktober des gleichen Jahres ans Tageslicht durch die sogenannte »Spiegel«-Affäre, in der sogar der Bundeskanzler nicht zögerte, unbescholtene Männer des schweren Landesverrats für schuldig zu halten.

Die Sache war grotesk. Alles deutete darauf hin, daß der Verteidi-

gungsminister Franz Josef Strauß eine Nachricht aufgriff, deren
Unsinn jedem Unbefangenen klar sein mußte, und es für seine
Amtspflicht hielt, das Nachrichtenmagazin »Der Spiegel« als eine
Gefahr für die Sicherheit der Bundesrepublik entlarven zu lassen.
Noch schlimmer fand ich, daß Konrad Adenauer im Bundestag
erklärte, der inkriminierte »Spiegel«-Artikel stelle einen »Abgrund
von Landesverrat« dar . . . Es wurde sogar vermutet, daß nicht so
sehr Franz Josef Strauß der Initiator des gegen Rudolf Augstein und
seine Redakteure eingeleiteten Ermittlungsverfahrens war, sondern
daß der Bundeskanzler damit auch die SPD treffen wollte, denn es
hieß, bei der Durchsuchung der »Spiegel«-Redaktion habe man das
Protokoll einer vertraulichen Sitzung des Verteidigungsausschusses
gefunden, das der SPD-Abgeordnete Jahn dem »Spiegel«-Redakteur
Hans Schmelz zugespielt habe. Die Sache ging aus wie das Hornber-
ger Schießen. Innenminister Hermann Höcherl erklärte im Bundestag, die Aktion gegen den verhafteten »Spiegel«-Redakteur Conrad
Ahlers habe »ein wenig außerhalb der Legalität« stattgefunden . . . In
dieser Sache ist mit der Freiheit und der Ehre unbescholtener
Menschen höchst leichtfertig umgegangen worden.

Der Abgeordnete Wolfgang Döring von der FDP, die ja der
Regierung angehörte, hielt im Bundestag eine mutige Rede für die
beschuldigten »Landesverräter«; sein Parteifreund Justizminister
Stammberger sprach von Rücktritt, weil er von der Aktion nicht
unterrichtet worden sei. Die FDP verlangte den Rücktritt des
Verteidigungsministers. Franz Josef Strauß weigerte sich zunächst.
Am 19. November 1962 zerbrach die Koalition.

Verhandlungen über eine Große Koalition

Führende Mitglieder der CDU/CSU-Fraktion begannen das
Gespräch mit den Sozialdemokraten zu suchen, vor allem mit
Herbert Wehner. Sie wollten auf alle Fälle die Kanzlerschaft Konrad
Adenauers retten, die durch den Zwist mit der FDP gefährdet war.
Die Regierung werde ein Wahlgesetz vorlegen, das ein Mehrheits-
wahlrecht englischen Stils vorsehe, das die FDP aus dem Bundestag

fegen werde. Damit wäre der CDU/CSU die Mehrheit im Bundestag auf Jahre hinaus sicher gewesen. Herbert Wehner besprach sich mit Erich Ollenhauer, Willy Brandt und Fritz Erler. Am 26. November beauftragte Adenauer den CSU-Abgeordneten Freiherrn von Guttenberg, der Fraktion der Sozialdemokraten mitzuteilen, daß er bereit sei, in Koalitionsverhandlungen mit der SPD einzutreten. Die SPD bildete eine Verhandlungskommission.

Dem Bundeskanzler kam es offenbar in erster Linie darauf an, durch die Verhandlungen mit den Sozialdemokraten Druck auf die FDP auszuüben; er nahm an, sie würde aus verschiedensten – auch personellen – Gründen wünschen, weiterhin an der Regierung beteiligt zu bleiben. Er glaubte ferner, damit rechnen zu können, daß im Falle einer Koalitionsabsprache zwischen Sozialdemokraten und Freien Demokraten ein Teil der SPD-Fraktion sich weigern würde, mit der FDP zusammenzugehen.

In der SPD-Fraktion war es einigen der führenden Leute mit den Verhandlungen zur Bildung einer Koalition zwischen SPD und CDU durchaus ernst: Herbert Wehner und Fritz Erler und wohl auch Erich Ollenhauer gehörten zu ihnen. Allein die Tatsache, daß die Kanzlerpartei Verhandlungen mit den Sozialdemokraten suchte, müsse der Öffentlichkeit die SPD als ministrabel erscheinen lassen, war zu hören; dies sei der erste Schritt, um aus der Ecke des zu ewiger Opposition verurteilten Querulanten herauszukommen. Eine Gruppe vor allem jüngerer Abgeordneter hatte zwar keinen entscheidenden Einwand gegen Verhandlungen mit der CDU, meinte aber, die leiseste Andeutung, daß die Sozialdemokraten auch unter einem Kanzler Adenauer in die Regierung gehen würden, werde der Glaubwürdigkeit der Partei einen tödlichen Schlag versetzen. Sprecher dieser Gruppe war in erster Linie der Fraktionsgeschäftsführer Dr. Karl Mommer.

Fritz Erler hat sich in jenen Tagen in seinen Bemühungen, die Verhandlungen zu einem guten Ende zu führen, ebenso aufgerieben wie auf der anderen Seite die Abgeordneten Paul Lücke und Karl Theodor Freiherr von Guttenberg. Die SPD-Fraktion befand sich in einem hektischen Zustand: Immer wieder trat sie zusammen, um sich über den Fortgang der Verhandlungen Bericht erstatten zu lassen und der Konzessionsbereitschaft der Verhandlungskommission Grenzen zu ziehen – keinesfalls dürfe man sich auf das von der CDU für die Bundestagswahl 1965 gewünschte Mehrheitswahlrecht festlegen lassen! Konrad Adenauer, der die Einstellung der Mehrheit der Sozialdemokraten zu dieser Frage kannte, scheint sich auf diese Forderung weniger kapriziert zu haben als auf die Sicherung seiner Kanzlerschaft.

Während der Verhandlungen hatte Fritz Erler – aufgrund älterer Projekte – den Entwurf eines sozialdemokratischen Beitrags für eine mögliche Regierungserklärung der in Aussicht stehenden Großen Koalition ausgearbeitet, der Gegenstand der Koalitionsvereinbarung werden sollte. Sein wichtigster Bestandteil war ein Sozialprogramm; er enthielt aber auch die Kernpunkte der auf dem Kölner Parteitag diskutierten Vorstellungen der SPD über ein Notstandsrecht. Dieses habe die Aufgabe, Vorsorge für die Festigung der demokratischen Grundordnung der Bundesrepublik zu treffen, die kontinuierliche Weiterentwicklung des freiheitlichen Rechtsstaates zu sichern und ihn gegen Gefahren von innen und außen zu schützen. Besonderen Wert legte Erler auf eine Vereinbarung, daß während der gemeinsamen Regierungszeit alle Fragen, die nicht in das gemeinsame Aktionsprogramm aufgenommen werden, vor allem die Kulturpolitik, aus den tagespolitischen Auseinandersetzungen herauszuhalten seien. In die Koalitionsvereinbarungen sollten vor allem einbezogen werden: die Gewährleistung des Arbeitsfriedens, die Stabilisierung des Preisniveaus, die Erhaltung der Kaufkraft unserer Währung und die Stärkung der Exportfähigkeit der deutschen Wirtschaft. Die Einfügung der Forderung Adenauers, daß »die Arbeitsmoral gehoben werden müsse«, wurde in den Erlerschen Entwurf nicht aufgenommen. Dagegen stand darin, daß die verfassungsmäßig garantierte Koalitionsfreiheit nicht angetastet und die Tarifautonomie die Grundlage für die Ordnung des Arbeitslebens bleiben werde. Die Steuergesetzgebung solle zu einer gerechten Verteilung der Lasten beitragen: Neu entstehendes produktives Vermögen solle in gerechterer Weise als bisher der Vermögensbildung möglichst vieler Staatsbürger zugute kommen. Die Sozialpolitiker der Fraktion fügten eine Reihe von Forderungen hinzu, die nach sozialdemokratischen Vorstellungen in einem freiheitlichen Sozialstaat verwirklicht werden müßten.

Die Fraktionsmitglieder wußten von den Einzelheiten dieser Vorgänge nicht viel Genaues und legten die Fraktionsbeschlüsse auf ihre Weise aus. So ist es zu verstehen, daß der Pressesprecher der Partei, Franz Barsig, dem Beschluß der Fraktion über die Voraussetzungen für die Fortsetzung der Verhandlungen eine »harte« Interpretation gab, die dahin verstanden wurde, die Fraktion stelle sich gegen eine weitere Kanzlerschaft Adenauers. Fritz Erler bemühte sich, den durch diese Erklärung entstandenen Eindruck abzuschwächen: Der Fraktionsbeschluß besage lediglich, daß die personellen Fragen im Zusammenhang mit den Sachfragen geregelt werden müßten. Erich Ollenhauer schrieb dem Bundeskanzler, die von Barsig abgegebene Erklärung sei keine korrekte Interpretation des Fraktionsbeschlusses; er, Ollenhauer, sei bereit, dem Kanzler die Tragweite des Beschlusses zu erläutern.

Konrad Adenauer reagierte so heftig, daß Erich Ollenhauer zu zweifeln begann, ob es noch Sinn habe, die Verhandlungen mit der CDU fortzuführen. Doch die Fraktion beriet weiter und legte Wert darauf, die Verhandlungen nur von der von ihr bestellten Verhandlungskommission weiterführen zu lassen, zu der nun auch der als Gegner der Großen Koalition hervorgetretene Karl Mommer gehörte. Adenauer jedoch wollte nur mit Ollenhauer, Wehner und Erler verhandeln.

Am 7. Dezember beschloß die CDU-Fraktion, auf die Fortführung der Verhandlungen mit den Sozialdemokraten zu verzichten, angeblich weil diese entgegen früheren Zusagen nicht bereit seien, einer Änderung des Wahlrechts zuzustimmen – in Wirklichkeit, weil es Adenauer in der Zwischenzeit gelungen war, die FDP zur Abschwächung ihrer ursprünglichen Forderungen zu bewegen und sich mit ihr auf neuen Grundlagen zu einigen. Die Sozialdemokraten ließen ihrerseits verlauten, die Verhandlungen seien an der Weigerung der CDU gescheitert, über die Frage einer Kanzlerschaft Adenauers auch nur zu sprechen, sowie an der CDU-Erklärung, in weitere Verhandlungen erst nach vorheriger Zustimmung der Sozialdemokraten zu einer Wahlrechtsänderung schon für 1965 eintreten zu wollen. Nach

Meinung der Sozialdemokraten könne darüber nur ein Bundestag beschließen, bei dessen Wahl die Wahlrechtsfrage Thema des Wahlkampfes gewesen war.

Konrad Adenauer erneuerte sein Bündnis mit der FDP. Er versprach aufs neue, im Laufe des Jahres 1963 als Bundeskanzler zurückzutreten. Franz Josef Strauß schied aus der Regierung aus. Außerdem fehlten auf der Kabinettsliste die Namen Ernst Lemmer und Dr. Siegfried Balke. Adenauer hatte sich nicht die Mühe gemacht, sie zu sich zu bitten und ihnen die Gründe darzulegen, aus denen es nicht möglich gewesen sei, sie in die neue Regierung aufzunehmen. Ich fand vor allem die Art, wie Minister Lemmer ausgebootet wurde, unglaublich. Dieser Mann war Mitbegründer der CDU der Sowjetzone und jahrelang Minister für gesamtdeutsche Fragen gewesen; seine Treue zu Deutschland hatte ihm schwere Opfer abverlangt; als einziger Bundesminister hatte er in Berlin seinen Dienstsitz genommen. Den Bewohnern der DDR galt er als Bürge dafür, daß die Wiedervereinigung auf der Tagesordnung blieb. Daß man aus Gründen der Sitzverteilung im Kabinett und der Befriedigung der Wünsche des Koalitionspartners auf einen solchen Mann verzichtete, war mir unerklärlich. Politik ist eine harte Sache: Wer die Verantwortung für den Staat trägt, muß über manche menschlichen Rücksichten hinwegschreiten können; doch Härte braucht Menschlichkeit nicht auszuschließen. Kein Staat, vor allem keine Demokratie kann bestehen, wenn die Mächtigen im Verkehr untereinander das Menschliche mißachten.

Waren die Koalitionsverhandlungen zwischen CDU/CSU und SPD auch gescheitert, so hatten sie doch einen Prozeß ausgelöst, der einige Jahre später die Große Koalition und nach dieser die Regierung unter Führung Willy Brandts möglich machte. Durch die Bereitschaft eines Mannes wie Konrad Adenauer, mit den Sozialdemokraten über ihren Eintritt in die Regierung zu verhandeln, war von der CDU das Dogma aufgegeben worden, die SPD sei kein möglicher Regierungspartner, weil ihre Beteiligung an einer Bundesregierung, wie Adenauer es einst ausgedrückt hatte, den Untergang Deutschlands bedeuten würde. Nunmehr konnten auch ängstliche Wähler einem Sozialdemokraten die Chance geben, Bundeskanzler zu werden.

Die Reise nach Senegal

Im September 1962 lud Léopold Senghor, der Präsident der Republik Senegal, mich zu einem Kolloquium nach Dakar ein, auf dem Probleme der Entwicklungspolitik, vor allem aber die Frage des substantiellen Charakters und der Methoden eines »afrikanischen Sozialismus« diskutiert werden sollten. Ich kannte Senghor seit langem, war er doch als Abgeordneter der Französischen Nationalversammlung jahrelang in den Bänken der Beratenden Versammlung des Europarates in Straßburg mein unmittelbarer Nachbar gewesen. Wir hatten uns wechselseitig als Bewunderer des Begründers der morphologischen Kulturgeschichte Afrikas, Leo Frobenius, erkannt, den Senghor als den Entdecker einer spezifisch afrikanischen Kultur verehrte. Ihm verdankte Senghor den Leitbegriff seines politischen Wirkens: *»La Négritude«.*

In Senghors Einladung hieß es, bei dieser Zusammenkunft von etwa zwanzig »Chefs« afrikanischer Staaten mit europäischen Politikern und Wissenschaftlern gehe es um zweierlei: Die Europäer sollten erfahren, wie sich die Afrikaner nach Gewinnung ihrer Souveränität die politischen und gesellschaftlichen Ordnungen ihrer Staaten und einer – späteren – afrikanischen Staatengemeinschaft vorstellen; die europäischen Gäste sollten den afrikanischen Politikern über Erfahrungen berichten, die sie bei dem Versuch hatten machen können, der heutigen Zeit gemäßere, menschlichere Gesellschaftsordnungen zu schaffen. Außer mir nahm von deutscher Seite mein Freund Dr. Heinrich Deist, Wirtschaftsexperte der SPD-Fraktion, an dem Kolloquium teil, das vom 3. bis 8. Dezember 1962 dauerte. Die stärksten Kontingente an Teilnehmern aus europäischen Staaten stellten die Franzosen und die Italiener. Auf afrikanischer Seite waren 19 Staaten vertreten.

Unser erster Besuch galt Staatspräsident Senghor. Wir staunten über das militärische Gepränge, das seine Residenz, einst Sitz des französischen Gouverneurs, umgab. Auf den Stufen der Freitreppe präsentierten stattlich anzusehende Spahis in purpurfarbenen Burnussen bewimpelte Lanzen. Auf ein Cl"
 is wrong.

eine Tür, schloß sie hinter sich, verweilte einige Sekunden, öffnete die Tür von innen und verkündete: *»Excellences, Son Excellence, le Président, vous attend . . .«* Man muß das gesehen haben, wenn man einen wichtigen Aspekt des politischen und protokollarischen Stils verstehen will, den die Repräsentanten der nachkolonialen Souveränität schwarzafrikanischer Staaten pflegen.

Der Präsident empfing uns mit großer Herzlichkeit. Wir tauschten Straßburger Erinnerungen aus und sprachen wieder über *»Négritude«* und Frobenius. Als ich ihn fragte, wie es komme, daß ein Mann wie er, ein »intellectuel« und »homme de lettres«, dazu ein Sozialist, vor seiner Residenz diesen militärischen Paradezirkus entfalten lasse, wie dies wohl in den Zeiten der kolonialen Zwangsherrschaft der Gouverneur gehalten habe, gab er mir zur Antwort: »Gerade das ist es doch! Wenn ich als Präsident des frei gewordenen Senegal nicht ebenso herrschaftlich residiere wie einst der französische Gouverneur, wären viele meiner Mitbürger der Meinung, ich sei nicht ganz so ›souverän‹, wie dieser es einst war, und damit sei es auch der Staat nicht, den ich repräsentiere. Auch der homme de lettres darf nicht vergessen, daß er sich aus Staatsgründen mit gewissen Bräuchen einverstanden erklären muß, über die er sich als Philosoph gern lustig macht . . .« Das erinnerte mich an Antworten, die ich auf ähnliche Fragen in Moskau erhalten hatte.

Die afrikanischen Teilnehmer am Kolloquium im Sitzungssaal der Nationalversammlung hatten fast alle an europäischen oder amerikanischen Universitäten studiert. Ihr Wissen von den Dingen des Staates und den Gegebenheiten moderner Wirtschaftsführung schien mir reichlich abstrakt zu sein und demgemäß groß ihre Bereitschaft, gelehrsames Wunschdenken für wissenschaftliche Erkenntnis zu halten. Einige waren durchaus imstande, die Grenzen zu erkennen, die schlichte Realitäten sachlicher und personeller sowie politischer Art um die Wunschwelt vieler ihrer Landsleute zogen. Ich wurde mir bewußt, daß in diesem Raum eine neue Welt sich in den Sprachen des alten Europas ihrer Besonderheit und ihres neuen Ranges innerhalb des Flechtwerks des Weltgeschehens zu erkennen begann – eine Welt, deren Dynamik dem Gefüge der Machtverhältnisse auf unserem Planeten eine andere Gestalt und neue Gesetze geben wird.

Von den Europäern in dieser Runde ergriffen die Franzosen am häufigsten das Wort. Ihre Delegation war die größte; man fühlte sich durch das Thema des Kolloquiums wohl auch am meisten betroffen, sowohl als Angehöriger der einstigen Kolonialmacht und darum als Experte besonderer Art, wie auch als Lehrer oder Abkömmling der Lehrer jener hier versammelten afrikanischen Staatengründer, die den seelischen Rohstoff ihrer Völker zu formen unternommen hatten, und die, aus der Naturgeborgenheit der Stammes- und Sippenwelt herausgerissen und in die nationale Kunstwelt moderner Staatlichkeit entführt, ein ihnen gemäßes Denkbild suchten.

Unsere Ratschläge und Darlegungen des Möglichen und Notwendigen waren anderer Art als jene, die unsere französischen Kollegen den Gastgebern gaben; auch in diesem Saal und angesichts dieser Aufgabe zeigte es sich, daß französische Sozialisten und deutsche Sozialdemokraten nur noch im Formalen ihres Vokabulars dieselbe Sprache sprachen. Die Vorstellungen und Visionen unserer gewiß liebenswerten französischen Freunde schienen wie die gedachte Welt des Descartes gegen Trübungen durch die Irrationalität der Geschichte immun zu sein. Wir werden ihnen als hoffnungslose Pragmatiker vorgekommen sein, deren Erdenschwere kein Anhauch des die Gravitation »lüftenden« Geistes aufheben kann, der vom Zeichentisch des großen Architekten des Universums aufsteigt.

Das gleiche galt für das Auftreten der Italiener, während die Gedanken der Briten eher den unseren glichen, ebenso die der Israelis, die von der harten Erde des Gelobten Landes belehrt worden waren, daß zupackender und geduldiger, der Gesetze der Schwerkraft und der Trägheit der Materie kundiger Wille, die Forderung des Tages zu erfüllen, eher Berge zu versetzen vermag als Meditationen über das Schöne und Gute.

Es mag von Interesse sein, wie damals – 1962 – die maßgebenden Persönlichkeiten Schwarzafrikas die Zukunft sahen. Der Leser wird feststellen können, wie sich auch in Afrika das Bewußtsein vom Möglichen und Notwendigen inzwischen verändert hat, und wie die Staatsmänner und Volksführer jenes Kontinents ihre Möglichkeiten beurteilen, sich den Staaten der Alten und der alten Neuen Welt gegenüber durchsetzen zu können. Es wird keinen Sinn haben, bei der Betrachtung des Weiterschreitens von gestern zu heute mit einem »Ach, hätten wir doch . . .« zu reagieren. Man kann Sätze über Geschichte und Politik nicht im Konjunktiv konjugieren; es kommt darauf an festzustellen, was ist, und wohl auch festzustellen, was war. Aus den Ergebnissen unseres Verhaltens gegenüber dem, was war, können wir lernen, was gegenüber dem, was ist, nicht getan werden sollte.

Der Vertreter Senegals wies darauf hin, daß extrem moderne Maßnahmen den sozialen Gegebenheiten Afrikas nicht entsprechen und daher eher negativ wirken. Der Delegierte der Republik Mali war der andere Warner: Die nationale Begeisterung dürfe sich nicht auf Nationalfeiertage und Staatsbesuche beschränken. Es gelte, gegen eine Entwicklung zu kämpfen, die jetzt schon zu einem bedenklichen Anwachsen einer sich schrankenlos bereichernden Funktionärsschicht geführt habe. Keiner der afrikanischen Hauptdelegierten bekannte sich eindeutig zum Marxismus. Die Ausführungen eines Marxisten aus der Tschechoslowakei und des italienischen orthodoxen Marxisten Lelio Basso fanden keine Zustimmung. Als handfester Kommunist erwies sich nur der Sprecher des »Bundes der Studenten Schwarzafrikas in Frankreich«, dessen allzu selbstbewußte Äußerungen von den Afrikanern indessen ebenfalls mit wenig Sympathie aufgenommen wurden.

Es war nicht zu übersehen, daß sich die französisch erzogenen und die englisch geprägten Afrikaner in ihren Vorstellungen und in ihrer Haltung durchaus unterschieden. Die frankophonen Afrikaner ließen erkennen, daß sie in einer Welt heranwuchsen, zu deren charakteristischen Merkmalen die Hochschätzung des abstrakten Denkens gehört; während bei den anglophonen Afrikanern der Pragmatismus des British way of life sein Recht fand. Den jeden Bezug auf Praktikabilität außer acht lassenden, sich in Artikulierung der Besonderheiten des »afrikanischen humanistischen Sozialismus« ergehenden Vorstellungen eines Senegalesen stellte ein Vertreter Nigerias einen Katalog von Maßnahmen gegenüber, ohne die es auf die Dauer nicht möglich sein werde, die Zukunft Afrikas durch die Afrikaner selbst zu gestalten. Die Schlußfolgerungen seiner Analysen lauteten: Jedes afrikanische Land sollte ein eigenes Entwicklungsmuster auf-

stellen, das mit seinen menschlichen Reserven und materiellen
Hilfsquellen vereinbar sein müsse; Rhythmus und Art der Entwicklung sollten nicht durch übertriebene Einwirkung von außen beein-
flußt werden. Jedem afrikanischen Land stehe es frei, sich den Rat
ausländischer Experten zu sichern; doch dürften sich diese nicht in
die politischen und kulturellen Angelegenheiten des Staates einmischen. Der Entwicklung komme eine so vitale Bedeutung zu, daß
kein afrikanischer Staat sich durch Beteiligung am Kalten Krieg von
der Erfüllung dieser Aufgabe abhalten lassen dürfe; die vorteilhafteste
Außenpolitik sei daher die des »non-alinement«. Jeder afrikanische
Staat müsse frei sein, mit seinen Nachbarn und jedem anderen Land
der Welt Handel zu treiben. Alle afrikanischen Staaten sollten eine
allgemeine Politik der Zusammenarbeit untereinander betreiben, die
unter Respektierung der Persönlichkeit und Unabhängigkeit jedes
Staates den ersten Schritt zur Verwirklichung der afrikanischen
Einheit darstelle.

Ich hatte das Glück, durch eine Empfehlung Senghors den ältesten
Marabut des Landes kennenlernen zu können, der mit seinen
Kindern, Enkeln und Urenkeln in der sorgenden Hut seiner viel
jüngeren Frauen als fast Neunzigjähriger in geistiger Frische das
Dasein einer islamischen Respektsperson führte. Der Mann wurde,
wie er mir in vorzüglichem Französisch erzählte, in einer Rundhütte
»dans la brousse« an dem Tag geboren, an dem sein Vater im letzten
Gefecht gegen die französische Kolonialarmee fiel. Deshalb könne er
auch ohne Standesregister sein Alter genau bestimmen. Es kamen
viele Besucher, die ihn um Rat fragten und ihm Geschenke brachten;
zu den Gebetszeiten breiteten fromme Moslems vor seinem Hause
ihre Gebetsteppiche aus, um ihr Gebet in der Nähe des Heiligen zu
verrichten. Ich hatte nicht den Eindruck, als verstünde der Marabut
sich selbst als ein Heiliger, jedenfalls nicht im Sinne unseres europäischen Begriffs von Heiligkeit. Ich sah in ihm den Patriarchen, einen
Mann, der wußte, von wo er herkommt und wohin die Reise gehen
wird, und der darum die Freuden des Lebens genießt und den
Menschen die Tröstungen spendet, die sie brauchen, und die Ratschläge gibt, die ihnen helfen können – einen Mann, der sicher war,

daß Allah ihm dereinst einen guten Platz im Paradies geben wird, wie es der Koran den Gläubigen und Gerechten verheißt. Er hätte gewiß nicht verstanden, daß man sich kasteien müsse, um sich der ewigen Seligkeit würdig zu erweisen. Um diesen alten Mann war eine beständige Heiterkeit, die mit den Unbilden der Welt versöhnte, die Heiterkeit des Weisen, der beim Überschreiten der vielen Schwellen, über die ihn der Wandel der Zeiten zu gehen zwang, erfahren hatte, daß hinter jeder nichts anderes anzutreffen ist als eine weitere Figur der eigenen Lebenslinie, deren Ablauf von Anfang an bestimmt war durch das Gesetz, nach dem wir angetreten sind. Der Marabut lud mich zu »Reis und Fisch« und schickte mir auch an jedem folgenden Abend eine schwere Kupferplatte mit Reis und Fisch ins Hotel, denn ich sei sein Gastfreund, und einen Gastfreund dürfe man nicht hungern lassen, auch wenn er außerhalb des Hauses weile ... Dieser Mann vermittelte mir während meines ersten und einzigen Besuches in Schwarzafrika das tiefste Erlebnis.

»Das Gewölk ist lichter geworden«

Seit 1945 hatte ich an jedem Jahreswechsel die Bilanz der politischen Ereignisse des zu Ende gehenden Jahres gezogen. Zunächst erschien es mir nicht sinnvoll, mitten im Fluß der Ereignisse die Betrachtung auf den Gang der Dinge nur des Kalenderjahrs zu beschränken, wo doch die Ursachen dessen, was in jenen zwölf Monaten geschah, schon lange vor dem jeweiligen Neujahrstag in Gang gesetzt worden waren, und die Bedeutung der Ereignisse des laufenden Jahres wohl erst nach dessen Ablauf einigermaßen zuverlässig zu erkennen sein wird. Doch ich verwarf meine Zweifel. Auch der Kaufmann zieht Bilanz nicht für die Zeit zwischen Beginn und Abschluß seiner einzelnen wirtschaftlichen Operationen, sondern zum Jahresende, mag für die Zeit danach kommen, was will, und mögen schon vor Beginn des Bilanzjahres die Ursachen für Erfolg oder Mißerfolg gesetzt gewesen sein. Wenn auch das Kalenderjahr nicht das Jahr der Geschichte ist, so hat es doch im Ablauf der geschichtlichen Zeit eine der Würde des Kirchenjahres vergleichbare spezifische, periodisie-

rende Kraft, sowohl für das Leben der Individuen als auch für die
Geschicke des Staates.

Die Betrachtung zum Jahresbeginn 1963 stellte ich unter das Motto
»Das Gewölk ist lichter geworden«. Das Jahr habe der Berlin-Krise
wegen böse begonnen, und die Sorgen seien durch die kubanischen
Ereignisse gesteigert worden. Die Welt habe gezittert: Wird es Krieg
geben? Doch Präsident Kennedy habe mit dem Wissen um das Risiko
beider möglichen Alternativen die Lage geklärt; die durch sowjetische
Flüsterpropaganda, die Amerikaner würden um Europas willen kein
Risiko auf sich nehmen, eingetretene Verunsicherung der Menschen
sei geschwunden; das Gewölk über Berlin habe sich gelichtet, trotz
der Drohungen Chruschtschows, die Sowjetunion sei am Ende ihrer
Geduld angelangt. Kennedys Zusage, die Vereinigten Staaten seien
bereit, mit dem Gemeinsamen Markt eine aktive Partnerschaft
einzugehen, habe die Russen überzeugt, daß ein Versuch, Berlin vom
Westen abzuschließen, von der freien Welt mit weltweiten wirtschaftlichen Sanktionen beantwortet werden würde. Der Angriff Chinas
auf indisches Gebiet habe den Staaten der Dritten Welt gezeigt, daß
grundsätzlicher Neutralismus nicht genügt, um die Absichten beute-
lüsterner Nachbarn einzudämmen, und daß auch sie im großen
Weltkonflikt Partei ergreifen müßten. Meine Gespräche in Afrika,
schrieb ich, hätten mich davon überzeugt, daß die afrikanischen
Staaten sich zumindest nicht auf die sowjetische Seite schlagen
werden. Wir Deutschen brauchten darum nicht besorgt zu sein, wenn
unsere Angelegenheiten eines Tages vor die Gremien der Vereinten
Nationen kämen. Nur die Satelliten der Sowjetunion würden mit
dieser stimmen . . .

Ich berichte dies, um zu zeigen, wie man sich täuschen kann. Ich
hatte meine Eindrücke aus Dakar verabsolutiert, als müsse die
antisowjetische Haltung jener auf der Konferenz vertretenen afrikanischen Staaten für alle Zeiten konstant bleiben. Kaum anderthalb
Jahrzehnte später – die Zeitspanne einer politischen Generation –
standen sie im Ost-West-Konflikt fast alle im sowjetischen Lager!
Warum? Wegen des arabisch-israelischen Konflikts und wegen
Südafrikas; die Chinesen aber, die wir 1962 für die gefährlichsten
Feinde des Westens hielten, stehen nunmehr im Ost-West-Konflikt

fast immer auf der Seite des Westens gegen den Imperialismus der Sowjetunion ... Wer in der Politik Schlüsse vom heutigen Regen oder Sonnenschein auf die politische Wetterlage von morgen ziehen will, betritt schwankenden Boden.

Der Elysée-Vertrag

Zu Anfang des Jahres 1963 waren die bei den spektakulären Begegnungen General de Gaulles und Konrad Adenauers von den beiden Staatsmännern eingeleiteten Verhandlungen über den Abschluß eines deutsch-französischen Vertrages, in dem die endgültige Versöhnung beider so lange tragisch verfeindeten Völker und ihr Wille zu friedlicher und freundschaftlicher Zusammenarbeit ihren Ausdruck finden sollten, abgeschlossen. Am 22. Januar 1963 erfolgte die Unterzeichnung im Elysée-Palast zu Paris.

Man kann sich denken, wie glücklich ein Mann meiner Herkunft und Erziehung sein mußte, daß zwischen Frankreich und Deutschland ein Freundschaftsvertrag zustande kommen konnte – aber mich quälte gleich vielen anderen auch der Zweifel, ob dieser »Sonderbund« der zwei potentesten Mitglieder der EWG und der anderen europäischen Institutionen nicht zum Sprengsatz werden könnte, der den Verbund der heute in der Europäischen Wirtschaftsgemeinschaft zusammengeschlossenen Staaten in Stücke reißen wird. Wurde hier nicht der Versuch unternommen, die Föderation Europas hegemonial zu erzwingen, es dabei jedoch auf die einstigen Rheinbundstaaten zu beschränken? Die Niederlande, Belgien, Italien würden sich ein solches Europa nicht gefallen lassen; sie würden es für weniger bedenklich halten, sich der Freihandelszone anzuschließen. Diese Gedanken beschäftigten mich schon seit vorigem Herbst; als aber General de Gaulle am 14. Januar 1963 auf einer Pressekonferenz dezidiert erklärte, daß Frankreich sich dem Beitritt Großbritanniens zur EWG widersetzen werde, schien es mir geboten, auf Mittel zu sinnen, die verhindern konnten, daß der deutsch-französische Freundschaftsvertrag zu einem Instrument der Zerstörung oder auch nur Lähmung der Europäischen Gemeinschaften werden kann. Als das wirksamste Mittel erschien mir die Aufnahme eines geeigneten Vorbehalts in das vom Bundestag zu beschließende Ratifikationsgesetz. Mein Gedanke war, der Bundestag solle seine Zustimmung zu dem Vertrag und zu der gemeinsamen Erklärung beider Regierungen mit einer negativen und einer positiven Absichtserklärung verbinden, durch die eine Anwendung des Vertrages durch die Bundesregierung im Sinne der geschilderten Befürchtungen ausgeschlossen wurde: Dem Genehmigungsgesetz sollte eine Präambel vorgeschaltet werden, die zum Ausdruck bringen sollte, daß der Elysée-Vertrag an den Pflichten und Rechten nichts ändere, die sich aus den EWG- und NATO-Verträgen ergaben. Der Text der Präambel sollte aber auch zum Ausdruck bringen, daß der Deutsche Bundestag die durch den Vertrag angestrebte Zusammenarbeit der beiden Regierungen begrüßt und als einen Markstein auf dem Wege zu einem immer enger zusammenwachsenden Europa betrachtet.

Ich besprach Bedenken und Vorschläge mit meinen politischen Freunden, denen ähnliche Befürchtungen gekommen waren. Die Fraktion schien mit unseren Vorschlägen einverstanden zu sein, wenngleich einige ihrer Mitglieder entschiedene Gegner des Vertrages blieben; die einen, weil ihr Mißtrauen gegen Adenauers Absichten unausrottbar war, die anderen, weil sie nicht daran glaubten, daß die Präambel die Verwirklichung der politischen Absichten General de Gaulles, den sie für einen machiavellistischen Reaktionär hielten, verhindern könnte.

Die Fraktionsführung teilte der Regierung die Bedenken der SPD-Fraktion und deren Entschlossenheit mit, dem Ratifikationsgesetz nur zuzustimmen, wenn es Kautelen enthalte, die garantierten, daß die durch die Römischen Verträge eingeleitete Europapolitik fortgesetzt werden wird. Sie stieß bei Außenminister Dr. Schröder auf schärfsten Widerstand; doch zeigte es sich, daß Adenauers Interesse an einer möglichst einmütigen Annahme des Gesetzes durch die Fraktionen des Bundestages so groß war, daß er sich mit der Absicht, dem Ratifikationsgesetz eine Europa-Präambel voranzustellen, einverstanden erklärte. Wie er mir später sagte, tat er es ungern, denn er habe gefürchtet, General de Gaulle werde daraufhin die Intensität seiner politischen und wirtschaftlichen Zusammenarbeit mit der

Bundesrepublik, insbesondere in der Berlinfrage, einschränken; er habe schließlich jedoch darauf vertraut, daß der Vertrag kraft der vorgesehenen Institutionen die von ihm gehegten Hoffnungen erfüllen werde – worin er und die Befürworter der Präambel gleichermaßen recht behielten.

Das Hauptstück des Vertrages bildeten Prozeduren für die Koordinierung der Tätigkeit der beiden nationalen Regierungen auf allen Stufen der staatlichen Hierarchie und auf allen Gebieten, die durch die Vertragsbestimmungen erfaßt werden sollten. In beiden Ländern sollte je ein Koordinator für die Tätigkeit der Regierungsstellen eingesetzt werden, und darüber hinaus sollte ein deutsch-französisches Jugendwerk geschaffen werden, mit der Aufgabe, in der französischen und der deutschen Jugend den Geist der Achtung vor dem Nachbarn zu wecken und sie mit der Wirklichkeit des Nachbarlandes vertraut zu machen, indem man der Jugend beider Länder Gelegenheit gab, Land und Leute, Institutionen und gesellschaftliche Einrichtungen des anderen Landes kennenzulernen.

Allen Fraktionen war daran gelegen, eine Form für das Ratifikationsgesetz zu finden, die ihnen die Zustimmung erlauben konnte. Die Meinungsverschiedenheiten im Auswärtigen Ausschuß betrafen denn auch in keinem Fall den Inhalt des Vertrages selbst, sondern lediglich die jeweils beste Formulierung der Sätze, die eine Behinderung der europäischen Gemeinschaften und deren weiteren Ausbau zu einer politischen Gemeinschaft ausschließen sollten.

Die Bundesregierung nahm die Beschlüsse des Ausschusses in ihren Entwurf des Ratifikationsgesetzes auf, den sie dem Bundestag vorlegte. Als zweiter Berichterstatter des Auswärtigen Ausschusses erläuterte ich in zweiter und dritter Lesung die rechtlichen Wirkungen der Präambel, die die Unantastbarkeit der bisherigen europäischen Institutionen und Verträge verbriefe und die Bundesregierung zu aktiver Europapolitik verpflichte.

Alle Fraktionen stimmten dem Vertrag sowie der Präambel zu. Adenauer versicherte am Ende der Debatte, beim Abschluß des Vertrages habe niemals »jemand von uns daran gedacht, daß der deutsch-französische Vertrag die in der Präambel genannten Verträge beeinträchtigen könnte«. Der Vertrag wurde einschließlich der

Präambel mit einer Gegenstimme auf der Rechten und einigen Gegenstimmen auf der Linken sowie einigen Enthaltungen angenommen . . .

In einer Unterhaltung, die ich als Präsident der Versammlung der Westeuropäischen Union am Ende des Jahres mit General de Gaulle hatte, sprach er nicht nur den Engländern die Qualität ab, »europäisch« sein zu können, sondern bedauerte auch, daß der Bundestag jene Präambel beschlossen habe. Dadurch sei der ursprünglich gewollte Sinn des Vertrages zum Teil entscheidend beeinträchtigt worden.

Bedenken gegen die Beibehaltung der Hallstein-Doktrin

Ich hatte in den ersten Jahren der Bundesrepublik das Alleinvertretungsrecht der Bundesrepublik in den Angelegenheiten, die Deutschland als Ganzes betreffen, energisch mitvertreten, weil dadurch die Feststellung, es gebe Rechtens nur *ein* Deutschland, eine besondere Bekräftigung erfuhr. Doch in Anbetracht der Wandlungen, die sich in dem abgelaufenen Jahrzehnt in der Staatenwelt ereignet hatten, begann ich mich zu fragen, ob es jetzt noch Nutzen und nicht vielmehr nur Schaden bringe, an dieser Doktrin – die ja im Grunde nur eine Regel für die diplomatische Praxis aufstellte – festzuhalten. In Jugoslawien hatte ich erlebt, was es uns kostet, daß fremde Regierungen ihre Informationen über Deutschland vornehmlich durch die Kanäle der DDR erhalten. Es schien mir an der Zeit, die öffentliche Meinung auf diesen Sachverhalt hinzuweisen und im Kreis der politisch Verantwortlichen die Beibehaltung oder Aufgabe der Hallstein-Doktrin neu zu überdenken. In Finnland hatte ich erfahren, daß Staaten, die sich aus politischen Gründen die Vertretung durch reguläre Botschaften vorläufig versagen, sich zumeist – und mit Nutzen – mit der Einrichtung von Handelsmissionen beholfen haben. Wenn diese Praxis auch nicht dieselben Rechtsfolgen begründet wie der Austausch von Botschaftern, so macht sie doch politische Gespräche mit dem anderen Lande möglich, die weit über kommerzielle Kontakte hinausgehen können. Solange reguläre diplomatische

Beziehungen nicht möglich sind, werden Beziehungen dieser Art immer besser sein als das Vakuum totaler Abstinenz. Ich erinnerte an den Satz: Ein Staat kann zu seinen Nachbarn gute, er kann zu ihnen schlechte Beziehungen haben; was nicht geht, ist, gar keine Beziehungen zu ihnen zu haben.

In einer Reihe von Rundfunk- und Presseinterviews gab ich meine Auffassung darüber bekannt. In der Bundestagsdebatte über den Etat des Außenministers forderte ich, wir sollten resolut über den Schatten der Hallstein-Doktrin springen und versuchen, über Handelsmissionen, wie wir sie schon in Finnland und Polen unterhielten, allmählich normale diplomatische Beziehungen zu allen Ostblockstaaten aufzunehmen, die dazu bereit sind. Außerdem warnte ich davor, die diplomatischen Beziehungen zu den arabischen Staaten abzubrechen, auch wenn sie, wie es scheine, im Begriffe seien, die DDR diplomatisch anzuerkennen. Diese Betrachtungen trugen mir den Tadel mancher Redner der CDU/CSU und vor allem des Außenministers ein.

Präsident der Beratenden Versammlung der Westeuropäischen Union

Am 4. Juni 1963 wurde ich von der Versammlung der Westeuropäischen Union zum Präsidenten gewählt, ein Amt, das ich bis zu meiner Ernennung zum Bundesminister im Dezember 1966 in dreimaliger Wiederwahl beibehielt.

Über lange Zeiträume hatte die WEU neben dem Europarat in Straßburg, der Europäischen Wirtschaftsgemeinschaft in Brüssel und der Montanunion in Luxemburg ein Schattendasein geführt. Ich nahm mir vor, die Führungsgremien der parlamentarischen Versammlung der WEU zu überzeugen, daß die Arbeit aktiviert werden müsse. Mir schien wichtig, daß mehr als bisher, über die militärischen Probleme hinaus, die mit ihnen zusammenhängenden allgemeinpolitischen Gesichtspunkte in die Überlegungen der Versammlung einbezogen werden – jene Gesichtspunkte, die bislang vom Europarat in Straßburg als ihre ausschließliche Domäne betrachtet wurden. Ich bat die Regierungen der Mitgliedsstaaten, sich bei den Sitzungen der Versammlung nicht durch Beamte, sondern durch ihre Außenminister oder ihre Verteidigungsminister vertreten zu lassen, sowie das Sachwissen ihrer einschlägigen Ministerien für die Information des Plenums und seiner Ausschüsse zur Verfügung zu stellen.

Ich wollte mir Gewißheit darüber verschaffen, für wie wichtig der Ministerrat die Tätigkeit der Versammlung und die spezifischen Kompetenzen der anderen Organe der WEU hielt. Sah er in der Union nur eine Gemeinschaftseinrichtung für gelegentliche Besprechungen fachlich zuständiger Minister der Mitgliedsstaaten? Sollte die Versammlung sich damit begnügen müssen, die Politik der Regierungen zu kommentieren, oder sollte sie nicht auch eigene – möglicherweise den Regierungen widersprechende – Thesen über die zur Bewahrung der Sicherheit Europas am besten geeignete Verteidigungspolitik entwickeln und mit Vertretern der Regierungen diskutieren können?

Ich sprach hierüber mit dem Generalsekretär der WEU in London, einem belgischen Diplomaten – offenbar allerältester Schule –, der der Meinung war, daß neben der NATO und deren Ministerrat, und vor allem neben den Außenministerien der Mitgliedsstaaten eine WEU keinen rechten Sinn habe. Ihn zu einer höheren Einschätzung der Institution und seiner eigenen Kompetenzen zu veranlassen, wäre verlorene Liebesmüh gewesen, zumal ihm Organisationen, deren oberstes Organ zwar ein Ministerrat ist, deren politischer Schwerpunkt aber bei einer parlamentarischen Institution liegt, generell nicht recht geheuer vorkamen – ein Seelenzustand, den ich im Laufe der Zeit bei vielen Diplomaten alter Schule feststellen konnte, die mit parlamentsbezogenen internationalen Einrichtungen zu tun bekamen.

Die Wahrnehmung der laufenden Aufgaben des Ministerrats der WEU hatten die Regierungen durchweg ihren diplomatischen Missionen in London, dem offiziellen Sitz der Union, übertragen. Die Botschafter widmeten sich ihren spezifischen WEU-Aufgaben mit unterschiedlichem Eifer, je nach Temperament und »europäischer« Einstellung zur Politik ihres Landes. Die meisten – das galt nicht von dem Botschafter der Bundesrepublik – schienen sich damit zu begnügen, Weisungen ihrer Minister zu befolgen; nur wenige fühlten sich berufen, die eigene Regierung unter WEU-Gesichtspunkten zu beraten. Ich habe nie erlebt, daß ein WEU-Botschafter in Gesprächen mit dem Präsidenten durchblicken ließ, aufgrund der in den Debatten der Versammlung geäußerten Argumente habe er sich entschlossen, etwas zur Änderung der Haltung seiner Regierung beizutragen.

Nachdem ich mir ein präzises Bild von den Möglichkeiten und Grenzen der mir anvertrauten Institution gemacht hatte, bat ich die Ministerpräsidenten der Mitgliedsstaaten, ihnen meine Vorstellungen über die WEU erläutern zu dürfen. Aus guten Gründen wollte ich diese Rundreise bei den kleineren Mitgliedsstaaten beginnen und mit einem Besuch bei General de Gaulle abschließen.

In Luxemburg, in Brüssel und Den Haag ergaben sich keine Schwierigkeiten. Die Regierungschefs und Außenminister der Regierungen stimmten mit meinen Vorschlägen überein, allerdings ohne mir Hoffnung machen zu können, daß sich die Praxis des Ministerrats in absehbarer Zeit ändern werde: Die gegenwärtige Konstruktion der WEU mache es praktisch unmöglich, daß auf Ministerebene etwas aus eigener Machtvollkommenheit des Rates geschieht. Solange der Ministerrat nicht das Recht habe, Entscheidungen aufgrund autonomer Mehrheitsbeschlüsse zu treffen, gebe es keine Möglichkeit für Beschlüsse, bei denen ausschließlich die Rücksicht auf das Gemeinschaftsinteresse Pate steht. Darum könnten Verhandlungen des Ministerrats nichts anderes sein als Spiegelungen politischer Standpunkte, die in den Hauptstädten der Mitgliedsstaaten von den dort ihrem Parlament gegenüber für die Politik ihres Landes Verantwortlichen formuliert wurden. Wem anders hätten sie sich bei dieser Konstruktion der Gemeinschaft denn verantwortlich fühlen sollen? Das individuelle Gewissen von Ministern ist in Kompetenzfragen keine Instanz.

In Den Haag wurde mir zu meiner Überraschung vom Hofmarschallamt mitgeteilt, daß Königin Juliana mich zu sehen wünsche. Ich war auf ein protokollarisches Höflichkeitsgespräch gefaßt, doch kam es der Königin offenbar darauf an, mit einem Deutschen, der diesen Besuch offiziell als europäischer Mandatsträger unternahm, einen Spaziergang durch das Dickicht der europäischen Politik zu machen. Besonders interessierte die Königin meine Bewertung des Elysée-

Vertrages. Daß das Parlament der Bundesrepublik von sich aus das Bedürfnis empfand, sich nach Möglichkeiten umzusehen, die eine Beeinträchtigung der bisher erreichten Stufe der europäischen und atlantischen Politik ausschließen, und die Regierung verpflichtet, eine aktive Europapolitik zu betreiben, beeindruckte sie sichtlich. Meinen Bericht über das politische Leben in Deutschland hörte sie aufmerksam an. Ich glaube mich nicht zu täuschen, wenn ich vermute, daß sie am Schicksal unseres Volkes mehr als nur politisches Interesse nahm, ohne freilich ihre Erbitterung darüber aufgegeben zu haben, daß die Wehrmacht ihr friedliches Land einst entgegen allen völkerrechtlichen Verpflichtungen des Deutschen Reiches überfallen und seine Königin zur Flucht aus dem Lande gezwungen hatte – ganz zu schweigen von ihrem Entsetzen über die Greueltaten, deren Opfer so viele ihrer Landeskinder wurden. Mag sich die Königin aufgrund der Verfassung in den Regierungsgeschäften noch so zurückhalten müssen, mir wurde bei diesem Gespräch deutlich, daß diese kluge und wohlinformierte Frau weit mehr als nur eine Respektsperson ist, die der Staat zu seiner Repräsentation zu brauchen glaubt. Zu ihrem politischen Verantwortungsbewußtsein gesellt sich ein mütterlicher Sinn, den das Volk spürt, das seiner Verehrung die Liebe hinzufügt.

Die Audienz in Rom bei dem allem Ideologischen gegenüber skeptischen Präsidenten der Italienischen Republik, Giuseppe Saragat, führte zu einem ausgedehnteren Rundgang durch die Politik dieser Zeit. Seine Worte ließen keinen Zweifel an seiner Bereitschaft aufkommen, im Geiste Alcide de Gasperis alles verfassungsmäßig Mögliche zu tun, um das Volk Italiens zu überzeugen, daß es sich lohne, alles auf sich zu nehmen, was der Weg nach Europa dem italienischen Staat an Mühewaltung abfordern könnte; doch was würde Italien mehr einzubringen vermögen als guten Willen? Bei dem alten »linken« Sozialisten Pietro Nenni fand ich den gleichen Geist und dieselbe Bereitschaft, aber auch die gleiche Skepsis. Er verschwieg nicht, für wie krank er sein Land hielt, wie anfällig es sei für allerlei Gebresten; Europa und die Demokratie werde es jedoch nie verraten.

Audienz bei de Gaulle

Mein Besuch beim Präsidenten der Französischen Republik im Elysée-Palast am 3. Dezember 1963 wurde von dem Zeremoniell begleitet, das man in Paris dem Präsidenten einer parlamentarischen europäischen Gemeinschaft schuldig zu sein glaubte. Ich kam mir dabei vor, als habe ich mich ins Unzeitgemäße verlaufen und sei, darin gefangen, im Begriff, selber ein Unzeitgemäßer zu werden. General de Gaulle empfing mich in einem kleinen Salon mit Schreibtisch und Sesseln aus der Zeit Louis XVI. Ich bemerkte zu Beginn, mein Besuch habe nur den Sinn, dem Präsidenten des Landes, das der Versammlung der Westeuropäischen Union in so generöser Weise Gastfreundschaft gewähre, zu danken und ihn des Respekts dieses Parlaments, einer bedeutsamen europäischen Institution, zu versichern. Er hakte sogleich ein: Was heiße schon »europäische Institution«? Wo denn sei dieses Europa? Bestenfalls liege es in den Gefilden eines von Griechen und Römern »imaginierten« und von den »lettrés« der Nationen des Kontinents ausgebauten Reiches des Geistes – *un jeu de l'esprit.* Er wisse indessen, daß jenes Parlament, dessen Präsident ich sei, hohe Achtung verdiene, weil es mit zu den Einrichtungen gehöre, die unseren Vaterländern erlauben, ihre wechselseitigen Beziehungen besser und enger zu gestalten und ihre nationalen Interessen so zu koordinieren, daß allen daraus Nutzen erwachse und zum Vorteil aller die Schäden vermieden werden können, die isoliertes Handeln eines Staates allzu oft schon dem friedlichen Nebeneinander von Nachbarn eingebracht habe.

Damit waren wir schon mitten im Thema. Ich bekam eine Vorlesung zu hören über die Kräfte, die das Geschick der Welt bestimmen. Die Schicksalsmächte der Geschichte seien die Nationen und die Staaten, in denen sie ihre politische Gestalt fanden und die Fähigkeit erwarben, ihrer selbst bewußt zu werden und zur Erhaltung ihrer Selbständigkeit und ihrer Handlungsfähigkeit geeignete Organe zu schaffen. Der aus eigener Kraft erwachsene Nationalstaat sei *»une finalité de l'histoire«* – ein Endzweck der Geschichte; die Nationalstaaten in einen Überstaat oder ein Überreich einzuschmelzen, bedeute den Untergang der schöpferischen Kräfte, in denen allein das Genie der Völker lebendig zu werden vermöge. Das Europa der politischen Schwarmgeister werde nie zustande kommen. Sollten sich Regierungen finden, die das Wagnis unternehmen, es ins Leben zu rufen, werde es sehr bald unter den Schwerthieben der Geschichte zerbrechen und nichts hinterlassen als ein schlimmes Chaos. Wenn es nicht von außen her zerschlagen wird, möge es noch eine gute Weile bestehen; die europäische Menschheit werde dann den Kältetod sterben.

Ich habe mir am Abend den Inhalt seiner Worte notiert; manches habe ich wörtlich im Sinn behalten; anderes, ohne den Sinn zu kränken, mit meinen Worten wiedergegeben – ein Konzentrat des von ihm Gemeinten, wie ich es verstanden zu haben glaube, und ich glaube, ihn so verstanden zu haben, wie er verstanden werden wollte.

Er beklagte, daß man in der Welt nicht begreife, daß er »der einzige verantwortliche Staatschef« sei, der praktische Vorschläge für eine europäische Union gemacht habe. Sein »Europa der Vaterländer«, der Nationalstaaten also, sei die einzige realistische Lösung, die sowohl die Identität der Völker und die Handlungsfähigkeit ihrer Staaten bestehen lasse, als auch ein den Gegebenheiten der Geschichte Rechnung tragendes politisches Zusammenwirken der europäischen Staaten möglich mache. Sicher gebe es schon heute ein Interesse aller Staaten Europas, in gewissen Fällen auch außenpolitisch mit einer Zunge sprechen zu können, aber gleichzeitig liege es im Interesse aller europäischen Staaten, daß sie ihre besonderen, geschichtlich gewordenen Beziehungen zu Staaten außerhalb der Gemeinschaft bilateral nutzen können, um politische Unruhe oder gar Konflikte heckende internationale Schwierigkeiten rechtzeitig aufzufangen, ehe sie zu einer Konfrontation der Blöcke führen. So trage die verbliebene »natürliche« Souveränität der Nationalstaaten, die sich europäischem Schicksal verpflichtet fühlen – und welcher Staat tue dies über Jahrhunderte hin in höherem Maße als Frankreich? –, dazu bei, das europäische Gesamtinteresse zu fördern sowie Vereinbarungen der Mitgliedsstaaten, die dem gemeinschaftlichen Nutzen aller dienen können, wo immer in der Welt sie als notwendig erscheinen, ins Auge zu fassen. Dies könne man natürlich nicht mit allen Staaten unbesehen gleichermaßen unternehmen, denn es gebe Staaten, deren Interessen mehr die Länder an den Küsten der sieben Meere betreffen, und andere, die eher kontinental verwurzelt und interessiert sind. Großbritannien gehöre ohne Zweifel geographisch und kulturell zu Europa, aber doch nur am Rande, und die Geschichte zeige, daß die Briten noch nie auf Europa hin gedacht haben und es auch heute noch nicht tun. »*Ils sont des Européens, mais sont-ils européens?*« – Sie fühlten sich ihren angelsächsischen Vettern jenseits des Atlantischen Ozeans mehr verbunden als uns, und ein der europäischen politischen Union angehörendes Großbritannien werde immer in der Versuchung stehen, sich als Brückenkopf für die Wahrung der politischen Interessen der Vereinigten Staaten von Amerika zu betrachten. Wenn man aber ein aus eigenem seinen Bestand wahrendes und seine Interessen verfolgendes Europa wolle – und nur ein solches Europa könne die Unabhängigkeit seiner Mitgliedsstaaten wahren –, dürfe es keinen amerikanischen Brückenkopf auf dem politisch-strategischen Felde Europas geben. Natürlich werde man mit den USA und mit Großbritannien, wie unter souveränen Staaten üblich, Verträge aushandeln müssen, um zu bestimmen, unter welchen Umständen und mit welchen Beiträgen jeder Partner bereit ist, sich im Falle der Gefährdung der gemeinschaftlichen Lebensinteressen an gemeinsamer Verteidigung zu beteiligen, aber dafür bedürfe es keiner supranationalen Organisation ...

Noch nie zuvor hatte ich das atlantische Verteidigungskonzept so verteidigt wie in diesem Gespräch. Der General jedoch hatte für meine Einwände nur ein liebenswürdiges Lächeln, so wohlerzogen, daß ich es nicht als Geste zu deuten brauchte, mit der ein Großer in freundlicher Herablassung dem Wissen um seine denkerische Überlegenheit Ausdruck verleiht.

Meinen Worten: »Das Europa, das Sie vor Augen haben, scheint mir eine Art von Rheinbund zu sein, der sich eine milde Kontinentalsperre leistet«, hielt er entgegen: »Diese Politik Napoleons entsprach gesundem politischem Denken ...« – » ... das jedoch weder Leipzig noch Waterloo zu verhindern vermochte ...«, setzte ich hinzu. Der General hob die Arme: »*Ah, les vicissitudes de l'histoire!*« Er stand auf, ging auf mich zu und öffnete zu meiner Verwunderung selbst die Tür. Die Adjutanten im Vorzimmer salutierten, während ich mich anschickte, das bei solchen Situationen Übliche zu sagen. De Gaulle winkte ab und schob mich der Treppe zu, beglückwünschte mich zu meinem Geburtstag und ging mit mir die Treppe hinab bis zum roten Teppich auf der Außentreppe. Er legte mir die Hände auf die Schultern und versicherte mich seiner Sympathie, die Westeuropäische Union und ihren Präsidenten des Respekts des Präsidenten der Französischen Republik.

In der Downingstreet Nr. 10 wurde ich von Premierminister Sir Alexander Douglas-Home empfangen. Im Prinzip hätten die Konservativen sich für den Beitritt zum Gemeinsamen Markt entschieden. Er wolle mir jedoch nicht verhehlen, daß es mit Ausnahme der Liberalen in allen Parteien harte Gegner des Beitritts gebe. Der Widerstand vieler Mitglieder der Labour Party war mir bekannt, darum lag mir daran, die Meinung des Führers der Opposition im Unterhaus, Harold Wilson, zu erfahren. Er versicherte mir, seine Partei sei nicht gegen Fortschritte in der Europapolitik, aber sie sei auch nicht bereit, überstürzten Maßnahmen zuzustimmen. Keinesfalls könnten er und seine Partei sich mit einem europäischen Statut einverstanden erklären, das Frankreich ein einseitiges Vetorecht einräumt. Sicher werde sich die Labour Party an nichts beteiligen, was eine Einschränkung der vollen Autonomie der Mitgliedsstaaten in inneren Angelegenheiten und sozialpolitischen Entscheidungen bedeute. Diese Erklärung schien mir für den Fortgang der Verhandlungen wichtig zu sein.

Die Dezember-Tagung der Westeuropäischen Union wurde durch die Ausführungen der Minister einiger Mitgliedsstaaten, des Beraters der Regierung der Vereinigten Staaten, Professor Bowie, und des Beraters der damaligen oppositionellen Republikanischen Partei, Professor Henry Kissinger, besonders bedeutsam. Alle redeten eine deutliche Sprache und bedauerten, daß die Regierungen Frankreichs und Englands sich zurückhielten, während die fünf anderen Regierungen der WEU die europäische Integration als eine Lebensfrage aller betrachteten. Außenminister Schröder forderte engere Kontakte mit Großbritannien und neue politische Institutionen für Europa. Die europäische Einigung sei die Voraussetzung für die Herstellung ausgeglichener Beziehungen zu den Vereinigten Staaten. »Wir müssen zu gemeinsamer und viel enger integrierter Verteidigung der NATO-Mitgliedsstaaten kommen.« Der britische Minister Lord Carrington schlug in die gleiche Kerbe, doch warnte er vor verfrühten Hoffnungen: Vor einem Beitritt Großbritanniens zur EWG seien noch viele Punkte durch Verhandlungen zu klären.

Der französische Sprecher, Minister Habib-Deloncle, schlug eine andere Tonart an: Frankreich wolle von der Aufnahme der Briten in die europäischen Institutionen jetzt noch nichts wissen. Erst wenn das Europa der Sechs weiter ausgebaut sei – zunächst wirtschaftlich, dann politisch –, könne mit den Briten über die Modalitäten ihres Beitritts verhandelt werden.

Mr. Bowie und Henry Kissinger betonten die Notwendigkeit des engeren Zusammenwachsens der europäischen Staaten, damit die Vereinigten Staaten einen Partner bekämen, mit dem von gleich zu gleich geredet werden könne. Das amerikanische Engagement könne auf die Dauer nur aufrechterhalten bleiben, wenn die europäische Integration über das Wirtschaftliche und über den bisherigen Kreis der Sechs hinaus Wirklichkeit werde.

Den in den meisten Reden wiederkehrenden Passus, die Spaltung Deutschlands werfe Probleme auf, die alle europäischen Staaten angehen, hörten die deutschen Delegierten gern. Sie warteten jedoch vergeblich auf Vorschläge, wie die Spaltung beseitigt werden könnte.

Konrad Adenauers Rücktritt

Die Diskussion über die Zusicherung Konrad Adenauers an die FDP, noch im Jahre 1963 als Kanzler abzudanken, war seit dem Frühjahr des Jahres nicht verstummt. Ich fand es der Autorität des Grundgesetzes abträglich, daß in den Mehrheitsparteien die Bestellung des neuen Bundeskanzlers ausschließlich als Angelegenheit dieser Parteien betrachtet wurde, ungeachtet der Bestimmungen des Artikels 63 des Grundgesetzes, der bestimmt, daß bei der Wahl des Bundeskanzlers der Bundestag sich zunächst für oder gegen einen ihm vom Bundespräsidenten vorgeschlagenen Kandidaten auszusprechen hat.

Die CDU/CSU und Teile der FDP schienen den Bundeskanzler als den Sachwalter der Interessen der jeweiligen Regierungsparteien anzusehen, nicht als den Sachwalter der Interessen des gesamten Volkes. Hatten sie vergessen, daß nach dem Grundgesetz das Parlament als Ganzes über den vom Bundespräsidenten für den ersten Wahlgang Vorgeschlagenen zu entscheiden hat, wobei sich andere Mehrheiten zusammenfinden konnten als nach einer Koalitionsabsprache? Das Verhalten der Regierungsparteien war der Autorität des Bundespräsidenten abträglich. Durch das Monopol auf den ersten Vorschlag des Kandidaten für das Amt des Bundeskanzlers ist dem Bundespräsidenten die Möglichkeit anvertraut, entscheidenden Einfluß auf dessen Wahl zu nehmen, auch wenn nach Ablehnung des von ihm vorgeschlagenen Kandidaten der Kandidat aus der Mitte des Bundestages vorgeschlagen werden kann. Wenn der Bundespräsident für den ersten Wahlgang einen Kandidaten vorschlägt, besteht die Möglichkeit, daß dieser zu den Stimmen der bisherigen Opposition noch einen Teil der Stimmen von Mitgliedern der bisherigen Regierungsparteien erhält, oder daß sich die Stimmen für ihn quer durch alle Fraktionen hindurch summieren. Damit würde ein Regierungswechsel möglich werden, der nicht zustande kommen kann, wenn es den bisherigen Regierungsparteien überlassen bleibt – womöglich unter Fraktionszwang oder im Wege eines internen Beschlusses –, den Nachfolger des scheidenden Kanzlers faktisch im vorhinein zu bestimmen. Mochte auch diese Möglichkeit im Jahre 1963 trotz der in den Regierungsparteien herrschenden erheblichen Meinungsverschiedenheiten über den geeignetsten Kandidaten wenig wahrscheinlich sein, so galt es doch, den Versuchen zu wehren, Text und Geist des Grundgesetzes je nach Bedarf zu manipulieren, und sei es nur, um zu verhindern, daß jemand sich später auf einen Präzedenzfall berufen könnte.

Am 15. Oktober 1963 trat Konrad Adenauer vom Amt des Bundeskanzlers zurück. Dieser Schritt fiel dem Siebenundachtzigjährigen schwer. Wie hätte auch ein Mann ohne Beklemmung des Herzens das wichtigste politische Amt niederlegen können – einer, der viele Jahre als Oberbürgermeister einer großen Stadt deren Entwicklung nach seinen Vorstellungen wie ein merowingischer

Hausmeier lenken konnte; der als unbestrittener Vertrauensmann eines beträchtlichen Teiles der Bevölkerung der Bundesrepublik fünfzehn Jahre unangezweifelter Herr der Politik eines Staates geworden war; der seinen sicheren Platz im Rat der Völker hatte? Wer sollte nach ihm auf die Kommandobrücke treten? Gab es im Kreis der Ministrablen jemanden, der gleich ihm das Schiff durch Brandungen, Klippen und Untiefen zum sicheren Hafen führen konnte? Er wußte, daß die Mehrheit seiner Fraktion Ludwig Erhard zum Nachfolger küren wollte, weil man dem Vater des Wirtschaftswunders zutraute, die meisten Wählerstimmen zu bekommen. Dieses Argument galt zwar etwas bei Konrad Adenauer, aber nach wie vor nicht so viel wie seine Zweifel an der Fähigkeit des Wirtschaftsmannes, sich in den Labyrinthen der Außenpolitik zurechtzufinden und das Interesse der Bundesrepublik den verbündeten Regierungen gegenüber mit Entschiedenheit zur Geltung zu bringen. Adenauer schied in Sorge. Daß er sich den Respekt, die Achtung, die Freundschaft Charles de Gaulles gewonnen hatte und daß ein Mann ins Weiße Haus gekommen war, auf dessen Bündnistreue er vertrauen konnte, hat ihm den Abgang erleichtert. Die Bundestagssitzung, in der Präsident Gerstenmaier dem alten Lotsen, der von Bord ging, dankte, wird kein Teilnehmer vergessen können.

Auch wer die Politik Konrad Adenauers mißbilligt hat, kann nicht verschweigen, daß die politische Grundentscheidung, die Bundesrepublik auf das engste mit Westeuropa und den USA zu verbinden, für Jahrzehnte die Weichen der deutschen Politik, wahrscheinlich sogar der Politik des ganzen europäischen Westens gestellt hat. Ein Mann, dem solches gelang, hat ein Anrecht darauf, auch von denen, die seine Politik nicht in allem zu billigen vermochten, ein Staatsmann hohen Ranges genannt zu werden.

Ludwig Erhard wird Bundeskanzler

Die langjährigen Regierungsparteien drängten Konrad Adenauer zum Rücktritt, weil ihnen seine »einsamen Entschlüsse« unheimlich zu werden begannen, zumal sie von manchen wohl erst aus der Presse, also post festum erfuhren. Dadurch mußten die Regierungsparteien dem öffentlichen Bewußtsein als Jasager-Vereine erscheinen, ja, es wurde sogar von der »Claque« im politischen Theater Bonns gesprochen. Um ihren Anspruch, parlamentarische Volksparteien zu sein, weiterhin glaubwürdig vertreten zu können, brauchten sie einen Kanzlerkandidaten, den unbestrittenes Verdienst um die Wohlfahrt der Bundesrepublik populär gemacht hatte, der als umgänglicher Mann galt und dem keine autokratischen Gelüste nachgesagt wurden. Ihrer Meinung nach vereinigte der Wirtschaftsminister Professor Ludwig Erhard alle diese Eigenschaften in seiner Person.

Der Leser mag sich erinnern, wie negativ Adenauer die Eigenschaften jenes Mannes für das Amt des Bundeskanzlers einschätzte, als es galt, für den Präsidentschaftskandidaten Konrad Adenauer einen Nachfolger als Kanzler zu finden. Es war bekannt, daß er ihm nach wie vor die für die Handhabung außenpolitischer Probleme notwendige Sicherheit nicht zutraute. Trotzdem hielten die Koalitionsparteien an Ludwig Erhard fest. Und der große Alte spielte nun mit – auf seine Weise . . . Ich glaube nicht, daß seine von vielen bemerkte Geste, bei der Wahl Erhards den Nachbarn seinen Stimmzettel mit dem »Ja« zu zeigen, beweist, daß er Erhard nunmehr für einen vollwertigen Kanzler hielt.

Ludwig Erhard wollte ein Volkskanzler neuer Art sein. Er war bereit, dem Bundestag die Bedeutung zu lassen, die ihm zukam; aber er wollte sich in Fragen, die ihm besonders wichtig erschienen, über die Medien auch unmittelbar an das Volk wenden können, so wie es Charles de Gaulle mit viel Erfolg zu tun pflegte. Erhard war überzeugt, dem Stimmungsvotum des »Volkes« werde sich das Parlament nicht widersetzen, vor allem würden es die Koalitionsparteien nicht tun. Ein Erfolg dieser Art direkter Demokratie über die Hintertreppe hätte für die Funktionsfähigkeit des parlamentarischen Regierungssystems der Bundesrepublik bedrohliche Folgen haben können. Ich hielt es darum für notwendig, erneut vor den Gefahren der »Fernsehdemokratie« zu warnen.

Dabei habe ich Ludwig Erhards lautere demokratische Gesinnung nie angezweifelt. Ich habe ihn stets für einen aufrechten Liberalen gehalten, der viel besser in die FDP gepaßt hätte als in die CDU, welcher er sich schließlich aus Gründen politischer Opportunität anschloß. Einer vorsätzlichen Aktion gegen demokratische Grundsätze war dieser ehrenhafte Mann nicht fähig. Doch ich fürchtete, daß er sich der verfassungsrechtlichen und verfassungspolitischen Tragweite eines Volkskanzlertums dieser Art nicht klar war.

Von der parlamentarischen Debatte über seine Regierungserklärung zeigte sich die Presse enttäuscht. Die Erklärung sei zwar nobel gewesen, die Debatte aber lau. Ich fand sie nicht lau, sondern ernsthaft und sachgerecht. In der Bezeichnung »lau« schien mir allerdings zum Ausdruck zu kommen, was ein Teil der deutschen Öffentlichkeit von den Auseinandersetzungen der Fraktionen bei einem Regierungswechsel erwartet: einen Gladiatorenkampf von Rhetoren. Sie hält es für eine Verletzung von Spielregeln, auf deren Einhaltung sie einen Anspruch zu haben glaubt, wenn die Opposition, bei aller grundsätzlichen Ablehnung wichtiger Ziele der Machthabenden und ihrer Parteien, ihrer Befriedigung Ausdruck verleiht, daß im Regierungslager einiges besser geworden ist und man mit einigen der von der Regierung geäußerten Absichten einverstanden sein kann. Der Verzicht auf Spiegelfechterei gehört mit zur Ernsthaftigkeit des »Nein« gegenüber der politischen Grundlinie der Regierung.

Abschied von Erich Ollenhauer

Am 14. Dezember 1963 starb Erich Ollenhauer mit 62 Jahren am Versagen seines Herzens. Ich habe diesen Mann politisch hochgeschätzt und wegen seiner nie ermüdenden Menschlichkeit geliebt. Wir begegneten uns zum erstenmal im Mai 1946 auf dem Neugründungsparteitag in Hannover. Ollenhauer war 1945 mit einigen Gefährten aus der Emigration in England zurückgekehrt und in die Reihen der sich neu konstituierenden Partei getreten.

Nichts an Erich Ollenhauer war auffällig. Im Elternhaus in Magdeburg erfuhr der Sohn eines Maurers, was es heißt, sich auf die Seite jener zu stellen, die einiges in der Welt bessern wollen und dafür die gebahnten Wege verlassen, um sich den steinigen Pfad durch das Gestrüpp, das diese Welt ausmacht, selbst zu bahnen. Er wurde der Vertrauensmann seiner jungen Genossen und widmete sich nach seiner kaufmännischen Lehre ganz der politischen Jugendarbeit. Seine Fähigkeit, mit Wort und Gedanke treffsicher umzugehen, verdankte er Lehrgängen in Parteischulen, die den Magdeburger Volksschüler zu einem Mann heranbildeten, der schon in jungen Jahren an den Beratungen wichtiger politischer Gremien tätig teilzunehmen vermochte. Er hat nie seine Herkunft verleugnet; nie ist ihm die Karriere zu Kopf gestiegen. Mit natürlicher Würde vertrat er den protokollarischen Rang seiner Ämter und Funktionen. Kurt Schumacher hatte während seiner Krankheit darum gebeten, Erich Ollenhauer dem Parteitag als Vorsitzenden vorzuschlagen, wenn er selbst nicht mehr genesen sollte. Jeder Parteitag ist dieser Bitte gefolgt, auch in den Jahren, in denen Ollenhauer als ein Mann ohne Fortüne galt.

Er war in der ideologischen Tradition des Klassenkampfes aufgewachsen und hatte in seiner Frühzeit den radikalen Parolen geglaubt, die für die Sozialdemokratische Partei der Weimarer Zeit charakteristisch waren; er hatte den faktischen Reformismus kennengelernt, dem unser Land so viele Fortschritte verdankt. Auch er hat in jenen zwanziger Jahren gesungen »Nie wieder wollen wir Waffen tragen«, aber die bitteren Erfahrungen jener Jahre ließen ihn durch seine Gefühle hindurch zu den Wurzeln der Probleme vorstoßen. Er lernte, was es heißt, Verantwortung auf sich zu nehmen, und daß Pflicht und

Neigung oft auseinanderklaffen. Mit Otto Wels, der in der entscheidenden Sitzung des Deutschen Reichstages nach der Machtübernahme inmitten eines Janhagels tobender Braunhemden wagte, Adolf Hitler die Stirn zu bieten mit Worten, durch die mit der Ehre der Partei die Ehre der Nation gewahrt wurde, teilte er die dunklen Jahre des Exils. Er hat auch in der Emigration nicht aufgehört, die Herrschaft des Unmenschen zu bekämpfen, der den deutschen Namen schändete; doch er trat mit seinen Freunden allen Versuchen entgegen, das deutsche Volk mit jenen gleichzusetzen, die Greuel über Greuel verübten. Wenn sich in der Britischen Zone politische Beamte der Besatzungsmacht schon frühzeitig für die Schaffung der Voraussetzungen für eine lebensfähige deutsche Demokratie einsetzten, war dies auch auf Ollenhauers Wirken in London zurückzuführen.

Mir war die Ehre zuteil geworden, auf der Trauerfeier beim Staatsakt für Erich Ollenhauer zu sprechen. Ich schloß mit den Versen Hölderlins:

> Verbotene Frucht wie der Lorbeer
> Ist am meisten das Vaterland.
> Die aber kost' ein jeder zuletzt.

Die Argoud-Affäre

Das Jahr 1964 begann mit einem Skandal: Die französische Regierung hatte durch ihre Geheimdienste Oberst Argoud in München kidnappen und bei Nacht und Nebel über die Grenze nach Frankreich bringen lassen. Der Oberst hatte sich der Entlassung Algeriens aus dem französischen Staatsverband widersetzt und zum bewaffneten Widerstand gegen die Politik de Gaulles aufgerufen. Als er mit seiner Aktion scheiterte, flüchtete er in die Bundesrepublik. Die Entführung einer Person durch die Polizei eines fremden Staates stellt eine Verletzung der Gebietshoheit dar, die sich kein Staat gefallen lassen kann. Das mindeste, was die in ihren Rechten verletzte Regierung in solchen Fällen zu verlangen pflegt, ist die Rückführung des Entführten. Die Bundesregierung aber begnügte sich mit einer timiden Note. Offenbar glaubte man in Bonn nicht, der französischen Regierung abverlangen zu dürfen, was einst die kleine Schweiz der Regierung des Dritten Reiches zumutete, deren Gestapo den Emigranten Dr. Jacob über die Grenze gelockt und dann festgenommen hatte: Der Schweiz wurde das Opfer der Gestapo unversehrt zurückgegeben.

Ich war nicht der Meinung, das kleinmütige Verhalten der Bundesregierung werde dem deutsch-französischen Verhältnis besonders förderlich sein, und schrieb in einem Artikel, niemand werde besser verstehen als General de Gaulle, daß Regierungen sich unter keinen Umständen eine derart handgreifliche Verletzung ihrer Souveränität gefallen lassen dürfen. Es wäre schlimm, wenn es zu der Auffassung käme: »Mit den Deutschen kann man so etwas machen.« Keine Demokratie könne auf Selbstachtung Verzicht leisten, bei Gefahr, für einen Staat zu gelten, mit dem jeder anfangen kann, was er will.

Auch vor dem Politischen Ausschuß der Beratenden Versammlung des Europarates in Straßburg kam dieser Vorfall zur Sprache. Nach den Ausflüchten der französischen Mitglieder ließen die Briten und Skandinavier keinen Zweifel, daß ihnen solche Gangstermethoden unwürdig erschienen. Bei den Debatten dieser Session in Straßburg trat noch deutlicher als bisher in Erscheinung, daß die Verhandlungen der Beratenden Versammlung den Charakter von Seminardisputationen annahmen, was offensichtlich nicht die rechte Methode war, die Regierungen zu konkretem Handeln zu veranlassen. Eine parlamentarische Versammlung, deren Mitglieder sich nicht auf unmittelbare Wahl durch das Volk berufen können, hat keine ursprüngliche Autorität. Diese brauchte jedoch die Beratende Versammlung mehr denn je. Ich stellte daher in der Presse die Forderung, ein echtes europäisches Parlament zu wählen: Erweiterte, über Beratungsfunktionen hinausgehende Kompetenzen sowie die Wahl des Europa-Parlaments unmittelbar durch das Volk der einzelnen Mitgliedsstaaten seien nunmehr eine dringende Notwendigkeit geworden. Sicher seien noch nicht alle Staaten bereit, die nach dem Verteilungsschlüssel für die Sitze auf sie entfallenden Mitglieder des Europa-Parlaments durch direkte Wahlen bestimmen zu lassen. Doch die Römischen Verträge ließen zu, daß ein Staat dies für sich allein tue. Die

Bundesrepublik solle den Anfang machen. Die anderen Staaten würden es sich nicht lange leisten können, diesem Beispiel nicht zu folgen.

Mein Vorschlag fand bei der Bundesregierung keinen Anklang. Sie hatte gute Gründe für ihr zögerndes Verhalten: Es bestand die Gefahr, daß die Regierung General de Gaulles angesichts des Elysée-Vertrages einen solchen einseitigen Schritt in dieser hochpolitischen Sache als illoyale Provokation ansehen und unwillkommene Konsequenzen daraus ziehen könnte. Es hat zehn Jahre gedauert, bis die Nachfolger General de Gaulles sich imstande sahen, der von den meisten Regierungen der Mitgliedsstaaten der EWG gewünschten Direktwahl des Europa-Parlaments zuzustimmen.

Der »Volkskanzler« in Schwierigkeiten

In Bonn hatte inzwischen bei der Regierungsmehrheit die ursprüngliche Freude über den neuen Kanzler einem Unbehagen über die Art und Weise Platz gemacht, wie Ludwig Erhard bei der Bestimmung der Grundlinien der Politik seiner Regierung die Prioritäten setzte. Sein ernsthafter Wille, als Kanzler des *ganzen* Volkes zu handeln und demgemäß auf die sich deutlich äußernde, hinsichtlich der politischen und wirtschaftlichen Auswirkungen aber nicht immer rationale Stimmung des Volkes mehr zu hören als auf die Vorstellungen der Parteien, die ihn gewählt hatten, sowie die klar zutage tretende Absicht, das Interesse des Volksganzen höher als die Interessen einzelner politischer und wirtschaftlicher Kreise zu achten, mußte über kurz oder lang innerhalb der Mehrheitsparteien zum Konflikt führen.

Während Adenauer bei seinen Entscheidungen stets darauf achtete, wie diese sich auf die Wahlchancen seiner Partei auswirken könnten – nach der Devise: »Der Wahlkampf beginnt mit dem Zusammentreten des neugewählten Bundestages . . .« –, glaubte Erhard, seine Pflicht zu verletzen, wenn er dem Volk und damit den Wählern nicht zutraute, auf Gruppenvorteile verzichten zu können, wenn das Interesse des Ganzen dies erforderte. Dies war eine staatsmännische Maxime, doch sie durchzuhalten, erlaubten ihm inner- und außerparteilicher Widerstände nur selten.

Zwar gelang es ihm, in einem gefährlichen Konflikt zwischen Kapital und Arbeit die streitenden Sozialpartner zu einem Kompromiß zu bewegen und bei der Wahl zum Niedersächsischen Landtag durch unermüdlichen Einsatz der CDU 4 Prozent der Stimmen hinzuzugewinnen. Als er jedoch unter dem Druck spektakulärer Demonstrationszüge durch die Straßen Bonns seine Härte gegenüber der Forderung der Kriegsopferverbände nach massiver Erhöhung der Renten für die Kriegsbeschädigten aufgab – die Bundestagswahlen standen bevor – und darauf verzichtete, den Artikel 113 des Grundgesetzes gegenüber dem Votum der Mehrheit anzuwenden, galt er als Mann, dessen starken Worten nur selten starke Taten folgten. Dem erfahrenen Beobachter der parlamentarischen Szene wurde klar, daß diese Kanzlerschaft nicht mehr lange dauern konnte.

Erhards Außenpolitik trug dazu bei, sein Ansehen auch in der CDU zu mindern. Anders als sein Vorgänger hat er wohl nie reibungslosem Funktionieren der deutsch-französischen Beziehungen Priorität gegeben; bei allem Wissen um die Notwendigkeit guter Beziehungen zu Frankreich hielt er doch die Qualität der Beziehungen zu den Vereinigten Staaten für wichtiger. In der CDU wurde befürchtet, daß der angelsächsisch orientierter Vorliebe gegenüber so empfindliche de Gaulle sich durch gewisse Erklärungen Ludwig Erhards über sein Atlantikertum provoziert fühlen könnte. Als der General auf der regulären Konsultationskonferenz des Sommers 1964 dem Bundeskanzler engere Zusammenarbeit Frankreichs und der Bundesrepublik auf politischem, wirtschaftlichem und militärischem Gebiet vorschlug, erklärte Erhard, daß er gegen jede Art von Hegemonie zweier Staaten in Europa sei. Diese Haltung mißfiel zumal dem Vorsitzenden der CSU, Franz Josef Strauß, der mehr von einer deutsch-französischen Aktionsgemeinschaft hielt als von einer Politik Bonns, die in erster Linie auf Sympathien der Vereinigten Staaten abhob.

Auch sonst hatte Erhard wenig außenpolitische Fortüne. Als bekannt wurde, daß die Bundesrepublik seit Jahren Israel in erheblichem Umfang Waffen lieferte, was naturgemäß bei den Regierungen der arabischen Staaten erhebliche Mißstimmung hervorrief, stellte sich heraus, daß Erhard von diesen Waffenlieferungen nichts gewußt hatte. Das galt auch für die Mehrheit der Bonner Politiker und bis auf wenige Ausnahmen für die Abgeordneten des Bundestages. Adenauer hatte diesen Handel in aller Stille im Jahre 1960 in New York mit Ben Gurion abgeschlossen. Man kann sich vorstellen, wie Moskau und die arabischen Staaten reagierten.

Zur gleichen Zeit wurde ruchbar, daß deutsche Wissenschaftler und Techniker aufgrund privater Verträge in Diensten der ägyptischen Regierung an der Entwicklung und Herstellung von Raketenwaffen und Flugzeugen für die arabische Welt arbeiteten. Die Reaktion der israelischen Öffentlichkeit war verständlicherweise überaus heftig. Es gelang Bonn, einige der deutschen Techniker zum Verlassen Ägyptens zu bewegen; um die Araber zu beruhigen, wurden die Waffenlieferungen an Israel eingestellt. Bonn bot Israel zum Ausgleich wirtschaftliche Hilfe an, was den Arabern natürlich nicht paßte. Israel blieb empört; die schon vereinbarte Zusammenkunft des Bundeskanzlers mit dem israelischen Ministerpräsidenten wurde abgesagt. Die arabischen Staaten verharrten im Schmollwinkel; Ägypten erkannte die DDR an, was aufgrund der Automatik der Hallstein-Doktrin den Abbruch der diplomatischen Beziehungen Bonns zu Kairo im Gefolge hatte, was nun wiederum eine Kettenreaktion von Anerkennungen der DDR durch Staaten der Dritten Welt nach sich zog. Erhard suchte gegen den Rat seines Außenministers die Aufnahme regulärer diplomatischer Beziehungen zu Israel zu forcieren. Die SPD-Fraktion begrüßte diesen Entschluß.

Die Sozialdemokraten wollten aber mehr tun. Sie wollten aus eigenem Antrieb und mit dem moralischen Kredit, den sie in Israel genossen, Öl auf die Wogen gießen, die das Verhalten Bonns in der öffentlichen Meinung Israels aufgewühlt hatte. Das Parteipräsidium bat mich, nach Israel zu reisen, um dort aufklärende Gespräche zu führen, wobei ich weder als Vertreter der Regierung noch als offizieller Sprecher der Sozialdemokratischen Partei auftreten sollte. Als Gast des größten jüdischen Schulverbandes, der ORT-Organisation, und durch Vermittlung ihres Leiters Oleiski war ich gewiß, nützliche Gespräche mit Politikern des Landes führen zu können.

Kurz vor meinem Reisetermin fand im Bundestag eine Fragestunde statt, in der von der Regierung Auskunft verlangt wurde, warum das schon seit fast einem Jahr durch einstimmigen Beschluß des Bundestages geforderte zweite Ausführungsgesetz zu Artikel 26 des Grundgesetzes noch nicht dem Bundestag vorgelegt worden sei. Dieses Gesetz sollte auf Vorschlag der Sozialdemokraten unter anderem bundesdeutschen Staatsangehörigen verbieten, sich ohne Genehmigung der Bundesregierung im Ausland an der Fabrikation friedensbedrohender Kriegswaffen zu beteiligen. In der Debatte hatte der Abgeordnete Gerhard Jahn für die SPD-Fraktion ausgeführt, daß die Bundesrepublik es als humanitäre und moralische Pflicht ansehen müsse, »deutsche Bürger an jeder Tätigkeit zu hindern, die geeignet ist, die vielfach erklärten Pläne zur Vernichtung Israels zu unterstützen«.

Die Zustimmung der Fraktionen und des Regierungssprechers zu Jahns Ausführungen schien mir ein guter Einstieg für die von mir in Israel erwarteten Gespräche zu sein.

Wieder in Israel

In Israel traf ich manchen Partner früherer Gespräche wieder, aus denen ich die Hoffnung geschöpft hatte, daß unter dem Eindruck der Entwicklung der Bundesrepublik zu einer vorbehaltlos freiheitlichen Demokratie in Israel allmählich ein unbefangeneres Verhältnis zu den Deutschen entstehen werde. Jetzt sagten sie mir, daß es sie erschrecke, aus Deutschland keinen allgemeinen Protest zu hören und keine öffentliche Erklärung des Bundeskanzlers gegen die Teilnahme deutscher Wissenschaftler an der Entwicklung von Massenvernichtungswaffen in Ägypten vernommen zu haben. Als die Sprache auf die Widerstände kam, denen Vorschläge, die Verjährungsfristen für Kriegsverbrechen zu verlängern, in der Bundesrepublik begegneten, wurden die Zweifel noch deutlicher, ob die Deutschen moralisch überhaupt imstande seien, die Schuld zu begreifen, die auf ihrem Volk laste.

Mit Dr. Yachil, dem Generaldirektor des Außenamtes, den ich aus

Bonn gut kannte, wo er Anfang der fünfziger Jahre Mitglied der israelischen Handelsmission gewesen war, stimmte ich darin überein, daß in Bonn manches Schiefgelaufene in Ordnung gebracht werden müsse. Er gab mir zu verstehen, man wisse in Jerusalem durchaus, daß unser guter Wille sich nur innerhalb bestimmter politischer Grenzen materialisieren kann; er empfinde diese Grenzen indessen nicht als so eng gezogen wie das Auswärtige Amt in Bonn. Dringlich sei vor allem, einiges ins Werk zu setzen, was die erregten Gemüter in Israel beruhigen könnte: nämlich eine befriedigende Lösung des Verjährungsproblems und den Abzug aller deutschen Raketeningenieure aus Ägypten. Es sei ferner wichtig, die Frage der diplomatischen Beziehungen voranzutreiben. Die deutsche Befürchtung sei verständlich, daß die islamischen Staaten sich in der deutschen Frage der Politik des Ostblocks anschließen werden – aber bei der Abhängigkeit dieser Staaten von der militärischen Hilfe der Sowjetunion werde dies in absehbarer Zeit ohnehin geschehen. Der Schaden, der daraus der Bundesrepublik im Osten entstehen könnte, werde für die Bundesrepublik durch den politischen Nutzen der Aufnahme diplomatischer Beziehungen mit Israel mehr als ausgeglichen werden. Die Regierung in Jerusalem hoffe auch, daß man in Bonn ihre Bemühungen um vorteilhaftere Beziehungen zum Gemeinsamen Markt unterstützen werde.

Dr. Yachil begleitete mich zum Außenminister des Landes, Frau Golda Meir. Sie hatte nichts von dem Aussehen und noch weniger von dem Gehabe der intellektuellen Frauen an sich, die ich von meiner Berliner Zeit her kannte. Sie saß ernst und streng da wie die gelassene Walterin der Geschicke des Landes, das ihrem Volk verheißen wurde, und zugleich wie eine alte Bäuerin, die den Gast im Lehnstuhl neben dem Kamin erwartet. Sie sagte mir, die Regierungen in Ost und West sollten sich nicht täuschen: Ihr Volk betrachte das Land Israel als die Heimstätte aller Juden, die in das Land ihrer Väter heimkehren wollen. Die Juden seien als erste aus ihm vertrieben worden und hätten das Recht zur Rückkehr vor allen später daraus Vertriebenen. Deren Los zu mildern, sei die Aufgabe jener, die es beklagen; sonst sei ihre Klage nur Heuchelei. Auch Israel werde sich nach Kräften daran beteiligen, aber keinesfalls durch Verzicht auf

Heimatboden des jüdischen Volkes. Das den Juden durch die
Deutschen Angetane könne nicht vergeben und vergessen werden.
Solche Wunden heile die Zeit nicht, aber sie ebne manches von dem
ein, was sich zwischen den Völkern aufgetürmt hat, und fülle
trennende Abgründe auf. So könnten auch nach dem entsetzlichsten
Geschehen bei gutem Willen beider Völker Straßen der Begegnung
gebaut und Orte bereitet werden, an denen man sich angesichts
erkannter Nöte über die Ordnung des Notwendigen verständigen
kann.

Auf einer Pressekonferenz stellte ich mich den Vorwürfen der
Journalisten. Der Meinung, der kühle Pragmatismus, den man in den
Kalkulationen der deutschen Israelpolitik zu spüren glaube, irritiere
die Menschen in Israel und veranlasse sie, die Aufforderung Ben
Gurions, »dem neuen Deutschland zu vertrauen«, mit Sarkasmus zu
beantworten, hielt ich entgegen: Keine politische Partei in der
Bundesrepublik, keine Regierung habe sich in der Frage der Aufnahme diplomatischer Beziehungen zu Israel von machiavellistischen
Gedanken leiten lassen. Gelegentlich sei ungeschickt gehandelt und
der richtige Augenblick für die richtige Maßnahme versäumt worden.
Das sei zu bedauern, aber nicht als zynischer Pragmatismus anzusprechen, und werde sich darum ändern lassen. Es liege ein Gesetzesvorschlag der Sozialdemokratischen Partei vor, nach dem es Deutschen
verboten sein soll, im Ausland zur Kriegführung bestimmte Waffen
zu entwickeln, herzustellen und an ihrer Herstellung mitzuwirken.
Das Plenum des Deutschen Bundestages werde in wenigen Wochen
über diesen Entwurf abstimmen. Was die Verjährung der Kriegsverbrechen anlange, so sei ich zwar der Auffassung, daß man der
Apokalypse nicht mit juristischen Konstruktionen und Institutionen
gerecht werden könne, daß es aber gelingen werde, die Aufhebung
der Verjährung von Kriegsverbrechen und Akten des Völkermordes
zu erreichen.

Die Art und Weise, wie in Israel die Vorbehalte gegen die Politik
der Bundesregierung formuliert wurden, bestärkten mich in meiner
Überzeugung, daß die Herstellung normaler Beziehungen zum
israelischen Staat zur vordringlichen Aufgabe der deutschen Außenpolitik gemacht werden müsse.

Aus Israel zurückgekehrt, eröffnete ich die Juni-Tagung der Versammlung der Westeuropäischen Union in Rom mit einer programmatischen Rede: Der gegenwärtige politische Zustand der Welt mag uns erlauben, mit größerer Zuversicht in die Zukunft zu blicken als vor einem Jahr. Doch um den Aufbau Europas sei es nicht gut bestellt. Die Schuld liege bei den Regierungen, die nicht bereit seien, den europäischen Versammlungen mehr Macht einzuräumen. Nur ein durch Volkswahlen zustande gekommenes Europäisches Parlament werde in der Lage sein, den Aufbau eines Europas, das ein Europa der Völker sein kann, voranzutreiben. Bis es soweit ist, betrachte es die WEU als ihre besondere Aufgabe, Großbritannien für den Beitritt zur Europäischen Wirtschaftsgemeinschaft zu gewinnen und den Willen zu stärken, von der Wirtschaftsunion zur politischen Union voranzuschreiten. Es war nicht das erstemal, daß ich diesen Appell an die Regierungen der WEU-Staaten richtete, und es sollte nicht der letzte sein.

Der Karlsruher Parteitag 1964

Der Parteitag der SPD, der vom 23. bis 27. November 1964 in Karlsruhe stattfand, sollte der Öffentlichkeit eine SPD vorstellen, die entschlossen ist, die praktischen Konsequenzen aus dem Godesberger Programm ohne Vorbehalt zu ziehen und zu beweisen, daß sie eine Volkspartei sein will, obwohl sie um die bestehenden Klassengegensätze weiß. Diese aber sollten nicht durch rüden Klassenkampf, sondern in fairem parlamentarischem Wettstreit ausgeräumt werden.

Die Delegierten waren überzeugt, daß dieser Parteitag der Partei im kommenden Jahr den Wahlsieg bringen wird. Willy Brandts Stellung als Parteivorsitzender und Kanzlerkandidat stand fest; ebenso Herbert Wehners Platz als einer seiner Stellvertreter in der Parteispitze; Fritz Erler war als Vorsitzender der Fraktion und als stellvertretender Parteivorsitzender der dritte Mann im Bunde. Neu war der allgemeine Wunsch nach mehr Freiheit dieser drei bei der Führung der Partei, als es seit Kurt Schumachers Tod in der Partei üblich gewesen war. An der satzungsmäßigen Stellung von Parteivorstand und

Präsidium wurde nicht gerührt, doch wenn in diesen Gremien der Vorsitzende und seine Stellvertreter bisher die Ersten unter Gleichen gewesen waren, sollten sie nun in einem stärkeren Maße »Vormänner« sein, die die Art ihres Vorgehens selbst bestimmen konnten. Damit wurde ihnen kein Freibrief für die Festsetzung der Strategie der Partei gegeben; diese Aufgabe lag zwischen den Parteitagen nach wie vor allein in der Zuständigkeit des Parteivorstandes. Wo es aber um die den wechselnden Umständen am besten angepaßte Taktik für die strategischen Ziele ging, sollten sie freier operieren können als ihre Vorgänger.

Solange der Parteivorsitzende zugleich Fraktionsvorsitzender war, fanden die Führung der Partei und die Führung der Fraktion auf gleicher Ebene statt. Nach Kurt Schumachers Meinung sollten diese Funktionen in einer Hand liegen. Nur so könne die Gefahr ausgeschaltet werden, daß sich Partei und Fraktion zum Schaden der Glaubwürdigkeit der Parteipolitik auseinanderentwickelten.

Nach dem Tode Erich Ollenhauers war der Parteivorsitz auf Willy Brandt übergegangen. Seit dem außerordentlichen Parteitag in Bad Godesberg war Fritz Erler Vorsitzender der Fraktion. Partei- und Fraktionsvorsitz lagen nun in verschiedenen Händen. Dies gab der Fraktion einen anderen Stellenwert als bisher, zumal Fritz Erler auch stellvertretender Vorsitzender der Partei war. Die Bedeutung der Fraktion innerhalb der Steuerungsmechanismen der praktischen Politik der Partei mußte um so stärker hervortreten, je politisch erfahrener, je eigenwilliger, je entscheidungsfreudiger, zielsicherer und zielstrebiger ihr Vorsitzender zu handeln verstand, je stärker er sein Verständnis für die Notwendigkeiten und Möglichkeiten staatlicher Existenz zur Geltung zu bringen vermochte und je kraftvoller sein Wille war, die Fraktion zum spezifischen Organ der Partei im Kampf um die politische Führung zu machen. Fritz Erler verkörperte diese Eigenschaften in geradezu vollkommener Weise. Er war auch der Mann, sie zum rechten Zeitpunkt an der geeigneten Stelle einzusetzen und dabei des Vertrauens seiner Kollegen in der Parteispitze und des Vertrauens der Fraktion sicher zu sein. Die Folgen wurden bald erkennbar: Die Stellung, die Fritz Erler der Fraktion zu verschaffen vermochte, hat seinen Tod überdauert.

Mich nahmen die Sitzungen des Bildungspolitischen Arbeitskreises voll in Anspruch. Im Plenum beschränkte ich mich auf die Berichterstattung über die Tätigkeit des Ausschusses; in die bildungspolitische Debatte griff ich nur wenig ein. Die Entwicklung des Bildungswesens in der Bundesrepublik hat seitdem einen Verlauf genommen, der mit den Vorstellungen, die in dem Arbeitskreis zur Sprache kamen, nur noch äußerliche Ähnlichkeiten aufweist. Ich will aus meinen damaligen Ausführungen daher nur das zitieren, von dem ich glaube, daß es auch heute noch Geltung hat: »Ich halte Erwachsenenbildung für entscheidend wichtig. Darüber hinaus glaube ich, daß in den Anstalten, die zu schaffen sind, in höherem Maße ›gebildet‹ und nicht nur Bildung ›vermittelt‹ werden muß. Woran es auch zu fehlen scheint, ist die Bereitschaft der Eltern, zu gestatten, daß ihren Kindern Anstrengungen zugemutet werden, ohne die nun einmal nicht *gelernt* werden kann. Ich glaube, der Sinn der Schule ist, das Lernen zu lehren. Diese schwierige Sache möglich zu machen, ist unsere eigentliche bildungspolitische Aufgabe.

Muß nicht neben dem Vermögen, die materielle Welt zu beherrschen, das Vermögen ausgebildet werden, die Kräfte des Geistes und der Seele durch das Verständnis des Menschen von sich selbst sowie den Bedingungen seiner Existenz und der von ihm gewollten Lebensordnungen zu entwickeln?

Wir wissen heute, daß der Mensch ohne Anteilnahme am Staat und ohne den Willen, ihn mitzugestalten, ihn mitzuverantworten, sich selbst verlorengeht; daß er sich selbst nur findet, wenn er sich im lebendigen Zusammenhang des Volkes sucht. Dieser Zusammenhang ist in dem Wissen begründet, daß die Gemeinschaft der Nation in dem Entschluß aller besteht, zusammen leben und zusammen wirken zu wollen, um Menschheitsaufgaben und Menschheitswerte auf dem ihr von der Geschichte zugewiesenen Raum zu verwirklichen. Eine Gemeinschaft, die sich so versteht, heißt Nation, und wir Sozialdemokraten fühlen uns als Kinder dieser deutschen Nation.«

Meine Ausführungen brachten mir nicht nur Beifall ein. Mir war klargeworden, daß ich mit meinen Vorstellungen, was Bildung ist und was Bildung erfordert, in meiner Partei künftig mehr noch als bisher

im Abseits stehen werde. Doch bei welcher Partei wäre dies anders
gewesen?

Kritik der Außenpolitik

Um die Jahreswende 1964/65 schien die bisher so starre, nur nach
Westen blickende Außenpolitik der Bundesregierung sich auflockern
zu wollen. Der Besuch von Chruschtschows Schwiegersohn Alexej
Adschubej im Sommer 1964 in Bonn, in dessen Verlauf es zu einem
ausführlichen Gespräch dieses für die politische Meinung der führenden Kreise der Sowjetunion damals sehr wichtigen Mannes mit
Bundeskanzler Erhard kam, hatte in Bonn neue Hoffnungen aufkommen lassen. Allerdings waren auch neue Befürchtungen zu vernehmen – nicht zuletzt bei amerikanischen Politikern –, überbrachte
doch Adschubej, Mitglied des Zentralkomitees der KPdSU, dem
Bundeskanzler die Einladung seines Schwiegervaters zum Besuch der
Sowjetunion. Erhard drehte den Spieß um: Nachdem schon ein
deutscher Kanzler in Moskau gewesen sei, wäre es wohl angebracht,
daß vor einem zweiten Kanzlerbesuch in Moskau zunächst ein erster
Besuch Chruschtschows in der Bundesrepublik erfolge. Dies wurde
alsbald zugesagt. Die großen Parteien zeigten sich befriedigt; die
Sozialdemokraten erklärten allerdings einschränkend, ein solcher
Besuch sei nur dann sinnvoll, wenn zu den Gesprächsthemen auch
»die Teilung Deutschlands, die Spaltung Berlins und die Bedrängnisse
unserer Landsleute« gehören würden.

Es gab in Bonn und anderswo genug Propheten, die unkten, daß
der, wie man sagte, »weiche« Erhard dem massiven Chruschtschow
im Dialog nicht gewachsen sein werde. Chruschtschows Sturz im
Oktober enthob sie solcher Sorgen; nun kam es vor allem darauf an
zu verhindern, daß das Nichtzustandekommen einer Begegnung des
sowjetischen und des bundesdeutschen Regierungschefs zu einer
neuerlichen Lähmung ostpolitischer Initiativen und Planungen
führte. Ich betonte im außenpolitischen Ausschuß des Bundestages,
daß Verhandlungen mit den Oststaaten über die Grundfragen und
damit zusammenhängende Einzelfragen der wechselseitigen Bezie-

hungen nötig seien, um unsere Beziehungen zu jenen Staaten zu entspannen; dies werde im übrigen auch der weiteren Stabilisierung unserer guten Beziehungen zu unseren westlichen Nachbarn dienen. Gute Westpolitik setze die Bereitschaft zu einer aktiven Entspannungspolitik dem Osten gegenüber voraus – wie umgekehrt keine Ostpolitik zu guten Ergebnissen gelangen könne, die im Westen auch nur den mindesten Zweifel an der Bündnistreue der Bundesrepublik und ihrer Bereitschaft, auf die Interessen des Westens Rücksicht zu nehmen, auszulösen geeignet sei.

In diesem Zusammenhang stand meine Anregung, die Voraussetzungen für eine Intensivierung des Handels der Bundesrepublik mit der DDR zu verbessern. Die DDR sei auf Importe aus dem Westen angewiesen; erhalte sie diese nicht aus der Bundesrepublik, werde sie sich an andere Staaten der westlichen Welt wenden. Deren Bereitschaft, sich einer östlichen Politik des Drucks auf die Bundesrepublik, etwa in der Berlinfrage, energisch zu widersetzen, würde in diesem Falle eher schwinden als wachsen. Wenn jedoch die von der DDR benötigten Wirtschaftsgüter aus der Bundesrepublik kämen, würde die DDR in ihrem eigenen Interesse die Durchgangsstraßen nach Berlin für den aus der Bundesrepublik kommenden Verkehr offenhalten und faktisch auf erpresserische Drohungen mit einer möglichen Blockade Berlins Verzicht leisten.

Ein anderes Problem, das mich beschäftigte, war das Verhalten gegenüber dem zu erwartenden wachsenden Druck der arabischen Staaten, sofern die Bundesregierung sich geneigt zeigen sollte, Israel durch Entsendung eines Botschafters diplomatisch anzuerkennen. Für den Fall, daß wir mit Israel Verträge abschlössen, die dessen ökonomische, politische und militärische Potentiale steigern könnten, hatten arabische Staaten bereits Vergeltungsmaßnahmen angedroht. Das stärkste Druckmittel war die Ankündigung, die DDR anzuerkennen und damit zu deren allgemeiner Anerkennung auch durch andere Staaten der Dritten Welt beizutragen, also den Alleinvertretungsanspruch der Bundesrepublik in deutschen Angelegenheiten zu unterminieren, ja, gegenstandslos zu machen.

Diese Ballung realistischer Drohungen stellte die Praktikabilität der Hallstein-Doktrin in Frage: Jede den arabischen Staaten mißliebige

Einlassung der Bundesrepublik auf israelische Wünsche konnte zu
Störungen der Wiedervereinigungspolitik durch arabische Regierungen führen. Die Abberufung der bundesdeutschen Botschafter
konnte, wie die Dinge lagen, keine andere Wirkung haben, als die
Information der arabischen Länder über deutsche Angelegenheiten
den diplomatischen Missionen der DDR zu überlassen. Der Rang,
den diese Doktrin als ein Kernstück unserer Deutschlandpolitik
einnahm, ließ es untunlich erscheinen, sie unvermittelt preiszugeben,
doch hätte man sie flexibler handhaben können als durch automatische Abberufung des deutschen Botschafters, sobald irgendeine
Regierung die Anerkennung der DDR ausspielte. Es gab damals noch
genug wirtschaftliche Druckmittel, die arabischen Staaten zu ver-
nünftigerem Verhalten zu bringen. Die Schließung der bundesdeutschen Botschaften war für sich allein jedenfalls nicht ausreichend,
ihnen die Inanspruchnahme des deutschen Marktes unmöglich zu
machen. Ich plädierte für differenzierende und flexible Methoden der
Abschreckung. Noch besser sei es, eine Doktrin, die mehr juristi-
schem als politischem Verstand entsprungen sei, in die Wolfsschlucht
zu werfen, noch bevor uns die Anerkennung der DDR durch einen
der Staaten des freien Westens in die Verlegenheit bringt, für dieses
Prinzip eine Interpretation suchen zu müssen, die den Verlust eines
Verbündeten verhindern könnte.

Ich meinte, daß es an der Zeit sei für die Formulierung einer in sich
zusammenhängenden Nahostpolitik der Bundesregierung, die es sich
nicht mehr länger leisten könne, auf der einen Seite eine Israel-Politik
zu betreiben, die nur das Verhältnis Bundesrepublik–Israel im Auge
hat, und eine davon völlig isolierte »arabische« Politik nach anderem
Konzept.

In der Nahostpolitik hatte die Bundesregierung immer schon einen
bemerkenswerten Mangel an Konsequenz und politischer Logik
gezeigt. Den Vogel schoß sie ab, als sie auf die Einladung Nassers an
Ulbricht, ihn in Kairo zu besuchen, erklärte, alles ins Werk setzen zu
wollen, um den Ägypter zur Rücknahme dieser Einladung zu
bewegen. Konnte wirklich jemand in Bonn glauben, man könne einen
Mann wie Nasser veranlassen, sich selbst bloßzustellen? Man
bemühte sich um spanische Vermittlung, jedoch so überstürzt, daß

der Vermittler ohne ausreichende Informationen nach Kairo reisen mußte. Andererseits ließ man Nasser, der offiziell in Bonn anfragte, ob es stimme, daß Israel aus der Bundesrepublik Waffen beziehe, lange auf Antwort warten, obwohl längst klargeworden sein mußte, daß er von den Waffengeschäften wußte. Das alles mußte den sehr auf sein persönliches Prestige bedachten Mann verstimmen. Als der Bundeskanzler schließlich reagierte, war es zu spät, um noch etwas ausrichten zu können. Die politische Welt mußte glauben, kräftig unter Druck gesetzt, sei die Bundesrepublik im Zweifelsfall stets zum Nachgeben bereit.

Zu den Gesprächen zwischen der Regierung und den politischen Parteien über die Opportunität einer Bitte der Bundesregierung an unsere westlichen Verbündeten, zusammen mit der Sowjetunion die Deutschlandfrage einer dem Völkerrecht gemäßen Lösung zuzuführen, trug ich meine Überlegungen im Auswärtigen Ausschuß vor: Es werde nicht gelingen, einen uns verbündeten Staat dafür zu gewinnen, bei Verhandlungen über die Deutschlandfrage den deutschen Rechtsstandpunkt zu vertreten, wonach völkerrechtlich gesehen auch heute noch die deutschen Grenzen die Grenzen des Jahres 1937 seien. Welche Bereitschaft unserer Verbündeten, sich für unsere Interessen einzusetzen, könnten wir heute erwarten, nachdem sich in den letzten fünf Jahren die Schwerpunkte ihrer Interessen von Deutschland weg verlagert hätten? Europa sei nicht mehr der bedrohlichste Krisenherd; die gefährlichsten Konfliktsphären, an deren Bereinigung unsere Verbündeten mit Vorrang interessiert seien, lägen in Lateinamerika, in Ostasien und im Vorderen Orient. Dort seien sie voll engagiert, und dies werde sie – bei aller Sympathie für uns – abhalten, in Europa störende Risiken auf sich zu nehmen. Die Bundesrepublik müsse selber an die Staaten des europäischen Ostens herantreten, um wenigstens den Versuch zu machen, für die Zeit bis zu einem Friedensschluß Übergangslösungen herbeizuführen, die besser sind als der heutige Zustand, dem zu sehr der Charakter des Behelfsmäßigen und eines Systems von Aushilfen anhafte, um als tauglicher Rahmen für erträglichere nachbarliche Beziehungen dienen zu können.

Wir erwarteten zuviel von außen . . . Kümmerten *wir* uns denn um die Vorgänge beispielsweise in Südostasien? Den Ereignissen in

Vietnam stand man in der Bundesrepublik recht unsicher gegenüber.
Zunächst konnte man den Eindruck gewinnen, daß in Südvietnam
Religionsgemeinschaften sich um die Chancen ihres Einflusses auf die
Regierung stritten; doch dann nahmen die Kontroversen und Ereignisse bürgerkriegsähnliche Züge an, und schließlich wurde offenbar,
daß Nordvietnams Streitkräfte mit russischer und chinesischer Unterstützung Südvietnam mit kriegerischen Handlungen überzogen und
dabei vor der Verletzung der Neutralität des Staates Laos nicht
zurückschreckten. Die Vereinigten Staaten von Amerika als Haupt-
macht des SEATO-Paktes zur Verteidigung Ostasiens gegen kommunistische Angriffe schickten militärische »Berater« und Waffen, bis sie
schließlich mit eigenen Streitkräften eingriffen. Man war beunruhigt,
aber niemand dachte, daß dieser Krieg eines Tages den Glauben an die
zivilisatorische Weltmission des weißen Mannes bei diesem selbst und
in der Welt zerstören werde.

Das Frankreich de Gaulles trat im Verein mit anderen Staaten für
einen sofortigen Friedensschluß und für Räumung Vietnams von
fremden Truppen ein. Die Amerikaner lehnten ab; eine weitere
Entfremdung zwischen Amerika und Frankreich schien sich anzubahnen, die auch für uns verhängnisvoll werden konnte. Von der
UNO war keine Hilfe zu erwarten, denn die erforderliche Übereinstimmung der fünf Großmächte für einen Beschluß des Sicherheitsrates war nicht zu erreichen.

Da es den Anschein hatte, daß außer einigen Schwarmgeistern in
der Bundesrepublik so gut wie keine politischen Kräfte sich durch das
Geschehen in Ostasien betroffen fühlten, sagte ich in einer Rundfunksendung, uns könne nicht gleichgültig sein, was in Vietnam vor
sich geht. Vietnam sei wie wir eine gespaltene Nation. Dieser Zustand
werde genauso wie bei uns von gewissen Mächten für ihre eigenen
politischen Zwecke ausgenützt. Möglicherweise könnte es uns gelingen, unsere Beziehungen zu Amerika und Frankreich dafür einzusetzen, daß die von General de Gaulle eingeleitete Aktion zur Erzwin-
gung des Friedens nicht zu Fall gebracht wird. Hier stünden
Möglichkeiten für eine aktive deutsche Politik im Interesse des
Weltfriedens offen.

Mein Eindruck ist heute wie damals, daß alle politisch Verantwort-

lichen in unserem Lande sich nach Kräften bemühten, die Bundesrepublik aus der Vietnam-Katastrophe herauszuhalten. Um so größeres
Lob verdienen Rotes Kreuz und Malteser Hilfsdienst für ihre Hilfe,
die ihre Freiwilligen den Opfern des Krieges in Vietnam brachten –
was ohne die tatkräftige Unterstützung durch die Bundesregierung
nicht möglich gewesen wäre.

De Gaulles »Europa der Vaterländer«

Zwischen Frankreich und Deutschland schien sich eine bedenkliche
Verstimmung anzubahnen. General de Gaulle drängte Bundeskanzler
Erhard, sich an seiner Politik einer Verstärkung der Aktionsfähigkeit
Europas zu beteiligen, wobei er sich auf den deutsch-französischen
Freundschaftsvertrag berief. In der Erkenntnis, daß de Gaulle unter
»europäischer Politik« nur die Kooperation kontinentaleuropäischer
Staaten verstand, erklärte Ludwig Erhard auf dieses Angebot, er sei
bereit, sich an jeder Intensivierung europäischer Politik zu beteiligen,
die im Einklang mit dem atlantischen Verteidigungsbeitrag stehe. Das
bedeutete die Ablehnung des von General de Gaulle vorausgesetzten
Ausschlusses der Vereinigten Staaten und Großbritanniens aus seiner
»europäischen Außenpolitik«. Der General reagierte mit der Weisung
an seine Minister, sich ohne seine Genehmigung bis auf weiteres nicht
mehr an Verhandlungen internationaler Gremien zu beteiligen, was
teilweise zur Blockierung der Arbeit des Ministerrates der EWG
führte. Ähnlich handelte de Gaulle auf militärischem Gebiet: Frankreich machte bei dem NATO-Manöver »Fallex 1965« nicht mit, weil
er das strategische Grundkonzept nicht zu akzeptieren vermochte.

In Anbetracht der unfreundlichen Reaktionen auf die Haltung de
Gaulles lag mir daran, seine politischen Grundkonzepte zu erläutern,
die ich aus seinem politischen und literarischen Lebenswerk zu
kennen glaubte. In einem Zeitungsartikel führte ich aus, General de
Gaulle sei seiner Herkunft, seinen Neigungen, seinem Stil nach viel
zu sehr ein Erbe des »klassischen Jahrhunderts Frankreichs«, um ein
geistloser Reaktionär sein zu können. Gewiß seien viele seiner
politischen Maßnahmen verschieden von dem, was wir unter Fort-

schritt verstehen, aber man solle sich nicht täuschen: Auch diese Maßnahmen seien von ihm als Fortschritt gemeint, als Fortschritt auf dem Wege zur Konsolidierung des französischen Staates und der französischen Nation. Wo wir von »Reaktion« sprechen, werde er von »Ordnung« reden und uns sagen, daß nur ein geordnetes Gemeinwesen sich den Luxus leisten kann, seine Phantasie bis nach Utopia schweifen zu lassen. De Gaulle sei kein *prophète du passé* – er wolle Realist, ja, Rationalist sein. Seine Vernunft sage ihm, daß es in der Geschichte nur *eine* wirkende Wirklichkeit gibt: die Staaten, und zwar die Nationalstaaten, die für ihn, wie einst für Leopold von Ranke, »unmittelbar zu Gott« stehen. Nach seiner Meinung seien einige dieser Staaten notwendige Pfeiler jener Brücke, auf der die Völker einander suchen, um in guter Ordnung nebeneinander zu leben und im eigenen Interesse miteinander gemeinsame Aufgaben besser zu bewältigen, als sie dies als einzelne könnten.

Daß Frankreich als unabhängiger, nur sich selbst verantwortlicher Staat existieren kann, erscheint de Gaulle als ein Axiom des ungeschriebenen öffentlichen Rechts Europas. Darum darf Frankreich nicht in einem größeren Gebilde – auch wenn es Europa heißt – aufgehen. Das versteht er unter seinem Begriff »Europa der Vaterländer«. Er hält es für sein größtes Verdienst, das Volk Frankreichs von der »Versuchung« zurückgerissen zu haben, um Europas willen Frankreich aufzugeben. Auch der EWG und der NATO gegenüber gilt für ihn, daß alles, was Frankreichs Interessen betrifft, »in Frankreich beschlossen werden« muß. Eine Frage zu »europäisieren« bedeutet für ihn nichts anderes, als für die Lösung der Frage eine Prozedur zu finden, die Großbritannien und die Vereinigten Staaten als in Europa mitbestimmende Mächte ausschließt. Sein Begriff von Europa ist also auch negativer Natur. Die deutsche Frage zu europäisieren, bedeutet für ihn, ihre Lösung zu einem Faktor des Kräftefeldes zu machen, das vom Atlantischen Ozean bis zum Ural reicht.

Der zweite Satz seiner politischen Weltformel lautet: Frankreich muß sich mit *der* Macht so gut wie möglich stellen, die imstande ist, dem stärksten Konkurrenten Frankreichs bei der Ordnung der Machtverhältnisse Europas die Waage zu halten. Diese Macht ist für ihn die Sowjetunion, und im Weltmaßstab kommen dazu noch China und Ostasien in Betracht. Der deutsch-französische Freundschaftsvertrag sollte uns Deutschen den Rang einer willkommenen Hilfskraft zuweisen. Die Präambel zum Ratifizierungsgesetz hat dies verhindert, und daher stamme der Groll General de Gaulles gegen jene Deutschen, die sich Europa anders vorstellen als er.

De Gaulle weiß, daß bei diesem Konzept die Einheit Deutschlands nur unter Beschränkung seiner Grenzen auf den Status der heutigen Machtsphären erreicht werden kann. Mit dieser Einschränkung liegt die Wiedervereinigung Deutschlands für ihn auch im französischen Interesse. Doch ebenso sicher kommt es ihm darauf an, die Sowjetunion und ihre Satelliten durch Belegung dieses wiedervereinigten Deutschlands mit politischen und militärischen Servituten zu beruhigen, die auch Polen und der Tschechoslowakei auferlegt werden könnten. Wenn er dieses Ziel erreicht, werden die Deutschen – ohne Unterstützung der USA – zwischen die Mühlsteine geraten, als die sich die Interessen Frankreichs und der Sowjetunion um die Achse der Weltpolitik drehen.

Ich zitierte ein Wort aus einer Fernsehrede, die de Gaulle kurz zuvor gehalten hatte: Jedes Land müsse ohne Einschränkungen mit jedem anderen »Land« verkehren, und es dürfe dabei kein Veto geben. Wen hatte de Gaulle damit gemeint? Die DDR vielleicht? Mich erinnerte dieser Satz an die »deutschen Libertäten«, die nach dem Westfälischen Frieden allen Staaten das Recht gaben, ungehindert mit den deutschen Territorialstaaten Beziehungen auch *gegen* das Reich anzuknüpfen ... Doch vielleicht war ich als aufmerksamer Leser der Bücher de Gaulles seinen Reden gegenüber nicht so befangen wie viele meiner Landsleute.

In Konsequenz dieses politischen Konzepts hatte es de Gaulle im September des Jahres 1964 für richtig gehalten, dem polnischen Staatspräsidenten Cyrankiewicz in Paris zu erklären, die französische Regierung billige den polnischen Standpunkt, daß die Oder-Neiße-Grenze schon heute die rechtmäßige Grenze Polens ist. Unter einer rechtmäßigen Grenze versteht man eine Grenze, die von niemandem mehr bestritten werden kann und deren Verlauf keiner besonderen Anerkennung durch andere Staaten bedarf, um als unantastbar zu gelten. Und da gab es in Bonn in Regierung und Parlament immer noch Stimmen, die glaubten, der »freie Westen« betrachte die Grenzfrage weiterhin als offen!

Die Verjährungsdebatte

Im Frühjahr 1965 sollte über die Frage der Verjährung von Kriegsverbrechen entschieden werden. Die vom Bundestag gefundene Regelung gereichte diesem nicht zu besonderer Ehre. Die Mehrheit der Fraktion der SPD verlangte die unumschränkte Aufhebung der Verjährung bei Mord: Sie berief sich auf das Recht der angelsächsischen Länder und Österreichs. Der Abgeordnete der CDU, Dr. Benda – später wurde er Präsident des Bundesverfassungsgerichts –, plädierte in gleicher Richtung, doch viele Abgeordnete der CDU und der FDP, sowie einige Abgeordnete der SPD, waren nicht bereit, Veränderungen der Verjährungsbestimmungen zuzulassen.

Den juristischen Vorstellungen, die Dr. Thomas Dehler von der FDP und Dr. Adolf Arndt von der SPD gegen eine Veränderung der bisherigen gesetzlichen Regelung vorbrachten – beide untadelige Demokraten, beide von den Rassengesetzen der Nazis betroffen –, vermochte ich mich nicht anzuschließen. Ich sah in den Verjährungsbestimmungen nicht wie sie materielles Strafbefreiungsrecht, sondern prozessuale Rechtsbestimmungen, die aus pragmatischen Gründen, deren Geltung der Zeit unterworfen ist, nach Ablauf einer bestimmten Frist die Strafverfolgung verbieten. Prozeßrechtliche Bestimmungen können aber jederzeit – freilich nur mit Wirkung für und gegen alle – verändert werden.

Die Mehrheit des Bundestages war nicht zu überzeugen, daß man der apokalyptischen Dimension, die das Problem durch Auschwitz gewonnen hatte, nicht gerecht werden konnte, indem man an bestehenden Rechtsvorschriften herumflickte. Man hätte sich klar darüber sein müssen, daß es sich bei dieser Verjährungsdebatte nicht um eine Frage deutscher Kriminalpolitik handelte, sondern daß sich noch Menschen in Freiheit befanden, die die Mordmaschinerie in Gang gesetzt hatten, die in der Zeit der Herrschaft des von ihnen gewollten Unmenschentums kaltblütig Morde ohne Zahl begingen; oder die von ihren Schreibtischen aus anordneten, das Volk der Juden auszurotten, Nachbarvölker ihrer Eliten zu berauben und innerhalb Deutschlands jene Bürger zu liquidieren, die man »Linke« nannte. Sollte es moralisch vertretbar sein, darunter einen Schlußstrich zu ziehen? Durfte man so handeln, als ob dieses Unrecht aufgehoben und gegenstandslos geworden sei, nur weil eine Frist verstrichen war? Gehörte die Strafverfolgung dieser Täter nicht zu jener Selbstreinigung, zu der unser Volk nach 1945 so gut wie einmütig entschlossen war?

Dazu mußte der Bundestag mit einem klaren Ja oder Nein Stellung nehmen. Wollte er das Ja, hatte er vorbehaltlos die Unverjährbarkeit dieser Verbrechen auszusprechen; wollte er das Nein, so mußte er es bei dem bisherigen Zustand belassen, denn es gab keinen Grund, statt nach zwanzig Jahren erst nach fünfundzwanzig Jahren verjähren zu lassen, wenn es wahr ist, daß über die Vergangenheit, auch über die schrecklichste Vergangenheit, Gras wachsen muß. Ich führte das in der Debatte aus. Der Bundestag hat sich damit begnügt, Aushilfen zu schaffen, indem man den Eintritt der Verjährung um einige Jahre verschob und auf diese Weise unsere Gerichte von dem Zeitdruck befreite, unter dem sie standen. Ich fürchte, daß der Bundestag eine geschichtliche Tat versäumt hat, die unserem Volk zur Ehre und moralischen Gesundung hätte gereichen können.

Die Bundestagswahl 1965

Im August 1965 leitete die SPD den Wahlkampf mit einem »Deutschlandtreffen« in der Dortmunder Westfalenhalle ein, das ich mit einer Rede über das Wahlprogramm der Partei zu eröffnen hatte. Ich stellte die bisherigen Versäumnisse der Regierungsparteien heraus und führte an, wie wir Sozialdemokraten es besser machen wollten als die bisherigen »Regierer«. Dabei vermied ich jede Schärfe, weil ich wußte, wie wenig die Schichten, deren Stimmen wir zu gewinnen suchten, um die Chance zu erhalten, mit der Regierungsverantwortung betraut zu werden, mit Polemik zu gewinnen waren. So schloß ich meine Rede mit den Worten: »Es gibt viele redliche Menschen in unserem Lande, die, was sie für das Rechte halten, anders sehen und wollen als wir. Aber vielen unter ihnen geht ab, was wir als eine wesentliche Grundvoraussetzung einer lebendigen Demokratie erkannt haben: das Zutrauen zum Menschen. Wir Sozialdemokraten trauen dem Menschen zu, daß er mit der Kraft seiner Vernunft und seines Glaubens an das Gute die Zustände in dieser Welt zu bessern vermag. Wir Sozialdemokraten verstehen unter Politik nicht Techniken zur Durchsetzung des Egoismus des einzelnen und der Gruppen, sondern mitmenschliches Begreifen des Eigenen und des Fremden, das Erfassen der Anschauungen und der Interessen hüben und drüben; das Erkennen dessen, was bei diesen Anschauungen und Interessen uns allen gemeinsam ist, wie auch dessen, was uns unterscheidet. Wir wollen einen starken Staat, wissen aber, daß der Staat nur so stark sein wird, wie seine Bürger entschlossen sind, auf ihren Freiheitsrechten und Freiheitspflichten zu bestehen. Darum wollen wir den Menschen nicht verstaatlichen und nicht vergesellschaften; wir wollen Staat und Gesellschaft vermenschlichen. Das ist der beste Weg für Deutschland voranzukommen.«

Man hat diese Art, mit dem politischen Gegner umzugehen, »Politik der Umarmung« genannt. Mir ging es indessen nicht um Liebedienerei vor den Wählern, die genug davon hatten, daß in der Bundesrepublik unter politischem Wettbewerb und politischem Kampf das Schlechtmachen des Gegners verstanden wurde; mir ging es darum klarzumachen, daß wir Sozialdemokraten es mit dem Pluralismus, der Voraussetzung für demokratische Freiheit ist, ernst meinen: Uns sei wichtig, den politischen Gegner zu widerlegen, und nicht, ihn zu verteufeln.

Die andere Seite hatte wieder in düsteren Farben ausgemalt, was dem deutschen Volk drohe, wenn Sozialdemokraten an die Regierung kommen sollten – waren sie denn nicht »Schrittmacher des Kommunismus«? Wieder wurde die SPD als Sicherheitsrisiko dargestellt, mit dem Blick auf atomare Waffen »Sicherheit« gefordert und »Freiheit« mit der freien Konsumwahl gleichgesetzt. Gegen diese Art der Wahlkampfführung anzugehen, machte keine Freude, nicht einmal, wenn es gelegentlich gelang, diese Methoden dem Zorn und auch dem

Spott der Zuhörer preiszugeben. In den Wahlversammlungen erreicht man nur einen Bruchteil des Wählervolkes; aber Flugblätter ins Haus gebracht oder an Kirchentüren verteilt, dringen überall hin. Das Niveau war nicht zu unterbieten. Ludwig Erhard nannte die Intellektuellen, die sich für die Ziele der Sozialdemokraten einsetzten, »Pinscher«. Das mobilisierte eine große Zahl, unter Führung von Günter Grass Wählerinitiativen zu bilden, mit denen für die Ziele der Sozialdemokratischen Partei geworben wurde.

Am 19. September stand fest: Der Sieger der Wahl hieß Ludwig Erhard. Die Verlierer waren die Sozialdemokraten. Willy Brandt hatte nicht vermocht, den Zauber zu brechen, der mit dem Namen des Vaters des Wirtschaftswunders verbunden war. Zwar stieg der Anteil der sozialdemokratischen Stimmen von 36,2 auf 39,3 Prozent, was man als Erfolg hätte ansehen können, wäre man vor der Wahl bescheidener gewesen und hätte nicht lauthals die absolute Mehrheit anvisiert. Es zeigte sich wieder einmal die schmerzliche Effektivität der Binsenwahrheit, daß »beinahe« eben auch »nicht« bedeutet. Willy Brandt, dieser sensible Mann, hat es so verstanden. Er verhehlte seine Bitterkeit nicht und beschloß in der Wahlnacht, sich nicht wieder für eine Kanzlerkandidatur zur Verfügung zu stellen. Das gab er auf einer Pressekonferenz bekannt, ohne sich mit seinen Freunden beraten zu haben. Er behielt das Amt des Parteivorsitzenden und das des Regierenden Bürgermeisters von Berlin bei. Die Situation der Partei war nach dieser Wahl schwieriger geworden. Wollte sie trotz der Wahlniederlage regierungsfähig bleiben, mußte sie ihre ersten Männer ins Licht der Bundespolitik stellen. Der erste Schritt auf diesem Wege war die Bitte an Helmut Schmidt, den Innensenator von Hamburg, und an Karl Schiller, den Finanzsenator von Berlin, sich für die Bundespolitik der Partei zur Verfügung zu stellen.

Bei der Konstituierung der Fraktion ging es vor allem um zwei Fragen: Wer sollte die Fraktion führen? Und welche Rolle sollte der Fraktion im politischen Gefüge der Partei zukommen? Sollte der Fraktion oder dem Parteivorstand die führende Rolle bei der Bestimmung von Strategie und Taktik im Kampf um die politische Führung in der Bundesrepublik zufallen? Willy Brandts Meinung dazu war, daß dort, wo es gelte, sozialdemokratische Politik durchzusetzen und der Öffentlichkeit verständlich zu machen, das handelnde Organ der Partei die Fraktion sei. Konnte aber dann die Führung der Fraktion einem Mann übertragen werden, der beschlossen hatte, die Partei von Berlin aus zu leiten? In der gemeinsamen Sitzung des Präsidiums, des Vorstandes und der Kontrollkommission der Partei bestand trotz dieses Bedenkens große Neigung, Willy Brandt den Fraktionsvorsitz anzutragen.

Fritz Erler, dessen Selbstgefühl durch seine parlamentarischen Erfolge und durch die Beachtung, die er in steigendem Maße auf der nationalen und internationalen Szene gefunden hatte, gewachsen war, protestierte: Er habe in den vergangenen Jahren die Hauptlast der parlamentarischen Auseinandersetzung getragen und sei nicht bereit, in der Führung der Fraktion einem anderen Platz zu machen. Von Willy Brandt kam kein Widerspruch. Er war offenbar beeindruckt von dem zustimmenden Echo der Führungsgremien, den sein Entschluß, den Parteivorsitz und das Amt des Regierenden Bürgermeisters von Berlin weiterzuführen, ausgelöst hatte. Fritz Erler wurde als Vorsitzender der Bundestagsfraktion bestätigt. Nun würde es also einen Parteivorsitzenden geben, der durch sein Amt in Berlin zeitlich erheblich beansprucht wurde, und einen Fraktionsvorsitzenden in Bonn, in dessen Händen die Hauptlast und die Fülle der Aufgaben liegen sollte, die mit der Pflicht zur aktiven Vergegenwärtigung des politischen Willens der Partei verbunden sind. Würde es also zu einer zweipoligen Führung der Partei kommen? Und wie sollte es um den anderen stellvertretenden Parteivorsitzenden, Herbert Wehner, bestellt sein? Sollte er als Schiedsrichter zwischen dem Parteivorsitzenden und dem Fraktionsvorsitzenden wirken? Einige besonders satzungsgläubige Kapitolswächter erwogen, eine Geschäftsordnung für das Zusammenwirken der Mitglieder des Triumvirats zu entwerfen. Ich beschwor alle, die es anging, einen Unsinn zu lassen, der notwendigerweise dazu führen müsse, die Aktionsfähigkeit der Parteispitze in Interpretationsdebatten zu ertränken. Die Funktionsfähigkeit des Triumvirats werde durch einige einfache Dinge gewährleistet werden: durch die Fähigkeit der »Drei«, fair miteinander umzugehen; durch ihre Loyalität gegenüber der Partei, die Vertrauen in ihre Führung setzte; und schließlich durch die Kraft der Freund-

schaft. Ich erinnerte daran, daß Kurt Schumacher uns schon im Jahr
1946 gesagt hatte: Das Schicksal dieser Partei hänge davon ab, daß
ihre führenden Mitglieder sich untereinander als der Freundschaft
fähig erweisen. So unterblieben denn die Versuche der Perfektioni-
sten, und das Triumvirat spielte sich vortrefflich ein, ohne daß es
eines beschriebenen Papieres bedurfte.

Willy Brandt stellte in Berlin einen Stab zusammen, der ihm bei der
politischen Arbeit innerhalb der Partei assistierte; die Bundestagsfraktion mit ihren Assistenten und der Arbeitsstab im Bonner
Parteibüro, der sogenannten Baracke, standen zur Verfügung des
Fraktionsvorsitzenden. Herbert Wehner war in dieser Mannschaft
der »Libero«, der einsprang, wo er Lücken sah und für die Partei eine
Chance witterte, die den beiden anderen entgangen sein mochte.

Die Strategie des politischen Aufmarschs für den Kampf um die
Zugänge zum Kapitol entwickelten die drei gemeinsam mit den
Parteifreunden, denen sie Urteil und Sachkenntnis zutrauten. Diese
Konstruktion hat lange gehalten, obwohl die Inhaber der Funktionen
gelegentlich ihre Kommandostände tauschten. Die Fritz Erlers Akti-
vität lähmende Krankheit brachte es mit sich, daß für ihn ein
Stellvertreter bestellt werden mußte. Man entschied sich für den
bisherigen Hamburger Innensenator Helmut Schmidt, der alsbald
Gelegenheit hatte, seinen politischen Rang offenkundig zu machen.
Noch nie hatte sich seit Kurt Schumachers Tod die Partei so
entschlossen und gut geführt auf den Marsch begeben.

Bei der kulturpolitischen Debatte am 1. Dezember 1965 ging es
vordergründig um die Feststellung der vom Bund für die Förderung
von Wissenschaft und Forschung zur Verfügung gestellten Mittel.
Dabei nahm ich die Gelegenheit wahr, mich über dieses Thema
hinaus zum Verhältnis von Staat und Nation zur Welt des Geistes zu
äußern: Man habe in der Debatte Vortreffliches über die Notwendigkeit gesagt, Bildung und Wissenschaft zu fördern, jedoch sei dies, wie
mir schiene, mit dem Unterton geschehen: Unterließen wir diese
Förderung, könnten wir ökonomisch ins Hintertreffen kommen. Ich
sei aber der Meinung, Wissenschaft, Bildung und Künste müßten
gefördert werden, weil sie zu den edelsten Äußerungen und zur

Selbstbestätigung der Menschenwürde gehören, und nicht nur, weil sie unseren materiellen Wohlstand heben. Eine Nation sei mehr als eine Produktions- und Konsumgesellschaft. Doch leider hätten wir in Deutschland die Gewohnheit, unsere Schriftsteller einzuteilen in staatserhaltende und Werte schaffende auf der einen Seite und Nihilisten, daher Werte zerstörende, auf der anderen. Mancher aber, der zu seinen Lebzeiten als Nihilist bezeichnet wurde, sei eine Generation später als Schöpfer neuer Lebenswerte erkannt worden.

Daß die kulturelle Hoheit bei den Ländern liege, sei gut. Aber verstehe es sich denn nicht von selbst – das heißt, auch ohne ausdrückliches Verfassungsgebot –, daß Regierung, Parlament und Bundesrat die Pflicht haben, für die Nation alles zu tun, was notwendig und geeignet ist, die geistigen Potenzen unseres Volkes freizusetzen und auf den rechten Gebrauch hinlenken zu helfen? Es könne den Verantwortlichen der Bundesrepublik nicht gleichgültig sein, ob die Bildungs- und Forschungsmöglichkeiten ausreichen, um die Herausforderung des Jahrhunderts anzunehmen und zu bestehen. Das Grundgesetz gebe dem Bund die Kompetenz, die wissenschaftliche Forschung zu fördern – folglich habe er die Pflicht, dafür zu sorgen, daß unser Bildungswesen für die wissenschaftliche Forschung genügend ausgebildete Wissenschaftler zur Verfügung stellt. Insoweit habe der Bund auf dem Gebiet der Bildung und der wissenschaftlichen Forschung eine *Führungsaufgabe.* Er habe sich aus Eigenem zu bemühen, daß durch Zusammenwirken von Bund, Ländern und Gemeinden – im Rahmen der jeweiligen legislativen und administrativen Zuständigkeiten – ins Leben gerufen wird, was unser Volk braucht, um sich auch in der Bemühung um geistige Erfassung der Welt entfalten zu können. Auf die Dauer werde es nicht angehen, daß wir für die Erziehung der Jugend ohne einen nationalen Bildungskanon sind, an dem unsere Kinder erkennen können, was es bedeutet und was es ihnen abfordert, wenn sie zum Volk der Deutschen gehören wollen.

Ich erhielt viel Beifall. Er blieb ohne Folgen.

Das Ende der Regierung Erhard

Das Jahr 1966 wurde vornehmlich von der Frage beherrscht, ob es Ludwig Erhard gelingen würde, mit den wirtschaftlichen Schwierigkeiten fertig zu werden. Es kam zu Arbeitskämpfen, vor allem im Ruhrgebiet.Die Weigerung der FDP, den von der Regierung geforderten Steuererhöhungen zuzustimmen, stellte den Ausgleich des Haushalts in Frage. Der Bundespräsident benutzte jede Gelegenheit, um mit leiser Stimme die »Große Koalition« als das beste Mittel zu empfehlen, der bestehenden Schwierigkeiten Herr zu werden und die Entstehung künftiger Beschwernisse zu verhindern.

In der FDP begann sich ein Klärungsprozeß abzuzeichnen. Unter Führung ihres populären zweiten Vorsitzenden, Willi Weyer, erhob, wie schon einmal vor Jahren, die um den Abgeordneten Wolfgang Döring gescharte Gruppe der »Jungtürken« ihr Haupt. Auf dem traditionellen Treffen der FDP am Dreikönigstag in Stuttgart forderte ein Teilnehmer, ohne viel Widerspruch zu finden, zur Zerstörung des »Mythos Ludwig Erhard« auf. Es kam zwischen den Koalitionsparteien zu endlosen Besprechungen, wie die Scherben des auf beiden Seiten zerschlagenen Porzellans wohl gekittet werden könnten, und es wurde von der Notwendigkeit einer neuen Regierung gesprochen, an deren Spitze ein Mann stehen müsse, dem Führungseigenschaften eigen seien, die Erhard fehlten.

Die Freien Demokraten bekamen immer wieder und immer deutlicher zu spüren, daß sie im Lande bedenklich an Ansehen verloren. Man nannte sie »Mitläuferpartei« und »Pendlerpartei«, die starke Worte gebrauche, aber umfalle, wenn es zum Schwure kommt. Der Ausgang der Landtagswahlen in Nordrhein-Westfalen trug dazu bei, die FDP zu einer Prüfung ihrer bisherigen Bundespolitik zu veranlassen. Einige Mitglieder, die mit der Parteiführung unzufrieden waren, führten mit Mitgliedern der sozialdemokratischen Fraktion vertrauliche Gespräche über die unter den gegebenen Umständen bestehenden Möglichkeiten eines Zusammengehens beider Parteien in einer neuen Regierung – »ohne jedes Obligo für die Beteiligten natürlich ...«. Selbstverständlich teilten die Gesprächspartner das Ergebnis ihrer Sondierungen der Parteispitze mit; ebenso selbstver-

ständlich legten deren Mitglieder in diesem Stadium keinen Wert
darauf, der Öffentlichkeit mitzuteilen, was sie wußten.

Mit der Führung seiner Partei war besonders Dr. Thomas Dehler
unzufrieden, der seit 1960 die FDP im Präsidium des Bundestages
vertrat und mit dem mich seit der Zeit des Parlamentarischen Rates
eine herzliche Freundschaft verband. Er war davon überzeugt, daß
die Zeit Ludwig Erhards zu Ende gehe; die Spitzen von FDP und
SPD würden gut daran tun, untereinander offizielle Gespräche über
eine nach Erhards Sturz mögliche Kleine Koalition zu führen.
Komme aber eine Koalition SPD/CDU zustande, dann sei zu
befürchten, daß ein Mehrheitswahlrecht englischen Stils eingeführt
wird, was praktisch das Ende der FDP bedeuten würde.

Ich unterrichtete Willy Brandt, Herbert Wehner und den Fraktionsgeschäftsführer Karl Mommer über Dehlers Meinung, aber bis
auf Mommer schienen meine Freunde eine Kleine Koalition mit der
FDP nicht für das zu halten, was die Bundesrepublik brauchte: Die
FDP sei völlig diskreditiert; ihr Mangel an Disziplin werde jede
Abstimmung zu einem Risiko für die Koalition machen; bei Fragen
der Steuerpolitik und der Sozialpolitik werde man bei ihr immer auf
reaktionäre Widerstände stoßen. Im übrigen werde die CDU/CSU
Erhard von sich aus zu Fall bringen. Dann sei die Möglichkeit
gegeben, mit der Union unter sehr günstigen taktischen Voraussetzungen in Koalitionsverhandlungen einzutreten. Mit dem sozial
eingestellten Flügel der CDU/CSU würden sich die Sozialdemokraten besser einigen können als mit den Freien Demokraten. Vor allem
aber: Wenn die Union mit uns zusammen eine Regierung bildete,
würde die ständige Behauptung ihrer bisherigen Wahlpropaganda, die
SPD sei nicht regierungsfähig, gestorben sein.

Ludwig Erhard hatte nicht nur in der Innenpolitik kein Glück, er
hatte es auch weiterhin nicht in der Außenpolitik. De Gaulle
verkündete am 21. Februar, daß Frankreich mit Wirkung vom 1. Juli
1966 aufhören werde, Mitglied der NATO zu sein, die bis zum 1.
April 1967 ihre in Frankreich bestehenden Basen zu räumen habe.
Die französischen Offiziere verließen am 1. Juli 1966 die Stäbe der
NATO, die damit ihre bisherige Kommandogewalt über die in
Deutschland stationierten französischen Truppen verlor. Auf

Wunsch der Regierung der Bundesrepublik behielten die französischen Truppen indessen ihre einst kraft Besatzungsrecht in Anspruch genommenen Garnisonen bei. Bei den Gesprächen, die Ludwig Erhard aufgrund des Elysée-Vertrages in den Konsultationen mit dem französischen Staatspräsidenten führte, wurde immer deutlicher, daß Frankreichs Politik vorrangig auf Ausschaltung jedes amerikanischen Einflusses auf die europäische Politik ausging und daß sie gleichzeitig über partielle Entspannungsmaßnahmen hinausgehende Verbesserungen der Beziehungen zwischen Paris und Moskau anstrebte, was nicht ohne Einfluß auf ihre Deutschlandpolitik bleiben konnte.

Gleichzeitig verschlechterte sich das Verhältnis der Bundesrepublik zu den Vereinigten Staaten von Amerika. Als die Amerikaner erklärten, ihre Truppen in der Bundesrepublik verringern zu müssen, wenn die Bundesrepublik nicht zu einem Devisenausgleich für die von den USA aufzubringenden Stationierungskosten bereit sei, bat Ludwig Erhard um ein Moratorium. Präsident Johnson lehnte ab.

Diese außenpolitischen Nackenschläge trugen zur weiteren Erschütterung des politischen Kredits Ludwig Erhards auch in der CDU/CSU bei. In langwierigen Verhandlungen war es im November 1965 gelungen, zwischen Bonn und der DDR ein Abkommen über Erleichterungen bei der Gewährung von Passierscheinen zu Weihnachten und Neujahr zustande zu bringen. Allgemein durfte dies als ein Beweis dafür angesehen werden, daß auch die Machthaber der DDR eine Intensivierung der Beziehung der Deutschen beiderseits der Demarkationslinie wünschten. Dieser Eindruck wurde bestätigt, als am 7. Februar 1966 SED-Chef Walter Ulbricht einen Offenen Brief an die Sozialdemokratische Partei Deutschlands richtete, in dem er die SPD aufforderte, sich mit der SED »über die große Verantwortung der beiden stärksten deutschen Parteien für die Geschichte Deutschlands« auszusprechen. In den Wochen vom 18. März bis zum 29. Juni gingen zwischen beiden Parteien Briefe hin und her, in denen man sich über den Austausch von Rednern einigte; da die SED jedoch immer neue Bedingungen stellte, konnte es zu einem festen Termin für eine Begegnung nicht kommen.

Aus dem Offenen Brief, mit dem sich die SED unmittelbar an die Sozialdemokratische Partei wandte, ging ja bereits hervor, daß gesetzliche Erleichterungen für die Bevölkerung der DDR nur auf dem Weg über offizielle Beziehungen zwischen beiden Regierungen erreichbar sein würden. Was von vornherein vermutet werden konnte, war damit klar ausgesprochen: daß es nämlich dem Regime in Ostberlin ausschließlich darauf ankam, über Verhandlungen beider deutscher Regierungen die internationale Anerkennung des SED-Regimes zu erreichen, die ihm bei seinem Versuch, die Mitgliedschaft in der UNO zu erlangen, verweigert worden war. Welcher Staat aber hätte ihr noch die Anerkennung versagen können, wenn selbst die Bundesrepublik es für möglich hielt, mit der DDR – dem »Zonenregime«, wie man damals noch sagte – in Vertragsverhandlungen einzutreten? Die Reaktion der Sozialdemokratischen Partei war so eindeutig, daß die SED am 29. Juni den Redneraustausch mit der Begründung endgültig absagte, die Aufrechterhaltung des Alleinvertretungsanspruches durch die Bundesrepublik und der Wortlaut des Gesetzes über freies Geleit für die Zonenfunktionäre ließen Gespräche zwischen SPD und SED als sinnlos erscheinen.

Ich habe von der ganzen Sache nie viel gehalten. Seit der Reaktion Moskaus und Ostberlins auf unseren 1959 vorgeschlagenen Deutschlandplan war ich sicher, daß von den Machthabern der DDR kein Handschlag für die Wiedervereinigung oder die Änderung der Lebensbedingungen ihrer Bevölkerung zu erwarten war. Das war aber für mich kein Grund, Kontakte und Abmachungen zwischen Bonn und Ostberlin – nach dem Prinzip und im Verhältnis des *do ut des* – für untunlich und unmöglich zu halten.

Im Oktober 1966 zeigte sich bei Erhards Bemühungen um den Ausgleich des Bundeshaushalts, wie zerstritten die Koalitionsparteien waren. Als klar war, daß der Haushaltsvoranschlag der Regierung ein Defizit aufwies, verlangte die FDP, den Ausgleich durch Einsparungen herbeizuführen; die von Erhard vorgeschlagenen Steuererhöhungen lehnte sie ab. Im Kabinett wurde ein Kompromiß erreicht: Die FDP-Minister stimmten den Steuererhöhungen zu. Die Fraktion der FDP bäumte sich dagegen auf und zwang am 27. Oktober ihre Minister zurückzutreten. Zugleich gab sie bekannt, daß die Koalition nunmehr beendet sei und die Freien Demokraten in die Opposition gehen werden.

Damit hatte Ludwig Erhard die Regierungsmehrheit verloren; Versuche, die einstigen Partner auf gemeinsame Vorstellungen zu einigen, mißlangen. Nach allem, was er über die Regierungsunfähigkeit der Sozialdemokraten gesagt hatte, konnte er der SPD keine Koalitionsverhandlungen anbieten. Durch sein Zögern, rechtzeitig Alternativen ins Auge zu fassen, hatte er sich selber matt gesetzt.

Die Unionsparteien hatten Grund, sich um ihre Vormachtstellung Sorgen zu machen. Bei den Landtagswahlen in Hessen hatte die CDU 2,4 Prozent ihrer bisherigen Wählerstimmen verloren, die SPD hatte geringfügig besser abgeschnitten als bei der Wahl davor, und die neonazistische NPD, die zum erstenmal auf den Wahlzetteln stand, hatte 7,9 Prozent der Stimmen erhalten. Bei den Landtagswahlen in Bayern hatte die CSU zwar zwei Mandate gewinnen können, die NPD aber auf Anhieb 15 Mandate erobert. Es zeigte sich ein Trend, der zu Lasten der bisherigen Koalitionsparteien ging. Als Ludwig Erhard den Vorschlag der SPD und FDP ablehnte, die Vertrauensfrage zu stellen, die unter den gegebenen Umständen zur Auflösung des Bundestages und einer der CDU/CSU unwillkommenen Neuwahl geführt haben würde, begann sich der Bundesvorstand der CDU nach einem Nachfolger für Ludwig Erhard umzusehen. Nachdem die CSU sich (gegen Gerhard Schröder und Rainer Barzel) für Kurt Georg Kiesinger, den populären Ministerpräsidenten von Baden-Württemberg entschieden hatte, nominierten ihn die Unionsparteien am 10. November als ihren Kandidaten. Gleichzeitig bestellten sie eine Kommission für Koalitionsverhandlungen, die unter seinem Vorsitz stehen sollte.

Die führenden Sozialdemokraten waren entschlossen, alles zu versuchen, um in gebührender Stärke und über die Vordertreppe in die Regierung zu gelangen. Auch sie setzten eine Kommission ein, der sie ein Acht-Punkte-Programm an die Hand gaben, das die Vorbedingungen der SPD für eine Koalition enthielt und die Vorstellungen der Partei von der Tätigkeit einer von ihnen mitgetragenen Bundesregierung klarlegte. Diese Kommission nahm zunächst – der politischen Logik der Situation gemäß – Verhandlungen mit der FDP auf. Es gelang verhältnismäßig leicht,. sich über die außenpolitischen Probleme allgemein und über die Deutschlandpolitik im besonderen zu verständigen sowie Einvernehmen über Reformen des Rechtswesens zu schaffen. In einer Reihe von wirtschafts- und gesellschaftspolitischen Fragen, vor allem in der Frage der Mitbestimmung der Arbeitnehmer, gelang es indessen nicht, eine gemeinsame Plattform zu finden.

Daraufhin konzentrierten sich die Bemühungen der Kommission auf Verhandlungen mit der CDU/CSU. Innerhalb der sozialdemokratischen Fraktion wurden Warnungen laut: Wenn man mit der CDU/CSU koaliere, koaliere man mit Franz Josef Strauß! Eine SPD, die mit Franz Josef Strauß in einer Regierung sitze, werde ihre politische Glaubwürdigkeit verlieren. Diesen Warnungen gegenüber wiesen Willy Brandt, Herbert Wehner und Helmut Schmidt darauf hin, daß die Sozialdemokraten unter Zwang stünden: Wenn es nicht gelinge, für die erste Runde zu einem Abschluß zu kommen, werde die Chance der SPD, endlich einmal zeigen zu können, daß sie zu regieren versteht und imstande ist, eine Regierung sozialdemokratisch zu motivieren, für lange Zeit verspielt sein. Um die von den Sozialdemokraten für notwendig und möglich gehaltenen Reformen zu verwirklichen, würden sie zunächst Verfassungsänderungen oder Verfassungsergänzungen durchsetzen müssen; dies aber werde nur mit den Stimmen der Unionsparteien erreichbar sein. Im übrigen gehe es nur um ein Bündnis auf Zeit; nach der nächsten Wahl würden die Sozialdemokraten völlig frei sein, ihren Koalitionspartner zu wechseln. Ein Brief Fritz Erlers vom Krankenbett beschwor die Fraktion, trotz ihrer verständlichen Bedenken der Koalition mit den Unionsparteien zuzustimmen.

DIE GROSSE KOALITION

»Eine neue Epoche«

Am 26. November 1966 beschlossen die Fraktionen der CDU/CSU und der SPD, unter Kurt Georg Kiesinger als Bundeskanzler und Willy Brandt als Vizekanzler und Außenminister, die Bundesregierung zu bilden. Am 1. Dezember trat Ludwig Erhard zurück, und der Bundestag wählte Dr. Kiesinger zu seinem Nachfolger. Der neuen Regierung sollten zehn Minister aus den Reihen der Union und neun der SPD angehören.

Obwohl ich nun siebzig Jahre alt wurde, waren Willy Brandt und Herbert Wehner der Meinung, daß mein Name auf einer Kabinettsliste, an der zum erstenmal seit Gründung der Bundesrepublik Sozialdemokraten beteiligt waren, nicht fehlen dürfe. Ich zögerte, doch sie faßten mich beim Portepee, und so kam ich ihrer Bitte nach.

Mit der Vereidigung als Bundesminister für Angelegenheiten des Bundesrates und der Länder schied ich aus dem Präsidium des Bundestages, dem ich siebzehn Jahre als sein dienstältester Vizepräsident angehört hatte. Das Amt des Präsidenten der Beratenden Versammlung der WEU, das mir im Juni desselben Jahres zum viertenmal einstimmig übertragen worden war, legte ich ebenfalls nieder, da ein Regierungsmitglied nicht zugleich Mitglied der Beratenden Versammlung sein konnte.

Die Ehrungen zu meinem siebzigsten Geburtstag am 3. Dezember 1966 bewegten mich sehr. Sie bestätigten mir, daß der Weg, auf dem ich versucht hatte, einiges für die Formung der Demokratie in Deutschland und für die Versöhnung der Deutschen mit sich selbst zu tun, sowie die Bereitschaft der Völker zu wecken, die unter uns gelitten hatten, uns die Hand zur Versöhnung zu bieten, der rechte Weg war.

Die Einarbeitung in das neue Amt, in dem mir Dr. Friedrich
Schäfer, den ich seinerzeit in Tübingen zum Beamten ernannt hatte,
als Staatssekretär zur Seite stand, fiel in Anbetracht der administrativen Bedeutungslosigkeit dieses Ministeriums nicht schwer. Ich
machte Besuche bei den Präsidenten und Vizepräsidenten des Bundesrates und lud die Bundesratsvertreter der Länder zu Informations-
gesprächen ein. Die Beamten des Ministeriums schienen mir eine
»verschworene Gemeinschaft« ehemaliger Funktionäre der einstigen
Niedersächsischen Landespartei Heinrich Hellweges zu sein, die sich
seit 1947 »Deutsche Partei« nannte und zur Hausmacht des langjährigen Verkehrsministers Seebohm wurde. Adenauer hatte dieses Ministerium geschaffen, um die Deutsche Partei, die er zur Mehrheit
brauchte, an sich und die Unionsparteien zu binden.

Auch zu diesem Jahresende faßte ich meine Überlegungen in einem
Artikel – »Eine neue Epoche« – zusammen, der in einer Reihe von
Tageszeitungen erschien. Die Erkenntnis, daß die Zeit, in der man die
Bereinigung der durch die Spaltung Deutschlands herbeigeführten
Lage als lokales Kriegsfolgeproblem habe betrachten können, vorbei
ist, zwinge uns, ohne weiteren Verzug auf die Herstellung normaler
diplomatischer Beziehungen zu unseren Nachbarstaaten auszugehen.
Dabei werde uns heute ein höherer Preis als vor zehn Jahren
abverlangt werden, denn bei dieser partiellen Normalisierung müsse
manches vorweggenommen werden, was nach unseren Vorstellungen
zu Beginn des zweiten Jahrzehnts der Nachkriegszeit erst durch den
allgemeinen Friedensvertrag geregelt werden sollte.

Innenpolitisch würden wir ebenfalls Entscheidungen zu treffen
haben und Maßnahmen ergreifen müssen, von denen die wenigsten
populär sein werden. Manche werden in uns liebgewordene Gewohn-
heiten eingreifen. Die Zeit für Wahlgeschenke und Gefälligkeiten sei
vorbei, und von den Teilen unserer Bevölkerung, die bisher mehr
oder weniger sichtbarer Subventionen teilhaftig werden konnten,
müsse künftig manches Unangenehme hingenommen werden.

Ich habe nicht den Eindruck, daß mir die Ereignisse der folgenden
Jahre unrecht gaben.

Gespräch mit Ayub Khan

Zu Beginn des neuen Jahres hatte ich die Bundesregierung bei der Eröffnung eines Entwicklungshilfeprojekts, eines mit deutscher Hilfe erstellten Fernsehsenders in Islamabad, der Hauptstadt Pakistans, zu vertreten. Mein erster Besuch galt dem Staatspräsidenten, General Ayub Khan. Wäre ich ihm irgendwo in Europa begegnet, würde ich ihn, ohne zu zögern, für einen englischen General gehalten haben, dem der Aufenthalt in den Tropen die Haut dunkler gebeizt hat als die Sonne Britanniens die Haut seiner auf der Insel verbliebenen Kameraden. Er hatte mehr als das Gardemaß und hielt sich gerade wie so viele jener Altgedienten, die mir in der Uniform des Vereinigten Königreiches gegenübergetreten sind. Dabei hatte ich gelegentlich den Eindruck, der militärische Way of life Englands habe den Habitus der Armee stärker geprägt als der preußische Stil den deutschen Soldaten. Mir war es schon in den Jahren nach dem Ersten Weltkrieg leichter gefallen, in einem Herrn in Zivil den ehemaligen Offizier Seiner Britischen Majestät zu erkennen, als in jenem anderen korrekt gekleideten Herrn den einstigen Offizier der kaiserlichen Armee.

General Ayub Khan hatte nichts »Kommissiges« an sich. Bei aller Einfachheit der Sprache legte er keinen Wert auf jene Knappheit des Ausdrucks, die bei uns für den militärischen Diskurs als obligatorisch zu gelten scheint. Seine Sätze bewegten sich in dem ungebrochenen Fluß, dem man bei den Unterhaltungen unverkrampfter Männer zu begegnen pflegt. Wir sprachen über die politische Lage, vor allem über die spezifische Machtverteilung unter den an der großen Politik beteiligten Staaten und Staatengruppen. Die USA und die Sowjetunion standen dabei im Vordergrund: Von Großbritannien sei nicht viel zu erwarten, meinte der Präsident, dagegen werde das Frankreich de Gaulles in der Weltpolitik noch eine Rolle spielen, und sei es nur wegen seiner Atomwaffen. Dabei würden möglicherweise die französischen Besitzungen im Indischen Ozean und in der Südsee neue strategische und politische Bedeutung erlangen. Wenn es gelingen sollte, zu einem politisch geeinten Europa zu kommen, das seine politischen, militärischen und ökonomischen Potentiale geschlossen

in die Waagschale des Weltgeschehens werfen könnte, würde die Welt
anders aussehen. Doch er werde das wohl nicht mehr erleben. Bisher
sei man indes eher bereit, in Partikel zu zerlegen, was die Geschichte
zusammengebracht hat, als willens und fähig, die einzelnen Staaten
eines Kontinents dazu zu bringen, ihre Kräfte zu verschmelzen und
so in neuer Form wieder geschichtsmächtig zu werden. Jeder schaue
nur auf den nächsten Nachbarn, und was dabei herauskomme sei die
Feststellung, daß dieser von ihm verschieden ist und er gestern oder
vorgestern von ihm Übles erfuhr. Keiner versuche, über den Rand
seines politischen Kontinents hinaus auszumachen, was von fern her
zu fürchten sein könnte. Geschähe dies, würden sich die Nachbarn
bald fragen, ob es denn nicht für sie alle besser wäre, sich zusammenzuschließen, denn am politischen Horizont stünden seltsam dunkle
Wolken.

Wenn er von Indien sprach, war bei Ayub Khan von diesem Über-
den-Rand-des-Kontinents-Hinausschauen nicht viel zu spüren. Vereint zu handeln habe man auf dem indischen Subkontinent nur
vermocht, solange die Briten im Lande waren und Inder und Pakistani die »Fremden« gleichermaßen loswerden wollten. Kaum seien
die Briten außer Landes gewesen, seien die Inder über die Pakistani
hergefallen – da und dort auch die Pakistani über die Inder –, und
jetzt seien die Inder vollends größenwahnsinnig geworden und
möchten sich gern den ganzen Subkontinent zu eigen machen. Aber
Pakistan sei auf der Hut. Um sich schützen zu können, brauche man
moderne Waffen. Am liebsten würde er sie von der Bundesrepublik
beziehen, doch das Bonner Parlament habe da ein Gesetz beschlossen, das die Ausfuhr von Kriegsgerät in Spannungsgebiete untersage.
Pakistan sei jedoch nicht auf die Bundesrepublik angewiesen. China
sei bereit, alle Waffen zu liefern, die Pakistan brauche. Seinem Lande
werde nichts übrigbleiben, als diese Waffenhilfe anzunehmen – wenn
auch ungern, denn wer Waffen liefere, verlange dafür meist einen
politischen Preis, und wenn der Lieferant ein naher Nachbar ist,
könne man dabei in Teufels Küche kommen. Andererseits sei es ihm
lieber, China diesen Preis zu bezahlen, als sein Land von Indien
auffressen zu lassen.

Die Europäer sollten ihre Augen aufmerksamer auf China richten,

meinte Ayub Khan. Dort geschähen Dinge, die man dem China von
einst nicht zutrauen würde. Das Land sei zu neuem Leben erwacht,
und eine energische, auf lange Sicht planende politische Führung habe
in diesem Riesenvolk Kräfte mobilisiert, die den Koloß zur dritten
Weltmacht machen könnten. Von außen her werde niemand in der
Lage sein, diesen Prozeß aufzuhalten, auch die Sowjetunion nicht, die
allmählich zu begreifen beginne, daß ihre asiatischen Grenzen
bedrohter sind als ihre europäischen.

Im Laufe des Gesprächs berichtete ich Ayub Khan über meinen
ersten Besuch in seinem Lande und daß ich einen Umweg über
Lahore gemacht hätte, um auch einmal, wie einst der kleine Kim
Rudyard Kiplings, auf der Lafette der Kanone Zam-Zamah vor dem
»Wunderhaus« sitzen zu können. *»Oh, Kim's gun«,* sagte der General
lächelnd. Anderntags fand ich in meinem Zimmer im Gästehaus eine
Kiste mit der Aufschrift *»Kim's gun«.* Sorgfältig verpackt lag darin
eine kleine Nachbildung jener Kanone aus dem Mogulreich des
17. Jahrhunderts. Nun steht sie auf meinem Schreibtisch im Bundeshaus – wo sie mich zuweilen in den Verdacht geraten läßt, ein
unverbesserlicher Militarist zu sein . . .

Aufgaben als »Außenminister des Innern«

Nach den ersten Wochen im neuen Amt wußte ich, daß der Apparat
des Ministeriums sich unter dem Staatssekretär und den Abteilungs-
leitern durchaus mit sich selber beschäftigen konnte. Ich hatte die
Wahl, mich entweder auf die Teilnahme an den Kabinettssitzungen
und die Wahrnehmung der Sitzungen des Bundesrates zu beschränken, um dort Erklärungen der Regierung abzugeben, und wohl auch
auf eigene Faust Bemerkungen zu den von den Vertretern der Länder
abgegebenen Erklärungen zu machen, oder mir auszudenken, was ich
außerhalb der Kompetenzen meines Hauses zur Lösung bestimmter
Aufgaben beitragen könnte, bei denen es darauf ankam, in konkreten
Fällen die Länder für bundesfreundliches Verhalten zu gewinnen und
Initiativen zu ergreifen, die im Interesse des Bundes liegen.

Ich dachte dabei an Aktivitäten zur Beseitigung der Behinderungen

der notwendigen Reformen im Unterrichtswesen durch die zur Zeit
übliche Handhabung des Reichskonkordats von seiten der Kirche
und mancher Länder. Dies würde Gespräche mit den Kultusmini-
stern und auch den Ministerpräsidenten der Länder sowie mit den
Bischöfen und dem Apostolischen Nuntius erfordern. Ich würde
mich dabei wohl auch an die Ständige Konferenz der Kultusminister
wenden müssen.

Ein anderes Problem war die Bereinigung der im Verhältnis von
Bund und Ländern im Laufe der Zeit üblich gewordenen, formal nur
selten verfassungsmäßigen Praktiken bei der Finanzierung gewisser
Aufgaben durch den Bund, die nach der Verfassung in der alleinigen
Zuständigkeit der Länder liegen. Hier kam es darauf an, Länder und
Bund für Änderungen des Grundgesetzes zu gewinnen, durch die auf
dem Gebiet der sogenannten Gemeinschaftsaufgaben klare, rechtlich
einwandfreie Lösungen gefunden werden könnten.

Schon bei der Beratung des Grundgesetzes hatte diese Frage eine
Rolle gespielt. Man sprach damals noch nicht von Gemeinschaftsaufgaben, sondern von vertikalem Finanzausgleich, womit die Unterstützung von Bundesländern gemeint war, die nicht finanzkräftig
genug waren, um gewisse Einrichtungen, deren Schaffung in ihrem,
aber gleichermaßen auch im Nationalinteresse lag, ausschließlich aus
eigenen Mitteln zu schaffen und zu betreiben. Eine vernünftige
Regelung war früher am Einspruch der Alliierten gescheitert, die in
dem vertikalen Finanzausgleich eine Institution witterten, die dem
Bund erlauben könnte, widerspenstige Länder zu »bestrafen« oder sie
zu »kaufen«, was die Widerstandskraft der Länder gegenüber einer
sich zentralistisch gebärdenden Bundesregierung hätte schwächen
können.

Auch auf dem Gebiet des Notstandsrechts meinte ich einiges
erreichen zu können, waren doch auf diesem Gebiet recht abweichende Auffassungen von den verschiedenen Landesregierungen zu
erwarten. Auf der einen Seite standen jene, die die Notstandsvorbe-
halte der einstigen Besatzungsmächte, wie im Deutschlandvertrag
vorgesehen, durch deutsches Notstandsrecht abgelöst sehen wollten;
auf der anderen Seite jene, denen die Erinnerung an das Notstandsrecht des Artikels 48 der Weimarer Verfassung einen Schrecken

einjagte und die sich weniger den Kopf darüber zerbrachen, wie man das Grundgesetz durch Bestimmungen ergänzen konnte, die, ohne die bürgerlichen Freiheiten zu ignorieren, der Regierung erlauben würden, unter parlamentarischer Kontrolle das zur Bannung von Gefahren Erforderliche zu tun.

Auch die Frage der Änderung des Wahlrechtes stand noch immer zur Debatte. Eine Chance, bei der Lösung dieser Aufgabe nützlich sein zu können, konnte ich nur haben, wenn es mir gelang, das Vertrauen der Landesregierungen zu erwerben ebenso wie das des Bundeskanzlers und meiner Kollegen im Kabinett. Die meisten Regierungschefs der Länder kannten mich seit langem und wußten, daß sie meiner Loyalität sicher sein konnten. Doch pauschales Wissen genügt im konkreten Einzelfall nicht immer, um das Aufkommen des Mißtrauens in die Loyalität des Andersdenkenden und manchmal auch Andereswollenden zu verhindern. Hier würde bei jedem zur Regelung anstehenden Regierungsgeschäft das offene, umfassende Gespräch nötig sein.

Da es nicht möglich war, in jedem Einzelfall mit allen Regierungschefs ins Gespräch zu kommen, benutzte ich zu deren Unterrichtung die wöchentlich stattfindende Besprechung der Länderbevollmächtigten beim Bund, die ich im Gegensatz zu meinen Amtsvorgängern zu einer Institution machte, die der umfassenden und permanenten Orientierung der Landesregierungen über die Vorgänge bei der Bundesregierung bis in die Einzelheiten der Kabinettssitzungen hinein zu dienen hatte. Das Gebiet der Außenpolitik, das nach dem Grundgesetz nicht zu den Aufgaben der Länderregierungen gehört, sollte davon nicht ausgenommen bleiben. So waren die Ländervertreter und über sie die Ministerpräsidenten jederzeit über den Verlauf der Kabinettssitzungen und über die Motive, die das Kabinett zu seinen Beschlüssen veranlaßt hatten, unterrichtet. Der Bundeskanzler und meine Kollegen äußerten hiergegen zunächst Bedenken, sahen aber bald aus dem Verhalten der Landesregierungen, daß die neue Praxis Nutzen stiftete.

Das Bewußtsein der Landesregierungen, zuverlässig und offen über die Vorhaben der Bundesregierung und über die im Kabinett vorgebrachten Auffassungen unterrichtet zu werden, hat im Laufe

der Zeit die Bereitschaft der Länder zu bundesfreundlichem Verhalten gestärkt und dazu beigetragen, die Polarität von Bund und
Ländern aus jener Gefahrenzone herauszuführen, wo aus Polarität
leicht Antagonismus hätte werden können.

Schon in den vorhergehenden Legislaturperioden hatten Bundeskanzler und Ministerpräsidenten der Länder gelegentlich aktuelle
Fragen besprochen. Nun wurden »Ministerpräsidentenkonferen-
zen«, wie man diese Besprechungen zu bezeichnen begann, häufiger einberufen. Zunächst hatte ich die Befürchtung, diese Praxis
werde faktisch ein neues, vom Grundgesetz nicht vorgesehenes
Bundesorgan schaffen. Hatten sich Bundeskanzler und Ministerpräsidenten in einem zwanglosen Gespräch von Konferenzcharakter
geeinigt – war dann der Bundesrat noch frei in seiner Entscheidung? Die Gefahr eines »Régime personnel« wurde durch den
politischen Takt der für den Verlauf der Konferenzen Verantwortlichen gebannt und durch die ausdrückliche Feststellung, daß ihren
Ergebnissen im Rahmen der verfassungsmäßigen Ordnung kein
verbindlicher Charakter zukomme. Die Summe meiner im Umgang
mit den Ländern gemachten Erfahrungen ist, daß Vertrauen nur
findet, wer Vertrauen zu schenken vermag, und daß solche Verhandlungen zu den besten Ergebnissen führen, bei denen die Forderungen ohne Vorbehalte und klar ausgesprochen werden. Nur so
kann man zu guten Kompromissen gelangen; im Falle, daß eine
Einigung nicht zustande kommt, bleibt der Weg zu einem neuen
Beginn offen. So gesehen betrachtete ich mich als eine Art Außenminister im Innern der Bundesrepublik.

Meine Rundreise in die Hauptstädte der Bundesländer begann ich
in Berlin. Das war eine Reverenz dem Bundesland gegenüber, dem
alliierte Staatsräson gegen den Willen des deutschen Volkes noch
immer die verfassungsmäßige Zugehörigkeit zur Bundesrepublik
verweigerte. Im kleinsten Bundesland, der Freien und Hansestadt
Bremen, hatte ich mit dem Präsidenten des Senats, Bürgermeister
Dehnkamp, ein langes Gespräch über Schulfragen. Nach der Meinung dieses sozialdemokratischen Lehrers alter Schule habe die
Konfessionsschule in einer freiheitlichen Demokratie keinen rechten
Platz mehr. Wichtiger als das Elternrecht war ihm das Recht des

Kindes auf das Wissen, das es brauchen werde, um den Lebenskampf zu bestehen. Er war überzeugt, daß die Entscheidung über Bildungschancen und Bildungsweg in die Hand des demokratischen Staates gehöre, der ein grundsätzliches Interesse daran habe, daß jede Begabung zur bestmöglichen Entfaltung aller ihrer Fähigkeiten komme.

In München bat mich Ministerpräsident Goppel, an einer Kabinettssitzung teilzunehmen. Das Hauptanliegen meiner bayerischen Gesprächspartner war die Unantastbarkeit der föderalistischen Grundordnung der Bundesrepublik. Ich gab ihnen zu bedenken, daß sich wohl einiges werde ändern müssen, wenn der Föderalismus angesichts der gesteigerten Aufwendungen der Länder funktionsfähig bleiben solle. Wir sprachen über die Notwendigkeit, die Zwergschulen aufzugeben, und ich deutete die sich daraus ergebenden Konsequenzen an. Ich brachte die Probleme der Gemeinschaftsschule zur Sprache, die in einigen Ländern faktisch schon die Regelschule darstelle. Man werde mit den Kirchen reden müssen, die vielleicht einsehen werden, daß sich in den letzten hundert Jahren Veränderungen ergeben haben, denen auch sie werden Rechnung tragen müssen.

Hier gab es Widerspruch: Es gebe auch ein bayerisches Konkordat! Das könne man nicht aus den Angeln heben. Bayern werde selbst im Falle einer Einigung der Bundesregierung mit der Kirche einem Bundeskonkordat nicht ohne weiteres zustimmen. Für das Verhältnis der Länder zu den Kirchen könne es eine einheitliche bundesstaatliche Regelung nicht geben.

Ich stattete dem Vorsitzenden der Deutschen Bischofskonferenz, dem Erzbischof von München und Freising, Julius Kardinal Döpfner, einen Besuch ab. In unserem offenen Gespräch ließ der Kardinal keinen Zweifel darüber bestehen, daß die Kirche bei aller Bereitschaft, dem Staat zu geben, was des Staates ist, nie darauf verzichten werde, allein die Eltern für berechtigt zu halten, über den weltanschaulichen Charakter der Schule, die ihre Kinder besuchen sollen, zu entscheiden. Man werde sich über die Modalitäten der Anwendung dieses Grundsatzes verständigen können, unter der Voraussetzung, daß das Prinzip selbst nicht angetastet wird.

Bis zum Sommer hatte ich alle Landesregierungen besucht. In den

Ländern mit überwiegend katholischer Bevölkerung fand ich für
meine schulpolitischen Argumente weniger Zustimmung als in den
typisch protestantischen Landschaften. Doch nirgends hatte ich den
Eindruck, meine Bemühungen könnten vergeblich sein.

Der Schulstreit hatte in den Ländern unterschiedlichen Charakter.
Nur wenige Kritiker des Verhaltens der Gegner der Gemeinschaftsschule äußerten noch Zweifel an der juristischen Geltung des
Konkordats, das nach der Rechtslehre und nach der Praxis der Staaten
als völkerrechtlicher Vertrag zu gelten hat. Jedoch wuchs die Zahl
derer, denen das starre Festhalten an der Konfessionsschule durch die
Kirche, durch manches Kultusministerium und viele Abgeordnete
verhängnisvoll erschien. Demgegenüber stand das Axiom der Gegner
der Gemeinschaftsschule: Die Schule habe nicht nur zu lehren,
sondern vor allem zu erziehen. Erziehung aber setze eine Schülern
und Lehrern gemeinsame Weltanschauung voraus, die nicht nur die
Auswahl des Lehrstoffes betreffe, sondern auch die Art und Weise
bestimme, wie das Lernen selbst in das weltanschauliche Gesamtbild
einzuordnen ist. Der konfessionelle Charakter der Erziehung könne
also nicht auf die Erteilung des Religionsunterrichts beschränkt
bleiben, er erstrecke sich auf alles, was in der Schule mit dem Schüler
geschieht. Freilich war damit das Argument der Befürworter der
Gesamtschule nicht auszuräumen: Warum bestehe die Kirche nur bei
der Volksschule auf der Konfessionalität und nicht auch bei der
höheren Schule?

Ich bemühte mich, die sozialdemokratischen Fraktionen der Lan-
desparlamente zu überzeugen, daß bei ihren Forderungen ein Über-
maß an Perfektionismus mit Sicherheit zur Beibehaltung der Konfessionsschule führen werde, hingegen so gut wie überall die Aussicht
auf annehmbare Kompromisse bestehe, bei deren praktischer Durchführung sich ergeben werde, daß mit wenigen Ausnahmen die
Gemeinschaftsschule als faktische Regelschule übrigbleiben wird.
Wem würde es denn schaden, wenn in den ersten Jahren, auf den –
berechtigten – Wunsch einiger Eltern hin, deren Kinder eine der
verbleibenden Konfessionsschulen besuchten?

Schwieriger waren die Schulgespräche mit den Kirchen und den
kirchlich gebundenen Kreisen. Am starrsten verhielt sich der Aposto-

lische Nuntius, Dr. Corrado Bafile, ein Prälat, der in der Vatikani-
schen Staatskanzlei großgeworden war und daher vom Beginn seiner
Laufbahn an das von der vatikanischen Diplomatie so hochgehaltene
»Principiis obsta« – das »Sträube dich gleich zu Beginn« – vertrat. Er
war der festen Überzeugung, daß nur das strikte Festhalten an der
unveränderten Konfessionsschule ihr völliges Verschwinden aus dem
Schulsystem der Bundesrepublik verhindern könnte. Die deutschen
Bischöfe, mit denen ich sprach, dachten flexibler als der päpstliche
Prälat, der in seinen Noten an die Bundesregierung über Reichskon-
kordat und Konfessionsschule zuweilen recht unfreundliche Wen-
dungen gebrauchte.

In Rom konnte ich in einer Privataudienz, die mir Papst Paul VI.
gewährte, ein zweites Mal über das Schulwesen in der Bundesrepublik sprechen. Ich hatte schon bei der ersten Begegnung im Jahr
zuvor einen starken Eindruck von diesem Mann gewonnen, der mir
in seiner Gebrechlichkeit schonungsbedürftig erschien, bis im
Gespräch unmißverständlich offenbar wurde, daß dieser Träger der
Tiara in den fundamentalen Fragen der römischen Katholizität keine
noch so schmale Abweichung vom Dogma und der Sittenlehre
zulassen wird. Andererseits zeigte sich, daß auch Paul VI. in allem,
was nur die Erscheinungsformen des kirchlichen Selbstverständnisses
anging, der Formel seines Vorgängers Johannes XXIII. vom notwendigen »Aggiornamento« treu zu bleiben entschlossen war. Auf diese
Bereitschaft konnte jemand, dem daran gelegen war, daß auch die
Kirche dem Staat gebe, was des Staates ist, einige Hoffnungen setzen.

Daß ich von Anbeginn meiner Tätigkeit als Bundesratsminister
regelmäßige Gespräche mit dem Leiter des Katholischen Büros in
Bonn, Weihbischof Heinrich Tenhumberg, führen konnte, hat sich
sicher auf die Gestaltung der Schulreform am nachhaltigsten ausgewirkt. Er war der bestallte und durch Persönlichkeit und Einsicht
berufene Gesprächspartner des politischen Bonn in catholicis. Im
Gegensatz zum Nuntius war er sich bewußt, daß auch die berechtigten Ansprüche der Kirche ihren Niederschlag nicht mehr in Formen
und Institutionen finden können wie vor einem Jahrhundert oder gar
früher. Das Wesentliche unserer Zusammenkünfte betraf das gegenseitige Kennenlernen der Grenzwerte und die Feststellung, was unter

dem Wortgestrüpp falsch angesetzter Diskussionen an Gemeinsam-
keit der Ziele und Methoden zu erkennen war.

Da es für den Erfolg meiner Bemühungen nicht nur darauf ankam,
daß die Kirchen und Kirchenkreise das Ihre zur Lösung der
konfessionellen Schulprobleme taten, sondern auch die SPD und die
Landtagsfraktionen der Partei auf ihr ursprüngliches »Alles oder
Nichts« verzichteten, berichtete ich im Parteipräsidium über das
bisher Erreichte. Es wurde gutgeheißen, und so konnte es denn zu
regelmäßigen Besprechungen zwischen Angehörigen der Partei und
Persönlichkeiten des deutschen Katholizismus unter Leitung Bischof
Tenhumbergs kommen. Nun konnte in den Landtagen und den
Landesregierungen der Boden für praktische Verhandlungen mit den
politischen Parteien vorbereitet werden, die in den verschiedenen
Ländern auf verschiedene Weise zur Lösung des Schulstreits führten.
Der Erfolg dieser Bemühungen war dadurch mit bedingt, daß sie
ohne Aufhebens in der Öffentlichkeit unternommen werden
konnten.

In den einzelnen Ländern kam es nach und nach zu Einigungen mit
den Kirchen und den kirchlichen Kreisen über die Gestaltung der
Gemeinschaftsschule, durch die nun auch auf dem flachen Lande die
Zwergschule aufgehoben werden konnte. So gut wie in allen Ländern
wurde dort, wo Eltern konfessionell geprägten Unterricht verlangten,
diesem Begehren Rechnung getragen. Praktisch wurde durch die
Summe dieser Ländervereinbarungen, denen die entsprechenden
Landesgesetze folgten, die Gemeinschaftsschule in der Bundesrepublik zur Regelschule und der Streit um die Konfessionsschule
gegenstandslos.

Das andere Problem, mit dem ich zu tun bekam, war die große
Finanzreform, die auf dem Wege einer Verfassungsänderung eine
zeitgemäße Aufgaben- und Kompetenzverteilung zwischen Bund,
Ländern und Gemeinden herbeiführen sollte. Meine Aufgabe war,
dem Finanzminister gegenüber die Interessen der Ländergesamtheit
zur Geltung zu bringen sowie der Ländergesamtheit die Vorhaben
der Bundesregierung zu erläutern. Die hauptsächliche Arbeit dafür
wurde im Kabinettsausschuß für die Finanzreform geleistet, an

dessen Beratungen ich regelmäßig teilnahm. Das Ergebnis dieser Verhandlungen wurde nach vorheriger Genehmigung durch das Kabinett an den Bund-Länder-Ausschuß weitergeleitet, dem ich ebenfalls angehörte. Am 19. Juli 1967 einigte sich das Kabinett über den Entwurf eines Reformprogramms, das weit über eine Flurbereinigung des Donationswesens im vertikalen Finanzausgleich hinausging. Damit wurde überhaupt erst die rechtliche wie auch die finanzielle Grundlage für einen sich kooperativ begreifenden Föderalismus geschaffen, der den Ländern nichts von ihren Kompetenzen nahm, dem Bund aber gestattete, gewisse Einrichtungen, die über die Kräfte der Länder gingen, mit ihnen gemeinsam zu schaffen und darüber hinaus mit Zustimmung des Bundesrates für die Nation lebenswichtige Sachgebiete gesetzgeberisch zu ordnen, wie·zum Beispiel das Hochschul- und das Krankenhauswesen. Mit diesem Gesetzeswerk ist das föderalistische System der Bundesrepublik voll funktionsfähig geworden. Der bisher so häufige Streit zwischen dem Bund und den einzelnen Ländern über im Grundgesetz nicht ausdrücklich aufgeführte, durch das gesamtstaatliche Interesse jedoch gebotene Zuständigkeiten des Bundes und die Beteiligung der Länder an deren Wahrnehmung ging damit zu Ende.

Der Goethe-Preis

Am 28. August 1967 wurde mir in der Paulskirche zu Frankfurt am Main der Goethe-Preis verliehen. Schon im Frühjahr hatte mich Frankfurts Oberbürgermeister gefragt, ob ich bereit sei, den mir von der Jury zugedachten Preis anzunehmen, für den Fall, daß die Stadtverordnetenversammlung beschließe, der Empfehlung der Jury zu folgen. Ich war ob dieser Mitteilung erstaunt. Warum sollte ich einen Preis zugesprochen erhalten, mit dem als erster Stefan George und nach ihm Albert Schweitzer, Sigmund Freud, Max Planck, Karl Jaspers und Thomas Mann ausgezeichnet worden waren? Was habe ich denn zu Goethe gesagt und geschrieben, was andere nicht schon vor mir gesagt und geschrieben hatten? Oberbürgermeister Brundert erklärte mir, die Jury habe mich für den Preis vorgeschlagen, weil sie es für geboten halte, einen Mann zu ehren, der nicht nur theoretisch und literarisch, sondern durch sein tätiges Leben Zeugnis ablege, daß Geist und Politik in der Hingabe eines Menschen an den Staat eine fruchtbare Verbindung eingehen können.

In seiner Laudatio in der voll besetzten Paulskirche betonte der Oberbürgermeister dann, das Preisgericht habe mich nicht als Vertreter einer politischen Partei, nicht als Minister, nicht als Autor und Wissenschaftler des Preises für würdig befunden, sondern weil ich mich dem Staate verschrieb, nicht um der Handhabung der mechanischen Funktionen der Staatsgewalt willen, sondern um im Goetheschen Verstande von der Bestimmung des Menschen zur Vermenschlichung des Staates selbst beizutragen.

In meiner Erwiderung unter dem Leitgedanken »Goethe als Wegweiser zu mir selbst« – enthalten in dem Band »Europa und die Macht des Geistes« – schilderte ich die Rolle, die Goethes Werk und Goethes Gestalt in meinem Leben gespielt haben. Aus seinem »Wilhelm Meister«-Roman, in dem gewisse Sätze mir als Paraphrasen zu dem Hegel-Wort »Werde selber Staat« erschienen, hätte ich erkannt, daß der Rang des Menschen an dem Maße seiner Bereitschaft gemessen werden kann, was er in den Wechselfällen des Lebens aus sich zu machen verstand, in die Gemeinschaft einzubringen.

Die Radikalisierung der Studentenschaft

Die schon seit längerer Zeit spürbare Unruhe an den Universitäten war in diesem Sommer zu einem ernsten politischen Problem angewachsen. Was an unseren Hochschulen geschah, waren nicht schierer Übermut und spontane Verzweiflungsakte: Der »Unfug« hatte auf seiten der Studenten und auf seiten derer, gegen die sie auf immer aggressivere Weise demonstrierten, eine tiefere Ursache. Einen beträchtlichen Teil der akademischen Jugend hatte Ekel vor der Gesellschaft und der politischen Wirklichkeit ergriffen – wie ihn in meiner Jugend die Entlarvung der Lebenslüge und der doppelten Moral des Wilhelminismus erzeugten –, Ekel, der sich überall dort in Aggressionen äußerte, wo der Staat, wollte er nicht funktionsunfähig werden, seine Autorität geltend machen mußte, praktisch also überall dort, wo die jungen Menschen mit administrativen Zwängen im Namen von Gesetz und Ordnung in Berührung kamen. Was die Gesellschaft selbst anbelangte, so erschien sie den jungen Menschen mehr und mehr als ein Geflecht von Mechanismen, deren letzter – immer ideologisch getarnter – Zweck die Ausbeutung der nicht zum »Establishment« Gehörenden sei. Die Jugend eignete sich Ideologien an – häufig unter Mißverstehen ihrer Urheber –, nach denen jede Inanspruchnahme von Autorität und Rechtszwängen innerhalb eines menschlich so unwerten Systems wie des gegenwärtigen objektiv Freiheit und Menschenrechte der Individuen zerstörende repressive Gewalt sei, auf die, mit Gegengewalt zu antworten, legitim sei, also »menschenrechtlich« ein Akt erlaubter Notwehr. Manche gingen darüber hinaus und hielten es für ein elementar-demokratisches Freiheitsrecht, durch Nichtachtung staatlicher Ordnungsmaßnahmen die Aufmerksamkeit der Bürger auf die Unerträglichkeit des »Systems« zu lenken, wobei sie vorsätzlich den gewaltsamen Konflikt mit den Polizeikräften suchten, die zur Sicherung der ordnungsmäßigen Durchführung genehmigter Demonstrationen aufgeboten wurden.

Auf den Hinweis, in einer Demokratie, wie sie das Grundgesetz verbürgt, könne jeder einzelne seine Beschwerden gegen den Staat und gegen die Gesellschaft und seine Wünsche auf Änderung der bestehenden Verhältnisse durch Beteiligung an Parlamentswahlen oder über Presse, Rundfunk und Fernsehen sowie die im Parlament vertretenen politischen Parteien an das Parlament heranbringen, wurde geantwortet: Dies sei sinnlos, gehörten diese Einrichtungen doch selber zum hassenswerten System, das es zu beseitigen gelte. Jene, die wissen, was an die Stelle eines Staates der Unfreiheit und Ausbeutung zu treten habe, hätten praktisch keine Möglichkeit, sich in den gesetzgebenden Gremien vertreten zu lassen oder gegen die Inhaber der Meinungsmonopole zu Wort zu kommen. Ihnen bleibe nichts übrig, als sich entweder zu unterwerfen oder sich zu empören und zur Gewalt zu greifen, wenigstens zur Gewalt gegen Sachen, um durch direkte Aktionen den Staatsapparat und die Institutionen der Gesellschaft handlungsunfähig, zumindest aber in ihrem demokratischen Anspruch unglaubwürdig zu machen. Erst wenn mangels eines Unterdrückungsmechanismus die Unterdrückung und die Ausbeutungssituation gegenstandslos geworden seien, werde es möglich sein, frei von äußerer und geistiger Abhängigkeit, von offen zutage liegenden und auch im verborgenen wirkenden inhumanen Faktoren, eine menschenwürdige Ordnung zu schaffen und so die moralischen Postulate des Menschenrechtskapitels im Grundgesetz der Bundesrepublik ohne repressive Apparaturen zu verwirklichen.

Jene, die so dachten, standen offenbar Bakunin und Fourier näher als Karl Marx und wohl auch näher als ihrem eine Zeitlang Prophetenehre genießenden Lehrmeister Herbert Marcuse und den kritischen Philosophen der Frankfurter Schule. Wie viele von denen, die sich auf jene Lehren beriefen, sie verstanden hatten, war eine Frage für sich. Bei meinen zahlreichen Begegnungen mit studentischen Kreisen, in denen man sich dieser Emotionen und Maximen befleißigte – oft bis zum Abwerfen aller Ordnungsregeln, aller Moralgebote –, hatte ich ausgiebig Gelegenheit festzustellen, daß die meisten, die auf diese neue Fahne schworen, eher Stimmungen folgten als einem, wenn auch von den Geboten der »bürgerlichen« Gesellschaft verschiedenen, so doch Verantwortungsbereitschaft für das eigene Tun heischenden moralischen Gebot, das mehr gewesen wäre als nur ein Freiraum für die Befriedigung ihrer Gemütsbedürfnisse. Doch fanden sich unter ihnen einige, die ihrer revolutionären Energie überzeugenderen Ausdruck zu verleihen bereit waren als durch Störung und Bestreikung von Vorlesungen. Ich gestehe, daß ich vor denen, die entschlossen waren, den von ihnen gewählten Weg bis zum Ende zu gehen und dabei selbst das Verbrechen nicht zu scheuen, auf das doch in Anbetracht der bestehenden Machtverhältnisse mit Sicherheit Sühne oder Vernichtung folgen mußte, mehr Respekt hatte als vor den Mitläufern, die das Spiel ihrer Kinderzeit »Räuber und Gendarm« in verstärktem Maße weiterspielten. Am Lebenslauf so mancher APO-Leute nach Abschluß des Studiums kann man ablesen, was vom »existenziellen« Ernst ihrer so laut proklamierten revolutionären Leidenschaft zu halten war. Dieser Respekt, den ich den ernst zu nehmenden Revolutionären entgegenbringe, schließt freilich ein, daß ich es für nötig halte, Schwarmgeister, die vor Gewalt nicht zurückscheuen, mit Mitteln des Rechtsstaates daran zu hindern, ihre Taten durchzuführen.

Daß die sogenannte Außerparlamentarische Opposition so früh und so umfangreich Zugang zu den Universitäten fand, hatte seinen Grund vor allem darin, daß ihr Campus und ihre Höfe den Demagogen ein Forum boten, auf dem im Nu radikale Parolen zu Losungsworten für Aktionen werden konnten. Die Empörung der Studenten in den USA über den nicht enden wollenden, ausweglos gewordenen Krieg in Vietnam sprang auf die deutschen Universitäten über. Welchen Anspruch auf Achtung konnten Staaten erheben, die im Namen der Freiheit, der Menschlichkeit, der Demokratie um politischer Vorteile willen ferne Völker daran hindern wollten, sich ihr Leben nach eigenen Vorstellungen einzurichten, sie mit Heeresmacht überzogen, mit technisch überlegenen Waffen ihr Land ohne Schonung der Zivilbevölkerung zerschlugen und im Feuer der Napalmbomben Frauen und Kinder zu Krüppeln brannten? Es leidet keinen Zweifel, daß der Krieg in Vietnam bei der akademischen Jugend der Bundesrepublik weitgehend den Glauben an die Wahrheit der Behauptung zerstört hat, die westlichen Staaten allein seien die Heimstätten von Freiheit und Menschlichkeit; wären sie das, würden sie bei ihrem Wissen um die Kriegsgreuel ihren Verbündeten, die USA, in Vietnam nicht so gewähren lassen.

Die Radikalisierung der Studentenschaft hatte dazu geführt, daß studentische Gruppen, die sich ursprünglich in der SPD zu Hause fühlten, auch die SPD zu den Stützen des Unrechtssystems zu zählen begannen. Die einzelnen studentischen Mitglieder der SPD mochten durchaus guten Glaubens sein, doch die Partei halte das System der Ausbeutung und Unterdrückung, das es zu bekämpfen galt, faktisch am Leben, weil ihre bloße Existenz und ihre zahmen Parolen die Arbeiterschaft davon abhielten, sich unter der Parole des radikalen Klassenkampfes zu sammeln. An die Stelle des Arbeiter-Marxismus der ersten Generation der politischen Arbeiterbewegung trat ein verjüngter Marxismus, dessen Verkünder sich um so radikaler gaben, desto weniger Schwielen ihre Hände aufwiesen.

Die SPD trennte sich vom Sozialistischen Deutschen Studentenbund (SDS). Eine neue Organisation, der Sozialdemokratische Hochschulbund, trat die Nachfolge an. Der Bund versicherte die Partei seiner Loyalität. Bald jedoch wurde er unterwandert und schwamm im Strom der neuen radikalen Linken mit. Nun begann er, die Partei, deren Namen er führte und ohne die er nicht hätte existieren können, aller Nöte schuldig zu sprechen, unter denen die Hochschulen der Bundesrepublik litten und die zum erheblichen Teil zu sehr persönlichen Nöten der Studenten selbst, mehr noch der Anwärter auf Studienplätze, geworden waren. »Numerus clausus« hieß der neue Bösewicht.

Eine weitere Ursache der turbulenter werdenden Protestaktionen an einigen Universitäten war der Einsatz starker Polizeikräfte in Berlin, Frankfurt und Hamburg, ausgelöst durch studentische Demonstrationszüge, denen sich extremistische nichtstudentische Gruppen angeschlossen hatten. Dies rief heftige Diskussionen über angebliche Absichten der Regierung hervor, dem Bundestag den Entwurf eines Notstandsgesetzes vorzulegen. Allgemein wurde die Auffassung vertreten, die Regierung erwäge, dem Grundgesetz einen Artikel von der Art des Artikels 48 der Weimarer Verfassung einzufügen, der demokratische Grundrechte einschränken oder gar aufheben könne.

Richtig ist, daß Gerhard Schröder als Innenminister der vorherigen Bundesregierung einen Gesetzentwurf hatte ausarbeiten lassen, der der Exekutive weitgehende Befugnisse übertragen haben würde. Doch nach den Beratungen im Kabinettsausschuß der Großen Koalition und später im Kabinett selbst war von diesem Entwurf nicht mehr viel übriggeblieben. Der Entwurf der Regierung der Großen Koalition hatte mit dem Notstandsrecht der Weimarer Zeit so gut wie nichts zu tun. Er sah lediglich einige vereinfachte Verfahren vor, um in Zeiten militärischer Bedrohung der Bundesrepublik von außen gewisse, zu ihrer Sicherung notwendige Maßnahmen treffen zu können. Es handelte sich dabei um die Entwürfe für die späteren Artikel 115 a-l und den Artikel 87 a des Grundgesetzes, die im Verteidigungsfall der Bundesregierung, dem Bundestag, dem Bundesrat und einem sogenannten Gemischten Ausschuß die Befugnis erteilen, durch Gesetz oder in Eilfällen durch Verordnung die Maßnahmen zu treffen, die für die rechtzeitige Bereitstellung der zur

Verteidigung des Bundesgebiets erforderlichen Mittel notwendig sein könnten. Um den Verteidigungsfall auszurufen, sollte es eines auf Antrag der Bundesregierung gefaßten Beschlusses des Bundestages bedürfen, der mit Zweidrittel-Mehrheit verabschiedet werden mußte. Diesem Beschluß hatte der Bundesrat zuzustimmen. Außer zur Verteidigung des Bundesgebietes sollten Streitkräfte nur zum Objektschutz eingesetzt werden dürfen sowie zur Abwehr einer drohenden Gefahr für den Bestand oder für die freiheitliche demokratische Grundordnung des Bundes und der Länder. Im Falle des Unvermögens einer Landesregierung, den Gefahren mit Polizeikräften zu wehren, sollte die Bundesregierung zu deren Unterstützung Streitkräfte zum Schutz ziviler Objekte und für die Bekämpfung organisierter und militärisch bewaffneter Aufständischer einsetzen können. Bundestag und Bundesrat sollten jederzeit die Einstellung eines solchen Truppeneinsatzes anordnen können. Zur Niederhaltung von Streikaktionen sollten Streitkräfte nicht eingesetzt werden können. Daß damit kein faschistischer Staatsstreich durchgeführt werden konnte, lag auf der Hand. Trotzdem wurde dieses Vorhaben von den verschiedensten Seiten bekämpft, mit dem Hinweis, es öffne dem Faschismus Tür und Tor. Allein das Wort »Notstandsgesetz« schien viele Kritiker der Notwendigkeit enthoben zu haben, die Gesetzesvorlage zu lesen, ehe sie gegen die Bundesregierung und vor allen Dingen gegen die Sozialdemokratische Partei Deutschlands den Vorwurf erhoben, gesetzliche Grundlagen für einen faschistischen Staatsstreich zu schaffen.

Anläßlich einer Bundesdelegiertenversammlung des Sozialdemokratischen Hochschulbundes beauftragte der Parteivorstand Gerhard Jahn und mich, mit den Delegierten zu diskutieren. Die Mehrheit der sechzig Delegierten ließ erkennen, daß ihr an Informationen nichts gelegen war. Sie behandelten uns wie schlechte Staatsanwälte eines störrischen Angeklagten. Was eine Sachdiskussion hätte werden sollen und werden können, sollte zu einem Scherbengericht umfunktioniert werden, in dem Beschimpfungen an die Stelle von Argumenten traten. Wir erklärten den Delegierten, was wir von ihrer Prozedur hielten, und verließen die Versammlung.

Damit war das Thema »Auseinandersetzung mit der protestieren-

den Studentenschaft« natürlich noch nicht ausgestanden. Der Sozialistische Deutsche Studentenbund der Universität Frankfurt forderte
mich zur Unterschrift unter ein Manifest gegen die Notstandsgesetzgebung auf. Ich lehnte ab, da ich eine, den Verhältnissen der
Bundesrepublik angepaßte, einem sozialen Rechtsstaat gemäße Notstandsgesetzgebung für notwendig halte. Für die radikalen Gruppen
der Frankfurter Studenten war ich damit der »Notstandsprofessor«
geworden und somit als Faschist ausgewiesen. Besorgte Kollegen
baten mich, einzulenken und so der Universität und mir Ärger zu
ersparen. Ich bedankte mich für die kollegiale Fürsorge: Den Ärger
werde ich und wird auch eine Universität, die den Namen Goethes
trägt, aushalten können; ich aber nicht den Selbstvorwurf, um
ungeschoren zu bleiben und die Universität ungeschoren zu lassen,
ein Manifest unterschrieben zu haben, das ich nach Inhalt und Form
mißbillige.

Zu Beginn des Wintersemesters beschlossen der SDS und andere
radikale Gruppen, in meiner Vorlesung »Theorie und Praxis der
Außenpolitik« ein Go-in zu veranstalten und mich nicht zu Wort
kommen zu lassen, sondern mich zu zwingen, mit ihnen über die
Notstandsgesetzgebung und über den Vietnam-Krieg zu diskutieren.
Der Rektor der Universität, Prof. Dr. Walter Rüegg, bat mich
eindringlich, die Vorlesung ausfallen zu lassen, andernfalls könnten
die Universität und ich in peinliche Verlegenheit gebracht werden.
Ich erklärte ihm, daß ich durch meine Amtspflicht gehalten sei, die
für den 20. November von 11 bis 13 Uhr am Schwarzen Brett
angekündigte Vorlesung zu halten. Auch ein Professor verkörpere
Autorität des Staates; zur Autorität aber gehöre es, vor Drohungen
nicht zurückzuweichen. Den Professoren sei die Würde der Universität und des Standes, den sie zu vertreten haben, in die Hand gegeben.
Diese Würde müsse leiden, wenn ein Professor das Hasenpanier
ergreift und sich unter Drohungen bereit erklärt, einer ausschließlich
zu Provokationszwecken erhobenen Forderung nachzugeben, deren
von den Veranstaltern ins Auge gefaßter Zweck einzig sein sollte, die
Universität zum Jahrmarkt zu erniedrigen.
    Der Saal, der acht- bis neunhundert Zuhörer faßt, war überfüllt.

Die Radikalen hatten das Fernsehen verständigt; die Kameras standen hinter den oberen Reihen; die Scheinwerfer waren eingeschaltet. Beim Betreten des Hörsaales empfing mich schüchternes Trampeln, einiges Händeklatschen; da und dort wurde gezischt. Ich ging durch die Sitzreihen hindurch die Treppe hinunter, die zum Katheder führte. Unmittelbar am Podium, auf dem das Katheder und das Mikrofon standen, hockten mir wohlbekannte Radikale am Boden; auf den Bänken der vordersten Reihen saßen Mitglieder meines Seminars.

Eine Viertelstunde nach Beginn der Vorlesung hörte ich an der Tür hinter dem Katheder, dem Notausgang, Gepolter. Die Tür wurde eingedrückt, an die dreißig Studenten stürzten herein, stellten sich neben und hinter mich und riefen im Takt: »Wir wollen diskutieren; wir wollen diskutieren . . .« Ich ließ sie schreien, als störe mich der Lärm nicht. Als mir ein paar Handvoll Büroklammern auf mein Manuskript und ins Gesicht geworfen wurden, wandte ich mich zu ihnen: »Meine Herren, an diesem Platz spricht von elf bis dreizehn Uhr nur einer – und das bin ich. Scheren Sie sich vom Podium!« – »Wir wollen diskutieren, wir wollen diskutieren, wir wollen . . .« An die Wandtafel wurde geschrieben »Wir wollen keine Vorlesung vom Notstandsminister hören!« Ich drückte die Studenten, die sich an meinen Platz stellen wollten, beiseite und fuhr in der Vorlesung fort. Da faßte einer das Mikrofon und versuchte, es mir wegzureißen. Ich griff ihn an Schulter, Hals und Arm und drückte so lange zu, bis er das Mikrofon fahren ließ. Ich stellte es an seinen Platz und sprach weiter.

Da kam erster Beifall aus dem Saal. Es wurde getrampelt, geklatscht, der Ruf »Rotfront raus!« ertönte, und ich spürte, daß ich schon halb gewonnen hatte. Doch der Krach ging weiter. Meine Stimme drang längst nicht mehr zu den oberen Sitzreihen. Als von einer Bank im Hintergrund der Ruf zu hören war: »Fordern Sie doch Polizei an«, war meine Antwort: »Diesen Gefallen werde ich den Herren und Damen, die hier provozieren, nicht tun. Ihrer Brachialgewalt werde ich nicht die der Polizei entgegensetzen, sondern nur meine Beharrlichkeit und die Sympathie derer, die mich hören wollen.«

Der AStA-Vorsitzende, ein relativ gemäßigter älterer Student, trat an meine Seite. Er bat mich, ihn reden zu lassen. Als ich nickte, rief er: »Wir wollen darüber abstimmen, ob die Vorlesung fortgeführt werden soll oder nicht.« Ich fiel ihm ins Wort: »Es bedarf keiner Abstimmung. Wer gehen will, kann gehen, wie das seit jeher im Kolleg üblich ist. Ich werde bis dreizehn Uhr Vorlesung halten für jene, die bleiben wollen.« Und ich schloß mit den Worten: »Wir treten jetzt in die Pause ein. Zwölf Uhr fünfzehn sehen wir uns wieder.« Der AStA-Vorsitzende meldete sich noch einmal – er werde in der Pause mit dem SDS verhandeln. Ich antwortete: »Tun Sie, was Sie für richtig halten. Ich werde nicht verhandeln, ich brauche lediglich ein wenig mehr Ruhe im Hörsaal. Wenn Sie dafür sorgen können, besten Dank . . .«

Als ich den Saal wieder betrat, saßen links und rechts der Stufen zum Katheder Studenten und noch mehr Studentinnen, die Füße oder Hände über den Stufen gespreizt, um mich am Gehen zu hindern. Ich sah mir das an und sagte: »Meine Damen und Herren, mein Katheder steht dort unten; und dorthin werde ich jetzt gehen. Wenn Sie Ihre Hände und Füße nicht von den Stufen nehmen, werde ich leider nicht vermeiden können, auf sie zu treten.« Ich zählte bis drei und hob meinen Fuß. Auf der ersten Stufe verschwanden die Hände, einige Füße rückten zur Seite. Offenbar scheuten ihre Besitzer mein Körpergewicht. So ging es weiter von Stufe zu Stufe, bis ich unten angekommen war. Alles lachte, es wurde getrampelt, und das Buhgeschrei war zu ertragen.

Auf dem Podium standen immer noch die Studenten vom SDS; das Katheder hatten mein Assistent und einige Famuli frei gehalten, so daß ich beginnen konnte. Der Vertreter des AStA bat wieder ums Wort und berichtete, er habe in der Pause verhandelt. Die Studenten des SDS warteten darauf, daß ich mit ihnen diskutiere, sonst würden sie die Durchführung der Vorlesung unmöglich machen. Ich sagte, ich sei bereit, bei vorheriger Einigung über Thema, Zeitpunkt und Ort mit jedermann zu diskutieren, von dem ich weiß, daß es ihm um Erkenntnis geht. Für eine solche Vereinbarung stünde ich jederzeit zur Verfügung. Nicht zur Verfügung stünde ich für einen Politzirkus oder einen politischen Karneval. Nun versuchten die Störer mit rhythmischem Händeklatschen den Fortgang meiner Vorlesung unmöglich zu machen. Im Sprechchor riefen sie »Notstandsminister weg! Notstandsminister weg!« und anderes mehr. »Manifeste« wurden an die Tafel geschrieben. Sicher haben viele meiner Zuhörer mich nicht mehr verstehen können, aber die Vorlesung führte ich zu Ende.

Nachher erfuhr ich, daß nach meinem Weggang der Vorsitzende des SDS, Wolff, versucht habe, die Aktion des SDS zu verteidigen. Ich las seine Ausführungen in der Presse. Dort stand: Wolff habe mit entwaffnender Offenheit zugegeben, die Methode, mit einem gewaltsamen Go-in die Vorlesung zu sprengen, sei sicherlich falsch gewesen.

Der Rektor kündigte an, daß er gegen die Frankfurter SDS-Gruppe Strafanzeige bei der Staatsanwaltschaft wegen Hausfriedensbruch und Nötigung stellen werde. Er hätte lieber darauf verzichten sollen. In Fällen solcher Art pflegten in jenen Tagen die Strafverfolgungsbehörden meist nicht viel Eifer zu entwickeln.

Einige Monate später bekam auch Professor Theodor W. Adorno, auf den die Studenten sich so oft berufen hatten, zu spüren, was die radikalen Studentengruppen unter außerparlamentarischer Opposition und demokratischer Freiheit verstanden. Er mußte die Polizei rufen und war noch tief niedergeschlagen, als er mit mir darüber sprach. Ich sagte ihm scherzhaft: »Herr Kollege, die Revolutionen fressen nicht nur ihre Kinder, sie fressen auch ihre Väter, Großväter und Onkel ... Die Polizei hätten Sie nicht rufen sollen. Damit haben Sie den Burschen einen Gefallen getan. Ich habe die Polizei nicht gerufen, obwohl ich über Polizei anders zu denken pflege als Sie.« Er zuckte die Schultern.

Ich bin immer der Meinung gewesen, daß vor Nötigungsversuchen nicht zurückschrecken darf, wer Autorität in Anspruch nimmt und in Anspruch nehmen muß, wenn er seine Pflicht tun und am Untergang der Staatsautorität nicht mitschuldig werden will. Meine Kollegen waren großenteils anderer Meinung, nicht nur meine Kollegen an der Universität. Ich dachte an die alte Staatsmaxime Frankreichs: »L'autorité ne recule pas ...« – »Die Autorität weicht nicht zurück«.

Gedanken nach dem Ableben von Adenauer und Erler

In diesem Jahr 1967 starben Konrad Adenauer und Fritz Erler. Mit beiden verbanden mich enge, wenn auch recht verschiedenartige Beziehungen.

Mit Konrad Adenauer stand ich bis in die letzten Jahre seiner staatsmännischen Tätigkeit in einem agonalen, oft gespannten, doch immer achtungsvollen Verhältnis; in den letzten Jahren hatte es sich über die Achtung hinaus vermenschlicht. Ich lernte seine Methoden besser begreifen, und er sah in mir nicht mehr nur den parteipolitisch fixierten Verneiner.

Schon in der Zeit des Parlamentarischen Rates war mir bewußt geworden, daß für ihn am Grundgesetz in erster Linie interessant war, was dem Bestand des Staates und der Funktionsfähigkeit seiner Institutionen in der Hand des in die Regierungsverantwortung Berufenen förderlich war. Politik bedeutete ihm rationaler Umgang mit der Macht, um sich dort behaupten zu können, wo der Gang der Dinge bestimmt wird und Energien ausgelöst werden, die nach außen und innen das Leben des Staates ausmachen. Seine Ideologie war einfach: Die Menschen sind so, wie sie immer waren, und reagieren darum, wie sie immer reagierten. Ihre Wünsche sind stets die gleichen: Sicherheit, Wohlstand, Geborgenheit des Leibes und der Seele und ein wenig Glück. Konrad Adenauer war kein sehr belesener Mann. Sein Vokabular war bescheiden und seine Gedankenwelt einfach. Er sah darin einen Vorzug für den Politiker, weil es bei den Dingen des Staates nach seiner Ansicht um Probleme geht, die zu erfassen der gesunde Menschenverstand ausreicht und bei deren Meisterung hoher Gedankenflug nur schaden kann.

Er handelte nach der Forderung des Tages. Da die Tage sich wandeln, führte diese Maxime dazu, daß auch seine Politik sich wandelte, ohne daß er das Bedürfnis empfunden hätte, das gestern für notwendig Befundene heute zu widerrufen oder seine Gründe für den Wandel zu erläutern. Das war kein Zynismus, sondern das natürliche Verhalten eines Mannes, der weiß, daß der Staatsmann nicht viel anderes tun kann, als die Zeit in ihrem Wandel mit seinem Tun zu begleiten.

Der Boden der Politik war für ihn ein Kampffeld, auf dem um das Recht und die Möglichkeit gestritten wird, den Gang der Geschichte zu bestimmen. Das Parlament war für ihn die Kampfbahn, auf der es darum geht, sich gegen seine Gegner zu behaupten und sie in die Schranken ihrer Machtlosigkeit zurückzuweisen. Er versicherte oft genug, man dürfe bei der Auswahl der Mittel nicht »pingelig« sein. Er scheute keine List und konnte sich, wenn der erstrebte Erfolg erzielt worden war, mit seinen Widersachern schmunzelnd über den gelungenen »Kunstgriff« unterhalten. In kleinen Dingen war er leicht kompromißbereit; worauf es ihm ankam, war der Durchstoß bis zu dem Punkt, von dem aus der Aufmarsch zum nächsten Vorstoß angesetzt werden konnte. Dem Unterlegenen gegenüber zeigte er sich nur selten großmütig. Zu seinen Maximen gehörte, daß dieser die Niederlage fühlen müsse, weil sie ihn schwäche, mutlos mache oder zu unüberlegten Reaktionen bringe. Persönliche Rücksichtnahme im politischen Streit hielt er für einen Widerspruch in sich selbst. Auf Ratschläge gab er nicht viel. Er hatte wenige Vertraute, an deren Urteil ihm lag. Ihre Meinung hörte er an, aber die Entscheidung traf er allein. Denn auch der beste Rat enthebe den Staatsmann nicht der Pflicht, Entscheidungen allein vor seinem Gewissen zu verantworten. Diese Auffassung hat ihn nicht daran gehindert, im Falle von Fehlschlägen die Schuld bei anderen zu suchen. Der Hintergrund seiner »einsamen Beschlüsse« mag gewesen sein, daß er der politischen Urteilskraft seiner Kritiker nicht entfernt so viel zutraute wie dem eigenen Urteil, in das er unbegrenztes, fast naives Vertrauen setzte.

Den Staat hielt Adenauer für eine von Menschen geschaffene Anstalt zur rationalen Ordnung ihres Zusammenlebens, die auf der

Zustimmung aller Beteiligten beruht. Diese Zustimmung brauche nicht den ganzen Bereich der Staatsaktivitäten zu umfassen, es genüge, daß sie sich auf die Grundfunktionen erstreckt, als da sind: Herstellung und Sicherung von Ordnung und Wohlstand; die Schaffung von Einrichtungen, die dem Bürger ermöglichen, aus seinem Können und Fleiß Nutzen zu ziehen; der Schutz gewisser Persönlichkeitsrechte. Das verstand er unter Demokratie und Rechtsstaatlichkeit. Die Persönlichkeitsrechte waren für ihn keine philosophischen oder ethischen Postulate, sondern die praktischste, auf der Erfahrung von Generationen beruhende Form, eine Ordnung ohne Furcht vor Not und Gefahr einzurichten, darin jeder nach seinem Vermögen Erfolg haben kann. Über das mögliche »Böse« im Staate machte er sich keine Gedanken. Ihm kam es bei der Verfassung weniger auf die »Rechtsqualität« des durch sie zu schaffenden politischen Gebildes an, als darauf, daß seine Institutionen dem, der zu regieren versteht, das Regieren möglich machen.

Mit der Vorstellung der Väter des Grundgesetzes, daß die Bundesrepublik nur ein Provisorium sein könne, wußte er nicht viel anzufangen. Er nahm sie als etwas Fragmentarisches hin, das es so bald wie möglich zu einem normalen Staat auszuweiten galt. Daß die Verfestigung der staatlichen Ordnung im Westen Deutschlands die Wiedervereinigung ganz Deutschlands erschweren könnte, erkannte er nicht an. Den Obrigkeitsstaat alter Ordnung mochte er nicht, doch er glaubte, daß gerade in einer Demokratie den emotionalen Faktoren Kräfte und Institutionen die Waage halten müssen, die die Staatsräson verkörpern und Überlieferungen lebendig erhalten.

Zu seinen Grundüberzeugungen gehörte, daß der Staat ein fruchtbares Verhältnis zu den Kirchen finden müsse, aber er war nicht klerikal. In politicis habe die Kirche weder ja noch nein, sondern bestenfalls Amen zu sagen – diese Formel gebrauchte er gelegentlich.

Eine bedeutende Leistung Konrad Adenauers war die Schaffung der CDU, nicht nur weil damit der Anfang gemacht worden ist, den konfessionellen Dualismus zu entpolitisieren, sondern weil es dadurch möglich wurde, eine Partei mit seiner Persönlichkeit zu identifizieren. Damit wurde Millionen steuerlos gewordenen, poli-

tisch ins Bodenlose gefallenen und in unbürgerlicher Zeit noch
bürgerlich empfindenden Menschen eine personalisierte Vorstellungswelt großer Variationsbreite angeboten, die ihnen erlaubte,
sich neuerlich auf den Staat hin, diesmal auf einen demokratischen
Staat, zu orientieren und selbst zu einer demokratischen Kraft zu
werden.

Was ein Mann für die Geschichte eines Volkes bedeutet, weisen
nicht die verschlungenen Linien seines Innenlebens aus, sondern die
Spuren, die sein Wirken hinterließ. Diese Spuren zeigen Konrad
Adenauer als einen Mann, dessen politische Grundentscheidung für
Deutschland das Geschick unseres Volkes für lange Zeiträume
geprägt hat und darüber hinaus auch die Möglichkeiten und Wege
eines europäischen Staatensystems nachhaltig bestimmte. Er war, was
Goethe »eine Natur« nannte: Hüter des Bestehenden beim umprä-
genden Durchgang durch das Tor, das in die Zukunft führt. Darum
konnte er die Welt, in der er wirken wollte, sich so anverwandeln, daß
Zustimmung oder Ablehnung sich je und je mit seiner Person
verbanden. Mochte geschehen was auch immer, *er* hatte das Verdienst, *er* trug die Schuld. So machten ihn Freunde und Gegner zum
Mann der Stunde.

Fritz Erlers Tod am 22. Februar 1967 hat unseren Staat, hat die
Politik des demokratischen Europas einer starken konstruktiven und
klärenden Kraft beraubt. Er wußte, was er der Partei, die sein
Schicksal wurde, bedeutete, und hat mit zähem Mut gegen die
Krankheit, die ihm den Tod brachte, gekämpft. Als wir uns im
Sommer 1945 in Biberach zum erstenmal begegneten, sah ich, daß ich
einem ungewöhnlichen Mann gegenüberstand. Auf dem Marsch der
»Zuchthäusler« an die Südfront der »Festung Deutschland« war es
ihm gelungen zu entfliehen. Zwei Tage nach dem Einmarsch der
französischen Truppen war er Dolmetscher beim Bürgermeisteramt
in Biberach, und am 21. Mai bestellte ihn der französische Kreiskom-
mandant zum Landrat. Er gab der Besatzungsmacht, was ihr nach der
Haager Landkriegsordnung zustand, wandte sich aber mutig gegen
jede Rechtsverletzung. Bei unseren Gesprächen zeigte sich, daß wir
ungeachtet der Verschiedenheit unserer Ausgangspunkte, ähnliche

Gedanken über die Notwendigkeit einer modernen Sozialdemokratischen Partei und über deren Bedeutung für ein künftiges Deutschland hatten, dessen Schicksal noch im Dunkel lag. Ich habe von Fritz Erler viel lernen können. Daß es mir möglich wurde, mich in dem mir bisher so unbekannten Milieu einer politischen Partei zurechtzufinden, verdanke ich nicht zuletzt seinen Ratschlägen und seinem Vorbild. Daß er sich als Schüler einer höheren Schule, von seiner Mutter als evangelischer Christ erzogen, der Jugendbewegung der SPD anschloß, war zu jener Zeit etwas Unerhörtes und wurde in seiner Umgebung auch so empfunden. Die Mittel des Elternhauses erlaubten ihm kein Studium, und so trat er als Inspektoranwärter bei der Berliner Bezirksverwaltung Prenzlauer Berg ein, um Beamter zu werden – Staatsdiener, wie er sagte. Daß Papens Staatsstreich am 20. Juli 1932 von seiner Partei kampflos hingenommen wurde, traf ihn schwer und veranlaßte ihn, sich eingehend mit Verfassungsfragen zu beschäftigen. Aus Ferdinand Lassalles Schrift »Über Verfassungswesen« lernte er, daß Verfassungsfragen Machtfragen sind und Verfassungen nur so lange halten, als ihre Institutionen mit den realen Machtverhältnissen übereinstimmen. Schon vor der Machtergreifung durch Hitler hatte Fritz Erler Beziehungen zu Mitgliedern der Organisation »Neu Beginnen« aufgenommen, in der ehemalige, durch die Politik ihrer Partei enttäuschte Kommunisten mit Sozialdemokraten, die von der Kleinmütigkeit ihrer Parteiführung ebenso enttäuscht waren, darüber nachsannen, wie die Einheit der Arbeiterbewegung wiederhergestellt werden könnte. Als Fritz Erler 1933 für »Neu Beginnen« als Kurier in die Schweiz fuhr, schloß ihn der Vorstand der SPD aus der Partei aus – zusammen mit Kurt Mattick, der, seit vielen Jahren Bundestagsabgeordneter, den heutigen Radikalen als »Rechter« gilt . . . Fritz Erler gehörte bald zu den führenden Männern von »Neu Beginnen«, was ihn in die Illegalität zwang. 1938 wurde er verhaftet und vom Volksgerichtshof zu zehn Jahren Zuchthaus mit Zwangsarbeit verurteilt.

Erst die Kenntnis des jungen Erler läßt die menschliche und politische Leistung des reifen Mannes begreifen; sie macht über allen Wandlungen seines praktischen Tuns in einer sich radikal verändernden Welt deutlich, daß sein Wirken und Denken in der Nachkriegszeit auf unverändert vaterländischer Gesinnung beruhte. Der einstige junge Sozialist und der in den Sielen sterbende Staatsmann waren derselbe in allen Lebensphasen seiner Bestimmung treu bleibende Mensch. Viele Vorstellungen jedoch, die er aus der Zeit seiner in einer Umgebung von Antiklerikalismus und Antimilitarismus verbrachten Jugend noch in sich trug, gab er auf. Er wurde mir ein treuer Helfer in meinem Bemühen, die Partei vom marxistischen Dogma zu lösen, im Kampf um die Anerkennung der Notwendigkeit eines fairen Verhältnisses zu den Kirchen sowie bei der Entkrampfung des Verhältnisses der Partei zu Problemen der Landesverteidigung. Auf diesen Gebieten hat er rastlos eigene, zukunftsweisende Gedanken entwickelt. Dabei war Theorie für ihn stets nur insoweit von Interesse, wie sie ihm als brauchbares Instrument für die Verwirklichung des Notwendigen und die Berechenbarkeit des Möglichen erschien. Er focht hart für die Durchsetzung seiner Vorstellungen, war aber zu Kompromissen bereit, wo der Kompromiß eine bessere Ausgangsstellung zu weiterem Fortschritt brachte. Er hielt nichts von Schlauheit in der Politik, sondern setzte auf die Überzeugungskraft sauber durchdachter Argumente. Es war jedem bewußt, daß er seine Worte ernst meinte, denn er nahm auch seinen Gegner ernst und machte sich die Auseinandersetzung mit ihm nicht leicht. Das gab seinen Reden ihr besonderes Gewicht. Bei seinem Begräbnis führte eine Kompanie Soldaten mit der schwarzrotgoldenen Fahne den Trauerzug an – ein sichtbares Zeichen, daß es Fritz Erler mit zu verdanken ist, daß Arbeiterschaft und Staat zusammenfinden konnten und der alte, klassische Antimilitarismus der Sozialdemokraten der Vergangenheit angehört.

Abschied von der Universität – nicht von der Politik

Zu Beginn des Jahres 1968 übermittelte ich dem Senat der Universität Frankfurt meinen Entschluß, mit Ende des Sommersemesters meine Vorlesungen einzustellen. Ich meinte, gut daran zu tun, nach vierzigjähriger akademischer Lehrtätigkeit, davon sechzehn Jahre auf dem Lehrstuhl für die Wissenschaft von der Politik an dieser

Universität, Jüngeren Platz zu machen, die noch während ihrer
Amtszeit Gelegenheit haben würden, an sich selber die Folgen der
Neuerungen zu erfahren, die sie mit so viel Leidenschaft in Gang zu
setzen trachteten. Ich konnte in ihren Programmen weniger Mut zu
freiheitlicherem Lehren und freiheitlicherem Lernen entdecken und
erst recht nicht Entschlossenheit zu entschiedener Mündigkeit, als
vielmehr Schwinden des Bewußtseins, daß Freiheit bei Lehrern und
Lernenden den ernsten Willen voraussetzt, jeden *stilus modernus* auf
seine Konsequenzen hin zu erproben. Es liegt mir fern, mit dieser
Feststellung allen akademischen Lehrern dieser Zeit das Gefühl für
Verantwortung und den Willen zur Selbstachtung absprechen zu
wollen, noch allen Studenten die Bereitschaft, sich einer Disziplin zu
fügen, ohne die es kein fruchtbares Lernen gibt. Doch wo dieser Wille
und diese Bereitschaft vorhanden waren, blieben sie oft im Individuellen stecken und charakterisierten nicht mehr den Stil der Universität. Dieses Urteil fällt mir nicht leicht, denn waren wir älteren
Jahrgänge in den Jahren der Prüfung lauter »Göttinger Sieben«
gewesen? Nur wenige waren es, aber das Lernen und Lehren nahmen
wir ernster, als es heute vielerorts geschieht.

In den regelmäßigen Sitzungen des Bundesrates gab es wenige
Anlässe, das Wort zu Ausführungen polemischer oder grundsätzlicher Art zu ergreifen. Damals liefen die Beschlüsse des Bundestages
nur selten Gefahr, vom Bundesrat abgelehnt zu werden, doch ergaben
sich zuweilen kontroverse Vorstellungen über die Stellung des
Bundesrates innerhalb des Systems des Grundgesetzes. In diesen
Fällen konnte es zu Wortgefechten kommen, die das Interesse eines
breiteren Publikums fanden.

Die wöchentlichen Sitzungen des Kabinetts begannen mit einem
einleitenden Vortrag des Bundeskanzlers Dr. Kiesinger. Seine Art des
Argumentierens war mir geläufig, hatte ich doch in den fünfziger
Jahren manchen Strauß über die Grundlagen einer möglichen
Deutschlandpolitik mit ihm auszufechten, wobei er als entschlossener
Vertreter der Politik Adenauers wenig Verständnis für die Gedanken-
gänge zeigte, die den Parlamentarischen Rat veranlaßt hatten, die
Bundesrepublik als ein Provisorium und nicht als regulären Staat mit

eigener Staatsnation zu konzipieren. Doch hatten wir uns immer gut vertragen, denn der Schwabe Kiesinger hatte Sinn für Nuancen und seinen Tocqueville sorgsam gelesen.

Auf Detailfragen pflegte der Bundeskanzler bei den Kabinettssitzungen nur kursorisch einzugehen. Ihm lag mehr daran, politische Maximen abzuhandeln. Seine Verhandlungsführung machte aber deutlich, daß er von der Großen Koalition erwartete, daß sie zur Anpassung der Verfassungswirklichkeit an die veränderten gesellschaftlichen Strukturen führen werde. Leider waren starke Kräfte in seiner Fraktion nicht bereit, ihm auf diesem Weg zu folgen, und der Nahkampf mit den Heerrufern seiner Fraktion war nicht seine Stärke.

Willy Brandt, Vizekanzler und Außenminister, beschränkte sich bei seinem Vortrag zumeist auf die Darlegung der Veränderungen, die seit der letzten Kabinettssitzung in der außenpolitischen Situation eingetreten waren, doch nicht ohne mit wenigen präzisen Strichen Art und Zusammenspiel der Faktoren sichtbar zu machen, um deren Bewertung es ging. Seinen Darlegungen begegnete zumeist Vertriebenenminister Windelens und Forschungsminister Stoltenbergs Kritik, die beide stärkere Bedenken gegen die Öffnung der Politik der Bundesregierung nach Osten hatten als der ihrer Partei angehörende Bundeskanzler. Es war deutlich zu spüren, wie schwer es ihnen fiel, ihm recht zu geben.

Franz Josef Strauß, Bundesminister der Finanzen, und Wirtschaftsminister Professor Schiller nahmen für ihre Darlegungen den größten Teil der Zeit in Anspruch. Beide galten als ideales Gespann à la »Plisch und Plum«. Bei der Umgestaltung des Haushaltsrechts, bei der Einführung der mittelfristigen Haushalts- und Finanzplanung, bei den Gesetzen, die das Instrumentarium für die Steuerung der Konjunktur und der Währungspolitik abgeben sollten, wirkten sie einträchtig zusammen. Man konnte den Eindruck gewinnen, daß sie nur von der Sache her für die Sache dachten und nur wenig von parteipolitischen Denkansätzen ausgingen. Beide hatten bei der Verhandlungsführung ihre besonderen Meriten, aber besonders Karl Schiller vermochte deutlich zu machen, wie sehr auf dem Felde der Wirtschaft auch das banal Scheinende seine Wurzeln in Zusammenhängen haben kann, die nur die Theorie zu analysieren vermag.

Herbert Wehner ergriff selten das Wort. Um so mehr bemühte er sich vor den Kabinettssitzungen, bei denen, auf die es für die Lösung der Probleme, die das Gesamtdeutsche Ministerium betrafen, ankam, Verständnis für seine Beurteilung der Sachlage zu wecken. Wenn er die Situation analysierte und Vorschläge für die nächsten politischen Schritte machte, wurde ihm nur selten widersprochen. Ihm ging es darum, auf dem von der Großen Koalition eingeschlagenen Weg immer wieder einen Schritt weiterzukommen. Es kümmerte ihn nicht, wer vormals recht und vormals unrecht gehabt haben mochte; er betrachtete die Lage, wie sie war, und nicht, wie sie hätte sein können, wenn... Seine Ausführungen in den Debatten ließen erkennen, mit welchem *»esprit de finesse«* er mit dem groben Gestein umzugehen vermochte, das er zurechtzuschleifen hatte, damit die Quader aufeinanderpaßten.

Ich war Mitglied des Finanzausschusses und des Wirtschaftsausschusses sowie des Innenausschusses des Kabinetts. Dies ergab die Notwendigkeit, häufig mit dem Finanzminister zu konferieren, um mich über seine Absichten zur Finanzreform unterrichten zu lassen. Er erwies sich dabei als ein sehr kooperativer Kollege. Es traten bei diesen Zusammenkünften gewisse Eigenschaften nicht in Erscheinung, die Franz Josef Strauß in der öffentlichen Meinung so oft als eine Art Berserker der deutschen Politik erscheinen lassen.

Die Bundesregierung hatte mich zu ihrem Vertreter im Verwaltungsrat des Zweiten Deutschen Fernsehens bestellt. Bei den Sitzungen in Mainz wurde ich mit der Welt und den Realitäten der Massenmedien vertraut. Praktisch waren die Mitglieder des Verwaltungsrates auf den Vortrag des Intendanten und auf die Berichte seines Verwaltungsdirektors und seiner Abteilungsleiter angewiesen, wenngleich der Rat theoretisch die Kontrolle über Bestand und Funktionsfähigkeit des Senders hatte. Wie aber hätten sich die Verwaltungsratsmitglieder, die einmal im Monat zusammenkamen, ein zuverlässiges Bild von den Vorgängen machen können, über die zu befinden war? Trotzdem scheinen mir von der Rechtsform her gesehen die deutschen Fernseh- und Rundfunkanstalten den für ein demokratisches Gemeinwesen denkbar besten Status zu haben. Doch von den Sitzungen des Verwaltungsrates bin ich nur selten mit einem guten Gefühl nach Hause gegangen. Auf viele Fragen vermochte ich keine befriedigende Antwort zu erhalten; meist mußte ich mich zufriedengeben, wenn mir geantwortet wurde: »Gewiß, schön ist das nicht, aber so sind nun einmal die Verhältnisse . . .« Doch wo war die Katze, der man die Schelle hätte anhängen können? Öffentlich-rechtliche Unternehmen von der Größenordnung unserer Fernsehanstalten kann man in ihrem organisatorischen, finanziellen, personalpolitischen Gebaren nicht durch Gremien von Dilettanten kontrollieren, die sich einmal im Monat beraten.

Bundestags- und Bundespräsidentenwahl 1969

Inzwischen hatten die Vorbereitungen für die Bundestagswahl 1969 begonnen. Bei der Aufstellung der Kandidatenlisten erklärte ich mich bereit, noch einmal in meinem alten Wahlkreis Mannheim zu kandidieren. Doch sollte es das letztemal sein. Dann wollte ich auch auf diesem Platz den Jüngeren Gelegenheit zur Bewährung geben. Zugleich bat mich der Parteibezirk Rheinland-Pfalz, die Führung der Landesliste zu übernehmen, weil man sich davon einen Zuwachs an Stimmen aus Kreisen versprach, die bisher für die SPD nicht zu gewinnen waren. Auf der Delegiertenversammlung, bei der die Kandidaten aufgestellt wurden, gelang es mir, Klaus von Dohnanyi auf einen sicheren Listenplatz zu bringen. Ich hatte mich sehr darum bemüht, weil ich der Meinung war, es könnte diesem ideenreichen Mann gelingen, der Partei in diesem Bundesland ein moderneres Gepräge zu geben.

Es war auch die Zeit gekommen, die Wahl des Bundespräsidenten vorzubereiten, da aus verfassungsmäßigen Gründen eine zweite Wiederwahl Heinrich Lübkes nicht in Betracht kam. Die Unionsparteien nominierten den Bundesverteidigungsminister Dr. Gerhard Schröder als Kandidaten für das Amt, die SPD den Justizminister Dr. Gustav Heinemann, von dem man erwartete, daß er als Bürgerpräsident »Formen und Fundamente eines neuen Stils, einer erneuerten Substanz, eines anderen Geistes deutscher Politik« zum Ausdruck bringen werde.

Mit der Aufstellung ihres Kandidaten nahmen sich die Führungskräfte der Partei Politik auf lange Sicht vor. Sie wußten, daß aufgrund der Zusammensetzung der Bundesversammlung ein Sozialdemokrat nur mit Hilfe der FDP gewählt werden könnte, einer FDP, die keine freundlichen Gefühle für eine SPD haben konnte, die ihr bei der Regierungsbildung die CDU/CSU vorgezogen hatte. Dazu kam, daß der FDP-Fraktion in der Bundesversammlung nicht wenige Abgeordnete angehörten, die einem Zusammengehen mit den Unionsparteien geneigter waren als mit den Sozialdemokraten. Im übrigen war der sozialdemokratische Kandidat ein spröder Mann, der vielen Bürgern als ein Puritaner galt und der sich keine Mühe machte, nach irgendeiner Seite hin gefällig zu wirken. Der SPD wiederum lag viel daran, Gustav Heinemann gewählt zu sehen, zumal sie sich von einem Mann seiner Art als Staatsoberhaupt versprach, daß seine religiös fundierte Strenge in der Bewertung politischer Tatbestände sich als Korrektiv gewisser Bonner Lässigkeiten auswirken und seine westfälische Sprödigkeit denen, die sich berufen fühlen sollten, den Bundespräsidenten zu beraten, mehr Mühe und mehr Präzision beim Argumentieren abverlangen würde. Seine mit Freude an bürgerlicher Behaglichkeit verbundene Schlichtheit und seine von Jugend auf im Revier geübte Fähigkeit, mit Menschen umzugehen, die es schwerer hatten als er, eine ihnen gemäße Lebensform zu finden, ließ sie hoffen, daß unter seiner Ägide eher die Manifestierung geistiger und beruflicher Leistungen als würdige Selbstdarstellung der Bundesrepublik verstanden werden wird als die Entfaltung protokollarischen Gehabes. Schließlich meinten die Sozialdemokraten auch, daß es unserer jungen Demokratie wohl anstehen könnte, an ihrer Spitze einen Mann zu haben, der in seinem Leben immer wieder erstaunliche Beweise von Zivilcourage gegeben hatte.

Verhältnismäßig früh fanden zwischen SPD und FDP Gespräche statt, in denen die Frage der Kandidatur Heinemanns verbunden mit der Frage der Regierungsbildung nach einem für die SPD günstigen Wahlausgang behandelt wurde. Es zeigte sich dabei, daß zumindest ein Teil der FDP-Abgeordneten gesonnen war, in diesem Fall mit der SPD zu koalieren. Diese Verhandlungen erwiesen sich im Detail als schwierig, führten aber doch dazu, daß nach der Bundestagswahl ohne viele Umstände in Verhandlungen über die Bildung einer sozialliberalen Regierungskoalition eingetreten werden konnte.

Die Wahl des Bundespräsidenten am 5. März 1969 verlief dramatisch. Während der Abstimmungen sah man in erregten Gruppen Abgeordnete in den weiten Räumen der Deutschlandhalle diskutieren. Jeder fragte jeden nach seiner Meinung, wie die Wahl wohl ausgehen werde, und dies mit einem Ernst und einer inneren Bewegung, als erwarte er einen Orakelspruch nicht nur über den Ausgang der Wahl des Bundespräsidenten, sondern auch gleich über das von dieser Entscheidung beeinflußte Ergebnis der Bundestagswahl.

Mit Gustav Heinemann wurde zum erstenmal nach fünfzig Jahren – zum erstenmal nach Friedrich Ebert – ein Sozialdemokrat an die Spitze einer deutschen Republik gerufen. Ich bin sicher, daß sich diese Wahl bei der folgenden Bundestagswahl erheblich zugunsten der Sozialdemokraten ausgewirkt hat. Daß Gustav Heinemann zum Bundespräsidenten gewählt wurde, beseitigte in der öffentlichen Meinung das letzte Vorurteil über die Regierungsfähigkeit der SPD.

Was die Amtszeit Heinemanns auszeichnete, war seine Entschlossenheit, sich vor allem derer anzunehmen, die vom Zug der Zeit ins Abseits gedrängt werden oder glauben, das ihnen notwendig und richtig Erscheinende jenseits der gängigen Wege suchen zu müssen. So hat er nicht nur in Privatgesprächen, sondern auch öffentlich um Verständnis für die Studentenbewegung jener unruhigen Jahre geworben, ohne zu verschweigen, daß er deren Methoden nach Form und Inhalt nicht immer billigte. Sein Verhältnis zum Staat unterschied sich von dem meinen. Während ich glaubte, daß gerade der demokratische Staat sich in Symbolen darstellen müsse, in denen das Prinzip des Faktors »Autorität« zum Ausdruck kommt, weil der Staat ohne Autorität nicht gedacht werden kann, machte er aus seiner Abneigung gegen jene Symbole, die dieser Autorität traditionellerweise einen gewissen Glanz verleihen sollen, kein Hehl. Was von vielen für Puritanertum gehalten wurde, war der Ausdruck für die Abneigung eines Mannes allem gegenüber, was mangelnde Substanz durch Aufwand ersetzen wollte.

Hierher gehört vielleicht eine bezeichnende Beobachtung zum

Thema »Repräsentation und Aufwand«: Es war nun zwanzig Jahre her, daß der Parlamentarische Rat das Grundgesetz beschlossen hatte und der Europarat in Straßburg seine Arbeit aufnahm; auch die NATO bestand seit zwanzig Jahren. Jahrestage mit runden Zahlen pflegen überall in der Welt feierlich – und aufwendig – begangen zu werden. So sollte es denn auch mit dem Jubiläum der NATO der Fall sein. Ihr Generalsekretär richtete an die Regierungen aller Mitgliedsstaaten die Bitte, den Jahrestag mit Paraden in ihren Hauptstädten und Garnisonen zu begehen.

Diese Aufforderung brachte das Bundeskabinett in Verlegenheit. Sie abzulehnen, war aus Gründen internationaler Courtoisie unter Verbündeten nicht gut möglich, aber eine öffentliche Parade in einer bundesdeutschen Stadt wollte in jener Zeit der Notstandsdemonstrationen und der Studentenkrawalle niemand wagen, weil man glaubte, Schlagzeilen wie »Polizei geht zum Schutz der Bundeswehr mit Schlagstöcken gegen Demonstranten vor« gewärtigen zu müssen. Aus der Peinlichkeit rettete sich das Kabinett durch Annahme des Vorschlages, die gewünschte Parade auf dem Nürburgring abzuhalten.

Ich habe diesem Schauspiel beigewohnt. Es war ohne Glanz. Ein Brigadegeneral der Bundeswehr machte vor der Tribüne, auf der die Vertreter der Regierung saßen, Meldung. Der Vorbeimarsch begann, die Fahnen-Detachements defilierten . . . Kaum einer der Zuschauer grüßte sie, die meisten behielten die Hände in den Taschen. Niemand schien das Gefühl zu haben, daß solche Paraden doch eigentlich dazu da sind, den Stolz und die Entschlossenheit der Nation, ihre Freiheit auch mit der Waffe zu verteidigen, zum Ausdruck zu bringen. Trotz schmetternder Marschmusik schienen Truppen und Zuschauer die Zeremonie weniger als Fanfare denn als Schamade zu empfinden.

Aber der NATO war Reverenz erwiesen worden, und die Chaoten hatten keine Möglichkeit gehabt, das Bild zu trüben . . . Wie schlau verstehen wir uns doch auf Politik!

Koordinator für deutsch-französische Zusammenarbeit

Am 28. September 1969 erhielten SPD und FDP zusammen die Mehrheit der Mandate. Der Bildung der sozialliberalen Koalition stand nichts mehr im Wege. Für das Zustandekommen dieser Koalition bot sich das seit Jahren in Nordrhein-Westfalen bewährte Modell an. Heinz Kühn und Willi Weyer, die Vorsitzenden der dortigen sozialliberalen Koalition, nahmen darum an den Verhandlungen teil, die auf seiten der SPD von Willy Brandt, Herbert Wehner, Helmut Schmidt und Alex Möller geführt wurden. Eine der Koalitionsvereinbarungen war die Auflösung des Bundesratsministeriums. Um Willy Brandt, der als Bundeskanzler feststand, und Herbert Wehner, der wieder die Fraktionsführung übernehmen sollte, jede Verlegenheit zu ersparen, in die sie ihr persönliches Verhältnis zu mir hätte bringen können, erklärte ich, noch ehe die Ministerliste feststand, meinen Verzicht auf einen Sitz im nächsten Bundeskabinett.

Bundeskanzler Willy Brandt hatte mich am 23. Oktober in einem Brief gebeten, mich der Regierung zur Verfügung zu stellen für Aufgaben, »die für die Stellung unseres Staates in der Welt von besonderer Bedeutung sind«. In Übereinstimmung mit Außenminister Walter Scheel sollte ich die Aufgaben des im Elysée-Vertrag vorgesehenen deutschen Koordinators für die deutsch-französische Zusammenarbeit übernehmen. Zum anderen bat mich der Bundeskanzler, ihn bei besonderen Anlässen im Ausland als Sonderbotschafter zu vertreten.

Am 20. Oktober wählte der neue Bundestag Kai-Uwe von Hassel als Mitglied der stärksten Fraktion zu seinem Präsidenten und mich wieder zu einem seiner Vizepräsidenten.

Bei der Wiederaufnahme der Präsidialgeschäfte im Bundestag stellte ich fest, daß die Zahl der Beamten und Angestellten sich bedeutend vergrößert hatte. Wo bisher die Parlamentarier allein gearbeitet hatten, waren nun Assistenten am Werk, die ihnen zuarbeiteten. Ich hatte nicht den Eindruck, daß die Arbeit der Abgeordneten dadurch gehaltvoller wurde. Ich gehörte wieder dem Auswärtigen Ausschuß an, dem nunmehr ebenfalls eine Reihe von

Assistenten zur Verfügung standen. Als er 1949 mit seiner Arbeit begann, hatte ich als sein Vorsitzender einen Studenten als Gehilfen.

Natürlich müssen Abgeordnete alle Arbeitshilfen zur Verfügung haben, die ihnen erlauben, ihre Zeit politisch so ergiebig wie möglich nutzen zu können. Doch wenn sich die Assistenten zu Ghostwritern entwickeln, die den Abgeordneten Manuskripte für ihre Reden und Publikationen liefern, erleiden die Parlamentsdebatten notwendig Einbußen an Spontaneität und persönlichem Charakter. Die Folgen sind leere Bankreihen; hinzu kommt, daß die Assistenten der Ausschüsse und der Abgeordneten auf einer quasi innerparlamentarisch-bürokratischen Ebene zu einem Faktor der parlamentarischen Meinungsbildung werden können, von der einzelne Abgeordnete unversehens abhängig werden.

In dem Büro, das das Auswärtige Amt meinen beiden Mitarbeitern und mir für die Koordinationstätigkeit zur Verfügung gestellt hatte, begann ich mich in die neue Aufgabe einzuarbeiten. Bei diesem kleinen Stab ist es bis heute geblieben, denn die Erfahrung zeigte, daß meine Bemühungen um Koordinierung der deutschen und der französischen Stellen nur erfolgreich sein konnten, wenn ich mit den für die Erledigung kontroverser Sachverhalte Verantwortlichen jeweils in persönlichen Kontakt trat.

Jedes Jahr fanden abwechselnd in Paris und in Bonn zwei Gipfelkonferenzen der Staatschefs statt; die Fachminister trafen sich vierteljährlich und die Abteilungsleiter meist in noch kürzeren Abständen. Zweimal im Jahr rief ich die Vertreter der Ministerien zusammen und ließ mir aufgrund vorher eingereichter Lageberichte über den Stand der Beziehungen ihrer Ressorts zu ihren französischen Partnern vortragen. Aus diesen Berichten fertigte ich eine Vorlage für den Bundeskanzler und den Außenminister an, der ich eine Zusammenfassung der mir bemerkenswert erscheinenden Ereignisse des letzten Halbjahres und einige Vorschläge für die fälligen Zusammenkünfte hinzuzufügen pflegte, in denen ich empfahl, gewisse Initiativen zu ergreifen und andere – angesichts nachteiliger Reaktionen im anderen Land – zu unterlassen. Ich brauchte etwa zwei Jahre, um die Klaviatur der Möglichkeiten dieses Amts zu beherrschen. Mit meinem französischen Kollegen Pierre Olivier

Lapie kam es rasch zu guter Zusammenarbeit. Er war Jurist, ging früh in die Politik, arbeitete im Kabinett Léon Blums und hatte später mehrfach Ministerposten innegehabt. Während des Krieges schloß er sich als einer der ersten General de Gaulle in London an, wurde Gouverneur der damaligen Kolonie Tschad und gehörte nach dem Kriege zur *classe politique* der Vierten und der Fünften Republik.

Die deutsch-französischen Gipfelkonferenzen begannen mit dem Gespräch der Regierungschefs unter vier Augen. Die Ressortminister diskutierten währenddessen ihre Fachfragen. Wir Koordinatoren stellten fest, was bei den Bemühungen der Regierungen, dem Wortlaut und Sinn des Elysée-Vertrages gerecht zu werden, zu beanstanden war und aus welchen Gründen. Gibt es Dinge, die man jetzt in Angriff nehmen sollte? Gibt es Dinge, die jetzt besser nicht in Angriff genommen werden? Welche wirtschaftlichen und kulturellen Organisationen beider Länder sollte man miteinander in Kontakt bringen?

Auf der Plenarsitzung teilten beide Regierungschefs ohne Geheimniskrämerei mit, was sie von dem Ergebnis ihrer Besprechung für mitteilenswert hielten, dann berichteten die Minister über ihre wechselseitigen Besprechungen, und am Ende erstatteten wir Koordinatoren unsere Berichte.

Zum Ritual der Tagungen gehörte ein Abendessen des Regierungschefs des Gastlandes und ein Mittagessen in der Botschaft des Gastes. Damit konnten wir Deutschen in Paris gute Figur machen, denn die Residenz des Botschafters, das einstige Palais Beauharnais, ist ein beeindruckender Rahmen für politische Festlichkeit. Bei den Tagungen in Bonn hatten wir nichts zu bieten, was sich an Schönheit der Räume sowie an Zahl und Bedeutung zusätzlich geladener Gäste mit dem Glanz des Elysée-Palastes hätte messen können.

Am 17. März 1970 hatte ich die Ehre, als Alterspräsident die Sitzung der Beratenden Versammlung des Europarates in Straßburg zu eröffnen. Alterspräsident . . . so weit war ich also jetzt. Auch im Europarat war in den letzten Jahren manches anders geworden. Ich hatte den Eindruck, daß die Schwungkraft des ersten Jahrzehnts erlahmt war. Vor allem die französischen Delegierten schienen nicht mehr viel von der Straßburger Versammlung zu halten; viele ihrer

Plätze blieben leer. Bei den Briten zeigten nur einige liberale Einzelgänger und Konservative noch Interesse für Europa. Die Labour Party hatte offenbar bewußt nicht ihre *front bench* delegiert. Diese Woche in Straßburg ließ mir nicht viel Hoffnung.

Ganz anders war es einige Tage später auf der Tagung der Internationalen Bürgermeister-Union in Baden-Baden. Da waren an die dreißig Bürgermeister aus den Ländern des Europarates zusammengekommen, deren Städte Partnerschaften mit Städten ihrer Nachbarländer eingegangen waren. Sie redeten miteinander über ihre Sorgen und berichteten über die Auswirkungen der Partnerschaftsverhältnisse. Mit Männern dieser Art könnte man Europa machen, dachte ich – doch leider haben jene, die es machen müssen, ganze Gebirge von Vorurteilen und Sonderinteressen auf ihren Schultern zu tragen und können darum nicht so vom Fleck kommen wie andere, die sich mit leichterem Sorgengepäck auf den Weg nach Europa begeben.

Konsequenzen des Saarbrücker Parteitages 1970

Vom 11. bis zum 14. Mai hielt die SPD ihren Parteitag in Saarbrücken ab. Dies war der erste Parteitag, bei dem eine Parteilinke organisiert gegen die bisherige Parteiführung auftrat. Schon bei den Präliminarien war zu erkennen, daß die »Linken« – zumal die Jungsozialisten – die Parteitage künftig benutzen wollten, um sich als Hüter der heiligen Flamme des Sozialismus zu profilieren und zu erproben, inwieweit es möglich sein könnte, durch gesteuertes einverständiges Verhalten bei Abstimmungen Anträge durchzubringen, vor allem aber die Wahlen zu beeinflussen, indem man sich darauf einigte, bestimmte Kandidaten geschlossen von der Liste zu streichen und alle »linken« Stimmen auf bestimmte Namen zu konzentrieren. Wenn dies von einer größeren Gruppe von vierzig bis sechzig Delegierten gehandhabt wurde, war die Wahrscheinlichkeit groß, daß die Gestrichenen nicht mehr die erforderliche Stimmenzahl erhalten würden, während die von der Linken protegierten Kandidaten schon so gut wie gewählt waren. Die Initiatoren dieses neuen Stils konnten mit dem Erfolg zufrieden sein; sie haben ihre Methode in der Folgezeit ausgebaut und mit steigendem Erfolg angewandt. Mit ihrer Hilfe haben sie den Marsch durch die Institutionen der Partei angetreten und so manchen Sitz in deren führenden Organen erobert.

Auf diesem Parteitag ging es im wesentlichen um wirtschaftspolitische Programmatik. Einige der jüngeren Delegierten, vor allem Hochschulabsolventen, versuchten ein neomarxistisches Vokabular in die Parteisprache zu bringen. Sie bestritten die Thesen des Godesberger Programms nicht offen, sondern begnügten sich damit, sie auf ihre Weise zu interpretieren, manchmal so eigenartig, daß die dergestalt »interpretierten« Thesen des Godesberger Programms ihres Sinnes beraubt wurden. Nicht wenige, dem Parteivorstand gegenüber durchaus loyal gesinnte Genossen meinten, daß die Annahme der radikalen und »sozialistischen« Juso-Anträge der Arbeitsfreudigkeit der Partei neuen Schwung geben könnte.

Mir mißfiel dieses Vorgehen, und mir mißfiel auch, daß nur wenige in der Parteispitze erkannten oder erkennen wollten, was sich hier anbahnte und sicher fortgesetzt werden würde. Was überlegter Aktionsplan mit kalkulierter Absicht auf Fernwirkung war, wurde von den meisten, die am Vorstandstisch saßen, für jugendliches Feuer und Übereifer gehalten, die sich legen würden. Daß es den »Erneuerern« vor allem darum ging, die SPD wieder als proletarische Klassenpartei erscheinen zu lassen, erkannten nur wenige. Wenn ich meine Befürchtungen aussprach, wurde ich Schwarzseher gescholten. Dabei hätte auffallen müssen, daß die wenigsten von denen, die der Partei wieder den Charakter einer Partei des Proletariats geben wollten, Arbeiter waren.

Ich empfand diesen Parteitag als einen neuen Wendepunkt in der Nachkriegsgeschichte der Partei. Zwar war noch keine Stimme gegen das Godesberger Programm laut geworden, aber es begann schon deutlich zu werden, daß die Jusos entschlossen waren, es in einem anderen Geist zu realisieren als in dem, der die Partei nach Godesberg geführt hatte. Die Jusos glaubten, dies würde der Partei neue Wähler zuführen; ich fürchtete, breite Schichten, die begonnen hatten, in der SPD eine Volkspartei zu erkennen, könnten sich durch neue Klassenkampfparolen davon abschrecken lassen, ihr weiter ihre Stimme zu geben.

Meine Erfahrungen auf dem Saarbrücker Parteitag veranlaßten mich, Willy Brandt und Herbert Wehner nahezulegen, in das Präsidium der Partei, dem ich seit 1958 angehörte, jüngere Mitglieder des Parteivorstandes aufzunehmen; ich sei bereit, Platz zu machen. Mein Entschluß wurde durch die Erkenntnis gefördert, daß die Verfassungswirklichkeit, in die wir seit zweieinhalb Jahrzehnten hineingewachsen waren, nicht nur den Berufspolitiker, sondern auch den Berufsparteipolitiker entstehen ließ und notwendig machte. Es war nicht von ungefähr dazu gekommen, daß, im Gegensatz zur Anfangszeit, die Spitzenleute der Partei und der Fraktion nicht mehr in die europäischen Institutionen delegiert wurden; wenn sie die Arbeit in Straßburg und bei der Westeuropäischen Union ernst nahmen, konnten sie die Führungsaufgaben in Bonn nicht mehr so wahrnehmen, wie es erforderlich war. Man mag diese Entwicklung bedauern. Sie wird nicht mehr in die Formen der Zeit des klassischen Parlamentarismus zurückgebogen werden können.

An meine Stelle im Parteipräsidium trat Hans-Jürgen Wischnewski. Daß mein Entschluß richtig war, zeigt die politische Karriere, die dieser vortreffliche Mann seitdem zurückgelegt hat.

Im Zug ihrer auf Entspannung ausgerichteten Außenpolitik hatte die Bundesregierung seit geraumer Zeit in langwierigen Verhandlungen mit Moskau das Prinzip eines wechselseitigen Gewaltverzichts zur Maxime ihrer Politik erhoben. Ausgangspunkt der Besprechungen mit Polen war die Note der Bundesregierung vom 21. November 1969, in der angeregt wurde, das Prinzip des Gewaltverzichts zum Kernstück der künftigen deutsch-polnischen Beziehungen zu machen.

Nach vorsichtigen Kontakten zwischen Bonn und Moskau wurde eine Einigung über jene Themen erzielt, die unter dem Stichwort »Gewaltverzicht« Gegenstand von Vertragsverhandlungen sein könnten, und nach Abschluß der auf diese Präliminarien folgenden Verhandlungen wurde am 12. August 1970 zwischen der Bundesregierung und der Regierung der Sowjetunion ein Gewaltverzichtsvertrag abgeschlossen, in dem die Unantastbarkeit der faktischen Nachkriegsgrenze im Osten Deutschlands vereinbart wurde. Von einem rein pragmatischen Standpunkt aus gesehen, hätte es keines besonderen Vertrages mit Polen mehr bedurft, um klarzustellen, daß die Bundesrepublik darin auch die Unantastbarkeit der Oder-Neiße-Grenze verbürgt, also erklärt hatte, daß auch sie diese Grenze als die heutige Westgrenze Polens ansieht. Nun hatte aber die Bundesrepublik den Ratifizierungspapieren zum Deutsch-Sowjetischen Vertrag ein Schreiben beigegeben, in dem sie feststellt, daß »dieser Vertrag nicht in Widerspruch zu den politischen Zielen der Bundesrepublik steht, auf einen Zustand des Friedens in Europa hinzuwirken, in dem das deutsche Volk in freier Selbstbestimmung seine Einheit wiedererlangt«. So wenig konkrete Bedeutung diesem Vorbehalt auch zukommen mochte – in Polen vermuteten manche Politiker, daß auf dem Wege zur politischen Einheit Deutschlands die Westgrenze Polens Schaden leiden könnte. Darum lag den Polen daran, daß die Bundesregierung in einem eigenen Vertrag die Oder-Neiße-Linie aufgrund der Potsdamer Erklärungen der Alliierten de jure als die völkerrechtliche Westgrenze Polens formell anerkannte. Der Bundesregierung wiederum lag daran, sich mit den Polen auf eine Formulierung der Grenzfrage zu einigen, die den Potsdamer Erklärungen nicht die von den Polen behauptete konstitutive Bedeutung zuerkannte; sie befürchtete, daß sonst die Verhandlungsposition der Bundesrepublik bei den Auseinandersetzungen mit der DDR erheblich erschwert werden könnte – was ich nie recht begriffen habe, da doch die Potsdamer Erklärungen von der Einheit Deutschlands, zumindest Deutschlands westlich der Oder-Neiße-Linie, ausgehen. Außerdem verlangte die Bundesrepublik, daß Polen den Bewohnern des Landes, die sich zur deutschen Nation rechnen, die Ausreise in die Bundesrepublik gestattet. Die Polen waren nicht bereit, in den Vertragstext eine ausdrückliche Verpflichtung dieser Art aufzunehmen. Sie konzedierten nur, dem Vertrag die schriftliche Erklärung beizufügen, daß Personen, die unzweifelhaft dem deutschen Volkstum angehören, nach Deutschland sollten ausreisen können, allerdings aufgrund polnischer Gesetze und nicht aufgrund einer völkerrechtlichen Verpflichtung Polens, sie ziehen zu lassen. Die Polen fürchteten, daß durch eine Vertragsklausel über »Deutschstämmige« der Eindruck entstehen könnte, daß es in Polen eine nationale Minderheit gibt, die man eines Tages werde »befreien« wollen.

Die Vertragsverhandlungen mit Polen fanden vom 3. bis 13. November 1970 in Warschau statt. Auf deutscher Seite wurden sie nach Vorverhandlungen durch Staatssekretär Egon Bahr vom Bundeskanzleramt, von Außenminister Walter Scheel und den Staatssekretären im Auswärtigen Amt Georg Duckwitz und Dr. Paul Frank geführt. Als die Verhandlungen in die entscheidenden und kritischen Phasen traten, erwog die Bundesregierung, ob nicht, wie einst 1955 bei den Verhandlungen in Moskau, einige außenpolitisch erfahrene Bundestagsabgeordnete zur Beobachtung der Verhandlungen nach Warschau reisen und mit den dabei erworbenen Erkenntnissen ihre Fraktionen für die Ratifizierungsdebatte beraten sollten. Die Bundesregierung lud jede Fraktion ein, hierfür ein Mitglied zu benennen. Die CDU/CSU-Fraktion verweigerte ihre Mitwirkung. Sie war der Meinung, »der Verhandlungsvorläufer, Herr Bahr«, habe bereits alles geregelt und nicht einmal der Außenminister werde inhaltlich etwas ändern können. Die FDP benannte Dr. Ernst Achenbach, der lange Zeit dem Auswärtigen Amt angehört hatte und einer ihrer außenpolitischen Sprecher war; die SPD benannte mich.

Seit meinem ersten Besuch in Warschau im Jahre 1958 waren meine Kontakte zu polnischen Persönlichkeiten nicht abgerissen. Es lag mir daran, die Wand des Schweigens abzubauen, die Menschen guten Willens auf beiden Seiten der strittigen Grenze hinderte, ihre Gedanken auszutauschen. Solche wegbereitenden Begegnungen schienen mir die Voraussetzung dafür zu sein, daß es zu offiziellen Gesprächen und Verhandlungen zwischen den Regierungen der Bundesrepublik und Polen kommen konnte. Allerdings mußte es sich um den Gedankenaustausch zwischen Personen handeln, die das Vertrauen ihrer Regierungen hatten und darum Mißverständnisse und falsche Erwartungen nicht aufkommen lassen konnten.

Offizielle Kontakte zwischen den Regierungen beider Staaten gab es bei meinem ersten Besuch noch nicht. Erst 1963 wurde ein Handelsabkommen zwischen Polen und Deutschland vereinbart. Als Präsidiumsmitglied des Deutschen Roten Kreuzes hatte ich in jenen Jahren Gelegenheit, die ständigen Verhandlungen zwischen dem Deutschen und dem Polnischen Roten Kreuz über Fragen der Familienzusammenführung zu verfolgen. Am grünen Tisch wurde über die Tagesordnung gesprochen, aber am weißen Tisch kam es zu allgemeinen politischen Gesprächen, die sehr persönlich und unverbindlich die Möglichkeiten betrafen, die Bereitschaft zu gegenseitigem Verständnis zu stärken.

Bei den Zusammenkünften der Interparlamentarischen Union und bei Besuchen polnischer Professoren in Bonn vertieften sich diese Kontakte. Die Gespräche kreisten um die Frage, wer ein deutsch-polnisches Regierungsgespräch zustande bringen könnte, ohne daß es durch beiderseitige Vorbedingungen für eine Tagesordnung belastet wurde. Versuche des Leiters der deutschen Handelsvertretung in Warschau, Botschafter Dr. Böx, hatten bisher keinen gangbaren Weg erschlossen.

Am 20. Mai 1969 hatte Außenminister Willy Brandt in einer Rede vor der Gesellschaft für Auslandskunde in München die Bereitschaft der Bundesregierung erklärt, mit Polen auch über das Grenzproblem Gespräche zu führen. Drei Monate später hatte der Sprecher der Bundesregierung, Staatssekretär Diehl, vor der Presse in Bonn anläßlich des 25. Jahrestages der Volksrepublik Polen die Verhandlungsbereitschaft der Bundesregierung bekräftigt.

In dieser Zeit erhielt ich eine Einladung der Universität Krakau, die mich bat, zur Fünfhundertjahrfeier des Geburtstages von Machiavelli im November 1969 eine Vorlesung über den Florentiner zu halten. Nach Rücksprache mit Willy Brandt nahm ich an.

In der Universität von Krakau wurde ich herzlich empfangen, und nach meinem Vortrag war ich Gast bei einigen Kollegen, in deren bescheidenen Wohnungen sich auch studentische Zuhörer meiner Vorlesung eingefunden hatten. Sie waren stolz auf die Tradition ihrer Universität. Ihre einzige Klage war, daß ihnen das Studium nicht genug Zeit zum freien Lesen lasse. Daß in der Bundesrepublik gefordert wurde, mit den Talaren »den Muff von tausend Jahren« abzulegen, schien ihnen unverständlich. Sie seien stolz darauf, daß ihre Professoren den mittelalterlichen Talar tragen und damit zum Ausdruck bringen, seit wie langer Zeit in Polen schon Wissenschaft gelehrt wird.

Dieses Mal stand dem Besuch von Auschwitz nichts im Wege. Der Eindruck beim ersten Anblick war: Wie banal vermag sich sogar eine

Hölle darzustellen! Diese sauberen Baracken zu beiden Seiten
sauberer Lagergassen hatte ich schon auf ganz normalen Truppen-
übungsplätzen gesehen. Darin sollten Menschen gefoltert, ermordet
worden sein? Schlägt sich von den Schmerzensschreien der Millionen,
den Tränenströmen aus ihren Augen nichts an den Wänden der
Folterhäuser nieder? Und diese Stuben mit den aus der Asche der
Brandöfen geräumten Gebeine, konnten sie nicht Gelasse der Bein-
häuser sein, die sich noch auf manchem Friedhof finden? Das
unmittelbare Entsetzen begann, als ich des »individuellen« Galgens
ansichtig wurde, der so harmlos dastand wie eine ramponierte
Gartenschaukel, und an dem einzeln gestorben wurde, nach Namens-
aufruf und nicht »statistisch« als eine Nummer von Tausenden
gleicher Anonymität. Das Erschrecken setzte sich fort beim Durchgang durch Baracken, an deren Wänden Kritzeleien und Wandbilder
zu sehen waren. Grüße an die Heimat, aus denen hervorzugehen
schien, daß die Opfer noch Hoffnung hatten, als ihre Schicksalsge-
nossen schon für das Gas selektioniert waren. Und dann die
Gnadenlosigkeit der »Rampe« am Bahngleis, an dem »ausgeladen«
und »aussortiert« wurde! Der Blick über die Öde, die dieses Stück
Welt ohne Trost umgibt, führt in die eigene Seele und sucht dort nach
einem Halt . . . Was ging in den Seelen der polnischen Schulkinder
vor, die klassenweise durch die erkaltete Hölle geführt wurden und
denen ich nicht in die Augen zu sehen wagte?

In Warschau kam es zu langen Gesprächen mit dem Auswärtigen
Ausschuß des Sejm, dessen Mitglieder ich zum Teil von der Parlamentarischen Union her kannte. Den Einstieg zu diesen Unterredun-
gen bildete die am 21. November in Warschau von der Bundesregierung überreichte Note, in der der polnischen Regierung Gespräche
über alle beide Länder interessierenden Probleme vorgeschlagen
wurden. Botschafter Böx hatte mir berichtet, daß bei der Überreichung der Note Minister Winiewicz deutsch gesprochen habe – das
erstemal. Dies erschien mir als ein bedeutsames Zeichen. Der Verlauf
unserer Unterhaltung gab mir Recht: Auch Polen betrachte es als
Notwendigkeit, die Beziehungen zur Bundesrepublik zu normalisieren. Dabei werde man über alle Fragen sprechen können – mit einer
Ausnahme: Die durch das Potsdamer Abkommen präjudizierte

Grenze Polens werde nicht Gegenstand von Verhandlungen sein können. Die Anerkennung der Grenzen Polens sei vielmehr Voraussetzung für alles weitere. Dies war klar und deutlich und deckte sich mit allem, was ich bisher in Polen über die Oder-Neiße-Grenze gehört hatte – auch von westlich eingestellten und nicht rußlandfreundlichen Gesprächspartnern.

Man erklärte mir, die Polen verstünden durchaus, daß Bonn noch glaube, diese Grenze nicht anerkennen zu können. Wenn es bei dieser Haltung bleibe, könne man alle Versuche, mit Polen zu politischen Verhandlungen zu kommen, aufgeben. In dieser Frage würde selbst russischer Druck nichts zu bewirken vermögen.

Ich berichtete über meine Reise auch vor einem kleinen Kreis sozialdemokratischer Politiker. In der Grenzfrage sei jetzt die Stunde der Wahrheit gekommen: Jede Vereinbarung mit Polen setze die Anerkennung der Oder-Neiße-Grenze voraus. Bei einigen Teilnehmern stieß ich mit meinen Ausführungen auf heftigen Widerspruch.

Ein Jahr später flog ich nun abermals nach Warschau; und diesmal nicht mehr als Vorbote, denn die Verhandlungen waren praktisch an ihrem Ende angelangt. Die Staatssekretäre bemühten sich zwar noch, in der Anerkennungsfrage und in der Frage der Ausreise deutschstämmiger Bürger von den Polen weitere Konzessionen zu erreichen, und der Bundesaußenminister suchte in Gesprächen unter vier Augen mit dem polnischen Außenminister günstigere Formulierungen in den Texten zu erzielen, doch die Polen machten nur geringfügige Zugeständnisse. Wesentlich über das bisher erzielte Verhandlungsergebnis Hinausgehendes war nicht mehr zu erreichen.

Ich hatte in diesen Tagen Gelegenheit zu manchem Gespräch mit Ministerpräsident Cyrankiewicz. Wenn ich das Verhalten des etwas schwerfälligen Parteichefs Gomulka uns gegenüber mit der urbaneren Art des Ministerpräsidenten verglich, sah ich Anzeichen dafür, daß sich im Stil der polnischen Außenpolitik in Zukunft einiges zum Guten hin verändern könnte.

Nicht alles, was die ausgehandelten Texte enthielten, konnte mir gefallen. Ich entschloß mich, sie meiner Fraktion trotzdem zur Annahme zu empfehlen. Eine Ablehnung hätte die politische Haltung der Staaten des Ostens und weite Teile der Dritten Welt gegenüber der Bundesrepublik unerträglich belastet. Auch unsere Verbündeten im Westen wollten die Last loswerden, für ihrer Meinung nach unlösbare Sachverhalte geradestehen zu müssen. Wir standen Polen gegenüber in der öffentlichen Meinung ebenso unglücklich und ungeschützt da wie gegenüber dem Staat Israel. Es galt daher, eine politische Entscheidung zu treffen, bei der Nachteile und Vorteile weniger mit Bezug auf die juristische Bedeutung der Klauseln des Vertragstextes als auf die Folgen des Ja oder Nein im Ganzen für den politischen Stellenwert der Bundesrepublik im politischen System, dem sie angehörte, abzuwägen waren. Ich war überzeugt, daß diese Verträge das Äußerste bedeuteten, was im Hinblick auf das Thema der Verhandlungen zu erreichen war, und gewiß, daß schon der Abschluß des Vertrages der politischen Beweglichkeit der Bundesrepublik und ihrer Wertschätzung innerhalb des bestehenden Bündnisses und über dieses hinaus zugute kommen wird.

Der Streit im Vorfeld der parlamentarischen Verhandlungen um Annahme oder Ablehnung dieses Vertrages ging weit über das bei Ratifizierungsdebatten Gewohnte hinaus. Es geschahen böse Dinge, von denen hier nur die Veröffentlichung des sogenannten »Bahr-Papiers« erwähnt werden soll, durch Presseorgane, die sich nicht scheuten, die Regierung ihres Landes dem Verdacht des Bruches des Verhandlungsgeheimnisses auszusetzen. Daß dadurch die Bundesrepublik bei künftigen Verhandlungspartnern unglaubwürdig werden mußte, schien die Urheber dieser Kampagne nicht zu bekümmern. *Querelle d'Allemands?* Schlimmer: ein Zeichen, daß manche unter uns, die sich für Patrioten hielten, das Staatsinteresse aufs Spiel setzten, um dem innenpolitischen Gegner das Wasser abzugraben. Was mußte nicht alles herhalten, um als rationale Überlegung erscheinen zu lassen, was nichts anderes als Ressentiment gegenüber dem Gewinner der Wahl war. Auch mich traf gelegentlich der Bannstrahl aus dem Munde eifriger Verteidiger »deutscher Erde und der Menschenrechte«, von denen nicht jeder in den Jahren der »Landnahme im Osten« sich mit der gleichen Leidenschaft um die Menschenrechte der Polen gesorgt hatte. Bei den Beratungen der Vertragstexte im Auswärtigen Ausschuß wurde deutlich, daß einige Sprecher von Heimatvertriebenenverbänden, die der Sozialdemokratischen Fraktion angehörten, nicht bereit sein würden, dem Vertrag zuzustimmen. Als bei den Fraktionsberatungen einige Abgeordnete den Neinsagern zu verstehen gaben, sie hätten in der SPD wohl nichts mehr zu suchen, wenn sie die Ostpolitik der Bundesregierung und damit der ersten sozialdemokratisch geführten Regierung nach dem Kriege ihre Zustimmung versagten, beeilte sich die Opposition, ihnen einen Platz in ihrer Fraktion anzubieten und für den Fall von Neuwahlen einen sicheren Platz auf der Liste der CDU zu versprechen.

Bei diesem Wirbel ist es zu verstehen, daß das Bundeskabinett erst am 3. Dezember beschloß, dem Vertrag zuzustimmen. Während die Paraphierung der Texte am 18. November auf unzeremonielle Weise geschah, sollte nach dem Wunsch beider Regierungen die Unterzeichnung der Verträge am 7. Dezember in feierlichem Rahmen erfolgen. Bundeskanzler Willy Brandt und Außenminister Walter Scheel flogen mit großem Gefolge nach Warschau, zu dem außer der verhandlungsführenden Delegation Dr. Achenbach und ich gehörten. Ferner sollten der Unterzeichnung beiwohnen: die Schriftsteller Günter Grass und Siegfried Lenz, der eine aus Danzig, der andere aus Ostpreußen stammend, der Vorsitzende des Kuratoriums der Krupp-Stiftung, Berthold Beitz, der wegen seines mutigen Verhaltens während der Besetzung Polens mit einem hohen polnischen Orden ausgezeichnet worden war; der DGB-Vorsitzende Heinz-Oskar Vetter, der Intendant des Westdeutschen Rundfunks, der aus Pommern stammende Klaus von Bismarck, und Henri Nannen, Chefredakteur des »Stern«, der für die Ostpolitik der Regierung Brandt/Scheel in seinem Blatt gestritten hatte.

Vor der Unterzeichnung im Radziwill-Palais begab sich die deutsche Delegation zum Grabmal des Unbekannten Soldaten, wo der Bundeskanzler einen Kranz in den Farben der Bundesrepublik niederlegte. Anschließend gingen wir mit ihm dorthin, wo einst das Warschauer Getto gestanden hatte. Am Mahnmal zum Gedächtnis der jüdischen Bürger Polens legte Willy Brandt einen Kranz nieder, trat einen Schritt zurück und ließ sich auf der vom Blut der Opfer getränkten Erde auf die Knie fallen, um mit gefalteten Händen, als bitte er für sein Volk um Vergebung, stumm zu verharren.

Nach diesem spontanen Ausdruck der Bereitschaft eines Unschuldigen, sich mit zu der an diesem Ort offenbaren Schuld seiner Nation zu bekennen, gingen wir schweigend auseinander. Ich kann nicht verhehlen, daß mir am Tage darauf Polen sagten, sie hätten eher verstanden, wenn Brandt seinen Kniefall vor dem Grabmal des Unbekannten polnischen Soldaten getan hätte . . .

Bei der Unterzeichnung des Vertrages sprach Willy Brandt die Hoffnung aus, daß die Verträge ermöglichen werden, schmerzliche Auswirkungen der durch den Krieg geschaffenen neuen Grenzen zu mildern.

Bei unserem Abflug hatten die Polen das militärische Zeremoniell für große Staatsempfänge aufgeboten. Ich fühlte mich an Moskau 1955 erinnert – auch was die Vorweltkriegsschneidigkeit des Parademarsches und die blitzenden Säbelklingen der Offiziere des Ehrenbataillons anlangte. Ministerpräsident Cyrankiewicz kam auf mich zu, ergriff meine Hand und sagte auf deutsch: »Ihnen möchte ich besonders danken. Sie haben durch die Art, mit der Sie uns schon vor vielen Jahren begegnet sind, wesentlich dazu beigetragen, daß es uns Polen seelisch möglich wurde, diesen Vertrag zu schließen.«

Der Tod Charles de Gaulles

In der Einsamkeit von Colombey-les-deux-Eglises war am 9. November 1970 General de Gaulle gestorben. Ihm gerecht zu werden, ist für Deutsche schwer, weil seine Art zu denken und sich darzustellen das Ergebnis eines Verhältnisses zur Geschichte ist, das uns seit langem fremd geworden ist. Für ihn war die Nation das Höchste und der Dienst für sie die oberste Verpflichtung, denn vom Untergang der Antike an sei die Summe der Gesittung des französischen Volkes das Werk des französischen Nationalstaates gewesen, dessen Fundamente die ersten Könige Frankreichs legten und den im Laufe der Jahrhunderte die Nation selbst ausbaute. Die Kathedralen segneten den Staat mit den Genien der Oberwelt und bannten die Dämonen der Tiefe. Der neu erschlossene Geist der Antike entzündete das Licht der Aufklärung und lehrte die Diener des Staates den rechten Umgang mit dem Wort und seine Legionen die Römertugenden. Wenn de Gaulle davon sprach, *»j'ai épousé la France«* – »Ich habe Frankreich zum Weibe genommen« –, so war das mehr als eine Metapher. Es war die Aussage, daß »Frankreich« für ihn kein abstrakter Begriff war, nicht nur »Heimat«, mehr auch, als *»la patrie«* besagt, sondern lebendiger Leib, mit dem er sich verbindet, »bis daß der Tod uns scheidet«. Und wenn er rief: *»La France m'a reconnu«* – »Frankreich hat mich erkannt« –, so hieß das nicht, daß er sich von den Franzosen plebiszitiert fühlte, sondern daß die Braut den Bräutigam erkannt hatte, der ihr durch Gottes Ratschluß zugedacht war.

Das muß man so nehmen, wie es dasteht. Für manchen wird es schwer zu begreifen sein, daß ein Mann, der bewiesen hatte, daß er die Realitäten erfassen und auszumessen verstand, es im Juni 1940 auf sich nahm, mit einer kleinen Schar von Gefährten, die ihn kaum kannten, »Frankreich zu sein«. Das sind seine Worte. Um die Kühnheit dieses Ausspruchs und Anspruchs zu verstehen, muß man sich daran erinnern, daß Frankreichs Armee zerschlagen war, das Land besetzt, der einzige Verbündete England von Invasion bedroht und das französische Volk selbst sich einem ganz anderen Mann in die Hand gegeben hatte, Marschall Pétain, dem verehrten Sieger von Verdun.

Nicht der Staat schlechthin, sondern der Staat Frankreich war für de Gaulle das von der Geschichte gewollte Meisterstück der Menschheit, und keinen der Niedergänge im Verlauf der Geschichte ließ er als Gegenbeweis gelten, brachte doch jeder dieser Niedergänge Tugenden hervor, die am Morgen danach die Wahrheit Frankreichs noch leuchtender zum Ausdruck brachten – und sei es nur in so paradoxer Weise, wie der Kampf der Pariser Arbeiter der Commune von 1871 gegen die Vernunftpolitiker des Frankfurter Friedens der Welt bewies, daß gerade die vom Staat am schlechtesten bedachten Kinder des Volkes die leidenschaftlichsten Kämpfer gegen die Hinnahme der Niederlage waren. Wenn man unter »rechts« Rückständigkeit und unter »links« Fortschritt versteht, war Charles de Gaulle entgegen allem Anschein kein Mann der reaktionären Rechten. Er war ein Konservativer, der die schöpferischen und kämpferischen Tugenden, die sich in der Nation inkarniert hatten, lebendig erhalten wollte, indem er die Reichweite ihres schöpferischen Vermögens dadurch steigerte, daß er ihnen die zeitgemäßen Werkzeuge und Waffen, somit die zeitoffensten Erkenntnisse von dem vermittelte, was den Menschen ausmacht und ihm Größe gibt. In den Jahren seiner Regierung ist in Frankreich materiell mehr »linke« Sozialpolitik geleistet worden als unter »linken« Regierungen vor ihm. Es ist bezeichnend für ihn, daß er den Schöpfer der ersten Volksfront von 1936, den Sozialisten Léon Blum, hochschätzte.

Wir Deutschen sind ihm gram, weil er Europa für einen Rückschritt hielt. Er glaubte, gemäß der Logik der französischen Geschichte, fortzusetzen, was Frankreich zu dem gemacht hat, was es ist: Seit dem frühen Mittelalter hat ein wesentlicher Teil der französischen Geschichte im Kampf für die Ausschaltung alles Überstaatlichen zugunsten des Nationalstaates bestanden. Schon Dante hat es geschrieben, und wenn Victor Hugo von den Vereinigten Staaten Europas sprach, meinte er eine Poeten-Republik mit der Hauptstadt Paris.

Auf seine Art war de Gaulle auch Europäer: Sein Europa sollte eine Art Karolingien sein, mit Frankreich als Protektor, wie einst Napoleon I. Protektor des Rheinbundes gewesen war. Sein Europa sollte die Tugenden, die – über Griechenland, Rom, die Franken und die lingua franca – die europäische Welt schufen, ungetrübt wirksam erhalten und alles abwehren, was nur europäisch aussieht, in Wirklichkeit aber seine Gegenwelt ist, wie Amerika und die weiten Räume des Ostens.

Ich bin oft gefragt worden, ob de Gaulle die Deutschen gehaßt oder gemocht hat. Er empfand weder so noch so. Kollektive waren ihm nicht Gegenstand von Gefühlen. Im Kriege war er der Meinung, daß alle Leidenschaften, auch die des Hasses, aufgeboten werden müßten, um die Deutschen aus Frankreich zu verjagen. Das war Politik, kein persönlicher Haß. Später hat er sein Volk zur Versöhnung mit Deutschland aufgerufen, und sein Wort »Die Deutschen sind ein großes Volk« war keine verführerische Rhetorik, sondern ein politischer Aufruf an die Deutschen, sich nicht in Wehleidigkeit oder unpolitischer Behaglichkeit einzurichten, die ihnen die Kraft nehmen könnte, dem Europa, wie er es verstand, zu geben, was ein kraftvolles deutsches Volk ihm zu geben vermag. Charles de Gaulle und Konrad Adenauer in der Kathedrale zu Reims nebeneinander kniend – das ist ein großes Bild, auch für den, der heute noch der Meinung ist, recht gehabt zu haben, als er unter den Umständen jener Jahre die von beiden verkörperte Politik bekämpfte.

Die Debatte um die Ostverträge

Der Schlußakt meiner parlamentarischen Tätigkeit begann mit den Sitzungen des Auswärtigen Ausschusses, in denen die erste Beratung der Ratifizierungsgesetze für den Deutsch-Sowjetischen Vertrag vom 12. August 1970 und den Deutsch-Polnischen Vertrag vom 7. Dezember 1970 vorbereitet wurde. Die Auseinandersetzungen ergaben bald, daß die CDU/CSU-Fraktion von der Notwendigkeit oder auch nur der relativen Nützlichkeit der Verträge nicht zu überzeugen war. In der beharrlich wiederholten Behauptung, man hätte mit den Russen und den Polen sowohl über die Rechtsstellung Berlins als auch über die Heimführung der Deutschen aus der Sowjetunion und aus Polen härter verhandeln sollen und sich das Recht der Deutschen auf Wiedervereinigung ihres Vaterlandes verbriefen lassen müssen, schien der alte Geist der »Politik der Stärke« wieder aufzuleben. Ich kann mich nicht erinnern, daß dabei auch nur in groben Zügen verdeutlicht wurde, was unter »mehr Härte« konkret zu verstehen war. Ich bekam mehr und mehr den Eindruck, daß eines der Motive für dieses Verhalten der Opposition die Erwartung war, durch die Ablehnung der Verträge über die Kreise der Heimatvertriebenen hinaus zusätzliche Stimmen aus sogenannten nationalen Kreisen gewinnen zu können. Weite Kreise der Rechten des Bundestages hofften, durch Scheitern-Lassen dieser Verträge die Regierung zum Rücktritt zwingen oder eine Lage herbeiführen zu können, die der Opposition die Chance eines konstruktiven Mißtrauensvotums eröffnen konnte. Die Möglichkeit zeichnete sich schon in den Ausschußsitzungen ab. Einige FDP-Abgeordnete erklärten sich gegen die Verträge und suchten Anschluß bei der CDU. Andere Abgeordnete der Regierungsparteien schienen zu schwanken.

Bei der Beratung der Ostverträge ging es im Bundeshaus wenig würdig zu. In den Wandelhallen konnte man sich wie in den Gängen einer Börse fühlen; die Chancen der Regierung, die Verträge durchzubekommen, wurden bewertet wie die Kurse gefährdeter Aktiengesellschaften. Schließlich war es so weit, daß man nicht mehr sicher sein konnte, ob die Regierung noch Aussicht hatte, für die Verträge die Stimmen der Hälfte der Abgeordneten des Bundestages plus mindestens noch eine weitere Stimme zu erhalten.

Es wurde darüber diskutiert, ob ein Abgeordneter, der in einer Lebensfrage seiner Partei sich gegen sie entscheiden will, nicht nur die moralische, sondern auch die politische Verpflichtung habe, sein Mandat niederzulegen, um seine Partei wieder instand zu setzen, im Bundestag die politischen Ziele zu verwirklichen, für die ihr die Wähler bei der Wahl ihr Vertrauen ausgesprochen hatten. Es war schwer, die Überzeugung durchzusetzen, daß der Abgeordnete, einmal gewählt, nicht seiner Partei und nicht seinen Wählern, sondern nur seinem Gewissen verantwortlich ist und daß deshalb nach geltendem Recht selbst der Nachweis der Bestechung die Stimme des Abtrünnigen nicht ungültig werden läßt.

Vom 23. bis 25. Februar 1972 wurde im Plenum des Bundestages die erste Lesung der Ostverträge vorgenommen. Alle Fraktionen schickten ihre Außenpolitiker an die Front. Ich sollte am letzten Tag den Schwerpunkt meiner Ausführungen auf die Definition des Begriffes »Deutsche Nation« legen. Als ich am dritten Tag der Debatte das Wort erhielt, war es bereits Mittag geworden, und dies an einem Freitag, an dem die Masse der Abgeordneten in ihre Wahlkreise, das heißt, nach Hause zu fahren pflegte, was zu verhindern bisher keinem Präsidenten je gelungen war. So sprach ich zum letztenmal im Bundestag und zum erstenmal vor einem Plenum, in dem ganze Bankreihen leer waren. Die wenigen anwesenden Abgeordneten waren ermüdet; einer um den anderen räumte seinen Platz – der Mittagszug wartete ja nicht . . . Dies geschah bei einer Rede zum Grundthema dieses Tages, das lautete: Was bedeutet der Begriff der Nation in einem gespaltenen Lande, was bedeutet er heute in Deutschland, angesichts der Notwendigkeit, unsere Beziehungen zu Staaten zu normalisieren, für die Deutschland nur ein »Territorium«

ist, auf dem sich zwei Staaten befinden und zwei Staatsnationen leben, die nur noch die Sprache miteinander gemein haben?

Ich zeigte auf, wie und aus welchen Gründen es 1945 zu den Potsdamer Erklärungen und nachher zu den Verhärtungen gekommen war, die zur Errichtung zweier Staaten zwischen der Oder und der französischen Grenze führten; welche Rolle dabei den Besatzungsmächten zufiel und warum schließlich die Aufteilung Deutschlands auf die westliche und die östliche Machtzone der Welt als ein beiden »Blöcken« gleichermaßen günstiger Grenzwert für die Einigung der Großmächte betrachtet wurde, denen daran lag, ihre Beziehungen zu stabilisieren. Ihre Formel dafür war die Anerkennung des Bestandes zweier deutscher Staaten, von denen der eine dem westlichen, der andere dem östlichen Machtpotential eingegliedert sein sollte.

Zwei Staatsnationen können sich indessen sehr wohl einer Schicksalsnation zugehörig fühlen, wenn sie sich nämlich, ungeachtet der Staatsideologie der Machthaber, durch die Bejahung gleicher Grundwerte und im Bewußtsein gleicher Herkunft als im Wesen identisch empfinden. Auch dort, wo sie es nicht öffentlich aussprechen konnten, hatten in beiden Staaten die Menschen den Willen, ihre Lebensordnung in Freiheit zu gestalten. Auf beiden Seiten betrachteten sie den aus einer jahrhundertealten gemeinsamen Geschichte erwachsenen Brudersinn als die Grundlage der Moral, nach der sie sich untereinander und anderen gegenüber verhalten wollen. Dies vereinige sich mit der Erinnerung an Menschen und Dinge, die das deutsche Volk in der Achtung der Welt groß gemacht haben: das Für-seinen-Glauben-Stehen im Lutherschen Sinn; die Erinnerung an Friedrich den Großen, der die Folter abschaffte und der Aufklärung Raum gab; die Erinnerung an das Jahrhundert der deutschen Aufklärung, Klassik und Romantik, an die großen Bauernerhebungen, an die gemeinsamen Freiheitskämpfe des 19. Jahrhunderts. Eine Nation werde nicht durch Verträge geschaffen und durch Verträge aufgelöst; sie sei ein Plebiszit, das sich immer wieder aufs neue wiederholt. Die deutsche Nation sei mehr als das Ergebnis der Schlacht von Sedan und der Kaiserproklamation in Versailles und stärker als der Wille der Sieger des letzten Krieges, sie zu zerstören.

Als ich meine Rede beendete, war das Plenum kaum mehr zu einem Viertel besetzt, und die letzten Abgeordneten eilten aus dem Saal, als ich die Stufen der Tribüne hinunterstieg. So hatte ich mir mein letztes Auftreten im Deutschen Bundestag nicht vorgestellt. An der Bitternis meiner Gefühle haben auch die vielen Briefe nichts zu ändern vermocht, mit denen ich von Fernsehzuschauern und Rundfunkzuhörern um den Text meiner Ausführungen gebeten wurde.

Durch die Übertritte von Koalitionsabgeordneten glaubte die Opposition sich stark genug für das konstruktive Mißtrauensvotum. Das Grundgesetz bestimmt, daß eine Regierung nur dann gestürzt werden kann, wenn eine neue Mehrheit einen neuen Bundeskanzler wählt. Die Opposition bestimmte den Fraktionsvorsitzenden der CDU, Dr. Rainer Barzel, als ihren Kandidaten. Er verfehlte die erforderliche absolute Mehrheit um zwei Stimmen.

Am 17. Mai 1972 wurden die Ostverträge in zweiter und dritter Lesung vom Bundestag angenommen. Dieses Mal stimmten einige Abgeordnete aus den Reihen der CDU/CSU für ihre Annahme. Sie wollten das Odium nicht auf sich nehmen, politischer Unverstand ihrer Freunde habe verhindert, daß auf dem Weg der weltpolitischen Entspannung ein Schritt getan werde, den die ganze Welt für notwendig hielt.

Die Vertrauensfrage und Neuwahlen

Die Ostverträge waren mit 248 Stimmen angenommen worden, aber die Abstimmung hatte gezeigt, daß der Kanzler nicht mehr über die Mehrheit der Stimmen verfügte. Bei konsequentem Verhalten der Opposition wäre keine Regierungsvorlage mehr im Bundestag angenommen worden. Unter diesen Umständen waren Neuwahlen unvermeidlich. Nach dem Grundgesetz setzt die Auflösung des Bundestages durch den Bundespräsidenten voraus, daß der Bundestag dem Bundeskanzler ein von ihm beantragtes Vertrauensvotum verweigert. Die SPD stand damit vor der Frage, ob sie sich bereitfinden konnte, ihrer eigenen Regierung das Vertrauen zu versagen. Die Mitglieder ihrer Fraktion von der Notwendigkeit dieses Vorgehens zu überzeugen, war nicht leicht. In diesem konkreten Fall standen sich fast gleich viele Anhänger der Regierung wie der Opposition gegenüber. Es ging also darum zu verhindern, daß ein Zufall die Auflösung des Bundestages zum Zwecke der Neuwahlen vereitelte. Daher blieben sämtliche Mitglieder der SPD-Fraktion der Abstimmung fern. Es kostete mich Überwindung, dieses Spiel mitzuspielen, ließ es doch die Abstimmung über das Vertrauensvotum zu einer Farce werden. Keiner der SPD-Abgeordneten, die der Abstimmung fernblieben, hatte das Vertrauen in die Politik des Bundeskanzlers verloren. Aber anders als durch Neuwahlen war die Pattsituation im Bundestag nicht zu beseitigen. Die Prozedur für die Auflösung des Bundestages wurde so angelegt, daß Neuwahlen im November durchgeführt werden konnten.

Am 20. September stellte der Bundeskanzler dem Bundestag die Vertrauensfrage. Zwei Tage darauf erfolgte die Abstimmung: der Antrag, dem Bundeskanzler das Vertrauen auszusprechen, erhielt keine Mehrheit. Der Bundespräsident löste den Bundestag auf; als Tag für die Wahl des neuen Bundestages wurde der 19. November 1972 bestimmt. Für den 12. Oktober wurde ein außerordentlicher Parteitag der SPD nach Dortmund einberufen. Einmütig wurde beschlossen, daß Willy Brandt die Partei in den Wahlkampf führen sollte. Seine Parole sollte sein »Mehr Demokratie«, ein Postulat nicht allein für den politischen Bereich im engeren Sinne des Wortes, sondern auch und vor allem für die Institutionen der Gesellschaft, deren Aufgabe die Humanisierung des Arbeitslebens ist.

Auf diesem Parteitag zeigte sich abermals, daß sich das innere Gefüge der Partei verändert hatte. Zwar stand die Organisation nach wie vor fest auf ihren Fundamenten, aber es wurde sichtbar, daß sich die Struktur der Partei personell zu ändern begann. Die Statistik ergab, daß seit den sechziger Jahren nur noch ein Drittel der Parteimitglieder aus älteren Jahrgängen bestand und zwei Drittel sich aus neu hinzugekommenen Mitgliedern zusammensetzte, die Grundsätze und Traditionen der Partei nach ihren Vorstellungen von dem, was heute not tut, auszulegen entschlossen waren. Verstanden sich die Jungsozialisten bisher als eine sich von den älteren Sozialdemokraten nur graduell unterscheidende Gruppe, der jede Art von

Flügelbildung fernlag, so hatten jetzt die Führungsgremien der Jungsozialisten unter dem Einfluß der radikalen Studentenbewegung der sechziger Jahre Stellungen bezogen, die sich von denen der gewählten Organe der Gesamtpartei zum Teil recht kraß unterschieden. Sie waren überzeugt, daß die Radikalisierung der Partei ihr neue Wähler zuführen werde. Eine Politik der kleinen Schritte erschien diesen jungen, oft eben erst von der Hochschule Gekommenen als Verzicht darauf, die Dynamik der Dialektik der Geschichte zu nutzen, und als Unvermögen, die revolutionären Faktoren zu erkennen, die auch heute, ja, gerade heute, in der sich immer stärker profilierenden Klassenwirklichkeit steckten.

Die Zielstrebigsten dieser jungen Generation bildeten in Bezirken, die ihnen für ihre Pläne besonders geeignet erschienen, Schwerpunkte für ihre Tätigkeit, so vor allem in Südhessen, Niedersachsen und Schleswig-Holstein, von wo aus sie mit gut durchdachter Taktik in anderen Bezirken »Kreise« bildeten, die in verhältnismäßig kurzer Zeit die Beschlußfassung auf den Tagungen der Gesamtorganisation der Jungsozialisten zu bestimmen vermochten und sich bald stark genug fühlten, von der Parteibasis zu Parteitagsdelegierten gewählt zu werden. Wenn die Jungsozialisten auch auf dem Außerordentlichen Parteitag in Dortmund noch nicht besonders stark zur Geltung zu kommen vermochten, so wurde doch auch hier deutlich, daß die SPD künftig mehr als bisher mit ihrer Jugendorganisation würde rechnen müssen, und zwar nicht nur für den politischen Alltag, sondern auch bei der Findung ihres Selbstverständnisses und ihrer Strategie. Wenn diese Prognose stimmte, würden im Lauf der Zeit die jungen Linken das Erscheinungsbild der Partei stärker bestimmen als »die Alten«, die von ihnen »das Establishment« genannt wurden.

Der Wahlkampf führte mich noch einmal quer durch die Bundesrepublik. Am 19. November 1972, dem Tag der Bundestagswahl, erhielten die Sozialdemokraten 45,8 Prozent der Stimmen und stellten zum erstenmal die stärkste Fraktion des Bundestages. Mit dem Zusammentritt des neuen Bundestages, der Frau Annemarie Renger zu seinem Präsidenten wählte, schied ich nach 23 Jahren aus dem Parlament der Bundesrepublik aus.

NACHWORT

Mit der Schilderung meines Ausscheidens aus dem parlamentarischen Leben schließe ich dieses Buch der Erinnerungen. Eine andere Art des Tätigseins begann.

Ich zog mich nicht in den Freiraum des Privatlebens zurück; dazu fühlte ich mich zu sehr von allem angesprochen, was den Bestand Deutschlands und die Geschicke der Bundesrepublik betrifft. Aus der bisherigen vita politica activa wurde mit zunehmender Distanz von den Zentren der politischen Aktivität ein Leben sorgender Kontemplation, darin ich versuche, die vielfältigen Komponenten des in seinen Ursachen und wahrscheinlichen Entwicklungen oft so schwer zu deutenden Geschehens unserer Zeit zu entwirren. Ich frage mich in diesem oder jenem Fall, ob nicht aus der Wohltat für den einen, für den anderen eine Plage werden muß. Ich denke viel darüber nach, ob nicht allzu eifriges Eingehen auf den Zug der Zeit den Fundamenten Schaden bringen könnte, die wir für die Zukunft unseres Volkes auszubauen und zu sichern haben. Wie werden sich bestimmte Formen und Inhalte sozialpolitischer Leistungen auf das Lebensgefühl einer von den Zwängen und Leerläufen der Arbeitswelt betroffenen Jugend auswirken? Wird nicht andererseits, was für die Jugend gut sein mag, den Alten als Nachteil erscheinen? Welche Folgen wird bei Eltern und Kindern der mit jedem Jahr bedrohlicher werdende Schwund des Zusammengehörigkeitsbewußtseins der Familie auslösen? Was wird es für die seelische Gesundheit, für die Lebenswünsche und Lebensformen beider bedeuten, in einer Welt leben zu müssen, die immer seelenloser zu werden droht, in der die Luft immer stickiger und böser zu werden scheint? Ich suche in meinen Gedanken nach Wegen, wie in den Dschungel unseres Bildungswesens lichtende Schneisen geschlagen werden könnten, die jene geistigen und moralischen Impulse zu neuem Leben zu erwecken vermögen, welche einige Jahrhunderte Lernens und Lehrens, der Hege von Saat und Reife, des Erntens und Speicherns der Früchte in unserem Volk haben heranwachsen lassen und die nun Gefahr laufen, von dem Schutt flüchtiger Moden zügellos gewordenen technischen Fortschritts verschüttet zu werden. Wenn das geschähe, könnten Kräfte verlorengehen, die uns im Wandel von Wind und Wetter der Jahreszeiten zugewachsen sind – nicht nur auf geraden, sondern auch auf krummen Wegen, nicht nur über Wissen und Willen, nicht nur im Licht, sondern auch im Schatten, nicht nur aus fruchtbaren, sondern auch aus steinigen und sumpfigen Böden. Es könnte vergessen werden, daß es in einer Welt, in deren Vielschichtigkeit das zwiespältige Wesen Mensch sich angesiedelt hat, gleichermaßen falsch ist, das Unkraut frei wuchern zu lassen, wie es verhängnisvoll wäre, in Wald und Feld Gestrüpp und Geziefer bis zum letzten Keime auszurotten.

Die Handhabung der Praktiken, nach denen sich die Auswahl der Kandidaten der Parteien für die Parlamente vollzieht, macht mir Sorge. Wird dadurch nicht der clevere Auswerter von Meinungen und der durch seine Fähigkeit zu werbendem Umgang mit der »Basis« gekennzeichnete Manager mehr gefördert als der schwerblütigere, durch unbeholfeneren Fleiß und Verstand ebenso wie durch wortscheue Redlichkeit und Hingabe an die Sache von Gleichgesinnten als *ihr* Mann« akzeptierte Bürger? Ich fürchte, daß Gestalten, wie sie mir in der Frühzeit meines politischen Lebens begegneten, zu selten werden könnten. Ich denke an Menschen von der Art Wilhelm Kaisens, Fritz Ulrichs, Herbert Weichmanns, Paul Löbes, Jakob Kaisers, Thomas Dehlers, Erich Ollenhauers, Fritz Erlers. Von ihnen war keiner in die Politik gegangen, weil ihn die Chance reizte, Macht zu gewinnen oder Karriere machen zu können; sie kamen, weil sie darunter litten, daß die Welt, in der ihresgleichen lebte, mangelhafter eingerichtet war, als es in Anbetracht der Möglichkeiten, es besser zu machen, der Fall sein könnte, wenn nur die Menschen mehr guten Willen, mehr Verstand, mehr mitmenschliches Fühlen walten ließen.

Sie gingen in die Politik, um Wandel zu schaffen, auf daß Idee und Wirklichkeit des Menschen sich decken können. Vielleicht wird dies wiederkommen, wenn es eines Tages mehr das Leiden an den Verwüstungen sein wird, die von der sich immer weiter steigernden Automatisierung unserer Lebensverhältnisse in die Beziehungen von Mensch zu Mensch getragen werden, was die Menschen zu politischen Aktivitäten aufruft, als die Lust, am ständigen Wachstum des technischen »Fortschritts« teilzuhaben.

Technischer Fortschritt wird nicht aufgehalten werden können und soll nicht aufgehalten werden. Er wird es möglich machen, die Zeit zu verkürzen, die allzu oft in seelenloser Arbeit verbraucht werden muß. Doch wird diese arbeitsfreie Zeit nur dann nicht zu entleerter Zeit werden, wenn die Menschen imstande sind, mit ihr etwas anzufangen, das mehr ist als Konsum von Surrogaten, die ihnen erlauben, sich die Zeit zu vertreiben, und die den Menschen seiner Bestimmung ebenso entfremden wie die unbarmherzigen Mechanismen der Arbeitswelt unserer Tage.

Dieser Gefahr kann nicht anders gesteuert werden als durch Wachrufen und Ausformen der geistigen und seelischen Kräfte, die den Menschen fähig machen, mit seiner Welt fertig zu werden und sie in sich fruchtbar werden zu lassen. So erscheinen mir heute mehr denn je Erziehung und Bildung als die Schicksalsprobleme unserer Zeit, zu deren Lösung viele zusammenwirken müssen: die Schule, die Kirchen, die Vereinigungen, in denen die Menschen sich zur Ordnung ihrer Lebensverhältnisse zusammenschließen oder Schutz vor der Pein der Verlassenheit suchen – und vor allem die Eltern. Diese haben es dabei am schwersten, denn die Elterngenerationen, auf die es heute ankommt, sind bei ihren Bemühungen, zu Erziehern und Menschenbildnern zu werden, in unzähligen Fällen ohne die Hilfe Kundiger geblieben. Was wird politisch getan werden können, damit die Kinder im Schoße seelisch gesunder Familien zu verantwortungsfreudigen Menschen heranwachsen können? Was wird im Bereich der Schule getan werden müssen, damit die Kinder das Lernen lernen, zumal in einer Zeit, da viele von denen, die einen Beruf erlernt haben, damit zu rechnen haben, im Laufe ihres Arbeitslebens ihren Beruf wechseln zu müssen? Wird man begreifen, daß man das Lernen nur erlernt, wenn man sich früh daran gewöhnt, auch an unangenehme Aufgaben alle Mühe zu verwenden, die ihre Lösung uns abfordert?

Der Grad der Fähigkeit, mit uns selber und mit der Welt fertig zu werden, ist weithin eine Funktion unseres Vermögens, den Reichtum unserer Sprache voll zu nutzen. Von dem, was wir mit unseren Sinnen wahrnehmen, begreifen wir nur soviel, als wir Worte haben, es zu benennen, und Methoden, diese Worte nach Regeln zu verbinden, die eine Präzisierung des Gegenstandes oder des Geschehens erlauben und gleichzeitig deren Verschiedenheit von anderen kennzeichnen. Dazu kommt, daß der Zwang, den wir uns auferlegen, diese Worte nach der Regel zu gebrauchen und aufeinander zu beziehen, auch seine moralische Bedeutung hat: Wir unterwerfen damit unser Belieben dem Gesetz einer vorbestimmten Ordnung. Ich fürchte, daß die bei so vielen Gelegenheiten feststellbare Verarmung des Wortschatzes und der Verzicht auf die Einhaltung der grammatikalischen Regeln von mehr als nur ästhetisch negativer Bedeutung sind. Sie werden die Verarmung unserer Vorstellungsmöglichkeiten, vielleicht sogar unserer Denkmöglichkeiten im Gefolge haben, sicher aber die Einschränkung unserer Fähigkeit, klar und bestimmt zu denken. Die Schule hat diesem Verfall der Sprache bisher nicht zu wehren vermocht. Wird sie es künftig tun? Wird sie unsere Jugend wieder fähig machen, die Sprache der Dichter und Denker der großen Zeit unseres Volkes zu verstehen? Darf man auf das, was sie sagten und wie sie es sagten, bei der Erziehung der Kinder Verzicht leisten, etwa aufgrund des Arguments, heute spreche man nicht mehr in ihrer Weise, und es komme darauf an, die Jugend zu lehren, ihre Gedanken in der Sprache auszudrücken, die ihnen vom täglichen Umgang her geläufig ist?

Gewiß, Sprachen sind historische Gebilde und haben immer bestimmten Zwecken gedient; dies ist der Grund, weshalb sie in ständigem Wachstum begriffen sind. Doch mit der Zeit streifen sie ab, was ihnen der Augenblick für seine flüchtigen Zwecke zubrachte, und schaffen aus dem Verbleibenden einen festen Sprachkörper, der eigentlich nichts anderes ist als die geprägte Form der Summe der Erfahrungen, die jedes Volk auf seine Weise nach seiner besonderen Art, »die Welt anzuschauen«, machen konnte. Jede Generation kann dazu einiges hinzufügen; dies macht die Sprache reicher. Wenn ihr jedoch nicht Kongeniales hinzugefügt, ja, aus ihrem Gefüge Bezeichnendes entfernt wird; wenn ihr Gefüge verstümmelt und seine Struktur aus dem Lot gerückt wird, erfolgt ihre Verarmung zu einem Kauderwelsch, mit dem man sich gewiß über manches verständigen kann, doch kaum über die Dinge, auf die es für den Rang einer Nation ankommt. Wenn wir diesen Dingen nachfragen, stehen wir Gegenwärtigen zwischen einer Vergangenheit, deren Produkt unsere Gegenwart ist, und einer Zukunft, von der wir nichts wissen, die wir aber zu entwerfen haben. Das Baumaterial können wir nur aus den Vorratskammern nehmen, die unsere Geschichte angelegt hat. Um damit richtig zu verfahren, müssen wir es kennen, wenn wir bei unseren Versuchen, Neues, bisher Unerhörtes zu schaffen, nicht scheitern wollen.

Ohne solide Kenntnis seiner Geschichte kann kein Volk seine Zukunft sinnvoll gestalten. Selbst unsere Visionen sind durch Enttäuschungen und Hoffnungen bestimmt, deren Ursprung in Ereignissen, in Gedankenwelten, in Gefühlen liegen, die auf vielen Wegen in unser Heute eingegangen sind. Wenn wir die Taten und Leiden unseres Volkes nicht kennen, haben wir keine Möglichkeit, uns über unseren Ort im Gefüge der Zeit zu orientieren. Dies können wir nur, wenn wir den Weg er-innern, den unser Volk in den Zeiträumen zurücklegte, von deren Geschehnissen wir Kenntnis haben. Nur die Geschichte kann dem Volk vermitteln, warum es zu diesem Volk werden konnte; und auch, warum es sich verlohnt, ein Glied dieses Volkes zu sein. Völker, die sich erinnern, gehen nicht zugrunde, selbst wenn die Geschichte sie mißhandelt. Völker, die sich erinnern, bedürfen keiner Legenden, keiner erdichteten Verheißungen, um zu wissen, was sie auf Erden zu tun haben. Wer Geschichte begreifend erlebt, bedarf keines Historismus und keiner Geschichtsphilosophie; ihm genügt, zu wissen, was die Stunde schlägt, um ihr Gebot zu kennen. Das weitere ist eine moralische Entscheidung, für die er das Gesetz von Wegemarken der Geschichte ablesen kann, die an den Kreuzwegen die gute Richtung weisen. Darum muß unsere Jugend erfahren, daß es sich zu erinnern gilt an das Gute wie an das Böse. Sie muß erfahren, daß die Geschichte der Deutschen nicht mit der

Kaiserproklamation im Jahre 1871 beginnt, auch nicht mit den Freiheitskriegen, nicht mit dem Dreißigjährigen Krieg . . . Sie muß erfahren, daß zu unserer Geschichte auch gehört, was wir aus der Geschichte anderer Völker an Formkräften bezogen und an Erfahrungen und Denkbildern übernommen haben. Weil unsere Vorfahren fremdes Geistesgut dem eigenen Wesen einzustücken vermochten, konnte aus germanischen Stämmen überhaupt erst das Volk der Deutschen werden.

Seine Geschichte ist durch Höhen und Tiefen gekennzeichnet. Es hat der Welt Schönes und Schlimmes gebracht – wie andere Völker auch. Doch über das Schlimme hinaus, das wohl die meisten Völker für sich gelten lassen müssen, hat es sich in diesem Jahrhundert jahrelang der Herrschaft der Unmenschlichkeit gebeugt und nicht verhindert, daß unendliches Unheil über viele Völker kam. Dies hat seinen Namen befleckt. Sein Verhalten nach dem Sturz der Gewaltherrschaft hat die Welt überzeugt, daß seine Schuld nicht in seinem Wesen begründet lag, sondern daß die Folgen des Ersten Weltkrieges, seelische und materielle Nöte, diabolische Rattenfängerkünste seinen Sinn verwirrten. Sein Verhalten hat der Welt gezeigt, daß es wieder zu sich selbst fand und bereit ist gutzumachen, was gutgemacht werden kann.

Was nach dem Kriege durch Siegerwillen mit unserem Volk geschah, hat ihm tiefe Wunden geschlagen. Es hat seine staatliche Einheit zerstört . . . Seit Jahrhunderten von ihm besiedelte Gebiete wurden Nachbarstaaten einverleibt; wir wissen, daß diese Amputationen endgültig sind und hingenommen werden müssen. Auf dem Gebiet, das übrigblieb, sind gegen den Willen der Deutschen zwei Staaten entstanden, von denen jeder sich als ein durch die Geschichte der deutschen Nation geprägten Staat betrachtet und nicht etwa nur als ein Staat mit deutsch redender Bevölkerung, dem eine eigene Geschichte seine nationale Persönlichkeit verlieh. In beiden Staaten lebt die eine deutsche Nation, die sich trotz der Verschiedenheit der staatsbegründenden Ideologien durch dasselbe gemeinschaftlich getragene Schicksal geprägt weiß und auf beiden Seiten der Grenze – wenn auch unter verschiedenen Vorzeichen – die Wiederherstellung der staatlichen Einheit Deutschlands fordert.

Ein einheitlich regiertes Deutschland von achtzig Millionen Menschen, das im Herzen des europäischen Kontinents liegt, wird aber nicht nur von den Völkern des Ostens, sondern auch von der politischen Meinung in Staaten, die mit uns in Freundschaft leben, für eine potentielle Gefährdung des Gleichgewichts der Macht gehalten, das uns allein den Frieden zu sichern vermag.

Wir Deutschen werden nicht aufhören, den heutigen politischen Zustand Deutschlands für einen Verstoß gegen das Grundrecht der Völker zu betrachten. Doch wir haben zu begreifen, daß der Verwirklichung von Rechten legitime Bedenken Dritter entgegenstehen können, die der Sorge entspringen, die Verwirklichung des Rechtes der Deutschen werde das mühsam geschaffene Gleichgewicht zum Einsturz bringen und auf eine schlechte Ordnung, in der es sich immerhin leben läßt, die Hölle eines dritten Weltkrieges folgen lassen. Niemand kann dies wollen.

Wir werden versuchen müssen, durch unser Verhalten unseren Nachbarn zu beweisen, daß die Einheit Deutschlands keine Gefahr für sie darstellen würde, sondern ihnen zum Vorteil gereichen könnte. Wie die Dinge liegen, wird dies erst der Fall sein können, wenn alle Staaten Europas in ein System kollektiver Sicherheit eingebunden sind, das unter der Garantie der Weltmächte steht und den Bestand und den Frieden eines jeden Staates vor jeder Bedrohung schützt.

Wann und wie dieser Zustand eintreten wird, können wir nicht vorhersehen. Doch trotz dieser Ungewißheit haben wir unsere Politik an dieser Vorstellung zu orientieren, wenn wir die staatliche Einheit aller Deutschen möglich machen wollen. Dies bedeutet, daß wir alles fördern müssen, was die Spannungen abbauen könnte, die den Frieden gefährden. Dafür wird es notwendig sein, den Bestand der Rüstungen zu mindern und den Entwicklungsländern wirksamer als bisher zu helfen, sich nach eigenen Vorstellungen einzurichten.

In den letzten Jahren ist manches geschehen, was die Entwicklung zum Guten hin fördern konnte: Die Entspannungspolitik hat festere Formen angenommen; die Konsolidierung Westeuropas macht Fortschritte; die von der Bundesrepublik mit den Staaten des Ostens geschlossenen Verträge beginnen, ihre Wirkung zu zeigen. Doch ist damit erst ein Anfang gemacht. Unser aller Schicksal wird davon abhängen, ob hüben und drüben begriffen wird, daß auf diesen Anfang weitere Schritte folgen müssen, wenn aus der Entspannung in Europa die globale Entspannung werden soll, die allein die Welt vor einem apokalyptischen Schicksal bewahren wird.

Ich schreibe diese Zeilen in dem Jahre nieder, in dem sich zum dreißigsten Male jährt, daß das Grundgesetz der Bundesrepublik Deutschland in Kraft trat. Es wird bis zu dem Tag, an dem die staatliche Einheit Deutschlands vollzogen werden kann, die Magna Charta der Deutschen im freien Teil des Landes bleiben. Mir scheint, daß es ein gutes Instrument ist, um das Leben innerhalb der Grenzen der Bundesrepublik auch unter den politischen, ökonomischen und technischen Bedingungen dieses Zeitalters menschenwürdig zu gestalten, wenn wir dabei den moralischen Imperativ nicht aus dem Auge verlieren, unter dessen Gebot das Grundgesetz den Staat stellt, Institutionen und Freiheitsräume zu schaffen, die uns gestatten, Staat und Gesellschaft im Maße unserer wachsenden Einsichten so einzurichten, daß in unserem Land alle Menschen unter Bedingungen, die sie in solidarischer Verbundenheit und in eigener Verantwortung frei gestalten, ohne Furcht und ohne Not und des Schutzes der Menschenrechte gewiß, in Frieden und gesicherter Freiheit leben können.

PERSONENREGISTER